Edgar Wolfrum

**Rot-Grün
an der Macht**

Edgar Wolfrum

Rot-Grün
an der Macht

Deutschland 1998–2005

C.H.Beck

Mit 37 Abbildungen

© Verlag C.H.Beck oHG, München 2013
Satz: Janß GmbH, Pfungstadt
Druck und Bindung: CPI – Ebner & Spiegel, Ulm
Gedruckt auf säurefreiem, alterungsbeständigem Papier
(hergestellt aus chlorfrei gebleichtem Zellstoff)
Printed in Germany
ISBN 978 3 406 65437 4

www.beck.de

Inhalt

Einführung 11

Erster Teil
Aufbruch ins 21. Jahrhundert

Panorama 19

1. «Aber jetzt ist eine andere Zeit» – Der Machtwechsel 1998 26

Kampa 98 und «Neue Mitte» 26 • Der Zeitgeist: Kohl=Vergangenheit, Schröder=Zukunft 35 • Rückblick: Der Gang der SPD durch die Wüste 39 • Rot-Grün in den Ländern und «hessische Verhältnisse» 42 • Sind die Grünen regierungsfähig? 46 • Schröder, Fischer und das Kabinett 50 • Wie historisch war 1998? 55 • Euphorie nach dem Wahlsieg, große Erwartungen, erste Enttäuschungen 58

2. Das Ende der Nachkriegszeit – Der Kosovo-Krieg 64

NATO-Luftschläge 64 • Die weltweite Rückkehr des Krieges 66 • Zerfall Jugoslawiens 67 • Deutsche Beteiligung ohne UN-Mandat? 70 • Von Farbbeuteln, Angriffskriegen und Menschenrechten: Zerreißprobe für die Grünen 76 • Die Rolle des Verteidigungsministers Scharping 82 • Lob der NATO und «Kriegsparteitag» der SPD 85 • Kofi Annan und die Fortentwicklung der UNO 93 • Schröder: «Führung zeigen!» 94 • Fischer-Plan und Scharpings Moskau-Initiative 97 • Von «Nie wieder Krieg» zu «Nie wieder Auschwitz» 101 • Folgen der Epochenwende 107

3. «Der gefährlichste Mann Europas»? – Lafontaines Scheitern als Weltökonom 110

Nur 136 Tage 110 • Lafontaines finanzpolitische Vorstellungen 110 • Auf internationalem Konfrontationskurs 115 • Nemax, Goldgräberstimmung und Asienkrise 118 • Monate der Gereiztheit und des Verdrusses 120 • Der Ablauf des Rücktritts 122 • Schockstarre in der SPD 127 • Das mediale Echo auf den Rücktritt 131 • Die Hintergründe im zeitlichen Abstand 134

4. Der «Dritte Weg» – Globale Strategie für ein neues Regieren? 138

Bill Clinton, Tony Blair und «The Third Way» 138 • Die deutsche Debatte zum gesellschaftlichen Wandel 141 • Das Schröder-Blair-Papier in Vorbereitung 145 • Präsentation in London: «Der Weg nach vorn für Europas Sozialdemokratie 147 • Internationales und deutsches Echo 154 • Kritik: Wird die SPD «rosa»? 157 • «Konsens und Führung» oder Berliner «Räterepublik»? 163 • Der Regierungsstil des «Medienkanzlers» 166

5. Das «Projekt», die Gesellschaft zu erneuern – Zeit der Reformen 169

Regierungsstil «happy goes lucky»? 169 • Gegen «Scheinselbständigkeit» und «Billigjobs»: Das 630-Mark-Gesetz 171 • Fataler Fehler: Die Formel vom «Doppelpass» 176 • Agenda 2000: Das Aktions- und Reformprogramm der EU 182 • Anschluss an den Westen: Ein zeitgemäßes Staatsbürgerschaftsrecht 185 • Der Greencard-Coup und das Zuwanderungsgesetz 187 • Für eine Kultur der Toleranz: Lebenspartnerschaftsgesetz 191 • Zaubertrank Zivilgesellschaft? «Zukunft des bürgergesellschaftlichen Engagements» 198 • Riester-Reform: Das Ende der staatlichen Rente? 203 • Dauerbaustelle Gesundheitsreform 209

6. Umwelt, Klima, Atom – Die neuen Menschheitsfragen 214

Ökologische Steuerreform: «Projekt der Moderne» oder rot-grüner «Murks»? 215 • Vom «Benzinschock» nicht erholt: Das schleichende Ende der ÖSR 222 • Operation Dosenpfand und LKW-Maut-Debakel 226 • Atomausstieg sofort! Trittin prescht vor 230 • Müller und Schröder: Nationaler und internationaler «Energiedialog» 237 • Die Grünen und der Atomkonsens 240 • Deutschland als Vorbild globaler

Klimapolitik: Das Erneuerbare-Energien-Gesetz 245 • «Rinderwahnsinn»: Die BSE-Krise in der EU 249 • Ministersturz, Furcht vor einer weltweiten Ausbreitung von BSE und Agrarwende 253 • Entwicklungspolitik als globale Strukturpolitik 259 • Weltgipfel für nachhaltige Entwicklung (2002) und «Renewables» (2004) in Bonn 264

Zweiter Teil
Im Bann des Terrors vom 11. September 2001

Panorama 273

1. 9/11 und Afghanistan – Vom Befreier zur Kriegspartei 279

«Uneingeschränkte Solidarität», Chronologie der Ereignisse im Kanzleramt 279 • Operation «Enduring Freedom» 284 • Anspannung der Regierung und hektische Debatte in den Parteien 285 • Verwirrung um Donald Rumsfeld 295 • Kriegsbeschluss und Vertrauensfrage 297 • Petersberger UN-Konferenz 303 • «Gutes» ISAF-Mandat und «ungeliebtes» OEF-Mandat 306 • Wechsel im Verteidigungsministerium: Scharpings Entlassung, Strucks Ernennung 310 • Deutschland wird am Hindukusch verteidigt 314 • Alte Wehrverfassung und neue Aufgaben der Bundeswehr 317 • «Kein Krieg»? Entwicklungen nach 2005 321

2. Terrorangst und Sicherheit – Politische und mentale Folgen des Globalschocks 327

Ein Klima der Angst 327 • RAF-Terrorbekämpfung als Vorbild? 332 • Sicherheitspakete I und II 335 • Otto Schily, die Grünen und Günther Beckstein 340 • «Der attackierte Rechtsstaat» – Kritik 346 • «Sicherheit als Bürgerrecht» oder «Sicherheit herstellen, Bürgerrechte sichern»? 350 • Alarm: Ein Flugzeug über Frankfurt 353 • Gefahr von rechts: NPD-Verbotsverfahren scheitert 357 • Terroranschläge in Madrid und in London 361 • Internationaler Vergleich: USA, Europa 365 • Transnationale Terrorismusbekämpfung 371

3. Rückkehr und Verwandlung Europas 373

Integration im Westen und Revolution im Osten 373 • Die Osterweiterung der EU 376 • Rot-grüner Kurswechsel in der Europapolitik? 379 • Deutschland als «ehrlicher Makler»? Fischers Europa-Idee 384 • Die Einführung des Euro 2002 388 • Braucht Europa eine Verfassung? Debatte und Referenden 391 • «Kein Club des christlichen Abendlandes»? Die Türkei-Frage 394 • Und Russland? 399

4. Ein Friedenskanzler? – Schröders «Nein» zum Irak-Krieg 2002/03 402

Die Bush-Doktrin 402 • Deutschland zwischen Zweifel und Selbstbewusstsein 406 • Wahlkampf, der «deutsche Weg» 410 • Bushs Rede vor der UNO 418 • Herausforderer Edmund Stoiber und die Irak-Frage 421 • Motive das Kanzlers 424 • Deutsch-französischer Schulterschluss 428 • Die Achse Paris-Berlin-Moskau 434 • Die Spaltung Europas 436 • Feilschen im Weltsicherheitsrat 438 • Rot-grüne Außenpolitik mit globalem Anspruch 444 • Folgen des Irak-Krieges 452

5. Das Ende einer Episode? – Wahlkampf und Jahrhunderthochwasser 2002 457

Der Zustand der Opposition und die CDU-Spendenaffäre 457 • Die Liberalen auf Abwegen 464 • Rot-Grün verliert fast jede Landtagswahl seit 1999 466 • Stoiber setzt sich gegen Merkel durch 468 • Familienpolitik im Zentrum 474 • Der Vergleich: Kanzler gegen Kandidat 477 • Erste TV-Duelle in Deutschland und ihr Medienecho 478 • Naturkatastrophe: Die Dämme brechen, Kanzler in Gummistiefeln 484 • Wo steht der Aufbau Ost? 488 • Wahlabend: Stoiber wähnt sich als Kanzler, doch Rot-Grün gewinnt 494

Inhalt 9

Dritter Teil
Agieren aus der Defensive

Panorama 501

1. Wetterleuchten – Die Folgen von Börsencrash
und PISA-Schock 506

Dramatische Haushaltslage 2002/03 506 • Was zuvor geschah: Börsencrash und T-Aktien-Debakel 507 • Rückblende: Der PISA-Schock 511 • Bildungsoffensive: Die Erfolge 512 • Bildungspolitik: Die Misserfolge 516 • Ein «Blauer Brief» aus Brüssel und die «Entzauberung» von Hans Eichel 518 • Kritik von allen Seiten Ende 2002 525

2. Agenda 2010 – Die Umorientierung Deutschlands 528

Peter Hartz im Französischen Dom: «Heute ist ein schöner Tag für die Arbeitslosen» 528 • Alarm im Maschinenraum der Agenda-Ingenieure 530 • Der Totenschein für das «Bündnis für Arbeit» 536 • Schröders Agenda-Rede: Politik des kalkulierten Risikos 539 • Hartz-Gesetze und Superminister Wolfgang Clement 544 • Die Pistole auf der Brust der SPD? 549 • Die Grünen und die Agenda 557 • Große Koalition: Die Agenda im Vermittlungsausschuss 559 • Massenproteste, «Montagsdemonstrationen» und Gewerkschaften im Aufruhr 566 • Die «Stimme des kleines Mannes»: «Bild»-Kampagne 574 • Warum lief alles schief? Einschätzungen im Rückblick 577 • Größte Arbeitsmarktreform in der Geschichte Deutschlands 580

3. Europäische Erinnerung – Die Berliner Republik
und die deutsche Vergangenheit 584

Kulturstaatsminister Michael Naumann ... 584 • ... und das Holocaust-Mahnmal 588 • Die Stockholmer Holocaust-Konferenz 2000 598 • Boykott der «EU der 14» gegen Österreich 600 • Die Entschädigung der NS-Zwangsarbeiter 603 • Bundespräsident Johannes Rau in der

Knesset 607 • Gespaltene Erinnerungskulturen: Die SED-Diktatur 611 • Deutsche als Opfer: Flucht und Vertreibung 614 • Europäische Normen der Vergangenheitspolitik 616 • Ankunft im Kreis der Siegermächte: Normandie 2004 und Moskau 2005 618

4. Neue Vielfalt – Kunst, Kultur und Zeitgeist der rot-grünen Jahre 626

Von der Bonner zur Berliner Republik 626 • Berlin, Wilhelm II. und Schröder 631 • Drei Handschriften der «Bundeskulturpolitik» 634 • Hannover und die Welt: Expo 2000 639 • Der Streit um die «deutsche Leitkultur» 640 • Kulturkampf um die Deutung von 1968 646 • Von «Good Bye, Lenin!» zu «Der Untergang» 655 • Literaturnobelpreis für Günter Grass und die junge Literatur 658 • Kunst des «Empire»: Gursky, Rauch, Richter, Majerus 662 • Popstars, Castingshows und Vorbilder 668

5. Rot-grüne Dämmerung – Niederlagen, Affären und Neuwahl 2005 673

Rekordarbeitslosigkeit und «Heidemord» in Schleswig-Holstein 673 • Fischers Stern sinkt: Visa-Affäre und NS-Vergangenheit des Auswärtigen Amtes 675 • Ende des Sparens: Durchlöchern des EU-Stabilitätspaktes 679 • Eine Bastion fällt: Der Verlust von Nordrhein-Westfalen 682 • Weitermachen oder Neuwahlen? 685 • Vertrauensfrage aus Staatsräson? 688 • Die Rolle des Bundespräsidenten und des Bundesverfassungsgerichts 692 • «Schröder muss weg»: Mediale Meinungsmacher und WASG 696 • Neue Kraft im Wahlkampf, aber wofür? 699

Epilog 704

Bemerkungen zur Methode und zu den Quellen – Dank 714
Anmerkungen 721
Bildnachweis 784
Quellen- und Literaturverzeichnis 785
Abkürzungsverzeichnis 833
Personenregister 835
Ortsregister 844

Einführung

1998 ist in der Bundesrepublik Deutschland erstmals eine amtierende Regierung vollständig abgewählt worden – dies hatte es seit ihrer Gründung 1949 noch nie gegeben. Bisher war zumindest ein Koalitionspartner auch in der neuen Regierung vertreten gewesen. Schon für die Zeitgenossen bedeutete der rot-grüne Machtwechsel unter Gerhard Schröder und Joschka Fischer einen tiefen Einschnitt. Das Hoffen der einen entsprach dem Bangen der anderen. Doch bald sollte sich erweisen, wie gravierend der Umbruch, der weit über den nationalen Rahmen hinausreichte, tatsächlich war. Rot-Grün wurde, halb freiwillig, meist jedoch gezwungenermaßen, zur ersten «globalen» Regierung in Deutschland. Schon seit dem Ende der 1970er Jahre verdichteten sich etliche globale Ereignisse. Doch führte dieser Globalisierungsschub im Wesentlichen nur zu neuen Wahrnehmungsmustern.[1] Um die Jahrtausendwende herum gerieten jedoch nationale Angelegenheiten immer stärker ins Hintertreffen oder waren alleine nicht mehr zu lösen – die Welt veränderte sich schneller als zuvor. Existenzielle globale Probleme wie Krieg und Frieden, Weltklima oder Finanzkrisen schoben sich nach vorne und erforderten ein weltweites gemeinsames Agieren. Die Bedeutung von nationalen Grenzen schwand, wohingegen globale Bezugspunkte zunahmen. Die Globalisierung drang in vielfältigen Formen in die Lebenswelt der Menschen ein, sie spielte sich nicht nur in der Ökonomie ab. Eine sich ständig beschleunigende Globalisierung hieß vor allem, dass kein Konflikt auf der Welt so fern war, um Deutschland und die Deutschen unberührt zu lassen. Neue Fragen des 21. Jahrhunderts brachen mit Wucht herein. Dieses Buch will erklären, wie die unterschiedlichen Entwicklungsstränge, die diese Zeiten anders sein ließen als vorhergehende, zusammengelaufen sind.

In der Rückschau lässt sich die Zeit am Übergang vom 20. zum 21. Jahrhundert als eine Scharnierzeit beschreiben, in der Tabus gebrochen wurden und große Veränderungen in der Bundesrepublik in Gang kamen. Es waren Jahre des Umbruchs, und Deutschland befand sich mitten in einer Welt des Wandels und veränderte sich darin selbst. Zur alles überwölbenden Grundtendenz der Globalisierung traten vier weitere bewegende Kräfte und Tendenzen der Zeit hinzu. Das erste und wichtigste weitere Kräftefeld, das diese Jahre durchzog, umfasste Fragen von Krieg und Frieden – vom Kosovo-Krieg über den Krieg in Afghanistan bis zum Irak-Krieg. Der internationale Terrorismus, der in den Anschlägen des 11. September 2001 in den USA gipfelte, wirkte auf die äußeren und die inneren Angelegenheiten der Staaten gleichermaßen zurück. Auch die Einstellungen und Vorstellungen der Menschen waren zeitweilig von einer Kultur der Angst geprägt und gravierenden Wandlungsprozessen unterworfen. Darin eingelagert veränderte sich – als zweites Feld – das Gesicht Europas. Der Untergang des Kommunismus hallte nach, Freiheitsgewinn und neues Risiko gingen dabei Hand in Hand.[2] Das Ende der Zweiteilung der Welt und des Kalten Krieges sowie die Revolution der Staatenwelt führten zu einer Rückkehr und Verwandlung Europas von historischem Ausmaß innerhalb eines nur sehr kurzen Zeitraums. Schon angesichts dieser Entwicklungen war eine «Schönwetterregierung» in der Bundesrepublik nicht möglich, wenngleich die Handelnden im Überschwang des Wahlsieges von 1998 zunächst davon ausgehen mochten. Vielmehr mussten deutsche Sonderrollen, die noch aus der Zeit der Teilung bestanden, mitunter schonungslos verabschiedet und neue Gleise in weitgehend unbekanntes Terrain verlegt werden.

Die rot-grüne Zeit kennzeichneten darüber hinaus turbulente und verwirrend hektische Jahre auf einem ganz anderen, dritten Gebiet: Die westlichen Sozialstaaten, allen voran Deutschland, waren in die Krise geraten; sie sahen sich dabei jedoch nicht mehr nur nationalstaatlichen Problemen unterworfen, sondern die von außen kommenden Kräfte und der Wettbewerb mit aufstrebenden Ökonomien wurden zunehmend stärker. Darüber hinaus verbanden sich diese älteren Probleme mit neuen Menschheitsfragen, etwa dem Klimawandel und dem Schutz der Umwelt. Beides zog zunehmend politische und gesellschaftliche Polarisierungen nach sich. Der Pulsschlag der Politik erhöhte sich merklich, und die bisherige ruhige Stabilität der Republik wich einer neuen Unruhe, aber auch größerer Beweglichkeit, nicht zuletzt angesichts solcher globaler Spannungslagen. Schließlich und viertens war das gesellschaftliche Klima 1998 zwar reformfreudig wie schon lange nicht mehr, doch über die Inhalte von Reformen wurde erbittert gestritten.

Bisweilen nahm dieser Streit kulturkämpferische Formen an, wobei es eine wesentliche Rolle spielte, dass die 68er-Generation 1998 an die Macht kam, was auf beiden Seiten – derjenigen der Befürworter und derjenigen der vehementen Kritiker von 68 – zu reflexhaften Reaktionen führte. Insgesamt gesehen waren die Jahre zwischen 1998 und 2005 Schlüsseljahre für die weitere Entwicklung des Landes, das stärker als zuvor seiner globalen Verflechtungen gewahr wurde, sich unter dem Druck gesellschaftlicher Modernisierung befand und einen politischen Generationenwechsel durchlebte.

Viele der Bilanzen zu Rot-Grün, die während jener Jahre oder unmittelbar nach dem Ende dieses angeblichen «Projektes» geschrieben wurden, haben solche Zwänge, Verflechtungen und Aporien noch gar nicht wahrgenommen. Stattdessen erblickten Journalisten in den rot-grünen Jahren ein «politisches Abenteuer»,[3] und etliche Sozialwissenschaftler begleiteten die Zeit mit wichtigen kleinteiligen Analysen, verloren jedoch das große Ganze aus den Augen oder vermochten es gar nicht zu sehen, besonders deshalb, weil die Quellen noch fehlten.[4]

Am Anfang jeder historischen Forschung stehen die Quellen. Empirische, auf neuem Quellenmaterial fußende Forschungen ermöglichen es, Zeitläufte neu zu deuten. Geschichtswissenschaftliche Fragestellungen können davor bewahren, politik- und sozialwissenschaftliche Thesen und Methoden, die in der Zeit selbst entstanden sind, einfach zu übernehmen und fortzuschreiben, anstatt sie in ihrer Zeitgebundenheit wahrzunehmen.[5] Basierend auf reichhaltigem, bisher unveröffentlichtem Material ist es der Anspruch der vorliegenden Untersuchung, eine erste, vollständig aus den Quellen geschöpfte Gesamtdarstellung der rot-grünen Ära vorzulegen. Sie ist wissenschaftlichen Standards verpflichtet und soll zugleich anschaulich geschrieben sein. Um diese Zeit lebendig werden zu lassen, wird ausgiebig aus den Quellen zitiert. Ziel ist es, eine eigenständige historische Perspektive auf die jüngste Vergangenheit zu entwickeln.

Abgesehen von solchen wenigen Hinweisen kann diese Einführung aus zwei Gründen knapp gehalten werden: Zum einen, da Bemerkungen zu den Quellen und zur Methode, die sich mit einem Dank an zahlreiche Personen verbinden, im Nachwort zu finden sind. Zum anderen, da die spezifischen Fragen der Untersuchung am Anfang der jeweiligen

Großkapitel aufgeworfen werden: Das Buch gliedert sich chronologisch in drei Teile, und jedem Teil ist ein «Panorama» vorangestellt, in dem aus der Vogelperspektive wichtige Zeittendenzen eingefangen und die Leitfragen für den Fortgang der Darstellung benannt werden. Der erste Teil des Buches beschreibt den von einer neuen politischen Generation beabsichtigten schwungvollen Aufbruch ins 21. Jahrhundert. Rot-Grün peilte eine nachholende Modernisierung der Gesellschaft und ökologische Strukturreformen an, besonders den Ausstieg aus der Atomenergie. Ein neuer «Geist» sollte die Republik am Übergang von Bonn nach Berlin begleiten. Doch vom ersten Tag an brach sich jegliches Vorhaben an der Frage von Krieg und Frieden, an Gewalt und Zivilität, an der Verhinderung einer «humanitären Katastrophe» auf dem Balkan. Rot-Grün und die gesamte deutsche Gesellschaft wurden mit aller Wucht aus der für viele Menschen so behaglichen Nachkriegszeit herausgeschleudert.

Wer jedoch geglaubt hatte, mit dem Ende des Kosovo-Kriegs sei das Schlimmste vorüber, irrte gewaltig. Nie zuvor seit 1945 war Deutschland dermaßen mit globalen Herausforderungen konfrontiert wie nach dem Terror von 9/11. Davon handelt der zweite Teil des Buches, der den Blick auf die Terrorismusbekämpfung richtet und die Mentalitäten der Angst darstellt, die viele westliche Gesellschaften ergriff und veränderte. Dass Deutschland auch am Hindukusch verteidigt werde, stellte eine ganz neue Erfahrung dar. Die Beteiligung der Bundesrepublik am Afghanistankrieg wird ebenso geschildert wie das unerhörte deutsche «Nein» zum dritten Krieg innerhalb kürzester Zeit, dem Irak-Krieg, den die neue US-Administration unter George W. Bush unbedingt zu führen gewillt war. Dabei soll auch erläutert werden, welche Folgen dieses «Nein» für Europa und die Welt hatte.

Nach der knappen Wiederwahl agierte Rot-Grün seit der Jahreswende von 2002 zu 2003 nur mehr aus der Defensive und schien dem politischen Tod näher als dem Leben. Die Aufbruchstimmung war vollkommen verflogen. Dies ist das Thema des dritten Teils. Die meisten politischen Beobachter hatten damit gerechnet, dass Rot-Grün eine Episode bleiben würde. Doch plötzlich brachte diese Regierung, obwohl sie mit dem Rücken zur Wand stand, mit der Agenda 2010 eine der größten Strukturreformen der bundesdeutschen Geschichte auf den Weg und widerlegte damit all jene, die von einer strukturellen Reformunfähigkeit Deutschlands ausgingen oder gar nationale Reformen im Angesicht der Globalisierung für ausgeschlossen hielten. Selten zuvor brandeten die innenpolitischen Wogen in der Bundesrepublik so hoch wie in den Jahren 2004 und 2005, Gesellschaft und Sozialkultur wurden regelrecht durchgeschüttelt. Wie hart Rot-Grün innenpolitisch auch immer bekämpft wurde – paradoxerweise war zugleich das Ansehen Deutschlands in Europa und der Welt groß. Dies war nicht zuletzt Folge einer erinnerungskulturellen und vergangenheitspolitischen Erneuerung, die ebenfalls ein wichtiges Kennzeichen jener Jahre war.

Aufs Ganze gesehen legte Rot-Grün kurvenreiche Wege zurück, in einigen Bereichen fuhr man fröhlich im Kreis, und in anderen gab es sogar fast keinerlei Bewegung. In den meisten jedoch wurden große Veränderungen, gesellschaftliche Kontroversen sowie Polarisierungen ausgelöst. 1998 bis 2005 war auch insofern eine Zeitenwende, als Altes aufgenommen, jedoch neu und manchmal kühn überformt wurde. Glanz und Krise befanden sich im ständigen Wechsel. Veränderung und Stabilisierung lösten sich permanent ab. Während die einen weit ausgriffen, versuchten die anderen eng einzudämmen. Eine Zeit der Entwürfe tritt dem Betrachter entgegen mit überraschend gewagten Neukonzeptionen, die freilich nicht alle zum Abschluss gelangten. Insgesamt sind am Übergang vom 20. zum 21. Jahrhundert Türen aufgestoßen worden zu einer neuen Orientierung Deutschlands in einer sich verändernden Ordnung der Welt. Die spannungsvollen und temporeichen Zeitläufte erforderten eine große Kraftanstrengung, führten zu gesellschaftlichen Konflikten und verlangten den Menschen viel ab. Unbestreitbaren Erfolgen stand am vorzeitigen Machtverlust 2005 für Rot-Grün viel Unausgeschöpftes gegenüber. Davon handelt dieses Buch.

Der Pakt ist geschlossen: Gerhard Schröder, Oskar Lafontaine und Joschka Fischer mit dem unterzeichneten Koalitionsvertrag, 20. Oktober 1998.

Erster Teil

Aufbruch ins 21. Jahrhundert

Panorama

Eine Stunde vor Schließung der Wahllokale am 27. September 1998 wusste Gerhard Schröder, dass er es geschafft hatte. Nach einem Anruf von Manfred Güllner, Chef des Meinungsforschungsinstituts Forsa, war klar, er würde der nächste Bundeskanzler sein. Die Sozialdemokraten kämen, so die Vorhersage, auf über 40 Prozent, die Union nur auf wenig mehr als 35 Prozent; daran würde sich nichts Wesentliches mehr ändern. Die Stimmung stieg, Feierlaune kam auf. Um 18.03 Uhr wurde die erste Prognose im Fernsehen gesendet – beim ZDF reichte es für eine rot-grüne Koalition, bei der ARD nicht. Entspannung trat mit den ersten Hochrechnungen ein. Um 19 Uhr zeigte sich Schröder in Siegerpose vor den Fernsehkameras. Am Abend feierten SPD und Bündnis 90/Die Grünen ausgelassen ihre Siegespartys. Es herrschte eine regelrechte Euphorie, Sekt floss in Strömen, und selbst als bieder verschriene Politiker führten Freudentänze auf oder machten «La Ola». Manche wähnten sich in einem schönen Traum und wollten erst gekniffen werden, um sicherzugehen, dass es sich um die Wirklichkeit handelte. Erstmals in der deutschen Nachkriegsgeschichte war nicht nur eine amtierende Regierung vollständig abgewählt worden, die Wähler hatten darüber hinaus zum ersten Mal in Deutschland einer «linken» Mehrheit zur Macht verholfen.

Blickte man über das beschauliche Bonn, wo die Partys stattfanden, hinaus, erschien freilich diese Euphorie ziemlich provinziell. Sie sollte auch von recht kurzer Dauer sein, denn die «Neuen» mussten sich innerhalb kürzester Zeit Herausforderungen stellen wie kaum je eine frisch ins Amt gekommene Politikerriege vor ihnen. Das gesamte Wahljahr 1998 hindurch war von besorgniserregenden Nachrichten aus dem Kosovo begleitet gewesen. Anfang März 1998 hatten serbische Sicherheitseinheiten Dörfer in der Drenica angegriffen, die als Hochburg der Untergrundarmee der Kosovo-Albaner (UÇK) galt. Dabei waren ganze Familien von den serbischen Einheiten exekutiert worden. Nach diesen «Drenica-Massakern» drohte die NATO mit militärischen Maßnahmen, falls der serbische Machthaber Milošević nicht zur Vernunft kom-

20 Aufbruch ins 21. Jahrhundert

Das Lachen vor dem Sturm: Nach der Unterzeichnung des Koalitionsvertrages wird in der nordrhein-westfälischen Landesvertretung angestoßen.

men und seine Soldateska abziehen sollte. Stellte sich damit für Deutschland zum ersten Mal seit dem Ende des Zweiten Weltkrieges die Frage, ob man sich aktiv militärisch an einem Krieg beteiligen sollte – oder musste? Weder die Sozialdemokraten noch die Bündnisgrünen nahmen diese dunklen Wolken des Krieges richtig wahr, schon gar nicht am wunderschönen Altweibersommertag des 27. September 1998. Dabei war die Außenpolitik mit einer Wucht präsent wie selten in der Vergangenheit zuvor. Doch die Erwartungen der Parteien und auch der Öffentlichkeit in Deutschland waren fast ausschließlich auf die deutsche Innenpolitik gerichtet. Die neue Koalition – dies war Plan und Erwartung zugleich – sollte ein Bündnis für die Innenpolitik sein. Über eine außenpolitische Komponente verfügte Rot-Grün nur insofern, als postuliert wurde, rot-grüne Außenpolitik sei «Friedenspolitik». Kaum jemals zuvor hatte sich eine designierte Bundesregierung so über die auf sie zukommende Realität getäuscht.

Überall in den westlichen Industriegesellschaften waren die 1990er Jahre eine Zeit durchgreifender Reformen und Modernisierungen gewesen. In den USA, in Großbritannien, in vielen Ländern Kontinentaleuropas, besonders in den kleineren wie den Niederlanden, war die Gesellschaft modernisiert und waren soziale und ökonomische Reformen in Kraft gesetzt worden. Nur Deutschland stand unter der Regierung Helmut Kohls weitgehend abseits. Hier sprach man vom Reformstau. Insofern lag es durchaus auf der Hand, dass der Aufbruch ins 21. Jahrhundert von innenpolitischen Themen bestimmt sein sollte, die sich jedoch zum Teil jedenfalls als ein Bestandteil einer Weltinnenpolitik ausgaben. War es nicht an der Zeit, die deutsche Gesellschaft gründlich zu erneuern? Ziel war eine ökologische Modernisierung des Landes, die auch als Vorbild über Deutschland hinaus dienen konnte. Der Ausstieg aus der Kernenergie stand dabei ganz oben auf der Agenda – aber wie ließ er sich in einem hochindustrialisierten Land bewerkstelligen? Wie konnte man dieses Mammutvorhaben, sollte es überhaupt gelingen, durch den Ausbau regenerativer Energiequellen flankieren? Auch viel beschworene postmaterialistische Reformen in der Gesellschaftspolitik waren in aller Munde, und bürgerrechtliche Liberalisierungen sollten auf den Weg gebracht werden. So wollte man mit Überschwang auf die Veränderungen am Ende des 20. Jahrhunderts und am Beginn des 21. reagieren, sie in den Griff bekommen, ja gestalten. Dass die Bundesrepublik strukturell reformunfähig sei – dies wollte Rot-Grün widerlegen. Mehr noch: Der globale Veränderungsprozess sollte mitgeformt werden. Tempo und Gestalt der Veränderungen, die sämtliche Lebensbereiche erfassten, waren bemerkenswert. Die elektronische Revolution, und dann vor allem das Internet, verwandelte den Alltag und die Arbeitswelt der Menschen seit etwa einem Jahrzehnt. Zugleich vollzog sich seit Längerem, doch immer schneller ein Wechsel von der Industrie- zur Dienstleistungsgesellschaft, der so grundstürzend war wie der Übergang vom landwirtschaftlichen in das industrielle Zeitalter. Musste der seit einem Jahrzehnt so kraftvoll voranschreitende «Neoliberalismus», dieses Konzept des radikalen Laissez-faire, in dem es für die sozial Schwächeren in der Gesellschaft keine sozialen Absicherungen mehr zu geben schien, und musste überhaupt das ungehemmte Profitstreben, dieser neue «Kasinokapitalismus», nicht mit Macht eingedämmt werden? Denn er führte doch offensichtlich zu einem Wertezerfall. So sahen es die einen. Aber die anderen sahen im Vorrang für den Markt eine große Chance. Für sie ging kein Monster durch die Welt, sondern ein Glücksbringer. So standen sich auf vielen Feldern Pro und Contra schroff gegenüber. Das galt auch für andere Fragen, wie zum Beispiel: Wie konnte in einer Welt des beschleunigten Wandels den Menschen Sicherheit gegeben werden? Was bedeuteten angesichts weltweiter Veränderungen Begriffe wie Gerechtigkeit, Verteilungsgerechtigkeit, Chancengerechtigkeit, Generationengerechtigkeit?

Seit Jahren hatten sich die Welt und die Republik schneller verändert, als die meisten Politiker es wahrhaben wollten, die immerzu über Blockaden jammerten, Stabilität wünschten und Lähmung erzeugten. Während sich Europa und die Welt politisch und sozial rasant wandelten und neue Menschheitsfragen aufgeworfen wurden – Klimawandel, Nord-Süd-Verhältnis, Menschenrechte, Rolle der UNO –, war der Blick in Deutschland nach innen gerichtet. Wenn man vom Jahrhundertereignis der Revolution 1989/90 einmal absieht – handelte es sich dann 1998 um eine Art dritten Machtwechsel? Der erste, 1969, war unter der Pathosformel «Mehr Demokratie wagen» erfolgt, den zweiten, 1982/83, hatte die konservativ-liberale Koalition zur «geistig-moralischen Wende» erklärt. Gab es 1998 auch eine Pathosformel für den Wechsel? «Neue Mitte», «Innovation und Gerechtigkeit», «Generationenprojekt» oder «Rot-Grünes Projekt»? Die Grünen saßen an der Seite der Sozialdemokraten am Kabinettstisch. War dies eine Art Wiedervereinigung? Entsprang daraus die Überhöhung zu einem historischen Projekt? Welches waren überhaupt die Inhalte?

Innenpolitisch kann man die rot-grüne Zeit der ersten Legislaturperiode in drei Phasen unterteilen. Die erste Phase reichte von der Wahl 1998 bis in den Spätsommer 1999 hinein. Dies war eine an Debakeln reiche Zeit, in der das Chaos die Mutter allen Tuns schien. Die Stichworte lauteten: Anfängerfehler, programmatische Inkonsistenz beider Regierungsparteien, rapider Verlust des Vertrauens in der Bevölkerung, Entfremdung von einem nicht geringen Teil der Wählerschaft. «Nachbesserungen» war ein Wort, das über Nacht in den Wortschatz der Deutschen Eingang fand, dicht gefolgt von «handwerkliche Fehler». Rot-Grün wirkte, als wäre es in den politischen Alltag hineingestolpert. Warum wurde der Kredit bei den Wählern derart schnell verspielt? Lag es nur an der mangelnden Regierungserfahrung, oder spielten strukturelle Gründe eine Rolle, etwa dass SPD und Grüne über kein Zentrum verfügten, das die Regierungsgeschäfte steuern konnte? War vielleicht die schwache Parteiführung der Grünen Ursache allen Übels? Oder war es die Konkurrenz zwischen Gerhard Schröder und Oskar Lafontaine, die alles lahmlegte? Nach nur 136 Tagen im Amt schied Lafontaine aus und warf den Sozialdemokraten gleich noch den Parteivorsitz vor die Füße – ein gravierender Einschnitt.

Warum änderte sich mit einem Male seit Ende 1999 alles? Bis in den Herbst 2001 hinein herrschte plötzlich eine nie vermutete Aufbruchstimmung. Krisen wurden gemeistert, etwa um Lebensmittelverseuchungen, den «Rinderwahnsinn» (BSE), und wichtige Reformen gelangen, so mit Blick auf das Staatsbürgerschaftsrecht. Auch die konkrete Ausformung einer ökologischen Modernisierung wurde nicht mehr nur belächelt. Hing dies nur mit der Schwäche der Union zusammen, die in den Spendenskandal verstrickt war, was für sie einen Stimmungsabsturz zur Folge hatte? Oder lag es an dem günstigen gesellschaftlichen und ökonomischen Umfeld? Erstmals seit Oktober 1994 sank die Arbeitslosenquote unter neun Prozent. Nutzte Rot-Grün diese unverhoffte Chance? Oder war es im Gegenteil nicht so, dass das Zusammentreffen von nachlassendem Problemdruck und demoskopischer Stärke dazu verleitete, die Reformtätigkeit stark abzuschwächen, anstatt die günstige Gelegenheit beim Schopf zu packen und kurzfristig unpopuläre Maßnahmen durchzusetzen? Sollte sich dies bald rächen? Tatsächlich trübte sich die Konjunktur Ende des Jahres 2001 wieder ein – auch eine Folge des Schocks der Terroranschläge vom 11. September 2001. Daher spricht viel dafür, mit 9/11 eine neue Phase beginnen zu lassen; es handelte sich um einen politisch und mental tiefen Einschnitt.

Das «Modell Deutschland» steckte in einer Anpassungskrise. Die Dimensionen des Problems waren bekannt: der demographische Wandel, die Veränderung der Erwerbsbiographien, der Rückgang der lebenslangen Erwerbsarbeit, die Wiedervereinigung, die Wirkungen der Globalisierung. Die Sozialleistungen wuchsen, die Leistungsträger im Solidarsystem nahmen ab. Darauf zu reagieren stellte eine Jahrhundertaufgabe dar. Auch der Reform des Staatsbürgerschaftsrechts kam – jedenfalls im deutschen Kontext – eine säkulare Dimension zu. Und der neue Regierungsstil? «Auf den Kanzler kommt es an», hatte es seit den 1950er Jahren immer geheißen. Stimmte das weiterhin? War die intellektuelle Disposition der alten Bundesrepublik erstarrt und historisch überholt? Musste man nicht davon ausgehen, dass längst ein Modernisierungsprozess im Gang war, der nur noch von oben und meist gar nicht mehr auf nationaler Ebene gesteuert werden konnte? Erforderte dies ein vollkommen neues Regieren im 21. Jahrhundert, die Suche nach einem «Dritten Weg», wie es die Erklärung zur europäischen Sozialdemokratie von Gerhard Schröder und Tony Blair im Frühjahr 1999 vorsah? Wurde dem deutschen Debattenmilieu diese Europäisierung kurzerhand vorgesetzt? Die Öffentlichkeit schwankte zwischen «kopernikanischer Wende», so «Le Monde» aus Frankreich, «Revolution von oben», so «Die Welt», oder dem Verdacht eines schlichten Versuchs Schröders, sich mit «Blairs Nimbus» zu wappnen, so die «Frankfurter Allgemeine Zeitung».

Doch gerade die frühe Zeit von Rot-Grün, in der noch vieles scheiterte, aber vorgedacht wurde, wies weit in die Zukunft voraus, nicht zuletzt auf die Agenda 2010, wie man heute weiß. Vor allem jedoch: Der Gedanke, eine deutsche Regierung könne ihre Autorität dem Krieg verdanken, wäre vor 1998 frivol gewesen. Ausgerechnet ein rot-grünes Kabinett führte Deutschland in ein neues Zeitalter, vollzog den Tabubruch und orientierte das Land außenpolitisch neu: als europäische Zentralmacht. Der Kosovo-Krieg war ein Scharnier für alles, was danach kam, Afghanistan und kurz darauf der Irak. Ähnliches wäre für eine CDU-geführte Regierung weitaus schwieriger gewesen. Durch das Land ging ein außenpolitischer «Realitätsschock»[1]. Es erscheint paradox: Rot-Grün sollte ein Bündnis für die Innenpolitik sein und musste sich stattdessen vor allem außenpolitisch bewähren. Ein Primat der Innenpolitik gehörte zur Erfolgsgeschichte der alten Bundesrepublik und lag in ihrer begrenzten Souveränität begründet. Dies war längst vergangene Wirklichkeit. Nach der Wende von 1989/90 und der Wiedervereinigung hatten die Deutschen die Wiederkehr ihrer vollen Souveränität eine zeitlang ignoriert und waren davon ausgegangen, alles würde so behaglich bleiben wie bisher. Vor den globalen oder auch nur europäischen Herausforderungen hatten sie die Augen verschlossen. Wurde man nun in eine neue Zeit hineingeschleudert? War es eine Umbruchszeit? Eine Zeitenwende, welche durch die Kollision von Globalisierung, Neoliberalismus und der Krise der kulturellen Selbstwahrnehmung befördert wurde? Ging die traditionelle Kontinuitätsbedächtigkeit der Bundesrepublik unwiderruflich zu Ende? Das Nachrichtenmagazin «Der Spiegel» schrieb: «Noch bevor er vereidigt ist, hat Gerhard Schröder seinen Platz in der Geschichte sicher – als Kanzler des Neuen.»[2]

Die Regierung Schröder-Fischer wurde so gezwungenermaßen zu einer Regierung des Übergangs, aber zu keiner Übergangsregierung. Je mehr sie sich dieses Umstandes gewahr wurde, desto mehr beanspruchte sie auch, eine solche Regierung des Übergangs zu sein: Sie wollte Dinge neu regeln und globale Weiterungen in das Regieren mit einbeziehen; sie wollte den Aufbruch ins 21. Jahrhundert gestalten. Würden ihr die Menschen dabei folgen?

1. «Aber jetzt ist eine andere Zeit» – Der Machtwechsel 1998

Kampa 98 und «Neue Mitte»

Die «Kampa 98» – als Kurzform für Kampagne – war der modernste und effektivste Wahlkampf, den eine Partei in der Geschichte der Bundesrepublik bis dahin jemals geführt hat.[1] Mit ihr wurden neue, stilbildende Wege der politischen Kommunikation und ein Niveau an Professionalität erreicht, an dem sich künftig auch die anderen politischen Parteien orientierten. Es muss zwischen den verschiedenen Bereichen wie der Organisation des Wahlkampfes, den strategischen Zielsetzungen und den Instrumenten der Kampagne unterschieden werden, um zu verstehen, wie es den Sozialdemokraten gelang, den Stimmungstrend in der Bevölkerung, die nach 16 Jahren konservativ-liberaler Regierung einen personellen und politischen Wechsel herbeiwünschte, aufzunehmen und zu kanalisieren.

Bereits zwei Jahre vor dem Wahltermin begannen die Planungen – man blickte auf die Wahlkampferfahrungen (sozial-)demokratischer Parteien im Ausland, besonders auf die erfolgreichen Kampagnen von Bill Clinton in den USA und Tony Blair in Großbritannien. Hier waren Formen zum Tragen gekommen, die für Deutschland noch völlig neuartig schienen. Besonders die Clinton-Kampagne von 1992, die ihrerseits wiederum Vorbild für Tony Blairs Wahlkampf 1997 war, beeindruckte viele, die Wahlen gewinnen wollten. Clinton hatte sich als ein Mann der Mitte empfohlen, nicht links, nicht rechts, sondern als überparteilicher Verfechter eines «Dritten Weges». Im Gegensatz zu seinem Vorgänger George W. Bush sen. strich er seine Ablehnung jeglicher Form von Ideologie heraus und trat als Pragmatiker auf, ein Politiker neuen Typs, der die Lebensbedingungen und Bedürfnisse der Mittelklasse offenbar kannte. Clinton zog in seiner Medienkampagne alle Register, posierte vor Konterfeis von Elvis Presley, adaptierte den Song der populären Musikgruppe Fleetwood Mac «Don't Stop (Thinking

About Tomorrow)» für seinen Wahlkampf und ging selbst Vergleichen mit John F. Kennedy nicht aus dem Weg. Auch Clinton war erst Mitte vierzig, also juvenil, dynamisch, attraktiv. Tony Blair, der Philip Gloud aus Clintons Beraterteam nach London holte und ihn zum Wahlkampfstrategen von New Labour machte, kopierte fünf Jahre später diesen Wahlkampf. Er betonte ebenfalls seinen jungenhaften Charme, würde er doch, falls man ihn wählte, der seit 1812 jüngste Premierminister Großbritanniens sein. Blair überließ nichts dem Zufall. So flog er eigens zum Medienmogul Rupert Murdoch, dem Besitzer von «Sun», «Times» und «Sky-TV», um ihn von sich zu überzeugen, und hatte offenbar Erfolg; jedenfalls änderte die Murdoch-Presse ihre Berichterstattung und unterstützte 1997 Tony Blair massiv.[2] Legendär war die Einrichtung des «war room», einer Wahlkampfzentrale, in der nach amerikanischem Vorbild professionelle Imagesteuerung betrieben wurde.

Diese anglo-amerikanischen Wahlkämpfe waren nun wiederum die Blaupausen für die SPD. In den ersten Überlegungen forderte SPD-Bundesgeschäftsführer Franz Müntefering eine computergestützte Wahlkampfdatenbank, in der zu allen wichtigen politischen Themenfeldern zentrale Dokumente, Kommentare, Positionsbestimmungen und Beschlüsse der SPD sowie ihrer politischen Gegner zusammengetragen würden.[3] Außerdem war ein leistungsfähiges System der «Konkurrenzbeobachtung» unverzichtbar. «Nach dem Jahr der Konsolidierung», so Müntefering, «soll 1997 ein Jahr der Mobilisierung werden». Müntefering, zuvor Landesminister in Nordrhein-Westfalen, war 1995 Bundesgeschäftsführer der SPD geworden. Mit ihm, dem Cheforganisator der sozialdemokratischen Disziplin und «Ruhigmacher» der Partei, wie ihn «Die Zeit» beschrieb, gelangten Managermethoden in den Alltag der Funktionäre. «Der Ur-Sozi krempelte die Partei um wie keiner vor ihm. Müntefering, der Traditionalist, vertiefte sich in amerikanische Wahlkampfstrategien. Müntefering, der Fremdsprachenlaie, öffnete die Parteizentrale den Beratern aus dem Ausland. Am Ende hatte der Mann, der aussah, als habe er noch nie einen Herrenausstatter außerhalb Sunders (wo er aufgewachsen war, E. W.) gesehen, der SPD das modernste Outfit verpasst, das sie je hatte.»[4]

Mit den amerikanischen Betreuern der Clinton-Gore-Kampagne von 1992 und 1996 traf man sich im Rahmen mehrerer Veranstaltungen der

Friedrich-Ebert-Stiftung. Dabei lernten die Deutschen auch, wie bedeutsam es war, die Geschwindigkeit zu erhöhen. Die Amerikaner empfahlen, mit «Tagesmeldungen» zu arbeiten, was hieß, dass alle wichtigen Multiplikatoren und Gliederungen der Partei täglich ein Thema des Tages übermittelt bekamen, das dann auf allen Ebenen verbreitet werden sollte. Überhaupt erschien der Aufbau einer schnellen Kommunikations-Infrastruktur wie in den USA das A und O zu sein, denn damit konnten auch «Rapid-Response-Einheiten», so der Parteijargon, geschaffen werden. Die Fähigkeit, schnell auf den politischen Gegner zu reagieren, hatte für die hohe öffentliche Aufmerksamkeit der demokratischen Kampagne in den USA gesorgt. Bei den Reden der Spitzenkandidaten der Republikaner waren immer Pressevertreter der Clinton-Gore-Campaign anwesend, die sofort Informationen an das Hauptquartier übermittelten, welches wiederum Stellungnahmen «abfeuerte». Müntefering war sich sicher: «Der Aufbau einer solchen schnellen Reaktionseinheit für 1998 hat erhebliches Gewicht und wird eine entsprechende öffentliche Resonanz erzielen.»[5] Freilich musste ein solches, noch fremdes System erst eingeübt werden.

Am dringendsten waren die Planung und der Aufbau einer Wahlkampfzentrale, die, von den Routineaufgaben einer Parteizentrale entlastet, sich ausschließlich auf den Wahlkampf konzentrieren konnte und auch räumlich getrennt agierte. «Befreit vom alten Mief des alten Baracken-Trotts»[6] – «Baracke» als Bezeichnung für die SPD-Zentrale –, führten die Wahlkampfgestalter um Müntefering und Matthias Machnig, seinen Büroleiter und Koordinator der Kampa,[7] Neuerungen ein. Um die veraltete technische Infrastruktur zu modernisieren und die Kommunikation zu verbessern, wurden Parteizentrale, Wahlkampfzentrale und bundesweit 325 SPD-Geschäftsstellen mit moderner Computer-Hard- und Software ausgestattet und miteinander vernetzt. Mit diesem SPD-eigenen, verschlüsselten Intranet verfügten die Sozialdemokraten über die modernste Kommunikationsstruktur aller deutschen Parteien. Angesichts der Veränderung der Kommunikationslandschaft war es darüber hinaus unerlässlich, professionelle Zuarbeit von außen in die Wahlkampfzentrale zu holen. Wollte man nämlich mit den eigenen Botschaften und Bildern in die Medien gelangen, so konkurrierte man nicht nur mit den anderen Parteien um diesen Zugang, sondern darüber hinaus mit allen anderen Anbietern von Nachrichten. Daher engagierte die SPD für die Bereiche klassische Werbung, Internetauftritt, Veranstaltungsmarketing, Mediaplanung, Mediaanalysen und Forschung spezielle Agenturen wie die Hamburger «KNSK» und vor allem die weltweit agierende Werbe- und Marketingagentur «BBDO» mit Hauptsitz in New York, die durch originelle Werbung für die Zigarettenmarke «Lucky Strike» und das Waschmittel «Weißer Riese» bekannt geworden waren.

Solche Fachleute wussten, wie gute Werbung funktionierte. Diese huldigte nicht allein den Intentionen derjenigen, die etwas anboten, sondern ging auf die kollektiven Bewusstseinslagen der Menschen ein, sie spiegelte Zustände der Gesellschaft wider und wirkte als Resonanzkörper gesellschaftlicher Prozesse, die sie wiederum aufnahm und kanalisierte. Gute Werbung musste den «Zeitgeist» treffen, Wünsche, Sehnsüchte und Erwartungen der Zeitgenossen ausdrücken und so Zustimmungs- und Handlungsbereitschaft auf das Beworbene – in diesem Fall die SPD – umlenken. Sie erfasste und erzeugte also Stimmungen und nutzte sie für ihre Zwecke. So jedenfalls sah es der Plan vor.

Die Kampa präsentierte sich nach außen als hierarchiefrei und kreativ, als Subjekt des Wahlkampfes und zugleich selbst als Werbeobjekt. Zeitgleich mit der Inbetriebnahme des Intranets startete die SPD die «Offensive 98» – in 32 besonders umkämpften Wahlkreisen intensivierte die Partei ihre Werbung, auch dies folgte dem Vorbild Tony Blairs, der damit Erfolg gehabt hatte.

Bei den strategischen Zielsetzungen standen die Wahlkampfmanager vor einem großen Problem: Die Frage, wer Kanzlerkandidat der SPD würde, Gerhard Schröder oder Oskar Lafontaine, sollte, so hatten es die beiden vereinbart, erst nach der Wahl in Niedersachsen im Frühjahr 1998 entschieden werden. Daher musste die Kampagne so angelegt werden, dass jeder der möglichen Kandidaten sie später ohne größere Schwierigkeiten tragen konnte. In einer Studie arbeitete «polis», die «Gesellschaft für Politik- und Sozialforschung mbH», das Image der SPD zwei Jahre vor der Wahl heraus. Es war alles andere als gut. Die Wählerinnen und Wähler waren der Meinung, die SPD habe eine Oppositionsmentalität geradezu verinnerlicht, sie wurde als Protestpartei, nicht als Gestaltungspartei wahrgenommen. Außerdem wurde ihr ein mangelnder Siegeswillen bescheinigt, im Zweifelfalle, so die gängige Ansicht, würde die Partei lieber Recht behalten wollen als die Macht gewinnen. Zerstrittenheit, einseitiges Profil und Defizite im Modernitätsbereich rundeten die wenig schmeichelhaften Ergebnisse ab. Die SPD strömte Langeweile aus.[8] Die Wahlkampfzentrale zog daraus strategische Schlussfolgerungen: Ein frühzeitiger Beginn des Wahlkampfes sollte verdeutlichen, dass die SPD aus der Deckung in die Offensive gehe und an Attraktivität gewonnen habe; als Signal des Siegeswillens wählten die Wahlkampfstrategen den Slogan «Wir sind bereit». Zukunftsorientierung sowie Konzentration auf Gewinnerthemen (Arbeit, Jugend, Ausbildung) wurden mit der Grundmelodie «Sicherheit, Verlässlichkeit und Hoffnung» unterlegt, mit der «Grundphilosophie» von «Innovation und Gerechtigkeit» versehen, und die Sozialdemokraten positionierten sich als Partei der politischen Mitte; so blockten sie einen Lagerwahlkampf ab; dazu ließ man auch Koalitionsaussagen offen. Im Strategiepapier hieß es dazu: «Mit diesem Mitte-Diskurs sollte der erwarteten Linkskampagne der Regierung präventiv begegnet und vor allen Dingen Folgendes demonstriert werden: Die SPD ist die Partei eines neuen gesellschaftlichen Grundkonsenses in Deutschland; die SPD ist zum neuen Zentrum der Gesellschaft geworden (...); die SPD lässt sich in kein Lager abdrängen.»[9]

Die Kampa 98 bediente sich verschiedener Instrumente. Als Erstes startete im Frühjahr 1997 die «Innovationskampagne» mit kommerziellen Anzeigen zum Thema Innovation und mündete in einen großen «Innovationskongress» mit Vertretern aus Wirtschaft, Gewerkschaften, Forschung und Wissenschaft. Ende des Jahres brachten 40 Prozent der befragten Menschen «Innovation» mit der SPD in Verbindung, nur 30 mit der CDU/CSU, ein paar Jahre zuvor wäre dies noch unvorstellbar gewesen.[10] Die Stimmung wandelte sich offenbar. Ab diesem Zeitpunkt ging es, zweitens, darum, in einer «Doppelkopfkampagne» Innovation und Gerechtigkeit miteinander zu verbinden und sie durch die beiden potentiellen Kanzlerkandidaten Gerhard Schröder und Oskar Lafontaine personell zu besetzen; dies geschah mit gemeinsamen Auftritten und Plakaten, auf denen beide abgebildet waren. Diese «Doppelkopf»-Situation, eigentlich ein gravierender Nachteil, machte die SPD für die Medien zusätzlich interessant, zumal man wusste, wie spannungsreich beider Verhältnis zueinander war und dass sie die Harmonie nur spielten. Drittens trat eine kostengünstige, aber überaus originelle «Multiplikatorenkampagne» hinzu: Vor der Partei- und Wahlkampfzentrale wurden jeweils drei große Plakatflächen aufgestellt, auf denen in unregelmäßigem Rhythmus phantasievolle Plakate präsentiert wurden. Die Vorgabe an die Agenturen war nur, die Plakate so interessant zu gestalten, dass die in Bonn versammelten Pressefotografen und Fernsehteams an einer Berichterstattung nicht vorbeikommen konnten. Tatsächlich erlangte die Kampagne wegen ihrer Unkonventionalität rasch eine Art Kultstatus; zu sehen waren etwa Plakate, die berühmten Filmplakatmalereien nachempfunden waren, so «Vom Wähler verschmäht» («Vom Winde verweht») oder, als der Film «Titanic» in die Kinos kam, ein Motiv von dem untergehenden Reisedampfer und der Zeile «Regie: Helmut Kohl».

Nachdem Gerhard Schröder die Landtagswahl in Niedersachsen souverän gewonnen hatte, wurde er im Frühjahr 1998 auf dem Leipziger Parteitag zum Kanzlerkandidaten ausgerufen. Die Niedersachsenwahl war, wie von den Wahlkämpfern gewünscht, von den Medien zu einer Art «Primary election» wie in den USA hochstilisiert worden. Sie sei für Schröder so bedeutsam wie 1992 für Bill Clinton der Sieg in Ohio, der aus dem Provinzpolitiker aus Arkansas einen Kandidaten für die amerikanische Präsidentschaft gemacht hatte.[11] Leipzig nahmen viele politische Beobachter, etwa Volker Herres, als eine «Krönungsmesse» wahr.[12] In der Tat: Eine solch pompöse Show hatte die bundesdeutsche Parteiengeschichte bis dahin nicht gekannt. Die Kür verlief nach amerikanischem Vorbild, und Jürgen Leinemann vom «Spiegel», der das Spektakel beobachtete, fragte sich, wo er hineingeraten war: «Parteitag in Leipzig? Hollywood an der Pleiße». Während Schröder durch die Halle schritt, sah man auf einer Großleinwand einen Video-Clip – mit harten Schnitten einen kantigen Staatsmann von morgen, energisch, volksnah, modern. Untermalt wurde der Lauf Schröders zur Bühne von pathetischen Klängen der Auftrittsmusik, die der US-Präsidenten-Hymne aus dem Film «Air Force One» nachempfunden wurde. Um die 480 Delegierten des Parteitages und die vielen hundert Journalisten und die Ehrengäste auf den Tribünen ging es gar nicht – sondern um die 15 Millionen Fernsehzuschauer. Zeigte dies die gewünschte Wirkung? Die Geschäftsfüh-

Kult-Kampagne: Wahlplakat der SPD 1998.

rerin des Instituts für Demoskopie in Allensbach, Renate Köcher, vertrat die These einer Art «Show-Spirale»: Der Wähler werde von einer Medienstrategie geblendet, in der «die Wahlkampfführung selber als Ereignis inszeniert» werde und Programme unwichtiger seien als Showeffekte.[13] Unverkennbar knüpfte Köcher dabei an ihre frühere Chefin, die Demoskopin Elisabeth Noelle-Neumann, an, welche im Jahr 1972 die «Schweigespirale» für die Niederlage der CDU/CSU verantwortlich gemacht hatte: Der eigentlich zur Union tendierende Wähler habe sich in der öffentlichen Meinung nicht wiedererkannt und, weil er zu den Gewinnern zählen wollte, die SPD gewählt.[14]

Politik als Medienzirkus? Wurde man 1998 Zeuge einer «Amerikanisierung» des Wahlkampfes – inhaltsleer, personenbezogen, unpolitisch, eine reine Inszenierung in den Medien? Vorsicht ist geboten bei solchen Zuschreibungen, die auch leicht von europäischer oder deutscher Kulturüberheblichkeit gegenüber Amerika getragen werden. Über amerikanische Wahlkämpfe bestanden in Deutschland viele Illusionen, denn

Sieg im Zeichen der «neuen Mitte»: Gerhard Schröder am Wahlabend in der Bonner Parteizentrale der SPD.

anders als angenommen sind sie knallhart politisch, zielbewusst und ungemein mobilisierend. Derartig schonungslose Wahlkämpfe wären in Deutschland gar nicht möglich. Mit Sicherheit wurde durch die Kampa 98 eine neue Qualität erreicht, doch im Wahlkampf 2002 sollten weitere Neuheiten der Mediendemokratie hinzukommen, besonders die Fernsehduelle nach dem US-Vorbild der «great debates» zwischen dem Kanzler und einem Herausforderer.[15]

Nach der Nominierung Schröders begannen die Themen- und die Kandidatenkampagne – hier die potentiellen Gewinnerthemen mit dem Schwerpunkt auf «Innovation», dort, in den letzten vier Wochen vor der Abstimmung, die Stärken des Kandidaten, er sei modern, authentisch und kompetent.

Entgegen dem Urteil, dass alles neu erfunden oder aus Amerika übernommen wurde, muss betont werden, dass es ein deutsches Vorbild gab, den SPD-Wahlkampf von 1969. Auch dieser war seiner Zeit in Werbemethoden und Strategie weit voraus; auch dieser zielte darauf, reformorientierte Kräfte mit der SPD zu verknüpfen und neue Wählerschichten zu mobilisieren. 1969 hatte das zündende Motto gelautet «Wir schaffen das moderne Deutschland», und das Regierungsprogramm, das mit «Erfolg, Solidarität, Reformen» überschrieben gewesen war, hatte dem Spannungsbogen geglichen, den man 1998 mit dem Wahlprogramm «Arbeit, Innovation und Gerechtigkeit» abbildete, wenngleich hier vornehmlich vage Absichtserklärungen statt konkreter Maßnahmen enthalten waren. Wenn der damalige SPD-Bundesgeschäftsführer Hans-Jürgen Wischnewski vom «modernsten Wahlkampf in der bisherigen Geschichte der SPD» gesprochen hatte,[16] so hätte Franz Müntefering dies 1998 ebenfalls mit Fug und Recht behaupten können.

Überhaupt war die «Ära Brandt» Richtschnur für vieles, selbst der Begriff der «neuen Mitte» war keine Erfindung von 1998, sondern bereits ein Vierteljahrhundert alt: Brandt hatte ihn in die Debatte gebracht, ohne dass er damals auf größere Resonanz gestoßen wäre. Die «neue Mitte» fand nun jedoch im Zusammenhang mit der transnationalen Debatte um den «Dritten Weg» und das «Schröder-Blair-Papier» von 1999, worauf in einem späteren Kapitel zurückzukommen sein wird, erhöhte Aufmerksamkeit, und Schröders Berater Bodo Hombach bemühte sich, sie zu umreißen.[17] Während viele politische Beobachter auf die Substanzlosigkeit des Begriffes hinwiesen, erklärte der SPD-Fraktionsvorsitzende Rudolf Scharping, worum es aus seiner Sicht ging: «Es gibt zwei Traditionslinien in der SPD. Die eine ist eher etatistisch, die andere genossenschaftlich. Die eine betont eher den Staat, seine Regeln und Möglichkeiten, die andere eher den Bürger, sein Verantwortungsbewusstsein und seinen Leistungswillen. Die zweite Linie prägt das SPD-Wahlprogramm.»[18] Helmut Kohl hatte seine Regierungskoalition seit 1982/83 als «Koalition der Mitte» bezeichnet und konnte sich damit ganz in eine bewährte Tradition stellen. Seit den Anfängen der Bundesrepublik Deutschland herrscht, wenn es um die richtige Ordnung geht, der Wunsch, die Mitte zu bewahren und zu stärken.[19] «Mitte» wurde zu einer deutschen Chiffre: Nach 1989 lag Deutschland wieder in der Mitte Europas. Das Land war stolz auf eine immer noch breite Mittelschicht und es besaß eine leistungsfähige mittelständische Wirtschaft («le mittelstand» ist selbst in den französischen Sprachgebrauch eingegangen). Alle großen politischen Parteien kämpften um die Zustimmung in der

Mitte.[20] Geprägt durch die eigene Geschichte der politischen Extreme rechts und links hat die «Mitte» in Deutschland einen besonderen Klang, denn sie verspricht Stabilität, Wohlstand und Frieden. Dass nun allerdings Schröder im Wahlkampf die pragmatisch denkende und flexibel handelnde Mitte besetzte – also die parteipolitisch nicht festgelegten Funktionseliten in Unternehmen, Wissenschaft, Kultur und Verwaltung ansprach – und in seiner ersten Regierungserklärung im November 1998 gar eine «Republik der neuen Mitte» ausrief, brachte die Opposition in Harnisch, wovon heftige Zwischenrufe im Deutschen Bundestag zeugten.[21] Schröder war es gelungen, die Zielgruppe der Wechselwähler anzusprechen. Das Label «Neue Mitte» erschien geradezu «poppig», handelte es sich doch um eine Gruppe, die es bislang so nicht gab, zu der aber jeder dazugehören wollte, der sich nicht zur alten Rechten oder zur alten Linken zählen mochte. «Wer Schröder wählt», so «Der Spiegel» über die Wahlkampfstrategie, «gehört zur coolen Gang».[22]

Der Zeitgeist: Kohl=Vergangenheit, Schröder=Zukunft

Gerhard Schröders Berater bemühten sich, den Kandidaten mit den Begriffen Modernität, Innovation und Kompetenz zu verknüpfen. Am wichtigsten war dabei Schröders Image als «Frontmann» der «Neuen Mitte», der als parteiübergreifender Erneuerer auftrat. Dies ging einher mit einer «Historisierung» Helmut Kohls, denn die personenbezogene Strategie der SPD lebte vom Einbezug des amtierenden alten Kanzlers. Die demoskopischen Umfragen signalisierten, dass ein großer Teil der Bevölkerung der Regierung Kohl nicht mehr zutraute, die Probleme der Zukunft zu lösen. Ohne den «Kanzler der Einheit» persönlich zu verunglimpfen, denn er war nach wie vor beliebt, wurde gezeigt, dass seine Zeit politisch abgelaufen sei, etwa durch ein Plakat, auf dem ein Dinosaurier zu sehen und die Unterschrift platziert war: «Schon Größere mussten gehen, weil sich die äußeren Umstände geändert hatten, Herr Kohl». Die Sozialdemokraten beschränkten ihr «Negative Campaigning» darauf, Kohl zu ironisieren, aber seine historischen Leistungen nicht anzuzweifeln – mit dem Effekt, dass die SPD nicht als «typische», nörgelnde Oppositionspartei auftrat.

Da die Deutschen aggressive Wahlkämpfe nicht schätzen, gab Gerhard Schröder vor, nicht alles anders, sondern vieles besser zu machen, ein kluger wahltaktischer Schachzug. Demgegenüber konterte Helmut Kohl mit dem Spruch «Sicherheit statt Risiko», was an Konrad Adenauers «Keine Experimente» erinnerte, doch für viele unerträglich war, nicht allein weil man nicht mehr in den 1950er Jahren lebte, sondern auch weil damit die Aufforderung des Bundespräsidenten Roman Herzog konterkariert wurde, der ein Jahr zuvor davon gesprochen hatte, dass durch das Land ein «Ruck» gehen müsse; um die Zukunft zu gewinnen, müssten sich die Deutschen von liebgewonnenen Gewohnheiten und Schubladen verabschieden.[23]

In der Schlussphase begleiteten drei TV-Spots und ein Kinofilm den Wahlkampf, um Jungwähler anzusprechen. Hier wurde auf humorvolle Art und Weise Helmut Kohl als Mann der Vergangenheit dargestellt. Der Kinofilm stellte die berühmteste Szene von «Raumschiff Enterprise» nach, das «Beamen»: Vier Männer wollen sich in die Zukunft beamen lassen; der Vorgang wird eingeleitet, drei werden in die Zukunft gebeamt, aber einer bleibt übrig, die Energie reicht nicht aus; er nimmt seinen Helm ab, es ist Helmut Kohl; aus dem Off spricht die rauchige Synchronstimme von Robert de Niro: «Die Zukunft. Nicht jeder ist dafür geschaffen.» Die «Süddeutsche Zeitung» kommentierte: «Und dann: ‹SPD – Wir sind bereit›. 44 Sekunden Wahlkampf, 44 Sekunden große Werbekunst, 44 Sekunden lang der ehrgeizige Traum der SPD davon, wie sie sich gerne sehen und präsentieren würde: als die Sturmtruppe der Zukunft, die Retter der Menschheit – schön, klug, hart, schnell und pragmatisch. Ein visionärer Film ist dieser Spot vor allem deswegen, weil er keine politische Vision mehr anzubieten hat. Konsequent, als gelte es, die Thesen postmoderner Leitartikler vom Ende der Ideologien zu bestätigen, verzichtet er auf jede politische Aussage. Die Radikalität dieser Verweigerung ist nach 41 Jahren die Antwort auf das präpostmoderne ‹Keine Experimente!› der CDU von 1957.»[24]

Man wird insgesamt sagen können, dass die Sozialdemokraten es schafften, ein neues Image aufzubauen und sich nicht von den Medien treiben ließen. Inhalte spielten eine untergeordnete Rolle. Günstige Konstellationen verstärkten die Wirkung, so war die wirtschaftliche Lage gut, die Arbeitslosigkeit jedoch hoch und die Unzufriedenheit mit der amtierenden Bundesregierung groß. Dass die CDU/CSU nach so langer Regierungszeit verbraucht war, stand für viele Menschen außer Zweifel, und für die FDP galt dies nicht minder, sondern eher noch mehr; statt zu regieren, sollten sich beide, so die vorherrschende öffentliche Meinung, erst einmal regenerieren. Deutschland benötige den Wechsel um des Wechsels willens, so ließ sich die Stimmung beschreiben. Die Wahlen boten die Chance, Fenster aufzumachen, das Haus durchzulüften. Dass jede andere Koalition besser sei als die bestehende, die nichts mehr zustande brachte, dachten viele, aber einer großen Koalition, so schwer der Gang einer solchen Regierung immer ist, war die Mehrheit nicht abgeneigt, freilich ohne Helmut Kohl.

Beklagt wurde, dass sich eine Entsolidarisierung der Gesellschaft ausbreite und sich eine Ellenbogenmentalität durchsetze. Viele hatten den Eindruck, der Sozialstaat werde zerrieben, weil er nur noch unter dem Stichwort «Standortnachteil» verbucht wurde. Umfragen zufolge trauten die meisten der Regierung nicht mehr zu, aus der Stagnation herauszugelangen und die seit Jahren hohe Arbeitslosigkeit abzubauen. «Reformstau» war das Wort des Jahres 1997, wie die Gesellschaft für deutsche Sprache, die jedes Jahr ein solches Wort kürte, feststellte; 1998 sollte es «Rot-Grün» sein. Freilich wurde dieser Reformstau durch die Blockadehaltung der SPD im Bundesrat absichtsvoll mitproduziert. So ergab sich zusätzlich der Befund einer «blockierten» Republik. 1995 empfanden noch 39 Prozent der Bevölkerung die Verhältnisse als gerecht, 1998 war der Anteil auf 23 Prozent gefallen.[25] Mehltau lag über dem Land, und das Meinungsklima war für einen Regierungswechsel günstig. Nicht wenigen kritischen Stimmen erschien die Ära Kohl als «Ancien Régime».[26]

Die Begleitmusik zum rot-grünen Wechsel steuerte ein Intellektuellen-Netzwerk um den Hannoveraner Soziologieprofessor Oskar Negt bei, ein Schüler Theodor W. Adornos und ehemaliger Assistent bei Jürgen Habermas in Frankfurt, das mit zahlreichen Artikeln und Schriften für die SPD warb.[27] Wie Willy Brandt, aber anders als Helmut Kohl, gab Schröder vor, Geist und Macht zusammenzuführen; im Vorfeld der Wahl schrieb er an bekannte Persönlichkeiten «Briefe», um seine Positionen zu verdeutlichen – Arbeitgeberpräsident Dieter Hundt, Günter Grass, der ehemalige israelische Ministerpräsident Shimon Peres, Joschka Fischer,

Herbert Mai, Ulrich Beck und Richard von Weizsäcker gehörten ebenso zu ihren Empfängern wie der Thrillerautor Frederick Forsyth, der zuvor Schröder in einem offenen Brief aufgefordert hatte, den Euro abzulehnen. Hinzu kamen ein junger DVU-Wähler, eine arbeitslose Akademikerin, Professoren, Gewerkschafter und engagierte Mitbürgerinnen und Mitbürger. Die «Briefe» wurden in Buchform veröffentlicht.[28] Prominente Persönlichkeiten warben für Schröder, Günter Grass war wie bereits 1969 in der Wählerinitiative wieder dabei, auch Klaus Staeck – so wurde eine Aura geschaffen, die alles andere als neu war. Infolge der altbekannten Namen kamen Reminiszenzen an Willy Brandt auf, und im Willy-Brandt-Haus in Berlin fanden sich Intellektuelle – Regisseure und Schriftsteller vor allem – zum «Ideentreff ‹Mut für Reformen›» zusammen: Volker Schlöndorff, Claus Peymann, Margarethe von Trotta und Erich Loest befanden sich darunter. Auch die internationale Vernetzung gehörte zum Programm, aus Frankreich hatten sich der ehemalige Kulturminister Jack Lang und die Schauspielerin Jeanne Moreau angekündigt, aus den USA die Globalisierungskritikerin Viviane Forrester, aus Großbritannien Ex-Beatle Paul McCartney. Hatten viele Künstler fast dreißig Jahre zuvor mit dem Slogan «Willy wählen» für den charismatischen Politiker getrommelt, so verband die aktuelle Künstlerschar nicht unbedingt die Begeisterung für Gerhard Schröder, sondern vielmehr die Hoffnung auf das Ende der Ära Kohl.[29]

Helmut Kohl wünschten die meisten Menschen alles Gute, aber nicht die Wiederwahl, Schröder war der populärere Kandidat. Die Angriffslinien der Union liefen ins Leere, vielmehr wurde der Wechsel entdramatisiert. Für Schröder sprachen seine Kraft und seine Lernfähigkeit, so jedenfalls sahen es politische Beobachter, auch wenn seine Bilanz als niedersächsischer Ministerpräsident durchwachsen war. Die SPD versprach nicht nur eine Wende der Politik, sondern vielmehr eine Wende *zur* Politik. Diese Wiederkehr der Politik sollte den Immobilismus der letzten Kohl-Jahre aufbrechen. Der Vorwurf lautete ja nicht nur, die konservativ-liberale Koalition sei verantwortlich für eine «soziale Kälte», sondern sie habe die Politik an die Interessenverbände und an die Strategien der globalisierten Wirtschaft ausgeliefert. Nun müsse der Staat als gesellschaftspolitisches Gestaltungsinstrument wieder in sein Recht gesetzt werden. Besonders Oskar Lafontaine wünschte sich eine

Wiederkehr der Politik im globalen Maßstab. Wer Schröder wählte, der wusste, dass er auch Lafontaine wählte, ob er das wollte oder nicht. Würde der eine die Politik verkaufen und der andere sie gestalten? Wären die beiden ein gutes Tandem, wenn sie einander ergänzten, oder ein fürchterliches, wenn sie einander befehdeten? Man würde es bald sehen. Zum zweiten Mal in der Geschichte der Bundesrepublik Deutschland errang die SPD den ersten Platz in der Wählergunst, sie konnte der Union 109 Wahlkreise abnehmen und lag so klar wie noch nie vor der CDU/CSU, die in Westdeutschland 5 Prozent und in Ostdeutschland 11,2 Prozent gegenüber 1994 verlor, während die SPD im Westen 4,8 und im Osten 3,6 Prozent hinzugewann. Insgesamt erreichte die SPD 40,9 Prozent der Stimmen, ein Zuwachs gegenüber 1994 von 4,5 Prozent, die Union 35,1 Prozent, ein Verlust von 6,3 Prozent. Die Wählerwanderungen waren erheblich, die SPD bekam 1,35 Millionen Stimmen von der Union und fast ebenso viele aus dem Reservoir der bisherigen Nichtwähler, in beidem unterschieden sich Frauen und Männer kaum. Den größten Zuspruch fanden die Sozialdemokraten in den Altersgruppen zwischen 25 und 59 Jahren, während die Union vor allem die über 60-Jährigen erreichte. In sämtlichen Berufsgruppen, außer den Landwirten, konnte die SPD zulegen – ein Erfolg der «neuen Mitte». Die FDP (6,2 %) erhielt «taktische» Stimmen aus dem Unionslager, mehr als die Hälfte der FDP-Wähler stand der Union näher als der FDP, so das Ergebnis der Forschungsgruppe Wahlen.[30]

Rückblick: Der Gang der SPD durch die Wüste

Der französische Präsident Charles de Gaulle, der 1946 aus der Regierung ausschied und erst 1958 wieder «gerufen» wurde, schrieb über diese Zeit, es sei ihm so vorgekommen, als habe er die Wüste durchqueren müssen.[31] Einen solchen mühseligen, entbehrungs- und enttäuschungsreichen «Gang durch die Wüste» hatten die Sozialdemokraten 1998 hinter sich, nachdem sie 16 Jahre lang im Bund nicht mehr an der Regierung beteiligt gewesen waren. Wer nicht auf die bildhafte Sprache de Gaulles rekurrieren möchte, kann sich auch auf den spröden Herbert Wehner beziehen, der kurz vor dem Ende der sozial-liberalen Koalition

1982 seinen Parteifreunden mit auf den Weg gab: «Wenn diese Koalition bricht, wird die SPD 15 Jahre in der Opposition sein.»[32] Wie ein Fluch schien diese Vorhersage auf den Sozialdemokraten zu liegen, denn es waren bittere Jahre der Opposition. Nie zuvor scheiterten so viele Kanzlerkandidaten, und das an einer einzigen Persönlichkeit: Helmut Kohl.

1983 trat der integre Hans-Jochen Vogel gegen ihn an und unterlag deutlich, 1987 scheiterte Johannes Rau; im gleichen Jahr übernahm Vogel den SPD-Parteivorsitz von Willy Brandt, es mussten wieder Ordnung und Disziplin in die Partei gebracht werden, die den Machtverlust nicht verkraftet hatte und nach allen Seiten zu zerbersten schien; überall herrschten verwirrende Dissonanzen, aber keine einheitliche Linie. Bei der ersten gesamtdeutschen Bundestagswahl am 2. Dezember 1990 erlitt der einheitskritische Oskar Lafontaine mit 33,5 Prozent eine schwere Niederlage – zu Recht, so die einhellige Meinung der Altvorderen um Schmidt und Brandt, denn die Sozialdemokraten hatten nicht nur keine überzeugende, sondern überhaupt keine Alternative zur Politik der Regierungskoalition gefunden. Angetrieben von einem antinationalen Reflex verkannte Lafontaine die unverhoffte Chance für die Deutschen, Einheit in Freiheit zu gewinnen. 1991 verzichtete Vogel zugunsten des schleswig-holsteinischen Ministerpräsidenten Björn Engholm auf den Parteivorsitz; Engholm musste aber infolge einer Falschaussage in der Barschel-Affäre bereits 1993 wieder zurücktreten. Es folgte Rudolf Scharping, der Ministerpräsident aus Rheinland-Pfalz. Er wurde zum ersten Mal in einer Mitgliederbefragung zum Vorsitzenden bestimmt, Gegenkandidaten waren Gerhard Schröder und Heidemarie Wieczorek-Zeul. Als Kanzlerkandidat gelang es Scharping 1994, das Ergebnis der SPD zwar etwas zu verbessern, doch scheiterte er ebenfalls an seinem «Landsmann» Helmut Kohl. Die «Troika» Scharping-Lafontaine-Schröder, die sich zur Bundestagswahl 1994 herausgebildet hatte, sollte nach außen Stärke und geballte Kompetenz demonstrieren und an «große» Zeiten erinnern: an die Führungsspitze Helmut Schmidt, der Kanzler, Willy Brandt, der Parteivorsitzende, Herbert Wehner, der Fraktionsvorsitzende. Eine Gemeinsamkeit gab es jedenfalls: Wie jene aus den 1970er Jahren traute auch aus dieser Troika 20 Jahre später keiner den jeweils anderen über den Weg, und das sollte auch nach der Regierungsübernahme 1998 so bleiben.

Im November 1995 löste Lafontaine auf dem SPD-Parteitag in Mannheim Scharping nach einer Kampfabstimmung als Vorsitzenden ab, es war die erste Kampfabstimmung in dieser Frage überhaupt in der Nachkriegsgeschichte der SPD. Man erkennt schnell: Das Problem der SPD in den 1990er Jahren war nicht, dass sie zu wenig politische Führungstalente aufzuweisen hatte, sondern im Gegenteil, dass es in den Ländern zu viele ambitionierte SPD-Ministerpräsidenten aus der gleichen Generation gab. Es tauchten immer neue Gesichter auf, aber die Frage, wofür die Partei eigentlich stand, wurde nicht beantwortet.

Wer war der Machthungrigste von ihnen? Lafontaines Coup auf dem Parteitag in Mannheim war beispiellos und nötigte selbst Helmut Kohl Respekt ab; von ihm könne man lernen, «wie man erfolgreich putscht».[33] Allerdings war Lafontaine ein zögerlicher Putschist, der nach seiner flammenden Rede erst zur Kandidatur überredet werden musste; das Argument lautete: Man könne schlechterdings nicht eine solch scharfe Rede gegen den amtierenden Vorsitzenden Scharping halten und dann die Delegierten wieder nach Hause schicken, als wäre nichts gewesen; jetzt müsse er springen.[34] Vielen Beobachtern galt Lafontaine als der Retter der SPD, der es im zweiten Anlauf schaffen könnte, Kohl zu besiegen. Jedenfalls ermittelte das Meinungsforschungsinstitut Forsa, dass nach der Abwahl des glücklosen Scharping durch den Populisten Lafontaine der Niedergang der Partei gestoppt sei. Ratlos war man seinerzeit, was die Ereignisse für Gerhard Schröder bedeuten würden. Er hatte in der Vergangenheit keine Gelegenheit ausgelassen, Scharping öffentlich in die Parade zu fahren, nicht erst nachdem dieser ihn als wirtschaftspolitischen Sprecher entlassen hatte. Hatte der Saarländer seinen Konkurrenten nun ins Abseits gedrängt? Oder gab es Absprachen? Lafontaine Parteivorsitzender und Schröder Kanzlerkandidat? Theoretisch würde dies ein gutes Gespann sein. «Lafontaine für die Linke, Schröder für die Rechte: fast eine Neuauflage des Duos Brandt/Schmidt», schrieb der «Spiegel» nach dem Mannheimer Parteitag 1995.[35]

Schließlich belebte sich auch die inhaltliche Debatte. Die einflussreiche «Parlamentarische Linke» der SPD-Bundestagsfraktion, die auf Lafontaine setzte, veröffentlichte hundert Tage nach Mannheim ein Positionspapier über die Erneuerung der sozialen Demokratie, das eine Wiederherstellung der Politik gegenüber der Ökonomie, eine Verknüpfung sozialer und ökonomischer Reformen sowie überhaupt eine neue Konflikt- und Reformbereitschaft einforderte und sich gegen die «haltlosen Versprechen des Neoliberalismus» richtete, der die Lebensgrundlagen von Demokratien bedrohe. Wenngleich dieses Papier nicht ohne die apokalyptische Bemerkung auskam, es gelte ein «neuerliches Abgleiten in die Katastrophe» zu verhindern, so zeigte es doch den neuen Schwung und auch die Hoffnung auf Rot-Grün, denn es schloss: Um auf der Höhe der Zeit zu sein, dürfe die SPD sich nicht den mächtigen Zwängen eines entfesselten Weltmarktes unterwerfen. «Der Öko-Deal, die zeitgemäße Weiterentwicklung des New Deal, ist die große Chance zur sozialen und ökologischen Modernisierung der Gesellschaft.»[36] Unter Oskar Lafontaine schien die Partei wieder zu Stärke und Geschlossenheit zu finden und richtete sich auf ein linkes, rot-grünes Bündnis aus.

Lafontaine war auch der Liebling der Grünen, ob zu Recht oder zu Unrecht, er hatte ja nie mit ihnen koaliert, jedenfalls profilierte er sich als derjenige unter den sozialdemokratischen Spitzenpolitikern und «Enkeln» Willy Brandts, der am konsequentesten herausstrich, dass Wertewandel und ökologische Frage in die SPD-Programmatik integriert werden müssten. Außerdem hatte er 1984 den Grünen im Saarland eine Koalition angeboten, falls es im Frühjahr 1985 bei der Landtagswahl zu einer rot-grünen Mehrheit kommen sollte. Die Grünen scheiterten jedoch an der Fünfprozenthürde. Der Präzedenzfall ereignete sich nicht im Saarland, sondern in Hessen, ausgerechnet dort, im Kernland der Sozialdemokraten.

Rot-Grün in den Ländern und «hessische Verhältnisse»

Wer in den 1950er und 1960er Jahren wissen wollte, wie ein Gegenmodell zum «Adenauerstaat» aussehen würde, der blickte in das «rote Hessen», wo ein sozialdemokratischer Modellstaat an Form gewann. In keinem anderen Flächenstaat regierte die SPD so lange, das galt auch für die größeren Städte des Landes. In den Parteiannalen waren es die glorreichen Jahre. Mit dieser «roten» Herrlichkeit war es 1982 vorbei, als die absolute Mehrheit verloren ging. Zwar verblieben die Sozialdemokraten an der Macht und konservierten eine Zeitlang noch ihre Rolle als Staatspartei mit einem Quasi-Monopol auf das Amt des Ministerpräsidenten, doch auch dies ging 1987 zu Ende. Politikwissenschaftler, die sich mit der Entwicklung der Länder in der Bundesrepublik befassen, schreiben den Jahren um 1982 einen Zäsurcharakter zu – es kam fast überall zu einer Öffnung des Landesparteiensystems, die beiden Volksparteien verloren an Bindungs- und Integrationskraft, und das bis dahin existierende Dreiparteiensystem mit einer «Zwei gegen einen»-Logik erfuhr tiefgreifende Veränderungen.[37] Dabei spielte das Auftreten der Grünen, die die eingespielten Routinen durcheinanderbrachten, eine entscheidende Rolle. Hessen wurde zu einer Art Pilotprojekt für eine rot-grüne Zusammenarbeit.

Hessen war ein hochentwickeltes Industrieland mit einer Vielzahl großtechnologischer Projekte. Hier manifestierte sich der Glaube an immerwährenden Fortschritt durch Technik und Wachstum. Schaffung neuer Arbeitsplätze und Sicherung der Energieversorgung – so lautete das Programm von Holger Börner, dem seit 1976 amtierenden sozialdemokratischen Ministerpräsidenten und Landesvater Hessens. Er befand sich damit ganz auf der Linie von Bundeskanzler Helmut Schmidt. Doch gerade in der Gegnerschaft zum Bau von Atomkraftwerken, neuen Autobahnen, zum Ausbau des Frankfurter Flughafens und zu einer geplanten atomaren Wiederaufbereitungsanlage entwickelten sich hier die Grünen rascher als sonst wo von einer sozialen Bewegung zu einer Partei. Anziehungskraft entfalteten sie vor allem bei jüngeren Menschen. In den 1980er Jahren war Hessen das Zentrum der bundesdeutschen Debatte um die Zukunft des sozialdemokratischen Fortschrittsmodells. Nach der Landtagswahl vom September 1983, in der die SPD die absolute Mehrheit verfehlte, kündigten die Grünen eine Tolerierung der SPD-Minderheitsregierung an, was die Sozialdemokraten ohne große Begeisterung akzeptierten. Sogleich warf die Opposition das Schlagwort von den unberechenbaren «hessischen Verhältnissen» in die Runde, und die Union unter Walter Wallmann malte ein Schreckensszenario an die Wand: ein Abkoppeln vom Fortschritt, eine Zunahme der Industriefeindlichkeit, ein Zurückfallen hinter andere Bundesländer.[38] Wegen des Konflikts um die Atomfirma Alkem wurde die «Tolerierungskoalition» bald aufgekündigt, dann wieder in Kraft gesetzt,

Der Turnschuhminister: Joschka Fischer bei seiner Vereidigung als hessischer Umweltminister am 12. Dezember 1985.

und im Juni 1985 wurde die erste rot-grüne Landesregierung vereidigt, mit Umweltminister Joschka Fischer als einzigem Grünen; nur 14 Monate später zerbrach sie wieder, und bei den folgenden Landtagswahlen 1987 erzielten CDU und FDP eine Mehrheit.

Die rot-grüne «Hessen-Koalition» vor 1987 war rasch zur Keimzelle einer neuen Ära stilisiert worden, und einige glaubten, damit ginge Willy Brandts Vision in Erfüllung, der davon gesprochen hatte, dass eine «Mehrheit links von der Union» möglich sei, womit sich immer ein grundlegender Kurswechsel in der Politik, ja ein Paradigmenwechsel verband. Gerade Joschka Fischer erhob sich zum überzeugten Anhänger einer Zusammenarbeit, ja eines Projekts «zwischen alter und neuer Reformbewegung» – zwischen Arbeiterbewegung und Umweltbewegung –, wie er in einem Brief an Holger Börner schrieb.[39] Diese emphatische Rede von einer Solidarisierung zwischen alter und neuer sozialer Bewegung verdeckte jedoch die Unterschiede in Werten und Präferenzen der Handelnden, aber auch in den Erwartungen der jeweiligen Anhänger. Dennoch: In der Gegenüberstellung von «Bonner Wenderegierung» 1982/83 und «Hessen-Projekt» wurde das Bundesland als ein Hort des Widerstandes gegen Helmut Kohls Bundesregierung überhöht. In Wahrheit hielten die wenigsten die Hessen-Koalition für eine Gesinnungsgemeinschaft, und die meisten hofften, sie würde eine Episode bleiben. Das angebliche Modell zerbarst, die Entkrampfung zwischen Rot und Grün wurde schneller dementiert als gedacht, und man sprach schon wieder vom «Auslaufmodell».

Dass auch dieser Befund verfrüht war, zeigte sich 1991. Es kam zu einer Neuauflage von Rot-Grün unter Ministerpräsident Hans Eichel – auf kommunaler Ebene hatten die beiden Parteien Erfahrungen miteinander, denn die Grünen hatten den Jungsozialisten Eichel 1981 zum Oberbürgermeister von Kassel gewählt. Nun, 1991, entwickelte sich eine normale Koalition zwischen Rot und Grün, was durch die Abkehr der SPD von ihrem alten atompolitischen Kurs erleichtert wurde: Nach der Atomkatastrophe von Tschernobyl 1986 sprach sich die Partei für einen Ausstieg aus der Atomenergie aus. Rot-Grün, so Hans Eichel, sei kein «Auslauf-, sondern für Hessen jedenfalls ein Zukunftsmodell».[40] Von anderen Bundesländern konnte man das nicht unbedingt behaupten, dort war es zum Teil viel schwieriger: In Berlin zerbrach 1990 eine rot-grüne Koalition – genauer: ein Bündnis mit der Alternativen Liste – rasch an der Frage, ob besetzte Häuser geräumt werden sollten. In Nordrhein-Westfalen wurde 1995 eine rot-grüne Landesregierung gebildet, und Johannes Rau, der bereits 1986 als Kanzlerkandidat der SPD betont hatte, er werde sich auf keinen Fall im Parlament von den Grünen zum Kanzler wählen lassen, war nicht begeistert. In Schleswig-Holstein gingen SPD und Grüne 1996 eine Koalition unter Heide Simonis ein. Es handelte sich mehr oder minder immer um Zweckbündnisse. Auch Gerhard Schröder betrachtete die rot-grüne Koalition in Niedersachsen, die ihn 1990 an die Macht brachte, als Zwischenspiel aus Koalitionsnotwendigkeit. 1994 hatte Schröder eine Koalition nicht mehr nötig, sondern konnte allein regieren. Es hing stets von personellen und regionalen Konstellationen ab, einen rot-grünen Gemeinschaftscode gab es auf Länderebene nicht, denn solche Mehrheiten blieben auch ungenutzt: Rudolf Scharping entschied sich 1991 in Rheinland-Pfalz für eine sozial-liberale Koalition, Henning Voscherau wählte 1993 in Hamburg die Statt-Partei als Partner, und in Bremen optierte Henning Scherf für eine Große Koalition. In Brandenburg wiederum konnte 1990 sogar eine Koalition zwischen SPD, FDP und Bündnis 90 auf den Weg gebracht werden, und in Sachsen-Anhalt ließ Reinhard Höppner (SPD) seine Minderheitsregierung mit den Grünen zwischen 1994 und 1998 von der PDS tolerieren – er nannte dies das «Magdeburger Modell».

In der Landespolitik wird nicht über das Schicksal der Menschheit entschieden, sie ist im Vergleich zur Bundespolitik eine pragmatische, oft eher langweilige Veranstaltung, zugleich erwies sie sich in der Geschichte der Bundesrepublik jedoch immer als ein Experimentierfeld künftiger Entwicklungen, so war die sozial-liberale Koalition 1969 bereits in Nordrhein-Westfalen vorweggenommen worden. In vielen Ländern waren die Grünen somit wie selbstverständlich etabliert. Aber waren sie auf Bundesebene überhaupt regierungsfähig?

Sind die Grünen regierungsfähig?

Wenn die Sozialdemokraten durch die Wüste gegangen waren, so kann man zu den Grünen zumindest sagen, dass sie einen langen Weg hinter sich hatten. Dabei sollte man nicht in erster Linie an die zeitliche Dimension denken, denn für die junge Partei kamen die Beteiligungen an Länderregierungen recht rasch. Der «lange Weg» war eher eine Metapher für die gewaltigen programmatischen Veränderungen und Häutungen der Grünen im Verlauf ihrer noch kurzen Parteigeschichte. Die Politikwissenschaft war in hohem Maße von den Grünen fasziniert, denn vor ihren Augen lief ein interessantes Experiment ab: Eine bei ihrer Gründung «Anti-Parteien-Partei», die sich in Systemopposition gefiel, wandelte sich im gesellschaftlichen Gefüge der Bundesrepublik zu einer ziemlich normalen Regierungspartei.[41] Für die Grünen selbst bedeutete dies ein mühsames «Lernen unter Stress»[42], und nicht wenige der Gründerpersönlichkeiten fühlten ihre Ideale verraten. Die Spannbreite der Bewegung, die aus einer Generationenerfahrung entstanden war und Postmaterialismus sowie libertäre statt autoritäre Wertprägungen zusammenband, vom linkssozialistischen bis zum wertkonservativen Spektrum reichte, dabei zahlreiche Strömungen und Unterströmungen ausbildete, ganz zu schweigen von regionalen Besonderheiten, war bemerkenswert.[43] Es waren unterschiedliche Denkstile, die hier zusammenkamen und ein Ideenamalgam ausbildeten, das die Strömungen miteinander verband: Entfremdung, kapitalistische Ausbeutung, Ausnutzung der «Dritten Welt», Staatskritik, Krise der Industriegesellschaft, Forderung nach einem Ausstieg aus der Massenkonsumgesellschaft, kulturpessimistische Fortschrittskritik. Man empfand sich nicht als rechts und nicht als links, sondern als die Speerspitze des Aufbruchs in eine neue, andere, bessere Zeit und dachte in Kategorien westlicher Zivilgesellschaften.

Dieser Überschuss an Utopie brach sich stets an realen Entwicklungen, nicht zuletzt dem Fall der Berliner Mauer und der Revolution im Osten 1989. Der Zusammenschluss von westdeutschen Grünen und Bündnis 90 aus Ostdeutschland – eine Verbindung verschiedener Bürgerrechtsgruppen, die zum Kollaps des SED-Regimes beigetragen hatten – wirkte sich in vielfältiger Weise auf die Partei aus. Insgesamt wandelte sich das Umfeld der Grünen. Ihre Anhänger wurden nicht nur älter, sondern auch sozial integrierter und somit politisch gemäßigter. Dies zeigte sich auch daran, dass das staatliche Gewaltmonopol akzeptiert wurde. Auf dem Parteitag 1991 bekannten sich die Grünen zur parlamentarischen Demokratie, und die in ihrem Selbstverständnis ökologische Reformpartei verabschiedete sich vom «Anti-Parteien-Partei»-Gestus, für einige Gründungsgrüne wie Jutta von Ditfurth bedeutete dies den «Abschied von einer Hoffnung».[44] Nach dem Wahlfiasko von 1990, als die West-Grünen lediglich 4,8 Prozent der Stimmen erhalten hatten und ihnen damit der Einzug in den Bundestag verwehrt war, und Bündnis 90 nur mit einem kleinen Sprengel im Parlament saß, lernte die Partei. Hatte es an sozialer Breite und an politischer Schubkraft gefehlt, so wurden nun neue Politikfelder außerhalb von Ökologie und Frieden erkundet, und statt der Aufrechterhaltung von Prinzipien von fast religiöser Reinheit sollte es um Gestaltung von Politik gehen – Joschka Fischer war der Exponent dieser realpolitischen Strömung, der sein gesamtes Tun darauf richtete, die Grünen im Bund an die Regierung zu führen.

«Grün ist der Wechsel», plakatierte die Partei, und das «Vierjahresprogramm zur Bundestagswahl 98» versprach «neue Mehrheiten nur mit uns». Die Ära Kohl gehe unwiderruflich zu Ende, hieß es darin; es reiche nicht, dass besser regiert werde als in der Vergangenheit, sondern man brauche einen qualitativen Sprung. «Der Erfolg des gesellschaftlichen Aufbruchs ins nächste Jahrhundert hängt von der Ernsthaftigkeit und Tiefe der politischen Erneuerung ab.» Mit einer großen Koalition wäre der politische Wandel für lange Zeit vertan. «Deshalb lautet die Alternative: Entweder es gibt nach der Bundestagswahl 1998 ein Weiter-So mit der CDU oder einen politischen Neuanfang. Bündnis 90/Die Grünen wollen die jetzige Koalition vollständig von der Macht ablösen. Ein politischer Aufbruch ist nur mit Rot-Grün möglich.»[45] Die Grünen wollten endlich auf Bundesebene regieren, doch konnten sie es auch? Dass Joschka Fischer ein verlässlicher Europäer und guter Außenminister wäre, glaubten nicht wenige Deutsche, aber nach den Erfahrungen der letzten zwei Jahrzehnte gab es nicht eine, sondern mindestens zwei grüne Parteien, wovon die eine, die realpolitische, vielversprechend und die andere, die fundamentalistische, kaum wählbar war in einem Land, das weltpolitische und weltwirtschaftliche Verantwortung trug. Wer für die Grünen votierte, wählte den Wandel, aber auch die Unberechenbarkeit.

Sie bestätigten es selbst. In einer Art Siegesgewissheit gegen den Langzeitkanzler Helmut Kohl breitete sich Übermut aus, und die Bundesversammlung der Grünen – eine Art Wahlparteitag – beschloss am 8. März 1998 in Magdeburg, den Benzinpreis bis auf fünf D-Mark anzuheben, sich aus dem Konflikt in Bosnien herauszuhalten und die Bundeswehr und mit ihr gleich die gesamte NATO aufzulösen.

Mit wem wollten die Grünen da regieren? Sie wollten offenbar doch nicht zu den «Etablierten» dazugehören. Was hatten solche Beschlüsse mit der Realität zu tun? Sollten die Sozialdemokraten zu einer großen Koalition mit der CDU/CSU ermutigt werden, von der Gerhard Schröder immer wieder einmal sprach? Im Interview mit «Bild am Sonntag» wies Volker Rühe (CDU) alle Spekulationen über eine große Koalition zurück. Für ihn war dies ein taktisches Ablenkungsmanöver Schröders, der ebenso wie Lafontaine auf eine Koalition mit den Grünen zusteuere, aber merke, wie sehr dies die Menschen abschrecke. Nach dem Grund brauchte man Rühe gar nicht erst zu fragen, der Verteidigungsminister lieferte ihn umgehend: «Für die Bundeswehr und die außenpolitische Zuverlässigkeit Deutschlands wäre eine rot-grüne Bundesregierung der Super-GAU.» Schröder, so vermutete Rühe, habe dies bei seinem Besuch in den USA zu hören bekommen, daher rühre der Wahlkampftrick. Rühe wählte noch einmal den Säbel, nicht das Florett: «Die Grünen sind gegen die NATO, wollen die Bundeswehr abschaffen. Wenn man sich vorstellt, wie Fischer und Trittin innerhalb der freien Welt isoliert würden, dreht sich mir der Magen um. In jeder EU- und NATO-Sitzung würde ein grüner Außenminister Fischer vor Einsamkeit schwermütig. Leider ginge das aber zu Lasten Deutschlands.»[46]

Die Grünen als «Chaostruppe» zu charakterisieren, wer hätte dies im Wahlkampf nach dem Magdeburger Treffen – womit ein Symbol grüner Unfähigkeit gefunden war – nicht getan? Sie forderten es ja geradezu heraus. «Es geht um Deutschlands Schicksal»,[47] so Wolfgang Schäuble – auch dies eine logische Konsequenz, um den Absturz der Grünen in den Umfragewerten zu beschleunigen. Im Übrigen war Magdeburg eine doppelte Chiffre: grüne Regierungsunfähigkeit einerseits und «Magdeburger Modell», also die Tolerierung der rot-grünen Landesregierung durch die PDS, andererseits. Auf ihrem Parteitag Anfang Mai in Bremen versuchte die CDU Schröder als «Kommunistenfreund» vorzuführen.[48]

In einem Zustand der Schwäche trat die grüne Partei 1998 in die Regierung ein, sie hatte es mit 6,7 Prozent (ein Minus von 0,6 Prozent gegenüber 1994) zwar in den Deutschen Bundestag geschafft, doch es hing nicht von ihr ab, ob sie an die Macht gelangte, sondern von der SPD, die auch andere Optionen wahrnehmen konnte – rein rechnerisch jedenfalls. Gerhard Schröder und Joschka Fischer hatten Mitte Februar 1997 im Magazin «Stern» über rot-grüne Gemeinsamkeiten gestritten, und dabei war auch das Wort von Schröder gefallen, dass in einer rot-grünen Konstellation klar sein müsse, «der Größere ist der Koch, der Kleinere ist der Kellner»;[49] Fischer hatte dem zwar «Völliger Quatsch!» entgegengeschleudert, doch der Vergleich war in der Welt und weckte bei vielen Grünen Unbehagen. Fischer hatte noch hinzugefügt, dass jeder «seine Suppe schon selber auftragen» müsse – doch wie sollte dies in einer Koalition funktionieren? Wenn ein hoher Benzinpreis, ein sofortiger

Atomausstieg und eine pazifistische Außenpolitik programmatisch festgeschrieben werden, wie das in Magdeburg geschehen war, sind Enttäuschungen der Mitglieder vorprogrammiert, nachdem der Höhenrausch des Sieges vorüber ist und die Mühen des Regierungsalltags begonnen haben.

Schröder, Fischer und das Kabinett

Gerhard Schröder war in der deutschen Politik schon lange bekannt.[50] In den späten 1970er Jahren war es ihm gelungen, die untereinander völlig zerstrittenen Jungsozialisten wieder aus den Schlagzeilen zu holen, sie zu beruhigen. Zwischen 1983 und 1986 gehörte er dem Deutschen Bundestag an, und in diese Zeit fiel auch die berühmteste Anekdote über ihn, nämlich sein Rütteln am Zaun vor dem Bonner Kanzleramt nach einem feuchtfröhlichen Abend und der Ausruf: «Ich will hier rein!» Zunächst verschrieb er sich allerdings der Landespolitik und konnte 1990 in Niedersachsen Ernst Albrecht (CDU) als Ministerpräsident ablösen. Er erwarb sich den Ruf, ein Modernisierer zu sein, der mit der Wirtschaft und nicht gegen die Wirtschaft regiere – er sei der «Genosse der Bosse». In solchen Zuschreibungen steckt immer nur ein Teil der Wahrheit, jedenfalls war Schröder Pragmatiker, oft auch Einzelgänger und schwer zu beraten, mit einem unverwüstlichen Drang, die Sache und natürlich sich selbst nach vorne zu bringen. Er war ein Offensivspieler, die Defensive oder das geduldige Abwarten lagen ihm nicht. Dass er keine Inhalte vertrete, war falsch und ein böser Anwurf, er war immer an Inhalten ausgerichtet, nur nicht immer an jenen, die bestimmte Leute von ihm erwarteten. Gerhard Schröder sei ein vitaler und kompetenter Politikmacher, ein bisschen vom Schlage Helmut Schmidts, so der britische Journalist David Marsh in einem Gastbeitrag für «Die Zeit» kurz nach der Bundestagswahl 1998.[51] Er habe bereits Beachtliches in seinem Leben geleistet. Sein Problem sei, dass er seine Partei nicht unter Kontrolle habe und auch über keinerlei Erfahrungen auf der internationalen Bühne verfüge. Zwar war auch Helmut Kohl international noch unerfahren gewesen, als er 1982 das Amt von Schmidt übernommen hatte, aber der Unterschied lag auf der Hand: 1998 war die Welt viel unübersichtlicher, die Aufgaben waren komplizierter. Doch vielleicht entsprach dies Schröder ja. War nicht sein eigener Weg kompliziert gewesen? Niemand hätte bei Gründung der Bundesrepublik vorausgesagt, dass einer wie er, der nun wirklich von ganz unten kam, der in schwierigen Verhältnissen aufwuchs und seinen im Krieg gefallenen Vater nie kennenlernte, Bundeskanzler werden würde. Auch hier wieder eine Parallele zu Bill Clinton, der ebenfalls aus ärmlichen Verhältnissen stammte und der am wenigsten wohlhabende US-Präsident war, der jemals im 20. Jahrhundert gewählt wurde.[52] Wie Clinton, so beschrieb Schröder oft sein Außenseitertum. «Der Junge aus der Baracke. Kitt hat er aus den Fensterrahmen gefressen. Mit dem Gerichtsvollzieher hat er sich rumgeschlagen – ein Leben wie von Gerhart Hauptmann erfunden», so der «Spiegel»-Journalist Jürgen Leinemann.[53] Nach einer Ausbildung folgte die Abendschule, das Abitur auf dem zweiten Bildungsweg, Studium, Sozius in einer Rechtsanwaltskanzlei. Es war eine Lebensleistung des persönlichen Kampfs, gegen alle Widerstände nach oben zu gelangen, und dies blieb die Botschaft des Selfmademan: Man kann es in diesem Staat schaffen, mit Zähigkeit und Willen. Schröder hatte Achtung vor individueller Leistung, es war der Ehrgeiz eines Aufsteigers, der auch zu «Ich gegen alle» werden konnte. Als idealtypisches «Produkt» der erfolgreichen deutschen Nachkriegsgeschichte verkörperte der neue Kanzler geradezu den sozialen Aufstieg, der wiederum eng mit sozialdemokratischen Werten wie Chancengleichheit zusammenhing. Hieraus erklären sich bestimmte Verhaltensweisen. Derjenige, der sich durchgeschlagen hat, obwohl ihm nichts in die Wiege gelegt worden war, lässt sich nicht mehr einfach vom Hof vertreiben, wenn er dort angekommen ist. Und nach vollbrachter Leistung sehnt er sich nach Genuss – teuren Zigarren und guten Anzügen eines italienischen Maßschneiders etwa. Groß war der Aufschrei darüber. Doch was ist daran zu kritisieren? Dass dem Kanzler so etwas nicht zustehe? Oder mokierte sich die «feine Gesellschaft» über einen Aufsteiger, der nicht durch Geburt zu ihr gehörte? Und «Spaßkanzler», auch eine frühe Zuschreibung für Schröder, weil ihm nach eigenem Bekunden Regieren (zunächst) Spaß machte, erklärt sich nur als Gegenbild zum damals bereits denkmalgeschützten Geschichtskanzler Helmut Kohl. Andererseits: Schröder hat sich nicht als Pflichtmensch nach der Art eines

Helmut Schmidt verstanden, der nie auf die Idee gekommen wäre, die eigene Selbstverwirklichung könne ein erstrebenswertes Ziel sein.

Ein solcher Pflichtmensch war Joschka Fischer auch nicht, obwohl man bei ihm, dessen Lebenskrisen und Neuorientierungen eine Zeit lang an seiner Leibesfülle abzulesen waren, nie ganz sicher sein konnte. Beim Amtsantritt 1998 hatte er radikal sein Gewicht reduziert und wirkte wie ein Neo-Asket. Fischer, der sein Leben nach eigener Aussage immer wie einen Roman leben wollte,[54] also aufregend und vielleicht sogar mit offenem Ausgang, war erst Schulabbrecher, dann Fotographielehrling, Gelegenheitsjobber, militanter Straßenkämpfer in Frankfurt mit einem sehr ambivalenten Verhältnis zur Gewalt, schließlich Taxifahrer. Als Taxifahrer sei er zum Realo geworden, betont er.[55] Am Ende seiner politischen Laufbahn repräsentierte er das, was er einst bekämpfte. Das machte die einen, die ihn nie aus dem Blick verloren, sentimental und die anderen aggressiv.[56] Der hessische Umweltminister, der bei seiner Vereidigung 1985 Turnschuhe trug, wurde zur Ikone der Protestbewegung. Die, die ihn dafür am meisten liebten, hassten ihn später geradezu, als er teure Schuhe mit einem Dreiteiler kombinierte. Enttäuschte Liebe ist das stärkste Gefühl, das galt für ihn selbst auch. Seine Reden waren oft spöttisch bis ins Beißende, Verletzende, auch drastisch in der Wortwahl, so beleidigte er 1984 den Präsidenten des Deutschen Bundestages, Richard Stücklen, in geradezu unverschämter Art und Weise. Von Fischers Temperamentsausbrüchen erzählen alle. Auch Fischer hatte sich, wie Schröder, alles selbst angeeignet, war intelligent, belesen und hatte sich sehr gründlich auf das Amt des Außenministers vorbereitet, das Klein-Klein und der Provinzialismus der deutschen Innenpolitik waren ihm lästig. Instinktsicher war er und ein durchtriebener Machtpolitiker; das gehört zum politischen Geschäft. Aber auch lernbegierig und anpassungsbereit – niemand sollte sagen können, seine Generation sei unfähig, und von ihm selbst sollte das schon gar nicht behauptet werden. Seinen Abgang von der politischen Bühne 2005 zelebrierte Fischer mit der Bemerkung, mit ihm verlasse der letzte Live-Rock-n-Roller die Politik, jetzt komme nur noch Playback.[57] Wenn Bescheidenheit eine Tugend ist, so rangierte diese im Repertoire Fischers weit hinten.

Schröder und Fischer hatten nicht dieselbe Generationenerfahrung, dafür waren ihre Wege zu unterschiedlich, aber sie verband viel Gemeinsames, vor allem dass sie Tore aufstoßen wollten zu einer neuen, weltoffeneren, liberaleren Orientierung des Landes, dem sie eine Menge zu verdanken hatten. Vom ersten Tag ihrer Zusammenarbeit an ließen beide niemals zu, dass ein Streit zwischen ihnen an die Öffentlichkeit gelangte. Das machten sie, falls nötig, unter vier Augen aus. Sie schätzten sich, mit der Zeit bildete sich vielleicht sogar Freundschaft, auf jeden Fall waren sie absolut loyal. Schröder vertraute Fischer, und Fischer vertraute Schröder. Beide waren Machtmenschen und kannten die Regeln. Eine der wichtigsten lautete: Der Erste des jeweiligen Koalitionspartners ist sakrosankt, sonst funktioniert ein Bündnis nicht. Der Kanzler und der Vizekanzler bildeten die verlässliche Achse der Regierung.

Schröder war im Herbst Kanzler, doch zwischen den beiden anderen aus der ehemaligen Troika, Lafontaine und Scharping, kam es zum erbitterten Machtkampf, der nichts Gutes erahnen ließ. Lafontaine, so das scharfe Wort Peter Strucks, «hasste» Scharping, zwischen den beiden existierte eine «irreparable Entzweiung».[8] Scharping wollte Fraktionsvorsitzender bleiben, er habe, so seine Unterstützer aus dem konservativen «Seeheimer Kreis» der SPD, seine Aufgabe bisher gut gemacht; dem widersprach die «Parlamentarische Linke», die eine selbstbewusstere Fraktion einforderte. Lafontaine trachtete mit allen Mitteln danach, Scharpings Verzicht zu erzwingen, sein Kalkül war: Wenn er, Lafontaine, Parteivorsitzender und Fraktionsvorsitzender sei, verfüge er über eine Machtstellung, die über den Kanzler, den er gleichsam eingezäunt hätte, hinausreiche. Dies wiederum konnte nicht im Sinne Schröders sein, für den gerade das Argument eine Rolle spielte, Lafontaine dürfe nicht mit zwei vom Kanzler unabhängigen Ämtern ein Machtzentrum gegen ihn bilden. Außerdem: Scharping hatte seine Abwahl in Mannheim nie vergessen, wie hätte er auch gekonnt. Schröder wollte keine zweite Demütigung zulassen. Eine solche hätte sich zwar auch Lafontaine nicht nochmal leisten können, denn seine Integrationsfähigkeit als Parteivorsitzender wäre beschädigt worden, aber man wusste bei ihm nie. Der Konflikt konnte nur aus der Sackgasse herausgeführt werden, wenn beide Kontrahenten ein Regierungsamt übernähmen und die Fraktion von einem, der weder zu stark zu der einen noch zu der anderen Seite neigte, geführt würde. Nach einigem Hin und Her fiel die Wahl auf Peter Struck, den bisherigen Parlamentarischen Geschäftsführer, einen «Allrounder» wie es im politischen Sprachgebrauch hieß. Scharping wurde Verteidigungsminister, Lafontaine Minister der Finanzen. Dessen Zuschnitt genügte ihm freilich nicht, Lafontaine schwebte ein «Superministerium» vor, weshalb er verschiedene zusätzliche Kompetenzen an sich zog, vor allem aus dem Wirtschaftsministerium. Nach dem Vorbild des machtvollen britischen Schatzkanzlers wollte er ausgestattet sein, um global agieren zu können. Robert Leicht von «Die Zeit» titulierte ihn als «Finanzkanzler»,[59] was den Punkt traf. Dadurch war gleich am Beginn viel Porzellan zertrümmert worden.

Unter die Räder kam auch der Hoffnungsträger des Wahlkampfes, Jost Stollmann, der als Symbol einer neuartigen Verständigung der SPD mit der Marktwirtschaft vorgeführt worden war. Der neue Finanzminister Oskar Lafontaine beschnitt die ordnungs- und währungspolitischen Kompetenzen des Wirtschaftsministeriums und transferierte sie in seinen eigenen Bereich. Dafür durfte der so kupierte Stollmann sein Ministerium «Wirtschaft und Innovation» nennen. Doch die Zweifel mehrten sich: Würde der Regierungskurs nicht von einer «neuen Mitte», sondern von der alten, traditionellen Sozialdemokratie gemacht? Stollmann war die Verkörperung der «neuen Mitte» gewesen, die Presse hatte ihn als «Bill Gates Deutschlands» apostrophiert, und er sollte nach dem Wunsch der SPD-Wahlkampfmanager die junge «Generation Internet» begeistern. Wenn so einer mit der «alten Tante SPD» geht, kann diese nicht so hässlich sein, hatte es geheißen. War es Betrug oder Selbstbetrug? Jedenfalls unterschätzte er die Partei, von der er keinerlei Vorstellung hatte und die ihn ihrerseits nicht mochte. Noch vor dem Abschluss der Koalitionsverhandlungen zog Stollmann die Reißleine. Der neue parteilose Wirtschaftsminister Werner Müller stand Schröder treu und wirkungsvoll zur Seite, wie sich zeigen sollte. Schröder zog in ein starkes Kanzleramt, das jedoch noch nicht geordnet war, ein: Bodo Hombach, der Kanzleramtsminister, ebenso umtriebig wie chaotisch, Frank-Walter Steinmeier, dessen Zeit noch kommen sollte, und sein Staatssekretär, Michael Naumann, ein Bonvivant, der neue Kulturstaatsminister.

Die Grünen wurden mit drei Ministerien bedacht, was recht viel für ein dürres Wahlergebnis war; Joschka Fischer meinte zu Recht: «Wir können uns nicht beklagen.»[60] Er als Außenminister und Vizekanzler, der undurchschaubare Jürgen Trittin vom linken Flügel als Umweltminister und Andrea Fischer als Gesundheitsministerin. Eine grüne Ministerin im berüchtigten Verteilungskampf der Gesundheitspolitik – konnte das gut gehen? «Eine völlig irrsinnige Idee», die kleine Partei der Grünen mit dieser Mammutaufgabe Gesundheit zu betrauen – da sei das Scheitern schon vorprogrammiert gewesen, so kommentiert ein politischer Beobachter der Grünen.[61]

Dazu traten die neun sozialdemokratisch geführten Ressorts, neben Lafontaine und Scharping: Inneres, Otto Schily; Arbeit und Soziales, der Gewerkschafter Walter Riester, Justiz, Herta Däubler-Gmelin; Bau und Verkehr, Franz Müntefering; Familie, Jugend, Senioren, Christine Bergmann; Bildung und Forschung, Edelgard Bulmahn; Landwirtschaft, Karl-Heinz Funke; Entwicklungspolitik, Heidemarie Wieczorek Zeul; hinzu kam wie erwähnt der parteilose Werner Müller als Wirtschaftsminister. Es sollte nicht lange dauern, bevor es Umstellungen und Wechsel in einem bisher nie gekannten Ausmaß gab – auch hierin sollte sich Rot-Grün als beispiellos erweisen.

Wie historisch war 1998?

Die Lebenswege von Gerhard Schröder und Joschka Fischer trugen zum Eindruck einer großen Zahl von Menschen bei, dass man einen historischen Wechsel erlebte. Auch der geschilderte Wahlkampf verdiente das Prädikat «historisch», denn es war der bis dahin modernste und effektivste in der Geschichte Deutschlands überhaupt. Keine Frage: Politiker und öffentliche Meinung neigen dazu, Wahlausgänge als «historisch» zu bezeichnen, und weil jeder Regierungswechsel etwas Neues bringt, scheint auch jeder mehr oder minder historisch zu sein – ein inflationär gebrauchter Begriff. Dessen ungeachtet war man sich selten so einig wie 1998. Der Vorsitzende der Gewerkschaft IG Bergbau, Chemie, Energie, Hubertus Schmoldt, meinte, dass die Wahl «historisch gesehen ein Meilenstein» gewesen sei, viele seiner Kollegen sahen es ebenso.[62] Von Kanzler Schröder, der davon sprach, dass «jetzt eine andere Zeit» angebrochen sei,[63] und den meisten seiner späteren Minister ist Ähnliches zu lesen. Peter Struck beschrieb den Sieg als «Herbstromanze»,[64] wobei allerdings mitschwang, dass das Bündnis zwischen Rot und Grün zu spät kam, denn um wie viel beschwingter wäre eine «Frühlingsromanze» gewesen? Doch Struck dachte wohl in erster Linie an den Wahltermin, der im Herbst lag. Joschka Fischer bemerkte zum Wahlausgang: «Das ist wie das Erdbeben in San Francisco.»[65] Aber auch dies war ein merkwürdiger Vergleich, denn dieses Beben 1906 war eine der schwersten Naturkatastrophen in der Geschichte der Vereinigten Staaten von Amerika. Für Heribert Prantl von der «Süddeutschen Zeitung» war der Wechsel von der schwarz-gelben zur rot-grünen Koalition gerade aus dem Grund ein «historisches Ereignis», weil man ihm diese Eigenschaft nicht anmerkte: «Der Machtwechsel am 27. September 1998, dem Tag, an dem Gerhard Schröder zum Bundeskanzler gewählt wurde, ging nicht einher mit Blitz und Donner, es war wie ein Spaziergang an einem milden Oktobertag; mit einer Selbstverständlichkeit, wie man es sich für eine Demokratie nur wünschen kann.»[66] Hier fallen, und das war durchaus beabsichtigt, Parallelen zum «Machtwechsel» von 1969 ins Auge, als Willy Brandt nach der Großen Koalition Kurt Georg Kiesinger ablösen konnte. Er war, entgegen manchen Befürchtungen, friedlich verlaufen, womit die Bundesrepublik ihre demokratische Bewährungsprobe bestanden hatte.

Doch als historisches Ereignis ging 1998 sogar weiter als 1969. Im Unterschied zu 1969 kamen 1998 in der Bundesrepublik Deutschland erstmals zwei Parteien an die Macht, die zuvor nicht an der Regierung beteiligt waren – das hatte es seit ihrer Gründung 1949 noch nie gegeben, bisher erfolgten Regierungswechsel immer durch einen Koalitionswechsel, vor allem der FDP. Schon für die Bevölkerung bedeutete die neue rot-grüne Regierung einen Einschnitt. Zum ersten Mal wurde das Land von einer «linken» Mehrheit regiert. Erwartungen wie Befürchtungen waren gleichermaßen groß. Dennoch war es, anders als 1969, ein Machtwechsel ohne Hysterie, denn zu eindeutig war die Niederlage der Union, und einige von den jüngeren Christdemokraten wird neben aller Enttäuschung über das Ergebnis eine gewisse Erleichterung erfasst haben – es ist vorbei, doch dieses Ende bedeutet endlich auch einen neuen Anfang. Jedenfalls nahm die Union die Niederlage ergeben hin, auch wenn sich dies bald ändern sollte. Im Gegensatz zum Regierungswechsel 1982, als Helmut Kohl den Kanzler Helmut Schmidt ablöste, blieb der Ton 1998 recht versöhnlich, auf beiden Seiten, auf der Seite der Gewinner, wo nicht triumphalistisch reagiert wurde, und der Seite der Verlierer, wo man nicht von einem Irrtum der Geschichte sprach. Das Magazin «Der Spiegel» kommentierte völlig zu Recht: «Souveräner hätte sich die alte Bundesrepublik nicht verabschieden können.»[67] In der Tat, der Regierungswechsel 1998 war der Abschied von etwas Altem und der Anfang von etwas Neuem.

Es lassen sich noch weitere Aspekte dafür finden, warum 1998 historisch war. Niemals zuvor waren so viele Frauen in einer Regierung vertreten. Nie zuvor war die 68er-Generation so stark an der Macht beteiligt. Für nicht wenige schien Rot-Grün eine Koalition dieser Generation zu sein, die in Deutschland länger als in anderen Ländern warten musste, bis sie in der Schaltzentrale der Macht angelangt war. Nun erst schien deren «Marsch durch die Institutionen» ganz zu Ende zu sein. Daher rührte auch die Ansicht, dass die Wahl 1998 nicht nur einen politischen, sondern auch einen kulturellen Wandel eingeläutet hatte. Ebenso wie zu Beginn der 1970er Jahre die sozial-liberale Regierungskoalition zwischen der SPD und der FDP von Teilen beider Koalitionäre zu einem historischen Bündnis überhöht wurde und man darin eine Versöhnung zwischen demokratischer Arbeiterbewegung und sozialem Liberalismus sehen wollte,[68] hörte man 1998 die Meinung, es handle sich um eine Koalition derjenigen Sozialdemokraten, die durch 68 sozialisiert worden seien, mit den Neuen Sozialen Bewegungen der 1970er und 1980er Jahre. Ein Unterton war immer hörbar, denn da diese jedenfalls zum Teil aus der SPD gekommen waren, stellte sich die Frage, ob ältere Sozialdemokraten die Grünen nicht als «ihre» abtrünnigen Kinder betrachteten und weniger als eigenständige Partei. So oder so: Mit den Grünen war erstmals eine Partei an der Regierung beteiligt, deren Wurzeln nicht ins 19. Jahrhundert zurückreichten, sondern die voll und ganz ein – sogar noch jüngeres – Kind der Bundesrepublik war. Der emotionale Kitt der Koalition erwuchs ohne Zweifel aus dem Gedanken, dass man irgendwie zusammengehöre. Nicht nur für Grüne bedeutete die neue Regierung ein lang gehegtes «Projekt» – im Sinne einer strategischen, programmatischen Ausrichtung und klaren Alternative zu den Zielvorstellungen der vorangegangenen Regierung –,[69] auch zahlreiche Sozialdemokraten waren vom Überschwang erfasst, endlich den Wunschpartner an der Seite zu haben. Nach 16 Jahren schwarzgelber Koalition unter Helmut Kohl – eine fast so lange Zeitspanne wie von 1949 bis 1966, als die Sozialdemokraten in der Großen Koalition erstmals in der Bundesrepublik an der Regierung beteiligt waren – bedeutete Rot-Grün viel mehr als ein Zweckbündnis. Das schloss nicht aus, dass man sich, wie Gerhard Schröder anfangs, durchaus andere Optionen vorstellen konnte und sie auch offenhielt, weshalb beschwichtigend von einer «normalen» Koalition gesprochen wurde – wobei immer auch die Möglichkeit bzw. Drohung eines Koalitionswechsels mitschwang. Wenngleich Wahlforscher bei der Septemberwahl 1998 von einem «elektoralen Zufall» sprachen, weil kurz vor dem Urnengang nur 35 Prozent Rot-Grün gut, aber 49 Prozent eine solche Konstellation schlecht fanden,[70] so war für Sozialdemokraten und Grüne nach der Wahl alles anders – glücklicher Ausreißer hin oder her. Über dem Regierungswechsel lag wiederum ein «gewisser Zauber», wie ihn Horst Ehmke bereits 1969 verspürt hatte,[71] und viele der alten und vor allem neuen Abgeordneten kamen «euphorisch und mit fast kindlicher» Freude in die Bundeshauptstadt Bonn.[72] Zum letzten Mal. Denn auch dies sollte das Historische der neuen Regierung verstärken: Sie würde, falls sie nicht vorzeitig scheiterte, die erste Bundesregierung sein, die in die alte deutsche Hauptstadt umzog, nach Berlin, das nun auch Regierungssitz werden sollte. Dabei handelte es sich, so Bundeskanzler Schröder in seiner ersten Regierungserklärung vom 10. November 1998, mehr als nur um einen Umzug, nämlich um einen «Aufbruch».[73] Mit Rot-Grün ging die alte (Bonner) Bundesrepublik unwiderruflich zu Ende.

Euphorie nach dem Wahlsieg, große Erwartungen, erste Enttäuschungen

Mit dem Wahlsieg von Rot-Grün hatten zum ersten Mal in der Geschichte die vier bedeutendsten Länder Westeuropas – Deutschland, Frankreich, Großbritannien und Italien – alle eine Regierung links von der Mitte. Viele hatten gedacht, die SPD würde einen Wahlkampf wie Lionel Jospin führen, nämlich sozialstaatliche Versprechungen in den Vordergrund stellen, und anschließend Reformen wie Tony Blair einleiten. Die beiden linken Politiker in Frankreich und England standen für zwei unterschiedliche Modelle, der französische Ministerpräsident galt lange als «rückständiger» Sozialist mit traditionellen Rezepten eines Umverteilungsstaates, während der britische Premierminister als der blendende Star der internationalen Sozialdemokratie angesehen wurde, der zwar auch «klassische» Wohlfahrtsprogramme auflegte, jedoch vor allem Staat und Verwaltung leistungsfähiger machen wollte und mit New Labour durchaus Privatisierungen vorantrieb, die dem Stil seiner Vorgängerin Margaret Thatcher entsprachen.[74]

Niemand versprach mehr ein goldenes Zeitalter, wenn er Wahlen gewann, so wie es François Mitterrand 1981 in Frankreich noch getan hatte, eher galt ein zeitgenössischer Buchtitel des amerikanischen Ökonomen Paul Krugman: «Das Zeitalter der verringerten Erwartungen».[75] Auch Ralf Dahrendorf, der das «Ende des sozialdemokratischen Zeitalters» prognostizierte, meinte: «Wenn die Sozialdemokraten Wahlen gewinnen, werden sie eine andere Politik machen als die, unter der sie einmal angetreten waren.»[76] Trotz solcher Bedenken: Kernstück der rotgrünen Bundesregierung sollte eine Politik der inneren Reformen sein, die gesellschaftliche Prozesse aufnahm und auf weltweite Wandlungen reagierte. Rot-Grün galt als ein Bündnis für innere Reformen, ein «Projekt» für gesellschaftliche Modernisierung. Es sollte ein Primat der Innenpolitik obwalten. Ganz am Anfang seiner Kanzlerschaft fragte der «Spiegel»: «Was soll sich einmal mit dem Kanzler Schröder verbinden?» Die Antwort Schröders lautete: «... auf jeden Fall eine eher sehr innenpolitische, wirtschaftspolitische Orientierung».[77] Würde sich eine neue Reformära abzeichnen, ein neues «Mehr Demokratie wagen» wie zu Willy Brandts Zeiten? Wie ging es weiter mit der Arbeitsmarktpolitik, wie mit der Renten- und Steuerreform – Stichwort: Ökosteuer –, wie mit Einwanderung und EU-Osterweiterung? Das alles waren ungeklärte Fragen. Weiterhin: Würde mit Finanzminister Oskar Lafontaine ökonomisch eine Nachfragepolitik im Sinne des Keynesianismus und eine Rückkehr zum deutschen Korporatismus kommen, oder würde mit anderen Kräften ein neoliberaler Weg, den so viele Länder eingeschlagen hatten, beschritten? Welche Veränderungen würde es in der Familienpolitik geben, welche im Gesundheitsbereich und in der Bildung? Was würde aus der Atomenergie? Nach dem Wahlsieg war so gut wie nichts klar.

Rasch wurde das deutsche Dilemma deutlich. Der Siegeszug der Sozialdemokratie in Europa war das eine, aber dabei handelte es sich ja keineswegs um eine homogene Bewegung. Die deutsche SPD war sowieso nie eine homogene Partei gewesen. Immer schon gab es auseinanderstrebende Kräfte, und über das, was man nach 16 Jahren Opposition in der Regierung tun müsse, lagen die Vorstellungen weit auseinander. Im Unterschied zur britischen Labour Party, die ihre Oppositionszeit dazu genutzt hatte, bestimmte Dinge zu klären, unterblieb Vergleichbares in Deutschland. Als Tony Blair 1997 Regierungschef wurde, war zum Beispiel das Verhältnis zu den Gewerkschaften geklärt, jeder wusste, dass sich New Labour verändert hatte und dass etwa die massiven Kürzungen im öffentlichen Sektor, die Margaret Thatcher seit 1979 eingeführt und Tom Major fortgeführt hatte, ebenso wenig revidiert werden würden wie die ausgedehnten Privatisierungen, ganz zu schweigen von einer universellen Erhöhung der Sozialleistungen, die überhaupt nicht in Frage kam.[78] Die SPD hingegen war 1990 programmatisch auf den Wechsel vorbereitet, doch der Mauerfall, die Revolution im Osten, die Wiedervereinigung und der falsche, weil vereinigungsskeptische Kandidat, Oskar Lafontaine, verhinderten einen Sieg. Unter rein westdeutschen Auspizien hätte damals das rot-grüne Projekt auf der Tagesordnung gestanden, bezogen auf die überschaubare Welt der alten Bundesrepublik wäre es durchaus stimmig gewesen. Traf dies jedoch auch auf die neuen Weltkonstellationen 1998 zu? Verdeutlichte nicht bereits der Wahlslogan «Innovation und Gerechtigkeit» das Problem? Natürlich war dies eine nahezu geniale Fügung, um unterschiedliche Bevölkerungsgruppen anzusprechen, eine Spannung elegant nach außen zu tragen und somit programmatische Breite zu zeigen. Auf der anderen Seite war er zugleich eine Verlegenheitslösung, weil der Konflikt zwischen Traditionalisten und Modernisierern, nicht aufgelöst werden konnte. Am Ende hatte die machtpolitische Option gesiegt. Das Motto lautete: Erst einmal an die Macht gelangen, dann sehen wir weiter. Nun war man an der Macht, und es erwies sich, dass der Wahlslogan rein instrumentell gedacht war und die Konflikte noch bevorstanden. Während Schröder als «Modernisierer» galt, der – ganz im Sinne Blairs – für wirtschaftsfreundliche Reformen eintrat, weil es keine sozialdemokratische oder konservative Wirtschaftspolitik gebe, sondern nur moderne oder unmoderne, galt Lafontaine als der Lordsiegelbewahrer traditioneller Modelle. «Die Hoffnungen, die auf uns ruhen, sind fast übermächtig», sagte Gerhard Schröder in seiner ersten Regierungserklärung.[79] Ob er ahnte, dass bald die Zeit der Enttäuschungen kommen sollte? Ob er wusste, wie hart die Auseinandersetzung mit Lafontaine werden würde? Klaus Hartung stellte in der Monatszeitschrift «Merkur» die zentrale Frage: Handelte es sich bei Rot-Grün um eine Übergangsregierung oder um eine Regierung des Übergangs? Hartung schloss seinen hellsichtigen, weit nach vorn weisenden Beitrag mit den Worten: «Irgendwann muss Schröder sagen, was er unter Modernisierung verstehen will und wer die Modernisierungsverlierer sind. Und: Unter welcher Idee des Gemeinwesens diese dennoch mitziehen müssen. An diesem Punkt wird es sich entscheiden, ob es eine Übergangsregierung oder eine Regierung des Übergangs ist, ob in dem Macher ein Staatsmann oder nur ein Übergangskanzler steckt. Unberührt davon steht eines fest: Der Übergang hat begonnen. Diese Regierung beendet im Erfolg oder im Scheitern die Konsensgesellschaft der alten Bundesrepublik.»[80]

Nach hundert Tagen im Amt muss sich eine Regierung der Kritik stellen. Diese traditionelle Bilanz fiel für Rot-Grün ausgesprochen schlecht aus. Nach 100 Tagen mit Schröder, Fischer und dem Kabinett gab es – von der «tageszeitung» bis zur «Frankfurter Allgemeinen Zeitung» – nur verheerende Kommentare. «Oberflächlich», «flüchtig», «nicht schlüssig», schrieb «Die Zeit» und fragte: «Wo ist die Linie?» Der Berliner «Tagesspiegel» sprach von «aberwitzigem Dilettantismus». Die «Süddeutsche Zeitung» bemäkelte die «kraftprotzenhafte» und «halbstarke Politik».[81] Niemand schien zufrieden zu sein. Der Zauber der neuen Regierung hielt nicht lange an, selbst bei einigen glühenden Befürwortern nicht. Die Vorhaben schienen zu groß und die Ergebnisse, etwa in der Steuerpolitik, zu klein. Außerdem gab es ein ständiges Hin und Her, charakteristisch war ein Zickzackkurs. Die Basis der Grünen, aber auch der Sozialdemokraten erwartete, dass man binnen kürzester Zeit 16 Jahre der Vorgängerregierung auslöschen würde. Das angeschlagene Tempo war viel zu hoch, im Galopp glaubten die beiden Fraktionen, ihre Themen durchsetzen zu können. So kam es zu einer Flut von Gesetzesentwürfen, die unausgegoren waren. Der Begriff «Nachbessern» wurde zum geflügelten Wort für einen in dieser Phase – gelinde gesagt – ziemlich experimentellen Politikstil. Die einen waren seit 16 Jahren nicht mehr an der Macht im Bund, die anderen waren es noch nie zuvor gewesen. Schröder versuchte zu moderieren, gestand handwerkliche Fehler ein und gelobte Besserung, doch Streit und Misstrauen prägten das rot-grüne Bündnis nach der Startphase. Die Union warf der Regierung ein «unbeschreibliches Chaos» vor, das die Wirtschaft und die ausländischen Nachbarn verunsichere. «Das ist nicht Politik, das ist Stillstand auf höherer Ebene», so der CDU-Bundesvorsitzende Wolfgang Schäuble.[82] Antje Radcke, eine der beiden Grünen-Vorstandssprecherinnen, mahnte eine bessere Koordination und klare Linien an. In den Gremien der SPD, vom Parteivorstand bis in die Fraktion hinein, breitete sich Missbehagen und Unruhe aus.[83] Einzig der Kanzler und der Außenminister schnitten bei Umfragen noch gut ab, beider Umgang mit den Medien war souverän, während vor allem Jürgen Trittin scharf kritisiert wurde, er trete, so die «Neue Ruhr Zeitung», wie ein «Politkommissar» auf.[84] Man hatte die Messlatte zu hoch gelegt, hatte einen Politikwechsel versprochen, dessen Konturen jedoch unscharf blieben.

Natürlich gab es auch «objektive» Gründe für den Fehlstart, so musste beispielsweise die neue Regierung die Führungsebene der Bonner Bürokratie erst neu sortieren. Man konnte nicht so einfach den Hebel von Opposition auf Regierung umlegen. Weiterhin: Weder die SPD noch die Grünen verfügten anfangs über ein Zentrum, das die Regierungsgeschäfte zu steuern in der Lage gewesen wäre, und im Kanzleramt herrschte ein unbeschreibliches Durcheinander, erst nach der Reorganisation Mitte 1999 wurde daraus eine gut funktionierende Schaltzentrale der Macht. Schließlich auch dies: An der Konkurrenz zwischen Schröder und Lafontaine ergötzten sich zwar die Meinungsmacher der Republik, es war für sie ein herrliches Spektakel, doch für die Politik war sie desaströs, band sie doch erhebliche Energien.[85]

Nicht vergessen werden darf die inhaltliche Seite. Diese zeigte, dass eine Art Kulturbruch bevorstand, den die Opposition nicht einfach hinzunehmen bereit war, etwa mit Blick auf die Reform des Staatsbürgerschaftsrechts, das seit 1913 galt, auf den Atomausstieg, der von Gegnern wie ein Sakrileg betrachtet wurde, oder die ökologische Steuerreform, um die bald eine Art Kulturkampf ausbrach. Während ein großer Teil der Menschen noch Geduld gegenüber den «sympathischen Dilettanten»[86] aufbringen wollte, hatten Manager und «Topentscheider» aus der Wirtschaft einer Emnid-Umfrage zufolge den Stab über die Regierung bereits gebrochen und dem Kanzler ein «vernichtendes Urteil» ausgestellt.[87]

Doch dies macht vor allem eines deutlich: Es war eine Regierung des Eintretens in eine neue Zeit. Die Reformpolitik indes stockte aus all den genannten Gründen, bevor sie richtig begonnen hatte. Es genügt, dies an dieser Stelle festzuhalten. Die Inhalte der Reformen werden in späteren Kapiteln ausführlich betrachtet. Rot-Grün konnte sich gar nicht die Zeit nehmen, den Schlingerkurs im Innern zu beenden, denn mit einem Male drängten sich viel grundsätzlichere Dinge in den Vordergrund – Krieg und Frieden, Leben und Tod. Der Jugoslawien-Konflikt brach mit aller Macht über die noch junge Regierung herein. Eine Schönwetterregierung? Primat der Innenpolitik? Alle Annahmen erwiesen sich als falsch. Es kam ein Bruch, der nicht scharf genug gesehen werden kann. Jetzt ging es um außenpolitische Zuverlässigkeit, NATO-Bündnistreue, vielleicht sogar um einen militärischen Einsatz der Bundeswehr. Man wurde in ein neues Zeitalter hineingeschleudert. Würde Rot-Grün das aushalten?

2. Das Ende der Nachkriegszeit – Der Kosovo-Krieg

NATO-Luftschläge

Wenn sich Bundeskanzler über das Fernsehen zur Hauptsendezeit an das Volk wenden, muss etwas Außergewöhnliches geschehen sein. Mit so ernster, fast finsterer Miene hatte man den erst seit wenigen Monaten amtierenden Kanzler Gerhard Schröder noch nie zuvor im Fernsehen gesehen. Am 24. März 1999 hielt er nach der «Tagesschau» um Viertel nach acht eine Fernsehansprache: «Liebe Mitbürgerinnen und Mitbürger, heute Abend hat die NATO mit Luftschlägen gegen militärische Ziele in Jugoslawien begonnen. Damit will das Bündnis weitere schwere und systematische Verletzungen der Menschenrechte unterbinden und eine humanitäre Katastrophe im Kosovo verhindern. Der jugoslawische Präsident Milošević führt dort einen erbarmungslosen Krieg. (...) Wir führen keinen Krieg, aber wir sind aufgerufen, eine friedliche Lösung im Kosovo auch mit militärischen Mitteln durchzusetzen.»[1]

Die kurze Ansprache kam einem Paukenschlag gleich. Wenige Tage später kommentierte «Der Spiegel» die Fernsehansprache Schröders: «Bleich wie ein Gespenst wirkte Gerhard Schröder, als er am vergangenen Mittwoch im Fernsehen den Deutschen erklärte, warum sich ‹zum ersten Mal nach Ende des Zweiten Weltkriegs deutsche Soldaten im Kampfeinsatz› befanden. Brüchig die Stimme, todernst die Miene. Und dann die Worte, die überhaupt nichts mehr mit der Welt von ‹Wetten, dass ...?›, Kaschmir und Brioni-Anzügen zu tun haben (...). Die Deutschen waren trotz aller Vorankündigungen nicht wirklich vorbereitet auf diese Situation.»[2] Doch um welche «Situation» handelte es sich? Der Inhalt der Ansprache war überaus irritierend: NATO-Luftschläge; humanitäre Katastrophe verhindern; kein Krieg. Wenn es «kein Krieg» war, um was handelte es sich aber dann? Die Lage war äußerst vertrackt, denn dass sich deutsche Soldaten, genauer: die Kampfpiloten in ihren «Tornado»-Jets, vom italienischen Piacenza und Aviano aus am NATO-

Einsatz gegen serbische Stellungen beteiligten, war durch nichts gedeckt, worauf Sozialdemokraten und Grüne in der Vergangenheit immer Wert gelegt hatten: nicht durch ein UN-Mandat, das wäre im Sinne einer multilateralen Außenpolitik das Wichtigste gewesen, nicht durch den NATO-Vertrag, denn es wurde ja kein NATO-Partner angegriffen, und auch nicht durch die programmatische Beschlusslage der beiden Regierungsparteien.

Während vielen Deutschen noch gar nicht bewusst war, was mit ihnen geschah, kommentierte die «New York Times» am 26. März 1999 den Beginn der NATO-Intervention gegen Serbien mit der Schlagzeile «Half a Century after Hitler, German Jets Join the Attack». Nicht allein, dass sich deutsche Kampfjets am Einsatz beteiligten, war die Nachricht, sondern der Bezug auf die deutsche Geschichte verdeutlichte den tiefen Einschnitt: Mit diesem Tag ging die Nachkriegszeit für Deutschland zu Ende. Das Land, so die amerikanische Zeitung weiter, habe sich zehn Jahre nach dem Fall der Berliner Mauer endlich von seinem unnatürlichen Pazifismus emanzipiert.[3] Von außen betrachtet, erschien alles klar – doch Rot-Grün war auf diesen Wandel nicht vorbereitet.

Zwar hatte sich die SPD seit 1992 in der Oppositionszeit dazu durchgerungen, dass die Bundeswehr am Peace-Keeping, also an friedenserhaltenden Maßnahmen mit UN-Mandat, teilnehmen könne, und seit ihrem Parteitag im Jahr 1997 akzeptierte sie sogar UN-Kampfeinsätze – doch dies traf im Kosovo nicht zu. Und bei den Grünen gab es nicht nur einen pazifistischen Flügel wie bei der SPD, sondern der Pazifismus war Kern und Herz der Partei, dementsprechend befanden sie sich nun vor einer Zerreißprobe. In der Koalitionsvereinbarung vom Herbst 1998 hieß es noch, «deutsche Außenpolitik ist Friedenspolitik». Und nun, im Frühjahr 1999, flog die Bundesluftwaffe über fremdem Territorium Einsätze, ausgerüstet mit «Harm»-Raketen, die feindliche Radaranlagen orten und zerstören konnten. Das Treffendste, was man mit Blick auf die neue Bundesregierung sagen konnte, war, dass es sich um einen «rotgrüne(n) Albtraum» handelte.[4] Nüchterner betrachtet, dass alles in dieser extremen Drucksituation nicht eindeutig definiert war, dass es eine Art ungeklärte Spannung in den Völkerrechtsprinzipien gab, man sich in einer «Grauzone» bewegte.[5] Grundsätzlich standen sich zwei Prinzipien gegenüber: Das eine Prinzip war die Souveränität von Staaten, das andere das Gebot, Menschenrechtsverletzungen zu verhindern. Beide standen sich gegenseitig im Wege. Durfte man die Moral vor das Recht schieben und einen Krieg im Namen der Humanität beginnen, weil offenbar nur militärische Gewalt zu einer politischen Lösung führte? Oder hätte es nicht doch noch andere, diplomatische Lösungen für diesen Konflikt gegeben? Was sollte ein Pazifismus, das radikalste Nein zum Krieg, bewirken, wenn der Begriff des Krieges verschwamm und die Gewalt gegen Menschen überhand nahm? Mussten, wie der Philosoph Jürgen Habermas argumentierte, Demokratien zur Nothilfe eilen und Gewalt anwenden dürfen, um verfolgte Menschen und Völker nicht allein zu lassen, solange die UNO nicht in der Lage war, ein Weltbürgerrecht zu etablieren?[6]

Die weltweite Rückkehr des Krieges

Solche Fragen spitzten sich im Frühjahr 1999 zu, doch gänzlich neu waren sie nicht. Die Entwicklungen – Rückkehr des Krieges, massive Menschenrechtsverletzungen, deutsche Beteiligung an militärischen Einsätzen – hatten sich bereits über verschiedene Stationen abgezeichnet. Blenden wir zurück: Nach der Wiedervereinigung stiegen international die Erwartungen an Deutschland, Verantwortung zu übernehmen, wenn nötig, auch militärisch. Vor allem aus amerikanischer Sicht sollte sich die Bundesrepublik einen neuen Maßstab zurechtlegen: Sie dürfe sich nicht weiter hinter der nationalsozialistischen Vergangenheit verstecken, sondern solle mit Stolz und Selbstbewusstsein auf ihre jahrzehntelange Demokratiegeschichte blicken, in der sie sich zu einem vertrauenswürdigen Partner entwickelt habe. Wenig Verständnis brachte man dafür auf, dass bundesdeutsche Politiker nach immer neuen Nischen suchten, hinter dem 1948/49 verfassten Grundgesetz in Deckung gingen und weiterhin die «Scheckbuchdiplomatie» bevorzugten, während andere notfalls den Kampfanzug anlegten. Präsident Bush sen. rief 1990 eine «neue Weltordnung» aus, in welcher Kooperation, Völkerrecht und eine kollektive Sicherheit durch Stärkung der Vereinten Nationen und anderer regionaler Organisationen die tragenden Säulen darstellten. Als «Partner in einer Führungsrolle» wünschte er sich Deutschland. Im

Gegensatz zu Frankreich, das in der Europäischen Gemeinschaft eine bedeutende Rolle spielte, nicht jedoch in der NATO, und im Gegensatz zu Großbritannien, bei dem es sich gerade umgekehrt verhielt, verfügte die Bundesrepublik in beiden Institutionen über erheblichen Einfluss. Für die USA ging es darum, mit Deutschland einen langfristig gestaltenden Faktor in den internationalen Beziehungen zu gewinnen.[7] Amerikanische Politiker waren in der Regierungszeit Helmut Kohls noch bereit, das bundesrepublikanische Verhalten einer «reluctant power», einer zögernden, zurückhaltenden Macht, zu akzeptieren, aber die Geduld ließ spürbar nach.

Außenpolitisch vollzog sich indessen in den 1990er Jahren eine schleichende amerikanische Kurskorrektur. Das außenpolitische Denken des US-Kongresses in der Ära Clinton wurde maßgeblich von neokonservativen Exponenten beeinflusst, die darauf setzten, die Welt mit amerikanischer Macht neu zu ordnen. Die kluge Selbstbeschränkung der amerikanischen Führungsrolle in der vormaligen Welt des Kalten Krieges, die den USA den Beinamen des «gütigen Hegemon» eingebracht hatte, wich somit bereits vor der Katastrophe des 11. September 2001 und machte hegemonialen Vorstellungen Platz – es ging einzig um die eigenen Ziele, die Interessen der Partner spielten keine Rolle.[8]

Zerfall Jugoslawiens

Trotz des Endes des Ost-West-Konflikts entfaltete sich kein friedliches Zeitalter, vielmehr kehrte der Krieg nach Europa zurück. Im sich auflösenden Vielvölkerstaat Jugoslawien brachen blutige Konflikte zwischen Serben, Slowenen, Kroaten und bosnischen Muslimen aus. Während der Herrschaft Titos waren die ethnischen und religiösen Rivalitäten mehr schlecht als recht unter der Decke gehalten worden. Am 2. April 1993 beschloss das Bundeskabinett, dass sich die Bundeswehr an Auslandseinsätzen beteiligen solle. In einem NATO-AWACS-Verband überwachten auch deutsche Soldaten das von der UN beschlossene Flugverbot über Bosnien-Herzegowina, das sich seine Souveränität im Krieg erkämpft hatte. Seitens der Vereinigten Nationen mehrten sich zudem die Ersuche an die Bundesrepublik, Soldaten im Rahmen von UN-Missionen zur

Verfügung zu stellen, so beispielsweise in Somalia (UNOSOM II). Ob solche Einsätze mit dem Grundgesetz vereinbar waren, musste das Bundesverfassungsgericht entscheiden. Es erklärte 1994 Bundeswehreinsätze außerhalb des NATO-Gebietes – «Out-of-area»-Kampfeinsätze – für verfassungskonform, wenn sie dazu dienten, eine «friedliche und dauerhafte Ordnung in Europa und zwischen den Völkern der Welt herbeizuführen und zu sichern».[9] Vorab jedoch müsse die Bundesregierung die Zustimmung des Bundestages einholen, nur in Ausnahmefällen dürfe sie auch ohne Parlament entscheiden, sei dann aber verpflichtet, die Zustimmung nachträglich einzuholen.[10] Am 30. Juni 1995 stimmte der Bundestag mit 386 zu 258 Stimmen bei elf Enthaltungen dem Regierungsantrag zu, Bundeswehreinheiten zum Schutz der «Schnellen Eingreiftruppe» in das ehemalige Jugoslawien zu entsenden. Mit dieser «historischen Zäsur», so der spätere Außenminister Joschka Fischer seinerzeit,[11] beteiligten sich erstmals in der Nachkriegsgeschichte deutsche Soldaten an einem Kampfeinsatz in einem Gebiet, das außerhalb der NATO lag. Diese Entwicklung ging unvermindert weiter: Nachdem Anfang November 1995 zwischen den Kriegsparteien das Friedensabkommen von Dayton im amerikanischen Bundesstaat Ohio unterzeichnet worden war, billigte der Deutsche Bundestag am 6. Dezember in namentlicher Abstimmung mit 543 gegen 107 Stimmen, dass in Kroatien 4000 deutsche Soldaten stationiert wurden. In den drei folgenden Jahren verlängerte der Bundestag die SFOR-Mission der Bundeswehr in Bosnien-Herzegowina mit einem bis zu 3000 Mann umfassenden Kontingent; auch im Kosovo standen deutsche Soldaten, sie waren Teil einer NATO-Sondertruppe, welche die OSZE-Beobachter schützte.

Der Friedensvertrag von Dayton, der im November 1995 den bosnischen Krieg beendet hatte, erwies sich als problematisch, und zwar aus mehreren Gründen. Er wertete die jugoslawische Föderation und ihren Präsidenten Slobodan Milošević international auf. Auch innenpolitisch ging der Autokrat gestärkt hervor und machte sich sogleich daran, die Opposition zu unterdrücken. Milošević trachtete danach, seine serbisch-nationalistische Expansionspolitik fortzuführen, ein großserbisches Reich zu schaffen. Nun richtete sich sein Augenmerk auf die ehemals autonome Provinz Kosovo. Das Dayton-Abkommen beinhaltete keinerlei Positionen zum Kosovo, ein fatales Versäumnis. Dort war eine radikale, separatistische Befreiungsarmee (UÇK) entstanden, die den Kampf gegen die serbische Zentralregierung aufnahm. Im Frühjahr 1998 eskalierten die Kämpfe zwischen der UÇK und den serbischen Polizei- und Militäreinheiten. In der Folge flohen große Teile der albanischen Bevölkerung in umliegende Wälder, viele wurden von den Serben regelrecht in die Flucht getrieben. Die amerikanische Regierung fürchtete eine ähnliche Entwicklung wie vormals in Bosnien-Herzegowina, was sie mit allen Mitteln, auch mit militärischen, verhindern wollte. Demgegenüber sah Russland seine Aufgabe darin, zwischen den Parteien auf dem Balkan zu vermitteln; diese Bemühungen scheiterten zunächst kläglich. Milošević machte sich die Uneinigkeit des Westens und der UNO zu Nutze. Er konnte gewiss sein, dass ein einhelliges Votum des Weltsicherheitsrates nicht herzustellen war, und rechnete sich aus, die UÇK massiv bekämpfen und die albanische Bevölkerung aus dem Kosovo vertreiben zu können, ohne eine Militäraktion befürchten zu müssen.

Den Verlauf des Konflikts dokumentierte unter anderem Human Rights Watch. Den Berichten dieser Organisation zufolge befanden sich bereits Mitte 1998 über 300 000 Menschen, überwiegend Kosovo-Albaner, auf der Flucht vor serbischen Übergriffen. Die Kämpfe im Kosovo hatten den Weltsicherheitsrat am 24. August 1998 veranlasst, seine Sorge auszudrücken: Angesichts des bevorstehenden Winters könnte sich eine «humanitäre Katastrophe» entwickeln.[12] Einen Monat später, am 23. September, verurteilte der Weltsicherheitsrat in der Resolution 1199 den «exzessiven Gebrauch von Gewalt» durch serbisches Militär und bezeichnete ihn als «Bedrohung des Friedens». Aber auch die Kosovo-Albaner wurden aufgefordert, terroristische Handlungen zu unterlassen. Es half nichts, die Situation spitzte sich zu, weshalb die NATO mit Luftangriffen drohte und am 1. Oktober 1998 ihren Generalsekretär, den Spanier Javier Solana, zu Militäraktionen ermächtigte. Russland hatte dieser UN-Resolution zugestimmt.

Amerikanern und Briten genügte dies zur Rechtfertigung eines militärischen Eingreifens. Um in letzter Minute einen militärischen Konflikt zu umgehen, unternahmen die USA, Großbritannien und Frankreich einen Versuch, am Verhandlungstisch eine Lösung zu erreichen: Zwischen dem 6. und 23. Februar luden sie die Vertreter Serbiens und der Albaner nach Rambouillet bei Paris ein. Deutschland und Russland waren nur locker in den Verhandlungsprozess einbezogen – gegenüber der einstigen östlichen Supermacht bedeutete dies eine offen zum Ausdruck gebrachte Geringschätzung, gegenüber dem amtierenden EU-Ratspräsidenten, Deutschland, eine ungeheuerliche Respektlosigkeit; man hielt die neue rot-grüne Bundesregierung für einen unsicheren Kantonisten.[13] Die jugoslawische Regierung wies den 82-seitigen Vertragsentwurf, der ihr einiges zumutete und vorsah, NATO-Truppen in Jugoslawien zu stationieren, brüskiert zurück und verstärkte ihre Truppen im Kosovo. Die Konferenz, die zwischen dem 15. und dem 23. März in Paris fortgesetzt worden war, wurde ergebnislos unterbrochen. Am 24. März 1999 begann die NATO mit ihren Luftschlägen.

Deutsche Beteiligung ohne UN-Mandat?

Die Entscheidungen zum Kosovo-Konflikt waren zwar nach der Wahl von Rot-Grün, aber vor dem Regierungsantritt erfolgt. Am 7. Oktober 1998 erklärte sich die NATO grundsätzlich zur Intervention bereit. Als zwei Tage später der designierte Bundeskanzler Gerhard Schröder und Joschka Fischer in Washington US-Präsident Bill Clinton trafen, gaben sie auf sein Drängen hin ihre Zustimmung, einen eventuellen NATO-Einsatz mitzutragen, wollten aber die endgültige Entscheidung so lange zurückstellen, bis sie vereidigt waren und der neue Deutsche Bundestag sich konstituiert hatte. Es schien so, als zeigten die Amerikaner Verständnis für diese Position, doch bereits drei Tage später erreichte Günter Verheugen, den außenpolitischen Experten der SPD, ein Anruf aus Washington: Es müsse sofort entschieden werden, man könne keine Rücksicht auf die Wünsche der Deutschen nehmen, notfalls müsse noch der alte Bundestag über eine militärische Intervention abstimmen und nicht erst der neue. Über die Gründe für diese plötzliche Ungeduld aus dem Weißen Haus herrschte Ungewissheit. Im rot-grünen Regierungslager glaubte man Berichten, wonach der alte Verteidigungsminister Volker Rühe sich damit brüstete, Urheber dieses Umdenkens zu sein. Man dürfe, so habe er in Washington vorgetragen, die Neulinge in Bonn nicht aus den Pflichten entlassen. Wahrscheinlicher scheint jedoch, dass sich in Washington die amerikanische Außenministerin Madeleine

Deutsche Beteiligung ohne UN-Mandat? 71

Albright gegen Sicherheitsberater Sandy Berger durchsetzte und Clinton drängte, endlich vollendete Tatsachen zu schaffen. Der Druck sollte erhöht werden. Da sich der neue Deutsche Bundestag noch nicht konstituiert hatte, waren die Zuständigkeiten unklar, was allerdings die Amerikaner nicht kümmerte. Sie behaupteten in dieser Situation vielmehr, der serbische Führer Milošević spekuliere darauf, dass die neue deutsche Bundesregierung Militärschläge ablehnen würde, da sie doch aus «pazifistischen» Parteien bestehe. Solchen Spekulationen durfte man aus amerikanischer Sicht keine Nahrung geben. Wie stark der amerikanische Druck gewesen sein muss, unterstreichen Bemerkungen von Joschka Fischer, man habe nur 15 Minuten Zeit gehabt, um die Entscheidung zu treffen. An diesem 12. Oktober kamen Gerhard Schröder, Joschka Fischer und Günter Verheugen mit Helmut Kohl, Volker Rühe und Klaus Kinkel, dem noch amtierenden Außenminister, im Kanzleramt zusammen. Die Vertreter der abgewählten und der künftigen Regierung waren sich einig: Deutschland muss und wird sich mit eigenen Kräften an der Lösung des Kosovo-Konflikts beteiligen, wenn nötig, mit 14 Tornado-Flugzeugen und bis zu 500 Mann. Vier Tage später, am 16. Oktober 1998, fand sich der noch bestehende 13. Deutsche Bundestag zu einer Sondersitzung ein und nahm den Antrag der Bundesregierung mit großer Mehrheit an. 500 Parlamentarier aus allen Fraktionen, außer der PDS, stimmten dafür, 21 Abgeordnete der SPD stimmten allerdings dagegen, weitere sieben enthielten sich. Anschließend billigte das Kabinett Kohl die Inkraftsetzung des Einsatzbefehls «Actord» durch den NATO-Rat. Diese Activation Order (Actord) für Luftangriffe auf serbische Stellungen hatte der Rat am 13. Oktober erlassen. Mit der Actord ging die Entscheidung, wann mit Luftangriffen begonnen würde, formell auf den NATO-Oberbefehlshaber über. In der Bundestagsdebatte des 16. Oktober war Gerhard Schröder noch zuversichtlich, «dass es so weit nicht kommen wird, dass wir militärisch intervenieren müssen (...) und es zur militärischen Gewaltanwendung höchstwahrscheinlich nicht kommen wird».[14] Dies war ein frommer Wunsch, wie sich rasch herausstellen sollte.

Allen stand deutlich vor Augen, dass 1998/99 etwas qualitativ Neues geschah: Zum ersten Mal wurde das Gewaltmonopol des UN-Sicherheitsrats gebrochen. Nach den Regeln der Charta der Vereinten Nationen ist nur der Sicherheitsrat befugt, militärische Zwangsmaßnahmen gegen einen Staat zu verhängen. Wegen der ablehnenden Haltung Russlands und Chinas lag für den NATO-Einsatz 1999 kein solcher Beschluss vor. Natürlich muss man sich kaum über die normative Qualität der Vetoandrohung durch eine Diktatur wie China streiten. Befürworter der Luftoperationen argumentierten, die Intervention sei völkerrechtlich zulässig gewesen. Sie gingen von einem notstandsähnlichen Recht auf humanitäre Intervention aus. Das drei Jahre zurückliegende Massaker von Srebrenica stand noch wie ein Menetekel vor Augen; damals hatten Blauhelmsoldaten tatenlos zugesehen, wie fast 8000 meist männliche Bosnier barbarisch ermordet wurden. Wenn alle anderen Mittel ausgeschöpft seien, so dürfe man zur Abwendung einer humanitären Katastrophe zu militärischer Gewalt greifen. Veranschlagt wurde somit ein Nothilferecht, das aus dem Kriegsvölkerrecht der Genfer Konventionen und der gestiegenen Bedeutung der Menschenrechte im Völkergewohnheitsrecht nach 1945 abgeleitet wurde. Dieses stand in direktem Gegensatz zur ausschließlichen Entscheidungsbefugnis des Weltsicherheitsrates über Krieg und Frieden. Für die Bundesrepublik Deutschland war die Lage noch komplizierter. Ihre Beteiligung an den Militärschlägen konnte auch als ein Verstoß gegen den Zwei-plus-Vier-Vertrag von 1990 interpretiert werden – allerdings nur, wenn man davon ausging, dass es sich um einen «Angriffskrieg» handelte. Diese Debatte wird kaum jemals zu einem Abschluss gelangen.[15]

Sie flammte gleich 1999 auf. Für den bekannten deutschen Friedensforscher Ernst-Otto Czempiel handelte es sich beim Kosovo-Einsatz um eine tiefe Zäsur für die Bundesrepublik Deutschland, weil sie einem Angriff auf ein Land, die Bundesrepublik Jugoslawien, zustimmte, das die NATO nicht angegriffen hatte, und weil sie den Verzicht auf ein UN-Mandat akzeptierte. Czempiel betonte: «In der bewussten Abkehr von Verhaltensprinzipien, die bisher die Legitimität des westlichen Handelns bestimmt haben, liegt der entscheidende Traditionsbruch – nicht in der Tatsache, dass sich deutsche Soldaten an Kampfeinsätzen beteiligen.»[16] Dass der Wissenschaftler darüber hinaus einen amerikanischen Strategiewechsel vermutete, der darauf hinauslief, an der UNO vorbei die NATO als glaubwürdige Interventionsmacht zu etablieren, vergrößerte den Einschnitt noch zusätzlich. Die ins Feld geführte Gesinnungsethik, schlimme Menschenrechtsverletzungen zu verhüten, hielt er nur mehr für eine «Verzierung». Denn: «Das Argument der notwendigen humanitären Intervention ist beliebig verwendbar, solange ich selbst darüber entscheide, ob die humanitäre Notwendigkeit den militärischen Einsatz rechtfertigt. Solange ich mich weigere, die Tragfähigkeit dieses Arguments von einer internationalen Organisation überprüfen zu lassen, habe ich hier ein Instrument, das letztlich gegen jeden Staat angewendet werden kann, der mir nicht passt.»

Es war nicht die Aufgabe der Vereinigten Staaten oder der NATO, als Weltpolizist aufzutreten. Aber konnte man nicht ebenso gut argumentieren, dass die UNO ineffektiv war, weil der Sicherheitsrat leicht zum völligen Stillstand gebracht werden konnte, und die NATO handeln musste, um ein Eskalieren des Konflikts zu verhindern? Die Frage, wie mit dem Kosovo-Konflikt umgegangen und die Glaubwürdigkeit der NATO erhalten werden sollte, war schwierig zu beantworten. Jegliche Anwendung von Gewalt musste ein Teil einer eindeutigen politischen Strategie sein, die jedoch fehlte. Eine Gewaltanwendung konnte eine Kette von Ereignissen auslösen, die den gesamten Balkanraum in die Instabilität stürzte. Außerdem wurde in einem Memorandum des «British-american security information council», einer unabhängigen, beratenden Organisation, auf größte Unwägbarkeiten hingewiesen: «Wenn die Albaner im Kosovo mit Hilfe der NATO ihre Unabhängigkeit erreichen, werden sich andere nationalistische Führer in der Region möglicherweise ebenfalls darum bemühen. Türken im Süden Bulgariens und Osten Griechenlands, Griechen im Süden Albaniens, Serben und Albaner in Mazedonien sowie bosnische Serben wären versucht, dem Beispiel Kosovos zu folgen. (…) Die NATO sollte engstirnigen Nationalismus verurteilen und ihren Glauben in multi-ethnische Gesellschaftsformen, die Herrschaft des Rechts, Demokratie, Dezentralisierung und Respektierung der Menschenrechte bekräftigen.»[17] Was aber, wenn der «Glaube» daran nichts half?

Zweifel an diesem Krieg kamen von vielen Seiten, publizistisch reichten sie von «Die Woche» bis zur «Bild»-Zeitung. Gerhard Schröders Kanzlervorbild Helmut Schmidt äußerte sich öffentlich zwar nur zurückhaltend kritisch, wurde aber in einem persönlichen Brief Mitte April an den ehemaligen Staatssekretär im Verkehrsministerium während seiner Kanzlerschaft, Heinz Ruhnau, deutlicher. «Ich bin Deiner Meinung», schrieb Schmidt, «dass Gerhard Schröder und Rudolf Scharping Anspruch auf unsere Loyalität haben; diesen Anspruch haben gegenwärtig insbesondere auch unsere Soldaten. Dies ist auch der Grund dafür, dass ich mich sehr vorsichtig geäußert habe.» In seinem Schreiben an Schmidt hatte Ruhnau argumentiert, dass das Menschenrecht über dem Völkerrecht stehe, in diesem Sinne sei die Regierung Schmidt 1977 bei der Befreiung der Geiseln aus der entführten Lufthansa-Maschine in Mogadischu vorgegangen, wohin palästinensische Terroristen das Flugzeug entführt hatten. Schmidt entgegnete, dass damals mit dem Einverständnis der dortigen Regierung gehandelt worden sei. Dass Menschenrecht vor Völkerrecht stehe, könne von Fall zu Fall zutreffen, nicht jedoch eine Regel sein «zur Legitimation von bewaffnetem Eingriff gegenüber allen vorkommenden Menschenrechtsverletzungen auf der Welt». Wenn dies anders wäre, «so würden wir damit Tür und Tor öffnen für bewaffnete Interventionen unter Verletzung der Grenzen souveräner Staaten, und zwar selektiv, je nach den Motiven und Interessen der Interventionsmacht». Schmidt äußerte Verständnis für die vielen Menschen, die ein Eingreifen im Kosovo forderten, und gestand zu, dass man sich dabei auf einen «übergesetzlichen Notstand» berufen könne. Fraglich blieb ihm aber, ob der Zweck mit solchen Mitteln erreicht werden konnte. Deutschland war überdies in einer hochkomplizierten Lage. «Für Deutschland allein ist – neben der UN-Charta, neben der Charta des Nordatlantik-Vertrages, neben unserem Grundgesetz und seiner Interpretation durch das Bundesverfassungsgericht – *auch* der Zwei-plus-Vier-Vertrag vom September 1990 von Bedeutung. Dort heißt es im Artikel 2: ‹… erklären, dass das vereinte Deutschland keine seiner Waffen jemals einsetzen wird, es sei denn in Übereinstimmung mit … der Charta der Vereinten Nationen›. Es ist nicht auszuschließen, dass Moskau eines Tages diese Karte aus der Tasche ziehen wird.» Schmidt hielt die Auswirkungen auf den gesamten Balkan, das Verhältnis des Westens gegenüber Russland und die Zukunft der UNO für nicht ausreichend bedacht. Russland sei durch das «seit 1990 ziemlich stetige Vorrücken der NATO in östlicher und jetzt in südöstlicher Richtung» gedemütigt worden, und die westlichen Politiker hätten seit Kriegsausbruch Russland «dilettantisch» behandelt. Die Ziele der Luft-

operationen überzeugten den Altkanzler nicht, er sah vielmehr ein amerikanisches Streben im Hintergrund wirken, nämlich «die NATO zum Instrument einer selektiv einsetzenden Weltpolizei» zu machen. Wegen seiner Loyalität gegenüber der Bundesregierung legte sich Schmidt öffentliche Zurückhaltung auf, schloss den Brief indessen mit den Worten: «Falls es jedoch zu einem Krieg auf dem Boden kommen sollte, so kann die Sache für mich anders aussehen.»[18]
Schmidts Kritik an der «dilettantischen» Behandlung Russlands war auch auf die Bundesregierung gemünzt. Sie hatte den russischen Ministerpräsidenten Primakow nach seiner Belgrader Vermittlungsmission harsch abgefertigt, weil die Zugeständnisse, die er Milošević abringen konnte, «nicht ausreichend» gewesen waren. Primakow betonte stets, dass der Westen absichtlich übertreibe, um die Bombardements fortzusetzen. Nach dem, was ihm bekannt sei, finde im Kosovo kein «Völkermord» statt.[19] Ohne auf Einzelheiten einzugehen, bemerkte Schröder auf der Pressekonferenz am 30. März nach seinem Gespräch mit Primakow, der, aus Jugoslawien kommend, in Bonn gelandet war: «Ich habe deutlich machen müssen, dass das, was Kern der Vorschläge war, nämlich zunächst auf die Weiterführung der militärischen Aktionen zu verzichten und dann zu verhandeln, von mir jedenfalls nicht akzeptiert werden konnte.»[20] Dass Primakow von der Bundesregierung mit großem Respekt behandelt und seine Bemühungen gewürdigt worden seien, mochte der Russe nicht bestätigen. Ein UNO-Mandat für den Militäreinsatz im Kosovo war nicht zu erlangen, weil Russland – ebenso wie China – im Weltsicherheitsrat ein Veto eingelegt hätte. Dies nicht nur, weil Russland traditionell der Patron Serbiens war. Entscheidender für die Ankündigung, vom Vetorecht Gebrauch zu machen, war die Innenpolitik: Mit einer Zustimmung hätte sich zugleich die Gefahr erhöht, dass die Russische Förderation auseinanderbrechen würde. Tschetschenien und weitere autonome Republiken des Riesenreichs hätten ein Mandat zur Unabhängigkeit erhalten – dies galt es für Präsident Jelzin und seine Regierung mit allen Mitteln zu verhindern.

Kaum war der russische Ministerpräsident wieder abgereist, gab der Präsident Jugoslawiens im Belgrader Fernsehen eine Erklärung ab, die den Westen in seiner Sicht bestärken musste. Er hielt der NATO vor, dass sie die «albanischen Separatisten» mit Waffen unterstützen würde, damit diese das ganze Land mit «Terror» überzögen. Und weiter: «Die Völker Jugoslawiens haben sich mit Entschlossenheit der verbrecherischen Aggression der NATO-Streitkräfte widersetzt. Unser heroisches Volk hat bewiesen, dass man es nicht mit Waffengewalt in die Knie zwingen kann.» Nicht zum ersten Mal in seiner Geschichte müsse Jugoslawien seine territoriale Integrität und nationale Würde verteidigen – ein Hieb gegen Deutschland, in der Hoffnung, das antideutsche Ressentiment könnte Wirkung zeigen. Der Balkan drohe wieder zum Auslöser eines neuen Weltenbrands zu werden.[21] Milošević spekulierte einmal mehr darauf, dass Rot-Grün die eigene Courage verlassen und die Bundesregierung aus der Solidarität des westlichen Bündnisses ausscheren könnte – mit weitreichenden Folgen für das Ansehen der NATO vor der Weltöffentlichkeit. Ganz unwahrscheinlich war dies nicht.

Von Farbbeuteln, Angriffskriegen und Menschenrechten: Zerreißprobe für die Grünen

Joschka Fischer hatte die Grünen im Herbst 1998 zur Regierungsbeteiligung auf Bundesebene geführt – und jetzt in den Krieg. Warum befürwortete er die Intervention? «Weil wir gewählt worden waren und weil es im Kosovo um unsere Grundwerte ging», schreibt er in seinen Erinnerungen;[22] es habe sich ein «nicht mehr zu überbrückender Graben zwischen Pazifismus und humanitärer Interventionspflicht» aufgetan.[23] Mit dem Eintritt der NATO in den Kosovo-Krieg am 24. März 1999 war die Hoffnung vieler deutscher, vor allem grüner Politiker, der Kelch möge an ihnen vorübergehen, zerbrochen. Am 52. Tag der Luftangriffe trafen die Delegierten und Spitzenpolitiker von Bündnis 90/Die Grünen in Bielefeld zusammen, um über den weiteren Kurs der Regierung und den Verbleib in ihr zu entscheiden. Die in den Medien seit Wochen kolportierten Spekulationen über ein Zerbrechen der Grünen an der Kosovofrage schienen sich in Bielefeld angesichts der belagerungsähnlichen Zustände vor und in der Tagungshalle zu bestätigen.

Diese Bielefelder Sonderbundesdelegiertenkonferenz vom 13. Mai 1999 war ein tiefer Einschnitt. Das Symbol dieses turbulentesten Parteitags in der Geschichte der Grünen war nicht der Farbbeutel, der über den Präsidiumstisch hinwegflog, Außenminister Fischer am rechten Ohr traf und sein Trommelfell verletzte. Die Szene ist von Fernsehkameras eingefangen und Dutzende Male ausgestrahlt worden. Fischer wurde zur Zielscheibe von Pazifisten, die vor wenigen Monaten die «Friedenspartei» gewählt und sich eine neue Weltordnung erträumt hatten. Der Mission Weltfrieden fühlten sie sich zutiefst verpflichtet. Nun bezichtigten sie denjenigen, dem sie im Wesentlichen den Wahlsieg verdankten, des Verrats an heiligen Prinzipien. «Kriegstreiber» sei er, Handlanger von «Mördern», manche beschimpften ihn auf dem Parteitag als «Joschka Goebbels», wie man in den überlieferten zehnstündigen DVD-Mitschnitten hören kann. Das Symbol des Parteitages war vielmehr, dass Fischer mit dem blutrot verschmierten Jackett kurze Zeit später ans Rednerpult trat und in den mit Delegierten überfüllten Saal krächzte: «Hier spricht ein Kriegshetzer, und Herrn Milošević schlagt ihr demnächst für den Friedensnobelpreis vor.» Nach eigenem Dafürhalten war es die wichtigste politische Rede in seinem Leben.[24] Auschwitz – das war für Fischer unvergleichbar. Und dennoch: «(...) ich stehe auf zwei Grundsätzen, nie wieder Krieg, nie wieder Auschwitz, nie wieder Völkermord, nie wieder Faschismus. Beides gehört bei mir zusammen.»[25]

Das Bild vom scheinbar blutüberströmten Außenminister Fischer am Rednerpult ist schnell zu einer bundesdeutschen Ikone geworden. Symbolhafter und medienwirksamer hätte das Ganze gar nicht inszeniert werden können. Michael Glos (CSU) unterstellte daher später, dass der Farbbeutelwerfer «bestellt» und alles ein abgekartetes Spiel gewesen sei.[26]

Auch Claudia Roth, die 1998 über die bayerische Landesliste der Grünen in den Bundestag gekommen war, erschien der Weg in die Halle des Bielefelder «Kriegs-Parteitages» – der erste, der von einem massiven Polizeiaufgebot geschützt werden musste – wie ein Spießrutenlauf. Sie nahm die Menge als «hasserfüllt» wahr; jemand schüttete einen Eimer Currysauce über sie. Drinnen sprach sich Daniel Cohn-Bendit für eine Zustimmung zum Kosovo-Krieg aus und beschimpfte die Kriegsgegner, zu denen auch Roth zählte, als Feiglinge. Der französische Grüne mit deutschem Lebenshintergrund hielt seinen politischen Freunden ein unbewältigtes Geschichtstrauma vor. Für viele europäische Grüne war der deutsche unbedingte Pazifismus gerade der falsche Schluss aus der NS-Vergangenheit. Denn er mache die Welt, die voller

Zielscheibe für Pazifisten: der Bundesaußenminister, mit blutroter Farbe verschmiert, kurz nach dem Aufprall des Farbbeutels.

Gewalt sei, nicht besser, verleihe nur ein besseres Gefühl. Roth hielt dagegen, dass die Selbstmandatierung der NATO höchst problematisch sei, verstand jedoch auch die rigorosen Pazifisten in ihrer Partei nicht. Denn viele von ihnen hatten in den 1980er Jahren die Sandinisten in Nicaragua oder den ANC in Südafrika unterstützt – zwar im Bewusstsein, auf der «guten» Seite zu stehen, doch beide «Befreiungsbewegungen» agierten keineswegs gewaltfrei.[27]

Wenige Wochen zuvor schien die Welt noch in Ordnung. Im Vorfeld des NATO-Gipfels zum 50. Gründungstag des Militärbündnisses hatte Angelika Beer, die Verteidigungspolitische Sprecherin von Bündnis 90/Die Grünen, am 22. Februar 1999 ein neunseitiges «Thesenpapier» geschrieben, das nun fast vollständig Makulatur war. Sie erörterte darin, welches die Themen der «neuen NATO» sein würden. Ob sie in Zukunft klassische Bündnisverteidigung oder militärische Durchsetzung von Interessen betreiben würde, beantwortete sie klar: Letzteres müsse verhindert werden. «Der Politikansatz der US-Administration ist gegenüber der Frage multi- oder unilateraler Vorgehensweise instrumentell angelegt. Die Folge kann eine Unterhöhlung der bestehenden Völkerrechtsregime sein.» Jeder NATO-Einsatz musste aus Sicht Beers an die eindeutige völkerrechtliche Grundlage eines UN-Mandats gebunden werden. Doch auch auf diesem Gebiet der Legitimationsgrundlage erkannte sie gravierende Veränderungen in den letzten Jahren: «Nach dem gescheiterten UN-Einsatz in Somalia wurde von den Vereinigten Staaten die Frage aufgeworfen, ob der Einsatz der Allianz zwingend an ein Mandat der UN gebunden sein müsse. Die Folge wäre eine Unterminierung der Glaubwürdigkeit des Völkerrechtes und damit der normativen und moralisch-politischen Bindewirkung des Völkerrechts.»[28]

Wie sollten sich die Grünen verhalten? Eine der bekanntesten Gegenspielerinnen des Außenministers, Antje Vollmer, die Joschka Fischer in seinen Erinnerungen mit dem aus seiner Sicht alles andere als schmeichelhaft gemeinten Verdikt belegt, sie vertrete einen «grün-protestantische(n) Nationalpazifismus»,[29] nahm für ihre Position in Anspruch, in größeren Zusammenhängen zu denken. Sie glaubte, in das Amt als Vizepräsidentin des Deutschen Bundestages von ihren Gegnern, die ihr den Machteinfluss nehmen wollten, hineingedrängt worden zu sein. Fischer war in ihren Augen zu sehr von Amerika «beeindruckt», auch mit Blick auf den Kosovo. Er habe als Realpolitiker schnell begriffen, dass ein Kriegseinsatz im Kosovo «faktisch eine Vorbedingung für die Akzeptanz einer rot-grünen Regierung im Bündnis war». Dabei versäumte er es in ihren Augen, rechtzeitig eine pazifistische Strategie zu entwickeln – nur deshalb habe man zu einer «überhöhten Dramatisierung» und zum Auschwitz-Vergleich greifen müssen. Außerdem warf sie ihm vor, nicht reflektiert zu haben, wer sich in der UÇK alles versammelte, dort hätten auch Ganoven allerhöchster Güte ihr Unwesen getrieben und nicht nur «Freiheitskämpfer», wie der Außenminister vorgab. Vollmer betont die verpasste Chance des Westens, den friedlichen Befreiungskampf unter Ibrahim Rugova nicht rechtzeitig unterstützt zu haben, bevor dieser sich in Gestalt der UÇK radikalisierte. Auch ihre Aussage von der «moralischen Nötigung» war auf Fischer gemünzt.[30] Vollmer musste zugestehen: «Pazifismus hilft eigentlich immer nur im Vorhinein, wenn man den Krieg verhindern kann.» Doch in diesem Zugeständnis steckte zugleich ein Vorwurf.[31]

Man könnte vielleicht sagen, dass beide Seiten der Grünen, die auf dem Bielefelder Parteitag aufeinandertrafen, voneinander lernten – auch wenn sie es nicht zugaben. Einerseits: Die Formel des «Nie wieder Krieg» stammte aus einer Zeit der nuklearen Bedrohung im Ost-West-Konflikt. Krieg, ein Atomkrieg, war mit der Vernichtung der Menschheit verbunden. Dieser Nuklearpazifismus war radikal gegen Krieg, weil ein Krieg das Ende der Zivilisation bedeutet hätte. Aber diese Zeiten hatten sich grundlegend geändert. Und andererseits: Fischers Leidenschaft für die Außenpolitik ließ ihn auch ungerecht gegenüber jenen werden, die in manchen festgefahrenen Konflikten neue Denkansätze lieferten und ihn zu größerer Kreativität zwangen. Ohne die Grünen in allen ihren Facetten wäre Fischer gar nicht möglich gewesen. Umgekehrt war die Entfernung Fischers von den Grünen für diese ein Gewinn in der Öffentlichkeit. Warum? Fischer wurde von skeptischen Wählern als derjenige wahrgenommen, der die irgendwie unvernünftige und unter Generalverdacht stehende Partei zähmte oder dem man zumindest zutraute, sie zu zähmen.

Ob man sich im Kosovo beteiligen oder aus der Bundesregierung ausscheiden solle, dazu gab es auf dem stürmischen, immer wieder von Pfiffen und Buh-Rufen unterbrochenen Bielefelder Parteitag 104 konkurrierende Anträge. Sie wurden zu zwölf Richtungsanträgen zusammengefasst und zur Diskussion und Abstimmung gestellt. Das hieß jedoch nicht, dass die Grünen in zwölf oder gar 104 unterschiedliche Strömungen zerfielen. In Wahrheit existierten in außenpolitischen Fragen nicht mehr als vier Grundhaltungen. Die erste war eine Art dogmatischer Pazifismus, welcher auf der Überzeugung fußte, dass Krieg moralisch verwerflich sei. Auf der anderen «Extremseite» standen die «Durchzocker-Realos», wie Reinhard Bütikofer die Gruppe um Fischer nannte; diese agierten nach der Devise: «Jetzt sagen wir unseren Kindern einmal, wie die Welt in Wirklichkeit aussieht.» Dazwischen befanden sich die «gemäßigten Realos» vom Schlage Bütikofers oder Fritz Kuhns – der allerdings schwankte und bisweilen bei den «Durchzockern» zu finden war – und, mehr zum Pazifismus neigend, aber im Zweifel am Fortbestand der Regierung interessiert, die Regierungslinken um Jürgen Trittin.[32]

Insgesamt kamen auf der Konferenz 44 Rednerinnen und Redner zu Wort, die in teilweise emotionalen Stellungnahmen ihre Positionen darlegten. Uli Cremer, mandatsloser Radikalpazifist und Urgestein der deutschen Friedensbewegung, bezichtigte die NATO eines Angriffskrieges. Angelika Köster-Loßbach, die kurz zuvor Priština besucht hatte und der die Verzweiflung noch im Gesicht stand, rief hingegen der versammelten Menge zu, sie sei überhaupt nicht daran interessiert, «welche Paragraphen verletzt» worden seien, sondern nur daran, «ob Menschen vor der Vertreibung und Ermordung geschützt werden können».[33] «Rechtspazifisten» wie Hans-Christian Ströbele lehnten einen Krieg nicht bedingungslos ab. Sie interpretierten jedoch die Beteiligung der Bundeswehr an der NATO-Intervention als ein Vergehen an der «grünen Seele» – nicht aus ethischen Gründen, sondern weil diese Intervention in ihren Augen völkerrechtswidrig war. Befürworter des Einsatzes wiederum befanden, dass das Völkerrecht mit dem Ende der Blockkonfrontation lückenhaft sei, da in Fällen wie dem Kosovo die beiden völkerrechtlichen Prinzipien – Wahrung der Staatssouveränität und Schutz der Menschenrechte – eine Pattsituation bewirkten. Hieraus ergab sich die Form eines verantwortungsbewussten «Menschenrechtspazifismus», der humanitäre Interventionen als Einzelfall befürwortete, um Völkermord zu verhindern.

Der Antrag, den der Bundesvorstand der Grünen den Delegierten in Bielefeld zur Abstimmung vorlegte und der den langen Titel trug «Frieden und Menschenrechte vereinbaren! Für einen Frieden im Kosovo, der seinen Namen zu Recht trägt», war sieben eng bedruckte Seiten lang und so komplex, dass Widersprüchlichkeiten nicht ausblieben. Man darf vermuten, dass dies nicht ganz unbeabsichtigt war, schließlich musste die grüne Seele befriedet und zugleich die Regierungsbeteiligung bewahrt werden. Mit einfachen, verständlichen und kurzen Sätzen und Passagen war das nicht zu erreichen. Deshalb fuhr der Antrag am Beginn schweres Geschütz auf: «Im Kosovo führt das Milošević-Regime einen Vernichtungs- und Vertreibungskrieg gegen die große albanische Bevölkerungsmehrheit.» Fünf Abschnitte später hieß es jedoch: «Gleichwohl lehnen wir es ab, dessen (Miloševićs, E.W.) Vertreibungs- und Völkermordpolitik durch historisch fragwürdige Gleichsetzungen mit dem deutschen Faschismus darzustellen.» Außenminister Fischer hatte am 15. April in der Bundestagsdebatte zum Kosovo einen Satz gesagt, den man genau so verstehen musste: «Das Europa der Demokratie kann diese rohe Form des Faschismus nicht akzeptieren.»[34] Seither fiel er immer wieder mit historischen Vergleichen auf, der den NATO-Einsatz zu einer Art antifaschistischem Widerstand überhöhte.

444 Delegierte folgten teils schlechten Gewissens dem Außenminister, die Minderheit von 318 stimmte, oft ebenfalls schlechten Gewissens, gegen den Kompromiss. Dieser sah einen befristeten Bombenstopp vor, um Verhandlungsmöglichkeiten zu schaffen, sprach sich jedoch nicht dafür aus, sämtliche Angriffe gegen Serbien sofort zu beenden. Die Führung der Grünen um Antje Radcke hatte das «Erfolgsrezept» früherer grüner Parteitage beherzigt: erstens, so viel Diskussion wie überhaupt ermöglichen, zweitens, jede Seite musste die besten Redner mobilisieren, drittens, den Unterlegenen, die anderer Meinung waren, musste mit größtem Respekt begegnet werden, und viertens, die Latte des Parteitagsbeschlusses musste so niedrig wie irgend möglich hängen, nur das unbedingt Minimale durfte gefordert werden. Die Formulierungen des Textes waren so gehalten, dass kaum mehr erkennbar war, was noch regierungsverträglich war und was nicht mehr. Wäre die Resolution nicht so gewunden gewesen, hätte der Außenminister keine Mehrheit erhalten. Doch so verklausuliert sich der Beschluss ausnahm, eines konnte er nicht verkleistern: den tiefen Einschnitt, den Bielefeld für eine Partei bedeutete, die seit den frühen 1980er Jahren durch die Friedensbewegung und den Protest gegen den NATO-Doppelbeschluss stark geworden war. Man habe schmerzlich erfahren müssen, was es bedeute, erwachsen geworden zu sein, sagte Sybille Haussmann in Bielefeld.[35] War es nur die Adoleszenz, die neue Blicke auf die Realität öffnete? Nein. Nicht nur die Grünen hatten sich verändert, sondern die Welt um sie herum war eine andere geworden. Schockerlebnisse und neue außenpolitische Gegebenheiten, dazu historische «Lehren» sowie der Wille zum Regieren ließen die Mehrheit ihren vormaligen Pazifismus, der nun wie aus der Zeit herausgefallen erschien, beiseitelegen.

Die Rolle des Verteidigungsministers Scharping

Auch für Teile der Sozialdemokraten hatten die Friedensbewegung und der Protest gegen den NATO-Doppelbeschluss Anfang der 1980er Jahre eine historisch bedeutsame Rolle gespielt. Die Führungspersönlichkeiten der SPD agierten nun jedoch völlig anders als Bündnis 90/Die Grünen. Beide Parteien wurden jeweils durch einen inneren Wertekonsens zusammengehalten. Doch während die Grünen realpolitisch «nackt» nicht zu überzeugen waren – das Argument: «Wir sind Bündnispartner der Amerikaner und müssen danach handeln», war ihnen verhasst –, hatte Bündnissolidarität für die Staatspartei SPD einen ganz anderen Klang. Rudolf Scharping hieß der frischgebackene Verteidigungsminister, der Deutschland in den Krieg führen musste. Scharping war im Oktober 1998 von Kanzler Schröder in seinem eigenen Büro zum Leiter der Hardthöhe und Herr über die Bundeswehr «verdonnert» worden, obwohl er lieber Fraktionsvorsitzender der SPD bleiben wollte. Dass der Kanzler dabei vorgab, er wolle einen «guten Verteidigungsminister» haben, war nicht mehr als schlecht aufgetragene Kosmetik, denn auch Günter Verheugen, der sich Hoffnungen gemacht hatte, entsprach diesem Profil. Das Postengeschacher entsprang einem Machtkampf zwischen Schröder, Lafontaine und Scharping. Letzterer musste – nach dem Putsch Lafontaines gegen ihn auf dem Mannheimer Parteitag 1995 – die zweithärteste Niederlage seiner politischen Laufbahn hinnehmen. Die Auguren prophezeiten nichts Günstiges. Scharping funktioniere am Tag nach dem endgültigen Ende der SPD-Troika wie ein «Sprechautomat». Überhaupt gäben die Sozialdemokraten nach der Ausrufung ihrer Minister ein «Bild des Grauens» ab, als sie an den Verhandlungstisch zu den Grünen zurückkamen: «Ein verkniffener und verspannter Oskar Lafontaine; ein gebrochener Rudolf Scharping; noch versteinerter als sonst die ausdruckslose Miene von Franz Müntefering; am schlimmsten Günter Verheugen, der das Gesicht in die Hände gräbt und eine Weile braucht, bis er sich wieder gefangen hat.»[36] Diejenigen, die dabei waren, meinten, Scharping sei «menschlich erbärmlich» behandelt worden.

Scharping, der Parteisoldat, wurde zu den richtigen Soldaten abkommandiert. Er hatte seinen Widerstand aufgegeben, als ihm Bedingungen zugesagt wurden, die den Verteidigungshaushalt, den Umfang und die Ausrüstung der Streitkräfte betrafen – finanzielle Zusagen, die schon bei den ersten Beratungen zum Haushalt 1999 nicht eingehalten wurden. Wieder ein Wortbruch. Aber war Rudolf Scharping wirklich «gebrochen», wie so viele Kommentatoren schrieben? Diese Auffassung entpuppte sich rasch als Fehlwahrnehmung. Scharping selbst erzählte von einem Schlüsselerlebnis: Zu Zeiten einer menschlich ähnlich unglückseligen Troika – Willy Brandt, Herbert Wehner und Helmut Schmidt – habe Schmidt 1969 ebenfalls entgegen seinen Wünschen das Verteidigungsministerium übernehmen müssen. Darauf habe Schmidt genauso ablehnend reagiert wie nun Scharping. Seine Frau Loki versuchte ihm die neue Aufgabe positiv darzustellen und habe ihm eine Esskastanie geschenkt, die noch in ihrer aufgesprungenen, mit spitzen Stacheln übersäten grünen Kapsel steckte. Die Botschaft lautete: So wie diese Marone sei die Aufgabe, die er als Verteidigungsminister in die Hand nehmen müsse. Doch es könne sich Gutes daraus entwickeln. Schmidt habe die Aufgabe schließlich angenommen und die Marone während seiner ganzen Zeit als Verteidigungsminister auf seinem Schreibtisch liegen gehabt. Als Scharping in die gleiche Lage kam, habe Schmidt ihm die Marone, verbunden mit der Geschichte, geschenkt, die seither auf seinem Schreibtisch als Symbol dafür gelegen habe, dass aus einer zunächst ungeliebten, schwierigen Aufgabe etwas Positives entstehen könne.[37] Scharping führte sein Amt mit großer Überzeugung und täglich wachsendem Respekt vor den Soldaten aus, denn diese seien, so sagte er, «in der Regel sehr verantwortliche, sehr gebildete Leute». Er war seit Langem der erste Verteidigungsminister, der selbst gedient hatte, bevor er wegen seines Augenleidens ausgemustert worden war. Oberstes Ziel, so gab er gleich nach Amtsantritt zu Protokoll, sei für ihn der Erhalt der NATO als maßgebliches, wirksames und glaubwürdiges Instrument: «Alles, was wir in Europa tun, muss für die transatlantischen Beziehungen zumindest verträglich, wenn nicht förderlich sein» – so lautete sein Credo, das er bei seinem Antrittsbesuch in Amerika deutlich machte.[38]

Dort, in den USA, herrschten erhebliche Befürchtungen, was auch Gernot Erler, der außen- und sicherheitspolitische Fachmann der Sozialdemokraten, erfahren musste. Als Vorsitzender einer transatlantischen Arbeitsgruppe für Abrüstung und Rüstungskontrolle war er seit 1994 jedes Jahr nach Amerika gereist, doch im Sommer 1998 sei er von einem zum anderen amerikanischen Politiker gereicht worden, und alle wollten nur die immer gleichen Fragen beantwortet haben: Wer ist Joschka Fischer? Was wird er machen? Es hatte sich bereits abgezeichnet, dass

Rot-Grün die Bundestagswahl gewinnen würde, und die Sorgenfalten der Amerikaner wurden von Tag zu Tag tiefer. Würde die Bundesrepublik dann aus der NATO austreten? Ein grüner Außenminister – «das war für die Amerikaner eine absolute Bedrohung». Tage- und nächtelang sah sich Erler gezwungen, Fischer zu beschreiben, seine amerikanischen Freunde zu beruhigen, die Wogen zu glätten – und sei es nur mit dem Hinweis, dass die deutschen Sozialdemokraten schon aufpassen, die Grünen zähmen würden.[39] Dies war die Situation des 16. Oktober 1998: mitmachen, um die Befürchtungen, Rot-Grün schere aus der Bündnissolidarität aus, auszuräumen, oder Nein sagen, also eine Bruchlandung hinlegen und sämtliches internationales Vertrauen darunter zu begraben.

Vermutlich lag es nicht an Loki Schmidts Marone – doch als frischgebackener Verteidigungsminister wirkte Scharping auf einmal souverän wie lange nicht mehr, machte beim Abschreiten von Bundeswehrformationen eine gute Figur – Spötter meinten, sein Naturtalent rühre daher, dass er sowieso immer etwas steif wie mit einem Stock im Kreuz durch die Welt gegangen sei. Er arbeitete sich rasch und intensiv in die Materie ein, ging auf die Soldaten zu und wollte der Bundeswehr das Selbstverständnis von militärischer Stärke geben, doch das Martialische nicht kultivieren, und schon gar nicht sollte es Traditionslinien zu den ewiggestrigen Ritterkreuzträgern geben.[40] Der Neue kam bei den Soldaten, anders als sein Vorgänger Volker Rühe, der sich den Spitznamen «Rüpel-Rühe» zugezogen hatte,[41] gut an. Kamerad Scharping eben.

Lob der NATO und «Kriegsparteitag» der SPD

Mit dem Kosovokrieg schlug Scharpings große Stunde, kaum jemals zuvor – von der Zeit als rheinland-pfälzischer Ministerpräsident abgesehen – war er angesehener als im halben Jahr zwischen März und September 1999. Ein regelrechtes «Lobkartell» breitete sich aus, und Scharping zog Schröder und Fischer mit. Gegenseitig bescheinigen sich die drei Hauptakteure des «Kriegskabinetts» in ihren späteren Aufzeichnungen und Erinnerungen ihren hohen Respekt – mit feinen Unterschieden. Fischer berichtet – außer von seiner eigenen – auch von der hervorragenden Führungsrolle Schröders, und Schröder lobt Fischers Umsicht, er sei in dieser Situation «wirklich ein Pfund gewesen»[42], beide sprechen allerdings kaum von Scharping, wenngleich Fischer – indem er aus Scharpings Buch zitiert – dessen koordinatorische Leistung bei der Bewältigung der «größten humanitären Aktion in der Geschichte der Bundesrepublik Deutschland» unterstreicht.[43] Zwischen Fischer und Scharping bildete sich eine Rivalität heraus, die am Kabinettstisch spürbar war. Jeden Mittwochmorgen berichtete der Außenminister über den Verlauf den Krieges und endete mit konstanter Boshaftigkeit, indem er sagte: «So weit der Bericht des Außenministers, es kann sein, dass der Verteidigungsminister noch ergänzen möchte.»[44]

In der Zeit des Krieges war Scharping für Schröder freilich ein wichtiger Verbündeter. Dass ausgerechnet eine sozialdemokratisch geführte Bundesregierung den ersten deutschen Militäreinsatz nach dem Zweiten Weltkrieg zu verantworten habe, sei eine historische Herausforderung, betonte er auf dem SPD-Sonderparteitag vom 12. April 1999. Niemals hätten Sozialdemokraten mit dem Leben von Soldaten und anderen Völkern gespielt – daher sei es gut, dass «so besonnene Menschen» wie Rudolf Scharping jetzt Verantwortung trügen und handeln müssten. Die Partei und die Menschen in Deutschland würden seine Besonnenheit und Geradlinigkeit schätzen. «Rudolf, ich bin stolz darauf, mit dir arbeiten zu können» – welch ein Adelsschlag.[45] Bereits vierzehn Tage zuvor erkannte Schröder den «Wert» Scharpings in einer internen Besprechung auch in anderer Hinsicht – innenpolitisch gab es im Frühjahr 1999 heftigste Turbulenzen für Rot-Grün. «Das Auftreten von Rudolf Scharping in der Kosovokrise biete eine gute Chance, aus dem Meinungstief herauszukommen», sagte er vor den Granden der SPD.[46]

Doch selbst bei der NATO war man voll des Lobes für die «drei Deutschen», da sich Deutschland im Kosovo-Krieg, fast wider Erwarten, als unbeirrbar erwies. Der Wechsel von der schwarz-gelben zur rot-grünen Koalition schlug sich für die NATO nicht in einem Verlust an Verlässlichkeit und Entschlossenheit nieder – ganz im Gegenteil. Zur großen Überraschung erfüllten die Deutschen nicht nur die in sie gesetzten Hoffnungen, diese wurden sogar noch übertroffen. Vergessen waren die Irritationen, die der neue Außenminister Joschka Fischer am Beginn seiner Amtszeit in Washington ausgelöst hatte. Auf den Koalitionsvertrag hinweisend hatte er den hellhörig gewordenen Amerikanern mitgeteilt, die neue Bundesregierung werde sich für einen Verzicht auf den Ersteinsatz von Atomwaffen einsetzen. Heute, so Scharping Anfang April 1999, werde die rot-grüne Bundesregierung völlig anders wahrgenommen als früher, nämlich als das «präzise Gegenteil» der vormaligen Befürchtungen.[47] Fragte man die führenden Militärs der Bundeswehr, so waren alle davon überzeugt, dass der NATO-Einsatz gegen Serbien schnell von Erfolg gekrönt sein werde. «Sechs Tage und die Sache ist erledigt», hätten sie getönt, so erinnert sich Gernot Erler, der zusammen mit Rudolf Scharping beim Generalinspekteur der Bundeswehr und den Generälen gesessen hatte. Doch es dauerte mehr als zwei Monate, insgesamt 78 Tage, vom 24. März bis zum 10. Juni 1999. In dieser Zeit erfolgten Luftangriffe der NATO auf das gesamte Territorium der jugoslawischen Teilrepublik Serbien.

Kurz vor dem Beginn der Kriegshandlungen, am 22. März 1999, lieferte Rudolf Scharping vor dem Präsidium der SPD einen bedrückenden Bericht ab. Gegen 18 Uhr unternehme der US-Sondervermittler Richard Holbrooke einen letzten Vermittlungsversuch in Belgrad, und wenn dieser scheitern sollte, würden die Luftangriffe mit Beteiligung der Bundeswehr starten. Die «humanitäre Katastrophe» sei voll im Gange. Eine besorgte Debatte folgte: Wie würde sich Moskau verhalten? Werde Milošević die Auseinandersetzung auf dem Boden suchen? Was bedeute dies für die deutschen Truppen in Mazedonien? Niemand habe, so Scharping, Interesse, die UNO einzuberufen, auch die Russen nicht. Russland wolle keine Militäraktion. Kein Staat sei bereit, einen Bodenkrieg zu führen. Scharping, so vermerkt das Protokoll, stellte fest, «dass der NATO-Einsatz eine Zäsur in der deutschen Außenpolitik bedeute». Bundeskanzler Schröder unterstrich, was ihm wichtig erschien, nämlich zwei Fehler zu vermeiden: «Zum einen dürfe man keine unzulässigen Vergleiche zu den Kriegseinsätzen vor 1945 und den jetzigen Einsätzen im Kosovo ziehen. Zum anderen müsse man besonders auf das Ziel, eine ‹humanitäre Katastrophe› abzuwenden, hinweisen. Es gehe darum, die ‹ethnischen Säuberungen› der Serben zu stoppen.»[48] Tags darauf appellierte Schröder an die SPD-Fraktion, sich ihrer Verantwortung bewusst zu sein. Es gebe nur eine Wahl: entweder den

88 Das Ende der Nachkriegszeit – Der Kosovo-Krieg

Morden tatenlos zuzusehen oder mit militärischen Mitteln die «humanitäre Katastrophe» abzuwenden. Dass der Einsatz unmittelbar bevorstand, war allen Anwesenden klar.

Dem US-Sondergesandten Richard Holbrooke gelang es nicht, die jugoslawische Führung zum Einlenken zu bewegen; sie lehnte vehement die Stationierung von NATO-Friedensgruppen im Kosovo ab. Russland, der traditionelle Verbündete Serbiens, wurde erst kurz vor den bevorstehenden Luftschlägen der NATO informiert, was zu einem tiefen Vertrauensverlust führte und eine Verhärtung der russischen Balkanpolitik nach sich zu ziehen schien.

Das Kanzleramt hatte die Vorsitzenden der Bundestagsfraktionen über den unmittelbar bevorstehenden Militäreinsatz unterrichtet. Mit allen, außer denjenigen der PDS, bestand Einigkeit darüber, dass es keine Alternative gab, weshalb auch kein öffentlicher Parteienstreit in dieser so zentralen Frage losgetreten werden sollte, wie Wolfgang Schäuble, CDU/CSU-Fraktionsvorsitzender, dem Kanzler versicherte. Schröder stellte intern klar, dass es ein «Trugschluss» sei zu glauben, «man könne souverän über die deutsche Außenpolitik entscheiden».[49] Er traf damit den Punkt: Denn hätten die Deutschen anders entschieden als ihre Partner, wären sie erst recht in Schwierigkeiten geraten.

Je länger die NATO-Luftoperationen dauerten, desto mehr regte sich die Kritik. Immer wieder gab es Falschmeldungen, Desinformationen und Gerüchte, über angeblich abgeschossene deutsche Flugzeuge etwa. Immer mehr Menschen im Kosovo befanden sich auf der Flucht, bis Ende Mai 1999 waren es eine Dreiviertelmillion. Erst der NATO-Einsatz, so die Kritiker, habe das Flüchtlingselend verschärft, er wirke, als gieße man Öl ins Feuer. Imageschäden für die NATO ergaben sich daraus, dass sie den Krieg nicht schnell beenden konnte. Verheerend wirkte sich zudem aus, dass immer mehr Zivilisten den Angriffen zum Opfer fielen. Das Wort «Kollateralschaden», das sich dafür einbürgerte, war menschenverachtend. Auch wiesen manche, deren Bedenken wuchsen, auf Doppelstandards hin, dass man Serbien wegen der Albaner bombardiere, die Türkei aber wegen des Konflikts mit den Kurden nicht zur Rechenschaft ziehe.[50] Eltern von deutschen Soldaten erhielten Telefonanrufe von Serben, die behaupteten, ihr Sohn sei im Krieg gefallen. Zu den prominenten deutschen Politikern, die gegen den NATO-Einsatz waren, zählten die ehemalige Bundesjustizministerin Sabine Leutheusser-Schnarrenberger von der FDP sowie der ehemalige OSZE-Vizepräsident und CDU-Bundestagsabgeordnete Willy Wimmer. Oskar Lafontaine, der am 11. März von allen seinen SPD-Ämtern zurücktrat, hatte sich bis dahin nicht gegen eine deutsche Beteiligung ausgesprochen; erst viel später entdeckte er dieses zusätzliche Argument für sich. Gregor Gysi hingegen, der Vorsitzende der PDS, reiste auf dem Höhepunkt des Konflikts sogar nach Belgrad zu Gesprächen mit Milošević und bot diesem damit eine willkommene Bühne.

Der Bundeskanzler rang um die Unterstützung seiner Partei. Sie musste für ihn unzweideutig und vorbehaltlos sein. Die Machtfrage konnte die SPD nicht einfach beiseiteschieben, dies gehörte zur vielbeschworenen sozialdemokratischen Disziplin. Der oben bereits kurz erwähnte Sonderparteitag vom 12. April 1999, der unter das Motto «Verantwortung» gestellt wurde, sollte dies gewährleisten. Nach dem Rücktritt Lafontaines war zunächst ein «Kanzlerparteitag» vorgesehen gewesen, der Schröder zum neuen SPD-Vorsitzenden kürte, nun drohte es ein «Kriegsparteitag» zu werden. Schröder empfand sich allerdings nicht als «Kriegskanzler» und wollte den pazifistischen Flügel der SPD, der dort eine Heimat haben musste, beruhigen.[51] Aus dem Zufall, dass die Entscheidung für Krieg oder Frieden in die Regierungszeit von Sozialdemokraten fiel, schnürte er ein Argument: «Aber vielleicht empfinden es nicht wenige Bürger als beruhigend, dass in diesem Moment gerade die Partei in der Verantwortung steht, die eine große Geschichte hat als Partei des Friedens.»[52] Dennoch: Im Parteivorstand herrschte gedrückte Stimmung. Zwar lagen die Gründe für das Desaster in einer verfehlten Jugoslawien-Politik der 1990er Jahre, doch konnte man schwerlich leugnen, dass die Sozialdemokraten daran mitgewirkt hatten. Henning Voscherau führte jene an, die gegen den Kosovo-Einsatz votierten. Er konzedierte den Handelnden, dass sie in einem Dilemma steckten, machte aber deutlich, warum er die Entscheidung der NATO für falsch hielt: Erstens gebe es kein UNO-Mandat, zweitens sei das Ziel mit Luftschlägen nicht erreichbar, drittens hielt er das Risiko einer Ausweitung des Krieges für völlig unkalkulierbar, und viertens müsse bei einer ehrlichen Betrachtung der Einsatz von Bodentruppen die Konsequenz sein. Für ihn schied wegen der NS-Vergangenheit ein Krieg am

90 Das Ende der Nachkriegszeit – Der Kosovo-Krieg

Boden jedoch aus. Daraus folgerte er: «Wer nicht B sagen will, darf auch nicht A sagen.»[53] Ulrich Maurer gab zu bedenken, dass ja nicht nur die PDS sich gegen den Einsatz wende, sondern vermehrt auch Konservative. Dass sich die SPD in einer Art «Schockzustand» befand, wussten alle – und der Druck stieg von Tag zu Tag. Die rote Linie war der Einsatz von Bodentruppen.

Am 6. April 1999, eine Woche vor dem Parteitag, trat Hermann Scheer, der noch im gleichen Jahr den «alternativen Nobelpreis» erhalten sollte und im SPD-Parteivorstand großes Ansehen genoss, mit einer Denkschrift an die Öffentlichkeit. Sie trug den Titel «Politische De-Eskalation in Jugoslawien» und war mit dem provokanten Untertitel versehen: «Es gab und gibt Alternativen zur Eindämmung der humanitären Katastrophe». Scheer zählte die Gründe des Konflikts auf, wozu vor allem die vom Westen, besonders von der Bundesrepublik Deutschland, geförderte Staatenbildung – Slowenien, Kroatien – in den 1990er Jahren in Jugoslawien gehörte. Den Vertrag von Rambouillet unterzog er scharfer Kritik, er war in seinen Augen ein für Serbien unannehmbares Diktat und daher mehr «Konfliktförderer als -schlichter». Faktisch sei ein NATO-Truppenstatut für Jugoslawien vorgesehen gewesen. Scheer berief sich auf Werner Link, Professor für Internationale Beziehungen an der Universität Köln, der ergründete, warum die Kosovo-Albaner nach anfänglicher Weigerung den Vertrag unterschrieben: «US-Außenministerin Albright hatte erklärt, es werde keinen Militärschlag gegen Jugoslawien geben, wenn auch die Kosovo-Albaner den Friedensplan ablehnten. Das heißt, die Kosovo-Albaner konnten davon ausgehen, dass ihre Unterschrift zur NATO-Intervention führte. Die Luftschläge würden Jugoslawien bzw. Serbien entscheidend schwächen und damit die Machtverhältnisse zu ihren Gunsten ändern.» Scheer betonte, dass nicht jeder, der die Bombardierung für falsch hielt, ein dogmatischer und realitätsblinder Pazifist sei, der tatenlos Massakern und Vertreibungen zusehen wolle. Und nicht jeder, der für den NATO-Einsatz sei, habe ein humanistisches Motiv. Seine vorgeschlagenen vier Schritte zur Deeskalation begannen mit der Einstellung der Bombardierungen, weil deren Fortsetzung das Verhalten serbischer Verbände brutalisiere. Alle Kräfte müssten auf eine humanitäre Hilfsaktion konzentriert werden. Ad acta gelegt werden sollte der Rambouillet-Vertrag, demgegenüber müsse die UNO wieder ins Spiel kommen und die NATO gestutzt werden: «Sie ist aufgrund der strukturellen Dominanz der USA im Bündnis nicht in der Lage, international gegen Verletzungen von Menschenrechten oder internationaler Verträge vorzugehen, wo diese von den USA aufgrund ihrer weltweiten Interessenlage toleriert werden. Der neue NATO-Rollenanspruch verhindert überdies die Entwicklung einer eigenständigen Außenpolitik der Europäischen Union.»[54] Würde die NATO weiter bombardieren, könne dies unabsehbare Folgen haben: eine Zuspitzung der humanitären Katastrophe, eine Ausbreitung ethnischer Radikalisierung, die den gesamten Balkanraum wie ein Flächenbrand zu erfassen drohe, ein «Entflammen und Verfestigen antiwestlicher und panslawistischer Emotionen in Russland», die sich bis zu «atomaren Drohgebärden» steigern könnten.

War eine solche apokalyptische Sicht nicht übertrieben? Schoss die Kritik über das Ziel hinaus? Überall lagen die Nerven infolge der Anspannung blank. Der Kanzler prangerte es als verwerflich an, dass «einige den Eindruck vermitteln, von Deutschland sei ein Krieg ausgegangen». Die Maßnahmen seien im Gegenteil nötig, um den Krieg zu stoppen.[55] Er hatte sich mit Altvorderen der SPD wie Hans-Jochen Vogel, aber etwa auch mit Altbundespräsident Richard von Weizsäcker beraten. Doch es war Erhard Eppler, der auf dem Bonner SPD-Parteitag die «entscheidende Rede» hielt, die Rede, welche die Mehrheit hinter den Kanzler brachte.[56] Eppler, prominenter sozialdemokratischer Vertreter in der Friedensbewegung, hatte im Oktober 1983 im Bonner Hofgarten auf der Großkundgebung der von der Friedensbewegung initiierten «Aktionswoche» gegen die Stationierung neuer NATO-Mittelstreckenraketen gesprochen, war zuvor einer der härtesten Kritiker von Helmut Schmidt gewesen und engagierte sich in der christlich motivierten Friedensbewegung, nicht zuletzt auf dem 20. Evangelischen Kirchentag 1983, dessen Präsident er war. Damals, so begann Eppler nun seine Rede, habe Krieg für Mitteleuropa Tod und Frieden Leben bedeutet. Nach dem Ende des Kalten Krieges habe jedoch die Gewalt nicht ab-, sondern zugenommen, und zwar außerhalb dessen, was als Krieg definierbar sei. «Das heißt, wir haben immer mehr Gewalt und immer weniger definierbaren Krieg erlebt. Milošević behauptet ja, dass das, was er im Kosovo macht, keineswegs Krieg sei. Das Gemetzel in Ruanda sei kein

Krieg gewesen, auch nicht das in Algerien (...) wir leben jetzt mit einer riesigen Skala von Gewalt, die mit der organisierten Kriminalität beginnt und über Bombenterror und Selbstmordkommandos bis hin zum Völkermord reicht.» Manche Pazifisten und auch Militärs würden sagen: «Das ist nichts für uns, denn das ist nicht der Krieg, den wir gelernt haben.» Die Frage sei heute nicht mehr: Krieg oder nicht Krieg, die Frage sei, ob es gelinge, dass jeder und jede, der oder die das Recht des Stärkeren in Anspruch nehme – ob es ein Vergewaltiger sei, ein Raubmörder oder ein Diktator –, irgendwann erfahren müsse, dass es noch Stärkere gebe. Auch ihm, Eppler, wäre es am liebsten, wenn Frieden durch ein Gewaltmonopol der UNO zu erreichen wäre, und er teile die meisten Einwände gegen die Selbstermächtigung der NATO. Nur: «Es hilft denjenigen nicht, die hier und jetzt entscheiden müssen, was weiter geschehen soll.» Da es im Kosovo über eine halbe Million Flüchtlinge gebe, müsse jede Rückkehr zur Politik mit der Rückkehr der Flüchtlinge beginnen – doch jene würden so lange nicht zurückkehren, wie sie nicht von internationalen Truppen geschützt würden. Die Schlusssätze Epplers beeindruckten die Zuhörer am meisten: «Lasst mich noch eine letzte, eine sehr allgemeine Bemerkung machen», holte er aus. «Die 68er-Bewegung hat unserer Gesellschaft viel Neues und Gutes gebracht. Sie hat aber auch einiges verschüttet. Etwas von dem, was sie verschüttet hat, ist das Gespür für Tragik. Wir sind ja dabei, alles, was traurig ist, ‹tragisch› zu nennen. Nein, tragisch ist eine Situation, wenn man schuldig wird, ganz gleich, was man tut. Natürlich wird man schuldig, wenn man Bomben wirft. Die Frage ist doch nur, wie man noch schuldiger wird. Deshalb muss diese Partei jetzt diesen tragischen Konflikt, auf den sie gar nicht vorbereitet ist, aushalten. Sie muss lernen, was eine tragische Entscheidung ist, und sie muss das dann so aushalten, dass jeder dem anderen zugesteht, dass er gute Gründe hat. Dann muss die Regierung handeln. Ich habe den Eindruck», so schloss Eppler, «sie handelt so, dass wir ein bisschen weniger schuldig werden, als wenn wir nichts täten.»[57]

Kofi Annan und die Fortentwicklung der UNO

Diese Sicht der Dinge lag ganz auf der Linie jenes Mannes, auf den Bundeskanzler Schröder das eine um das andere Mal verwies: UN-Generalsekretär Kofi Annan. In der ersten Aprilwoche hatte der Kanzler eine Reihe von Gesprächen mit ihm geführt und war zum Eindruck gelangt, dessen Positionen seien mit seinen eigenen identisch. Der Kern war: Erst wenn Milošević nachgebe, könnten die Waffen schweigen. Tatsächlich hatte Annan am 9. April 1999 anlässlich des 50. Jahrestags der Erklärung der Menschenrechte mit Blick auf den Kosovo von der «dunklen Wolke des Verbrechens des Genozids» gesprochen. In bis dahin nicht gekannter Deutlichkeit und Schärfe war vom UN-Generalsekretär zu hören: «Keine Regierung hat das Recht, sich hinter der nationalen Souveränität zu verstecken, um die Menschenrechte oder Grundfreiheiten der Menschen zu verletzen.» Und weiter: «Langsam, aber, wie ich meine, sicher entwickelt sich eine internationale Norm gegen die gewaltsame Repression von Minderheiten, die Vorrang über die ‹Sorgen› der Souveränität nehmen wird und muss.»[58] Annan vermied es, den NATO-Einsatz als völkerrechtswidrig zu bezeichnen, und die an der humanitären Intervention beteiligten Staaten beriefen sich gern auf einen Satz in der Rede des UN-Generalsekretärs, den auch das Bundesministerium der Verteidigung im Mai 1999 zitierte: «Es ist wahrhaft tragisch, dass die Diplomatie versagt hat, aber es gibt Zeiten, wo die Anwendung von Gewalt zur Erreichung des Friedens gerechtfertigt sein kann.»[59] Allerdings muss betont werden, dass die internationale Staatengemeinschaft gespalten war, und jene, die eine Rechtmäßigkeit des Kosovo-Einsatzes verneinten, repräsentierten mehr als die Hälfte der Weltbevölkerung. Kritisch äußerten sich neben Russland und China Namibia, die Ukraine und Indien sowie die 29 zur Rio-Gruppe zählenden lateinamerikanischen Staaten, wie Brasilien, Argentinien und Mexiko. Aber auch Schweden, Südafrika und Indonesien gehörten zu den Ablehnern. Politisch-moralisches Verständnis kam aus islamischen Staaten wie Malaysia und Bahrain, wenngleich die Mehrheit dieser Gruppe die Hauptverantwortlichkeit des Sicherheitsrates herausstellte.

In der Erklärung von Kofi Annan deutete sich bereits an, was in den folgenden Jahren von den Vereinten Nationen weiterentwickelt werden sollte: das Prinzip «Responsibility to Protect». Was war damit gemeint? Wenn man die staatliche Schutzpflicht gegenüber den eigenen Bürgern an die Souveränität bindet, dann kann die internationale Gemeinschaft im Falle massiver Menschenrechtsverletzungen eingreifen; die betreffenden Staaten können sich nicht mehr auf ihre nationale Souveränität berufen, weil sie ihre Bürger nicht schützen. Seit dem Ende des Kosovo-Krieges wird der Begriff der «humanitären Intervention» in der Völkerrechtsliteratur zumeist bezeichnet als eine «Anwendung bewaffneter Gewalt zur Verhinderung oder Beseitigung von massiven Menschenrechtsverletzungen in einem fremden Staat», der sein Gewaltmonopol bewusst eklatant missachtet.[60] Während des UN-Weltgipfels im September 2005 wurde ein Dokument verabschiedet, das genau darauf abhob: In Ausnahmefällen könne der UN-Sicherheitsrat, falls er sich als handlungsunfähig herausstellte, umgangen werden, wenn eine moralische Verpflichtung vorlag, schwerste Verbrechen zu verhindern. Dazu müssten jedoch sechs Kriterien erfüllt sein: «right authority, just cause, right intention, last resort, proportional means and reasonable prospects». Das Ganze erinnerte nicht zufällig an die Augustinische Lehre vom gerechten Krieg, die mehr als 1500 Jahre zuvor niedergeschrieben worden war. Auf dieser Grundlage hatte Thomas von Aquin im 13. Jahrhundert die klassischen Formulierungen gefunden, auf die nun wieder zurückgegriffen wurde. Doch die Schwierigkeiten waren nach über 700 Jahren nicht geringer geworden, im Gegenteil. Wie sollten Kriterien wie «richtige Intention» definiert oder gar gemessen werden?[61]

Schröder: «Führung zeigen!»

Dieses Dilemma spürte auch Gerhard Schröder. Die Menschen in Deutschland waren nach dem Beginn der Bombardements unsicher. Seine Antwort darauf lautete: Gerade deshalb musste man politische Führung zeigen, musste deutlich machen, dass die Regierung die Lage im Griff hatte. Um Details durfte es nicht gehen, nur darum, die Bundesregierung ohne Wenn und Aber zu unterstützen.[62] Die amtierende Bundesregierung war in seinen Augen für die Fehler der früheren Balkanpolitik nicht verantwortlich, aber sie hatte eine Verpflichtung, mit den Folgen fertig zu werden. Geschichtliche Verantwortung und aktuelle Verlässlichkeit waren die zwei Seiten der gleichen Medaille. Da die Deutschen in der Vergangenheit Schuld auf sich geladen und «Erfahrungen mit diktatorischen, mörderischen Regimes gemacht» hatten, waren sie jetzt verpflichtet, dem Morden ein Ende zu setzen und mit den Bündnispartnern zusammen Verbrechern in den Arm zu fallen. «Einen deutschen Sonderweg», so der Kanzler, «ein Ausbrechen aus der Solidarität innerhalb der Allianz wird es mit dieser Bundesregierung nicht geben!» Die Einbindung in die westliche Staatengemeinschaft bezeichnete er als einen Teil der deutschen Staatsräson.[63]

Wie weit sollte jedoch die Bündnissolidarität im Zweifelsfalle gehen? Weil ein rascher militärischer Erfolg ausblieb, kamen Diskussionen über die nächste Eskalationsstufe auf. Die Bilanz der Einsätze nach drei Wochen war überaus ernüchternd: Entgegen den Erwartungen hatte Milošević nicht eingelenkt, die Vertreibung der Kosovo-Albaner ging weiter, eine Ausweitung des Konflikts auf Albanien war vorstellbar, und die USA, aber auch Großbritannien und Frankreich verstärkten massiv ihre Forderungen, Bodentruppen einzusetzen, mittlerweile weiß man, dass bereits konkrete Zeitpläne vorlagen. Die Bundesregierung ging davon aus, dass es zu einer «Verschärfung» der Mittel komme. Schröder hoffte, «mit der Ablehnung von Bodentruppen am Ende im Bündnis nicht isoliert zu werden», wollte indes versuchen, diese Ablehnung «mit allen Mitteln durchzuhalten».[64] Ob dies gelingen würde, dessen war er sich nicht mehr sicher. Eine gewisse Entspannung kam mit dem NATO-Gipfel am 23. April in Washington, aus dem die Deutschen mit ihren Positionen gestärkt hervorgingen. Es wurde unmittelbar keine höhere Eskalation der militärischen Gewalt vorbereitet. Russland konnte stärker als bisher miteinbezogen werden, und die UNO sollte das Heft des Handelns wieder in die Hand bekommen. Kofi Annan plante, einen «Kosovo-Beauftragten» einzusetzen; im Gespräch waren der ehemalige konservative schwedische Ministerpräsident Carl Bildt und der ehemalige sozialdemokratische Bundeskanzler aus Österreich, Franz Vranitzky. Die Wahl fiel kurze Zeit später auf Bildt, der zwischen 1999 und 2001 als UN-Sonderbeauftragter für den Balkan amtierte.

Am 10. Mai 1999 erhielt Bundeskanzler Schröder einen Brief von Horst Hirschler, Bischof der Evangelisch-lutherischen Landeskirche Hannover, mit dem er drei Wochen zuvor persönlich über seine Belastungen gesprochen hatte, obwohl er kein im klassischen Sinn religiöser Mensch war. Hirschler meinte, der Kanzler müsse die «unausweichliche Tragik» der Kriegssituation deutlicher beim Namen nennen und die Pflichtenkollision betonen: «Sie wissen, dass ich selbst in diesem Zusammenhang von der inneren Freiheit eines Christenmenschen spreche, der sein eigenes Schuldigwerden nicht ausblendet, auf Gottes Vergebung setzt, das Unausweichliche entschlossen anpackt und gleichzeitig weiß: Wir müssen zu politischen Wegen finden. Mir ist klar, dass solch eine differenzierte Aussage in unserer Medienlandschaft schnell missbraucht werden kann (‹Bundeskanzler räumt Schuld ein›).»[65] Schröder antwortete ausführlich. Ihm war das «geschichtliche Vermächtnis» bewusst, diesen Kampfeinsatz nach der Hypothek des Zweiten Weltkrieges angeordnet zu haben. Er hob zunächst auf Günter Grass ab, der einige Tage zuvor den Satz geprägt hatte, dass er sich den «Dr. Zweifel» als Lehrer gewünscht hätte. Diesem Lob des Zweifels als Motor für menschlichen Fortschritt widersprach Schröder: «Aber zweifellos wäre ein solcher ‹Dr. Zweifel› ein schlechter Regierungsberater. Vor allem jedoch möchte ich Sie bitten, es mir nicht falsch auszulegen, wenn ich bekenne: In der Frage, ob Militäreinsätze gegen das Milošević-Regime berechtigt sind, bin ich ohne Zweifel.» Im Folgenden erläuterte er, warum: Nicht die NATO habe die Vertreibungen zu verantworten; alle diplomatischen Möglichkeiten seien ausgeschöpft gewesen, weil der Diktator alle Brücken eingerissen und jegliche Gesprächsangebote ausgeschlagen habe. «Das Regime in Belgrad war faktisch an einer friedlichen Beilegung des Konflikts nicht interessiert.» Noch während in Rambouillet verhandelt wurde, habe Milošević die Menschenrechte mit Füßen getreten. «Die Erfahrung von 50 Jahren Frieden und Demokratie in Europa wäre wenig wert, wenn dieses Europa nach dem Ende totalitärer Zwangsherrschaft auf seinem eigenen Kontinent einen Rückfall in schlimmste Barbarei zuließe. Frieden und Stabilität sind in Europa nicht zu haben ohne die unteilbaren Menschenrechte.» Was die Frage der Schuld betraf, so räumte Schröder ein, dass die Verteidigung der Menschenrechte Maßnahmen verlange, durch die er Schuld auf sich geladen habe. Nichthandeln wäre aber einer unterlassenen Hilfeleistung gleichgekommen und noch schlimmer gewesen. Niemandem war, wie Erhard Eppler, der «Kanzlerberater», es formuliert hatte, bei diesem Krieg wohl zumute. «Jeder Tag ohne Bomben ist ein Gewinn für die Menschheit. Aber jeder Tag der Gewalt gegen die Kosovaren ist ein Verlust der Menschlichkeit.»[66] Man musste den Krieg beenden. Aber wie?

Fischer-Plan und Scharpings Moskau-Initiative

Die Bundesregierung hatte schon seit geraumer Zeit die diplomatisch-politische Initiative ergriffen. Sie nutzte ihre EU-Präsidentschaft und den Vorsitz der G8, womit vor allem Russland wieder miteinbezogen werden konnte. Am 8. April hatte Außenminister Joschka Fischer seinen EU-Außenministerkollegen einen 6-Punkte-Plan vorgelegt, der nach einem Treffen mit UN-Generalsekretär Kofi Annan zu einem 5-Punkte-Friedensplan weiterentwickelt wurde und seither als «Fischer-Plan» Karriere machte.[67] Kernelemente waren der Abzug aller militärischen und paramilitärischen Kräfte Serbiens aus dem Kosovo, die Einstellung der Kampfhandlungen seitens der UÇK und deren Entwaffnung, der Einsatz einer internationalen Friedenstruppe unter NATO-Führung, die Rückkehr der Vertriebenen sowie die Unterstellung des Kosovo unter eine Übergangsverwaltung, bis eine tragfähige internationale Lösung gefunden werden konnte. Der russische Jugoslawien-Beauftragte Viktor Tschernomyrdin sowie der finnische EU-Beauftragte Martti Ahtisaari nahmen auf dieser Basis mit der Belgrader Führung Gespräche auf, die Anfang Juni 1999 endlich erfolgreich waren. Bemerkenswerterweise widerspricht Rudolf Scharping der Darstellung von Joschka Fischer, wonach für die Rückkehr der Diplomatie ausschließlich der Außenminister verantwortlich sei, indem er die Chance der doppelten Präsidentschaft in G 8 und EU umsichtig nutzte. Auf der Grundlage einer neuen Sicherheitsratsresolution sollte Russland miteinbezogen und der Konflikt gelöst werden. Diese Resolution 1244 vom 10. Juni führte zum Einsatz der NATO-geführten Kosovo Force (KFOR), an der sich Deutschland mit zunächst 5000 Soldaten beteiligte. «Die faktischen Grundlagen für eine UN-Resolution unter Einschluss Russlands», so Scharping, «sind auf der Ebene der Verteidigungsministerien gelegt worden.» Geklärt werden mussten schwierige Fragen: Wer übernimmt die Verantwortung? Wie verlaufen die Kommandostränge? Wie sollte das Verhältnis der NATO zu Russland in dieser Hinsicht ausgestaltet werden? Es sei kein Zufall, so der damalige Verteidigungsminister, dass die Russen mit den Deutschen zusammengearbeitet hätten, obwohl die Geschichte des Balkanraumes eher für ein enges Verhältnis zwischen Russland und Frankreich gesprochen habe. Scharping berichtet, dass er im Vorfeld dieses Erfolges einen offiziellen Besuch in Moskau dafür genutzt habe, inoffizielle Gespräche mit dem ihm gut vertrauten früheren russischen Ministerpräsidenten Tschernomyrdin und «anderen alten Bekannten» zu führen. Zuvor schon sei General Kujat «längere Zeit in Moskau gewesen, um zu verhandeln, wie man den Kosovo-Konflikt durch eine Resolution der Vereinten Nationen beenden könnte». Die Amerikaner seien von Beginn an eingeweiht gewesen. «Ohne das Verteidigungsministerium, und ohne das Vertrauensverhältnis zu den Amerikanern und den Russen hätte dies niemals funktioniert.»[68]

Währenddessen zeichnete sich eine merkwürdige Entwicklung in Deutschland ab: Aus den Reihen der SPD und Bündnis 90/Die Grünen wurden unzählige Positionspapiere, Vorschläge und sonstige Unterlagen zum Kosovo-Krieg geschrieben, in denen zumeist eine einseitige, befristete Aussetzung der Bombardierung anvisiert wurde. Man konnte den Eindruck gewinnen, der Kosovo-Konflikt befände sich an oberster Stelle der öffentlichen Agenda und würde die Bevölkerung aufs Intensivste beschäftigen. In Wahrheit war es ganz anders. Je näher man einer friedlichen Beilegung des Konflikts kam, desto mehr nahm das Interesse in der Öffentlichkeit ab, Anfang Juni geradezu erdrutschartig. Die Deutschen interessierten sich nicht für Außenpolitik, nicht für Krieg und Frieden, sondern sorgten sich um ihren inneren Wohlstand. Im Vorfeld der Europawahlen am 13. Juni spielte das Thema «Kosovokrieg» schon nur noch eine Nebenrolle. 71 Prozent der befragten Deutschen gaben zu Protokoll, die Arbeitslosigkeit sei für sie das wichtigste Problem, der Konflikt um den Kosovo sank bei den Nennungen auf unter 20 Prozent. Ihren Europa-Wahlkampf hatte die oppositionelle Union auf innenpolitische Themen ausgerichtet, die Regierungsparteien hingegen glaubten, mit der Außenpolitik punkten und den gerechten Lohn für die erfolgreiche EU-Ratspräsidentschaft und ihr entschlossenes Agieren im Kosovo-Krieg einfahren zu können; sie stellten den Wahlkampf in Gänze auf dieses Thema ab. Zwar sollte dieser kein «Volkshochschulkurs über Europa» sein, aber die Werbelinie war in keiner Weise national ausgerichtet, sondern auf eine Europa- und Außenpolitik, die als eine Realpolitik von Werten daherkam. In einer Auftaktanzeige, die in den Tages- und Wochenzeitungen geschaltet worden war, sah man einen entschlossen blickenden Kanzler, dem die Worte in den Mund gelegt wurden: «Die Regierung hat im Kosovo-Konflikt große Verantwortung. Aber auch für Arbeit und soziale Gerechtigkeit in Europa».[69]

Die Ergebnisse des Europäischen Rates am 3. und 4. Juni 1999 in Köln stimmten den Kanzler und die gesamte Regierung optimistisch. Während des Rates überbrachte der EU-Beauftragte Ahtisaari die Nachricht aus Belgrad, wonach die jugoslawische Führung und das serbische Parlament dem Friedensplan ohne Einschränkung zugestimmt hatten. In seiner Regierungserklärung vom 8. Juni strotzte der Kanzler vor Zuversicht: «Die Politik der Bundesregierung in der Kosovo-Krise hat sich als richtig erwiesen. Militärische Festigkeit einerseits, gleichzeitig aber die Entschlossenheit, eine breite internationale Plattform zu schaffen, von der aus die Zustimmung der Belgrader Führung zu einer politischen Lösung erreicht werden kann. Wir haben in den vergangenen Wochen nicht nur die Einheit innerhalb der NATO bewahrt. Die deutsche Präsidentschaft hat diese Einheit auch in der Europäischen Union maßgeblich gestaltet.»[70] Nun müsse ein Stabilitätspakt der Region Frieden und Wohlstand bieten, damit gewaltsame Konflikte künftig gar nicht erst zum Ausbruch kommen könnten. Beim Kölner Gipfel war beschlossen worden, dass die EU eine führende Rolle beim wirtschaftlichen Aufbau spielen sollte. Außerdem hatten sich die Mitgliedstaaten der EU darauf geeinigt, den bisherigen NATO-Generalsekretär Solana als künftigen Hohen Beauftragten für die Gemeinsame Sicherheits- und Außenpolitik der Europäischen Union zu ernennen, der Europa auf diesem Gebiet das Gesicht und die Stimme verleihen sollte, die bisher so sehr fehlten. Die damit verbundene Hoffnung war: Europa sollte international an Gewicht gewinnen und, indem es außenpolitisch mit einer Stimme sprach, auch weltweit Gehör finden. Den Europäern war als Ergebnis der Balkankriege deutlich geworden, dass sie eigene Kapazitäten zum Krisenmanagement benötigten – auch militärisch. Schließlich ging die EU in Köln einen Schritt auf Russland zu, die partnerschaftliche Kooperation sollte ausgebaut werden, eine versöhnende Geste, hatte diese doch während des Kosovo-Konflikts arg gelitten.

So strahlte auf dem Höhepunkt des Europawahlkampfes der Erfolg der deutschen Ratspräsidentschaft. Doch die Siegesgewissen trugen den Sieg nicht davon. Ungläubig schauten die Sozialdemokraten auf das Wahlergebnis vom 13. Juni 1999, das einen Tiefschlag für Rot-Grün bedeutete. Bei der niedrigsten Wahlbeteiligung, die es je bei bundesweiten Wahlen gegeben hatte (45,2 Prozent), kam die Union auf 48,7 Prozent, wohingegen die SPD sieben von 40 Mandaten verlor und nur noch 30,7 Prozent erreichte. Die Grünen mussten sich mit 6,4 Prozent der Wählerstimmen begnügen.

Dabei waren gerade einmal drei Tage vor dem Urnengang der Durchbruch zum Frieden erzielt und eine Einigung erreicht worden. Am 10. Juni 1999 billigte der UN-Sicherheitsrat in der Resolution 1244 ein tags zuvor getroffenes militärisches Abkommen, das die Einstellung der Bombardements vorsah. Peter Struck eröffnete an diesem Tag die SPD-Fraktionssitzung mit den Worten: «Der Frieden ist zum Greifen nahe. Dies ist zum großen Teil dem deutschen Bundeskanzler, dem Verteidigungsminister und dem Außenminister zu verdanken.» Schröder war erleichtert, dass China kein Veto einlegte. Einen Monat zuvor hatte er als EU-Ratspräsident demütig nach Peking reisen und sich für die versehentliche Bombardierung der chinesischen Botschaft in Belgrad, bei der es drei Tote gegeben hatte, förmlich entschuldigen müssen. Die jetzt erreichte Phase bezeichnete er sichtbar optimistisch nicht als Beginn des Friedens, sondern als Basis des Friedens.[71] Am 12. Juni rückte die KFOR im Rahmen der «Operation Joint Guardian» in das Kosovo ein. NATO-Generalsekretär Solana erklärte am 21. Juni die Luftangriffe für beendet, drei Tage später beschloss das serbische Parlament die Aufhebung des Kriegszustandes.

Von «Nie wieder Krieg» zu «Nie wieder Auschwitz»

Wegen seiner Präsenz in den Medien wurde der Kosovo-Krieg zeitgenössisch mit dem Vietnamkrieg verglichen – dem ersten «living-room war» der Globalgeschichte. Er war ebenfalls wie dreißig Jahre zuvor ein Krieg, der jeden Abend über das Fernsehen in die Wohnzimmer der Menschen gelangte. Dort hielt nun der Begriff der «humanitären Katastrophe» Einzug, der jedoch bereits in der UN-Resolution 1199 vom 23. September 1998 gefallen war und nicht, wie später behauptet, aus der Öffentlichkeitsarbeit der NATO stammte. Ende April 1999 richtete man im NATO-Hauptquartier ein Media Coordination Center ein, das sofort Misstrauen erweckte und als eine Art Propagandazentrum wahrgenommen wurde. Die Informationspolitik der Amerikaner war hochproblematisch. Sie war lückenhaft, einseitig und hat die Arbeit der anderen erschwert. Durch diese Rückhaltetaktik kam der deutsche Verteidigungsminister das eine um das andere Mal in große Bedrängnis. Seiner Einschätzung zufolge war es alles andere als eine Partnerschaft «auf Augenhöhe». Aus Vorsicht hätten die Amerikaner die Nachrichten in Washington genauestens ausgewertet und sortiert, was zu erheblichen Verzögerungen geführt habe. Wegen der Zeitverschiebung zwischen den Kontinenten sei die NATO zwischen 6 Uhr morgens und 15 Uhr nachmittags «sprachlos» gewesen, eine «absurde Situation», weil so eine serbische Propagandaaussage oder eine fehlerhafte Nachricht zehn, zwölf Stunden kommentarlos im Raum gestanden habe. Scharping änderte diesen Zustand eigenmächtig und schöpfte Quellen anderer Staaten und Geheimdienste ab.[72]

Früher als andere sprach der Verteidigungsminister, der seit März 1999 fast täglich die deutsche Öffentlichkeit über die Medien unterrichtete, von einem «Völkermord» im Kosovo. Für ihn war klar: Wer völkerrechtliche Bedenken vorbrachte, der unterstellte zugleich, die Bundesregierung begehe Verfassungsbruch. Aus freier Überzeugung und Verantwortung dafür, dass Deportationen, Mord und Vertreibungen politisch nicht geduldet werden dürften, beteilige sich Deutschland – nicht, weil die Partner gedrängt hätten. Scharping behauptet, er habe immer nur dann Informationen verwendet, wenn sie durch mindestens eine nachrichtendienstliche Tätigkeit sowie eine Nicht-Regierungsorganisation belegt waren. Lagen beispielsweise nur wenige Fotos vor, so Scharping, gemahnte er sich zur Vorsicht. «Aber wenn ich tausende solcher Fotos sehe, verbunden mit Berichten von Flüchtlingen, die ja nicht von uns befragt wurden», dann verschwanden die Vorbehalte, und die Zweifel gerannen zur Gewissheit. Der serbische Präsident Milošević verfolgte in seinen Augen eine «völkische und verbrecherische» Strategie gegen die Zivilbevölkerung, er gehöre vor ein Kriegsverbrechertribunal. Die amerikanische Außenministerin Madeleine Albright verglich den Präsidenten Jugoslawiens sogar mit Hitler. Im Kosovo, so Scharping, herrschten «albtraumhafte» Zustände, die von einer «serbischen Militärmaschine» verursacht worden seien. In einem «Spiegel»-Interview sagte der Verteidigungsminister: «Aus einer Schule trieb man die Lehrer und Kinder heraus, hängte die Lehrer vor den Augen der Kinder auf und vertrieb die Kinder dann mit Gewehrkolben und Schüssen. Schwangeren Frauen wurden nach ihrer Ermordung die Bäuche aufgeschlitzt und die Föten gegrillt.» Die «Spiegel»-Redakteure fragten nach: «Ist das verbürgt?». Scharpings Antwort: «Ja, leider.»[73] Tatsächlich kamen in dieser Region solche Grausamkeiten vor.

Scharping berichtete von Hinweisen auf «Konzentrationslager» nördlich von Priština[74] – jeder Deutsche wusste, was das zu bedeuten hatte. Auffallend häufig argumentierte der Verteidigungsminister historisch: 1968 habe der Westen wegen des Kalten Krieges beim «Prager Frühling» nicht helfen können, nun könne und müsse er auf dem Balkan eingreifen.[75] Und: Was im Kosovo geschehe, habe ihm ins Gedächtnis gerufen, «was die Deutschen im Zweiten Weltkrieg angerichtet haben, zum Beispiel in Polen».[76] Gerhard Schröder nahm dies später in seinen Erinnerungen wieder auf: «Die Bilder erinnerten an die Gräueltaten der deutschen Sonderkommandos im Zweiten Weltkrieg.»[77]

In diesen Zusammenhang gehört auch der berühmt-berüchtigte serbische «Hufeisenplan», eine Art geheimes Programm, das albanische Volk zu vernichten oder zumindest zu vertreiben. Er war dem deutschen Verteidigungsminister über obskure Kanäle des bulgarischen Geheimdienstes zugespielt worden, und die Grafiken kursierten auf der Hardthöhe.[78] Mit der Veröffentlichung dieses «Hufeisenplanes» der jugoslawischen Armee durch westliche Politiker sollte dargelegt werden, dass es einen militärstrategischen Plan zur hufeisenförmigen Umfassung und

Von «Nie wieder Krieg» zu «Nie wieder Auschwitz» 103

Kriegsherr mit Bildern: Rudolf Scharping präsentiert Fotos getöteter Kosovo-Albaner während einer Pressekonferenz auf der Hardthöhe, 27. April 1999.

systematischen Vertreibung der Kosovo-Albaner gebe. Die Existenz eines solchen Planes wurde angezweifelt. Kritiker sahen darin nur einen Versuch der Bundesregierung, Kriegsgründe zu konstruieren. Eine Dokumentation des WDR vom Februar 2001 mit dem Titel «Es begann mit einer Lüge»[79] schlug hohe Wellen, war indessen nicht sauber recherchiert und tendenziös, weshalb diese wiederum selbst in zweifelhaftem Licht erschien. Für Scharping gab es im Frühjahr 1999 nichts daran zu deuten: Das Verteidigungsministerium habe den Vertreibungsplan für echt befunden. Auch heute macht Rudolf Scharping von dieser Version keine Abstriche.[80] Allerdings sind bis jetzt keine zweifelsfreien Beweise für die Existenz der «Operation Hufeisen» an die Öffentlichkeit gelangt.

Verteidigungsminister Scharping wies mehrfach darauf hin, dass sich die serbischen Verbrechen vor allem gegen die geistige Elite der Kosovo-Albaner richteten – Geistliche, Professoren, Journalisten und Lehrer würden systematisch und mit größter Brutalität gefoltert, gequält, schließlich getötet und anschließend noch mit Baseballschlägern zusätzlich verunstaltet, bevor man die Leichname ihren Hinterbliebenen übergab.[81] «Noch heute wird mir im Magen flau», so schreibt Scharpings Nachfolger im Verteidigungsministerium, Peter Struck, in seinen Erinnerungen, «wenn ich an das Kriegstagebuch denke, das Rudolf Scharping damals geschrieben hat, wenn ich an die Bilder denke, mit denen er sich als Kriegsherr fast täglich auf der Bonner Hardthöhe präsentierte. Die moralische Überhöhung des NATO-Einsatzes, gipfelnd im unangemessenen Vergleich der Kosovo-Krise mit dem Holocaust, den Joschka Fischer anstellte, widerstrebten vielen in der Fraktion schon bald. Ein bisschen weniger Pathos wäre in dieser Situation hilfreich und angemessen gewesen.»[82]

In der Tat war die Zeit von der Rhetorik eines gerechten Krieges getragen: «NATO-Friedenseinsatz» und vor allem «Nie wieder Auschwitz» zeugten davon. Doch soll man Struck Recht geben? Stimmt es, dass weniger Pathos angemessen gewesen wäre? Wäre es wirklich hilfreich gewesen? Und wenn ja, hilfreich wofür? Stillte der Verteidigungsminister, ebenso wie der Außenminister, mit der öffentlich zur Schau gestellten Seelenpein und der geschichtspolitischen Unterfütterung nicht vielmehr die übermächtigen Legitimationsbedürfnisse in der deutschen Bevölkerung? Wie hätte man den kriegsentwöhnten und zivilen Deutschen einen Einsatz im Krieg erklären sollen? Merkwürdig war doch, dass Aufschrei und Hysterie ausblieben und die Deutschen eher stillschweigend Krieg führten. Zwar ohne große Begeisterung, aber auch ohne großen Protest fügte sich das Land darin, zum ersten Mal seit dem Frühjahr 1945 inmitten des Geschehens zu sein und nicht mehr wie zuvor das eine um das andere Mal nur mehr in physischer Distanz. Die Deutschen erlebten eine historische Zäsur – ein erster, nicht von der UNO gedeckter Waffengang seit 1945 –, doch sie erlebten ihn nicht, wie Jan Ross damals in «Die Zeit» am Beginn der Luftangriffe mutmaßte, «seltsam geschichtslos»,[83] sondern, wie sich zeigen sollte, ganz im Gegenteil, geradezu geschichtsgesättigt, geschichtsversessen. Nur so lässt sich der Wandel der Seelenverfassung erklären: War nicht im Golfkrieg 1991 eine mächtige Friedensbewegung auf die Straße gegangen, obwohl die Bundeswehr nicht an den Kämpfen beteiligt, der Schauplatz weit entfernt und ein UN-Mandat vorhanden gewesen war? Hatte sich damals nicht der niedersächsische Ministerpräsident Gerhard Schröder gegen die amerikanische und britische Kritik mangelnder deutscher Wehrhaftigkeit mit dem Hinweis verwahrt, diese mögen doch erst einmal einen anständigen Sozialstaat zustande bringen, bevor sie mit ihrer angeblichen höheren Moral auf die Deutschen zeigten? Wo blieben die Millionen Friedensdemonstranten 1999 angesichts einer linken kriegführenden Regierung? Und dass ausgerechnet auf dem Balkan deutsche Geschichte, ja deutsche Militärgeschichte, fortgeschrieben wurde, war zusätzlich makaber und machte das damit eingeläutete Ende der Nachkriegszeit zu einem doppelten Tabubruch. Umfragen zufolge hatte die Bundesregierung niemals so hohe Zustimmungswerte wie zu Beginn des Kosovo-Konflikts. 68 Prozent der Befragten hielten ihre Politik für richtig, 71 Prozent meinten, das Vorgehen der NATO sei gerechtfertigt. Gefragt, warum dies so gesehen werde, antworteten die allermeisten, weil nur so eine «humanitäre Katastrophe» verhindert werden könne. Der Sprachgebrauch der Regierung war der Öffentlichkeit in Fleisch und Blut übergegangen.[84]

Das «Ende der Nachkriegszeit» ist im Verlauf der bundesdeutschen Geschichte fast floskelhaft immer wieder ausgerufen oder beschworen worden und zu einem festen Begriff geronnen – als die Bundesrepublik 1955 in die NATO aufgenommen wurde, 1965 von Ludwig Erhard anlässlich des 20. Jahrestages des Kriegsendes, auch zu Zeiten der Neuen Ostpolitik in den 1970er Jahren und nach dem Mauerfall 1989. So tief manche dieser Einschnitte auch waren, immer standen sie im Schatten des «Dritten Reiches», und die behauptete, endlich erreichte «Normalität» betraf daher nie das Militärische. Ganz anders 1999: Knapp 54 Jahre nach dem Ende des Zweiten Weltkrieges nahmen deutsche Soldaten unter dem Oberbefehl der NATO am Militäreinsatz im Kosovo teil. Nicht wenige dort lebende Menschen konnten sich noch an die Gräuel der Wehrmacht im Zweiten Weltkrieg erinnern, manchen war selbst die wilhelminische Parole «Serbien muss sterbien» im Gedächtnis. Nun wurden Menschenrechte mit Füßen getreten, und Vertreibungen gipfelten in «ethnischen Säuberungen», die in einen Völkermord zu münden drohten, wie die Berichte und Bilder von getöteten und ausgemergelten, in Lager eingepferchten Menschen fast täglich bezeugten. War die Verhinderung einer «humanitären Katastrophe» kein gerechter Kriegsgrund? Aus dem Schlagwort, das zum Kernbestand bundesdeutscher Politik gehörte, «Nie wieder Krieg» wurde «Nie wieder Auschwitz», denn es gab offenbar gerechte Kriege, um Schlimmeres zu verhindern, beispielsweise Völkermord. Ihren Ausgangspunkt hatte die Globalisierung des Holocaustgedächtnisses jenseits des Atlantiks genommen. In den Vereinigten Staaten von Amerika war die Auschwitz-Analogie seit 1993 im Zuge des Präsidentschaftswahlkampfes aufgekommen, und der Blick richtete sich auf die Konflikte in Bosnien und in Ruanda. Damals steigerten die Medien und die oppositionellen Demokraten den Druck auf die US-Administration, dem Morden nicht tatenlos zuzusehen. «Auschwitz» stand für das absolut Böse in der Welt. Beim Kosovo-Konflikt 1998/99 waren es dann nicht mehr die Medien, die mit Auschwitz-Analogien die Regierung zum Eingreifen zwingen wollten, sondern die Clinton-Regierung bediente sich dieses Arguments zur Legitimation ihrer Politik, allen voran der Präsident selbst. Ähnlich wie in Deutschland schwang auch in den USA neben der Erinnerung an den Holocaust das versäumte Eingreifen in Bosnien fünf Jahre zuvor mit. Der Auschwitz-Vergleich unterfütterte die amerikanische Außenpolitik seit der Mitte der 1990er Jahre und definierte die Rolle der USA als Verteidigerin der Demokratie sowie als Beschützerin von Zivilisten vor ethnisch motivierten Verbrechen.[85]

So kann man sagen, dass sich während des Kosovo-Konflikts die Funktion des Holocaust vollständig gewandelt hat: von der Delegitimierung hin zur Legitimierung deutscher Militäreinsätze. Die Erfahrungen mit dem Nationalsozialismus wurden moralisch und gesinnungsethisch aufgeladen, sie wurden aktualisiert und neu codiert. Gerade die heute lebenden Deutschen als Nachkommen der Nazi-Generation und der Täter des Menschheitsverbrechens Holocaust dürften ethnischen Säuberungen nicht tatenlos zusehen, sondern müssten eingreifen, ansonsten würden sie ein zweites Mal schuldig an den Opfern werden, so lautete nun die Lehre aus der Vergangenheit. Was der deutschen Geschichte bisher fremd gewesen war, trat nun ein: dass die Deutschen in einem Krieg auf der richtigen Seite standen, einen gerechten Krieg führten und diesen Krieg auch gewannen. Die Konsequenz solcherart geschichtsträchtiger Argumentation lag freilich auf der Hand: Die Geschichtsbilder über den Nationalsozialismus wurden angesichts der aktuellen Aufgabe, Menschenrechte zu schützen, ins Formelhafte getrieben mit der Folge, dass das historisch einmalige Ereignis Holocaust relativiert wurde. Dies war die letzte Logik einer jahrzehntelangen Auseinandersetzung mit dem Nationalsozialismus, einer «Vergangenheitsbewältigung». Und dies war der Preis dafür, Krieg im Namen der Humanität führen zu können.

Folgen der Epochenwende

Beschritt Rot-Grün den Weg zu einer Militarisierung der Außenpolitik? Ludger Volmer, Staatssekretär im Auswärtigen Amt und grün-linker «Gegenspieler» von Joschka Fischer, hielt jedenfalls die «humanitäre Frage» nur für vorgeschoben. In Wahrheit habe vor allem Fischer zeigen wollen, dass auf ihn auch in der NATO Verlass sei. Für Volmer war dies der Preis dafür, Regierungspartei in einem komplexen internationalen Geflecht zu sein. Da die Bundesrepublik Mitglied von Bündnissen und Organisationen war, musste er erkennen, dass es «eigenständige deutsche Außenpolitik nicht gibt».[86] Fischer wusste das offenbar bereits viel früher als Volmer. Er wollte ernst genommen werden: bei seinen Kollegen der «Quint», der fünf westlichen Außenminister, die in fast täglichen, hocheffizienten Telefonkonferenzen über den Fortgang des Kosovokrieges berieten, bei seinen nationalen Kabinettskollegen als handlungsstarker Vizekanzler und bei seinen grünen Parteifreunden, genauer: bei jenen, die bereit waren, ihm zu folgen. So gesehen hätte auch die Platzierung Volmers im Außenministerium durchaus sinnvoll sein können. Als eine Art «Transmissionsriemen», um die Politik in die Partei hinein zu vermitteln und aus der Partei Ideen zu sammeln. Das Problem von Volmer war, so jedenfalls nahmen es politische Beobachter wahr, dass er «seine Leute nicht mitnahm» und dass er «nicht lieferte», was von ihm erwartet wurde.[87]

Zum Zeitpunkt des Kosovo-Einsatzes hatte die Bundesrepublik, wie bereits erwähnt, die EU-Ratspräsidentschaft inne. Beides führte zu einer Art Professionalisierungsschub. Bundeskanzler Gerhard Schröder legte den Habitus des unbesorgten Hoppla-jetzt-komm-ich-Kanzlers ab, ließ sich in kniffligen Fragen von seinem außenpolitischen Berater Michael Steiner – ebenso selbstbewusst wie Fischer und mit dem Außenminister in eisiger Abneigung verbunden – beraten und führte eine andere Sprache im Munde. Ihm wurde klar, welch große Verantwortlichkeiten auf ihm als dem Regierungschef der «europäischen Führungsmacht» lasteten. Die Regierung wurde nicht mehr als «Chaos-Truppe» wahrgenommen, sondern viele Deutsche merkten, dass sie krisenfest war, professionell und standhaft, zumindest was die Außenpolitik betraf.

Im Sommer nach dem Kosovo-Einsatz war Rudolf Scharping sogar als NATO-Generalsekretär im Gespräch – wer dies ein Dreivierteljahr zuvor prophezeit hätte, dem wäre hoffnungsloser Realitätsverlust oder noch Schlimmeres bescheinigt worden. Aus privaten Gründen schlug Scharping das Angebot aus. Außerdem hielt er den Zeitpunkt für verfrüht, nach so kurzer Zeit als Verteidigungsminister. Man hätte den Wechsel nach Brüssel als Flucht wahrgenommen, denn eine Reform der Bundeswehr musste in Angriff genommen werden. Vermutlich spielte jedoch auch seine Auffassung eine Rolle, er sei weiterhin zum Bundeskanzler geeignet. Angesichts steigender Popularitätswerte fühlte sich Scharping als Reservekanzler. Als im Herbst 1999 rot-grüne Streitereien in der Innenpolitik wieder zunahmen und manche dachten, Schröders Stunde und überhaupt die Stunde von Rot-Grün habe geschlagen, sinnierte Scharping während eines Truppenbesuchs auf Sardinien in kleiner Runde, er stehe als Kanzler für eine Große Koalition zur Verfügung.[88] Wenn das Verhältnis zwischen ihm und Schröder trotz anderslautender öffentlicher Bekundungen nicht bereits zuvor schlecht bis zerrüttet war,[89] so konnte von jetzt ab kein Zweifel mehr bestehen: Rudolf Scharping stand ganz oben auf der Abschussliste.

Der Kosovo-Krieg bedeutete einen Wendepunkt für die Geschichte der Bundesrepublik Deutschland. Zivilmachtsdenken, Multilateralismus und Antimilitarismus, die Vokabeln vor dieser Zeit, gerannen in ihrer Reinheit und Unabdingbarkeit zu Begriffen, die sich an einer harten Wirklichkeit stießen. Waren diese fundamentalen Veränderungen Ausdruck einer «erwachsener gewordenen Nation», wie Gerhard Schröder sagte?[90] Oder wurde aus dem Motto «Frieden schaffen ohne Waffen» nun ein «Frieden mit aller Gewalt?», wie Heribert Prantl mutmaßte.[91] In der Rückschau wird die Sache komplexer. Mit der Begründung als humanitäre Intervention gelang es, den Kosovokrieg mit dem traditionellen bundesdeutschen Zivilmachtkonzept zu versöhnen, und die anschließende Beteiligung am UN-mandatierten KFOR-Einsatz diente dem Wiederaufbau und einer Konfliktprävention. Dennoch konnten niemals alle Zweifel ausgeräumt werden: Der Kosovo-Krieg war kein Muster für alle Zeiten. Es war nicht der letzte Krieg, mit dem die rot-grüne Bundesregierung konfrontiert sein sollte, sosehr sie es auch gehofft hatte. Einen sollte sie noch führen, den nach 9/11 in Afghanistan, einem anderen sollte sie sich verweigern, dem im Irak. Gleichviel, ob diese Kriege völkerrechtlich abgesichert waren, die negative Erinnerung an den Kosovo-Einsatz wirkte nach. Gernot Erler brachte es auf den Punkt: «Die Wunde des Kosovo-Krieges hat uns in der ganzen rot-grünen Zeit begleitet. Und sie hat bei allen Entscheidungen mitgewirkt, wegen des Makels, an einer nicht durch das Völkerrecht eindeutig abgesicherten militärischen Intervention beteiligt gewesen zu sein. Wir haben Ja gesagt und haben mitgemacht. Das hat tief gesessen. Schröder hätte die Vertrauensfrage wegen des Afghanistan-Einsatzes nicht stellen müssen, wenn es vorher nicht Kosovo gegeben hätte.»[92] Deutschland hat sich im Frühjahr 1999 von Idealtypen verabschiedet, es trennte sich von kategorischen Imperativen. Das Land beteiligt sich seither ganz selbstverständlich im Konzert der Staaten und Mächte – und zwar nach Maßgabe seiner eigenen Interessen und seiner Geschichte. Letztere, die Geschichte, bewirkt seither keine absolute Festlegung in die eine oder andere Richtung mehr. Insofern ist die Republik in der Folge des Kosovo-Konflikts außenpolitisch tatsächlich eine andere geworden.

3. «Der gefährlichste Mann Europas»? – Lafontaines Scheitern als Weltökonom

Nur 136 Tage

Dass Oskar Lafontaine wegen des drohenden Kosovo-Krieges, den er nicht habe mittragen können, von allen seinen Ämtern zurücktrat, wie er es im Nachhinein selbst gern glauben machen wollte, darf getrost ins Reich der Legenden verwiesen werden. Wo man auch hinblickt, nirgends sind bis zu seinem spektakulären Rückzug am 11. März 1999 irgendwelche Spuren des Protestes gegen den drohenden Krieg oder seines Einsatzes für Frieden zu finden, nicht öffentlich und auch nicht in den internen Protokollen. Schon näher an die Wirklichkeit heran reicht ein Zitat von ihm vom Oktober desselben Jahres: «Den Aufstand gegen den neoliberalen Mainstream zu wagen, das war der Kern meiner Arbeit als Parteivorsitzender der SPD.»[1] Diesen Kern wollte Lafontaine auch in seinem Amt als Bundesfinanzminister beibehalten. Den Modernisierern in der Partei wollte er sich als Traditionalist der sozialdemokratischen Sache entgegenstellen, den Monetaristen als Keynesianer staatlicher Nachfragepolitik, den Neoliberalen als Regulierer der schrankenlosen Finanzmärkte. Viel Zeit dafür nahm er sich allerdings nicht. Nach nur 136 Tagen im Amt trat der Saarländer nicht nur als Finanzminister zurück, sondern ebenso als SPD-Parteivorsitzender, der er seit 1995 war, und gab darüber hinaus sogar sein Bundestagsmandat ab.

Lafontaines finanzpolitische Vorstellungen

Lafontaine beanspruchte und sprach davon, «Schatzkanzler» mit erheblichen Befugnissen wie in Großbritannien zu sein, wo sein Pendant Gordon Brown über ungewöhnlich viel Einfluss verfügte. Politikwissenschaftler nahmen dort zwei rivalisierende Machtzentren wahr und prägten für diese spezifische britische Situation die Bezeichnung «dual premiership».² Lafontaine mag Ähnliches vorgeschwebt haben; hinzu kam, dass er, anders als sein britisches Pendant, zudem mächtiger Parteivorsitzender der SPD war, was seinen Rang noch zusätzlich erhöhte. Dass dem bundesdeutschen Wirtschaftsministerium die wichtige Europaabteilung weggenommen und dem Finanzministerium übertragen wurde, war beides: ein Indiz für dieses Ansinnen und ein unerhörter Vorgang. Denn seit Ludwig Erhards Zeiten in der frühen Bundesrepublik hatte diese Abteilung die wirtschaftspolitischen Aspekte der Europapolitik gestaltet. Oskar Lafontaine machte gar keinen Hehl daraus, dass er sich als Weltökonom fühlte: Globalisierung bedeute, so führte er am 28. Oktober 1998 bei der Übergabe der Amtsgeschäfte des alten Bundesministers Theo Waigel an ihn, den neuen Finanzminister, aus, dass man handele und globale Verantwortung übernehme. Weiter sagte er: «Das Finanzministerium wird dabei noch stärker als in der Vergangenheit eine entscheidende Rolle spielen müssen und jetzt auch können. Aus sachlichen Erwägungen haben wir nach dem Vorbild anderer großer Industriestaaten die Zuständigkeiten neu geordnet. Der neue Zuschnitt entspricht den Herausforderungen einer globalisierten Wirtschaft.»³ Trotz dieses «Superministeriums» war die deutsche mit der britischen Situation nicht vergleichbar. Schröder kommentierte Lafontaines Idee eines Nebenkanzlertums à la Großbritannien lapidar mit der Bemerkung: «Es fehlt der Schatz, wie wir festgestellt haben. Und Kanzler werd' ich.»⁴

Doch das Problem lag tiefer, denn die SPD zerfiel im Grunde in zwei Lager. Schon bei den Koalitionsverhandlungen war aufgefallen, dass bei den Sozialdemokraten zwei Parteien in einer wirkten – die Konflikte zwischen den «Traditionalisten» um Lafontaine und den «Modernisierern» um Schröder waren von Anfang an vorhanden und sollten sich bald zuspitzen. Den Richtungsstreit zwischen einer nachfrageorientierten und einer angebotsorientierten Politik schien zunächst der Finanzminister für sich entscheiden zu können.

Die beiden «Schulen», die miteinander im Streit lagen, gehen auf der einen Seite auf den britischen Ökonomen John Maynard Keynes (1883–1946), auf der anderen Seite auf Milton Friedman (1912–2006) und seine «Chicago-Schule» zurück. Im Zentrum der keynesianischen Wirtschaftspolitik steht die gesamtwirtschaftliche Nachfrage, die in Konjunkturzyklen verläuft. Während einer Rezession herrscht eine niedrige bzw. sinkende Inflation, dafür steigt jedoch die Arbeitslosigkeit. In einer Boom-Phase steigt hingegen die Inflation, während die Arbeitslosigkeit sinkt. «Keynesianer» bezweifeln, dass eine Rezession mit den Mitteln der Geldpolitik überwunden werden kann, und setzen auf eine gesamtwirtschaftliche Nachfrage, die durch eine antizyklische Fiskalpolitik seitens des Staates – auch Globalsteuerung genannt – belebt werden soll. In wirtschaftlich schwierigen Zeiten muss der Staat demnach seine Ausgaben erhöhen, um den Konsum und die Investitionen anzukurbeln und die Nachfrage zu stärken. Steigende Nachfrage führt zu einem Wirtschaftswachstum und dieses wiederum zur Schaffung neuer Arbeitsplätze. Die gestiegenen Staatsausgaben werden durch Kreditaufnahme an den Kapitalmärkten finanziert, und dieses «deficit spending» erscheint Keynesianern deshalb unbedenklich, weil der Staat in einer Boomphase seine Ausgaben wieder zurückfährt, die Steuern erhöht und das Defizit durch einen Einnahmeüberschuss abbaut.

Dieser nachfrageorientierten Theorie steht der Monetarismus Friedmans gegenüber, der davon ausgeht, dass die antizyklischen Maßnahmen des Keynesianismus nicht wirken, weil die privaten Haushalte ihre Konsumausgaben nicht aufgrund kurzfristiger Einkommenssteigerungen verändern würden, sondern sich an langfristigen Einkommenserwartungen orientierten. Notenbanken haben in dieser Theorie die einzige Aufgabe, die Geldmenge an die Entwicklung der Realwirtschaft anzupassen. Staatliche Interventionen in die Wirtschaft müssen hingegen abgebaut werden. Dies führt zu einer höheren Flexibilität und Innovationskraft und dadurch zu einer steigenden Produktivität. Gleichzeitig sind Deregulierung, adäquate Löhne sowie Steuer- und Abgabenerleichterungen für Unternehmen wichtig. Aus all dem entspringen ein gleichmäßiges Wachstum und eine höhere internationale Wettbewerbsfähigkeit, woraus wiederum neue Arbeitsplätze resultieren. Da sich der Monetarismus hauptsächlich auf die Unternehmen konzentriert, bezeichnet man ihn als angebotsorientiert.

Schon vor seiner Amtszeit kündigte Lafontaine einen Feldzug gegen diesen «Neoliberalismus» Friedmanscher Prägung an und war sich sicher, dass «die Zeit der einseitigen Angebotspolitik der Neoliberalen» abgelaufen sei.[5] Die hohe Arbeitslosigkeit lastete er dem Wirken der Angebotspolitiker in den vergangenen Jahren an: «Die einseitige, ausschließlich auf Kostensenkung ausgerichtete Angebotspolitik der Neoliberalen ist am Ende – im Praxistest falsifiziert, gescheitert an den ökonomischen Realitäten.»[6] Lafontaine forderte eine geeignete Kombination aus Angebots- und Nachfragepolitik, wobei er die zentrale Schwachstelle der deutschen Wirtschaft in der zu geringen Inlandsnachfrage zu erkennen meinte. Jetzt gehe es «um eine nachhaltige Stärkung der inländischen Nachfrage durch Steuersenkungen für die Mehrheit der Bevölkerung, durch Verstetigung der öffentlichen Investitionen auf höherem Niveau und durch eine produktivitätsorientierte Lohnpolitik, die für ausreichende Kaufkraft sorgt».

Finanzpolitik ist eines der entscheidenden Politikfelder für den Erfolg einer Regierung, denn die Steuerpolitik bestimmt, wie viel Geld einer Regierung zur Verfügung steht. Die Ausgangslage war 1998 schlecht, da die finanzpolitische Bilanz der Regierung Kohl unbefriedigend ausfiel: Die tatsächlichen Kosten der deutschen Einheit waren falsch eingeschätzt worden, Sozialversicherungsbeiträge hatten erhöht werden müssen, und die Konvergenzkriterien des Maastrichter Vertrages stellten Jahr für Jahr ein enormes Problem dar. So erreichte die Nettokreditaufnahme des Bundes im Jahre 1996 mit 78,3 Mrd. DM – was 2,2 Prozent des Bruttosozialprodukts entsprach – einen absoluten Spitzenwert, der bis 1998 auf 56,4 Mrd. DM reduziert werden konnte, womit sie immer noch sehr hoch lag, und die Staatsquote bewegte sich 1998 bei über 48 Prozent, trotz buchungstechnischer Veränderungen, die sie nach unten korrigieren sollten.[7] Auch bei der Abgabenlast erreichte die schwarzgelbe Koalition ihr Ziel nicht, die Bürger zu entlasten. Dies war freilich ausschließlich auf die Sozialversicherungsbeiträge zurückzuführen, die infolge der deutschen Einheit massiv angestiegen waren. Lag dieser Beitrag 1990 noch bei 35,8 Prozent des Bruttoarbeitsgeldes, so wuchs er bis 1998 auf 42,3 Prozent an. Dagegen sank die Steuerquote zwischen 1990 und 1998 – eine weitreichende Steuerreform, wie sie die christlich-liberale Koalition 1997 mit den «Petersberger Steuervorschlägen» verabschiedete, scheiterte jedoch durch die von Oskar Lafontaine bewirkte Blockade des SPD-dominierten Bundesrates.

Auf dem Außerordentlichen Bundesparteitag der SPD am 25. Oktober 1998 in Bonn spielte der Parteivorsitzende und auserkorene Bundesfinanzminister – drei Tage später sollte die Amtsübergabe stattfinden – auf den angeblichen Streit zwischen «Traditionalisten» und «Modernisierern» in der Partei an. Er wolle stets begreifen, was Modernisierung eigentlich sei. Ein Reformbegriff, der «immer nur auf die Kleinen abzielt und immer nur die Kürzung von Arbeitnehmerrechten und das Zurückschneiden von sozialen Leistungen meint», sei widersinnig. Reform sei, wenn es nach der Reform vielen Menschen besser gehe als vor der Reform. Er fügte hinzu, dass er mit Modernisierungsangeboten nach dem Motto «Es muss sich endlich einmal etwas ändern» oder «Es muss ein Ruck durch die Gesellschaft gehen» oder «Wir müssen die Besitzstände überwinden» oder «Unsere Gesellschaft ist zu starr geworden» deshalb nichts anfangen könne, weil der eine oder andere, der solche Formulierungen verwende, dabei an die Rentnerin mit 900 DM im Monat denke. Wenn dies die «Modernisierung» sei, die der «begriffsstutzige Parteivorsitzende» angeblich immer verhindere, dann könne er nur sagen: «Das ist hohles Geschwafel.»[8] Es war so wie immer: Wenn Lafontaine ins ursozialdemokratische Arsenal griff, war er in seinem Metier und konnte sich wie jetzt in Bonn sicher sein, dass ein großer Teil der Parteitagsdelegierten in Begeisterungsstürme ausbrach.

Unter Lafontaine kam es, wie zu erwarten, zu einem deutlichen, sozialdemokratisch gefärbten Politikwechsel gegenüber der Vorgängerregierung. Mit Hilfe seiner beiden Staatssekretäre Heiner Flassbeck – der schnell den Spitznamen des «wirtschaftspolitischen Einflüsterers» für seinen Freund Lafontaine erhielt –[9] und Claus Noé – der bereits 1969 bei SPD-Wirtschaftsminister Karl Schiller als Unterabteilungsleiter gearbeitet hatte – konzipierte der Bundesfinanzminister eine nachfrageorientierte Politik, die auf höhere Löhne, steigende Sozialleistungen und niedrige Zinsen setzte. Als eine der ersten Maßnahmen überhaupt machte Rot-Grün einige einschränkende Sozialgesetze rückgängig, die unter Helmut Kohl beschlossen worden waren, so etwa die Einführung einer Frist zur Verkürzung der Lohnfortzahlung im Krankheitsfall, die Beschränkung des Kündigungsschutzes in kleineren Betrieben sowie die Abschaffung des Schlechtwettergeldes; auch Rentenkürzungen wurden zurückgenommen, und das Kindergeld wurde erhöht.

Bereits der erste Haushalt des neuen Finanzministers war expansiv ausgelegt und wartete mit einer Ausgabensteigerung von über 6 Prozent auf, was rund 30 Mrd. DM entsprach. Überdurchschnittlich, und zwar um 12 Prozent, erhöht wurde das Budget des Arbeits- und Sozialministers, deutlicher konnte die traditionelle sozialdemokratische Handschrift nicht ausfallen. In der Steuerpolitik schwenkte Lafontaine gegenüber seinem Amtsvorgänger Theo Waigel (CSU) um: Ihm ging es nicht mehr um eine Stärkung der Angebotsseite der Wirtschaft, vielmehr entdeckte er eine «Gerechtigkeitslücke», die es zu schließen galt. «Die Gerechtigkeitslücke», so Lafontaine bei Amtsantritt, «beschreibt, dass die Menschen in diesem Lande mehr und mehr den berechtigten Eindruck gewonnen haben, dass nicht alle nach ihrer tatsächlichen finanziellen Leistungsfähigkeit an der Bewältigung der gemeinsamen Lasten beteiligt worden sind. Hier ist nach meiner Auffassung eine Umkehr notwendig.»[10] Durch eine Umverteilungspolitik sollten gezielt die Arbeitnehmer und die Familien entlastet werden. In den ersten beiden Stufen der geplanten Steuerreform für 1999 und 2000 sollte der Eingangssteuersatz gesenkt und der Grundfreibetrag ausgeweitet werden. Davon profitierten vor allem niedrige und mittlere Einkommen bis 70 000 DM. In der letzten Stufe sollte der Eingangssteuersatz von 25,9 auf 19,9 Prozent und der Spitzensteuersatz von 53 auf 48,5 Prozent gesunken sein. Im Gegenzug strich das Ministerium 70 zum Teil durchaus bedeutende Steuerbegünstigungen meist im Unternehmensbereich mit einem Gesamtvolumen von rund 40 Milliarden DM. Die Unternehmen wurden somit zusätzlich belastet. Diese nur wenige Monate während Phase eines Politikwechsels war, so lässt sich zusammenfassen, eine Zeit aktiver Konjunktursteuerung durch Finanzpolitik.[11]

Auf internationalem Konfrontationskurs

Die geplante Steuerreform, mit der Lafontaine die Unternehmen weiter belastete, rief die Lobbyisten auf den Plan, die sie als Gift für den Arbeitsmarkt verdammten. Der neue Finanzminister wurde innerhalb weniger Wochen seinem ihm vorauseilenden Ruf gerecht: Wirtschaftsschreck. Auch auf europäischer Ebene handelte sich der deutsche Finanzminister mit seinen fiskalpolitischen Vorstellungen großen Ärger ein. Dazu gehörten einerseits die Forderung nach einer Steuerharmonisierung auf europäischer Ebene und andererseits eine engere Abstimmung der makroökonomischen Politiken der EU-Länder. Lafontaines Pläne für eine europaweite Steuerharmonisierung lösten in Großbritannien einen öffentlichen Aufschrei aus. Schatzkanzler Gordon Brown kündigte für den Fall der Umsetzung dieser Vorhaben an, er werde sein Veto einlegen.[12] In die Kritik geriet Lafontaine insbesondere durch seine wiederholten Angriffe auf die Bundesbank und die Europäische Zentralbank – sie begannen bereits wenige Tage nach Amtsantritt und hatten stets den gleichen Tenor: Die Banken müssten einen Beitrag zum Abbau der hohen Arbeitslosigkeit leisten und die Zinsen senken; mit einer lockeren Geldpolitik müssten Wachstum und Beschäftigung unterstützt werden.[13] In nie da gewesener Direktheit und Schärfe versuchte Lafontaine, die Bundesbank unter Druck zu setzen. Staatssekretär Noé attackierte Bundesbankpräsident Hans Tietmeyer mit dem Vorwurf, er betreibe eine «vordemokratische, absolutistische Politik».[14] So entstand der Eindruck, der Finanzminister greife die Unabhängigkeit der Bank an und trachte danach, sie zu disziplinieren, woraufhin deren Vizepräsident dem Minister den Rat gab, er möge «die verfassungsrechtlichen Grundlagen unseres Gemeinwesens noch einmal studieren».[15] Auf dem linken Flügel seiner Partei erntete Lafontaine dagegen Zustimmung. So beglückwünschte ihn zum Beispiel Sigrid Skarpelis-Sperk zu seiner Kritik an der Bundesbank, womit er einen Tabubruch begangen habe.[16] Tatsächlich war das oberste Ziel der Bundesbank eine «Preisstabilitätspolitik» – die Inflation sollte niedrig gehalten werden – und nicht eine «beschäftigungsfördernde Geldpolitik», womit «billiges Geld» in Form günstiger Kredite in Umlauf gebracht würde. Da sie durch ihre Statuten vor politischer Einflussnahme geschützt waren, widersetzten sich die Notenbanken selbstbewusst den Forderungen Lafontaines nach Zinssenkungen. Der Vizepräsident der Bundesbank, Jürgen Stark, warnte vor dem Hintergrund, dass der Euro bald eingeführt werde, davor, die Unabhängigkeit der EZB und der nationalen Notenbanken in Frage zu stellen: «Wer hieran rührt und gegebenenfalls den bestehenden rechtlichen Rahmen in Frage stellt, gefährdet womöglich die Akzeptanz des gesamten (Euro-)Projekts.»[17] Auch innerhalb der EZB wuchs der Ärger über die massiven Attacken der deutschen Regierung, und EZB-Präsident Wim Duisenberg lehnte alle Forderungen nach Zinssenkungen mit dem Hinweis ab, die Geldpolitik könne vorhandene Strukturprobleme nicht lösen.[18] Selbst sein französischer Finanzministerkollege Dominique Strauss-Kahn, der Lafontaine mehrmals Verständnis entgegenbrachte, distanzierte sich von den Forderungen des Deutschen.

Schließlich erlitt Lafontaine mit seinem Plan, die Architektur des Weltfinanzsystems zu erneuern, Schiffbruch. Ihm schwebten «Wechselkurszielzonen» der wichtigsten Währungen Dollar, Euro und Yen vor, denn er erkannte in der Deregulierung der internationalen Finanzmärkte die Ursache tiefgreifender globaler Schwierigkeiten. Mit einer neuen Weltfinanzarchitektur wollte er dem «weltweiten Spielcasino» entgegentreten.[19] Währungsspekulationen hatten zu einer massiven Krise in Mexiko und in Asien geführt, was Lafontaine darin bestärkte, dass nicht Deregulierung, sondern Regulierung das Gebot der Stunde sei – unter anderem durch feste Wechselkurse, die den Spekulanten das Wasser abgruben. Bestärkt durch ähnliche Ansichten des Wirtschaftsnobelpreisträgers Robert Mundell machten sich Lafontaine und seine Berater auf, die Welt von Wechselkurszielzonen zu überzeugen. Allerdings wurde Lafontaine selbst vom amerikanischen Notenbankpräsidenten Alan Greenspan, auf dessen Zustimmung, die nötig war, er gesetzt hatte, enttäuscht. In einer Satellitenkonferenz mit EZB-Präsident Duisenberg, Bundesbankpräsident Tietmeyer und dem Präsidenten der Bank of England, Eddie George, bezeichnete er die Idee von Wechselkurszielzonen als «Illusion», die «unerwünscht, altmodisch und nicht umsetzbar» sei. Die Märkte würden solche Zonen «mit großer Skepsis betrachten, und das aus gutem Grund». Die drei europäischen Notenbanker wandten sich entschieden gegen Lafontaines Ansinnen und warnten, damit werde das Vertrauen in den Euro beschädigt. Polemisch bezeichnete die Presse Lafontaine und Flassbeck als die neuen «Blitzkrieg-Generäle».[20]

So wüst dieser Vorwurf war, das Fünkchen Wahrheit, das in ihm steckte, war die Art und Weise, wie die Deutschen auftraten. Sie erklärten den anderen, wie die Welt funktionierte. Dass die Deutschen nicht merkten, wie sie mit ihrer Attitüde des Klassenbesten aneckten, unterminierte ihre inhaltlichen Positionen. Es entstand der Eindruck, dass an Lafontaines «Wesen die Welt genesen» solle. Bereits bei seinem Antrittsbesuch im Dezember 1998 in Washington genoss Lafontaine große Aufmerksamkeit, doch wurde die Reise zu einem Schlag ins Wasser. Der amerikanische Finanzminister ließ Lafontaine schlicht auflaufen, und Rüdiger Dornbusch, Wirtschaftswissenschaftler am Massachusetts Institute of Technology, verglich das Auftreten des deutschen Finanzministers mit jenem des Hunnenkönigs Attila.[21] Nicht viel anders war es auf dem Weltwirtschaftsforum Anfang 1999 in Davos, wo Heiner Flassbeck in Vertretung seines Ministers die deutschen Ansichten zu den Weltfinanzmärkten, die geregelt werden müssten, unterbreitete. Er sei, so der «Spiegel», als «Wanderprediger der Währungspolitik» unterwegs.[22]

Lafontaine und seine Staatssekretäre ritten gegen die herrschende neoliberale angloamerikanische Lehre an und dachten etwa mit Blick auf das Thema Finanzmarktregulierung viel weiter als die meisten ihrer Kollegen. In einigen ihrer weitsichtigen Ansichten hat der Verlauf der Geschichte den Deutschen Recht gegeben. Lafontaine wollte jedoch nicht erkennen, dass eine Industrienation wie die Bundesrepublik Deutschland nicht gegen den Rest der Welt eine Politik der Nachfrageorientierung betreiben konnte, sondern rannte völlig undiplomatisch gegen Wände, von denen er glaubte, dass sie da gar nicht stehen dürften, und geriet so in den internationalen Gremien in die Rolle eines Michael Kohlhaas hinein: Dass die anderen ihn nicht verstanden, sei ein Unrecht, und gegenüber diesem Unrecht, das man ihm antat, suchte er sein Recht, selbst wenn dabei alles zugrunde ging.

Nemax, Goldgräberstimmung und Asienkrise

Der Geist der Zeit war gegen Lafontaine. Er sah nicht vor, der Politik irgendwelche Interventionsmöglichkeiten gegenüber den Finanzmärkten einzuräumen. Diese würden sich, so die vorherrschende Meinung, am besten selbst regulieren. Deutliche Rufe nach Regeln und staatlicher Steuerung sind viel jüngeren Datums; so gesehen kann sich Oskar Lafontaine durchaus als Vordenker bezeichnen. Doch in der Zeit selbst glaubte man, dass an den Börsen alles machbar sei und nur Minderbemittelte oder Gestrige nicht die Chancen ergriffen, ihr Geld schnell zu vermehren. Anfang März 1997 startete der «Neue Markt» als neues Segment der Deutschen Börse. Seit Juli 1999 bildete der Nemax 50 – ein dem Dax vergleichbarer Index – die 50 nach Marktkapitalisierung und Börsenwert größten Titel ab. Im Zuge der Euphorie um die New Economy war er der amerikanischen Technologiebörse Nasdaq nachempfunden und listete junge Unternehmen sogenannter Zukunftsbranchen wie Informationstechnik, Multimedia, Biotechnik und Telekommunikation auf, die durch Börsengänge an Eigenkapital gelangen sollten. Einen solchen schwindelerregenden Aufstieg hatte die deutsche Börsenwelt noch nie zuvor gesehen, bis Ende 1997 stieg der Kurs des Index um fast hundert Prozent, 1998 um 174,8 Prozent. Drei Jahre nach der Einführung, im März 2000, sollte der Nemax sein Allzeithoch erreichen, bevor nach dem rasanten Aufstieg eine noch rasantere Talfahrt einsetzte und er im Frühjahr 2003 eingestellt und vom TecDax abgelöst werden sollte.

Als der Neue Markt startete, waren viele günstige Gelegenheiten vorhanden: Die neuen Technologien begannen, sich massentauglich zu verbreiten, mit dem Internet schien ein gänzlich neuer globaler Handel möglich, und das neue Segment enttäuschte weder die Unternehmen noch die Anleger. Innerhalb weniger Jahre sollte sich der Börsenwert vieler kleiner und kleinster Unternehmen verzwanzigfachen – ohne dass häufig reale Werte dahinter zu sehen waren und kleinste Internetfirmen mehr Börsenwert verzeichneten als große «Blue Chips» wie etwa Volkswagen. Börsengurus und Börsen-Insider-Briefe trieben mit ihren Kaufempfehlungen – «Unbeirrt nachkaufen», hieß einer der Lieblingssätze – die Kurse ins Extreme. Viele ließen sich blenden vom scheinbar endlosen Aufstieg, und als die Kurse nachgaben, verkauften Privatanleger nicht. Sie redeten sich – in der Sprache, die sie mittlerweile auswendig konnten – ein, es handele sich um eine kleine Kurskorrektur, doch der Aufwärtstrend sei intakt. Es entwickelte sich nicht nur eine Blase (Dotcom-Blase), sondern dieser Hype führte zu unzähligen Gaunereien und kriminellen Vergehen: Bilanzfälschungen, Untreue, Insiderhandel, Kursbetrug und Gründungsschwindel. Doch diese Entwicklung wurde erst um 2001/2002 herum in vollem Umfang sichtbar, als die Abwärtsbewegung bereits eingesetzt hatte. 1998/1999 hingegen herrschte noch «Goldgräberstimmung».[23]

Auch die Lösung der Asienkrise wog die internationalen Akteure in trügerischer Sicherheit. Die schwere Finanz- und Wirtschaftskrise, die 1997 und 1998 die sogenannten Tigerstaaten wie Indonesien, Südkorea,

Thailand und Malaysia ergriff – während die Volksrepublik China und Taiwan unberührt blieben –, verwies zwar darauf, welch schwerwiegende Folgen finanzpolitische Fehlentwicklungen zeitigen konnten. Doch damit, dass diese Krise vor allem von Alan Greenspan, der in den Jahren 1987 bis 2006 der US-Notenbank Federal Reserve (Fed) vorstand, dadurch gelöst wurde, dass er die Liquidität erhöhte und Dollars in die Märkte pumpte, schien ein Muster für die Zukunft gefunden zu sein: Expansive Geldpolitik und Deregulierung würden zu einer raschen Erholung führen. Heute weiß man, dass in dieser Politik langfristige Ursachen späterer Finanz- und Wirtschaftskrisen zu suchen sind. Der Kreditboom in Asien hatte sich zu einer Kreditblase entwickelt, da dort heimische Banken langfristige Kredite mit Hilfe von kurzfristig aufgenommenem Geld finanzierten. Außerdem koppelten sie die heimischen Währungen an den Dollar, doch als dieser gegenüber dem japanischen Yen und den europäischen Währungen an Wert gewann, verschlechterte sich die internationale Wettbewerbsfähigkeit der betroffenen Länder dramatisch. Da die USA und Europa nur geringfügig ihre Waren in die betroffenen Länder exportierten, China nicht in den Strudel der Krise geriet und darüber hinaus der Internationale Währungsfonds den betroffenen Ländern Strukturprogramme verordnete, klang die Krise bald ab und setzte eine Erholung ein.[24] Wer mochte da noch ein Menetekel erkennen?

Monate der Gereiztheit und des Verdrusses

Es war keine griechische Tragödie, die sich vor den Augen eines auf Spektakel hoffenden Publikums abspielte, es gab keine Peripetie, keinen plötzlichen Umschwung der dramatischen Handlung, an welchem dem «Helden» die Möglichkeit freien Handelns entzogen wurde und alles einer notwendigen Katastrophe zugetrieben wäre. Was es gab, war vielmehr quälende Missstimmung über Monate hinweg und am Ende die trübe Einsicht, sich «verzockt» zu haben. Seit Beginn des Jahres 1999 zeigte sich Oskar Lafontaine in internen Sitzungen zunehmend schlecht gelaunt; es brachen Minderwertigkeitskomplexe durch, er konnte es nicht verwinden, dass er national und international auf wenig Gehör stieß, und je mehr er angefeindet wurde, desto größer wähnte er sich – zunächst jedenfalls, bis er schließlich resignierte. Viele Male, bevor er wie auf der Klausursitzung des Fraktionsvorstandes zum Auftakt des neuen Jahres am 14. und 15. Januar 1999 das Wort ergriff und lange dozierte, ja eine Art ökonomisches Kolleg abhielt, tat er es mit der Eingangsbemerkung, er spreche «nicht nur als Bundesminister, sondern auch als Parteivorsitzender».[25] Anhand von Schaubildern demonstrierte er sodann, wie er sich eine Neuordnung des «weltwirtschaftlichen Gesamtsystems» vorstellte, das für die ökonomischen Schwierigkeiten, in denen die Bundesrepublik stecke, verantwortlich sei. Lafontaine erläuterte, wie notwendig es sei, dass die Geld- und Wirtschaftspolitik europäisiert werde. Vier Tage später erläuterte er seinen Haushaltsentwurf, wiederum mit der apodiktischem Bemerkung: «Nach moderner und richtiger Ansicht sei die Schlüsselgröße für Konjunktur beeinflussende Maßnahmen der Bundesregierung das Verhältnis der Lohnabschlüsse zur Geldpolitik.»[26]

Immer wieder dozierte der Finanzminister, sei es zur «verlogenen Debatte» in der Öffentlichkeit zur ökologischen Steuerreform,[27] sei es zum Gipfeltreffen der Wirtschaftnationen in Davos, wo er eine «neue Nachdenklichkeit» bemerkte,[28] nie jedoch zum gleichzeitig ablaufenden und an Dramatik gewinnenden Kosovo-Konflikt. Wenn es schwirig wurde oder schlechte Umfrageergebnisse vorlagen, konnte er auch seine beiden Führungspositionen gegeneinander ausspielen und zur Bemerkung greifen, die Partei könne die Fehler der Bundesregierung nicht ausgleichen.[29] Wenn Schröder anwesend war, spürte jeder, wie ihn das Verhalten Lafontaines nervte und dass zwischen beiden nicht mehr ein Funken von Sympathie existierte, vielmehr Abneigung, die je nach Situation bis zum Hass reichen konnte.[30] Besonders nach der verlorenen Landtagswahl vom Februar 1999 in Hessen, bei der vor allem der grüne Koalitionspartner starke Stimmeneinbußen und Hans Eichel den Verlust des Ministerpräsidentenamtes hinnehmen musste,[31] klagte Lafontaine, dass wichtige Themen wie die Reform des Staatsangehörigkeitsrechts nicht mit ihm besprochen worden seien. Er fühlte sich auch bei anderen Fragen übergangen und witterte eine maliziöse Strategie dahinter: Weder sei er bei den Fragen des Atomausstiegs eingebunden noch bei den Vorhaben aus anderen Bundesministerien informiert worden, ja selbst zur Steuerpolitik habe es Festlegungen gegeben, «ohne dass er zuvor konsultiert worden sei». Nur mit einer gut funktionierenden Koordinierung könne die weitere Arbeit erfolgreich sein. Meinte er damit, dass die Fäden bei ihm, beim «Bundesfinanzkanzler», zusammenlaufen müssten? Jedenfalls schob er nach, es sei dies «keine Kritik allein an Gerhard Schröder».[32]

Immer höher wurde Lafontaines Klagemauer. So verlangte er, Interviews müssten mit ihm abgestimmt werden, damit die SPD nach außen ein einheitliches Bild abgebe. Mit dem Bundeskanzler habe er sich darauf verständigt, «dass alle Projekte der Bundesregierung in Zukunft besser zu koordinieren sind und sich alle in eine Kommunikationsdisziplin einfügen werden».[33] Lafontaine unterstellte Kanzleramtschef Bodo Hombach, offen gegen ihn – und nur gegen ihn – zu agieren, was so jedoch nicht zutraf. Immerhin war Hombach selbstkritisch genug zu erkennen, dass es von ihm verschuldete Koordinierungsdefizite im Kanzleramt gab, und regte gegenüber dem Bundeskanzler Verbesserungen an, so etwa, dass jede Kabinettssitzung künftig den Tagesordnungspunkt «Berichte aus den Ressorts» enthalten solle und Kabinettsausschüsse zur besseren gegenseitigen Unterrichtung eingerichtet würden. In seinem Brief an Schröder bemerkte Hombach: «Um es klar zu sagen: Eine Koordinierungsaufgabe besteht, ihre Erfüllung ist zu optimieren und wechselnden Anforderungen anzupassen.» Er fügte allerdings den Satz hinzu: «Nicht zugelassen werden darf jedoch, dass sie unter der Hand zur zentralen Entlastungsfunktion für unmittelbare Ressortverantwortlichkeiten und persönliches Fehlverhalten mutiert.»[34] Im Klartext lautete der Vorwurf: Lafontaine hat sein Ministerium nicht im Griff!

Der Ablauf des Rücktritts

Oskar Lafontaine erscheint in den Akten als ein auf sämtlichen Ebenen gescheiterter Politiker. Als das internationale Finanzgenie, für das er sich selbst hielt, kam er nicht gut an und als deutscher Finanzminister auch nicht. Er vertrat damals eine Position, so Joschka Fischer im Rückblick, «die nicht regierungsfähig war».[35] Er scheiterte indes auch als SPD-Parteivorsitzender, weil er glaubte, mit diesem Amt die Richtlinien der Politik bestimmen zu können. Kaum etwas gelang ihm, und so wurde er Opfer seiner eigenen maßlosen Ansprüche und der Komplexität des Regierungshandelns. In zunehmendem Maße verlor er an Schwung, lamentierte nur noch, verfiel in Selbstmitleid, wirkte freudlos, schwermütig, fast niedergeschlagen. Auf der anderen Seite trat er immer wieder einmal gereizt bis aufs Blut auf, schien nur mit Mühe die Contenance bewahren, aber jeden Moment explodieren zu können oder beleidigte seine Mitarbeiter vor laufenden Kameras und eingeschalteten Mikrophonen, so geschehen auf der Bundespressekonferenz vom 10. Februar.[36] Die Erfolge blieben aus und damit auch die gewohnte Anerkennung und der gewünschte Applaus. Nichts lief wunschgemäß, dabei glaubte er alles gut ausgetüftelt zu haben, niemand pries ihn, überall witterte er Feinde, lief gegen Wände. Für eine Regierung auf Bundesebene war er nicht geeignet, war dem Amt nicht gewachsen, und er merkte, dass er sich überschätzt hatte. Dennoch hielt er Gerhard Schröder für einen Kretin und sich für den Besseren, Klügeren – und er jagte einer Fata Morgana hinterher: dass er Schröder, den Bundeskanzler, in der Hand habe.[37] Man kann sich vorstellen, wie hart die Erkenntnis der Realität gewesen sein muss. Hochmut kam vor dem Rücktritt.

Per Kurier erreichte der verschlossene Umschlag mit der Aufschrift «Für den Herrn Bundeskanzler – persönlich» am Nachmittag des 11. März das Kanzleramt. So bedeutend der Inhalt, so lapidar die Formulierung: «Sehr geehrter Herr Bundeskanzler, ich trete hiermit als Bundesminister der Finanzen zurück. Mit freundlichen Grüßen.»[38] Außer diesem hatte Oskar Lafontaine seiner Mitarbeiterin Hilde Lauer noch zwei weitere kurze Briefe diktiert. Der erste war an Bundestagspräsident Wolfgang Thierse adressiert: «Sehr geehrter Herr Bundestagspräsident, hiermit lege ich mein Amt als Mitglied des Deutschen Bundestages nieder. Mit freundlichen Grüßen.» Der zweite war etwas länger und an die Mitglieder der SPD gerichtet: «Liebe Parteifreundinnen und Parteifreunde, hiermit erkläre ich meinen Rücktritt vom Amt des Vorsitzenden der Sozialdemokratischen Partei Deutschlands. Ich danke Euch und den Mitgliedern der Sozialdemokratischen Partei Deutschlands für die freundschaftliche Zusammenarbeit und das Vertrauen. Ich wünsche Euch für die Zukunft eine erfolgreiche Arbeit für Freiheit, Gerechtigkeit und Solidarität. Euer Oskar Lafontaine.»[39] Nach dem Diktat hatte

124   «Der gefährlichste Mann Europas»? – Lafontaines Scheitern

Den «Lafontaine» machen: Oskar Lafontaine zeigt sich nach seinem Rücktritt mit seinem Sohn Carl-Maurice auf den Schultern den Journalisten als Privatmann.

sich Lafontaine eilig verabschiedet und ließ selbst seine engsten Mitarbeiter fassungslos zurück. Geradezu fluchtartig verließ er seinen Schreibtisch. Niemand war zuvor informiert worden, mit niemandem sprach er persönlich. Lafontaine fuhr nach Hause, ins Saarland. Noch niemals zuvor hatte sich ein hochrangiger Politiker in der Bundesrepublik Deutschland unter solchen Umständen ins Privatleben verabschiedet. «Den ‹Lafontaine› machen» – dies wurde zum geflügelten Wort dafür, alles ohne Vorwarnung hinter sich zu lassen, einfach «hinzuschmeißen», ohne Rücksicht auf Verluste.

Seit dem 8. März hatte sich die Situation zugespitzt. Im SPD-Parteirat vertraten an diesem Tag Oskar Lafontaine und Gerhard Schröder vollkommen gegensätzliche Positionen in der Wirtschafts- und Finanzpolitik. Schröder sah, scharf formuliert, das Gemeinwesen als eine Art Dienstleistungsagentur für die Wirtschaft, während Lafontaine die Wiederherstellung der Gestaltungskompetenz des Staates anmahnte. Eine Teilnehmerin gab der «Bild»-Zeitung zu Protokoll: «Wir waren wie gelähmt. Ich hatte so etwas noch nie zuvor erlebt. Es war gespenstisch. Da vertraten der Parteivorsitzende und der Kanzler zwei völlig unterschiedliche Positionen in Grundsatzfragen. Das war, als ob zwei Parteien aufgetreten wären.»[40] Am darauffolgenden Tag, dem 9. März, fand im Kanzleramt ein Atomkonsensgespräch unter Leitung des Kanzlers statt, in dem es um Steuerfragen im Zusammenhang mit dem geplanten Ausstieg aus der Kernenergie ging – der Finanzminister brüskierte die Runde durch Abwesenheit. Die Spitzenmanager der Energiewirtschaft revanchierten sich damit, dem Finanzminister massive handwerkliche Fehler bei der Besteuerung von Rücklagen nachzuweisen, wie sich Wirtschaftsminister Werner Müller erinnert.[41] Der Anlass für den Rücktritt Lafontaines, nicht seine Ursache, lag dann in der Kabinettssitzung vom 10. März und den gezielten Indiskretionen, die darüber am 11. März in der «Bild»-Zeitung zu lesen waren. «Bild» hatte sich bereits in den Wochen zuvor auf den Finanzminister regelrecht eingeschossen und ihn als «Buhmann» aufgebaut. An diesem Tag machte das Blatt mit der Schlagzeile auf «Schröder droht mit Rücktritt». Der Kanzler wurde mit dem Zitat wiedergegeben: «Ich lasse mit mir keine Politik gegen die Wirtschaft machen. Es wird einen Punkt geben, wo ich die Verantwortung für eine solche Politik nicht mehr übernehmen kann.»[42] Diese durchgestochenen Zitate – so der Fachjargon – schienen auf Oskar Lafontaine gemünzt, was aber nur halb stimmte. Denn zum einen hatte Schröder wie so häufig in den ersten Monaten seiner Regierungszeit den damals noch recht unbeholfenen, jedoch forsch auftretenden Umweltminister Jürgen Trittin und sein Projekt einer Sommersmogordnung im Visier und zum anderen Familienministerin Christiane Bergmann – die sich am Kabinettstisch immer wieder traute, dem Kanzler hart zu widersprechen –,[43] welche mit dem Vorschlag aufwartete, den Erziehungsurlaub flexibler zu gestalten, was in der Wirtschaft auf Kritik stieß. Da der Kanzler allerdings die Sitzung gleich mit der Standpauke einleitete, war klar, dass es kein spontaner, sondern ein geplanter Akt war; im Vorgespräch hatte er ihn sogar gegenüber dem Vizekanzler Fischer angekündigt.[44] Auch das Schema, nach dem alles ablief, war so, wie es das Kabinett seit einiger Zeit kannte, Joschka Fischer berichtet darüber: «Und wie immer, wenn es innerhalb des sozialdemokratischen Teils der Regierung nicht stimmte, attackierte der Kanzler den grünen Umweltminister (…). Jürgen Trittin (…) wurde hier vom Kanzler als Sack benutzt (wie auch später noch des Öfteren), auf den er einhieb – gemeint war in Wirklichkeit aber jemand anderes, nämlich sein Parteivorsitzender und Bundesfinanzminister Oskar Lafontaine.»[45] Der Machtkampf zwischen Schröder und Lafontaine ging um die Grundausrichtung der Wirtschafts-, Finanz- und Sozialpolitik von Rot-Grün. Lafontaine ließ die Strafpredigt über sich ergehen und traf sich im Anschluss an die Kabinettssitzung mit den Vertretern der Parlamentarischen Linken der SPD, Gernot Erler, Detlef von Larcher, Michael Müller und Andrea Nahles, in seinem Ministerbüro – die Stimmung war offenbar gut und die Atmosphäre entspannt, wie sich Gernot Erler erinnert.[46] Auf eine Resignation des Finanzministers und Parteivorsitzenden deutete nichts hin, nur dass Lafontaine ziemlich viel Alkohol trank, ließ darauf schließen, dass er angespannt und aufgekratzt war. Am Morgen danach war er unausgeschlafen, hatte vielleicht einen Kater, und so entstand das Gerücht vom Rücktritt als Kurzschlusshandlung.[47]

Das erwähnte Durchstechen an die Presse, die Indiskretion, konnte nur vom Kanzleramt selbst kommen. Vermutet wurde, dass der stellvertretende Regierungssprecher Béla Anda, der über gute Kontakte zu «Bild» verfügte, dahintersteckte. Schröder schwieg und ließ seinen Regierungssprecher Uwe-Karsten Heye bloß ein «laues Dementi»[48] verbreiten. Aber man sollte sich davor hüten, in Lafontaine nur das Opfer zu sehen, auch er war, das hatte er immer wieder bewiesen, mit allen Wassern gewaschen. Dass Bodo Hombach gegen den Finanzminister intrigierte, davon gehen die Akteure aus. «Aber Lafontaine war auch nicht von schlechten Eltern», so Joschka Fischer. «Ich glaube, da kann keiner dem anderen etwas vorwerfen, was ihn nicht selbst auch treffen würde.»[49] Dass im Bundeskanzleramt wirklich die «Pullen aufgemacht wurden», um auf Lafontaines Abgang anzustoßen, wie es ein Minister, der nicht genannt sein will, berichtet, mag sein.[50] Jedenfalls war zunächst jedoch eine Krise zu bewältigen – und zwar nicht so sehr jene, das Amt des Finanzministers neu zu besetzen, denn hier hatte man sozusagen das «Glück», mit Hans Eichel, der soeben die hessische Landtagswahl verloren hatte, einen geeigneten Kandidaten bei der Hand zu haben. Viel gravierender war die Frage: Wer sollte Parteivorsitzender der über Nacht führungslos gewordenen Sozialdemokratie werden? «Gerd, das musst Du jetzt machen!» – mit diesen Worten zitiert Schröder seinen Außenminister Joschka Fischer, der, was die Situation in eine filmreife Szene hob, per Mobiltelefon beim Joggen davon unterrichtet worden war, er müsse sofort ins Kanzleramt kommen, es sei etwas Ernstes geschehen. In kurzen Jogginghosen und verschwitztem Laufshirt stand Fischer vor dem Kanzler, als er ihm diesen dringenden Rat gab.[51]

Schockstarre in der SPD

Die grünen Kabinettsmitglieder wurden umgehend von Joschka Fischer im Außenministerium über die Regierungskrise informiert. Rasch war man sich einig wie selten: Auf keinen Fall dürften die Grünen jetzt Schröder angreifen. Auch begriff der Koalitionspartner die Chancen der neuen Situation sofort. Die Blockade in der Koalition sei nun weg, der Konflikt zwischen Rot und Rot gelöst und ein Koalitionswechsel Schröders zur FDP unmöglich – wenn die Gefahr denn je bestanden hatte, was zu bezweifeln ist. «Der muss jetzt erst einmal seinen eigenen Laden zusammenhalten», so wurde ein hochrangiger Grüner zitiert.[52] Man darf eines sicher unterstellen: Einige hatten es darauf angelegt, dass Oskar Lafontaine den Kabinettstisch verlassen würde, und freuten sich auch darüber – ein «Alphatier» weniger, vielleicht würde das Regieren jetzt effektiver. Insofern war es auch eine Befreiung, denn Lafontaine hatte immer wieder Dinge mitbeschlossen und später behauptet, er könne diese betreffende Angelegenheit als Parteivorsitzender nicht mittragen.[53] Aber ein Dreifachrücktritt schien doch völlig undenkbar. Franz Müntefering meinte, dass er die Nachricht, Lafontaine sei als Bundesfinanzminister zurückgetreten, sofort geglaubt habe, dies schien ihm plausibel. Aber einen Rücktritt als Parteivorsitzender der stolzen SPD – völlig undenkbar: «Meine Begründung war einfach: Das kann nicht sein. Das macht ein SPD-Vorsitzender nicht.»[54] Ähnlich sah es Peter Struck im Rückblick: «So mögen Diven ihrem Opernintendanten wegen Unpässlichkeit absagen, eines Parteivorsitzenden war das unwürdig.»[55] Auf der Sondersitzung des SPD-Präsidiums am Tag nach dem Rücktritt argumentierte der Bundeskanzler ähnlich, wenngleich die Worte etwas verwirren: Er sei vom Rücktritt des Finanzministers überrascht gewesen, halte es aber für eine «konsequente und noble Entscheidung».[56] Er meinte damit ausdrücklich nicht den Rücktritt vom Parteivorsitz. Schröder erklärte sich auf Drängen seines engsten Kreises bereit, das Amt zunächst kommissarisch zu übernehmen. Besonders entrüstet über Lafontaines Verhalten zeigte sich Johannes Rau, den die SPD als nächsten Bundespräsident auserkoren und der einen Sinn dafür hatte, wie sich Nachfolger August Bebels und Willy Brandts zu verhalten hatten und wie nicht. Er empfand es als «unangemessen», wie er unwirsch betonte, «an dieser Stelle auf die Leistungen Oskar Lafontaines hinzuweisen»[57] – einige der Anwesenden hatten es in ihren Beiträgen getan.

Sollte man wütend sein – oder wie Rudolf Dreßler frustriert über den Abgang? Man könne, so Dreßler, nicht quantitativ feststellen, wer am Wahlerfolg von 1998 den größeren Anteil habe, Schröder oder Lafontaine, er meinte jedoch: eher Letzterer. Nun sah er auf die SPD eine «Auseinanderbrechungsdebatte» zukommen.[58] Nur wenig anders argumentierte Annette Fugmann-Heesing, die einen «Schock» der SPD diagnostizierte, der eine große «Lähmung» nach sich zog; die Mitglieder seien wie vor den Kopf gestoßen. Für andere, etwa Gerhard Glogowski, war Lafontaine nichts weiter als ein «Verräter», nun müsse es, so der Niedersachse, Schröder richten. «Gerhard Schröder sei nicht weniger Sozialdemokrat als Oskar Lafontaine», er – und nicht der Saarländer – sei es gewesen, der die Wahl gewonnen habe. Die meisten anderen aus der schwergewichtigen Riege im Parteipräsidium, besonders Rudolf Scharping, Kurt Beck und Wolfgang Clement, sprangen bei: Schröder sei nun in der Pflicht, den Vorsitz der SPD zu übernehmen, denn, so Franz Müntefering, für die Menschen sei der Bundeskanzler der wichtigste Sozialdemokrat. Der ostdeutsche Wolfgang Thierse ließ fast die Hoffnung fahren: «Er sei seit neun Jahren in der Partei und verliere nun den vierten Parteivorsitzenden.» Johannes Rau fasste am Ende zusammen: Das Präsidium bitte einstimmig Gerhard Schröder, den Parteivorsitz kommissarisch zu übernehmen und auf einem Sonderparteitag für den Vorsitz der Partei zu kandidieren. Der so aufgeforderte Schröder betonte pflichtschuldig, die SPD dürfe jetzt kein «Kanzlerwahlverein» werden, fügte jedoch hinzu: «Auch kritische Äußerungen zur Integrationsfähigkeit meiner Person erschweren die Arbeit.» Er wusste, dass La-

fontaine in der Partei so beliebt war, weil er ihre Seele wärmen konnte – was ihm, dem Pragmatiker, verwehrt blieb und auch in Zukunft bleiben sollte. Er habe Verständnis für die spürbare Bedrückung über den Rücktritt Lafontaines, man müsse nun jedoch den Eindruck vermeiden, die SPD oder die Regierung stecke in einer tiefgreifenden Krise.[59]
Direkt im Anschluss an die Präsidiumssitzung fand eine Sondersitzung des Parteivorstandes statt, und in diesem größeren Gremium mischten sich Enttäuschung, Wut und gegenseitige Verdächtigungen miteinander. Einer der «besten Spieler der SPD» sei vom Platz gegangen, hieß es das eine um das andere Mal.[60] «Unverschämt» seien manche Erklärungen von Wirtschaftsvertretern zum Rücktritt des Finanzministers gewesen. Lafontaine-Anhänger wollten Schröder nicht einfach das Feld überlassen und plädierten für eine «Doppelspitze». Andrea Nahles, die Vorsitzende der Jungsozialisten, führte diese Schröder kritische Fraktion wortreich an: Lafontaine habe in der Vergangenheit die großen Projekte der Partei definiert, während Schröder immer wieder von den politischen Inhalten abgewichen sei. Nahles torpedierte ganz offen Schröders Kandidatur. Warum Lafontaine alles hingeworfen hatte, konnte niemand recht erklären, selbst sein alter Weggefährte und Nachfolger als Ministerpräsident des Saarlandes, Reinhard Klimmt, wusste nur zu berichten: «Wohl aus Befürchtungen, wieder umgestimmt zu werden, habe er (Lafontaine, E. W.) mit niemandem vorab über seine Entscheidung gesprochen».[61] Wiederum warf sich Franz Müntefering für Gerhard Schröder in die Bresche: Man dürfe nun nicht in «zu große Trauer» verfallen, und erneut: «Für die Menschen sei das Regieren wichtiger als die Partei, der Kanzler sei in der Wahrnehmung der Menschen der wichtigste Sozialdemokrat.»[62] Allerdings ging die Abstimmung darüber, ob Gerhard Schröder kommissarisch die Partei führen und er die Empfehlung des Parteivorstandes für den Vorsitz sein solle, alles andere als glanzvoll für den Kanzler aus: Von den 33 abgegebenen Stimmen war eine ungültig, 23 lauteten auf Ja, sechs auf Nein, drei waren Enthaltungen.
Am aufgewühltesten war die Stimmung in der großen SPD-Fraktion, die ebenfalls noch am 12. März tagte. Viele der Teilnehmer waren nach Ansicht ihres Vorsitzenden der Meinung, dass man sein Mandat nicht zuletzt dem Wahlkampf von Oskar Lafontaine zu verdanken hatte.[63] Niemals zuvor, so der Tenor vieler Parlamentarier, war man einem

solchen Gefühl von Frustration, Ohnmacht, Wut und Enttäuschung ausgesetzt gewesen. Manche hatten den Eindruck, «irgendein Spielball anderer Akteure» zu sein.[64] Mehr als Respekt gegenüber Lafontaine dominierte bei den meisten die Enttäuschung – die «menschliche und persönliche Enttäuschung»[65] über ihn, auf den man so große Hoffnungen gesetzt hatte. 16 Jahre lang hatte man gekämpft, um an die Regierung zu gelangen, und kaum war man dort angelangt, zerfleischte man sich selbst. Es war vor allem für die SPD-Linke ein «schwerer Verlust».[66] Auch bekundeten etliche, so etwa Ute Vogt aus Baden-Württemberg, dass sie wegen Oskar Lafontaine in die SPD eingetreten seien und deshalb mit der jetzigen Situation nicht zurechtkämen. Schröders Wunsch, zur Tagesordnung überzugehen, wurde brüsk abgewiesen – dafür erschien den meisten der Einschnitt zu groß, denn es gehe schließlich nicht allein um einen «Machtkampf», sondern um die «Seele» der Partei.[67] In den folgenden Tagen wurde die Stimmung unter den Genossen immer gereizter, aggressiver. Schuldige wurden gesucht und in der Öffentlichkeit präsentiert und verurteilt, in erster Linie Bodo Hombach, dessen Rücktritt Parteilinke wie Andrea Nahles, Werner Schuster und Detlef von Larcher forderten, während Innenminister Otto Schily ihn verteidigte, wohingegen Wilfried Penner und Helmut Wieczorek in den Medien mit Lafontaine und dessen rabiatem Rückzug abrechneten. Die verschiedenen Gruppen und Flügel der SPD lagen miteinander im veritablen Streit. Fraktionsvorsitzender Peter Struck konnte die Flügel nur noch mit Mühe und Not zusammenhalten und versuchte in seinen «Stichworten für den politischen Bericht», die er vor jeder Fraktionssitzung anfertigte, auf seine unnachahmliche Art Ruhe in die Fraktion zu bringen; er notierte beschwichtigend: «Die SPD hat sich nicht verändert. Sie bleibt in ihrer ganzen Breite dort, wo sie in der letzten Woche war. Zum Mannschaftsspiel gehört eine ganze Menge. Spielmacher braucht man, Torschützen und Verteidiger. Zum Mannschaftsspiel gehört allerdings auch, dass nicht ein einzelner für sich selbst entscheiden kann, wann die Begegnung zu Ende ist. Und, da gebe ich Wirtschaftsminister Müller recht, zum Mannschaftsspiel gehört weiterhin, dass die Mannschaftsbesprechungen von heute nichts in der Zeitung von morgen zu suchen haben. Bodo Hombach hat mehrfach erklärt, mit diesen Indiskretionen nichts zu tun zu haben. Punkt. Ende. Aus. Jede Zeit hat ihre Akteure, die sie braucht. Es stimmt allerdings, der Chef des Kanzleramtes muss Koordinator sein, nicht Kommunikator. So versteht sich (mein Freund) Bodo Hombach ja auch.»[68]

Das mediale Echo auf den Rücktritt

Die ersten Reaktionen in Deutschland, in Europa und sogar weltweit lassen sich mit einem Wort zusammenfassen: Erleichterung. Besonders greifbar wurde dies an den internationalen Börsen. Kurz nach der Meldung über den Rücktritt des deutschen Finanzministers legten die Aktienkurse an der New Yorker Wall Street kräftig zu, weltweit waren die Börsianer in Kauflaune. Am Deutschen Aktienindex gab es ein Kursfeuerwerk, der Dax stieg am darauffolgenden Tag vorübergehend um sieben Prozent und lag bei Handelsschluss um fünf Prozent höher als am Tag davor, was den bis dahin höchsten Tagesgewinn der Nachkriegszeit bedeutete. In erster Linie profitierten die Unternehmen, die Lafontaine mit seiner Steuerreform im Visier gehabt hatte. An den Devisenmärkten legte der Euro gegenüber dem Dollar spürbar zu, überall reagierten die Händler geradezu euphorisch. Wolfgang Clement, der die Nachricht im Flugzeug hörte, berichtete, dass die Geschäftsreisenden spontan freudig applaudierten, als der Flugzeugkapitän den Rücktritt über die Bordlautsprecher bekanntgab.[69]

Weite Teile der Wirtschaft nahmen Lafontaines Rückzug als Zeichen der Hoffnung auf, denn die Steuerreformpläne, deren Gegenfinanzierung die Unternehmen schultern sollten, hatten sie auf die Barrikaden gebracht. Industriemanager, Banker und Dienstleister hatten Oskar Lafontaine als Standortrisiko bezeichnet, seine Strategie wurde als fiskalpolitischer Irrweg betrachtet.[70] Thomas Meyer, Chefvolkswirt bei Goldman Sachs, kam beispielsweise zu dem Ergebnis: «Lafontaine wollte die Veränderungen, ohne die Wirtschaft mitzunehmen. In einem globalen Umfeld ist das nicht möglich.»[71] Nun keimte die Hoffnung auf, Bundeskanzler Schröder werde es im Kabinett leichter gelingen, mit der deutschen Wirtschaft zu einvernehmlichen Lösungen in der Steuerproblematik zu gelangen. Die «Bild»-Zeitung kam wie gewohnt plakativ mit der Meldung «Lafontaine. Aus!» und fragte mit Blick auf den Nachfolger in spe Hans Eichel: «Werden mit ihm die Steuergesetze (630-Mark-Jobs, Steuerreform) völlig neu eingebracht? Wird jetzt alles besser?»[72]

In einer Umfrage des Meinungsforschungsinstituts Forsa, die der «Stern» veröffentlichte, meinte eine knappe Mehrheit der Deutschen, es würde nun tatsächlich alles besser. 43 Prozent der Befragten begrüßten den Rücktritt Lafontaines als Finanzminister, 42 Prozent bedauerten ihn, 15 Prozent waren unentschieden. Bei den SPD-Anhängern waren die Werte 33 zu 56 zu 11. Dass allerdings Lafontaine auch als SPD-Vorsitzender zurückgetreten war, begrüßten insgesamt nur 31 Prozent (SPD-Anhänger 27 Prozent) und bedauerten 49 Prozent (SPD-Anhänger 60 Prozent); bei den Anhängern der CDU/CSU blieb das Bedauern in jeder Hinsicht niedrig. Knapp die Hälfte aller Befragten war der Meinung, Lafontaines Rücktritt werde Kanzler Schröder nützen.[73]

Auch auf europäischer Ebene erwarteten politische Beobachter positive Auswirkungen: Für die Europäische Zentralbank bestehe jetzt die Möglichkeit, die Zinsen leicht zu senken, ohne in den Verdacht zu geraten, dem Druck des deutschen Finanzministers nachzugeben.[74] Jenseits des Ärmelkanals wurde die Nachricht vom Ende der «politischen Naturkatastrophe» für das Interesse der Blair-Regierung, Großbritannien näher an die Europäische Union heranzuführen», mit Freude entgegengenommen, hatte doch Lafontaine mit seinen Plänen zur Harmonisierung der Steuer- und Sozialpolitik in Europa den Zielen des britischen Premierministers im Wege gestanden.[75] Tony Blairs britisches Wirtschaftsdenken – mehr Flexibilität und mehr Deregulierung – schien den Sieg auch in Deutschland davongetragen zu haben. Die britische Boulevardpresse feierte den Rücktritt überschwänglich als ihren Triumph, vor allem «The Sun» versuchte ihren Lesern weiszumachen, sie habe den Sturz des deutschen Finanzministers höchstpersönlich bewerkstelligt. Natürlich fehlten auch dieses Mal nicht Anspielungen auf die Nazi-Folterknechte in britischen Spielfilmen über den Zweiten Weltkrieg. Nach Lesart der «Sun» war Lafontaine der «Hohepriester» der alten sozialistischen Murkswirtschaft und mit seinem Abgang der Forderung nachgekommen, die das Blatt einige Wochen zuvor in seiner bekannt feinfühligen Art erhoben hatte. «Foxtrot Oskar», hatte die Schlagzeile gelautet, das «F» und das «O» waren dabei farblich vom Rest abgesetzt, so dass jeder Leser wusste, was das heißen sollte: «Fuck off». Nicht nur die «Sun» hatte den Deutschen verdächtigt, mit seinen Europaplänen den Briten höhere Steuern aufzuzwingen und ganz allgemein den alten planwirtschaftlichen Ungeist im Stile von «Old Labour» wiederbeleben zu wollen, den man auf der Insel gerade ausgetrieben hatte. Das Blatt stilisierte Lafontaine zum «gefährlichsten Mann Europas» hoch.[76]

Sieht man genauer hin, so war die Resonanz auf den Rücktritt freilich nicht ganz so eindeutig, wie die lauten Schlagzeilen vermuten ließen, weder in Großbritannien noch in den USA und auch nicht in Frankreich. Dort hatte «Le Monde» Lafontaine als einen «Sozialisten der Jahrhundertwende» beschrieben, der eine offensive Politik gegen die herrschenden Verhältnisse betrieb.[77] In Deutschland mischten sich in die Freudenbekundungen trübe Ahnungen und Bedauern. Vor allem aus den Reihen des DGB war Zustimmung zu Lafontaines makroökonomischem Ansatz gekommen, und auch die Stärkung des privaten Konsums wurde weiterhin befürwortet; nur so könnten Beschäftigungsimpulse geschaffen werden. Während der Mainzer Professor Rolf Peffekoven, Mitglied des Sachverständigenrats, die Steuerreform für gescheitert erklärte und dem ausgeschiedenen Finanzminister nachwarf, er sei die Finanzierung der geplanten Nettoentlastungen schuldig geblieben, verteidigte der Bremer Wirtschaftsprofessor Rudolf Hickel die lafontaineschen Ansätze. Dieser habe wenigstens «Visionen in der Finanzpolitik» gehabt.[78] Zu den Verdiensten Lafontaines zählte Hickel, dass dieser neben der angebotspolitischen Seite auch die gesamtwirtschaftliche Nachfrage berücksichtigt und außerdem den Mut aufgebracht habe, für mehr soziale Gerechtigkeit einige Steuerbegünstigungen der Wirtschaft zu beseitigen. Der Streit der Ideologien ließ sich nicht schlichten: Die einen würdigten Lafontaines Vorstellungen zur Neuordnung des Weltfinanzsystems, die anderen hielten sie für vollständig gescheitert; die einen rechtfertigten die Kritik an der Bundesbank und der EZB, die sich nicht um das Beschäftigungsziel kümmerten, die anderen verwiesen auf die Gefahren für die Unabhängigkeit der beiden Zentralbanken. Das Gleiche galt für die internationale Ebene, auch hier war das Echo durchaus geteilt. Die «Washington Post» beispielsweise stellte sich hinter den deutschen Finanzminister, der den ungezügelten Kapitalismus und die offenen Kapitalmärkte nicht länger widerstandslos schalten und walten lassen wollte. Die Resignation Lafontaines zeige hingegen die Grenzen eines einzigen Politikers oder eines einzigen Landes auf, sich den Gezeiten des globalen Kapitalismus widersetzen zu wollen. Auch der britische «Guardian» zitierte eine ungenannte Regierungsquelle mit dem bewundernden Satz, Kanzler Schröder habe den Sturz Lafontaines clever in Szene gesetzt, denn «er gab Oskar gerade so viel Seil, dass er sich damit aufhängen konnte», hegte jedoch auch die Vermutung, Deutschland werde den Verlust Oskar Lafontaines eines Tages noch bedauern. Sein politisches Scheitern verdeutliche die Grenzen nationaler Wirtschaftspolitik im Zeitalter der mächtigen Finanzmärkte. Politiker, so das düstere Bild, seien nur noch der Schwanz, mit dem der übermächtige Hund in Gestalt der Finanzmärkte wedle.[79]

Die Hintergründe im zeitlichen Abstand

Ihren «Reiz» erhielten die Ereignisse um den Rücktritt dadurch, dass wie so oft in der Geschichte der Bundesrepublik sich das hochkomplizierte Parteien- und Regierungswesen auf ein schlichtes Duell Mann gegen Mann reduzierte. So war es zwischen Adenauer und Erhard gewesen, zwischen Brandt und Schmidt und zwischen Kohl und Strauß. Nun also zwischen Schröder und Lafontaine. Wieder standen sich zwei starke Figuren der Politik gegenüber, mit jeweiligem Alleinvertretungsanspruch und mit unterschiedlichem Politikstil, aber auch mit divergierenden Inhalten.

War der Rücktritt eine Kurzschlussreaktion, ein «Blackout» nach durchzechter Nacht, wie Zeitzeugen meinten?[80] Ist diese Reaktion des Alles-oder-nichts mit den Folgen des fast tödlich verlaufenden Messerattentats einer verwirrten Frau auf Lafontaine im Jahr 1990 in Köln zu erklären, was vulgärpsychologisch immer wieder angeführt wurde?[81] War er nur ein gekränkter Narziss, wofür die späteren «Racheakte» in Form von Zeitungskommentaren – ausgerechnet in der «Bild»-Zeitung – und schließlich sein SPD-Hass als Vorsitzender der Partei «Die Linke» sprechen mögen? Lafontaine verfügte über erhebliches destruktives Potential, und er schöpfte es, je länger desto mehr, in hohem Maße aus. Oder zeichnete das Kanzleramt in der Person des Mephistopheles Bodo Hombach für das abrupte Ende des Stars und mächtigsten Ministers in der Regierung verantwortlich? Lieferten die Konstruktion der Regierung und die personelle Besetzung schlüssige Hinweise auf das politische Desaster? Erhard Eppler resümierte in diesem Sinne: «Der Grundfehler war, dass es anfangs zwei Machtzentren gab, die auch noch eine unterschiedliche Politik machen wollten: einmal das Kanzleramt, ausgerechnet noch mit Bodo Hombach, und das Finanzministerium unter Oskar Lafontaine, übrigens mit Staatssekretären, die ungefähr so geeignet waren wie Hombach im Kanzleramt.»[82] Dieses Gerangel führte sicherlich zu Zerwürfnissen. Lafontaine, der sich innerhalb der Regierung von Feinden umstellt sah, arbeitete fast nur noch mit seinem «Küchenkabinett», dem seine Frau Christa Müller und die beiden von Eppler erwähnten Staatssekretäre Heiner Flassbeck und Claus Noé angehörten. Das riesige Ministerium mit seiner geballten fachlichen Kompetenz, auf die er keinen Wert legte, band er kaum in die Arbeit ein. Auf die Lektüre von Akten verzichtete der Minister weitgehend, ebenso wie auf die morgendliche Lagesitzung, in der wichtige Themen und Nachrichten besprochen wurden, berichteten Mitarbeiter.[83] Lafontaine schottete sich jenseits aller Beratungsfähigkeit ab. Zu einer ähnlichen Einschätzung kam sein Nachfolger im Amt, Hans Eichel: «Das Problem von Lafontaine war, dass er und das Haus miteinander nicht wollten. Er hat sich um das Haus nicht gekümmert, und das ist der schlimmste Fehler, den man als Minister machen kann.»[84] Auch die Art und Weise, wie Lafontaine sowohl international als auch innerhalb der eigenen Partei aufgetreten war, hielt Eichel für grundverkehrt. Mit seiner Überheblichkeit eckte er oft an und wurde von anderen gemieden oder übergangen. Dass er von Kollegen und den Medien nicht richtig ernst genommen oder gar respektiert wurde, kann man an Bezeichnungen wie der «Prophet vom Petersberg» erkennen.[85] Auch der Titel «Weltökonom» wurde Lafontaine eher belächelnd als mit Ernsthaftigkeit zugeschrieben.

Weil sich Lafontaine ausschwieg und die meisten anderen perplex über die Vorgänge, die sie nicht rational erklären konnten, waren, schossen sogar Spekulationen ins Kraut. Die Fantasie trieb bis ins trübste Abseits: Es existierten, so vermuteten einige, belastende Dokumente des amerikanischen Geheimdienstes, die jener von der Stasi habe. Darin befänden sich Berichte über Lafontaines Lebenswandel, die ihn zum Rücktritt zwangen.[86] Solche Verschwörungstheorien können getrost beiseitegelassen werden. Alle anderen erwähnten Aspekte spielen sicherlich auf die eine oder andere Weise mit hinein, wenn man den radikalen Schritt Lafontaines erklären will. Doch entscheidend war: Lafontaine strauchelte an sich selbst, an seinem übersteigerten Anspruch und an seiner Selbstgefälligkeit, daran, dass er alles besser und alles allein und sei es gegen den Rest der Welt machen wollte. Er war das Regieren des kleinen Saarlandes gewohnt, doch dies war überhaupt nicht vergleichbar mit der Leitung des Bundesfinanzministeriums einer der führenden Industrienationen der Welt. Das eine konnte vielleicht mit einer Art Küchenkabinett gelingen, das andere jedoch in keinem Falle. Die Verantwortung in Bonn und in Berlin erwies sich um ein Vielfaches größer als jene in der engen Welt Saarbrückens; wer sich dort als «Napoleon» zu gerieren trachtete, erlebte schneller, als ihm lieb war, sein Waterloo. Auf europäischer Ebene blieb der deutsche Finanzminister damit erfolglos, die EU-Partner von einem europäischen Pakt in der Wirtschafts-, Beschäftigungs- und Geldpolitik zu überzeugen. National wie international stand Lafontaine unter medialem Dauerbeschuss, was er nicht mehr aushielt. Insgesamt war er auf jeglicher Ebene isoliert; einer seiner Mitarbeiter quittierte dies mit den Worten: «Wir sind doch eine Sekte hier».[87] Lafontaine verhedderte sich in seinen eigenen Widersprüchen, vielleicht nicht zuletzt deshalb, weil er zu viel auf einmal wollte. Im Grunde genommen hatte Lafontaine in seiner politischen Laufbahn immer wieder gezeigt, dass er Entscheidungen scheute und sie erst traf, wenn sie unausweichlich geworden waren. Danach allerdings vertrat er sie mit größter Emphase.

Sicher, die Beziehung zu Gerhard Schröder und die Zusammenarbeit innerhalb der Koalition spielten auch eine Rolle. Wenige Tage nach seinem Rücktritt begründete er seine Entscheidung in einem Interview der ARD mit dem «schlechten Mannschaftsspiel» in der Regierung.[88] Doch davon waren alle betroffen, und man verbesserte das Mannschaftsspiel nicht, wenn man einfach den Platz verließ. In der Rückschau erklärte Lafontaine, er habe aus falsch verstandener Solidarität zu lange geschwiegen. Da Schröder sich an keine Verabredung gehalten habe, sei er vor die Wahl gestellt gewesen, den Kanzler zu stürzen oder zu gehen.

Damit erhöhte Lafontaine seinen blamablen Abgang noch zur staatspolitischen Großtat und verbrämte ihn zum Heldenepos.

Letztlich war es das Scheitern aller seiner politischen Vorhaben, das Lafontaine zum Rücktritt aus allen Ämtern bewog, nicht der Machtkampf mit Schröder – immerhin hatte Lafontaine die Partei in einem Maße hinter sich wie kein Vorsitzender seit Willy Brandt – und schon gar nicht eine etwaige Gegnerschaft bezüglich des sich anbahnenden Kosovo-Einsatzes. Michael Sommer, der spätere DGB-Vorsitzende, meinte, Lafontaine habe keine guten Nerven gehabt: «Er hat gesagt, er hat den Druck, sozusagen der Killer der deutschen Wirtschaft zu sein, was man ihm angehängt hat, national und international, nicht ausgehalten.»[89] Vielleicht liegt darin eine besondere Tragik: Lafontaines überhebliches Auftreten, seine fehlende Kompromissfähigkeit und seine überzogenen Ansprüche entwerteten die in weiten Teilen durchaus richtigen Einsichten, über die er verfügte. Mit seinem Rücktritt fehlte der Regierung Schröder ein wichtiges Korrektiv ihrer Arbeitsmarkt- und finanzpolitischen Reformpolitik. Künftig lag hier die offene Flanke nicht nur der SPD, sondern der rot-grünen Koalition überhaupt. Unter rein rationalen Gesichtspunkten wäre ein Kompromiss der beiden Richtungen im Frühjahr 1999 das Gebot der Stunde gewesen. Doch die Emotionen besiegten die Vernunft, beiden Kontrahenten ging es nur noch um alles oder nichts. Im Abstand von über einem Jahrzehnt sah Lafontaine es schließlich auch so, wie es wirklich war: «Ein Minister, der sein wichtigstes Projekt nicht durchsetzen kann, muss Konsequenzen ziehen. Meine Vorschläge zur Regulierung der Finanzmärkte sind vom damaligen Bundeskanzler Schröder, vom britischen Premierminister Tony Blair und insbesondere von Bill Clinton brüsk zurückgewiesen worden. Auch die gesamte Presse lehnte meine Vorschläge ab. Ich hatte keine Chance.»[90]

4. Der «Dritte Weg» –
Globale Strategie für ein neues Regieren?

Bill Clinton, Tony Blair und «The Third Way»

Der amerikanische Demokrat Bill Clinton und der britische Sozialdemokrat Tony Blair kannten sich schon lange. Bereits 1992 war Blair mit seinem Vertrauten Gordon Brown nach Amerika gereist, um Clintons Wahlkampagne zu studieren. Seither hatten verschiedene Treffen stattgefunden, in deren Ergebnis eine politische Allianz des «Dritten Weges» geschmiedet wurde.[1] Dieses Schlagwort hatten Clinton und Blair in ihren Wahlkämpfen benutzt, und es hob auf die globalen Veränderungen ab, die in westlichen Gesellschaften offenbar auch einen Wandel in der Parteienlandschaft nach sich zogen und wegführten vom klassischen «Rechts-links-Verhältnis». Welches waren die Kerngedanken?

Clintons «New Democrats» stellten eine Antwort auf den Aufstieg der «New Right» dar, jener konservativen Bewegung, die am Übergang von den 1970er zu den 1980er Jahren die politische Agenda in den USA zunehmend bestimmt und in Präsident Ronald Reagan die ideale Verkörperung gefunden hatte. Die «Reagonomics» genannte Politik kennzeichnete eine starke Angebotsorientierung, und sie bestand aus einer auf drei Jahre verteilten Reduzierung der Einkommenssteuer um 25 Prozent, einer forcierten Deregulierung der Wirtschaft sowie des Banken-, Verkehrs- und Kommunikationswesens. Die zu erwartenden Einkommensausfälle des Staates sollten durch Kürzungen bei den Sozialausgaben ausgeglichen werden.[2] Tatsächlich erholte sich die schwer angeschlagene US-Wirtschaft im Laufe der 1980er Jahre erheblich, andererseits erreichte die Neuverschuldung bis dahin nie gekannte Rekorde.

In Großbritannien war die Lage vergleichbar. 1979 wurde Margaret Thatcher britische Premierministerin. Sie empfand es als unerträglich, dass der Staat seinen Bürgern vorschreibe, wie sie zu leben hätten. Thatchers «konservative Revolution» gründete auf einfachen Gedanken: Der Staat sollte sich wie ein rechtschaffener Bürger verhalten, also sparsam sein, nicht über seine Verhältnisse leben, über den Tag hinaus planen und in den guten Zeiten für die schlechten vorsorgen. Ins Politische übersetzt bedeutete dies: massive Kürzungen im öffentlichen Sektor, ausgedehnte Privatisierungen und eine Senkung der Einkommenssteuer.³ Dafür erntete die «Eiserne Lady» großen Zuspruch. Als Tony Blair 1983 als junger Abgeordneter in das britische Unterhaus gewählt wurde, hatte die Labour Party mit einem Stimmenverlust von über drei Millionen Wählern die größte Niederlage ihrer Geschichte erlitten, sie nutzte jedoch die langen Jahre der Opposition dazu, sich zu reformieren. Doch erst auf dem Labour-Parteitag von 1994 gelang es Blair, unter dem Motto «New Labour, New Britain» die alte Arbeiterpartei von sozialistischen Reminiszenzen zu befreien – oder, je nach Lesart, zu entkernen – und zu modernisieren, indem programmatisch besonders sozialstaatliche Ansprüche zurückgenommen und durch die Betonung von Rechten und Pflichten ersetzt wurden – «welfare to work», lautete eines der Konzepte.⁴

Es ist kein Zufall, dass dieser Begriff «welfare to work» an Gerhard Schröders späteres Diktum «Fordern und Fördern» eines «aktivierenden Sozialstaats» erinnert. Das «Modell Blair» stellte bei einem Teil der deutschen Sozialdemokraten – bei vielen allerdings weniger wegen des Inhalts als vielmehr wegen der Wahlerfolge – einen Gegenstand stummer Bewunderung dar, denn man war selbst auf der Suche nach erfolgversprechenden Konzepten. Es handelte sich um «Suchbewegungen (...), die auf eine veränderte Realität reagieren», wie Gunter Hofmann in «Die Zeit» schrieb.⁵

Diese veränderte Realität war eine Folge des Strukturbruchs und des sozialen Wandels von revolutionärer Qualität, der seit Mitte der 1970er Jahre die westlichen Gesellschaften erfasste und durch den Kollaps des Ostblocks sowie das Ende des Kalten Krieges seit den 1990er Jahren zusätzlich an Wirkung gewann: «Nicht nur der Osten hatte seinen Kosmos verloren, sondern der Westen auch.»⁶ Im globalen Maßstab war auf der ökonomischen Seite ein Marktfundamentalismus auf dem Vormarsch und auf der ideellen Seite eine Abkehr von Links-rechts-Orientierungen, die die Ära des Kalten Krieges so nachhaltig charakterisiert hatten. Zu einem Interpreten der neuen Zeit und zugleich zum Lieferanten für politische Handlungsanweisungen stieg der britische Soziologe Anthony Giddens auf, der sich mit der Frage beschäftigte, wie fortgeschrittene Industriegesellschaften «jenseits von Links und Rechts» zukünftig beschaffen sein würden.⁷ Giddens wurde zum Ideengeber für Tony Blairs Umformung der traditionellen Labour-Party in eine moderne Mittelstandspartei, und nach dessen triumphalen Wahlerfolg von 1997 fasste er seine Thesen eingängig in dem Buch «The Third Way» zusammen. Es wurde zu einem Weltbestseller und gleichsam zur Bibel jener, die Antworten auf die Frage suchten, wie die Globalisierung – verstanden als umfassende Verwandlung von Raum und Zeit – gestaltet werden könne, ohne hehre Prinzipien wie Solidarität und Gerechtigkeit einem völlig enthemmten Neoliberalismus zu opfern.⁸

Giddens beschrieb nicht nur die Welt des Wandels, sondern sein Anspruch war umfassender: Er wollte ein Modell entwerfen, wie die Politik die fortlaufenden Veränderungen gestalten konnte. Einen Schwerpunkt setzte er auf den Sozialstaat, eines der wesentlichen Charakteristika der europäischen Geschichte. Zwei Grundsätze bilden für Giddens die Ausgangslage: «Keine Rechte ohne Pflichten» und «Keine Entscheidungsmacht ohne demokratische Verfahren».⁹ In der Kombination ergaben diese beiden Prinzipien eine neue Art des Zusammenwirkens von Staat und Bürger. Das erste Prinzip, bei welchem der Staat nicht nur förderte, sondern im Gegenzug auch forderte, lehnte sich an die neoliberale Auffassung von sozialen Diensten an, während das zweite der demokratischen Unterfütterung von Entscheidungsprozessen eine urlinke Forderung darstellte. Die Neuverortung des Staates und seines Verhältnisses zu den Bürgern war die innenpolitische Agenda des «Dritten Weges», und diese wurde durch eine außenpolitische ergänzt. Im Kontrast zur neoliberalen Auffassung vom freien Markt, welcher sich selbst reguliere und daher möglichst wenig Staat benötige, sah Giddens die Lösung in einem Verbund von Nationalstaaten als Gegengewicht zum freien Markt. Die internationale Zusammenarbeit gleichgesinnter Staaten war wesentlicher Bestandteil der Idee des «Dritten Weges» und sollte im günstigsten Fall, wenn sich umfängliche pragmatische Koalitionen jenseits des Rechts-links-Lagerdenkens ergäben, zu einer kosmopolitischen Gesellschaft führen.¹⁰

Allein schon der Begriff des «Dritten Weges» war indessen nicht unproblematisch und konnte leicht zu Missverständnissen führen, hatte er doch historisch höchst unterschiedlichen Zwecken gedient. Zwischen dem Ersten und dem Zweiten Weltkrieg suchten Austromarxisten einen

«Dritten Weg» zwischen Sozialismus und Kommunismus, nach dem Zweiten Weltkrieg sahen vor allem französische und deutsche Sozialdemokraten die Lösung in einem «Dritten Weg» zwischen Kapitalismus und kommunistischer Diktatur, im Prager Frühling 1968 stand er synonym für einen «Sozialismus mit menschlichem Antlitz», bevor mit dem Beginn der 1990er Jahre ihn zuerst die Berater des amerikanischen Präsidenten, gefolgt von Blair, in einer neuen, zeitgemäßen Synthese des Liberalismus der 1970er und 1980er Jahre mit den klassischen Konzepten und Zielen der Sozialdemokratie verorteten. Insbesondere durch die Wahlerfolge wurde der «Dritte Weg» seither von den USA über Europa bis nach Japan zu einem Symbol für die Hoffnung, «es könne zwischen der alten Sozialdemokratie der nationalstaatlichen Epoche und dem neoliberalen Marktfundamentalismus der globalen Ära einen neuen, erfolgversprechenden Weg politischer Gestaltung geben, der die Grundwerte der Sozialdemokratie auf neue Weise mit Leben erfüllt und in einer globalen Welt gegen die bloße Herrschaft der Märkte mit neuen Chancen versieht».[11] Damit war ein Leitbegriff in der Welt, der zu einem Befreiungsschlag von traditionellen Politikkonzepten im globalen Zeitalter taugte, indem er neue Problemlösungen versprach und die politische Offensive gegen den Neoliberalismus zurückgewann. Viele faszinierte die Perspektive, hier könne eine transatlantische und transpazifische Kraft der linken Mitte gestaltet werden, um in gewissem Maße eine gemeinsame Antwort auf die Herausforderung der Globalisierung zu finden. Nicht nur die neue Rolle der Märkte, auch die zunehmende Komplexität der Gesellschaften und die Verringerung der Handlungsfähigkeiten von Nationalstaaten schienen ein neues Regieren für das 21. Jahrhundert zu erfordern – und zwar keineswegs, um den Staat aus seiner Gesamtverantwortung zu entlassen, sondern um zu einer neuen Arbeitsteilung zwischen Staat und Gesellschaft zu gelangen.[12]

Die deutsche Debatte zum gesellschaftlichen Wandel

Die Rede von einem allgemeinen «Dritten Weg» war nicht nur historisch problematisch, denn es gab damals mindestens drei Varianten dieses Konzepts, die sich in ihrer Grundwerteorientierung, in der Reichweite der

Regulierungsmacht des Marktes, in ihrem Verhältnis zur ökonomischen Globalisierung und in ihren Vorstellungen über die Reform des Sozialstaates unterschieden.[13] Die amerikanischen New Democrats gingen in ihren Deregulierungsvorstellungen am weitesten, auch was die Übertragung gesellschaftlicher Risiken auf das Individuum anbelangte. New Labour verstand unter sozialer Gerechtigkeit vor allem Inklusion, also die Einbeziehung des Einzelnen in die Chancen, die die Gesellschaft bot, jedoch ohne Garantien zu geben. Skandinavische und kontinentaleuropäische «Dritte Wege» sahen hingegen die soziale Sicherheit viel stärker als Bürgerrecht, als real unantastbare Grenze einer Flexibilisierung der Arbeitsmärkte und der Ökonomisierung von sozialen Beziehungen. Hier waren die Vorstellungen einer politischen Regulierung der Märkte durch den demokratischen Staat, auch in transnationaler Perspektive, überhaupt nicht wegzudenken.

Den gemeinsamen Ausgangspunkt der «Dritte Weg»-Debatte bildeten beschleunigte Wandlungsprozesse in Gesellschaft, Wirtschaft, Kultur und Politik. Der demographische Wandel und die zunehmende Alterung der Gesellschaft machten früher oder später Umbauten des Sozialversicherungssystems nötig. Die wirtschaftliche Entwicklung von Industriegesellschaften wie der Bundesrepublik Deutschland war nicht allein durch einen Zuwachs von Dienstleistungstätigkeiten (Tertialisierung) gekennzeichnet, sondern diese wiederum griffen häufig auf neue digitale Technologien zurück, so dass Sozialwissenschaftler von einem «quartären Sektor» sprachen. Feste Erwerbsbiographien gehörten in immer stärkerem Maße der Vergangenheit an, es kam zur «arbeitszeitlichen und arbeitsräumlichen Entstandardisierung». Der gesamte Bereich «Arbeit» wurde risikobehafteter und flexibler, kurz: «Beschäftigungsunsicherheiten» nahmen zu und flößten den Bürgern Furcht ein.[14] Da sämtliche Veränderungen nicht im nationalen Rahmen geschahen, sondern in den Prozess der Globalisierung eingebettet waren, vergrößerten sich das Problem und die Besorgnis noch zusätzlich.

Eine bange Frage stand nämlich im Raum und beschäftigte die Gemüter: Würde die mehr oder weniger unentrinnbare Globalisierung der Wirtschaft zu einer Spaltung der Gesellschaft führen? Der internationale Wettbewerb verschärfte sich erheblich, weil vor allem die aufsteigenden Niedriglohnländer wie Korea, Vietnam, Malaysia, aber auch Indien und

China auf dem Gebiet der Arbeitsplätze ihre kompetitiven Kostenvorteile zulasten der Hochlohnländer ausspielen konnten, während aus Deutschland pro Jahr ungefähr 45 000 Arbeitsplätze aus Kosten- und Standortgründen ins Ausland verlagert wurden. «Angesichts offener Märkte, der Erweiterung der Wettbewerbsarena und einer Verschärfung des internationalen Wettbewerbs», so der Parlamentarische Staatssekretär beim Bundesminister für Wirtschaft und Technologie, Sigmar Mosdorf (SPD), «ist es sehr viel schwieriger geworden, die Ziele wirtschaftlicher Entwicklung und sozialen Ausgleichs zusammenzubringen.»[15] Ökonomische Realitäten und soziale Leitbilder stimmten nicht mehr überein, sie klafften vielmehr auseinander. Die Bedingungen für eine Politik, die in der Tradition des europäischen Sozialstaats die Marktwirtschaft sozial und ökologisch gestalten wollte, waren nun viel komplizierter als ehedem. Die guten alten, leicht überschau- und regierbaren Zeiten waren offenbar vorüber.

Dass das «Modell Deutschland», welches während der Zeit vor dem Epochenbruch 1989 so erfolgreich gewesen war, in einer Krise steckte, bildete den archimedischen Punkt aller sozialwissenschaftlichen Reflexionen, die sich mit dem Zustand des Landes befassten. Im zeitlichen Abstand sieht man freilich, wie viele der aufgeregten zeitgenössischen Krisendiagnosen nur über eine kurze Halbwertszeit verfügten. Einige Jahre später, besonders seit Ende 2006, hatte sich der Wind gedreht, und als große Optimisten traten auch jene hervor, die gerade noch den sicheren Verfall des Landes ausgerufen hatten.[16] Doch 1998 war man sich sicher: Die Bundesrepublik befand sich seit geraumer Zeit auf der Verliererstraße. Innenpolitisch stand die neue Bundesrepublik lange Zeit im Bann der Kosten der deutschen Einheit und der Folgewirkungen der Revolution von 1989, ohne jedoch zu einer umfassenden Reformpolitik zu gelangen; so wurde die im Gang befindliche «Modernisierung der Moderne»[17] verzögert. In vielen Bereichen obwalteten die Ausläufer der traditionellen Politik, und sie verhinderten, dass die überfälligen Erneuerungs- und Neuorientierungsprozesse in Gang kommen konnten. Zentrale Entwicklungslinien aus der Zeit der alten Bundesrepublik liefen weiter, und Problemlagen, die sich bereits «nach dem Boom» in den 1970er und 1980er Jahren herausgebildet hatten, lösten sich mit der Wiedervereinigung nicht einfach auf, im Gegenteil, sie gewannen an Wucht. In Anlehnung an ein Konzept des französischen

Soziologen Michel Crozier aus den 1970er Jahren wurde die Bundesrepublik als «blockierte Gesellschaft» beschrieben, aus der es auszubrechen gelte.[18] Vier Blockaden schienen dabei besonders gefährlich: Erstens gelang es nicht, die Massenarbeitslosigkeit zu bekämpfen, da etwa eine Flexibilisierung der Arbeitszeiten an der Tarifautonomie, konkret: den Gewerkschaften, scheiterte. Zweitens mangelte es den politischen Parteien an strategischen Fähigkeiten, sich mit zentralen Zukunftsfragen zu befassen, weil sie nur mit sich selbst beschäftigt waren. Drittens blieben notwendige Reformen von der Steuerpolitik bis zur Modernisierung der Verwaltung wegen der zahlreichen «Vetospieler», die das politische System der Bundesrepublik ausgebildet hatte, auf der Strecke. Dies führte viertens zu einem Reformstau, dessen Auflösung die parlamentarische Demokratie offenbar überforderte und – so Bundespräsident Roman Herzog Ende 1997 – zu einem «Modernisierungsstau» führen konnte.[19]

Die daraus abgeleiteten Diagnosen zum Zustand der Gesellschaft mündeten in vielfältige, besorgniserregende Beschreibungen wie «gesellschaftliche Desintegration», «Orientierungsverlust», «Risikogesellschaft» oder «Multioptionsgesellschaft». So unterschiedlich sie auch ausfielen – allen gemeinsam war, dass sie eine sich verschärfende Blockadesituation beschrieben, welche die Regierbarkeit moderner Gesellschaften zusehends erschwerte, weil keine Gruppe mehr in der Lage schien, im politischen Prozess irgendetwas konstruktiv zustande zu bringen. Hingegen besaßen alle Gruppen eine Verhinderungsmacht, von der sie regen Gebrauch machten. Daher mussten neue Modi der Politik gefunden werden. Während ein Leitbild der Konservativen in der Ära Kohl der «schlanke Staat» war, sollte es für die sozialdemokratische Linke der «aktivierende Staat» sein. Der Staat als Anreger und nicht als Produzent: Hier knüpfte man an die Konzepte des «Dritten Weges» an. Blockaden könnten nur durch ein erneuertes Politikmodell jenseits von Links und Rechts aufgelöst werden, das nicht mehr auf die Risiken von Veränderungen, auch im globalen Maßstab, fixiert sei, sondern die Chancen hervorhob und Sicherheit im Wandel bot. Die Merkmale des neuen Politikmodells lauteten daher: «radikaler Pragmatismus» und Konsensfindung.[20]

Das Schröder-Blair-Papier in Vorbereitung

Derjenige, der am meisten von diesen Ideen und der transnationalen Debatte um den «Dritten Weg» fasziniert war, stand Gerhard Schröder bereits seit der Niedersachsenwahl 1998 als Berater zur Seite: Bodo Hombach, ein kraftstrotzender Mittvierziger. Seine Karriere verlief immer abwechselnd zwischen Wirtschaft und Politik, was ihn zum Pragmatiker und Modernisierer werden ließ, dem es gefiel, mit allen Mitteln, auch Finessen und Intrigen, gegen ideologische Verkrustungen zu kämpfen. Groß war er im Verkünden von Dingen, die nach Verrat klangen, etwa: «Willy Brandt hat nicht gesagt, wir wollen mehr Sozialhilfe wagen».[21] In den 1990er Jahren saß Hombach für die SPD im Landtag von Nordrhein-Westfalen, gleichzeitig war er Geschäftsführer der Stahlfirma Preussag, 1998 wurde er Wirtschaftsminister in Nordrhein-Westfalen. Für Johannes Rau, der ihn ungemein schätzte, organisierte er drei erfolgreiche Wahlkämpfe und prägte bekannte Slogans wie «Versöhnen statt spalten» oder «Wir in NRW». Die Debatte um den «Dritten Weg» und die «Neue Mitte» spornte ihn an, denn sein Credo hieß: Eine Partei, die für den sozialen Aufstieg gekämpft hatte, durfte diese Aufsteiger nicht abstoßen, wenn sie oben angekommen waren.

Bodo Hombach wollte den «Dritten Weg» auch für einen strategischen Coup gegen die von Oskar Lafontaine beherrschte SPD-Parteizentrale nutzen und monopolisierte die Debatte um die Modernisierung der Sozialdemokratie im Kanzleramt. «Brecher» oder «Bulldozer» waren noch schmeichelhafte Begriffe einiger seiner ehemaligen Weggefährten, die heute mit unflätigen Bemerkungen über ihn nicht sparen. Gerhard Schröder gehört nicht dazu. Unter den Grünen, so berichtet Fritz Kuhn, kursierte die Parole: Bei Bodo Hombach muss man aufpassen, «denn der hat dich schon beim Grüß-Gott-Sagen gelinkt».[22] Hombach war für nicht wenige die Projektionsfläche für alles Böse, er selbst verbuchte solche Anwürfe unter der Rubrik «Mission erfüllt» und sah sich als Prellbock und Querdenker mit der Lust auf riskante Manöver. Wer Bodo Hombach gegenübersaß, den beschlich der Gedanke: Der ist so wuchtig und selbstbewusst und der denkt sicher «Ich wäre eigentlich besser in dem Job als der gegenüber».[23] Als Schröder ihm nach dem

Rückzug von Jost Stollmann anbot, Wirtschaftsminister zu werden, lehnte Hombach ab, denn sein Traum war immer «Chef BK», wie der Kanzleramtsminister intern hieß. Wie Bill Clintons einstiger «Einflüsterer» Dick Morris zog er sich mit seinem direkten Draht zum Kanzler Neid zu. Hombach glaubte nicht daran, dass eine Erneuerung der SPD von unten, aus den Gremien heraus, in Arbeitskreisen und Programmkommissionen, stattfinden konnte. Und wenn überhaupt, dann würde es viel zu lange dauern.[24] Diese Geduld war er nicht willens aufzubringen. Hombachs Idee lief deshalb darauf hinaus, ein neues «Godesberg», dieses Mal von oben, gleichsam als Chefsache durchgeboxt, auf den Weg zu bringen. Anders als auf dem legendären SPD-Parteitag von Bad Godesberg 1959, in dem die jahrelange intensive und häufig schwierige Debatte in ein neues, weltoffeneres Grundsatzprogramm mündete, sollte nun rasch von der Spitze her agiert werden. In Absprache mit Kanzler Schröder wurden europäische Sozialdemokraten, die sich dem «Dritten Weg» verpflichtet sahen, angesprochen und gebeten, Vertraute zu benennen, die dann zu regelmäßigen Treffen im Bungalow des Bonner Kanzleramts oder in der Dr.-Karl-Renner-Stiftung in Wien zusammenkamen. Darunter befanden sich Andreas Hudach von der österreichischen Sozialdemokratie, Göran Persson aus Schweden und der Brite Peter Mandelson, der Tony Blair üppig mit Ideen versorgt hatte. Koordiniert wurden die Treffen und Ausarbeitungen von Ökonomieprofessor Klaus Gretschmann, dem von Hombach berufenen Leiter der Abteilung Wirtschafts- und Finanzpolitik im Kanzleramt, ein weltläufiger Ökonom, der sich in jeder Hinsicht mit dem «Dritten Weg» identifizierte.[25]

Was seit Dezember 1998 im kleinen Kreis verlief, weitete sich wenige Monate später, seit dem Frühjahr 1999, erheblich aus. Die bilateralen Kontakte Hombachs wurden stärker mit den sozialdemokratischen Parteien Europas verknüpft, und in Deutschland nahm die programmatische Diskussion innerhalb der SPD zu.[26] Hombach selbst preschte immer weiter und in immer kürzeren Abständen nach vorne und hielt etwa am 8. April in der London School of Economics and Political Science – deren Direktor Anthony Giddens war – eine Rede «Die Realität zum Maßstab nehmen. Politik für die ‹Neue Mitte› in Deutschland und Europa», in der er auf den anwesenden Giddens Bezug nahm und die Welt aus der Sicht von «klugen Pragmatikern» modellierte. Die «Neue Mitte» verglich Hombach mit einem «Stealth-Bomber»: «Sie ist auf dem Radarschirm unsichtbar, das heißt aber nicht, dass es sie nicht gibt. Es ist ein Problem des Radarschirms, er muss neu ausgerichtet werden. Und das gilt auch für die Politik.» Aus «Neuer Mitte» und «Drittem Weg» müsste eine harte ökonomische Theorie entwickelt werden, ein neues ordnungspolitisches Konzept: eine «Angebotspolitik von links».[27] Die Ära des Neoliberalismus gehe zu Ende, so Hombach ganz auf der Linie von Giddens und den Beratern von Clinton und Blair, doch «ein Zurück hinter diese Ära, zu einer Feinsteuerung der Nachfrage und Umverteilung in großem Maßstab, kann es nicht geben». Hombach zollte auch dem britischen Publikum Tribut: «Ihr Land, New Labour und Tony Blair haben eine Schlüsselrolle für die Entwicklung eines sozialdemokratischen Europas», denn Blair habe früh die geistige Führung übernommen. Am Schluss wies er darauf hin, dass sich am Rande des NATO-Gipfels eine Woche zuvor Tony Blair, Bill Clinton, Wim Kok, Massimo d'Alema und Gerhard Schröder getroffen und über den Entwurf eines vorliegenden deutsch-britischen Manifests diskutiert hätten. Indes, so Hombach mit Bedauern: «Wie das aber mit Papieren so ist: Keiner liest sie mehr so richtig.»[28] Sein Freund Sidney Blumenthal, ein enger Berater Clintons, habe ihm geraten, gar keine Papiere mehr zu schreiben, denn wenn sie doch gelesen würden, dann nur von Leuten, die jeden Satz umdrehten, um nach Missdeutungen zu suchen.[29] Ob Bodo Hombach hier das nicht anwesende deutsche Publikum im Sinn hatte?

Präsentation in London: «Der Weg nach vorn für Europas Sozialdemokratie»

Dass sich in Schröders Kanzlerschaft auch ein Stück Zeitgeist ausdrückte, weil er auf der Welle des «Dritten Weges» oder der «Neuen Mitte» ritt, ist nicht zu bestreiten, und dass der Kanzler sich in den erlauchten Club eines progressiven Regierens hineindrängte, wird man ihm nicht vorhalten können, denn dies lag im Trend der Zeit. Wie der Amerikaner und der Brite davor schon, so hatte der Deutsche lange auf einen Regierungswechsel in seinem Land warten müssen. Ähnlich wie bei den Wahlerfolgen von Clinton und Blair setzte das «Time Magazine» nach dem Wahlsieg Schröders sein Bild auf das Titelblatt mit der Zeile «The New Face of Germany. Voters choose Gerhard Schröder and the road to a ‹New Middle›».[30] Für die angelsächsische Öffentlichkeit bestand keinerlei Zweifel: Mit Schröders Wahlerfolg wurde die bisherige Lücke in der «Dritte Weg»-Bewegung geschlossen, nun gehörte auch das stärkste Land Europas zu diesem Bündnis.[31] Und so trat man auch auf: Am Sonntag, den 25. April 1999, zum Beispiel versammelten sich in Washington auf Einladung der amerikanischen Demokraten die internationalen Vertreter des «Third Way» und diskutierten öffentlich über «Progressive Governance for the 21st Century»: Tony Blair aus England, Wim Kok aus den Niederlanden und erstmals auch Gerhard Schröder aus Deutschland; Clinton schickte die First Lady, Hillary Rodham Clinton.[32] Im Telefax aus dem Kanzleramt, das den Kanzler am 23. April in Washington erreichte und ihm als Leitfaden dienen sollte, war eine Kurzzusammenfassung des «Manifests der deutsch-britischen Arbeitsgruppe (BM Hombach/Lord Falconer)» zu lesen, die bereits das meiste umfasste, was sechs Wochen später als «Schröder-Blair-Papier» bekannt werden sollte. Es handelte sich um eine letzte Version, der Downing Street No. 10 am 16. April zugestimmt hatte. Was seit Monaten im Hintergrund erarbeitet worden war, wurde nun plötzlich auf die Regierungschefs übertragen. Das Ziel sei, so stand es in dem gefaxten Papier, ein «gemeinsames Konzept für moderne sozialdemokratische Regierungspolitik», mit dem die «Hegemonie in den internationalen Diskussionen» gewonnen werden könne. «Neue Mitte» und «Dritter Weg» seien die Markenzeichen dieser neuen, unideologischen Politik, aber jeder solle den Begriff wählen, der zur jeweiligen politischen Kultur des Landes passe. Dann wurden die Grundbestandteile des «Manifests» aufgeführt, darunter, dass man aus den Fehleinschätzungen der letzten zwanzig Jahre lernen müsse, als da wären: «Soziale Gerechtigkeit wurde mit Gleichheit im Ergebnis verwechselt», die Schaffung einer sozialdemokratischen Gesellschaft «wurde mit der Ausweitung von Verwaltung und Bürokratie gleichgesetzt», und «Rechte wurden höher bewertet als Pflichten». Anschließend wurde die «wirtschaftspolitische Agenda: Angebotspolitik von links» umrissen. Sie umfasste die Stichpunkte: Steuerentlastung, Flexibilisierung, Deregulierung, lebenslanges Lernen,

Konzentration auf den Mittelstand, Konsolidierung der Staatsfinanzen. Der Wohlfahrtsstaat müsse «vom Sicherheitsnetz aus Ansprüchen zum Sprungbrett in die Eigenverantwortung entwickelt werden». Den Schluss bildete das politische «Benchmarking in Europa»: «Internationalismus heißt heute: Lernen von den besten Lösungen. Wir wollen kein einheitliches europäisches Modell, aber ein gemeinsames Konzept für Reformen.» Ganz in diesem Sinne argumentierte der Kanzler auf dem Treffen der «Dritte Weg»-Politiker.[33]

Neben solchen konkreten Inhalten war der «Dritte Weg» als transnationales Projekt nicht zuletzt auch eine kulturelle, eine Lifestyle-Bewegung: Die jugendlich wirkenden, smarten und aus eigener Kraft aufgestiegenen Politiker verkörperten den Gestaltungswillen einer ganzen Generation. Sie gaben sich offen und kosmopolitisch, was bei vielen Menschen, die in der Globalisierung und Technisierung der Welt eine Chance erblickten, gut ankam. Clinton berichtet in seinen Memoiren von einem Gleichklang über den Atlantik hinweg, den er bei einem Besuch in England verspürte: «Hillary und ich gingen mit Tony und Cherie Blair in einem Viertel mit restaurierten Lagerhäusern die Themse entlang. Wir hatten vom ersten Augenblick an das Gefühl, unter alten Freunden zu sein. Die britische Presse war fasziniert von der Ähnlichkeit unserer Denkweise und unserer Politik, und die Fragen, die die Journalisten stellten, wirkten sich auch auf unseren Pressetross aus. Es schien den amerikanischen Journalisten zum ersten Mal klar zu werden, dass die Vorstellungen der New Democrats keine bloße Rhetorik waren.»[34] Aufbruch, Modernität, Erneuerung – für die internationale Generation der Achtundsechziger erschienen die neunziger Jahre nach langer konservativer Hegemonie wie die Ankunft am Sehnsuchtsort. Zudem eilten die internationalen Aktienmärkte von einem Höhenflug zum nächsten, und es herrschte ein Zukunftsoptimismus vor, der am Ende eines alten und am Anbruch eines neuen Jahrhunderts nicht ungewöhnlich war.

Die Veröffentlichung des Schröder-Blair-Papiers im Juni 1999 war somit alles andere als ein Zufall, sondern lag ganz auf der Linie dessen, was Kanzler Schröder wollte. Allerdings lief die Präsentation ziemlich schief – sie fiel zu kurz aus, war insgesamt nicht gut genug vorbereitet, hatte einen ungünstigen Termin (kurz nach dem Rücktritt Oskar Lafontaines) und einen falschen Ort (London) – das sieht auch der Initiator, Bodo Hombach, heute so.[35] Alles geschah ohne jegliches Gespür für den richtigen Rhythmus oder für guten Stil. Doch Schröder gefiel der Gedanke, kurz vor der Europawahl Tony Blair in London zu treffen, sich vielleicht in seinem Charisma zu sonnen. Der Termin des Treffens mit New Labour, der 8. Juni, wurde vom Kanzleramt vorgegeben, und die Briten stimmten zu.[36] Dass der Kanzler das Papier erst während des Fluges über den Ärmelkanal gelesen habe, wird oft kolportiert, manche bezweifeln selbst dies und meinen, er habe es niemals gelesen.[37] Freilich sollte solchen nachträglich geäußerten Abwertungen des Papiers kein Glauben geschenkt werden. Schröder selbst hatte an Rohfassungen handschriftlich Änderungen vorgenommen;[38] er wusste also, was er tat und wie er es tat.

Im engsten Kreis des Kanzleramts liefen seit Anfang Juni die Vorbereitungen auf Hochtouren. Jeweils aktuelle Fassungen wurden hin und her gereicht, mit handschriftlichen Notizen versehen, und zwischen Bonn und London herrschte ein reger Faxverkehr.[39] Für die Briten, die das Ganze «Blair-Schröder-Erklärung» nannten, war wichtig, dass der britische Premierminister die politische Führung übernahm, und in London sollte ein permanenter «Mitte-links-Stab» unter Einbindung hochrangiger politischer Berater aus verschiedenen Ländern ins Leben gerufen werden. Da die Erklärung vor den Wahlen zum Europäischen Parlament veröffentlicht werden sollte, rechnete Downing Street damit, dass britische Europaskeptiker das Papier genüsslich als wachsende Europabegeisterung des britischen Premiers kritisieren würden, weshalb das Argument im Vordergrund stand, dass ein solches europäisches Rahmenprogramm gerade deshalb nötig sei, um dem Zentralismus entgegenzuwirken.[40] In Deutschland machte sich neben der Hombachschen Arbeitsgruppe auch Kanzlerberater Reinhard Hesse daran, Anregungen für ein fünfzehnminütiges Statement des Kanzlers in London zu liefern. Der Kanzler, so schrieb Hesse Anfang Juni an Thomas Steg, den stellvertretenden Leiter des Kanzleramts, könne anlässlich der Präsentation des «New SPD Labour-Manifests»[41] die drei großen Herausforderungen betonen, vor welche die Sozialdemokratie heute in Europa gestellt sei: Zum einen müsse der Begriff der «Solidarität» aktualisiert werden. Man dürfe sich nicht aus der Sinndebatte heraushalten, sondern müsse den Menschen, an deren Solidarität man appelliere, die Gewissheit geben, dass diese auch für sie rentabel sei. Zum zweiten sei die Sozialdemokratie von Haus aus eine Innovationsbewegung, und es seien die großen konservativen Kräfte wie Verwaltung und Wirtschaftsmächte, die Innovationen verhinderten. Der Sozialstaat sei attraktiv und wettbewerbsfähig, aber er müsse aus der begrifflichen Umklammerung der «Bismarckianer» einerseits und der «Neoliberalen» andererseits befreit werden. Hesse strich heraus: «Wichtig: Es geht nicht darum, ein an sich ‹gutes› System zu reformieren, weil es – leider – unter Kostendruck geraten ist. Sondern: Das System selber ist auf Abwege geraten, hat den Gedanken der Selbstbestimmung aus den Augen verloren, versucht stattdessen, Zwang gegen Wettbewerb zu setzen. Das kann nicht funktionieren.» Zum dritten zeuge das Papier von einem neuen Internationalismus. Hesse variierte hier verschiedene Debattenbeiträge von Jürgen Habermas: Aktuell sei vielleicht noch nicht die von diesem eingeforderte Weltbürgergesellschaft, wohl aber eine europäische Menschenrechtsgemeinschaft.[42] Auch SPD-Bundesgeschäftsführer Ottmar Schreiner – einst enger Vertrauter von Oskar Lafontaine und Vertreter der «Traditionalisten» in der SPD – beteiligte sich an der internen Diskussion, kritisierte zwar verschiedene Fassungen des Papiers als zu lang, unverständlich, widersprüchlich oder gar sachlich falsch, stellte sich jedoch nicht quer. «Die europäische Sozialdemokratie», so schrieb er wenige Tage vor der Veröffentlichung, «hat in den meisten Ländern der EU Regierungsverantwortung. Soll dies keine Episode bleiben, so muss sie national wie europäisch über gemeinsame Orientierungen diskutieren. Das vorliegende Papier ist ein Diskussionsanstoß. Darum enthält es manche Überspitzungen.»[43]

Bundeskanzler Gerhard Schröders Aufenthalt bei Tony Blair am 8. Juni 1999 dauerte nur wenige Stunden. Um 16 Uhr flog der Kanzler nach einer Sondersitzung des Bundestags zum Kosovokonflikt sowie einem anschließenden Mittagessen mit dem mazedonischen Präsidenten Gligorov und zwei kurzen Unterredungen vom Flughafen Köln/Bonn aus mit wenigen Begleitern, darunter Klaus Gretschmann, der verantwortlich für die Endfassung war, nach London. Bereits gegen 20 Uhr landete er wieder in Köln, um eine Stunde später mit dem Vorsitzenden der IG-Metall, Klaus Zwickel, zu Abend zu essen. Dazwischen lag die nur etwa 30 Minuten dauernde Pressekonferenz zusammen mit Tony

Blair zum gemeinsamen Papier «Der Weg nach vorn für Europas Sozialdemokraten» im Media Center des Millbank Tower.[44]

Thomas Steg, der in London nicht dabei war, hielt das Ganze im Nachhinein für einen «Kommunikationsunfall». Die Art der Veröffentlichung des Schröder-Blair-Papiers ohne länger dauernde diskursive Vor- und Nachbereitung musste nach Form und Inhalt von weiten Teilen der SPD als «Provokation» aufgefasst werden oder zumindest als ein Bruch mit den bislang geltenden programmatischen Grundlinien.[45] Dass das «Manifest» so kurz nach Oskar Lafontaines Rücktritt veröffentlicht wurde, bestätigte viele in dem Glauben, der beliebteste Parteivorsitzende seit Willy Brandt sei regelrecht aus der Regierung herausgemobbt worden. Anstatt die Sozialdemokratie in dieser schwierigen Lage zu beruhigen, wollte Hombach offenbar die Gunst der Stunde nutzen und «durchmaschieren». Wer unter diesen Umständen eine ungeteilte freundliche Aufnahme des Schröder-Blair-Papiers bei den Sozialdemokraten in Deutschland erwartete, durfte als weltfremd gelten.

Doch zurück nach London in den Millbank Tower. Nach der kurzen Erklärung von Blair hob der Kanzler zu seinem Grußwort an. Der erste Satz verunglückte bereits: «Ich bin gern gekommen, selbst auf die Gefahr hin, dass die britische Presse mich morgen auf den Knien von Tony sitzend abbildet; könnte ja immerhin sein, dass das passiert.» – Was für eine Einladung! Dann fuhr Schröder fort: «Aber wir sitzen weder einander auf den Knien, noch knien wir voreinander, sondern was wir vorhaben, ist, voneinander zu lernen, zu sehen, was gut ist in dem einen und in dem anderen Land und was brauchbar ist für den jeweils anderen. Benchmarking, das ist es, was wir wollen (...). Diese Art von Wettbewerb, auch um die besten Ideen auch unter den sozialdemokratischen Parteien in Europa zu organisieren und sich daran zu beteiligen, das ist die Aufgabe des gemeinsamen Papiers, das wir vorgelegt haben.» Schröder fügte hinzu, er habe sich deshalb auf die Begegnung gefreut, weil Blair «durch seine visionäre Kraft und seine Führungsfähigkeit einfach ein neues Großbritannien in Europa vorgeführt (habe), eines, dem man mit gewachsenem Respekt beggnet, und ich sage das für mich persönlich, ohne jede Einschränkung, und ich sage es gerne».[46] Es war vollkommen klar – um ein im anderen Zusammenhang geflügeltes Kanzlerwort zu zitieren –, wer hier der Koch und wer nur der Kellner war.

Von der Substanz her gesehen war für den britischen Premierminister das «Manifest» nahezu unbedeutend. Was die Deutschen zu ihrem Rentensystem sagten, interessierte ihn nicht im Geringsten. Blair hatte einen ganz anderen, einen strategischen Impuls – er wollte Schröder und Deutschland von Paris abziehen, wollte in die Speichen des deutsch-französischen Tandems greifen. Das war seine Vorstellung. Die Briten hofften, dass sich Deutschland vom französischen Etatismus absetzte und sich dem englischen Modell annäherte. Gerhard Schröder, der damit liebäugelte, musste erst noch lernen, dass dies nicht ging. Die Achse Bonn(Berlin)/Paris war das zentrale Element deutscher Außen- und Europapolitik, und sie musste es bleiben.

Die Kernfrage des Schröder-Blair-Papiers lautete, wie man das Sozialstaatsprinzip unter völlig veränderten weltwirtschaftlichen und gesellschaftlichen Bedingungen bewahren konnte und wie die Sozialdemokraten, die in fast allen Ländern der EU regierten, auf der Basis ihrer alten Werte ihre Zukunftsentwürfe erneuern und modernisieren könnten. Das Papier beschrieb den Umbau des traditionellen Sozialstaates in einen aktivierenden Sozialstaat und eine neue Aufgabenverteilung zwischen Staat und Bürger. Wirtschaftliches Wachstum sei durch flexiblere Rahmenbedingungen auf allen Ebenen der Ökonomie und des Sozialstaates zu befördern, wobei viel Wert auf eine «wissensorientierte Dienstleistungsgesellschaft» gelegt wurde. Man benötige neue Erwerbsbiographien, «ein einziger Arbeitsplatz fürs ganze Leben ist Vergangenheit». Eine aktivierende Arbeitsmarktpolitik ziele in diesem Zusammenhang darauf, die Abstände zwischen zwei Erwerbstätigkeiten möglichst gering zu halten – durch Fort- und Weiterbildung. Auch über die Art und Weise, wie diese Ziele umgesetzt und realisiert werden könnten, gibt das Papier Auskunft: in einem Dialog mit der Gesellschaft, etwa mithilfe von Netzwerken von Fachleuten, Vordenkern und Gesprächsrunden. Das «Bündnis für Arbeit» in Deutschland, dessen unrühmliches Ende noch bevorstand, fand ausdrückliche Erwähnung. Eine «wirkliche Partnerschaft» zwischen Staat und Bürgern sollte entstehen – die wenige Monate später im Dezember eingerichtete Enquete-Kommission des Deutschen Bundestages «Zukunft des bürgerlichen Engagements» war eine direkte Folge. Zum Schluss platzierten Schröder und Blair einen ans Pathetische grenzenden Aufruf: «Lasst uns zusammen am Erfolg der Sozialdemokratie für das neue Jahrhundert bauen. Lasst die Politik des Dritten Weges und der Neuen Mitte Europas neue Hoffnung sein.»[47]

Internationales und deutsches Echo

Hatten die beiden Staatsmänner damit Erfolg? «Das Papier hat europaweit Reaktionen ausgelöst, die entsprechend der unterschiedlichen Entwicklung der europäischen Sozialdemokraten unterschiedlich ausgefallen sind», vermerkt das Protokoll der Abteilung Internationale Politik beim SPD-Parteivorstand vom 14. Juni 1999 und konnte nur mit Mühe verbergen, dass das Ergebnis eigentlich ein vollständiges Desaster darstellte.[48] Der Reformer Tony Blair wurde von vielen Sozialdemokraten in Europa, besonders von den skandinavischen, mit «äußerster Skepsis» bedacht, und dass sich Schröder an ihn anschmiegte, stieß auf Verwunderung und Ablehnung. Noch schlimmer: Der Zeitpunkt der Veröffentlichung des Papiers wurde «als ein Akt der Desolidarisierung kurz vor der Europawahl gewertet». Da die europäischen Schwesterparteien nicht in die Ausarbeitung des Papiers einbezogen worden waren, könnte dies zu einem «Legitimationsverlust beim eigenen Wahlvolk» führen. Durch die deutsch-britische Initiative für eine Wende in der Wirtschafts- und Sozialpolitik waren vor allem die französische Sozialistische Partei und deren Regierungschef «in die Defensive gebracht worden und die führende politische Kraft unter Legitimationsdruck für den französischen Sonderweg geraten». Auch Spaniens Sozialisten, die auf klassische sozialdemokratische Rezepte vertrauten, hatten die größten Probleme mit dem Parforceritt. Nur bei den Niederländern sah es anders aus, da die Wende, den Sozialstaat zu entschlacken, unter Wim Kok bereits vollzogen worden war. Warum preschten Schröder und Blair ohne Rücksicht auf die anderen nach vorne, fragten sich alle. Tatsächlich war durch den einseitigen Vorstoß der auf dem Mailänder Kongress der europäischen Sozialdemokraten gemeinsam gestartete Wahlkampf, das gemeinsame Wahlmanifest und der noch in Köln unterzeichnete gemeinsame Wahlaufruf zur Europawahl, ad absurdum geführt worden, denn was Schröder und Blair taten, lief darauf hinaus, eine gemeinsame Zusammenarbeit aller als nicht zukunftsweisend zu diskreditieren.

In der internationalen Presse stieß das Papier insbesondere in französischen und britischen Zeitungen auf starkes Interesse. Die Aspekte, unter denen es betrachtet wurde, waren völlig heterogen, allerdings stimmten die politischen Beobachter in der Einschätzung der Stoßrichtung überein. Die französische Presse sah vor allem, dass es den sozialistischen französischen Ministerpräsidenten Lionel Jospin beschädigte – die inhaltliche Wertung spielte eine weit untergeordnete Rolle. Das Papier ziele darauf, so «Les Échos», dem deutsch-britischen Paar mit Blick auf einen «Dritten Weg» zwischen Sozialismus und Liberalismus einen neuen Schwung zu verleihen, womit zugleich eine unübersehbare Distanzierung von der politischen Haltung Jospins verbunden sei.[49] Die linksliberale «Libération» hielt das Papier für ein «sonderbares Baby», das aus der Paarung von Blairs «Drittem Weg» und Schröders «Neuer Mitte» aus der Taufe gehoben wurde. Es werde in Zukunft wohl kaum zu den großen Texten der europäischen Linken zählen, sondern zeuge eher von einer orientierungslosen deutschen Sozialdemokratie. Insgesamt herrschte zwar die Meinung vor, dass die Initiative ein Schlag ins Gesicht Jospins gewesen sei – im Grunde jedoch wurde das Papier als banale innenpolitische Aktion der beiden Länder betrachtet. Der Beweis: «Wenn sie etwas von Gewicht auf die Beine hätten stellen wollen, hätten sie es nicht nach dem EU-Gipfel, sondern vorher getan.»[50]

Ganz anders urteilten die britischen Zeitungen: Sie hoben die Initiative Tony Blairs und Gerhard Schröders geradezu als Zukunftsentwurf einer künftigen sozialdemokratischen Politik hervor, wobei Tony Blair der eigentliche Profiteur sei. Denn er stellte sich in die liberale Tradition britischer Wirtschaftspolitik, während Schröder auf eine solche «Reformvergangenheit» gar nicht bauen konnte, weshalb die Akzeptanz in Deutschland viel geringer sei als in Großbritannien. Der im Papier enthaltene Appell verlieh nach Meinung der «Times» dem Versuch, die linke Mitte neu zu erfinden, eine «neue Substanz».[51] Die «Financial Times» lobte nicht allein die «Klarheit der Visionen», sondern ebenso, wie alte sozialistische «sinnlose Ideen» abgelehnt würden.[52] Die Initiative Blairs und Schröders, so «The Independent», sei ein Zeichen dafür, dass der «Dritte Weg eine Idee darstellt, deren Zeit gekommen ist». Dass das Dokument denjenigen nicht gefalle, die die Europäische Union als einen alternativen Weg zum Erreichen sozialistischer Ziele ansähen, sei nicht verwunderlich; als Richtlinie für eine linke Mitte wirke es allerdings ermutigend. Und weiter: «Die Verfasser nehmen kein Blatt vor den Mund, wenn sie auf die Dummheit eingehen, hohe öffentliche Ausgaben als ein Mittel zur Verbesserung der Lebensqualität zu betrachten. Mit der These, dass Förderung sozialer Gerechtigkeit gleichzeitig bedeutet, dass alle über die gleichen Mittel verfügen sollen, ist Schluss. Die Ursachen eines großen Teils der Arbeitslosigkeit in Europa werden offen als strukturelle, nicht als zyklische anerkannt. Mutige Schritte.» Allerdings wurde betont, dass die Wendung vom «Weg nach vorne» für beide Regierungschefs Unterschiedliches bedeutete: Für Blair symbolisierte sie das, was er bereits relativ erfolgreich tat, für Schröder hingegen jenes, was er noch tun musste.[53]

Der Inhalt des Schröder-Blair-Papiers war in Großbritannien tatsächlich zum großen Teil längst erzwungene Realität, für deutsche Verhältnisse dagegen eher Wunschdenken. Größere Handlungsfreiheit für Firmen, niedrige Unternehmenssteuern, Flexibilität auf den Arbeits- und Gütermärkten, all dies gehörte auf der Insel bereits zum Alltag. «Der lächelnde Labour-Leader», so der «Spiegel», «hat den kalten Thatcherismus nur mit einem Feelgood-Faktor aufgemotzt.»[54] War Schröder nun seinerseits dabei, das klassische sozialdemokratische Vokabular durch «Wortwolken aus England» zu ersetzen?

Dass das Echo auf das Schröder-Blair-Papier in Deutschland gemischt ausfiel, durfte angesichts der Umfragen und schlechten Presse, der sich Rot-Grün zu dieser Zeit gegenübersah, bereits als gewisser Erfolg verbucht werden. Wenig verwunderlich war die vollkommen ablehnende Haltung der «Frankfurter Allgemeinen Zeitung», die sich seit Wochen auf die Regierung eingeschossen hatte und in dem «Manifest» nur einen Versuch der Nachbesserung einer inhaltsleeren Politik, fast eine Art Täuschung und Betrug, sehen konnte.[55] Die meisten Zeitungen bemängelten jedoch nicht allein die vagen Formulierungen des Papiers, sondern reagierten geradezu entrüstet, dass «das Ding in London vorgelegt wurde», so die «Süddeutsche Zeitung». Die politischen Beobachter vermuteten, dass Tony Blairs Ideengeber nur mehr demonstrieren wollten: Blair-Giddens gilt jetzt auch in Deutschland. Wenn Schröder wirklich einen Schritt zur Erneuerung der deutschen Politik im Sinn gehabt hätte, «dann hätte es in Bonn oder Berlin eine Veranstaltung mit großem Buhei gegeben».⁵⁶ Mag sein, dass sich Schröder dies nicht getraut hatte, doch Ort und Termin waren, wie gesehen, von den Deutschen an die Briten herangetragen worden. Insgesamt schwankte die öffentliche Wahrnehmung – die einen erkannten eine Chance, die soziale Marktwirtschaft zu erneuern, was allerdings nur gelingen konnte, wenn die wabernden Begriffe wie «Angebotspolitik von links» mit Substanz gefüllt wurden; andere wiederum stimmten in die Kritik ein, die auch Giddens gegenüber vorgebracht worden war: Der gesamte Ansatz basiere auf dem Mantra des Neoliberalismus und bescheide sich damit, die globalisierte Welt samt der reduzierten Rolle des Staates einfach zur Kenntnis zu nehmen.⁵⁷

Kritik: Wird die SPD «rosa»?

War das Papier ein «Verrat» an den sozialdemokratischen, an den «roten» Prinzipien? Dass unter Sozialdemokraten vehementer Widerstand gegen diesen vermuteten Beginn einer «rosa Periode», wie Heribert Prantl es nannte,⁵⁸ aufgebrandet wäre, kann man nicht behaupten. Schröder und Blair, so die weit verbreitete Meinung, hätten vielmehr einen willkommenen «Startschuss» in Europa für eine Debatte über modernes Regieren und den Modernisierungsprozess gegeben.⁵⁹ Man darf sich von jenen, die in den kommenden Wochen mit Beiträgen in der Öffentlichkeit stehen sollten, nicht blenden lassen, denn nach der Sommerpause war die Aufregung bereits verraucht. Bodo Hombach musste wegen einer Finanzaffäre – die vielen gerade recht kam, deren Anschuldigungen sich jedoch als haltlos erwiesen – seinen Hut nehmen. Er trat am 1. Juli 1999 zurück und ging zur Europäischen Union nach Brüssel, wo er Sonderbeauftragter für den vom Krieg verwüsteten Balkan wurde. Frank-Walter Steinmeier avancierte zu seinem Nachfolger im Kanzleramt und führte die Inhalte des Schröder-Blair-Papiers durchaus fort, nur geschickter als Hombach, nicht derart ungestüm, denn er war jemand, der den richtigen Zeitpunkt abwarten konnte. Steinmeier brachte Ordnung und Ruhe ins Kanzleramt, das sich wieder auf das politische Steuern mit langem Atem und weniger auf den schnellen öffentlichen Effekt konzentrierte. Er zog nicht alles an sich, sondern fand zu engen Absprachen mit den Ministerien zurück, koordinierte die Kabinettssitzungen und entschärfte dabei so manchen Konflikt im Vorfeld. Steinmeier, der bereits zwischen 1996 und 1998 Leiter der niedersächsischen Staatskanzlei gewesen war, galt mit seiner Verwaltungserfahrung geradezu als Idealbesetzung, ihn zeichneten geräuschlose Effizienz, Diskretion und Verlässlichkeit aus, zwischen ihm und dem Kanzler herrschte absolutes Vertrauen. So profilierte er sich als «stiller Star» der Regierung,[60] über den nicht einmal die Opposition Negatives zu vermelden wusste. Steinmeier wirkte als Organisator, den man nicht öffentlich sehen musste, während es Hombach stets in die Öffentlichkeit gedrängt hatte. Das «Sultanische» von Hombach fehlte Steinmeier vollkommen, dafür verstand er etwas vom Apparat des Kanzleramts und war «immer top vorbereitet».[61]

Keiner war auf Schröders und Hombachs Parforceritt wütender als der saarländische Ministerpräsident Reinhard Klimmt, ein Freund Oskar Lafontaines. Er sah sich genötigt, ein «Gegen-Manifest» zu formulieren, weil er den Verdacht hatte, dass bei der SPD «die Gerechtigkeit ausgemustert» werde.[62] Dies war noch ganz ein Reflex auf Lafontaines Abgang. Erhard Eppler, der bereits an vielen Programmen mitgeschrieben hatte, hielt es für einen unerträglichen Zustand, einer großen Volkspartei gleichsam «von oben» eine neue Richtung zu verordnen und warf dem Papier vor, es würde in grotesker Art und Weise mit der Vergangenheit der SPD umgehen.[63] Bei den harten Formulierungen, die der Sozialexperte Rudolf Dreßler fand, musste man sich fragen, ob nicht diese der regierenden Partei am meisten Schaden zufügten. In der «Frankfurter Rundschau» schrieb Dreßler: «Angesichts der Fülle abgegriffener Klischees und bangloser Floskeln, auf die dieses Papier zurückgreift, gehört es weniger in den Bereich der Politik. Politische Beachtung verdient es dadurch, dass der Bundeskanzler und Parteivorsitzende der SPD es gegengezeichnet hat (...). Der Weg in die Unverbindlichkeit ist offenkundiges Mittel einer Strategie, klare Richtunggebung möglichst zu vermeiden.»[64] Eines verband alle drei Einwürfe: Sie hielten das Papier für eine unangemessene Selbstbezichtigung, denn mangelnde Wettbewerbsfähigkeit, wuchernde Bürokratie und das «Deficit Spending» würden «mir nichts, dir nichts allein der bisherigen sozialdemokratischen Politik in die Schuhe geschoben», so Klimmt.[65] Tatsächlich sprach die Realität eine andere Sprache, denn nach einem steilen

Anstieg in den 1960er Jahren war die Kurve der Steuerbelastung in den Zeiten der sozialliberalen Koalition unter den Kanzlern Brandt und Schmidt nahezu konstant geblieben, um dann in den darauffolgenden 16 Jahren der Ära Kohl wieder anzusteigen; auch hatte die reformorientierte Regierung Brandt so gut wie keine neuen Schulden gemacht, hingegen Steuereinnahmen bei der Bundesbank stillgelegt, um die überschäumende Konjunktur zu dämpfen; und was den hohen Standard des deutschen Sozialstaates anbelangte, so war er nach 1949 weitgehend im Konsens aller verantwortlichen politischen und gesellschaftlichen Kräfte erreicht worden. Warum also jetzt der Eindruck erweckt wurde, dass allein die SPD an der Misere hoher Steuern und ausufernder Sozialleistungen schuld sei, war schlicht unverständlich. Das änderte freilich nichts daran, dass das Schröder-Blair-Papier die Dimensionen des zu bewältigenden Wandels schonungslos beschrieb und manch bitterer Einwand sich an diesen Tatsachen, weniger an den Inhalten rieb.

Aber dies war, wie gesagt, die Spitze, nicht die Breite der Debatte. Außerdem gab es aus den Reihen der jungen SPD-Bundestagsabgeordneten – «Die Youngsters», wie sie sich selbst nannten, darunter Carsten Schneider und Hubertus Heil – nahezu enthusiastische Zustimmung, die in einem Manifest «Aufbruch nach Berlin» Ausdruck fand.[66] Oft wurde kritisiert, dass das Schröder-Blair-Papier nicht in der Partei diskutiert worden sei, und manche hielten dies für instinktlos, doch zeichnete sich hier bereits ab, was zum Stil Schröders gehörte: der Alleingang in Situationen, die von ihm als entscheidend eingeschätzt wurden; im Vergleich zur noch bevorstehenden Agenda 2010 war jenes Solo von 1999 jedoch nur eine kleine «Tänzelei».

Einige Politikwissenschaftler warteten mit großen Einordnungen auf, beschrieben das Papier als Einschnitt, tiefen Bruch, gar als historische Zäsur. Jürgen Falter glaubte, dass Schröder der SPD seinen Stempel aufzudrücken suche. «Es handelt sich um eine Art neues ‹Godesberg›.»[67] Der an der FU Berlin lehrende Bodo Zeuner hob ebenfalls auf das legendäre Godesberger Programm ab und sah wie vor 40 Jahren einen «Qualitätssprung». Damals habe sich die SPD als linke Volkspartei in der reformistischen Tradition der Arbeiterbewegung geöffnet und fortentwickelt. Heute wolle sie diese lästig gewordene politische Tradition entsorgen, stellte er entrüstet fest. «Der Qualitätssprung von 1999 besteht (...) in der

Abwendung der SPD von der Tradition der Arbeiterbewegung überhaupt.»[68] Der gedankliche Urheber der gesamten Debatte, Anthony Giddens, konnte sich über den Wirbel in Deutschland nur wundern. In einem Interview mit dem «Rheinischen Merkur» hielt er daran fest, dass sich die Politik auf den Wandel einstellen müsse. «In der spätmodernen Gesellschaft haben weniger als zwanzig Prozent der Bevölkerung einen Arbeiterstatus, es gibt eine sehr differenzierte Mittelschicht, die bereits entscheidend durch die technologische Entwicklung geprägt ist und sich von der politischen Einstellung der älteren Generation oder der Arbeiterklasse distanziert. Blair ebenso wie Clinton haben sich auf diese Veränderungen eingestellt. Gerhard Schröder muss es noch lernen.»[69] Peter Mandelson, der Mitautor des Schröder-Blair Papiers, sekundierte. Schröder dürfe jetzt nicht die Nerven verlieren; die Briten hätten mehr als zehn Jahre dafür gebraucht, dorthin zu kommen, wo sie heute seien; die SPD könne diesen Prozess nicht in zehn Wochen oder in zehn Monaten bewältigen.[70]

Auf der SPD-Präsidiumssitzung am 14. Juni 1999 riet Schröder seinen Genossen, sich nicht an den Überschriften und Kommentaren der Presse zu orientieren, sondern das Papier zu lesen. Er war überzeugt: Nur wenn die Inhalte beherzigt würden, bleibe die Regierungszeit von Rot-Grün keine Episode, sondern werde zur Epoche.[71] Selbst Ottmar Schreiner gestand zu, dass die Debatte wichtig sei, man müsse sie jedoch «in einen ordentlichen Rahmen setzen».[72] Kurt Beck, Ministerpräsident in Rheinland-Pfalz, bescheinigte dem Papier, eine «außerordentlich gute Grundlage» zu sein, sein Kollege Wolfgang Clement aus Nordrhein-Westfalen pflichtete dem bei, und Verteidigungsminister Scharping gab zu Protokoll: Die Erfolge von Clinton und Blair seien auch darauf zurückzuführen gewesen, dass es ihnen gelungen sei, «den Konservativen die Themen wegzunehmen».[73] Der Fraktionsvorsitzende Peter Struck sagte, die Vorlage eines solchen Papiers sei «genau das, was vom Parteivorsitzenden erwartet werde». Renate Schmidt, Ulrich Maurer und Wolfgang Thierse waren skeptischer und hielten das Papier für zu allgemein formuliert, fürchteten, dass die Partei sich bald selbst bekämpfe und kritisierten den Zeitpunkt der Veröffentlichung. Heidemarie Wieczorek-Zeul, Ministerin für Entwicklungspolitik und dem linken Flügel zugehörig, erkannte «symbolische Signale für eine andere Politik»

Kritik: Wird die SPD «rosa»? 161

Das Vorbild: Gerhard Schröder applaudiert Tony Blair auf dem Bundesparteitag der SPD in Nürnberg, 20. November 2001.

und sah keine Veranlassung «das Zusammenspiel von Innovation und Gerechtigkeit zu ändern».[74] Am schärfsten, fast ätzend, war wiederum die Kritik von Rudolf Dreßler. Er habe aus dem Schröder-Blair-Papier entnommen, dass er «Mitglied einer unmodernen Partei» sei und dies jetzt geändert werden müsse; er widerspreche energisch. Zum Schluss der Debatte ergriff der Kanzler und Parteivorsitzende, Gerhard Schröder, sichtlich angekratzt, noch einmal das Wort: Die Diskussion zeige ihm, dass seine eigene Furcht berechtigt sei – die SPD werde zur Nachhut in Europa.[75]

In der SPD-Fraktion liefen die Beiträge in eine ähnliche Richtung, Einverständnis oder zumindest Billigung auf der einen Seite und Skepsis bis hin zur brüsken Zurückweisung des «Manifests» hielten sich die Waage. Die einen meinten, die Herausforderungen von morgen könnten nicht mit den Rezepten von gestern gemeistert werden, die anderen bangten um die Seele der Sozialdemokratie, die zugunsten billiger Floskeln aufs Spiel gesetzt werde. Wiederum hatte sich der anwesende Kanzler etlicher Vorwürfe zu erwehren.[76]

Bei nicht wenigen Politikern des grünen Koalitionspartners stieß das Schröder-Blair-Papier im Übrigen auf Zustimmung, vor allem bei den realpolitischen Wirtschaftsfachleuten wie Oswald Metzger und Margareta Wolf, die hierin eine «gute Grundlage» erkannten, um über Modernisierungsstrategien nachzudenken.[77]

Der Blick, so kann an dieser Stelle resümiert werden, war zu Beginn der Regierungszeit Schröders nach England und Amerika gerichtet, und der Kanzler wollte sich gern in eine Linie mit erfolgreichen und beliebten Politikern wie Bill Clinton oder mehr noch Tony Blair einreihen, musste aber bald erkennen, dass die Ausgangslage in Deutschland weder mit dem einen noch mit dem anderen Land vergleichbar war, denn hier stand der Umbau des Steuer-, Subventions- und Sozialsystems noch bevor. Überdies waren die Wirtschafts- und Sozialsysteme vollkommen unterschiedlich. Rasch setzte Ernüchterung ein.[78] Außerdem sollte es in den USA im Jahr 2000 zu einem Regierungswechsel hin zu den Republikanern kommen; vor allem jedoch schoben sich seit 2001 sicherheitspolitische Fragen in den Vordergrund, was, besonders mit Blick auf den Irak, zu einer Entfremdung zwischen Blair und Schröder führte. Dennoch wurde der Versuch, eine transnationale «Dritte Weg»-Bewegung aufrechtzuerhalten, nicht gänzlich abgeblasen. Im November 1999 trafen sich Clinton, Blair und Schröder erneut, und ein weiteres «Third Way meeting» wurde im Juni 2000 in Berlin im Schloss Charlottenburg, dieses Mal unter Beteiligung von 13 Regierungschefs, abgehalten.[79]

Die Ideen und Grundkonzepte überwinterten gleichsam und wurden nach der Bundestagswahl 2002 wieder hervorgeholt, freilich unter ungleich ungünstigeren Voraussetzungen, als sie 1999 bestanden, denn es sollte sich dann zeigen: Die Wirtschaft lahmte nicht nur, sondern die Konjunktur war zusammengebrochen, und im Gebälk der Sozialsysteme knirschte es an allen Ecken und Enden – es herrschte blanke Not. Gerhard Schröders rückblickende Einschätzung bringt es auf den Punkt: «Was ich verstanden habe: dass es zu früh war. Wenn man das Papier neben die Agenda 2010 legt, merkt man jedoch: Da steht drin, was nachher die Agenda ausmachte.»[80]

«Konsens und Führung» oder Berliner «Räterepublik»?

Im Schröder-Blair-Papier war auch skizziert worden, wie man sich ein Regieren im Dialog mit den Bürgerinnen und Bürgern vorstellte, um die bestehenden Blockaden aufzulösen. Das Zauberwort im deutschen Fall lautete «Konsens». Frank-Walter Steinmeier, der, an Bodo Hombach anknüpfend, diese Suche nach dem Konsens zu einem Markenzeichen des Kanzlers erhob, beschrieb den Konsens vor dem Hintergrund der Ära Kohl und der politologischen Analysen, die von einer «Politikverflechtungsfalle»[81] sprachen. In den 1990er Jahren waren die Zweifel an der Effizienz und Reformfähigkeit des deutschen politischen Systems erheblich gestiegen. Eine merkwürdige Starre hatte über dem Land gelegen – überall nahm man Reformstau, fatalistische Passivität und Attentismus wahr. Vorgeherrscht habe ein «Unvermögen, das komplizierte deutsche Institutionengefüge mit seinen vielfältigen checks and balances sowie seiner inhärenten Konsensorientierung in Deckung zu bringen».[82] Dies sollte überwunden werden. Aber wie? Wie konnte man eine paradoxe Herausforderung meistern: Dass die Politik auf veränderte Umstände rasch reagieren musste und zugleich langfristig und nachhaltig angelegt sein sollte?

Eine Antwort der rot-grünen Regierung lautete: Konsensrunden. Diese von Rot-Grün initiierten Runden und Foren zielten ganz im Stile der Vordenker eines «Dritten Weges» auf einen «innovativen Konsens» jenseits traditioneller ideologischer Gräben. Dabei waren diese Runden jeweils nur für eine begrenzte Zeit eingesetzt, um nicht parallele Entscheidungsstrukturen zum Parlament zu begründen, sondern um über temporär wirksame Instrumente zu verfügen, die Handlungsspielräume zuerst erschließen, sodann die politische Willensbildung beschleunigen und sie schließlich auf eine breite gesellschaftliche Grundlage stellen sollten. «Der Charakter politischer Führung hat sich verändert», so Steinmeier, «in der modernen, hochkomplexen Gesellschaft verfügen Regierung und Parlament nicht mehr a priori über das notwendige Wissen, geschweige denn einen Wissensvorsprung, um sachadäquate Entscheidungen zu treffen, vielmehr müssen sie die notwendigen Lernprozesse selbst organisieren.»[83] Konsensrunden, so die Erwartung, könnten einen dynamischen Prozess in Gang setzten, in dessen Verlauf traditionelle Blockaden überwunden würden.

Wenn man sich den «Atomkonsens», das «Bündnis für Arbeit», den «Nationalen Ethikrat», die «Zuwanderungskommission» und etliche andere ähnliche Einrichtungen vor Augen hält, so handelte es sich um alles andere als gemütliche Kaminrunden. Vielmehr drückten sich hierin die Überlegungen zu einem «neuen» oder «modernen» Regieren aus. Dabei konnte man leicht den Eindruck gewinnen, dass noch niemals zuvor in der deutschen Geschichte eine solche Fülle an Expertenkommissionen existiert hatte wie unter Rot-Grün, gerade nach dem Umzug nach Berlin, und manche sprachen bereits wohlwollend von der «Berliner Räterepublik» – ein äußerst misslicher Begriff.[84] Andere wiederum beklagten, dass die Regierung schleichend die Rolle des Gesetzgebers übernommen habe und dass der Deutsche Bundestag entmündigt, degradiert und schließlich entmachtet werde. So warnte der Präsident des Bundesverfassungsgerichtes Hans-Jürgen Papier, «die Verlagerung wesentlicher Teile staatlicher Politik in verschiedene Formen einer Kooperation mit gesellschaftlichen und wirtschaftlichen Verbänden» könne sich zu einer Gefahr für das parlamentarische Regierungssystem der Bundesrepublik entwickeln.[85] Diese Kritik hatte Hand und Fuß, denn tatsächlich war es so: An die Stelle des vom Volk gewählten Parlaments setzte die Regierung Schröder viele kleine, nur von ihr gewählte «Nebenparlamente» ein, deren Mitglieder der Kanzler selbst auswählte. So ließ sich sicherlich ein Effizienzgewinn herstellen, dessen Kehrseite indessen ein Demokratieverlust war. Schlimmstenfalls delegitimierte sich das parlamentarische System mit seinen arbeitenden Fraktionen und Ausschüssen somit selbst.

Jenseits tiefschürfender strategischer Überlegungen zur Modernisierung des Regierungshandelns lagen die Dinge zum Teil jedoch auf einer viel profaneren Ebene. Gerhard Schröder fand Expertenkommissionen, Themenkonferenzen und Gesprächsrunden «einfach chic», so konnte er sich mit Geist und (ökonomischer) Macht umgeben.[86] Außerdem glaubte er, die Opposition zähmen oder einbeziehen zu können, wenn er die Leitung bedeutender Kommissionen wie jene zur Bundeswehr oder jene zur Zuwanderung mit prominenten Persönlichkeiten aus ihren Reihen besetzte, hier Richard von Weizsäcker, dort Rita Süssmuth. Der gedankliche Fehler, der dabei unterlief, war, dass solche Unionspolitiker in der CDU/CSU politisch hoch umstritten waren. Aber vielleicht war es gar kein gedanklicher Fehler, sondern machtbewusstes Kalkül: Wenn eine solche informelle Einbindung der Opposition illusionär blieb – dann waren immer noch «Gewinne» in Gestalt von Nadelstichen gegen die Union zu verbuchen.

«Führung im Konsens» und «Führung zum Konsens» – dies konnte im Idealfall zu einem höheren Maß an Rationalität in politischen Entscheidungen führen, indem man politischen Sachverstand sowie politische Expertise einholte und in Expertenrunden nach Lösungen suchte. Damit ließen sich Konfliktpotentiale verringern und die Zustimmung zur Politik erhöhen. Bei solchen neokorporativen Ansätzen spielte jedoch auch der Gedanke eine Rolle: Wenn die Öffentlichkeit von den Ergebnissen aus den Expertenrunden überzeugt ist, wird auch eine «Überrumpelung» des Parlaments möglich sein. Denn wenn ein Kommissionsergebnis vorliegt und dafür öffentliche Zustimmung generiert wurde, würde es einem Parlament schwerfallen, sich dem in den Weg zu stellen.

Schröders Expertenkommissionen waren von beklagenswerter Unüberschaubarkeit. Im Jahr 1999 zählte man ungefähr 300 Beratungskommissionen, von der «Zukunftsoffensive Bau» bis hin zur «Expertenkommission Hochkultur».[87] Dabei stellten sie bei näherer Betrachtung nicht unbedingt eine Neuheit in der bundesdeutschen Politik dar, denn bereits 20 Jahre zuvor, 1978, klagte die «Frankfurter Allgemeine Zeitung» über das «Wuchern der Beratungsgremien».[88] Solche Einrichtungen hatte es in großer Zahl immer schon gegeben; auch kannte man sie aus skandinavischen Ländern und den Niederlanden. Was sich unter Rot-Grün gegenüber früher jedoch ganz wesentlich geändert hatte, war die öffentliche Wahrnehmung der Kommissionen in den Medien. Sie wurden mit dem Regierungsstil des «Medienkanzlers» Schröder in Verbindung gebracht, der die Expertenkommissionen als einen Teil der neuen, «modernen» Politik im Sinne von Offenheit und Transparenz regelrecht vermarktete; dazu gehörten auch öffentliche Inszenierungen bei der Einsetzung der Kommissionen oder bei der Präsentation ihrer Ergebnisse. So sollte zum Beispiel die «Hartz-Kommission» – eigentlich «Kommission Moderne Dienstleistungen am Arbeitsmarkt» – ihre Ergebnisse nicht im Arbeitsministerium vorstellen, sondern im sakralen Raum des Französischen Doms. Darauf wird zurückzukommen sein. In den Expertenkommissionen manifestierten sich der Wandel zur Wissens- und Informationsgesellschaft sowie eine Veränderung der Politik hinsichtlich ihrer Komplexität und nicht selten globalen Reichweite.

Der Regierungsstil des «Medienkanzlers»

Gerhard Schröder pflegte, so könnte man es neutral ausdrücken, eine dynamische Beziehung zur Öffentlichkeit. Es handelte sich dabei um eine Dialogstrategie, die über die wichtigsten Medien, das Fernsehen und nicht zuletzt die Boulevardpresse, verfolgt wurde. Zum Regieren genügten ihm «Bild, BamS und Glotze» – dieses angebliche Schröder-Zitat ist immer wieder kolportiert worden. Tatsächlich fand eine medienvermittelte politische Kommunikation wie nie zuvor statt. Freilich ist das Glück von Medienkanzlern begrenzt, auch Schröder musste dies später erfahren: Wer mit dem Paternoster der «Bild»-Zeitung nach oben fuhr, dem konnte es leicht passieren, dass ihn dieser auch wieder nach unten beförderte. Politologen haben sich zeitgenössisch geradezu mit originellen Zuschreibungen für Schröders Politikstil überboten und fanden immer neue Wortschöpfungen. Ihm wurde eine «pragmatische Spontaneität» bescheinigt,[89] ja er sei ein «Pragmatiker des Augenblicks»,[90] er agiere nur mit Umfragen im Rücken, und Entscheidungen würden nach der Öffentlichkeit ausgerichtet. Schröder habe ein «Tageskanzlertum» ausgeprägt, er regiere so, als ob jeden Tag die Wahllokale geöffnet wären.[91]

Indessen: Wenn dem so gewesen wäre, hätte Rot-Grün die Regierungstätigkeit einstellen können. Fast alle Landtagswahlen zwischen 1998 und 2002 gingen verloren, und die öffentliche Meinung gegenüber den Reformvorhaben war alles andere als freundlich. Es ist nicht zu bestreiten, dass der Kanzler überfallartig, fast bonapartistisch zu reagieren imstande war. Aber er war keineswegs nur der viel beschriebene «Basta-Politiker» mit Blick auf das Wahlvolk, sondern legte auf Diskussionen durchaus Wert, wie man aus Protokollen interner Sitzungen sehen kann. Überdies war ihm ein informelles Netzwerk von Vertrauten und Beratern wichtig – den FROGs (Friends of Gerd) verschloss er sich nicht.[92] Überhaupt konnte man es nie allen Recht machen: Beklagten die einen den «Basta-Stil»,[93] so schrillten bei den anderen die Alarmglocken, als Schröder nach der Hektik der ersten Monate bekundete, fortan mit «ruhiger Hand» regieren zu wollen; dass der bayerische Ministerpräsident von der CSU dies als «ruhige Kugel schieben» verspottete, liegt im Wesen der Politik, doch Journalisten witterten in Schröders Wandlung nun ein Zaudern bis hin zur Faulheit.[94]

Das Spiel mit den Medien und das Spiel der Medien war ein Symptom des neuartigen «politisch-medialen Komplexes», der sich mit dem Umzug von Bonn nach Berlin stärker als je zuvor herausbildete.[95] Politik und ihre Interpretation beeinflussten einander umfassender denn je, und die politisch-mediale Symbiose begann schon bei der Themenauswahl und der Wahrnehmung der Gesellschaft. In der Berliner Medienszene traf eine neue Journalistengeneration auf eine neue Politikergeneration – und Erstere stand unter enormem Konkurrenzdruck, denn Aufmerksamkeit auf dem Massenmarkt von Boulevard und Privatfernsehen konnte nur erheischen, wer schneller war als die anderen. Um exklusivfähig zu werden, mussten Nachrichten über die Maßen zugespitzt und schnellstmöglich veröffentlicht werden, am besten elektronisch. Eine derartige Nachrichtenbeschleunigung ließ nur wenig Zeit für Reflexionen. Solch situativer Aufmerksamkeitsgewinn bedeutete Aufmerksamkeitsverlust für die großen politischen Linien. Viel interessanter als Zukunftsprojektionen von Politikern war die Skandalisierung der Woche.

Gerhard Schröder, der Umarmungskünstler, versuchte diese neuen Rahmenbedingungen der Mediendemokratie zu nutzen. Dass der Kanzler nicht sämtliche Akten las, berichteten viele seiner Weggefährten; doch dafür hatte er schließlich seinen Kanzleramtschef. Und dass er gerne «bella figura» machte, lag in der Natur des Amtes.

«Konsens und Führung» sowie «Medienkanzler» als neue Leitbilder waren somit ein Ausfluss der mit den rot-grünen Regierungsjahren – zumal nach dem Umzug nach Berlin – massiver als je zuvor einsetzenden Medienfixierung der Politik einerseits und der Medialisierung der Gesellschaft andererseits; beides erforderte neue Strategien politischer Kommunikation. War dies ein fundamentaler Wandel? Die großen Entscheidungen in der Bundesrepublik Deutschland sind historisch seit

1949 immer im Konflikt und mit knappsten Mehrheiten gefällt worden, nicht im Konsens. Dieser stellte sich, sowohl mit Blick etwa auf die Adenauersche Westbindung wie auf die Brandtsche Ostpolitik, aber auch auf vielen innenpolitischen Feldern erst viel später ein. Hatte sich dieses Muster geändert?

5. Das «Projekt», die Gesellschaft zu erneuern – Zeit der Reformen

Regierungsstil «happy goes lucky»?

«So kann man nicht regieren» – darin war sich die deutsche Öffentlichkeit zum Jahreswechsel 1998/99 einig. Mit einem Überschwang, der ihnen bald vergehen sollte, hatten die sozialdemokratischen und grünen Abgeordneten ihre Arbeit in Bonn aufgenommen. Für viele Minister und deren Mitarbeiter, welche die Bonner Bürokratie nach 16 Jahren neu sortieren mussten, galt Ähnliches. Es waren Anfänge ohne Probezeit, und nur eines war im Übermaß vorhanden: Selbstbewusstsein. Übersteigertes Selbstbewusstsein, dem es nicht an Leidenschaft mangelte, jedoch an Gediegenheit. Wer verändern will, muss erst einmal die Regeln kennen. Das alles geht nicht über Nacht. Gewisse Anfängerfehler sind durchaus verzeihlich, man muss sich erst in der neuen Umgebung und Situation akklimatisieren. Grüne und Rote wollten jedoch im Galopp ihre Themen durchsetzen, und so entstand eine Flut von Gesetzesentwürfen, denen man schon von ferne ansah, dass sie mit heißer Nadel gestrickt waren. Schnelligkeit ging vor Gründlichkeit. So unsolide konnte nur handeln, wer seit eineinhalb Jahrzehnten vom Regieren entwöhnt war oder wie die Grünen noch nie auf Bundesebene regiert hatte. Es herrschte rot-grünes Chaos. Wer etwas freundlicher urteilte, sprach von einem experimentellen Politikstil. Kaum jemand, am wenigsten ihre eigenen Wähler, hatten von der neuen Regierung ernsthaft erwartet, dass sie Wunder vollbringen würde, aber ein solcher Fehlstart war bemerkenswert. Die Mehrheit der Deutschen votierte für eine neue Politik, Aktionismus indessen lehnte sie ab. Hundert Tage Rot-Grün hatten Anfang Februar 1999 in Umfragen zu dem Ergebnis geführt, dass die Union in der Wählergunst wieder gleichauf mit der SPD lag, bei 39 Prozent.[1] Anlaufschwierigkeiten und Reibungsverluste brachen überall hervor. Nur dem Kanzler machte Regieren offenbar Spaß, wie er bekundete, und zur Bestätigung ließ er sich in Lifestyle-Magazinen als

Cohiba-Raucher in feinem Zwirn ablichten. Unbedachte Egotrips allenthalben. Dies sei ein Regierungsstil nach dem Motto «happy goes lucky», schimpfte der Ministerpräsident des Saarlandes Reinhard Klimmt. Wie lange konnte das noch gut gehen?[2]

Es war staunenswert, in welchem Rekordtempo diese neue Koalition eine vorhandene Aufbruchstimmung in eine Endzeitstimmung verwandelte. Bereits im Februar 1999 mahnte Wolfgang Clement auf der SPD-Präsidiumssitzung, «nicht in Depressionen zu verfallen».[3] Die Neigung zur Selbstkritik ging ihm zu weit, er forderte, die Dinge, die schiefgelaufen waren, von jetzt an aktiv zu ändern. Tatsächlich wurde die Führungsspitze der SPD zum Motor der schlechten Laune. Man konnte ja auch nur Fürchterliches wahrnehmen: miserable Umfragewerte, Wahlniederlagen auf regionaler und kommunaler Ebene und Berichte von der «Basis», die etwa Kurt Beck aus Rheinland-Pfalz vortrug: Die Leute würden sagen, «sie seien von der Politik der Regierung wie ein Tennisball hin und her geworfen worden».[4] Dies alles konnte durchaus schwermütig machen. Mitte 1999 legte die SPD ein «Konsolidierungsprogramm 2000» vor[5] – es sollte helfen, das Wort «Nachbesserungen» aus dem Wortschatz von Rot-Grün zu streichen.

Wenn die Rede von einem «rot-grünen Projekt» zutreffend war, dann in dem Sinne, dass die Gesellschaft modernisiert und Themen der Energie- und Umweltpolitik nach vorne gebracht werden sollten. Nicht von ungefähr war der Koalitionsvertrag, der den gemeinsamen Anspruch vor allem innenpolitisch formulierte, unter der Überschrift «Deutschlands Weg ins 21. Jahrhundert» gefasst. Im Rückblick empfinden viele der damals Handelnden dies als das innenpolitische Kernstück der Koalition: Deutschland sei moderner und liberaler geworden. Es mag sein, dass dabei die Erinnerung an die Politik der inneren Reformen unter Willy Brandts Ägide mitschwang. Diesen Vergleich zog man oft und gerne. Rot-Grün verstand sich als «Modernisierungspartnerschaft», die darauf abzielte, postmaterialistisch gefärbte Reformen in der Gesellschaftspolitik auf den Weg zu bringen – zum Beispiel eine bürgerrechtliche Liberalisierung, die Reform des Staatsbürgerschaftsrechts von 1913, eine neue, für eine globale Wirtschaftsmacht angemessene Einwanderungsregelung, aber auch eine minderheitensensible Politik etwa in Bezug auf gleichgeschlechtliche Lebenspartnerschaften. Mehrheitlich waren dies zweifelsohne grüne Themen, die freilich die «neue Mitte» durchaus ansprachen. Sie stießen hingegen bei der sozialdemokratischen Klientel keineswegs immer auf Zustimmung. Dort erstreckte sich der Veränderungswille insbesondere auf soziale Reformen und mehr Gerechtigkeit in der Gesellschaft.

Gegen «Scheinselbständigkeit» und «Billigjobs»: Das 630-Mark-Gesetz

Um ihre sozialpolitischen Wahlversprechen einzulösen und zu demonstrieren, dass eine neue Zeit begonnen habe, setzte Rot-Grün als Sofortmaßnahme einige Gesetze der Regierung Kohl außer Kraft, denen man zuvor jahrelang das Etikett «Sozialabbau», «Spaltung der Gesellschaft» oder «Umverteilung von unten nach oben» angeheftet hatte. Dazu gehörten namentlich die gelockerten Kündigungsschutzbestimmungen und die Kürzungen bei der Lohnfortzahlung im Krankheitsfall. Eine auf den Weg gebrachte Betriebsverfassungsreform atmete einen gewerkschaftsfreundlichen Geist: Sie erweiterte die Möglichkeiten der Betriebsratsbildung, senkte die Zahl der Beschäftigten eines Betriebes, von der an ein Betriebsrat freigestellt wird, auf 200 bis 500 (zuvor 300 bis 600) ab und erhöhte die Zahl freizustellender Betriebsräte in großen Firmen. Außerdem vergrößerte man allgemeine Mitbestimmungsrechte der Betriebsräte, und ihnen wurde aufgetragen, bei der Bekämpfung von Rassismus und Fremdenfeindlichkeit im Betrieb mitzuwirken. Auch der sogenannte Demographiefaktor, welcher infolge der schwarz-gelben Rentenreform 1998 eingeführt worden war, wurde für 1999 und 2000 ausgesetzt und mit der rot-grünen Rentenreform von 2001 abgeschafft. Dieser «Faktor» sah vor, dass der Anstieg der monatlichen Rente gemindert werden sollte und zwar, so die etwas komplizierte Formel, um den hälftigen Anstieg der durchschnittlichen restlichen Lebenserwartung eines 65-jährigen Menschen. «Erstmals in der Geschichte der Bundesrepublik», so schreibt Hans Günter Hockerts, «beruhte eine so weitreichende rentenpolitische Entscheidung nicht auf einem Basiskonsens der großen Parteien».[6] Zwei Jahre später sollte Bundeskanzler Schröder die Abschaffung des demographischen Faktors als Fehler bezeichnen. In der

Folge führte Rot-Grün einen ähnlich gearteten Nachhaltigkeitsfaktor wieder in die Rentenformel ein.

Ganz oben auf der sozialdemokratischen Agenda stand zudem ein «Gesetz zu Korrekturen in der Sozialversicherung und zur Sicherung der Arbeitnehmerrechte». Ziel war es, die Scheinselbständigkeit zu bekämpfen und die Flucht aus der Sozialversicherung einzudämmen. Rot-Grün führte eine Sozialversicherungspflicht für geringfügig Beschäftigte ein. Die Neuregelungen für diese sogenannten 630-Mark-Jobs wurden bereits Ende 1998 im Bundeskabinett beschlossen, mehrmals «nachgebessert» und im März 1999 durch den Bundestag gebracht. Bereits an diesem Vorhaben zeigte sich, dass eine komplizierte Materie bewältigt werden musste, bei der gesetzgeberische Übersicht vonnöten war, über welche die Koalition noch nicht verfügte. Gerade in Bezug auf Walter Riester, den dafür zuständigen neuen Bundesminister für Arbeit und Soziales, verfestigte sich das Bild eines gutwilligen, aber übereifrig und deshalb glücklos agierenden Ministers. Als Politikneuling reagierte er harsch auf Kritik aus den eigenen Reihen, konnte mit dem Apparat nicht umgehen, eckte in der Fraktion an, versteifte sich und wurde rechthaberisch. Das Ergebnis war vorauszusehen. Unmut, Kopfschütteln, hässliche, ja sogar unanständige Bezeichnungen – «Blockwartpolitik», schallte ihm aus den eigenen Reihen entgegen.[7]

Hinter Riester lag ein bilderbuchhafter sozialdemokratischer Aufstieg vom Handwerker – er hatte Mosaik- und Fliesenleger gelernt – zum hohen Staatsdiener. Er hatte eine Studiermöglichkeit für Berufsabsolventen mit Meisterbrief wahrgenommen und seit Ende der 1970er Jahre in den Gewerkschaften Karriere gemacht, zuletzt in der IG Metall, wo er sich als Befürworter einer Arbeitszeitverkürzung auf 35 Stunden zur Rettung von Arbeitsplätzen exponiert hatte. In den Gewerkschaften agierte Riester durchsetzungsstark, aber auch flexibel; dies empfahl ihn für Schröders Reformweg in der Sozialstaatspolitik. Doch gleich bei diesem ersten Vorhaben, nämlich den 630-Mark-Jobs, lief nichts rund.

Solche geringfügigen Beschäftigungsverhältnisse waren den Gewerkschaften immer schon ein Dorn im Auge. Als geringfügig galt eine Beschäftigung dann, wenn sie weniger als 15 Stunden pro Woche umfasste und dabei höchstens einem Siebtel des monatlichen Durchschnittslohns entsprach. Bis zur rot-grünen Reform war sie sozialversicherungsfrei und wurde nur mit einer Pauschalsteuer von 20 Prozent belegt. Sie konnte entweder direkt vom Arbeitgeber an die Finanzämter abgeführt werden, oder der Arbeitnehmer erhielt das volle Gehalt und musste sie dann über seine Einkommenssteuererklärung abführen. Sozialversicherungsbeiträge wurden nicht erhoben. Diese Privilegierung machte sie den Gewerkschaften suspekt, die einen Missbrauch von Billigjobs zu Lasten normaler Beschäftigungsverhältnisse vermuteten. Durch die niedrige Abgabenbelastung und die Möglichkeit, einer solchen Beschäftigung neben einem anderen Beruf nachzugehen, hatte sie bei Arbeitgebern wie bei Jobsuchenden gleichermaßen an Popularität gewonnen. 630 Mark als oberste Marge wurde nun festgeschrieben, und anstelle einer Pauschalsteuer mussten die Arbeitgeber zehn Prozent in die Krankenversicherung und zwölf Prozent in die Rentenversicherung einzahlen – was die Attraktivität dieser Jobs erheblich verringerte. Die Abgaben waren allein vom Arbeitgeber zu leisten, der Arbeitnehmer konnte wählen, ob er etwas einzahlen wollte oder nicht. Da dies im engeren Sinne keine Steuern, sondern Sozialversicherungsabgaben waren, wurden die Minijobs zwar steuerfrei gestellt, allerdings mit Sozialabgaben belegt. Viermal musste die Regierung das vorgesehene Gesetz «nachbessern». Die ständigen Veränderungen veranlassten Ulrich Maurer im SPD-Präsidium zu der Bemerkung, das Verhalten der SPD sei vergleichbar mit jemandem, der im Sumpf sitze, dabei heftig zappele und damit nur noch schneller untergehe.[8] Der ursprüngliche Vorschlag hatte die Marge sogar bei nur 300 D-Mark angesetzt, was Ende November vom Kanzleramt verworfen wurde. Anschließend tauchten neue Modelle auf, die sich z. T. nicht allein als unpraktikabel, sondern als verfassungsrechtlich bedenklich erwiesen. Als Meldungen von Kündigungswellen in verschiedenen Branchen laut wurden und Arbeitgeberverbände das neue Gesetz als «Jobkiller» bezeichneten, entschied sich Rot-Grün zu einer erneuten Korrektur. Im Ergebnis war das Gesetz ein arbeits- und sozialrechtliches Ungetüm. «Die Welt» stellte süffisant fest, dass künftig wohl Arbeitgeber ihre Minijobs bevorzugt an Beamte und Mitglieder privater Krankenversicherungen vergeben würden. Schließlich sparten sie in solchen Fällen die Krankenversicherungsbeiträge. Umgekehrt würden nur noch Hausfrauen und Kleinstrentner solche Jobs annehmen, denn für alle anderen Personen lohne sich eine derartige Beschäftigung gar nicht mehr. Riesters Gesellenstück, so fasste die Journalistin Dorothea Siems zusammen, «ist gänzlich missraten».[9] Manfred G. Schmidt, einer der besten Kenner des deutschen Sozialstaates, schreibt dazu: «Die Sozialpolitik, die in Deutschland ohnehin auf die Fiktion zugeschnitten ist, der eigentlich Schutzbedürftige sei der – möglichst vollzeitbeschäftigte – Arbeiter oder Angestellte, bekräftigte auch hier ihren Grundsatz, dass nur der so richtig zählt, der sozialversicherungspflichtig ist.»[10]

Riester ging in dieser Frage so forsch nach vorne, dass sich der Eindruck festigte, er wolle auch als Minister den Beweis antreten, ein guter Gewerkschafter zu sein, doch die meisten folgten ihm nur widerwillig. Die Koalition setzte neben den Regelungen zu den Minijobs zwar durch, dass eine Versicherungspflicht für solche Selbständige zu gelten habe, die mindestens zwei von mehreren Merkmalen erfüllten, die als arbeitnehmertypisch eingestuft wurden. Dabei bürdete sie jedoch den Betroffenen die Beweislast auf, was auch dazu führte, dass einzelnen Branchen erhebliche Strukturveränderungen bevorstanden. Die Verteuerung der Arbeitskosten forderte ihren Preis: Da viele dieser Jobs in Teil- oder gar Vollzeitarbeitsplätze umgewandelt werden mussten, kam es zu einem massiven Einbruch auf dem Feld solcher Beschäftigungsverhältnisse – und dies bei nur geringen Erträgen für die Sozialversicherungssysteme. Riester ließ im Herbst des Jahres 1999 von einem Sozialforschungsinstitut Zahlen auswerten, die ein (zu) optimistisches Bild lieferten: Danach seien für die ersten Monate nach der Neuregelung 804 000 Minijobs abgemeldet worden und 560 000 neu hinzugekommen; zusätzlich seien jedoch aus Billigbeschäftigung 154 000 reguläre Vollzeitstellen entstanden.[11] Nicht wenige Sozialdemokraten und Grüne hielten Riesters Entwürfe oder das gesamte Vorhaben für ungeeignet, gar überflüssig, doch der Arbeitsminister ließ nicht locker.[12] Der Kanzler gehörte auch zu jenen, denen sich der Sinn nicht erschloss. Rezzo Schlauch erinnert sich an eines seiner weinseligen Gespräche mit Gerhard Schröder über dieses, wie er sagt, «unsägliche Gesetzgebungswerk». Hätte es diese Regelung schon früher gegeben, so waren sich die beiden in ihrer Ablehnung des Riester-Entwurfs einig, wäre weder der eine von ihnen noch der andere jetzt da, wo sie waren. Beide hatten als junge Anwälte als «Scheinselbständige» angefangen und zunächst auf Honorarbasis gearbeitet, sich zwei, drei Jahre durchgeschlagen und dann erst eine richtige Kanzlei eröffnet.[13] Dies war ein arbeitsmarktpolitisch durchaus sinnvoller Weg in die wirtschaftliche Selbständigkeit. Beide, Schröder wie Schlauch, hatten vorgemacht, wie es gehen konnte, und genau dies wurde durch Detailregelungen, Bürokratismus und Kostensprung erheblich erschwert. Damit war Rot-Grün nun gestartet – grauenhaft, meinten beide.

Rezzo Schlauch amtierte gemeinsam mit Kerstin Müller in der ersten Legislaturperiode von Rot-Grün als Fraktionsvorsitzender von Bündnis 90/Die Grünen. Müller von der undogmatischen Linken innerhalb der Grünen hatte diesen Posten bereits in einer Doppelspitze mit Joschka Fischer ausgeübt, war das eine um das andere Mal mit ihm in Konflikt geraten und 1998 mit einem schwachen Ergebnis wiedergewählt worden – nun im Tandem mit Rezzo Schlauch. Vom ersten Tag an befanden sich der Kanzler und er auf einer Wellenlänge, sie tickten ähnlich und mochten sich. Von Joschka Fischer abgesehen, hatte Schröder zu keinem anderen Grünen so häufig Kontakt wie zu Schlauch. Dessen offen zur Schau gestellte barocke, das Leben bejahende und genussfreudige Art gefiel ihm. Durch seinen bürgerlichen Habitus genoss Schlauch bis weit in die Union hinein Achtung. Wenn es unter den Grünen frühe Befürworter auch für schwarz-grüne Koalitionen gab, dann gehörte Schlauch auf jeden Fall dazu. Er war ein «Oberrealo», wurde jedoch von den linken Grünen ebenfalls geschätzt, weil er, wie viele berichten, menschlich anständig war und man nie den Eindruck hatte, man werde von ihm über den Tisch gezogen.[14] Schlauch war ein Teammensch, der Beratung und Kommunikation liebte. Wenn sich Schröder unsicher war, wie es bei politischen Entscheidungen um die Grünen stand, telefonierte er mit Schlauch, und wenn dieser sagte, dass er dafür Fischer nicht brauche, sondern es in der Fraktion allein hinbekomme, war der Kanzler beruhigt. Fischer und Schröder, Vizekanzler und Kanzler, das war ein eher formales Verhältnis. Mit Rezzo Schlauch traf sich Schröder auf einer Art «Kumpelbasis». Und genau dies war ihm mit den weiblichen Fraktionsvorsitzenden Kerstin Müller, Krista Sager (seit 2002) und Katrin Göring-Eckardt, aber ebenso mit den Frauen im Kabinett, vielleicht mit Frauen in führenden Positionen überhaupt, nicht möglich. Dass sich die bündnisgrüne Fraktion mit der Wahl von Sager und

Göring-Eckhardt 2002 auch von Fischer emanzipierte, störte den Kanzler zusätzlich.

Fataler Fehler: Die Formel vom «Doppelpass»

Über das 630-Mark-Gesetz entstand ein monatelanger «Hickhack». Und in einem anderen, viel zentraleren Bereich mauerte die CDU/CSU: in der Reform des Staatsbürgerschaftsrechts. Dass dieses kaiserliche Gesetz aus dem Jahre 1913 gründlich erneuert werden müsse, darin waren sich Sozialdemokraten und Grüne in ihren langen Oppositionsjahren immer einig. Mal hatten die einen, mal die anderen Reformvorschläge präsentiert, insgesamt ein halbes Dutzend; aber eine Mehrheit fanden sie niemals, weil die Union dagegen war. Jetzt war Rot-Grün an der Macht und fest entschlossen, so schnell wie möglich zu handeln. Am Ende des 20. Jahrhunderts sollte Deutschland endlich so «fortschrittlich» sein wie andere große Nationen und sich abwenden vom alten Blut- und Abstammungsrecht (ius sanguinis); wer in Deutschland geboren wurde, sollte unter bestimmten Bedingungen auch Deutscher sein (ius soli). Doch der Teufel steckte nicht nur im Detail – etwa mit Blick auf Fragen des Flüchtlingsrechts –, sondern auch in der Frage des bevorzugten Modells. Wer Deutscher werden wollte, sollte zumindest vorübergehend die Möglichkeit haben, seine angestammte Staatsbürgerschaft zu behalten. Wenn zwei Pässe die Einbürgerung und die Integration erleichterten, so argumentierte Innenminister Otto Schily, könne die Doppelstaatlichkeit hingenommen werden. So entstand die griffige Formel vom «Doppelpass». Was der Fußballsprache entlehnt war, wurde jedoch zur «Steilvorlage» für jene, die einen starken Widerstand gegen das Vorhaben organisierten. Deren eingängigstes Argument lautete: Warum sollen Ausländer zwei Pässe haben, wenn Deutsche nur einen besitzen? Hier braute sich etwas zusammen.

Es ist frappierend, wie sich die Koalition vor der bevorstehenden Landtagswahl in Hessen am 7. Februar, der ersten nach dem Machtwechsel auf Bundesebene, in Sicherheit wog und den aufziehenden Sturm nicht bemerkte. Ein nahezu frohgemuter Ministerpräsident Hans Eichel berichtete im SPD-Präsidium, dass die Ausgangslage bei der

Wahl deutlich besser sei als vor vier Jahren. Sowohl die Situation in Hessen selbst als auch die in Bonn machte er dafür verantwortlich. Das Ansehen der Landesregierung sei gut, Umfragen hätten ergeben, dass in Wirtschaftsfragen der SPD eine hohe Kompetenz zugewiesen würde.[15] Als Schwachpunkte, wenn man überhaupt von solchen sprechen könne, ließen sich die Bereiche Bildung und innere Sicherheit nennen. Tatsächlich war die CDU in keinem guten Zustand und vermochte mit landespolitischen Themen der SPD, besonders dem beliebten Ministerpräsidenten, nicht gefährlich zu werden. Eine Unterschriftenkampagne sollte jedoch die Wende im Wahlkampf bringen. Die Idee zu der Aktion gegen die von Rot-Grün geplante doppelte Staatsbürgerschaft übernahm Oppositionsführer Roland Koch vom bayerischen Ministerpräsidenten Edmund Stoiber. Bis zum Wahltag am 7. Februar 1999 sammelte die Union innerhalb von drei Wochen etwa 400 000 Unterschriften. Für die ausgelegten Listen wählte man eine vorsichtige Formulierung: «Ja zur Integration – Nein zur doppelten Staatsangehörigkeit». Damit wurde der Ablehnung ein Bekenntnis zur Integration vorangestellt. Dies änderte jedoch nichts daran, dass weiten Teilen des linksliberalen Spektrums die Kampagne als fremdenfeindlich galt. Koch erklärte die hessische Landtagswahl zur «Volksabstimmung gegen die doppelte Staatsangehörigkeit».[16] Eichels Strategie, die Unterschriftenaktion zu ignorieren, sollte sich als Fehler erweisen. Er lehnte es ab, am Gesetzentwurf von Otto Schily in der einen oder anderen Weise «herumzubasteln», wie er sagte.[17] Von Bundeskanzler Schröder verlangte er ein öffentliches Bekenntnis zu diesem Vorhaben, bessere Informationen für die eigene Partei und unterstützende Stimmen von dritten Personen, beispielsweise in Form von Anzeigen in Zeitungen. Schröder wiegelte ab: «Das einzige Thema, das dazu geeignet sein könne, die Reform des Staatsangehörigkeitsrechts aus den Schlagzeilen zu verbannen, sei das Thema Steuern.» Hier habe man aber noch nichts vorzuweisen. Er schlug vor, zur Unterstützung der Reform des Staatsbürgerschaftsrechts eine Reihe von Testimonialanzeigen von prominenten Personen, die seine Politik der neuen Mitte gut fänden, zu veröffentlichen. Auch Innenminister Schily sah keinen Grund zur Unruhe und riet gegenüber der Unterschriftenkampagne der CDU/CSU zu Gelassenheit. Das Ziel müsse es jetzt sein, das Verfahren so schnell wie möglich durchzuziehen.[18]

Eine Woche später schaltete das Bundespresseamt eine entsprechende Werbeaktion: Riesengroß, schwarz-weiß und ganzseitig schauten drei Herren in schwarzen Rollkragenpullis dem Betrachter direkt ins Gesicht – der Popsänger Marius Müller-Westernhagen, der Tennisstar Boris Becker und der Entertainer und ZDF-Quotenkönig Thomas Gottschalk. Drei Musketiere im Dienst des Gutmenschentums, so schien es. Sie wollten, wie der knappe Text lautete, stolz sein auf eine moderne und weltoffene Bundesrepublik und dazu gehöre ein «zeitgemäßes Staatsbürgerschaftsrecht». Wer nach den Gesetzen des Landes lebe, habe das Recht, Bürger des Landes zu sein. «Wer hier geboren ist, soll hier zu Hause sein. In vielen Ländern der Welt ist Einbürgerung selbstverständlich.»[19] Noch nie in der Geschichte der Bundesrepublik hatten Prominente, die den gesellschaftlichen Mainstream verkörperten, in einer derart umstrittenen Frage wie der Reform des Staatsbürgerschaftsrechts so klar Stellung bezogen. Was für eine Idee, ein wahrer Volltreffer, wie Regierungssprecher Uwe-Karsten Heye zufrieden registrierte: Nach amerikanischem Vorbild warben berühmte Zeitgenossen für bestimmte Regierungsprojekte, und deren Popularität färbte nun auf das Image von Rot-Grün ab: «Pop meets politics». War dies nicht bestens geeignet, die Unterschriftenaktion der CDU als engstirnig und rückständig zu entlarven? Sie fand ja an Unterschriftsständen nicht selten unter dem Motto «Wo kann ich hier gegen Ausländer unterschreiben?» statt. CSU-Generalsekretär Thomas Goppel fuhr sogleich schweres Geschütz auf und bemerkte: Es handele sich bei den Abgebildeten um außerhalb des Landes Lebende, also um eine Jetset-Liberalität von Steuerflüchtlingen. Da die Anzeige vom Bundespresseamt lanciert worden war, kündigte FDP-Chef Guido Westerwelle Strafanzeige wegen Veruntreuung von Steuergeldern an.[20] Das saß. War dieses Anzeigenmotiv wirklich gut durchdacht? Dort, in der Anzeige, die wohlsituierte Weltläufigkeit über den Wolken, hier in der Realität die Furcht vor dem Verlust von Identität und kultureller Dominanz?

Die Sozialdemokraten jedenfalls freuten sich hellauf über diesen Coup. Hans Eichel war siegessicher: Der CDU-Unterschriftenaktion gab er keine Chance; sie werde «keine großen Auswirkungen haben», sagte er voraus.[21] Selten hatte er sich so verschätzt.

Nach der für Rot-Grün verlorenen Landtagswahl in Hessen waren alle klüger, auch die Meinungsforscher. Der Siegerin der Wahl, der CDU, bescheinigten sie, dass es ihr optimal gelungen sei, ihr Wählerpotential zu mobilisieren. Im Vergleich zu 1995 gewann die Union 4,2 Prozent hinzu und erzielte mit 43,4 Prozent ihr bestes Ergebnis seit 1982. Die SPD konnte magere 1,4 Prozent zulegen und erhielt 39,4 Prozent der Stimmen. Die Grünen verloren dramatisch: 4 Prozent. Damit waren sie mit nun 7,2 Prozent fast wieder auf dem Niveau von 1983, also kurz nach ihrer Parteigründung, angelangt. Sie waren eindeutig die Verlierer der Wahl. Die FDP büßte 2,3 Prozent ein und schaffte die Fünfprozenthürde nur um ein zehntel Prozentpunkt, aber es reichte für die Regierungsbeteiligung. Nach Untersuchungen von Meinungsforschungsinstituten konnte die CDU ganz offensichtlich in zwei SPD-Stammmilieus Stimmengewinne erzielen: bei den Arbeitern und bei den Arbeitslosen. In diesen beiden Wählergruppen hatte die Union überdurchschnittliche Zuwächse, die SPD überdurchschnittliche Verluste zu verzeichnen. Genauere Analysen ergaben, dass dies an der beabsichtigten Reform des Staatsbürgerschaftsrechts lag. Gerade in den letzten Tagen vor der Wahl waren die Wählerbewegungen besonders stark, 21 Prozent der Wähler hatten sich erst kurzfristig entschieden. Als wahlentscheidende Themen ermittelte Infratest Dimap: Wirtschaft 43 Prozent und doppelte Staatsbürgerschaft 36 Prozent. Diese lag noch vor der Sorge um Arbeitslosigkeit. Waren im Januar 1999 nur 38 Prozent der hessischen Wählerinnen und Wähler der Meinung, der Start der Bundesregierung sei misslungen, so neigten Anfang Februar bereits 48 Prozent zu dieser Auffassung. Die Sprachlosigkeit vieler SPD-Anhänger beim Thema «doppelte Staatsbürgerschaft» einerseits und die trügerische Zuversicht, ihre Partei werde die Wahl gewinnen, hatten maßgeblich zum Mobilisierungsdefizit der SPD beigetragen. Dabei sprachen sich 71 Prozent der Menschen für eine Erleichterung der Einwanderung aus. Bei der Frage nach dem geeigneten Weg votierten allerdings nur 23 Prozent für das Modell von SPD und Grünen, das eine generelle doppelte Staatsbürgerschaft vorsah, hingegen 33 Prozent für das Modell der Union – keine doppelte Staatsbürgerschaft und sehr restriktive Handhabung – und 41 Prozent für das Modell der FDP, die eine Entscheidung der Betroffenen mit 18 Jahren vorsah. Die Forschungsgruppe Wahlen ermittelte, dass sich noch im Januar des Jahres 49 Prozent Hans Eichel als Ministerpräsidenten wünschten und nur 27 Prozent seinen Herausforderer Roland Koch.[22] Die Wahl gewann Koch.

Am Tag nach dem Urnengang begann bei den Unterlegenen das Wundenlecken. Auf einer lebhaften Fraktionssitzung sagte ein konsternierter Peter Struck, der Verlust der Mehrheit für die Koalition von SPD und Bündnis 90/Die Grünen sei überhaupt nicht vorhersehbar gewesen. Da man nun die Mehrheit im Bundesrat verloren habe, werde alles noch viel schwieriger als bisher. Er warnte vor Schuldzuweisungen gegenüber dem Koalitionspartner.[23] Im Präsidium der SPD, das sich am 9. Februar traf, ergriff der Parteivorsitzende Oskar Lafontaine das Wort. Es sei klar, dass die Wahlniederlage nicht auf das Konto der hessischen SPD gehe. Vielmehr sei die bundespolitische Situation ausschlaggebend gewesen. Gegen die Emotionalisierung der CDU-Kampagne habe man nicht bestehen können. Jetzt müsse über die Konsequenzen geredet werden. Aufgrund der veränderten Situation könne nun die Reform des Staatsangehörigkeitsrechts nicht gegen den Widerstand von CDU und FDP durchgesetzt werden.[24] Der abgewählte Hans Eichel sagte, aus seiner Sicht habe «das Projekt Rot-Grün deutlich an Charme eingebüßt»[25] – ein halbes Jahr nach dem Wahlsieg auf Bundesebene. Bereits am Morgen hatte sich die SPD-Spitze im Kanzleramt getroffen. Dort hatte Einigkeit darüber geherrscht, dass «man an dem bisherigen Vorgehen in der Angelegenheit doppelte Staatsbürgerschaft nicht festhalten könne», wie Lafontaine berichtete. Man müsse die Grünen nun auf dem neuen Weg mitnehmen. Das Thema sei wichtig, da es die Kernwählerschaft der SPD betreffe. Kanzler Schröder gab zu bedenken, dass man auf die Stimmung auch innerhalb der Koalition achten müsse. Er warnte davor, «das Projekt Rot-Grün für tot zu erklären». Man dürfe jetzt nicht den Eindruck erwecken, nun einen völlig neuen Weg einzuschlagen. Bestimmte Minderheitenthemen der Grünen würden die Aufmerksamkeit von zentralen Vorhaben ablenken. Das Thema doppelte Staatsbürgerschaft sei schädlich gewesen, in der Sache dürfe man jedoch jetzt nicht kapitulieren, sondern müsse die Linie halten. Dem Koalitionspartner sollte die Möglichkeit gegeben werden, sich auf die neue Situation einzustellen. Man müsse einen Kompromiss mit der Opposition finden.[26]

Von mehreren Seiten kam Kritik auf. Justizministerin Herta Däubler-Gmelin bemerkte: «Insgesamt sei gegenwärtig eine gewisse Kopflosigkeit der Führung festzustellen. Jetzt müsse daran gearbeitet werden, die Reformfreudigkeit zu erhalten und den Schwung zurückzubringen. Es dürfe nicht der Eindruck entstehen, dass die SPD bei wichtigen Themen wackele.» Ulrich Maurer war wie viele im Nachhinein klüger und meinte, man hätte den «latenten Rassismus in der deutschen Bevölkerung» ernst nehmen müssen. Desintegrationsprozesse auch in der jungen Generation seien offensichtlich. Bei der Auseinandersetzung in den vergangenen Wochen sei es nur vordergründig um die doppelte Staatsbürgerschaft gegangen. «Auf Seiten der Gegner sei es vielmehr eine besondere Variante des Themas ‹Türken raus› gewesen.» Rudolf Dreßler sagte, «dass die Partei auf das Thema Reform des Staatsangehörigkeitsrechts nicht vorbereitet gewesen sei», und Fritz Rudolf Köpler war sich nun sicher, dass man die Kampagne der CDU unterschätzt habe: «Mit dem Begriff der doppelten Staatsbürgerschaft sei man den Konservativen auf den Leim gegangen». Da das ganze Thema niemals ein Gewinnerthema werden würde, müsse man versuchen, es zu neutralisieren. Ortwin Runde stellte die Frage, wie es mit Rot-Grün weitergehen könne. Die Reformpolitik müsse neu diskutiert werden. Mit der Staatsbürgerschaft müsse vorsichtiger umgegangen werden. Aber er warnte: Man dürfe jetzt nicht sofort auf ein neues Modell – etwa auf das bei Wählern besonders beliebte aus den Reihen der rheinland-pfälzischen Liberalen – wechseln. Dies könnte als ein Umschwenken von einem ‹grünen Projekt› hin zu einem ‹gelben Projekt› gedeutet werden. Für Inge Wettig-Danielmeier war klar: Nicht die Politik der Grünen in Hessen, sondern die Politik der Grünen in Bonn habe zum Machtverlust in Wiesbaden geführt. Heide Simonis pflichtete bei und hielt den Koalitionspartner Bündnis 90/Die Grünen für das gegenwärtige Problem; die Grünen müssten wenigstens im Umgangston moderater werden. Oskar Lafontaine sagte, die Wahl sei nicht in Hessen verloren gegangen, aber man dürfe nicht alle Schuld bei den Grünen abladen. Die Reform der Staatsbürgerschaft müsse auf eine breite Basis gestellt werden, eine Haltung ‹Jetzt erst recht› wäre von Grund auf falsch. Gerhard Schröder hatte das letzte Wort: Die Grünen, so bemerkte er, seien gezwungen, Lernerfahrungen an der Realität zu machen.[27]

Agenda 2000: Das Aktions- und Reformprogramm der EU

Im März 1999 konnte Rot-Grün endlich einen Erfolg verbuchen, nicht jedoch in der Innen-, sondern in der Europapolitik. Wie man Kompromisse für Reformen austarierte und die Ergebnisse solide gestaltete, lernte die Bundesregierung auf europäischer Ebene. Die Agenda 2000, die unter deutscher Ratspräsidentschaft am 26. März in Berlin in Gestalt von rund zwanzig Rechtstexten verabschiedet wurde, war eines der umfangreichsten Reformprogramme der Europäischen Union mit dem Ziel, die Gemeinschaftspolitik zu stärken. Hier ging Schröders Mannschaft gar nicht dilettantisch, eher überraschend professionell ans Werk und erreichte ein beachtliches Ergebnis. Auf die Innenpolitik wirkte dies insofern zurück, als die Agenda 2000 zeigte, dass man gut regieren konnte, wenn man nur wollte. Man schöpfte neues und dieses Mal berechtigtes Selbstvertrauen.

Die Kompromisse, die in Berlin für Europa gefunden werden mussten, kamen einer Herkulesaufgabe gleich. Mit der Agenda 2000 sollten die Reformen der EU eingeleitet und der dafür notwendige Finanzrahmen geschaffen werden. Vier Bereiche harrten einer Lösung: eine Reform des Strukturfonds, eine Reform der Gemeinsamen Agrarpolitik (GAP), die Reform des EU-Haushaltes sowie, damit zusammenhängend, eine Reform der Finanzierung der EU.[28] Allein schon bei den Strukturfonds gab es «Sonderwünsche» einzelner Mitgliedstaaten, die sich auf 3,5 Milliarden Euro summierten. So strebten die Niederlande einen regionalen Zusatzbeitrag an, Portugal wollte einen hohen Zuschlag für die Region Lissabon, auch Irland, Schweden, Belgien und Italien forderten Mittel für sogenannte Ziel-1-Regionen mit höchstens 75 Prozent des Bruttosozialprodukts pro Einwohner im Vergleich zum EU-Durchschnitt. Diese Unterstützung solcher Regionen hatte die EU zur obersten Priorität erklärt, und zwei Drittel der Strukturfondsmittel waren dafür reserviert. Finnland verlangte nun, das Kriterium Arbeitslosigkeit stärker zu berücksichtigen als bisher. Griechenland forderte sogar, den «nationalen Wohlstand» als Kriterium einzuführen, was auch immer sich dahinter verbergen sollte, und Spanien war für alles offen, solange die Höhe seiner Zuwendungen mindestens erhalten blieb. Dass jedoch Großbritannien nicht nur auf seinem traditionellen «EU-Rabatt» bestand, den die «Eiserne Lady» Margaret Thatcher 15 Jahre zuvor erstritten hatte, also weniger einzahlte als andere, sondern jetzt für Nordirland auf eine satte Zahlung aus dem Strukturfonds pochte sowie zusätzliche Sonderregelungen für schottische «Highlands and Islands» wünschte, löste besonders in Frankreich und den Niederlanden Verärgerung aus.[29] Ziel der Reformen auf dem Berliner Gipfel war es, die Strukturfonds nicht nur schlanker zu gestalten, sondern sie auch zielgenauer, effizienter und besser handhabbar zu machen – schließlich stand die Erweiterung der EU vor der Tür. Die Programme sollten praxisgerechter, auch dezentraler ausgestaltet und so sollte ihre Wirksamkeit für Wachstum und Beschäftigung erhöht werden.

Die Reform der Gemeinsamen Agrarpolitik – des am stärksten vergemeinschafteten Politikbereichs überhaupt, der allein 47 Prozent des gesamten EU-Haushalts beanspruchte – war eine kaum lösbare Daueraufgabe seit den Anfängen der europäischen Integration nach 1945. Wenn die GAP angesichts der bevorstehenden Osterweiterung bezahlbar bleiben sollte, bedurfte sie einschneidender Veränderungen. Schlüsselziele waren: eine Erhöhung der Wettbewerbsfähigkeit, die Lebensmittelsicherheit und -qualität, die Stabilität der landwirtschaftlichen Einkommen, die Einbeziehung von Umweltzielen und einmal mehr die Vereinfachung der EU-Rechtsvorschriften. Die EU war mit der bestehenden GAP unter erheblichen internationalen Druck geraten. Die Welthandelsorganisation (WTO) drang auf eine Liberalisierung des weltweiten Handels und darauf, dass die EU den Importschutz verringerte, die Exportsubventionen abbaute und die direkten Beihilfen an die Bauern produktneutral gestaltete. Karl-Heinz Funke, der deutsche Landwirtschaftsminister, strebte mehr Marktorientierung und weniger Preis- und Absatzgarantie an. Frankreich, großer Nutznießer von Subventionen, wollte indessen alles beim Alten belassen, den Wettbewerb weitgehend ausschließen und die garantierten Preise für landwirtschaftliche Produkte aufrechterhalten. Österreichs Ziel war es, seine kleinbäuerlichen Strukturen zu schützen. Bauernverbände in allen EU-Ländern, auch in Deutschland, kündigten massive Proteste gegen Reformen an. Was dem einen Recht war, missfiel dem anderen – es war wie immer. Im Ergebnis wurden die Stützpreise für Rindfleisch um 30 Prozent, für Getreide um 20 Prozent und für Milch um 15 Prozent gesenkt, um Überproduktionen abzubauen. Der Einkommensverlust für die Landwirte sollte durch Direktzahlungen teilweise ausgeglichen werden.[30] Die Finanzierung der EU zu reformieren, war schließlich seit jeher delikat gewesen. Insbesondere die Nettozahler, Deutschland, die Niederlande, Österreich und Schweden, hatten sich seit Längerem über zu hohe Beiträge beklagt und mehr Beitragsgerechtigkeit gefordert. Um eine Kostenexplosion nach der EU-Osterweiterung zu verhindern, einigte man sich in Berlin auf eine Begrenzung der Ausgaben – durch Einsparungen sollten neue Spielräume für die Zeit nach 2004 geschaffen werden. Der Nebeneffekt kam den Nettozahlern zugute: Durch die Stabilisierung des Budgets wurde Europa für sie um mehrere Milliarden Euro billiger.

Als nach dem Ende des Berliner Gipfels selbst der französische Präsident die Agenda 2000 als eine «vernünftige Vereinbarung» bezeichnete, war klar, dass Schröder, der amtierende Ratspräsident, den Gipfel als sein Verdienst verbuchen konnte. «Wir haben ein positives Ergebnis erzielt», pflichtete Tony Blair bei, «und das heißt: kein Euro mehr und kein Euro weniger.» Der spanische Ministerpräsident sah das Ergebnis sogar als «zweifellos exzellent» an,[31] und der Bundeskanzler meinte, man habe sich wacker geschlagen und all jene widerlegt, die glaubten, eine unerfahrene deutsche Regierung einfach über den Tisch ziehen zu können.[32] Das Echo im In- und Ausland war wohlwollend, die «Frankfurter Rundschau» erwies Schröder ihre Referenz, indem sie ihn mit dem Vornamen des großen Europäers Helmut Kohl ansprach und titelte: «Erfolg für Helmut Schröder».[33] Die Bundesregierung war als ehrlicher Makler in Sachen Europa aufgetreten, und allein das Zustandebringen des Paktes angesichts einer Verhandlungssituation mit starken Interessengegensätzen erschien bemerkenswert. Politikwissenschaftlich gesprochen: Die Ratspräsidentschaft und der Agenda-Poker von Berlin bedeuteten für Rot-Grün einen Professionalisierungsschub. Dieser musste jetzt nur noch innenpolitisch wirken.

Anschluss an den Westen:
Ein zeitgemäßes Staatsbürgerschaftsrecht

Dabei konnte man gleich dort weitermachen, wo man mit der hessischen Landtagswahl abrupt zum Stehen gebracht worden war: beim neuen Staatsbürgerschaftsrecht. Der Ausgang der Hessenwahl bedeutete einen Einschnitt. Rot-Grün hatte die Mehrheit im Bundesrat verloren und musste sich bei zustimmungspflichtigen Reformen Verbündete aus dem Oppositionslager suchen. Die Sozialdemokraten waren nach der Wahl gewarnt: So wichtig das Thema Staatsbürgerschaft und Einwanderung war, so drohten diese gesellschaftspolitischen Reformen ihre Traditionswähler zu überfordern. Es blieb nur eines: vorsichtiger zu agieren und Ausschau zu halten nach einem Konsens mit der Opposition.

Zwischen 1954 und 2006 zogen über 36 Millionen Menschen nach Deutschland, 80 Prozent von ihnen waren ausländischer Herkunft. Im gleichen Zeitraum verließen 27 Millionen Menschen das Land. Somit wanderten im Saldo neun Millionen Neubürger ein. Lag der Ausländeranteil Mitte der 1950er Jahre bei einem Prozent, so war er 50 Jahre später auf über acht Prozent gestiegen. 15 von 82 Millionen Einwohnern in der Bundesrepublik verfügten über einen Migrationshintergrund, was etwa 20 Prozent der Gesamtbevölkerung entsprach. Dabei waren die Zuwanderer in verschiedenen Wellen nach Deutschland gekommen: Am Anfang standen die «Gastarbeiter», deren Zustrom bis 1973 anhielt. Menschen aus der Türkei bildeten die stärkste Gruppe. Nach dem «Anwerbestopp» im Zeichen der Wirtschaftskrise endete die Zuwanderung nicht, sondern wandelte sich, da nun Ehepartner und Kinder den Gastarbeitern folgten. Ende der 1980er und zu Beginn der 1990er Jahre trieb eine Welle von Asylbewerbern die Zahl der ausländischen Zuzüge abermals stark in die Höhe; vor allem Menschen aus dem zerfallenden Jugoslawien kamen in die Bundesrepublik. Seit dem neuen deutschen Asylgesetz von 1993 spielten Asylanten jedoch kaum noch eine Rolle bei der Zuwanderung. Nach der Wiedervereinigung kamen 1,4 Millionen Aussiedler aus Osteuropa nach Deutschland, die Deutsche im Sinne des Grundgesetzes waren, unabhängig davon, ob sie die deutsche Staatsangehörigkeit besaßen oder nicht. Als

Folge der offenen Grenzen nahm um die Jahrhundertwende die EU-Arbeitsmigration nach Deutschland zu.[34]

Innenminister Otto Schily hatte nach der verlorenen Hessenwahl seinen Gesetzesentwurf zurückgezogen. Im Umfeld der sozial-liberalen Landesregierung von Rheinland-Pfalz war ein Gesetzesentwurf entwickelt worden («Mainzer Modell»), der bereits Mitte März als Gruppenantrag von SPD, Bündnis 90/Die Grünen und der FDP im Bundestag eingebracht wurde.[35] Am 7. Mai stimmte der Bundestag, am 21. Mai der Bundesrat zu; das neue Gesetz trat zum 1. Januar 2000 in Kraft. Die breite Zustimmung des Bundestages – 365 Ja-Stimmen, 184 Nein-Stimmen, 39 Enthaltungen – darf nicht über die tiefen Gräben hinwegtäuschen. Während Otto Schily die Reform als einen Beitrag zum inneren Frieden in Deutschland pries und ihre historische Dimension betonte, meinte Edmund Stoiber, die Reform könne die innere Sicherheit stärker gefährden als vormals die Terroraktivitäten der Roten Armee Fraktion.[36] Kinder ausländischer Eltern erwerben seit der Reform unter bestimmten Voraussetzungen mit der Geburt automatisch die deutsche Staatsangehörigkeit. Wenn sie nach dem Abstammungsprinzip von den Eltern oder anderweitig noch eine Staatsangehörigkeit besitzen, haben sie bei der Volljährigkeit zwischen der deutschen und der ausländischen Staatsangehörigkeit zu wählen – dies war die «Optionspflicht», welche die Idee vom «Doppelpass» ablöste. Entscheiden sie sich also für die deutsche, müssen sie die ausländische Staatsangehörigkeit aufgeben, wenn dies nicht unmöglich oder unzumutbar ist. Dafür haben sie bis zur Vollendung des 23. Lebensjahres Zeit. Voraussetzung für den Erwerb der deutschen Staatsangehörigkeit durch das Geburtsortprinzip (ius soli) ist, dass ein Elternteil seit acht Jahren rechtmäßig einen gewöhnlichen Aufenthalt in Deutschland hat. Eine «Schutzklausel» verhindert, dass extremistische und gewalttätige Ausländer eingebürgert werden. «Dies war», so schreiben die beiden Migrationsforscher Klaus J. Bade und Jochen Oltmer, «ein tief gehender Bruch mit ethnonationalen Leitvorstellungen, die man vereinfacht in dem Grundgedanken zusammenfassen konnte, Deutscher könne man zwar sein, aber nicht werden.»[37] Zugleich war mit dieser Reform der Anschluss an europäische Standards gefunden.

Im ersten Jahr nach der Reform des Staatsbürgerschaftsrechts stieg die Zahl der Einbürgerungen im Vergleich zum Vorjahr um 30 Prozent auf knapp 187 000 Menschen. Auf einem etwas niedrigeren Wert pendelten sich die Einbürgerungen in den folgenden Jahren ein. Die von den Kritikern befürchtete Flut von Einbürgerungen blieb aus, denn der Zwang, die bisherige Staatsbürgerschaft zugunsten der deutschen aufzugeben, begrenzte deren Zahl. Die meisten Menschen, welche die deutsche Staatsangehörigkeit erwarben, waren türkischer Herkunft. Untersuchungen weisen darauf hin, dass die deutsche Staatsbürgerschaft die Integration fördert. Einer Studie des Hamburger Weltwirtschaftsinstituts zufolge hatte eine Einbürgerung in den meisten Fällen direkte positive Folgen für den individuellen und wirtschaftlichen Erfolg von Migranten. Die Studie verglich Zugewanderte mit und ohne deutsche Staatsbürgerschaft, die aus unterschiedlichen sozialen Schichten stammten und unterschiedlichen Bildungsniveaus angehörten. Bis 2007 waren rund 24 Prozent der Menschen mit einem Migrationshintergrund eingebürgert. Bereits ein Jahr nach dem Erhalt der deutschen Staatsbürgerschaft, so lautete das Ergebnis, erzielten Eingebürgerte höhere Gehälter als nicht eingebürgerte Personen. Die Annahme der deutschen Staatsbürgerschaft erleichterte Migranten den Zugang zum Arbeitsmarkt. Außerdem zeigte die Untersuchung, dass ein solcher Schritt die Motivation förderte, in die eigene Zukunft in Deutschland zu investieren.[38] Mit dem neuen Staatsbürgerschaftsrecht konnten am Ende Anhänger wie Gegner von Rot-Grün zufrieden sein. Es wurde genug verwirklicht, um weltoffen und liberal zu erscheinen; der Anschluss an internationale Standards war nicht wieder rückgängig zu machen. Zugleich war genug misslungen – vor allem der «Doppelpass» –, um es nicht zu einem großen und lang andauernden gesellschaftlichen Konflikt kommen zu lassen.

Der Greencard-Coup und das Zuwanderungsgesetz

Ende Mai 2000 beschloss das Bundeskabinett überraschend zwei Verordnungen zur Anwerbung von ausländischen Computerspezialisten. Kanzler Schröder hatte dies bereits in seiner Eröffnungsrede auf der CeBIT in Hannover mit großer Geste angekündigt. Der Arbeitsmarkt sollte nach dem Vorbild der amerikanischen Green Card für ausländische Spezialisten geöffnet werden. Zum 1. August trat sie für maximal

20 000 ausländische IT-Experten aus Nicht-EU-Staaten in Kraft, angesprochen waren damit vor allem osteuropäische und indische Spezialisten. Zunächst wurden 10 000 befristete Arbeitsgenehmigungen erteilt, danach überprüfte man den Bedarf erneut. Die Genehmigung galt für den Einzelnen für drei Jahre, konnte aber auf bis zu fünf Jahre erweitert werden. Vorgesehen war die Arbeitserlaubnis für Fachkräfte, die eine Hoch- oder Fachschulausbildung mit Schwerpunkt auf dem Gebiet der Informations- und Kommunikationstechnologie abgeschlossen hatten und deren Qualifikation auf diesem Gebiet durch eine Vereinbarung mit dem Arbeitgeber über ein Jahresgehalt von mindestens 100 000 D-Mark nachgewiesen wurde.[39] Wirtschaftspolitiker waren sich einig: Mit den Experten holte man sich nicht nur Fachkenntnisse, sondern auch Wissen über andere Märkte ins Land. Die USA hatten dies seit Jahrzehnten vorgemacht. Mit dem Green-Card-Coup zielte Rot-Grün darauf, Bewegung in die Debatte zu bringen, ob Deutschland ein Einwanderungsland sei und sein müsse, und die Meinungsführerschaft in der Einwanderungspolitik an sich zu ziehen. Tatsächlich erwischte man die Opposition auf dem falschen Bein. Was konnte man gegen die Green Card einwenden, wenn die Wirtschaft diese Idee einhellig begrüßte? Kanzleramtschef Frank-Walter Steinmeier gab die Argumentationslinie vor: Die Green Card müsse in der Öffentlichkeit als ein «Beitrag für die Modernisierung der Wirtschaft» dargestellt werden.[40] Sie war in seinen Augen der Türöffner für eine offene Einwanderungsgesellschaft.

Der CeBIT-Initiative folgte die Einberufung einer unabhängigen Kommission «Zuwanderung» durch Innenminister Schily, die am 4. Juli 2001 ihren Bericht vorlegte. Vorsitzende war die frühere Bundestagspräsidentin Rita Süssmuth (CDU). Die Kommission forderte einen grundlegenden Wandel in der Migrations- und Integrationspolitik – konkret: eine gesteuerte Zuwanderung, die aus wirtschaftlichen und demographischen Gründen zwingend geworden sei. Umfragen zeigten, dass ein großer Teil der Bevölkerung skeptisch blieb und sich eher eine Begrenzung der Zuwanderung erhoffte als eine Ausweitung.[41] Allein der Begriff «Zuwanderung» schien dies anzudeuten. Reinhard Bütikofer berichtete: «Zuwanderung» hätten die anderen immer gesagt, sie, die Grünen, plädierten für das Wort «Einwanderung». Was denn der Unterschied sei? «Zuwanderung reimt sich auf Zumutung.»[42]

Immerhin lockerte sich infolge der Initiativen und der Debatten aus der Kommission heraus die seit Jahrzehnten vertretene politische und normative Festlegung, dass Deutschland kein Einwanderungsland sei. Schilys Entwurf eines «Gesetzes zur Steuerung und Begrenzung der Zuwanderung und zur Regelung des Aufenthalts und der Integration von Unionsbürgern und Ausländern», kurz «Zuwanderungsgesetz», enthielt zwar liberale Bestimmungen, drohte jedoch nach den Terroranschlägen vom 11. September 2001 in den USA in ein restriktives Fahrwasser zu geraten. Noch drei Tage vor den Terrorakten verkündeten die Grünen, sie würden mit der Koalition brechen, wenn Schily ihre Wünsche nach einem liberalen Einwanderungsgesetz weiterhin ignoriere.[43] Nach den Anschlägen brachte der Innenminister binnen weniger Wochen ein erstes Anti-Terror-Gesetz auf den Weg. Um die Zustimmung der Grünen zu erlangen, verband er dieses mit dem Zuwanderungsgesetz, zwischen beiden Gesetzen gab es einen Verhandlungszusammenhang: Der grüne Koalitionspartner hätte dem Anti-Terror-Gesetz nicht zugestimmt, wäre Schily ihnen nicht beim Zuwanderungsgesetz in Fragen des Asylrechts, der Aufenthaltserlaubnis für bisher geduldete Ausländer sowie beim Nachzugsalter für Jugendliche entgegengekommen.[44]

Die Union suchte bei der Zuwanderung die Konfrontation. Der bayerische Innenminister Günther Beckstein hatte ein Eckpunktepapier formuliert, das in dem Satz mündete: «Deutschland ist (...) kein klassisches Einwanderungsland und darf dies auch künftig nicht werden».[45] Im Juni 2001 beschloss der «Kleine Parteitag» der CDU ein Konzept, bei dem die Begrenzung der Zuwanderung in die Bundesrepublik im Vordergrund stand.[46] Zum Eklat kam es in der Bundesratsdebatte vom 22. März 2002. Was wie eine echte Empörung aussah, war jedoch einstudiert und ein großes Schauspiel. Bereits am 20. Dezember 2001 hatte Brandenburgs Ministerpräsident Manfred Stolpe (SPD) erklärt, sein Land, das er in einer Großen Koalition mit der CDU regiere, werde dem Gesetz zustimmen, wenn am Gesetzestext gewisse Veränderungen vorgenommen würden. Diesen Forderungen hatte Rot-Grün nachgegeben.[47] Auf der betreffenden Bundesratssitzung stimmten jedoch Ministerpräsident Stolpe und sein Innenminister Jörg Schönbohm (CDU) gegensätzlich ab, der eine mit Ja, der andere mit Nein, was der Regierende Berliner Bürgermeister und amtierende Bundesratspräsident Klaus

Wowereit (SPD) als Zustimmung wertete. Blicken wir genauer in die Sitzung hinein: Beim Aufruf der Länder zum Zuwanderungsgesetz antwortete für Brandenburg zunächst Arbeits- und Sozialminister Alwin Ziel mit «Ja!», woraufhin ihm Schönbohm mit «Nein!» widersprach. Daraufhin stellte der Bundesratsvorsitzende Wowereit fest, dass laut Grundgesetz die Stimmen eines Landes nur einheitlich abgegeben werden könnten, und fragte Stolpe, wie Brandenburg abstimme. Das Protokoll vermerkt: «Als Ministerpräsident des Landes Brandenburg erkläre ich hiermit Ja.» Schönbohm warf ein: «Sie kennen meine Auffassung, Herr Präsident!» Wowereit sagte: «Damit stelle ich fest, dass das Land Brandenburg mit Ja abgestimmt hat.» Die beiden CDU-Ministerpräsidenten Roland Koch, Hessen, und Peter Müller, Saarland, entrüsteten sich: «Verfassungsbruch», riefen sie mehrmals.[48] Es kam zu einem Tumult – der, wie sich später herausstellen sollte, zwischen den beiden abgesprochen war.

Immerhin stritten sich Staatsrechtler anschließend darüber, wie das Abstimmungsverhalten Brandenburgs im Bundesrat zu bewerten sei. Hatte sich Innenminister Schönbohm mit seiner Bemerkung «Sie kennen meine Auffassung» bei der letzten Befragung seinem Ministerpräsidenten gebeugt? Das Bundesverfassungsgericht jedenfalls erklärte das Prozedere für verfassungswidrig. Bundespräsident Johannes Rau hatte das Gesetz zwar unterschrieben, es trat vorerst jedoch nicht in Kraft. Erst nachdem sich eine parteiübergreifende Arbeitsgruppe unter Otto Schily mit den Verhandlungsführern der Union, Peter Müller sowie Edmund Stoiber, ein Dutzend Mal ergebnislos getroffen hatte, sollte im Juni 2004 doch noch eine Verständigung auf dem kleinsten gemeinsamen Nenner zustande kommen. Der Blick hatte sich dabei verschoben: Weg von einer humanitären und liberalen Zielsetzung, wie die Grünen sie wollten, und hin zu einem ökonomischen und pragmatischen Kalkül, in dem besonders die Begrenzung der Zuwanderung Beachtung fand. Das Zuwanderungsgesetz war somit eines der mühseligsten «Projekte» unter Rot-Grün. Die Regierung war 1998 mit der Erkenntnis angetreten, dass man Einwanderung gut (so die Grünen) oder schlecht (so Otto Schily) finden könne. Da sie jedoch nun einmal da sei, müsse man sie regeln und steuern. Seit Januar 2005 ist das Zuwanderungsgesetz in Kraft. Sein Ergebnis ist von der Terrorwelle nach 9/11 bestimmt worden. Der Vorzug des Gesetzes war, dass es für Ausländer nur noch zwei Aufenthaltstitel gab, eine (befristete) Aufenthalts- und eine (unbefristete) Niederlassungserlaubnis; Arbeitsgenehmigung und Aufenthaltserlaubnis werden seither in einem Akt erteilt. Der Zuzug von Arbeitskräften blieb dennoch stark eingeschränkt, der ungeregelte Zustrom unerwünschter und die Sozialsysteme belastender Ausländer wurde unterbunden, stattdessen die Zuwanderung hochqualifizierter Menschen gefördert. Neuzuwanderer müssen Sprach- und Integrationskurse besuchen; wer nicht teilnimmt, dem droht der Verlust der Aufenthaltserlaubnis. Die Möglichkeiten, Ausländer auszuweisen, wurden entgegen den ursprünglichen Absichten von Bündnis 90/Die Grünen erweitert. Dabei gerieten vor allem «geistige Brandstifter», sogenannte Hassprediger ins Visier.[49]

Für eine Kultur der Toleranz: Lebenspartnerschaftsgesetz

Seit 1969 ist Homosexualität in Deutschland nicht mehr strafbar, dennoch galt sie bis zur Mitte der 1980er Jahre als sittenwidrig. Der § 175 des Strafgesetzbuches, der die «widernatürliche Unzucht» regelte, ist erst 1994 abgeschafft worden. In diesem Jahr forderte das Europäische Parlament seine Mitgliedstaaten auf, gleichgeschlechtlich Lebende genauso wie andere zu behandeln. Es appellierte an die Europäische Kommission, dass Homosexuellen der Zugang zur Ehe oder zu entsprechenden Regelungen eröffnet werde. In einer Reihe europäischer Länder waren seither entsprechende Regelungen umgesetzt worden, nicht jedoch in Deutschland. Beispielgebend für einige europäische Staaten war Dänemark, das bereits 1989 ein Lebenspartnerschaftsgesetz verabschiedet hatte. Mit dem «Projekt», auf diesem Feld die Bürgerrechte auszuweiten und die Diskriminierung abzubauen, betrat Rot-Grün Neuland – doch dieses Terrain war in Deutschland umkämpft.

Gravierende Benachteiligungen gleichgeschlechtlicher Paare gab es in steuerlicher Hinsicht und bei Unterhaltsregelungen, in der Altersabsicherung sowie der rechtlichen Stellung im Krankheitsfall. Dies zu beheben würde, darin waren sich alle einig, einer gesetzgeberischen Innovation gleichkommen, denn es existierte keinerlei Regelung, an die man hätte anknüpfen können. Rot-Grün beanspruchte, «eine Kultur der

Toleranz in einer solidarischen Gesellschaft neu (zu) begründen»,⁵⁰ und der am 4. Juli 2000 eingebrachte Gesetzentwurf schlug vor, ein eigenes, familienrechtliches Institut, nämlich die «Eingetragene Lebenspartnerschaft», für jene gleichgeschlechtlichen Paare zu schaffen, die «einen gesicherten Rechtsrahmen für ihr auf Dauer angelegtes Zusammenleben unter Einbeziehung ihrer gleichgeschlechtlichen Identität» wünschten.⁵¹ Was in der Öffentlichkeit als «Homo-Ehe» verhandelt wurde, war parlamentarisch höchst umstritten. Dies betraf nicht nur die grundsätzlichen Zweifel daran, ob derartiges überhaupt notwendig sei. Das Grundgesetz forderte einen Schutz der Ehe, und dieser Schutz dürfe, so die Kritiker, unter keinen Umständen untergraben werden. Gleiches traf für die Institution der Familie zu. Beim Vorhaben von Rot-Grün handelte es sich Kritikern zufolge darüber hinaus um einen Verstoß gegen die Prinzipien der drei großen monotheistischen Religionen, die allesamt die Homosexualität verurteilten. Norbert Geis (CSU) fasste dies in der dritten Lesung des Gesetzes in dramatische Worte: «Ich halte diesen Gesetzentwurf für einen Verstoß gegen unsere Kultur und für den schlimmsten Angriff auf Familie und Gesellschaft.»⁵² Für den Christlich-Konservativen war das, was Rot-Grün geplant hatte, verfassungswidrig. Solche Bedenken ließen sich nicht einfach vom Tisch wischen. Der Versuchung, das Denken abzukürzen und zu Floskeln der Empörung gegenüber einer derartigen konservativen Argumentation zu greifen, gaben nicht wenige «Fortschrittliche» nach. Sie konnten sich auch großer Zustimmung sicher sein. Einer Forsa-Umfrage von Mitte 2000 zufolge plädierten 57 Prozent der Deutschen für eine Gleichstellung, 37 Prozent waren dagegen. Je jünger die Befragten waren, desto mehr stimmten sie dafür. Allerdings gerieten die meisten bei der Formulierung «Eheschließung» in Zweifel, eine offizielle Trauung beim Standesamt ging ihnen doch zu weit, das Hinterzimmer eines Notars musste offenbar genügen.⁵³

Wenngleich Rot-Grün nach der Verabschiedung des Gesetzes einmal mehr von einem «historischen Wendepunkt» sprach,⁵⁴ so darf dies nicht darüber hinwegtäuschen, dass es auch innerhalb der Koalition kontroverse Ansichten gab. Die Vorstellungen von Bündnis 90/Die Grünen und der sozialdemokratischen Justizministerin Herta Däubler-Gmelin gingen anfangs «total auseinander».⁵⁵ Bei der Ausarbeitung des Gesetzes entstanden internen Papieren zufolge «ernste Differenzen».[56] Während die Grünen für eine Öffnung der Ehe eintraten, wollte die Justizministerin lediglich eine Regelung ohne Rechtswirkung, womit einige Benachteiligungen etwa im Mietrecht fortbestanden hätten. Hinter dem Streit stand die Befürchtung des Justizministeriums, ein zu weit gehendes Gesetz lade geradezu zu Verfassungsklagen ein. Däubler-Gmelin wollte das Gesetz in einem Stufenplan durchbringen: erst den familienrechtlichen Teil und später den steuerrechtlichen, wobei der Bundesrat zustimmen musste. Die Grünen forderten hingegen ein Gesamtpaket aus Familien-, Miet-, Steuer- und Ausländerrecht, aus dem nur nach Bedarf zustimmungspflichtige Teile herausgelöst werden sollten. Sie argumentierten: Mit einem kleinen Gesetz, mit dem Homosexuelle vor das Standesamt treten dürfen, sei es nicht getan. Erst wenn es ums Geld gehe, werde die Sache ernst, und diese ernste Sache dürfe nicht hinausgeschoben werden. Damit konnten sie sich weitgehend durchsetzen.

Gegenüber Kanzler Schröder war eine «gewaltige Überzeugungskraft» vonnöten, um ihn in dieses Boot zu bekommen, wie Peter Struck berichtet.[57] Schröder wies in der SPD-Fraktion immer wieder darauf hin, dass die «Homo-Ehe» kein Leib- und Magenthema der SPD-Stammwähler sei und mahnte eine vernünftige Kommunikation an. SPD-Generalsekretär Franz Müntefering schrieb daraufhin einen viele Seiten umfassenden Brief an sämtliche Gliederungen der Partei und begründete, warum die Koalition diese «längst fällige Debatte begonnen und plausible Vorschläge vorgelegt» habe: Über Jahrhunderte hinweg seien Menschen mit gleichgeschlechtlicher Sexualität verfolgt, bestraft oder umgebracht worden. Machte der römische Kaiser Justinian Homosexuelle für Naturkatastrophen und Erdbeben verantwortlich und habe sie hinrichten lassen, so ließ Hitler Homosexuelle ins «KZ werfen und ausrotten». Auch in der Bundesrepublik, so erinnerte Müntefering, dauere die Diskriminierung an. In seiner Rede zum 8. Mai hatte Bundespräsident Richard von Weizsäcker erstmals 1985 Homosexuelle überhaupt als NS-Opfer erwähnt. «Die Strafbarkeit von Homosexualität hat nicht nur anständige und unbescholtene Männer ins Gefängnis gebracht, sondern auch der Erpressung Tür und Tor geöffnet und so das Leben unzähliger anständiger Männer und Frauen schlicht ruiniert», schrieb Müntefering. Dies vertrage sich nicht mit der Toleranz, die zu den Grundpfeilern der bundesdeutschen Gesellschaftsordnung gehöre. «Gleichgeschlechtliche Sexualität ist weder eine Krankheit oder schlechtes Benehmen, noch widernatürlich, noch unchristlich, noch Ausdruck einer kriminellen Gesinnung oder kriminellen Verhaltens.» An der Institution der Ehe, die zentral für die Gesellschaft sei, werde in keiner Weise gerüttelt, denn die eingetragene Lebenspartnerschaft sei eine eigene familienrechtliche Institution. Am Schluss stand ein Appell: «Wir haben die Chance, ein altes Vorurteil zu schleifen und auch hier Toleranz und Akzeptanz gegenüber einer Minderheit gesetzlich zu fixieren. Macht dabei mit.»[58]

Erst als Frank-Walter Steinmeier mit Schröders Frau Doris Schröder-Köpf gesprochen hatte, besann sich der Kanzler eines Besseren, gab nach und stimmte zu. Intern hieß das neue Gesetz deshalb «Lex Doris».[59] Vermutlich haben «Outings» von Prominenten und später von bekannten Politikern aus allen Parteien die Einstellungen in der Gesellschaft entkrampft. Dass Volker Beck, der damalige Rechtspolitische Sprecher der Grünen, der 2002 Erster Parlamentarischer Geschäftsführer seiner Fraktion werden sollte, seit Langem Vorkämpfer für das Lebenspartnerschaftsgesetz und homosexuell war, wusste die Öffentlichkeit. 2001 gesellte sich Klaus Wowereit (SPD), der Regierende Bürgermeister von Berlin, hinzu, 2002 Ole von Beust (CDU), Erster Bürgermeister von Hamburg, und 2004 legte Guido Westerwelle (FDP) seine Lebenspartnerschaft mit Alexander Mronz offen.

Das christdemokratische «Nein» zum Lebenspartnerschaftsgesetz war eher leise. Abgesehen von der bayerischen CSU gab es keine lautstarke Polemik auf Kosten Homosexueller. Auf ihrem kleinen Parteitag im Juli 2000 in Straubing warf die CSU-Spitze um Ministerpräsident Edmund Stoiber und Generalsekretär Thomas Goppel Rot-Grün vor, die Normen der abendländischen Gesellschaft zu verschieben.[60] Sie konnte sich dabei auf die Kirchen berufen. Nach der Lehre der katholischen Kirche war den Männern und Frauen mit homosexuellen Tendenzen «mit Achtung, Mitleid und Takt» zu begegnen, doch gehörten homosexuelle Praktiken «zu den Sünden, die schwer gegen die Keuschheit verstoßen», so das Vatikandokument zur Homosexuellen-Ehe. Die Evangelische Kirche in Deutschland sah Schwule und Lesben zwar als Teil der Gesellschaft an, war jedoch dagegen, die Ehe zwischen Mann und Frau auszuhöhlen.[61] Allerdings waren die protestantischen Landeskirchen gespalten. Die Lebenspartnerschaft bedeutete in den Augen prominenter Kirchenvertreter keinen Angriff auf die Familie, sondern stärkte die Gesellschaft und unterstützte Menschen, die füreinander einzustehen bereit waren. Margot Käßmann, hannoversche Landesbischöfin, befürwortete deshalb die rechtliche Anerkennung homosexueller Partnerschaften und sah eine Gefährdung der Ehe nicht durch gleichgeschlechtliche Paare, vielmehr durch eine allgemeine Bindungsangst der Menschen. Auch die evangelische Bischöfin von Hamburg, Maria Jepsen, lobte das Gesetz ausdrücklich, denn dadurch würden Menschen in gegenseitige Verantwortung und Verpflichtung gebracht.[62]

Trotz aller Bedenken innerhalb der Opposition – für eine populistische Kampagne wie gegen das Staatsbürgerschaftsrecht taugte das Thema nicht, denn in ihren eigenen familienpolitischen Leitlinien hatte sich die CDU bereits Schwulen und Lesben geöffnet. Anders als bei der «Doppelpass-Kampagne» hätte das Zielobjekt der Diffamierung in den eigenen Reihen gesessen – schwule Mitglieder hatte auch die Union, lesbische Wählerinnen ebenfalls.

Da das Gesetz im Bundesrat nicht zustimmungspflichtig war, wurde es am 10. November 2000 im Deutschen Bundestag angenommen und trat zum 1. August 2001 in Kraft. Damit war der Streit jedoch nicht beendet, denn die Bundesländer Bayern, Thüringen und Sachsen reichten Klage vor dem Bundesverfassungsgericht ein und beantragten – vergebens – eine einstweilige Anordnung, um das Inkrafttreten zu verhindern. Das oberste deutsche Gericht wies die Klage im Juli 2002 zurück. Mit Verve hatten die Kläger vorgetragen, es müsse ein «Abstandsgebot» zwischen der Ehe und anderen Gemeinschaften geben. Kurz und bündig erklärte Karlsruhe dazu: Ein solches Abstandsgebot gibt es nicht. «Es sei verfassungsrechtlich nicht begründbar (...), dass solche anderen Lebensgemeinschaften im Abstand zur Ehe auszugestalten und mit geringeren Rechten zu versehen sind». Aus der Schutzgarantie des Grundgesetzes für die Ehe folge kein Gebot, andere Lebensformen zu benachteiligen. Es kam also nicht auf den Abstand an, sondern einzig und allein auf den Schutz der Funktion der Ehe.[63] Im Jahr 2010 gaben im Mikrozensus des deutschen Statistischen Bundesamts rund 63 000 gleichgeschlechtliche Paare an, in einem gemeinsamen Haushalt in einer Lebensgemeinschaft zusammenzuleben. Rund 23 000 Paare, etwa 37 Prozent, hatten eine Lebenspartnerschaft geschlossen.[64]

Dass Deutschland dadurch moderner und liberaler geworden sei, wird gerne behauptet und es trifft auch zu. Nicht bei sämtlichen solcher Vorhaben, die Schröder und Teile der SPD oft abwertend als Minderheitenthemen bezeichneten und denen sie mit Skepsis entgegentraten, ist dies der Fall. Betrachtet man die Folgen eines neuen Prostitutionsgesetzes vom Dezember 2001, so stellt sich die Frage, ob dieses ebenfalls eine Etappe der gesellschaftlichen Modernisierung darstellte oder nicht vielmehr Ausdruck, vielleicht sogar Symptom eines insgesamt fehlgeleiteten Modernisierungstrends war.

Über Parteigrenzen hinweg waren sich Politiker einig, die Sittenwidrigkeit von Prostitution aufzuheben. Doch der Koalition, vor allem Bündnis 90/Die Grünen, reichte das nicht: Existierte bereits eine Steuerpflicht für Prostituierte, so sollte darüber hinaus ein geregeltes Beschäftigungsverhältnis mit Zugang zu den Sozialversicherungen geschaffen werden. «Rente im Rotlichtmilieu», titelte der «Spiegel» polemisch.[65] Hätten reguläre Arbeitsverträge nicht unerwünschte Folgen, würden sie nicht Prostituierte vertraglich zwingen, wie stand es mit einer Kündigungsfrist? Auch wiesen Polizei und Sozialarbeiter auf das Problem der Zwangsprostitution hin, die nach Deutschland verschleppten Opfer kriminellen Menschenhandels. Zehn Jahre nach dem Gesetz bewiesen verschiedene von der EU in Auftrag gegebene Studien die negativen Folgen einer gut gemeinten «gesellschaftlichen Modernisierung» auf diesem Feld: Deutschland verfügte über eines der liberalsten Prostitutionsgesetze der Welt, doch dies führte zu mehr Menschenhandel und illegal eingeschleusten Prostituierten, weil die «Nachfrage» im Zuge der Legalisierung – in der Beamtensprache: Marktvergrößerung – rapide angewachsen war. Deutschland hatte sich zu einem Paradies für Freier und Menschenhändler entwickelt.[66] Eigentlich sollte das Gesetz die Lebenswirklichkeit von Prostituierten positiv verändern, doch waren vor allem die Zuhälter die wahren Profiteure, da ihre «Branche» eine gesellschaftliche Anerkennung erfuhr. In Deutschland kam es zu unzähligen Neugründungen von Bordellen. Bei der Vorbereitung des Gesetzes waren solche möglichen Entwicklungen überhaupt nicht bedacht worden. Andere Länder wie Schweden, das 1999 den Kauf von sexuellen Dienstleistungen verboten und unter Strafe gestellt hatte – wohlgemerkt, eine Strafandrohung für die «Käufer», nicht für die Prostituierten –, konnten entgegengesetzte, positive Resultate berichten: weniger Zwangsprostitution und bessere Arbeitsbedingungen für Prostituierte. Das negative deutsche Beispiel führte in Frankreich und Spanien zu Regelungen, die den schwedischen entsprachen.

Andere Bereiche waren unzweifelhafter. Das «Antidiskriminierungsgesetz», das in die Reihe der bürgerrechtlichen Erweiterung gehörte und vor allem wiederum von Bündnis 90/Die Grünen forciert wurde, ist erst nach der rot-grünen Koalition 2006 verabschiedet worden. Kern dieser Umsetzung von EU-Richtlinien war, Teilhabegerechtigkeit zu fördern und Benachteiligungen aus Gründen der ethnischen Herkunft, des Geschlechts, der Religions- oder Weltanschauung, einer Behinderung, des Alters oder der sexuellen Identität zu verhindern. Im Arbeitsrecht verfolgte es das Leitbild, Menschen nach ihren Leistungen und Fähigkeiten und nicht nach persönlichen Eigenschaften, die nicht zu ihrer Disposition stehen, zu beurteilen. Im Zivilrecht ging es darum, Vertragsfreiheit für alle zu gewährleisten und Menschen nicht willkürlich vom Zugang zu Gütern und Dienstleistungen auszuschließen. Das Gesetz schuf ein größeres Bewusstsein für Probleme und Mechanismen beim Schutz gegen Diskriminierung – dies bleibt bemerkenswert. Befürchtungen, das Gesetz werde Arbeitsplätze gefährden, die Einstellung wirklich Qualifizierter beeinträchtigen oder zu einer Flut von Klagen führen, stellten sich nach einer Umstellungsphase vor allem der Unternehmer sowie durch eine angemessene Rechtsprechung meist als unbegründet heraus. Allerdings ist nicht von der Hand zu weisen, dass einmal mehr ein neuer und großer bürokratischer Aufwand betrieben werden muss. In Europa gingen Belgien, Frankreich, Schweden und Ungarn bei der Umsetzung der EU-Richtlinien den gleichen Weg wie die Bundesrepublik, andere Länder wie die Niederlande oder Irland verfügten zuvor schon über einen umfassenden Schutz vor Diskriminierung.

Zaubertrank Zivilgesellschaft? «Zukunft des bürgergesellschaftlichen Engagements»

2000 war das unverkrampfteste und sorgenfreiste Jahr für Rot-Grün überhaupt. Die Regierung hatte sich gefangen, die Anfängerfehler gehörten der Vergangenheit an und die Reformmaschine lief rund. Mit der Arbeit an einem Zuwanderungsgesetz und der Zulassung gleichgeschlechtlicher Lebensgemeinschaften sollte Deutschland von alten Zöpfen befreit werden und sich liberalen Ländern des Nordens und Westens anschließen. Die erste Stufe der ökologischen Steuerreform war unter Dach und Fach, bei den Konsensgesprächen zum Atomausstieg ging es ebenfalls voran, und die ökologische Modernisierung des Landes war auf einem guten Weg; davon wird noch zu berichten sein. Die unruhigen Zeiten in den Parteien waren zu Ende, die Sozialdemokraten hatten den Schock von Lafontaines Rücktritt überwunden, und die neue Parteiführung der Grünen war kooperativer und umgänglicher als die alte. Das Verhältnis der Regierungspartner zueinander kennzeichnete eine große Harmonie, und wenn es eine Phase gab, in der das Gefühl aufkam, Rot-Grün sei keine Zufallskoalition, sondern vielleicht tatsächlich eine Art «Projekt», dann in dieser Zeit.

Ein Zeichen guter Zusammenarbeit waren gemeinsame Klausursitzungen verschiedener Gremien der Regierungsparteien, und viele derer, die daran teilnahmen, schwärmten geradezu von einem neuen Politikstil der Offenheit und Entspanntheit. Da ist im Nachhinein auch viel verklärt worden. Doch die Konzilianz und Geschmeidigkeit, die sich ausbreitete, entsprang einer neuen Ruhe, mit der die Dinge betrachtet wurden. Das «Lernen unter Stress» war vorbei, und auch die Grünen rückten mit einem neuen, unaufgeregten Stil in die Mitte der Gesellschaft. Dies war nicht zuletzt Fritz Kuhn zuzuschreiben, der von Juni 2000 bis zum Ende der Legislaturperiode 2002 zunächst neben Renate Künast Bundesvorsitzender der Grünen war (die sogenannte K.-u.-K.-Führung), dann, als diese Ministerin wurde, ab März 2001 mit Claudia Roth amtierte. Kuhn war enger Vertrauter von Joschka Fischer. «Fischers Fritz», spotteten einige über das Gründungsmitglied der baden-württembergischen Grünen und Vorsitzenden der grünen Landtagsfraktion in Stuttgart, der 1978 die SPD hinter sich gelassen hatte; erst 2002 gelangte Kuhn in den Deutschen Bundestag. Da die urgrüne Trennung von Amt und Mandat schon gelockert war, glaubten er und Roth, sie ganz aufschnüren zu können. Nur so hätten beide sowohl den Parteivorsitz als auch ihre Bundestagsmandate behalten können. Auf zwei Parteitagen verweigerten die grünen Delegierten die Gefolgschaft – Roth und Kuhn verzichteten auf den Vorsitz und blieben im Parlament. Über Nacht wurden die Verteidigungspolitikerin Angelika Beer und Bundesgeschäftsführer Reinhard Bütikofer zu neuen Vorsitzenden. Kuhn, ein brillanter Kopf, war grüner Vordenker und Verfasser mehrerer Strategiepapiere. Poltern und draufschlagen lag dem Intellektuellen nicht, was die Liebe der «Basis» zu ihm begrenzte, und man hatte den Eindruck, dass die Schuhe, welche die Grünen ihm hinstellten, Fritz Kuhn stets ein bisschen zu klein waren, er mehr zu leisten imstande gewesen wäre, als man ihm zugestehen wollte. Durch seine enge Bindung an Fischer war er immer wieder als Reserve-Außenminister im Gespräch, so im Mai 2003, als Fischer mit einem Wechsel als EU-Außenminister nach Brüssel kokettierte. Aber auch daraus wurde nichts. Mit Rezzo Schlauch, der ihn an Größe und Leibesfülle weit überragte, bildete Kuhn ein schwäbisches Realo-Traumpaar, das man «Asterix und Obelix» nannte. «Wie die meisten Kinder», so schrieb ein Journalist der «Süddeutschen Zeitung» treffend, «mochten auch die Grünen Obelix irgendwie lieber.»[67]

Noch nie, so wussten Demoskopen im Sommer 2000 zu berichten, habe eine Regierung in der Mitte der Legislaturperiode so gut dagestanden wie die bestehende Regierungskoalition. Die Anhängerschaft sei stabil und die Reformbereitschaft in der Bevölkerung wie auch die individuelle Risikobereitschaft seit dem Machtwechsel 1998 deutlich gestiegen. Es habe sich geradezu eine Stimmung ausgebreitet, die noch mehr Reformen erwarte und wünsche.[68]

Seit dem Frühjahr des Jahres 2000 wurde der Begriff «Zivilgesellschaft» in das Zentrum der Debatte um eine Modernisierung sozialdemokratischer Politik gestellt und löste das Etikett des «Dritten Weges» ab. Kanzler Schröder berief einen kleinen Gesprächskreis von Intellektuellen und Experten, die mit ihm die Frage erörtern sollten, ob der Begriff «Zivilgesellschaft» zu einer übergreifenden Leitidee werden könne, die als Dach verschiedener Politikfelder taugte, um Wirtschaftswachstum, politische Freiheit und sozialen Zusammenhalt in Zeiten der Globalisierung miteinander zu verbinden. Unter ihnen befanden sich die Soziologieprofessoren Ulrich Beck, München, Oskar Negt, Hannover, und Rolf G. Heinze, Bochum, die Professoren für Politikwissenschaft Wolfgang Merkel, Heidelberg, und Werner Jann, Potsdam, sowie der Volkswirtschaftler Birger Priddat, Witten-Herdecke, außerdem Erhard Eppler und Manfred Güllner, Geschäftsführer der Forsa GmbH.[69] Ziel war es, Konzepte zu entwickeln, die einer zunehmenden Politikverdrossenheit entgegenwirkten und der tief verwurzelten Staatsgläubigkeit der Deutschen den Garaus machten. Der Schachzug von Rot-Grün, Reformen nicht als unabwendbaren Verzicht auf Besitzstände, sondern den Bürgern als Gewinn an Gestaltungsmöglichkeiten zu vermitteln, war durchaus klug.

Schröders Namensartikel «Die zivile Bürgergesellschaft» in einer Debattenzeitschrift[70] stieß auf große Aufmerksamkeit und wurde als geschickter Versuch interpretiert, eine politische Mehrheit für Reformen zusammenzubringen. Wenn die Menschen, so der hinter diesem Vorstoß stehende Gedanke, gar nicht mehr wissen, was ihre Beteiligung an der Gesellschaft verändert, sondern fortwährend mit Globalisierungsschlagworten traktiert werden, besteht die Gefahr, dass sie sich einigeln. Dieses Einigeln erzeugt Angstpotentiale und gefährdet den Zusammenhalt der Demokratie. Für «Linke» wie Oskar Negt bedeutete Zivilgesellschaft auch, dass «die politischen Tugenden stärker ihren Eigensinn gegenüber den Machtanforderungen der Wirtschaft» ausspielen sollten.[71] Zivilgesellschaft, so hieß es in einem Briefing für den Bundeskanzler, bleibe nicht im nationalen Container gefangen. «In der Globalisierung ist sie nicht nur national oder identisch mit dem ‹Westen›, sondern auch global zu verstehen.» Dahinter stünden große Fragen: «Was integriert Gesellschaften, wenn die Wirtschaft weltweit agiert, der Staat europäisch wird, die Demokratie national bleibt und die Bedürfnisse lokal» zum Ausdruck gebracht werden?[72]

Reflexhaft brandete die Kritik auf: dass nicht Rechte, sondern Pflichten das Korsett einer so gestalteten neuen Gesellschaft seien und dass der Rückgriff auf die Zivilgesellschaft lediglich die vom haushaltspolitischen Sparzwang diktierte Kürzung staatlicher Ausgaben verdecke.[73] Diese Kritik entbehre sicherlich nicht ganz der Grundlage, dennoch verkürzte sie eine zentrale, auch international geführte Debatte darüber, wonach der Strukturwandel hin zur Wissens- und Informationsgesellschaft mehr denn je engagierte und befähigte Bürger benötigte.

Zivilgesellschaft – dies ist ein Bereich zwischen Staat, Markt und Familie, ein Zwischengebilde. Seine Prinzipien sind: Selbstorganisation, Freiwilligkeit, Teilhabe und Gemeinwohlorientierung, keine Ausrichtung auf materiellen Gewinn, Gemeinsinn als Handlungskonzept. Man musste dabei nicht nur an die amerikanische Bürgerrechtsbewegung der 1960er Jahre oder an die Neuen Sozialen Bewegungen vor allem in der Bundesrepublik seit den 1970er Jahren denken – die Umwelt-, Friedens- und Frauenbewegung, die zahlreichen Bürgerinitiativen –, sondern an Sportvereine, an den religiösen Bereich, an die freiwillige Feuerwehr, an Wohlfahrtsverbände, Stiftungen. In einer solchen Perspektive waren zivilgesellschaftliche Organisationen Non-Profit-Organisationen. Das Motiv ihres Zusammenschlusses war also nicht die Gewinnmaximierung wie bei normalen Wirtschaftsunternehmen; und sie waren auch nicht gekennzeichnet durch amtliche Hierarchien wie staatliche Verwaltungen.[74] Der Charme von Zivilgesellschaft schien darüber hinaus auch zu sein, dass er die osteuropäischen Revolutionen von 1989, auch die Revolution in der DDR, mit einschloss, denn die Doppeldeutigkeit des Begriffes «zivil» kam bei dieser Selbstbefreiung des Individuums aus der durchherrschten Gesellschaft zum Ausdruck: Zum einen stand er für «zivilisiert» im Sinne authentisch-menschlicher Wesenszüge, von denen das Individuum durch den lebensfernen Staat entfremdet war; zum anderen beinhaltete «zivil» die Bedeutung von «nicht-staatlich». Der Begriff Zivilgesellschaft wurde also, so kann man sagen, mit großen Visionen bestückt.[75]

Im Januar 2000 konstituierte sich die Enquete-Kommission des Deutschen Bundestages «Zukunft des bürgerschaftlichen Engagements», die konkrete politische Strategien und Maßnahmen zur Förderung entwickeln sollte. Freiwilligensurveys von 1999 hatten gezeigt, dass das bürgerschaftliche Engagement in den einzelnen Bundesländern sehr unterschiedlich ausgeprägt war. Die Engagementquoten – berücksichtigt wurde die Wohnbevölkerung über 14 Jahre – in den einzelnen Bundesländern schwankten erheblich, sie reichten von 24 Prozent in Berlin als unterster bis 40 Prozent in Baden-Württemberg als oberster Wert. Sämtliche alten Bundesländer rangierten im oberen Bereich, sämtliche neuen Bundesländer im unteren.[76]

Im Westen existierte ein Zusammenhang zwischen sozialem Kapital und Zivilgesellschaft; dieses Muster fand sich im Osten nicht. Die Zufriedenheit mit dem politischen System, mit dem Funktionieren der Demokratie und das Vertrauen in öffentliche Institutionen waren im Osten deutlich geringer als im Westen. Die ostdeutsche Gesellschaft hatte allein schon aus demographischen Gründen Probleme, zivilgesellschaftliches Engagement in der Größenordung des Westens zu erreichen. Das größte Problem in Ostdeutschland – neben der angespannten ökonomischen Lage – war jedoch das Phänomen des Kulturbruchs. Die vorhandenen Strukturen waren in Ostdeutschland für eine Zivilgesellschaft weniger günstig als im Westen: Die Anbindung des freiwilligen Engagements in der DDR war eine andere als in der Bundesrepublik. Die Infrastruktur wurde über die großen Betriebe und Großorganisationen geprägt – ein Typ von organisatorischer Infrastruktur, der nach dem Untergang der SED-Diktatur kaum noch vorhanden war. Die Anbindung freiwilligen Engagements folgte im Osten viel weniger als im Westen dem Wohnortsprinzip.

Engagementhemmnisse ließen sich im Osten zuhauf finden. Das wichtigste Hemmnis lag auf der Hand: Die Gewohnheiten und Erwartungen der Menschen gegenüber westlichen Haltungen waren eher abwertend. Eigeninitiative wurde in der Vergangenheit weder benötigt noch gefördert. Im Rückblick auf die Situation bürgergesellschaftlichen Engagements zu DDR-Zeiten meinten viele, dass früher festere Strukturen für ein Engagement bestanden hätten und dieses im Gesellschaftssystem besser integriert und verankert gewesen sei als nach der Wiedervereinigung. Strukturen, die mit der Wiedervereinigung zum großen Teil ersatzlos gestrichen worden waren, sollten, so nahmen es die Ostdeutschen wahr, nun wieder ansatzweise aufgebaut werden. Diese Wahrnehmung löste bei ihnen eine Mischung aus Unverständnis, Ärger und Schadenfreude gegenüber den «westlichen Eroberern» aus.

In Ostdeutschland hatte es Rot-Grün also schwer mit der Idee, über eine zivile Bürgergesellschaft der Politikverdrossenheit entgegenzuwirken. Diese Idee, ein offener Bürgerstaat könne den Schutz der Schwachen garantieren, indem er die Menschen zu gemeinschaftlicher Verantwortung ermuntere, war anspruchsvoll. Der geradezu demokratietheoretische Versuch, «Zivilgesellschaft» als Markenzeichen rot-grüner Politik zu begründen, starb an dem Tag, an dem eine vom Kanzleramt in Auftrag gegebene repräsentative Meinungsumfrage in der Bundesrepublik zu dem Ergebnis kam: Die Deutschen können nicht zwischen Zivilgesellschaft und Zivildienst unterscheiden. Was sollte man mit einem solchen Begriff noch bewirken können? Begriff, Absicht und Chancen blieben ihnen, auch wenn sie sich engagierten, oftmals fremd. Anschließend schob man die Debatten um einen aktivierenden Staat, um Teilhabe, um kulturelles und soziales Kapital engagierter Bürger in die Enquete-Kommission des Deutschen Bundestages, verlagerte sie in Expertenrunden; das, was als moralische Erneuerung des Zeitgeistes beschworen worden war, kam nahezu vollständig zum Erliegen.

Riester-Reform: Das Ende der staatlichen Rente?

Dabei hätte man bei zentralen Vorhaben wie bei der Zukunft der Alterssicherung eine breite Fundierung nötiger denn je gehabt. Seit der Rentenreform von 1957 bildete die gesetzliche Rentenversicherung keinen Kapitalstock mehr. Die Arbeitnehmer finanzieren direkt die jeweilige Rentnergeneration. Dieses Umlageverfahren funktioniert gut, solange die Zahl der Beitragszahler steigt, bei schrumpfender Bevölkerung gerät es hingegen schnell in die Krise. Die Herausforderungen des Sozialstaates betreffen ganz wesentlich die Rentenpolitik. Schon einige wenige Zahlen verdeutlichen dies: Das jahresdurchschnittliche Wachstum des preisbereinigten Bruttoinlandsprodukts ging in der Periode von 1975 bis 2011 um durchschnittlich vier Prozent gegenüber der vorangegangenen Periode von 1950 bis 1974 zurück – von 5,8 Prozent auf 1,8 Prozent. Schwächeres Wirtschaftswachstum ließ die Arbeitslosigkeit ansteigen. Die Folge sind verminderte Einnahmen für sozialstaatliche Aktivitäten bei gleichzeitig größerer Nachfrage. In Deutschland ist zudem die Alterung der Gesellschaft weit fortgeschritten, gemeinsam mit Italien und Japan gehört es zu der Spitzengruppe. Der Bevölkerungsanteil der mindestens 65-Jährigen lag 2009 bei rund 21 Prozent und soll 2060 auf 33 Prozent steigen, während gleichzeitig der Anteil der unter 20-Jährigen auf 16 Prozent sinkt. Natürlich ist gegenüber solchen Prognosen auch Vorsicht geboten, doch eines ist gewiss: Ab den 2020er Jahren wird die Generation der «Babyboomer» das Rentenalter erreichen, und diesen sehr starken Jahrgängen stehen dann nur schwache Jahrgänge gegenüber, die sich im Erwerbsalter befinden.[77]

Die Rentenform von 2000/2001 stellte nur einen von unzähligen Rentenreformversuchen dar, die immer schon nach wenigen Jahren wieder der Korrektur bedurften. Doch in der Geschichte des bundesdeutschen Sozialstaats bedeutete sie einen klaren Systembruch, was ihre Bedeutung unterstrich.

Das Wort «riestern» hat Eingang in den deutschen Wortschatz gefunden. Gemeint ist damit der Abschluss einer privaten Altersvorsorge mit staatlicher Subvention. Für Walter Riester selbst stellte diese Neufundierung des deutschen Rentensystems eine logische Konsequenz seiner politischen Vorstellungen dar. Die «Riester-Rente» wurde im Mai 2001 vom Bundestag verabschiedet und ist im Altersvermögensgesetz geregelt. Mit der Idee einer privaten, kapitalgedeckten und damit versicherungsähnlichen Zusatzrente wurde das Paradigma deutscher Sozialstaatlichkeit, nach der allein der Staat für die Altersversorgung zuständig sei, zugunsten einer Mitverantwortung des Einzelnen durchbrochen. Sozialstaatsexperten sprechen deshalb von einem sozialpolitischen Paradigmenwechsel.[78] Von der bis dahin dominierenden Ein-Säulen-Politik sei der Weg zu einer Mehr-Säulen-Strategie eingeschlagen und das traditionelle System einem fundamentalen Wandel unterworfen worden. Folgenreich war, dass die Arbeitgeber bei der Riester-Rente nicht in gleicher Weise wie bei den anderen Sozialbeiträgen beteiligt waren, nämlich zur Hälfte. An die Stelle der bis dahin geltenden paritätischen Finanzierung traten private Vorsorge und staatliche Subvention, also «Privatisierung und Etatisierung».[79] Ferner wurden bisherige Berufs- und Erwerbsunfähigkeitsrenten zugunsten einer einheitlichen Erwerbsminderungsrente abgeschafft. Hinzu kam eine Anpassung der Altersicherung von Frauen und Hinterbliebenen; auch folgten die Renten nicht mehr einer «Nettoanpassung», sondern einer neuen, komplizierten Rentenformel. Diese Reform markierte einen historischen Bruch mit der sozialpolitischen Leitkonzeption, welcher sich die Bundesrepublik Deutschland seit der Adenauerschen Rentenreform von 1957 verschrieben hatte: einer Lebensstandardsicherung im Alter mittels einer gesetzlichen Rentenversicherung, die im Umlageverfahren finanziert wird. «Die Rentenreform 2000/2001», so bilanziert Manfred G. Schmidt, «erweist sich als ein vielschichtiges, folgenreiches Gesetz. Mit ihr führt ein Pfad weg von der Sozialversicherung, der Hauptroute in Deutschlands Altersversicherung.»[80]

Angesichts der bereits beschriebenen Börseneuphorie zur Jahrtausendwende blieb die Rentenreform hinter den Erwartungen und Forderungen mancher weit zurück. In den Printmedien gab es täglich Anzeigen und umfangreiche Supplements der Finanzdienstleistungsbranche, mit denen eine neue Zeit eingeläutet werden sollte: die künftige Rente aus den Gewinnen von internationalen Aktienfonds. Warum an der gesetzlichen Rente herumdoktern, um langfristige Stabilität zu erreichen, wenn es der freie Markt und die Börse im Zeichen weltweiter Aktienhöchststände und mit dem Versprechen einer fortwährend boomenden globalisierten Ökonomie besser konnten? Wäre es nicht sinnvoller, die gesetzliche Rentenversicherung abzuschaffen und ganz auf Aktien- und Fondsbasis umzustellen, wie liberale Ökonomen forderten? Andererseits: Wer wollte die Börsenkurse des Jahres 2030 vorhersagen, wer wusste, was in der amerikanischen oder japanischen Wirtschaft passieren würde – wäre also ein solches Kalkül nicht mit unwägbaren Risiken behaftet? Kaum einer glaubte noch an den Slogan «Denn eines ist sicher: Die Rente», welchen der langjährige Arbeits- und Sozialminister aus der Ära Kohl, Norbert Blüm, seinerzeit auf Litfaßsäulen plakatieren ließ. Die neue Zeit kennzeichnete eine Delegitimierung des überkommenen Rentensystems wie noch niemals zuvor. Deshalb war die rot-grüne Rentenreform beides: ein «Vorwärts- und ein Abwehrkampf»[81] – vorwärts in eine zum Teil kapitalgedeckte und vom Staat geförderte Privatvorsorge, um der Dramatik der demographischen Entwicklung entgegenzuwirken, und Abwehr einer vollständigen Privatisierung der gesetzlichen Rentenversicherung, um den Stabilitätsanker gegenüber unberechenbaren Marktprozessen beizubehalten. So gesehen war die Riester-Rente ein geradezu beispielhafter Kompromiss zwischen Modernisierern und Traditionalisten, ein Zwitterwesen.

Mit der Reform war so gut wie niemand zufrieden, den Minister einmal ausgenommen. Die Grünen vermissten eine neue Gerechtigkeit zwischen den Generationen, welche die Erste Parlamentarische

Geschäftsführerin Katrin Göring-Eckardt zusammen mit Thea Dückert und Kerstin Müller angemahnt hatte.[82] Göring-Eckardt, eine der wenigen ostdeutschen Grünen, die in Führungspositionen aufstiegen, war Gründungsmitglied der DDR-Bürgerbewegung «Demokratie jetzt» gewesen, hatte sich in protestantischen Kirchenkreisen engagiert und sollte in der zweiten Legislaturperiode von Rot-Grün mit Krista Sager die Fraktion führen. Als gesundheits- und rentenpolitische Sprecherin ihrer Fraktion plädierte Göring-Eckardt für eine steuerlich begünstigte Stärkung der privaten Alterssicherung, die über jene des Arbeitsministers hinausging. Den SPD-Linken war die Reform gerade aus diesem Grund der privaten Vorsorge missliebig bis verhasst,[83] sie übten sich jedoch in Fraktionsdisziplin. Die gemeinsame Erklärung von Gewerkschaften und Sozialverbänden, die sich zu einem «alternativen Rentengipfel» zusammengefunden hatten, war deutlich gegen eine Systemveränderung ausgerichtet. «Wenn die Pläne verwirklicht werden», so hieß es dort, «das Niveau der gesetzlichen Rentenversicherung abzusenken, um private Vorsorge zu erzwingen, so ist dies mehrfach problematisch und strikt abzulehnen.»[84] In einem Schreiben an Bundeskanzler Schröder und Walter Riester äußerten Klaus Zwickel und Horst Schmitthenner, der Vorstand der IG Metall, ihre «Verwunderung und Enttäuschung» über die «gänzlich inakzeptable» Rentenkonzeption. Sie rechneten dem Bundesminister für Arbeit und Sozialordnung vor, dass nach seinen Plänen das Rentenniveau von damals 70 Prozent bis 2040 auf 60 Prozent und im Jahr 2050 sogar auf 54 Prozent zu fallen drohe. Damit würde sich die gesetzliche Rente in der Nähe zur Sozialhilfe bewegen, was unter keinen Umständen hinnehmbar sei. Die Strukturbrüche und die Leistungseinschnitte hätten mit einer «solidarischen Reform» nichts zu tun, so schloss der an empörten Formulierungen reiche Brief.[85]

Riesters Antwort war im Ton nicht weniger empört. Man spürte in jeder Zeile, wie sehr es Riester schmerzte, als «Verräter» an gewerkschaftlichen oder allgemein an Arbeitnehmerinteressen hingestellt zu werden. Das Schreiben begann mit dem Satz: «Ich vermisse in Eurer Stellungnahme einen realistischen Ansatz, wie den unzweifelhaft auf die Bevölkerung zukommenden Problemstellungen begegnet werden soll.» Er, Riester, könne sich noch gut an die rentenpolitischen Debatten im Vorstand der IG Metall erinnern, an denen sich die beiden, die jetzt Steine nach ihm warfen, beteiligt hatten und die viel wirklichkeitsnäher gewesen seien als der Inhalt ihres Briefes an ihn. Er machte – fast beleidigt, dass dies nicht gewürdigt wurde – darauf aufmerksam, dass er mit den Gesetzen gegen die Billigjobs gute Grundlagen geschaffen habe: «In einem enormen Kraftakt haben wir die Zahl der Beitragszahler erhöht. Durch die Neuregelung der geringfügigen Beschäftigungsverhältnisse sind 4 Mio. Arbeitsverhältnisse neu in die Rentenversicherung einbezogen worden. Wir haben es gegen viele Widerstände auch unternommen, die Scheinselbständigen in die gesetzliche Rentenversicherung einzubeziehen.» Deshalb verstehe er den vollkommen ungerechtfertigten «Aufschrei» der Gewerkschaften nicht und mahnte: «So kann es nicht weitergehen. Mit einer Politik des ‹Wasch mir den Pelz, aber mach' mich nicht nass› sind die vor uns liegenden Probleme nicht zu bewältigen. Was ich vorschlage, ist keine Politik gegen die Kolleginnen und Kollegen in den Gewerkschaften, sondern für sie.» Dann führte Riester aus, dass in der Rente eine Brücke zwischen den Generationen und Geschlechtern errichtet werde, dass es zu einem «Risikomix» kommen müsse. Dies seien «historische Aufgaben», die er sich nicht durch Vorwürfe, ja Beleidigungen, die er nicht verdiene, kaputt machen lasse.[86]

Die parlamentarische Opposition, die eine Privatvorsorge gefordert hatte und an Konsensgesprächen beteiligt war, ließ den Arbeitsminister nicht im Regen, aber auch nicht in der Sonne stehen. Sie sagte ein deutliches «Jein» zur rot-grünen Rentenreform, lehnte sie im Bundestag ab, stoppte sie jedoch im Bundesrat nicht. «Riesters Rentensalat», titelte die «Frankfurter Rundschau» bissig, und die «Financial Times Deutschland» vermutete, der Arbeitsminister habe aus Furcht vor den Wählern zurückgesteckt, weshalb alles andere als ein großer Wurf herausgekommen sei.[87] Dass der Arbeitsminister mit seinem Gesetz nichts grundsätzlich Falsches gemacht habe, bildete die eine Seite der vorherrschenden Sichtweise und die dazugehörige andere lautete: Er habe nur etwas Halbfertiges geschaffen, das so nicht Bestand haben könne. Und tatsächlich: Nach Inkrafttreten der Reformgesetze vergingen keine zwei Jahre, bis die «Jahrhundertreform» überarbeitet wurde. Das zum 1. Januar 2005 in Kraft getretene Alterseinkünftegesetz sah die nachgelagerte Besteuerung von Alterseinkünften vor; außerdem wurde die Riester-

Rente «attraktiver» gestaltet, indem man die Anlagevorschriften für die Finanzbranche sowie das Verfahren zur Beantragung der staatlichen Zuschüsse vereinfachte. Regierung und Opposition bewegten sich auch beim «Nachhaltigkeitsgesetz» 2004 aufeinander zu, und der 1999 im Parteienstreit abgeschaffte demographische Faktor kam als Nachhaltigkeitsfaktor wieder zurück. Die Verbesserung lag darin, dass nicht nur die demographische, sondern die Beschäftigungsentwicklung für die Auswirkung auf die Rente berücksichtigt wurde.[88] Damit nicht genug: Im März 2007, zu Zeiten der Großen Koalition, trat eine schrittweise Anhebung der Regelaltersgrenze von 65 auf 67 Jahre hinzu. Aufs Ganze gesehen kann die Rentenreform 2001 jedoch als «Weichenstellungsgesetz» bezeichnet werden, denn bei allen nachfolgenden Änderungen ist die konzeptionelle Ausrichtung zu keinem Zeitpunkt grundsätzlich mehr in Frage gestellt worden.[89]

Ob dies ausreicht, um künftige Altersarmut zu verhindern, darf bezweifelt werden. 2011, nach zehn Jahren, stand die staatlich geförderte Altersvorsorge, die Riester-Rente, auf dem Prüfstand wissenschaftlicher Institute. Die Ergebnisse waren mehr als ernüchternd. Eine Studie des Deutschen Instituts für Wirtschaftsforschung (DIW) gelangte zum Urteil: «Die Riester-Produkte haben sich seit ihrer Einführung zu Ungunsten der Sparer entwickelt.» Die Renditen seien schlecht, hingegen die Gebühren hoch und die Kalkulationen der Anbieter, denen der Hauptvorwurf galt, undurchsichtig. Die Renditen erwiesen sich oft als so niedrig, dass man sein Geld auch gleich hätte im Sparstrumpf sammeln können. Eine Beispielrechung ergab: Möchte eine 35-jährige Frau nicht allein das herausbekommen, was sie eingezahlt und vom Staat erhalten hat, sondern darüber hinaus einen Inflationsausgleich und Zinsen, müsste sie ihren 109. Geburtstag erleben. Bereits frühere Studien hatten gezeigt, dass nur Methusalem, nicht jedoch ein Normalsterblicher, sich über die Riester-Verträge freuen konnte.[90] Deshalb lässt sich eines nicht von der Hand weisen: Die größte Profiteurin der Reform war die Versicherungs- und Finanzindustrie.

Walter Riester, Namensgeber einer der großen Sozialreformen in der Bundesrepublik, sollte dem zweiten Kabinett Schröder nicht mehr angehören. Nach der Wiederwahl 2002 bootete Schröder seinen Minister aus, der diesen Amtsverlust als die größte Enttäuschung seines Lebens empfand. Als die Presse berichtete, dass Wolfgang Clement «Superminister» für Wirtschaft und Arbeit werde, bat der Kanzler Riester zu sich. Riester schreibt dazu: «Das Gespräch fiel Gerhard Schröder offenkundig schwer. Bestätigt wurde ich einmal mehr in meiner Meinung, dass sein Image des skrupellosen Machtmenschen nicht stimmt. Fürwahr: Gerhard Schröder ist ein führungsstarker Bundeskanzler. Aber ein gefühlloser Bundeskanzler ist er nicht. Ihm standen die Tränen in den Augen, während er mich umarmte und mir seine Entscheidung mitteilte, die beiden großen Ministerien zusammenzulegen.»[91] Der scheidende Arbeitsminister hielt dies für falsch, was sich als zutreffend erweisen sollte, akzeptierte jedoch das Vorgehen des Kanzlers. Ob die versöhnliche Geste und die Tränen des Kanzlers gänzlich wahrhaftig waren? Politische Beobachter hatten in den zurückliegenden Jahren immer wieder attestiert, es sei schlimm, wie Schröder mit Riester umgehe. Er habe ihn seit der Flickschusterei mit dem 630-Mark-Gesetz das eine um das andere Mal nicht nur allein gelassen, sondern öffentlich regelrecht bloßgestellt.[92]

Bei seiner Rentenreform hatte sich Walter Riester immer auf die stellvertretende Fraktionsvorsitzende der SPD verlassen können, die ihm half, Klippen zu umschiffen, bevor sie im Januar 2001 selbst Ministerin wurde: Ulla Schmidt. Nach dem Neuzuschnitt der Ministerien mit der 15. Legislaturperiode ab Ende 2002 war Schmidt auch für die Renten zuständig: Die Themen Kranken-, Pflege-, Unfall- und Rentenversicherung gingen ins neue Ministerium für Gesundheit und Soziale Sicherung. Zusammen mit der Arbeitslosenversicherung, die dem neuen Ministerium für Wirtschaft und Arbeit unter Wolfgang Clement zugeschlagen wurde, hatten diese fünf Felder zuvor, bei Walter Riester, den Bereich «Sozialordnung» ausgemacht.

Dauerbaustelle Gesundheitsreform

Gesundheitsreformen, also gesetzliche Eingriffe in die Rahmenbedingungen der Krankenversicherung, standen in der Bundesrepublik seit den 1960er Jahren immer wieder auf der Agenda. An dieser Säule deutscher Wohlfahrtsstaatlichkeit sind unzählige Arbeiten vorgenommen worden, um die Ausgaben des Systems zu stabilisieren, Leistungen zu bewahren und die Effizienz zu steigern. Angesichts der Wirtschaftsrezessionen drehte sich seit den 1970er Jahren die Reformspirale immer schneller, und der Trend ging in die Richtung, für verschiedene Leistungen individuelle Zusatzzahlungen einzuführen und diese immer wieder zu erhöhen. Steigende Arbeitslosigkeit, Standortdebatte und Globalisierungsdruck sowie die erhöhten Kosten infolge der Wiedervereinigung hatten Spuren im System hinterlassen, als Rot-Grün mit dem Vorsatz antrat, das Land einer umfassenden Modernisierung auch auf dem Feld der Sozialpolitik zu unterziehen. Entsprechend ambitioniert waren die Pläne der grünen Gesundheitsministerin Andrea Fischer. Sie nahm nicht allein Korrekturen an Regelungen der Vorgängerregierung vor, sondern konzipierte eine umfassende Gesundheitsreform 2000. Jeder ihrer Inhalte war schon für sich genommen stattlich: Einführung eines Globalbudgets, Reform der Krankenhausfinanzierung, Stärkung der Hausärzte, Förderung von Selbsthilfegruppen, Integration von ambulanter und stationärer Versorgung, Einführung einer Positivliste, Aufbau einer systematischen Qualitätssicherung sowie Einführung eines gesamtdeutschen Risikoausgleichs.[93]

Namentlich das Globalbudget schürte die Emotionen. Dieses sollte die Obergrenze für das gesamte jährliche Ausgabevolumen bestimmen, welches nur in einem eng begrenzten Umfang steigen durfte – und diesen Umfang legte die Regierung fest. Gegen den Widerstand der Opposition wurde die Reform im Bundestag durchgesetzt, allerdings im Bundesrat mit einer Totalblockade abgelehnt. Im Vermittlungsausschuss fand eine Verwässerung statt, doch immerhin blieben die Budgetverschärfungen für Arzthonorare, Arzneien und Krankenhäuser. Andrea Fischer, die im Zuge der BSE-Krise zu Beginn des Jahres 2000 zurücktreten musste, überhob sich letztlich mit ihren Reformvorstellungen und konnte deren Umsetzung nicht mehr begleiten. Erschwerend kam hinzu, dass SPD-Gesundheitsexperte Rudolf Dreßler der grünen Ministerin ständig in die Parade fuhr und sie beschädigte. Dreßler hatte während der Kohl-Ära mit dem damaligen Gesundheitsminister Horst Seehofer (CSU) den sogenannten Lahnstein-Kompromiss erarbeitet, worauf das Gesundheitsstrukturgesetz von 1993 basierte. Er hielt sich selbst für ministrabel, jedenfalls glaubte er sich Fischer durch seine Erfahrung weit überlegen. Zum Zeitpunkt von Fischers erzwungenem Rücktritt stand Dreßler nicht mehr zur Verfügung, da er im September 2000 mit einem anderen ehrenvollen und schwierigen Amt betraut worden war: dem des deutschen Botschafters in Israel. Für die Gesundheitspolitik berief der Kanzler Ulla Schmidt, die in der Fraktion für die Bereiche Arbeit und Soziales, Frauen, Familie und Senioren zuständig war, als durchsetzungsstark galt, dem konservativen «Seeheimer Kreis» angehörte und über einen funktionierenden, auch menschlich guten Draht zum Kanzler verfügte.

Hatte bis zur Amtsübernahme von Schmidt kein grundsätzlicher Wandel in der Gesundheitspolitik stattgefunden, sondern waren im Wesentlichen Akzente verschoben worden, so sollte Rot-Grün in den folgenden Jahren auf diesem Feld ein Wechselbad der Stimmungen durchleben. Zunächst hatte es den Anschein, als würde mit Ulla Schmidt eine harmonische Phase beginnen. Schröder wünschte auf diesem verminten Feld vor der Bundestagswahl 2002 kein Risiko. Entsprechend zeigte sich Schmidt gegenüber der Gentechnologie offener und gesprächsbereiter gegenüber den gut organisierten Lobbyisten aus Ärzteschaft, Pharmaindustrie und Krankenkassen, mit denen sie an einem Runden Tisch Reformansätze auslotete. Ungeachtet dessen stießen die von ihr eingebrachten Gesetzesvorlagen wie das Arzneimittelausgaben-Begrenzungsgesetz zur Entlastung der Krankenkassen oder Reformen, die das Preissystem der Krankenhäuser betrafen, auf erhebliche Widerstände. Angesichts der Milliardendefizite der Krankenkassen nahm der Reformdruck zu, doch noch blieb der Deckel auf dem Kessel.

Erst die Agenda 2010 wirbelte seit 2003 auch die Gesundheitspolitik mächtig auf. Was jene, die sich auf diesem Gebiet trafen, im Einzelnen wollten und wollen, war vielgestaltig, lässt sich jedoch, auf den jeweiligen Nenner gebracht, ziemlich einfach beschreiben: Patienten wollen möglichst gut behandelt werden für wenig Geld, Ärzte wollen gut behandeln für viel Geld, die Pharmaindustrie will an ihren guten Medikamenten viel Geld verdienen, und die Kassen wollen für gute Medikamente wenig zahlen, Staat und Wirtschaft schließlich wollen einen Anstieg der Lohnnebenkosten vermeiden. Eine perfekte Lösung wird es bei solchen Interessengegensätzen niemals geben. Wegen der erst nach der Bundestagswahl von 2002 in ihrer ganzen Dramatik bekannt gewordenen Zahlen zur Arbeitslosigkeit, dem Etatdefizit und der Konjunkturflaute verabschiedete der Bundestag Ende November desselben Jahres ein sozialpolitisches Notprogramm: Die Rentenbeiträge stiegen auf 19,5 Prozent, Ärzte mussten eine Nullrunde einlegen, der Pharmaindustrie wurden Zwangsrabatte verordnet, und der Wechsel in Privatkassen wurde Beitragszahlern erschwert. Schmidt sah die Notwendigkeit einer «echten Strukturreform», welche durch die demographische Entwicklung sowie die Konjunktur- und Wachstumsschwäche verstärkt wurde. Die Anregung, versicherungsfremde Leistungen durch Steuern zu finanzieren, lehnte Finanzminister Hans Eichel jedoch strikt ab.[94]

Im Dezember 2002 nahm die von Schmidt berufene Expertenrunde «Kommission für die Nachhaltigkeit in der Finanzierung der Sozialen Sicherungssysteme» unter der Leitung des Wirtschaftswissenschaftlers Bert Rürup ihre Arbeit auf. Ende August 2003 lag der Bericht vor, der mit vorgeschlagenen Neuerungen nicht sparte: Erhöhung des Renteneintrittsalters, höhere Beiträge der Rentner zur Pflegeversicherung und eine Umstellung der Krankenversicherung zu einer Bürgerversicherung oder, alternativ, die Einführung einer Gesundheitsprämie. Parallel zur Rürup-Kommission suchte die Regierung im Zuge ihrer Agenda-2010-Reformen den Konsens mit der Opposition, dessen Ergebnis das Gesundheitsmodernisierungsgesetz vom Januar 2004 darstellte. Am Ende von Rot-Grün war die Gesundheitspolitik eine kleine Erfolgsstory: Die Kassenbeiträge kletterten nicht mehr wie früher, sondern sanken leicht, und die Kassen verbuchten nach mehreren Milliardendefiziten in Folge 2005 seit Langem wieder einen Überschuss. Die Macht der Kassen, Ärzte und Apotheker begrenzte die Gesundheitsreform kaum, doch gegen die Pharmaindustrie ging Rot-Grün schärfer vor als ihre Vorgänger. Gegen den heftigen Widerstand der Branche setzte Schmidt, die hinter ihrer fröhlichen rheinischen Art ein erstaunlich dickes Fell verbarg, Preismoratorien, Zwangsrabatte und Festbeiträge für patentgeschützte Arzneien durch. Kassen erhielten erstmals Milliarden aus der Tabaksteuer, die Privatisierung von Leistungen schritt voran; bei der Betrachtung der Agenda 2010 wird darauf zurückzukommen sein. Insgesamt also: Reformen, notfalls auch im Konflikt mit Ärzteverbänden, Pharmaindustrie und Versicherten, doch die Strukturen im vermachteten System veränderten sich kaum. Die Idee, die Gesundheitsreform in Richtung auf eine Bürgerversicherung fortzuentwickeln, die alle, auch Beamte und Selbständige, in ein solidarisches System bringen sollte, wurde von den Grünen stark unterstützt, von Sozialdemokraten teilweise und in der Opposition zumindest diskutiert.[95] Am Ende ließ man sie am langen Arm verhungern. Eine große Reform wurde verschoben, so dass weiterhin eine kleine Reform nach der anderen folgte. Das kränkliche Gesundheitssystem ließ sich so nicht kurieren. Schmidt galt am Ende von Rot-Grün als eine wichtige Stütze des Kabinetts und sie sollte auch die nächste der endlosen Runden der Gesundheitsreformen bestimmen: im Jahr 2007 als Gesundheitsministerin der Großen Koalition.

6. Umwelt, Klima, Atom –
Die neuen Menschheitsfragen

«Globalisierung» stieg in der rot-grünen Ära international und in Deutschland zu einem der wichtigsten Schlagwörter auf. Wie Globalisierung gestaltet werden konnte, welche Handlungsspielräume verblieben oder sogar neu eröffnet wurden und wie es um die Fähigkeit des Nationalstaates stand, bestimmte soziale und ökonomische Standards zu setzen, kennzeichnete die Debatte jener Jahre. Rot-Grün hielt sich zugute, den «Finger auf die Wunde der mangelnden Internationalität Deutschlands gelegt zu haben»,[1] wie sich der Kanzler ausdrückte. Man sei den Grundsätzen von Zusammenarbeit, Ausgleich und guter Partnerschaft gefolgt, die Willy Brandt seinerzeit für eine veränderte Welt gefordert habe. Stärker als je eine Regierung zuvor habe man sich dem sträflich vernachlässigten Nord-Süd-Verhältnis zugewandt.[2] Dabei beschränkte sich der Globalisierungsdiskurs nicht nur auf das Ökonomische, sondern umfasste im Besonderen die Umweltpolitik.[3] Treibende Kraft für umweltpolitische Reformen in vielen Ländern der Welt, besonders aber Europas, waren die Klimagipfel in der Nachfolge von Kyoto, wo 1997 zum ersten Mal eine völkerrechtlich verbindliche Klimarahmenkonvention[4] verabschiedet worden war, und namentlich der 2002 abgehaltene Weltgipfel für nachhaltige Entwicklung in Johannesburg. Dieser Gipfel lieferte für viele Staaten einen Anreiz, ihre jeweilige Umweltpolitik auch international darzustellen. So richtete beispielsweise Schweden ein Nachhaltigkeitsministerium ein. Dadurch veränderte sich ebenfalls der Anspruch an Deutschland, vor allem, da dort eine aus der Ökologiebewegung entstandene Partei mitregierte. Auf allen Gebieten dieser neuen Menschheitsfragen waren die Erwartungen hoch, und Rot-Grün schlug ein entsprechendes rasantes Tempo an. Schnell zeigte sich, wie schwierig es war, die Spur zu halten, und so geriet man das eine um das andere Mal arg ins Schlingern. Gleich beim ersten Vorhaben einer ökologischen Modernisierung von Staat und Gesellschaft, die sich Rot-Grün auf die Fahnen geschrieben hatte, war dies der Fall.

Ökologische Steuerreform: «Projekt der Moderne» oder rot-grüner «Murks»?

«Dem kleinen Mann wollte Rot-Grün mit der Ökosteuer Gutes tun. Aber Rentner und Arbeitslose wurden vergessen. Die großen Firmen sind unzufrieden. Und nun die kleinen Leute auch. Mittelstand? Auch nicht glücklich. Ökofreaks? Enttäuscht. Diese Ökosteuer genannte Nicht-Reform ist ein Stümperwerk. Am besten einstampfen.»[5] Das vernichtende Urteil der «Bild»-Zeitung zum rot-grünen Gesetzentwurf, der tags zuvor, am 3. März 1999, im Deutschen Bundestag angenommen wurde, fasst in prägnanter Weise die massive Ablehnung zusammen, welche der Ökologischen Steuerreform (ÖSR) entgegenschlug. Bereits vor ihrer Einführung war die Reform heftig unter Beschuss geraten, und bei keiner anderen Steuer sind jemals Berechtigung, Wirkungen und die Aufkommensverwendung derart kontrovers diskutiert worden. Dies trifft gleichermaßen für die parlamentarische Debatte wie für die Reaktionen in der Öffentlichkeit zu. Unterstützt durch eine skeptische bis ablehnende Berichterstattung stiegen Unmut und Empörung über diese Steuer in der Bevölkerung rasch an. Da die ÖSR über mehrere Stufen eingeführt und fortgeschrieben werden sollte, entwickelte sie sich zum kontinuierlich thematisierten Tagesordnungspunkt – ja zu einem Dauerbrenner – im Deutschen Bundestag, wo sie vonseiten der Opposition aufs Schärfste verurteilt und von der Koalition als neuer Königsweg gepriesen wurde: «Ziehen Sie doch den Murks mit der Ökosteuer zurück», appellierte bereits im Dezember 1998 Horst Seehofer (CSU) an die Regierung.[6] Finanzminister Oskar Lafontaine hingegen bezeichnete die ÖSR in der entscheidenden Lesung am 3. März 1999 als «ein zentrales Projekt der Moderne», um effektiv im Sinne einer Versöhnung von Ökonomie und Ökologie zu agieren.[7]

Die Grundidee, mit einer ökologischen Steuerreform den Umweltverbrauch zu verteuern und mit den Einnahmen andere Steuern zu senken oder die Mittel für ökologische Investitionen zu verwenden, war keineswegs neu. Im Gegenteil, sie war bereits 20 Jahre alt und stammte von einer Gruppe Ökonomen um den Schweizer Hans-Christoph Binswanger, die mit ihrem Report «Strategien gegen Arbeitslosigkeit und

Anschwellende Empörung: Bus- und Lastwagenfahrer protestieren gegen die hohen Benzinpreise, 26. September 2000.

Umweltzerstörung» erstmals 1979 an die Öffentlichkeit traten. 1983 führte Binswanger seine Überlegungen in dem Buch «Arbeit ohne Umweltzerstörung» fort; hierin tauchte erstmals der Gedanke auf, eine Energieabgabe zur Finanzierung der Renten heranzuziehen. Über viele Jahre hinweg diskutierte man verschiedene konzeptionelle Zuschnitte: Wie stark sollten Energie- und Umweltverbrauch verteuert werden? Wie konnte das Steuersystem schrittweise so umgebaut werden, dass es für Produzenten und Konsumenten berechen- und kalkulierbar blieb? Wie sollten die erzielten Steueraufkommen verwendet werden? Man konnte an die Senkung der Sozialversicherungsbeiträge denken, aber auch daran, die Mehrwert- oder Unternehmenssteuern zu reduzieren; schließlich waren auch ökologische Investitionen oder soziale Transferleistungen möglich. Umstritten war überdies der Erhebungsraum, also die Frage, ob eine nationale Einführung überhaupt sinnvoll war oder man nicht auf eine europaweite Koordinierung zielen oder sich gar mit den übrigen großen Industrienationen, allen voran den USA und Japan, abstimmen sollte. Weitere Streitpunkte ergaben sich aus den Sonderregelungen, denn Menschen und Unternehmen wären von einer ÖSR unterschiedlich betroffen. Es musste darum gehen, die Anzahl der Gewinner zu erhöhen und die Zahl der Verlierer möglichst klein zu halten. Bei allen strittigen Punkten beabsichtigte eine ÖSR im Kern, die Steuerlast vom Faktor Arbeit auf den Faktor Umwelt zu verschieben, wodurch sowohl ökologische als auch ökonomische Effekte ausgelöst werden sollten. Anreize zum Energiesparen sollten gegeben werden, um den Energieverbrauch zu senken und die Umweltbelastung zu vermindern. Gleichzeitig würden Arbeitsmarkt und Wirtschaft vom angestoßenen Wandel profitieren; wenn die Umwelt verteuert und die Sozialversicherungsbeiträge verringert würden, könnten positive Beschäftigungswirkungen ausgelöst werden. Die ökologische Steuerreform umschloss folglich eine doppelte Dividende, indem sie zugleich eine ökologische Lenkungswirkung und eine Steigerung der Wohlfahrt initiierte.[8] So jedenfalls die Theorie.

In Deutschland wurde zwar in den 1990er Jahren ausgiebig über ökologische Steuern gestritten, im europäischen Vergleich war das Land jedoch ein Nachzügler. Vor dem Machtwechsel von Kohl zu Schröder hatten bereits zehn europäische Staaten ökologische Aspekte in ihre Steuersysteme eingeführt. Pionierländer waren die skandinavischen Staaten: Als erstes Land überhaupt hatte Finnland eine Steuer auf Kohlendioxid erhoben; Dänemark hatte zusätzlich zu einer seit Längerem bestehenden Energiesteuer ebenfalls eine CO_2-Steuer eingeführt und im Gegenzug Erleichterungen bei anderen Steuern und Sozialabgaben geschaffen; Schweden kannte bereits seit 1984 die Besteuerung von Umweltbelastungen und hatte 1991 die Energiesteuern auf Schadstoffsteuern umgestellt. Die Niederlande hatten Ende der 1980er Jahre ihr Steuersystem reformiert: An die Stelle von Umweltabgaben trat ein energiezentriertes System mit steuerlichen Anreizen für umweltschonendes Wirtschaften, begleitet von großzügigen Sonderkonditionen für Unternehmen. Selbst in Großbritannien hatte ein Prozess begonnen, die Belastung der Umwelt zu besteuern, wenngleich von einer ökologischen Steuerreform, die diesen Namen verdiente, nicht gesprochen werden konnte.[9] In der «alten» Bundesrepublik legten zwar sämtliche Parteien mit Ausnahme der bayerischen CSU 1989 Positionspapiere für ökologische Steuern vor, realisiert wurden sie jedoch nicht. Für die Grünen war der ökologische Umbau der Industriegesellschaft seit 1986 ein zentrales Ziel. Als erste Volkspartei setzte die SPD in ihrem Grundsatzprogramm von 1989 auf Ökoabgaben und bestritt damit auch den Bundestagswahlkampf 1990. Direkt nach der Wiedervereinigung verschwanden die Diskussionen aus der Öffentlichkeit und wurden von anderen, vereinigungsbedingten Problemen überlagert. Die konservativ-liberale Regierung unter Helmut Kohl verzichtete darauf, eine Energiesteuer einzuführen, nachdem sich die Industrieverbände im April 1995 auf eine Selbstverpflichtung zur CO_2-Reduktion festgelegt hatten. Erst im Wahlkampf 1998 kam das Thema wieder auf und war mit dem Magdeburger Beschluss von Bündnis 90/Die Grünen, wonach der Benzinpreis im Zeitraum von zehn Jahren auf fünf D-Mark steigen sollte, gleich entsprechend belastet. Ein falsches Symbol für eine im Grunde richtige Sache war geboren. Es brandete eine «Riesenwut in Deutschland über die Grünen auf», und Kanzlerkandidat Gerhard Schröder musste in der «Bild»-Zeitung versichern: «Völliger Quatsch. Dazu werden wir unsere Hand nicht reichen. Autofahren muss für jedermann bezahlbar bleiben.»[10] Damit war die Kontroverse vorprogrammiert.

In den Koalitionsverhandlungen zwischen SPD und Bündnis 90/Die Grünen zählte die ökologische Steuerreform zu den umstrittensten Punkten. «Es waren», erinnert sich Fritz Kuhn, der grüne Verhandlungsführer, «härteste Verhandlungen».[11] Doch eigentlich ging es nur um den Benzinpreis. «Um jeden Pfennig», so Rezzo Schlauch, sei gerungen worden. Schröder sei äußerst skeptisch gewesen und habe mit der «armen Oma» oder seiner aufs Auto angewiesenen «Augsburger Schwiegermutter» argumentiert; viele Male habe er mit Schröder unter vier Augen im Kanzleramt nachverhandeln müssen.[12] Christine Scheel, die finanzpolitische Sprecherin der Grünen, hielt die von Schröder zugestandene Erhöhung des Benzinpreises um sechs Pfennig für «ein(en) Witz» und verlangte 26 Pfennig, sonst, so drohte sie, brauche man gar nicht weiterzuverhandeln.[13] Daraufhin sprach Schröder über die «Bild»-Zeitung sein «Erstes Machtwort!», wie die Schlagzeile lautete: Sein Wort gelte, der Benzinpreis werde nur um sechs Pfennig erhöht.[14] Schröder rückte davon nicht mehr ab, und Fritz Kuhn feierte die Unterzeichnung des Koalitionsvertrags zwar als Erfolg, weil erstmals eine ökologische

Komponente in das Steuersystem eingefügt worden war, aber die Grünen waren gezähmt, und die Sozialdemokraten schonten ihre Klientel. «Die Gewerkschaften standen stramm und wollten auf Tod und Teufel nicht, dass die Benzinpreise uferlos stiegen», sagt Schröder heute.[15] Freilich kam hinzu, dass sich beim Thema Auto das Gesichtsfeld des Kanzlers verengte, wie sich bald zeigen sollte. Im März 1999 düpierte er seinen Umweltminister Trittin. Nachdem Schröder mit VW-Chef Ferdinand Piech gesprochen hatte, wies er Trittin an, eine als sicher angesehene Beschlussfassung im Europäischen Rat zu verhindern: die Autorichtlinie. Sie sah vor, dass Autohersteller Altautos kostenlos vom letzten Besitzer zurücknehmen mussten. Darauf hatte sich der Rat bereits im Dezember 1998 grundsätzlich verständigt. Für die Automobilindustrie hätte dies erhebliche Kosten bedeutet, deshalb ihr Protest, dem sich Schröder anschloss und dem sich Trittin entgegen seiner Überzeugung beugen musste. Man könnte ein wenig sarkastisch formulieren: Der Kanzler bremste für Volkswagen.

Den Einstieg in die ökologische Steuerreform bezeichnete der Kanzler in seiner ersten Regierungserklärung als eine «moderne Steuer- und Wirtschaftspolitik»,[16] doch die meisten Pressestimmen waren abweisend: «Fauler Kompromiss», urteilte das «Handelsblatt»,[17] «kein großer Wurf», kommentierte «Die Zeit»[18]. Die «Frankfurter Allgemeine Zeitung» schrieb sogar: «Die Ökosteuer ist ein Irrweg».[19] «Mit einer ökologischen Steuerreform hat das Gefeilsche der Neu-Koalitionäre so gut wie nichts mehr zu tun – eher mit einem Notopfer für ein marodes Sozialsystem», in diesen Worten verlieh der «Stern» seiner Ablehnung Ausdruck.[20]

Vier Punkte der Kritik waren gerechtfertigt. Die Wahl der Steuersätze für verschiedene Energieträger – Benzin 6 Pfennig pro Liter, Heizöl 4, Gas 0,32 Pfennig pro Kubikmeter, Strom 2 Pfennig pro Kilowattstunde – erschien erstens willkürlich und war weder an die Energiewertigkeit gekoppelt noch an den Kohlenstoffgehalt. Zudem fehlte, zweitens, dem Reformvorhaben eine verlässliche Perspektive, da die Weiterentwicklung unter verschiedenen Vorbehalten stand, etwa der konjunkturellen Entwicklung, den Preisen auf den Rohstoffmärkten oder den Ergebnissen der Bemühungen, auf europäischer Ebene zu einer Harmonisierung zu gelangen. Dieser Sachverhalt tangierte bereits den dritten Kritikpunkt: Auf europäischer Ebene war nichts entschieden, und der Verweis, man werde

Europa während der deutschen EU-Ratspräsidentschaft im ersten Halbjahr 1999 drängen, basierte auf dem Prinzip Hoffnung. Schließlich litt die Reform, viertens, daran, dass sie weder mit einer allgemeinen Steuerreform noch mit dem Reformbedarf auf sozialpolitischem Gebiet verzahnt war.

Trotz aller beklagten Mängel und des wenig überzeugenden materiellen Inhalts bedeutete die Einführung von Ökosteuern in Deutschland eine Kehrtwende. Sie war im Prinzipiellen historisch, indem sie ein marktgerechtes Anreizsystem schuf, um die Umwelt jenseits von Verboten zu schützen. Dieses Urteil gilt, obwohl das koalitionsinterne Gerangel bei der konkreten Ausgestaltung eines Gesetzentwurfs erst richtig losging. Finanzminister Lafontaine, Wirtschaftsminister Müller und Umweltminister Trittin stritten sich nun nicht mehr um die Mineralölsteuererhöhung – diese war durch Schröders Machtwort vom Tisch –, sondern um Ausnahmeregelungen bzw. Abgrenzungskriterien zwischen energieintensiven und nicht-energieintensiven Branchen. Trittin war strikt gegen generelle Ausnahmen, während Müller forderte, energieintensive mittelständische Betriebe von den Ökosteuern auszunehmen. Am 13. November lag ein gemeinsamer Entwurf vor. Demgemäß sollten das produzierende Gewerbe mit einem ermäßigten Steuersatz von 25 Prozent belastet und energieintensive Betriebe von der Energiebesteuerung ausgenommen werden. Insgesamt 27 Branchen – von der Braunkohle, dem Bergbau über chemische und Düngemineralien bis zur Ziegelei und sonstiger Baukeramik – sollten «vorläufig» ganz von der Stromsteuer befreit werden. Eine interministerielle Arbeitsgruppe sollte ernannt werden und die weiteren Stufen der Reform – man dachte an drei Stufen über mehrere Jahre – sowie Prinzipien eines Förderprogramms für erneuerbare Energien erarbeiten. Schon zuvor war festgelegt worden, die Einnahmen aus der Ökosteuer dafür zu nutzen, die Rentenbeiträge von 20,3 Prozent auf 19,5 Prozent abzusenken. Während die grüne Bundestagsfraktion den Kompromiss bei drei Enthaltungen billigte, entspann sich in der SPD-Fraktion eine breitere Debatte. Dabei ging es, anders als zu vermuten gewesen wäre, nicht nur um weitere Ausnahmeregelungen, etwa für den Bergbau insgesamt. Vielmehr fragten sich etliche Abgeordnete, «wo in dem Entwurf die Ökologie versteckt» sei, so Axel Berg aus München, oder beklagten den Kompromiss als «sehr dünn». Die Reform sei ein «erster bescheidener Schritt», gab Peter Struck zu Protokoll, und Werner Müller bat, den Ansatz, den zu finden schwierig genug gewesen sei, nicht zu «zerreden». Doch Hermann Scheer legte den Finger in die Wunde: Die gesamte Debatte finde unter verfehlten psychologischen Vorzeichen statt, weil immer nur über die Belastungen, nicht jedoch über den «Innovationsimpuls» gesprochen werde. Mit wenigen Enthaltungen stimmte die Fraktion der Gesetzesvorlage zu.[21] Zwei Tage später jedoch wurde die Ökosteuer, deren Einführung für den 1. Januar 1999 geplant war, auf den 1. April verschoben. Da Schröder im Zusammenhang mit der neuen Regelung zu den 630-Mark-Jobs darauf bestand, die Rentenbeiträge erst zum 1. April zu senken, verlangten die Grünen, auch die Ökosteuer so lange zu verzögern.[22]

Diese Verschiebung tat der Sache nicht gut, weil nun immer neue Debatten ausbrachen. Ungemach drohte zudem von der EU-Kommission. Finanzminister Oskar Lafontaine hatte am 16. Dezember den Gesetzesentwurf dorthin geschickt; die Kommission sollte überprüfen, ob der Entwurf mit dem EU-Wettbewerbsrecht kollidierte. EU-Wettbewerbskommissar Karel Van Miert äußerte zwar, dass er der Reform generell positiv gegenüberstehe, hegte allerdings Bedenken gegenüber den Ausnahmeregelungen. Sie wurden von der EU nicht akzeptiert, wie Lafontaine Mitte Januar auf der Klausursitzung des SPD-Fraktionsvorstandes berichtete.[23] Die Grünen waren ebenfalls in Klausur gegangen und kritisierten nun ihrerseits wiederum verschiedene Regelungen. So kam es im Januar zu erneuten Verhandlungen über die konkrete Ausgestaltung des Gesetzes. Kanzler Schröder warnte davor, «eine neue Runde zu eröffnen, die zusätzliche Belastungen für die Wirtschaft bedeuten würde»[24]. In der SPD-Fraktion rumorte es. Ingrid Matthäus-Maier nahm die EU-Kritik zum Anlass, die Bedingungen zu beklagen: Da es bestimmte Festlegungen wie die 6 Pfennig Benzinpreiserhöhung gebe, habe man kaum Spielraum gehabt. Oskar Lafontaine distanzierte sich ebenfalls vom vorgesehenen Gesetz; er trage es zwar loyal mit, doch sei es «nicht sein Gesetz als Finanzminister oder Parteivorsitzender». Er bedauerte, dass Gerhard Schröder auf der Sitzung nicht mehr anwesend sei, denn seine Kritik gelte ihm: «Wenn wir beim Benzin höher gegangen wären, hätten wir manche Schwierigkeiten nicht.» Nun aber müsse man bei Gas, Heizöl und Strom irgendwie zurechtkommen.[25]

Am 10. Februar verständigte sich Rot-Grün auf eine neue Endfassung des geänderten Gesetzes zur Ökosteuer. Doch erneut hagelte es Kritik. Dieses Mal beschwerten sich die Deutsche Bahn und der Deutsche Bauernverband, dass sie nicht in den Genuss von Ausnahmeregelungen kamen.[26] Wiederum gab es Anhörungen und interne Sitzungen. Am Ende waren Bahn und Landwirtschaft ebenfalls bei den Ausnahmeregelungen dabei. Am 3. März 1999 passierte das ständig modifizierte Gesetz nach äußerst hitziger Debatte mit 332 Ja- gegen 299 Nein-Stimmen den Deutschen Bundestag. Auch die Europäische Union gab Ende März grünes Licht, womit die ökologische Steuerreform zum 1. April 1999 in Kraft treten konnte.

Vom «Benzinschock» nicht erholt: Das schleichende Ende der ÖSR

Danach ebbte die Kontroverse für eine kurze Zeit ab. Die Opposition hatte immer den nationalen Alleingang kritisiert und eine grenzüberschreitende Besteuerung von Energie gefordert – eine «intensive Abstimmung mit den europäischen Partnern» sei unumgänglich, um die Wettbewerbs- und Konkurrenzfähigkeit Deutschlands nicht zu gefährden, so Friedrich Merz (CDU) bereits im November 1998.[27] Im April 1999 musste die Bundesregierung ihre Hoffnung, während der deutschen EU-Ratspräsidentschaft eine Harmonisierung der Energiesteuern in Europa zu erreichen, ad acta legen. Besonders Spanien, Portugal und Irland leisteten bei diesem rot-grünen Prestigeprojekt erheblichen Widerstand. Die innerdeutsche Debatte gewann ab Juni wieder an Fahrt, als Sozialdemokraten und Grüne die weiteren Stufen der Ökosteuer beschließen wollten. Vorgesehen war, vom 1. Januar 2000 bis 2003 die Stufen zwei bis fünf in Kraft treten zu lassen. Dass zwischen den Koalitionsparteien «keine Einigkeit» über die Steuer bestehe, berichtete der neue Finanzminister Hans Eichel seiner Fraktion am 21. Juni. Während die SPD die kommenden Schritte auf eine gemäßigte Erhöhung der Mineralölsteuer begrenzen wollte, drängten die Grünen, auch andere Energiesteuern anzuheben.[28] Zwei Tage später einigte sich die Koalitionsrunde darauf, die Mineralölsteuer in den folgenden vier Jahren um jeweils sechs Pfennig, also um insgesamt 24 Pfennig, zu erhöhen. Der Preis für Strom sollte um 0,5 Pfennig pro Kilowattstunde steigen. Mit beidem würden die Rentenbeiträge von 19,5 auf 17,2 Prozent verringert werden. Doch nur einen Tag später musste der Finanzminister zugeben, dass bei der Berechnung «eine peinliche Panne» unterlaufen war: Rot-Grün war von einer deutlich höheren Entlastung der Rentenbeiträge ausgegangen, als dies die Steuereinnahmen versprachen. In Wahrheit würde der Rentenbeitrag nicht um 2,3 Prozent, sondern nur um einen Prozentpunkt sinken.[29]

Nach der Sommerpause forderten die Grünen erneut Nachbesserungen am gefundenen Kompromiss und erreichten, dass nicht nur Benzin, sondern auch Diesel in die Steuer miteinbezogen wurde. Man vereinbarte zudem, Gasturbinenkraftwerke von der Steuer auszunehmen, da diese als umweltfreundlich galten.[30] Zum einen war der Energieträger selbst weniger klimaschädlich als beispielsweise Kohle, da beim Verbrennen weniger Kohlendioxid freigesetzt wird. Zum anderen war diese Technologie effizienter als herkömmliche Kohlekraftwerke. Diese von den Grünen gewünschte Bevorzugung ging wiederum im Herbst 1999 vielen Sozialdemokraten aus Nordrhein-Westfalen gegen den Strich – eine steuerliche Begünstigung dieses Energieträgers, so argumentierten sie, würde Braun- und Steinkohle benachteiligen. Der Energiekonzern RWE hatte angekündigt, das geplante Braunkohlekraftwerk Garzweiler II noch einmal zu überprüfen, falls der Gesetzentwurf in der vorgesehenen Version verabschiedet würde. Auf der SPD-Fraktionssitzung am 9. November meinte Werner Labsch, jetzt gehe es um das «Sein oder Nichtsein des Kohlebergbaus in Deutschland».[31] Es war zum Verzweifeln, ein weiteres Mal musste ein bereits gefundener Kompromiss aufgeschnürt werden. Am Abend des 22. November einigten sich die Unterhändler der Koalition – für die SPD Schröder, NRW-Ministerpräsident Clement und Müntefering, für die Grünen Fischer und Trittin, hinzu kam der parteilose Müller – darauf, die Gaskraftwerke nur in einer Übergangsphase bis zum 31. März 2003 zu fördern. Zugleich sollten verstärkt die Solarenergie und die Kraft-Wärme-Koppelung begünstigt werden. Mit diesem Konsens konnten Garzweiler II sowie das einzig bislang in Planung befindliche Gas- und Dampfturbinenkraftwerk in Lubmin, Mecklenburg-Vorpommern, gebaut werden.[32]

Kaum hatte sich der Pulverdampf dieser Schlacht verzogen, geriet das gesamte Projekt ins Stocken. Die seit Ende 1999 steigenden Benzinpreise riefen erneut sämtliche Kritiker auf den Plan. Der starke Dollar und Preissteigerungen auf den internationalen Rohölmärkten trieben die Preise an deutschen Tankstellen auf die symbolische Grenze von zwei D-Mark zu, was sofort Forderungen hervorrief, auf die «Benzinerhöhungssteuer», wie die CDU es nannte, zu verzichten.[33] Jedes Mal, wenn ab 2000 die Zwei-Mark-Grenze überschritten war, nahm die «Bild»-Zeitung dies zum Anlass, von einer «Kanisterangst» und «Wutwelle» zu sprechen, und die Union ließ Flugblätter und Plakate drucken, mit denen «Schröders Wortbruch» angeprangert wurde.[34] Die FDP bezahlte an einer Berliner Tankstelle für eine Stunde Benzinpreise «wie in den sechziger Jahren».[35] Rainer Brüderle von der FDP warf den Grünen vor, entgegen ihrer ökologischen Überzeugung eine «neue Zweiklassengesellschaft» aufzubauen, in der sich nur noch reiche «Sportwagenökologen» das Autofahren leisten könnten.[36] Abgeordnete der Union bezeichneten den grünen Fraktionsvorsitzenden Rezzo Schlauch hämisch als «Benzin-Schlauch».[37] Es war durchaus bemerkenswert, mit welchen Schimpfworten die Regierung belegt wurde. Kanzler Schröder beabsichtigte jedoch trotz schlechter Umfragewerte wegen der ÖSR, hart zu bleiben. Er ging auf die Forderungen der Boulevardzeitungen nicht ein, die von ihm forderten: «Kanzler, handeln Sie!»[38] Doch Rot-Grün befand sich in einer Ökosteuerfalle. Die Steuer war ihres Wesens völlig entkernt und galt nur noch als ein «Deckmantel, um die Steuerbürger abzukassieren».[39]

Die weiteren Stufen der ÖSR waren bis 2003 festgelegt und eine mögliche Verlängerung in weiter Ferne. Dazu sollte es jedoch gar nicht mehr kommen. Im Februar 2001 erklärte Bundeskanzler Schröder, dass über 2003 hinaus keine weitere Erhöhung geplant sei. Wer glaube, die Ökologisierung des Steuersystems könne sich immer nur auf die Frage der Verteuerung des Sprits beziehen, mache einen Fehler.[40] Auch der Parteivorsitzende der Grünen, Fritz Kuhn, beschwichtigte: Man wolle nicht mehr erhöhen, sondern Ausnahmen verändern.[41] Im Koalitionsvertrag nach der Bundestagswahl 2002 fanden sich nur wenige Sätze zur Ökosteuer. Man werde, so hieß es dort, die ökonomische und soziale Verträglichkeit überprüfen und dann entscheiden, wie die Steuer weiter-

Vom «Benzinschock» nicht erholt: Das schleichende Ende der ÖSR   225

Der Mann von der Tankstelle: CDU-Generalsekretär Laurenz Meyer mobilisiert mit roten und grünen Benzinkanistern gegen die Ökosteuer, 29. Dezember 2000.

zuentwickeln sei. Anfang Oktober 2004 einigten sich die Fraktionsvorsitzenden der SPD und der Grünen darauf, die Ökosteuer nicht zu erhöhen, sondern sich zunächst über eine langfristige Weiterentwicklung Gedanken zu machen.⁴²

Wie fällt die Bilanz aus?⁴³ «Das ist doch eine völlig konzeptionslose Finanzpolitik. Die Rente bezahlen wir angeblich an der Tankstelle, über die Ökosteuer. (...). Rasen für die Renten – das ist keine Finanzpolitik, das ist gaga»,⁴⁴ meinte FDP-Chef Guido Westerwelle. Andere wiederum lobten zwar die generelle Stoßrichtung, bemängelten jedoch die hasenfüßige Halbherzigkeit des gesamten Projekts. Natürlich haben Teile der Medien der ökologischen Steuerreform geschadet und dafür gesorgt, dass die Ablehnung einer ohnehin sensibilisierten Bevölkerung massiv ausfiel. Für die CDU/CSU avancierte die Ökosteuer zu einer «K.-O.-Steuer»; sie ließ Autoaufkleber mit diesem Slogan verteilen und brachte den ADAC hinter sich.⁴⁵ Allerdings hat Rot-Grün der ÖSR auch selbst Schaden zugefügt – durch ständiges Nachbessern und völlig kontraproduktive Sonderregelungen. Unübersehbar waren soziale Schieflagen. Im

Vergleich zu Unternehmen wurden Privathaushalte hoch belastet, was gesellschaftsinterne Benachteiligungen noch verstärkte. Rentner, Studierende, Hausfrauen und Berufspendler gehörten zu den Benachteiligten, wenngleich soziale Korrekturen wie ein Heizkostenzuschuss oder eine Erhöhung der Entfernungspauschale vorgenommen wurden. Unter fiskalischen Gesichtspunkten war die Ökosteuer ein Erfolg: Energiesteuern sind mittlerweile die drittgrößte Einnahmequelle des Staates; beinahe 40 Prozent davon erbringt dabei die Ökosteuer. Die Rentenversicherungsbeiträge konnten reduziert und zugleich die Renten erhöht werden. Auch die Beschäftigungswirkung scheint positiv verlaufen zu sein, doch streiten sich hier die ökonomischen Schulen miteinander. Dass sie die deutsche Volkswirtschaft nicht geschwächt, sondern modernisiert und damit gestärkt hat, ließe sich behaupten. Erst Jahre nach den skandinavischen Vorreitern wagte die Bundesrepublik den Einstieg in die ÖSR. Wenn jedoch die drittgrößte Volkswirtschaft der Welt diesen Schritt tut, sind Effekte und Impulse im globalen Maßstab nicht gering zu achten. Rot-Grün riskierte mit der ÖSR einen innovativen Vorstoß, der sich nicht mehr leicht revidieren ließ und nach den Regierungswechseln auch nicht mehr revidiert wurde. Was die handwerkliche Seite, also die politische Durchsetzung seit 1998 betrifft, handelt es sich gewiss nicht um ein Meisterwerk – ein Schritt zu einem umweltpolitischen Paradigmenwechsel war sie dennoch.

Operation Dosenpfand und LKW-Maut-Debakel

Von zwei anderen Vorhaben, die fast im Chaos versanken, lässt sich dies nicht so einfach behaupten: die Pfandpflicht für Blechdosen, um die in Deutschland erbittert gestritten wurde, und die missglückte Einführung einer LKW-Maut.

Seit dem 1. Januar 2003 gilt in der Bundesrepublik eine Pfandpflicht für Einwegverpackungen von Getränken, die traditionell auch in Mehrwegflaschen angeboten werden. Dieses System ist bald unter dem Schlagwort «Dosenpfand» diskutiert worden, die amtliche Bezeichnung lautete jedoch umfassender «Einwegpfand». Bis zum 30. April 2006 gab es verschiedene Pfandsysteme, was dazu führte, dass die jeweiligen Verpackungen nur in bestimmten Geschäften abgegeben werden konnten; seither müssen alle Geschäfte, die pfandpflichtige Einwegverpackungen verkaufen, sie in der jeweiligen Materialart auch wieder zurücknehmen. Ausnahmen bestehen für Läden mit weniger als 200 m² Verkaufsfläche. Grundlage für die Einführung des Pfands war die Verpackungsverordnung, die 1991 vom Bundesminister für Umwelt, Naturschutz und Reaktorsicherheit, Klaus Töpfer (CDU), auf den Weg gebracht und 1998 von seiner Nachfolgerin Angela Merkel (CDU) novelliert worden war. Als bekannt wurde, dass der Mehrweganteil von Getränkeverpackungen seit 1997 bundesweit unter 72 Prozent gesunken war, griff Umweltminister Jürgen Trittin (Grüne) mit dem Mittel des Einwegpfandes ein, um, wie er selbst sagte, «die zunehmende Verdosung unserer Getränke zu verhindern».[46] Die Zustimmung in der Bevölkerung, auf diese Weise die Ökobilanz zu verbessern, war mit über 70 Prozent groß,[47] Hersteller und Handel zeigten sich jedoch gespalten, und der Einzelhandel lief Sturm gegen die neue Bestimmung, bei der man leicht den Überblick verlieren konnte.

Verpackungen für Milch, Wein, Sekt, Spirituosen und kohlesäurefreie Erfrischungsgetränke waren von der Pfandpflicht ausgenommen. Absurde Situationen stellten sich ein: Für Biermischgetränke wurde das Pfand eingeführt, für andere Mischgetränke wie Wodka-Lemon jedoch nicht, weil diese zu den Spirituosen zählten. Eine Dose Cola war pfandpflichtig, eine Dose Cola mit Schnaps nicht. Weitere Kuriositäten kamen hinzu: Entscheidend war nicht die ökologische Verträglichkeit der Verpackungen, sondern nur, wie viel Prozent einer bestimmten Getränkeart in Mehrwegverpackungen verkauft wurden. Bei Bier beispielsweise sank dieser Anteil unter die festgelegte Quote, nicht jedoch bei Fruchtsäften, weshalb diese immer noch pfandfrei verkauft werden durften. Unter dem Motto «Vor dem Gesetz sind alle Dosen gleich» plante Trittin eine Änderung der bestehenden Regelungen.[48] Einzelhandel und Getränkeindustrie waren mit Klagen gegen das Pfand bis zum Bundesverwaltungsgericht in Leipzig und zum Bundesverfassungsgericht in Karlsruhe gegangen, scheiterten letztlich jedoch. Da der Handel indessen darauf spekuliert hatte, dass das Pfand auf juristischem Wege verhindert werde, waren die meisten Unternehmen nicht auf die Pfanderhebung zum 1. Januar 2003 vorbereitet, was zu einer wahren Anarchie auf diesem Gebiet führte. In einer vom Umweltministerium gewährten neunmonatigen Übergangsfrist mussten die Geschäfte nur jene Verpackungen zurücknehmen, die sie selbst verkauft hatten, als Beweis galt der Kassenbon. Diese Lösung war für Kunden so unkomfortabel, dass viele Dosen und PET-Flaschen im Müll landeten. Nicht wenigen Menschen erschien es schwieriger, ein Dosenpfand richtig einzulösen, als eine Lohnsteuererklärung abzugeben. Nach Schätzungen des Bundeswirtschaftsministeriums sind in dieser Übergangszeit bis Oktober 2003 Pfandmarken in Höhe von 450 Millionen Euro nicht eingelöst worden – zum Wohle des Einzelhandels, denn dieser sogenannte Pfandschlupf verblieb abzüglich 16 Prozent Umsatzsteuer bei ihm.

Die Änderungen zum 1. Oktober 2003 beendeten den Wirrwarr nicht. Statt eines politisch geforderten einheitlichen Pfandsystems führte der Handel ganz verschiedene, konkurrierende Systeme ein. Zu allem Überfluss gab es noch «Insellösungen» der großen Handelskonzerne wie Aldi, Lidl, Metro, Plus oder Rewe. Durch ein individuelles Verpackungsdesign und Etiketten mit einem Logo sicherten diese Unternehmen, dass lediglich die bei ihnen verkauften Verpackungen zurückgenommen werden mussten. Neue Verordnungen brachten ein wenig Übersicht, worauf Pfand erhoben wurde und welche Getränke pfandfrei blieben. Ökologisch vorteilhafte Einweg-Getränkeverpackungen wie Karton, Polyethylen-Schlauchbeutel und Folien-Standbodenbeutel blieben unabhängig vom Inhalt pfandfrei. Aus ökologischer Sicht war das Rücknahmesystem nicht unbedingt gerechtfertigt, denn die Verpackungen wurden ja gar nicht wiederverwendet, sondern genauso recycelt, als hätte der Verbraucher sie in den Müll gegeben. Ausländische Getränkeimporteure fürchteten Einbußen und drohten mit Schadensersatzklagen. Die EU-Kommission pflichtete diesen bei und sah sie durch das chaotische Rücknahmesystem benachteiligt – die Kommission, die ihre Bedenken in einem Brief vom 15. Mai 2003 äußerte, schob der Industrie die Schuld am Missstand zu.[49] Eine anfangs gut gemeinte Verordnung entwickelte sich zu einem Monstrum, zu einem «Auswuchs von Ökobürokratie», wie der Kanzler sarkastisch in die Richtung seines Umweltministers zischte.[50]

Dass der Streit um das Dosenpfand ein Symptom für die Reformunfähigkeit der Republik sei, war eine ebenso zynische wie falsche

Behauptung. Zusammen mit der missglückten Einführung einer LKW-Maut schien das Ganze jedoch wie ein gemeinschaftliches Versagen deutscher Eliten in Wirtschaft, Verbänden und Politik. Mit einem komplexen Mautsystem für Lastwagen wollte die deutsche Industrie, allen voran Daimler Chrysler und die Deutsche Telekom, ihr Meisterstück liefern. Das Hightechland Deutschland wollte sich nicht mit simplen Vignetten wie in Österreich oder mit Kassenhäuschen wie in Italien begnügen, sondern ein satellitengesteuertes System etablieren. «Toll Collect», wie sich das Konsortium aus verschiedenen Unternehmen nannte, plante den Start 2003, doch verzögerte er sich um zweieinhalb Jahre, da riesige technische Probleme auftauchten. Bis zu 80 Prozent der in die LKWs eingebauten Geräte waren nach ersten Probeläufen defekt. Auch erschienen vielen Spediteuren die Kontrollbrücken auf den Autobahnen als zu niedrig. Weil die Maut später kam, entgingen dem Staat Monat für Monat Einnahmen in Höhe von 160 Millionen Euro, die für Verbesserungen der Verkehrsinfrastruktur vorgesehen waren. Mit dem verpatzten Start blamierten sich die Unternehmen ebenso wie Verkehrsminister Manfred Stolpe (SPD), der den Aufgaben nicht gewachsen schien. Stolpe meinte kurz vor Weinachten 2004 zwar, dass einem störungsfreien Start der LKW-Maut zum 1. Januar 2005 «keine wesentlichen Hindernisse mehr im Wege stehen».[51] Der ehemalige Ministerpräsident von Brandenburg – den Schröder, wie böse Zungen behaupteten, nur deshalb ins Kabinett holte, weil er einen Ostdeutschen brauchte – dürfte sich bis dahin freilich oft geärgert haben, mit 67 Jahren noch Verkehrsminister geworden zu sein. Deutsche Spediteure, die vergeblich hofften, sie würden die Maut über die Mineralölsteuer erstattet bekommen, warfen ihm Versagen auf europäischer Ebene vor. EU-Verkehrskommissar Loyola de Palacio blockte EU-Subventionen ab. Überhaupt entwickelte sich der große Plan eines einheitlichen europäischen Mautsystems, der 2004 gefasst worden war, zum Trauerspiel. Nach achtjähriger Planung scheiterte er im Oktober 2012 und die EU, die Einzelstaaten sowie die Mautunternehmen schoben sich die Schuld dafür gegenseitig zu.[52] Fährt ein LKW-Fahrer von Lissabon nach Bratislava, benötigt er heute sieben verschiedene Geräte in seiner Fahrerkabine und sieben Verträge mit nationalen Mautsystemanbietern.

Atomausstieg sofort! Trittin prescht vor

Alles bisher Beschriebene verblasst in seiner Bedeutung vor einem zentralen «Projekt» von Rot-Grün: dem Ausstieg aus der Atomenergie. Er dominierte die energiepolitische Agenda länger als eineinhalb Jahre, und am Ergebnis schieden sich wie immer in der rot-grünen Ära die Geister.

Auf der ersten Präsidiumssitzung seiner Partei nach der Weihnachtspause berichtete Gerhard Schröder Mitte Januar 1999 über den Stand des geplanten Ausstiegs aus der Atomenergie. Was er sagte, hörte sich unerfreulich an, denn er beschrieb zahlreiche Probleme, die größer waren, als man sie sich vorgestellt hatte – vor allem außenpolitische und verfassungsrechtliche. Schröders Bemerkungen über den Minister für Umwelt, Naturschutz und Reaktorsicherheit, Jürgen Trittin, waren unfreundlich, er trug sie bissig vor. Er, der Kanzler, habe, so lautete das Höflichste, was er sagte, immerhin «den Eindruck gewonnen, dass auch der Bundesumweltminister Jürgen Trittin zunehmend ein realistisches Verhältnis zu den Dingen (...) entwickele».[53] Die Verstimmung über Trittin in der SPD war groß, es hatte aus der Regierungsfraktion sogar Stimmen gegeben, die seinen Rücktritt forderten. Ein Paradebeispiel für das viel beschworene «rot-grüne Projekt», der Atomausstieg, stand auf der Kippe. Hundert Tage nach Regierungsantritt lagen sich die Koalitionäre nicht mehr in den Armen, sondern in den Haaren. Er wünsche sich «mehr Fischer und weniger Trittin», sagte der Kanzler in einem Interview, sonst könne man nicht regieren.[54] Was war geschehen?

Es gab nur wenige Konflikte in der deutschen Nachkriegsgeschichte, die so tiefe Gräben in die Gesellschaft gerissen haben, wie derjenige um die Atomenergie: Seit Jahrzehnten bekämpften sich Gegner und Befürworter in erbitterter Feindschaft. Im Februar 1981 hatten sich über hunderttausend Kernkraftgegner am niedersächsischen AKW Brockdorf versammelt; hier wie auch an der geplanten Wiederaufbereitungsanlage im bayerischen Wackersdorf, die 1989 aufgegeben wurde, war es zu gewalttätigen Auseinandersetzungen mit bürgerkriegsartigen Szenen gekommen. Eine ganze Generation wurde in ihrem Denken und Handeln sowie in ihren Wertvorstellungen von der «Anti-AKW-Bewegung», von Schriften wie «Der Atomstaat» und dem Logo der lachenden Sonne «Atomkraft? Nein danke» geprägt. Vor allem durch die SPD war lange Zeit ein Riss gegangen. Der Streit um die Kernkraft hatte dazu beigetragen, dass aus einem Teil der Sozialdemokratie der Zulauf kam, der die neu entstehende grüne Partei Ende der 1970er Jahre nährte. Auf die Ölpreiskrisen hatte die sozialliberale Regierung unter dem Motto «Weg vom Öl» den Ausbau der Kernenergie massiv vorangetrieben. Ein auf den damaligen Bundeskanzler und seinen innerparteilichen Widersacher aus der Anti-Atomkraftbewegung gemünztes Bonmot drückte die Spannung in der SPD aus: «Mit Schmidt und Eppler für und gegen Kernenergie».[55] Aus diesem Dilemma hatte sich die SPD Ende August 1986 auf ihrem Parteitag in Nürnberg befreit, indem sie den Beschluss fasste, die Nutzung der Atomenergie in Deutschland zu beenden. Die Reaktorkatastrophe von Tschernobyl vier Monate zuvor war der Katalysator hierfür gewesen, und wie alle Katastrophen, die keinen «Sinn» haben, konstituierte auch diese die Zukunft neu, mobilisierte neue Energien, beschleunigte und bewirkte Transformationen. Bei den Grünen war dies gar nicht nötig, stand doch der Antiatomprotest an ihrer Wiege. In ihrem Wahlprogramm von 1998 hieß es, die Partei wolle den «sofortigen Ausstieg aus der Atomenergie (...). Wir werden alle zur Verfügung stehenden administrativen, wirtschaftlichen und legislativen Mittel wie ein Atomausstiegsgesetz nutzen, um die Forderung nach dem sofortigen Ausstieg umzusetzen. Ziel ist die entschädigungsfreie Umsetzung, sie darf jedoch nicht zur Bedingung für den Ausstieg werden».[56]

Im Koalitionsvertrag der beiden neuen Regierungsparteien von 1998 hörte sich diese Absicht bereits anders an und ließ die Kontroverse, die kommen würde, erahnen. Demnach sollte alles unternommen werden, um «die Nutzung der Atomkraft so schnell wie möglich zu beenden», und man setzte sich zum Ziel, innerhalb einer Legislaturperiode den Ausstieg «umfassend und unumkehrbar» gesetzlich zu regeln. In einem dreistufigen Verfahren sollte der Ausstieg umgesetzt werden: Am Anfang stand eine Novelle des Atomgesetzes, in der zum Beispiel die Sicherheitsvorschriften verschärft wurden; sie sollte den Energieunternehmen zeigen, dass man es ernst meinte. Anschließend waren Konsensgespräche mit den Energieversorgern, für die man ein Jahr einplante, vorgesehen; sie sollten zu einvernehmlichen Lösungen führen. Danach wollte man ein Gesetz formulieren, das den Ausstieg aus der Kernkraft entschädigungsfrei regelte, denn anders als in Schweden, wo Entschädigungen in Milliardenhöhe gezahlt werden mussten, sollten die deutschen Steuerzahler nicht zur Kasse gebeten werden.[57]

Im Herbst 1998 fielen die Aktienkurse der Energiekonzerne. Allgemein erwartete man, dass für die jahrzehntelang privilegierte Branche schwere Zeiten anbrechen würden. Doch die beiden Prämissen, die im Koalitionsvertrag zu einem Atomausstieg niedergeschrieben wurden – Konsens und Entschädigungsfreiheit –, stärkten die Position der Industrie. Denn diese beiden Bekundungen waren nicht irgendwelche Festlegungen, sondern Prinzipien, an denen nicht mehr gerüttelt werden konnte. Hatten die Konzerne damit nicht eine Art Erpressungsmacht? Unterschätzten die Grünen die Atomindustrie und ihren Koalitionspartner gleichermaßen, ja, so musste man sich fragen, verfügten sie überhaupt über ein realistisches Ausstiegskonzept?[58]

Eine Schlüsselrolle bei der Beendigung der Atomkraft in Deutschland spielte der parteilose Wirtschaftsminister Werner Müller, der aus der Strombranche kam. Zuvor hatte er Volkswirtschaft studiert und war in Musikwissenschaft promoviert worden. Müller war 1990 im Veba-Konzern zum Generalbevollmächtigten für Energiefragen aufgestiegen und damit unter anderem auch zuständig für das politische Geschehen um die Kernkraft. So hatte er Erfahrungen sammeln können mit Forderungen von der Art, nach einer Wahl alle Kernkraftwerke abzuschalten – bereits 1987 war dies von Björn Engholm (SPD) in Schleswig-Holstein versprochen worden. Müller kannte also diesen «Spruch», wie er aus der Distanz des Rückblicks sagt, und hatte schon Übung im Umgang mit Politikern, die derartiges ankündigten. Diese Erfahrung brachte Müller in den 1990er Jahren in die Nähe von Gerhard Schröder, damals wirtschaftspolitischer Sprecher der SPD. Aus ökonomischen Gründen war der niedersächsische Sozialdemokrat skeptisch gegenüber einem Atomausstieg. Müller gehörte bald dem 20-köpfigen wirtschaftspolitischen Beraterkreis Schröders an, in dem neoliberale und sozialdemokratische Wirtschaftskonzepte zusammenflossen. Mit Blick auf «Alles oder Nichts» und «Ausstieg sofort» sagte Müller zu Schröder, der ihn 1998 als Wirtschaftsminister ins Kabinett holte: «Wenn wir in diesem Stil den Krieg führen wollen, können wir es auch sein lassen.»[59]

Wie gedachten die Grünen, für die ein Atomausstieg seit ihrer Gründung zum Selbstverständnis gehörte und das wichtigste Wahlversprechen war, diesen «Krieg» zu führen? Die grüne Strategie, die Kernkraft hinter sich zu lassen, ging auf Rainer Baake zurück, vormals Staatssekretär im hessischen Umwelt- und Energieministerium und nun Staatssekretär bei Trittin. Baake hatte im März 1998 unter der Überschrift «Verdammt zum Erfolg» seine Vorschläge zu Papier gebracht.[60] Hier skizzierte er ein Ausstiegsgesetz, welches die Betriebsgenehmigungen der AKWs nachträglich auf 25 Jahre seit Inbetriebnahme befristete, was seiner Ansicht nach «keine Enteignung, sondern eine Inhalts- und Schrankenbestimmung des Eigentums» darstellen würde. Diesem Plan zufolge würden drei der 19 deutschen Kernkraftwerke sofort und dann jährlich weitere abgeschaltet werden. Nach 14 Jahren wären auch die jüngsten Reaktoren vom Netz, was Baake jedoch für eine indiskutabel lange Zeitspanne hielt. Deshalb setzte er als zweites Element der Strategie gesetzliche Übergangsregelungen hinzu, die ein Datum bestimmten, ab wann spätestens die Betriebsgenehmigungen aller AKWs erlöschen. Nur ganz am Rande erwähnte Baake in seinem Szenario die «Entschädigungspflichten» des Staates, und dass sich die Grünen mit diesem Bereich nicht intensiver befassten, sollte ihnen zum Verhängnis werden.

Kurz nach der Bundestagswahl trafen sich Schröder, Trittin, Müller und Baake in der niedersächsischen Staatskanzlei, um über den Ausstieg aus der Kernkraft zu sprechen und einen Passus für den Koalitionsvertrag zu entwerfen. Spätabends gingen Schröder und Trittin nach Hause, Müller und Baake saßen allein zusammen und sollten die Aufgabe erledigen. Für Baake war das Wichtigste, dass der Atomausstieg «unumkehrbar» sein müsse; darauf beharrte er. Stundenlang, so berichtet Müller, habe er «Nein!» dazu gesagt. Um Mitternacht herum akzeptierte Müller den Begriff und meinte lapidar, schreiben wir doch «unumkehrbar und schadensersatzfrei». An diesem «schadensersatzfrei», so Müller im rückblickenden Gespräch, hätten sich die Grünen später die Zähne ausgebissen.[61]

Als Jürgen Trittin kurz nach Amtsantritt trotzdem die beiden Parolen «Ausstieg ohne Wenn und Aber» und «Ausstieg sofort» ausgab, war der Eklat da. Was hatte der Umweltminister vor? Kurt Beck, der rheinland-pfälzische Ministerpräsident, vermutete, dass von Trittin und wei-

Der frühe Buhmann der Koalition: Jürgen Trittin, hier nach einer verlorenen Abstimmung im Bundesrat zum Dosenpfand, 13. Juli 2001.

teren Grünen gezielt «über die Bande gespielt» werde.[62] Trittin zielte offenbar auf eine «Verstopfungsstrategie» ab,[63] um schnell ans Ziel zu gelangen: Er wollte die Wiederaufbereitung von Brennstäben sofort verbieten; dies würde die Zwischenlager für radioaktive Brennelemente erschöpfen und somit die Stilllegung der Atomkraftwerke erzwingen. Von «Konsens» fand sich hier nicht die geringste Spur, alles war auf Dissens ausgerichtet. Mit seinen Maximalpositionen gegenüber der Industrie erreichte Trittin zum Jahresende 1998 dreierlei: Er wurde erstens seinem Ruf als Bösewicht der Regierung gerecht. Er hatte sich dabei jedoch – zweitens – in die Ecke manövriert. Und die Grünen wandelten sich in dieser für sie so kardinalen Frage drittens von einer agierenden zu einer nur noch reagierenden Partei. Mitte Dezember kassierte das Kabinett auf Geheiß des Kanzlers Trittins Entwurf einer Novelle des Atomgesetzes. Dies markierte eine Zäsur. Der Atomausstieg, so Reinhard Bütikofer im Rückblick, «war praktisch schon gescheitert».[64] Wirtschaftsminister Müller gab verärgert zu Protokoll: «Der Entwurf Trittins ist in keiner Weise vom Koalitionsvertrag gedeckt.»[65] Die Grünen fühlten sich hingegen internen Papieren zufolge vom SPD-Koalitionspartner hintergangen, da die Novelle zwischen Kanzleramt, Wirtschafts- und Umweltministerium abgestimmt worden war.[66] Die nun öffentlich verbreiteten Vorwürfe wie «überstürzt», «hektisch» oder «schlampige Arbeit» entbehrten in ihren Augen jeglicher Grundlage, und sie sahen darin nur eines: dass die SPD, insbesondere Schröder, dem massiven Druck der Energieversorger nachgegeben hatte.[67]

Gerhard Schröder und Jürgen Trittin kannten sich aus Niedersachsen, ihr Verhältnis zueinander war geklärt: Sie regten sich übereinander auf, beruhigten sich aber auch wieder und fuhren im Geschäft fort. Trittin, dessen politische Anfänge während seiner Studienzeit beim Kommunistischen Bund gelegen hatten, war in der niedersächsischen rot-grünen Koalition von 1990 bis 1994 Minister für Bundes- und Europaangelegenheiten gewesen. Damals hatte sein Ministerium im Ruf gestanden, eines der bestgeführten in Hannover zu sein.[68] Für nicht wenige Menschen wirkte Trittin wie ein rotes Tuch; er sei ein «Quartalsquatscher», gab Regierungssprecher Uwe-Karsten Heye einmal von sich.[69] Zwischen Joschka Fischer und Jürgen Trittin herrschte eine bisweilen nur schwer zu ertragende Konkurrenzbeziehung. Doch ob sie sich mochten oder nicht, so wussten beide, dass sie aufeinander angewiesen waren. Trittin erwies sich oft genug als Dompteur des linken Flügels der Grünen. Wem bei den Grünen Fischer zu staatstragend war, der schwärmte für Trittin, und wer den rebellischen Trittin nicht ausstehen konnte, pries Fischer. In der breiten Öffentlichkeit war der eine der Liebling und der andere der Buhmann der Massen. Trittin hielt Rot-Grün für das beste Vehikel für grüne Politik, mehr nicht. Sentimentalitäten und Schwärmereien à la «rot-grünes Projekt» lagen ihm fern, und das Bündnis war für ihn keine Schicksalsgemeinschaft. Er dozierte und konfrontierte, verschränkte dabei seine Arme und neigte den Kopf nach unten, beides signalisierte Herablassung. Dass sein Witz viel näher am Sarkasmus als an der Ironie lag und seine Schmähungen leicht in Verleumdungen abglitten, sollte Trittin im Frühjahr 2001 fast seinen Posten kosten. Er hatte CDU-Generalsekretär Laurenz Meyer in einer Auseinandersetzung zum Asylrecht vorgeworfen, nicht nur sein Aussehen, auch seine Mentalität entspreche derjenigen eines «Skinheads».[70] Am 16. März 2001 stellte die Opposition wegen dieser ungeheuerlichen Entgleisung den Antrag auf sofortige Entlassung des Umweltministers. Trittin verschlimmerte alles noch durch abfällige Bemerkungen über die Bundeswehr und weitere als unpatriotisch empfundene Äußerungen. Demokraten müssten, so CDU-Fraktionsführer Friedrich Merz in der bewegten Bundestagsdebatte, auch in Zukunft den Radikalismus von rechts und links gemeinsam bekämpfen. Dabei habe «ein Mann wie Jürgen Trittin auf der Bank der Bundesregierung der Bundesrepublik Deutschland nichts zu suchen».[71] Auch bei vielen Sozialdemokraten konnte Trittin nur noch auf verminderte Unterstützung rechnen, und der Kanzler schien entschlossen, sich von ihm zu trennen, es kursierten bereits Namen für die Nachfolge. Viele rieben sich die Augen, als sich im Deutschen Bundestag knapp zwei Wochen später, als der Entlassungsantrag nochmals auf der Tagesordnung stand, ausgerechnet Wirtschaftsminister Werner Müller für Trittin mit einer fulminanten Rede in die Bresche warf. Müller war weit davon entfernt, die Entgleisung Trittins zu entschuldigen, doch hielt er der Opposition Selbstgerechtigkeit vor. Aus ihren Reihen seien «Diffamierungen eines gesamten Kollektivs, nämlich des Bundeskabinetts», zu beobachten.[72] Was Patriotismus und Stolz anbelangte, so konterte er, möge die Opposition einfach versuchen, gute Sacharbeit zu leisten, «damit man in Deutschland auch auf die Opposition stolz sein kann». Müller und Trittin standen sich im Kabinett häufig überkreuz gegenüber, gerade in den Fragen des Atomausstiegs. Müller, der Mann aus der Wirtschaft, vertrat andere Ansichten als Trittin, dem er jedoch in der Bundestagsdebatte über seine Entlassung eine gute Umweltpolitik bescheinigte: «Übrigens streiten wir uns fast nie über die umweltpolitischen Ziele, sondern nur um die Wege dahin. Aber dazu muss man ganz klar erkennen: Wer die Aufgabe hat, den Faktor Natur und seine Interessen zu vertreten, der muss in dieser Gesellschaft kräftig mit den Faktoren Kapital und Arbeit streiten.»[73] Müller schätzte Trittin wegen seiner Gradlinigkeit. Auch im Rückblick sagt er: «Er war immer schwierig, aber er war absolut worttreu, bei ihm galt ein Handschlag.»[74]

Müller und Schröder: Nationaler und internationaler «Energiedialog»

Der Kanzler hatte Trittin zum Jahreswechsel 1998/99 in die Schranken verwiesen. In der Vorrunde zu den Konsensgesprächen noch vor Weihnachten – an welcher die Vorstandsvorsitzenden der Viag, der RWE, der Veba und der Energie Baden-Württemberg, Wilhelm Simon, Dietmar Kuhnt, Ulrich Hartmann und Gerhard Goll, teilnahmen – fehlte der Umweltminister. «Wenn *ich* einlade, dann lade *ich* ein», kommentierte Schröder diesen Affront.[75] Durch das Vorpreschen des Umweltministers war der Umgang mit den Energieversorgern sehr schwierig und eine gute Gesprächsatmosphäre fast unmöglich geworden.[76] Vor seiner Fraktion legte der Kanzler dar, dass man diese wichtige Auseinandersetzung nicht gegen die Wirtschaft und «gegen uns mobilisierbare Arbeitnehmerinnen und Arbeitnehmer» ausfechten könne. In seinen Augen war unabdingbar, einen zivilrechtlichen Handlungsrahmen zu schaffen, was ein Mindestmaß an Treu und Glauben voraussetze. Man könne nicht von Partnern, die im Zweifel am längeren Hebel säßen, verlangen, dass sie an ihrer kalten Enteignung mitwirkten, spitzte er zu.[77] Auch mit dem französischen Ministerpräsidenten Lionel Jospin hatte Schröder vor Kurzem gesprochen. Trittins öffentliche Auftritte in Frankreich waren desaströs gewesen, glaubte der Umweltminister doch, die Verträge der Wiederaufbereitung von Brennstäben in La Hague ließen sich mit dem Verweis auf «höhere Gewalt» vollkommen und plötzlich außer Kraft setzen, um so riesigen Summen an Entschädigungszahlungen zu entgehen. Schröder wies seinen Umweltminister energisch zurecht: «Wir können keine Situation gebrauchen, wo die deutschen Versorger sich auf die Seite ihrer ausländischen Partner gegen die deutsche Bundesregierung schlagen.»[78]

Die weiteren Verhandlungen zwischen der Regierung und der Atomindustrie verliefen über Monate hinweg schleppend. Jürgen Trittin spielte vorerst keine Rolle mehr, später, als sich der Zorn gelegt hatte, wirkte er fast widerspruchslos mit. Joschka Fischer und Rezzo Schlauch, der sich mit Müller gut verstand, waren auf der Seite der Grünen wichtiger und trafen sich mit Vertretern der Energiewirtschaft. Auch nützte es, dass Politiker der SPD, etwa Wolfgang Clement, der kein Gegner der Kernkraft war, den Energieversorgern nahestanden: nicht über Atomfragen, sondern über die Kohlefragen im Ruhrgebiet. Umstritten und ohne Lösung blieb das Problem der Endlager. Diskutiert wurde auch eine etwaige Endlagerung in Russland, die Schröder mit Putin, allerdings ohne Ergebnis, besprach.[79]

Als der Kanzler am 15. Juni 2000 in einer Pressekonferenz die Ergebnisse der Gespräche und die damit verbundene Einigung vorstellte, betonte er, der Kompromiss zwischen der Bundesregierung und den Energiekonzernen liege genau in der Mitte zwischen den betriebswirtschaftlichen Interessen der Industrie und denen eines großen Teils der deutschen Gesellschaft, die den Atomausstieg wünsche. Er sprach von einem «außerordentlich vernünftigen Kompromiss», und die Sprecher der vier großen Energiekonzerne VEBA, VIAG, RWE und Energie Baden-Württemberg AG pflichteten mit dem Begriff «ergebnisfair» bei. Vermutlich entsprach der Kompromiss tatsächlich dem, was die Mehrheit der Deutschen wollte. Umfragen zeigten, dass eine Regierung, die auf einen langsamen Ausstieg setzte, der öffentlichen Unterstützung gewiss sein konnte.[80] Die Laufzeit der Atomkraftwerke wurde anhand einer Reststrommenge festgesetzt, welche die Meiler noch produzieren durften – einer von vielen Kompromissen des Atomkonsenses. Die Energieunternehmen verpflichteten sich, die erzeugte Strommenge monatlich dem Bundesamt für Strahlenschutz zu melden und die Kraftwerke verbindlichen Sicherheitsüberprüfungen zu unterziehen. Im Gegenzug versprach die Regierung, keine einseitigen Maßnahmen zu treffen, durch welche die Kernenergie in irgendeiner Weise diskriminiert werden könnte. Dadurch durften bis zur Beendigung der Gesamtlaufzeit von 32 Jahren keine Steuern auf Brennelemente erhoben werden, wie Bündnis 90/Die Grünen es ursprünglich vorgeschlagen hatten. Mit Blick auf die Entsorgung sollten die Kraftwerksbetreiber Zwischenlager in der Nähe der AKWs errichten. Der Ort für eine Endlagerung blieb ungeklärt. Bis 2005 durften die AKW-Betreiber ihre Brennstäbe noch zur Wiederaufbereitung ins französische La Hague und ins britische Sellafield bringen. Schließlich kündigte die Regierung an, gesetzliche Regelungen für ein Neubauverbot von Atomkraftwerken zu erlassen.[81] Am 27. April 2002 trat das neue Atomgesetz, das gegen die Stimmen der Opposition den Bundestag passierte, in Kraft. Diesem Gesetz zum Atomausstieg lag eine Vereinbarung zugrunde, die alle Betreiber von Kernkraftwerken unterschrieben hatten. Das Gesetz folgte haargenau dieser Vereinbarung – ein sinnvolles Prozedere. Denn die Kernkraft war über Jahrzehnte politisch gewollt und die Betreiber waren mit entsprechenden Subventionen und Freiheiten ausgestattet worden. Wenn der Staat dies nun beenden wollte, so gab es nur zwei Möglichkeiten: Entweder der Staat kaufte den Betreibern die Anlagen ab, um sie stillzulegen, oder man einigte sich in einem Konsens und schuf danach einen rechtlichen Rahmen. «Das war Handwerk», sagt Werner Müller heute.

Von allen Seiten hagelte es Kritik. Für Umweltverbände, AKW-Gegner aus allen gesellschaftlichen Gruppen und Parteien bedeutete der Konsens kaum mehr als einen «Ausstieg de luxe» für die Industrie.[82] Greenpeace hatte bereits den Koalitionsvertrag vom Oktober 1998 als völlig unzureichend bezeichnet, und vom Bundesverband Bürgerinitiativen Umweltschutz waren die Ergebnisse mit den Worten «skandalöse Farce» quittiert worden.[83] Die Kraftwerksbetreiber konnten sich tatsächlich in Sicherheit wiegen, da die komplizierten Verrechnungen der Laufzeiten und Strommengen nicht exakt überschaubar waren. Dass die Atombranche auf kurze Halbwertszeiten in der Politik setzte, blieb nicht verborgen. Sprecher der Energiekonzerne ließen keinen Zweifel daran, dass Kernkraftwerke länger lebten als die rot-grüne Koalition. Vertreter der Opposition, denen der Ausstieg unverantwortlich vorkam, stuften den Konsens zur «zeitbedingten Absprache» herunter, die es bei einem Regierungswechsel zu revidieren galt.[84] Da Deutschland als bevölkerungsreichstes Land der EU und aufgrund seines Wohlstandes sowie der energieintensiven industriellen Produktion auch das Land mit dem höchsten Energieverbrauch war, entwarfen Kritiker Abstiegsszenarien unterschiedlichster Art. Der Ausstieg käme der Bundesrepublik sehr teuer: Strompreise würden nach oben getrieben, bis zu 150 000 Arbeitsplätze rund um die Kernkraft würden vernichtet, das Know-how der Nuklearingenieure ginge verloren – während andere Staaten der Erde, allen voran die USA, weiterhin auf die Kernkraft setzten. Werde der Anteil der Kernenergie durch fossile Brennstoffe ersetzt, könne man die Verminderung der Treibhausgase in den Wind schreiben und die Klimaziele begraben. Den Bedarf durch alternative, erneuerbare Energien zu decken hielten Kritiker für illusorisch. Sie sagten vorher, dass die Bundesrepublik ihre energiepolitische Autonomie verliere und sich abhängig von ausländischen Stromimporten mache – Strom im Übrigen, der nicht selten in weniger sicheren Kernkraftwerken als den deutschen produziert werde.

Die Grünen und der Atomkonsens

In den Reihen der Grünen wurde die historische Zäsur auf der Bundesdelegiertenkonferenz Ende Juni 2000 in Münster nur mehr zähneknirschend bestätigt, hatte man sich doch in dieser zentralen Frage, die für sie von identitätstiftender Bedeutung war, viel mehr erhofft. Der Kampf gegen Atomkraftwerke war eine Art Gründungsmythos der Grünen. Die Erwartung, dass es einen schnellen und unumkehrbaren Ausstieg aus der Kernkraft geben würde, wurde herb enttäuscht. Immerhin stimmten jedoch 64 Prozent der Grünen in Münster für die Atomvereinbarung. Auch unter Sozialdemokraten herrschte nicht nur eitel Sonnenschein. Die Ansicht, dass man mehr hätte erreichen müssen, war verbreitet, und Kritiker des gefundenen Kompromisses verwiesen auf die «Arbeitsgruppe Energie» des SPD-Umweltforums unter der Leitung von Hermann Scheer, Willy Leonhardt und Klaus Traube, die unmittelbar nach der gewonnenen Bundestagswahl ein Papier verfasst hatten, in dem ein Ausstieg aus der Atomenergie in einem Zeitraum von zehn Jahren beschrieben worden war.[85] Nun sollte es also dreimal so lange dauern.

In den Monaten vor dem Abschluss der Konsensgespräche lässt sich anhand von internen Rundbriefen des Umweltministers nachverfolgen, wie die Gesamtlaufzeit der Atomkraftwerke kontinuierlich anwuchs. Im Juli 1999 hielt das Bundeswirtschaftsministerium eine Gesamtlaufzeit von 25 Jahren und eine Übergangszeit von bis zu drei Jahren für realistisch. Trittin vertrat diese Zahlen anschließend auch gegenüber seinen Ministerkollegen, obwohl gerade er unter einem hohen Erwartungsdruck seiner Partei stand, die möglichst kurze Laufzeiten erwartete. Am 13. Dezember schrieb Trittin einen Brief, der verdeutlichte, in welchem Maße er zu einem Realisten geworden war. Darin hieß es am

Ende: «Wovor ich nachdrücklich warnen möchte, ist eine Strategie, sich in dieser Frage weiter zu zerlegen. Den Gewinner kann ich heute schon benennen – es ist die Atomindustrie, die ihre Anlagen so lange ungestört weiterbetreiben kann, wie durch Uneinigkeit innerhalb der Koalition und der sie tragenden Parteien beim Atomausstieg Stillstand und Blockade angesagt sind.»[86] Im Fraktionsbeschluss der Grünen am Tag darauf war die Bundestagsfraktion schließlich bereit, eine Gesamtlaufzeit von höchstens 30 Jahren zu akzeptieren, woraus eine Restlaufzeit von höchstens 18 Jahren resultierte.[87] Doch es sollten weitere Zugeständnisse an die SPD und die Energieversorgungsunternehmen folgen.

Seit Mai 1999 hatten innerhalb der Grünen jene Stimmen zugenommen, die für einen Kompromiss plädierten. Michaele Hustedt, Mitglied im Parlamentarischen Ausschuss für Umwelt, Naturschutz und Reaktorsicherheit sowie energiepolitische Sprecherin der Grünen, begründete auf dem Parteirat vom 10. Mai, warum sie dafür eintrat. Maximalforderungen, so Hustedt, seien noch keine Politik, und Kompromisse seien keine Niederlagen. Außerdem hatten die Grünen bei der Landtagswahl im Februar in Hessen schwere Stimmenverluste erlitten. Sie waren dafür verantwortlich, dass die rot-grüne Landesregierung nicht weitermachen konnte. Hustedt sah sich zu einer Warnung veranlasst: «Und tatsächlich ist es so, wenn die Grünen weiterhin so schlecht oder schlechter bei den nächsten Wahlen abschneiden, dann werden die Bedingungen für Jürgen Trittin und die Bundestagsfraktion auch nicht besser, ökologische Ziele innerhalb dieser Koalition und mit dieser SPD durchzusetzen.»[88] Je länger man warte, desto größer werde die Gefahr, eine Mehrheit für den Atomausstieg zu verlieren, lautete ihr Fazit. Umweltminister Trittin suchte ebenfalls den Konsens, bemäntelte ihn öffentlich allerdings mit einer scharfen basisgrünen Rhetorik. Dass er die SPD in seinen Rundbriefen als «Pro-Atom-Partei» hinstellte, sollte seine – aus grüner Sicht – schwachen Ergebnisse in hellerem Licht erscheinen lassen.[89] Mit Blick auf die Laufzeiten sagte er am 17. März 2000 auf der Bundesversammlung der Grünen in Karlsruhe: «Wenn die SPD 40 forderte und wir 25, dann finde ich 30 kein schlechtes Verhandlungsergebnis.»[90] Der Atomausstieg geriet zu einem Rechenexempel. Dieses Treffen in der Karlsruher Schwarzwaldhalle, wo vor 20 Jahren die Partei gegründet worden war, bedeutete einen Einschnitt für die Grünen. Fast schien es, als

Die nackten Tatsachen: Protest gegen die Ausgestaltung des Atomausstiegs auf der Bundesdelegiertenkonferenz der Grünen in Karlsruhe, 19. März 2000.

würde am Ort des einstigen Aufbruchs nun der Abschied von grünen Dogmen vollzogen – nur merkten die Versammelten es offenbar nicht. Die grüne Seele berauschte sich stattdessen am früheren CDU-Mitglied Franz Alt, der fundamentalistische Positionen verkündete. Die Konsensideologie erwies sich in den Augen des Publizisten als «Nonsens». «Raus aus den Konsensgesprächen, die nichts bringen», rief er den Delegierten zu. «Wir schaffen entweder diese Energie ab, oder diese Energie schafft uns ab.» Der Jubel veranlasste die Tagungsleiterin zu den Worten: «Wenn wir im Theater wären, könnten wir sicher Vorhänge zählen.»[91] Nüchtern betrachtet stand im Leitantrag der Führungsriege etwas ganz anderes als das, was die Beifallsstürme ausgelöst hatte. Erstmals wurden nämlich die Maximalforderungen des Wahlprogramms offiziell relativiert, wenngleich die Beschlussformulierung «deutlich unter 30» einen Spielraum offenließ.

Die Kritiker, die besonders aus Niedersachsen und Berlin kamen, formierten sich ebenfalls. Sie fürchteten, dass die Partei in eine «unerträgliche Zerreißprobe» über abstrakte Zahlen getrieben werde.[92] Polemisch hieß es, der Atomausstieg müsse vom «Konsens auf die Füße» gestellt werden. Ein Positionspapier, beschlossen vom «Energiepolitischen Ratschlag» und der «Bundesarbeitsgemeinschaft Energie» der Grünen, begann mit dem Passus: «Der Entwurf eines ‹Konsenspapiers›, wie es der Bundeswirtschaftsminister im Juni 1999 vorlegte, stärkt die Stellung der Atomwirtschaft. Er ist damit das Gegenteil einer Ausstiegsstrategie. 35 Jahre Laufzeit garantieren den AKW-Betreibern zunächst, dass es unter der amtierenden Regierung, selbst in der kommenden Legislaturperiode, nicht zu einer Stilllegung kommt. Eine sich der Anti-Atombewegung weiter zurechnende Partei kann ein solches ‹Angebot› nur als schlechten politischen Scherz oder als Provokation werten.»[93] Die gewaltige Diskrepanz zwischen der Programmatik der Grünen und den sich abzeichnenden Resultaten der Konsensgespräche trieb vielen die Zornesröte ins Gesicht. Die Parteilinke Antje Radcke legte ihr Amt als Sprecherin der Grünen nieder. «Unter dem Strich muss die Konsensvereinbarung negativ beurteilt werden», so und ähnlich lauteten zahlreiche Stellungnahmen, die beim Bundesvorstand der Grünen eingingen. Mit Blick auf die bevorstehende Bundesdelegiertenkonferenz im Münster am 23. und 24. Juni 2000 forderten Grüne, angeführt vom energiepolitischen Sprecher in Berlin, Hartwig Berger, einen Atomausstieg, «der seinen Namen verdient». Ein Antrag sah vor, den Atomkonsens abzulehnen und einen Atomausstieg auf parlamentarischem Weg zu vollziehen.[94] Wie sollte dies gelingen? Glaubwürdigkeit sei wichtiger als die Koalition – zu diesem Schluss konnte man natürlich gelangen. Doch ohne die bestehende Koalition war eine Beendigung der Kernenergie in Deutschland gar nicht möglich. Zum Konsensgesetz gab es in Wahrheit nur eine Alternative, und diese lautete: Bruch der Koalition mit der Folge, dass kein wie auch immer gearteter Atomausstieg zustande kommen würde. So stand am Ende der schwierigen Debatte innerhalb der Grünen beides: Zustimmung und Resignation. Was für die einen eine Geste der Unterwerfung unter die Atomlobby bedeutete, werteten die anderen als historischen Erfolg, weil der Weg beschritten wurde, eine gefährliche Technologie hinter sich zu lassen. «Dieser Konsens», so hieß es im Beschluss der Münsteraner Bundesdelegiertenkonferenz, «scheint unter den gegebenen gesellschaftlichen Bedingungen der einzige Weg zu sein, überhaupt zu einer befristeten Nutzung der Atomenergie zu kommen. Bündnis 90/Die Grünen halten es aber für problematisch, dass kein definitives Ende der Kernkraftwerksnutzung festgeschrieben wird und auch keine Abschaltung erster Atomkraftwerke noch in dieser Legislaturperiode vereinbart wurde.»[95] So weit der Kompromiss hinter den grünen Zielen zurückblieb, so sehr betonten seine Befürworter die historische Zäsur, die man jedoch unter dem Motto «Der Ausstieg kommt!»[96] in die Zukunft verlegt hatte.

Deutschland hat als erstes großes Industrieland den Ausstieg aus einer Energieform per Gesetz beschlossen. Die Kernkraftwerke erhielten im Atomkonsens des Jahres 2000 Kontingente für die Stromerzeugung, die 32 Jahre ausreichten, und Strommengen durften von älteren auf jüngere Meiler übertragen werden. Vorgesehen war, dass das letzte Kernkraftwerk 2021 vom Netz gehen sollte, allerdings ließ sich dies infolge von Stillständen oder anderen Unwägbarkeiten nicht genau prognostizieren. Um den Rechtsfrieden zu wahren und zu verhindern, dass die Stromkonzerne vor Gericht zogen, wurde die Vereinbarung im Konsens mit den Stromkonzernen getroffen. Ein kurzes Nachspiel endete mit einem Sieg der Grünen: Im Frühjahr 2004 kursierten Pläne der Bundesregierung, die Plutoniumfabrik im hessischen Hanau für 50 Milliarden Euro nach China zu exportieren. Für die grüne Basis wäre dies einem «Super-GAU» gleichgekommen, daher brandete Widerstand auf. Schließlich wurde die Fabrik aus Steuermitteln demontiert, und der Atommüll, darunter rund 1600 Kilogramm Plutonium, kam in die französische Wiederaufbereitungsanlage nach La Hague. In der nachfolgenden Großen Koalition zwischen Union und SPD seit 2005 war ein atompolitischer Stillstand zu verzeichnen. Nach dem neuerlichen Regierungswechsel einigten sich Union und FDP, die den rot-grünen Atomkonsens erbittert bekämpft hatten, im Jahr 2010 darauf, die Laufzeiten deutscher Kernkraftwerke auf 40 bis 46 Jahre zu verlängern. Sie bezeichneten die Kernkraft als «Brückentechnologie», auf die nicht verzichtet werden könne, bis am anderen Ufer die erneuerbaren Energien voll ausgebaut seien. Allerdings wurde die Kritik an den erneuerbaren Energien, die Rot-Grün massiv förderte, immer lauter, und die Förderung stand auf der Kippe. Nicht nur zu den Umweltverbänden, die lautstark protestierten, sondern überraschenderweise auch zu den Energiekonzernen ging die schwarz-gelbe Regierung auf Konfrontationskurs. Mit einer Brennelementesteuer sollten die Zusatzgewinne, die den Unternehmen durch die längeren Laufzeiten der AKWs entstanden, abgeschöpft werden. Ein wesentlicher Aspekt des Atomkonsenses von 2000 wurde nicht angetastet: das Neubauverbot von Atomkraftwerken. Eine gesellschaftliche Akzeptanz für den Neubau von Anlagen in Deutschland hätte es nicht gegeben. Unter dem Eindruck der Reaktorkatastrophe im Frühjahr 2011 im japanischen Fukushima, die als Super-GAU, also als Atomunfall der Höchststufe 7 und damit als ebenso verheerend wie Tschernobyl 1986, eingestuft wurde, kehrten Union und FDP nur ein Jahr später wieder zur rot-grünen Formel zurück: Die Laufzeiten der AKWs sollten sich an festgelegten Reststrommengen orientieren und im Höchstfall 32 Jahre reichen. Eine beliebige Umschichtung ist nicht mehr möglich, weshalb spätestens Ende 2022 der letzte deutsche Kernreaktor abgeschaltet wird. Dabei soll sich der Ausstieg in drei Etappen vollziehen: Nachdem die ersten sieben ältesten Atomkraftwerke sowie das störanfällige Kraftwerk Krümmel sofort abgeschaltet wurden, sollen bis Ende 2021 die nächsten sechs und ein Jahr darauf die neuesten Anlagen vom Netz gehen. Als einziges Land weltweit reagierte Deutschland nach dem Desaster von Fukushima innerhalb kürzester Zeit mit dem Atomausstieg und setzte mit dem Jahr 2022 eine klare «Deadline». Verhandlungen mit den Energiekonzernen gab es, anders als 2000, dieses Mal nicht. Die Energiewende wurde politisch besiegelt, Konsens oder Kompromiss mit den Energiekonzernen gar nicht gesucht. Bei Sozialdemokraten und Grünen herrschte Genugtuung, denn sie empfanden diesen Ausstieg aus der Atomkraft als ihren Ausstieg, waren sie es doch, die die fundamentale Wende 2000 bewirkt hatten.[97] «Wir haben», so Rezzo Schlauch im Rückblick, «das Atomzeitalter zum Auslaufen geführt».[98]

Deutschland als Vorbild globaler Klimapolitik: Das Erneuerbare-Energien-Gesetz

Das Herzstück der rot-grünen Energie- und Klimapolitik bildet das Erneuerbare-Energien-Gesetz (EEG) vom April 2000 und nur dieses erfüllte den Atomkonsens mit Leben. Es ersetzte das seit 1991 geltende

«Gesetz über die Einspeisung von Strom aus erneuerbaren Energien in das öffentliche Netz», kurz Stromeinspeisungsgesetz. Die «Einspeisung» hob der Gesetzgeber seinerzeit hervor, da Strom aus erneuerbaren Energien mit Ausnahme der Wasserkraft nur von kleinen Unternehmen erzeugt wurde, denen die großen Stromerzeuger den Zugang zu ihrem Verbundnetz bis dahin verweigert oder stark erschwert hatten. Dieser Vorläufer des EEG stand zwar unter dem Eindruck des Schocks, den die Reaktorkatastrophe von Tschernobyl verursacht hatte, doch waren die Probleme des Klimawandels noch nicht mitten in der Gesellschaft angekommen. Das neue rot-grüne EEG verpflichtete dagegen die Netzbetreiber, nicht nur die Anlagen zur Erzeugung erneuerbarer Energien an ihr Netz anzuschließen, sondern diesen Strom vorrangig anzunehmen und zu vergüten. Da die etablierte Stromwirtschaft nicht mehr als Vergütungsempfängerin ausgeschlossen wurde, gaben die Unternehmen ihren Widerstand gegen die erneuerbaren Energien nach und nach auf. Überdies bezog man nun auch die geothermisch erzeugte Energie mit ein, und so umschloss das Gesetz die Wind- und Sonnenenergie, Biomasse wie Holz, Gras und Gülle sowie Erdwärme. Rot-Grün löste damit einen Boom im Bereich der erneuerbaren Energien aus, den selbst optimistische Prognosen in diesem Umfang nicht erwartet hatten. Während der Beratungen im Bundestag und Bundesrat hatte die Opposition das Vorhaben noch als unerträgliche Subvention, als innovationshemmend sowie ökologisch verfehlt und ineffizient bezeichnet.[99] Später, so Reinhard Bütikofer im Gespräch, «haben sie das einfach geschluckt, so wie Helmut Kohl die Ostpolitik der Vorgänger».[100] Besonders auf dem Gebiet der Photovoltaik herrschte Goldgräberstimmung. Dank staatlicher Förderung und verbesserter Technologien rentierte sich die Energieausbeute von Solarstrom. Allein im Jahr 2001 installierten die Deutschen auf den Dächern ihrer Häuser Sonnenkollektoren, die umgerechnet 40 000 Ölheizungen ersetzten.[101] Mitte des Jahres überschritt die Anzahl der Windkraftanlagen die Marke von 10 000. Obwohl die allgemeine Konjunktur eher flau war, nahm der Ausbau der Windkraft rasant zu. Allein in den ersten sechs Monaten des Jahres 2001 gingen bundesweit 673 Windturbinen mit einer Gesamtleistung von 821 Megawatt neu ans Netz, rund 50 Prozent mehr als im vergleichbaren Zeitraum des Vorjahres, in dem das Gesetz noch nicht vorhanden war. Bald war Deutschland weltweit führend in der Erzeugung von Strom aus Windenergie, und bis zum Jahr 2011 diente das EEG über 60 Staaten sowie 26 Bundesstaaten oder Provinzen als Modell für ähnliche Regelungen.

Weitere Maßnahmen flankierten das EEG. Mit der Energieeinsparverordnung (EnEV) führte die Bundesregierung die Wärmeschutz- und Heizanlagenverordnung zusammen. Umweltverbände kritisierten indessen, dass die Regelungen hinter den Potentialen zurückblieben. In der Modernisierung von Gebäuden und Heizungsanlagen sahen sie die größten Möglichkeiten eines gezielten Klimaschutzes.[102] Wiederum gegen die Stimmen der Opposition verabschiedete die Bundesregierung am 25. Januar 2002 das Gesetz zur Kraft-Wärme-Koppelung (KWK), das eine ältere Regelung ersetzte. KWK galt allgemein als effiziente, umweltfreundliche und zudem kostengünstige Energietechnologie. Andere europäische Länder, etwa Dänemark, die Niederlande oder Finnland, wiesen bereits einen Anteil des KWK-Stroms von 35 bis 50 Prozent auf, Deutschland lag bei zehn Prozent. Befürworter dieser Technologie erwarteten eine gesetzliche Quotenregelung für den Ausbau von KWK, die aber im verabschiedeten Gesetz fehlte. Stattdessen baute es auf einer Vereinbarung zwischen den Verbänden der Stromwirtschaft und dem Bundeswirtschaftsministerium auf, womit Rot-Grün auf Drängen von Wirtschaftsminister Müller der Stromwirtschaft entgegenkam. Im Gesetz fand sich jedoch immerhin eine Bonusregelung, die einer begrenzten Anzahl von KWK-Anlagen zugutekam.[103]

Am 1. August 2004 trat eine novellierte Fassung des EEG in Kraft. Vorausgegangen war eine Einigung im Vermittlungsausschuss des Deutschen Bundestages, bei der die CDU/CSU eine Reduzierung der Förderung von Windkraftanlagen erreichte. Nicht nur der Union, sondern vielen Menschen vor allem in den südwestdeutschen Mittelgebirgen, besonders im Schwarzwald, missfiel die «Verspargelung der Landschaft»[104], wie sie es nannten, also die zum Teil planlose und nicht von landschaftsarchitektonischen Gesichtspunkten geleitete Aufstellung zahlreicher weithin sichtbarer Windräder. Auch gegen großflächige Solarparks, die in den südlichen Bundesländern errichtet wurden, bildeten sich vereinzelt Bürgerinitiativen. Solarparks mit mehr als einem Megawatt Leistung galten in der Branche als Großanlagen; sie benötigten eine Fläche von rund eineinhalb Fußballfeldern. Allein um das im Zuge des Atomkonsenses abgeschaltete Kernkraftwerk Stade zu ersetzen, so wurde errechnet, müssten über 600 solcher Einrichtungen gebaut werden. Dass in der Bundesrepublik über ein Jahrzehnt hinweg seit 2001 mehr als die Hälfte der erhobenen Ökostromumlage in die Solarenergie floss, obwohl diese nur vergleichsweise wenig Strom lieferte, und demgegenüber die Förderung der Energieeffizienz sowie der Ausbau des Stromnetzes und der Speicherkapazitäten vernachlässigt wurden, war eine berechtigte Kritik.

Bei der Neufassung des EEG 2004 kamen auch Anpassungen an neue Richtlinien der Europäischen Union zum Tragen, außerdem wurde die Höhe der Fördersätze geregelt und die juristische Stellung der Betreiber zur Erzeugung erneuerbarer Energien gegenüber den örtlichen Netzbetreibern verbessert. Ziel war es, den Anteil des Ökostroms in Deutschland, der bis dahin bei etwas mehr als sechs Prozent lag, bis 2020 auf mindestens 20 Prozent zu steigern; später erhöhte man die Zielvorgabe auf 35 Prozent. Auch die Europäische Union brachte eine Solarinitiative auf den Weg, von welcher insbesondere Spanien profitierte. Technologisch beispielhaft sind die Parabolrinnen-Kraftwerke Andasol 1 bis 3 in Andalusien, welche die Erlanger Firma Solar Millennium entwickelte. Diese Solarkraftwerke in der Nähe von Granada sind die größten ihrer Art auf der Welt und produzieren seit 2008 Strom. Am Konsortium beteiligt sind die Stadtwerke München, RWE, Innogy, Rhein Energie und Ferrostaal. Alle drei Kraftwerke zusammen produzierten 2010 Strom für eine halbe Million Menschen.

Trotz solcher beeindruckender Zahlen wird man vorsichtig sein müssen mit Zuschreibungen, wie sie Claudia Roth formuliert. Sie nennt das EEG «die größte Erfolgsgeschichte auf der ganzen Welt».[105] Hier schwingen Wertungen des amerikanischen Ökonomen Jeremy Rifkin mit, der die globale Energiewende als eine Art dritte industrielle Revolution bezeichnete. Dieser Umbruch werde einen ähnlich tief greifenden ökonomischen und gesellschaftlichen Wandel auslösen wie die industrielle Revolution Mitte des 18. Jahrhunderts, als durch den Abbau von Kohle neue technologische Erfindungen erst möglich wurden. Zu Beginn des 20. Jahrhunderts löste die Elektrifizierung eine neue Welle der Industrialisierung aus. Innerhalb eines sehr kurzen Zeitraums von etwa 150 Jahren verbrauchte die Menschheit den größten Teil der fossilen Energieträger, die über Jahrmillionen entstanden sind. Erst die Zukunft wird erweisen, bis zu welchem Ausmaß eine Energieversorgung aus den erneuerbaren Energien gelingen kann. Wenn das EEG seit seiner Verabschiedung 2001 auf große Zustimmung in der Bevölkerung stieß, dann vor allem weil dessen Mehrwert für viele Menschen schnell spürbar war. Wie lange dies bei einer immer höheren staatlichen Belastung des Strompreises anhält, die sich aus einer Umlage für Ökostrom ergibt, lässt sich freilich nicht abschätzen.

«Rinderwahnsinn»: Die BSE-Krise in der EU

Auch in anderen Bereichen wurde sichtbar, dass Verbesserungen des Lebensstandards nicht kostenlos zu gewinnen waren. Manchmal war der Lernprozess schmerzhaft und musste von einer schonungslosen Analyse vorangetrieben werden. Die BSE-Krise im Jahr 2000 läutete das Ende der bisherigen Landwirtschafts- und Agrarpolitik in Deutschland ein. Seit 1984 war die tödlich verlaufende Krankheit, für die sich der Name «Rinderwahnsinn» einbürgerte, in Großbritannien aufgetreten – BSE, Bovine Spongioforme Encephalopathie. Die Krankheit löst das zentrale Nervensystem auf und ist als neue Variante der Creutzfeld-Jakob-Krankheit auf den Menschen übertragbar, wie der britische Neuropathologe Robert Perry 1989 nachweisen konnte. Seit 1995 sind daran in Europa mindestens 83 Menschen gestorben. Aus Gründen der Kostensenkung war Anfang der 1980er Jahre in Großbritannien das zur Verfütterung vorgesehene Tiermehl weniger stark erhitzt worden als zuvor. Später stellte sich heraus, dass die reduzierten Temperaturen zwar einige Keime abtöten konnten, jedoch Prionen als bösartige Erreger und Verursacher von Scrapie, der Traberkrankheit bei Schafen, unbeschadet ließen. Vor allem Schafskadaver wurden jedoch zur Gewinnung von Tiermehl verwendet. Seinerzeit waren Warnungen ignoriert und die Fälle heruntergespielt worden. Erst 1996 gestand die britische Regierung öffentlich ein, dass von BSE Gesundheitsgefahren für den Menschen ausgehen können. In Deutschland wie in den meisten kontinentaleuropäischen Ländern wähnte man sich dagegen sicher. Im Februar 1992 starb in Schleswig-Holstein ein aus England importiertes Rind an BSE, was allerdings erst 1994 vom Bundeslandwirtschaftsministerium mitgeteilt wurde. Die Behörden registrierten in den folgenden Jahren weitere Verdachtsfälle, dennoch gaben sie Tierkörper zur Weiterverarbeitung frei.

Im Jahr 2000 geriet die Krankheit jedoch immer häufiger in die Schlagzeilen. In Dänemark war BSE entdeckt worden, und die französische Regierung ließ neu entwickelte Massentests durchführen. Das Ergebnis war besorgniserregend: Die BSE-Erkrankungen stiegen massiv an. Ende Oktober wurde EU-weit über ein generelles Verbot der Verfütterung von Tierresten und Knochenmehl an Tiere diskutiert, es scheiterte allerdings auch am deutschen Widerstand. Bis dahin war die Verfütterung von Tiermehl nur für Rinder und andere Wiederkäuer verboten. Entgegen den Forderungen seiner Partei gerierte sich Landwirtschaftsminister Karl-Heinz Funke als Bremser beim Verbot der Tiermehlverfütterung.[106] Funke, ein populärer Politiker aus Niedersachsen, der dort Landwirtschaftsminister gewesen war, und Vertrauter von Gerhard Schröder, war der erste sozialdemokratische Bundeslandwirtschaftsminister seit Bestehen der Bundesrepublik. Selbst Landwirt, kannte er die Denkweisen der Bauern und die Strukturen des Deutschen Bauernverbands aus eigener Anschauung. Bei Amtsantritt nannte ihn der «Rheinische Merkur» einen «Feingeist unter derber Schale»,[107] und Funke erwarb sich während der deutschen EU-Präsidentschaft 1999 Meriten, indem er die deutsche Blockadehaltung gegenüber der europäischen Agrarreform beendete. Allerdings war er ein Vertreter der konventionellen und nicht der ökologischen Landwirtschaft; er reihte sich somit fast nahtlos in die Schar seiner christdemokratischen (und liberaler: Joseph Ertl von 1969 bis 1983) Vorgänger ein.

In der BSE-Krise agierte Funke ohne Fortune. Da er glaubte, es handele sich um eine Hysterie, verlor er das Gespür für die Ängste der Menschen. Funke hielt die Sicherheitsstandards bei der Verbrennung von Tierkadavern in Deutschland für ausreichend. Rindfleisch sei in Deutschland sicher, der Zustand der Rinderherden sei untadelig, man könne ohne Sorgen alles essen. An Schweine, Geflügel und Fische könne Tiermehl bedenkenlos verfüttert werden, meinte er, während seine Kabinettskollegin, Gesundheitsministerin Andrea Fischer (Grüne), die Verfütterung von Tiermehl vollständig verbieten wollte, wie es bereits in

Frankreich geschehen war. Als neue Fälle in Spanien, Frankreich und Belgien auftauchten, musste sich Funke schließlich dem Kanzler beugen, der am 23. November für ein generelles Verbot von Tiermehl eintrat. Fischer hatte sich hartnäckig für die Verbraucher eingesetzt, Funke eher für die Bauern. Doch über die Krankheit BSE konnten nicht Agrarpolitiker entscheiden, sondern nur Gesundheitspolitiker. Allerdings kam die Maßnahme in Deutschland zu spät, denn bereits am folgenden Tag wurde erstmals bei einer in Deutschland geborenen Kuh BSE festgestellt. Schröder kündigte an, das geplante Verbot für Tiermehl per Eilverordnung am 27. November zu erlassen. Am 25. November wurde ein Bund-Länder-Krisenstab unter Vorsitz des Staatssekretärs im Landwirtschaftsministerium Martin Wille eingerichtet. In einem Fax an das Kanzleramt berichtete er, der Krisenstab habe beschlossen, «die Verfütterung von Tiermehl im Wege einer Eilverordnung zum frühestmöglichen Zeitpunkt zu verbieten.» Er wies jedoch auf Umsetzungsprobleme hin: «Die Wirtschaft hält es für ausgeschlossen, logistisch ein sofortiges Verfütterungsverbot umzusetzen. Sie weist auf die Gefahr einer unzureichenden Versorgung der Tierbestände (Schweine, Hühner) mit der Sorge hin, dass die Tiere verhungern.» Innerhalb weniger Tage würde es zum «Fütterungsnotstand mit Massensterben» kommen. Binnen Kurzem hätte man es so mit einem «Tierschutznotstand von katastrophalem Ausmaß» zu tun, «der politisch kaum zu steuern sein dürfte». Außerdem habe die EU-Kommission das beabsichtigte sofortige deutsche Verfütterungsverbot mit Überraschung zur Kenntnis genommen. Hinsichtlich des weiteren Vorgehens wies Wille darauf hin, dass die vorgesehene Eilverordnung «auf einer schwachen Rechtsgrundlage» basiere, da laut Justizministerium «keine akute tierseuchenrechtliche Gefahr im Verzug» sei.[108]

Am Tag darauf nahm die Eilverordnung dennoch konkrete Formen an, wie dem Bundeskanzler mitgeteilt wurde. Das Verfütterungsverbot, so hieß es in einem Schreiben aus dem Kanzleramt, sei «zum jetzigen Zeitpunkt sachlich und politisch dringend geboten, auch wenn es eine einseitige nationale Maßnahme darstellt». Die Frage der Tiermehlverfütterung könne nicht mehr «auf wissenschaftlich-theoretischer Erkenntnisgrundlage entschieden werden, sondern bedarf einer diesen praktischen Umständen gerecht werdenden umfassenden politischen Antwort». Am

Schluss stand eine Empfehlung für die Begründung der Eilverordnung: Sie sollte nicht auf den Akzeptanzverlust der Tiermehlverfütterung in der Öffentlichkeit abheben, sondern auf die «Notwendigkeit des vorbeugenden Verbraucherschutzes».[109] Dies war auch der Tenor auf der SPD-Präsidiumssitzung, die am selben Tag stattfand. Landwirtschaftsminister Funke verteidigte sich mit dem recht unbeholfenen Hinweis, die Vorgängerregierung habe «geschlampt»; auch Heide Simonis, die Ministerpräsidentin von Schleswig-Holstein, wollte die Schuld an der Krise Bauernpräsident Gerd Sonnleitner und der Kohl-Regierung in die Schuhe schieben. Bildungsministerin Edelgard Bulmahn bemerkte, dass der grüne Koalitionspartner sich als «Verbraucherschutzpartei» aufführe, was Gerhard Schröder zur Bemerkung veranlasste, man müsse aufpassen, dass das Thema nicht einseitig «den Grünen zugeeignet wird».[110]

Im Laufe des Tages kippte das Bundesjustizministerium die geplante Eilverordnung. Es sah dafür keine ausreichende Rechtsgrundlage, die erforderliche «Gefahr im Verzug» sei nicht belegbar. In der Fraktionsversammlung der Grünen berichtete unterdessen Gesundheitsministerin Andrea Fischer über den Stand der Dinge. Sie stellte den Schutz der Verbraucher in den Mittelpunkt und schlug angesichts der Bedenken aus dem Justizministerium ein «Parallelverfahren» vor, um schnell reagieren zu können: Eilverordnung erlassen und zugleich zügig ein Gesetz auf den Weg bringen.[111] Anschließend debattierte der Bundesvorstand der Grünen über die Konsequenzen aus dem BSE-Skandal. Fritz Kuhn kam die Idee, «eine Kampagne zu ökologischem Landbau» zu starten. Renate Künast und er, die beiden Führungspersonen der Grünen, sollten auf Bauernhöfe gehen und dafür werben. Der Bundesvorstand beschloss, zügig ein Papier zum ökologischen Landbau auszuarbeiten, um in der zu erwartenden Diskussion über die Zukunft der deutschen Landwirtschaft dieses Thema zu besetzen.[112]

Am 29. November kündigte der Kanzler im Bundestag einen Kurswechsel in der Landwirtschaft an. Man dürfe nicht den Fehler machen, es jetzt nur bei der Aufdeckung der Krankheit zu belassen, sondern müsse die Verfütterung von Tiermehl verbieten und «eine Perspektive für eine andere, verbraucherfreundliche Landwirtschaft» entwickeln, die weg von den Agrarfabriken führe. Nur wenn dies gelinge, «kann der eine seinen Leberkäs und der andere seine Currywurst wieder ohne

Ängste verzehren».[113] Einen Tag später beschloss der Bundestag das Eilgesetz zum Verfütterungsverbot, der Bundesrat stimmte am 1. Dezember ebenfalls zu, und am 2. Dezember trat das Gesetz in Kraft. Diesem Beispiel folgend verkündete der EU-Agrarministerrat, dass ab dem 1. Dezember ein auf ein halbes Jahr befristetes EU-weites Tiermehlverfütterungsverbot gelte. Außerdem erfolgte eine Dringlichkeitsverordnung von Andrea Fischer, nach der alle über 30 Monate alten Schlachtrinder auf BSE getestet werden mussten. Die Gesundheitsministerin sprach von einem «GAU der industriellen Landwirtschaft».[114] Die Verharmlosung der vergangenen Jahre war zu Ende. Mit dem Inkrafttreten dieser Maßnahmen schien Ruhe einzukehren.

Ministersturz, Furcht vor einer weltweiten Ausbreitung von BSE und Agrarwende

Doch kurz vor Weihnachten wurden beide Minister mit schweren Vorwürfen konfrontiert. Bereits am 6. Dezember hatte die Bundesanstalt für Fleischforschung eine Warnung vor Wurstwaren mit BSE-Risiko an das Landwirtschaftsministerium gesandt, die dort mehrere Tage liegen blieb, ehe sie am 11. Dezember an das Gesundheitsressort weitergeleitet wurde. Dort gelangte sie jedoch erst am 20. Dezember auf den Tisch der Ministerin. Hatten Funke und Fischer ihre jeweiligen Häuser nicht im Griff? Auf Pressekonferenzen schienen beide mit der Situation überfordert zu sein, Funke hielt Wurst für völlig unbedenklich und beharrte auf seiner orthodoxen Bauernpolitik, Fischer übertünchte ihre Unsicherheit mit Lachen.[115] Zum Jahreswechsel deckte eine von Schröder eingesetzte Kommission unter Leitung der Präsidentin des Bundesrechnungshofes Hedda von Wedel (CDU) schwerwiegende Versäumnisse in den Ministerien auf, die nur mangelhaft miteinander kooperierten. Außerdem regte die Kommission an, ein eigenständiges Verbraucherschutzministerium zu schaffen oder diese Kompetenzen dem Gesundheitsministerium zu übertragen. Funke reagierte mit hektischen, jedoch halbherzigen Vorschlägen, die ihn als den falschen Mann für eine grundlegende Wende kennzeichneten, während Fischers Krisenmanagement bei den Grünen Kopfschütteln auslöste. Hatte sie vielen immer schon als schwierig gegolten, so verlor sie nun den letzten Rückhalt. Zwischen führenden Sozialdemokraten und Grünen gab es um den Jahreswechsel einen «Deal»: Funke sollte gehen, aber nur, wenn auch Fischer ging. Die Grünen hätten die Wahl, entweder das Gesundheitsministerium zu behalten oder das Landwirtschaftsministerium, erweitert um den Verbraucherschutz, zu übernehmen. Fritz Kuhn und Joschka Fischer ergriffen die sich bietende Chance sofort. Ihnen war klar, dass die Grünen bei den Bauern nicht in großem Umfang Wähler gewinnen könnten – bei den Verbrauchern allerdings schon. Ihre Kernkompetenz in der Umweltpolitik auf dieses Ressort auszuweiten war ein wahres Geschenk, das ihnen der Kanzler offerierte.[116] Am 9. Januar trat zunächst Andrea Fischer von ihrem Posten zurück, am Abend folgte ihr Karl-Heinz Funke. Bis zu diesem Tag waren in Deutschland zehn BSE-Fälle amtlich bestätigt, sechs in Bayern und je zwei in Niedersachsen und in Schleswig-Holstein. Mehr als zehn Jahre nach ihrem Rücktritt sprach Andrea Fischer 2012 in der ARD erstmals wieder über die Umstände der Amtsniederlegung: «Es war ein Fehler, nicht meine Truppen bei den Grünen zu sammeln (...). Dann ging es auf einmal ganz schnell, als mir gesagt wurde: Du kannst nicht mehr bleiben. (...). Selbstverständlich haben das die wichtigen Leute bei den Grünen entschieden. Selbstverständlich. (...) Ich bin nicht freiwillig aus dem Amt geschieden. Von mir aus hätte ich nicht nur eine halbe Spielzeit gespielt (...) Es sind immer die eigenen Truppen.»[117]

Schon am nächsten Tag präsentierte Kanzler Schröder der Öffentlichkeit die Nachfolger. Ulla Schmidt übernahm für die SPD das Gesundheitsressort. Bei den Grünen kam nicht Bärbel Höhn, die grüne Ministerin für Umwelt, Natur- und Verbraucherschutz in Nordrhein-Westfalen, zum Zuge, obwohl sie den Journalisten als Favoritin galt, sondern Renate Künast. Parteitaktische Überlegungen der Grünen und die Abneigung Schröders, aber auch Joschka Fischers gegen Höhn führten zu diesem überraschenden Ergebnis. Die «Frankfurter Allgemeine Zeitung» meinte, Künast habe sich auf ein Himmelfahrtskommando eingelassen: «Die Besetzung dieses Postens mit einer Politikerin, die immer noch ein wenig die Berliner Göre spielt, hat etwas Bizarres. Frau Künast auf Bauernversammlungen in Niedersachsen oder Bayern – das wird gewöhnungsbedürftig sein.»[118] Was den Bauern mit Renate Künast zugemutet werde, so die «Süddeutsche Zeitung», sei ein «Kulturschock».[119] Die grünennahe «tageszeitung» ätzte, Künast habe keine Ahnung vom neuen Amt: «Morgens bei der Pressekonferenz musste noch Künast-Kollege Fritz Kuhn alle Fragen zu BSE und Verbraucherschutz beantworten, weil Madame bei solchen Fragen null Durchblick besaß. Abends ist dieselbe Person plötzlich Ministerin für Landwirtschaft, Ernährung und Verbraucherschutz. Steile Karriere!»[120] Renate Künast selbst, die pragmatische Parteilinke, die seit Juni 2000 mit Fritz Kuhn den Vorsitz der Bundespartei innehatte, spricht von einer «persönlichen Affinität» zum neuen Ministerium, welche aus ihrer Liebe zur Natur entsprang.[121] Die Juristin galt als «grüne Allzweckwaffe», 1999 war sogar spekuliert worden, sie könne EU-Kommissarin oder Botschafterin bei den Vereinten Nationen in New York werden.[122] Dies konnte nur von Nutzen sein, denn was ihr bevorstand, war nicht allein auf Deutschland beschränkt.

Im Januar 2001 schlug die UNO-Ernährungsorganisation FAO Alarm. Nicht nur innerhalb der Europäischen Union wurde die Situation immer dramatischer, vielmehr befürchteten die Experten, dass sich BSE weltweit auszubreiten drohe. Auch die EU-Kommission in Brüssel hielt die Warnung keineswegs für überzogen. Sie selbst hatte eine «Weltkarte» der nationalen BSE-Risiken erstellt. EU-Agrarkommissar Franz Fischler warnte außerdem vor einer Kostenexplosion auf dem Agrarmarkt, denn es bestand in seinen Augen die Gefahr, dass die EU in Deutschland und anderen Ländern alles Fleisch von männlichen Rindern aufkaufen müsse. Im Jahr 2000 hatte die FAO zehn Nicht-EU-Staaten auf BSE überprüft, Anfang 2001 wurden 25 weitere Länder unter die Lupe genommen, vor allem in Asien und Afrika. Die EU-Kommission wusste um die jahrzehntelangen Exporte von Tiermehl aus der EU in alle Welt. Brüssel veröffentlichte Zahlen, nach denen seit Ende der 1980er Jahre pro Jahr eine halbe Million Tonnen Tiermehl ausgeführt worden waren, 70 Prozent davon nach Osteuropa und 20 Prozent nach Afrika, der Rest in den Nahen und Fernen Osten. Seit Mitte der 1990er Jahre war zwar die Verfütterung von Tiermehl an Rinder in der EU verboten, nicht jedoch an Schweine und Geflügel. Deshalb durften alle europäischen Staaten mit Ausnahme von Großbritannien bis zum 1. Januar 2001 exportieren. Erst an diesem Tag trat das totale Verfütterungsverbot von Tiermehl in der EU in Kraft. London hatte seine Ausfuhren indessen erst 1996 ganz einstellen müssen. Bis dahin waren jährlich bis zu 30 000 Tonnen Tiermehl von der Insel in zahlreiche Länder, besonders Tschechien, Nigeria, Thailand, Südafrika, Kenia und die Türkei, geliefert worden. Die BSE-Angst erreichte 2000/2001 auch Länder, die sich infolge von Importverboten geschützt glaubten, vor allem die Vereinigten Staaten von Amerika, wo jährlich 30 Millionen Rinder geschlachtet wurden. In Texas stellten die Behörden eine Herde von 1000 Rindern unter Quarantäne, weil der Verdacht aufkam, dass auch Knochenmehl von Tieren verfüttert worden sei. In Großbritannien, dem Ursprungsland der Krise, waren bis zum Jahr 2000 fünf Millionen Tiere getötet und vernichtet worden, was auch extreme logistische Probleme verursachte. Apokalyptische Bilder von massenhaften Tierkadavern gingen um die Welt. Der Export von «British beef» tendierte seither gegen null, und die BSE-Seuche hatte dort Kosten in Höhe von rund zehn Milliarden Euro verursacht. Mit Jahresbeginn 2001 teilte die EU mit, dass inzwischen 57 Länder weltweit den Import von Rindfleisch aus Europa untersagt hatten.[123]

Auch in Deutschland war angesichts dieser Hysterie und der Angst vor einer Epidemie der Markt für Rindfleisch kurzzeitig zusammengebrochen. Im Laufe des Jahres 2001 gelang es jedoch, die BSE-Krise in den Griff zu bekommen. Statt der ursprünglich vorgesehenen 400 000 Rinder mussten nur 89 000 geschlachtet werden. Ihr Fleisch wurde in das Hungerkrisenland Nordkorea verfrachtet. «Das war eine der schlimmsten Aktionen», sagt Künast heute.[124] Rupert Neudeck, der Aktivist von der Cap Anamur, hatte kritisiert, dass das Fleisch einfach vernichtet werde, während in Nordkorea Hunger herrschte. Aber kam es auch bei den Bedürftigen an, oder tauchte es nur in den Kantinen des Militärs auf? «Ich habe mich grün und blau geärgert, weil das so populistisch war», erinnert sich Künast.[125]

Ihre erste Rede als Ministerin im Deutschen Bundestag begann Künast am 18. Januar 2001 mit den Worten: «Mein Auftrag ist der Verbraucherschutz. Ich werde dabei die Interessen der Landwirte nicht vergessen.»[126] Diese Umkehrung, erst die Verbraucher, dann die Bauern, war in den Augen vieler traditionell denkender Landwirte eine Ungeheuerlichkeit. Der Bauernverband lehnte den Begriff «Agrarwende» ab, da er die Arbeit der Bauern schlechtmache.[127] Auf Bauern-

Furcht vor einer weltweiten Ausbreitung von BSE und Agrarwende 257

Miss Verbraucherschutz: Renate Künast mit Biokarotte vor einem der von ihr eingeführten neuen Ökosiegel, 7. Dezember 2001.

tagen wurde die neue Ministerin ausgebuht und ausgepfiffen. «Künast in den Knast» war ein beliebter Slogan. Künast versprach eine radikale Wende in der Agrarpolitik. «Der BSE-Skandal», so sagte sie am 8. Februar im Bundestag, «markiert das Ende der Landwirtschaftspolitik alten Typs».[128] Ihre Ausführungen waren von zahlreichen Zwischenrufen begleitet, wobei sich besonders der bayerische Abgeordnete Peter Ramsauer mit Bemerkungen wie «So ein Quatsch» oder «Sie sind auf der falschen Veranstaltung!» hervortat.[129] Die Agrarwende sollte sich in einem «magischen Sechseck» aus Politik, Verbrauchern, Landwirten, Futtermittel- und Lebensmittelindustrie sowie Einzelhändlern bewegen und unter dem Motto «Klasse statt Masse» stehen. Als Kernpunkte benannte die Ministerin Verbraucherschutz, Stärkung des ökologischen Landbaus, Änderung der Agrarzuschüsse sowie eine umwelt- und artgerechte Tierhaltung. Eine ihrer eingängigsten Formeln lautete: «In unsere Kühe gehören nur Gras, Wasser und Getreide.» Innerhalb von zehn Jahren sollte der Anteil der ökologischen Landwirtschaft von 3,7 Prozent auf 20 Prozent erhöht werden – ein Wert, der indessen klar verfehlt wurde. 2010 waren gerade einmal knapp sechs Prozent erreicht. Als Erfolg konnte die Einführung zweier Biosiegel im September 2001 verbucht werden, die sich aber der «weicheren» EU-Richtlinie und nicht den Kriterien der deutschen Biobauern wie Demeter, Bioland oder Naturland anpassten. Künast wollte in der Breite einen Öko-Schub schaffen, lautete ihre Begründung.[130] Nach wie vor sollte es drei Typen von Landwirtschaft geben: den Ökolandbau, die bäuerliche Landwirtschaft und die gewerbliche Agrarwirtschaft. Im März 2002 organisierte Rot-Grün den staatlichen Verbraucherschutz neu, baute die Verbraucherschutzämter um und schuf ein Verbraucherinformationsgesetz. Verbraucherschutz wurde als Querschnittsaufgabe festgeschrieben. Die Opposition beschimpfte die Ministerin indessen selbst am Weltverbrauchertag unverdrossen als «Ideologieministerin».[131]

Renate Künast etablierte die Verbraucherpolitik in Deutschland; sie selbst sprach etatistisch nur von Verbraucherschutz. Man musste nicht so weit gehen wie ihr Parteifreund Reinhard Bütikofer, der ihr eine «Kulturleistung» bescheinigte.[132] Bei der internationalen Verbraucherschutzorganisation Food Watch hielt sich die Begeisterung in sehr engen Grenzen. Die rot-grüne Agrarpolitik war in deren Augen vor allem eines: defizitär. Die Agrarwende sei stecken geblieben. Solange das Verursacherprinzip nicht gelte – wonach der Verunreiniger von Lebensmitteln die von ihm verursachten Schäden bezahlen muss –, könnten Bioprodukte nicht wettbewerbsfähig werden. Gescheitert sei die Qualitätswende, weil Künast das Biosiegel nur für einen kleinen Sektor eingeführt habe, statt entsprechende Kriterien für Basisqualitäten bei allen Lebensmitteln verbindlich festzulegen. Food Watch gestand der Ministerin zu, dass sie gegen vielfältige Widerstände der Lebensmittellobby zu kämpfen hatte, doch am Ergebnis des Berichts änderte dies nichts: «Angesichts der erheblichen Erwartungen und hochgesteckten Ziele der Agrar- und Verbraucherpolitik der rot-grünen Bundesregierung wirkt das tatsächlich Erreichte mager.»[133] Dennoch fragt sich, was ohne Künast geschehen wäre. Sie erwies sich als die richtige Person in einer schwierigen Zeit und erarbeitete sich einen gewissen Nimbus. Künast war ein Mensch, der aus Auseinandersetzungen, die sie mit den Agrarlobbyisten reichlich hatte, Kraft zog. Die als Aufbruch versprochene Agrarwende blieb zwar in Teilen stecken, dennoch wurde unter Rot-Grün ein neues Politikfeld eröffnet und gestaltet. Zu Ende gegangen war die seit der Adenauer-Ära bestehende Landwirtschaftspolitik, die sich über die Jahrzehnte kaum verändert hatte und in der Lobbyisten die Politik für die Bauern diktierten. Dass Bauernpräsident Gerd Sonnleitner – der den BSE-Skandal und die Wut vieler Menschen politisch nur überlebte, weil die neue Verbraucherministerin energisch durchgegriffen hatte – im Wahlkampf 2005 eine «neue Bauernbefreiung» forderte,[134] verstärkt diesen Befund noch zusätzlich.

Entwicklungspolitik als globale Strukturpolitik

Hatte erst eine plötzlich auftauchende Krise zur Agrarwende geführt, so existierten andere Politikfelder, in denen der Wandel sich schon seit Längerem ankündigte. Nach dem Ende des Ost-West-Konflikts wurde die Entwicklungspolitik nicht mehr von geostrategischen Erwägungen der zwei Supermächte überlagert, sondern befand sich auf einmal in einer neuen offenen Debatte über ihre Funktionalität, ihre Struktur und bestehende Alternativen. Seit Jahren herrschte eine rege Diskussion, ob in erster Linie internationale, insbesondere weltwirtschaftliche Rahmenbedingungen entscheidend für die Entwicklung beziehungsweise Unterentwicklung des Südens waren oder die innere Verfasstheit der Entwicklungsländer selbst.[135] In der Regierungszeit Helmut Kohls war die letzte Position der Diskussion stärker vertreten und Entwicklungspolitik wurde von diesem Standpunkt aus organisiert. Man stellte Kriterien der Entwicklungszusammenarbeit auf, die gute Regierungsführung im weiteren Sinn auf der Seite der Empfängerländer zur Geschäftsgrundlage machte – dies war die Idee des «Good Governance», die auch von Rot-Grün weiter verwendet wurde. Schon unter Brandt hatte Erhard Eppler versucht, «Entwicklungszusammenarbeit auf Augenhöhe» zu organisieren und Menschenrechte weltweit zu verteidigen. Während der Amtszeit des CSU-Politikers Carl-Dieter Spranger, der von 1993 bis 1998 Bundesminister für wirtschaftliche Zusammenarbeit und Entwicklung war, umfasste das Menschenrechtsverständnis jedoch lediglich politische Menschenrechte wie beispielsweise Freiheitsrechte. Die rot-grüne Bundesregierung erweiterte in Teilen dieses Verständnis um soziale und wirtschaftliche Menschenrechte wie beispielsweise die Gleichberechtigung von Mann und Frau sowie das Recht auf Bildung und die Teilhabe am kulturellen Leben. Gerhard Schröder beanspruchte verbal, dass die Bundesregierung «in ihrer internationalen Verantwortung dafür ein(-tritt), dass mit der Globalisierung der Märkte eine Globalisierung der Menschenrechte und der sozialen Sicherheit einhergeht».[136] Eher gering war das Interesse der Kohl-Regierung, die Probleme der Auslandsverschuldung der Entwicklungsländer, die verheerenden Auswirkungen der Krisen der internationalen Finanzmärkte, den Verfall der Rohstoffpreise, die Handelsbarrieren sowie die Agrarsubventionen anzugehen. Bei den Versuchen, hier Verbesserungen für die Entwicklungsländer international zu vereinbaren, gehörte die schwarz-gelbe Bundesregierung zu den Hauptbremsern.[137]

Bereits in den entwicklungspolitischen Positionsbestimmungen von SPD und Grünen vor ihrer Regierungszeit tauchten neue Begrifflichkeiten auf, die aufhorchen ließen. Bei der SPD war dies immer häufiger «Weltordnungspolitik», eine etwas unglückliche Übersetzung von «Global Governance», während die Grünen «Internationale Strukturpolitik» als neuen Leitbegriff verwendeten. Bei diesen neuen globalen Konzepten, deren Aufgaben und Ziele weit über den Bereich der klassischen Entwicklungszusammenarbeit hinausgingen, gab es keine klaren Definitionen, sondern es handelte sich vielmehr um Topoi eines recht diffusen und breit gefächerten Diskursfeldes.[138] Die sozialdemokratischen Positionen dieses neuen Ansatzes in der Entwicklungspolitik wurden stark durch das Institut für Entwicklung und Frieden (INEF) an der Universität Duisburg und die von Willy Brandt gegründete Stiftung Entwicklung und Frieden beeinflusst. Angesichts der immer noch bestehenden Krisensituation in der südlichen Hemisphäre wurde das neoliberale Leitbild verworfen. Stattdessen sollte mit diesem neuen Konzept der Struktur- oder Ordnungspolitik versucht werden, nachhaltige Entwicklung zu stärken und nicht nur auf die inneren Verhältnisse der jeweiligen Entwicklungsländer einzugehen, sondern auch die Veränderungen der internationalen wirtschaftlichen und politischen Rahmenbedingungen sowie den Strukturwandel innerhalb der Industriegesellschaften selbst zu berücksichtigen. Das Neue ließ sich somit als ein Schritt vom Ressourcentransfer hin zu tiefgreifenden Strukturveränderungen beschreiben.[139] Damit sollte dieses neue Konzept die Grenzen klassischer Entwicklungspolitik überschreiten und gleichzeitig die Grenzen anderer konventioneller Politikfelder wie Außen- und Sicherheitspolitik, Wirtschaftspolitik oder Umweltpolitik überwinden.

Dementsprechend lautete das rot-grüne Mantra: «Entwicklungspolitik ist heute globale Strukturpolitik»,[140] ging es doch darum, die Globalisierung, welche gerade viele Entwicklungsländer benachteiligte, gerechter zu gestalten. Zu denken war an die vielen ungelösten regionalen Konflikte, an die wachsende Weltbevölkerung, an knappe Nahrungsmittel, an Handelsbeschränkungen, an das rücksichtsloser werdende Ringen um die Sicherung von Energieressourcen und Wasser oder an die Gefahren des Klimawandels. Kanzler Schröder sprach von einer «historischen Aufgabe, Gerechtigkeit im Zeitalter der Globalisierung zu definieren und sie politisch zu organisieren».[141] Dies gelte nicht nur national, vielmehr international. Was damit gemeint war, umrissen Michael Müller und Ulla Burchardt, die in der SPD die «Arbeitsgruppe Nachhaltigkeit» leiteten, anlässlich der am 17. April 2002 vom Bundeskabinett verabschiedeten nationalen Strategie für nachhaltige Entwicklung: «Der Beschluss geht über die übliche ‹Drei-Säulen-Theorie› – den Gleichklang aus Wirtschaftswachstum, sozialer Gerechtigkeit und ökologischer Verträglichkeit – hinaus und stellt Lebensqualität als zusammenführendes Ziel ins Zentrum. (...) Die Leitidee der nachhaltigen Entwicklung ist schon deshalb von großer, ja strategischer Bedeutung, weil sie die wichtigste Antwort auf die Herausforderung der neoliberalen Globalisierung ist. Sie ist zuerst ein europäisches Konzept. Denn mit ihr verbinden sich drei große Ideen der europäischen Moderne: Gerechtigkeit, Demokratie und Schutz der natürlichen Lebensgrundlagen (...). Das Konzept (...) ist die wichtigste Alternative zu einem US-Unilateralismus, der auf militärische Stärke setzt und die Welt den Interessen der Wall Street unterordnet. (...). Die große Perspektive heißt, (...) ein Europa der Nachhaltigkeit zu schaffen und so zur ersten wirklichen Union globaler Staaten zu werden.»[142] Freilich war die EU in diesem Fall schneller als die rot-grüne Bundesregierung und hatte bereits im Juni 2001 in Göteborg eine Nachhaltigkeitsstrategie verabschiedet. Allerdings fehlten im Gegensatz zum deutschen Programm klare Ziele und Zeitpläne für die Umsetzung.

Für Heidemarie Wieczorek-Zeul (SPD), Ministerin für wirtschaftliche Zusammenarbeit und Entwicklungspolitik, bedeutete Entwicklungspolitik weit mehr als eine «gehobene Caritas», bestehend aus Brunnen bohren, Kinder impfen oder nach Naturkatastrophen Aufbauhilfe leisten. Moderne Entwicklungspolitik sollte vielmehr helfen, die Grundlagen der Welt zu verändern – ein hoher Anspruch. Wieczorek-Zeul sah in der Entwicklungspolitik nicht allein die kostengünstigste Sicherheitspolitik, sie wollte auch die Energiewende global gestalten, etwa dadurch, dass ein Ausbau von Solarenergie oder allgemein erneuerbare Energien gefördert wurden.[143] Das eine, moderne, schloss das andere, traditionelle, indessen nicht aus, wie eine bis dahin unvorstellbare Naturkatastrophe am zweiten Weihnachtsfeiertag 2004 zeigen sollte. Am Morgen des 26. Dezember kam es im Indischen Ozean zu einem Erdbeben der Stärke 9,1, dessen Epizentrum 85 Kilometer vor der Küste Nordwest-Sumatras lag. Ein Tsunami verursachte verheerende Schäden in den Küstenregionen am Golf von Bengalen und anderen Teilen Südasiens. Die wissenschaftlichen Dienste des Deutschen Bundestages bezeichneten das Beben als das schwerste seit 100 Jahren und gaben die Zahl der Toten mit über 223 000 Menschen an. Mehr als 1,7 Millionen Menschen wurden obdachlos. Die Schäden der Infrastruktur in den betroffenen Ländern Indien, Indonesien, Sri Lanka, Thailand und Somalia in Ostafrika sowie den Inselgruppen der Malediven, Seychellen, Lakkadiven, Andamanan und Nikobaren wurden auf insgesamt zehn Milliarden US-Dollar geschätzt. Die genaue Zahl der Todesopfer kann bis heute nicht bestimmt werden, die meisten Angaben variieren zwischen 220 000 und 250 000 Toten; auch 537 Deutsche befanden sich unter den Opfern. Über 100 000 Menschen wurden teils schwer verletzt.[144] Deutschland stellte erhebliche finanzielle Mittel für den Wiederaufbau der verwüsteten Region zur Verfügung und war der größte bilaterale Geldgeber – bis 2009 waren es insgesamt Mittel in Höhe von 442 Millionen Euro, womit Krankenhäuser, Privathäuser, Schulen und die Infrastruktur wieder instand gesetzt werden konnten. Hinzu kamen noch unzählige private Hilfeleistungen. Das deutsche Spendenaufkommen für die Tsunami-

Entwicklungspolitik als globale Strukturpolitik 263

Moderne Entwicklungshilfe: Heidemarie Wieczorek-Zeul feiert in Benin das Ende der Beschneidung von Mädchen und Frauen, 9. April 2005.

Region betrug allein 2005 insgesamt 670 Millionen Euro. Zur Einbindung von Kommunen, Unternehmen und Schulen für die Wiederaufbauhilfe wurde die «Partnerschaftsinitiative Fluthilfe» gegründet, die 120 Hilfsprojekte der Zivilgesellschaft betreute.[145] Wenn es darum ging, in Not geratenen Menschen zu helfen, zeigten sich die Deutschen großzügig und kosmopolitisch.

Wieczorek-Zeul, die erfahrene, ja «kampferprobte» Politikerin vom hessischen linken Flügel der SPD, entfaltete eine beachtliche Kreativität darin, die Belange ihres Ressorts am Kabinettstisch und in der Öffentlichkeit zu Gehör zu bringen. Sie ging davon aus, dass durch die «Globalität» der existierenden Weltgesellschaft nicht das Ende der nationalstaatlichen Politik eingeläutet war, sondern dadurch erst ein Neubeginn mit größeren Handlungsalternativen und Entwicklungschancen ermöglicht wurde. Ebenfalls trieb Wieczorek-Zeul die europäische Zusammenarbeit in der Entwicklungspolitik voran: Die norwegischen, niederländischen, britischen und deutschen Entwicklungsministerinnen waren auch Gouverneurinnen der Weltbank, vertraten in dieser Organisation also ihr

Land. Die vier Ministerinnen des sogenannten Utstein-Quartetts, benannt nach einem Treffpunkt, dem Kloster Utstein in Norwegen, zogen, wenn möglich, an einem gemeinsamen Strang. Problematisch war sicherlich, dass die alten politischen Institutionen und Strukturen noch existierten und daran nicht gerührt wurde. Hätte nicht eine Neuentwicklung der politischen Institutionen zumindest im eigenen Land die Aufgabe von Rot-Grün sein müssen? Die Stärkung des Ministeriums als Schaltstelle innerhalb der Bundesregierung für globale Strukturpolitik war zwar gelungen, und das Ministerium wurde am Bundessicherheitsrat beteiligt; zudem definierte man Entwicklungspolitik als Querschnittsaufgabe und wies ihr neue Kompetenzen zu, beispielsweise bei verschiedenen internationalen Verhandlungen. Aber genügte das, um dem beanspruchten Selbstverständnis gerecht zu werden, welches die Entwicklungspolitik als globale Gemeinschaftsaufgabe betrachtete?[146]

Weltgipfel für nachhaltige Entwicklung (2002) und «Renewables» 2004 in Bonn

Für die rot-grüne Koalition sei die Entwicklung und Förderung der erneuerbaren Energien immer so etwas wie ein Markenzeichen gewesen, schreibt Heidemarie Wieczorek-Zeul in einem ihrer Bücher. «Wir setzten deshalb große Hoffnungen auf den Weltgipfel für nachhaltige Entwicklung 2002 in Johannesburg.»[147] Rund 40000 Delegierte von Regierungen, der Wirtschaft, Nichtregierungsorganisationen (NGOs) und Kommunen aus 180 Ländern der Erde nahmen vom 26. August bis zum 4. September an dem Gipfel teil. Über 100 Staats- und Regierungschefs kamen zumindest zu einer kurzen Visite nach Südafrika. Es war der größte Gipfel aller Zeiten, und er übertraf noch die Weltkonferenz für Umwelt und Entwicklung von 1992 in Rio de Janeiro, die den Auftrag zur Erarbeitung nationaler Nachhaltigkeitsstrategien an die Staaten erteilt hatte. Die Regierung Kohl hatte einen von der damaligen Umweltministerin Angela Merkel vorgelegten Entwurf für ein umweltpolitisches Schwerpunkteprogramm nie in den Rang eines ressortübergreifenden Regierungsprogramms erhoben. Auch die rot-grüne Bundesregierung tat sich mit dieser Aufgabe zunächst schwer. Erst nach ständigem Drängen der Koalitionsfraktionen und der Umwelt- und Entwicklungsverbände wurde im Sommer 2000 der Staatssekretärsausschuss für nachhaltige Entwicklung gebildet, der an das britische Green Cabinet angelehnt war. Dieser Ausschuss unter Vorsitz von Staatsminister im Kanzleramt Hans Martin Bury hatte die Aufgabe, die Nachhaltigkeitsstrategie ressortübergreifend zu erarbeiten. Im April 2001 nahm der Rat für Nachhaltige Entwicklung seine Arbeit auf, und im Zusammenspiel aus Green Cabinet, Nachhaltigkeitsrat und Konsultationen mit den gesellschaftlichen Gruppen entwickelte man eine umfassende Nachhaltigkeitsstrategie.[148] Vor diesem Hintergrund ging es in Johannesburg darum, die in Rio eingegangenen Verpflichtungen zu bekräftigen und die viel gefeierte Konferenz in der brasilianischen Küstenstadt wiederzubeleben.

Die Bestandsaufnahme über den Zustand der Erde fiel allerdings schlecht aus. Der Bericht zur Lage der Welt, den das Worldwatch Institute in Washington jährlich veröffentlichte, dokumentierte, wie es im Jahr 2002 um den «Patienten Erde» bestellt war. Viel Gutes konnten die Autoren nicht vermelden. Beispielsweise hatten mehr als eine Milliarde Menschen keinen Zugang zu sauberem Trinkwasser, und bis zu 30 000 Menschen starben täglich an Krankheiten, die durch verunreinigtes Wasser ausgelöst oder übertragen wurden.[149] In erster Linie sollten in Johannesburg konkrete Maßnahmen zur Umsetzung von Nachhaltigkeitspolitik beschlossen werden. Die Konferenz krankte jedoch daran, dass die USA und die OPEC-Länder eine Blockaderolle einnahmen. Man konnte sich nicht auf ein quantifiziertes Ziel für erneuerbare Energien einigen – der Vorschlag von 15 Prozent bis 2010 erschien den Blockadeländern als viel zu hoch. Allerdings gelang es der EU auf deutsche Initiative hin, gemeinsam mit weiteren 80 Staaten eine Erklärung herauszugeben, die feste Zeitpläne zur Erhöhung der Nutzung von erneuerbaren Energien ankündigte. So nahm Deutschland auf dem Feld des internationalen Klimaschutzes einmal mehr eine Vorreiterrolle ein. Auch der Gedanke, dass die Entwicklungsländer die umweltschädliche Entwicklungsstufe, in der endliche Energien wie Öl oder Kohle verbrannt werden, überspringen und auf dem Weg ins Solarzeitalter vorangehen sollten, war apart – aber nur mit viel finanziellem Aufwand zu realisieren.

Spätestens seit dem Weltklimagipfel im Juli 2001 in Bonn – ein Jahr vor Johannesburg – war deutlich geworden, dass Deutschland auf dem

Gebiet des Klimaschutzes eine Pionierrendite anstrebte. Bei diesen Verhandlungen sollte das Kyoto-Protokoll gerettet werden, und es waren die Deutschen, allen voran Umweltminister Jürgen Trittin, die den Durchbruch schafften.[150] Die EU-Umweltminister wussten, dass sie den Knoten durchschlagen mussten. Dies konnte nur gelingen, indem sie den skeptischen Ländern Kanada, Japan und Russland das, was diese schon seit Langem verlangten, präsentierten: das Angebot, deren Wälder und landwirtschaftliche Nutzflächen als Kohlendioxidspeicher anzuerkennen. Hätten jene Länder dies abgelehnt, wären sie vor der Weltöffentlichkeit blamiert gewesen. Allerdings waren die USA unter George W. Bush jun. nicht bereit, den ambitionierten Einstieg in die globale Umweltpolitik mitzutragen, was sie in die Isolation führte. Bereits im April 2001, nach nur 60 Tagen im Amt, stieg die US-Administration aus dem Kyoto-Protokoll aus, während die Europäer zäh um seine Umsetzung kämpften. Obwohl die Amerikaner genug Reichtum und Technologien besaßen, um den Kohlendioxidausstoß zu mindern, waren die Emissionen in den USA von 1990 bis 2000 um 18 Prozent gestiegen, während Europa sein Reduktionsziel um etwa vier Prozent erreichte. Auf den ersten Blick erwiesen sich dabei die Deutschen als Musterschüler: Ihr Ausstoß an Treibhausgasemissionen verringerte sich um über 15 Prozent, was jedoch mit dem Niedergang der ostdeutschen Wirtschaft zu tun hatte, die zu fast zwei Dritteln ihren Energiebedarf durch Braunkohle deckte; dies war der «Mauerfallprofit». Die Europäer, besonders die Deutschen, wollten sich die Führungsrolle beim globalen Schutz der Erdatmosphäre nicht mehr nehmen lassen. Die 180 Unterzeichnerstaaten einigten sich in Bonn über die konkrete Ausgestaltung des Kyoto-Protokolls. Der Kohlendioxidausstoß sollte gesenkt werden: Aufgeforstete Wälder und landwirtschaftliche Nutzflächen konnten bis zu einer Obergrenze von weltweit 169 Millionen Tonnen als Kohlendioxidspeicher angerechnet werden, wodurch sich das Reduktionsziel der Industriestaaten von minus 5,2 Prozent nicht voll erreichen ließ. Flexible Mechanismen sollten die Reduktionsziele gewährleisten: Staaten konnten untereinander mit Emissionszertifikaten handeln – eine Idee, die bereits in den 1960er Jahren von einem US-Ökonomen entwickelt worden war und die sich die EU zu eigen gemacht hatte – oder klimaschonende Technologien in den Entwicklungsländern forcieren.

Ausgenommen blieben Atomkraftwerke. Für Entwicklungsländer wurden Finanzhilfen bereitgestellt, damit diese sich besser gegen die Folgen des Klimawandels schützen und ihre Wirtschaftskraft klimaverträglicher entwickeln konnten. Dazu eröffneten die EU und andere Industriestaaten einen Fonds in Höhe von 410 Millionen US-Dollar. Schließlich vereinbarte man Kontrollen und Strafen, wenn Klimaschutzverpflichtungen verfehlt würden – ohne indessen deren rechtlichen Charakter festzuschreiben. Zum Abschluss der Konferenz rief ein sichtlich zufriedener Umweltminister Trittin aus, dass das Zeitalter der erneuerbaren Energien nun begonnen habe.[151] Die Weltbank verpflichtete sich, die finanziellen Zusagen für erneuerbare Energien und Energieeffizienz jährlich um mindestens 20 Prozent zu erhöhen, und China wartete mit dem besonders ehrgeizigen Ziel auf, seine Stromversorgung aus Wasserkraft, Wind- und Solarenergie sowie Biomasse bis 2020 auf 20 Prozent zu steigern. Chinas Fördergesetz orientierte sich dabei am deutschen Erneuerbare-Energien-Gesetz. Im März 2002 verabschiedete der Bundestag das Gesetz zur Ratifizierung des Kyoto-Protokolls. Bereits das nationale Klimaschutzprogramm, das die Bundesregierung im Oktober 2000 beschlossen hatte, sowie die Reduktion der CO_2-Emissionen erhöhten die internationale Glaubwürdigkeit der Bundesrepublik in ihrem Bestreben, die Globalisierung ökologisch zu gestalten.

Auffallend war dabei, dass sich die deutsche klimapolitische Rhetorik von Grund auf wandelte. Man betonte zwar weiterhin die prinzipielle moralische Pflicht jener Länder, von denen vor mehr als zwei Jahrhunderten die industrielle Revolution ausging. Diese sind nicht nur historisch für den größten Teil der Emissionen verantwortlich, was Schwellenländer wie Indien oder China zu Recht beklagen, sondern nach wie vor an der globalen ökologischen Krise sowie den sozioökonomischen Ungerechtigkeiten beteiligt. Trotz der großen Ambitionen schoben sich auch in der deutschen Debatte immer stärker die wirtschaftlichen Aspekte in den Vordergrund. In einigen Bereichen erneuerbarer Energietechniken – etwa Windenergie und Photovoltaik – war die Bundesrepublik zum Weltmarktführer aufgestiegen. Die Marke «Renewable made in Germany» boomte, und die Konferenz «Renewables 2004» in Bonn, die einer gemeinsamen Idee von Trittin und Wieczorek-Zeul entsprang und die Kanzler Schröder in seiner kurzen Ansprache in Johannesburg 2002 bereits angekündigt hatte, pries das deutsche Engagement für den Klimaschutz und den Ausbau der Entwicklungspolitik in Form nachhaltiger und erneuerbarer Energien. «Wir haben gesagt, dass wir jetzt handeln müssen, wenn wir bis zum Jahr 2015 einer Milliarde Menschen Strom und Wärme aus erneuerbaren Energien zur Verfügung stellen wollen», führte Schröder bei seiner Eröffnungsansprache aus.[152] Als eines der gelungensten Beispiele für die dezentrale Nutzung erneuerbarer Energien verwies die Bundesregierung gerne auf die Fischer von Baleia im nordbrasilianischen Bundesstaat Ceara. Lange Zeit hatten die Fischer ein Problem: In der schwülen Hitze verdarben ihre Fische so schnell, dass sie fast jeden Preis der Fischaufkäufer akzeptieren mussten, wenn sie nicht auf einem faulenden Fang sitzen bleiben wollten. Seit 2003 war dies anders. Seit diesem Zeitpunkt besaßen die Fischer eine kleine Solaranlage, die jeden Tag 300 Kilogramm Eis produzierte. Dieses Eis sorgte direkt vom Fang bis zu den Kühltruhen der Zwischenhändler für frischen Fisch und garantierte den rund 100 Fischern Einnahmen, die um die Hälfte gestiegen waren. Baleia war ein Pilot- und Vorzeigeprojekt der Deutschen Entwicklungsgesellschaft, der Gesellschaft für Technische Zusammenarbeit und des schwäbischen Unternehmers Würth Solar.[153]

An diesem Projekt wurde eine Art Win-win-Situation aufgezeigt, von der alle Partner profitierten. Man könnte somit von einer «Entmoralisierung» der Umweltpolitik sprechen, die unter Rot-Grün stattfand. Beim Klimaschutz wurden die volkswirtschaftlichen Vorteile stärker als zuvor hervorgehoben. Was die Entwicklungspolitik insgesamt und nicht allein im Hinblick auf den Klimawandel anbelangt, so fällt die Bilanz gemischt aus, da die Bundesregierung zwar ihr Versprechen, mehr finanzielle Mittel für die Entwicklungszusammenarbeit bereitzustellen nicht einlöste, jedoch andere wichtige Projekte wie die Bonner Entschuldungsinitiative anstieß. Wie so oft tat sich eine Lücke zwischen dem Erreichten und dem Versprochenen auf, und je nach Perspektive war die Lücke größer oder kleiner. So schrieben «Terre des Hommes» und die «Deutsche Welthungerhilfe» zur Halbzeitbilanz der rot-grünen Bundesregierung im Herbst 2000, dass dies «ein trauriges Kapitel deutscher Entwicklungspolitik» sei und von «Politikwandel (...) leider nicht die Rede sein» könne.[154] Zum Ende der Legislaturperiode hin, als Aussicht bestand, dass eine schwarz-gelbe Bundesregierung das Zepter wieder in die Hand nehmen könnte, fielen die Worte weniger schrill aus.[155] Die Ankündigung von 1998, ökologischen, sozialen und entwicklungspolitischen Zielen bei der Exportförderung einen besonderen Stellenwert einzuräumen, stand ebenfalls nur auf dem Papier. Der Anteil der Entwicklungsleistungen am Bruttonationaleinkommen, der zu Beginn der Kohl-Ära in der «alten» Bundesrepublik Deutschland noch 0,48 Prozent betragen hatte und bis zu ihrem Ende 1998 trotz angekündigter «Friedensdividende» nach dem Fall der Mauer auf 0,26 Prozent gefallen war, stieg nur unwesentlich auf 0,27 Prozent.[156] Im Zusammenhang mit der Haushaltskonsolidierung unter Finanzminister Eichel wurde der Etat des Entwicklungsministeriums im Vergleich zum gesamten Bundeshaushalt überproportional gekürzt.[157] Allerdings muss man hinzufügen, dass die Kölner Entschuldungsinitiative von 1999, als die Bundesrepublik den Vorsitz sowohl der EU als auch der G 8 innehatte, ein großer Erfolg war. Immerhin ging es um die Entschuldung der Entwicklungsstaaten in Höhe von 2,5 Billionen US-Dollar. Zusammenfassend und den Formulierungen aus dem «Memorandum 2002: Entwicklungspolitik als Teil einer neuen Weltfriedenspolitik», das eine große Zahl an Entwicklungsexperten unterschrieb, folgend, lässt sich sagen: Die rot-grüne Regierung hat zwar wichtige Impulse für die Entwicklungszusammenarbeit gegeben, die Koalitionsvereinbarungen jedoch sind im Wesentlichen nur in den kostenneutralen Punkten umgesetzt worden.[158]

9/11: Während der Nordturm brennt, explodiert das zweite entführte Flugzeug im Südturm des World Trade Center.

Zweiter Teil

**Im Bann des Terrors
vom 11. September 2001**

Panorama

Nahezu 30 Jahre lang wurde die Skyline Manhattans von den Zwillingstürmen des World Trade Center beherrscht. Im August 1966 begannen die Bauarbeiten, sieben Jahre später, 1973, bestaunten die Menschen das neue «Weltwunder», das mit 417 Metern höchste Gebäude der Welt. Kein Panorama von The Big Apple, kein Film, der in New York gedreht wurde, kam seither ohne einen Schwenk auf diese beiden majestätischen Gebäude aus, deren über 43 000 Glasfenster das Sonnenlicht weithin sichtbar reflektierten. Am 11. September 2001 kündigte sich ein vollkommener Spätsommertag an, schon am Morgen war es klar und warm. Wie gewohnt gingen die Menschen zu ihren Arbeitsplätzen in die Stadt, die einem geflügelten Wort zufolge niemals schläft. In die Straßen und Hochhausschluchten strömte das Leben des Tages ein, und auf den zahlreichen Aussichtsplattformen der Wolkenkratzer herrschte bereits reger Betrieb. Der Schrecken kam ohne Vorwarnung. Um 8.46 Uhr steuerten islamistische Terroristen des Netzwerks Al Qaida eine entführte Passagiermaschine in den Südturm des World Trade Center. Während noch über einen tragischen Unfall spekuliert wurde, schlug wenige Minuten später, um 9.02 Uhr, ein zweites gekapertes Flugzeug in den Nordturm ein. Es dauerte 56 Minuten, bis dieser Turm einstürzte; eine halbe Stunde danach brach auch der andere in sich zusammen, begrub 3000 Menschen aus 115 Nationen unter sich und überzog ganz Manhattan mit einer riesigen Staubwolke. Zur gleichen Zeit wurde das Pentagon in Washington, das Herz der amerikanischen Militärmacht, mit einem Flugzeug der «United Airlines» angegriffen. Ein viertes entführtes Flugzeug stürzte auf einem Acker bei Shanksville, Pennsylvania, ab, nachdem mutige Passagiere die Entführer hatten überwältigen können, 20 Flugmeilen vom Weißen Haus und vom Kapitol entfernt – den Schaltzentralen der Supermacht USA.

In den Terroranschlägen von 9/11 offenbarte sich der abgrundtiefe Hass auf Amerika und die gesamte westliche Zivilisation. Die Namen Al Qaida und dessen Anführer Osama bin Laden, zuvor nur Geheimdienstkreisen bekannt, wurden zu Metaphern für eine Herausforderung, die die Welt seit dem Ende des Zweiten Weltkrieges nicht gekannt hatte – sie drohten mit der Vernichtung der bestehenden Weltordnung.

Die Terroristen konnten sich sicher sein, dass der amerikanische Fernsehsender CNN nur wenige Minuten benötigen würde, um mit seinen Kameras vor Ort zu sein, das grausige Schauspiel zu filmen und in die Welt zu senden. Zwischen den Anschlägen auf die beiden Türme des World Trade Center lagen 16 Minuten – die Perversion war perfekt inszeniert. «Gotteskrieger», die keine Angst vor dem eigenen Tod haben und das Leben nicht schätzen, sind unkalkulierbar. Sie setzen das außer Kraft, worauf Politik gründet: das realistische Paradigma. Im Westen ein Schock – in Armenvierteln Westafrikas, in Koranschulen Ostasiens und in palästinensischen Intifada-Zirkeln auch spontane Freudentänze: Die kulturell-zivilisatorische Hegemonie des Westens schien das Selbstwertgefühl islamischer Kulturen so tief verletzt und gedemütigt zu haben, dass die Attentäter als Märtyrer und der Hauptverantwortliche, Osama Bin Laden, der 1988 die Organisation Al Qaida gegründet hatte, als Ikone verehrt wurden.

«Terroristische Netzwerke» – ein Begriff bürgerte sich ein. «Netzwerk» verweist darauf, wie sehr der internationale, nicht-staatliche Terrorismus Ausdruck eines neuen Zeitalters war. Der globalisierte Terrorismus schien ganz ähnlich zu funktionieren wie multinationale Konzerne, die digitalisierten Finanzmärkte oder wie das Web 2.0. De-Territorialisierung, globale, vernetzte Kommunikation, grenzenloser Cyberspace – die Revolution der Computer- und Kommunikationstechnologie seit Mitte der 1990er Jahre führte zu einem Zusammenschluss von Individuen ungeachtet ihrer geographischen Verortung und bedeutete eine Herausforderung staatlicher Autorität.

Für den amerikanischen Präsidenten George W. Bush war der Anschlag der erste Krieg des 21. Jahrhunderts. Aber wer war der Feind in diesem Krieg? Wenn als Feind der international organisierte Terrorismus bezeichnet wurde, so stellte sich die Frage, wo er beheimatet war. Um wen handelte es sich konkret? Die Gestalt des Feindes blieb schemenhaft. Auf welchem Territorium befand er sich? Der Staat in seiner Funktion als Monopolist des Krieges, wie er sich seit dem 16. und 17. Jahrhundert herausgebildet hatte, schien der Vergangenheit anzugehören. Schlachtfelder hatten keine klaren Fronten mehr, Hochhäuser,

U-Bahnen und Dörfer wurden zu Schauplätzen von Massakern. Auch die Zivilisierung der Krieger, die für die alten Kriege noch charakteristisch war, schien hinfällig, eine Rebarbarisierung der Kampfesweise die Konsequenz.

War der Massenmord von 9/11 nur mehr ein apokalyptischer Vorbote? Standen noch viel schrecklichere Angriffe mit nuklearen, biologischen oder chemischen Massenvernichtungswaffen bevor? Ohnmacht, Schock, Fassungslosigkeit, Angst – 9/11 hat sich bereits am Tag des Geschehens in das kollektive Gedächtnis der Welt eingebrannt. Konnte es ein Auftakt zu einem dritten Weltkrieg sein? Bange Fragen kamen auf: Befanden sich vielleicht irgendwo auf der Welt noch weitere Flugzeuge als Waffen in der Luft, vielleicht in Europa? Wer mochte das ausschließen?

Nichts werde mehr so sein, wie es vor diesem Tag war – in dieser Einschätzung waren sich viele Zeitgenossen damals einig. Hatte sich die Welt für immer verändert? Der gestrige Tag, so schrieb die «New York Times» am Morgen nach den Anschlägen, sei «einer jener Momente, in denen die Geschichte sich teilt und wir die Welt als ‹vorher› und ‹nachher› definieren».[1] Der mit logistischer Perfektion ins Werk gesetzte Terroranschlag auf das World Trade Center in New York vom 11. September 2001 wurde als das «Pearl Harbor der industriellen Zivilisation» bezeichnet.[2] Mit den Anschlägen wurde Amerika die eigene Verletzlichkeit und temporäre Ohnmacht so grell vor Augen geführt, wie dies seit 1941 nicht mehr der Fall gewesen war. Erstmals seit dem Angriff der Japaner auf Hawaii sahen sich die Vereinigten Staaten von Amerika als unmittelbares Ziel einer bewaffneten ausländischen Attacke. 9/11 wirkte sich so aus wie Pearl Harbor, als nach den japanischen Luftschlägen auf die amerikanische Flotte sich Amerika zusammenschloss und seinen Kampfeswillen steigerte. «Verwundungen, die nicht töten», so brachte Peter Bender die Parallele auf den Punkt, «stärken bei Weltmächten den Willen zur Macht.»[3]

War ein neues Zeitalter angebrochen? Unfassbar, unbegreiflich, ohne Vorbild? Als ihn die Nachricht vom Anschlag erreichte, befand sich der amerikanische Präsident in einem Kindergarten und las aus einem Buch vor. Ungläubig und starr vor Ratlosigkeit verharrte er einige Minuten, nachdem ein Mitarbeiter ihm die Ereignisse ins Ohr geflüstert hatte. Kurz danach stellte er den Kampf gegen den Terrorismus in eine Reihe mit dem vormaligen Kampf gegen «Faschismus, Nazismus und Totalitarismus».[4] Handelte es sich nun nicht mehr um einen Kampf der Ideologien, sondern um einen «Kampf der Kulturen»? Zeichnete sich eine neue Welt ab, ein Paradigmenwechsel, nur vergleichbar mit den wenigen kopernikanischen Wenden der Weltgeschichte? Von Beginn an gab es jedoch auch zur Zurückhaltung und Vernunft mahnende Stimmen: Man müsse die Grundlagen der freien Welt gegen die terroristische Herausforderung verteidigen, dürfe sie nicht einem totalen Sicherheitsanspruch opfern. Linke Kritiker des American Empire sahen 9/11 gerade nicht als historische Zäsur, sondern als logische Konsequenz der imperialistischen Politik der USA.

Bedeutete 9/11 eine historische Zäsur? Jedenfalls begann eine Ära der Unsicherheit, ein Jahrzehnt großer Instabilität. Das Gesicht einer «Weltrisikogesellschaft» zeigte sich auch auf diesem Gebiet. Es schloss sich eine Dekade des Terrors und der Kriege an – ein verlorenes Jahrzehnt angesichts der weltweiten Probleme. Zäsuren als Ereigniskomplexe, die existierende politische, soziale, ökonomische, kulturelle und mentale Entwicklungstrends abbrechen und neuen Kräften zum Durchbruch verhelfen, erkennt man in ihrer Tiefe erst in der Rückschau. Mit zeitlichem Abstand relativieren sich die Ereignisse, welche die Zeitgenossen in Atem hielten. Das ist zu allen Zeiten so. Die Nachgeborenen sind immer klüger als die Mitlebenden. Indessen: Das Denken und Handeln der Menschen und der agierenden Politiker muss aus der Zeit, die den Ausgang der Geschichte nicht kannte, heraus verstanden werden – ohne dass eine historische Reflexion auf den Horizont der damaligen Akteure beschränkt bliebe. Im Bewusstsein der Mitlebenden bedeutete 9/11 einen vollkommen unerwarteten und als fundamental empfundenen historischen Bruch – eine Zeitenwende. Manches an Übertreibungen verursacht heute ungläubiges Kopfschütteln. Doch mit ihrer Fixierung auf die Kontinuitäten schießen manche neuere Beiträge über das Ziel hinaus: Dass der 11. September *kein* Tag gewesen sei, der die Welt verändert, sondern lediglich länger andauernde Entwicklungen verstärkt habe, bagatellisiert nicht nur den Anschlag an sich, sondern auch die anschließende Epoche des Krieges.[5] 9/11 war keineswegs nur ein Medienereignis, wie postmoderne Zugriffe glauben machen wollen. Der Terroranschlag und der Krieg gegen den Terror gruben sich tief in den Erfahrungsschatz und in das Handeln der Menschen ein; er kostete im Irak, in Afghanistan, in Amerika, in Europa und in vielen anderen Regionen der Welt Hunderttausende von Menschenleben. Zu den menschlichen Verlusten und den seelischen Verwüstungen kamen noch ökonomische Schäden. Die Terrorakte lösten eine lange Kette von wirtschaftlichen Reaktionen aus. Sie begann mit dem Sturz der Börsenwerte in New York, London, Frankfurt und Tokio und verschwand bis zum Ende der rot-grünen Koalition im Herbst 2005 nicht mehr, wenngleich der anfangs befürchtete Kollaps der Weltökonomie ausblieb.

Nach 2001 folgte ein nervöses Jahrzehnt, in dem zwar kein «Kampf der Kulturen» vorherrschte, jedoch eine Kultur der Angst ins öffentliche Leben aller Gesellschaften, keineswegs nur der westlichen, zurückkehrte. Dass der 11. September 2001 als eine solche «sinnweltliche» Ordnungszäsur erlebt wurde, kann kaum in Zweifel gezogen werden.[6]

Die politischen Hinterlassenschaften von 9/11 sind erheblich. In Krisenzeiten und Kriegen schlägt die Stunde der Exekutive. Nirgends wurde dies so weit getrieben wie in den USA. Der Machtanspruch des Präsidenten erhielt eine neue Qualität. Gestützt auf seine verfassungsrechtliche Stellung als Spitze der Exekutive und als Oberbefehlshaber der Streitkräfte reklamierte George W. Bush nahezu unumschränkte Vollmachten zur Kriegsführung und Terrorbekämpfung. Man kann diesen Prozess mit den Worten umschreiben, dass ein Weg «vom Rechtsstaat zum Machtstaat» zurückgelegt wurde.[7] Es kam zu einer Selbstermächtigung der Exekutive und – als Kehrseite – zu einer Selbstentmachtung des amerikanischen Kongresses. Ein tendenziell unstillbares Sicherheitsbedürfnis schien alle verfassungsrechtlichen Schleusen zu öffnen.

Sichtbar wurden auch die Beschädigungen vieler demokratischer Verfassungen und des politischen Wertesystems in Europa. Und in Deutschland? Wie sollte eine Terrorabwehr geschehen? Wie weit durften «Sicherheitskataloge» gehen? Debatten über «Präventionshaft» oder «Präventionsrecht», etwa was den Abschuss eines verdächtigen Flugzeuges betraf, bestimmten die aufgeregte Diskussion. Nahmen Bürgerinnen und Bürger Einschränkungen der Freiheit gleichsam als notwendiges Übel hin? Der Begriff der «Sicherheit» war einem starken Wandel unterworfen. Die Spannung zwischen staatlich gewährleisteter Sicherheit auf der einen Seite und risikobehafteter Freiheit auf der anderen Seite ist in sämtlichen westlichen Gesellschaften auf die Agenda gesetzt worden. Der Anti-Terror-Kampf wirkte sich auf das politische Wertesystem der Demokratien aus. Haben die westlichen Gesellschaften, hat Deutschland im Gefolge von 9/11 den Rechtsstaat preisgegeben?

Vor allem jedoch: Nach den Balkan-Kriegen der 1990er Jahre sah sich die Welt in immer neue Kriege verstrickt. 9/11 führte zu einer extremen Belastung der Beziehungen zwischen der westlichen und der muslimischen Welt. Der Krieg in Afghanistan war scheinbar rasch beendet und nährte Illusionen, dass die Terroristen schnell besiegt werden könnten. Nach der «Erniedrigung durch 9/11» benötigten die Vereinigten Staaten von Amerika einen «Akt imperialer Selbstbestätigung»[8] – auch ohne Beweise für terroristische Verstrickungen wollte Bush den Krieg gegen den Erzfeind Saddam Hussein. So kehrte der Präventivkrieg in die Geschichte zurück. Die USA erlagen der Hybris einer Weltmacht. Welche Rolle spielte die UNO noch? Wie sollte sich Europa, wie Deutschland verhalten? Kaum hatte sich Europa nach der langen Trennung durch den Eisernen Vorhang wieder vereinigt, spaltete die Frage um Krieg und Frieden es erneut. Wie weit reichte die «uneingeschränkte Solidarität» mit den angegriffenen Vereinigten Staaten von Amerika? Wie weit durfte sie reichen? Rot-Grün stand seit den Anschlägen von New York und Washington im Bann des Terrors vom 11. September 2001.

1. 9/11 und Afghanistan – Vom Befreier zur Kriegspartei

«Uneingeschränkte Solidarität», Chronologie der Ereignisse im Kanzleramt

«Der gestrige 11. September 2001 wird als schwarzer Tag für uns alle in die Geschichte eingehen», so hob ein sichtlich mitgenommener Bundeskanzler Gerhard Schröder am 12. September 2001 im Deutschen Bundestag an. «Noch heute sind wir fassungslos angesichts eines nie da gewesenen Terroranschlags auf das, was unsere Welt im Innersten zusammenhält. (…) Meine Damen und Herren, ich habe dem amerikanischen Präsidenten das tief empfundene Beileid des gesamten deutschen Volkes ausgesprochen (…). Ich habe ihm auch die uneingeschränkte – ich betone: die uneingeschränkte – Solidarität Deutschlands zugesichert. (…) Selbstverständlich bieten wir den Bürgern und Behörden der Vereinigten Staaten von Amerika jede gewünschte Hilfe an (…). Die gestrigen Anschläge in New York und Washington sind nicht nur ein Angriff auf die Vereinigten Staaten von Amerika; sie sind eine Kriegserklärung gegen die gesamte zivilisierte Welt. Diese Art von terroristischer Gewalt, das wahllose Auslöschen unschuldiger Menschenleben stellt die Grundregeln unserer Zivilisation infrage.»[1]

Wie hat die Bundesregierung den 11. September erlebt? Aus dem Büro des Bundeskanzlers gibt es eine «Chronologie der Ereignisse», die die ganze Dramatik, Aufregung, Fassungslosigkeit, aber auch die Suche nach Aufklärung und das Drängen zu Handlungen notiert. Am Vormittag dieses 11. September herrschte eine nahezu träge Routine im Berliner Politikbetrieb, im Plenum des Bundestages wurde seit 11 Uhr in erster Lesung der Haushalt 2002 debattiert, Finanzminister Eichel erläuterte akribisch den Finanzplan des Bundes für die Jahre 2001 bis 2005, um 12:10 Uhr schloss sich eine allgemeine Finanzdebatte an, ab 15:40 Uhr standen die Innen-, Justiz- und Gesundheitspolitik auf dem Programm. Um 13:05 Uhr telefonierte der Bundeskanzler aus seinem Arbeitszimmer mit dem russischen Präsidenten Putin, ein eher nebensächliches Arbeitsgespräch, eine halbe Stunde später begrüßte er den ungarischen Ministerpräsidenten Orban, der mit militärischen Ehren empfangen wurde, eine gemeinsame Begegnung mit Pressevertretern folgte, bevor sich der Kanzler in sein Büro zurückzog, um an einer Rede zu schreiben. Nichts deutete auf Ungewöhnliches hin, alles ging seinen normalen Gang. Dann der Schock: Um 15:03 Uhr klingelte bei der Büroleiterin des Kanzlers, Sigrid Krampitz, das Telefon, am Apparat war der stellvertretende Regierungssprecher, Béla Anda, der erregt von den Ereignissen in New York und Washington berichtete. Zwei Minuten später informierte Frau Krampitz den Kanzler. Zur gleichen Zeit machte sich der Regierungssprecher Uwe-Karsten Heye hektisch auf den Weg ins Kanzleramt. Dort fand er den Kanzler fassungslos im Vorzimmer, vor einem Fernsehapparat stehend, wo in Slowmotion der Einschlag des zweiten Flugzeuges in den Tower des World Trade Center zu sehen war. Außenminister Joschka Fischer hatte anlässlich des Staatsbesuchs die Stunden davor in der ungarischen Botschaft verbracht und war mit dem jemenitischen Außenminister Mittagessen gewesen. Als er in sein Büro zurückkam, schauten seine Mitarbeiter bereits auf die Fernsehschirme, auf denen die furchtbaren Bilder gezeigt wurden. Auch Innenminister Otto Schily hatte schon die Bilder von Tod und Gewalt gesehen und ließ sich zu dieser Zeit ins Kanzleramt fahren, ihn drückten väterliche Sorgen, seine Tochter arbeitete in der Nähe des World Trade Center; es war unmöglich, jemanden in New York telefonisch zu erreichen. Ab 15:06 Uhr hatte der Kanzler außer mit den Bundesministern Fischer, Schily und Scharping Telefonate mit Wolfgang Schäuble und dessen Nachfolger im Fraktionsvorsitz der CDU/CSU, Friedrich Merz, dem FDP-Fraktionsvorsitzenden Wolfgang Gerhard, dem PDS-Fraktionsvorsitzenden Roland Claus und Rezzo Schlauch, dem grünen Fraktionsvorsitzenden, geführt, dann rief er Angela Merkel, die Vorsitzende der CDU, den Chef des Kanzleramts Frank-Walter Steinmeier, Staatsminister Hans Martin Bury, den SPD-Fraktionsvorsitzenden Peter Struck, Edmund Stoiber, Parteivorsitzender der CSU, und FDP-Parteichef Guido Westerwelle sowie Parlamentspräsident Wolfgang Thierse an. Alle wurden informiert, niemand konnte richtig einordnen, was passiert war. Ab 15:20 Uhr hatten sich zur Krisensitzung im Kanzleramt Verteidigungsminister Scharping, Innenminister Schily, Außenminister Fischer und der Präsident des Bundesnachrichtendienstes August Hanning eingefunden. Die Beteiligten berichteten von einer kühlen Rationalität Schröders. Um 16 Uhr wurde das Lagezentrum im Bundeskanzleramt personell verstärkt. Um 16:50 Uhr telefonierte der Kanzler mit Bundespräsident Johannes Rau, auch hierbei ging es um die Reaktion auf die Anschläge, um 17 Uhr schloss sich eine Sitzung des Bundessicherheitsrates an. Um 17:50 Uhr gab der Bundeskanzler ein kurzes Pressestatement ab. Wenige Minuten davor hatte er ein Telegramm an den amerikanischen Präsidenten senden lassen. Danach führte er weitere, längere Telefongespräche: Um 18:05 Uhr mit dem französischen Präsidenten Jacques Chirac, um 19:35 Uhr mit dem britischen Premierminister Tony Blair, um 19:55 Uhr mit dem russischen Präsidenten Wladimir Putin. Um 20 Uhr wurden die Fraktions- und Parteivorsitzenden von Schröder unterrichtet. Kurz darauf, um 20:30 Uhr, fand die Pressekonferenz des Kanzlers statt, in der er zum ersten Mal öffentlich den Begriff der «uneingeschränkten Solidarität» verwendete. Zuvor hatte sein außenpolitischer Berater, Dieter Kastrup, einen Anruf des neuen deutschen Botschafters, Wolfgang Ischinger, aus Washington erhalten, der ihm seine Eindrücke vor Ort schilderte. Es war sein erster Arbeitstag als Botschafter. In diesem Gespräch fiel die Formulierung, dass die USA in dieser dramatischen Lage von ihren Verbündeten «uneingeschränkte Solidarität» erwarten würden. Schröder nahm den Begriff auf und zeigte die Notiz, die er vor der Presse vortragen wollte, Außenminister Fischer, der zustimmend nickte. Kurz vor 21 Uhr traf sich der Kanzler erneut mit dem SPD-Fraktionsvorsitzenden Struck, und um 21:30 Uhr führte er ein Telefonat mit dem französischen Premierminister Lionel Jospin, anschließend, um 22 Uhr, noch einmal mit Bundespräsident Rau, und bis nach Mitternacht schlossen sich «weitere Gespräche und Telefonate im Bundeskanzleramt an». In der Nacht war an Schlaf nicht zu denken. Tags darauf um 8 Uhr bereitete der Kanzler seine Regierungserklärung vor, die er um 9 Uhr im Deutschen Bundestag abgab. Um 10 Uhr trat der Bundessicherheitsrat zusammen; Innenminister Schily hatte bereits verschärfte Grenzkontrollen vor allem an den Flughäfen angeordnet, und Verteidigungsminister Scharping hatte einige Divisionen der Bundeswehr in erhöhte Alarmbereitschaft versetzt und die Luftüberwachung verstärkt. Um 11 Uhr fand man sich zu einem ökumenischen Gottesdienst in der St. Hedwigs-Kathedrale in Berlin-Mitte ein, anschließend zu einem Gespräch beim Bundespräsidenten, dann standen Telefonate mit Franz Müntefering, Gespräche mit dem Chef des Kanzleramts sowie die Unterrichtungen aller Partei- und Fraktionsvorsitzenden auf der Agenda. Um 12:30 Uhr kam die Ehefrau des Kanzlers, Doris Schröder-Köpf, aus Hannover mit dem Zug am Bahnhof Zoo in Berlin an. Der Kanzler telefonierte mit Außenminister Fischer, anschließend, gegen 14:30 Uhr mit dem belgischen Premierminister Guy Verhofstadt. Joschka Fischer befand sich unterdessen auf einer Sondersitzung der EU-Außenminister in Brüssel. Im Berliner Auswärtigen Amt wurde Bombenalarm ausgelöst, das gesamte Amt musste sicherheitshalber geräumt werden Kurz: Es herrschte Chaos und die Nerven lagen blank. Kleinste Beobachtungen lösten größte Sorgen aus. Man rechnete mit Anschlägen. Um 15 Uhr besuchten der Kanzler und seine Frau US-Botschafter Daniel R. Coats und dessen Frau. 45 Minuten später fand, wieder im Kanzleramt, ein Gespräch mit Frank-Walter Steinmeier statt, dann ein Telefonat mit Friedrich Merz, ein Gespräch mit Oberst Josef Niebecker, dem Gruppenleiter 23 im Bundeskanzleramt. Weitere Gespräche mit dem Chef des Kanzleramts und den Regierungssprechern folgten, um 18 Uhr trat wiederum der Bundessicherheitsrat zusammen, danach erneut die Unterrichtung der Fraktions- und Parteivorsitzenden durch den Bundeskanzler. Und um 19:40 Uhr des 12. September telefonierte Kanzler Schröder mit dem amerikanischen Präsidenten George W. Bush.[2] Nie zuvor hatte sich in Friedenszeiten eine vergleichbare internationale Krise ereignet. Die Situation wurde als hochexplosiv wahrgenommen. Doch so erregt und aufgewühlt die Handelnden an der Spitze Deutschlands waren – sie agierten besonnen und umsichtig.

Am 28. September rief der UN-Sicherheitsrat in der Resolution 1373 die Staaten der Welt dazu auf, den internationalen Terrorismus mit politischen, wirtschaftlichen, polizeilichen und gesetzgeberischen Maßnahmen zu bekämpfen. Die Resolution legitimierte einen amerikanischen Verteidigungsschlag gemäß Artikel 51 der Charta der Vereinten Nationen, der auf das Recht zur Selbstverteidigung verweist. Am 4. Oktober 2001 stellte die NATO zum ersten Mal in ihrer Geschichte den Bündnisfall gemäß Artikel 5 des NATO-Vertrages fest und deutete die Angriffe als Kriegsakt. Dieser Artikel war das Rückgrat des Nordatlantikpaktes – alle betrachten sich als angegriffen, wenn ein Bündnispartner angegriffen wird. «Damit», so führte die Bundesregierung in ihrem Beschluss zur Beteiligung an der Koalition aus, «ist auch die Bundesrepublik Deutschland aufgefordert, im Rahmen der kollektiven Selbstverteidigung zu Maßnahmen der Bündnispartner gegen den Terrorismus beizutragen».[3] Die Anschläge von 9/11 lösten die größten politischen Umwälzungen seit dem Fall der Berliner Mauer aus. Der in Brüssel beschlossene Bündnisfall der NATO lag völlig quer zu den Situationen, die man sich jemals hätte vorstellen können. Wenn in den Jahrzehnten davor von der Ausrufung eines Bündnisfalles durch die NATO die Rede war, nahm man stets wie selbstverständlich an, dass die USA einem oder mehreren europäischen Verbündeten zu Hilfe kommen würden. Nun war es gerade andersherum. Washington tilgte außerdem nach jahrelanger Geringschätzung einen Teil seiner Schulden bei der UNO und suchte Unterstützung bei der Völkergemeinschaft.

Bundeskanzler Gerhard Schröder hatte den USA in seiner Regierungserklärung vom 12. September 2001 die «uneingeschränkte Solidarität» der Bundesrepublik Deutschland versichert.[4] Eine Woche später wiederholte er die grundsätzliche Bereitschaft, den USA beizustehen – die Solidarität speise sich aus historischer Dankbarkeit Deutschlands gegenüber den Vereinigten Staaten und aus der Bündnisverpflichtung. Im Verlaufe dieser Regierungserklärung fügte Schröder jedoch eine wichtige Einschränkung, die er bisher nicht gemacht hatte, hinzu: Zum einen sei mit der Bündnispflicht auch das Recht auf Informationen und Konsultationen verbunden, zum zweiten gelte zwar die uneingeschränkte Solidarität, doch sei die Bundesrepublik zu «Abenteuern» nicht bereit. Drittens schließlich müsse die Bekämpfung des Terrorismus mit einem umfassenden Konzept verfolgt werden, nicht nur mit militärischen Mitteln: «Eine Fixierung auf ausschließlich militärische Maßnahmen wäre fatal. Wir müssen und wollen ein umfassendes Konzept zur Bekämpfung des Terrorismus, zur Prävention und zur Bewältigung von Krisen entwickeln. Dieses Konzept muss auf politische, wirtschaftliche und kulturelle Zusammenarbeit sowie auf Zusammenarbeit in Fragen der Sicherheit gegründet sein. Zu diesem Zweck werden wir auch in der Europäischen Union unsere Zusammenarbeit im Kampf gegen den Terrorismus weiter verstärken müssen. Gerade jetzt muss Europa mit einer Stimme sprechen.»[5]

Operation «Enduring Freedom»

Die USA nahmen das Angebot der Bündnispartner lediglich wohlwollend zur Kenntnis, setzten jedoch in ihrer Kriegsplanung auf eine «Koalition der Willigen», die in einem noch nicht definierten Gebiet Terroristen jagen und denen, die Terroristen Unterschlupf gewährten, den Krieg erklären sollten. In seiner Rede vor dem US-Kongress am 20. September 2001 klagte Präsident Bush 60 Staaten an, in denen Terroristen des Al-Qaida-Netzwerkes vermutlich aktiv waren. Den Taliban in Afghanistan stellte er ein Ultimatum: Sie sollten die Führer von Al Qaida, vor allem Osama bin Laden, ausliefern und den Amerikanern vollen Zugang zu deren Ausbildungsstätten gewähren. Diesen Forderungen kamen die Taliban nicht nach. Ab dem 7. Oktober 2001 bombardierten US-Kampfflugzeuge und britische Geschwader Stellungen der Taliban in Afghanistan, was den Auftakt des Militäreinsatzes «Enduring Freedom» bedeutete. Diese Luftunterstützung galt den Truppen eines afghanischen Anti-Taliban-Bündnisses, das in westlichen Medien «Nordallianz» genannt wurde. Eigene US-Bodentruppen kamen bereits zwei Wochen später an. Der Krieg war schnell zu Ende, Osama Bin Laden wurde jedoch nicht gefasst.

Afghanistan war das erste Beispiel eines von außen erzwungenen Regimewechsels und kann seither als Experimentierfeld einer Befriedungsstrategie gelten, in der zivile und militärische Instrumente nebeneinander Anwendung finden. Die Operation hatte ohne Deutschland begonnen. Unmittelbare Unterstützung gab es allerdings in Form der Überflugrechte und der Bewachung amerikanischer Einrichtungen. Am 16. November stellte die Bundesregierung im Parlament den Antrag, dass die Bundeswehr am Anti-Terror-Kampf auf der Arabischen Halbinsel, in Mittel- und Zentralasien und Nordostafrika sowie in den angrenzenden Seegebieten teilnehmen sollte. Wie zuvor beim Mazedonien-Einsatz ab August 2001 – wir werden später auf ihn zurückkommen – war schnell klar, dass eine «Kanzlermehrheit» nicht ohne Weiteres zu erreichen war. Wieder befand sich Rot-Grün in einer entscheidenden Frage, die international ausstrahlte, in einer höchst unerquicklichen Lage. Sollte der Kanzler zum größten Kaliber greifen, das ihm das

Grundgesetz bot: den Kriegsbeschluss mit der Vertrauensfrage zu verbinden? Was wären die Folgen? Er mag lange hin und her überlegt haben. Erst kurz vor der Abstimmung entschied er sich. Zuvor entspann sich eine vier Wochen dauernde kontroverse, hitzige und hektische Debatte.

Anspannung der Regierung und hektische Debatte in den Parteien

Die Terrorakte von 9/11 führten in der Bundesrepublik Deutschland zu einer umfassenden Neuorientierung der Sicherheitspolitik.[6] Über Parteigrenzen hinweg wurden die Anschläge als Angriff auf die gemeinsame Zivilisation und die gemeinsamen Werte wahrgenommen. Angela Merkel (CDU) wies darauf hin, dass eine «Weltinnenpolitik» notwendig sei, weil die Spuren der Terroristen auch nach Deutschland führten. Die CDU-Vorsitzende beschrieb den 11. September als einen «Wendepunkt im Zusammenleben der Völker auf dieser Welt».[7] Außenminister Joschka Fischer hatte das Gefühl, als sei «in der Weltpolitik erneut die Büchse der Pandora geöffnet worden».[8] Die Redebeiträge der Abgeordneten des Deutschen Bundestags am Tag nach den Terroranschlägen waren sehr emotional und trugen Bekenntnischarakter. Peter Struck, der Fraktionsvorsitzende der SPD, sprach von einer «Kriegserklärung an die Werte der demokratischen und zivilisierten Welt».[9] Bereits der Kanzler hatte eine ähnliche Formulierung verwendet, es sei eine «Kriegserklärung an die zivilisierte Völkergemeinschaft».[10] Die Fraktionsvorsitzenden von Bündnis 90/Die Grünen, Rezzo Schlauch, und der FDP, Wolfgang Gerhardt, beschrieben einen «Anschlag auf unsere Zivilisation», und Michael Glos, stellvertretender Vorsitzender der Unionsfraktion, bezeichnete den Anschlag als «Tat aus der Hölle».[11] Immer wieder kam die Wendung einer neuen totalitären Bedrohung vor.

Zahlreiche Parlamentarier versuchten die Ereignisse in einen größeren historischen Rahmen einzuordnen. Friedbert Pflüger (CDU), kennzeichnete den Terrorismus als «dritte totalitäre Herausforderung» nach dem Kommunismus und dem Nationalsozialismus. «Genauso wie wir die erste und zweite Herausforderung, nämlich den Kommunismus und den Nationalsozialismus, mit großen Opfern besiegt haben, so müssen die westlichen Demokratien auch diese dritte totalitäre Herausforderung besiegen. Daran wollen wir uns als Deutsche beteiligen. Immer ist der Fehler gemacht worden, diese Bewegungen zunächst zu unterschätzen. Führen Sie sich vor Augen, wie anlässlich der Olympiade die ganze Welt an Hitler im Olympiastadion vorbeimarschiert ist. (...) Nichts ist gefährlicher, als solche Bewegungen zu unterschätzen.»[12] Selbst aus den Reihen von Bündnis 90/Die Grünen verlautete Ähnliches. In einem Grundsatzpapier von Ralf Fücks, dem Leiter der grünen-nahen Heinrich-Böll-Stiftung, das er gemeinsam mit Daniel Cohn-Bendit, Mitglied des EU-Parlaments, verfasste, plädierten beide dafür, den amerikanischen Kampf gegen den Terrorismus zu unterstützen. Cohn-Bendit hatte sich 1993 in Bonn erstmals auf einem Parteitag der Grünen für militärische Mittel als Ultima Ratio eingesetzt, es war um Bosnien gegangen, und war seinerzeit schmachvoll niedergestimmt worden. Nun also, da man es mit einem «klerikal-faschistischen Taliban-Regime» zu tun habe, ein neuer Anlauf. Der Islamismus sei eine «totalitäre Bewegung», schrieben beide. Und weiter: «Weder repräsentieren die ‹Heiligen Krieger› des 11. September die Verdammten dieser Erde noch kämpfen sie mit falschen Mitteln für eine gerechte Sache. Sie sind Feinde einer pluralistischen, kosmopolitischen, zivilen Gesellschaft.» Die demokratische Welt dürfe dem Vorrücken dieses militanten Islamismus nicht tatenlos zusehen. In den Augen von Fücks und Cohn-Bendit konnte der Westen nur zwei Fehler begehen: entweder militärisch überreagieren oder unentschlossen und uneinig handeln. Sie forderten keine «Blanco-Vollmacht», wohl aber eine «kritische Solidarität» Europas mit den Vereinigten Staaten von Amerika und erteilten jeglichen nationalen Sonderwegen eine Absage.[13]

Es gab kein anderes Thema. In den erregten Diskussionen der folgenden Wochen wurde die Kanzlerformulierung der «uneingeschränkten Solidarität» immer wieder aufgegriffen. Oder aber, man verwendete sie demonstrativ nicht, auch das war ein Statement. So bekundeten 49 SPD-Abgeordnete in einer persönlichen Erklärung lediglich ihre «volle Solidarität».[14] Die PDS, die sich einem Militäreinsatz verweigerte, sprach von «kritischer Solidarität» gegenüber den Amerikanern und prangerte die Terminologie des Kanzlers fortdauernd als «schweren Fehler» an.[15]

Am 19. September bekräftigte der Deutsche Bundestag seine Solidaritätszusage durch einen Beschluss, in dem er die Bereitschaft der Bundesregierung unterstützte, «konkrete Maßnahmen des Beistandes» folgen zu lassen, einschließlich militärischer.[16] Schröder führte in seiner Regierungserklärung vom 11. Oktober aus, dass die Verbündeten von Deutschland «aktive Solidarität» und keine «bloßen Lippenbekenntnisse» erwarteten.[17] Allerdings formulierte der Kanzler auch Skepsis gegenüber dem Militärischen und mahnte den Primat der Politik an: «Dass unsere zivile Gesellschaft gegenüber der Notwendigkeit militärischer Optionen und ihrer Ausübung zurückhaltender als jemals in der deutschen Geschichte geworden ist, begreife ich als einen zivilisatorischen Fortschritt, auch wenn es die eigene Argumentation bezüglich bestimmter Notwendigkeiten schwerer macht. (...) Mir ist (...) die Zurückhaltung einer Gesellschaft, die sich zu Recht etwas auf ihren zivilen Charakter einbildet, allemal lieber als jede Form von Hurrapatriotismus.»[18] Schröder löste dieses Dilemma zugunsten des Multilateralismus, indem er ausführte, Deutschland könne nicht jedes unmittelbare Risiko vermeiden.

So verheerend die Anschläge auch waren, eine rein militärische Antwort, ein harter Gegenschlag gegen einen unsichtbaren Gegner, wie er von den USA verfolgt wurde, konnte für Außenminister Fischer nicht die Lösung sein. «Die Antwort auf den Terrorismus muss umfassend sein. Das Militärische steht jetzt sehr stark im Vordergrund (...). Die Antwort muss auf die Lösung ökonomischer und politischer Probleme ausgerichtet sein und wird sehr stark auch des kulturellen Dialogs bedürfen (...). Wir reden hier über nichts Geringeres als über den Entwurf einer Friedenspolitik im 21. Jahrhundert. Anders als zu Zeiten des Kalten Krieges bedeutet Friedenspolitik in der einen Welt im 21. Jahrhundert internationale Ordnungspolitik im Kampf gegen den internationalen Terrorismus (...). Multilateralismus und nicht Unilateralismus wird die Welt im 21. Jahrhundert zu bestimmen haben. Auch das ist eine wichtige Konsequenz dessen, was wir erlebt haben.»[19]

Eines blieb seltsam unausgesprochen: Obwohl Außenminister Fischer darauf verwies, dass es sich um eine der «schwerwiegendsten Entscheidungen des Deutschen Bundestages» handele, erschien eine Bewertung der Erfolgsaussichten geradezu nebensächlich. «Was wäre das für eine

Solidarität», so fragte der Kanzler in den Plenarsaal hinein, «die wir vom Erfolg einer Maßnahme abhängig machten?»[20]

Seit dem RAF-Terrorismus der 1970er Jahre hatte die Bundesrepublik eine solch schwierige, undurchsichtige, herausfordernde Situation nicht mehr erlebt. Bedrohung hing in der Luft, aber niemand wusste, ob sie real war oder ob die Terroristen mit diesem Bedrohungsgefühl, das Geistesgegenwart und Kaltblütigkeit verlangte, aber Unbedachtsamkeiten und Fehler provozierte, ihr Ziel bereits erreicht hatten. Im Kanzleramt traf sich, manchmal nur mit wenigen Stunden Abstand, das Sicherheitskabinett, Kanzler Schröder, Außenminister Fischer, Innenminister Schily, Verteidigungsminister Scharping und Kanzleramtschef Steinmeier, zur Beratung. Trauer, Entsetzen, Solidarität mit den Amerikanern, aber auch Angst vor der Wucht eines militärischen Gegenschlags der USA, die Rache einer verletzten Nation, bestimmte die Demonstration am 14. September von mehr als 200 000 Menschen am Brandenburger Tor. Dort sprach Bundespräsident Johannes Rau, doch er fand Worte, die dem Kanzler überhaupt nicht gefielen; seine Botschaft wie aus der Bergpredigt: Keine Waffen, keine Gewalt. Der Bundespräsident gab keinerlei Verweis auf eine «uneingeschränkte Solidarität», ein solcher Begriff wäre Rau nie über die Lippen gekommen. Darüber entspann sich ein Streit zwischen Rau und Schröder.[21]

Fragen über Fragen: Sollte die Bündnissolidarität wie beim Einsatz im Kosovo wieder zur Staatsräson werden? Wie sahen es die Deutschen? Durch die Bevölkerung ging ein Riss: 41 Prozent der befragten Deutschen sprachen sich für eine «uneingeschränkte Solidarität» aus – und die anderen zweifelten.[22] Wie konnte die innere und äußere Sicherheit für 80 Millionen Deutsche neu definiert werden? Auch bei den Sozialdemokraten herrschte Unruhe – Schröder peitschte als Solist seine Sache durch, aber würden ihm in der Fraktion alle Abgeordneten folgen? Das Protokoll der Sondersitzung des SPD-Parteivorstandes zu den Terroranschlägen in den USA vom 17. September vermerkt die Ruhelosigkeit, ja Hektik und Erregtheit jener Tage. Skizzen und Schaubilder mit vielen Pfeilen und Kästchen kursierten mit der Überschrift: «Was ist unser Ziel angesichts der Terroranschläge?» Handschriftlich sind die Ergebnisse der fast fieberhaften Diskussion vermerkt: «Keine Fehler machen!!»; «Keine Vorfestlegung!»; «Kampf um die Kultur!!»; «3,5 Millionen Muslime in Deutschland». Die SPD sei nun herausgefordert, so Franz Müntefering, denn in der Partei sei nicht nur der Pazifismus verbreitet, sondern auch ein Antiamerikanismus, dem mit Macht begegnet werden müsse.[23] Kanzler Schröder legte seine Ansichten im direkt anschließend tagenden Präsidium offen, auch sie sind wieder fast atemlos protokolliert: Solidarität sei wichtig, «unabdingbar»; selbst die Russen und die Chinesen seien auf der Seite der USA; eine direkte Beteiligung am Kampf gegen den Terror sei nötig; eine Beteiligung mit allen Konsequenzen müsse ins Auge gefasst werden. Wolfgang Clement pflichtete mit einem Einwurf bei: «Entschlossenheit tut not!» Und noch einmal Müntefering: «Wir müssen rein in die Partei und die Debatte bestimmen» – gegen Antiamerikanismus und Pazifismus.[24] Zwei Tage später im Pressestatement von Kanzler Schröder und Premierminister Tony Blair, der sich am 19. September in Berlin aufhielt, wurde festgehalten, dass es sich nicht um einen Kampf der Kulturen handele, sondern darum, «verbrecherischen Elementen das Handwerk zu legen»; der terroristische Sumpf müsse trockengelegt werden. Und beide versicherten gegenüber den Amerikanern: «Wir müssen wirklich totale Unterstützung anbieten.»[25] Freilich kamen Blair gegenüber aus Berlin bald lästernde Bemerkungen auf, er verhalte sich wie ein amerikanischer Vizepräsident, nicht jedoch wie ein verbündeter Europäer.[26]

Der SPD-Fraktionsvorsitzende Struck alarmierte seine Parteifreunde, dass in den anstehenden Reaktionen auf die Militärschläge der USA «auch eine Situation mit ‹Gefahr in Verzug› eintreten könne». Ob man wisse, fragte er, wie man sich verhalten solle, wenn so etwas in der Bundesrepublik geschehe? Sei man sich klar darüber, was man dann tun müsse?[27] Im Parteivorstand wurde Schröders festes und besonnenes Agieren gelobt, besonders von Henning Voscherau. Freilich kamen bald Stimmen auf, die vor einem «Solidaritätszwang» warnten und denen George W. Bushs «Kreuzzugsrhetorik» übel aufstieß. Natürlich gebe es eine starke Verpflichtung der Bundesrepublik Deutschland im Bündnis, dennoch müsse man sich über die Stimmungslage der Partei, die nicht so eindeutig sei, im Klaren sein.[28]

Die SPD trat, das wurde allen in der Partei schlagartig bewusst, in eine neue Ära ein. Der legendäre Herbert Wehner hätte formuliert: Sie wurde eingetreten, wie vormals Anfang der 1960er Jahre, mit ihrer

Anerkennung der Westbindung der Bundesrepublik und deren Landesverteidigung. Friedenspolitik oder Machtpolitik, nicht zum ersten Mal kollidierten die beiden Möglichkeiten. Die sozial-liberale Koalition war 1982 zwar an wirtschaftspolitischen Differenzen zwischen SPD und FDP zerbrochen, doch hatte der SPD-interne Zwist über die NATO-Nachrüstung den Zerfall beschleunigt. Während sich der Parteivorsitzende Willy Brandt auf die Seite der Friedensbewegung gestellt hatte, war Kanzler Helmut Schmidt von der absoluten Notwendigkeit der Nachrüstung überzeugt. Würde sich die Geschichte wiederholen?

Am 1. Oktober 2001 sprach Kanzler Schröder ein Grußwort auf dem Labour-Parteitag in Brighton. Nötig sei, so führte er aus, eine breite internationale Koalition gegen den Terrorismus. «Wir lassen uns von den Terroristen nicht in einen ‹Kampf der Kulturen› ziehen. Vielmehr nehmen wir gemeinsam den Kampf mit dem Terrorismus auf – den Kampf um die Kultur in unserer einen Welt.»[29] Jack Straw, der britische Außenminister, reiste währenddessen auf amerikanischen Wunsch in den Iran und in den Nahen Osten, um dortige Regierungen in die weiteren Aktionen einzubinden, die Allianz gegen den Terror auf diplomatischem Weg zu stärken.

Überhaupt setzte in kürzester Zeit eine intensive Reisetätigkeit wie kaum jemals zuvor unter den Regierungschefs und Außenministern ein. US-Präsident Bush suchte den Schulterschluss im Kampf gegen den internationalen Terrorismus, und nachdem er mit mehr als 20 führenden Politikern gesprochen hatte, begann er mit Frankreichs Präsident Jacques Chirac eine Reihe von Gesprächen mit Vertretern aus Asien, Europa und Russland. Bundesaußenminister Fischer traf sich in der Woche nach 9/11 mit seinem amerikanischen Kollegen Colin Powell und versicherte ihn des deutschen Beistands. Ebenfalls in den USA hielt sich zeitgleich der russische Außenminister Igor Iwanow auf, auch er äußerte sich ähnlich. Bush empfing darüber hinaus den saudischen Außenminister Prinz Saud Faisal und die indonesische Präsidentin Megawati Sukarnoputri, beides Vertreter mächtiger islamischer Staaten, tags darauf kam Tony Blair, der besonders häufig in den USA war, dann der chinesische Außenminister Tang Jiaxuan. Für die Europäische Union reisten der EU-Beauftragte für die gemeinsame Außen- und Sicherheitspolitik, Javier Solana, und EU-Außenkommissar Chris Patten sowie der belgische Außenminister und amtierende EU-Ratspräsident, Louis Michel, nach Washington. Auch Kanzlerberater Michael Steiner war in einer dreitägigen Mission in Washington und New York unterwegs, um Details der geplanten Anti-Terror-Koalition zu erkunden.

Kaum zurück aus England trafen sich der Kanzler und die Führungsspitze der SPD in der ersten Oktoberwoche mit verschiedenen Gruppen, auch mit dem Zentralrat der Juden in Deutschland. Man befürchtete Anschläge.[30] Die ganzen Wochen über herrschten hektische Betriebsamkeit, Unsicherheit, Bedrohungsgefühle, Ängste, erhöhte Alarmbereitschaft; aus den USA wurden Milzbrandfälle gemeldet – waren dies Terrorakte, würde es in Deutschland zu einem Anschlag kommen? Man rechnete mit dem Schlimmsten. Und der Feind blieb unsichtbar. Schröder bekräftigte immer wieder: Wir sind zur Bündnistreue verpflichtet. In den USA würden, so betonte der Kanzler, die deutschen Sozialdemokraten wie in der Vergangenheit, so auch heute noch als unsichere Kantonisten gelten, das sei schädlich. Deshalb: «Wir brauchen Festigkeit im Handeln.»[31] Dies war seine Devise, und davon wollte er unter keinen Umständen loslassen.

Im Vorfeld der Kabinettsentscheidung zu einer Kriegsbeteiligung kam es Anfang November erneut zu heftigen Verwerfungen. Vor der Entscheidung über Operation «Enduring Freedom» blieb völlig ungewiss, ob eine eigene parlamentarische Mehrheit aus SPD und Grünen zustande kommen würde. Teile der Grünen lehnten militärische Operationen der USA als Vergeltungsmaßnahmen ab. Bündnissolidarität war für viele von ihnen, die noch zwei Jahre zuvor die NATO abschaffen wollten, kein überzeugendes und schon gar kein durchschlagendes Argument. Für Sozial- und Christdemokraten hingegen schon. Wie bereits beim Kosovo-Krieg war für Scharping die Bündnissolidarität die wichtigste Begründung für eine Beteiligung: «Was geschieht, wenn nichts geschieht und wir uns nicht (an der Operation Enduring Freedom, E. W.) beteiligen? (...) Wir verlieren unsere Fähigkeit, Amerika zu beeinflussen und eine auf multilaterale Verantwortung und gemeinsames Vorgehen abzielende Politik durchzusetzen. Wir verspielen unsere eigenen Möglichkeiten in der NATO. Wir sondern uns von den europäischen Staaten (...) ab. Wir verlieren unseren Einfluss bei der Gestaltung der Außen- und Sicherheitspolitik der Europäischen Union. Hier steht nicht nur der Erfolg des Kampfes gegen den Terrorismus auf dem Spiel, sondern hier steht auch die Rolle der Bundesrepublik Deutschland in einer sich entwickelnden, auf multilateraler Verantwortung beruhenden Politik innerhalb der NATO und der Europäischen Union zur Debatte.»[32] Deutsche Bündnissolidarität und Solidarität mit Amerika wurden immer wieder historisch unterfüttert. Friedrich Merz, Fraktionsvorsitzender der CDU/CSU, betonte, Deutschland müsse aufgrund seiner Geschichte an der Seite der USA stehen,[33] und sein Kollege von der SPD, Peter Struck, beschwor geradezu die Bündnistreue, weil die NATO in der Vergangenheit der «Garant» deutscher Sicherheit gewesen sei. Daraus ergebe sich eine «historische Verpflichtung».[34] Auch Kanzler Schröder stimmte ein: «Mehr als 50 Jahre (...) haben die Vereinigten Staaten in Solidarität zu uns gestanden. Es waren nicht zuletzt die Amerikaner, die uns die Rückkehr in die Völkergemeinschaft ermöglicht, die unsere Freiheit garantiert und letztlich unsere staatliche Einheit und deren Werden unterstützt haben. Über viele Jahrzehnte haben wir diese Solidarität Amerikas für selbstverständlich gehalten und haben unseren Nutzen daraus gezogen. Bündnissolidarität ist aber keine Einbahnstraße.»[35]

Ähnlich wie bei der Legitimierung des Kosovo-Krieges erfuhr auch jetzt wieder die aus der Geschichte des 20. Jahrhunderts abgeleitete Verantwortung Deutschlands eine Umdeutung: Jahrzehntelang war die «historische Verantwortung» gleichsam als Direktive zur außenpolitischen Enthaltsamkeit ausgelegt worden, nun nahm man sie als Motiv, sich gerade nicht zurückzuhalten. Um die Grünen zu überzeugen, genügte dies jedoch nicht.

Der Fraktionsvorsitzende Rezzo Schlauch wusste schon gar nicht mehr genau, wie viele Kriegsgegner es in den eigenen Reihen waren, mal zählte er elf, mal 15, das wäre fast ein Drittel der kleinen Fraktion. Auch sein Kollege von der SPD, Peter Struck, wurde zusehends nervös, zwischen 20 und 30 SPD-Abgeordnete drohten auszuscheren, Struck musste «psychotherapeutische Gespräche» führen, mit jedem und jeder Einzelnen.[36] Hans-Christian Ströbele, der Anführer der Grünen-«Abweichler», gab zu Protokoll: «Wenn eine ganze Stadt oder ein Land verwüstet wird und Unschuldige getötet werden, dann ist für mich die Grenze überschritten.»[37] Eine Woche nach dem Beginn der US-Bombardements auf Kabul kam Claudia Roth, die Bundesvorsitzende der Grünen, aus Pakistan zurück, dort war sie auch an der afghanisch-pakistanischen Grenze gewesen und berichtete in einem Interview nun vom Flüchtlingselend, das durch die amerikanische Bombardierung ausgelöst worden sei; Roth forderte ein Aussetzen der Kriegshandlungen, um humanitäre Hilfe sicherzustellen. Kanzler Schröder traute seinen Ohren nicht, glühte vor Zorn, und einige Medienvertreter stellten öffentlich den Geisteszustand von Roth in Frage, die zwar als aufrichtig, aber von manchen auch als anstrengend und schrill empfunden wurde.[38] Auch die Gewerkschaft IG Metall glaubte sich positionieren zu müssen und forderte wie die Grünen eine Feuerpause, womit sie sich eine heftige Rüge des Kanzlers einheimste. Der Parteirat der Grünen debattierte schier endlos – hier die «Friedenspolitiker», dort die «Machtpolitiker». Sollte man einen Stopp des Bombardements fordern? Staatsoberhäupter islamischer Länder hatten in einem gemeinsamen Aufruf verlangt, für die Zeit des Ramadan die Luftangriffe auszusetzen. Angelika Beer, die verteidigungspolitische Sprecherin der Grünen, stand aufseiten der «Machtpolitiker» und musste sich anhören, wie sie als «Kriegstreiberin» beschimpft wurde, weil sie einen Bombenstopp ablehnte; ihre Antwort: «Der Dschihad kennt keinen Ramadan.»[39] War Rot-Grün noch zu retten? Oder hatte das Totenglöckchen geläutet? Wären jetzt nicht andere Konstellationen angemessener, «problemloser»? Die «Bild»-Zeitung titelte bereits «Neuwahlen», nur so sei eine Staatskrise abzuwenden.[40]

Die Grünen waren extrem angespannt und zutiefst gespalten. Sollte man die Koalition nicht lieber verlassen? Im Koalitionsvertrag hieß es, rot-grüne Außenpolitik sei Friedenspolitik, und nun befand man sich schon wieder auf dem Weg in einen Krieg. «Wir sind uns bewusst», so las man in einem Antrag des Landeshauptausschusses der Grünen in Schleswig-Holstein, «dass ein Ausstieg aus der Koalition immer noch erhebliche Folgen für die von uns eingeleiteten Projekte hat.» Tatsächlich standen für die nächsten Monate das Atomausstiegsgesetz auf dem Programm, das neue Einwanderungsgesetz und verschiedene Reformvorhaben, an denen die grüne Seele hing, so etwa ein neues Bundesnaturschutzgesetz. «Dennoch fordern wir die Bundestagsfraktion von Bündnis 90/Die Grünen auf, deutlich zu machen, dass die Grünen einer Entsendung von Truppen in der jetzigen Situation nicht zustimmen können. Weder die Entsendung von deutschen Truppen noch eine uneingeschränkte Solidarität mit den USA ist Bestandteil des Koalitionsvertrages.»[41]

Freilich erschöpfte sich die harte Wirklichkeit in der Welt nicht in wohlgemeinten Passagen eines Koalitionsvertrages, der 9/11 ja nicht antizipieren konnte, und deshalb wurden von verschiedenen Seiten – von Reinhard Bütikofer vom rechten Flügel der Partei,[42] von Jürgen Trittin vom linken Flügel[43] – Entwürfe für einen Antrag des Bundesvorstandes der Partei in Umlauf gebracht, welche die Quadratur des Kreises zustande bringen wollten: Friedenspartei und Regierungspartei gleichzeitig zu sein. Am «Feldzug gegen den Terrorismus»[44] konnten die Grünen zerbrechen, das war unbestreitbar. Wer an die Kontroverse um den Kosovo-Einsatz 1999 dachte, dem konnte es nur davor grauen, was jetzt auf die Partei zukam. Sie konnte jedoch an diesem Konflikt auch wachsen, dann nämlich, wenn sie die Spannung zwischen Zustimmung und Ablehnung aushielt. Tatsächlich spiegelte sich in dieser Frage der Seelenzustand der deutschen Gesellschaft wider, die ja ebenfalls gespalten war. Mit einer falschen Eindeutigkeit in die eine oder andere Richtung kam man nicht weiter, sondern nur damit, bestimmte Kautelen zu formulieren – etwa weitestgehender Schutz der Zivilbevölkerung, gemeinsames europäisches Vorgehen, Überwachung durch den UN-Sicherheitsrat –, sich aber dem Kampf gegen den internationalen Terrorismus nicht zu verweigern. Im Beschluss des Parteirates vom 12. November hieß es am Ende, man wolle dem Antrag der Bundesregierung vom 7. November zustimmen, deutsche Soldaten für den Kampf gegen den Terrorismus bereitzustellen. «Kritische Solidarität statt Ja und Amen» – dies bedeutete für die Spitze der Grünen «Nein zu einer bedingungslosen Loyalität gegenüber den USA, die in Abenteuertum münden könnte», und Ja zu einer Koalition gegen den Terror, die auch eine «Koalition für Humanität» sein müsse. Allen, die diesen Spagat nicht aushalten konnten und zu einem anderen Ergebnis gelangten, sicherte man Respekt zu, denn es handelte sich um die «schwierigste» Entscheidung, vor der «unsere Partei jemals stand».[45]

Acht grüne Abgeordnete – Annelie Buntenbach, Steffi Lemke, Christian Simmert, Monika Knoche, Irmingard Schewe-Gerigk, Hans-Christian Ströbele, Silvia Voß und Winfried Hermann – veröffentlichen am 11. November ein Positionspapier, in dem sie eine deutsche Teilnahme an

«Enduring Freedom» kategorisch ablehnten. Ganz im Gegensatz zum Kabinettsantrag, der den militärischen Einsatz als «unverzichtbar» bezeichnete, lautete die Kernaussage: «Der Krieg gegen Afghanistan ist politisch falsch, dient nicht der zielgerichteten Bekämpfung des Terrorismus, ist humanitär verantwortungslos und schafft neue politische Probleme.»[46]

Die innenpolitische Situation spitzte sich am Wochenende vor der geplanten Abstimmung im Bundestag am 16. November dramatisch zu, als diese acht grünen und zudem zwei SPD-Abgeordnete trotz des auf sie ausgeübten Drucks bei ihrer Position blieben und mehrfach öffentlich ankündigten, ihre Zustimmung zu verweigern. Schröder, fast verzweifelt, bedrängte seine Genossen, aber auch die Koalitionäre: «Wir haben wenig Zeit zur Debatte!»[47] Sie schien ihm zu entgleiten, deshalb griff er zum letzten Mittel des Kanzlers: dem Erzwingen der Entscheidung mittels einer Vertrauensabstimmung. Zuvor hatte er sich Rat bei Helmut Schmidt – der 1982 selbst die Vertrauensfrage gestellt hatte, was seine Regierung allerdings nur um sieben Monate verlängerte –, Hans-Jochen Vogel sowie bei Erhard Eppler, der vor eineinhalb Jahren bei der Kosovo-Debatte die Zweifler überzeugt hatte, eingeholt. Alle rieten ihm, hart zu bleiben.

Verwirrung um Donald Rumsfeld

Zu allem Ungemach im Inneren kamen noch Störungen von außen. Wenige Tage vor der Abstimmung im Bundestag gab es Irritationen, die alles ins Rutschen zu bringen drohten. Was wollten die Amerikaner eigentlich? Wollten sie die militärische Hilfe der Bundesrepublik überhaupt? Oder hatten sich die Deutschen regelrecht aufgedrängt, Waffenbeistand zu leisten? Ein Interview des amerikanischen Verteidigungsministers Donald Rumsfeld öffnete den Spekulationen Tür und Tor und brachte die Bundesregierung in arge Erklärungsnöte. Auf einer Pressekonferenz am 6. November antwortete Rumsfeld auf eine Frage überaus missverständlich, später hieß es, die Frage sei missverständlich formuliert gewesen. Jedenfalls klangen die Äußerungen des Amerikaners so, als stünden sie in einem eklatanten Gegensatz zu den öffentlichen Erklärungen des Bundeskanzlers, wonach das deutsche

Angebot, bis zu 3900 Spezialkräfte der Bundeswehr für den Kampf gegen den Terrorismus bereitzustellen, auf konkrete amerikanische Anforderungen zurückgehe. Rumsfeld sagte nämlich, die amerikanische Regierung habe keineswegs nach «spezifischen Dingen» gefragt. Waren die Amerikaner gar nicht daran interessiert, mit den Bedenken tragenden Europäern und schon gar nicht mit den endlos zaudernden Deutschen in den Krieg zu ziehen? Würde in ihren Augen ein deutsches Engagement nicht eher behindern als helfen? Bei Gernot Erler, dem außenpolitischen Sprecher der SPD-Fraktion, läuteten die Alarmglocken. Er kümmerte sich sofort um die Angelegenheit und sah sich in einem Brief vom 7. November an den Kanzler und die Fraktion gezwungen, die Sache klarzustellen: Rumsfeld sei bei seiner Erklärung nicht auf der Höhe gewesen, aber durch zwei weitere Erklärungen der Amerikaner, die unmittelbar im Anschluss – offenbar nachdem die Deutschen ihre Irritationen kundtaten – veröffentlicht wurden, sei das Missverständnis ausgeräumt worden. In diesen neuen Erklärungen habe Rumsfeld die Dinge richtiggestellt und gesagt (Erler übersetzte die Verlautbarung): «Die Vereinigten Staaten haben Deutschland um einige der militärischen Fähigkeiten ersucht, die dabei diskutiert worden sind, wir haben allerdings keine konkrete Zahl (3900) an Spezialkräften angefordert – hierauf bezog sich die Frage, auf die ich geantwortet habe.» Zur Frage, ob die USA Deutschlands Angebot einer militärischen Unterstützung der Operation «Enduring Freedom» erbeten habe, hieß es nun: Die Vereinigten Staaten begrüßten das Engagement, und sie hätten «in ausführlichen und andauernden Konsultationen konkrete Anfragen an Deutschland gerichtet».[48] Im Bundeskabinett, das tags darauf zusammentrat, schlugen die Bemerkungen Rumsfelds noch einige Wellen. Nachdem Außenminister Fischer die von den Deutschen erbetene Erklärung Rumsfelds verlas, auf die auch Erler verwiesen hatte, beruhigte sich die Lage. Das Kabinett beschloss an diesem 7. November, 3900 Soldaten als deutschen Beitrag für «Enduring Freedom» bereitzustellen.

Kriegsbeschluss und Vertrauensfrage

Der Kanzler glaubte, es sei alles im Fluss, daher entschloss er sich zu einer dramatischen Zuspitzung, nämlich die Vertrauensfrage zu stellen. Die Vertrauensfrage ist das schärfste politische Schwert eines Bundeskanzlers, seine wirksamste Waffe. Wenn sie allerdings zu häufig eingesetzt wird, stumpft sie ab, und die Demokratie nimmt Schaden, weil die Volksvertreter gleichsam entmündigt werden. Natürlich war die Anwendung dieses Instruments von Gerhard Schröder auch gegen den SPD-Fraktionsvorsitzenden gerichtet, dessen Autorität offenbar nicht ausreichte, seine Parlamentarier auf Kurs zu bringen. Struck selbst schreibt in seinen Erinnerungen, er sei in jenen Tagen am Rande seiner «Überzeugungs- und Überredungskraft» gewesen.[49] Und bei den Grünen war es nicht anders: In zermürbenden Fraktionsgesprächen hinter verschlossenen Türen wurden die «Abweichler» «bearbeitet», die sich schließlich unter dem Druck geschlagen gaben, dass eine neue Regierung ohne die Grünen gebildet würde.

Antje Vollmer erinnert sich: Nachdem Kanzler Schröder die Vertrauensfrage angekündigt hatte, durften nur vier Abgeordnete mit Nein stimmen, sonst wäre die Koalition gescheitert. Außer für Hans-Christian Ströbele, der wieder einmal dabei war und mit Nein zu stimmen verlangte, sei es für die beteiligten jungen Abgeordneten um eine Frage der «innersten Seele» gegangen. Sie, Vollmer, als erfahrene Parlamentarierin, habe sich gesagt: Ihretwegen müsse niemand seine Seele verkaufen, sie könne schon klarmachen, dass sie zwar dagegen sei, dennoch mit Ja stimmen müsse, damit die Regierung nicht kippe. Also habe sie die Formulierung gewählt: «Mein Ja ist ein Nein.» Sie hielt dies für besonders ehrlich, weil sie die Karten auf den Tisch legte und klarmachte: Es ist Erpressung. Die Frage lautete ja nicht: «Sind Sie für oder gegen einen Krieg in Afghanistan?», sondern die Frage lautete: «Sind Sie für oder gegen die Regierung?» Die Häme, die Vollmer für ihr Verhalten einstecken musste, verletzte sie tief.[50]

«Es war», so kommentierte die «Welt am Sonntag», «ein beschämendes Schauspiel, wie acht grüne Abgeordnete, die vorher ein Veto gegen einen Militäreinsatz der Bundeswehr im Kampf gegen den Terror schriftlich niedergelegt hatten, kurzerhand ihr Gewissen halbierten, um den Kanzler zu retten. Aus den Grünen ist für alle sichtbar eine Umfallertruppe geworden.»[51] Die Kehrseite des Sieges war auch, dass der Kanzler einmal mehr die Grünen lächerlich gemacht hatte. Als Steffi Lemke im Parlament gequält begründete, wie aus acht grünen Gewissen vier wurden, erscholl Gelächter im Deutschen Bundestag.

Vier Abgeordnete von Bündnis 90/Die Grünen stimmten also dagegen, hinzu kam Christa Löcher, SPD-Abgeordnete aus Villingen-Schwenningen, die ihr Mandat niederlegte. Sie sah sich der Friedensbewegung mehr verpflichtet als der SPD und wollte aus ihrem Gewissen keine Mördergrube machen. 236 zu 226 Stimmen – die Kanzlermehrheit wurde erreicht. Aber um welchen Preis?

Am 13. November 2001 hatte die von den westlichen Truppen unterstützte «Nordallianz» die Kontrolle über die Hauptstadt Kabul übernommen. Drei Tage später, am 16. November, beschloss der Deutsche Bundestag mit knapper Mehrheit der Regierungsfraktionen, jedoch in der Sache von Union und FDP unterstützt, die Bereitstellung von 3900 Bundeswehrsoldaten für den Kampf gegen den Terrorismus, davon 800 ABC-Abwehrkräfte, 250 Sanitäter, 100 Spezialkräfte, 500 Lufttransportkräfte, 1800 Seestreit- und Seeluftstreitkräfte und 450 Unterstützungskräfte.

Auf die Frage, warum der Kanzler einer schmalen Vertrauensmehrheit den Vorzug vor einer breiten parlamentarischen Mehrheit für den Kriegseinsatz der Bundeswehr gab, wurde oft das Koalitionsprestige ins Feld geführt. Aber war es nicht vielmehr so, dass es Schröder im Wesentlichen um die eigene Partei ging? Bereits im Sommer 2001, bei der Abstimmung um den Mazedonien-Einsatz nach Beendigung des Kosovo-Krieges, waren 19 Sozialdemokraten von der Fahne gegangen. Hätte er nun auf Pressionen verzichtet, wären ihm noch mehr aus den eigenen Reihen nicht gefolgt. Der Kanzler hätte den Kriegsbeschluss und die Vertrauensfrage entkoppeln können. Er hätte dann für die Entsendung deutscher Soldaten eine große Mehrheit bekommen, jenseits der Trennlinien zwischen Regierungsparteien und Oppositionsparteien. Die Vertrauensfrage machte es der Opposition jedoch unmöglich, gleichfalls für die Bundeswehrentscheidung zu stimmen und die «uneingeschränkte Solidarität» mit den USA zu bekunden. Eine parlamentarische Mehrheit von 90 Prozent hätte den Amerikanern und der ganzen Welt gezeigt: Das vereinte Deutschland ist außenpolitisch berechenbar und handlungsfähig. Ob eine Reihe von Pazifisten mit Nein gestimmt hätte, wäre für Washington, London oder Paris nicht sonderlich interessant gewesen. Hatte der Kanzler damit ohne Not und gleichsam über Nacht die Bundesrepublik zu einem unsicheren Verbündeten gemacht?

Gerhard Schröders Einsatz war hoch. Und wenn er am Ende als Sieger aus dem Parlament ging, so konnte doch kein Zweifel bestehen: Ein Sieg, auf den der Kanzler langfristig aufbauen könnte, war dies nicht – im Gegenteil. Der Vorgang war keinesfalls wiederholbar. Wenn Afghanistan nur ein Anfang wäre, würden weitere ähnliche Coups nicht glücken. Noch ein weiterer Kriegsbeschluss mittels Vertrauensfrage – undenkbar. Dabei hatte die amerikanische Administration bereits ihren «Lieblingsfeind» Saddam Hussein im Irak im Visier.

Neu an der Vertrauensfrage vom 16. November war, dass erstmals in der Geschichte der Bundesrepublik eine solche Abstimmung, die als Versuch des Kanzlers gilt, die politische Kontrolle mit parlamentarischen Mitteln zurückzugewinnen, mit einer Sachfrage verknüpft wurde. Für Heribert Prantl von der «Süddeutschen Zeitung» bedeutete dieser Tag einen weiteren Schritt auf dem Weg des Niedergangs des bundesdeutschen Parlamentarismus. «‹Kopf hoch›, sagte der Kanzler und warf dem Delinquenten die Schlinge um den Hals», schrieb der politische Redakteur. Und weiter: «Die Verbindung des Kriegsbeschlusses mit der Vertrauensfrage wirkte auf die rot-grüne Physis wie ein Elektroschock; in der Medizin ist man von dieser Heilmethode, der schweren Nebenwirkungen wegen, längst abgekommen.» Schröder sei zwar der Gewinner des Tages. Aber: «Es gibt auch Helden über den Tag hinaus. Die vier Abgeordneten der Grünen und die eine Abgeordnete, die bisher Mitglied der SPD-Fraktion war – sie sind Helden des Parlamentarismus.»[52]

War die Vertrauensfrage notwendig? Man darf Zweifel haben. Konnte man nicht ebenso gut argumentieren: Mehrheit ist Mehrheit? Eine rot-grüne Mehrheit für den Antrag der Bundesregierung war nicht zwingend für den Fortbestand der Koalition. Eine so weitreichende Entscheidung setzte doch vielmehr eine koalitionsübergreifende, breite Mehrheit des Bundestages voraus. Man konnte auch daran erinnern, dass Konrad Adenauer in der für die Bundesrepublik entscheidenden politisch-moralischen Frage der Wiedergutmachungszahlungen an Israel

1952 keine eigene Mehrheit im Bundestag hatte, sondern auf die SPD-Opposition angewiesen war; geschadet hat dies ihm und der Entscheidung nicht.

Kurz nach der Abstimmung griff Bundeskanzler Schröder, der als Sieger aus der Arena gestiegen war, zum Telefonhörer, rief den deutschen Botschafter in Washington, Wolfgang Ischinger, an und erkundigte sich drängend, ob die amerikanische Administration überhaupt wisse, durch welches parlamentarische Feuer er gerade gegangen sei. Der Kanzler wurde den Verdacht nicht los, dass Bush den Einsatz des Bundeskanzlers für die uneingeschränkte Solidarität überhaupt nicht zu schätzen wisse.

Noch war nicht alles gewonnen, die nicht selten bockige eigene Partei musste noch mitziehen. Schröder appellierte an die Mitglieder des SPD-Parteirates, dafür zu sorgen, dass die Position der Bundesregierung und der Beschluss vom 16. November auch vom anstehenden SPD-Parteitag in Nürnberg mitgetragen würden. Düster fügte er hinzu: «In diesen Tagen (...) entscheiden sich die mittel- und langfristigen Perspektiven der SPD.» Wenn der Parteitag nicht mitziehe, ginge die Regierungsverantwortung verloren. Es handelte sich für ihn um einen der wichtigsten Parteitage der «letzten Jahrzehnte». Hier musste sich für den Kanzler erweisen, ob die SPD die Kraft hatte, das Land mit allen notwendigen Konsequenzen zu regieren. Diese Frage richtete sich nicht an die Grünen, mit denen Schröder in den letzten Wochen kaum mehr zuverlässig regieren konnte. Würden die Grünen schwanken, so schwankte nur die bestehende Regierungskoalition. Schwankte dagegen die SPD, so war das schädlich für das ganze Land.[53] Nichts wurde dem Zufall überlassen, die Regie war perfekt: Auf dem Nürnberger Parteitag drohte dem Kanzler kein Ungemach, die Kontroversen wurden versteckt, teils zugeschüttet oder über Geschäftsordnungs- und Rednerlistenmanöver abgeblockt – so war es ein Konvent schönster Harmonie.

Nicht nur die Sozialdemokraten in Nürnberg, auch die Grünen auf ihrer Bundesdelegiertenkonferenz vom 24. und 25. November 2001 in Rostock ließen die Regierung nicht im Stich, allerdings wurden hier die Kontroversen ausgetragen. Im Vergleich zum Bielefelder Kosovo-Parteitag zwei Jahre zuvor, auf dem der Außenminister mit einem Farbbeutel beworfen worden war, fiel nun – obwohl die Basis weiterhin notorisch konfliktbereit war – eine erstaunliche Zivilisierung der Debatte auf. Es war ein Parteitag der Brückenbauer und Pragmatiker. Wurden hinter dem Rednerpult fast schon rituell anmutende Reden von skrupulösen «Bellizisten» und zerquälten «Friedensfreunden» gehalten, so war das Kennzeichnende, dass etwa Hans-Christian Ströbele und Achim Schmillen, einer von Fischers engsten Vertrauten, Anträge entschärften und eine gemeinsame Sprache suchten. Erwartungsgemäß sparte man sich die Bemerkung gegen den Koalitionspartner nicht: Dass der Kanzler die Abstimmung über die Beteiligung von Bundeswehreinheiten mit der Vertrauensfrage verband, sei von der Verfassung her möglich, aber weder unvermeidlich noch in der Wirkung Vertrauen fördernd. Der Bundeskanzler habe den Koalitionspartner schlicht und einfach erpresst.

Trotz solcher Urteile erkannten einige der Beteiligten, was damals bereits sichtbar war und in der Rückschau noch viel deutlicher wird: Die Vertrauensfrage nötigte die Grünen, Klarheit zu schaffen. Abwarten, ausharren, sich um Entscheidungen herumdrücken war nicht mehr möglich, und diese Klarheit entschärfte den Konflikt bei Bündnis 90/ Die Grünen ein für alle Mal. Für Reinhard Bütikofer bestand kein Zweifel: «Der Druck der Vertrauensfrage war hilfreich. Er zwang die Grünen, sich nicht um die Sache herumzumogeln.»[54] Durch sie wurde ein quälender Diskussionsprozess abgeschlossen, der die Partei seit acht Jahren begleitete. Auch Krista Sager fand deutliche Worte, wollte keine Verstecke mehr zulassen. Aspekte der Wirklichkeit durften nicht mehr einfach ausgeblendet werden. Natürlich war auf den ersten Blick die auf dem Parteitag von Bundesgeschäftsführer Bütikofer ausgeklügelte Formel, dass man Militäreinsätze «akzeptiere», sehr blass. Aber auch wenn die Zuspitzung der Frage – wie es die Fraktionsvorsitzende Kerstin Müller forderte –, ob die Grünen militärische Einsätze als letztes Mittel für legitim hielten oder nicht, auf den Rat von Parteichefin Claudia Roth hin ausblieb, so war dennoch ein Wendepunkt erreicht.

Reinhard Bütikofer war der Brückenbauer innerhalb der Grünen, ihm gelang durch eine «unglaublich intensive innerparteiliche Kommunikation»[55] immer wieder die Versöhnung zwischen den verschiedenen Strömungen. Gleichermaßen links wie rechts in der Partei verankert, zog er allerdings das eine um das andere Mal den Argwohn der Parteivorderen Fischer und Trittin auf sich, die nicht erkennen oder

Plakate statt Farbbeutel: Kriegsgegner protestieren auf der Bundesdelegiertenkonferenz der Grünen in Rostock am 24. November 2001 gegen den Afghanistaneinsatz der Bundeswehr.

vielmehr nicht zugeben wollten, wie zentral diese Scharnierfunktion war, die er einnahm. Besonders mit Fischer beharkte sich Bütikofer, ihre Beziehung zueinander stand von Beginn an unter einem schlechten Stern, so als seien sich beide auf dem falschen Fuß begegnet, was sie nie mehr behoben. Als das Duo Claudia Roth und Fritz Kuhn auf dem Parteitag im Dezember 2002 nach einer äußerst knappen Abstimmung der Delegierten über die Frage der Trennung von Amt und Mandat den Parteivorsitz abgeben musste, um ihr Bundestagsmandat behalten zu können, wurden Bütikofer und die Wehrexpertin Angelika Beer mit großer Mehrheit zur Doppelspitze der Bündnisgrünen gewählt. Viele dachten, dies sei aus eklatantem Mangel an Alternativen geschehen, ein Zufallsgespann eben, skeptisch beäugt von der Führungsriege um Außenminister Fischer. Doch Bütikofers Geschick, seine Fähigkeit, um die Ecke zu denken, und wohl auch seine – bisweilen anstrengende – Penetranz ließen ihn zu einem der erfolgreichsten Parteivorsitzenden werden, den die Grünen jemals hatten. Sein taktisches Meisterstück sollte er aber noch liefern, als er die Grünen mit Schröders Agenda 2010 versöhnte.

Petersberger UN-Konferenz

Seit Ende 2001 engagierte sich die Bundeswehr in Afghanistan. Als sie zu «Enduring Freedom» stieß, war die heiße Phase des Luftkrieges gegen die Taliban fast vorbei. Wie eineinhalb Jahre zuvor auf dem Balkan hatten Amerikaner und Briten gleichsam den Weg freigeschossen. Innerhalb weniger Wochen erlitten die Taliban-Kämpfer, deren Gesamtstärke auf etwa 60 000 geschätzt wurde, verheerende Verluste, zwischen 8000 und 12 000 fanden den Tod, 20 000 trugen Verletzungen davon, 7000 gerieten in Gefangenschaft. Osama Bin Laden konnte aus dem Tunnelkomplex der Berge von Tora Bora entkommen und sich mit seiner Leibgarde von 800 Kämpfern nach Pakistan absetzen. Erst am 2. Mai 2011 töteten US-Spezialeinheiten den amerikanischen Staatsfeind Nummer eins in seinem Haus in Pakistan.

Im Jahr 2001 waren Schätzungen zufolge 8000 afghanische Zivilisten durch Luftangriffe getötet oder verwundet worden, viermal mehr als während des Krieges gegen Serbien ein Jahr davor. Dennoch begrüßte die überwiegende Mehrheit der Afghanen die westliche Intervention, denn sie erhoffte sich ein Ende von Krieg und Taliban-Terrorherrschaft. Das einst blühende Land war auf das Niveau der ärmsten Regionen Afrikas herabgesunken, und tausende Menschen starben Monat für Monat an vergleichsweise harmlosen Krankheiten; die Lebenserwartung von Frauen und Männern betrug 44 bzw. 45 Jahre, und zu allem Unglück litt das Land unter einer vier Jahre andauernden Trockenheit, über die Hälfte des Ackerbodens war nicht mehr benutzbar.[56] Afghanistan fiel unter die Kategorie eines «failed state», einer im Inneren zusammengebrochenen Ordnung.

Seit dem 19. Jahrhundert war Afghanistan Objekt britischer und russischer Fremdherrschaft gewesen. Seine geographische Lage zwischen dem britischen Weltreich und dem Zarenreich rückte diesen «Pufferstaat» in das Zentrum der Strategen beider Imperien. Im Zeitalter der Weltkriege zielte sogar die deutsche Außen- und Kriegspolitik auf das Land am Hindukusch, das jedoch als einer der wenigen Staaten bis Kriegsende neutral blieb und seit den 1950er Jahren auf der Seite der «Blockfreien» zu finden war. Der sowjetische Einmarsch in Afghanistan an Weihnachten 1979 sollte der Supermacht einen strategischen Vorteil gegenüber den USA in der Region um den Indischen Ozean liefern.[57] Der Überraschungscoup des Einmarsches war in der ersten Phase geradezu triumphal verlaufen und hatte politisches Entsetzen, aber bei Militärexperten weltweit Bewunderung ausgelöst. Doch nach anfänglichen Erfolgen war die sowjetische Invasion Afghanistans vollkommen fehlgeschlagen und trug zum Zerbröckeln der Sowjetdiktatur bei. Jedenfalls gewann der Zerfall an Fahrt. Zwischen dem Abzug der letzten Rotarmisten aus Afghanistan und dem Fall der Berliner Mauer lagen nur zwei Jahre. Hätten die Amerikaner den vielfältigen Widerstand in Afghanistan, vor allem die Taliban, nicht militärisch unterstützt, wären die Sowjets nicht aus dem Land vertrieben worden. Doch musste diese sowjetische Erfahrung jetzt, 2001, nicht eine Warnung sein? Dass der Krieg lang würde, dass der Gegner weitgehend unsichtbar war, dass das Einsatzgebiet unklar blieb, dass die Vision eines «nation building» am Hindukusch utopisch war? Drohte aus «Enduring Freedom», wenn es schiefging, «Enduring War» zu werden?

Es existierte in der Bundesrepublik, besonders bei den politischen Eliten, seit Längerem eine gewisse Anhänglichkeit gegenüber dem Land am Hindukusch, eine Art überkommene Fürsorgepflicht. Bereits in den 1950er Jahren waren Handelsverbindungen aufgenommen worden, und seit den 1960er und 1970er Jahren war Afghanistan ein Schlüsselland für deutsche Entwicklungshilfe – das deutsche Engagement begann somit nicht erst nach der Attacke des 11. September. Einer der außenpolitischen Höhepunkte der Regierung Schröder/Fischer war die erfolgreiche internationale Afghanistan-Konferenz auf dem Petersberg bei Bonn Ende 2001, wo dem Land der Weg in eine gedeihliche Zukunft geebnet werden sollte. Die Ausgangslage war vergleichbar der Lösung des Kosovo-Konflikts. Da vor allem der grüne Koalitionspartner bis an die Grenze der Zumutbarkeit gegangen war, wirkte der Druck, der auf Außenminister Fischer lastete, nicht lähmend, sondern er erzeugte Kreativität. Die Koalition musste ihren Parteimitgliedern und die Regierung musste den Deutschen zeigen, dass sie eine Idee, ein Gestaltungsmoment hin zur Beilegung des Konflikts, hin zum

Frieden hatte. Eine solche Konferenz einzuberufen und sie in Deutschland, zudem an einem symbolträchtigen Ort – an dem die deutsche demokratische Entwicklung nach dem Zweiten Weltkrieg unter der Oberaufsicht der Alliierten Hochkommissare begonnen hatte – abzuhalten war für den Afghanistan-Einsatz eine Angelegenheit, aus der man Legitimation schöpfen konnte. So ließ sich ein Weg beschreiben, auf dessen Wegweiser die Richtung stand: von der Friedensbewegung zur Friedenspolitik.

Vor allem aber war die Entscheidung der UNO für Deutschland ein Vertrauensbeweis. Sie zeigte, dass die Bundesrepublik von den Afghanen und der UNO als fairer Mittler akzeptiert wurde. Vom 27. November bis 5. Dezember trafen sich Vertreter der Vereinten Nationen somit zu einer außerordentlichen Tagung auf dem Bonner Petersberg, um über die Zukunft des Landes, das von mehr als 20 Jahren ununterbrochenem Krieg gezeichnet war, zu beraten. Hier wurde ein Plan zum Wiederaufbau und zur Bildung einer Übergangsregierung entwickelt. Doch eigentlich wurde die Idee geboren, «Afghanistan neu zu erfinden», was später schiefging. In Deutschland hatte sich über Jahre hinweg ein ansehnliches afghanisches Exil gebildet, das aktiv an den Träumen von einem neuen, demokratischen Afghanistan teilnahm und Vertreter der Bundesregierung zu beeinflussen versuchte. So entstand eine «Illusion, auch eine Hybris», der man sich bis zur Mitte des Jahres 2004 hingab, bevor sie zugunsten veränderter Zielvorstellungen – und das hieß: Beteiligung der Taliban an einem künftigen Afghanistan – fallen gelassen wurde.[58]

Nach neuntägigem Ringen einigte man sich auf dem Petersberg auf provisorische Regelungen für das Land am Hindukusch, die bis zur Wiederherstellung dauerhafter staatlicher Institutionen bestehen sollten: eine Übergangsregierung und innerhalb von sechs Monaten die Einberufung einer Loya Jirga – der Versammlung der in Afghanistan mächtigen Stammesfürsten; diese sollte eine Übergangsverwaltung beschließen. Spätestens zwei Jahre danach waren freie Wahlen vorgesehen. Der 44-jährige Paschtunenführer Hamid Karsai, im Westen wohlgelitten, sollte Übergangspräsident sein. Die Paschtunen bildeten die größte von acht Volksgruppen in diesem zentralasiatischen Land und betrachteten sich selbst als das staatstragende Volk.

Gerhard Schröder sprach von «historischen Vereinbarungen», George W. Bush zeigte sich «sehr erfreut», und die internationale Presse bejubelte die Ergebnisse.[59] Deutschland, der Initiator der Konferenz, erschien als bewundernswerte Zivilmacht, die zwar auch militärisch mitwirkte, jedoch vor allem die UNO stärkte und den Wiederaufbau im kriegsgeschundenen Afghanistan organisierte. Im Rückblick sind die Akteure ernüchtert. «Ich habe von Anfang an nicht daran geglaubt», so Schröder, «dass wir dort eine Westminster-Demokratie würden etablieren können. Für mich war Afghanistan eine Frage der Bündnistreue.»[60] Tatsächlich wies das Petersberger Abkommen einen gravierenden Geburtsfehler auf: Die anfängliche Konzentration der ohnehin schwachen Kräfte auf Kabul machte es unmöglich, Sicherheit und Stabilität in Afghanistan zu schaffen, einem Land von der doppelten Fläche Deutschlands. Wer Afghanistan befrieden wollte, der musste von Kabul aufs Land gehen. Als dies, drei Jahre danach, zunächst halbherzig geschah, war es zu spät.

Unmittelbar im Anschluss an die Konferenz wurde die Internationale Schutztruppe für Afghanistan vorbereitet (ISAF) – so entstand nach Bosnien, dem Kosovo und Mazedonien ein neues unter deutscher Beteiligung errichtetes Protektorat. 16 europäische Staaten und Neuseeland beteiligten sich an der Schutztruppe, welche die UNO am 20. Dezember 2001 legitimierte. Der Bundestag beschloss am 22. Dezember eine Beteiligung von bis zu 1200 Bundeswehrsoldaten. Nun war die Mehrheit überwältigend, 538 Abgeordnete stimmten dafür, 35 dagegen, acht enthielten sich. Kein einziger grüner Abgeordneter votierte dagegen, lediglich fünf enthielten sich, eine Abgeordnete der SPD stimmte dagegen, die PDS votierte bei einer Enthaltung gegen den Antrag.

«Gutes» ISAF-Mandat und «ungeliebtes» OEF-Mandat

Der Afghanistaneinsatz der Bundeswehr beruhte somit auf zwei Mandaten: OEF (Operation Enduring Freedom) und ISAF (International Security Assistance Force). Die OEF-Mission basierte auf dem aus Artikel 51 der Charta der Vereinten Nationen abgeleiteten Recht auf Selbstverteidigung gegen einen bewaffneten Angriff, es war ein Kampfmandat in Reaktion auf die Anschläge von 9/11 – diese Mission war der anderen vorgelagert. Erst Ende Dezember 2001 trat die ISAF-Mission hinzu; sie ging auf eine Reihe von Resolutionen des UN-Sicherheitsrates zurück und hatte den Auftrag, die afghanische Regierung bei der Herstellung und Aufrechterhaltung von Sicherheit zu unterstützen, war also, wie der Name sagt, ein «Sicherheitsunterstützungsmandat».

Zwischen 2001 und 2008 legten die rot-grüne Bundesregierung und anschließend die Große Koalition von Union und SPD großen Wert darauf, die beiden Mandate ISAF und OEF zu trennen, bevor im November 2008 festgelegt wurde, dass sich die Bundeswehr in Afghanistan militärisch nur noch im Rahmen von ISAF engagieren durfte. Diese Zweiteilung des Auftrags bedeutete im Grunde genommen eine Konstruktion, die den innerstaatlichen Restriktionen geschuldet war, denen deutsche Auslandseinsätze unterlagen. Während das OEF-Mandat ein «Bekämpfungsziel» beinhaltete, war die militärische Zielsetzung des ISAF-Mandats eine «Stabilisierung». Der Politologe Eric Chauvistre kennzeichnete das «kultisch anmutende Beharren auf einer Trennung» als eine «der größten Absurditäten der deutschen militärpolitischen Debatte»[61], und der Historiker Klaus Naumann sieht die Aufspaltung der Mandate in den beiden Traditionslinien der deutschen Außenpolitik begründet: Auf der einen Seite stehe das tief in der Gesellschaft verwurzelte Zivilmachtdenken, auf der anderen Seite der ausgeprägte Multilateralismus.[62] Deutlich zeigte die Aufspaltung, dass man zweierlei Maß anlegte – hier der «gute» UN-mandatierte ISAF-Einsatz, dort das sich in einer Grauzone bewegende, «ungeliebte» OEF-Mandat, dem die Ausrufung des NATO-Bündnisfalles den Weg geebnet hatte.

In der Plenardebatte zur Billigung der deutschen Beteiligung an ISAF entwickelte Bundeskanzler Schröder am 22. Dezember 2001 zum ersten Mal die Begründungslinie, wonach ISAF von den Kriegshandlungen abgetrennt sei. «Kann man die Aufgaben und die Führung der Friedenstruppe von den gebotenen weitergehenden Kriegshandlungen in Afghanistan trennen?», fragte er, um dann zu antworten: «Es gibt zwei Kommandostränge: einen, der nach wie vor die vorwiegend amerikanischen Einsätze organisiert und befehligt – also Centcom – und einen anderen, davon unabhängigen, der sich auf die Friedenstruppe und ihre

Aufgaben bezieht. Es gibt hier eine klare Trennung zwischen beiden, was in diesem Haus quer durch alle Parteien immer wieder gefordert worden ist.»[63] Die Einsatzregeln für das deutsche ISAF-Kontingent wurden defensiv ausgelegt. So trat ein, was beabsichtigt war: «Im öffentlichen Bewusstsein und in der politischen Debatte in Deutschland setzte sich fest, dass ISAF einem sanften, dem Aufbau und der Sicherung dienenden Auftrag folgte, während OEF den offensiven Kampf gegen die Taliban und al-Qaida suchte. Mit der Realität (...) hatte diese Teilung indes nichts zu tun.»[64] Denn rasch wurden die NATO-Verantwortung auf ganz Afghanistan und der Operationsplan in Richtung auf ein «robusteres» Mandat ausgedehnt.

Seit 2001 ließ sich eine enorme quantitative und qualitative Ausweitung des deutschen Engagements feststellen: Waren im Jahr 2001 gerade einmal 1200 deutsche Soldaten am Hindukusch stationiert, so erreichte die maximale Truppenstärke im Jahr 2011 bereits 5350 Soldaten. Der Startauftrag für die Bundeswehr lautete, die «vorläufigen Staatsorgane Afghanistans bei der Aufrechterhaltung der Sicherheit in Kabul und seiner Umgebung so zu unterstützen, dass sowohl die vorläufige afghanische Regierung als auch das Personal der Vereinten Nationen in einem sicheren Umfeld arbeiten können».[65] Am 20. Dezember 2002 übernahm Deutschland gemeinsam mit den Niederlanden die Leitfunktion für ISAF. Die Anzahl deutscher Soldaten wurde auf 1500 erhöht, zuzüglich 1000 Mann bis zu einem Jahr, die nötig waren, um diese Leitfunktion zu erfüllen. Am 24. Oktober 2003 beschloss der Bundestag mit seinem vierten Mandat, dass die Bundeswehr in Kunduz das PRT (Provincial Reconstruction Team) von den USA übernehmen und dort mit der Entwaffnung von Milizen beginnen sollte; im Sommer 2004 übernahmen die Deutschen ein weiteres PRT in Faizabad. Abermals wurde der deutsche Anteil an ISAF erhöht, nun auf 2250 Soldaten. Deutschland gehörte damit zu den ersten Ländern, die außerhalb Kabuls Verantwortung übernahmen. Nachdem die Bundesrepublik im Juli 2005, also noch während der rot-grünen Regierung, das Regional Area Coordinator North (RAC North) übernommen hatte, folgte im Jahr darauf die Leitung der nördlichen ISAF-Truppen; dafür wurde das Kontingent auf 3000 Soldaten erhöht. Die Bundeswehr trug nun die Führungsverantwortung für 16 ISAF-Nationen, sie bildete außerdem afghanische Sicherheitskräfte und die Polizei aus. Auf Drängen der Bündnispartner beantragte die Bundesregierung am 8. Februar 2007 eine Erweiterung des ISAF-Mandats um den Einsatz von sechs Tornados, die über dem gesamten afghanischen Territorium Aufklärungsflüge leisten sollten; dem stimmte der Bundestag am 9. März desselben Jahres zu. Zum 1. Juli 2008 übernahm die Bundeswehr die Quick Reaction Force (QRF) des Regionalkommandos Nord von Norwegen. 205 deutsche Soldaten sollten auf Anforderung der NATO als Schnelle Eingreiftruppe im Norden des Landes Anschläge verhindern und kritische Situationen beruhigen – mit diesem Kampfeinsatz stieg des Risiko für die deutschen Soldaten am Hindukusch. Wiederum erhöht wurde der Gesamtumfang des ISAF-Kontingents am 16. Oktober 2008, nun auf 4500 Soldaten. Am 2. Juli 2009 beschloss der Bundestag den Einsatz von deutschen AWACS-Aufklärungsflugzeugen mit sehr rigiden Einsatzregeln. Am 26. Februar 2010 schließlich hob der Deutsche Bundestag die maximale Zahl der Soldaten auf 5350 an, wobei 350 Mann zur Reserve gehörten; der Einsatz der Bundeswehr wurde bis zum 31. Januar 2012 verlängert.

Deutschland stellte nach den USA – die 90 000 Soldaten schickten – und Großbritannien – das 9500 Soldaten entsendete – das drittstärkste Kontingent in Afghanistan, weit vor Frankreich, Italien, Kanada, Polen, Rumänien, der Türkei, Spanien und Australien, die in dieser Reihenfolge nach der Größe ihrer Truppenkontingente folgten. Bis zum Jahr 2011 waren dort insgesamt über 98 000 deutsche Soldaten eingesetzt. 52 deutsche Soldaten verloren bis zu diesem Jahr im Einsatz am Hindukusch ihr Leben, rund 200 Verletzte und über 1800 schwer traumatisierte Soldaten waren bis dahin zu beklagen.

Als die Nordallianz am 8. Dezember 2001 Kandahar eroberten, zogen sich die verbliebenen Einheiten der Taliban in kaum zugängliche Bergregionen der paschtunischen Stammesgebiete Afghanistans und Pakistans zurück. In den befreiten Gebieten begann der Wiederaufbau. Das Ziel war, einen demokratischen Staat zu errichten, von dem keine terroristische Bedrohung mehr ausgehen könne. In der afghanischen Hauptstadt beruhigte sich die Lage unverhofft schnell. Bilder von tanzenden Frauen auf den Straßen Kabuls symbolisierten den Erfolg des Westens. Die erste Schlacht gegen den Terrorismus schien gewonnen. Nur langsam drang in das Bewusstsein der Öffentlichkeit, dass Kabul nicht ganz

Afghanistan, sondern das Land viel größer, unruhiger und nach wie vor in den Händen von Warlords war, ja weite Teile von Mudschaheddin-Kämpfern beherrscht wurden.

Wechsel im Verteidigungsministerium: Scharpings Entlassung, Strucks Ernennung

Wir müssen einmal zurückblenden, weil am Afghanistan-Einsatz in den rot-grünen Jahren zwei Verteidigungsminister beteiligt waren. Bereits im März 2000 schoss sich ein Teil der Medien auf Verteidigungsminister Rudolf Scharping ein, nachdem er zuvor während des Kosovo-Einsatzes gute Noten erhalten hatte. Ein geplantes Waffengeschäft mit den Vereinigten Arabischen Emiraten brachte ihn in Bedrängnis. 64 Fuchs-Spürpanzer sollten dorthin geliefert werden. War dies ein dubioses Geschäft, wie spekuliert wurde? Gab es geheime Pläne der Bundesregierung für diesen Waffenexport? Wollte Scharping etwas vertuschen? Die rot-grüne Bundesregierung war doch mit der neuen Maxime angetreten, dass die Einhaltung von Menschenrechten einer der wesentlichen Punkte bei der Genehmigung von Waffenexporten sein sollte – und jetzt dieser Deal. Das passte nicht zusammen.[66] «Wie lange hält Scharping durch?», fragte «Die Welt».[67] Außerdem hatte es auch innerhalb des Kabinetts geknirscht. Mit seinen ständigen Beschwerden über die mangelnde Finanzausstattung der Bundeswehr fiel Scharping besonders Finanzminister Hans Eichel auf die Nerven, der ihn einmal sarkastisch anfuhr: «Wozu braucht Deutschland eigentlich eine Marine?»[68] Nach den Terroranschlägen von 9/11 war diese Frage beantwortet.

Ab Sommer des Jahres 2001 befand sich der Stern des Verteidigungsministers in einem atemberaubenden Sinkflug. Im August stimmte der Bundestag dem Einsatz der Bundeswehr in Mazedonien zur Entwaffnung der albanischen Rebellen zu. So klein die militärische Mission – es handelte sich um etwa 500 Bundeswehrsoldaten –, so groß war der Missmut, der sich im Parlament entlud. Dies lässt sich nur als Nachwirkung der Kosovo-Entscheidung begreifen, denn diese Mission war ja eine Art von präventiver Aktion, um weitere Konflikte zu verhindern. Kurz vor der Entscheidung appellierte Kanzler Schröder eindringlich an die Fraktionssolidarität der Genossen. Er zitierte aus dem Bericht des Auswärtigen Amtes über die letzten drei Tage in Mazedonien. Danach war die Lage ruhig, und am ersten Tag waren bereits 400, am zweiten 340 und am dritten ähnlich viele Waffen eingesammelt worden. Damit, so Schröder, sei wohl schon ein Drittel aller Waffen überhaupt abgegeben. Wenn Deutschland den ihm zugewiesenen Part nicht übernehme, würden andere einspringen. Die wirkliche Konsequenz einer Verweigerung sei jedoch, «dass es zum Bürgerkrieg und einer Wiederholung der Entwicklung in Bosnien» kommen würde. Dann wandte sich Schröder direkt an Conny Gilges, den Wortführer der «Verweigerer»: Er, Schröder, sei wie auch Peter Struck während der Regierung Helmut Schmidt gegen den NATO-Doppelbeschluss gewesen – und dennoch hätten sie beide niemals gegen die eigene Regierung gestimmt. Niemand dürfe sich heute mit seinem Nein hinter der zu erwartenden Zustimmung eines großen Teils der Opposition verstecken.[69]

Die Zeiten hatten sich offenbar geändert. Der Antrag der Bundesregierung erhielt 497 Ja-Stimmen gegen 130 Nein-Stimmen bei acht Enthaltungen. Aus der Union kamen 61 Nein-Stimmen, aus der SPD 19, aus den Reihen der FDP zehn und aus denen der Grünen fünf, die PDS war wie üblich geschlossen dagegen. Der Kanzler tobte vor Zorn, weil keine eigene Mehrheit der Koalition erreicht worden war und vor allem seine SPD ihn im Stich gelassen hatte. Alle müssten sich fragen, so machte er sich im Parteirat der SPD Luft, wo dieses verantwortungslose Verhalten enden solle. Mit einem solchen Abstimmungsverhalten lege man «die Axt an die Regierungsfähigkeit dieser Koalition», es sei ein «enorm ernster Vorgang». Wenn es so weiterginge, könne er «keine solide Regierungsarbeit» mehr leisten. Schröder versank in Trübsinn und gab sich Gedanken an einen Rücktritt hin. Auch der Fraktionsvorsitzende Struck bezeichnete das Abstimmungsverhalten als einen «bittere(n) Moment», die Diskussionsgrundlage in einzelnen Ortsvereinen könne nicht als Argument vorgebracht werden, wenn dadurch die gesamte Regierungsfähigkeit auf der Kippe stehe.[70]

Die Bundesregierung war politisch nur knapp einer Blamage entgangen, aber Häme schlug ihr wegen eines missratenen Politentertainments entgegen. Die allgemeine Gereiztheit in der Koalition schwoll deshalb noch an, weil der Verteidigungsminister offenbar an Realitätsverlust litt.

Jedenfalls dachten viele so. Am Tag, als das Bundeskabinett den umstrittenen Einsatz «Essential Harvest» beschloss, erschienen in der Illustrierten «Bunte» Urlaubsfotos von einem auf Mallorca mit neuer Lebensgefährtin, Kristina Gräfin Pilati von Thassul zu Daxberg-Borggreve, im Pool planschenden Minister Rudolf Scharping.[71] Er wollte sich nicht als steifer und uninspirierter Parteisoldat zeigen, sondern als zärtlicher Liebhaber – und war ja auch nicht der Erste, der auf der Welle des Medienlieblings zu reiten trachtete. Gerhard Schröder hatte dies am Beginn seiner Amtszeit mit feinem Brioni-Anzug und Zigarre getan, Guido Westerwelle hatte sich sogar in den «Big Brother»-Container eines privaten Fernsehsenders begeben, der Kulturstaatsminister Julian Nida-Rümelin ließ seine Edelhochzeit von einer Illustrierten fotografieren, und selbst Außenminister Joschka Fischer vermarktete seinen «langen Lauf zu sich selbst» – ein Buch über Joggen, Abnehmen und neue Inspirationen.[72] Wenngleich sich der Verteidigungsminister auf der volkstümlichsten aller Urlaubsinseln ablichten ließ, die Mallorca-Eskapaden wurden deshalb zu einem Politikum, weil der Oberbefehlshaber zu einem völlig ungeeigneten Zeitpunkt sein Image als Mensch aufpolieren wollte: Die Truppe stand vor einem riskanten Einsatz auf dem Balkan, und zum ersten Mal vertraute die NATO der Bundeswehr dort, in Mazedonien, die Führung einer Militäraktion an. So wurde aus dem Ganzen nicht nur ein Ärgernis für den Kanzler, sondern auch Generäle und Kollegen auf der internationalen Ebene schüttelten ihren Kopf. Scharping selbst schottete sich mehr und mehr ab. Der Spitzname, den ihm die gnadenlosen Spötter in der Fraktion bald darauf verpassten, lautete: «Bin Baden».[73]

Nicht nur das Image des Verteidigungsministers war ramponiert, seine Autorität war untergraben. In Regierung und SPD lösten Scharpings Homestory-Eskapaden große Pein aus. Er bat zwar darum, man solle die Gesamtheit seiner politischen Arbeit berücksichtigen, doch dies war ein zusätzliches Zeichen dafür, dass er angeschlagen war. Noch stellte sich der Kanzler hinter seinen Minister, wenn auch halbherzig. Die Opposition, so Schröder, wolle Scharping «schlachten», es sei jedoch unerheblich, wo jemand seinen Urlaub verbringe.[74] Aber war auch der Zeitpunkt unerheblich? Schröder hatte Hemmungen, sich des Verteidigungsministers zu entledigen, weil er fürchtete, man würde ihm persönliche Racheabsichten unterstellen – von der einstigen Troika Schröder-Lafontaine-Scharping wäre ja nur noch er übrig geblieben. Dennoch: Scharping war nur noch Minister auf Abruf. Bereits am 3. September tauchten Namen für seine Nachfolge auf: Hans-Ulrich Klose, der Vorsitzende des Auswärtigen Ausschusses, und Henning Voscherau, ehemaliger Hamburger Bürgermeister, wurden genannt. Der Anschlag von 9/11, eine Woche später, verlängerte die Amtszeit eines untragbar Gewordenen. In höchster Not wechselt man keine Minister aus.

Zu den Badefotos und seinen Privatreisen mit der Flugbereitschaft der Bundeswehr kamen in der ersten Hälfte des Jahres 2002 weitere Vorwürfe gegen Rudolf Scharping. Politisch hoch umstritten waren die Beschaffung und Finanzierung von 73 Airbus-Militärtransportern des Typs A400M. Der bereits angeschlagene Verteidigungsminister legte sich mit der Opposition und den Mitgliedern des Haushaltausschusses an; auch die veröffentlichte Meinung schoss sich auf ihn ein. Als bekannt wurde, dass Scharping von der PR-Agentur Moritz Hunzinger Honorarzahlungen in Höhe von 140 000 Mark angenommen und auch sonstige Vergünstigungen genossen hatte, lief das Fass über. Bis zuletzt weigerte sich Scharping, sein Amt aufzugeben, ein Rücktritt kam für ihn nicht in Frage. So scheiterte er weniger politisch als vielmehr an sich selbst. Nur mit äußerster Brutalität konnte der Kanzler den Rücktritt durchsetzen – «eine politische Exekution», urteilte das «Handelsblatt».[75] Am 18. Juni 2002 entließ der Bundeskanzler seinen Minister, er benötigte dazu nur vier knappe Sätze und ganze 37 Sekunden, so lange dauerte die Bekanntgabe des Kanzlers, dem dabei kein Wort des Dankes über die Lippen kam. Noch während der Verteidigungsminister im Flugzeug nach Berlin gesessen hatte, war Gernot Erler vor die Presse getreten und hatte das bereits feststehende Ergebnis verkündet.

Wer sollte nachfolgen? Die Kandidaten, die im Dezember erwähnt worden waren, standen aus privaten Gründen nicht mehr zur Verfügung. Nach einigem Hin und Her fiel das Augenmerk auf den Fraktionsvorsitzenden Peter Struck, der als Generalist galt, dessen Verhältnis zu Schröder in der Vergangenheit jedoch nicht spannungsfrei gewesen war. Beide Niedersachsen hatten das eine um das andere Mal ihr gegenseitiges Missfallen aneinander bekundet. Als Fraktionsvorsitzender jedoch erwies sich Struck als zuverlässig – selbst Helmut Kohl nannte ihn einmal anerkennend den «Oberstrippenzieher».⁷⁶ Struck meisterte die schwierige Aufgabe, das Selbstbewusstsein der Fraktion zu pflegen, ohne die Regierungsarbeit zu behindern; er war stets darum bemüht, dem Kanzler den Rücken frei- und die große Fraktion zusammenzuhalten. Aber Verteidigungsminister? Konnte man mit Struck angesichts der schwierigen Lage in Afghanistan und einem drohenden Krieg im Irak Harmonie am Kabinettstisch herstellen? Würde er nicht innenpolitisch fehlen? Wer sollte die Fraktion führen? Für die Zeit bis nach der Bundestagswahl im September sollte es Ludwig Stiegler sein – drei Monate lang, so kurz hatte noch nie jemand dieses Amt inne, danach folgte Franz Müntefering. Doch all diese Fragen mussten damals erst beantwortet werden. Noch dazu zierte sich der Verteidigungsminister in spe zunächst und musste von Schröder erst als «bestes Pferd im Stall»⁷⁷ umschmeichelt und überredet werden. Strucks Verhältnis zur Bundeswehr war vor Amtsantritt «ambivalent»,⁷⁸ dann fand er jedoch die Aufgabe seines politischen Lebens und gehörte nach Einschätzung des Kanzlers trotz seiner recht kurzen Amtszeit zu den «bedeutendsten deutschen Verteidigungsministern» seit Bestehen der Republik.⁷⁹ Vergessen war, dass er ihn einmal herablassend als «Repräsentant des Kartells der Mittelmäßigkeit» bezeichnet hatte, das er an seiner Partei so kritisierte.⁸⁰ Peter Struck selbst beschrieb sich gern als volksnah und ehrliche Haut – als einen, der klare Meinungen vertrat und diese auch unumwunden aussprach. Ein «Klartextpolitiker». Bei seinen Soldaten gewann er rasch an Beliebtheit, er war ein unkomplizierter Gesprächspartner, der auch vor der Truppe den richtigen Ton fand. Seine Bodenständigkeit wurde gerühmt, viele mochten auch seine Leidenschaft: das Motorradfahren. An markigen Sprüchen ließ es Struck nicht fehlen. Zuweilen jedoch wirkte er nicht nur rechtschaffen, sondern rechthaberisch. Auch beim berühmtesten Zitat seiner Amtszeit kam dieser Zug zum Tragen.

Deutschland wird am Hindukusch verteidigt

Die deutsche Öffentlichkeit beurteilte den Afghanistaneinsatz der Bundeswehr nahezu konstant skeptisch. Lediglich kurz nach dem 11. September 2001 stand die große Mehrheit der Deutschen hinter den

Deutschland wird am Hindukusch verteidigt: Bundesverteidigungsminister Peter Struck auf Truppenbesuch in Afghanistan, Juli 2002.

Solidaritätsbekundungen und ihrer Umsetzung in konkreten Maßnahmen. Freilich herrschte dabei das Idealbild des deutschen Soldaten als Helfer, Retter und Beschützer vor – das berühmte afghanische Mädchen, das wieder zur Schule gehen konnte, gerann hierfür zum Symbol. Doch je mehr die tatsächliche Rolle von diesen Projektionen abwich und sich einer kämpfenden Truppe näherte, desto stärker wandten sich die Deutschen gegen den Einsatz. Die deutsche Sehnsucht nach Neutralität im Sinne einer «Superschweiz» brach sich wieder einmal Bahn. Gegenüber der Bundeswehr gab es, zumal sie weit entfernt agierte, kaum mehr als «freundliches Desinteresse», wie es Bundespräsident Horst Köhler später treffend beschrieb.[81] Die Streitkräfte erfuhren in der Bundesrepublik insbesondere dann Zustimmung, wenn es zu Hilfseinsätzen im eigenen Land kam, etwa bei der Elbeflut im Sommer 2002. Aber in Afghanistan?

«Um zu verdeutlichen, worum es wirklich geht, habe ich davon gesprochen, dass unsere Sicherheit am Hindukusch verteidigt wird. Deutschland ist sicherer, wenn wir zusammen mit Verbündeten und Partnern den internationalen Terrorismus dort bekämpfen, wo er zu Hause ist, auch mit militärischen Mitteln. Unsere Sicherheit wird größer, wenn sich die Bundeswehr mit Erfolg am Wiederaufbau unter demokratischen Vorzeichen auf dem Balkan und in Afghanistan beteiligt, indem sie hilft, dort das dringend benötigte sichere Umfeld zu schaffen.»[82] Die Verblüffung über diese «Hindukusch»-Metapher, die zu einem geflügelten Wort wurde, war groß. Das eigentliche Novum war jedoch die Berufung auf die eigenen, die deutschen Sicherheitsinteressen, die sich hier erstmals im politischen Sprachgebrauch deutlich etablierte.

«Deutschland wird auch am Hindukusch verteidigt» – diese mittlerweile berühmte Wendung war nicht ungeschickt, denn sie bedeutete ja, dass die Entwicklung in anderen Weltgegenden in einen Kontext gebracht wurde mit der Situation in Deutschland. Warum schickte Deutschland Soldaten nach Afghanistan? Wenn es diesen Zusammenhang mit der Heimat nicht gäbe, würde auch die Zustimmung zu einem Auslandseinsatz rapide abnehmen. Die Argumentation war: Es fällt eine Bedrohung fort, wenn wir uns dort engagieren, dann sind wir hier, in der Heimat, sicher, denn es werden keine Terroristen einsickern. Das Argument war natürlich auch verwegen, weil die Kommunikation doppelgleisig verlief. Auf der einen Seite ging es darum, die deutsche Bevölkerung, die latent verängstigt und besorgt war, zu beruhigen und zu sagen, es gebe gar keine konkreten Hinweise und Warnungen vor einem Terroranschlag in Deutschland. Und gleichzeitig argumentierte der Verteidigungsminister: Das müssen wir machen, weil es um unsere Sicherheit geht. Es war eine Gratwanderung. Und es war in den Augen des Kanzlers eine ähnliche Angelegenheit wie Fischers Bild von Auschwitz, das er beim Kosovo-Krieg verwendet hatte – «ein überzogener Begriff, um etwas deutlich zu machen, was nicht gerne gehört wurde».[83]

Vieles, was die Argumentation zum Bundeswehreinsatz in Afghanistan strukturierte, galt ein Jahr später mit Blick auf den Irak-Krieg, an dem man sich nicht beteiligte, nicht mehr. Eines blieb indes übrig: das deutsche Interesse. Beim Afghanistan-Krieg handelte es sich noch um das «deutsche Sicherheitsinteresse», bei der Nichtbeteiligung am Irak-

Krieg nur noch um das «deutsche Interesse». Menschenrechte und Hilfe für Afghanistan war ein weiterer, häufig benutzter Begründungsstrang. Dieser humanitäre Imperativ konnte jedoch leicht als Beschönigung der harten militärischen Realität wahrgenommen werden. Im OEF-Antrag der Bundesregierung vom 7. Oktober 2001 hieß es, die Mission habe zum Ziel, «Führungs- und Ausbildungseinrichtungen von Terroristen auszuschalten, Terroristen zu bekämpfen, gefangen zu nehmen und vor Gericht zu stellen».[84] Aus rein humanitärer Erwägung heraus wäre eine Beteiligung an OEF somit gar nicht zulässig gewesen.

Außenminister Fischer war es, der damals schon eine Verknüpfung zwischen dem Kosovo und Afghanistan vornahm: «Es ist eine Entscheidung, die auf die Frage gründet: Krieg oder Frieden? Es ist die zentrale Entscheidung. Deutschland tut sich vor dem Hintergrund unserer eigenen Geschichte besonders schwer. Nicht umsonst ist die Menschenwürde in Artikel 1 des Grundgesetzes als unantastbar gesetzt worden: aufgrund der Erfahrungen mit Kriegen und furchtbarer, blutiger Diktatur. Diese Erfahrung sitzt, quer durch alle Generationen und quer durch alle politischen Lager, sehr tief; wir haben das im Zusammenhang mit dem Kosovo-Krieg alle gespürt und erlebt.»[85]

Alte Wehrverfassung und neue Aufgaben der Bundeswehr

Lange Zeit haben die Parlamentarier des Deutschen Bundestages das deutsche Engagement am Hindukusch zu einer Art von «Entwicklungshilfe in Uniform» verklärt. Das Mandat des Deutschen Bundestages zur Beteiligung an «Enduring Freedom» war von Beschwichtigungen begleitet: Eine Bereitstellung sei noch kein Einsatz, und ein Einsatz sei kein Krieg. Vor allem Verteidigungsminister Scharping, der noch im Kosovo-Krieg so klare Worte gefunden hatte, wich Fragen aus, was Argwohn nährte. Doch das in der politischen Debatte vorherrschende Bild von «deutschen Brunnenbauern unter dem wachsamen Auge freundlicher Uniformträger»[86] wurde zunehmend in Zweifel gezogen. Am Pfingstsamstag 2003 wurden erstmals seit dem Zweiten Weltkrieg gefallene Soldaten nach Deutschland überführt; es waren keine Unfallopfer wie im Kosovo, in Bosnien oder zuvor schon in Afghanistan, sondern Soldaten, die von den gegnerischen Kämpfern getötet worden waren. Und allerspätestens seit dem 4. September 2009 war das Bild, die Bundeswehr sei in Afghanistan eher als Technisches Hilfswerk denn als Armee unterwegs, obsolet. Damals hatte der deutsche Oberst Georg Klein einen Luftangriff angeordnet, dem 142 Menschen, darunter zahlreiche Zivilisten, zum Opfer fielen. Wurden bis dahin deutsche Soldaten meistens als Befreier Afghanistans dargestellt, so warf das Bombardement von Kunduz ein neues Licht auf die Rolle Deutschlands – sichtbar wurde eine Kriegspartei.

Nicht nur quantitativ, auch qualitativ erreichte das deutsche Engagement in Afghanistan eine neue Dimension.[87] Ging es beim Kosovo-Einsatz im Jahr 1999 vorwiegend noch darum, Kriegsparteien voneinander zu trennen, so wurde die Bundeswehr in Afghanistan in schwerste Kämpfe verwickelt. Nach einem Jahrzehnt bundesdeutscher Afghanistan-Politik bezeichneten die Medien den politischen Diskurs immer stärker als «Selbstbetrug»[88] oder «Lebenslüge»[89]. Diese Politik steckte ganz offensichtlich in einem Dilemma: Einerseits wollte die Bundesregierung den Auftrag und die Erwartungen der Verbündeten erfüllen, andererseits blieb die Ausrüstung der Bundeswehr begrenzt, und die vom Parlament formulierten Auflagen blieben hoch. Oder schärfer formuliert: Die Soldaten befanden sich in permanenter Lebensgefahr, doch in der Heimat herrschte großenteils Desinteresse. Wie ist dies zu erklären? Lassen sich Antworten darauf in der rot-grünen Zeit finden? Wie entwickelte sich der politische Diskurs im Deutschen Bundestag zum Krieg in Afghanistan?

Da es sich bei der Bundeswehr um eine Parlamentsarmee handelt, kommt den Plenardebatten große Bedeutung zu – hier geht es um die Rechtfertigung staatlichen Handelns vor der Öffentlichkeit. Unterzieht man diese Debatten einer genaueren Analyse, so kann man grundsätzlich zwei Linien unterscheiden: Bei der einen geht es um die Legitimation des Einsatzes, hier lassen sich, wie wir gesehen haben, verschiedene Argumentationsstränge wie Bündnissolidarität, «Verteidigung am Hindukusch», Menschenrechte und Aufbauhilfe für Afghanistan freilegen. Bei der anderen geht es um das Rollenverständnis der Bundeswehr, und dabei zeigt sich, dass sich die Einstellungen zu militärischer Gewalt im Laufe der Zeit veränderten, konkret, dass sich die Debatte verschob – von «Nicht-Krieg» hin zu «Krieg».

Bundeskanzler Gerhard Schröder fasste den internationalen Bedeutungszuwachs Deutschlands am 13. Februar 2003 so zusammen: «Die Bundesrepublik – auch das gilt es in aller Welt klarzumachen – hat in einem Maße internationale Verantwortung übernommen, wie es vor einigen Jahren kaum vorstellbar gewesen wäre: Verantwortung auf dem Balkan, vor allem aber auch Verantwortung nach den verheerenden Terroranschlägen des 11. September 2001 in New York und Washington. Den deutschen Beitrag, um den Frieden zu erhalten, gegen diese asymmetrische Bedrohung zu kämpfen und die Regionen in der Welt, die besonders bedroht sind, zu stabilisieren, haben wir seit 1998 verzehnfacht: von 200 Millionen Euro im Jahr auf 2 Milliarden im Jahr 2002. Niemand in Deutschland muss sich angesichts dieser enormen Leistungen verstecken und niemand muss sein Licht unter den Scheffel stellen.»[90]

Hatte die Bundeswehr unter Helmut Kohl auf ihrem Höhepunkt lediglich 2800 Soldaten im Ausland stationiert, so stieg die Zahl der Soldaten in der Regierungszeit Schröders auf bis zu 10 000 an. In der Ära Kohl galten noch die alten Handlungsmaximen: Deutsche Streitkräfte werden nur in Europa und an seiner Peripherie eingesetzt, und die Bundeswehr wird sich auf friedenserhaltende Maßnahmen konzentrieren. Als Abschreckungsarmee 1955 gegründet, sollte die Bundeswehr kämpfen können, aber niemals kämpfen müssen. Unter Rot-Grün kam es zu den ersten Kampfeinsätzen, zunächst innerhalb, dann außerhalb Europas. Aus der Abschreckungsarmee wurde eine «Armee im Einsatz» mit einer mobilen Interventionsfähigkeit weit über die europäischen Grenzen hinaus. Die Bundeswehr überschritt in Afghanistan nach dem Kosovo-Einsatz einen «zweiten Rubikon». Sie ist eine Armee im Kampfeinsatz mit allen sich daraus ergebenden Konsequenzen. Allerdings folgten strategische und innere Veränderungen erst seit 2002: Die Truppen wurden neu gegliedert in Eingreif-, Stabilisierungs- und Unterstützungskräfte; allen Teilstreitkräften gemeinsame Aufgaben wie Logistik, Sanitätsdienst und Kommunikation wurden zentralisiert, und man schuf eine neue Division «Spezielle Operationen». Darüber hinaus galt es, die Ausstattung der Bundeswehr erheblich zu verändern. Und während die Bundeswehrsoldaten in den Zeiten des Kalten Krieges auf den Verteidigungsfall, der nicht eintreten sollte, vorbereitet wurden, mussten sie nun für eine Einsatzarmee ausgebildet werden – eine Herausforderung sondergleichen, nicht nur für ihr bisheriges Markenzeichen, die «Innere Führung». Der tradierte Handlungsstil der Bonner Republik, aber auch institutionelle und verfassungspolitische Blockaden seit der Gründung der Bundeswehr 1955 bremsten die Strategiefähigkeit einer neuen, zeitgemäßen deutschen Sicherheitspolitik ab.[91]

Vorschläge, wie eine Reform der Bundeswehr aussehen könne, waren von der Kommission «Gemeinsame Sicherheit und Zukunft der Bundeswehr» zwischen Mai 1999 und Mai 2000, also vor 9/11, ausgearbeitet worden. Zum Kommissionsvorsitzenden hatte der Verteidigungsminister in Abstimmung mit dem Kanzler den hoch angesehenen ehemaligen Bundespräsidenten Richard von Weizsäcker berufen. 19 Mitglieder aus verschiedenen Gesellschaftsbereichen gehörten dieser «Weizsäcker-Kommission» an, die am 23. Mai 2000 ihren 100-seitigen Bericht vorlegte. Ihr Ergebnis: Die Bundeswehr müsse im Verlauf des nächsten Jahrzehnts vollkommen erneuert, nicht nur angepasst und das hieß: zu einer Interventionsarmee umgebaut werden. Mit einer künftigen Truppenstärke von 240 000 Mann könne man auskommen, in Streitkräften und Wehrverwaltung hätte betriebswirtschaftliches Denken und Handeln Einzug zu halten, doch der Wandel sei nicht ohne zusätzliche finanzielle Aufwendungen zu schaffen, weshalb der Verteidigungsetat nicht, wie von der Bundesregierung vorgesehen, gekürzt, sondern erhöht werden müsse.

Im Juni 2000 stimmte das Kabinett den Plänen Scharpings zur Reform der Bundeswehr zu. Da er die Empfehlungen der Kommission als zu radikal empfand, kam nur etwas Halbes heraus. Danach sollten die Truppe schrittweise von 340 000 auf 285 000 Mann verkleinert, der Wehrdienst auf neun Monate verkürzt und 30 größere sowie 20 kleinere Bundeswehrstandorte geschlossen werden. Ein Kooperationsprojekt «Bundeswehr und Wirtschaft» wurde auf den Weg gebracht, Frauen war von nun an der Dienst an der Waffe erlaubt, die Änderung des Artikels 16 des Grundgesetzes ebnete den Weg für Deutschlands Beitritt zum Statut des Internationalen Gerichtshofes und ermöglichte auch, dass sich deutsche Soldaten am «Standby Arrangement System» der UNO beteiligen konnten.

Auch die Frage, wie sichergestellt werden könne, dass die Bundeswehr trotz vermehrter Auslandseinsätze ein Parlamentsheer bleibe, trieb die Politik nach dem Ende des Kalten Krieges um – bereits 1993 war die FDP sogar als Regierungspartei vor das Bundesverfassungsgericht gezogen, weil die Bundeswehr in einem NATO-AWACS-Verband das Flugverbot über Bosnien-Herzegowina überwachte. Die Veränderungen waren dramatisch: Vor dem Ende des Ost-West-Konflikts war der Einsatz der Bundeswehr nur zur Landes- und Bündnisverteidigung gegen den Osten denkbar gewesen; wäre es zu einem Verteidigungsfall gekommen, so wäre dieser nach der Notstandsverfassung des Grundgesetzes vom (Not-)Parlament festzustellen gewesen. Doch seit die unmittelbare Landesverteidigung zu einem undenkbaren Fall geworden war, während die bis dahin undenkbaren Auslandseinsätze «out of area» zum Regelfall wurden, entstand das Problem: Das Grundgesetz kennt zwar eine innere Notstandsverfassung, nicht jedoch ein Äquivalent für den «äußeren Notstand» – und daher auch keine parlamentarische Kontrolle. Das «Gesetz über die parlamentarische Beteiligung bei der Entscheidung über den Einsatz bewaffneter Streitkräfte im Ausland (Parlamentsbeteiligungsgesetz)», das mit den Stimmen von SPD und Bündnis 90/Die Grünen am 3. Dezember 2004 beschlossen wurde und am 24. März 2005 in Kraft trat, schuf Klarheit. Zuvor hatte die FDP-Fraktion im Deutschen Bundestag ein solches Gesetz gefordert. Auch die frühere Präsidentin des Bundesverfassungsgerichts, Jutta Limbach, hatte im März 2002 ein «Entsendegesetz» angemahnt und war bei Verteidigungsminister Struck damit auf offene Ohren gestoßen. Generell musste nun der Deutsche Bundestag Auslandseinsätzen zustimmen, ein vereinfachtes Verfahren gab es bei kleineren Einsätzen – wie Erkundungskommandos – und bei der Verlängerung von Mandaten. Der Einsatzantrag galt als genehmigt, wenn nicht innerhalb von sieben Tagen von einer Bundestagsfraktion oder fünf Prozent der Bundestagsabgeordneten eine Befassung des Parlaments verlangt wurde. Galt es bei «Gefahr in Verzug» schnell zu handeln, musste die Bundesregierung die Zustimmung des Parlaments nicht vor dem Einsatz einholen.[92]

«Kein Krieg»? Entwicklungen nach 2005

Kommen wir auf die Frage nach «Krieg» oder «Nicht-Krieg» zurück. Auffallend ist: Bereits in der entscheidenden Plenardebatte vom 16. November 2001, also von Anfang an, relativierten Sozialdemokraten und

Grüne den militärischen Beitrag der Bundeswehr gravierend. Peter Struck äußerte sich geradezu verharmlosend, als er sagte, er sei sich «fast sicher, dass die Bundeswehr nur noch gebraucht wird, um mitzuhelfen, die humanitäre Versorgung zu organisieren».[93] Kerstin Müller von den Grünen charakterisierte das Mandat der deutschen Spezialkräfte so, als wären nur «quasi polizeilich-militärische» Aufgaben zu lösen,[94] und versuchte damit ebenso wie Außenminister Fischer, den Bundeswehr-Einsatz in die Nähe einer internationalen Polizeiarbeit zu rücken. Selbst die SPD-Parteilinke Andrea Nahles hielt es mit einem Satz von Erhard Eppler: «Militär ist gefragt, wo Polizei überfordert ist.»[95]

Dieses Muster, nach dem deutsche Soldaten gleichsam bewaffnete Entwicklungshelfer seien, durchzog die rot-grünen Jahre durchgängig. Es gehörte zur verlässlichen Begleitmusik der gesamten Debatte. Noch kurz vor dem Ende seiner Amtszeit als Verteidigungsminister beharrte Struck im September 2005 auf dem zivilen Charakter des deutschen Engagements: «Wir führen keinen Kriegseinsatz, sondern eine Friedensmission durch.»[96]

Kanzler Schröder und Vizekanzler Fischer betonten ihrerseits stets, ISAF sei eine «Friedensmission», während die Opposition deutlicher aussprach, um was es wirklich ging. Friedrich Merz, Fraktionsvorsitzender der Union, rückte den Einsatz in den unmittelbaren Zusammenhang mit dem Anti-Terror-Kampf. Dieser, so Merz, werde «auch uns Deutschen noch mehr abfordern als den Transport von Wolldecken von Ramstein in die Türkei».[97] In der Tat: Wären allein humanitäre Motive ausschlaggebend gewesen, dann hätte Deutschland, um seine Glaubwürdigkeit zu bewahren, sein Engagement in zahlreichen Krisenregionen der Welt massiv ausweiten müssen. Und was das inakzeptable Weltbild der Taliban anbelangte – auch in Somalia, im Jemen oder in Nordkorea ließ sich Vergleichbares finden. Angesichts der bei den meisten Deutschen tief verankerten Kultur militärischer Zurückhaltung war die rot-grüne Bundesregierung darauf bedacht, den Einsatz in Afghanistan keinesfalls in die Nähe eines Krieges zu rücken. Die nachfolgenden Regierungen folgten diesem Beispiel.

Historiker haben im vergangenen Jahrzehnt nicht nur über Form und Inhalt der «neuen» Kriege debattiert, sondern neuerdings interessante Muster seit den Dekolonialisierungskriegen herausgearbeitet, die auf neuartige «konstruktive Kriege» verweisen. Was ist damit gemeint? Für Europa, den «Kontinent der Gewalt»[98], und für die Deutschen im Besonderen war die Gewalterfahrung in der ersten Hälfte des 20. Jahrhunderts prägend; das Grauen des Zweiten Weltkrieges führte nach 1945 zu einer großen Skepsis gegenüber Krieg. Es bildeten sich hohe moralische Standards heraus, und die Ablehnung physischer Gewalt gerann – alles in allem – zu einer europäischen Norm. Solchermaßen postheroische Gesellschaften müssen eine etwaig für notwendig gehaltene Kriegsführung nach außen, vor allem jedoch nach innen aufwendig legitimieren, um die hohe Distanz der Bevölkerung abzutragen – etwa, wie im Kosovo-Krieg geschehen, mit dem Verweis «Nie wieder Auschwitz». Weiterhin typisch scheint eine Strategie, den Feind nicht zu vernichten, sondern zu überzeugen und zu verändern. Gerade Afghanistan ist der Idealfall eines solchen «konstruktiven Krieges», dessen Rezeptur in den Dekolonisierungskriegen am Ende der 1950er und zu Beginn der 1960er Jahre erstmals Anwendung fand. Der Indochinakrieg seit 1950 und der Algerienkrieg seit 1958 bildeten für westliche Strategen gleichsam die Vorstudien für den «War on Terror». Militärische Strategien wurden damals massiv durch zivile Maßnahmen flankiert, ein bedeutender Teil der Kriegsmaschinerie diente nicht der Zerstörung, sondern dem (Wieder-)Aufbau und der Stabilisierung des Landes, durchaus im Sinne einer Zwangsmodernisierung. Außerdem betonten solche Kriege den globalen Fokus seiner kriegführenden Akteure – in Afghanistan ist es nicht anders. Auffallend ist weiterhin: Unverändert aus dem Fundus rhetorischer Begründungen der Dekolonisierungskriege übernommen wurden Argumentationsfiguren, wonach durch militärische Gewalt besonders das Schicksal von Frauen verbessert werden sollte. Bereits im Algerienkrieg tauchte in Frankreich massenwirksam die Formel auf, für die Emanzipation der muslimischen Frau zu kämpfen. Ein Vergleich zweier Titelbilder von 1958 und 2001 zeigt frappierende Ähnlichkeit: Das «Time Magazine» bildete im Jahr 2001 unter der Überschrift «Lifting the Veil» das Gesicht einer unverschleierten Frau aus Afghanistan ab; dieses Bild gleicht bis in Details hinein jenem einer Ausgabe des «New York Times Magazine», in der Reporter unter dem Schlagwort «The Battle oft the Veil» über französische Entschleierungskampagnen in Algerien berichteten. Als Ergebnis ist festzuhalten: «Das demokratische

Ideal des konstruktiven Krieges, in dem anthropologisch informierte Soldaten Gut und Böse (...) unterscheiden, dosiert Gewalt als Türöffner für Fortschritt und Entwicklung einsetzen und als Beschützer der Bevölkerung agieren – ein Krieg also, der im Grunde kein Krieg, sondern bewaffnete Entwicklungshilfe ist – trägt die Züge eines modernen Märchens.»[99] Auch wenn westliche Demokratien offenbar nur auf diese Weise eine Kriegsführung vor dem Wahlvolk legitimieren können, so bleibt es doch ein Märchen, der deutsche Fall macht dies besonders deutlich.

Schon in der Bundestagsdebatte vom 11. Oktober 2001 hatte Verteidigungsminister Scharping den Ton angeschlagen, der auf einen «konstruktiven Krieg» verwies: «Wir sind nicht im Krieg; jedenfalls dann nicht, wenn uns mit diesem Wort immer noch die alten Assoziationen und Vorstellungen vom Krieg zwischen Staaten mit dem Ziel, ein Territorium zu erobern und zu beherrschen, verbinden (...). Man spürt übrigens, dass die Verwendung des Wortes ‹Krieg› in der bloßen, nackten Übersetzung des Wortes ‹war› zwischen uns und unseren amerikanischen Freunden aufgrund anderer historischer Erfahrungen schon zu Missverständnissen führen kann.»[100] Nach der ISAF-Ausweitung auf ganz Afghanistan und der schrittweisen Annäherung der beiden Mandate ISAF (Stabilisierung) und OEF (Terrorbekämpfung) war die Position der Bundesregierung, nicht von «Krieg» zu sprechen, nur noch schwer tragbar und führte zusehends zu Verkrampfungen. Franz Josef Jung, Verteidigungsminister der Großen Koalition seit 2005, wiederholte gebetsmühlenartig, es handele sich um keinen Krieg, sondern um einen «Stabilisierungseinsatz». Natürlich seien, so Jung im Oktober 2008, die Soldaten im Kampfeinsatz, aber es sei kein Krieg.[101] Wer von Krieg spreche, arbeite nur den Taliban in die Hände, die einen heiligen Krieg ausgerufen hätten. Ende der Debatte. Vehement stemmte sich die Bundesregierung gegen eine Diskussion über das Wesen des Afghanistan-Einsatzes.

Solche Zweideutigkeiten färbten auf den Einsatz selbst ab, und so entstanden Verwerfungen mit den Verbündeten. Der langjährige US-Spitzendiplomat bei der NATO und Harvard-Professor Nicholas Burns übte noch 2011 ungewöhnlich scharfe Kritik an der deutschen Außenpolitik. Er hielt Berlin vor, durch jahrelanges Zaudern den NATO-Einsatz in Afghanistan geschwächt zu haben und in den stark umkämpften

Gebieten am Hindukusch kaum präsent gewesen zu sein. Den Berliner Einwand, die Bundeswehr stelle hinter den USA und neben Großbritannien seit zehn Jahren das drittgrößte Kontingent an Soldaten, ließ Burns nicht gelten: «Deutschland hat sich nicht dort engagiert, wo die wirklichen Kämpfe stattfanden, also in Kandahar, in der Provinz von Helmand oder entlang der Grenze zu Pakistan.» In diesen Gebieten, wo die US-Streitkräfte die meisten Opfer hätten hinnehmen müssen, sei die Bundeswehr nicht am Boden aufgetaucht. Burns: «Da gab es ein Gefühl gewisser Bitterkeit in den Jahren 2003, 2004, 2005 und 2006, dass Deutschland diese Rolle nicht gespielt hat.»[102]

Mit dem Beharren darauf, es handele sich nicht um einen Krieg, korrespondierte die beständige Betonung, Deutschland trete als «Befreier» des afghanischen Volkes auf, nicht als Besatzungsmacht wie die Mächte in der Zeit vor 2001. Die Regierungsfraktionen stellten immer wieder heraus, dass die deutschen Soldaten von den Afghanen herbeigewünscht worden seien, gipfelnd in Verteidigungsminister Strucks Aussage, die Menschen in Afghanistan würden sich den Bundeswehrsoldaten «geradezu mit Liebe» zuwenden und sie hätten sich den Deutschen gegenüber «zu einem Lächeln geöffnet».[103] Noch in seinen Erinnerungen zitiert Struck Meldungen, denen zufolge amerikanische Patrouillen zum eigenen Schutz die deutsche Flagge an ihren Jeeps angebracht hätten – so positiv sei der Einsatz der Deutschen von den Afghanen gewertet worden.[104]

Im Jahr 2003 wurde die Ausweitung des ISAF-Einsatzes über Kabul hinaus von einem anderen deutschen Interesse als bisher getragen: der Normalisierung der Beziehungen zu den USA, die durch das deutsche «Nein» zu einer Beteiligung am Irak-Krieg arg gelitten hatten. Der FDP-Abgeordnete Jürgen Koppelin brachte es in der Bundestagsdebatte vom 23. Oktober auf den Punkt: «Die Überlegungen der Bundesregierung zur Fortsetzung und besonders die Erweiterung des Mandats in Afghanistan sind der Versuch, mit gesteigertem Engagement in Afghanistan das Wohlwollen der USA zu erreichen und gleichzeitig an dem vor Beginn des Irak-Krieges eingeschlagenen deutschen Weg festzuhalten.»[105] Die Entsendung eines zusätzlichen Kontingents von mehreren Hundert Soldaten sollte in den Augen der Bundesregierung als eine Art Kompensation des Neins zum Irak-Krieg aufgenommen werden.

Man kann über den Zeitraum von mehr als zehn Jahren, über den sich der Afghanistan-Einsatz der Bundeswehr mittlerweile erstreckte, vor allem zweierlei festhalten: Die Debatte verschob sich zusehends von «Nicht-Krieg» hin zu «Krieg» und wurde realistischer. Das war das eine. Und das andere war: Während nationale Interessen in den anfänglichen Debatten zur Terrorbekämpfung in Afghanistan noch nicht geäußert worden waren, traten sie seit 2002 – «Verteidigung am Hindukusch» – mit zunehmender Intensität auf und erfuhren in der Kanzlerschaft Angela Merkels ihren Höhepunkt. Im Antrag zur Verlängerung des Mandats ab Dezember 2009 wurde die Ausweitung der Beteiligung mit einem «vitalen deutschen Interesse» begründet.[106] Dieses «vitale Interesse» mündete in der Regierungserklärung von Bundeskanzlerin Merkel einen Tag vor der Londoner Afghanistan-Konferenz vom 28. Januar 2010 in ein «dringendes Interesse». Die Kanzlerin sagte: «Der Einsatz der Bundeswehr im Rahmen des internationalen NATO-Einsatzes war und ist in dringendem Interesse der Sicherheit unseres Landes.»[107] Insofern war es ein deutscher Krieg.

2. Terrorangst und Sicherheit –
Politische und mentale Folgen des Globalschocks

Ein Klima der Angst

«Ich erinnere mich sehr genau», so Kanzleramtsminister Frank-Walter Steinmeier über die Tage nach dem 11. September 2001, «dass wir damals in dieser täglichen Krisenlage über ungeheuer viel Verdachtsmomente und Spekulationen haben reden müssen. Und dass sich auch hier, irgendwo in Deutschland, Vorbereitungen für Attentate entwickelten.» Bereits kleinste Beobachtungen oder Unregelmäßigkeiten schürten Misstrauen und gaben Anlass zu tiefster Sorge. Innenminister Otto Schily berichtete davon: «Ich habe irgendwann festgestellt, dass ein Scheinwerfer auf das Kanzleramt gerichtet war, und das gefiel mir nicht, weil ich sagte, warum muss jetzt dieses scharfe Licht da drauf? Es könnte sich daraus ein Sicherheitsrisiko ergeben. Ich habe dann festgestellt, dieser Scheinwerfer kam vom ARD-Studio. Ich bin da selber hingefahren und habe mich bei dem Pförtner beschwert.»[1]

Die Medien berichteten täglich über die Ursachen des Angriffs und die Motive der Täter. Bei der Berichterstattung über die Ereignisse übertrafen sie sich in Superlativen. «Die Welt» sah die Demokratie in einem Krieg gegen fundamentalistisch-islamische Kräfte.[2] «Bild» brachte das Religiöse ins Spiel, indem sie titelte: «Großer Gott, steh' uns bei» und so den kommenden «Glaubenskrieg», von dem George W. Bush bald reden sollte, vorwegnahm.[3] «Der Spiegel» fragte: «Woher kommt der Hass?»[4] Von links bis rechts wurden die Ergebnisse unterschiedlich interpretiert. Während sich Konservative auf den Kampf zwischen Morgenland und Abendland, Islam und Christentum oder gemäßigte Religionen gegen fundamentalistische Religionen konzentrierten, interpretierten Linke die Anschläge als Aufschrei der Unterdrückten und als Revanche für eine überproportionale Dominanz des Westens gegenüber den islamischen Ländern. Andere meinten, der Westen sei seiner Selbstgefälligkeit zum Opfer gefallen. Selbst der Sport reagierte auf die Terroranschläge mit Bedrückung, und die UEFA sagte sowohl den Champions League-Spieltag als auch die Spiele des UEFA-Pokals ab.

Wenige Tage nach dem 11. September 2001 hielt Innenminister Otto Schily in einem Vermerk die bisherigen Maßnahmen stichwortartig fest und lieferte seine persönlichen Einschätzungen: «1. Nach wie vor keine konkreten Hinweise für eine Veränderung der Sicherheitslage in Deutschland. 2. Habe sofort nach den Terroranschlägen alle deutschen Sicherheitsbehörden angewiesen, ihren amerikanischen Partnern alle erdenkliche Unterstützung zuteilwerden zu lassen. In Zusammenarbeit mit amerikanischen Sicherheitskräften hat es auch bei uns schnelle Fahndungserfolge gegeben. 3. Seit Mittwoch tagt täglich im Bundeskanzleramt eine Sicherheitslage unter Leitung Chef BK, in der alle Informationen zusammenfließen, bewertet werden und alle notwendigen Maßnahmen auf den Weg gebracht werden. 4. Es wird alles getan, um die Sicherheit im Flugverkehr und auf den Flughäfen sicherzustellen: Dazu gestern Treffen von BM Schily, BM Bodewig und Lufthansa-Chef Weber. Der Sicherheitsstandard an den deutschen Flughäfen wird international als außerordentlich wirksam bewertet. Die technischen Voraussetzungen für eine umfassende Kontrolle von Passagieren und Gepäck sind vorhanden. Gleichwohl werden wir auch kurzfristig weitere Verbesserungen vornehmen, wenn dies möglich und notwendig ist. Bei allen Flügen in die USA zusätzliche manuelle Kontrolle des Handgepäcks. Im Übrigen Bitte um Verständnis, dass aus Sicherheitsgründen in der Öffentlichkeit nicht alle Maßnahmen im Detail dargestellt werden können. Reaktiv: zur Frage bewaffneter Flugbegleiter: Sind dafür offen. Derzeit laufen dazu Gespräche mit Lufthansa und Pilotenvereinigung Cockpit. 5. Wir haben eine offene Gesellschaft. Und das soll auch in Zukunft so bleiben. Aber wir werden mit aller Macht gegen die vorgehen, die diese Offenheit ausnutzen, um ihre menschenverachtenden Ziele zu verfolgen. Die Feinde der Freiheit werden in unserem Land keine Ruhe finden. Kampf gegen den Terrorismus ist nicht kurzfristig zu gewinnen, sondern bedarf einer langfristigen Strategie, die neben polizeilichen und militärischen Maßnahmen auch Aspekte der Konfliktprävention und der wirtschaftlichen Zusammenarbeit einschließt. In Zukunft wird in jeder Kabinettssitzung der Tagesordnungspunkt ‹Bekämpfung des internationalen Terrorismus› behandelt werden. Darunter wird auch über Fortschritte bei der Aufklärung der Anschläge berichtet werden. Für die Kabinettssitzung am Mittwoch wurde deshalb ein Sofortprogramm notwendiger zusätzlicher Maßnahmen vorbereitet. Dazu gehören: eine Rechtsverordnung, die es erlaubt, Flughafenpersonal mit Zugang zu sicherheitsrelevanten Bereichen in den Flughäfen zu überprüfen; der Entwurf eines Gesetzes zur Bekämpfung internationaler krimineller Verreinigungen nach 129 b StGB. Auf dieser Grundlage ist es möglich, in Deutschland ansässige Unterstützer oder Mitglieder solcher Gruppen zu verfolgen; die Streichung des Religionsprivilegs im Vereinsrecht; gesetzliche Maßnahmen, die es ermöglichen, Geldsammlungen für Organisationen, die im Verdacht stehen, terroristischen Organisationen nahezustehen oder sie zu unterstützen, zu verbieten; schnelle Ratifizierung zweier VN-Resolutionen zur internationalen Terrorismusbekämpfung.»[5] Dies waren also die ersten Schritte und Überlegungen, doch genügte das?

Die Bedrohung schien überall zu lauern. Kanzleramtsminister Frank-Walter Steinmeier war nicht nur in den Krisenstab mit Kanzler, Innen-, Außen- und Verteidigungsminister eingebunden, sondern konferierte darüber hinaus in einer täglichen «Sicherheitslage» mit leitenden Beamten der Regierung und mit Experten von außerhalb. In seinen Tagebüchern hat Stephan Steinlein, der persönliche Referent des Kanzleramtschefs Steinmeier, Tag für Tag die Besprechungen im Kanzleramt notiert und reflektiert; er gibt so Stimmungen und Gefühlslagen aus der Schaltzentrale der Macht wieder. Die Aufzeichnungen aus den ersten beiden Monaten nach den Anschlägen des 11. September beschreiben einen permanenten Ausnahmezustand.[6] In den ersten Stunden und Tagen mussten überhaupt erst Alarmpläne entwickelt und der Objektschutz organisiert werden. Dabei stellte sich heraus, dass die föderalen Strukturen der Bundesrepublik einer schnellen Reaktion auf eine etwaige Krise im Weg standen. Auch fürchtete man, dass deutsche Rechtsextremisten die Gunst der Stunde nutzen und sich mit den islamistischen Terroristen verbünden könnten, der Hass auf Israel und die USA einte beide.[7] Über die Gefährdungslage herrschte Uneinigkeit. Deutschland sei kein «Anschlagsland», meinten die einen und verwiesen darauf, dass es den Terroristen um den «großen und den kleinen Satan» gehe, um die USA und Großbritannien. Die Vertreter des Bundesnachrichtendienstes hingegen hielten Anschläge in Deutschland für sehr wahrscheinlich. Die Bundesjustizministerin Herta Däubler-Gmelin berichtete darüber, dass das amerikanische FBI «mit großen Kräften» nach Hamburg kommen wolle, um dort vermutete Terroristen zu jagen – drei der Terrorpiloten hatten in Hamburg gelebt –, fügte jedoch entrüstet hinzu: «Deutschland ist nicht Nairobi.» Dort hatte sich vor einiger Zeit ein Anschlag auf US-Einrichtungen ereignet, und amerikanische Behörden ermittelten seither in dem afrikanischen Land. Hilfe für die Amerikaner, ja, aber klare Absprachen seien nötig.[8] In den folgenden Tagen gab es immer wieder Berichte über vermutete Terrorakte in Deutschland, man erwartete geradezu Anschläge, insbesondere durch Einzeltäter, die sich in die Luft sprengten, und befand sich in einem Wettlauf mit der Zeit, solche aufzuspüren. Auch Spekulationen darüber, wie sich die über drei Millionen Muslime im Land verhalten würden, gab es ständig. Der Innenminister berichtete von «Reaktionen aus den Moscheen»; nur eine Minderheit bringe Freude über den Angriff auf Amerika zum Ausdruck.[9] Allerdings hieß es einen Monat später, dass sich die Stimmung in den Moscheen ändere und sie antiamerikanisch werde, was sich auch an einer erhöhten Spendenbereitschaft für international agierende islamische Bewegungen wie Milli Görüş ablesen lasse.[10] Nicht nur die Flughäfen standen vor riesigen Sicherheitsproblemen, auch die Deutsche Bahn stieß an ihre Grenzen: Wie sollten die täglichen 37 000 Zugfahrten überwacht, wie die 220 000 Mitarbeiter und 25 000 Lokführer überprüft werden?[11] Nach einem Monat war man noch nicht viel weiter, wie der Bericht über den Schutz der Infrastruktur verdeutlichte: Auf Flughäfen, Bahnhöfen und Seehäfen sei Schutz nur bedingt möglich; die Sprengung einer Talsperre durch Terroristen müsse in Betracht gezogen werden; als stark gefährdet wurde die Chemieindustrie eingeschätzt, die jedoch Schutzkonzepte entwickele; Raffinerien könnten leicht angegriffen werden, auch bei Kernkraftwerken existiere kein Schutz gegenüber gezielten Angriffen mit Flugzeugen. Eine lückenlose Kontrolle der unzähligen Privatflugplätze und der Flugclubs war ausgeschlossen.[12] Listen, die für den wahrscheinlichen Fall eines inneren Notstandes Objekte und Einrichtungen – von Ministerien bis zu Unternehmen – aufführten, die geschützt werden mussten, kursierten. Dabei tauchte das Problem auf, dass sich Polizei und Verfassungsschutz offenbar gegenseitig misstrauten – Verfassungsschutzbehörden wollten ihre Dateien nicht für polizeiliche Ermittlungen zur Verfügung stellen.[13] Dass es in Europa genügend bereits rekrutierte Terroristen gab, die logistisch vorbereitet waren und sofort losschlagen konnten, stand außer Zweifel. Doch über welche Waffen verfügten sie? Vertreter des Bundeskriminalamtes glaubten, es könnten auch primitive Atomwaffen zum Einsatz kommen, vor allem rechnete man jedoch mit dem Einsatz von Giftgasen und toxischen Substanzen, vielleicht sogar aus früheren Beständen der Nationalen Volksarmee der DDR.[14] Spekulationen kamen auf: Existierten über ehemalige Informelle Mitarbeiter sogar Querverbindungen zum Ministerium für Staatssicherheit, personelle Kontakte, die gegenwärtig reaktiviert würden?[15] Hatte es nicht ein Stasi-Handbuch zum Einsatz chemischer Waffen gegeben, in dem beschrieben wurde, wie Giftgase mit Hunden eingesetzt werden konnten? Gegen solche Stoffe gebe es keine Mittel, ebenso wenig gegenüber Pockenerregern. Nicht ausgeschlossen werden konnte, dass über die Trinkwasserversorgung biologische Stoffe in Umlauf gebracht würden, wie ein Vertreter des Robert-Koch-Instituts berichtete. Das Szenario war dunkel: Impfstoffe waren nicht vorhanden oder viel zu knapp, und der Katastrophenschutz verlaufe unkoordiniert. Milzbrand-, Pocken- und Pesterreger – für alle galt das Gleiche, man hatte keine Impfstoffe oder nicht in ausreichender Menge. Bis zum Frühjahr 2002 sollten jedoch Notfallversorgungspläne entwickelt werden. Anders als in skandinavischen Ländern seien die Gefahren in Deutschland über Jahrzehnte verdrängt worden, so gebe es keine Ausbildung in Katastrophenmedizin, selbst die Vorräte an Schutzanzügen vor Ort seien gering. Die Mittel für das Technische Hilfswerk waren in den letzten Jahren beständig verringert worden.[16] Nachdem in den USA im Verlauf mehrerer Wochen seit Ende September 2001 verschiedene «Anthrax attacks» stattgefunden hatten – Briefe mit Milzbranderregern waren verschickt worden –, verschärfte sich die Debatte: Unter Federführung des Innenministeriums wurde eine Verzahnung aller Regierungsebenen und Behörden bis zur lokalen Ebene vorangetrieben; außerdem wurden Planspiele eingeübt, um Routine herzustellen, anfangs entstanden noch unzählige Detailfehler; die Regierung trat an Unternehmen heran, um Impfstoffe produzieren zu lassen, die vorhandenen 6 Millionen Dosen könnten auf 60 Millionen gestreckt werden, allerdings benötige man noch Pläne, wer im Fall der Fälle geimpft werden sollte.[17] Und so ging es weiter, zwei Monate nach den Terroranschlägen in den USA bestand in Deutschland die vermutete Bedrohungslage unvermindert fort.

RAF-Terrorbekämpfung als Vorbild?

War die Bundesrepublik auf diesen neuen Terrorismus vorbereitet? Sämtliche Erfahrungen, über die Deutschland in der Anti-Terror-Politik verfügte, entsprangen der Bekämpfung des Terrorismus der Roten Armee Fraktion in den 1970er Jahren, alle in dieser Zeit erlassenen Gesetze waren seither nicht oder nur marginal verändert worden.[18] Der RAF-Terrorismus erschien nun allerdings tatsächlich wie ein Szenario aus dem vergangenen Jahrhundert, und die Dimension der aktuellen Bedrohung 30 Jahre später erforderte ganz neue und vermutlich ganz andere Methoden. Man war sich ja nicht einmal im Klaren darüber, wie viele Anhänger islamistischer Terrororganisationen im Verborgenen agierten, welche Pläne für weitere Terrorakte bereits existierten und wie man diesem neuen Risiko überhaupt wirksam gegenübertreten konnte.

Ebenso wie Al Qaida 2001 stellte die RAF in den 1970er Jahren die damals noch junge Bundesrepublik vor eine in dieser Schärfe noch nie da gewesene Herausforderung, hatte man es doch mit einer äußerst brutalen, straff organisierten, Leib und Leben missachtenden, fanatisierten Gruppe zu tun. Zwar sah sich die RAF selbst als ein Zweig der internationalen Befreiungsbewegungen, doch die Verflechtungen und überhaupt die kommunikationstechnischen Möglichkeiten dafür waren sehr eingeschränkt. Mit ihrer als «Stadtguerilla» bezeichneten Vorgehensweise wollte die RAF den angeblich faschistischen Staat BRD aus den Angeln heben. Sie zielte darauf ab, durch Aktionen einen Graben zwischen Staat und Bürgern aufzureißen, indem sie den Staat zwang, mit repressiver Sicherheitspolitik die Freiheitsrechte einzuschränken, womit die Zahl der Sympathisanten so weit ansteigen sollte, dass schließlich eine Art gesellschaftlicher Revolution die Folge sei, in der sich die Menschen von Faschismus, Imperialismus und Kapitalismus lösen würden.[19] All dies hatte wenig gemeinsam mit dem islamistischen Terrorismus des neuen Jahrhunderts. Über Aufbau, Organisationsstruktur, Mitgliederzahl und die Bedeutung Osama bin Ladens für das transnational agierende Netzwerk war wenig bekannt, jedenfalls schien Al Qaida keine in sich geschlossene Organisation wie etwa die RAF zu sein, sondern aus einer Vielzahl weltweit verstreuter Terrorzellen zu bestehen, die in unterschiedlich enger Verbindung zueinander standen und oftmals unabhängig voneinander agierten.[20] Auch wenn man von einem harten Kern an Mitgliedern ausgehen konnte, so war selbst dieser keineswegs derart homogen und in sich geschlossen wie die Baader-Meinhof-Gruppe, ganz zu schweigen von den verbündeten Gruppierungen, wo auch immer auf der Welt sie sich aufhielten. Als gemeinsames Ziel schälte sich bei den Terrorzellen unter dem Mantel von Al Qaida die Befreiung der islamischen Welt von allen «Ungläubigen» heraus. Mit Anschlägen sollte ein Maximum an Todesopfern und Verletzten erreicht und psychologisch ein Angstzustand in Permanenz geschaffen werden. Nicht allein symbolische Einrichtungen oder Repräsentanten des westlichen Wertesystems gerieten ins Visier, sondern öffentliche Verkehrsmittel, Gebäude und Plätze, was bei den Menschen eine apokalyptische, allgegenwärtige Bedrohung hervorrufen sollte. Die weltweit agierenden unzähligen kleineren und größeren Terrorzellen und der dadurch völlig diffuse Charakter von Al Qaida machten es Staaten wie auch nationalen und internationalen Sicherheitsbehörden schwer, wirksam vorzugehen. Alles geschieht im Verborgenen, wer sympathisiert, ist unbekannt, der Terrorist bleibt schemenhaft, hat oftmals gar kein Gesicht mehr – oder, gerade umgekehrt, es kommt zu generellen Verdächtigungen muslimischer Menschen mit bestimmten äußerlichen Merkmalen. Hingegen waren die Mitglieder der RAF der Polizei und Öffentlichkeit bekannt, ihre Fahndungsfotos hingen an öffentlichen Orten. Außerdem waren die Mechanismen und Reaktionen des Staates der 1970er Jahre auf der Abschreckung der Täter aufgebaut. «Klassische» Terroristen griffen an und zogen sich zurück. Einen großen Teil ihrer kriminellen Energie mussten sie für die Vorbereitung des Rückzugs und für das Verwischen von Spuren verwenden. Doch konnte man die neuen Terroristen von irgendetwas abhalten? Konnten Selbstmordattentäter abgeschreckt werden? Sie beabsichtigten ja gar keinen Rückzug. War der Staat also hilflos?

Der Begriff «Terrorismus» wurde erstmals in die deutsche Gesetzgebung aufgenommen, als im August 1976 Paragraph 129a in das Strafgesetzbuch hineinkam – allerdings gab es keine allgemein verbindliche Füllung des Begriffs «Terrorismus». Unter Strafe standen von nun an die Bildung, Mitgliedschaft, Unterstützung und Werbung in einer terroristischen Vereinigung bzw. für eine terroristische Vereinigung, die ihre Ziele durch Mord, Totschlag, Menschenraub, Geiselnahme, Brandstiftung, Herbeiführung von Explosionen und Zerstörung wichtiger Arbeitsmittel zu erreichen versuchte. Diese Regelungen sollten sowohl die Anklage gegen die Mitglieder der RAF erleichtern als auch die Neugründung ähnlicher Organisationen verhindern. Außerdem wurde die Verhängung von Untersuchungshaft erheblich erleichtert, gegen verdächtige Personen konnten sie ohne Vorliegen eines Haftgrundes verhängt werden. Hinzu traten Regelungen über die Höchstzahl der Verteidiger, das Verbot von Mehrfachverteidigung, die Möglichkeit des Ausschlusses von Verteidigern und Einschränkungen, was den Verkehr zwischen Angeklagten und ihren Verteidigern betraf. Gebildet wurden ein «Kleiner» und ein «Großer Krisenstab», die fraktionsübergreifend an der Koordination der Terrorismusbekämpfung arbeiteten, und – verfassungsrechtlich bedenklich – im Eilverfahren beispielsweise das Kontaktsperregesetz erließen. Institutionell erhielten Bundeskriminalamt und Verfassungsschutz zusätzliche Kompetenzen, außerdem schuf man die Grenzschutzgruppe 9 (GSG 9), eine Spezialeinheit zur Terrorismusbekämpfung; insgesamt blieb die Anti-Terror-Politik der 1970er Jahre national beschränkt.

Die Anti-Terror-Gesetze, die 1977 dem Deutschen Bundestag vorgelegt worden waren, wurden im Februar 1978 mit der kleinstmöglichen Mehrheit – mit einer Stimme – verabschiedet. Den einen aus dem sozialliberalen Regierungslager zu viel, den anderen aus den Reihen der CDU/CSU zu wenig, schränkte diese Gesetzgebung mehrere rechtsstaatliche Garantien im Zweifelsfall ein. Die Diskussion über die Anti-Terror-Gesetze war nahezu vergiftet. CDU-Generalsekretär Heiner Geißler warf der Bundesregierung, namentlich dem liberalen Innenminister Werner Maihofer, beständig vor, die Ursachen des Linksterrorismus zu verharmlosen, während die Sozial-Liberalen ihrerseits der Union unterstellten, sie beabsichtige, den Weg in Richtung Polizeistaat zu beschreiten.

1977 waren auch Maßnahmen ergriffen worden, um die Ermittlungen und Fahndungen der Polizei zu verbessern. Mit der auf Datenverarbeitung basierenden neuartigen Rasterfahndung, die auf den Präsidenten des Bundeskriminalamts Horst Herold zurückging, trat erstmals eine Methode zur Prävention neuer terroristischer Verbrechen ins Rampenlicht. Es wurde dabei nicht mehr nach bestimmten Personen gefahndet, sondern anhand spezifischer äußerlicher und personenbezogener Merkmale nach einem «Typ» Mensch, der in ein bestimmtes Raster passte. Obwohl man sich viel von ihr versprochen hatte – die Erfolge der Rasterfahndung blieben mäßig, aber sie wurde nie mehr ganz aufgegeben und gelangte in der Folge des 11. September 2001 wieder zur Anwendung. Die Technische Universität Berlin gab zum Beispiel Daten von 400 Studenten aus 14 arabischen Ländern zur Rasterfahndung an das Landeskriminalamt weiter.[21] Bundesweit begann die Rasterfahndung Ende September, in Bremen, Niedersachsen und Schleswig-Holstein mussten erst die Gesetze geändert werden, weil dort die Rasterfahndung zur vorbeugenden Gefahrenabwehr noch nicht möglich war. «Wenn auch nur ein potentieller Terrorist gefunden wird», so Mecklenburg-Vorpommerns Innenminister Gottfried Timm (SPD), «kann die Rasterfahndung als Erfolg gelten.»[22] So sollten die «Schläfer» – islamistische Terroristen, die auf den Befehl zum Losschlagen warteten – in Deutschland ausfindig gemacht werden, wofür ein entsprechendes Raster an verdächtigen Personen erarbeitet und unzählige Daten ausgewertet wurden – allerdings wiederum, trotz neuester Computertechnologie, ohne nennenswerte Erfolge.[23]

Sicherheitspakete I und II

«Wer den Rechtsstaat zuverlässig schützen will, der muss innerlich auch bereit sein, bis an die Grenzen dessen zu gehen, was vom Rechtsstaat erlaubt und geboten ist.»[24] Nach dieser Devise Helmut Schmidts, die er in der bis dahin schärfsten Krise der Bundesrepublik, dem RAF-Terrorismus, 1977 formuliert hatte, handelte auch die rot-grüne Bundesregierung in den Jahren nach 2001. Der Kampf gegen den internationalen Terrorismus war nun aber auch eine außen- und bündnispolitische

Frage. Innenpolitisch bedeutete er, dass eine Reihe von neuen oder verschärfenden sicherheitspolitischen Gesetzen auf den Weg gebracht wurde, um Sicherheit zu gewährleisten und eventuelle Terrorzellen aufzuspüren. Es bestand sofortiger Handlungsbedarf, denn die Bundesrepublik war bereits in ein schiefes Licht gerückt: Drei der vier Terrorpiloten vom 11. September hatten, dies teilten amerikanische Justizbehörden der Bundesregierung bereits am 12. September mit, jahrelang in Hamburg gelebt und studiert und von der Hansestadt aus die Anschläge unentdeckt geplant und organisiert.[25] Unfassbar: Deutschland galt somit als Basis des internationalen Terrorismus, hier konnten sich offenbar «Schläfer», ohne auf Widerstand zu stoßen, auf weitere Anschläge vorbereiten – das erforderte rasches Handeln. Allerdings war dies nur die eine Seite. Denn auf der anderen Seite lebten in Deutschland über drei Millionen Muslime, so viel wie in keinem anderen Land der Europäischen Union außer in Frankreich. Augenmaß und Zurückhaltung taten also ebenfalls not. Dies auch, um nicht zusätzlich Ängste zu schüren, die Verunsicherung war ja schon groß genug, wenn jetzt noch Hysterie ausbrechen sollte, wäre alles verloren.

Die Ziele des Innenministeriums ließen sich so formulieren: bereits bestehende terroristische Strukturen zerschlagen, eine Formierung neuer Strukturen unterbinden, Anschläge verhindern und durch Kooperation mit anderen Staaten eine europa- und, wenn möglich, weltweite Strategie zur Austrocknung des Terrorismus schaffen. Dabei ging es im Wesentlichen um Neuland, das betreten werden musste. Otto Schily betonte diesen Aspekt das eine um das andere Mal: «Rechtsstaat und innere Sicherheit werden seit jeher von einzelnen Gruppen, Organisationen und Parteien mit verfassungsfeindlichen Zielen bedroht. Doch mit den Anschlägen islamistischer Terroristen in den USA am 11. September 2001 demonstrierte eine fanatisierte, mit extrem krimineller Energie agierende Terrorgruppe unter missbräuchlicher Berufung auf den Islam eine neue Dimension des Hasses, der Feindschaft und der Menschenverachtung (...). Die terroristische Bedrohung erfordert die Anpassung zahlreicher neuer Gesetze und internationaler Vereinbarungen gegen den Terror.»[26] Rot-Grün fand sich vor eine gewaltige Aufgabe gestellt: Keine Bundesregierung zuvor musste geeignete repressive und präventive Mittel finden, um wirksam einer im Verborgenen national, aber auch international agierenden und zu allem entschlossenen Terrororganisation entgegenzutreten.

Am 25. September einigte sich der Bundessicherheitsrat auf das vom Kabinett kurz zuvor beschlossene Anti-Terror-Programm. Es sah vor, drei Milliarden DM zur Bekämpfung bereitzustellen, 500 Millionen entfielen auf das Bundesinnenministerium für den Ausbau und die Erweiterung von Bundesgrenzschutz, Bundeskriminalamt, Bundesamt für Verfassungsschutz, Bundesnachrichtendienst sowie Zivil- und Katastrophenschutz. Auch die Bundeswehr, das Auswärtige Amt, das Justizministerium und das Entwicklungspolitikministerium erhielten zusätzliche Mittel. 500 Millionen wurden als Reserve zurückgestellt, falls neue Bedrohungen oder Anschläge weitere Maßnahmen erforderten. Die Finanzierung geschah mittels Steuererhöhungen, weil eine Umschichtung des Bundeshaushalts ebenso wenig in Frage kam wie eine höhere Nettokreditaufnahme, so jedenfalls das Credo von Finanzminister Hans Eichel. Wenn die Versicherungssteuer sowie die Tabaksteuer erhöht würden, so hatte er errechnet, komme man auf den notwendigen Betrag. Es war ein bewährtes Muster: Schon während des Golf-Krieges 1991 hatte die Kohl-Regierung diese beiden Steuern sowie die Mineralölsteuer erhöht, um den Krieg der USA mitzufinanzieren.[27]

Zu diesem Anti-Terror-Etat traten die beiden Anti-Terror-Pakete, die sich unter den Begriffen «Sicherheitspaket I» und «Sicherheitspaket II» einbürgerten. Die beiden wichtigsten Gesetzesänderungen des ersten Pakets sahen vor, dass das Religionsprivileg aus dem deutschen Vereinsrecht gestrichen wurde. Religionsgemeinschaften und Weltanschauungsvereinigungen waren vor diesem Zeitpunkt nicht unter das 1964 beschlossene Vereinsgesetz gefallen und konnten damit nicht, wie andere Vereine, nach dem Vereinsrecht vom Innenministerium verboten werden. Mit der Streichung von § 2 Abs. 2 Nr. 3 fielen folgende Vereinigungen unter das allgemeine Vereinsrecht: fundamentalistisch-islamische Vereinigungen, die der freiheitlich-demokratischen Grundordnung der Bundesrepublik gegenüber feindlich gesinnt sind und zur Durchsetzung ihrer radikalen Ziele auch Gewalt anwenden, Vereinigungen mit politischen und ökonomischen Zielen, die für sich den Status einer religiösen oder weltanschaulichen Vereinigung reklamieren, sowie Sekten, die bisher im Ausland mit Tötungsdelikten und Massenselbstmorden in Erscheinung getreten sind.²⁸ Die Zielrichtung war klar: Es konnten nun sämtliche Vereinigungen und Organisationen verboten werden, die unter dem Deckmantel einer religiösen Gemeinschaft zu Gewaltakten aufriefen oder gar Terroranschläge planten. Allerdings hatte Schily bereits am 5. September, also vor den Angriffen auf das World Trade Center, eine solche Initiative angekündigt. Nach der Gesetzesänderung wurden 20 islamistische Vereinigungen in Deutschland verboten, Bundesgrenzschutz und Landespolizei unternahmen mehr als 200 Razzien.

Die zweite grundlegende Änderung innerhalb des ersten Pakets war, dass ein neuer Paragraph in das Strafgesetzbuch eingeführt wurde, mit weitreichenden Folgen: der § 129 b. Er bezog sich auf kriminelle und terroristische Vereinigungen im Ausland. Der ursprüngliche Paragraph 129 stellte die Bildung einer kriminellen Vereinigung unter Strafe. 1977 – im «Deutschen Herbst» des RAF-Terrorismus – wurde § 129 um den Zusatz a erweitert: Strafbar war nun die Mitgliedschaft in einer terroristischen Vereinigung. Beide Paragraphen griffen jedoch nur dann, wenn diese kriminellen oder terroristischen Vereinigungen ihre Strukturen zumindest teilweise in der Bundesrepublik hatten.²⁹ Die entscheidende Neuerung 2001 bedeutete, dass Bildung und Mitgliedschaft in einer terroristischen Vereinigung auch dann eine Straftat bildeten, wenn sich diese Vereinigung im Ausland befand. Hier wurde somit nicht nur eine Lücke geschlossen, vielmehr schuf der Zusatz erst die Grundlage dafür, dass sich Deutschland weltweit am Kampf gegen den Terror und an der Prävention von Terroranschlägen beteiligen konnte. Um schließlich die Finanzströme international agierender Terroristen sichtbar zu machen, legte Finanzminister Hans Eichel einen Maßnahmenkatalog vor, etwa ein Gesetz, mit dem Geldwäsche und Steuerhinterziehung besser geahndet werden konnten; außerdem wurde eine «Kontenevidenzzentrale» beim Bundesaufsichtsamt für das Kreditwesen eingerichtet, die Informationen über sämtliche in Deutschland geführten Konten und Depots sammelte.³⁰

Das Sicherheitspaket II hieß in Wahrheit «Gesetz zur Bekämpfung des internationalen Terrorismus» oder, vereinfacht, Terrorismusbekämpfungsgesetz und trat am 1. Januar 2002 mit insgesamt 17 Einzelgesetzen und fünf Verordnungen in Kraft. Mit diesem Paket sollte präventiv die innere Sicherheit in Deutschland gewährleistet werden. Es umfasste vier Kernbereiche: mehr Kompetenzen für den Verfassungsschutz, die Einführung biometrischer Merkmale in Pässen und Personalausweisen, eine Ausweitung von Sicherheitsüberprüfungen, schließlich zahlreiche Änderungen im Ausländer- und Asylverfahrensrecht. Im Einzelnen bedeutete dies, knapp zusammengefasst, Folgendes: Das Bundesamt für Verfassungsschutz erhielt das Recht, Bestrebungen zu beobachten, die sich gegen den Gedanken der Völkerverständigung oder gegen das friedliche Zusammenleben der Völker richteten. Darüber hinaus wurde ihm eingeräumt, bei Banken, Kreditinstituten sowie bei Luftfahrts- und Telekommunikationsunternehmen Informationen über verdächtige Personen oder Organisationen einzuholen, all dies unter Geheimhaltung und ohne konkreten Verdacht, was eine Einschränkung des Grundrechts des Brief-, Post- und Fernmeldegeheimnisses darstellte.[31] Ausgeweitet wurden zudem die Kompetenzen des Bundeskriminalamts, und der Bundesgrenzschutz, der zum 1. Juli 2005 Bundespolizei heißen sollte, erhielt das Recht, Personen zu überprüfen. Schließlich ermöglichte es das Sicherheitspaket II, bewaffnete Flugbegleiter des Bundesgrenzschutzes an Bord von Flugzeugen einzusetzen. Um Fälschungen und den Missbrauch von Ausweispapieren zu unterbinden, wurden in Pässen und Personalausweisen biometrische Merkmale zum Gesicht, und zwar in verschlüsselter Form auf einem Chip, hinzugefügt. Das «Sicherheitsüberprüfungsgesetz» weitete den Kreis jener Personen aus, die sich aufgrund ihrer Tätigkeit einer Überprüfung unterziehen mussten, es betraf nun sämtliche Mitarbeiter in öffentlichen und nichtöffentlichen Einrichtungen, «die für das Funktionieren des Gemeinwesens unverzichtbar sind und deren Beeinträchtigung erhebliche Unruhe in großen Teilen der Bevölkerung und somit Gefahren für die öffentliche Sicherheit und Ordnung entstehen lassen würden», wie es im Gesetz hieß.[32] Weiterhin traten Änderungen im Ausländer- und Asylverfahrensrecht in Kraft: Die Abschiebung von Personen, die öffentlich gegen die freiheitlich-demokratische Grundordnung der Bundesrepublik Deutschland verstoßen oder die in begründetem Verdacht stehen, eine terroristische Vereinigung zu unterstützen, wurde erheblich vereinfacht und der Abschiebeschutz für anerkannte politische Flüchtlinge bedeutend gelockert. In den deutschen Konsulaten sollten Sicherheitsbefragungen der Visa-Antragsteller vorgenommen werden, und bei Verdacht waren Visaanträge abzulehnen. Darüber hinaus wurden die Konsulate angewiesen, von Antragstellern Passfotos zu machen und Fingerabdrücke zu nehmen, um eine möglichst lückenlose Identifizierung sicherzustellen. Das Bundesamt für Anerkennung ausländischer Flüchtlinge sollte Sprachaufzeichnungen anfertigen, um die Herkunftsländer der Flüchtlinge zu ermitteln, denn viele konnten keine Papiere vorlegen. Eine Änderung im Ausländerzentralregistergesetz vereinfachte den Zugriff deutscher Sicherheitsbehörden auf die Daten von Ausländern.[33]

Die Geschwindigkeit, mit der diese Anti-Terror-Gesetze verabschiedet wurden, war extrem hoch, denn im Zentrum der politischen Entscheidungen stand nicht die Frage des «Ob», sondern lediglich des «Wie» und «Wie schnell».

Otto Schily, die Grünen und Günther Beckstein

Es gehört zu einer der großen Merkwürdigkeiten der deutschen Nachkriegsgeschichte, dass ein Verteidiger der RAF-Terroristen Andreas Baader und Gudrun Ensslin ein Vierteljahrhundert später als Bundesinnenminister amtierte: Otto Schily. 1977 war er einer der heftigsten Kritiker der staatlichen Maßnahmen, ab 2001 behandelte er seine Kritiker, die ähnlich dachten wie er 24 Jahre zuvor, recht herablassend. Schily hatte nicht nur in dieser Hinsicht, sondern auch parteipolitisch einen weiten Weg hinter sich, der ihn von den Grünen, deren Gründungsmitglied er war, 1989 zur SPD geführt hatte. Menschen mit solchen scheinbar krummen Lebenswegen müssen sich immer des Vorwurfs erwehren, sie seien opportunistisch, seien nicht die Gleichen geblieben oder hätten eine Sache verraten, dabei sind es doch meistens gerade sie, die vernünftig und zweckmäßig handeln – und dann entscheiden, in welcher Konstellation oder Partei dies am besten möglich ist. Angeblich krumme Lebenswege können so im Rückblick ziemlich gerade werden.

Gerhard Schröder und Otto Schily verstanden sich ausgesprochen gut, sie kamen sich nicht ins Gehege, vertrauten einander. Der Kanzler hatte vor niemanden im Kabinett so hohe Achtung wie vor Schily.[34] Da schien auch Bewunderung durch. Schily konnte sich im Grunde alles erlauben, war überlegen durch Intelligenz, Wissen und Habitus. Schröder imponierte dies, denn Schily verkörperte ein Leben und ein Lebensgefühl, das er nicht kennengelernt hatte – Bohème von Geburt. Dass sich einer, der aus einer wohlhabenden Unternehmerfamilie stammte, für die Sozialdemokratie entschied, auch wenn er mit der Parteibasis niemals warm wurde (und sie nicht mit ihm), nötigte dem Kanzler ehrlichen Respekt ab. Sicherlich empfand er Schily deshalb auch als eine Art Zierde seiner Regierung.

Mit Blick auf die Sicherheitsgesetze nach dem 11. September 2001 war Schily für die Regierung unabdingbar, positionierte er sich doch als «Law and Order»-Mann; er verärgerte damit zwar einen Teil der rot-grünen Klientel, aber in der breiteren öffentlichen Meinung fand er große Zustimmung, und vor allem nahm er der konservativen Opposition die Kampagnenfähigkeit im Bereich der inneren Sicherheit, die niemand besser zu verkörpern schien als er. So hart und unbeirrt zu sein, nicht schwammig und nachgiebig – dies konnte nur jemand leisten, der am Ende seiner langen politischen Karriere – Schily feierte 2002 seinen 70. Geburtstag und war somit der Älteste im Kabinett – keine Rücksichten mehr nehmen mochte und musste. Dass ihn der Kanzler nach der Wahl 2002 bat weiterzumachen, obwohl er durchaus ans Aufhören dachte, erhöhte seine herausgehobene Stellung noch. Gerhard Schröder sagte im Rückblick: «Schily war ungeheuer hilfreich. Dass er die RAF verteidigt hatte, war nun sein Vorteil. Man konnte ihm nicht vorwerfen, dass er sich in seinem beruflichen Leben nicht für den Rechtsstaat starkgemacht hätte. Deshalb war er die ‹ideale Figur› dafür, den Sicherheitsaspekt so klar zu betonen.»[35] Der stellvertretende Regierungssprecher Thomas Steg sah es ähnlich: Man habe 1998 mit einer bürgerrechtlichen Tradition in der Regierung angefangen und war plötzlich konfrontiert mit der Notwendigkeit, Sicherheitsgesetze zu verabschieden, die die Qualität des Rechtsstaates jedenfalls berührten und seinen Charakter veränderten. Das sei sehr schwierig gewesen. Dass gerade Rot-Grün mit Otto Schily so schnell gehandelt habe, sei sicherlich bei einigen Leuten der eigenen Anhängerschaft auf Irritation gestoßen und habe Verbitterung erzeugt, aber man habe dies tun müssen, auch mit Blick auf die Bundestagswahl 2002.[36] Das Wort der «Otto-Kataloge» – in Anlehnung an das Hamburger Versandhaus Otto – als Beschreibung für die Sicherheitspakete war ja nicht nur anerkennend gemeint, sondern drückte den Argwohn aus, dass Freiheitsrechte auf der Stecke blieben.

Ohne Zweifel spielte bei Otto Schily die Vergangenheit eine sehr große Rolle. Überhaupt: Was die Faszination vieler rot-grüner Protagonisten ausmachte, war ja, dass hier spannende Biographien sichtbar wurden, keine glatten Biographien, bei Schily nicht, bei Fischer nicht und auch nicht bei Schröder. Im Nachhinein haben sie alle eingeräumt, dass es auch Umwege gegeben hat, dass sie sich auch einmal verirrt hatten und dann einen neuen Weg eingeschlagen haben. Das hat ihnen eine hohe Glaubwürdigkeit gegeben. Otto Schily umgab sich immer mit einer Aura. Fischer liebte es auch, eine Diva zu sein, aber er konnte – bildlich gesprochen – auch wieder seine Revoluzzerklamotten anziehen und man nahm es ihm ab. Schily trat kaum ohne Anzug und Krawatte auf, jedenfalls sah man ihn immer korrekt gekleidet. Er war stets eine Diva, aber eine untadlige, rechtschaffene. Oder auch eine, die Arroganz bis in die letzte Sehne hinein verkörperte und alle spüren ließ, dass sie ihnen um Längen überlegen war. Mit seiner Neigung zum Divenhaften und Egozentrischen machte es Schily seinen Freunden schwer, seinen Gegnern jedoch sehr leicht.

Rezzo Schlauch, vom bürgerlichen Habitus her Otto Schily nicht unähnlich, meinte im Nachhinein: «Wir waren in einer ‹großen Abwehrschlacht› zu Otto Schily.» Die Grünen hätten rechtsstaatliche Positionen teilweise preisgegeben und Bürgerrechtspositionen unter dem Eindruck der Terrorbedrohung fallen gelassen. Aber sie hätten auch viel abgewehrt. «Es wird sich die Waage halten», so Schlauch.[37] Man muss in der Tat immer auch die Geschichte vor dem 11. September 2001 sehen. Natürlich war Schily eine Reizfigur für die Grünen, aber er war zugleich auch der Garant dafür, dass die Grünen auf ihren Feldern eine gesellschaftliche Modernisierung durchbekommen haben – reformierte Staatsbürgerschaft, Lebenspartnerschaft, Frauenrechte gegen Gewalt in der Ehe und so fort. Und vor allem: Wenn Rot-Grün auf dem Feld der inneren Sicherheit angreifbar gewesen wäre, hätte die CDU eine große Attacke geführt, was sie jedoch nicht tat, nicht tun konnte. «Otto Schily stand da wie ein altdeutscher Eichenschrank. Die Tür war für die Rechten nicht aufzumachen, nicht einen Spalt», urteilt Joschka Fischer.[38] Dazwischen standen viele Grünen, aber auch Sozialdemokraten immer:

Mister Law and Order: Bundesinnenminister Otto Schily gibt sich als roter Sheriff.

zwischen Scylla, in der Person von Schily, und Charybdis, in Gestalt der Opposition.

Dass am 23. September 2001, kaum zwei Wochen nach den Anschlägen in den USA, bei den Bürgerschaftswahlen in Hamburg die erstmals angetretene «Schill-Partei» – eigentlich «Partei Rechtsstaatlicher Offensive», doch «Schill-Partei» bürgerte sich sofort ein – einen großen Wahlerfolg erzielte und aus dem Stand heraus mit 19,4 Prozent der Wählerstimmen drittstärkste Partei wurde (SPD 36,5 Prozent, CDU 26,2 Prozent), war für die Bundesregierung ein Alarmsignal. Das Thema innere Sicherheit durfte man nicht einem obskuren «Rechtsaußen» vom Schlage eines Ronald Schill überlassen, des «Richter Gnadenlos», wie der Richter am

Hamburger Amtsgericht in der Boulevardpresse wegen einiger Urteile mit hohem Strafmaß genannt wurde, und auch nicht den beiden Unionsparteien. Dass so jemand wie Schill, mit dem die CDU unter Ole von Beust eine Koalition einging, in der liberalen Hansestadt zum Zweiten Bürgermeister und Innensenator aufsteigen konnte, schien ein Menetekel – allerdings war nach 2003 Schills Fall umso tiefer: Vorwurf der Rechtsbeugung und des Kokainmissbrauchs, schließlich Ausschluss aus dem Hamburger Senat. Wer seit dem Wahlerfolg der Schill-Partei Kritik an Schilys harter Linie übte, der wurde vom Kanzler mit der Bemerkung bedacht, die Alternative zu Schily sei Schill.[39] Schließlich zeigte auch der Blick über den Rhein, wohin es führen konnte, das Thema Sicherheit zu vernachlässigen. Beim ersten Durchgang der Präsidentschaftswahlen in Frankreich am 21. April 2002 konnten die Wähler von 16 Kandidaten zwei auswählen, die am 5. Mai in die Stichwahl gehen würden. Das vorausgesagte Duell zwischen dem Sozialisten Lionel Jospin und dem gaullistischen Amtsinhaber Jacques Chirac für den zweiten Wahlkampf blieb indessen aus, weil ein politisches Erdbeben den rechtsextremen Jean-Marie Le Pen auf den zweiten Platz katapultierte und Jospin das vorzeitige Aus bescherte. Für die politischen Beobachter aus dem SPD-Parteivorstand konnte es keinen Zweifel geben: Der Höhenflug Le Pens war ein Produkt schlechter sozialistischer Taktik sowie des Versagens in der Kernfrage des Wahlkampfes, und diese Kernfrage hieß: innere Sicherheit.[40]

Die deutschen Sozialdemokraten boten keine solche offene Flanke. Das Bild eines Polizeihelm tragenden und Gummiknüppel schwingenden Otto Schily, der daran offenbar kindlich-diebisches Vergnügen hatte, ging durch die Presse. Wenn sich Schily, der «Rote Sheriff»,[41] mit dem bayerischen Innenminister Günther Beckstein von der CSU, dem «Schwarzen Sheriff», traf, der wegen seiner harten Positionen von Rechtsstaatsliberalen besonders gern angefeindet wurde, dann hieß es: zwei Hardliner unter sich.[42] Die beiden verstanden sich menschlich offenbar gut, was auch daran gelegen haben mag, dass Beckstein, entgegen dem öffentlich gepflegten Bild, ein umgänglicher Mensch war. Überhaupt bildete sich auf der Innenministerkonferenz von Bund und Ländern, aber auch auf europäischer Ebene eine Art «Fachbruderschaft»[43] der Polizeiminister und ihrer Behörden heraus.

Das Problem der Grünen war, dass sie auf Länderebene noch niemals einen Innenminister gestellt hatten, vollkommen unerfahren und auf sich allein gestellt waren. Die Länderinnenminister waren zumeist auf der Linie von Schily oder trauten sich nicht, gegen ihn aufzubegehren, hatten regelrecht Angst vor ihm – Ehrhart Körting (SPD), Innensenator aus Berlin, der für seine eher liberale Haltung bekannt war, bildete die Ausnahme, er war auch für grüne Innenpolitiker «hilfreich».[44] Was 2001 alle Innenpolitiker von links bis rechts des politischen Spektrums ernsthaft verunsicherte und aufschreckte, war, dass die bundesdeutschen Geheimdienste nichts von der Hamburger Terrorzelle gewusst hatten. Es musste also etwas im Argen liegen. Benötigten die Dienste nicht neue Befugnisse? Musste nicht eine Strukturreform her, wie sie selbst die Grünen in Person ihres rechtspolitischen Sprechers Volker Beck und ihres innenpolitischen Sprechers Cem Özdemir forderten?[45] Andererseits hatten auch die amerikanischen Geheimdienste, die über sehr weitreichende Befugnisse und finanzielle Möglichkeiten verfügten, die Anschläge nicht vorausgesagt; selbst das bestgeschützte Gebäude der Welt, das Pentagon, konnte von Terroristen getroffen werden. Regierungspolitiker aus beiden Parteien, der SPD und Bündnis 90/Die Grünen, waren hin und her gerissen, doch der «Hamburger Schock» saß tief. «Und deshalb», so Volker Beck mit Blick auf die Anti-Terror-Gesetze, «haben wir damals gesagt, das ist verantwortbar und wohl auch notwendig.»[46]

Innerhalb der Bundesregierung äußerte die Justizministerin Herta Däubler-Gmelin gewisse Bedenken gegenüber Schilys Gesetzesinitiativen, sie galten jedoch nur mehr einzelnen Abschnitten, nicht den Sicherheitspaketen an sich. Anders als der Bundesinnenminister, der Kritiker gerne «abbügelte», bewertete Däubler-Gmelin, deren persönliches Verhältnis zu Schily nie besonders gut war, die Kritik als achtbares Merkmal einer demokratischen Öffentlichkeit. Was sie vermisste, war eine verbindliche Definition des Begriffs «Terrorismus», denn nur dann habe ein «Terrorismusbekämpfungsgesetz» einen Sinn.

Otto Schily betonte immer wieder: Wer sich nichts habe zuschulden kommen lassen, der habe auch nichts zu befürchten. Aber war es wirklich so einfach? Wer schützte einen Bürger gegen vielleicht ergebnisversessene Fahnder? Doch angesichts des medial hochpräsenten Bedrohungsgefühls leuchtete den meisten Menschen Schilys Argumentation ein. Infratest dimap ermittelte für den «Deutschlandtrend» der ARD im

November 2001 eine sehr große Zustimmung für die Sicherheitspakete. Die Umfrage lautete: «Innenminister Schily hat weitere Maßnahmen zur Verbesserung der inneren Sicherheit vorgeschlagen. Kritiker sagen, dass diese Maßnahmen zu weit gehen und die Grundrechte des Einzelnen zu stark einschränken. Wie ist Ihre Meinung: Befürworten Sie Schilys Vorschläge oder lehnen Sie sie ab?» Das Ergebnis sprach Bände: 71 Prozent befürworteten die Vorschläge, nur 26 Prozent lehnten sie ab.[47]

«Der attackierte Rechtsstaat» – Kritik

Überall, wo der demokratische Rechtsstaat auf die Herausforderungen des internationalen Terrorismus reagierte, standen die Maßnahmen in der Kritik, nirgendwo in den westlichen Gesellschaften jedoch so massiv wie in Deutschland, was natürlich mit den historischen Erfahrungen zweier totalitärer Regime und deren Repressionsapparaten zu tun hatte. Auf die Union konnte sich die Regierung in puncto innere Sicherheit verlassen. «Wir werden heute im Kabinett eine Reihe von weiteren Maßnahmen beschließen», erklärte Innenminister Otto Schily am 19. September im Deutschen Bundestag, um anschließend den CDU-Fraktionsvorsitzenden direkt anzusprechen: «Diese, Herr Merz, sind (...) noch nicht vollständig (...). Ich bedanke mich jedoch jetzt schon ausdrücklich für das Angebot, das Sie, Herr Merz, gemacht haben, in diesen Fragen eng mit uns zusammenzuarbeiten. Das ist der Konsens der Demokraten, der jetzt im Vordergrund stehen muss.»[48] In einigen Bereichen forderte die Union noch schärfere Maßnahmen, etwa eine engere Verzahnung der einzelnen Sicherheitsbehörden zu einer «Sicherheitssuperbehörde» oder den Einsatz der Bundeswehr im Inneren. Bedenken und Kritik kam von den Liberalen und der PDS, von Menschenrechtsorganisationen und Datenschutzverbänden.

Namentlich Burkhard Hirsch, seit Langem das rechtsstaatliche Gewissen der FDP, und der Datenschutzexperte Thilo Weichert traten damals mit Kritik hervor.[49] Hirsch hielt die verabschiedeten Gesetze nicht nur für gefährlich, weil sie die bürgerlichen Freiheitsrechte einschränkten, und sah in ihnen einen «Abschied vom Grundgesetz», sie waren in seinen Augen auch vollkommen sinnlos. «Keine einzige der in Schilys

Gesetzgebungsentwurf vorgesehenen Maßnahmen wäre geeignet gewesen, das Attentat auf New York zu verhindern», bemerkte er.[50] Nicht allein, dass die Gesetze untauglich seien, den Terrorismus präventiv zu bekämpfen, sie würden weitere Anschläge geradezu provozieren. Mit dem Motto, Gewalt müsse durch Gegengewalt bekämpft werden, ignoriere Schily die politischen, wirtschaftlichen und sozialpsychologischen Ursachen des Terrorismus. Die Frage, warum Terroristen so handeln, wie sie handeln, gehe in der Eile und der geschürten Panik vollständig unter. Ähnliche Bedenken äußerte der Sprecher des Bundes Deutscher Kriminalbeamter, Klaus Jansen: Die Gesetze seien unsinnig und wirkungslos, stünden in keinem direkten Bezug zu den Sicherheitslücken, die zu den Anschlägen in den USA geführt hätten, und wären mit den Maßnahmen des Innenministers niemals zu verhindern gewesen. Darüber hinaus bezweifelte er, dass es technisch möglich sei, biometrische Daten auf Pässen zu speichern.[51]

Merkten die Bürgerinnen und Bürger überhaupt, dass freiheitliche Grundrechte eingeschränkt wurden? War die Geschwindigkeit, mit denen die Maßnahmen auf den Weg gebracht wurden, zwar notwendig angesichts der als akut wahrgenommenen Bedrohung, doch blieb damit nicht die Aufklärung über die einzelnen Maßnahmen auf der Strecke? Über den Inhalt der Sicherheitsgesetze dürfte bei einem großen Teil der Bevölkerung Unkenntnis geherrscht haben. Wurde ein Klima der Angst geschaffen? Standen ausländische Menschen, besonders jene mit muslimischem Glauben, mit einem Male unter Generalverdacht? Solche Fragen von Bürgerrechtsorganisationen waren nicht einfach von der Hand zu weisen. Die Schaffung eines neuen Typs des «verdächtigen Ausländers», verhaltensauffällig, in unklaren Arbeitsverhältnissen, oft auf Reisen oder sonst abwesend, konnte die Grundlage dafür bilden, dass nicht näher bekannte Muslime willkürlich verdächtigt oder stigmatisiert wurden. Der Islam würde seine ursprüngliche Bedeutung als Weltreligion verlieren und von vielen Menschen nur noch als ausschließlich gewalttätige, menschenverachtende, fundamentalistisch-radikale Ideologie wahrgenommen werden, so mahnten Kritiker. Außerdem befürchtete man eine Radikalisierung der deutschen Bevölkerung und einen Zuwachs an rechtsextremistischen und fremdenfeindlichen Organisationen.[52] Amnesty International bereiteten datenschutzrechtliche Aspekte

Sorgen: «Der Gesetzentwurf stellt nicht sicher, dass mit diesen Daten kein Missbrauch betrieben werden kann. Aufgrund der verstärkten Zusammenarbeit der Geheimdienste und Vorhaben auf europäischer Ebene im Rahmen der Terrorismusbekämpfung, die Zusammenarbeit mit den Geheimdiensten anderer befreundeter Staaten zu stärken, ist nicht gewährleistet, dass die Daten nicht zu den Behörden der Verfolgerstaaten gelangen. Insbesondere die Daten aus dem Asylverfahren umfassen Angaben der Flüchtlinge über ihre politischen Aktivitäten im Herkunftsland, die sie selbst bei einer Rückkehr, aber auch ihre Familienangehörigen oder andere beteiligte Personen stark gefährden könnten.»[53]

Dass sich der Rechtsstaat zum Präventionsstaat entwickeln würde, war ein weitverbreiteter Einwand, welcher die logistische Verzahnung der Sicherheitsbehörden aufs Korn nahm, wie sie das Sicherheitspaket II vorsah. Die föderative Organisationsstruktur der Sicherheitsbehörden und die strikte Trennung von Geheimdiensten und Polizei gehörten zu den elementaren Prinzipien der Gewaltenteilung und stellten ein wesentliches Mittel grundgesetzlichen Freiheitsschutzes dar. Aus ihrer Erfahrung mit dem Nationalsozialismus hatten die westlichen Siegermächte des Zweiten Weltkrieges diese Form der sicherheitsbehördlichen Gewaltenteilung zur Auflage für den Parlamentarischen Rat 1948 gemacht, um Machtmissbrauch oder die Schaffung einer zentralen Behörde für innere Sicherheit, wie es das NS-Reichssicherheitshauptamt gewesen war, von vornherein zu unterbinden. Wurde nun angesichts von 9/11 die Axt an dieses Prinzip gelegt? Heribert Prantl, Journalist, Jurist und Beiratsmitglied der Humanistischen Union, erkannte in den Gesetzesvorhaben der rot-grünen Bundesregierung den Endpunkt eines bereits länger dauernden Prozesses, der den Rechtsstaat in einen Präventionsstaat zu verwandeln drohe: Jeder Bürger gelte als gefährlich und potentielle Bedrohung.[54] Die Präsidentin des Bundesverfassungsgerichts, Jutta Limbach, zweifelte ebenfalls an der Verhältnismäßigkeit der Gesetze und forderte Regierung und Gesellschaft dazu auf, Freiheitsrechte zu bewahren.[55]

Wie immer in solchen Fällen handelte es sich um eine Gratwanderung. Rot-Grün war sich durchaus bewusst, mit diesen Maßnahmen an verfassungsrechtliche Grenzen zu stoßen – aber dass die Regierung einen Polizeistaat plane, ging an der Realität vorbei. Schily zielte auf einen besseren Informationsaustausch zwischen den Behörden, denn die deutschen Sicherheitsbehörden waren dafür bekannt, dass sie langsam arbeiteten und sich voneinander abschotteten. Den Vorschlag der CDU/CSU, ein «Bundessicherheitsamt» – vergleichbar dem Heimatschutzministerium in den USA – einzurichten, lehnte die Koalition ab. Für Otto Schily waren Freiheit und Sicherheit zwei Seiten ein und derselben Medaille, er berief sich dabei gerne auf ein Zitat von Wilhelm von Humboldt aus dem Jahr 1792: «Ohne Sicherheit vermag der Mensch weder seine Kräfte auszubilden, noch die Frucht derselben zu genießen; denn ohne Sicherheit ist keine Freiheit.»[56] Menschen, die in Furcht vor und in Bedrohung durch Kriminalität, Gewalt und Terrorismus leben müssen, könnten ihre Freiheitsrechte nicht ausschöpfen und leben. Schily hielt es für eine der bedeutendsten Aufgaben des Staates, die Sicherheit und den Frieden seiner Bürger zu gewährleisten.[57] Die Frage nach der aktiven Verpflichtung des Staates, seine Bürger vor aller Art innerer Bedrohung zu schützen, ist schon lange ein Gegenstand kontroverser rechtswissenschaftlicher Debatten. Im Gegensatz zur französischen Erklärung der Menschen- und Bürgerrechte oder der Grundrechte-Charta der Vereinten Nationen enthält das bundesdeutsche Grundgesetz kein ausdrückliches Recht auf Sicherheit. Dennoch, abgeleitet aus dem Verfassungstext wie aus dem Gesamtsinn des Grundgesetzes, herrscht ein allgemeiner Konsens: Bürger verfügen nicht nur über negative Abwehrrechte gegen staatliche Willkür, sondern der Staat habe seine Bürger auch zu schützen. Es gebe also nicht nur ein «Übermaßverbot» an staatlichen Eingriffen in die Freiheitsrechte der Bürger, sondern ebenso ein «Untermaßverbot», was bedeutet, dass der Staat als Inhaber des Gewaltmonopols verpflichtet ist, gesetzliche und administrative Maßnahmen zu ergreifen, um Freiheit und Sicherheit aufrechtzuerhalten.[58] Dieses «Untermaßverbot», kombiniert mit dem Prinzip der «wehrhaften Demokratie», war das grundlegende Argument, das Innenminister Schily für die Sicherheitsgesetzgebung nach dem 11. September 2001 anführte.

«Sicherheit als Bürgerrecht» oder «Sicherheit herstellen, Bürgerrechte sichern»?

Von dieser Stelle aus war es nur noch ein kurzer Weg zur Ausweitung des Sicherheitsbegriffs, wie ihn Kanzler Gerhard Schröder in seiner ersten Regierungserklärung nach der Wiederwahl von Rot-Grün am 29. Oktober 2002 formulierte: «Neben der sozialen Sicherheit ist die innere Sicherheit ein wesentliches Fundament unserer Gesellschaft und eine wesentliche Bedingung unserer Freiheit. Wir haben deshalb stets betont, dass es keinen Widerspruch zwischen Sicherheit auf der einen und Bürgerrechten auf der anderen Seite geben kann und darf. Wir verstehen Sicherheit als elementares Bürgerrecht.»[59] Diese Ausweitung und Verschiebung des Sicherheitsbegriffs war die Folge von 9/11. Bereits zwei Monate nach den Anschlägen in den USA hatte der SPD-Parteivorstand das Verhältnis von «Freiheit und Sicherheit» angesichts der terroristischen Bedrohung neu justiert. Die SPD sei die Partei der Freiheit, hieß es dort, und Freiheit hätten die Sozialdemokraten für die meisten Menschen erst durch den Ausbau der sozialen Sicherheit geschaffen. Nun gelte es, diese Freiheit zu bewahren und zu befestigen – durch eine Politik der inneren Sicherheit, die dem Sicherheitsverlangen der Menschen Rechnung trage. «Aufgabe und Ziel unserer Politik ist es, dass alle Menschen in unserem Land in Sicherheit leben und dass von unserem Land keine Terrorakte vorbereitet werden können. Viele Menschen haben Angst vor einer Eskalation der Gewalt. Viele Menschen sind beunruhigt, dass bei der Bekämpfung des Terrorismus die Freiheit der Sicherheit geopfert wird. Wir nehmen diese Sorgen ernst. Wir wissen und sagen aber auch, dass entschlossenes Handeln unverzichtbar ist. Wir unterstützen Maßnahmen, die mit Stärke, Besonnenheit und Augenmaß gegenüber den für die Terrorakte Verantwortlichen und ihren Helfern reagieren, um die Sicherheit der Bürgerinnen und Bürger in unserem Land zu gewährleisten. Wir wollen auch in Zukunft in einer Gesellschaft leben, in der sich jeder in seiner Freiheit sicher fühlen kann.»[60]

Wie sich Sicherheit, die ja nichts Statisches war, seit dem Ende des Kalten Krieges verändert hatte, fand große Aufmerksamkeit. Wer eine Weltinnenpolitik für notwendig erachtete, der musste auch in Sicherheitsfragen global denken. Auf einem Programmforum «Sicherheit für Deutschland» führte der Kanzler am 21. Januar 2002 in Berlin aus, wie er darüber dachte. «Sicherheit» hielt er für ein «Kernthema sozialdemokratischer Identität», sie sei das Fundament, auf der eine solidarische Gesellschaft gründe. «Innere» und «äußere» Sicherheit ließen sich jedoch durch neuartige Bedrohungen gar nicht mehr voneinander trennen, Schröder dachte dabei nicht allein an den Terrorismus, sondern auch an Flüchtlingsströme, Drogenhandel, das Ozonloch und an giftige Nahrungsmittel. Sicherheit konnte nach dem Dafürhalten des Kanzlers nicht ausschließlich dem Militär und der Polizei überlassen werden. Man müsse auch das Umfeld, in dem Gewalt entsteht, «gleichsam friedlich erobern und zivilisieren»: durch präventive Konfliktregelung, durch Schaffung sozialer und ökologischer Sicherheit, durch ökonomische Zusammenarbeit und durch das Eintreten für Menschen- und Minderheitenrechte. Den Sicherheitspaketen, die Innenminister Schily umgesetzt hatte, bescheinigte er ein ausgewogenes Verhältnis zwischen Sicherheitsinteressen und dem hohen Gut der Freiheit. Schließlich gelangte Schröder zum Kern seiner Botschaft: «Ich möchte allerdings eines klarstellen: Wir haben in der Vergangenheit, gerade auch in unserer Partei, häufig so diskutiert, als seien ‹Sicherheit› und ‹Bürgerrechte› ein Gegensatzpaar, das man jeweils in die Balance bringen müsste. Ich denke, das ist falsch. Sicherheit ist ein Bürgerrecht, und zwar eines der elementarsten. Unser Thema ist nicht: Sicherheit und Bürgerrecht, oder gar: Sicherheit oder Bürgerrecht. Unser Thema ist: Sicherheit als Bürgerrecht!»[61]

Die Bekämpfung des neuen internationalen Terrorismus war eine gewaltige Aufgabe, wie konnte Freiheit bewahrt und Sicherheit hergestellt werden? Die sozialdemokratische Antwort lautete, Sicherheit als Voraussetzung für eine größtmögliche Entfaltung der individuellen Freiheit und somit als Bürgerrecht zu definieren.

Bei den Grünen lautete die Formel anders, die beiden Bereiche wurden nicht miteinander verleimt. In deren sicherheitspolitischen Überlegungen stand am Beginn der Debatte «Sicherheit herstellen – Bürgerrechte sichern», dann wurde daraus «Sicherheit herstellen und Freiheit verteidigen». Das entscheidende Dossier der Fraktion begann mit der Bemerkung: «Die Terroranschläge gegen New York und Washington sind ein Anschlag auf die Menschlichkeit. Sie bedrohen die Demokratie und den Rechtsstaat. Die Freiheit zu sichern und zu verteidigen ist die Aufgabe des Rechtsstaates in unserer Demokratie. Deshalb versteht sich unsere Verfassung als wehrhafte Demokratie.» Lückenlose Sicherheit könne es nicht geben, alle offenen Gesellschaften seien auch verwundbar. Der Rechtsstaat müsse sich daher den neuen terroristischen Bedrohungen entschlossen und besonnen zugleich stellen, unter Wahrung der Bürgerrechte müsse überlegt und vernünftig gehandelt werden, wobei die neue Herausforderung des Terrorismus «neuen Typs» nicht mit den Rezepten von gestern bekämpft werden könne. So sei es beispielsweise naiv zu glauben, die mit modernsten Kommunikationstechniken ausgestatteten Terroristen würden in eine Rasterfahndung geraten oder durch Fingerabdrücke auffallen. Es folgte das bündnisgrüne Konzept zur Verbesserung der öffentlichen Sicherheit, das sich zugleich von einem «blinden Aktionismus zu Lasten der Bürgerrechte» abgrenzte, jedoch alle Bereiche auflistete, die der Koalitionspartner auch vorsah: das Verbot extremistischer Religionsgemeinschaften, eine Reform der Geheimdienstarbeit, eine Verbesserung der internationalen Zusammenarbeit, Ergänzungen in der Flugsicherheit und die Verhinderung von Geldwäsche. Eine sorgfältige Evaluierung der einzelnen Maßnahmen und ihre zeitliche Befristung wurden angemahnt.

Sämtliche gesetzlichen Regelungen müssten bestimmten Kriterien genügen: «Sie müssen erforderlich, zielgerichtet, effektiv und zugleich praktikabel sein, um das Ziel der Terrorismusbekämpfung zu erreichen. Der Preis für Freiheit und Rechtsstaatlichkeit muss sorgsam abgewogen werden mit der tatsächlichen Gefahrenlage und dem Gewinn an Sicherheit für die Bürgerinnen und Bürger. Wer nur die Schubladen mit alten Papieren leer räumt, offenbart weniger Entschlossenheit als Hilflosigkeit und Aktionismus.»[62]

Dies alles war aus bündnisgrüner Sicht wohl abgewogen, gut durchdacht, mit einer üblichen Prise Polemik versehen und gereichte Bürgerrechtspositionen zur Ehre. Doch wie rasch solche hehren Bekundungen von der Wirklichkeit eingeholt werden konnten, in der wohlgemeinte Abwägungen nicht mehr zählten, sondern es nur noch um ein Entweder-oder ging, erfuhren alle am 5. Januar 2003.

Alarm: Ein Flugzeug über Frankfurt

An diesem Tag vor dem Dreikönigstag des Januar 2003 wurde in Frankfurt am Main Katastrophenalarm ausgelöst. Ein Motorsegler flog auffällig über dem Bankenviertel der Stadt. Warum kreiste er dort? Drohte der Pilot seine Maschine in eines der Hochhäuser zu steuern, vielleicht in die Europäische Zentralbank? Wurde man Zeuge eines neuen Terroranschlags aus der Luft?

Verteidigungsminister Peter Struck saß vor dem häuslichen Fernseher, als er vom Inspekteur der Luftwaffe einen dringenden Anruf erhielt. Es gebe einen Vorfall, «Renegade», wie der Terminus bei der Bundeswehr lautete: Ein Flugzeug sei entführt worden, und der Pilot drohe, sich auf die Frankfurter Innenstadt zu stürzen. Die Bilder von 9/11 standen allen noch grell vor Augen, nach New York nun also die Skyline der Mainmetropole; auf n-tv liefen bereits die ersten Aufnahmen ein. Sollte der Verteidigungsminister den Befehl geben, dass die «Alarmrotte» aufsteigt? Das Verfahren der militärischen Luftraumüberwachung in Deutschland – «Air Policing» – funktioniert folgendermaßen: Soldaten der Luftwaffe sitzen vor Radarschirmen und beobachten den deutschen Luftraum auf Unregelmäßigkeiten. Entdecken sie ein unbekanntes Flugobjekt, so informieren sie die zuständige NATO-Luftverteidigungszentrale CAOC (Combined Air Operations Centers) – für Norddeutschland zuständig war jene in Goch am Niederrhein, für Süddeutschland jene in Meßstetten. Dem jeweils diensthabenden General stehen rund um die Uhr zwei aufgetankte und munitionierte Jagdflugzeuge vom Typ F-4F Phantom II zur Verfügung, eine sogenannte Alarmrotte, die binnen weniger Minuten in der Luft sein kann.

Struck ließ zunächst Hubschrauber aufsteigen, dann erteilte er den Befehl für die Alarmrotte. Anschließend rief er Bundeskanzler Gerhard Schröder an. Bange Fragen: Sollte das Flugzeug abgeschossen werden? Wer sollte den Befehl dazu geben? In Friedenszeiten ist dies Sache des Verteidigungsministers. Roland Koch, Ministerpräsident des Landes Hessen, meldete sich bei Struck, er hatte Teile der Innenstadt, den Hauptbahnhof und die Europäische Zentralbank evakuieren lassen und fragte ihn, was er zu tun gedenke. Struck erwiderte, er werde, wenn nötig, den

Befehl zum Abschuss geben. Ein Albtraum. Es folgten Minuten der Ungewissheit, dann drehte das Flugzeug ab, es stellte sich heraus, dass es sich um die Aktion eines geistig verwirrten 31-jährigen Mannes handelte, der keine Pilotenlizenz besaß.[63]

Struck legte nach den Ereignissen dar, dass er den Abschussbefehl gegeben hätte und unmittelbar darauf als Minister zurückgetreten wäre. Drängende Fragen standen im Raum: Hätte der Verteidigungsminister einen solchen Befehl überhaupt erteilen dürfen? Hätte ihn der Kampfpilot befolgen dürfen, oder hätte er sich auf sein Recht der Befehlsverweigerung berufen müssen? Nach Gesetzeslage hätte ein solcher Befehl den Piloten in eine äußerst schwierige Lage gebracht, es gab keine Rechtssicherheit, und Piloten durften nicht durch den Befehl des Verteidigungsministers gezwungen werden, unter Umständen gegen das Gesetz zu handeln.[64]

Der Vorfall ging glimpflich aus. Doch der Schock saß tief. Was, wenn es Terroristen gewesen wären? Nach diesem Ereignis wurde das am meisten umstrittene Gesetz zur Aufrechterhaltung der inneren Sicherheit beschleunigt und Teile davon erst aus der Taufe gehoben: das Luftsicherheitsgesetz aus dem Jahr 2005. Geplant war schon seit Längerem, dass es jene Sicherheitslücken auf deutschen Flughäfen und bei Flügen schließen sollte, die den Terroristen von 9/11 ihre so problemlose Vorgehensweise ermöglicht hatten. Außerdem erfolgte eine Anpassung an die EU-Luftsicherheitsverordnung von Ende Dezember 2002, die umfangreiche und engmaschige Personen- und Gepäckkontrollen auf den Flughäfen der Europäischen Union vorschrieb und den Passagieren verbot, bestimmte Gegenstände mitzuführen. Neu und juristisch sowie ethisch höchst umstritten war jedoch § 14 Absatz 3, in dem es hieß, dass gegen Flugzeuge in der Luft mit Waffengewalt vorzugehen sei, «wenn nach den Umständen davon auszugehen ist, dass das Luftfahrzeug gegen das Leben von Menschen eingesetzt werden soll, und dass sie das einzige Mittel zur Abwehr dieser gegenwärtigen Gefahr ist».[65] Im Klartext bedeutete dies: Vorgesehen war ein Einsatz der Luftwaffe, und damit ergab sich folgerichtig die Frage, ob dies mit dem Grundgesetz zu vereinbaren sei, das einen Bundeswehreinsatz «im Innern» nur in Katastrophenfällen erlaubt. Ein Flugzeug, auch ein Passagierflugzeug, konnte nach diesem Gesetzentwurf im Falle einer Entführung als letztmögliche Lösung abgeschossen werden;

die Entscheidung lag beim Verteidigungsminister. Leben retten, indem man Leben opferte – ein tragischer Konflikt.

Dieser Teil des Gesetzes stieß auf massive Kritik: Luftfahrtunternehmen lehnten es ebenso ab wie Bürgerrechtsorganisationen; der Bundesrat forderte eine Beteiligung am Gesetz; Bundespräsident Horst Köhler äußerte große Bedenken an der Verfassungsmäßigkeit und prüfte das Gesetz ungewöhnlich lange, bevor er unterschieb, jedoch gleichzeitig dazu riet, es dem Bundesverfassungsgericht vorzulegen. Der Bundeskanzler und der Innenminister forderten, das Gesetz zu verabschieden, sprachen sich jedoch gegen eine Grundgesetzänderung aus, denn bei einem solchen Fall handele es sich um übergesetzlichen Notstand. Verteidigungsminister Struck war zunächst für eine Änderung der Verfassung, wollte später aber nur noch eine unanfechtbare rechtliche Basis. Die CDU/CSU plädierte bereits seit längerer Zeit für eine Novellierung des Grundgesetzes, die FDP lehnte diesen Vorstoß kategorisch ab, ebenso die PDS. Der Koalitionspartner, die Grünen, stimmte dem Gesetz nach anfänglichen starken Bedenken zu.

Sechs Beschwerdeführer legten Verfassungsbeschwerden ein, darunter der ehemalige Bundesinnenminister Gerhart Baum (FDP) und der ehemalige Innenminister des Landes Nordrhein-Westfalen, Burkhard Hirsch (FDP). Am 15. Februar 2006 entschied das Bundesverfassungsgericht, dass die Regelung gegen das Grundrecht auf Leben und körperliche Unversehrtheit verstoße und daher verfassungswidrig und nichtig sei.[66] Die Verfassungswidrigkeit ergab sich aus folgenden Aspekten: Erstens fehle dem Bundesgesetzgeber die Zuständigkeit dafür, ein Gesetz zu erlassen, das den Einsatz der Streitkräfte im Inland erlaube; zweitens verstoße die Abschussermächtigung gegen das Grundrecht auf Leben und die Garantie der Menschenwürde. Die Frage nach der strafrechtlichen Verantwortlichkeit eines Bundeswehrpiloten, der ein entführtes Passagierflugzeug abschießt, ließ das Bundesverfassungsgericht offen. In der Urteilsbegründung hieß es: «Die einem solchen Einsatz ausgesetzten Passagiere und Besatzungsmitglieder befinden sich in einer für sie aussichtslosen Lage. Sie können ihre Lebensumstände nicht mehr unabhängig von anderen selbstbestimmt beeinflussen. Dies macht sie zum Objekt nicht nur der Täter. Auch der Staat, der in einer solchen Situation zur Abwehrmaßnahme des § 14

Abs. 3 greift, behandelt sie als bloße Objekte seiner Rettungsaktion zum Schutze anderer. Eine solche Behandlung missachtet die Betroffenen als Subjekte mit Würde und unveräußerlichen Rechten. Sie werden dadurch, dass ihre Tötung als Mittel zur Rettung anderer benutzt wird, verdinglicht und zugleich entrechtlicht; indem über ihr Leben von Staats wegen einseitig verfügt wird, wird den als Opfern selbst schutzbedürftigen Flugzeuginsassen der Wert abgesprochen, der dem Menschen um seiner selbst willen zukommt. Unter der Geltung des Artikel 1 Absatz 1 des Grundgesetzes (Menschenwürdegarantie) ist es schlechterdings unvorstellbar, auf der Grundlage einer gesetzlichen Ermächtigung unschuldige Menschen, die sich in einer derart hilflosen Lage befinden, vorsätzlich zu töten.»[67] Das Gericht ließ auch den Hinweis nicht gelten, dass die Betroffenen ohnehin dem Tod geweiht seien, denn menschliches Leben und menschliche Würde bemesse sich nicht nach der Dauer der physischen Existenz. In der Begründung des Gesetzes hatte Innenminister Otto Schily vor dem Deutschen Bundestag argumentiert, dass der Gesetzentwurf in sehr engen Grenzen die Zulässigkeit eines Flugzeugabschusses regle, weil es unredlich und unverantwortlich sei, einer solchen Klärung auszuweichen. In einer Demokratie könne nur die Politik eine derart schwere Verantwortung übernehmen, und die Politik dürfe diese Last nicht den Soldaten aufbürden. «Nur der Verteidigungsminister kann seinen Piloten einen entsprechenden Befehl geben», so Schily.[68] Dem hatte Burkhard Hirsch entgegnet: «Dieses Gesetz ist die Einführung des finalen Rettungstotschlags. Der Staat gibt sich das Recht, die Opfer einer Straftat zu töten, wenn der Verteidigungsminister meint, dass dies für alle besser sei.»[69] – Das Urteil des BVG stellte nur eines klar: Der Abschussbefehl eines Verteidigungsministers wäre verfassungswidrig und dürfte von einem Piloten nicht befolgt werden. Wie aber sollten und dürften sich die Piloten der Bundesluftwaffe verhalten, wenn sich ein Verteidigungsminister auf einen übergeordneten Notstand berufen würde? Diese Frage stand weiterhin unbeantwortet im Raum.

Gefahr von rechts: NPD-Verbotsverfahren scheitert

In einer anderen bedeutenden Frage versuchte der Innenminister eine Klärung herbeizuführen, doch dabei erlitt er einen Schiffbruch. Ein Mal war der Nimbus des Bundesinnenministers Otto Schily gefährdet, und er wurde in der Öffentlichkeit sogar als «Sicherheitsrisiko» bezeichnet.[70] Doch erst im größeren zeitlichen Abstand von zehn Jahren wurde deutlich, wie schwer der Schaden des gescheiterten Verbots der neonazistischen NPD, des Sammelbeckens von Rassisten, Hitler-Verehrern und Verfassungsfeinden, wirklich wog und wie stark die deutschen Inlandsgeheimdienste die Gefahr von rechts jahrelang bagatellisiert hatten, obwohl sich seit den 1990er Jahren die rassistisch motivierten Ausschreitungen im Westen wie im Osten der Bundesrepublik häuften. Das linke Auge der Verfassungsschutzbehörden sah ganz offensichtlich immer viel schärfer als das rechte, und gegen islamistisch motivierte Gewalt ging man ohnehin mit Härte vor. Die Mordserie der rechtsradikalen «Zwickauer Terrorzelle» jedoch und der gesamte neonazistische Unterbau sind erst im Jahr 2011 aufgedeckt worden.

Der hausgemachte Terror von rechts war viel älter als der internationale islamistische Terror. Er hatte Deutschland nach der Wiedervereinigung begleitet und erhob jetzt wieder verstärkt sein Haupt. Im Frühjahr und Sommer 2000 provozierte die NPD zunächst mit zahlreichen Demonstrationen: Skinheads marschierten durch das Brandenburger Tor, Neonazis schwenkten ihre Fahnen Unter den Linden in Berlin – und weil die NPD das Parteienprivileg genoss, konnten diese Aufmärsche nicht verboten werden. Kurz vor Ostern wurde ein Brandanschlag auf die Synagoge in Erfurt verübt. Am 1. Mai demonstrierte die NPD wieder in zahlreichen Städten. Es folgten Mordanschläge von Neonazis: In Dessau traten junge Nazis den Mosambikaner Alberto Adriano zu Tode, in Dortmund erschoss ein Rechtsextremer drei Polizisten. Fast täglich wurde über neue Angriffe auf Ausländer und Obdachlose berichtet, Ende Juni kam es zu einem Bombenanschlag am Düsseldorfer S-Bahnhof, zehn jüdische Auswanderer aus der ehemaligen Sowjetunion wurden verletzt. Am 1. August trat der bayerische Innenminister

Günther Beckstein vor die Presse und forderte die Bundesregierung auf, ein Verbot der NPD zu erwirken.[71]

In den folgenden Monaten entspann sich eine Debatte, ob ein solches Verbotsverfahren sinnvoll sei. Als erstes Mitglied der Bundesregierung hatte Umweltminister Jürgen Trittin ein «Nachdenken» über ein NPD-Verbot gefordert, falls «demokratischer Protest» nicht ausreiche.[72] Wie viele andere sprach sich Otto Schily zunächst gegen ein Parteienverbot aus, wofür es durchaus gute Gründe gab. Denn man konnte sich fragen, ob ein Verbot die Mitglieder nicht in den Untergrund treiben würde, und man konnte auch argumentieren, ein Verbot könne zum Alibi werden, nichts Umfassenderes mehr zu unternehmen. Außerdem: Was würde eigentlich passieren, wenn das Gericht eine negative Entscheidung träfe, würde mit einem solchen «Persilschein» die NPD nicht aufgewertet werden?

Die Bundesregierung hatte immer wieder betont, wie wichtig ihr – die mit der Devise einer gesellschaftlichen Modernisierung angetreten war – die Förderung von Toleranz und das Einschreiten gegen Extremismus und Gewalt war. Eine vom Innen- und Justizministerium gemeinsam kuratierte Veranstaltung am Verfassungstag, dem 23. Mai 2000, sollte Auftakt für das «Bündnis für Demokratie und Toleranz – gegen Extremismus und Gewalt» sein. Doch einigen kritischen Bundestagsabgeordneten wie Annelie Buntenbach von Bündnis 90/Die Grünen schien das Ganze nur eine «ministerielle Selbstbeweihräucherung in Form einer Saalveranstaltung» zu werden – eher peinlich und keinesfalls in die Gesellschaft ausstrahlend.[73] Otto Schily und seine Kollegin, Justizministerin Herta Däubler-Gmelin, bemühten sich, in einem gemeinsam verfassten Schreiben für die Veranstaltung zu werben: «Für die Bundesregierung gehört die politische Auseinandersetzung mit dem Rechtsextremismus und seine Bekämpfung zu einer der wichtigsten Aufgaben in dieser Legislaturperiode. Extremistische Aktivitäten und Erscheinungen sind keine vernachlässigenswerten Randprobleme unseres Gemeinwesens. Die Zahl rechtsextremistisch motivierter Gewalt ist vielmehr im vergangenen Jahr erneut angestiegen.» Daher wolle man das erwähnte Bündnis ins Leben rufen, und jeder, der als Einzelner, als Gruppe oder als Institution nicht bereit sei, undemokratisches, intolerantes, extremistisches und fremdenfeindliches Verhalten zu dulden, sei als Partner willkommen.[74] Aber dies waren nur mehr Bekundungen, und die Veranstaltungen verpufften im Sommer 2000. Es genügte offenbar nicht. In «Bild am Sonntag» gab der Kanzler nach seinem Sommerurlaub ein energisches Interview; das NPD-Verbot sei «ein Stück politischer Hygiene».[75]

Am 30. Januar 2001 stellte die Bundesregierung beim Bundesverfassungsgericht den Antrag, die Verfassungswidrigkeit der NPD feststellen zu lassen – Bundestag und Bundesrat folgten kurz darauf mit eigenen Verbotsanträgen. Zum dritten Mal in der bundesdeutschen Geschichte sollte eine Partei verboten werden – 1952 war die rechtsextreme Sozialistische Reichspartei verboten worden, 1956 die Kommunistische Partei Deutschlands. Das Ganze war jedoch so ungenügend vorbereitet, dass sich daraus eine äußerst unangenehme, geradezu beschämende Lage für die «wehrhafte Demokratie» der Bundesrepublik entwickelte.

Es wurde eine Blamage für Otto Schily und die deutschen Inlandsgeheimdienste: Das Verbotsverfahren gegen die NPD scheiterte, weil es vom Bundesverfassungsgericht wegen der V-Mann-Affäre am 18. März 2003 ausgesetzt wurde. Der nordrhein-westfälische Landesverband der NPD, so der Verdacht, sei von eingeschleusten Leuten des Verfassungsschutzes gesteuert worden. Drei der sieben Richter des zuständigen zweiten Senats unter dem Vorsitz des Verfassungsrichters Hans-Joachim Jentsch und damit die Sperrminorität argumentierten, es sei nicht zu trennen, was auf das Konto der Partei gehe und was möglicherweise nur V-Männer des Verfassungsschutzes angezettelt hätten.[76] Verhandelt wurde somit gar nicht mehr die Frage, ob Parteienverbote ein sinnvolles Schutzschild der Demokratie seien und wie viel Freiheit eine erwachsene Demokratie den Feinden der Freiheit einzuräumen gewillt ist,[77] sondern im Zentrum stand der Skandal, der von Horst Mahler, einem der Anwälte der NPD, genussvoll ausgeweidet wurde: Mahler, einst Mitbegründer der RAF und seit einigen Jahren auf der Seite der radikalen Rechten zu finden, argumentierte auf der Basis eigener Erfahrungen, die er mit einem V-Mann gemacht hatte, der in den 1960er Jahren in die Studentenbewegung eingeschleust worden war. Welch eine böse Ironie: Mahler verteidigte die NPD gegen seinen ehemaligen RAF-Anwalt Otto Schily, und Gerhard Schröder wiederum hatte als Rechtsanwalt 1980 die Haftentlassung Mahlers bewirkt und ihm auch dabei geholfen, die Wiederzulassung als Rechtsanwalt zu erlangen.

Die V-Mann-Geschichte war ein verheerender Fehler. So etwas durfte nicht passieren. Hatte der Innenminister seine Behörden noch im Griff? Vor der Bundespressekonferenz Ende Oktober 2002 betonte Otto Schily «sehr krasse Fehler» – die natürlich die Beamten gemacht hätten, nicht der Minister selbst –, sah aber auf die Frage eines Journalisten «keine Veranlassung, mich mit Rücktrittsabsichten konfrontieren zu lassen».[78] Schilys Ministerium, federführend beim Verbotsantrag der Bundesregierung, hatte dem Gericht heikle Informationen vorenthalten, daraus entsprang die Affäre. Seitenlang zitierte die Klageschrift die ausländerfeindlichen und antisemitischen Ansichten eines ehemaligen NPD-Spitzenfunktionärs, verschwieg indessen, dass ihn der Verfassungsschutz von 1962 bis 1995 als V-Mann benutzt hatte. Erstaunlich war: Als die Bund-Länder-Fachkommission im Sommer mit den Vorbereitungen der Verbotsanträge begonnen hatte, war allen Länderinnenministern bewusst, wie hoch das V-Mann-Risiko war. Hatte es Schily ignoriert?

Nachdem die Karlsruher Verfassungsrichter das NPD-Verbotsverfahren ausgesetzt hatten, herrschte in der rechtsextremistischen Szene beste Stimmung, und das V-Mann-Desaster schloss die Reihen der einst so zerstrittenen Partei.[79] Heribert Prantl bezeichnete in der «Süddeutschen Zeitung» den Ausgang des Verfahrens als einen Sieg des Rechtsstaates, auch wenn nun die widerliche NPD weitermachen könne; er hielt fünf Dinge fest: «Erstens: die V-Mann-Seligkeit der deutschen Inlandsgeheimdienste, die zur Einstellung des Verfahrens geführt hat, ändert nichts an der Widerwärtigkeit der aufgewärmten NSDAP-Ideologie der NPD. Zweitens: Die vom Gericht zu Recht gerügten Schwächen der Verbotsanträge ändern nichts an der Gefährlichkeit der Neonazis. Drittens: Der Rechtsstaat muss über das V-Mann-Wesen umfassend nachdenken und über die Verwertbarkeit von V-Mann-Aussagen in Prozessen Klarheit schaffen. Viertens: Auf den Parteiverbotsverfahren ruht bisher in der Geschichte dieser Republik kein Segen. Fünftens: Es ist aber ein Segen, dass das höchste deutsche Gericht Legalität vor Opportunität stellt.»[80]

Terroranschläge in Madrid und in London

Dass die Debatte um rechtsextremistische Gewalt so rasch wieder abebbte, mag erstaunen, hing aber mit dem Kriegsausbruch im Irak zusammen, der die Aufmerksamkeit auf sich zog.

Zwei Jahre nach 9/11 hatte sich offenbar die islamistische Gefahrenlage weiter erhöht. Jedenfalls hielt das Bundeskriminalamt «die Durchführung auch größerer, einen mittleren Organisationsgrad voraussetzender Anschläge» in Deutschland für nicht mehr nur möglich, sondern sogar «wahrscheinlich». Man wisse zwar nichts über Tatmodalitäten, nichts über Ziele, Orte, Tatzeiten und über das Vorgehen, aber, so wurde spekuliert, die Terroristen würden wohl Anschlagsvarianten favorisieren, die keine großen Planungen voraussetzten, etwa Selbstmordattentate und den Einsatz von mit Sprengstoff präparierten Pkws und Lkws, glaubten Analytiker des BKA. Nach neuesten Erkenntnissen sei ein Sprengstoffattentat in der Nähe einer jüdischen Einrichtung in Berlin vorbereitet worden, auch in Düsseldorf habe man zuschlagen und in Karlsruhe habe ein Terrorkommando Handgranaten zünden wollen. Mitglieder der Islamistenorganisation Al Tawhid seien festgenommen worden.[81] Immer wieder kam es in verschiedenen Städten zur vorübergehenden Schließung von S-Bahn-Stationen oder von Flughäfen, weil Bombenwarnungen eingingen.

Im April 2002 war in einer Synagoge eines tunesischen Urlaubsortes eine Bombe explodiert, die 21 Menschen, darunter 14 deutsche Touristen, getötet hatte. Das grausamste Attentat in der Geschichte der Europäischen Union ereignete sich am 11. März 2004 in Madrid. Im morgendlichen Berufsverkehr der spanischen Hauptstadt detonierten zehn Sprengsätze in eng besetzten Personenwagen und Vorortzügen der Cercanias Madrid und rissen 191 Menschen in den Tod, 2051 wurden verletzt, 82 davon schwer. Dabei konnte man noch von Glück sprechen, dass zwei der vier Züge nicht – wie geplant – im menschenüberfüllten Bahnhof Atocha, sondern einige hundert Meter davor explodierten, weil die Züge Verspätung hatten. Außerdem konnten drei weitere Sprengsätze – die später in die Luft gehen sollten, um die Helfer vor Ort zu töten – von der Polizei entdeckt und gezielt gesprengt werden.

Nach den vielen Toten von Madrid waren die Menschen erschüttert – zum ersten Mal traf der islamistische Terrorismus Europa. Die Einschläge kamen offenbar näher, und die gefühlte Bedrohung wuchs von Tag zu Tag. Würden die Terroristen mit ihrer psychologischen Kriegsführung Erfolg haben? Es ging den Terroristen nicht allein um die Tötung möglichst vieler Menschen, ebenso spielte die Beeinflussung der westlichen Gesellschaften eine wesentliche Rolle. Terrorismus war auch eine «Kommunikationsstrategie» in dem Sinne, dass Gewalt auch als Nachricht und nicht nur als direktes Mittel zur Brechung des gegnerischen Willens eingesetzt wurde. Es ging somit nicht allein um die physischen Folgen der Gewaltanwendung, vielmehr um die psychologischen Effekte, die die Anschläge evozierten: Angst und Schrecken sollten zum permanenten Lebensgefühl der Menschen werden.

Einer Umfrage des Meinungsforschungsinstituts Forsa für den Nachrichtensender N24 zufolge gingen 54 Prozent der Bundesbürger von einer ebenso hohen Terrorgefahr in Deutschland aus wie in anderen europäischen Ländern. 43 Prozent waren dagegen der Meinung, die Gefahr von Attentaten sei in Deutschland geringer, weil die Bundeswehr nicht am Irak-Krieg beteiligt war.[82] Wegen einer Anschlagsdrohung musste Bundespräsident Johannes Rau Ende März 2004 seine Afrikareise abbrechen – ein bis dahin beispielloser Vorgang. Die Drohung bezog sich auf den geplanten Besuch Raus in Dschibuti, dort wollte er nach Aufenthalten in Nigeria und Tansania zum Abschluss seiner Afrikareise das deutsche Marinekontingent besuchen, das im Indischen Ozean als Teil des Anti-Terror-Einsatzes «Enduring Freedom» stationiert war. Bereits während der gesamten Reise Raus hatte es Warnungen vor Terroranschlägen gegeben, doch erst zuletzt war ganz direkt ein «Staatsoberhaupt» als Anschlagsziel genannt worden, und Rau war zu diesem Zeitpunkt das einzige westliche Staatsoberhaupt, das sich in dieser Region aufhielt. Nach Angaben des Bundesnachrichtendienstes planten Islamisten einen Anschlag mit einer oder mehreren Autobomben oder Mörsergranaten bereits am Flughafen der Stadt auf das deutsche Staatsoberhaupt, weshalb Rau von Tansania aus gar nicht in das Nachbarland, sondern gleich zurück nach Berlin flog. Das Auswärtige Amt beeilte sich jedoch zu betonen, dass keine allgemeinen Gefährdungen für deutsche Repräsentanten «wo auch immer in der Welt» vorlägen, sondern dass es sich um eine «spezifische regionale Gefährdungssituation» gehandelt habe, und verwies auf die Nähe zu Somalia und den Sudan, die als Aktionsgebiete islamistischer Gruppen und als berüchtigter Hort des internationalen Terrorismus galten.[83]

Am Morgen des 7. Juli 2005 ereigneten sich – wie knapp eineinhalb Jahre zuvor in der spanischen Metropole mitten im Berufsverkehr – drei Explosionen in der Londoner U-Bahn. Islamistische Bombenträger – sogenannte Rucksackbomber – zündeten ihren Sprengstoff in den Zügen und in einem Doppeldeckerbus. Der schwerste Anschlag ereignete sich auf der Piccadilly-Linie in einem Tunnel, was die Rettungsarbeiten erschwerte; allein hier wurden 28 Menschen getötet, insgesamt belief sich die Zahl der Opfer auf 52, hinzu kamen die vier Selbstmordattentäter, über 700 Menschen wurden teilweise schwer verletzt. Drei der vier Attentäter waren Briten pakistanischer Herkunft. In einem Bekennervideo kündigten sie weitere Anschläge an und begründeten dies mit den britischen Militäreinsätzen in Afghanistan und im Irak. Zwei Wochen später schlugen nur durch einen Zufall weitere Bombenanschläge in der Londoner U-Bahn fehl; die Sprengsätze zündeten nicht.

Einen Tag nach den Anschlägen von London verschärfte Deutschland seine Sicherheitsgesetze. Der Bundesrat billigte die schon länger vorbereitete Einführung des sogenannten elektronischen Passes, der mit einem Chip versehen ist. Otto Schily kritisierte, dass durch den Bundesrat der Vermittlungsausschuss angerufen wurde, weil man sich nicht über den digitalen Polizeifunk einigen konnte. Durch diese Verzögerung handle der Bundesrat «gegen die operativen Notwendigkeiten der Polizei und gegen die Sicherheitsinteressen der Bürgerinnen und Bürger».[84] Schily hatte sich am Tag zuvor persönlich ein Bild von den Folgen der Terrorakte in London gemacht und seinem britischen Amtskollegen Charles Clarke umfassende Unterstützung zugesichert. Während SPD-Innenexperte Dieter Wiefelspütz, aber auch FDP-Fraktionschef Wolfgang Gerhardt vor «Aktionismus» warnten, sprach sich Bayerns Ministerpräsident Edmund Stoiber dafür aus, mit Blick auf Großereignisse wie die Fußballweltmeisterschaft, die im Jahr 2006 in Deutschland ausgetragen werden sollte, den Einsatz der Bundeswehr im Inland zu ermöglichen und das Grundgesetz dementsprechend zu ändern. In zahlreichen westlichen Demokratien sei es selbstverständlich, in besonderen Situationen die Armee einzusetzen. Vor der anstehenden Bundestagswahl im September 2005 schlug die Union einmal mehr ein gemeinsames Lage- und Analysezentrum sowie gemeinsame Anti-Terror-Dateien für eine enge Zusammenarbeit von Polizei und Nachrichtendiensten vor. Außerdem forderte sie schärfere Sicherungsmaßnahmen für terrorverdächtige Ausländer, eine Visa-Warndatei, um Deutschland vor der Einreise gefährlicher Ausländer zu schützen, sowie eine Ausweitung der Videoüberwachung in Deutschland – Maßnahmen, die, so versicherten der bayerische Innenminister Günther Beckstein und der CDU-Innenpolitiker Wolfgang Bosbach, sich bei einem Wahlsieg von CDU/CSU angesichts der Mehrheitsverhältnisse im Bundesrat schnell bewerkstelligen ließen.[85] Wie immer im Vorfeld des Jahrestages von 9/11 gab es auch 2005 zahlreiche Aufrufe zur erhöhten Wachsamkeit. Deutschland dürfe sich nicht in einer trügerischen Sicherheit wähnen, erklärte Konrad Freiberg, der Vorsitzende der Gewerkschaft der Polizei. Ein halbes Dutzend Anschläge in Europa und Deutschland habe bisher verhindert werden können. Dass Deutschland von Anschlägen verschont wurde, sei dem «immensen Fahndungs- und Verfolgungsdruck der Sicherheitsbehörden» zu verdanken, doch seien Madrid und London «grausige Warnungen».[86]

Die Furcht der Menschen vor Terroranschlägen in Deutschland blieb anhaltend sehr hoch. In einer Studie des Instituts für Demoskopie Allensbach wurde 2005/06 gefragt: «Glauben Sie, dass man den islamischen Terrorismus in den nächsten Jahren in den Griff bekommen wird, oder glauben Sie das nicht?» 84 Prozent der über 16-Jährigen glaubten dies nicht, nur sieben Prozent vertrauten darauf, der Rest zeigte sich unentschieden.[87] Seit 2001 fürchtete – mit der Ausnahme des Januar 2004 – mehr als jeder zweite Bundesbürger einen Terroranschlag in Deutschland, und durchschnittlich etwa 40 Prozent der Menschen meinten, es müsse mehr zur Terrorbekämpfung im Innern getan werden, während durchschnittlich etwa 30 Prozent der Ansicht waren, die Sicherheitsvorkehrungen reichten aus.[88]

Internationaler Vergleich: USA, Europa

Am 13. Juni 2002 hatte der Europäische Rat einen Rahmenbeschluss zum Terrorismus gefasst, der anschließend in nationales Recht umgesetzt werden musste. Dies war ein großer Schritt. Denn erstmals wurde hier «Terrorismus» gleichsam für Europa verbindlich definiert. Zunächst beschrieb sich Europa selbst: «Die Europäische Union gründet sich auf die universellen Werte der Würde der Menschen, der Freiheit, der Gleichheit und der Solidarität, der Achtung der Menschenrechte und der Grundfreiheiten. Sie beruht auf den Grundsätzen der Demokratie und der Rechtsstaatlichkeit, die allen Mitgliedstaaten gemein sind.» Dies war die Ausgangslage, und der Terrorismus sei eine Bedrohung für die Demokratie, die freie Ausübung der Menschenrechte und die wirtschaftliche und gesellschaftliche Entwicklung. Jeder Mitgliedstaat der EU müsse die erforderlichen Maßnahmen ergreifen, dass Handlungen, die als terroristische Straftaten eingestuft werden, verfolgt würden. Als solche Straftaten wurden all jene klassifiziert, die darauf abzielten, «die Bevölkerung auf schwer wiegende Weise einzuschüchtern oder öffentliche Stellen oder eine internationale Organisation rechtswidrig zu einem Tun oder Unterlassen zu zwingen oder die politischen, verfassungsrechtlichen, wirtschaftlichen oder sozialen Grundstrukturen eines Landes oder einer internationalen Organisation ernsthaft zu destabilisieren oder zu zerstören: a) Angriffe auf das Leben einer Person, die zum Tode führen können, b) Angriffe auf die körperliche Unversehrtheit einer Person; c) Entführung oder Geiselnahme; d) schwer wiegende Zerstörungen an einer Regierungseinrichtung oder einer öffentlichen Einrichtung, einem Verkehrsmittel, einer Infrastruktur einschließlich eines Informatiksystems, einer festen Plattform, die sich auf dem Festlandsockel befindet, einem allgemein zugänglichen Ort oder einem Privateigentum, die Menschenleben gefährden oder zu erheblichen wirtschaftlichen Verlusten führen können; e) Kapern von Luft- und Wasserfahrzeugen oder von anderen öffentlichen Verkehrsmitteln oder Gütertransportmitteln; f) Herstellung, Besitz, Erwerb, Beförderung oder Bereitstellung oder Verwendung von Schusswaffen, Sprengstoffen, atomaren, biologischen und chemischen Waffen sowie die Erforschung und Entwicklung im Zusammenhang mit biologischen und chemischen Waffen; g) Freisetzung gefährlicher Stoffe oder Herbeiführen von Bränden, Überschwemmungen oder Explosionen, wenn dadurch das Leben von Menschen gefährdet wird; h) Störung oder Unterbrechung der Versorgung mit Wasser, Strom oder anderen lebenswichtigen natürlichen Ressourcen, wenn dadurch das Leben von Menschen gefährdet wird; i) Drohung, eine der in a) bis h) genannten Straftaten zu begehen.»[89] – Ein wahrlich umfangreicher Katalog, in dem sich auch Straftaten finden, die im Einzelfall gar nicht terroristisch motiviert sein müssen.

Mit rot-grüner Mehrheit wurde im Bundestag ein entsprechendes Gesetz eingebracht, um den EU-Rahmenbeschluss umzusetzen. Dagegen rief der Bundesrat den Vermittlungsausschuss an. Auf dessen 12. Sitzung am 13. November 2003 entspann sich eine heftige Kontroverse, die die Fronten in der Terrorismusbekämpfung zwischen Regierung und Opposition aufzeigte. Wortführerin der Bundesregierung war Justizministerin Brigitte Zypries, die nach der Bundestagswahl 2002 Herta Däubler-Gmelin abgelöst hatte. Zypries war zwischen 1995 und 1997 Abteilungsleiterin in der niedersächsischen Staatskanzlei unter Gerhard Schröder gewesen (sie galt als die Entdeckerin von Frank-Walter Steinmeier, eines ehemaligen Gießener Kommilitonen, den sie Schröder für den Posten als Medienreferent in der Staatskanzlei empfahl), anschließend in der rot-grünen Bundesregierung Staatssekretärin im Innenministerium und rückte dann als Ministerin auf, nachdem Däubler-Gmelin wegen eines verunglückten Bush-Hitler-Vergleichs nicht mehr tragbar war.[90] Mit der aus Hessen stammenden Brigitte Zypries zog ein weniger belehrender Ton in das Justizministerium ein. Pragmatisch und unkompliziert – das waren die Attribute, die man von politischen Beobachtern über sie hörte, sie brachte professionelle Ruhe ins Justizministerium und schlug keinen «hektische(n) Reformismus» an wie ihre Vorgängerin.[91]

Die Ministerin begründete zunächst den Gesetzentwurf vom April 2003 von SPD und Bündnis 90/Die Grünen zur Umsetzung der europäischen Vorgaben. Daraufhin betonten mehrere CDU-Ausschussmitglieder, die Bundesregierung sei nicht daran gehindert, die deutschen Vorschriften, die besser seien als die europäischen, beizubehalten. «Dies beschwert uns außerordentlich», bemerkte Jörg van Essen, nordrhein-westfälischer FDP-Bundestagsabgeordneter, und werde zu erheblichen

Probleme bei der Bekämpfung des Terrorismus führen. Worum ging es? Kontrovers waren erstens die «Sympathiewerbung» für kriminelle und terroristische Vereinigungen, die nach Ansicht der CDU/CSU wieder unter Strafe gestellt werden sollten, und zweitens Bestimmungen eines neu zu schaffenden § 129 a Absatz 2.

Der bayerische Staatsminister für Bundesangelegenheiten und Verwaltungsreform sowie Leiter der bayerischen Staatskanzlei Erwin Huber (CSU) fuhr schweres Geschütz auf: «Die Bundesregierung nimmt eine EU-Richtlinie, die darauf abgestellt ist, die Bekämpfung des Terrors in Europa zu verbessern, zum Anlass, um in Deutschland Vorschriften zu liberalisieren. Das steht im Gegensatz zu dem, was ursprüngliche Absicht auf europäischer Ebene war; denn die Richtlinie geht auf den 11. September 2001 zurück.» Huber beschrieb mit einem erst wenige Tage zurückliegenden Beispiel, warum er eine Aufweichung auf dem Gebiet der Sympathiewerbung für verhängnisvoll hielt: «Dazu möchte ich aktuell an die Grundsteinlegung für das jüdische Kulturzentrum in München erinnern, auf das am 9. November eine rechtsradikale Gruppe einen Anschlag geplant hatte. Sie konnte dankenswerterweise von der Polizei frühzeitig ausgehoben werden. Hätte es bei dieser Veranstaltung eine Sympathiewerbung für diese Gruppe gegeben, wäre das nicht strafbar gewesen. Das ist wohl kaum mit Sonntagsreden zu vereinbaren, die in diesem Zusammenhang gehalten werden. Wir sind der Meinung: Sympathiewerbung für terroristische oder kriminelle Vereinigungen ist eine Unterstützung von den Gemeinschaftsfrieden gefährdenden Bestrebungen und sollte unter Strafe gestellt werden.»

Für noch weniger verständlich hielten es Huber und seine Kollegen aus der Union, dass die Bundesregierung den § 129 a Absatz 1 aufweiche, indem sie im neu einzufügenden Absatz 2 Bedingungen formulierte, ab wann man erst von einer terroristischen Vereinigung ausgehen könne und somit ein Straftatbestand vorliege; der Straftatenkatalog müsse doch erweitert, nicht verringert werden. Die Bundesregierung schlage zwei Regelungen vor, so der Vorwurf von Huber, welche die Bekämpfung von Terrorismus und kriminellen Vereinigungen erschwerten, und er schloss: «Das geht in die falsche Richtung.»

Zypries erwiderte: «(...) in der Praxis hat die Tathandlung des Werbens für eine terroristische Vereinigung nach der RAF-Zeit so gut wie keine Bedeutung mehr. Der Generalbundesanwalt hatte 1998 noch zehn Fälle, 1999 waren es zwei, 2000 war es keiner, 2001 einer, 2002 waren es sieben. In keinem Fall ist Anklage durch den Generalbundesanwalt erhoben worden. Das heißt, der praktische Gehalt dieser Vorschrift ist ausgesprochen gering.» Man könne auch nicht sagen, dass die deutschen Regelungen besser geeignet seien als jene, auf die sich die EU geeinigt habe. Zypries vertrat die Ansicht, es sei ein Wert an sich, eine Formulierung aus einem EU-Rahmenbeschluss möglichst wörtlich zu übernehmen. Ziel der europäischen Regelung sei, nicht nur in Bereichen des Strafrechts, sondern auch bei der Definition des Terrorismus «einheitliche Standards zu setzen und dafür zu sorgen, dass sie in den europäischen Staaten übernommen werden». Nach längerer Debatte wurde abgestimmt. Der Antrag, das Gesetz der Bundesregierung zu bestätigen, fand 15 Stimmen, dagegen votierten ebenfalls 15 – damit war nach üblichem Verfahren der Antrag abgelehnt und der erste Einigungsversuch gescheitert. Es folgten, so das Prozedere, zwei erneute Einigungsversuche, die ebenfalls scheiterten.[92] Auf Antrag der Bundesregierung wurde der Einspruch des Bundesrates in namentlicher Abstimmung im Bundestag zurückgewiesen, und das Gesetz konnte in der ursprünglichen Fassung am 22. Dezember 2003 verkündet werden.

Zypries sprach sich in der Folgezeit mehrfach dafür aus, europaweit den elektronischen Datenaustausch zu nutzen, lehnte aber ein zentrales EU-Strafregister ab.[93] 2004 legte sie zusammen mit dem Bundesinnenministerium einen Gesetzesentwurf zur elektronischen Wohnraumüberwachung vor, der auch «Berufsgeheimnisträger» wie Ärzte, Anwälte, Steuer- und Drogenberater sowie Journalisten mit einschloss. Grund dafür war die verstärkt empfundene Bedrohungslage durch den islamistischen Terror nach den Anschlägen in Madrid im März dieses Jahres, doch nach massivem Protest musste Zypries den Gesetzesentwurf wieder zurückziehen. Eine Ausweitung von DNA-Analysen zur Verbrechens- und Terrorismusbekämpfung lehnte sie aus praktischen und verfassungsrechtlichen Gründen ab.

Viel weiter als in Europa und in Deutschland ging die präventiv ausgerichtete, restriktive Anti-Terror-Gesetzgebung in den Vereinigten Staaten von Amerika. Das bedeutendste Anti-Terror-Paket der Bush-Regierung war der «USA Patriot Act», eine Abkürzung für «Uniting and

Strenghening America by Providing Appropriate Tools Required to Intercept and Obstruct Terrorism», das am 25. Oktober innerhalb von nur drei Tagen vom Kongress verabschiedet und einen Tag später von Präsident Bush unterschrieben wurde. Es enthielt eine Vielzahl von Bestimmungen und Gesetzesänderungen, die allesamt der Bekämpfung des Terrorismus innerhalb der USA dienen sollten. So wurden die Möglichkeiten von Ermittlern, Telefone, Anrufbeantworter und Mailboxen verdächtiger Personen abzuhören, erleichtert; ebenso konnten nun Hausdurchsuchungen vorgenommen und Computerdateien verdächtiger Personen kontrolliert werden, ohne dass diese davon in Kenntnis gesetzt werden mussten; legalisiert wurde ein Austausch von Daten und Informationen zwischen Polizeibehörden und Geheimdiensten, was zu einer faktischen Aufhebung der Trennung zwischen diesen beiden Organen führte; Bankdaten und finanzielle Transaktionen durften ohne Kenntnis der jeweiligen Personen verfolgt werden; durch einen Zusatz von Präsident Bush vom November 2001 durften des Terrorismus verdächtige Personen ohne US-Staatsbürgerschaft auf Anweisung des Attorney General ohne gerichtliche Verfügung festgenommen und zeitlich unbefristet inhaftiert werden; die CIA erhielt die Erlaubnis, als Auslandsgeheimdienst auch im Inland zu ermitteln; das Personal an den Grenzen der USA und in den Einwanderungsbehörden wurde erhöht und das Strafmaß für terroristische Handlungen heraufgesetzt.

Eine weitere wichtige Maßnahme im «Krieg gegen den Terrorismus» sah vor, Militärtribunale zur schnellen und effizienten Ahndung terroristischer Straftaten einzurichten. Trotz einzelner Proteste billigten einer Umfrage der Gallup-Organisation zufolge in den ersten Monaten nach den Anschlägen 89 Prozent der amerikanischen Bevölkerung diese Anti-Terror-Politik ihrer Regierung. Medienbeobachter beklagten die extrem patriotische Presseberichterstattung, Kritikern der Gesetze wurde vorgehalten, unpatriotisch zu sein und damit einen Nährboden für weitere terroristische Anschläge zu schaffen.[94] Wie sich der amerikanische Rechtsstaat in einen Machtstaat verwandelte, dazu schreibt der Amerikahistoriker Manfred Berg resümierend: «Mit der Theorie der ‹einheitlichen Exekutive› (unitary executive) entwickelten Bushs Berater eine extrem dezisionistische Verfassungsdoktrin, der zufolge der Präsident völlig autonom darüber bestimmen dürfe, ob und wie er die Gesetze anwende; der Präsident stand demnach praktisch über dem Gesetz. Die Bush-Administration rechtfertigte mit dieser Doktrin unter anderem Folter gegen Terrorverdächtige im Ausland sowie deren unbefristete Internierung ohne Anspruch auf rechtliches Gehör. Obwohl diese Doktrin in eklatantem Widerspruch zur amerikanischen Verfassungstradition der checks and balances stand, setzte der Kongress dem präsidentiellen Machtanspruch kaum Widerstand entgegen.»[95]

Werfen wir einen Blick auf die nationale Gesetzgebung in Europa. Großbritannien verfügte bereits vor den Anschlägen in den USA über weitaus breitere Anti-Terror-Gesetze als alle anderen europäischen Staaten, und in seinen Maßnahmen nach dem 11. September übertraf es ebenfalls seine europäischen Nachbarn erheblich. Begründet wurde die Gesetzgebung damit, dass sich das Land in einem Notstand befinde und dass die Bedrohung durch Terroranschläge dringend eingedämmt werden müsse. Die am stärksten umstrittene Gesetzesinitiative hatte weitreichende Wirkungen: Der Innenminister erhielt das Recht, Ausländer, die des Terrorismus verdächtig waren und nicht ausgewiesen werden konnten, ohne Gerichtsverfahren zu inhaftieren und in Gewahrsam zu lassen. Premierminister Tony Blair rechtfertigte dies mit der Bemerkung, es sei in der Situation nach den Anschlägen äußerst fatal, auch nur einen einzigen Terroristen ungestraft laufen zu lassen. Als weitere Maßnahmen wurden die Beobachtung finanzieller Transaktionen Verdächtiger, die Speicherung von Internet- und Mobilfunkdaten sowie der Daten von Reisenden und die engere Zusammenarbeit zwischen Polizei und Geheimdiensten durchgesetzt. Vor allem gegen die Festnahme verdächtiger Ausländer ohne Gerichtsurteil regte sich im In- und Ausland massiver Protest, Amnesty International und zahlreiche andere Menschenrechtsorganisationen warfen Großbritannien die Verletzung der Magna Charta und der Europäischen Menschenrechtskonvention vor.

Frankreich, Italien, Spanien und Portugal reagierten ebenfalls umfassend auf die Terrorakte, wobei sich die Maßnahmen ähnelten. Erweitert wurden im Wesentlichen die Befugnisse, persönliche Daten zu speichern, Gespräche abzuhören sowie Wohnungen, Büros und Computer zu durchsuchen, ohne dass die so Überwachten unterrichtet werden mussten. In unterschiedlicher Intensität kam es zu einer Zusammenarbeit von Polizeistellen und Geheimdiensten. Gemeinsam war den europäischen Ländern die zeitliche Befristung der Gesetze. Großbritannien und Spanien sahen sich aufgrund der Anschläge im jeweils eigenen Land in ihrem Anti-Terror-Kurs bestätigt, zugleich jedoch gerieten die getroffenen Maßnahmen ins Visier der Kritiker, da sie trotz ihrer Intensität die Anschläge nicht hatten verhindern können.[96]

Transnationale Terrorismusbekämpfung

Mit Zurückhaltung und Augenmaß seien die bundesdeutschen Anti-Terror-Maßnahmen von den Sicherheitsbehörden implementiert worden – dies jedenfalls ergab eine Evaluation im Frühsommer 2005,[97] von einer immerwährenden Repressionssteigerung konnte jedenfalls nicht die Rede sein, einzelne Regelungen unterlagen einer zeitlichen Befristung, und Vergleiche mit dem Machtmissbrauch der NS- und der SED-Diktatur waren vollkommen unangemessen. Im Gegensatz zu den USA und Großbritannien erfolgte die Bekämpfung des Terrorismus in (Kontinental-)Europa und in Deutschland in erster Linie auf zivil-juristischer und nicht auf militärischer Basis. Allerdings bedeuteten die monströsen Terroranschläge von 9/11 einen externen Schock für den bundesdeutschen Rechtsstaat. Dieser war zwar seit den 1970er Jahren an Terrorismus gewöhnt, doch markierten die Anschläge den Umschwung von einem primär binnenstaatlich organisierten Terrorismus der RAF-Zeit hin zu einem transnational und international organisierten Terrorismus. Anders als die Vereinigten Staaten von Amerika interpretierte die rot-grüne Bundesregierung Terrorismus weiterhin als einen kriminellen Akt und hielt sich von der amerikanischen Definition als kriegerische Handlung fern. Die Regierung Schröder-Fischer befand sich in einer ähnlichen Lage wie die sozialliberale Regierung unter Willy Brandt: Angetreten mit dem Versprechen, mehr Demokratie zu wagen und Bürgerrechte auszubauen, sah sie sich durch Terrorattacken dazu gezwungen, mit repressiver und präventiver Sicherheitspolitik der neuen Bedrohung Herr zu werden. Allein die Möglichkeit, dass ein Selbstmordattentäter aus religiösem Wahn auch in Deutschland Anschläge verüben könnte, schuf ein Klima der Angst und veränderte das staatliche Sicherheitsdenken. Neuartig waren die globale Vernetzung des Terrorismus, bei der nur eine transnationale Terrorismusbekämpfung über Grenzen und Bündnisse hinweg wirksam sein konnte, und der starke Einfluss außenpolitischer Faktoren auf die deutsche Außen- und Sicherheitspolitik. Niemals zuvor bildeten Außenpolitik und innere Angelegenheiten der nationalen Sicherheit eine derart feste Einheit. Ein völlig eigenständiger nationaler Weg der Terrorismusbekämpfung gehörte einer längst vergangenen Zeit an.

3. Rückkehr und Verwandlung Europas

Integration im Westen und Revolution im Osten

Nationale Politik ist im 21. Jahrhundert nicht mehr von der europäischen Ebene zu trennen, zu tief verwoben sind Politik, Recht, Wirtschaft und Kultur. Dies ist durch zahlreiche Bezüge und in vielen Handlungsfeldern, die an verschiedenen Stellen des Buches gezeigt werden, deutlich geworden – gerade haben wir dies an der Sicherheitspolitik gesehen, zuvor etwa bei der Ökonomie, den Atomfragen oder der Agrarwende bis hin zum Thema Krieg und Frieden, das uns in diesem Teil des Buches noch weiter beschäftigen wird. Im späteren Verlauf werden weitere Dimensionen hinzutreten, beispielsweise die europäische Erinnerungskultur oder das Defizitverfahren der EU gegen Deutschland. Im folgenden Kapitel sollen daher lediglich die fundamentalen Verwandlungen des Kontinents beschrieben werden. Das Kapitel ist zwischen 9/11 und dem Irak-Krieg platziert, weil dieser Krieg das neue Europa, das sich eben erst zusammenfand, wieder spalten sollte. Wenn man 2005 von Europa sprach, hatte dies einen ganz anderen Klang als noch eine Generation davor, aber auch einen anderen als noch 1998. Europa war immer ein Geschichtsraum, der sich sozial, ökonomisch und politisch veränderte, ohne dass seine Grenzen jemals eindeutig bestimmbar gewesen wären. Am Übergang vom 20. zum 21. Jahrhundert war Europa so dramatischen Veränderungen unterworfen wie sonst kein anderer Teil der Welt. In sämtlichen Lebensbereichen vollzog sich ein revolutionärer Wandel – im Osten des Kontinents stärker als im Westen. Der Untergang des Kommunismus, das Ende der Zweiteilung der Welt und des Kalten Krieges sowie die Revolution der Staatenwelt führten zu einer Rückkehr und Verwandlung Europas von historischem Ausmaß innerhalb eines nur sehr kurzen Zeitraums. Die Dynamik von Umbruchsereignissen veränderte den Kontinent grundlegend. In den 1980er und frühen 1990er Jahren war eine beschleunigte Integration und Demokratisierung (West-)Europas festzustellen, dann tauchten neue Konflikte auf: Der Krieg kehrte nach Europa zurück, und Bezugsräume der Welt verschoben sich infolge des Anschlags von 9/11. Europa wurde größer, es erweiterte sich erheblich. 2004 kamen zu den bisher 15 mit einem Schlag zehn neue Länder hinzu, doch das Thema, wer zu Europa gehören darf und wer nicht, fand keine endgültige Antwort. An der Türkei-Frage, die nach 9/11 auch unter geostrategischen Gesichtspunkten geführt wurde, erhitzten sich die Gemüter. Auf einer höheren Ebene warf sie zudem das Problem auf, in welchem Verhältnis Erweiterung und Vertiefung Europas zueinander standen. Große Schwierigkeiten mussten gelöst und andere zumindest diskutiert werden. Die Einführung des Euro bedeutete nicht nur ein neues Zahlungsmittel, sondern man empfand sie als Symbol europäischer Zuversicht und Gemeinsamkeit. Darüber hinaus stand die Debatte über eine europäische Verfassung im Raum. Auf welches Ziel strebte Europa hin, und wie sollte die Gemeinschaft am Ende der Entwicklung aussehen? Dies war die Diskussion über die «Finalität» Europas. Europa wuchs zusammen und gewann offenbar, so jedenfalls die globale Sicht von außen, unablässig an Einfluss; es war ein Versprechen auf eine bessere Zukunft. Wurde hier nicht ein neues Kapitel in der Erfolgsgeschichte des europäischen Einigungswerks nach dem Zweiten Weltkrieg geschrieben?

Historisch gesehen entwickelte sich «Europa» immer in Wellenbewegungen. Vieles, was um die Jahrhundertwende einer Lösung zutrieb, war lange Zeit liegen geblieben, hinausgezögert oder nur auf den westeuropäischen Bezugsrahmen gedacht worden und musste nun den neuen Realitäten angepasst werden. Nach der Krisenzeit der 1970er Jahre nahm die europäische Integration zu Beginn der 1980er Jahre, begünstigt durch eine unerwartet positive wirtschaftliche Gesamtentwicklung, neue Fahrt auf. Niemand sprach mehr von «Eurosklerose», einer europäischen Lähmung, vielmehr war eine neue Kraft, ein lange nicht mehr gekannter Schwung zu verspüren. Europa wurde zu einem dynamischen Kontinent. In die 1980er Jahre fiel zudem die zweite Erweiterungsrunde, die Süderweiterung (1981 Griechenland, 1986 Spanien und Portugal). Diese trug maßgeblich zur Stabilisierung der jungen Demokratien bei und hatte Vorbildcharakter für die spätere Osterweiterung, verstärkte jedoch, wie jene, auch die regionalen und strukturellen Unterschiede innerhalb der Gemeinschaft, die nach Ausgleich riefen.

Anlässlich des 30. Jahrestags der Römischen Verträge trat am 1. Juli 1987 die Einheitliche Europäische Akte in Kraft. Wie immer mussten Hürden überwunden werden: In Dänemark wurde ein Referendum unumgänglich, dessen positiven Ausgang Griechenland und Italien zur Bedingung für ihre Unterschrift machten. Diese Akte beendete jedoch die Dauerkrise der Europäischen Gemeinschaft. Sie hatte einen Gemeinsamen Markt und offene Binnengrenzen im Visier. Europäische Symbole wie Flagge, Hymne, Europatag und Pass sollten eingeführt werden. Und das Europäische Parlament erhielt neue Befugnisse – so wurde die Legislative endlich gestärkt. In etlichen Bereichen wurden qualifizierte Mehrheitsentscheidungen eingeführt. Eine politische Union mit erweiterten politischen und sozialen Zuständigkeiten sollte geschaffen werden. Es war der größte Schritt für Europa seit 1957 und vor dem Vertrag von Maastricht 1991. Die Akte eröffnete neue Spielräume und Gestaltungsmöglichkeiten der europäischen Integration und beinhaltete neben rein ökonomischen und politischen Vorhaben erstmals auch Regelungen, die Europa seinen Bürgern näherzubringen versuchte. Endlich hatten Elan und Leidenschaft wieder Schwäche und Trägheit abgelöst.

Diese Integration im Westen stieß 1989/90 auf die Revolution im Osten. Die Zäsur von 1989 war so tief wie die von 1789. Innerhalb weniger Monate verschwanden kommunistische Diktaturen vom Erdboden, scheinbar unerschütterliche Machtstrukturen brachen zusammen wie morsches Gebälk.[1] Mit dem Untergang des Kommunismus versank auch die globale Machtstruktur des Kalten Krieges: das bipolare internationale System. Für Europa erwuchsen daraus eine gänzlich unverhoffte Chance und riesige Herausforderungen gleichermaßen. Vielfältig waren die Formen des Umbruchs im Osten, und dass alles relativ gewaltarm blieb, grenzte an ein Wunder. In Polen hatte es schon seit den 1970er Jahren gegoren, und in Gestalt der Gewerkschaftsbewegung Solidarność war die Opposition zu einer Massenbewegung herangewachsen. Ebenso wie Polen wurde Ungarn zum Wegbereiter der Demokratie in Osteuropa, als dort im Mai 1989 der Eiserne Vorhang seine ersten Löcher bekam. Gleichfalls friedlich verlief der Umsturz in der Tschechoslowakei, die allerdings zwei Jahre später zerfiel und sich in die beiden Staaten Tschechische Republik und Slowakei teilte. Schwierig war die Situation in den drei baltischen Ländern, Estland, Lettland und

Litauen, die sich aus der Sowjetunion heraustrennten, um ihre Eigenständigkeit wiederherzustellen, welche sie nach dem Ersten Weltkrieg für kurze Zeit gehabt hatten. Im Januar 1991 intervenierten sowjetische Militärs, Tote und Verletzte waren zu beklagen, bevor die sowjetische Führung nachgab. In Bulgarien und Albanien war die Situation lange kritisch. Blutig, ja begleitet von Gewaltexzessen vollzog sich der Umsturz in Rumänien, denn die gefürchtete Geheimpolizei Securitate verübte zahlreiche Gräueltaten. Im blockfreien Jugoslawien, in dem es bereits seit dem Tode Titos 1980 unruhig geworden war, mündeten ethnische und religiöse Konflikte in einen schonungslosen Bürgerkrieg. Schließlich dürfen die revolutionären Umwälzungen nicht vergessen werden, die mehr als ein Jahrzehnt später in ehemaligen Sowjetrepubliken stattfanden und nach Blumen und Farben benannt wurden: die «Rosenrevolution» 2003 in Georgien, die «orangene Revolution» 2004 in der Ukraine und die «Tulpenrevolution» 2005 in Kirgisistan. Diese gesamte Periode größter Veränderungen und des Durchbruchs zur Freiheit glich einem Völkerfrühling wie seit den Revolutionen von 1848 nicht mehr.

Die Osterweiterung der EU

Das politische Erdbeben hatte sich nicht angekündigt, und so war die EG am Ende der 1980er Jahre mit der Vollendung des Binnenmarktes und den Vorarbeiten zur Wirtschafts- und Währungsunion befasst. Europa war auf sich selbst, und das hieß seinerzeit: auf den Westen bezogen, als sich die weltpolitische Lage mit dem Fall der Berliner Mauer grundlegend veränderte. Die Revolutionen von unten verbanden sich mit einer Revolution der Staatenwelt. Nichts war mehr so wie zuvor. Mit der Auflösung des Ostblocks kamen kurz-, mittel- und langfristig vollkommen neue Herausforderungen auf die Europäische Gemeinschaft zu, für die es keine vorgegebenen Muster gab. Und mit der deutschen Wiedervereinigung stand die Gemeinschaft erstmals vor der Aufgabe, ihren Geltungsbereich auf einen ehemals sozialistischen Staat auszuweiten. Dieser in kürzester Zeit vollzogene Schritt wirkte ebenso wie die rasche Heranführung der postdiktatorischen ostmitteleuropäischen Staaten an

Europa als ein starker Impuls zur Vertiefung der gemeinschaftlichen Zusammenarbeit. Die Europäer standen vor der unverhofften Möglichkeit, die Einheit des Kontinents neu zu gestalten. Wie das neue Europa institutionell ausgestaltet sein sollte, blieb eine Zeitlang umstritten, dann einigte man sich auf das unter luxemburgischer Ratspräsidentschaft ausgearbeitete, aus drei Säulen bestehende Tempelmodell, in dem supranationale und intergouvernementale Elemente vereint waren. Während die erste Säule der Gemeinschaftsaufgaben im Kompetenzbereich der Kommission lag, fielen die zweite und die dritte Säule in den Aufgabenbereich der nationalstaatlichen Regierungen. Hierzu gehörte auch die Zusammenarbeit im Bereich der Gemeinsamen Außen- und Sicherheitspolitik sowie der polizeilich-justiziellen Kooperation. Das Städtchen Maastricht ist zum Synonym für die größte Veränderung Europas seit den 1950er Jahren geworden. Dort wurde im Dezember 1991 ein Vertragswerk beschlossen und am 7. Februar 1992 von den Außenministern unterzeichnet. Der Maastrichter Vertrag war ein Meilenstein. Er sah eine Währungsunion bis spätestens 1999 vor, projektierte eine Gemeinsame Außen- und Sicherheitspolitik sowie die Zusammenarbeit im Bereich von Polizei und Justiz, überführte eine bedeutende Zahl neuer Aufgaben in den Kompetenzbereich der Union und stärkte die demokratische Legitimation der europäischen Institutionen. Eine wohlgesinnte öffentliche Meinung hatte den Vertragsabschluss begleitet. So gingen die Regierungschefs von einer problemlosen Ratifizierung aus. Das «Nein» des dänischen Referendums mit 50,7 Prozent war für die europäischen Spitzenpolitiker ein Schock aus heiterem Himmel. Dieses negative Votum öffnete in der Bundesrepublik, in Großbritannien und in Frankreich Tür und Tor für hitzige Debatten. Es entstand ein breites Anti-Maastricht-Lager. Die teils populistische und in der Sache unzutreffende Kritik, die den Gemeinschaftsinstitutionen in der Folgezeit entgegenschlug, führte zu einer Krise, wie die Gemeinschaft sie seit dem Scheitern der Europäischen Verteidigungsgemeinschaft in den 1950er Jahren nicht mehr erlebt hatte. Nicht mehr nur der Vertrag an sich stand im Kreuzfeuer der Kritik, sondern die weitere Integration als Ganzes. Wieder einmal zeigte sich, was so oft europäische Politik ausmachte: dass in ihrem Vollzug nichts jemals definitiv entschieden ist. Aus dem Meilenstein drohte ein Flop zu werden.

Das vom französischen Präsidenten ursprünglich zur Befriedung der Diskussionen angesetzte Referendum in Frankreich endete denkbar knapp mit nur 51 Prozent Ja-Stimmen. Es konnte nicht dazu beitragen, die Vertrauenskrise zu überwinden. In Großbritannien drohte die Spaltung des Regierungslagers, und nur mit großem Geschick und gezieltem Druck auf die Abgeordneten konnte der Vertrag 1993 auf der Insel ratifiziert werden. Auch in Deutschland bedurfte es erst eines Verfassungsgerichtsurteils, bevor die Ratifizierung durch die parlamentarischen Gremien vollzogen wurde. Als am 1. November 1993 das Vertragswerk schließlich in Kraft treten konnte, war nicht nur die Euphorie über das Ende des Ost-West-Konflikts verflogen, sondern auch in vielerlei Hinsicht der Höhenflug beendet, der noch zu Beginn des Jahrzehnts die weitere europäische Integration erfasst hatte. Die Realität hatte Einzug gehalten. Die vornehme gemeinsame Verpflichtung zur friedlichen Neuordnung Europas und die egoistischen nationalen Sonderinteressen rieben sich bis zur Schmerzgrenze.

Zwischen 1991 und 1996 schloss die EG/EU mit zehn Staaten des ehemaligen Ostblocks (Polen, Ungarn, Tschechische Republik, Slowakei, Bulgarien, Rumänien, Estland, Lettland, Slowenien, Litauen) Assoziierungsverträge ab. Diese Europa-Abkommen enthielten eine spätere Beitrittsoption. Auf dem Gipfel von Kopenhagen im Juni 1993 legten die Staats- und Regierungschefs das Prozedere fest. Den Kandidaten sollte der Beitritt offenstehen, sobald die jungen Demokratien in der Lage dazu seien, die mit ihrer Mitgliedschaft verbundenen Verpflichtungen einzuhalten. Gleichzeitig wurden Kriterien benannt, welche die künftigen Mitglieder vor den Beitrittsverhandlungen erfüllen mussten. «Als Voraussetzung für die Mitgliedschaft», so hieß es in den Kopenhagener Kriterien, «muss der Beitrittskandidat eine institutionelle Stabilität als Garantie für demokratische und rechtsstaatliche Ordnung, für die Wahrung der Menschenrechte sowie die Achtung und den Schutz von Minderheiten verwirklicht haben; sie erfordert ferner eine funktionsfähige Marktwirtschaft sowie die Fähigkeit, dem Wettbewerbsdruck und den Marktkräften innerhalb der Union standzuhalten. Die Mitgliedschaft setzt außerdem voraus, dass die einzelnen Beitrittskandidaten die aus einer Mitgliedschaft erwachsenden Verpflichtungen übernehmen und sich auch die Ziele der politischen

Union sowie der Wirtschafts- und Währungsunion zu eigen machen können.»[2]

Alle assoziierten zehn Länder stellten im Zeitraum von zwei Jahren Beitrittsgesuche. Bereits 1987 hatte die Türkei ein solches Gesuch gestellt, Malta und Zypern waren 1990 gefolgt. 1997 und 1999 bescheinigte die Kommission allen Ländern die Erfüllung der Kopenhagener Kriterien – nur der Türkei nicht. Ihr billigte man aufgrund der unzureichenden politischen Qualifikation lediglich den Status eines Beitrittskandidaten zu. Am 16. April 2003 wurden auf der Agora in Athen, dem zentralen Kultplatz und Veranstaltungsort im antiken Griechenland, die Beitrittsverträge mit den Staaten Estland, Lettland, Litauen, Malta, Polen, Slowakische Republik, Slowenien, Tschechische Republik, Ungarn und Zypern feierlich unterzeichnet, und zum 1. Mai 2004 traten sie der Union bei, die mit einem Schlag von 15 auf 25 Mitglieder wuchs. Am 1. Januar 2007 folgten Rumänien und Bulgarien. Seither verfügt die Europäische Union über 27 Mitgliedsländer. Dies war eine enorme Ausdehnung, fast eine Verdoppelung, innerhalb kürzester Zeit.

Rot-grüner Kurswechsel in der Europapolitik?

So stellte sich das europäische Tableau mitsamt den bevorstehenden Erweiterungen dar, als Rot-Grün 1998 in der Bundesrepublik das politische Ruder übernahm und Helmut Kohl, der «Ehrenbürger Europas», abgelöst worden war.[3] Manche Beobachter glaubten, eine jüngere Generation würde nun auch eine andere Europapolitik gestalten. Andererseits wirkten die etablierten Regelungen auf der Ebene der EU als Restriktionen, die den Handlungskorridor einer jeden Regierung in der Europapolitik beschränkten. Die sechsmonatige deutsche Ratspräsidentschaft 1999 stand nicht nur im Zeichen des Kosovo-Krieges, sondern war auch mit der Krise der Kommission konfrontiert. Am 16. März 1999 trat die Kommission unter ihrem Präsidenten Jacques Santer geschlossen zurück und übernahm damit die Verantwortung für zahlreiche Vorwürfe der Täuschung, Korruption und des Missmanagements, die seit einiger Zeit aufgekommen waren. Dass man sich bereits Anfang Juni auf den ehemaligen italienischen Ministerpräsidenten Romano

Prodi als neuen Kommissionspräsidenten einigen konnte, durfte als Erfolg der rot-grünen Bundesregierung verbucht werden, da er sowohl von der konservativen Europäischen Volkspartei als auch von der Sozialdemokratischen Partei Europas unterstützt worden war. Insgesamt ist die deutsche Ratspräsidentschaft angesichts der großen Probleme ausgesprochen positiv bewertet worden. Dabei hatten erhebliche Befürchtungen vorgeherrscht, weil von Schröder Ende 1998 ein nationalistischer Ton angeschlagen worden war: Man werde Krisen in der europäischen Gemeinschaft nicht mehr durch finanzielle Beiträge Deutschlands, die «in Europa verbraten werden», lösen, tönte er das eine um das andere Mal.[4] Schröder sprach mehr als alle Kanzler vor ihm von «deutschen Interessen». Seine Vorgänger hatten diese, so der spätere grüne Europaabgeordnete Reinhard Bütikofer, «immer europäisch eingekleidet und er hat sie nackt präsentiert».[5] War dies die neue Handschrift? War dieser Kanzler europakritisch wie noch keiner vor ihm? In Wahrheit schlug in der Nettozahlerdebatte ein gutes Stück Taktik durch: Da die Deutschen mehr als alle anderen eine Erweiterung Europas wollten – was die Nachbarn wussten –, herrschte dort nicht selten die Meinung vor, dass Deutschland dies auch bezahlen sollte – und diese Illusion warf Schröder in den Orkus.[6] Tatsächlich trat die erwünschte Wirkung ein. Bei den europäischen Kollegen, so berichtete die Europaparlamentarierin und Vorsitzende der Arbeitsgemeinschaft Sozialdemokratischer Frauen, Karin Junker, im SPD-Parteivorstand, sei «Verwunderung» darüber entstanden, dass das Thema der finanziellen Belastung Deutschlands so vehement auf die Agenda gesetzt wurde.[7] Anlässlich des Parteitages der ungarischen Sozialistischen Partei Ende November 2000 in Budapest fasste Gastredner Gerhard Schröder sein Programm in folgende Worte: «Wir betreiben heute von Berlin aus nicht etwa die Politik einer ‹Mittelmacht›. Sondern wir verfolgen, fest eingebunden in unsere europäischen und atlantischen Bündnisse sowie in die Staatengemeinschaft der Vereinten Nationen eine Politik des aufgeklärten Eigeninteresses – in Europa, mit Europa und für Europa.»[8]

Auf dem Gipfeltreffen am 12. und 13. Dezember 2002 in Kopenhagen beschloss der Europäische Rat, dass zum 1. Mai 2004 zehn neue Länder in die EU aufgenommen werden. Für diese rasche Erweiterungsentscheidung hatte sich Deutschland mehr als jedes andere Land starkgemacht, und sowohl Schröder als auch Fischer sprachen von einem «historischen Gipfel».⁹ In der Vergangenheit war in Brüssel, dem Hort des Westens, auch die Angst vor einer «Verostung» umgegangen. Außerdem hatte Frankreich lange befürchtet, die eigene globale und europäische Mitgestaltungsmacht zu verlieren, wenn die EU durch die Osterweiterung zwar größer, doch auch viel schwerfälliger würde. Mit dieser Entscheidung der Staats- und Regierungschefs in Kopenhagen wurde die Spaltung Europas endgültig überwunden. Damit, so der Kanzler, werde die Neue Ostpolitik Willy Brandts vollendet: In der Wiedervereinigung Europas wachse zusammen, was zusammengehöre. Schröder sagte: «Wir haben damit die historische Chance, diesen Kontinent zu einem Ort dauerhaften Friedens und Wohlergehens seiner Menschen zu machen.»¹⁰

Deutschland grenzt unmittelbar an den postkommunistischen Raum. Durch die Erweiterung der EU-Staatengemeinschaft erhoffte man sich deshalb ein stabiles Rechtssystem und geordnete Wirtschaftsstrukturen, wodurch die jungen Demokratien gefestigt würden. Dass deutsche Unternehmen wirtschaftliche Vorteile aus der Erweiterung ziehen könnten, war ein weiterer wichtiger Beweggrund. Schließlich waren es jedoch nicht nur der Stabilitätsexport und wirtschaftliche Faktoren, die für eine Osterweiterung sprachen, sondern ebenso historische Verantwortung und moralische Verpflichtungen, die aus dem Zweiten Weltkrieg resultierten und sämtliche Bundesregierungen in die Rolle eines Anwalts für die mittel- und osteuropäischen Staaten versetzten.¹¹ Allerdings hinderte dies Rot-Grün nicht daran, etwa bei der Arbeitnehmerfreizügigkeit gegenüber den östlichen Staaten harte Einschränkungen und lange Übergangsfristen (sieben Jahre) durchzusetzen, um den nationalen Arbeitsmarkt vor «Billiglöhnern» zu schützen. Auf einer Konferenz «Sicherheit im Wandel» Anfang Februar 2001 führte der Kanzler aus: «Wir wissen, dass wir hier auf Sorgen und auch auf Befürchtungen der Menschen treffen. Deswegen – und im Übrigen auch im Interesse der Beitrittskandidaten – habe ich einen Fahrplan mit auskömmlichen Übergangsfristen für die Freizügigkeit auf den Arbeitsmärkten vorgeschlagen. Aber es liegt an uns allen, die Menschen mit dem Herzen und mit dem Verstand davon zu überzeugen, dass die EU-Erweiterung eine Verpflichtung der Vergangenheit und ein Versprechen für die Zukunft ist: Dass wir alle im erweiterten – und weiter integrierten – Europa besser und sicherer leben werden.»[12]

Deutschland war der größte Nutznießer der Öffnung der Union, ließ zugleich jedoch das Gefühl der Abschottung zu. «Mit der Osterweiterung», so schrieb Michael Burda, Professor für Volkswirtschaftslehre an der Humboldt-Universität zu Berlin, «erhält die Globalisierung einen weiteren Schub». Denn bis zu 200 Millionen Menschen mit beträchtlicher Humankapitalausstattung würden in die EU integriert, was zu massiven Umwälzungen auf den Arbeitsmärkten führen werde.[13] Für viele Osteuropäer war Berlin die Hoffnung. Besonders Politiker aus Polen und Ungarn wiesen gern auf die Schlüsselrolle der deutschen Hauptstadt hin. Einem gängigen Bonmot zufolge war Berlin der einzige Ort, an dem man den Westen erleben konnte, ohne den Osten ganz zu verlassen.[14] Noch im Jahr 2000 sah freilich nur die Hälfte aller Deutschen Vorteile im Zusammenwachsen der EU, die andere Hälfte fürchtete gravierende Nachteile; erst 2001 neigte sich die Waage, und es waren 61 Prozent positiv gestimmt.[15]

In der Agenda 2000, die unter deutscher Ratspräsidentschaft von der EU verabschiedet worden war, hatte man das Finanzvolumen für den Erweiterungsprozess bis 2006 festgelegt. Knapp 80 Milliarden Euro waren für Strukturförderungen jeglicher Art in den osteuropäischen Staaten vorgesehen. Zum Vergleich führte die Bundesregierung gerne den Marshallplan für das kriegszerstörte Europa nach 1945 an, der sich, freilich in vollkommen anderen Zeiten, auf 13 Milliarden US-Dollar belaufen habe.[16] Die vor einer Erweiterung erforderlichen institutionellen Reformen waren, nachdem man auf dem Amsterdamer Gipfel 1997 noch keine Lösung gefunden hatte, im Dezember 2000 in Nizza beschlossen worden und sollten zum 1. Februar 2003 in Kraft treten. Nizza war freilich ein Gipfel, der zutiefst vom deutsch-französischen Streit geprägt war. Erst nach 2002 wurde der gordische Knoten durchschlagen, und es kam zu einem spektakulären Wiederaufleben der deutsch-französischen Zusammenarbeit – die Ablehnung des amerikanischen Irak-Krieges führte zum Schulterschluss zwischen Jacques Chirac und Gerhard Schröder.[17] Im Jahr 2000 jedoch herrschte noch Eiseskälte. Chirac, der gaullistische Präsident, war gezwungen, in einer ungeliebten «Cohabitation» mit dem sozialistischen Ministerpräsident Lionel Jospin zu regieren. Beide blockierten sich gegenseitig, was zu einer vollkommen unflexiblen Haltung nach außen führte. Neben der Entscheidung über eine neue Struktur der EU-Kommission ging es in Nizza in erster Linie um eine Neuberechnung der Stimmen im Rat. Die Bundesregierung forderte eine stärkere Berücksichtigung der Bevölkerungsgröße Deutschlands. Damit die EU handlungsfähig bliebe, wollte sie zudem eine Ausweitung der qualifizierten Mehrheitsentscheide. Der Hintergrund war einfach zu verstehen: Wenn mit der Osterweiterung die Union erheblich anwuchs, war das Prinzip der Einstimmigkeit praktisch nicht mehr praktikabel. Seit Nizza gibt es eine stärkere Stimmenspreizung zwischen großen und kleinen Ländern als zuvor; auch die Stimmenverteilung im Europäischen Parlament ist stärker proportional zugeschnitten worden. Zusätzlich konnte ein Mitgliedstaat beantragen, dass überprüft wird, ob die erwähnte qualifizierte Mehrheit mindestens 62 Prozent der Gesamtbevölkerung der Union repräsentierte – war dies nicht der Fall, galt die Mehrheit als nicht erreicht.[18] Mit Blick auf die neue Stimmengewichtung hatte sich Gastgeber Chirac mit dem spanischen Ministerpräsidenten José María Aznar auf Kosten Deutschlands verständigt. Damit nicht genug: Aufgrund seines Verhaltens, den kleineren Ländern «Angebote» zu unterbreiten, um französische Interessen – wiederum vor allem die Bewahrung der Gleichrangigkeit mit Deutschland – durchzusetzen, kam Nizza dem deutschen Außenminister wie ein «großer Bazar» vor.[19] Der Historiker Tony Judt spricht von einem «peinlichen Kuhhandel», den die Franzosen initiierten.[20] Zwar wurde, worauf Frankreich pochte, am Ende die deutsch-französische Parität formal erhalten (trotz eines Bevölkerungsunterschieds zwischen Frankreich und Deutschland von 20 Millionen Menschen), doch durch die fakultative doppelte Mehrheit koppelte sich Deutschland von den anderen großen Ländern ab – ein «Sieg der Mannschaft des Kanzlers», wie die italienische Zeitung «La Republica» schrieb.[21] Die Enttäuschung von Joschka Fischer über den Gipfel von Nizza war deshalb so groß, weil er ein halbes Jahr zuvor den Stein weit nach vorne geworfen und sich mit den strategischen Perspektiven der europäischen Integration, ja mit der «Finalität» Europas beschäftigt hatte, von welcher an der Côte d'Azur gar nichts zu spüren war.

Deutschland als «ehrlicher Makler»? Fischers Europa-Idee

Wie die europäische Integration vertieft werden und woraus dieses einzigartige supranationale Vorhaben seine Identität schöpfen konnte, war eine Frage, die Europa von Anfang an begleitete. Solange es keine europäischen Parteien, keine europäischen Verbände, europäische Medien oder eine europaweite Zivilgesellschaft und auch kein europäisches Volk gab, hingegen das meiste national organisiert blieb, standen Nation und Europa in einem Spannungsverhältnis zueinander. Jedenfalls lag eine Umwandlung der EU in einen europäischen Bundesstaat in weiter Ferne. Jacques Delors, der von 1985 bis 1995 Präsident der Europäischen Kommission gewesen war, hatte Mitte Januar 2000 in «Le Monde» einen älteren Gedanken wiederbelebt, wonach Europa nur als eine «Föderation der Nationalstaaten» denkbar und handlungsfähig sei, weil Nationen nicht dazu verurteilt seien, einfach zu verschwinden.[22] Damit initiierte der große Europäer eine Debatte über die Neubegründung der EU, während die Vertreter der großen Länder offenbar kein Interesse an Europas Architektur zeigten. «Schröder, Chirac, Jospin, Aznar verkörpern bislang eine konzeptionelle Leermenge», stellte Christian Wernicke, «Zeit»-Korrespondent in Brüssel, fest, und jeder Vergleich mit Mitterrand oder Kohl ende unweigerlich in Nostalgie.[23]

Einer der ersten deutschen Politiker, der den Begriff der «Föderation der Nationalstaaten» aufgriff, war Außenminister Joschka Fischer. Am 12. Mai 2000 hielt Fischer an der Humboldt-Universität zu Berlin eine weithin beachtete Rede, die er mit der Überschrift versah: «Vom Staatenbund zur Föderation – Gedanken über die Finalität der europäischen Integration». Er tat dies, wie er betonte, nicht als Mitglied der Bundesregierung, sondern als «überzeugter Europäer und deutscher Parlamentarier». Fischer stellte also keine Positionen der Bundesregierung dar, sondern nahm sich die Freiheit, «über die Zwänge des Regierungshandelns und offizieller, wohlabgewogener Positionen hinauszugehen».[24] Fischer skizzierte zunächst die historische Genese der europäischen Integration nach dem Zweiten Weltkrieg und sprang dann auf die neuen Konstellationen nach dem Untergang des Sowjetimperiums über: «Eine auf Westeuropa beschränkte EU hätte es dauerhaft mit einem gespaltenen Staatensystem in Europa zu tun gehabt: in Westeuropa die Integration, in Osteuropa das alte Gleichgewichtssystem mit seiner anhaltend nationalen Orientierung, Koalitionszwängen, klassischer Interessenpolitik und der permanenten Gefahr nationalistischer Ideologien und Konfrontationen. Ein gespaltenes europäisches Staatensystem ohne überwölbende Ordnung würde Europa dauerhaft zu einem Kontinent der Unsicherheit machen, und auf mittlere Sicht würden sich diese traditionellen Konfliktlinien von Osteuropa auch wieder in die EU hinein übertragen.»[25] Daher stehe man heute vor der enorm schwierigen Aufgabe, zwei Großprojekte parallel zu organisieren: die schnellstmögliche Erweiterung und die Verbesserung der Handlungsfähigkeit, also die Vertiefung Europas. Fischers Überlegungen entsprangen mithin dem erhöhten Reformdruck, dem sich Europa durch die «Erweiterungskrise» gegenübergestellt sah. Die alten, für ursprünglich sechs Mitgliedstaaten Europas geschaffenen Institutionen mussten entschlossen reformiert werden. «Erosion oder Integration lautet deshalb die Konsequenz aus der unabweisbaren Erweiterung der EU», so Fischers Befund.

Wie diese Aufgabe gemeistert, die Demokratie gesichert und eine europäische Identität fundiert werden könne, war das Thema des zweiten, des «visionären» Teils der Rede. Hier schlug Fischer ein Stufenmodell vor, welches von der Prämisse ausging, dass die Vollendung der politischen Integration Europas nicht gegen die bereits vorhandenen nationalen Institutionen und Traditionen gelingen könne, sondern nur mit ihnen: «Nur wenn die europäische Integration die Nationalstaaten in eine solche Föderation mitnimmt, wenn deren Institutionen nicht entwertet oder gar verschwinden werden, wird ein solches Projekt trotz aller gegenwärtigen Schwierigkeiten machbar sein.» Man durfte an dieser Stelle von Fischers Europa-Idee freilich die Frage stellen, ob dieser Gedanke bei derart zahlreichen Institutionen unterschiedlichster Traditionen, wie es sie in den europäischen Nationen gab, nicht darauf hinauslief, die Quadratur des Kreises zu suchen. Jedenfalls war das nun skizzierte Modell, das es vielen recht machen wollte, den europäischen Dilemmata geschuldet. Die konkreten Schritte, die der deutsche Außenminister entwarf, klangen daher nicht für alle europäischen Ohren gleichermaßen überzeugend: Ein Kerneuropa, eine Avantgarde möge vorausgehen, wenn die anderen nicht mitzögen. Ein ähnliches Modell hatten bereits 1994 die beiden konservativen Politiker Karl Lamers und Wolfgang Schäuble vorgeschlagen. Beide hatten seinerzeit eines der wenigen visionären europäischen Konzepte entworfen – die Idee eines Europas der konzentrischen Kreise, dessen Kern Deutschland und Frankreich bilden sollten. Deutschland, das sämtlichen hegemonialen Bestrebungen für immer entsagte, sollte als «ruhige Mitte Europas» wirken.[26] Jenen anderen wiederum, die nicht zum Kern gehörten, so Fischer, müsse die Möglichkeit der fallweisen Mitarbeit gegeben werden. So gelangte man freilich rasch zu einer recht variablen, um nicht zu sagen: unübersichtlichen Geometrie. Am Ende stünde ein europäischer Verfassungsvertrag, auf welchen sich das Kerneuropa schon verpflichtet hatte. Das Gravitationszentrum müsste mithin «die Lokomotive für die Vollendung der politischen Integration sein und bereits alle Elemente der späteren Föderation umfassen».[27]

Heinrich August Winkler bezeichnete Fischers Humboldt-Rede als einen «Meilenstein». Seine Begründung lautete: «Erstmals hatte ein maßgeblicher Vertreter der ‹posthumen Adenauerschen Linken› der These vom Irrweg des Nationalstaates eine Absage erteilt und anerkannt, dass sich Europa nicht gegen die Nationen, sondern nur mit ihnen und durch sie bauen ließ.»[28] Tatsächlich setzte sich Fischer von früheren «Weisheiten» ab, die vom Bedeutungsverlust des Nationalstaates ausgingen, weil er zwischen regionalen und supranationalen Orientierungen zerrieben würde. Fischer hingegen ging davon aus, dass der Nationalstaat seinen Bürgern Halt verlieh. Das Neue sollte in seinen Augen gewonnen werden, ohne das Alte aufzugeben. Allerdings blieb auch die Kritik an Fischer keineswegs aus. Dass Europa-Skeptiker – wie stets – aus Fischers Ideen nur «Superstaat» oder «Brüsseler Monstrum» destillierten, darf getrost in die Ablage gelegt werden. In London lehnte der britische Europaminister Keith Vaz das Konzept mit der Begründung ab, Europas Zukunft könne einzig und allein in einem «Kontinent von Nationalstaaten» und nie und nimmer in einer Föderation liegen.[29] Rudolf Augstein, der Fischers Rede mit größter Skepsis begegnete und ihm unterstellte, er wolle nur Beifall heischend auf dem Hochseil balancieren, urteilte in einem Kommentar des «Spiegel», ihm sei es gelungen, die ganze englische Elite gegen sich und Deutschland in Stellung zu bringen.[30]

Bei Lichte betrachtet legte Fischer keinen konsistenten Entwurf vor. Wie sollte seine Vision einer «vollen Parlamentarisierung» Europas mit dem ebenfalls vorgestellten Gedanken einer Direktwahl des Präsidenten der Föderation durch die Unionsbürgerschaft in Einklang gebracht werden? Ferner: Eine effektive Kontrolle durch Parlamentarier, die, wie Fischer vorschlug, zwei Parlamenten angehörten, einem nationalen und dem europäischen, war schon aus Gründen der doppelten Arbeitsbelastung nicht zu gewährleisten. So apart dieser Gedanke von Querverbindungen war, so musste man an seiner Alltagstauglichkeit zweifeln. Überdies: Würde das Europäische Parlament mit diesem Plan nicht ganz entgegen der Intention zum reinen Sprachrohr der nationalen Parlamente werden? Auch die Alternative für eine zweite Kammer – Bundesrats- oder Senatslösung – schien so, wie sie präsentiert wurde, als unausgegoren. Wie schließlich alles auf der Basis des bestehenden Institutionengefüges errichtet werden könne, ohne dies mit einem Schlag einzureißen, blieb rätselhaft. Im östlichen Europa weckten Fischers Ideen Sorgen über ein Vorauseilen der Kernstaaten und das eigene Zurückbleiben. Auch aus Griechenland kam die Frage, ob dieses Konzept nicht große Ungleichbehandlungen bewirken würde. Ähnliches hörte man aus den nordischen Mitgliedstaaten. Länder, die davon ausgingen, dass sie dem vorgesehenen Gravitationszentrum nicht angehörten, wollten diese Idee im Keim ersticken, um gar nicht erst in die Gefahr zu geraten, in die Nachhut versetzt zu werden. Der finnische Außenminister Erkki Tuomioja erteilte Fischers Plänen eine klare Absage. Flexibilität innerhalb der EU dürfe nicht bedeuten, dass eine Kerntruppe den Takt bestimme. «Wir sind in einer Union, in der alle gleichberechtigt sind», erklärte er. Luxemburgs Ministerpräsident Jean-Claude Juncker stimmte dem Deutschen zwar zu, doch beinhalteten dessen Visionen nach seinem Dafürhalten keine konkreten Vorschläge für die kommenden Regierungskonferenzen.[31]

Während der französische Außenminister Védrine Fischer nur moderat widersprach, kam die schärfste Ablehnung ausgerechnet von einem seiner Kabinettskollegen: Frankreichs Innenminister Jean-Pierre Chevènement unterstellte dem deutschen Außenminister, er träume den Traum vom Heiligen Römischen Reich Deutscher Nation. Der Nachbar östlich des Rheins sei noch immer nicht «von der Entgleisung geheilt, die der Nationalsozialismus in seiner Geschichte war». Daher entspreche Fischers Plan der Tendenz Deutschlands, «für Europa eine föderale Struktur nach seinem Modell zu suchen».[32] Es war nicht das erste Mal, dass Chevènement, ein Sozialist mit starker nationaler Prägung, den groben Klotz wählte. Doch so überzogen seine Worte auch waren – dass ein deutsches Strukturmodell auf Europa übertragen werden sollte, stieß naturgemäß bei nur wenigen Europäern auf Beifall. Immerhin war nicht gering zu achten, dass Fischer eine intensive Debatte in Gang setzte.[33] Über einen Mangel an inspirierenden Ideen durfte man sich nicht mehr beklagen. Fischer war Vorreiter, es fragte sich nur, wie lange man Vorreiter sein konnte, wenn einem keiner folgte. Doch vielleicht waren die äußeren Umstände gar nicht so schlecht für weitgespannte Ideen, denn Europa fand auch zu einem neuen Symbol, aus dem es seine Identität schöpfen konnte.

Die Einführung des Euro 2002

Am 1. Januar 1999 wurde der Euro zur Währung von über 300 Millionen Menschen in Europa. Dies war ein Riesenschritt. In den ersten drei Jahren war der Euro freilich eine unsichtbare Währung, die nur für Kontoführungszwecke, zum Beispiel für elektronische Zahlungen, Verwendung fand. Das Euro-Bargeld kam erst am 1. Januar 2002 und ersetzte zu unwiderruflich festgelegten Umrechnungskursen nationale Währungen wie den französischen Franc, die Deutsche Mark oder die italienische Lira. Drei Länder weigerten sich 2002 gänzlich, den Euro einzuführen: Schweden, Dänemark und Großbritannien. Die Schaffung einer Währungsunion war ein Projekt, mit dem sich die Gemeinschaft seit dem Gipfel von Den Haag 1969 wiederholt befasst hatte. Nach dem Scheitern des Werner-Plans 1970 kam es zwar 1978 zur Errichtung eines Europäischen Währungssystems (EWS), mit dessen Hilfe die Wechselkurse stabilisiert und eine gemeinsame Buchwährung (ECU) eingeführt wurde. Eine echte Währung zu schaffen – dies war damals jedoch unmöglich. Besonders Frankreich verfolgte stets das Ziel einer Währungsunion, um der geld- und währungspolitischen Dominanz der Deutschen Bundesbank in Westeuropa etwas entgegenzusetzen.

Euro oder Teuro?: Bundesfinanzminister Hans Eichel tauscht einen
200 D-Mark Schein in die neue Währung um, 1. Januar 2002.

1989 schließlich einigten sich die Staaten der Gemeinschaft auf die Ergebnisse eines Berichts von Jacques Delors, der die Schaffung einer Währungsunion in drei Stufen vorsah. Den Beginn der ersten Stufe legte man auf den 1. Juli 1990 fest, aber beschleunigt wurde die Schaffung der Währungsunion erst durch den politischen Umbruch in Ostmitteleuropa.

Der Name «Euro» war auf der Tagung des Europäischen Rates Mitte Dezember 1995 in Madrid beschlossen worden. Zuvor hatte man Alternativen diskutiert, etwa «europäischer Franken» oder «Gulden» oder «europäische Krone». Der zuerst genannte Begriff schied aus, weil die spanische Übersetzung «Franco» in unpassender Art und Weise an den 1975 gestorbenen spanischen Diktator erinnerte, alle weiteren Ideen wurden verworfen, um nicht einen nationalen Vorrang bestimmter Mitgliedstaaten gegenüber anderen anzudeuten. Als Reaktion auf den sich rasch ausweitenden Zwist hatte die deutsche Delegation um Finanzminister Theo Waigel die Bezeichnung «Euro» vorgeschlagen. Zweieinhalb Jahre nach der Einführung des Euro legte in Deutschland ein Forschungsteam der Fachhochschule Ingolstadt eine Studie zu dessen Akzeptanz in der deutschen Bevölkerung vor. Danach standen zur Erhebungszeit 2004 fast 60 % der deutschen Bevölkerung dem Euro positiv gegenüber. Viele der Befragten trauerten jedoch der D-Mark nach. Auch rechneten die meisten die Preise von Euro in D-Mark um, bei höheren Beträgen häufiger als bei niedrigen. Zudem verband die Bevölkerung mit der Einführung des Euro eine allgemeine Preisanhebung, die Teile des Einzelhandels und vor allem das Gastronomiegewerbe vornahmen.[34] In manchen der Euroländer (zum Beispiel in Frankreich und den Niederlanden) waren Preiserhöhungen im Zeitraum der Euro-Einführung gesetzlich untersagt, in Deutschland setzte man auf eine Selbstverpflichtung des Handels. Im Verbraucherpreisindex war die Preiserhöhung aufgrund des Warenkorb-Berechnungsverfahrens – einer Berechnung nach anteiligen Ausgaben der privaten Haushalte in den verschiedenen Güterkategorien – nicht so deutlich, da die Preiserhöhung nicht in allen Warenkategorien zu Buche schlug. Hauptsächlich die «gefühlten Preise» stiegen. Der Anteil der Menschen, die eine raschere Inflation wahrnahmen, wuchs im gesamten Euroraum seit 2002 rapide an. Obwohl dies nicht die Wirklichkeit widerspiegelte, avancierte «Teuro» in Deutschland zum «Wort des Jahres». Bei Auslandsreisen und Urlaubsaufenthalten in seinem Geltungsbereich gewann der Euro indessen deutlich an Sympathie. Auch der bessere Preisvergleich innerhalb Europas wurde positiv vermerkt. Laut der genannten Studie begrüßten viele der Befragten auch, dass durch die gemeinsame EU-Währung ein Gegenpol zu US-Dollar und Yen geschaffen wurde. Dem Eurobarometer aus dem Jahr 2006 zufolge war eine relative Mehrheit von 46 % der deutschen Bevölkerung der Meinung, «Der Euro ist gut für uns, er stärkt uns für die Zukunft», während 44 % meinten, der Euro «schwächt das Land eher». 2002 waren die Eurobefürworter (39 %) noch in der Minderheit gegenüber den Euroskeptikern (52 %) gewesen.[35]

Sämtliche Entscheidungen zur Einführung des Euro lagen vor 1998, dementsprechend gab es nun kaum kritische Impulse. Zwar wurde vereinzelt auf die Gefahren eines Beitritts von wirtschaftlich schwachen oder hoch verschuldeten Länder wie Portugal oder Spanien hingewiesen, doch die politische Idee, möglichst viele Länder in die Eurozone aufzunehmen, hatte Vorrang vor ökonomischen oder finanziellen Fragen. Im

Rückblick muss man feststellen, dass der Euro ein politisches Projekt war, ohne dass in allen Bereichen angemessene Arrangements für seinen Erfolg getroffen worden waren. Die spätere Misere der Euro-Zone war finanzieller und wirtschaftlicher Art zugleich. In der Krise schlug das Pendel zurück: Das finanzielle Problem waren die Schulden, da mehrere Länder mit einer hohen Staatsverschuldung, die sie lange Zeit kaschierten, kämpften. Das wirtschaftliche Problem bestand darin, dass der Euro zwar eine Konvergenz herbeiführen sollte, nach seiner Einführung jedoch in schwächeren Ländern die Kosten und Preise rapide stiegen, ohne dass die Produktivität in gleicher Weise zulegte. Dieser Verlust an Wettbewerbsfähigkeit zog erhöhte Leistungsbilanzdefizite nach sich. Etliche Aspiranten erwarben, so die «Süddeutsche Zeitung» bereits im August 2000, «ihre Eintrittskarten nur mit Hilfe rechnerischer Tricks».[36]

Als er eingeführt wurde, war der Euro indessen viel mehr als ein bloßes Zahlungsmittel. Der Historiker Andreas Wirsching schreibt, um was es um die Jahrhundertwende wirklich ging: «Seit den Römischen Verträgen von 1957 symbolisierte er den wichtigsten Triumph des supranationalen Prinzips. Mit ihm gossen die Europäer ihre Absicht, die Herausforderungen der Zukunft gemeinsam zu bewältigen, in eine münzgewordene Sicherheit.»[37] Eine gemeinsame Währung, eine gemeinsame Wirtschaft, vielfältige Konvergenzen und Verflechtungen, zudem Besonderheiten, die Europa von außereuropäischen Ländern unterschieden, allen voran das europäische Sozialstaatsmodell –[38] es fehlte nur noch eine veritable Verfassung.

Braucht Europa eine Verfassung? Debatte und Referenden

Um in Europa «mehr Demokratie zu wagen», hatte die SPD in ihrer Oppositionszeit bereits 1995 im Deutschen Bundestag angeregt, einen Konvent zur Erarbeitung eines europäischen Grundrechtekatalogs einzusetzen. Nach dem Machtwechsel 1998 wurde dieser Vorschlag zum Regierungsprogramm erhoben, und unter der deutschen Ratspräsidentschaft beschloss der Europäische Rat im Juni 1999 beim Treffen in Köln die Einsetzung eines solchen Konvents aus Vertretern der Regierungen sowie des Europäischen Parlaments und der nationalen Parlamente. Im

Dezember 2001 gab der Rat im belgischen Laeken eine sorgsam ausgearbeitete «Erklärung zur Zukunft der Europäischen Union» ab, in der die Staats- und Regierungschefs versicherten, die Union «demokratischer, transparenter und effektiver» zu gestalten. Die viel bescholtenen Demokratiedefizite sollten abgebaut, stattdessen die gern beschworene Bürgernähe hergestellt und die europäische Zivilgesellschaft in einen großen, öffentlich tagenden Verfassungskonvent einbezogen werden.[39] Brücken in die Gesellschaft schlagen – so könnte man die Grundidee beschreiben; eine Konstitutionalisierung Europas sollte neuen Schwung und Elan verleihen, um die großen Zukunftsaufgaben zu meistern. Auch Vertreter der osteuropäischen Beitrittskandidaten wurden einbezogen. Mit dem früheren französischen Präsidenten Valéry Giscard d'Estaing stand dem Konvent eine prominente und ehrwürdige Persönlichkeit vor, die weithin Strahlkraft besaß und geeignet war, Medieninteresse auf das Vorhaben zu ziehen. Immerhin die Hälfte der Bevölkerung in den EU-15-Staaten und den Beitrittsländern gaben zwei Jahre nach Einsetzung des Konvents an, etwas vom Projekt einer europäischen Verfassung gehört zu haben.[40] Die Beratungen wurden von deutsch-französischen Initiativen begleitet, die im Vorfeld des 40. Jahrestages des Élysée-Vertrages von 1963 aufkamen. Namentlich die beiden Außenminister Dominique de Villepin, der seit Mai 2002 amtierte, und Joschka Fischer zeichneten dafür verantwortlich. Sie trugen den Tenor, die europäische Zusammenarbeit auf möglichst vielen Gebieten zu stärken. Außerdem sollte die institutionelle Architektur der Union umgestaltet und unter anderem ein europäischer «Außenminister» geschaffen werden. Auch das Gewicht des Europäischen Parlaments wollten die beiden stärken. Schließlich votierten sie für einen hauptamtlichen, mehrjährig amtierenden Präsidenten des Europäischen Rates. Die Politologin Ulrike Guérot bezeichnet diese Initiativen als einen «Meilenstein deutsch-französischer Diplomatie und ein Bravourstück für die deutsch-französische Motorenrolle».[41]

Im Juni 2003 legte der Konvent den Entwurf eines Verfassungsvertrages vor, der dann allerdings in die Mühlen der Regierungsverhandlungen geriet. Nach zähen Debatten und einem gescheiterten Gipfel in Brüssel einigten sich die Staats- und Regierungschefs auf einen modifizierten «Vertrag über eine Verfassung für Europa», den sie in einer feierlichen Zeremonie am 24. Oktober 2004 in Rom unterzeichneten. Somit war das Jahr 2004 tatsächlich ein «annus mirabilis», ein wunderbares Jahr, in dem sich die Europäische Union um zehn Länder im Osten erweiterte und gleichzeitig eine erste europäische Verfassung geschaffen wurde. Kurz vor dem Jahreswechsel 2003/4 hatte «Die Zeit» etwas bange getitelt: «Geht's nicht auch eine Nummer kleiner?» Die EU übernehme sich mit der Osterweiterung und den inneren Reformen, welche die Verfassung vorschlug. Das Pathos sei hohl, und öffentlichen Applaus könnten nur jene erwarten, die weniger Europa forderten.[42] Waren solche Sorgen berechtigt?

Das Verdienst des Vertrages war, dass dadurch die EU zu einer Rechtspersönlichkeit im völkerrechtlichen Sinne erhoben wurde. Auch seine Leistungen hinsichtlich Effizienz und Transparenz waren nicht von der Hand zu weisen. Das Prinzip der qualifizierten Mehrheit, das in Nizza noch so umstritten gewesen war, fand hier eine Verankerung: Mehrheitsbeschlüsse erforderten beides – 55 Prozent der Ratsstimmen und 65 Prozent der durch sie repräsentierten EU-Bevölkerung. In Deutschland wie in vielen anderen Ländern nahm der Vertrag leicht die parlamentarische Hürde, der Bundestag votierte am 12. Mai 2005 für ihn. Würde jedoch ein solch gewaltiges und daher auch unübersichtliches Konvolut, wie es die Verfassung war, auch vor den Völkern Europas bestehen können, wenn sie direkt befragt wurden? Ein Jahr nach der Osterweiterung zeichnete sich eine diffuse Stimmung ab, voller neuer Skepsis. Ein Grundgefühl des Ausgeliefertseins und der Verunsicherung beherrschte die Deutschen, aber nicht nur sie allein.[43] Ein Plebiszit kam in Deutschland verfassungsrechtlich nicht in Frage. Als einige Länder eine Volksabstimmung über den Vertrag anberaumten, verstärkten sich die Bedenken. In den beiden Gründungsstaaten der europäischen Einigung nach dem Zweiten Weltkrieg, Frankreich und den Niederlanden, war eine Abstimmung vorgesehen. Die Ergebnisse bestätigten das Bangen: Sie machten die hehre Idee zunichte und ließen die Verfassungspläne in den Schubladen verschwinden. Europa müsse eine Denkpause einlegen, ließen die Staats- und Regierungschefs nach dem Debakel verlauten. In Frankreich lehnte eine Mehrheit von 54,7 Prozent der Bürgerinnen und Bürger den Verfassungsvertrag ab, in den Niederlanden waren es sogar 69,3 Prozent. Europaskepsis spielte eine Rolle, ebenso die

Furcht, vom «Bürokratieungeheuer» Brüssel dominiert zu werden, aber auch die immense Ausdehnung Europas, die alles unübersichtlicher machte und offenbar noch gar nicht zu einem Ende gekommen war, ließ neue Befürchtungen aufkommen, seine Eigenständigkeit und Selbstbestimmung zu verlieren. In ganz Westeuropa führte die Erweiterung zu europaskeptischen bis europaphoben Bewegungen. In Großbritannien errangen die europafeindliche UK Independence Party und die rechtsextreme British National Party zusammen 21 Prozent mit dem Versprechen, die Insel auf Distanz zum neuen Europa zu halten. Der Vlaams Blok in Belgien, die Dansk Folkeparti in Dänemark, die Lega Nord in Italien und vor allem der Front National in Frankreich schlugen ähnliche Töne an und sagten einen Ansturm von Einwanderern und Asylbewerbern voraus. Auch in Teilen Osteuropas spielte die Ablehnung der EU eine Rolle in der nationalen Politik. In der Tschechischen Republik sowie in Polen schnitten europakritische Parteien bei Urnengängen besonders gut ab. Die Abstimmungsergebnisse in Frankreich und in den Niederlanden waren somit ein «Sieg der Angst», die ganz Europa ergriff und welche auch Meinungsumfragen in Deutschland widerspiegelten.[44] Überfremdungsängste konzentrierten sich dabei im Besonderen auf muslimische Gesellschaften, konkret: auf die Türkei. Dies hatte der französische Wahlkampf deutlich gemacht.

«Kein Club des christlichen Abendlandes»? Die Türkei-Frage

Im Dezember 1999 war auf dem Rat in Helsinki der Türkei der Status eines Beitrittskandidaten eingeräumt worden, wobei sich die USA massiv eingemischt hatten, wollten sie doch den NATO-Partner aus militärstrategischen Gründen in der EU sehen. Wie kein anderer Staatsmann erklärte seither der deutsche Bundeskanzler eine klare Beitrittsperspektive für die Türkei zur Chefsache. Erkannte er somit frühzeitig den Wert des muslimischen Landes als eines «ganz wichtigen Partners» für Europa und die Region?[45] Jedenfalls kritisierte Schröder schon 1999, dass die Bestrebungen, Beitrittsverhandlungen zu konkretisieren, am Widerstand und an den Bedenken der europäischen Partner gescheitert seien, obwohl sich der türkische Ministerpräsident Ecevit «klar zu den Kopenhagener Kriterien und den Bestimmungen des Artikels 6 des EU-Vertrages bekannt» habe.[46] Vor allem die skandinavischen Länder sowie Italien und die unmittelbaren Nachbarn der Türkei, Griechenland und Bulgarien, lehnten einen Beitritt Ankaras kategorisch ab. Während des Kalten Krieges hatte sich die strategische Lage der Türkei daraus ergeben, dass sie quer zum Seeweg der Sowjetunion ins Mittelmeer lag. Als Teil eines NATO-Sicherheitsgürtels waren in der Türkei große Raketenbasen und Stützpunkte errichtet worden. Mit dem Ende des Ost-West-Konflikts verlor das Land seine strategische Position als Außenposten und Grenzstaat. Es war nur mehr ein Bindeglied zwischen Europa und Asien. Als Mitgliedstaat der EU wäre die Türkei nach Deutschland das zweitgrößte Land der Union gewesen – und zugleich eines der ärmsten Länder.

Nach den Terroranschlägen vom 11. September 2001 war aus Sicht der rot-grünen Bundesregierung ein Türkei-Beitritt nötiger als jemals zuvor. Außenminister Fischer meinte, bis zu diesem Datum habe seine Bewertung nur bei 51 zu 49 zugunsten eines Beitritts der Türkei gelegen.[47] Doch seit den Terroranschlägen in den USA verschoben sich die Gewichte, und die Türkei galt Schröder und Fischer als das Schlüsselland für eine Demokratisierung der krisengebeutelten Region des Nahen und Mittleren Ostens. Konnte Europa einen Zuwachs an Sicherheit erleben, wenn es gelänge, am Beispiel der Türkei zu beweisen, dass islamischer Glaube und die Werte der europäischen Aufklärung vereinbar seien? Es war kein Zufall, dass sich diese deutsche Position parallel zur Auseinandersetzung um den Irak verfestigte. Für Berlin bedeutete eine solche europäische Modernisierungsperspektive nichts weniger als ein Gegenmodell zum militärischen Interventionismus Washingtons. Auch Günter Verheugen, einst außenpolitischer Koordinator der SPD und nun EU-Erweiterungskommissar, pflichtete bei: Nach den islamistischen Terrorattacken sei «die Frage nach dem Platz der Türkei in Europa eine sicherheitspolitische Frage, und zwar ganz und gar».[48] Außenminister Fischer griff seinerseits im Deutschen Bundestag die Opposition an: «In dieser Situation ohne Not Nein zu sagen, halte ich für dermaßen blind und gegen die Interessen Europas, der gesamten westlichen Welt und Deutschlands gerichtet, dass ich Sie noch einmal auffordern möchte, Ihre Positionen im Lichte der Fakten grundsätzlich zu überprüfen.»[49]

Wie sahen die Fakten, die vorgeblichen Gewissheiten und die großen Vorbehalte aus?

Nichts hat die europäische, besonders aber die deutsche und französische Öffentlichkeit um die Jahrtausendwende so stark entzweit wie die Frage, ob mit der Türkei Beitrittsgespräche begonnen werden sollten. Die einen meinten, dies sei eine Chance und die Einlösung eines lange gegebenen Versprechens. Sie erblickten in der EU-Aufnahme der Türkei gar eine «weltgeschichtliche Frage».[50] Für die anderen, darunter der Historiker Hans-Ulrich Wehler, bedeutete dies «das riskanteste Unternehmen in der Geschichte der europäischen Einigung»,[51] welches die gesamte EU in einen Abwärtsstrudel reißen würde. Wehler lieferte viele aus den Defiziten der türkischen Geschichte abgeleitete Gegenargumente und drehte das sicherheitspolitische Argument um, indem er fragte, warum die EU sich im Südosten «so famose Nachbarn wie den Irak Saddam Husseins und das Syrien von Assad junior zulegen» sollte. Mit mehr als einem Schuss Polemik schloss er: «Der politische Masochismus, sich ohne Not gleichzeitig in mehrere Klingen zu stürzen und vitale Interessen der EU und ihrer Mitgliedstaaten rigoros zu missachten, sucht in der neueren Geschichte seinesgleichen.»[52] Dieter Oberndörfer, der konservativ-liberale Politologe, hingegen plädierte für die Aufnahme der Türkei in die EU, hielt den Gegnern eine «falsche Romantik» vor und feuerte Breitseiten gegen seine Professorenkollegen aus der Nachbardisziplin. Gegenüber der Türkei äußerte sich in seinen Augen das typische Denkmuster der romantischen Geschichtswissenschaft, der Leitwissenschaft des Nationalismus. «Ferne Geschichte, besser: die von Historikern selbst konstruierte Vergangenheit, wird zur unfehlbaren Lehrmeisterin für Gegenwart und Zukunft. Der Historiker als selbstberufener pater patriae, als Sachkundiger für alle Fragen der aktuellen Politik – habemus papam!»[53]

Die Debatte verlief, wie das Wehler- und das Oberndörfer-Zitat belegen, quer zu den üblichen politischen Fronten. Große Teile der Opposition lehnten eine EU-Mitgliedschaft mit einem eindeutigen Nein ab, so der hessische Ministerpräsident Roland Koch,[54] oder bezeichneten eine solche Festlegung mit den Worten von Wolfgang Schäuble als «katastrophale(n) Fehler».[55] Auch für Edmund Stoiber war die Sache historisch klar: «Die Türkei nahm nicht teil an der Aufklärung und am

Ringen der Völker Europas um Freiheit, Eigenverantwortung und Solidarität.»[56] Es ließe sich allerdings einwenden, dass gerade auch die Deutschen historisch von einem europäischen Tugendpfad abgewichen und dennoch in den Club Europas aufgenommen worden waren. Demokratie war für Deutschland nichts Naturwüchsiges, sondern wurde letztlich durch die Alliierten des Zweiten Weltkrieges ermöglicht. Altbundeskanzler Helmut Schmidt bekämpfte die Aufnahme der Türkei in die EU ebenso scharf wie die erwähnten CDU/CSU-Politiker. Es waren gerade auch linksliberale Intellektuelle vom Schlage eines Hans-Ulrich Wehler oder Heinrich August Winkler, die Rot-Grün in die Parade fuhren. Die Argumente dieser Kritiker lauteten: Mit der Türkei würde ein Land Mitglied in der EU werden, das geographisch überwiegend nicht zu Europa gehört, sondern durch eine muslimische Kulturgrenze von ihm getrennt ist. Wirtschaftlich und sozial gesehen wäre die EU überfordert, weil die rückständige Türkei ein kostspieliger Versorgungsfall sei. Das ohnehin schon bestehende Demokratiedefizit der EU würde noch verschärft, und die Türkei missachte immer noch die Menschenrechte, etwa in der Kurdenfrage. Wegen ihres hohen Geburtenüberschusses würde die Türkei bald das bevölkerungsreichste Land in der EU sein. An die Stelle einer Mitgliedschaft setzten die Kritiker den Vorschlag einer «privilegierten Partnerschaft». Vorstellbar sei eine «Assoziation plus», eine vertraglich vereinbarte enge Zusammenarbeit auf allen Gebieten, eine Art dritter Weg.[57] Dieses Argument machte sich die Union zu eigen. «Wir wollen die Türkei», so hieß es denn auch im Wahlprogramm der CDU/CSU von 2002, «wirtschaftlich, politisch und institutionell außerhalb einer Mitgliedschaft eng mit der Europäischen Union verbinden».[58]

Befürworter hingegen meinten, in der Türkei historisch einen Teil Europas erblicken zu können, da «die türkischen Eliten sich immer an den europäischen Entwicklungen orientiert» hätten.[59] Auch konnten sie leicht auf Helmut Kohl verweisen, welcher der Türkei Mitte der 1990er Jahre eine Perspektive auf Vollmitgliedschaft in der Europäischen Union zugestanden hatte. Den Weg der Türkei hielten die Integrationsbefürworter seit Langem für politisch vorgezeichnet, sei er doch das Ergebnis einer Folge von Entscheidungen, die alle deutschen Bundesregierungen mitgetragen hätten – von der Beitrittsperspektive seit 1963 über den türkischen Antrag auf Vollmitgliedschaft 1987 bis zur erwähnten Bestätigung der Beitrittsperspektive des europäischen Rats 1999. Würde man die Türkei weiterhin vertrösten, könnte sie sich verbittert anders orientieren. Eine Verweigerung lieferte vielleicht sogar Brennstoff für den islamistischen Fundamentalismus. Tatsächlich war spürbar, wie in der Türkei das Interesse an der EU allmählich nachließ und sich das Land als selbständige Regionalmacht im Vorderen Osten einrichtete. Konnte jedoch diese Entwicklung das historische Argument aufwiegen, dass die Türkei nicht zum europäischen Kulturkreis gehöre, weil sie die Trennung von geistlicher und weltlicher Gewalt nicht in der Weise vollzogen hatte, wie dies in Europa in einem Jahrhunderte währenden Prozess der Fall gewesen war? Andererseits: Sprach gerade aus solcher Sicht nicht westliche Überheblichkeit? Die Werte der Europäischen Union, so argumentierten Beitrittsbefürworter, seien nicht an eine bestimmte Kultur oder Religion gebunden, sondern würden universell gelten und seien nach Artikel 6 des EU-Vertrages festgelegt: Freiheit, Demokratie, Rechtsstaatlichkeit, Achtung von Menschenrechten. Tatsächlich bekannte sich der EU-Vertrag ausdrücklich zum Erhalt der kulturellen Vielfalt der Mitgliedstaaten. Wer vor diesem Hintergrund eine europäische «Leitkultur» fordere, so der Bundeskanzler, dem müsse er klipp und klar sagen: Europa sei «eine Wertegemeinschaft und kein christlicher Club».[60]

Unübersehbar waren in der Perspektive der Türkei-Befürworter die Fortschritte, die das Land zurückgelegt hatte: Abschaffung der Todesstrafe, Zulassung der kurdischen Sprache, eine zumindest gewisse Religionsfreiheit. Wer sich davon nicht überzeugen ließ, der bekam Verweise auf die deutschen und europäischen ökonomischen Interessen zu hören oder wurde darauf aufmerksam gemacht, dass Deutschland allein aufgrund der über zweieinhalb Millionen türkischstämmigen Mitbürger ein besonderes Interesse an einer demokratischen, säkularen und stabilen Türkei in enger Anbindung an Europa habe. «Integration statt Kampf der Kulturen» – lautete in diesem Sinne die einfache Devise.[61]

Vor allem jedoch führten die Befürworter eines türkischen EU-Beitritts den geostrategischen Zugewinn ins Feld. Die Türkei könne zur «Brücke Europas zum Islam» ausgebaut werden und somit eine Vorbildfunktion für andere islamische Länder übernehmen. Flankiert wurde dieser Gedanke wiederum durch den demokratisierenden Faktor, der ehedem bei der Süd- und kürzlich bei der Osterweiterung Europas in den betroffenen Ländern aufgetreten war. «Während der ganzen Zeit des Kalten Krieges», so Außenminister Fischer, «brauchte der Westen die Türkei. Es ist nachgerade widersinnig, dass wir das Land aus Europa ausschließen, wenn wir gleichzeitig davon ausgehen, dass die Hauptbedrohung in der ersten Hälfte des 21. Jahrhunderts nicht mehr aus dem Osten, sondern aus dem Südosten kommt und dass unsere wichtigste Aufgabe die Transformation dieser Region ist. Wir haben jedes Interesse daran, dass die Modernisierung der Türkei ein Erfolg wird. Und diese Modernisierung bedeutet Europäisierung.»[62] Waren dies wirklich die zwei Seiten ein und derselben Medaille?

Und Russland?

Galt dies dann auch für Russland? Die UdSSR des Jahres 1922 war 1991 in kleinere und größere Einzelstaaten zerfallen, allein Russland konnte seine alte Größe bewahren und blieb Führungsmacht. Die Nachfolge der UdSSR trat im Dezember 1991 die Gemeinschaft Unabhängiger Staaten (GUS) an. Sie wurde durch die Staatsoberhäupter Russlands, Weißrusslands und der Ukraine gegründet. Vier Tage nachdem die GUS aus der Taufe gehoben war, legte Michail Gorbatschow die Präsidentschaft der Sowjetunion nieder. Zum 31. Dezember 1991 löste sich die Sowjetunion, 69 Jahre nach ihrer Gründung, auf. Acht weitere und nun unabhängige Staaten der ehemaligen Sowjetunion traten 1992 der GUS bei, Georgien folgte 1993. Wirklich politischen Einfluss konnte die GUS freilich nie entfalten. Ob Russland zu Europa gehöre – diese Frage spaltete bald die Gemüter, im Land selbst wie außerhalb. General Charles de Gaulle hatte in den 1960er Jahren von seiner Vision Europas, das vom Atlantik bis zum Ural reichen sollte, gesprochen. Gorbatschow seinerseits schwärmte Ende der 1980er Jahre von einem «gemeinsamen europäischen Haus», und Boris Jelzin wollte Russland «nach Europa zurückbringen».[63] Zwar blieb alles recht vage, doch immerhin war das Verhältnis zwischen Russland und Europa in der Ära Jelzin russischerseits von der Akzeptanz der universellen Werte und von dem Ziel getragen, sich möglichst eng in die europäischen Strukturen zu integrieren. So gehört Russland seit 1996 dem Europarat an. Mit dem Machtantritt Wladimir Putins im Jahr 2000 wandelte sich die Beziehung. Kanzler Schröder wollte Russland an Europa binden, weil ohne eine umfassende Verständigung mit der östlichen Macht keine stabile Friedensordnung auf dem Kontinent denkbar sei. Er gab sich überzeugt: «Putin denkt abendländisch.»[64] Einen Schlüsselbeitrag zum Verständnis seiner Russlandpolitik überschrieb der Kanzler mit dem Titel «Deutsche Russlandpolitik – europäische Ostpolitik».[65] Darin führte er aus, dass Russland in jeder Hinsicht ein strategischer Partner Deutschlands und Europas sei. Mit seinen unterschiedlichen Völkern, Religionen und Kulturen verfüge Russland über weitgespannte politische, wirtschaftliche und kulturelle Interessen, die von Europa bis Fernost reichten. Und dennoch: «In seinem Selbstverständnis, seinen historischen Bindungen und seinen außerordentlichen wissenschaftlichen und künstlerischen Leistungen gehört Russland (...) zweifellos zu Europa.» Aufgrund seiner Lage und Geschichte verstehe sich Deutschland als ein Impulsgeber und Motor der Russlandpolitik der Europäischen Union. Die Einbindung Russlands in Europa und seine aktive Mitgestaltung an der weiteren Entwicklung des Kontinents hielt Schröder für eine notwendige Voraussetzung für ein «gutes europäisches 21. Jahrhundert».[66] Genauer betrachtet war das postsowjetische Russland weniger ein europäischer Staat als ein eurasisches Imperium. Für den energiearmen europäischen Kontinent waren seine ungeheuren Vorkommen an fossilem Brennstoff so attraktiv. Dies schwang auch bei der Russlandbegeisterung vieler Deutscher, nicht zuletzt des Bundeskanzlers, mit. Es konnte nicht bestritten werden, dass Russland 300 Jahre lang eine aktive europäische Macht gewesen war – doch ging das riesige Imperium darin eben nicht auf.

Wie sahen es die russischen Führungspersönlichkeiten? War Russland eine europäische Macht mit asiatischer Komponente? Sollte es eine strategische Partnerschaft mit Europa geben? Eine wie auch immer geartete Mitgliedschaft Russlands in der EU rückte jedenfalls in die Ferne, stattdessen kehrte Präsident Putin den Weltmachtstatus Russlands hervor – Selbstüberhöhung und Selbstisolierung gingen Hand in Hand. Putin pochte auf Russlands Einzigartigkeit, und sein Generalstabschef Juri Balujewski brachte es 2007 auf den Punkt: «Russland ist nicht

Europa, nicht Asien und auch nicht Eurasien, es ist Russland.»[67] Freilich: Im Konflikt über Amerikas Krieg gegen Saddam Hussein sollte es 2003 zum «europäischen» Schulterschluss zwischen Frankreich, Deutschland und Russland kommen, und das persönliche Verhältnis zwischen den drei Staatsmännern wird an dieser Stelle zu beleuchten sein. Ohne Frankreich und ohne Russland wäre der Traum von der Friedensmacht Deutschland schnell ausgeträumt gewesen.

4. Ein Friedenskanzler? –
Schröders «Nein» zum Irak-Krieg 2002/03

Die Bush-Doktrin

Der Irak-Krieg begann nicht erst am 21. März 2003, als die ersten Bomben auf Bagdad fielen. Sein Anfang ist auch nicht auf den Abend des 11. September 2001 zu datieren, als das World Trade Center in Trümmern lag. Vielmehr steht er in einer Kontinuität zum zweiten Golfkrieg der Amerikaner und westlicher Verbündeter gegen Saddam Hussein von 1991. Bis zu den Anschlägen vom 11. September 2001 spielten der Irak oder die Irak-Politik der Vereinigten Staaten von Amerika bei Rot-Grün eine ganz untergeordnete Rolle. Obwohl im März 2001 die Bundesregierung samt der Opposition – ausgenommen der PDS – die Sanktionen gegen das Land, welche seit dem Ende des Golfkrieges verhängt worden waren, bestätigte, herrschte im Wesentlichen (trügerische) Ruhe in dieser Frage.

Mit George Walker Bush wurde im Januar 2001 ein Präsident vereidigt, der – wie zunächst auch seine Vorgänger Ronald Reagan und Bill Clinton – in außenpolitischen Angelegenheiten unerfahren war. Dennoch machte er bereits im Wahlkampf deutlich, dass er die Außenpolitik stärker als bisher den nationalen Interessen der USA unterordnen wolle – und auf Clintons Demokraten und die Balkankriege gemünzt, gab er zu Protokoll: «We should not send our troups to stop ethnic cleansing and genocide in nations outside our strategic interest. I don't like ethnic cleansing, but the president must set clear parameters as to where troops ought to be used and when they ought to be used.»[1] Seine ebenso intelligente wie unerbittliche Sicherheitsexpertin Condoleezza Rice definierte dazu die fünf Schüsselaufgaben: erstens Stärkung des amerikanischen Militärs, zweitens Stärkung des wirtschaftlichen Wachstums durch Freihandel und eine offene internationale Ordnung, drittens Stärkung der engen Beziehungen zu den Verbündeten, die die amerikanischen Werte teilen, viertens die Einbindung Chinas und Russlands und fünftens Bewältigung der Bedrohung durch

Schurkenstaaten, die Terrorismus fördern und Massenvernichtungswaffen besitzen.[2]

«Schurkenstaaten» – das war ein politischer Kampfbegriff, der in den 1990er Jahren für meist religiös-fundamentalistische, autokratische Staaten geprägt worden war, die verdächtigt wurden, im Besitz von Massenvernichtungswaffen zu sein und Terrorismus gegen westliche Länder, besonders die USA, zu unterstützen. Rice machte deutlich, dass multilaterale Organisationen zwar mit den US-Interessen nicht prinzipiell im Konflikt standen, sie konnten vielmehr durchaus benutzt werden, um die Ziele durchzusetzen. Aber als primärer Weg zur Lösung der anstehenden Probleme wurden sie nicht betrachtet.

Ein neuer Maßstab machte rasch die Runde, den man zynisch als ABC-Politik bezeichnete – «Anything but Clinton». Diese gegen multilaterale Abkommen gerichtete Devise setzte die Bush-Regierung nach Amtsantritt rasch in die Tat um, indem wichtige internationale Verträge gekündigt wurden, darunter auch ein Zusatzprotokoll für die Biowaffenkonvention von 1972 oder der Vertrag zur Errichtung eines Internationalen Strafgerichtshofes (ICC), unter den Clinton noch in seinen letzten Amtstagen die Unterschrift gesetzt hatte, oder das Kyoto-Protokoll von 1997, welches einen verringerten Ausstoß des Treibhausgases CO_2 zum Ziel hatte. Alle standen nun dem vermeintlich nationalen Interesse der USA im Wege.[3] Vor allem die Absage an das Kyoto-Protokoll wog schwer und war ein Affront gegen Deutschland. Eine halbe Stunde vor dem Antrittstreffen zwischen George W. Bush und Gerhard Schröder in Washington ließ der amerikanische Präsident von Condoleezza Rice bekannt geben, dass das Protokoll tot sei – wohl wissend, wie sehr sich die Bundesrepublik Deutschland für den internationalen Klimaschutz engagierte.[4] Man kann nicht behaupten, dass der neue amerikanisch-deutsche Auftakt geglückt war.

Im Präsidentschaftswahlkampf hatten die Republikaner die Irak-Politik der Clinton-Administration massiv angegriffen. Eine republikanische Regierung würde umgehend versuchen, eine internationale Koalition gegen Saddam Hussein zustande zu bringen, die auch nicht vor gemeinsamen Aktionen zurückschrecke. Überliefert ist die Stellungnahme von Bush: «Dad made a mistake not going into Iraq when we had an approval rating in the nineties. If I'm ever in that situation, I'll use it – I'll spend my political capital.»⁵ Auch in späteren Äußerungen schien immer wieder durch, dass Bush jun. die Scharte von Bush sen. auswetzen wollte, hatte jener es doch in den Augen des Sohnes versäumt, 1991 den Diktator zu stürzen. Ein «Geschäft» war unerledigt geblieben, und man konnte sich des Eindrucks nicht ganz erwehren, es gehe auch um die Familienehre, um ein «höchst simples, persönlich fundiertes Rachemotiv».⁶

Noch vor der Amtseinführung Bushs schickte der künftige Vizepräsident Dick Cheney an den noch amtierenden Verteidigungsminister William S. Cohen eine Nachricht hinsichtlich des allgemeinen Sicherheitsbriefings des Präsidenten. Dieses sollte, so Cheney, vor allem «eine ernsthafte Diskussion über den Irak und die verschiedenen Optionen» beinhalten.⁷ Ende Januar 2001 verlangte Bush nach einem Treffen des Principal Committee, dass das Pentagon militärische Möglichkeiten prüfen und die CIA ihre Spionagetätigkeit verbessern sollte. Anfang Februar sprach sich der stellvertretende Verteidigungsminister Paul D. Wolfowitz, der enge Beziehungen zu irakischen Exilverbänden unterhielt, dafür aus, die irakische Opposition zu bewaffnen. Im Sommer kursierte ein geheimes Papier mit dem Titel «Eine Befreiungsstrategie». Es sah vor, den Druck auf Saddam Hussein schrittweise zu erhöhen und die irakische Opposition zu unterstützen.⁸ Man kann zusammenfassend sagen: Das Thema Irak war von Beginn der Ära Bush an auf der politischen Agenda, und dass noch keine eindeutige Handlungsempfehlung vorlag, hing an inneradministrativen Konflikten – Außenminister Colin Powell und sein Stellvertreter Richard Lee Armitage stellten sich noch dem von Verteidigungsminister Donald Rumsfeld und seinem Stellvertreter Paul Wolfowitz propagierten konfrontativen Kurs eines Regimewechsels entgegen.⁹

9/11 radikalisierte das politische Denken in den USA. Die Angst vor einem «Enthauptungsschlag» machte sich breit. Was wäre geschehen, wenn in Washington die politische und militärische Elite ausgelöscht worden wäre? Solche Furcht steigerte sich bis zur Besessenheit – das Einzige, was zählte, war die schiere Möglichkeit, dass etwas geschehen könnte, nicht die Wahrscheinlichkeit. Nach den Anschlägen sah die US-Administration auch die Chance gekommen, die amerikanische Außenpolitik und die internationalen Beziehungen in ihrem Sinne strategisch neu auszurichten – Vordenkerin war Condoleezza Rice. Während sie allerdings die Verbündeten am Kampf gegen den Terror beteiligen wollte, betonte Verteidigungsminister Rumsfeld auf einer Pressekonferenz vom 18. Oktober 2001, dass man nicht auf die Partner an sich, sondern auf eine «Koalition der Willigen» setze – wir haben dies im Afghanistan-Kapitel bereits gesehen. Im amerikanischen Kampf gegen den Terrorismus durfte es zu keinem weiteren «war by committee» kommen, sondern zu einem «war by coalitions of the willing». Nur so könne man schlagkräftig sein, kampffähig und entschlossen, angriffslustig und leidenschaftlich – nicht ängstlich, diskussionsfreudig und entscheidungsschwach. Kameradschaftlichkeit, Partnerschaft, das war gestern, kaltschnäuziger Führungswille, das war heute. Die Führung im Kampf gegen den Terror beanspruchten die Amerikaner für sich, ohne Debatte – das wurde nach der raschen Einnahme Kabuls von Tag zu Tag deutlicher. Die Verbündeten in der NATO dienten nur mehr als «Werkzeugkiste der amerikanischen Politik», aus der man sich entsprechend der Mission nach Belieben bedienen konnte.[10]

In drei wichtigen Erklärungen, die zusammengenommen die «Bush-Doktrin» bilden sollten, wurden die Schurkenstaaten ins Visier genommen. In seiner Rede vom 29. Januar 2002, in der er von einer «Achse des Bösen» sprach, machte der amerikanische Präsident klar, dass mit dem Sieg in Afghanistan nur die erste Phase im Kampf gegen den Terror erfolgreich abgeschlossen sei. In seinem manächistischen Weltbild wurde ein Krieg der Ideologien ausgetragen, eine Auseinandersetzung zwischen Gut und Böse. In der zweiten Phase sollte der Einsatz von Massenvernichtungswaffen durch die Schurkenstaaten selbst oder über Verbindungen mit Terroristen gegen die Vereinigten Staaten und ihre Verbündeten verhindert werden. Diese Staaten waren namentlich der Iran, Nordkorea und der Irak. Amerika würde nicht warten, bis das Schreckensszenario eines «catastrophic terrorism» eintreten würde, sondern es wollte präventiv vorgehen. Bush modellierte in einer Rede am 1. Juni 2002, was er damit meinte: Er erteilte den im Kalten Krieg erprobten Strategien der gegenseitigen Abschreckung und Eindämmung eine harsche Absage; sie seien vollkommen untauglich geworden und würden in der neuen Zeit nicht mehr ausreichen. Neue Bedrohungen erforderten auch neue Denkmodelle. Eindämmung, das Konzept von gestern, tauge nicht mehr, wenn

Diktatoren ihre Massenvernichtungswaffen insgeheim an Terroristen weitergeben konnten. Im Kampf zwischen Gut und Böse müssten durchschlagende Strategien entwickelt werden, welche die amerikanische Sicherheit gewährleisteten. Staaten machten sich in Bushs Augen schon dann schuldig, wenn sie Terrorismus auch nur duldeten. Die USA mussten in die Lage versetzt werden, gegen Schurkenstaaten vorzugehen, bevor diese die Sicherheit Amerikas überhaupt bedrohen konnten. Gemäß der neuen nationalen Sicherheitsstrategie wiesen sich die USA als Imperium aus, und zwar als das einzige in dieser Welt – eine historisch präzedenzlose Rolle.

So führte der 11. September in den USA zu einer veränderten Bedrohungswahrnehmung. Unmittelbar nach den Anschlägen in New York hatte sich die gesamte westliche Welt hinter die Vereinigten Staaten von Amerika gestellt und hatte dies in einer Welle der Solidarität zum Ausdruck gebracht. Amerika war Ziel eines Angriffes, und es befand sich im Krieg. Der Präsident musste die Möglichkeit haben, Sicherheit mit militärischen Mitteln zu gewährleisten. Dazu gehörte vor allem, dass künftige Gefahren – nämlich eventuell vorhandene Massenvernichtungswaffen – beseitigt würden, die aus dem Nahen und Mittleren Osten kamen. Somit bot 9/11 mit Blick auf den Irak die Möglichkeit, «einen Ausweg aus einer perspektivlosen, in die Sackgasse geratenen Politik zu eröffnen».[11] Ohne den Anschlag wäre es kaum möglich gewesen, den Irak ganz oben auf die Agenda zu setzen. In seinen Memoiren berichtet der amerikanische Verteidigungsminister Donald Rumsfeld, dass ihn der Präsident bereits 15 Tage nach 9/11 gebeten habe, die militärischen Pläne gegenüber dem Irak zu überarbeiten; er wünsche sich «kreative Optionen».[12] Dass die nächste Attacke auf Amerika mit Saddam Husseins Massenvernichtungswaffen erfolgen könnte, war für die Bush-Administration und für die Mehrheit der Amerikaner ein ganz und gar unerträglicher Gedanke.

Deutschland zwischen Zweifel und Selbstbewusstsein

Die Unterschiede zwischen dem geplanten amerikanischen und dem gewünschten deutschen außenpolitischen Vorgehen waren mehr als gravierend, nicht nur, was den Irak betraf, sondern überhaupt. Der deutsche Botschafter in Washington, Wolfgang Ischinger, bemerkte mit Blick auf die Bush-Doktrin: «Wir müssen sicher sein, dass das Recht auf Selbstverteidigung nicht in ein Recht zum Angriff umgewandelt wird.» Böse Zungen behaupteten, die Bush-Doktrin sei ein Nachkomme der Breschnew-Doktrin, die 1968 beim Einmarsch der Roten Armee in die Tschechoslowakei zur Niederschlagung des Prager Frühlings formuliert worden war und die Intervention «gerechtfertigt» hatte.[13]

Als Bush in seiner Rede zur Lage der Nation am 29. Januar 2002 die zweite Phase im Kampf gegen den Terror einläutete und den Irak in den öffentlichen Fokus stellte, kam es zwar zu ersten Unstimmigkeiten zwischen der deutschen und der amerikanischen Regierung,[14] dennoch war Kanzler Gerhard Schröder überzeugt, dass das Vorgehen der Amerikaner richtig sei.[15] Er ging sogar so weit, in einer Runde mit eingeladenen Intellektuellen einer möglichen Invasion im Irak zuzustimmen, wenn ein UN-Mandat vorliege.[16] Damit griff der Kanzler eine Formulierung von Verteidigungsminister Rudolf Scharping auf, die dieser wenige Tage zuvor auf der 38. Münchner Sicherheitskonferenz gemacht hatte: Es sei der Charakter der europäischen Gesellschaften, die «innere Legitimation militärischen Handelns von der Multinationalität» abhängig zu machen.[17]

In seinen Erinnerungen schreibt Gerhard Schröder: «Unsere Hoffnungen, dass die USA von einer ähnlichen Einschätzung der Lage ausgehen würden, hatte allerdings George W. Bush mit seiner Rede vom 29. Januar 2002 schwer erschüttert, in der er ankündigte, er wolle die nächsten militärischen Schläge gegen den Irak, den Iran und Nordkorea führen, die ‹Achse des Bösen› (…) wir waren uns innerhalb des Sicherheitskabinetts der Bundesregierung schnell einig, dass sich in diesen Ankündigungen eine andere Dimension der Auseinandersetzung offenbarte (…) wir suchten vergeblich nach einem Zusammenhang mit dem 11. September (…) Ich versuchte nach Bushs Rede, innenpolitisch mit der Bemerkung gegenzusteuern, dass sich ‹Deutschland nicht an Abenteuern beteiligen› werde.»[18] In diesem Zitat ist – aus dem Wissen heraus, wie die Geschichte ausging – bereits vieles ineinandergeschoben. Betrachten wir deshalb die unmittelbaren Abläufe in der Zeit genauer.

Am 31. Januar 2002 trafen sich Bush und Schröder in Washington. Schröder, zuversichtlich und selbstbewusst, glaubte die Erwartungen der Amerikaner mit Deutschlands Engagement in Afghanistan vollauf erfüllt zu haben. Die Stimmung war ausgesprochen gut. Doch vermutlich redeten beide Staatsmänner aneinander vorbei oder hörten sich gegenseitig nicht richtig zu. Bush behauptet in seinen Erinnerungen, der Kanzler habe ihm in Washington Folgendes gesagt: «Was für Afghanistan richtig ist, ist auch für den Irak richtig. Nationen, die den Terrorismus unterstützen, müssen mit Konsequenzen rechnen. Wenn Sie es schnell und entschieden erledigen, dann bin ich mit Ihnen.» Das wäre nichts weniger als eine veritable Beistandserklärung des Bundeskanzlers gewesen.[19] Schröder selbst erinnert sich in gegensätzlicher Weise: «Ich machte dem amerikanischen Präsidenten klar, dass für den Irak das Gleiche zu gelten habe wie für Afghanistan, sofern es darum gehe, gemäß der Entschließung des UN-Sicherheitsrates zu handeln, wonach kein Land, das Terroristen beherbergt oder schützt oder sonst wie begünstigt, ungeschoren davonkommen werde. Dann, aber nur dann, hätten uns die USA an ihrer Seite. Bush versicherte, dass in dieser Frage nichts beschlossen sei und dass man die Verbündeten selbstverständlich vor jeder Entscheidung konsultieren werde.»[20] Hier hört sich der Inhalt der Unterredung völlig anders an. Präsident Bush meinte rückblickend, Kanzler Schröder habe absichtlich das Vertrauen gebrochen. Er fühlte sich von ihm irregeführt und zeigte sich politisch und menschlich zutiefst enttäuscht. Schröder blieb auch später bei seiner Version.

Man wird beiden nichts anderes mehr entlocken können. Wichtiger als die Bekundungen in den Memoiren der beiden Staatsmänner sind daher die Erinnerungen jener, die am 31. Januar als stille Beobachter beim Abendessen im Weißen Haus dabei waren. Für die deutsche Delegation war es offenbar völlig klar, dass die Amerikaner zum Krieg entschlossen waren und es nur noch um die Fragen ging: Wann genau? Und: Wie kann der Krieg sinnvoll begründet werden? Bush setzte in den Tischgesprächen auf den UN-Sicherheitsrat, doch wenn dieser nicht mitzöge, war er bereit, die Angelegenheit in einer anderen Konstellation zu erledigen. Auch der missionarische Eifer des Präsidenten erschloss sich den Gästen. Kanzler Schröder habe damals die «absolute Gewissheit» gewonnen, dass für die Bush-Administration nichts mehr offen sei; wenn man keine Massenvernichtungswaffen im Irak aufspürte, würde ein anderer Grund gefunden werden.[21] Unter diesen Umständen verbot sich für Rot-Grün die Beteiligung an einem Krieg.

Vier Monate später. Für nur 19 Stunden kam der amerikanische Präsident am 22. und 23. Mai 2002 zu seinem ersten Deutschlandbesuch nach Berlin, bevor er weiter nach Russland flog, wo er sich vier Tage lang aufhielt. Lothar Loewe, Korrespondent der «Bild»-Zeitung, befürchtete «anti-amerikanische Krawalle und Straßenschlachten eines gewalttätigen Polit-Pöbels» in der deutschen Hauptstadt. Bilder von auf den Straßen Berlins verbrannten US-Sternenbannern würden dann über die Fernsehschirme von New York bis San Francisco flimmern, und der Bundeskanzler müsse sich fragen lassen, was unter dem Begriff der uneingeschränkten Solidarität der Deutschen mit den Amerikanern zu verstehen sei.[22] Angesichts solch düsterer Voraussagen sah sich Innenminister Otto Schily gezwungen, einen Gastkommentar für das Boulevardblatt zu schreiben. Schröder und Bush, so versicherte er, seien Freunde, und die Deutschen blieben den Amerikanern, die sie von der Terrorherrschaft der Nazis befreit hätten, dankbar. «Leider muss auch mit Krawallen gerechnet werden. Die Polizei wird jedoch alles daransetzen, Gewalttaten zu unterbinden.»[23] Der Kanzler und der Außenminister hatten große Mühe mit «Sowohl als auch»-Floskeln die Bundesbürger zu besänftigen und den amerikanischen Gast willkommen zu heißen. Allerdings: Dessen Rede im Deutschen Bundestag war keineswegs so grobschlächtig wie von Kritikern vermutet, im Gegenteil, man konnte sogar eine kleine Verbeugung vor Europa heraushören. Bush schlug zwar große Skepsis entgegen, dennoch spendete er seinen Gastgebern Freundlichkeiten, und im Parlament waren nur geringfügige Vorfälle zu vermelden; so entrollten PDS-Abgeordnete ein antiamerikanisches Transparent, und der grüne Abgeordnete Hans-Christian Ströbele verhielt sich mit Unmutsbekundungen einmal mehr auffällig. Stefan Kornelius kommentierte in der «Süddeutschen Zeitung»: «Nein, der Präsident ist nicht in den Bundestag marschiert, um die Gefolgschaft für einen Kriegszug gegen Saddam einzufordern. Er hatte etwas Besseres vor: Er wollte Deutschland und Europa an die Gemeinsamkeiten mit den USA erinnern und an die Kraft, die aus einem Bündnis erwächst.» Er müsse nun nur noch selbst danach handeln.[24]

Während des Zusammentreffens vereinbarten der Präsident und der Kanzler eine Art Stillhalteabkommen hinsichtlich des Irak. Der Amerikaner versprach, den Deutschen zu informieren, sobald eine Entscheidung getroffen sei. Im Gegenzug sicherte Schröder zu, dass die rot-grüne Bundesregierung nicht über die amerikanische Planung spekulieren würde, wiederholte jedoch, er wolle am Entscheidungsprozess beteiligt sein.[25] Ein Mitglied des amerikanischen nationalen Sicherheitsrates, das bei dem Treffen anwesend war, berichtete später, dass dieses «Stillhalteabkommen» bereits Ende Januar 2002 beim erwähnten Kurzbesuch des Kanzlers in den USA zwischen Bush und Schröder geschlossen worden sei.[26]

Wahlkampf, der «deutsche Weg»

Wenn es eine solche Absprache gegeben haben sollte, dann war sie bald nichts mehr wert. Die Wahlen zum 15. Deutschen Bundestag im Herbst standen vor der Tür, und die Umfragedaten zur politischen Stimmung waren im Sommer 2002 denkbar schlecht für die SPD, weshalb das Parteipräsidium am 1. August die Frage beriet, wie die Chancen für einen Wahlsieg verbessert werden könnten. Mit Blick auf Krieg und Frieden und den Irak stand eine einfache Option zur Debatte: Sollte man abwarten oder bereits jetzt eine klare Position beziehen? Noch bevor sich die Runde einigen konnte, verließ Schröder die Sitzung und gab ein Fernsehinterview. Gefragt, wie er die Situation seiner Partei verbessern könne, verwies der Kanzler auf beunruhigende Nachrichten aus dem Nahen Osten, die sich bis zu einer neuen Kriegsgefahr zu steigern drohten, womit er andeutete, dass der Irak zu einem Wahlkampfthema werden könne.[27] War dies nur Taktik? Hatte, wie Beobachter des Kanzlers argwöhnten, Schröder Witterung aufgenommen und gespürt, dass sich das Krieg-oder-Frieden-Thema als Chance für die bereits verloren geglaubte Bundestagswahl eignete? Konnte so die Stimmung noch einmal gedreht werden? Handelte es sich also um eine rein pragmatische Entscheidung, nur getroffen aus Machterhaltungsgründen? Eine Bemerkung gegenüber seinem außenpolitischen Berater Dieter Kastrup lässt darauf schließen: «Ich muss die Wahl gewinnen.»[28] Aber müssen dies

Bundeskanzler nicht immer? Reicht dieses Zitat, um die Entscheidung als zwar instinktsicher, jedoch nur taktisch und nicht gesinnungsethisch motiviert einzuschätzen?

Nachdem man zu Beginn des Jahres in Berlin erkannt hatte, dass die USA zum Krieg entschlossen waren, stellte das Kanzleramt im Sommer 2002 die Weichen: Die Bundesrepublik sagte Nein zu einem drohenden Irak-Krieg. Auch Außenminister Fischer war einverstanden.[29] Nach Lage der Dinge kam für Kanzler und Vizekanzler nur eine Ablehnung des Krieges in Frage, dies war das Ergebnis eines Strategiegespräches am 30. Juli. Nochmals – und damit zum dritten Mal – seine Partei und die Fraktion auf «Kriegslinie» zu bringen war für Gerhard Schröder undenkbar. Die SPD, die ja auch eine Tradition als Friedenskraft hatte, würde nicht mehr mitziehen und der grüne Koalitionspartner sowieso nicht. Es würde um keinen Preis gelingen, schon gar nicht mit Blick auf das, was George W. Bush veranstaltete. Sein Spiel war zu offensichtlich, zu leicht zu durchschauen. Daher galt nur noch eines: den Knoten zu durchschlagen, Friedenspolitik auf die Fahnen zu schreiben, die Partei zu versöhnen, die Fraktion und auch die Koalition zu beruhigen, schließlich mit sich selbst ins Reine kommen. Daraus entsprang das Nein zum Irak-Krieg. Dass diese Entscheidung im Wahlkampf half, war gut, aber nicht die Voraussetzung.

Die zeitgenössische Unterstellung an die Bundesregierung und insbesondere an den Kanzler, allein aus wahltaktischem Kalkül und nicht aus irgendwelchen anderen, «edleren» Motiven heraus den Krieg gegen den Irak an der Seite der USA abgelehnt zu haben, greift zu kurz. Dennoch waren sich damals viele Beobachter einig: Der «pazifistische Immobilismus» des Kanzlers, so Lord Weidenfeld, habe Deutschland und der Welt geschadet.[30] Und neben vielen anderen schrieb Klaus Naumann, Schröders «deutscher Weg» in der Außenpolitik sei in Wahrheit ein «deutscher Irrweg». Schröders «stümperhaftes öffentliches Agieren» würde dem Irak in die Hände spielen, weil damit der «Aufbau einer Drohkulisse» verhindert werde.[31] Außenminister Fischer resümiert hingegen folgendermaßen: «Gerhard Schröder und mir wurde immer wieder vorgeworfen, dass wir uns aus wahlkampftaktischen Gründen nicht am Irak-Krieg beteiligt hätten, aber diese Sicht der Dinge seitens der Opposition und Teilen der Medien war selbst wahlpolitisch begründet.

Sicher sprachen wir auch über die wahlpolitischen Konsequenzen einer möglichen positiven Entscheidung und kamen zu dem Schluss, dass dies für uns die sichere Niederlage bedeuten würde und zwar deswegen, weil wir nicht für eine falsche Sachentscheidung in der Frage von Krieg und Frieden würden kämpfen können. Wir hätten aber die Frage des Irak-Krieges genau so entschieden, wie wir es getan haben, wenn wir nicht wenige Wochen vor einer Bundestagswahl gestanden hätten. Und wir hatten richtig entschieden.»[32]

Auch hier lohnt es sich, genauer auf die Ereignisse zu blicken. Bei der Rede zum Wahlkampfauftakt am 5. August 2002 in Hannover wurde der Kanzler deutlich: «Der Terror vom 11. September sitzt vielen von uns noch in den Knochen», so begann der Kanzler die Passage zu Krieg und Frieden. Gerade in Zeiten zugespitzter Auseinandersetzung habe die Regierung das Land auf einem vernünftigen Kurs gehalten und sich Abenteuern verweigert. Als besorgniserregend bezeichnete der Kanzler die Meldungen aus dem Nahen Osten. «Diejenigen, die jetzt sagen, diese Diskussion ist eine, die im Wahlkampf geführt wird, die übersehen eines: Einen Tag nach der Wahl am 23. September beginnt ein neuer NATO-Gipfel. Auf dem soll über die Frage des weiteren Vorgehens im Nahen Osten beraten und entschieden werden.» Nicht weil es ihm eingefallen sei, sondern weil der Zeitplan dies diktiere, sei es notwendig, das Thema Krieg oder Frieden auf die Tagesordnung zu setzen. «Ich warne davor und sage denen, die in dieser Situation etwas vorhaben, wer das will, der muss nicht nur wissen, wie er reinkommt, sondern er braucht eine politische Konzeption dafür, wie es dann weitergeht. Und deswegen sage ich: Druck auf Saddam Hussein, ja. Wir müssen es schaffen, dass die internationalen Beobachter in den Irak können – aber Spielerei mit Krieg und militärischer Intervention – davor kann ich nur warnen. Das ist mit uns nicht zu machen, meine Damen und Herren. Und wer glaubt, dieses Land, diese Regierung würde erneut den bequemen Ausweg gehen, nämlich den, der unter Kohl gang und gäbe war, wir bleiben draußen, aber wir zahlen – seinerzeit waren es 18 Milliarden Mark (beim Golfkrieg 1991, E. W.) –, der irrt. Dem sage ich, dieses Deutschland, unser Deutschland, ist ein selbstbewusstes Land. Wir haben das getan, weil wir von der Notwendigkeit überzeugt waren. Und weil wir wussten, die Sicherheit unserer Partner ist auch unsere Sicherheit. Aber eines sagen wir genauso selbstbewusst: Für Abenteuer stehen wir nicht zur Verfügung, und die Zeit der Scheckbuchdiplomatie ist endgültig zu Ende, meine Damen und Herren.»[33]

Verknüpft mit diesem neuen Selbstbewusstsein wurden die eigenen deutschen Interessen, der «deutsche Weg». Diese Metapher, die Schröder am 5. August in Hannover einführte, sollte ihm zufolge zwar immer auf innenpolitische Bereiche gemünzt sein, und er hielt den Medien vor, sie hätten es «auf die Außenpolitik verstehen wollen»,[34] doch das stimmt so natürlich nicht. In der Situation 2002 ergab die umstrittene Metapher nur als Semantik einer neuen deutschen Außenpolitik einen Sinn.[35]

Drei Tage später schrieb der Kanzler in der «Bild»-Zeitung: «Das Deutschland, für das ich arbeite, ist ein stolzes, ein solidarisches Land (…) Ich nenne es ‹unser Deutschland› (…) Unser Deutschland vertraut auf seine eigene Kraft (…) Unser Deutschland genießt Respekt und Ansehen in der Welt. Weil wir Partner und Vorbild sind. Weil wir das Europa der Völker bauen und weltweit Frieden und Menschenrechte sichern und schützen helfen. Und weil wir deshalb unsere nationalen Interessen nicht verstecken müssen. Das ist unser deutscher Weg.»[36]

Vor dem SPD-Parteirat bettete der Kanzler am 18. August seine Sicht in einen größeren Zusammenhang ein: «Wir sind weit davon entfernt, auf dem Balkan dauerhaft eine Friedensordnung etabliert zu haben. Wir sind weit davon entfernt, die Taliban, die Vorhut des internationalen Terrorismus, besiegt zu haben. Und wir sind noch weiter davon entfernt, in Afghanistan das geleistet zu haben, was man ‹nation building›, zu Deutsch ‹Wiederaufbau›, nennt. Und wir sind weit davon entfernt, die Konflikte, die es ohnehin im Nahen Osten gibt, beherrschbar gestalten zu können. Und in dieser Situation gebietet es die Verantwortung (…) deutlich zu machen, dass wir nur davon abraten können, einen neuen Krisenherd durch eine militärische Intervention zu eröffnen. Und ich sage das, liebe Freundinnen und Freunde, mit großem Respekt vor unserem Bündnispartner, vor unseren amerikanischen Freunden. Aber ich sage das auch deshalb so deutlich, weil Freundschaft doch nicht heißen kann, in allem Ja und Amen zu sagen.» Konflikte unter Freunden müssten fair ausgetragen werden. «Diese Fairness, zu der wir bereit sind, die wir aber auch erwarten (…), darf nicht ersetzt werden durch die Leisetreterei der anderen Seite.»[37]

Selbstbewusstsein, Fairness unter Freunden, keine Leisetreterei – die Begriffe waren immer dieselben, doch von solchem neuen Selbstbewusstsein hatte Schröder, das darf man nicht vergessen, schon in seiner ersten Regierungserklärung 1998 gesprochen: «Dieser Regierungswechsel ist auch ein Generationswechsel im Leben unserer Nation. Mehr und mehr wird unser Land heute gestaltet von einer Generation, die den Zweiten Weltkrieg nicht mehr unmittelbar erlebt hat (...) Wir haben den kulturellen Aufbruch aus der Zeit der Restauration miterlebt und mitgemacht. Viele von uns waren in den Bürgerbewegungen der 70er und 80er Jahre engagiert (...) Diese Generation steht in der Tradition von Bürgersinn und Zivilcourage. Sie ist aufgewachsen im Aufbegehren gegen autoritäre Strukturen und im Ausprobieren neuer gesellschaftlicher und politischer Modelle (...) Unser Nationalbewusstsein basiert eben nicht auf den Traditionen eines wilhelminischen ‹Abstammungsrechts›, sondern auf der Selbstgewissheit unserer Demokratie. Wir sind stolz auf dieses Land, auf seine Landschaften, auf seine Kultur, auf die Kreativität und den Leistungswillen seiner Menschen (...) Was ich hier formuliere, ist das Selbstbewusstsein einer erwachsenen Nation, die sich niemandem über-, aber auch niemandem unterlegen fühlen muss.»[38] Bereits damals wurde ein neuer Ton angeschlagen, der nun die politische Rhetorik maßgeblich prägte, in dem «selbstbewusst», «stolz» oder «eigene Interessen» die Schlüsselwörter waren, die auf die Fährte einer außenpolitischen Neuausrichtung führten.[39] Auch in einem öffentlichen Gespräch über «Nation – Patriotismus. Demokratische Kultur in Deutschland 2002» mit dem Schriftsteller Martin Walser, das Schröder am 8. Mai 2002, dem Tag der Kapitulation von 1945, führte und das von Christoph Dieckmann, «Die Zeit», moderiert wurde, hob er darauf ab. Das deutsche Selbstbewusstsein sei das einer aufgeklärten Nation, die Freiheit, Gerechtigkeit und Solidarität verkörpere und sich niemandem überlegen, aber auch niemandem unterlegen fühle. «Eine Nation des wohlverstandenen Eigeninteresses: denn warum sollte jemand Deutschland ernst nehmen, wenn es sich selbst nicht ernst nimmt.»[40]

Zu Beginn des Bundestagswahlkampfes im Frühling 2002 blies Gerhard Schröder ein rauer Wind entgegen, auch langjährige Weggefährten zeigten sich wenig überzeugt, dass die Wahl überhaupt noch zu gewinnen war. Einer davon, der Hannoveraner Rechtsprofessor Jürgen Seifert, schrieb dem Kanzler Mitte April einen Brief, in dem er die miserablen Umfragewerte interpretierte. Es genüge nicht, weiterhin Anerkennung in dem Milieu zu finden, das Schröder als «neue Mitte» bezeichnet hatte, wenn zugleich traditionelle SPD-Wähler zu Hause blieben. Er selbst verspüre überall «große Enttäuschung», das Problem für die SPD werde die Wahlenthaltung sein. «Viele erkennen an, dass Du das Schiff steuern und dass Du Klippen umfahren kannst; aber viele wollen wissen, wohin die Fahrt geht.» Schröder habe die Bundesrepublik «ganz gut» durch die Fährnisse der Zeit laviert. «Aber Du weißt nicht, wohin Du das Schiff eigentlich steuern willst.»[41] Einen Monat später antwortete Schröder, freundschaftlich, aber sichtlich gereizt. Die «neue Mitte» gehe bekanntlich auf Willy Brandt zurück, ihm gefalle «moderne Mitte» besser, weil sich hier die mentalen und gesellschaftlichen Veränderungsprozesse widerspiegelten. «Mir war vom ersten Tag daran gelegen, eine Politik einzuleiten, die auf strukturelle Veränderungen setzt, die das bloß auf Wahltermine fixierte bornierte Denken überwindet.» Dafür stünden Begriffe wie Zukunftsfähigkeit, Zukunftstauglichkeit, Nachhaltigkeit oder Generationengerechtigkeit, die in sämtlichen Politikfeldern verfolgt worden seien. «Es mag ja sein, dass das, was wir gemacht haben, den einen zu schnell ging und den anderen nicht schnell genug. Den einen zu weit ging, den anderen nicht weit genug. Die einen meinen, wir haben die richtigen Dinge angepackt, die anderen sagen, wir haben uns um die falschen Dinge gekümmert. Tatsache aber ist: Wir haben in nicht einmal vier Jahren unser Land entschieden vorangebracht und zwar quantitativ und vor allem qualitativ.» Es gehe darum, den Primat der Politik sicherzustellen; Politik sei dann erfolgreich, wenn sie integrierend wirke, Brücken schlage und Kohärenz in der Gesellschaft herstelle, mit einem Wort, wenn sie auf der Grundlage von Prinzipienfestigkeit pragmatisch agiere. «Solche unverrückbaren Grundüberzeugungen halte ich für unverzichtbar. Utopien, Visionen und Ideologien dagegen halte ich für verzichtbar», so schloss der Kanzler.[42]

Dies war eine reflektierte Antwort, doch mit einer solchen, eher akademischen Diktion ließen sich vielleicht die Zweifel eines Universitätsprofessors verringern, aber kein Wahlkampf erfolgreich führen, der auf Messers Schneide stand. Es musste klar gesagt werden, wohin der Kanzler das Staatsschiff zu lenken gedachte, und er fand zu seiner alten Stärke der Zuspitzung zurück. Attacken auf internationale Spekulanten, Angriffe auf die «Bild»-Zeitung, Vorstöße gegen die Bush-Regierung und eine Entscheidung, die Schröder in seinen Erinnerungen «Mut zum Frieden» überschrieb, sollten die gelähmten SPD-Anhänger im Wahlkampf 2002 mobilisieren. Mit dem Slogan «Der deutsche Weg» testete der Kanzler einen neuen Stil und entmachtete seinen bisherigen Wahlkampfmanager Matthias Machnig, Bundesgeschäftsführer der SPD, dem ein zu lahmer Wahlkampf vorgeworfen wurde. Dieser war allein gegen den «Spalter Stoiber» ausgerichtet, und der Slogan «Erneuerung und Zusammenhalt» war ein müder Abklatsch der «Kampa» von 1998 («Innovation und Gerechtigkeit»), der nicht mehr zündete. Schröder hatte zwar in einem handschriftlichen Vermerk zu Beginn Wohlwollendes über den Slogan notiert, er verbinde Vergangenheit und Zukunft, Kontinuität und Neubeginn: «Beides sind Begriffe, die Philosophie und Klammer unseres politischen Handelns umschreiben.»[43] Doch nun erkannte er, dass beides, Strategie und Slogan, bestenfalls dazu geeignet waren, die traditionellen SPD-Wähler anzusprechen. Das war zu wenig. Wenige Wochen vor der Wahl trübten sich die Aussichten für die SPD-Spitze mehr und mehr ein, bei den Wählern herrschten Lethargie und Enttäuschung über das rot-grüne Regierungsbündnis, und in der SPD machte sich Panik breit angesichts eines Rückstands auf die Union von bis zu sieben Prozent bei Umfragen. Mit dem «deutschen Weg» wählte Schröder einen groben Klotz: gegen die internationalen Spekulanten, gegen die Amerikanisierung der Arbeitswelt und gegen einen Krieg im Irak. Schröder wollte Klartext. Der Gegner sollte als Kapitalistenknecht und Kriegstreiber erscheinen, und der eigenen Klientel sollte eingeimpft werden, dass es nicht nur um eine Richtungswahl, sondern um eine Schicksalswahl gehe. Erwünschter Effekt dieser Zuspitzung war ein Ablenken von den hohen Arbeitslosenzahlen und der Misere im Staatshaushalt.

Franz Müntefering, der den Wahlkampf übernahm, warf in einer eilig einberufenen Sitzung des Parteipräsidiums die Botschaften des «deutschen Weges» mit dem Overheadprojektor an die Wand: «Wir gehen den deutschen Weg. Wir sichern den Sozialstaat und entwickeln ihn fort. Die deutsche Einheit wird wirklich. Wir bauen Europa mit und beachten dabei unsere nationalen Interessen.» Wenige Monate nach der Einführung des Euro bedeutete dies eine erhebliche Volte. Denn damals hatten der Kanzler und sein Außenminister wortgewaltig einen «europäischen Weg» empfohlen. Nicht nur von Historikern wie Hans Mommsen, die ihr Leben lang den verhängnisvollen «deutschen Sonderwegs» historisch erklärten und politisch bekämpften, erntete der Kanzler energisches Kopfschütteln[44] – auch Außenminister Fischer verdrehte die Augen und witterte eine «Form von deutsch-nationaler Regression von links», die auf seinen erbittertsten Widerstand treffen würde.[45] Denn auch wenn Müntefering diesen Aspekt nicht nannte – die stärkste Durchschlagskraft hatte die Formel vom «deutschen Weg» außenpolitisch: Der Kanzler der Bundesrepublik verweigerte sich der amerikanischen Kriegsmaschine.

Nichts wäre dagegen einzuwenden gewesen, die deutschen Interessen zu betonen, andere Regierungschefs taten dies für ihre Länder auch. Im Irak, wie im gesamten Nahen Osten, standen erhebliche wirtschaftliche Belange der Bundesrepublik auf dem Spiel, BDI und DIHK hatten ein reges Interesse an einer politischen Lösung des Irakkonflikts und machten dies gegenüber der Bundesregierung auch deutlich. Die deutsche Wirtschaft verfügte im Irak weit über den Rüstungssektor hinaus über einen guten Ruf, und das Land wollte mit deutschen Firmen beim Wiederaufbau der Energieversorgung und des Schienennetzes kooperieren.[46] Dies hätte man offen ansprechen können, auch um den Preis, als Krämernaturen verspottet zu werden. Doch war es nicht gefährlich, zumindest anstößig, an latente antiamerikanische Gefühle zu appellieren? Nicht wenige Kritiker des Kanzlers, darunter Rudolf Scharping, sprechen im Nachhinein von einer «Grenzüberschreitung». Denn als bedenklich galt ihm, dass «im Falle des Irak wir das erste Mal eine Situation (hatten), in der ein antiamerikanisches Ressentiment, das es in Deutschland gibt, aktiv mobilisiert wurde.»[47] Oder handelte es sich gar nicht um Antiamerikanismus, sondern um einen «Antibushismus»? Ließ sich hier überhaupt eine exakte Trennungslinie ziehen? Man könnte ja auch sagen, dass es überhaupt kein «Ismus» war, sondern eine berechtigte Gegnerschaft gegen eine gefährliche und unsinnige Politik.

Bushs Rede vor der UNO

Am 12. September 2002, ein Jahr nach den Anschlägen von 9/11 und zehn Tage vor der Wahl zum 15. Deutschen Bundestag, hielt der amerikanische Präsident Bush eine von allen Politikern in der Welt, in Europa und in Deutschland mit Spannung erwartete Rede vor der Vollversammlung der Vereinten Nationen. Hierin bekannte er sich zu den Grundlagen und zur Zusammenarbeit mit der UNO und brachte dies auch durch eine klare Geste zum Ausdruck – nach langer Abstinenz kehrten die USA in die UNESCO zurück, «als Symbol unserer Verpflichtung gegenüber der menschlichen Würde», wie Bush sagte. Keinen Zweifel ließ der amerikanische Präsident daran, dass das irakische Regime eine Bedrohung für den Frieden sei, und führte sämtliche Anklagepunkte auf, von den atomaren, biologischen und chemischen Waffen über Menschenrechtsverletzungen bis hin zu angeblichen Verbindungen zum internationalen Terrorismus; Beweise konnte er allerdings nicht vorbringen. «Wir können uns erstmals dann sicher sein», so George W. Bush, «dass er Atomwaffen besitzt, wenn er, Gott möge das verhüten, eine einsetzt. Wir schulden es all unseren Bürgern, alles in unserer Macht stehende zu tun, um zu verhindern, dass dieser Tag kommt.» Sämtliche Sicherheitsratsresolutionen habe der Irak gebrochen und seine Verachtung gegenüber der Weltgemeinschaft demonstriert. Die Geduld sei zu Ende, es könne kein «Weiter so» geben, die Welt müsse endlich entschieden handeln, gemeinsam oder im amerikanischen Alleingang. Einen konkreten Zeitplan blieb der Präsident schuldig, auch nannte er keine Details zu einer etwaigen Nachkriegsordnung.[48] Die erste Bewertung von Außenminister Fischer lautete: «Es war eine klare und sehr harte Rede (...) Wir sehen unsere tiefe Sorge und Skepsis bestätigt.»[49]

In einem vertraulichen Fax an das Auswärtige Amt, das dem Bundeskanzleramt weitergeleitet wurde, bewertete der deutsche Botschafter in den USA, Wolfgang Ischinger, der zuvor mit Außenminister Fischer und dem Chef des Bundeskanzleramtes, Frank-Walter Steinmeier, telefoniert hatte, die Rede. Ischinger interpretierte sie sehr optimistisch, denn in seiner Lesart habe sich der amerikanische Präsident auf die Seite der gemäßigten Kräfte im republikanischen Lager gestellt und damit dem neokonservativen Flügel eine Niederlage bereitet. Die nun folgenden Beratungen hinsichtlich einer neuen Resolution der Vereinten Nationen seien von höchster «strategischer Bedeutung», da es nun gelingen könne, an einer in moderater Sprache verfassten Resolution mitzuwirken, die der Irak nicht von vornherein ablehne. Angesichts dieser Lage könne er nur empfehlen, «unseren Einfluss im Hinblick auf einen nicht völlig inakzeptablen Resolutionstext» gegenüber den Sicherheitsratsmitgliedern, insbesondere gegenüber Großbritannien und Frankreich, aber auch gegenüber den USA selbst, geltend zu machen. Ischinger schloss, es wäre «im Sinne der Pflege der bilateralen Beziehungen» zwischen Deutschland und den USA hilfreich, wenn der Kanzler die Entscheidung der USA, zumindest formal multilateral vorzugehen, «öffentlich positiv würdigen könnte».[50]

Aber lag Ischinger mit seiner Einschätzung nicht falsch? Diesen Eindruck hatte Kanzlerberater Dieter Kastrup, vormals selbst deutscher Botschafter in den USA und intimer Kenner des Landes. Er machte sich sogleich an eine Vorlage für seinen Chef, indem er die Kernaussagen der Bush-Rede herausarbeitete und zunächst ebenfalls darauf verwies, dass es sich um eine «sehr ausgewogene Rede mit engagiertem Bekenntnis zum multilateralen und globalen Ansatz von Kofi Annan» handelte. Dies sei positiv zu bewerten, wenngleich hier – das war sein erster Einwand – vermutlich Taktik im Spiel gewesen sei, denn Bush habe sich alle Optionen offengelassen. Bush sei einen Schritt auf die UNO zugegangen, ohne sich einseitige Aktionen zu verbauen. Wenn man den Text genau lese, so kam Kastrup zu einer Einschätzung, die jener Ischingers widersprach, verfliege allerdings der Optimismus, denn die Formulierungen des Präsidenten beinhalteten eine Sonderstellung der USA: Die USA seien bereit, *mit* dem Sicherheitsrat und *mit* den Vereinten Nationen an neuen Resolutionen zu arbeiten, korrekt wäre es wohl, wenn es hieße, die USA wollten *im* Sicherheitsrat und *in* den Vereinten Nationen für eine neue Resolution werben. Daher kam Kastrup zum Schluss: «Diese Rede stärkt nur formal und vordergründig die Vereinten Nationen. Tatsächlich schwächt das Vorgehen der Amerikaner die Vereinten Nationen. Entweder ist der Sicherheitsrat den Amerikanern zu Willen oder aber es wird einen amerikanischen Alleingang geben und darüber die Brüskierung der Vereinten Nationen erfolgen.» Kastrup fasste zusammen, wie er sich eine Kanzlerkommentierung der Rede in der Presse und im Bundestag vorstellte: Bush habe in eindrucksvoller Weise die zentrale Rolle der Vereinten Nationen bekräftigt; der Kanzler sei stets für einen multilateralen Lösungsansatz und gegen Alleingänge gewesen; nun müsse die Chance genutzt werden, gemeinsam mit den europäischen Partnern und den USA eine politische Lösung ohne Krieg zu finden.[51] In einer handschriftlichen Notiz nahm Bundeskanzler Schröder diese Punkte auf und kam zum Schluss: «Meine Argumente gegen eine militärische Intervention bleiben deshalb bestehen. Und klar bleibt auch: Unter meiner Führung wird D[eutschland] sich nicht beteiligen.»[52]

Daran konnte auch nichts ändern, dass die USA ihren Druck erhöhten. In einem Gastkommentar für «Die Welt» spitzte der amerikanische Außenminister Colin Powell einige Wochen später die Lage zu: Die einstimmige Verabschiedung der Resolution 1441 vom 8. November sei ein «historischer Schritt» gewesen, auf friedlichem Weg zu einer Abrüstung des Irak zu gelangen. Damit sei dem Regime von Saddam Hussein eine «letzte Chance» eingeräumt, aber zugleich die Stunde der Wahrheit eingeläutet worden. Sollte Saddam Hussein mit «weiteren Lügen» reagieren, könnte sich das Regime den Konsequenzen nicht entziehen. Diese nannte Powell nicht, musste sie nicht nennen, weil jeder sie kannte: Sie hießen Krieg.[53]

Aber nicht allein die Amerikaner, auch die Briten zogen die Schraube an, wollten eine Entscheidung. Am 23. September 2002 ging im Bundesministerium für Verteidigung ein Fax des britischen Botschafters in Berlin, Sir Paul Lever, ein, in dem angekündigt wurde, dass London am nächsten Vormittag ein Dossier über die Entwicklung von Massenvernichtungswaffen durch das irakische Regime veröffentlichen werde. Es sollte der britischen und der Weltöffentlichkeit Beweismaterial über die Absichten Saddam Husseins vorlegen. Die wichtigsten Schlussfolgerungen des beigefügten Hintergrundberichts lauteten, «dass der Irak chemische und biologische Waffen entwickelt und Langstreckenraketen erworben hat und dass er versucht, eine Kernwaffe zu produzieren». Nachrichtendienstliche Quellen würden Beunruhigendes zutage fördern und unter anderem beweisen, dass viele der Waffen binnen 45 Minuten einsatzfähig seien. Außerdem existierten mobile Laboratorien, in denen biologische Waffen gefertigt würden. Weiterhin habe der Irak «große Mengen Uran aus Afrika» besorgt, obwohl er kein ziviles Nuklearprogramm betreibe. Und als ob dies alles nicht genug wäre, endete der Bericht mit der Bemerkung: «Doch die Bedrohung, die der Irak darstellt, geht nicht allein von seinen Massenvernichtungswaffen, sondern auch von dem gewalttätigen und aggressiven Charakter des Regimes von Saddam Hussein aus. Die Liste der von ihm begangenen Verbrechen zur inneren Unterdrückung und der Aggression nach außen geben Anlass zu den schlimmsten Befürchtungen hinsichtlich der Schwere der Bedrohung, die dieses Regime darstellt.»[54] Dies war alles erwiesenermaßen Unfug und sollte, wie wir heute wissen, das falsche Spiel bei der Kriegsbegründung kaschieren.

Herausforderer Edmund Stoiber und die Irak-Frage

Das Kanzleramt war in höchstem Maße skeptisch gegenüber solchen angeblichen Fakten. Doch im Grunde genommen spielten solche Meldungen keine Rolle mehr, die Festlegung war intern seit Juni und öffentlich seit August 2002 getroffen. Auch das Präsidium der SPD, so Generalsekretär Müntefering, lehne eine Beteiligung Deutschlands am Krieg ab, unabhängig davon, ob ein Mandat des Sicherheitsrats vorliege oder nicht. Mit dem «deutschen Weg» und dem «Mut zum Frieden» hatte Schröder seine Themen im Wahlkampf gefunden, die seiner Überzeugung entsprachen; eine zuverlässige Außenpolitik ohne «Bereitschaft zu Abenteuern» firmierte als zentrale Aussage der SPD. Im ersten Fernsehduell mit seinem Herausforderer, dem bayerischen Ministerpräsidenten Edmund Stoiber, sagte er am 25. August: «... es geht darum, dass ein Strategiewechsel vorgenommen worden ist. Man war in den Vereinten Nationen einer Meinung: dass man Druck ausüben muss, um Saddam Hussein zum Einlenken zu bewegen. Jetzt geht es aber nicht mehr darum. Die aktuelle amerikanische Diskussion (...) lautet: Wir wollen den weghaben, wir wollen nicht etwa nur die Inspektoren reinhaben, und dazu wollen wir militärische Mittel einsetzen (...) Deshalb habe ich gesagt und bleibe dabei: Mit Deutschlands Unterstützung nicht.»[55] Stoiber suchte hingegen vergebens nach präzisen Formulierungen und schwankte in der Irak-Frage das eine um das andere Mal. So gab er in einem Interview der «Deutschen Welle» zu Protokoll: «Ich glaube, dass es keinen Sinn macht, solche hypothetischen Fragen zu erörtern und vielleicht auch noch Angst zu erzeugen.»[56] Wenn sich allerdings eine gemeinsame Entscheidung der Staatengemeinschaft ergebe, so Stoiber in einem späteren Interview, «dann kann ich mir nicht vorstellen, dass sich Europa von diesen Maßnahmen distanziert».[57] Jetzt jedoch habe Deutschland keine eigenständige Position einzunehmen. Kurz darauf wiederum meldeten die Nachrichtenagenturen, Stoiber spreche sich gegen einen amerikanischen Militärangriff und den Sturz des Regimes in Bagdad als Kriegsziel aus.[58] Und 14 Tage vor der Wahl formulierte er im zweiten TV-Duell mit Schröder: «Klar ist auch, dass das absolute Entscheidungsmonopol für Maßnahmen irgendwelcher Art gegen den Irak alleine bei der UNO liegt. Es darf und wird mit uns keine Unterstützung eines Alleingangs geben, auch nicht eines Alleingangs der Amerikaner.»[59] Während Schröder immer und immer wieder nur den einen Satz bekräftigte, Deutschland werde sich auf keinen Fall an einem Militärschlag gegen den Irak beteiligen, bemühte sich Stoiber darum zu differenzieren und lief geradewegs in die Falle, denn der Kanzler machte ihm den Vorwurf, er sei in dieser wichtigen Frage ein «Wischi-Waschi-Politiker».[60]

Schröder, der Klarheit, Eindeutigkeit und Führungsstärke demonstrierte, konnte die negativen Umfragewerte drehen. Unter vielen Deutschen, die sich innerlich bereits von Rot-Grün verabschiedet hatten, entstand das Gefühl, die Welt steuere auf eine krisenhafte Situation, auf einen neuen Krieg zu, und in dieser Situation hielten sie der amtierenden Regierung die Stange, weil sie offenbar die deutschen Interessen vertrat, während die Opposition schwankte. Im Dafürhalten vieler addierte die Regierung innenpolitisch Fehler auf Fehler, doch außenpolitisch machten Schröder und Fischer die Sache gut. Mit seinen Bedenken war Edmund Stoiber keineswegs allein. Wolfgang Gerhardt, im Wahlkampf zuständig für Außen- und Sicherheitspolitik der FDP, nannte Schröders «deutschen Weg» einen «fatalen Fehler». Nicht separate Wege, sondern eine europäische Abstimmung sei nötig, so Gerhardt.[61] Außerdem waren nicht alle Sozialdemokraten mit dem «Nein» des Kanzlers einverstanden. Hans-Ulrich Klose, SPD, Vorsitzender des Auswärtigen Ausschusses, hatte gegenüber der «Financial Times Deutschland» gesagt: «Wenn man eine politische Lösung will, muss man eine glaubwürdige Drohkulisse aufbauen. Deshalb darf keine Option ausgeschlossen werden.»⁶² Der Denkfehler Kloses war indessen, dass man gar keine politische Lösung wollte. Wolfgang Schäuble, der im «Stoiber-Team» für die Außenpolitik zuständig war, hielt eine deutsche Beteiligung im Irak für möglich.⁶³ Bei der grünen Verteidigungsexpertin Angelika Beer läuteten hingegen die Alarmglocken. Ein UN-Mandat sei Voraussetzung für einen solchen Einsatz, bedeute aber nicht, dass der Einsatz auch richtig sei. Für sie wäre ein Angriff auf den Irak eine «politische Katastrophe» mit Auswirkungen, die keiner ermessen könne. «Deswegen sage ich, ein UN-Mandat allein reicht nicht, um zu sagen, wir beteiligen uns.»⁶⁴

Der Vorwurf, den besonders konservative Medien gegenüber der Entscheidung des Kanzlers massiv vorbrachten, lautete stets gleich: Schröder spiele Saddam Hussein in die Hände, denn dieser hätte vielleicht einem zusammen mit arabischen Staaten aufgebauten Druck nachgegeben. Während Fischer, wie es «Die Welt» einmal formulierte, bei «Mutter Albright» Weltpolitik gelernt und mit schnellem Verstand verinnerlicht habe,⁶⁵ sei Schröder der erste deutsche Kanzler, der mit Antiamerikanismus Wahlkampf betreibe.

Tatsächlich nahm der Wahlkampf noch an Schärfe zu. Ludwig Stiegler, SPD-Fraktionschef, verglich Amerika mit dem alten Rom und George W. Bush mit Augustus, der Germanien in das Römische Reich eingliedern wollte. Beides war übrigens überaus schief, um nicht zu sagen: historisch falsch.⁶⁶ Den Höhepunkt der Grobschlächtigkeit lieferte Bundesjustizministerin Herta Däubler-Gmelin in der Schlussphase des Bundestagswahlkampfes, in dem sie die Methoden Bushs mit denen Hitlers verglich: «Bush will von seinen innenpolitischen Schwierigkeiten ablenken. Das ist eine beliebte Methode. Das hat auch Hitler schon gemacht.»⁶⁷ Im Weißen Haus herrschte helle Empörung – zu Recht; dass eine Deutsche einen amerikanischen Präsidenten mit Hitler verglich, war der Gipfel der Geschmacklosigkeit. Kanzler Schröder schrieb sogleich einen Brief an den amerikanischen Präsidenten und entschuldigte sich für die «angebliche» Äußerung der deutschen Justizministerin; kein Wunder, dass dieser Brief in Washington eher als Rechtfertigung denn als aufrichtige Entschuldigung betrachtet wurde. So, wie er formuliert war, goss er noch Öl ins Feuer.⁶⁸ Bush war nach eigener Auskunft «geschockt und wütend», denn es gab nichts Beleidigenderes, als in einem Atemzug mit Hitler genannt zu werden, noch dazu von einem deutschen Regierungsmitglied. Er warf Schröder vor, dass er die allgemeine Atmosphäre geschaffen habe, in der solche Anwürfe erst entstehen konnten.[69]

Und in diesem Stil ging es weiter. Auf einer Pressekonferenz vom 23. September 2002 in Warschau wurde der amerikanische Verteidigungsminister Donald Rumsfeld gefragt, ob er so freundlich sein könne, den Ausgang der Bundestagswahl zu kommentieren. Rot-Grün war am Tag zuvor knapp bestätigt worden, die SPD blieb mit 6000 Stimmen Vorsprung stärkste Partei und erreichte wie die Union 38,5 Prozent der Wählerstimmen, die Grünen legten auf 8,6 Prozent zu und waren der Gewinner, die FDP errang 7,4 und die PDS 4 Prozent; das ergab im Bundestag eine Mehrheit von fünf Mandaten für die rot-grüne Koalition.[70] Rumsfeld lieferte die gewünschte Stellungnahme in seiner ihm eigenen knarzigen Art: «Ich habe keinen Kommentar zum Ausgang der deutschen Wahlen, aber ich muss schon sagen, dass die Art und Weise, wie dieser Wahlkampf geführt worden ist, nicht besonders hilfreich war und dass es, wie vom Weißen Haus bereits angedeutet, den Effekt hatte, die (deutsch-amerikanischen, E. W.) Beziehungen zu vergiften.»[71] Struck seinerseits hielt seinen NATO-Kollegen Scheinheiligkeit vor, denn offiziell folgten sie kritiklos den amerikanischen Vorgaben, doch in Vieraugengesprächen gestanden sie, was sie tatsächlich von den US-Plänen hielten. Am meisten verübelte Struck dem Amerikaner, dass er im US-Senat geäußert habe, es gebe nach dem Fall des Irak noch drei Schurkenstaaten, nämlich Libyen, den Iran und Deutschland.[72] Später verliefen die Treffen auf internationalen Konferenzen wieder besser, weil man sich auf einen schlichten Modus Vivendi geeinigt hatte: Irak war ein Tabuthema.

Motive des Kanzlers

Diese Schilderung des Ablaufes zeigt, wie sehr der Wahlkampf vom Thema Krieg oder Frieden überformt war. Aber daraus lässt sich bei Gerhard Schröder keineswegs allein wahltaktisches Kalkül ableiten. Akteure, die die beiden ersten Männer der Bundesregierung beobachteten und die Schröder und Fischer ansonsten sehr kritisch bis ablehnend gegenüberstanden, erinnern sich anders. Für Antje Vollmer war klar, dass Schröder den Ausdruck, Deutschland sei für Abenteuer nicht zu haben, von Beginn an sehr ernst gemeint und ihn nicht nur situativ benutzt habe. Es sei zeitgenössisch eine böswillige Interpretation gewesen, nur Wahlkampftaktik zu unterstellen. Vielmehr habe sich der Kanzler mit zahlreichen Intellektuellen beraten, die ihm eindringlich nahegelegt hätten: «Den Irak-Krieg dürft ihr nicht mitmachen!», und dies müsse er auch klipp und klar in der Öffentlichkeit sagen. Schröder sei, so Vollmers Einschätzung, in der Kriegsfrage noch skrupulöser als Fischer gewesen, was auch mit seiner persönlichen Geschichte zu tun hatte, sein Vater war im Zweiten Weltkrieg gefallen. Außerdem wollte Schröder «nicht als der Kanzler in die Geschichte eingehen, der die Deutschen in den Krieg führt».[73] Man müsste wohl präzisieren – Schröder wollte nicht in die Geschichte eingehen als der Kanzler, der die Deutschen in drei Kriege führte. Im Rückblick formulierte Schröder selbst hypothetisch: «Ob ich das je hätte durchsetzen können in der damaligen Situation, das wage ich zu bezweifeln, denn Kosovo war ja Trauma genug und Afghanistan ebenso.»[74] Nach dem Kosovo-Krieg und dem Engagement der Bundeswehr in Afghanistan war es für den Kanzler, die Bundesregierung sowie die beiden sie tragenden Parteien ganz unmöglich, noch einem weiteren Krieg zuzustimmen, zumal die amerikanische Begründung nicht überzeugte. Man könnte auch so formulieren: Erst das Ja zum Krieg in Afghanistan gab der Bundesregierung die Freiheit des Neins zum Krieg gegen den Irak.

Schröder war der entscheidende Akteur bei der Festlegung auf das Nein zum Irak-Krieg. Dieses Nein, so Antje Vollmer, für das ihm Lob gebühre, wurde «doch auch zum Ruhmesblatt von Rot-Grün». Schröder formulierte das Nein sehr früh, im Sommer 2002, und wackelte dann nicht, sondern hielt auch gegen den wachsenden Druck eines großen Teils der Medien, die die Solidarität gegenüber den USA zur bundesdeutschen Staatsdoktrin erklärten, unbeirrt daran fest und organisierte zum Verdruss der Amerikaner auch noch den Widerstand gegen Washington. Es war keineswegs sicher, ob sich Deutschland damit isolieren würde, die Franzosen und die Russen taktierten noch. Die Deutschen waren der Vorreiter – und eines war am Ende klar: Wenn sie das Nein nicht formuliert hätten, wäre die Entscheidung im Weltsicherheitsrat anders ausgefallen. Deutschland war seit Januar 2003 nichtständiges Mitglied des Weltsicherheitsrates. Vollmer, die in dieser Zeit als amtierende Vizepräsidentin des Deutschen Bundestages zahlreiche Gespräche mit chinesischen Politikern führte, habe immer wieder gefragt: «Was machen die Chinesen?» und als Antwort bekommen: «Was machen die Deutschen?»[75] Die Vetomacht schwankte, ebenso wie Frankreich und Russland. Wer würde sich nach vorne trauen? Millimeter um Millimeter ging es voran. Indem die Deutschen sich vortrauten, kamen die beiden wichtigen anderen – Frankreich und Russland – nach; dies ging auf Kontakte des Bundeskanzlers und nicht des Außenministers zurück.

Schröder wollte als Partner auf gleicher Augenhöhe wahr-, ja ernst genommen werden, auch von den Amerikanern. Immerhin hatte er im Kampf gegen den Terror seine politische Zukunft aufs Spiel gesetzt, als er am 16. November 2001 die Vertrauensfrage gestellt hatte. Er meinte: Diese Tatsachen wurden in den USA schlichtweg ignoriert, nicht wahrgenommen. Die US-Administration ging davon aus, dass die Bundesrepublik Deutschland wie bisher an der Seite der Amerikaner stünde, ohne Murren. Zum ersten Mal sagte das kleine Deutschland explizit Nein und stellte sich gegen die traditionelle Schutzmacht USA. Dies war eine Zäsur. Die moralische Erinnerung und der publikumswirksame Appell an den geleisteten Beistand der Amerikaner nach 1945 trug nicht mehr. Schröder wagte den Konflikt, warf den Stein weit nach vorne und begann zu laufen – zunächst ohne sich international zu versichern, wer ihm überhaupt folgte. Es fiel der Bundesregierung leicht, die Bush-Politik zu durchschauen, und die berechtigten Gründe für die Ablehnung eines Irak-Krieges lagen offen zutage: Es begann mit der falschen Voraussetzung und der mangelnden Legitimation. Die «Koalition der Willigen» versuchte, das Völkerrecht und die UNO zu instrumentalisieren. Im Hochgefühl, die einzig übrig gebliebene Weltmacht zu sein, legten die Amerikaner eine beispiellose Unbelehrbarkeit und Selbstherrlichkeit an den Tag – Fischer spricht von der «Hybris einer Weltmacht»,[76] und der deutsche Verteidigungsminister Struck schreibt: «Es war für mich eine deprimierende Erfahrung, diese Mauer aus Vorurteilen, Selbstgewissheit und überheblicher Belehrsamkeit nicht durchbrechen zu können.»[77] Der schnelle Sieg in Afghanistan beförderte das Gefühl der absoluten Überlegenheit noch zusätzlich, und daraus entstand bei den Beratern des Präsidenten die Devise «Jetzt machen wir gleich weiter!», nämlich mit dem Irak. Für die regionale Stabilität war ein Krieg wie ein Spiel mit dem Feuer. Statt die Herzen und Hirne der Menschen, vor allem der Muslime, zu erreichen, hörte man von Mitgliedern der US-Regierung, vor allem vom «Falken» Dick Cheney, dem Vizepräsidenten, nur Brandreden. Doch was hatte Saddam Hussein, der gewiss ein fürchterlicher Diktator war, mit dem 11. September 2001 zu tun? Die deutschen, aber auch andere Sicherheitsdienste konnten keine direkten Verbindungen zwischen dem Irak und Al Qaida herstellen. Als keine Massenvernichtungswaffen gefunden wurden, entwickelte die Bush-Administration andere passende Fakten, etwa die Menschenrechtspolitik. So entstanden, und dies war der Hauptvorwurf, «wechselnde Begründungzusammenhänge»[78] für einen Krieg, den man unbedingt führen wollte. Ein amerikanischer Präsident, der sich auf einem Kreuzzug wähnte, durfte nicht erwarten, bei Rot-Grün Zuspruch zu finden. Als der König von Jordanien, von Washington kommend, zu Besuch in Berlin eintraf und Kanzler Schröder von einem Gespräch mit Bush berichtete, in dem er behauptete, Gott habe ihm den Auftrag gegeben, Saddam Hussein zu vernichten, war der Kanzler entsetzt.[79] Dass schließlich eine «Exit-Strategie» fehlte, rundete das Knäuel der Ablehnungsgründe ab, das im Ausdruck Joschka Fischers auf der Münchner Sicherheitskonferenz am 8. Februar 2003 «I am not convinced» seine prägnante Wendung fand.[80]

Dabei war klar: Niemand machte sich Illusionen über Saddam Hussein. Seit Jahren waren UN-Kontrolleure auf der Suche nach atomaren, biologischen und chemischen Waffen und mussten Lug, Täuschung und Betrug des irakischen Regimes erdulden. Dokumente verschwanden auf unerklärliche Weise, Materialbilanzen stimmten nicht, Schlüssel zu verdächtigen Anlagen waren nicht zu finden. Es war ein Katz-und-Maus-Spiel. Bange Fragen standen im Raum, besonders: Hatte das Regime die vier Jahre ohne Kontrollen dazu benutzt, sein Atomwaffenprogramm wieder aufzunehmen? Mohamed El Baradei, Generaldirektor der Internationalen Atomenergiebehörde IAEA, war zuständig für die Nuklearwaffenkontrollen im Irak. Er beklagte immer wieder, dass die Ausstattung der Kontrolleure zu wünschen übrig ließ und die Zeit zu knapp bemessen war. So fiel eine Bilanz nach sieben Jahren Waffeninspektionen zwiespältig aus. Einerseits wurde das irakische Atomwaffenprogramm aufgedeckt und nahezu vollständig zerstört. Im April 1991, zwei Monate nach der Befreiung Kuwaits, hatte der Irak die UN-Resolution 687 akzeptiert. Gefordert wurde darin, alle nuklearen, chemischen und biologischen Waffen sowie alle Langstreckenraketen zu vernichten und diese Verbote langfristig zu überprüfen. Die UN-Sonderkommission UNSCOM war zuständig für chemische und biologische Waffen, die Atombehörde IAEA für das irakische Nuklearwaffenarsenal. Das Problem war einfach zu beschreiben: Die Arbeit an Atomwaffen hinterlässt immer Spuren, einen nuklearen Fußabdruck in Form erhöhter Radioaktivität. Doch Biowaffeninspekteure finden selten einen untrüglichen Beweis, und im Biowaffenbereich kann man vieles als zivile Produktion tarnen, etwa unter dem Deckmantel der Impfstoffforschung, und Produktionsstätten für chemische Waffen lassen sich sehr schnell in Düngemittelfabriken umfunktionieren. Als Chefinspekteur der Vereinten Nationen, amtierte der 74-jährige Schwede Hans Blix, der, weil er nichts fand, sich zunehmend schärferen Angriffen der USA ausgesetzt sah.

Deutsch-französischer Schulterschluss

Erst mit einem deutsch-französischen Schulterschluss jedoch konnte ein tatsächlich bedeutsames Gegengewicht gegen die USA entstehen. Jede Bundesregierung in der deutschen Nachkriegsgeschichte musste neben guten Beziehungen zu den USA auch gute Beziehungen zu Frankreich unterhalten. Dieses Dreiecksverhältnis war nicht immer leicht in die Balance zu bringen, bereits in der Endphase der Regierung Konrad Adenauer 1963 gab es heftigste Schwankungen, ein Streit zwischen Atlantikern und Gaullisten, später in den Jahren der Regierungszeit von Helmut Schmidt in der Mitte der 1970er Jahre ebenfalls. Eine Sowohl-als-auch-Haltung war ein zentrales Element der deutschen Außenpolitik, wobei Deutschland nicht selten in die Rolle einer Mittlerposition zwischen den beiden Mächten gedrängt wurde. Bei Schröder wandelte sich das Sowohl-als-auch in ein Entweder-oder.

Ohne Frankreich hätte Schröder seine außenpolitische Haltung politisch vermutlich nicht überlebt. Wäre er fortdauernd isoliert gewesen, hätte er zurücktreten müssen. Das Risiko war hoch, denn der französische Präsident Chirac schwankte zunächst, hielt sich alle Optionen offen. Er ließ die rot-grüne Regierung erst einmal schmoren, da er lange Zeit vermutete, sein konservativer Parteifreund Edmund Stoiber würde im September 2002 die Bundestagswahl jenseits des Rheins gewinnen und sich am Krieg beteiligen; dann stünde mit einem Mal Frankreich allein da. Erst im Januar 2003 gelang es Schröder, der erfolgreich aus der Wahl hervorgegangen war, Chirac auf seine Seite zu ziehen. Den deutsch-französischen Gipfel zur Feier des 40. Jahrestags des Élysée-Vertrages nutzten beide Staatsmänner dazu, beim Vorgehen in der Irak-Krise Einigkeit zu demonstrieren. Beide Länder wollten ihre Haltung im UN-Sicherheitsrat und in anderen internationalen Gremien künftig eng abstimmen und gemeinsame Standpunkte vertreten, hieß es in einer Erklärung in Paris. Diese Haltung wurde auf dem Gipfel rhetorisch mit dem Aufruf verbunden, eine Europäische Sicherheits- und Verteidigungsunion zu gründen. Zum Thema Irak sagte der französische Präsident: «Deutschland und Frankreich beurteilen die Krise gleich.» Es müsse alles zur Vermeidung eines Krieges getan werden. Ein Krieg sei «immer ein Beweis des Scheiterns».[81] Neben den fünf ständigen Mitgliedern gab es zehn nichtständige, darunter Deutschland, und einer Kriegsresolution hätten neun Staaten zustimmen müssen. Der französische Außenminister Dominique de Villepin hatte in New York die Möglichkeit angedeutet, dass Frankreich von seinem Vetorecht Gebrauch machen könnte.

Doch offenbar wussten die Franzosen noch nicht genau, wie sie sich verhalten würden, und Chirac ging nicht so weit wie Bundeskanzler Schröder, der den Verbündeten unmittelbar vor den Feierlichkeiten zum Élysée-Vertrag zwischen Frankreich und Deutschland auf einer Wahlkampfveranstaltung im niedersächsischen Goslar gesagt hatte: «Rechnet nicht damit, dass Deutschland einer den Krieg legitimierenden Resolution zustimmt, rechnet nicht damit.»[82] Dies war ein äußerst schwergewichtiges Wort für einen Landtagswahlkampf, denn hier ging es um Weltpolitik. Schröder preschte weit nach vorne. Freilich half es seinem Parteifreund Sigmar Gabriel bei der Niedersachsen-Wahl nicht, er verlor seinen Ministerpräsidentenposten und musste Christian Wulff (CDU) Platz machen. Wie immer, so hatte der Kanzler auch dieses Mal den Umfragen vertraut. 69 Prozent der Bundesbürger, so signalisierten es die Erhebungen, vertraten die Auffassung, dass Deutschland im Sicherheitsrat gegen einen Krieg im Irak votieren solle, 20 wollten, dass es sich der Stimme enthalte. Aber durfte sich der Kanzler nur nach Umfragen richten?

Unter vier Augen tobte Außenminister Joschka Fischer. Solche Ausbrüche hatte er immer nur dann, wenn er mit jemandem allein war – damit keiner etwas erzählen konnte, ohne dass Fischer wusste, wer es erzählte.[83] Was war bloß in Schröder gefahren? Warum brachte er ihn in höchste Bedrängnis? Wie viel Spielraum hatte er jetzt noch im Weltsicherheitsrat? Antwort: null. Wenn die Franzosen mitzögen, würde Deutschland nicht isoliert sein, doch wenn sie kippten – und in Fragen von Pathos und Freiheit wusste man nie, wo Frankreich am Ende landete –, was dann? Wenn das schiefging, war Deutschland bis auf die Knochen blamiert und stand als Verbündeter von Staaten wie Libyen da. Wenige Tage zuvor, am 20. Januar 2003, hatten 19 deutsche Intellektuelle und Künstler, die ins Kanzleramt geladen worden waren, darunter Günter Grass, Martin Walser, Marius Müller-Westernhagen, Peter Härtling, Ingo Schulze und Peter Sloterdijk, sich mit dem Friedenskurs Schröders solidarisiert und den Vorwurf des Antiamerikanismus als töricht bezeichnet. Keiner glaubte jedoch so recht, dass Schröder so weit gehen würde, wie er nun ging. Der Außenminister war entsetzt. Doch ohne Schröders beinharte Festlegung wäre die Regierung vermutlich zerbrochen. Hätte man sich weiterhin in den Bahnen des Kosovo- und Afghanistan-Einsatzes bewegt, wäre man in die politische Sackgasse geraten. Schröder spürte dies, und deshalb übersteuerte er so radikal.

Die meisten Mitglieder der SPD-Fraktion waren damit beschäftigt, dem Kanzler Lorbeerkränze zu flechten. Fraktionschef Franz Müntefering begann Anfang Februar eine Sondersitzung zur Irakfrage mit der Bemerkung, Deutschland sei heute ein souveränes und eigenständiges Land, das ein Recht auf eigene außenpolitische Entscheidungen habe. Nur einer scherte hörbar aus dieser Linie aus und griff den sichtlich erbosten Kanzler frontal an: Hans-Ulrich Klose. Er holte zu einer Generalkritik an der deutschen Außenpolitik seit dem Sommer 2002 aus, warf Schröder kurzsichtigen Unilateralismus und massives Fehlverhalten gegenüber der UNO vor, da er gar nicht mehr auf die Berichte der Inspektoren gewartet, sondern einfach eine Entscheidung gegen den Krieg getroffen habe. Deutschland habe sich ins Abseits gestellt und sei heute ohne nennenswerten internationalen Einfluss. Klose, so vermerkt das Protokoll, «bemängelt (...) eine unberechenbare deutsche Außenpolitik und den Schaden, den diese Politik Deutschlands im internationalen Bereich auf lange Sicht anrichtet». Schröder antwortete direkt und harsch, verteidigte unter Beifallsbekundungen seine Politik und «ermahnt Klose, sich nicht an einer Legendenbildung zu beteiligen».[84]

Für den 5. Februar 2003 war angekündigt, dass der amerikanische Außenminister Colin Powell dem Sicherheitsrat Beweise über die Existenz von Massenvernichtungswaffen vorlegen werde. Einige Tage zuvor kursierte im Kanzleramt ein Papier «Wie weiter bezüglich Irak? Vorschlag für eine deutsch-französische Initiative», in dem die deutsche Strategie ausführlich dargelegt wurde. Das Interesse der USA würde es sein, so hieß es am Beginn, zumindest eine Nicht-Kooperation des Irak nachzuweisen. Auf einen unfruchtbaren Streit um die Beweisführung solle sich die Bundesregierung gar nicht erst einlassen, vielmehr biete es sich an, aus dem vorgelegten Material sowie den Berichten von Blix und El Baradei zu schließen, dass die Inspektionen fortgesetzt und intensiviert werden müssten. «Entsprechend unserer gemeinsam mit Frankreich vertretenen Linie, alle Möglichkeiten auszunutzen, Krieg zu vermeiden, sollten wir – möglichst gemeinsam mit Frankreich – initiativ werden, um politische Phantasie wieder auf Lösungen diesseits des Krieges zu lenken.» Der Plan lautete, einen Vorstoß zur besseren Umsetzung der UN-Resolution 1441 zu starten, was auch die Form einer zweiten Resolution annehmen könnte, sogar mit einer Feststellung der Nicht-Kooperation («Non-Compliance»). Dies «allerdings nur durch den Zusatz: Aus ‹Non-Compliance› folgt, dass wir das Inspektionsregime verlängern und verstärken sowie zu einem echten Abrüstungsregime erweitern müssen», also keine Kriegsdrohung. Dafür sei Deutschland bereit, Mittel und auch Truppen für Maßnahmen zur Verfügung zu stellen, «die Inspektion und Abrüstung ohne Krieg erreichen sollen», wie etwa Luftraumüberwachung. Aus einem solchen Vorstoß ergäben sich sieben Vorteile: «1. Wir wären aus der Defensive heraus, immer nur ‹gegen Krieg› zu sein, ohne andere Mittel zur

Peinlicher Auftritt: Colin Powell präsentiert vor dem UN-Sicherheitsrat Beweise für die Existenz von Massenvernichtungswaffen im Irak ...

Abrüstung des Irak aufzuzeigen. 2. Wir würden Bereitschaft zeigen, uns für Frieden auch aktiv und mit Risiko zu engagieren. 3. Wir beweisen, dass es uns ernst ist mit Abrüstung des Irak und koordiniertem Vorgehen gegen Massenvernichtungswaffen. Wir fordern nicht nur ‹containment›, sondern zeigen Wege auf, wie wir das erreichen können und übernehmen dafür Verantwortung. 4. Wir kommen in Europa wieder in die Vorhand, denn einem solchen Vorschlag, der ja Abrüstung mit Kriegsvermeidung will, könnte sich wohl kein EU-Mitglied widersetzen, erst recht nicht, wenn es ein deutsch-französischer Vorschlag ist (nebenbei hätten wir Frankreich ‹festgezurrt› auf die gemeinsame Linie von Élysée/Versailles). 5. Indem wir die Anrainer des Irak einbinden, die sich vom Irak, aber auch von den Folgen eines Krieges bedroht fühlen, zeigen wir eine regionale Perspektive auf, ohne uns am – kurzfristig nicht lösbaren – Nahostkonflikt ‹die Zähne auszubeißen›. 6. Der VN-Generalsekretär und die Mehrheit des Sicherheitsrates und auch der UNO wären dafür und würden einen solchen Vorschlag sicher auch aktiv unterstützen. Das Gerede von der ‹Isolation› wäre beendet. 7. Wir entgehen der Gefahr, einer

... doch ist ihnen zu trauen?

bloßen ‹No Compliance›-Resolution zuzustimmen, die die USA als Ermächtigung zum Militärschlag verstehen würden.» Es folgten noch zwei Seiten zur konkreten Ausgestaltung der Inspektions-, Abrüstungs-, Sanktions- und Kontrollregime, bevor die «Durchführung» kurz zusammengefasst wurde: Absprache mit Frankreich, deutsch-französische Initiative für einen Tendenzbeschluss der EU, frühe Einbindung des Generalsekretärs und schließlich Suche nach Verbündeten, besonders die Türkei, Südafrika – das den G-77-Vorsitz innehatte –, Indien, Mexiko sowie die Arabische Liga.[85]

Powells Auftritt am 5. Februar vor der UNO war unsagbar peinlich, ihm selbst am meisten, doch als zuverlässiger Soldat schien er sich ins Unvermeidliche zu fügen – den USA und deren Präsidenten zuliebe.

Mit der gesamten Autorität seiner Person und seines Amtes lieferte er eine Multimedia-Präsentation. Später, nachdem er vor der zweiten Amtszeit Bushs als Außenminister ausgeschieden war, gab er zu Protokoll, dieser Tag sei ein «Schandfleck» in seiner Karriere gewesen, hatte er doch fabrizierte Beweise für vorhandene Massenvernichtungswaffen vorgelegt und absichtliche Falschinterpretationen von Satellitenbildern geliefert, allein um der Welt die Notwendigkeit eines Krieges gegenüber dem Irak weiszumachen. Bei den Deutschen allerdings verfing diese Augenwischerei nicht. Zumal deshalb nicht, weil Powell als Kronzeugen einen irakischen Überläufer mit dem Namen «Curveball» zitierte, eine windige Figur, vor welcher der Bundesnachrichtendienst den CIA nachdrücklich gewarnt hatte.

Die Achse Paris-Berlin-Moskau

Verständigten sich Schröder und Chirac anlässlich der Jubiläumsfeier des Élysée-Vertrages Ende Januar 2003, so konnte der Bundeskanzler in den darauffolgenden Wochen auch den russischen Präsidenten Wladimir Putin für eine Antikriegskoalition gewinnen. «Das war», so Schröder, «viel weniger schwierig, als man zu unterstellen versucht ist».[86] Zwischen Schröder und Putin hatte sich rasch eine veritable Männerfreundschaft entwickelt, Putins zur Schau getragene Bescheidenheit, seine wache Intelligenz und körperliche Fitness beeindruckten den deutschen Kanzler. Außerdem sprach er fließend Deutsch, während Schröder in Fremdsprachen schlecht war, auch dies hinterließ Wirkungen, und hinzu kamen Parallelen im Lebensweg, beiden war nichts geschenkt worden, beide hatten sich von unten nach oben durchgekämpft, beide waren Aufsteiger. Solche Menschen benehmen sich ähnlich. Putin und Schröder hatten auch biographisch gemeinsame Themen.

Außenminister Fischer hat sich hingegen nie für Putin oder Russland interessiert. Gernot Erler, Ost-Experte der SPD, erzählt von einer Begebenheit: Der Außenminister habe die Osteuropa-Experten seines Amtes zu sich eingeladen und dann selbst lange über das aus der Sowjetunion hervorgegangene Land gesprochen «ohne jede Kenntnis von Russland», wie die Anwesenden bestürzt zur Kenntnis nehmen mussten.[87] Er brachte einfach kein Verständnis für dieses Riesenreich auf. Zudem wusste Fischer, dass Russland das Terrain des Kanzlers war, der Freundschaftsbeziehung zu Putin konnte er nicht Paroli bieten. So schob er Russland auf seiner Landkarte beiseite, und die deutsch-russischen Beziehungen blieben Kanzlersache, wie so oft in der Geschichte der Bundesrepublik. Sämtliche deutschen Kanzler wollten vernünftige Beziehungen zu Russland herstellen: Konrad Adenauer mit der Aufnahme diplomatischer Beziehungen, Willy Brandt im Gefüge der Neuen Ostpolitik; Helmut Kohl verband nach anfänglichen Verirrungen eine Freundschaft mit Michail Gorbatschow, und anschließend stützte er die neue russische Demokratie unter Boris Jelzin, und Gerhard Schröder, der wie alle Kanzler in der zweiten Amtsperiode die Außenpolitik für sich entdeckte, behandelte die Russlandpolitik als Chefsache. Dass das häufig inkriminierte Zitat, Putin sei ein «lupenreiner Demokrat», so gefallen sei, bestreitet der Kanzler. Er habe einen Menschen charakterisiert, der ein Freund geworden war. «Soll ich ihm sein Demokratieverständnis absprechen?»[88] Dass Putins Russland sich in die Richtung einer «gelenkten Demokratie» entwickelte, mit Wahlen ohne Chancengleichheit und einer Justiz in Diensten der Politik, verkannte der Kanzler oder blendete es aus. Schröders Russlandpolitik war stark auf eine wirtschaftliche Verflechtung ausgerichtet, er suchte stets den Kontakt zum Ostausschuss der deutschen Wirtschaft. Seine Idee lässt sich einfach beschreiben: Wandel, auch innerer Wandel, durch Wirtschaftsbeziehungen. Verglichen mit anderen Staaten Europas waren die deutsch-russischen Beziehungen intensiv, der Petersburger Dialog machte nur eine der zahlreichen Gesprächsebenen aus. Von Moskau aus gesehen hatte Russland immer Probleme mit Europa, weil Europa so kompliziert ist. Die EU war für den Kreml ein Schloss mit sieben Siegeln. Mit wem hatte man es zu tun? Wer ist zuständig? Wer hat etwas zu sagen? Die russische Führung setzte immer bevorzugt auf bilaterale Kontakte, auch darauf gründete die Kooperation zwischen Putin und Schröder.

Die intensiven Abstimmungen zwischen den dreien, die die «Achse Paris-Berlin-Moskau» bildeten, mündeten schließlich in eine gemeinsame Erklärung: «Fortsetzung der Inspektionen und eine substanzielle Aufstockung ihrer menschlichen und technischen Kapazitäten mit allen

Die «Achse» Paris-Berlin-Moskau: Schröder, Putin und Chirac hier bei einem späteren Treffen im Juli 2005.

Mitteln und in Abstimmung mit den Inspektoren im Rahmen der Resolution 1441 (...) Der Einsatz von Gewalt kann nur ein letztes Mittel darstellen. Russland, Deutschland und Frankreich sind entschlossen, der friedlichen Entwaffnung Iraks alle Chancen zu geben.»[89] Diesen drei Ländern kam eine wichtige Rolle zu: Russland und Frankreich waren Vetomächte, und Deutschland hatte seit dem 1. Februar 2003 turnusgemäß den Vorsitz im Weltsicherheitsrat inne.

Die Spaltung Europas

Was die Haltung zum Irak anbelangte, so war nicht nur Europa insgesamt, sondern auch Osteuropa gespalten. Die politischen Eliten der an Westeuropa angrenzenden Länder hielten den USA zumeist sogar kritiklos die Stange, aber Länder wie die Ukraine oder Weißrussland standen einem Waffengang ohne UNO-Resolution ablehnend gegenüber.

Man konnte geradezu von einer Kluft zwischen dem lateinisch-christlichen und dem byzantinisch-orthodoxen Osteuropa sprechen. Diese Kluft war jedoch gar nichts gegenüber dem tiefen Graben, der durch Europa insgesamt verlief und durch den «Brief der Acht» vom 30. Januar 2003 verdeutlicht wurde. Staats- und Regierungschefs von acht europäischen Ländern, angeführt von Großbritannien, solidarisierten sich mit den USA und desavouierten damit zugleich Frankreich und Deutschland, wenn nicht gar die gesamte Nomenklatura in Brüssel. Polen, Tschechien und Ungarn gehörten zu den Acht. Bald darauf unterstützten zehn weitere osteuropäische und baltische Staaten in einer weiteren Erklärung die amerikanische Haltung. Der Traum von einer europäischen Einheit zerplatzte, weil im Osten des Kontinents ein anderes Amerikabild herrschte als im Westen. Die tiefe Sympathie der politischen Führer Ostmitteleuropas gegenüber den USA war eine der zentralen Nachwirkungen des Kalten Krieges, die nicht durch eine europäische Identität ersetzt werden konnte. Die Polen fühlten sich am stärksten mit den Amerikanern verbunden, Millionen von ihnen waren in die USA ausgewandert; Präsident Bush erklärte, die USA hätten in Europa «keinen besseren Freund» als Polen. Ungarn erlaubte es den Amerikanern sogar, auf dem Luftwaffenstützpunkt von Taszar bis zu 3000 regimefeindliche Iraker auszubilden. Während einer Umfrage von EOS Gallup Europe zufolge in Westeuropa 82 Prozent der Menschen gegen eine Teilnahme ihres Landes an einem von der UNO nicht sanktionierten Waffengang gegen den Irak votierten, waren die Werte in den 13 osteuropäischen Ländern, die größtenteils der EU beitreten wollten, über zehn Prozent niedriger, in Polen waren 63 Prozent der Befragten gegen eine Beteiligung an Kampfhandlungen, 52 Prozent wollten jedoch die USA politisch unterstützt sehen.[90] Der Brief der Acht war eine gemeinsame Ergebenheitsadresse an die USA, doch nicht schon deshalb und vor allem keineswegs nur eine «politische Naivität».[91] Nicht allein Großbritannien unterhielt historische Sonderbeziehungen zu Amerika, auch die Bevölkerung ostmitteleuropäischer Länder sagte sich: «Wer kann uns helfen, wenn es eng wird? Nur Amerika», so jedenfalls der polnische Ministerpräsident Leszek Miller gegenüber Bundeskanzler Schröder. Miller beschrieb damit die polnische Furcht, wieder zwischen Deutschen und Russen eingeklemmt zu sein.[92]

Feilschen im Weltsicherheitsrat

Im Frühjahr 2003 begann ein dramatisches Ringen im Sicherheitsrat. Es ging um die Frage, ob Amerika ein UN-Mandat für einen Krieg gegen den Irak erhalten würde oder nicht. Das «große Feilschen auf dem Irak-Basar», so «Die Zeit», hatte begonnen.[93] Am 27. Februar flog Bundeskanzler Schröder aus Moskau zurück, die Reise war eine der denkwürdigen Begegnungen im Vorkriegsdrama jener Tage. Der russische Präsident Wladimir Putin und er betonten, dass sie weiterhin zur Erklärung der drei stünden, nämlich eine «vollständige und wirksame Abrüstung» des Irak mit friedlichen Mitteln zu erreichen. Aber Schröder konnte sich nicht sicher sein, dass die Vetomacht Russland hundertprozentig dazu stehen würde, denn Putin wollte auch seine «Freundschaft» zu Bush nicht gänzlich aufs Spiel setzen. Allerdings waren in diesen Wochen und Tagen weltweit gleichzeitig Millionen von Menschen gegen einen drohenden Irak-Krieg auf die Straßen gegangen, mehr als jemals zuvor seit 1945, was den russischen Präsidenten beeindruckte und dem Kanzler gute Argumente lieferte.

In London, Madrid und Barcelona demonstrierten jeweils eine Million Menschen gegen einen drohenden Irak-Krieg, in Rom weit über eine Million, weitere «Friedensappelle» mit Zigtausenden von Menschen gab es in Paris, Brüssel, Berlin, Tokio, Washington, San Francisco, aber auch in arabischen Städten, etwa Kairo. Der Europäische Gewerkschaftsbund hatte zu kurzzeitigen Arbeitsniederlegungen aufgerufen, um ein «Zeichen für den Frieden» zu setzen. In 5000 Städten in über hundert Ländern formierten sich Lichterketten und Lichtermahnwachen für den Frieden, in Berlin bildeten mehr als 100 000 Menschen eine 35 Kilometer lange Lichterkette quer durch die Stadt. Es waren oft jüngere Menschen, auffällig viele Schülerinnen und Schüler, die auf die Straße gingen, getragen von einem ebenso echten wie schlichten Glauben an das Gute; Ideologie spielte kaum eine Rolle, wie der Berliner Protestforscher Dieter Rucht diagnostizierte.[94] Die Massenveranstaltungen, Protestmärsche und die Lichterketten schufen einen globalen Diskursraum, jenseits der politischen Ebene.

Zwei Tage vor dem Treffen mit Putin, am 25. Februar 2003, hatte Schröder mit Jacques Chirac in Berlins ältestem Wirtshaus gespeist, «Zur letzten Instanz», gegründet 1621. Das war, so könnte man Donald Rumsfelds Bemerkung persiflieren – der ja vom «alten», also schwachen und matten Europa, das sich um Frankreich und Deutschland gruppierte, und vom «neuen», kraftvollen Europa, das die jüngeren Mitglieder umfasste, gesprochen hatte – «ganz altes Europa». Chirac und Schröder versicherten sich ihres gegenseitigen Beistandes, und das Verhältnis der beiden, das 1999 schwierig und kühl begonnen hatte, klarte sich merklich auf, wurde überaus vertrauensvoll, fast «kumpelhaft». Vor 2002 war es keineswegs ein Herzenswunsch des französischen Präsidenten gewesen, dass Gerhard Schröder Bundeskanzler bleibt. Auf europäischer Ebene hatten sie heftige Auseinandersetzungen. Diese Jahre gegenseitigen Abtastens waren von Missverständnissen und Krisen begleitet. Der erfahrene Franzose glaubte lange, dem unerfahrenen Deutschen den Weg weisen zu können – oder ihn in seine Schranken. Nun gewann Chirac den Eindruck: Schröder zeigt Statur, er übernimmt ein persönliches Risiko. Er kam ihm nicht mehr oberflächlich vor. Zeigte der Deutsche nicht ein ähnliches Format wie er selbst? Jacques Chirac war ein Politiker, der in seiner langen Karriere immer gern aufs Ganze ging, Überraschungscoups liebte, riskante Entscheidungen, die Freund und Feind verblüfften, mochte. So wie Schröder. Chirac sah nun, wie der Deutsche Tatkraft demonstrierte, dass er offenbar ein Prinzip hatte und dieses Prinzip für ihn handlungsleitend war. Für jeden Einzelnen, auch für Frankreich, wäre es schwierig gewesen, im UN-Sicherheitsrat den Amerikanern die Stirn zu bieten, aber gemeinsam ging es, und wenn Russland noch dazustieß, umso besser. Welch surreale Blüten die Entscheidung Frankreichs trieb, am Krieg der Amerikaner nicht teilzunehmen, zeigte sich in der Posse der Umbenennung von «French Fries» in «Freedom Fries», die auf Antrag eines Abgeordneten des US-Repräsentantenhauses zustande kam.[95]

George W. Bush schmiedete währenddessen eine «Allianz der Willigen». Als Spaniens Premierminister José María Aznar auf der Ranch von Bush weilte, beschlossen die beiden, per Konferenzschaltung Tony Blair aus London und Silvio Berlusconi aus Rom zuzuschalten; die vier versicherten sich gegenseitig, auf dem richtigen Weg zu sein. Im Sicherheitsrat rangen derweil die Kriegsbefürworter um Unterstützung, vor allem Afrika zählte. Von dort kamen drei Stimmen aus den Reihen der nichtständigen Mitglieder im Sicherheitsrat, das war die Hälfte der sogenannten mittleren Sechs. Die afrikanischen Länder, besonders Angola, wollten sich die Unterstützung Amerikas versilbern lassen. Auch die mexikanische Regierung war gegen den Krieg, trachtete jedoch danach, für eine Zustimmung den USA eine Einwanderungsregelung abzuringen. Die Amerikaner behaupteten, die Mehrheit der «mittleren Sechs» hinter sich zu haben, und anschließend galt es, ein Veto zu verhindern, indem Frankreich isoliert wurde. Dass sich China enthalten würde, galt als wahrscheinlich. «Wenn man Russland aus der Ablehnungsfront herausbricht», so ein Berater des amerikanischen Außenministers, «verändert sich die ganze politische Dynamik».[96] Gegenüber Russland spielten die USA auch die tschetschenische Karte: Wenn sich Moskau flexibel zeige, wäre auch Washington flexibel, und das bedeutete: Drei tschetschenische Rebellengruppen wurden auf Amerikas Liste terroristischer Organisationen gesetzt.

Etwas Besseres hätte Russland gar nicht passieren können. Denn der russische Krieg in Tschetschenien seit 1994 war ein dunkler Fleck auf der russischen Weste und besonders grausam. Für die Zivilbevölkerung in der kleinen Kaukasusrepublik war er die Hölle, für Russland eine Schande, für die gesamte, ohnehin instabile kaukasische Region einschließlich der unabhängigen Staaten des Südkaukasus eine Destabilisierungsgefahr und für Europa eine Beschämung, weil es seine Augen verschloss. Die beiden Kriege in Tschetschenien seit 1994 und wieder seit 1999 haben das Islambild in Russland zutiefst beeinflusst. Zu Beginn des Konflikts spielte die islamische Identifikation aufseiten der tschetschenischen Separatisten nur eine untergeordnete Rolle. Moskau befürchtete ein Übergreifen des tschetschenischen Separatismus auf andere Regionen. Vom Sieg über die tschetschenischen Rebellen hänge das Schicksal des ganzen Staates ab, lautete daher ein weitverbreiteter Standpunkt. Die scheinbar in Frage stehende territoriale Integrität Russlands diente als Rechtfertigung des ersten Krieges ab Dezember 1994, als in Erwartung eines schnellen Sieges fast 24 000 russische Soldaten nach Tschetschenien geschickt wurden. Am Ende des Monats standen 38 000 russische Soldaten vor Grosny. Die Kämpfe dauerten bis

1996, doch auch danach konnte kein funktionierendes Staatswesen aufgebaut werden. Im Frühjahr 1998 konnte man in Tschetschenien 19 bewaffnete Institutionen und Gruppierungen zählen, die teilweise miteinander verfeindet waren. Im zweiten Krieg fünf Jahre später schickte Moskau über 100 000 russische Soldaten. Nach den Anschlägen vom 11. September 2001 in New York betonte der Kreml, dass es um die «Bekämpfung des internationalen Terrorismus» gehe, und präsentierte sich als Frontstaat im Kampf gegen diese globale Gefahr. Indem somit eine Verbindung von Tschetschenien zum internationalen Terrorismus in den Vordergrund gerückt und damit der innenpolitische Ursprung und der ethnoterritoriale, statuspolitische Kern des Konflikts verschleiert wurde, gelang es dem Kreml, ein Deutungsmuster in weiten Teilen Europas hoffähig zu machen: Beim Krieg im Kaukasus handele es sich um die Abwehr einer von außen gesteuerten islamistisch-terroristischen Aggression.[97] Bushs Angebot war also verlockend. Doch Putin mag sich auch daran erinnert haben, dass die USA unter dem Präsidenten Bush alles taten, die russische Schwäche auszunutzen, jedenfalls nicht bereit waren, auf Augenhöhe mit Moskau zu sprechen. Auf dem UN-Basar ging es währenddessen so unwürdig zu, dass der republikanische Senator Chuck Hagel angewidert vor die Kameras trat und sagte: «Wir sollten Verbündete nicht kaufen. Wir sollten aus den richtigen Gründen und aus denselben Gründen in den Krieg ziehen.»[98]

Frankreich, das sich mit Deutschland verbündet hatte, bewegte noch ganz andere Motive, von denen der Bundeskanzler wusste, die den Deutschen jedoch aus historischen Gründen gänzlich fremd waren. In dieser Zeit, 2002, reiste der französische Präsident Jacques Chirac nach Algerien. Es war der erste offizielle Besuch eines französischen Staatsoberhaupts nach der Unabhängigkeit des Landes 1962 von Frankreich. Er wurde in den Straßen Algiers wie ein Freiheitsheld bejubelt – Paris war mit der Irak-Entscheidung zum Hüter der arabisch-islamischen Identität aufgestiegen. Diese «Softdiplomatie» Frankreichs reichte von Gefühlsstolz über Sympathiewerbung bis zu politischen und finanziellen Geschenken. Frankreich rüstete sich für den Showdown im Weltsicherheitsrat; zum letzten Mal hatte das Land 1956 während der Suez-Krise ein Veto eingelegt, damals hatten sie die Briten an ihrer Seite und die USA gegen sich. Im Jahr 2002 drängte hingegen niemand stärker auf eine zweite UN-Resolution, die den Krieg legitimieren sollte, als der britische Premierminister Tony Blair; ohne eine solche, fürchtete er, würden sich die in Großbritannien lebenden Muslime radikalisieren. Blair war, auch noch in seinen 2010 erschienenen Erinnerungen, mit Blick auf den Irak ganz auf der Argumentationslinie des amerikanischen Präsidenten und sein gewichtigster Verbündeter – nicht zuletzt aus historischen Gründen, denn ohne die USA hätte es nicht den Sieg des Westens im Kalten Krieg gegeben.[99] Blair musste sich jedoch nicht nur mit «Abweichlern» in der eigenen Partei herumplagen, sondern auch mit einem stetig wachsenden Widerstand im ganzen Land. Der schmerzlichste Verlust für den britischen Premier war der Rücktritt seines Außenministers Robin Cook, der sein Gewissen über die Parteidisziplin stellte. Die Geschichte werde ihm, wie einst Winston Churchill, Recht geben, wurde Tony Blair nicht müde zu betonen und nahm diese Argumentation auch in seinen Erinnerungen wieder auf. Und Russland schien immer noch nicht genau zu wissen, wohin es wollte. Als der russische Außenminister Igor Iwanow Anfang März 2003 in London war, betonte er erneut, dass ein russisches Veto möglich und eine Enthaltung keine Option sei. Dies heizte Spekulationen an, wonach Russen, Chinesen und Franzosen ein gemeinsames «Nein» vorbereiten würden. Russland nutzte die verfahrene Situation sehr geschickt für eigene ökonomische Interessen. Putin äußerte sich in der Öffentlichkeit bewusst widersprüchlich und zündete eine Nebelkerze nach der anderen, nicht zuletzt weil er Zeit gewinnen wollte. Es ging um Geld: Jeder gewonnene Tag sanierte die russische Devisenkasse, denn der Ölpreis stieg mit der Erwartung eines Krieges rapide an – und Russland hatte viel Öl zu verkaufen.

Von allen Vetomächten schwankte China am stärksten, schien am Ende jedoch eher zur französisch-deutsch-russischen Allianz zu neigen. Den Vorsitz im Sicherheitsrat hatte Guinea inne, das zu den «mittleren Sechs» gehörte und sich noch nicht eindeutig positioniert hatte. Guinea, Kamerun, Angola, auf diese Länder kam es an – Spötter meinten, der amerikanische Präsident wisse doch gar nicht, wo auf der Landkarte diese Staaten zu finden seien. Allen war indessen klar, dass der Sicherheitsrat gar nicht mehr über Krieg und Frieden entschied, es ging allein darum, ob der Krieg mit ihm oder ohne ihn geführt würde. Und an dieser Stelle kamen die Deutschen ins Spiel. «Die Zeit» urteilte: «Im Ringen der Mächtigen und im Streit der Interessen hat sich ein kleines Wunder ereignet, mit dem vor wenigen Wochen niemand gerechnet hätte. Das Nein der Deutschen erregte anfangs noch weltweites Aufsehen. Nun aber ist es plötzlich eine Stimme unter vielen. Das Dreier-Bündnis, das nun entstanden ist, könnte den Kern einer politischen Alternative in den Vereinten Nationen bilden, mit einer Resonanz, die weit darüber hinausgeht.»[100] Sämtliche Kompromissversuche innerhalb des Weltsicherheitsrates sollten in den beiden Wochen bis zum Kriegsbeginn am 21. März scheitern. Die Kriegsbefürworter brachten ihren Resolutionsentwurf gar nicht mehr zur Abstimmung, da klar war, dass Frankreich sein Veto einlegen würde und auch nichtständige Ratsmitglieder wie Chile und Mexiko ihre Zustimmung verweigerten.

Am 14. März 2003 hielt Bundeskanzler Schröder vor dem Deutschen Bundestag seine berühmte Rede «Mut zum Frieden und Mut zur Veränderung», in der er die innenpolitische Reformpolitik der Agenda 2010 auch mit der neuen Rolle Deutschlands in der Welt begründete.[101] Er griff dabei verschiedene Formulierungen des Koalitionsvertrages vom 16. Oktober 2002 auf. Dort hatten Sozialdemokraten und Grüne ambitionierte Ziele vereinbart: «Wir streben einen ökonomisch und sozial gerechten Interessenausgleich aller Weltregionen an»; die Zivilisierung und Verrechtlichung der internationalen Beziehungen sollten dazu beitragen. In Reaktion auf das Zerwürfnis mit den USA wurde den transatlantischen Beziehungen ein eigener Satz gewidmet: Freundschaftliche Beziehungen, die auf gemeinsamen Werten beruhen, seien eine «unverzichtbare Konstante der deutschen Außenpolitik». Neu war der Verweis auf die zivile Krisenprävention, die als «Eckpfeiler» der «internationalen Stabilitäts- und Friedenspolitik» herausgestellt wurde. Im Gegensatz zum ersten Koalitionsvertrag von 1998 bezog man sich auf den «Kampf gegen den Terrorismus» – dieser sollte jedoch nicht in erster Linie militärisch erfolgen, sondern sei «primär eine politische Aufgabe».[102]

Zum Kriegsbeginn am 21. März 2003 sprach Bundeskanzler Schröder nur noch kurz und in düsteren Worten über das Fernsehen an seine Landsleute. Auf den Straßen versammelten sich Hunderttausende, getrieben von Zorn über den Alleingang der USA. 38 Länder beteiligten sich an der Seite der USA, die große Mehrheit jedoch nur mit wenigen Soldaten, oftmals ohne Kampfauftrag; der mit Abstand größte Truppensteller nach den USA war Großbritannien. Der Krieg fing mit gezielten Bombardements auf Bagdad an; flankiert von massiven Luftangriffen drangen amerikanische und britische Bodentruppen von Kuwait aus auf irakisches Gebiet vor. Trotz des Neins zum Irak-Krieg billigte Deutschland den Alliierten Überflugrechte zu, und die Bundeswehr schützte US-Militärbasen in Deutschland, die für den Krieg genutzt wurden; «Unterstützungsleistungen» deutscher Soldaten bei der Überwachung des Luftraums in der Türkei, von denen das Parlament nichts wusste, wurden im Jahr 2008 vom Bundesverfassungsgericht als Verletzung des Beteiligungsrechts des Bundestags eingestuft. Medial begleitet wurde der Irak-Krieg von «embedded journalists», Reportern, die bei den kämpfenden Truppen der USA und Großbritanniens «eingebunden» waren, weshalb ihnen eine wenig objektive Berichterstattung unterstellt wurde. Im deutschen Fernsehen liefen unzählige Berichte. Panik, Hysterie, Weltuntergangsszenarien – alles wurde gezeigt, geschürt, bedient. Der von Michel Friedman befragte Orientexperte Peter Scholl-Latour schloss nicht aus, dass die Amerikaner eine Atombombe auf Bagdad werfen würden – nach dem Motto, einem Gotteskrieger wie George W. Bush sei alles zuzutrauen.[103] Die heutigen Menschen lebten, so wurde Scholl-Latour nicht müde zu betonen, im Zeitalter der neuen Kreuzzüge – und diese waren, historisch gesehen, ein langes, zähes Ringen westlicher und östlicher Staaten, deren Heilsgewissheiten so wenig miteinander kompatibel waren wie ihre Ansprüche auf das Heilige Land. All dies verhieß nichts Gutes.

Rot-grüne Außenpolitik mit globalem Anspruch

Am 3. April 2003 verdeutlichte der Kanzler im Deutschen Bundestag die Marschroute, die zum Streit mit den USA geführt hatte: «Wir treten für die Herrschaft und die Durchsetzung des Rechts ein. Wir stehen für Friedenspolitik durch Kriegsprävention und kooperative Konfliktlösung. Wir verfolgen das Ziel umfassender Sicherheit: durch multilaterale Zusammenarbeit, durch nachhaltige Abrüstung und Entwicklung und –

Falsche Freundlichkeit: Gerhard Schröder zu Besuch im Weißen Haus, 27. Juni 2005.

wo dies unabdingbar ist – auch durch polizeiliche und militärische Mittel. Schließlich setzen wir in den internationalen Konflikten auf das Gewaltmonopol der Vereinten Nationen.»[104] Wenn dies zusammen mit den Amerikanern gelinge, gut, wenn nicht, dann eben nicht. Die deutsche Außenpolitik hatte sich verändert. Nach dem Dafürhalten des Außenministers kam der Schritt, gegenüber den USA mit «Nein» zu votieren, «in der Geschichte unseres Landes nach 1945 einer kleinen außenpolitischen Revolution gleich».[105] Für den Kanzler war es eine «Normalisierung», man sei nun weniger abhängig und selbständiger geworden, kurz: «Deutsche Außenpolitik wird in Berlin und nicht in Washington gemacht.»[106]

Das deutsch-amerikanische Verhältnis blieb unter Rot-Grün vergiftet, es pendelte sich auch in der Folgezeit nicht wieder ein. Präsident Bush gratulierte Bundeskanzler Gerhard Schröder nicht einmal zu seinem Wahlsieg, ein in der Beziehungsgeschichte beider Länder seit dem Ende des Zweiten Weltkrieges einmaliger Vorgang. Wie sehr Eiszeit herrschte, dokumentiert die viel zitierte Maxime von Sicherheitsberaterin Condoleezza Rice: «Frankreich bestrafen, Deutschland ignorieren, Russland verzeihen.»[107] Deutschland «ignorieren», weil es, so musste man das Verb verstehen, ein nebensächlicher Partner war – schlimmer konnte es nicht kommen. Verteidigungsminister Rumsfeld löste dieses «Versprechen» mehr als einmal ein, indem er bei Reden seines deutschen Amtskollegen den Raum verließ.

Eine Art kurzes «Versöhnungstreffen» zwischen Bush und Schröder wurde am 24. September 2003 im Hotel Waldorf-Astoria öffentlich zelebriert. Was blieb? Das Verhältnis wurde nicht mehr gekittet, gestaltete sich professionell, kühl, distanziert, alles formal korrekt, aber nicht herzlich. Immerhin jedoch gratulierte Schröder dem wiedergewählten Bush im November 2004 und wünschte ihm, knapper und unverbindlicher geht es nicht, «Glück und Erfolg» für die kommenden Jahre.[108]

In zeitgenössischen Studien ist sehr kritisch mit «Schröders Nein zum Irak-Krieg» umgegangen worden. Die alte Bundesrepublik war existentiell von der amerikanischen Sicherheitsgarantie und den strategischen Entscheidungen der USA abhängig. Gute bilaterale Beziehungen zwischen den beiden Ländern waren eine Art ungeschriebenes Grundgesetz für die Bundesrepublik Deutschland. Natürlich gab es immer wieder erhebliche Spannungen und Konflikte, «legendär» sind die Annäherungen Adenauers an de Gaulle Anfang der 1960er Jahre oder Henry Kissingers beißende Bemerkungen zur Brandtschen Ostpolitik am Ende des Jahrzehnts sowie Helmut Schmidts Nichtverhältnis zu Jimmy Carter seit der Mitte der 1970er Jahre. Doch dieses Mal schien eine neue Qualität erreicht worden zu sein. Henry Kissinger meinte, die Ereignisse seien nichts Geringeres als die schwerste Krise innerhalb der atlantischen Allianz seit ihrer Gründung.[109] Robert Gerald Livingston verglich sie mit einem «Erdbeben, das das Rahmenwerk der transatlantischen Beziehungen in seinen Grundfesten erschütterte».[110] Für Werner Weidenfeld, den Koordinator der deutsch-amerikanischen Beziehungen in der Ära Helmut Kohl, war dies eine der schwersten Bewährungsproben des transatlantischen Verhältnisses.[111] Manche Beobachter sahen den Anfang vom Ende der europäisch-amerikanischen Beziehungen, weil keine gemeinsame strategische Kultur mehr sichtbar sei.[112] Europa, angeführt von Frankreich und Deutschland, habe der Machtpolitik entsagt und sich dem Ziel verschrieben,

Kants Prinzip des Ewigen Friedens zu verwirklichen. Es sei nicht in der Lage, seine Interessen militärisch durchzusetzen, sondern bevorzuge nur noch eine «weiche Form» der Außenpolitik, also Diplomatie, internationale Organisationen, Verträge und Kooperationen. Es sei ein Reich der Träume, wohingegen die Amerikaner in der Realität lebten, nämlich in einer von Anarchie geprägten Hobbesschen Welt, in der sie nur zwischen Gut und Böse, zwischen Freund und Feind unterscheiden könnten. In einer solchen chaotischen Welt seien internationale Gesetze, wie Europa sie bevorzuge, kaum geeignet, Ordnungsvorstellungen durchzusetzen. Amerikaner seien der kooperativen Form der Außenpolitik gegenüber abgeneigt, sie würde nur den eigenen Handlungsspielraum einengen. Die Denkweisen, die in Außenpolitikanalysen beschrieben wurden, waren so verschieden, dass man sagen konnte: «Americans are from Mars, Europeans are from Venus.» Das war natürlich sehr vereinfacht, denn allein der Umstand wurde außer Acht gelassen, dass Großbritannien und Frankreich noch immer bedeutende Militärmächte waren. Dennoch ist so viel richtig: Das Jahr 2003 war ein Schlüsseljahr, in dem sich die Schere zwischen der europäischen und der amerikanischen Art, Konflikte zu lösen, weit aufgetan hat. Angeführt von Deutschland und Frankreich trieben die Europäer den Erweiterungsprozess in Südosteuropa voran und begannen mit der europäischen Nachbarschaftspolitik im Osten und gegenüber den Mittelmeerstaaten, später kam noch die Schwarzmeerzusammenarbeit hinzu, danach sogar eine Zentralasienstrategie. All dies kann als Kontinuum begriffen werden, das seit 2003 auf den Weg gebracht wurde unter der Zielperspektive, dass Erweiterungspolitik eine Friedenspolitik sei, dass die Form ziviler Konfliktbewältigung, die in Europa maßgeblich war, möglichst in Nachbarregionen außerhalb der EU übertragen werden sollte. Am 12. Dezember 2003 wurde vom Europäischen Rat die europäische Sicherheitsstrategie «Ein sicheres Europa in einer besseren Welt» verabschiedet. Zugespitzt gesagt: Während George W. Bush in seinen acht Präsidentschaftsjahren den Krieg gegen den Terror durchbuchstabierte, entwickelten die Europäer darüber hinaus ein Modell der Konfliktprävention, für das später, in der Zeit der Großen Koalition unter Angela Merkel und Frank-Walter Steinmeier, der Begriff der «globalen Verantwortungsgemeinschaft» gefunden wurde.

Schon nachdem es Frankreich mit Deutschland und Russland gelungen war, den Versuch der Regierung Bush zu stoppen, die UNO zum Erfüllungsgehilfen eines völkerrechtswidrigen Krieges zu machen, erschien Schröder als risikobereiter Kanzler, der den Schulterschluss mit Frankreich gewahrt und der US-Regierung die Stirn geboten hatte – zum ersten Mal nach Helmut Schmidt, aber in einer viel entscheidenderen Situation. Das deutsch-französische Tandem hatte eine Mehrheit im UN-Sicherheitsrat auf seine Seite gebracht und so den Handlungsspielraum Deutschlands erweitert, indem verdeutlicht wurde, dass transatlantische Partnerschaft mehr darstellte, als Ergebenheitsadressen abzusenden.[113] Die Regierung Schröder-Fischer betrieb, so ihre Selbstbeschreibung, eine Außenpolitik des aufgeklärten Eigeninteresses. Diese relativ harmlose Aussage wurde von manchen als Provokation empfunden. Dabei haben alle Regierungen seit Konrad Adenauer in der Außenpolitik deutsche Interessen verfolgt, sie haben sie jedoch oft nicht «deutsche Interessen» genannt, sondern drapierten sie europäisch. «Im Namen Europas» hatten die Deutschen nach 1949 ihre nationalen Interessen vorgebracht.[114] Dies war nun anders. Die Monate um die Jahreswende 2002/2003 hatten eines deutlich gezeigt: Irrelevant war die Bundesrepublik Deutschland in der Welt nicht. Sie betrieb unter Rot-Grün eine aktive Außenpolitik mit globalem Geltungsanspruch.

Im Rückblick sollte somit nicht mehr einzig und allein die zeitgenössisch aufgeworfene Frage im Raum stehen: Wer hat Schuld an der Entfremdung zwischen den USA und Deutschland? Ebenso intensiv muss gefragt werden, ob diese zeitweilige Entfremdung sich im Nachhinein nicht sogar als richtig herausstellte. Die zeitgenössischen Kritiker meinten, die Europäer um Deutschland und Frankreich herum hätten sich von Amerika abgesetzt, weil sie den Neokonservatismus der Bush-Administration falsch interpretiert und schlicht ein Streben nach Weltbeherrschung unterstellt haben.[115] Neokonservatives Denken laufe jedoch lediglich darauf hinaus, «die bestehende liberale Ordnung der westlichen Welt gegen neue Herausforderungen zu verteidigen (...), gegebenenfalls auch unter Einsatz militärischer Gewalt».[116] Die Neokonservativen seien daher eher als «Problemlöser und Verfechter liberaler Ordnungsvorstellungen» anzusehen, wie es damals hieß. Jene, die dieser Sichtweise skeptisch gegenüberstanden, sahen in einem solchen Verständnis nur mehr eine «Ehrenrettung des Neokonservatismus».[117] Realitätsferne, Unprofessionalität und innenpolitische Beweggründe der Bundesregierung, so die zeitgenössische Kritik, führten zu einer Verschlechterung der transatlantischen Beziehungen und zu einer Verengung des deutschen Handlungsspielraums. Die Außenpolitik sei aus rein wahltaktischen Gründen moralisiert, eine Beteiligung an Kampfeinsätzen im Irak gar nicht gefordert gewesen. Der Vorwurf, die USA handelten unilateral, treffe genauso auf die Bundesrepublik zu. Ihr unilaterales Handeln – gemeint war die Äußerung Schröders, sich ganz unabhängig von einem UN-Mandat nicht am Krieg zu beteiligen – schadete der EU und der NATO, und der anschließende Versuch einer Gegenmachtbildung vertiefte den Graben zwischen Berlin und Washington noch zusätzlich. Hätte man außenpolitische Experten im Auswärtigen Amt gefragt, wäre dieser Fauxpas nicht passiert, doch deren Expertise sei gar nicht genutzt worden; stattdessen habe man im Kanzleramt entschieden.

In der Zeit um das Jahr 2003 herum ist die geopolitische Landschaft nach dem Ende des Kalten Krieges vielfältigen politikwissenschaftlichen Analysen unterzogen worden, wobei sich die Schulen miteinander stritten. Einiges, so lässt sich resümieren, hat sich aus zeitlichem Abstand als wenig haltbar erwiesen, denn die «amerikanische Hypermacht» ist im Irak an ihre Grenzen gestoßen, und von Legitimation und Begründung her war es ein falscher Krieg. Unzweifelhaft war jedoch: Das erste Opfer der Irak-Krise war die Gemeinsame Außen- und Sicherheitspolitik der EU (GASP).[118] Nach dem 11. September 2001 wurde die Außenpolitik der Europäischen Union nicht von ihrem Hohen Vertreter für die GASP, Javier Solana, sondern von den einzelnen Akteuren aus den Nationalstaaten gestaltet. Nicht zwischen den Europäern und den Amerikanern verlief der Streit um die zukünftige Weltordnung, sondern zwischen den Europäern und den Europäern. Die Identität der westlichen Wertegemeinschaft litt auf der außenpolitischen Ebene erheblich. Nicht wenige Beobachter legten den Schwerpunkt ihrer Kritik auf das Verhalten der rot-grünen Bundesregierung. Während die Bundesrepublik historisch als eine Art ehrlicher Makler zwischen den verschiedenen Interessen in Washington, London und Paris vermittelt und sich im Streitfall für die Seite Washingtons entschieden habe – in dieser Absolutheit ist diese Aussage an sich bereits problematisch –, habe sie unter

Gerhard Schröder durch das kategorische Nein zu einer Beteiligung am Irak-Krieg und durch die Betonung eines eigenständigen «deutschen Weges» ihren traditionellen außenpolitischen Pfad verlassen und sich als Juniorpartner Frankreichs profiliert.[119] Abgesehen davon, dass dies nicht ganz neu war – immerhin hatte Konrad Adenauer in der Schlussphase seiner Kanzlerschaft genau damit gespielt, und durch die außenpolitischen Experten der Bundesrepublik war ein Riss zwischen den Atlantikern und den Gaullisten gegangen –, so hätte damals bereits gefragt werden können: Sind solche Pfadabhängigkeiten sakrosankt? Darf sich gar nichts ändern? Kann wirklich so einfach festgestellt werden: Schröder und Fischer gaben eine Normalisierung vor, im Ergebnis stellten sie jedoch Deutschland ins Abseits? Die Wertegemeinschaft litt doch auch, weil die US-Administration sich aus ihr verabschiedete.

Bemerkenswerterweise ließ sich auf amerikanischer Seite die Gegenposition zu einer einseitig rot-grün-kritischen Sicht finden. Eine Gruppe von Experten, zu denen auch die ehemalige Außenministerin Madeleine Albright und Ronald D. Asmus, langjähriger Europa-Fachmann, gehören, stimmte zwar darin überein, dass Saddam Husseins Beseitigung ein wünschenswertes Ziel sei, die US-Administration mit ihrer beliebigen Argumentation aber viel zu wenig getan habe, um die Verbündeten davon zu überzeugen, dass das Vorgehen richtig war.[120]

Wie kann man im Rückblick und im Wissen um die nachfolgende Geschichte gewichten? Hat sich Deutschland ins Abseits gestellt, oder war der Widerspruch gegen die USA bitter nötig? Gebührt dem Kanzler das Prädikat «Friedenskanzler», womit er sich mit Willy Brandt auf eine Stufe stellen könnte, oder war Schröders «Nein» ein auf wilhelminischer Großmannssucht und Selbstüberschätzung gründender Amoklauf, der Deutschland von den USA entfremdet und Europa gespalten hat, wie der Historiker Hans-Ulrich Wehler polemisierte?[121] Und schließlich: Hat die Entscheidung den Einfluss der Bundesrepublik in der Welt vergrößert oder verkleinert?

Bundeskanzler Schröder stellte die bundesdeutsche Haltung gegen einen Irak-Krieg als prinzipielles außenpolitisches Votum dar. Er erwartete einerseits von den USA eine strikte Befolgung der Maßgaben der Vereinten Nationen, machte indessen andererseits die deutsche Position völlig unabhängig davon, womit man sagen könnte, dass für die deutsche Außenpolitik, die immer auf die UNO gesetzt hatte, die Bedeutung der Weltorganisation in diesem Konflikt relativiert wurde. So resolut wie der Kanzler war Außenminister Fischer nicht. Er vermied Stellungnahmen, legte sich nicht fest, sondern gab nur zu Protokoll, er bezweifle, dass es überhaupt zu einer Resolution komme. Auf den ersten Blick entsprach die Haltung der Bundesregierung dem Grundsatz, eine Kultur der militärischen Zurückhaltung zu verfolgen, sich weiterhin als Zivilmacht zu profilieren. Doch anstatt sich auf einen Dialog mit den USA einzulassen, positionierte sie sich ganz offen gegen die westliche Vormacht. Hatte die Bundesrepublik damit einen schweren Fehler begangen, weil sie durch ein kategorisches «Nein» keinen Einfluss mehr auf die Politik der USA nehmen konnte? Dieses Argument kann schon deshalb nicht überzeugen, weil jene Staaten, die an der Seite der USA standen, etwa das mächtige und auf seine Sonderbeziehungen zu den USA pochende Großbritannien, in der Folgezeit auch keinerlei Einfluss geltend machen konnten. Schröder und Fischer wiederum vorzuhalten, sie hätten diplomatisch eine einheitliche europäische Positionierung anstreben sollen, verkennt, wie gespalten der Kontinent in dieser Frage war – Polen beispielsweise hätte immer an der Seite der USA und nicht an jener Deutschlands gestanden. Bleibt die Vorhaltung, die Vereinten Nationen abgewertet zu haben, weil sich Deutschland, gleich wie die Beschlüsse ausfielen, gegen eine Kriegsteilnahme aussprach. Hat Deutschland damit multilaterale Entscheidungsprozeduren missachtet, seine Handlungsspielräume ohne Not eingeengt und das internationale Gewaltmonopol der Vereinten Nationen untergraben? Auch diese Sichtweise ist nicht plausibel. Denn man muss ganz anders argumentieren, nämlich so: Von Deutschland aus wurde ein Stein ins Rollen gebracht. «Abtrünniges» Verhalten von Verbündeten hatte es immer wieder gegeben – nicht jedoch in einer von den USA als so existenziell aufgebauschten Situation und auch nicht von so vielen Staaten gemeinsam. Gerade weil der Entscheidungsprozess in der UNO noch nicht abgeschlossen war, kam dem konsequenten Verhalten des nicht-ständigen Mitglieds Deutschlands überhaupt erst eine so hohe Bedeutung zu. Außerdem gebietet es sich, in der Gegenüberstellung von multilateraler Kooperation auf der einen Seite und nationaler machtpolitischer Selbstbehauptung auf der anderen Seite normativ zu gewichten, worum es ging: um Frieden. Die Bush-Administration wollte den Krieg unter allen Umständen und schreckte vor Falschaussagen nicht zurück. Sie versuchte, ihre Verbündeten und die Weltöffentlichkeit hinters Licht zu führen. Dass die rot-grüne Bundesregierung, als sie das Lügengebäude durchschaute, sich dem amerikanischen Ansinnen entgegenstellte, war ein Verdienst. Diese Entscheidung, die gegen hohen äußeren und inneren Druck getroffen wurde, hat die politische und moralische Stellung Deutschlands in der Welt aufgewertet.

Folgen des Irak-Krieges

Die Eroberung des Irak glich für die US-Truppen unter General Tommy Franks eher einer Exekution als einem Krieg. Präsident Bush inszenierte den Krieg als eine Bestrafung des Bösen. Wenige Diktatoren sind so oft mit Hitler verglichen worden wie Saddam Hussein, wobei dieser Vergleich kein historisches Argument, sondern ein politisches Instrument war. Am 1. Mai 2003 erklärte George W. Bush die Kampfhandlungen gegen den Irak für beendet – in einer Ansprache auf dem Flugzeugträger «Abraham Lincoln», der vor der kalifornischen Küste lag. Über dem Präsidenten prangte ein Banner mit der Inschrift «Mission Accomplished». Nach dem raschen Sieg der Koalition im Irak glaubten viele, dass sich die neokonservative Denkschule einer aggressiven Machtpolitik endgültig durchgesetzt habe, dass der Präzedenzfall geschaffen worden sei und die Neuordnung des Nahen Ostens nach den Vorstellungen Washingtons bevorstehe. Dementsprechend sah man die deutsche Außenpolitik «als eine Folge mangelnder Voraussicht und verwegener Selbstüberschätzung» auf dem Abstellgleis.[122] Das Verhältnis zwischen den USA, Frankreich und Deutschland blieb dermaßen zerrüttet, dass George W. Bush während seiner Europavisite anlässlich des G 8-Gipfels Ende Mai 2003 im französischen Evian nicht nur nicht mit Gerhard Schröder zusammentraf, sondern, so wurde spekuliert, sich sogar weigern würde, in Frankreich zu nächtigen und in ein Hotel in der nahe gelegenen Schweiz ausweichen würde.[123]

Aber das Blatt wendete sich innerhalb weniger Monate, und bald wurden Kanzler Schröder von politischen Beobachtern wegen seiner Irak-Politik «historische Verdienste» bescheinigt. Dies vollzog sich über drei Stufen. Auf der ersten Stufe standen Fragen. Nach dem raschen Sieg der «Koalition der Willigen» wurde noch einmal über die Begründung des Krieges diskutiert. Es war darum gegangen, dem irakischen Diktator Massenvernichtungswaffen zu nehmen; er selbst hatte immer wieder betont, er habe keine und hatte grollend Inspektoren ins Land gelassen, die aber nichts fanden. Was jedoch würde es bedeuten, wenn die Amerikaner nach dem Sieg tatsächlich keine solcher Waffen fanden? George W. Bush behauptet in seinen Memoiren, dass die Informationen des CIA im Jahr 2003 eindeutig gewesen seien, sich aber als falsch herausgestellt hätten. Niemand habe gelogen, doch alle hätten sich geirrt – eine wenig überzeugende Verteidigungslinie.[124] Bush bezeichnet sich im Nachhinein als Opfer geheimdienstlicher Fehlinformationen, dabei hatte die CIA, wie man heute weiß, in Wahrheit mehrfach den Einschätzungen der US-Administration widersprochen, ließ sich am Ende jedoch vor den Karren der politischen Führung spannen.[125] Man muss sogar die Frage stellen: Hätten die US-Militärs den Irak angegriffen, wenn sie geglaubt hätten, Saddam verfüge über einsatzfähige Massenvernichtungswaffen? Wären sie dieses hohe Risiko eingegangen? War also das Fehlen des Kriegsgrundes die Voraussetzung des Krieges, wie die «tageszeitung» mutmaßte?[126]

Jedenfalls sorgte die erfolglose Suche nach Massenvernichtungswaffen in Europa für wachsende Empörung, und zitiert wurde eine Faustregel des kriegserprobten Otto von Bismarck: Wehe dem Staatsmann, dessen Argumente für einen Krieg nach dem Waffengang nicht noch genauso gut sind wie davor.[127] Schon vor dem Krieg hatte die Bush-Administration damit begonnen, die Begründung zu ändern: Nicht mehr Iraks Waffen, sondern die Menschenrechtsverletzungen Saddam Husseins wurden in den Vordergrund gerückt. Damit sollte moralisches Gelände gewonnen werden – glaubwürdig war dies jedoch nicht mehr.

Auf der zweiten Stufe platzierte der Kanzler eine Erklärung, die viel Beifall erhielt. Am Rande der Generalversammlung der Vereinten Nationen am 23. September 2003 trafen sich Präsident Bush und Bundeskanzler Schröder erstmals wieder seit Mai 2002 zu einem kurzen

Gespräch – Händedruck und ein paar Floskeln, mehr nicht. Schröders offizieller Anlass für den Besuch der Generalversammlung der UN war der 30. Jahrestag des UN-Beitritts der Bundesrepublik und der DDR. 1973 hatte Willy Brandt als erster deutscher Bundeskanzler vor der UNO gesprochen, Schröder war der zweite deutsche Kanzler, der dies tat, und holte zu einem Lob des Multilateralismus aus. Seine Rede stand unter der Überschrift «Den Westen wieder-erfinden», und zunächst ging er auf die deutsche und europäische Geschichte nach dem Zweiten Weltkrieg ein, dann auf die «Befreiung Afghanistans von der Knechtschaft durch Taliban und al Quaida», schließlich auf die Verpflichtung, diesem Land beim Wiederaufbau und bei der Demokratisierung zu helfen. «Das westliche Gesellschaftsmodell», so Schröder, «hat in den Auseinandersetzungen nach dem Zweiten Weltkrieg vor allem deshalb die Oberhand behalten können, weil es eine enorme Anziehungskraft auf viele Länder der Welt hat. Daran müssen wir uns jetzt erinnern und in einer Welt neuer Herausforderungen, neuer Gefahren und neuer Instabilitäten den Westen als Inbegriff von Freiheit, Gerechtigkeit, Entwicklung und Wohlstand gleichsam neu erfinden.» Deutschland und die USA hätten verschiedene Meinungen in der Irak-Frage gehabt, doch beide verbinde die jetzige Aufgabe, das Land zu stabilisieren. Der Westen müsse ein «Pol der Hoffnung» und ansteckendes Beispiel für Entwicklung, Frieden und Freiheit bleiben, weshalb es nötig sei, das Völkerrecht weiterzuentwickeln und gemeinsame militärische Strukturen aufzubauen. Schröder schloss versöhnlich gegenüber den USA: «Wenn ich als deutscher Bundeskanzler in dieser Woche nach New York komme, in die Vereinigten Staaten und zu den Vereinten Nationen, dann geschieht das in großer Dankbarkeit für die Hilfe und Solidarität, die Deutschland auf dem langen Weg aus einer schrecklichen Vergangenheit erfahren hat. Und im festen Willen, diesen ‹Weg nach Westen› in eine gute Zukunft der Freiheit und der Menschenwürde gemeinsam mit unseren Freunden und Partnern allen Menschen dieser Welt zu eröffnen.»[128]

Auf der dritten Stufe konnte das Debakel im Irak nicht mehr übersehen werden. Die deutsche Regierung hatte in der Vergangenheit immer wieder kritisch bemerkt, dass die USA jede Konzeption für den Tag danach schuldig blieben. Sie wüssten, wie sie in den Irak hinein-, aber nicht, wie sie wieder herauskämen. Nach dem Kriegsende stiegen die Verluste der Amerikaner, und der Irak stürzte in einen Bürgerkrieg, er wurde zu einem Terror-Biotop. Nach einem Jahr Bürgerkrieg im Irak äußerte selbst CDU-Fraktionsvize Wolfgang Schäuble nachträgliches «Verständnis» für Schröders damalige Position, und der Chefredakteur von «Welt am Sonntag» befand: «Schröders Entscheidung war richtig.»[129]

Die amerikanische Regierung hatte sich viel vorgenommen: Saddam Husseins Herrschaft zu beenden, ein demokratisches Land aufzubauen und einen Hort der Freiheit zu schaffen, der Vorbild für eine ganze Region sein sollte. Marktwirtschaft, Wohlstand und Menschenrechte sollten die Iraker Jahrzehnte der Gewalt und Unterdrückung vergessen lassen.[130] Warum sind die USA mit ihren Bemühungen, den Irak zu befrieden und einen ethnisch-konfessionellen Bürgerkrieg zu verhindern, gescheitert? Ein wesentlicher Grund liegt darin, dass die Denkschule des amerikanischen Neokonservatismus so unfassbar schlicht in der Interpretation der Realität war und die im Irak installierte «Provisorische Regierung» um den ehemaligen Diplomaten Paul Bremer sich dadurch leiten ließ. Die «Debaathifizierung» beispielsweise, also die Zertrümmerung der Hussein-Partei, erinnerte stark an die amerikanische Methode der Entnazifizierung in Deutschland nach 1945, womit bereits der Keim des Scheiterns gelegt war, denn man bewegte sich in einer anderen Zeit und einem anderen Kulturkreis. Die Summe der Fehleinschätzungen ist groß: unzureichendes Verständnis der irakischen Gesellschaft, Ideologisierung der eigenen, amerikanischen Position in Gestalt eines fast unvorstellbaren Missionarismus, unzählige Inkonsistenzen, die die Akteure heute zugeben, politisch motivierte Auswahl der Aufbauhelfer, folgenreiche Entscheidungen, die die Gesellschaft nicht befriedeten, sondern im Gegenteil polarisierten und militarisierten. Das Ergebnis war deprimierend: Als der Souveränitätstransfer im Juni 2004 vollzogen wurde, hatten die USA eine politische Situation im Land geschaffen, die den Ausbruch eines irakischen Bürgerkriegs zwangsläufig machte. Am 15. Dezember 2011, nach fast neun Jahren, erklärte US-Präsident Barack Obama den Irak-Krieg offiziell für beendet. US-Soldaten rollten auf dem Flughafen von Bagdad symbolisch eine amerikanische Militärflagge ein. Tags zuvor hatte Obama bei einer Zeremonie auf dem Armeestützpunkt Fort Bragg im Bundesstaat North Carolina das Ende des Krieges – bei dem über 120 000 Iraker, 4370 amerikanische und 318 Soldaten der Alliierten getötet worden waren – gewürdigt.[131] Die bis Ende des Jahres vollständig abziehenden amerikanischen Soldaten – insgesamt waren mehr als 1,5 Millionen rotierend im Irak eingesetzt – verließen in den Worten Obamas eine stabile Nation. Die Verbündeten hatten das Feld schon früher geräumt. Zuerst war die «Koalition der Willigen» in Spanien gebröckelt. José Luis Zapatero hatte den Moncloa-Palast, den Sitz der Regierung Spaniens, nach seinem einigermaßen überraschenden Wahlsieg im März 2004 betreten, und der als «Bambi» unterschätzte spanische Sozialist hatte international damit für Aufsehen gesorgt, dass er sein Wahlkampfversprechen hielt: Er zog die spanischen Truppen ab, die der rechtskonservative José María Aznar in den Irak geschickt hatte. Weder Aznar noch George W. Bush verziehen ihm das. Über Legitimität, Ertrag und strategische Konsequenz dieses Krieges verlor Barack Obama nur wenige Worte, er wollte dies dem Urteil der Geschichte überlassen. Dass er mit einer falschen Argumentation, der Irak verfüge über Massenvernichtungswaffen, begonnen worden war, steht fest, ebenso, dass das Land vom Würgegriff eines Diktators befreit wurde. Damit begann ein Jahrzehnt der Diktatorendämmerung, die von Tunesien über Ägypten nach Libyen zog. Doch die demokratischen Institutionen des Irak waren auch beim Abzug der Amerikaner schwach, und das Nachbarland Iran sah sich machtpolitisch im Aufwind – auch dies eine der strategischen Folgen der US-Invasion. Die USA hatten mit den Kriegen in Afghanistan und im Irak ihre militärische Macht fast überdehnt und drohten in einen Neo-Isolationismus zurückzufallen, ähnlich wie es nach dem Vietnamkrieg der Fall gewesen war.

5. Das Ende einer Episode?
Wahlkampf und Jahrhunderthochwasser 2002

Der Zustand der Opposition und die CDU-Spendenaffäre

Vielleicht war es ein Glück für Deutschland, dass die Regierung Kohl 1998 durch den Souverän abgelöst wurde. Denn ein Jahr später kam die CDU-Spendenaffäre ans Licht und hätte, falls die Union noch an der Macht gewesen wäre, das Land womöglich in eine der schwersten Krisen seiner Geschichte gestürzt. So stürzte sie nur die Partei in die schwerste Krise ihrer Geschichte. Auslöser des größten Spendenskandals war, dass sich der ehemalige CDU-Schatzmeister Walther Leisler Kiep am 5. November 1999 der Staatsanwaltschaft stellte, die ihm im Zusammenhang mit einer Großspende des Waffenhändlers und Lobbyisten Karlheinz Schreiber Steuerhinterziehung vorwarf. Wie sich später herausstellte, handelte es sich dabei um eine Provisionszahlung der Firma Thyssen in Höhe von 1,3 Millionen DM, die 1991 auf einem Parkplatz in der Schweiz bar übergeben worden war. Als Konsequenz aus dieser Affäre wurde ein Untersuchungsausschuss des Bundestages gebildet, der von Dezember 1999 bis Juni 2002 tagte, das Gesetz über Spenden an politische Parteien verschärfte, mehr als hundert Untersuchungen durchführte und rund 150 Zeugen vernahm. Die Angelegenheit war überaus verworren, doch sechs Komplexe ließen sich freilegen: erstens die erwähnte Schreiber-Million. Zweitens Helmut Kohls schwarze Kassen: Der ehemalige Kanzler bekannte am 16. Dezember 1999 in einem Fernsehinterview, zwischen 1993 und 1998 Spenden von ca. zwei Millionen DM persönlich entgegengenommen und an die CDU-Schatzmeisterei weitergeleitet zu haben. In deren Rechenschaftsberichten tauchte das Geld aber nie auf. Namen der Spender nannte Kohl nicht, sondern berief sich auf sein gegebenes «Ehrenwort». Drittens der Leuna-Komplex: Beim Verkauf der Raffinerie in Leuna an den französischen Ölkonzern Elf Aquitaine ist nach Ermittlungen französischer und schweizerischer Staatsanwälte Schmiergeld in Millionenhöhe geflossen. Doch die Akten des Bundeskanzleramts zum Verkauf der Leuna-Raffinerie sind verschwunden. Viertens die Rolle der CDU-Schatzmeisterei: Die frühere Schatzmeisterin Brigitte Baumeister und der ehemalige Fraktionsvorsitzende der Union, Wolfgang Schäuble, beschworen widersprüchliche Versionen über die Weiterleitung einer 100 000-DM-Spende des Waffenhändlers Schreiber. Fünftens die Schweizer Geheimkonten der CDU-Bundespartei und Geldwäscheanlagen in Vaduz: Beide tauchten nur unvollständig im Rechnungswesen der Union auf. Sechstens der Hessen-Komplex: Auf Veranlassung u. a. des damaligen Generalsekretärs der CDU Hessen und späteren Ministerpräsidenten Manfred Kanther, flossen ca. 20 Millionen DM auf Schweizer Bankkonten, pikanterweise getarnt als «jüdische Vermächtnisse», danach wurden sie wieder nach Hessen zurückverschoben, um den Landtagswahlkampf 1999 zu finanzieren.[1]

Die Bundesrepublik war nicht käuflich, doch die Affäre und das widerrechtliche Finanzgebaren warfen ein sehr ungünstiges Licht auf die Parteien, insbesondere die CDU. Ungünstiger noch wirkte, dass der Altbundeskanzler nichts zur Aufklärung der illegalen Finanzpraktiken beitrug, sondern viermal die Aussage vor Gericht verweigerte. Im März 2000 wurde das Ermittlungsverfahren gegen ihn gegen Zahlung von 300 000 DM eingestellt. Die CDU musste 21 Millionen Euro an den Bund – der den Parteien Staatsmittel zuweist – zurückzahlen. Im November 2000 stellte die Staatsanwaltschaft das Ermittlungsverfahren gegen Brigitte Baumeister und Wolfgang Schäuble wegen uneidlicher Falschaussage ein, beide blieben bei ihren jeweiligen Versionen. Manfred Kanther wurde im April 2005 vom Landgericht Wiesbaden erstinstanzlich zu einer Bewährungsstrafe und einer Geldbuße verurteilt. Die Affäre war im Rückblick Unheil und Segen zugleich: Unheil, weil sie die Demokratie in Verruf zu bringen drohte und die Politikverachtung anheizte; Segen, weil am Ende die Moral über die Politik siegte und transparentere Verfahrensregeln der Parteienfinanzierung geschaffen wurden.

Für die CDU, durch 16 Regierungsjahre ohnehin ausgelaugt, bedeutete der Spendenskandal eine so schwere Erschütterung wie noch nie in ihrer Parteiengeschichte – und sie wurde zur Chance für jene, die beherzt nach der Macht griffen. Angela Merkel gehörte zu den treuen Freunden Helmut Kohls, der ihren Aufstieg beförderte, doch als sein

Stern im Sinken begriffen war, erkannte sie rechtzeitig, dass sie auf jemand anderen setzen musste, auf Wolfgang Schäuble. Nach der Wahlniederlage Kohls 1998 und dessen Rückzug aus der ersten Reihe der Union wurde Merkel vom neuen Parteivorsitzenden Wolfgang Schäuble zur Generalsekretärin vorgeschlagen, der in ihr eine «pflegeleichte» Politikerin vermutete – und sich täuschen sollte.

Der CDU-Spendenskandal rollte wie eine Lawine über die Union hinweg und begrub so manchen der Altvorderen, die im politischen Personalismus des «System Kohl»[2] groß geworden waren, unter sich. Angela Merkel profilierte sich als «Sauberfrau» der Union. Am 22. Dezember 1999 schlug ein «Scheidebrief» der Generalsekretärin, der in der «Frankfurter Allgemeinen Zeitung» veröffentlicht wurde, ein wie eine Bombe. Der Schlüsselsatz lautete: «Die Partei muss also laufen lernen, muss sich zutrauen, in Zukunft auch ohne ihr Schlachtross, wie Helmut Kohl sich oft selbst gerne genannt hat, den Kampf mit dem politischen Gegner aufzunehmen. Sie muss sich wie jemand in der Pubertät von zuhause lösen, eigene Wege gehen.»[3] Um in diesem Bild zu bleiben: Merkel, die Junge, rief zur Emanzipation von Kohl auf, dieser, der Alte, empfand es jedoch als Undankbarkeit, nachdem er sich so lange um sie gekümmert hatte.

Damit nicht genug. Merkel wusste, dass auch Wolfgang Schäuble tiefer in den Spendenskandal verstrickt war, als er bisher zugegeben hatte. Es schien nur eine Frage der Zeit, bis der Nachfolger Kohls an der Spitze der CDU selbst in Bedrängnis geraten würde. Kohl und Schäuble stritten sich bis zur Zermürbung, aus den ehemaligen Freunden wurden erbitterte Gegner, die tiefsten persönlichen Schichten waren davon berührt – ein Drama sondergleichen. Kohl kämpfte nicht mehr um seine politische Existenz, sondern um sein Erbe, um sein Bild in der Geschichte, die fadenscheinigen Ausführungen in seinem «Tagebuch 1998–2000», das die «Neue Zürcher Zeitung» die «Apologie eines Gekränkten» nannte,[4] zeugen eindrücklich davon. Im Vorwort schrieb Kohl: «Ja, ich habe 2,1 Millionen DM Spendengelder an den Rechenschaftsberichten vorbei direkt für die Parteiarbeit eingesetzt und damit gegen das Parteiengesetz verstoßen. Diesen Fehler bedauere ich, und es tut mir sehr leid, meiner Partei dadurch auch politisch geschadet zu haben. Kritik dafür habe ich zu akzeptieren. Für mein Verhalten habe ich sehr viel Prügel einstecken müssen. Und weil ich mein Ehrenwort halte und die Namen dieser Spender nicht nenne, war eine Konsequenz für mich, den Ehrenvorsitz der CDU niederzulegen.»[5] Kohl stellte sein Ehrenwort quasi als höheres Recht vor das Strafrecht – ein unerhörter und beispielloser Vorgang in der deutschen Nachkriegsgeschichte.

Als Schäuble Ende Januar 2000 zugeben musste, dass er den Lobbyisten Karlheinz Schreiber, die Schlüsselfigur im Spendenskandal, mehrere Male getroffen hatte und er deshalb seinen Rücktritt als Partei- und Fraktionsvorsitzender erklärte, befand sich die CDU tatsächlich am Rande des Abgrunds. Es folgten turbulente Wochen. Die Christdemokraten, zutiefst verunsichert, weil im Grunde jetzt erst, und zwar eruptiv die Ära Kohl zu Ende ging (und dabei zugleich der Nimbus des Einheitskanzlers zerstört wurde), waren auf der Suche nach sich selbst – und nach einer neuen Führungspersönlichkeit. «Die Tiefe von Schäubles Verbitterung ließ langjährige Verwundungen erkennen», schreibt der Politologe Gerd Langguth, ein intimer Kenner der Union. «Kohl hatte während seiner Amtszeit Schäuble nicht die Nachfolge ermöglicht; Schäuble wurde, auch durch eigene Schuld, in den in erster Linie von Kohl zu verantwortenden Spendenskandal hineingezogen; den CDU-Parteivorsitz musste er niederlegen, weil Kohl ihn, den Mitwisser in vielen Entscheidungen des Alt-Kanzlers, heftig befehdete und weil er merkte, dass Kohl Loyalität nur als eine Einbahnstraße interpretiert hatte. Als der Bruch dann endlich da war, waren bei Schäuble die Dämme nicht mehr zu halten.»[6] Schäuble sprach öffentlich davon, dass er Opfer von Intrigen in kriminellen Ausmaßen geworden sei.

Ebenso mutig wie machtbewusst setzte sich Angela Merkel an die Spitze der CDU-Erneuerungsbewegung und wurde auf dem CDU-Parteitag am 10. April 2000 in Essen als Nachfolgerin Schäubles zur neuen CDU-Vorsitzenden gewählt. «Dass ausgerechnet eine ostdeutsche, protestantische Frau ohne Hausmacht einmal CDU-Vorsitzende sein würde, hätte noch wenige Monate vor ihrer Wahl niemand zu prognostizieren gewagt.»[7] Zuvor war auch daran gedacht worden, den sächsischen Ministerpräsidenten Kurt Biedenkopf, einen Gefährten und harten Gegner Helmut Kohls seit den 1970er Jahren, zum Parteivorsitzenden zu nominieren, doch dies erschien vielen eine zu große Demütigung für denjenigen, der seit Konrad Adenauer die Union stärker als jeder andere geprägt und zu großen Erfolgen geführt hatte. Den Vorsitz der CDU-Fraktion im Bundestag übernahm Friedrich Merz, der als Zögling Schäubles galt und sich einen Namen als Finanzfachmann der Union gemacht hatte, gerade gegenüber Oskar Lafontaines ökonomischen Konzepten 1999. Merz war ein scharfzüngiger Redner und kluger Analytiker, bei dem sich fachliche Kompetenz mit Entschlussfreudigkeit paarte – volkstümlich war er allerdings nicht, er kam in der Öffentlichkeit nicht richtig an, aber auch nicht in der Partei, was ihm den Weg in der Union verbaute. Angela Merkel sollte ihn ab Herbst 2002 immer stärker aus der Politik hinausdrängen.

Freilich verliefen die ersten Jahre als Parteivorsitzende für Angela Merkel nicht besonders gut. Dass man nach der verheerendsten Wahlniederlage der Unionsgeschichte wieder Wahlen gewann, erwies sich als Scheinblüte und gründete im schlechten Erscheinungsbild von Rot-Grün. Ohne die Schwäche der SPD und von Bündnis 90/Die Grünen wäre der Transformationsprozess der Union mit Sicherheit nicht so harmonisch verlaufen. Trotz des Regierungsverlustes auf Bundesebene gelang ihr eine «Kontinuität im Umbruch», was ihre innerparteiliche Einheit sicherte.[8] Aber die Partei musste auch einsehen, dass 1998 nicht isoliert als Anti-Kohl-Plebiszit verstanden werden konnte, vielmehr kamen langfristige gesellschaftliche Wandlungsprozesse zum Tragen, auf die programmatisch reagiert werden musste. Die Mobilisierungskraft des kirchlichen Umfeldes und des Antikommunismus hatte stark nachgelassen, und die CDU wurde auch nicht mehr in Erinnerung an ihre Verdienste hinsichtlich der Wiedervereinigung gewählt, die Menschen lebten nicht in der Vergangenheit, sondern in der Gegenwart und wollten Perspektiven für die Zukunft. Dass die Union die «große Volkspartei der Mitte sei», gehörte zum Standardrepertoire, und tatsächlich lag traditionell einer der Schlüssel ihres Erfolgs darin, unterschiedliche Gesellschaftsteile zusammenzuführen. Doch was bedeutete es, wenn die Sozialdemokraten nun die «neue Mitte» für sich nicht nur reklamierten, sondern damit auch Zuspruch fanden? Diese «neue Mitte» bestand nicht nur aus Angestellten mittleren Alters – sie war vor allem weiblich. Was hatte die Union modernen, berufstätigen, nicht selten alleinerziehenden Frauen zu bieten?

Wegen Kanzler Schröders Coup in der Steuerreform kam es zu schwersten Verwerfungen in der Union. Schröder war es Mitte 2001 gelungen, im Bundesrat, wo die unionsgeführten Länder die Mehrheit hatten, einzelne Länderregierungen, an denen die CDU beteiligt war – Bremen, Berlin, Brandenburg –, durch spezifische Zusagen auf seine Seite zu ziehen – «Länderkauf» nannte man dies zeitgenössisch, und der Kanzler feixte wegen seines Erfolges. Merkel musste sich den Vorwurf gefallen lassen, sie habe die CDU nicht im Griff, verfüge über kein klares inhaltliches Profil und die Männerriege an «Landesfürsten», allen voran Roland Koch, würden nur auf einen noch gröberen Fehler warten, um sie zu beerben. Unterstützung fand Merkel vor allem beim mächtigen nordrhein-westfälischen Landesvorsitzenden der CDU, Jürgen Rüttgers, der gleichzeitig einer ihrer Stellvertreter war und neben Wolfgang Schäuble und Volker Rühe als potentieller Kanzlerkandidat galt. Rüttgers zielte darauf, die Union zu erneuern, und er suchte den direkten Schlagabtausch mit den regierenden Sozialdemokraten, wie er in einem bemerkenswerten Text von Anfang Februar 2001 «Der politisch-kulturelle Wandel. Ein Konzept zur Wiedergewinnung der strukturellen Mehrheitsfähigkeit der CDU» darlegte. Er setzte sich mit der Strategie des SPD-Generalsekretärs Franz Müntefering auseinander, der von drei Grundannahmen ausging: Erstens, dass sich das Zentrum der Gesellschaft verschoben habe, zweitens, dass die linke Volkspartei SPD die Mitte repräsentiere und drittens, dass die CDU die Nachkriegspartei sei und den gesellschaftlichen Wandel nicht nur übersehen, sondern sogar abgelehnt habe. Rüttgers erkannte die Strategie der SPD, die politische Mitte erobern zu wollen, hielt aber ihr Reden von der Zivilgesellschaft und dem Prinzip der Teilhabe für leere Worthülsen. Wenn die CDU eine «Nachkriegspartei» sei, was zutreffe, dann sei die SPD eine «Vorkriegspartei», die die gegenwärtige Lage noch weniger verstehe. «Alle historischen Entscheidungen in der alten Bundesrepublik», so Rüttgers, «sind mit einer einzigen Ausnahme von der CDU gegen den harten Widerstand der SPD durchgesetzt worden» – von der europäischen Integration bis zur Wiedervereinigung, die Ausnahme war die Ostpolitik. Nach diesem polemischen Beginn fragte Rüttgers, was sich für die CDU am Übergang von der Bonner zur Berliner Republik ändern müsse. Die SPD präsentiere sich als die Partei der Globalisierung und der Modernisierung, was dazu geführt habe, dass sie die soziale Gerechtigkeit aus den Augen verliere. «Die CDU ist die Partei der Sozialen Marktwirtschaft. Der Angriff der SPD ist deshalb für die CDU eine beachtliche Herausforderung. Aus Angst vor dem Verlust der Wirtschaftskompetenz darf die CDU nicht den Neokapitalismus zum Programm erheben, wie ihr manche empfehlen.»

Wertgebundene Politik hieß für Rüttgers gerade nicht, alte Strukturen zu verteidigen, sondern Neues auf der Basis von Werten zu ermöglichen. Er sprach politische Selbstbestimmung in Form von Volksbegehren, Förderung von Verbraucherschutz und neue Mitbestimmungsregeln an. Die Union müsse einen «Modernitätsvorsprung» zurückgewinnen. «Das bedarf in der CDU einer Öffnung für ein breites Spektrum von Biographien, Lebensstilen und politischen Gesichtern. (...) Ziel ist dabei die Umgestaltung der CDU zu einer runderneuerten Volkspartei mit einem Netzwerk von Kontakten in allen gesellschaftlichen Institutionen. Hinzu kommt eine Auffrischung der geistigen Ressourcen. Die Union hat in den 70er und 80er Jahren ihre Mehrheitsfähigkeit zurückgewonnen, weil sie zur Anerkennung neuer Realitäten bereit war und sie in ihr eigenes politisches Koordinatensystem integrierte. Franz Josef Strauß' Worte ‹pacta sunt servanda› beendeten die Isolation der Union in der Ostpolitik. Die Beschlüsse zur Mitbestimmung und zur Vermögensbildung, Heiner Geißlers Konzept der ‹neuen sozialen Frage› und die Öffnung für Gleichberechtigungsthemen haben den Reformanspruch der Union unterstrichen. Eine ähnliche Leistung muss heute erbracht werden.» Dazu müssten vor allem Widersprüche im Programm beseitigt werden. Man könne nicht Mobilität predigen und zugleich das Hohelied von Heimat und Familie singen. Dann erfolgte fast eine Art Sakrileg: Wer für die Vereinbarkeit von Familie und Beruf sei, müsse Ganztagsschulen anbieten. Zuwanderung dürfe nicht nur nach Arbeitskräftebedarf geschehen. Und in diesem Stil ging es weiter, bis zu dem Punkt, dass der Übergang von der Industrie- zur Wissensgesellschaft von einer modernen Union gestaltet werden müsse. Am Ende stand nochmals ein Schuss Polemik, um das Defizit eigener, und zwar konkreter Vorschläge zu verdecken: «Die Sozialdemokraten sind ratlos. Ihnen fehlen die Koordinaten und Ziele auf dem Weg ins 21. Jahrhundert. Der organisierte Liberalismus hat keine Funktion mehr, liberal sind alle. Die Grünen-Projekte sind zu den Akten gelegt. Die Begeisterung ist beim Machterhalt auf der Strecke geblieben.»[9]

Die Liberalen auf Abwegen

Verwundern kann es nicht, dass der SPD-Fraktionsvorsitzende Peter Struck in seiner Replik Rüttgers vorhielt, die Union habe die «Definitionsmacht über die politische Mitte verloren», ihre einstmalige strukturelle Mehrheitsfähigkeit habe sich aufgelöst und die Einlassungen des ehemaligen Zukunftsministers im letzten Kabinett Kohl seien nichts weiter als die «beleidigte christdemokratische Antwort auf sozialdemokratisches Selbstbewusstsein». Während die Sozialdemokraten Gerechtigkeit, Modernisierung und soziale Verantwortung verbunden hätten – dieselben Vokabeln hatte Rüttgers auch benutzt –, verliere sich die CDU «auf ihrem Selbsterfahrungstrip in wolkiger Erneuerungsrhetorik».[10]

Dass allerdings der Liberalismus funktionslos geworden sei, darin stimmten beide überein. Diesen Eindruck konnte man deshalb leicht gewinnen, weil die deutschen Liberalen sich 2002 selbst als inhaltlich völlig entkernte Partei präsentierten und zu einer politikfernen «Spaßguerilla»[11] zu degenerieren schienen. Im Mittelpunkt standen der FDP-Parteivorsitzende Guido Westerwelle und sein Vize Jürgen W. Möllemann aus Nordrhein-Westfalen. Westerwelle hatte zunächst über die Methoden Möllemanns, eines passionierten Fallschirmspringers, die Nase gerümpft, rasch aber hielt auch er sich an die Devise von dessen Chefberater Fritz Goergen: «Keine Aktion ohne den Bruch eines Tabus!»[12] Westerwelle begab sich als erster Politiker in den Menschenzoo der Fernsehserie «Big Brother», wo er mit der Bierflasche in der Hand glaubte, Millionen politikverdrossener junger Menschen wieder an die Demokratie heranzuführen. Mit seinem «Guidomobil», einem Wahlkampfbus, tourte Westerwelle im Sommer 2002 durch ganz Deutschland, im T-Shirt, kurzen Hosen und Badelatschen konnte man ihn auf Campingplätzen sehen. In Talkshows durfte zudem ausgiebig sein neues Schuhwerk bestaunt werden – die Schuhsohle zierte eine 18. Diese Prozentzahl gab die FDP als Ziel für die Bundestagswahl vor, ein «Projekt Größenwahn», wie irritierte Altliberale wähnten, die Sachfragen für wichtiger hielten als Spaßfragen. Wenn es je einen Versuch gab, neuartige mediale Strategien, eine Art Amerikanisierung im Übermaß, in die deutsche Politik zu übertragen, dann im Jahr 2002 durch junge liberale Führungspersönlichkeiten.

Versucht man diese medialen Strategien herauszukristallisieren, dann wird man auf sechs Elemente stoßen: auf popkulturelle Events, wie Fallschirmspringen oder Benzinverkauf ohne Steueranteil; auf eine für die Liberalen ungewöhnliche Personalisierung, Westerwelle rief sich zum Kanzlerkandidaten aus; auf die Strategie, dass der Wahlerfolg selbst zum Kernthema des Wahlkampfes gemacht wurde, hier kam die Symbolzahl 18 ins Spiel, sie sollte im Sinne einer Self-fulfilling Prophecy wirken; auf die Nutzung des Internets als Werbe- und Kommunikationsplattform; auf eine «Fundraising-Zentrale», die das verrufene Spendenwesen selbst zum Event machen sollte.[13] Zu diesen fünf Aspekten trat schließlich und das hätte eigentlich an erster Stelle genannt werden müssen: der Tabubruch. Dabei können nackte Hintern werbender Auftritte von Pornostars wie Dolly Buster außerhalb der Betrachtung bleiben, denn wer wollte damit noch Tabus brechen? Wenn es ein Thema für den vielbeschworenen Tabubruch gab, dann die deutsche Vergangenheit – Hitler, der Holocaust – und die Gegenwart – die Juden, Israel heute. Auf diesem Feld begann Möllemann zu wandeln, und es konnte der Eindruck nicht verborgen bleiben, als rücke die FDP nach rechts und suche den Schulterschluss mit europäischen Rechtspopulisten bis hin zum österreichischen Politiker Jörg Haider, dessen «Freiheitliche» den Anfang beim europaweiten Rechtsrutsch ehedem liberaler Parteien markiert hatten. Mit verschiedenen Äußerungen weckte Möllemann antisemitische Ressentiments, verstieg sich in zweifelhafte historische Vergleiche. In einem von ihm persönlich finanzierten und im Sinne des Presserechts verantworteten Flugblatt griff er den Vizepräsidenten des Zentralrats der Juden in Deutschland, Michel Friedman, und den israelischen Premierminister Ariel Scharon direkt an. Niemand dürfe sich bei solchen Persönlichkeiten wundern, dass Antisemistismus aufkomme. Die Botschaft richtete sich an den rechten Wählerrand, und im Mai 2002 gab es kaum ein anderes Thema, das medial so große Aufmerksamkeit fand.

Wussten die Liberalen, was sie taten? Gerade der nordrhein-westfälische Landesverband der FDP war in den 1950er Jahren Anführer des rechtsnationalistischen Flügels der damaligen Liberalen und heftigster Gegner der südwestdeutschen Altliberalen vom Schlage eines Theodor

Heuss oder Reinhold Maier gewesen. Die im Düsseldorfer Landtag sitzenden Liberalen hatten sich stets mit einem Fuß über den Abgründen der traditionellen Rechten befunden, und der Landesvorsitzende Friedrich Middelhauve hatte nicht nur für eine deutschnationale Sammlung geworben, sondern reihenweise Altnazis in die Partei geholt. Erst in der zweiten Hälfte der 1950er Jahre ging dieser Spuk vorüber, und jene Kräfte gewannen Oberwasser, die auf Freiheit und Rechtsstaat setzten. Vor einer ähnlichen Zerreißprobe sahen viele Liberale ihre Partei 2002, doch der Tabubruch schadete Möllemann innerparteilich. Liberale wie der FDP-Ehrenvorsitzende Otto Graf Lambsdorff, der Beauftragte des Bundeskanzlers für die Entschädigung ehemaliger NS-Zwangsarbeiter, schoben einen Riegel vor[14] – weder die FDP noch die deutsche Gesellschaft benötigten einen neuen Antisemitismus-Streit.

Rot-Grün verliert fast jede Landtagswahl seit 1999

Offenbar glaubten die Liberalen mit solchen Methoden und Themen auf Stimmenfang gehen zu können, weil Rot-Grün viel Kredit verspielt hatte. Die Stimmung in der SPD war 1999 und bis weit in das Jahr 2000 hinein so schlecht, dass es den Sozialdemokraten nicht einmal mehr gelang, Zustimmung bei der eigenen Stammklientel zu erzielen. Doch um wie viel schlimmer stand es um Bündnis 90/Die Grünen? Es gab nur ein Wort dafür: desaströs. In zwölf von 13 Landtagswahlen, die seit dem Machtantritt von Bündnis 90/Die Grünen auf Bundesebene 1998 stattgefunden hatten, verlor die Partei zum Teil dramatisch an Stimmen; die Lage der SPD war etwas gemischter. Man muss sich dies im Einzelnen vor Augen führen, um die Dramatik zu erkennen (siehe Tabelle rechts).

Mit den sieben Wahlen 1999 fing es an, und Hessen, wo die SPD 1,4 Prozent hinzugewann, die Grünen jedoch 4 Prozent verloren, gab den Trend vor: Überall dort, wo die Sozialdemokraten künftig zulegen konnten, büßten die Grünen ein. Zum Teil verlor die SPD dramatisch, konnte aber dennoch weiterregieren, etwa in Brandenburg. Anderswo kam es zum Machtwechsel, so im Saarland, wo die SPD ihre absolute Mehrheit verlor. In Sachsen war die SPD mit 10,7 Prozent keine Volkspartei mehr, und die PDS war hier doppelt so stark wie die Sozialdemo-

Rot-Grün verliert fast jede Landtagswahl seit 1999   467

Landtagswahl[15]	SPD	Bündnis 90/Die Grünen	CDU	FDP	PDS
Hessen Februar 1999	39,4 % (+1,4 %)	7,2 % (−4 %)	43,4 % (+4,2 %)	5,1 % (−2,3 %)	–
Bremen Juni 1999	42,6 % (+9,2 %)	9,0 % (−4,1 %)	37,1 % (+4,5 %)	2,5 % (−0,9 %)	3,1 % (+0,5 %)
Brandenburg September 1999	39,3 % (−14,8 %)	1,9 % (−1 %)	26,5 % (+7,8 %)	1,9 % (−0,3 %)	23,3 % (+4,6 %)
Saarland September 1999	44,4 % (−5 %)	3,2 % (−2,3 %)	45,5 % (+6,9 %)	2,6 % (+0,5 %)	0,8 % (+0,8 %)
Thüringen September 1999	18,5 % (−11,1 %)	1,9 % (−2,6 %)	51 % (+7,4 %)	1,1 % (−2,1 %)	21,4 % (+4,8 %)
Sachsen September 1999	10,7 % (−5,9 %)	2,6 % (−1,5 %)	56,9 % (−1,2 %)	1,1 % (−0,6 %)	22,2 % (+5,7 %)
Berlin Oktober 1999	22,4 % (−1,2 %)	9,9 % (−3,3 %)	40,8 % (+3,4 %)	2,2 % (−0,3 %)	17,7 % (+3,1 %)
Schleswig-Holstein Februar 2000	43,1 % (+3,3 %)	6,2 % (−1,9 %)	35,2 % (−2 %)	7,6 % (+1,9 %)	1,4 % (+1,4 %)
Nordrhein-Westfalen Juni 2000	42,8 % (−3,2 %)	7,1 % (−2,9 %)	37,0 % (−0,7 %)	9,8 % (+5,8 %)	1,1 % (+1,1 %)
Baden-Württemberg März 2001	33,3 % (+8,2 %)	7,7 % (−4,4 %)	44,8 % (+3,5 %)	8,1 % (−1,5 %)	–
Rheinland-Pfalz März 2001	44,7 % (+4,9 %)	5,2 % (−1,7 %)	35,3 % (−3,4 %)	7,8 % (−1,1 %)	0,0 % (+0,0 %)[16]
Hamburg September 2001	36,5 % (+0,3 %)	8,6 % (−5,3 %)	26,2 % (−4,5 %)	5,1 % (+1,6 %)	0,4 % (−0,3 %)
Berlin Oktober 2001	29,7 % (+7,3 %)	9,1 % (−0,8 %)	23,8 % (−17 %)	9,9 % (+7,7 %)	22,6 % (+4,9 %)
Sachsen-Anhalt April 2002	20,0 % (−15,9 %)[17]	2,0 % (−1,2 %)	37,3 % (+15,3 %)	13,3 % (+9,1 %)	20,4 % (+0,8 %)

kraten; und in Sachsen-Anhalt war der Verlust der SPD annähernd so groß wie ihr Wahlergebnis: 15,9 Prozent zu 20 Prozent. Auch drei der vier Wahlen im Jahr 2001 brachten keine Wende. Im März konnte die SPD in Baden-Württemberg zwar wegen der Spitzenkandidatin Ute Vogt erheblich, um 8,8 Prozent, zulegen, gleichzeitig verloren die Grünen 4,4 Prozent. In Hamburg wurde Rot-Grün abgewählt. Bei drei Landtagswahlen verfehlten die Grünen den Einzug ins Parlament, weil sie an der Fünfprozenthürde scheiterten. In ihren einstigen Hochburgen – Hessen, Bremen, Baden-Württemberg und Hamburg – waren die Stimmenverluste der Grünen am größten. Neuwahlen gab es im Oktober in Berlin, die SPD gewann 7,3 Prozent hinzu, die Grünen stagnierten. Eigentlich war die Lage zum Verzweifeln. Nur der Kanzler gab Hoffnung und betonte im SPD-Parteivorstand immer wieder: Die Sozialdemokraten führten keinen Koalitionswahlkampf, «aber, aber!!», so vermerkt es ein Protokoll vom Januar 2001, «unsere Partner sind die Grünen».[18] Mit festem Blick auf die Bundestagswahl appellierte er bei fast jeder Parteivorstandssitzung an den alten sozialdemokratischen Kampfgeist, was das Ziel nicht verfehlte. Es komme nicht darauf an, wer als Erster starte, sondern darauf, wer als Erster im Ziel ankomme.

Stoiber setzt sich gegen Merkel durch

Die Union wähnte sich bereits kurz vor der Ziellinie, und es schien nur noch die Frage, wer am Ende des Jahres 2002 ins Kanzleramt einziehen würde, Merkel oder Stoiber. Für Renate Köcher vom «Institut für Demoskopie Allensbach» stellte sich die Ausgangslage der Bundestagswahl 2002 spannender dar als 1998, wie sie in einem Vortrag am 10. Januar 2002 vor Unionspolitikern im Konrad-Adenauer-Haus begründete. Jede Wahl sei eine eigene Schlacht, dennoch gebe es bestimmte Faktoren, die das Terrain absteckten: die Stimmungslage in der Bevölkerung, die dominierenden Wahlkampfthemen, die Moral und Geschlossenheit der «eigenen Truppe» und die Qualität des Kanzlerkandidaten. Im Vergleich zum Vorjahr hatte sich den Umfragedaten zufolge die Stimmungslage in der Bevölkerung deutlich verschlechtert, vor allem wegen der konjunkturellen Lage. An eine rasche Verbesserung der ökonomischen Situation glaubten die meisten befragten Deutschen nicht. Die Zäsur des 11. September 2001 stellte Köcher zufolge nicht den Beginn eines Stimmungsumschwungs dar, sondern die Katharsis innerhalb einer sich seit Monaten vollziehenden Entwicklung. Sichtbar sei auch, dass die «Aufregungszyklen» in der Bevölkerung zwar heftiger würden, dafür aber auch kürzer, was man besonders an der BSE-Krise habe erkennen könne. Köcher deklinierte sodann jene Politikbereiche durch, deren mobilisierende Kraft sie für einen CDU/CSU-Wahlkampf tauglich fand. Dem Bereich innere und äußere Sicherheit maß sie keine Bedeutung bei, nicht weil sie nicht zentral wären, ganz im Gegenteil, sondern weil es einen großen Konsens unter den Anhängern von Union und SPD in der positiven Beurteilung der «Sicherheitspakete» und der Zurückhaltung gegenüber Auslandseinsätzen der Bundeswehr gebe. Kernthema für den Wahlkampf müsse die Wirtschaft sein; auch mit der Gesundheitspolitik seien 80 Prozent der Befragten unzufrieden, Gleiches gelte für die Rentenpolitik. Die angekündigte rot-grüne Steuerreform habe sich zum «völligen Rohrkrepierer» entwickelt, zwei Drittel der Bevölkerung seien unzufrieden, die Ankündigung von Steuerentlastungen sei als reines Versprechen ohne jegliche Substanz entlarvt worden. Mit dem Thema Zuwanderung könne ein Keil in die gegenwärtige Koalition getrieben werden, denn hier sei das Misstrauen in der Bevölkerung gegenüber Rot-Grün immens hoch. Während die Union als die «Partei der Zuwanderungsbegrenzung» wahrgenommen werde, würden die Grünen als «Partei der offenen Tür» gelten.

51 Prozent der Befragten erwarteten der Demoskopin zufolge einen Bedeutungszuwachs der Unionsparteien nach der Bundestagswahl. Die Situation sei gegenwärtig auch deshalb noch so offen, weil die FDP sich nicht auf eine Koalitionsaussage festlege und mit der Parole «Schröder light» für ein Ende von Rot-Grün werbe. Insbesondere Bündnis 90/Die Grünen, so dozierte Renate Köcher, hätten einen bemerkenswerten Bedeutungsverlust in der öffentlichen Wahrnehmung hinnehmen müssen, seitdem die Partei Regierungsverantwortung trage, sei «eine völlige Entzauberung» zu konstatieren. Während die CDU von der Bevölkerung weithin als zerstritten wahrgenommen werde, zeichneten sich CSU und SPD durch ein hohes Maß an Geschlossenheit aus. Um die Siegeschancen zu erhöhen, empfahl die Meinungsforscherin den Anwesenden, eine

Gesamtformation von CDU und CSU als kraftvolle Einheit zu schmieden, den Wahlkampf massiv auf die wirtschaftliche Misere auszurichten, ihn gegen Rot-Grün und weniger gegen den Kanzler Schröder zu führen, dessen «Popularitätswerte» trotz der Wirtschaftsmisere kaum gelitten hätten.[19]

Wer aus der Union gegen Schröder antreten sollte, war zum Zeitpunkt dieses Vortrages noch nicht klar. Umfragewerte signalisierten, dass Angela Merkel im Osten Deutschlands nicht besser abschnitt als der bayerische Ministerpräsident; es gab überraschenderweise keinen Bonusfaktor Ost. Zwar hatte Edmund Stoiber seit 1997, als diese Frage erstmals aufkam, eine Kanzlerkandidatur immer wieder «definitiv» ausgeschlossen[20] und sah sich ironisch eher als «Trainer des FC Bayern München (denn) als Kanzlerkandidat»,[21] dennoch bedrängten ihn viele, weil ihm zugetraut wurde, die krisengeschüttelte Union zu einen, während die weniger konservative Merkel eher ein «Angebot» für Wechselwähler darstellte.[22] Unzählige Male hatte Stoiber dementiert, als Kanzlerkandidat zur Verfügung zu stehen, doch zugleich wurde häufig ein Augenzwinkern hinterhergeschickt: Natürlich hätte er die Statur dazu, aber warum sollte er sich das antun? Für Stoibers Zaudern wurden immer wieder drei Gründe genannt: sein Naturell, die Schwäche der CSU als Regionalpartei sowie deren Fokussierung auf die bayerische Landespolitik, die um keinen Preis für ein Berliner Abenteuer aufs Spiel gesetzt werden durfte. Vom Wesen her wollte er die Kandidatur, vom Verstand her nicht; die Folge war Ironie: «Wollen Sie Real Madrid gegen Bayern München sehen oder Real Madrid gegen Energie Cottbus?» – auch dieser Ausspruch ist überliefert. Aber natürlich meinte er mit Energie Cottbus nicht Angela Merkel.[23]

Dass die Kandidatenfrage – Merkel oder Stoiber – im Frühjahr 2002 entschieden werden sollte, darauf hatten sich die Granden der Union geeinigt. Während der Bayer noch zauderte, erklärte Angela Merkel am 6. Januar 2002 in der «Welt am Sonntag»: «Ich bin bereit zu einer Kanzlerkandidatur.»[24] Damit hatte sie allerdings die Rechnung ohne den Wirt, besser ohne die Wirte gemacht: Wichtige CDU-Ministerpräsidenten, vor allem Roland Koch in Hessen und Erwin Teufel in Baden-Württemberg, sowie der stellvertretende brandenburgische Ministerpräsident Jörg Schönbohm wollten eine Entscheidung für den Konservativen

Edmund Stoiber herbeiführen, eine Art Putsch gegen die Vorsitzende schien in Vorbereitung. Die neuesten Daten aus dem Allensbacher Institut für Demoskopie zeigten, dass sich Edmund Stoiber selbst bei Frauen besser behauptete als Angela Merkel. Auf die Frage «Wen würden Sie als Bundeskanzler vorziehen?» votierten 49 Prozent der Wählerinnen für Schröder und 24 für Merkel, wenn jedoch Stoiber ins Spiel kam, dann votierten für Schröder «nur» noch 40 und für Stoiber 25 Prozent – es stieg vor allem der Prozentsatz der unentschiedenen Frauen an.[25]

Auf der traditionellen CSU-Klausur in Wildbad Kreuth rückte Stoiber von seiner definitiven Absage ab. Angela Merkel spürte, dass sie nur noch verlieren konnte, und trat die Flucht nach vorn an. Am 11. Januar 2002 verzichtete die CDU-Vorsitzende zugunsten von CSU-Chef Edmund Stoiber auf eine Kanzlerkandidatur – nach einem Frühstück im Privathaus Stoibers in Wolfratshausen bei München. Die Ironie an der Geschichte: Auch Helmut Kohl hatte seine Kanzlerschaft ab 1982 durch einen Rückzug aus der Kanzlerkandidatenkür 1980 errungen – gegen den Bayern Franz Josef Strauß. Merkel steckte 2002 zurück und wurde 2005 Bundeskanzlerin.

Zum zweiten Mal in der Geschichte der Bundesrepublik Deutschland wollte ein bayerischer Ministerpräsident Kanzler der Republik werden: 1980 hatte Franz Josef Strauß Anlauf genommen. «Duell der Giganten», nannte der Politikwissenschaftler Wolfgang Jäger sein Zusammentreffen mit Helmut Schmidt. Der barocke Bayer hatte sich innerparteilich mit spitzen Ellbogen gegen den smarten Niedersachsen Ernst Albrecht durchgesetzt, nachdem Helmut Kohl verzichtet hatte. Strauß' Ambitionen führten zu einem so polarisierten Wahlkampf, wie ihn die Republik seit 1949, als die Antipoden Konrad Adenauer und Kurt Schumacher aufeinandergeprallt waren, nicht mehr gesehen hatte – «Freiheit statt Sozialismus», hatte es auf Unionsseite getönt, «Stoppt Strauß», scholl es vonseiten der Sozialdemokraten zurück. Schmidt hatte überall außer in Bayern hohe Sympathiewerte, bei Strauß war es gerade andersherum; er war der falsche Kandidat für die Bundesebene und fuhr das bis dahin schlechteste Ergebnis für die Union seit 1949 ein. Man könnte viel darüber spekulieren, ob ein bayerischer Politiker in der Bundesrepublik zum Kanzler gewählt werden kann oder ob er nicht von vornherein zum Scheitern verurteilt ist, weil jenseits des «Weißwurstäquators» große Vorbehalte bestehen. Zwar wird oft mit Neid auf Bayern geblickt, doch gilt die bayerische Weltsicht trotz aller Erfolge als hermetisch, konservativ und provinziell.

Nun versuchte es also Edmund Stoiber, den Strauß 1978 zum Generalsekretär der CSU gemacht und der für ihn 1980 den Bundestagswahlkampf gegen Schmidt organisiert hatte. Strauß wurde zur zweiten, zur politischen Vaterfigur des Oberbayern. «Der hält den Kopf auch dort hin, wo es denselben kosten kann», sagte Strauß einmal anerkennend über seinen politischen Zögling,[26] der ihm bis zum überraschenden Tod 1988 treu blieb. 1982 stieg Stoiber zum Leiter der Bayerischen Staatskanzlei auf, wurde 1988 Innenminister und 1993 Ministerpräsident des Freistaates Bayern. Der Wandel Stoibers, eines brillanten Juristen, vom liebenswürdigen jungen Mann zum – seiner Haare wegen – «blonden Fallbeil» hat Journalisten und Biographen immer wieder beschäftigt.[27] «Der Spiegel» schrieb im Vorfeld der Wahl von 2002: «‹Franz Josef Strauß ist mein Programm›, hieß damals seine Parole. Er holzte auch selbst, was das Zeug hielt. Literaten nannte er ‹Ratten und Schmeißfliegen›, Willy Brandt einen ‹psychiatrischen Fall›. In der Friedensbewegung sah er ‹nützliche Idioten im Sinne der Sowjetunion› versammelt, in den Grünen erkannte er die ‹trojanische Sowjetkavallerie›. Die Sozialdemokraten hieß Edmund Stoiber ‹rote Faschisten› – schließlich seien ja auch die Nazis National-Sozialisten gewesen. 20 Jahre später räumt Stoiber ein: ‹Damals war ich natürlich wirklich ein sehr polarisierender Politiker› – das bringt das Amt mit sich.»[28] Wenn er allerdings 2002 auf die von Rot-Grün legalisierten gleichgeschlechtlichen Partnerschaften zu sprechen kam, auf die «Schwulenehe», wie er es nannte, dann brach der hasserfüllte alte Stoiber wieder durch – man könne dann ja «gleich über Teufelsanbetung diskutieren».[29] Auch beim Thema «Zuwanderung» polarisierte er, sprach von «Zuwanderung in die Sozialsysteme» und «Asylmissbrauch», und über das geplante neue Staatsbürgerschaftsrecht hatte er im Januar 1999 zu Protokoll gegeben: «Wenn wir mit dieser neuen Staatsbürgerregelung etwa die ganze Kurdenproblematik nach Deutschland importieren, schätze ich die Gefährdung der Sicherheitslage höher ein als bei der RAF in den siebziger und achtziger Jahren.»[30] Ob «Arbeitswut» und «Aktenfresserei», die Stoiber nachgesagt wurden, ein Nachteil für einen Kanzler wäre, bliebe zu beweisen. Er galt seit seinem Eintritt in die Politik als einer, der seine Arbeit mit bewundernswerter Akribie ausführte und kompetent war, gerade auch in der Wirtschaftspolitik. Im Ausland wurde er als der «Manager der blühenden bayerischen Wirtschaft» gesehen, eines Hightechlandes mit niedriger Arbeitslosigkeit, so das «Time Magazine»,[31] oder als derjenige, der das alte bayerische Stereotyp eines Volkskatholizismus widerlegte, der mit der rechten Hand schwört, um mit der linken den Meineid abzuleiten, so «Le Monde diplomatique». Stoiber vertrete ein neues, faszinierendes Bayern, die Synthese von Laptop und Lederhose.[32] Für die «New York Times» war Stoiber zwar streng konservativ, aber nicht so sehr im bayerisch-katholischen Sinne, sondern vielmehr im Sinne eines steifen Preußen, ihm gehe, wie den Preußen allgemein, die Lebenslust ab – solche und ähnliche Volksstereotypen feierten fröhliche Urständ.[33]

In Stoibers Kompetenzteam fanden sich 2002 prominente Unionspolitiker wie Wolfgang Schäuble oder Lothar Späth, der ein erfolgreicher Manager bei Jenoptik geworden und als Wirtschaftsminister im Gespräch war, oder Günther Beckstein, der Innenminister werden sollte, aber auch junge ostdeutsche Abgeordnete wie Katherina Reiche. Sie suchten die Auseinandersetzung mit Rot-Grün in erster Linie auf den Feldern Wirtschaft, Steuern und Arbeitsmarkt. Gerhard Schröder, der oft als «Genosse der Bosse» tituliert wurde, versuchte Stoiber mit einer volkstümlichen, nahezu kapitalismuskritischen Sprache Paroli zu bieten und mühte sich, die «kleinen Leute» anzusprechen. Bereits im April 2000 hatte er vor einer «Hip-Hop-Arbeitskultur» wie in den USA gewarnt; zwar sei mehr Flexibilität am Arbeitsmarkt nötig, der Strukturwandel müsse jedoch so gestaltet werden, dass der soziale Konsens erhalten bleibe.[34] Arbeitslosigkeit war das zentrale Thema für Stoiber – und die Achillesferse der SPD: «Im Winter», so Stoiber in Anspielung auf die Friedenskarte, die der Kanzler gezogen hatte, «wird es im Irak keinen einzigen Soldaten der Bundeswehr geben, aber 4,3 Millionen Arbeitslose in Deutschland. Das ist die wirkliche Gefahr, vor der wir stehen.»[35] Stoiber setzte auf die Missstimmung gegenüber der rot-grünen Bundesregierung und entwarf das leuchtende Gegenbild: das Bundesland Bayern. Indessen: Ihm fehlte die spielerische Leichtigkeit eines Gerhard Schröders, ob man diese nun schätzte oder nicht. So zu tun, als stünde die Bundesrepublik vor einem Abgrund, entsprach trotz aller Schwierigkeiten nicht der tatsächlichen Lage des Landes, denn Deutschland war schon lange aus dem Gröbsten heraus und benötigte keinen Retter.

Familienpolitik im Zentrum

Die Sozialdemokraten und die Grünen ihrerseits jubelten intern darüber, dass Stoiber zum Kandidaten erkoren worden war – sie jubelten einmal mehr zu früh. Sie glaubten, einen Persönlichkeitswahlkampf wie weiland gegen Strauß führen zu können, nun eben gegen den «Spalter Stoiber».[36] Der Unterschied war nur: Stoiber erlangte im Verlauf des Jahres immer mehr Beliebtheit, was mit dem Wandel in seinem öffentlichen Auftreten zu tun hatte, mit seiner veränderten Diktion und allgemein mit den Ratschlägen, die ihm sein Wahlkampfmanager Michael Spreng mit auf den Weg gab und die er beherzigte, vor allem was seine Haltung betraf – er müsse «lockerer» auftreten – und was seine Sprache anging – er müsse flüssiger reden.

Die Wahlkampflinie der Sozialdemokraten war eher schlicht: Gerhard Schröder sei der Kanzler der Mitte, und die Mitte sei in Deutschland rot.[37] Wiederum wurde auf die «Vita» des Kanzlers abgehoben. Schröder habe sich mit Leistung und Ausdauer seinen Weg nach oben selbst erkämpft, und da er einer aus dem Volk sei, setze er immer auf das Gemeinwohl. Freilich war dies eines der wenigen verbindenden Elemente zwischen dem Kanzler und dem Kandidaten. Auch Edmund Stoibers Jugend war davon geprägt, dass er sich durchsetzen musste, auch er war Aufsteiger, und der Weg zum Primus war ihm keineswegs in die Wiege gelegt. Womit die SPD punkten wollte, überraschte: «Im Zeitalter der Mobilität und der Informations- und Kommunikationsvielfalt gewinnt die kleine Einheit zusätzlich an Gewicht – die Familie», hieß es an erster Stelle, bevor dann die üblichen schweren Geschütze aufgefahren wurden. Die CDU/CSU sei nicht in der Mitte angesiedelt, sondern weit rechts. Der Beweis: «Sie verstehen die Mitte nicht. Wer Kinderbetreuung vernachlässigt, wer damit Frauen den Weg zur eigenständigen Berufstätigkeit versperrt, der ist nicht Mitte.»[38]

Während des Wahlkampfes rückte die Familienpolitik ins Zentrum. Auf dem SPD-Kongress «Die Mitte Deutschland» kündigte Schröder im Februar 2002 an, dass es im Wahlkampf nicht mehr nur um «die harten Themen» wie Steuern, Haushalt und Arbeitsmarkt gehe, sondern um die von den Bürgern gewünschte politische Kultur, welche er in der

Ungleiche Kandidaten: Schröder und Stoiber hemdsärmelig und hochgeschlossen beim Torschuss.

Mitte der Gesellschaft verankerte. So gesellten sich im Programmpapier «Erneuerung und Zusammenhalt» neben den Schwerpunkten Wirtschaft/ Arbeitsmarkt die Aspekte Bildung/Forschung sowie Kinder/Familie hinzu. Der «Tagesspiegel» titelte schon der «neugeborene Softie» und sprach von einem «Wahlkampf der Kulturen».[39] Jedoch hatte der Kanzler auch kaum eine andere Chance, als im Wahlkampf auf «softe» Themen zu setzen, da die Bilanz nach der ersten Legislaturperiode die Regierung auf den Feldern Wirtschaftswachstum, Arbeitslosigkeit, Haushalt und Steuern schlecht aussehen ließ. Umfragen des Meinungsforschungsinstitutes Infratest dimap attestierten Rot-Grün im Februar 2002 einen massiven Vertrauensverlust auf den «harten» Kompetenzfeldern innere Sicherheit, Wirtschaft oder Arbeitsmarkt. Im Bereich der Familienpolitik seien jedoch 58 Prozent der Deutschen mit der Regierung zufrieden.[40] Das Allensbacher Institut stellte im selben Jahr in einer Familienanalyse fest, dass 74 Prozent der Westdeutschen und 76 Prozent der Ostdeutschen die Familie als ihren wichtigsten Rückhalt betrachteten.[41] Da die SPD-Stammwählerschaft sich vor allem unter 30- bis 50-Jährigen rekrutierte, konnte die Partei darauf schließen: «Die Kernwähler sind in der Familienphase».[42] Somit wurde das Thema Familie für den Wahlkampf entdeckt und als eigenständiges Politikfeld im Regierungsprogramm hervorgehoben. Diese Vorstöße waren größtenteils das Verdienst der damaligen familienpolitischen SPD-Sprecherin Renate Schmidt, die Gerhard Schröder davon überzeugen konnte, dass dieses Thema nicht nur «Gedöns» war, sondern dass sich damit Wähler gewinnen ließen. Nach ihrem Rückzug aus der bayerischen Landespolitik setzte sich Schmidt in der Bundespartei stark für eine Neuausrichtung der Familienpolitik ein, die zuvor stets nur als Fußnote der Frauen- und Sozialpolitik betrachtet wurde. Dabei kritisierte sie die Tatsache, dass Deutschland das europäische Schlusslicht bei der Geburtenrate und Frauenerwerbstätigkeit bildete, und forderte eine Verbesserung der Kinderbetreuungsmöglichkeiten sowie flexiblere Arbeitszeitmodelle nach skandinavischem und französischem Vorbild. An ihrer Seite trat Schröder im Wahlkampf nun als «Familien-Kanzler»[43] auf und versprach, vier Milliarden Euro für den Aufbau von Kinderbetreuungseinrichtungen bereitzustellen. Schnell entdeckten auch die anderen Parteien das Familienthema für ihren Wahlkampf und versuchten sich gegenseitig mit Vorschlägen für bessere Kinderbetreuungsangebote zu übertreffen. Stoiber schlug die Einführung eines monatlichen Familiengeldes von bis zu 600 Euro pro Kind vor sowie einen Kinderbonus, und im Juli ernannte er Katherina Reiche zu seiner Familienexpertin im Wahlkampfteam. Schröder hingegen plädierte für eine «familienpolitische Allianz» aus Tarifpartnern, Ländern und Kommunen sowie weiteren Einrichtungen und Verbänden, um die Ganztagsbetreuung zu verbessern und einen familienfreundlicheren Arbeitsmarkt zu schaffen. Schmidt setzte sich zusätzlich für die Schaffung von Betriebskindergärten ein, und die Grünen versprachen, den Wettbewerb der Betreuungsträger voranzutreiben durch sogenannte Betreuungsgutscheine, mit denen die Eltern zwischen Kindergärten, Tagesmüttern und anderen Möglichkeiten wählen könnten. Während die CDU also die staatlichen Transferleistungen für Eltern ausweiten wollte, plädierte Rot-Grün für infrastrukturelle Lösungen, um eine bessere Vereinbarkeit von Familie und Beruf zu gewährleisten. Dabei gingen die Parteien von einem unterschiedlichen Familienbild aus. Während die CDU an einem konservativen Familienleitbild festhielt, formulierte Rot-Grün eine modernere Vorstellung von Familie, die aus einer Vielzahl von Lebensformen entstehen könnte. In ihrem pünktlich zum Wahlkampf erschienenen Buch «Ohne Kinder sehen wir alt aus» unterstützte Renate Schmidt auch die Modelle «Patchwork-Familie», Alleinerziehende sowie homosexuelle Lebensverbindungen. Niemand anderer als der Kanzler selbst verkörperte dieses neue Familienleitbild: in vierter Ehe verheiratet mit drei nicht leiblichen Kindern. So war er auch der erste Kanzler, der am 18. April 2002 im Bundestag eine Regierungserklärung zur Familienpolitik abgab. Unter dem Titel «Familie ist, wo Kinder sind» versprach er, auch die Familien zu unterstützen, «in denen Eltern nicht miteinander verheiratet sind, in denen ein Elternteil oder beide ein Kind mit in die Beziehung bringen und in denen Mütter oder Väter ihre Kinder allein erziehen. Auch das ist Familie.»[44]

Mitte war also wieder das Zauberwort des Wahlkampfes. «Mitte», so Müntefering, sei auch nicht, wer Schulden machen möchte, Arbeitnehmerrechte schleife, gleichgeschlechtlichen Partnerschaften die Anerkennung verweigere und wer auf Atomkraft setze. «Die Volkspartei CDU war immer zentral eine antikommunistische Partei. Jetzt ist der Kommunismus tot und die CDU leidet an Entzug. Das aufgeregte Getue von Kohl und die konzertierte Aktion von Helfershelfern in den letzten Tagen um angebliche Rot-Rot-Gefahren verraten sie. Aber es nutzt ihnen nichts. Wir sagen selbstbewusst: In Deutschland ist die Mitte Rot. Und Rot ist die Farbe der SPD.»[45]

Der Vergleich: Kanzler gegen Kandidat

Dass Deutschland mit Stoiber wieder in die «dumpfe Atmosphäre und den Stillstand der Kohl-Ära» zurückfallen würde, war ein wenig origineller Einfall.[46] Jedenfalls wurde mit dieser «Roll back»-Metapher aber das Gefühl verbreitet, die letzten vier Jahre und damit die Modernisierungsmaßnahmen wie Ökosteuer, Atomausstieg sowie Partnerschaftsgesetz seien eigentlich umsonst gewesen, wenn die Union schon wieder ans Ruder käme. So schwierig die Lage für Rot-Grün auch war – eine Wechselstimmung herrschte in Deutschland nicht.

Eine Imageanalyse verglich die öffentliche Wirkung von Stoiber und Schröder bei potentiellen SPD-Wählern. Stoiber wurde dabei weitgehend eindimensional, d. h. ausschließlich auf seine Rolle als Politiker beschränkt, wahrgenommen, er biete wenig emotionalen Zugang, wirke distanziert, kontrolliert, kalt, während Schröder, ganz im Unterschied dazu, «menschliche» Qualitäten zugeschrieben wurden und er als offen, kommunikativ und humorvoll galt. Wie geradezu spiegelbildlich Kanzler und Kandidat gesehen wurden, macht die Gegenüberstellung von Stoiber und Schröder im Originalton der Befragten deutlich: Provinzpolitiker – Staatsmann, Asket – Genießer, 30 Jahre verheiratet – die vierte Frau, Männermann – Frauentyp, Antiquitäten – Glas und Chrom, kopfgesteuert – aus dem Bauch, verbissen – locker, verkrampft – souverän, bierernst – witzig. Es sah fast so aus, als verschaffte der genussorientierte Lebensstil des Kanzlers, der zu Beginn seiner Regierungszeit heftig kritisiert worden war, nun Pluspunkte gegenüber seinem als genussfeindlich wirkenden Herausforderer. Wenn Schröders Politikstil oft als sprunghaft eingeschätzt wurde, so schien dies vielen immer noch besser als Stoibers technokratischer Stil, der notfalls «über Leichen geht». Vor allem – und naturgemäß – auf dem internationalen Feld war Stoiber dem Kanzler deutlich unterlegen, er wurde als «Provinzpolitiker», der nur Bayern kenne, wahrgenommen, während sich Schröder als «europäischer Staatsmann» etabliert habe und auf dem internationalen Parkett eine anerkannt gute Figur mache. Das Fazit der Studie lautete: «Unabhängig von der Bewertung einzelner Stärken und Schwächen beider Politiker ist die ‹ganzheitliche› Sichtweise Gerhard Schröders ein großer Vorteil gegenüber der ‹reduzierten› Wahrnehmung Edmund Stoibers. Für die notwendige Personalisierung des Wahlkampfes ist das ein Pfund, mit dem man wuchern kann und muss. Denn auch die Wahlentscheidung ist ‹ganzheitlich› in dem Sinne, dass sich rationale und emotionale Kriterien zu einem Gesamturteil verbinden. Deshalb wird ein ‹kalter Technokrat› ebenso wenig zum Kanzler gewählt wie ein ‹Medienliebling› ohne Kompetenz und Kraft.»[47]

Erste TV-Duelle in Deutschland und ihr Medienecho

Man könnte dies genau als die Ausgangslage für die TV-Duelle beschreiben, auf die sich die beiden einließen: Stoiber musste flexibler und lockerer werden, und Schröder durfte nicht inhaltslos auf der Welle des «Medienkanzlers» reiten. Erstmals in der Geschichte der Bundesrepublik Deutschland fand am 25. August 2002 ein von den Privatsendern SAT 1 und RTL gemeinsam veranstaltetes «Fernseh-Duell» statt, es dauerte 75 Minuten. Diese Premiere am Sonntagabend lockte 15 Millionen Zuschauer vor die Bildschirme; anschließend wurde überwiegend attestiert, dass das, was man gesehen hatte, alles andere als ein Duell gewesen sei. «Nicht informativ, nicht unterhaltend, nicht werbend – wir wurden Zeugen der Geburt eines neuen Sendeformats: Man könnte es das politische Testbild nennen», ironisierte die «Frankfurter Allgemeine Zeitung» am Tag danach.[48] Nach Meinung der Beobachter und Kommentatoren barg die Sendung nur eine Überraschung: Stoiber hatte sich besser geschlagen als vielfach erwartet, was sich bei geringer Erwartungshaltung maßstabslos zugunsten des Herausforderers auswirkte. Auch wenn der Bundeskanzler kompetenter, überzeugender, sympathischer erschien, so sahen die meisten Kommentatoren zwischen den beiden Kontrahenten weder Sieger noch Besiegten, sondern ein Unentschieden – das war ein wenig enttäuschend, nachdem man das Ereignis wochenlang beworben hatte. Auf der Suche nach den Gründen für die gewisse Langeweile wurde der Rahmen der Sendung kritisiert – mit deutscher Gründlichkeit hatte man ein einengendes Regelwerk für die beiden Politiker geschaffen, das an die Ziehung der Lottozahlen erinnerte und das Duell als einen Zweikampf von Gefesselten erscheinen ließ. Entstanden war somit eine «Art Verbrauchersendung zur später reibungslosen Handhabung des Wahlzettels», ätzte eine große deutsche Tageszeitung.[49]

«Schröder und Stoiber», so die «Süddeutsche Zeitung», «standen sich als Gleiche gegenüber. Sie klammerten ihre Hände um die gleichen Stehpulte, sie wirkten gleichermaßen angespannt, und die Moderatoren begegneten ihnen mit dem gleichen Respekt. Allein dadurch konnte Stoiber in gewisser Weise direkt neben Schröder aufs Kanzlertreppchen steigen.»[50] Der «Medienkanzler» fühlte sich sichtlich unwohl in dieser Sendung, die nicht den Gesetzen des Fernsehjournalismus folgte, sondern dem Prinzip der politischen Gleichbehandlung – ein penibel inszeniertes Streitgespräch, das der Spontaneität und der Improvisationskunst, den Stärken Schröders, keinen Raum ließ. So gesehen machte die Sendung den Wahlkampfmanagern des Kanzlers einen Strich durch die Rechnung. Immer dann, wenn sich das Tempo der Sendung erhöhte, war Schröder in seinem Element, dann war er der erwartete Fernsehtyp, wohingegen Stoiber mit Faktenorgien brillierte. Stoiber zielte fast ausschließlich auf einen Bereich – die hohe Arbeitslosigkeit, damit traf er den wunden Punkt Schröders. Bei anderen Themen schaffte Schröder problemlos den souveränen Staatsmann – bei der Zuwanderung, beim Thema Irak-Krieg und bei seinem Schlussstatement, in dem er die Kräfte der Menschen hervorhob, «die zu den großen Schätzen deutscher Politik gehören».[51]

Bei den Folgerungen aus dem Fernsehduell für den Wahlkampf und die nächste Sendung, die von ARD und ZDF am 8. September ausgestrahlt werden sollte, gingen die Meinungen auseinander. Während das Wahlkampfteam der SPD das Format ändern und die Regeln lockern wollte, klammerten sich die Wahlprofis der Union an das einmal festgelegte strikte Korsett. Dass die Zuschauer einen «neuen Stoiber» zu Gesicht bekamen, der Schröder nach den politischen Inhalten nun auch die «TV-Kompetenz» abgenommen und die Magie des «Medienkanzlers» gebrochen habe – diese Wahrnehmung kann man getrost als Wahlkampf klassifizieren, zumal diese Einschätzung von Stoibers Spin-Doktor Michael Spreng kam.[52] Die Umfragen unmittelbar im Anschluss an die Sendung sprachen eine nüchterne Sprache, unterschieden sich jedoch – wie immer – je nach Meinungsforschungsinstitut. Forsa ermittelte, dass Gerhard Schröder für 57 Prozent der Befragten der Sympathischere war, Edmund Stoiber kam nur auf 35 Prozent. Bei der Beurteilung der Kompetenz lagen beide recht eng beieinander, Schröder erhielt 48 Prozent, Stoiber 41. Die Forschungsgruppe Wahlen ermittelte auf die Frage «Wer hat sich besser geschlagen?» 37 Prozent für Stoiber und 35 Prozent für Schröder, was, so legten es weitere Fragen nahe, auch damit zusammenhing, dass vom bayerischen Herausforderer viel weniger erwartet worden war. Frauen votierten häufiger für Schröder als für Stoiber (39 zu 35 Prozent), während es aufseiten der Männer gerade umgekehrt war, sie favorisierten Stoiber (39 zu 32 Prozent). Bei den unter 35-Jährigen kam der Kanzler am besten weg, Stoiber hingegen erzielte sein bestes Ergebnis bei den über 60-Jährigen. Infratest dimap schließlich fand im Auftrag der ARD heraus, dass Schröder in acht von 13 Kategorien von Sympathie bis Fairness besser abgeschnitten habe als Stoiber. Unter den befragten Zuschauern sagten vor dem Duell 56 Prozent, sie hätten lieber Schröder als Bundeskanzler, 39 Prozent votierten für Stoiber; nach dem Duell sprachen sich ebenfalls 56 Prozent für Schröder aus, aber 42 Prozent für Stoiber.

Selbst im Ausland stieß das Duell auf großes Interesse. Allgemein hieß es, der Kanzler habe sich nach einem nervösen Start zwar rasch gefangen und wie gewohnt Selbstbewusstsein und Gelassenheit demonstriert, er sei jedoch oft in der Defensive gewesen und nicht richtig in Fahrt gekommen, während Stoiber keineswegs so hölzern wie erwartet agiert habe, vielmehr recht ungezwungen aufgetreten sei, selbstsicher, ja geradezu entspannt gewirkt habe. Viele bescheinigten ihm eine überraschend starke Leistung. In Frankreich fand das Streitgespräch sogar schon in der Vorberichterstattung breite Beachtung, und die Zeitungen berichteten, dass die neue Form der Debatte das ganze Land in Wallung versetze. Im Ergebnis habe man ein ausgeglichenes Duell mit entschärften Klingen gesehen, das auf einem erstaunlich hohen Niveau ausgetragen worden sei. Gerühmt wurde das Klima gegenseitiger Achtung – alles sei vom Geist des berühmten deutschen Konsenses getragen gewesen.[53] Diverse Leitartikel, Kommentare und Berichte widmeten britische Zeitungen dem Auftreten von Schröder und Stoiber, wobei sie vorhersagten, dass Stoiber in den Umfragen zulegen werde, nicht nur wegen seines guten Auftretens, sondern weil die nächste Fallgrube für den Kanzler in zehn Tagen mit der Bekanntgabe der Arbeitslosenzahlen für den August warte, erklärte «The Times» aus London. Alle großen italienischen Zeitungen berichteten ausnahmslos über das Fernsehduell, widmeten sich jedoch bevorzugt der teutonischen Regie der Veranstaltung. In den USA fand die Fernsehdebatte ein breites Echo. Die größeren Tageszeitungen veröffentlichten eigene Berichte, die größtenteils von der Regionalpresse übernommen wurden. Sie verwiesen auf den historischen Aspekt des TV-Duells, aus dem beide Kandidaten «unversehrt» herausgekommen seien, wie «The New York Times» schrieb.[54]

Das zweite Duell konnte Schröder klarer für sich entscheiden, er wirkte abgeklärt und souverän und ließ die Nörgeleien und Angriffe Stoibers an sich abprallen. Am Ende inszenierte Schröder den Wahlkampf als Zweikampf: «Der oder ich», der Staatsmann oder der Erbsenzähler. Edmund Stoiber wusste um seine Schwachstellen: seine Angespanntheit, die zur Verkrampfung neigte, sein Tonfall eines

Volkshochschullehrers, seine Körpersprache, die Abwehr provozierte, nicht Zuneigung. Im Wahlkampf konnte man einen neuen Stoiber sehen, einen kantenloseren, der manchen auch nicht gefiel. So schrieb «Die Zeit» drei Tage vor der Wahl: «Kann es Edmund Stoiber besser? Wenn's darum ginge, mit wem man lieber einen Bordeaux, eine Doble Corona aus Kuba genießen möchte, würde Schröder die Zweidrittelmehrheit kassieren. Stoibers Charme- und Charisma-Defizite sind so bekannt wie seine neue Kantenlosigkeit, die ihn daran hindert, auf dem Markt der Möglichkeiten mit eindeutigen Konkurrenzprodukten zu trumpfen. Aber dieser Markt ist schmal in Deutschland, wo jeder bereit ist, den Gürtel enger zu schnallen – bloß beim anderen.»[55]

Erst im letzten Monat vor dem Urnengang gelang es der SPD, aus dem Reservoir der parteilich ungebundenen Wähler ihre Anhängerschaft zu verbreitern. Solche Wähler hatten ihr bereits 1998 zum Sieg verholfen. Dieser Umstand war jedoch im September 2002 nicht in Gänze sichtbar, sondern wurde durch Analysen nach der Wahl aufgedeckt. Er zeigt jedoch, dass Wahlkämpfe in Deutschland wichtiger geworden waren als früher, weil langfristige Bindungen an eine Partei im Zeitalter der Individualisierung nachließen und Menschen eher kurzfristige Entscheidungen trafen. Durch die «befreundeten» Wahlforschungsinstitute, besonders das Allensbacher Institut, in falscher Sicherheit gewogen, glaubte die Union, der Sieg könne ihr nicht mehr streitig gemacht werden. Im Sommer lag Schwarz-Gelb mit bis zu zehn Punkten Vorsprung vor Rot-Grün – Allensbach meldete im Juli: «Wahl klar gelaufen».[56] Die Entlassung von Verteidigungsminister Rudolf Scharping belastete das Erscheinungsbild der Regierung, aber auch den Rücktritt des Telekom-Chefs Ron Sommer, der den Aktienkurs des Unternehmens in ungeahnte Höhen getrieben hatte, bevor er in sich zusammenfiel, wodurch sich zahlreiche Kleinanleger geprellt fühlten,[57] sahen viele als eine Art Menetekel, dass ökonomisch alles noch schlimmer werden würde und Deutschland der kranke Mann Europas sei und zu bleiben drohe. Die Christdemokraten ihrerseits waren in sich wieder einig, sie demonstrierten größte Gemeinsamkeit – was in Angela Merkels Satz «Nie hatten wir so viel Union» zum Ausdruck kam[58] – und hatten ein zentrales Wahlkampfthema, die hohe Arbeitslosigkeit. Kaum ein Satz dürfte im Wahlkampf so oft zitiert worden sein wie Kanzler Schröders Aussage von 1998: «Wenn wir es nicht schaffen, die Arbeits-

«Der oder ich»: Schröder siegt im zweiten TV-Duell.

losenquote signifikant zu senken, dann haben wir es weder verdient, wieder gewählt zu werden, noch werden wir wieder gewählt.»[59] Er hatte auch eine Zahl genannt: 3,5 Millionen; nun zeigte die Statistik 4,3 Millionen. Wie wir oben bereits gesehen haben, konnte Schröder jedoch in der Frage der außenpolitischen Kompetenz gegenüber den USA einen eindeutigen Vorsprung vor Stoiber erringen. Dies schien auch der einzige Rettungsanker für die Grünen zu sein, die über die gesamte Legislaturperiode hinweg bei einer Landtagswahl nach der anderen Verluste erlitten hatten und bangen mussten, die Fünfprozenthürde zu überspringen. Doch dann brach die Flut im Osten über die Republik herein, die sich zu einer Katastrophe steigerte.

Naturkatastrophe: Die Dämme brechen, Kanzler in Gummistiefeln

Wenn es nicht zynisch klänge, müsste man sagen: Der große Regen war für Rot-Grün im wahrsten Sinne des Wortes ein Geschenk des Himmels. Die größte Naturkatastrophe, die die Bundesrepublik Deutschland jemals erlebt hatte, kam Rot-Grün zu Hilfe – den Roten lieferte es das ursozialdemokratische Thema Solidarität, den Grünen das Thema Umwelt. Das Hochwasser war, so drückte es Fritz Kuhn aus, damals mit Claudia Roth grüner Parteivorsitzender, «wie eine Bestätigung, man muss es lesen wie eine Metapher auf das, was die Grünen immer gesagt haben».[60] In Stoibers Kompetenzteam gab es hingegen niemanden, der für Umweltfragen zuständig war, und die Konzentration auf einen monothematischen Wahlkampf rächte sich nun. CDU-Chefin Angela Merkel erklärte zwar, Umwelt sei ohnehin «Chefsache» und benötige keinen «Kompetenzler», aber dies war keine gute Verteidigung; und dass CSU-Generalsekretär Thomas Goppel versuchte, sich grüner als die Grünen zu geben, verschlimmerte alles noch. Er warf Umweltminister Jürgen Trittin Versagen vor, er habe sich am Kabinettstisch beim Klimaschutz nicht durchsetzen können.[61] War er deshalb verantwortlich für den Regen und das Bersten der Deiche?

Trittin seinerseits reagierte mit ebenso kühnen Gedankengängen und zog eine Parallele vom rot-grünen Aufbruch in die ökologische Moderne zur Entspannungspolitik unter Willy Brandt Anfang der 1970er Jahre. Auch Brandt sei es 1972 in der Endphase des Wahlkampfes noch gelungen, das Ruder herumzureißen, pflichtete Rezzo Schlauch bei. Er sei wiedergewählt worden, um die Neue Ostpolitik zu konsolidieren, heute gehe es darum, die notwendigen ökologischen Reformen gegen Stoiber und Westerwelle abzusichern.[62]

Mit einem Male war Klimaschutz in aller Munde. Vor allem die Grünen nutzten die Chance: Alle drei grünen Minister, Jürgen Trittin, Joschka Fischer und Renate Künast, waren die Ersten, die sich ein Bild von der Lage der Geschädigten machten. Die Anstrengungen zum Klimaschutz müssten vorangetrieben werden, forderte Bundesumweltminister Trittin. Es wäre wünschenswert, so bemerkte er mit Blick auf

Naturkatastrophe: Die Dämme brechen, Kanzler in Gummistiefeln

Jahrhunderthochwasser: In der Dresdner Altstadt geht es nur noch mit dem Schlauchboot vorwärts, 16. August 2002.

das Klimaschutzprotokoll von Kyoto, wenn andere Länder in gleichem Maße zum Klimaschutz bereit wären wie Deutschland. Er ließ keinen Zweifel daran aufkommen, dass der Treibhauseffekt die Ursache für die Flutkatastrophen in Europa sei, die Wetterkapriolen hätten unmittelbar mit der Erderwärmung und der Klimaveränderung zu tun. Klaus Töpfer, der frühere Bundesumweltminister aus den Reihen der CDU und jetzt Leiter des Umweltprogramms der Vereinten Nationen, forderte sogar einen massiven Ausbau der Ökosteuer. Diese Steuer sei eine Investition in eine vorsorgende Klimaschutzpolitik und müsse unbedingt erweitert werden – nicht jedoch, indem man das Geld in die Rentenkasse stecke, sondern es direkt großen Klimaschutzprogrammen zuführe. Auch Bundeswirtschaftsminister Werner Müller und Bundesverkehrsminister Kurt Bodewig lobten das Klimaschutzprogramm der Bundesregierung. Bundesverbraucherschutzministerin Renate Künast ließ alle Möglichkeiten prüfen, den betroffenen Landwirten zu helfen, die durch Hochwasser und Hagelschlag erhebliche Ernteeinbußen zu verzeichnen hatten. In der vom Hochwasser schwer betroffenen niederbayerischen Stadt Passau rief Bundesinnenminister Otto Schily – der qua Amt für den Katastrophenschutz zuständig war – die Menschen in ganz Deutschland zu Spenden auf und kündigte eine schnelle und unbürokratische Hilfe an. Während Guido Westerwelle bekundete, die Ökosteuer sei «umweltschädlich, unsozial und arbeitsplatzfeindlich» und im Übrigen wolle er sich an einem Wahlkampf an gebrochenen Deichen nicht beteiligen, rief der Kanzler zu geschlossenem Handeln der Politik auf. Die politischen Querelen im Wahlkampf müssten nun hinter die Hilfe für die Opfer zurücktreten, sagte er und brach am 14. August in die Krisenregion bei Grimma in Sachsen auf, wo die Journalisten bereits auf ihn warteten.[63]

Das Hochwasser an der Elbe und ihren Nebenflüssen erreichte ein noch nie da gewesenes Ausmaß, seit dem 7. August regnete es scheinbar ohne Pause in Ostdeutschland, Österreich, Norditalien und in einigen Balkanländern. Meteorologen meldeten die heftigsten Regenfälle seit Beginn der Wetteraufzeichnung 1896. Die Wetterlage steigerte die Naturkatastrophe von Tag zu Tag, zuerst trat im Landkreis Ebersberg das kleine Flüsschen Glonn über die Ufer und verwandelte sich in einen reißenden Strom. Katastrophenalarm wurde ausgelöst. In Pirna und Heidenau begann Mitte August die größte Evakuierung in der Nachkriegsgeschichte der Bundesrepublik; 30 000 Menschen wurden ausquartiert. In Dresden, wo die historischen Gebäude erst in den Jahren zuvor restauriert worden waren, gaben Helfer den Kampf auf, die Semperoper und den Zwinger vor den Fluten zu schützen. Mit 9,10 Metern lag der Pegel der Elbe über dem historischen Wert von 8,77 Metern aus dem Jahr 1845, womit der Scheitelpunkt noch nicht erreicht war. Verteidigungsminister Peter Struck entsandte Soldaten in die Krisenregionen, die halfen, ganze Kleinstädte zu evakuieren und Deiche zu bauen. Die Bundeswehr leistete in den überschwemmten Gebieten an Elbe und Mulde den größten Einsatz ihrer Geschichte, über 20 000 Soldaten bekämpften die Flutkatastrophe, retteten Menschen von Häuserdächern und leisteten Erste Hilfe, womit weit mehr Truppenteile mobilisiert worden waren als fünf Jahre zuvor bei der Oderflut. Damals konzentrierte sich der Einsatz auf eine Region, dieses Mal auf 30. An zahlreichen Stellen brachen die Deiche, zur Entlastung der Elbdeiche wurden immer wieder Polder geflutet, was die Lage aber nur vorübergehend entschärfte. 19 Menschen starben in den Fluten.

So dramatisch die Situation im Osten Deutschlands war, weite Teile Ostmittel- und Osteuropas waren noch viel schlimmer betroffen. Besonders hart traf die Hochwasserkatastrophe Südrussland, dort waren

Naturkatastrophe: Die Dämme brechen, Kanzler in Gummistiefeln

Der Kanzler in Gummistiefeln: Gerhard Schröder mit dem sächsischen Ministerpräsidenten, Georg Milbradt, in den überfluteten Straßen von Grimma, 14. August 2002.

300 000 Menschen vollkommen vom Wasser eingeschlossen, sintflutartige Regenfälle und Wirbelstürme an der russischen Schwarzmeerküste kosteten über 60 Menschen das Leben, in Moldawien und Rumänien war die Lage ähnlich ernst, auch hier starben Dutzende Menschen in den Fluten. In Prag mussten wegen der anschwellenden Moldau 40 000 Personen aus ihren Häusern evakuiert werden, der Fluss führte mehr als das Zwanzigfache seiner normalen Wassermenge mit sich.

Schwerste Überflutungen waren in Sachsen, Thüringen und Ostbayern zu verzeichnen. Im Spätsommer konzentrierte sich die gesamte mediale Aufmerksamkeit auf das Hochwasser an Elbe und Mulde, allabendlich sahen die Zuschauer im Fernsehen die Not ungezählter Landsleute. Gerhard Schröder setzte sich staatstragend und medienwirksam in Szene, in dunkelgrünem Regenmantel und schwarzen

Gummistiefeln stapfte er durch die Schlammlandschaften und den Dreck auf den Straßen der Dörfer, während Edmund Stoiber zuerst gar nicht zu sehen war und dann mit widersprüchlichen und unbrauchbaren Konzepten reagierte. Die Medienstimmung, auf die Stoiber bis dahin setzen konnte, kippte merklich. «Und sichtbar wird eben auch, auf wen in einer solchen Katastrophensituation Verlass ist. Ein Kanzler wie Schröder, der mit grimmigem Ernst vor Ort auftaucht und mit fast kindlichem Erschrecken die Not der Menschen erfasst und teilt und der dann schnell und unkompliziert Hilfe organisiert, empfiehlt sich als Amtsinhaber. Einen Herausforderer wie Stoiber, der zu spät kommt und dann sein Zögern auch noch als Seriosität verkaufen will, bestraft – wenn schon nicht das Leben – dann doch womöglich der Wähler.»[64]

In der «Flutkatastrophe» entschied sich das politische Schicksal Edmund Stoibers, denn die Wahl Ende September wurde am Ende im Osten Deutschlands entschieden. Stoiber, der spät in die Krisenregion reiste, kam einfach nicht an, konnte nicht auf die Menschen zugehen und wenn er es tat, wirkte er beim Umarmen ungelenk und plump, fast peinlich berührt – «Es wird schon wieder, glaubn's ma dös», soll er einer weinenden Frau gesagt haben, so zitierte ihn die «Süddeutsche Zeitung».[65] Gesten, Zuwendung gegenüber den Geschädigten, lagen Stoiber nicht, dazu war er zu menschenscheu, fürchtete Nähe. Am liebsten hätte er in solchen tief emotionalen Situationen ganz nüchtern über die Notwendigkeiten des «Aufbaus Ost» gesprochen. Sicherlich ging ihm das Leid der Menschen nahe, aber den Mut zum Gefühl, und sei es nur das gestellte Gefühl, den zeigte nicht Stoiber, sondern Schröder.

Wo steht der Aufbau Ost?

In einer Fernsehansprache zur Flutkatastrophe wandte sich Bundespräsident Johannes Rau am 17. August 2002 um 19.25 Uhr im ZDF an die Menschen: «Liebe Landsleute, eine große Katastrophe hat uns heimgesucht. Weit über vier Millionen Menschen in Deutschland sind von den schrecklichen Überschwemmungen betroffen. Mehr als hunderttausend mussten vor dem Wasser fliehen und evakuiert werden, viele Tausend haben ihr Hab und Gut verloren. Ich komme gerade zurück von einem

Besuch in Sachsen und Sachsen-Anhalt. Das Ausmaß der Zerstörung hat mich erschüttert. Die Naturgewalt hat Straßen und Brücken weggerissen. Eisenbahnschienen, Strom- und Telefonleitungen sind zerstört. Ganze Städte und Stadtteile stehen unter Wasser, manche Dörfer sind völlig verwüstet. Diese Katastrophe hat unendliches Leid gebracht. Ich habe viele verzweifelte Menschen getroffen. Sie hatten gerade etwas aufgebaut, einen Betrieb, ein Haus – und nun ist alles zerstört. Die Wohnung zu verlieren, die Sicherheit des Privaten, den Hort der Familie – das ist eine furchtbare Erfahrung. (...) Die Zerstörung und die Not, die aus dieser Katastrophe entstanden sind, werden uns noch lange Zeit beschäftigen. Ganz Deutschland steht vor einer gewaltigen Herausforderung. Ich glaube, dass wir diese Herausforderung bestehen – wenn wir sie als gemeinsame und dauerhafte Aufgabe begreifen. Lassen Sie uns anpacken – jeder an seinem Ort, jeder nach seinen Kräften, aber alle mit der gleichen, andauernden Entschlossenheit.»[66]

Was der Bundespräsident hier andeutete, war vielen Politikern bewusst: Im Grunde genommen musste in den Hochwassergebieten der «Aufbau Ost» von Neuem beginnen, denn ein großer Teil völlig neuer Infrastruktur wurde vernichtet. Über die Erfolge und Misserfolge des «Aufbaus Ost» gingen je nach Perspektive die Meinungen auseinander, doch wurde die wirtschaftliche Lage in den neuen Bundesländern im Jahr 2002 – vor dem Elbhochwasser – von den fünf wichtigsten Wirtschaftsforschungsinstituten als unbefriedigend bezeichnet. Zwar war die schlechte Lage auch auf die negative Konjunkturentwicklung in der Bundesrepublik insgesamt zurückzuführen – wobei diese wiederum mit den Transferleistungen von West nach Ost zusammenhingen –, doch gab es auch zahlreiche spezifisch ostdeutsche Probleme. Vor allem das Baugewerbe befand sich seit einigen Jahren auf einer rasanten Talfahrt. Im April 2002 lag die Arbeitslosigkeit in den neuen Ländern bei 19,1 Prozent und damit um 10,3 Prozent höher als im Westen. Das durchschnittliche Wachstum des Bruttoinlandsprodukts der neuen Bundesländer seit 1995 lag bei 1,6 Prozent – ein schwaches Tempo des Aufbaus. Nachgelassen hatte vor allem die Investitionstätigkeit ausländischer Unternehmen, aber es fehlte auch an Firmenzentralen, die eine hohe Präsenz einkommensstarker Tätigkeiten aufweisen, etwa in der Forschung und Entwicklung; der Dienstleistungssektor lag im Argen, und der demographische Wandel, besonders die Abwanderung junger Menschen, verschlimmerte alles noch zusätzlich. Dabei waren die Anstrengungen der jeweiligen Bundesregierung groß: Zwischen 1991 und 2005 beliefen sich die Transferleistungen für die neuen Länder (ohne Berlin) auf knapp 900 Milliarden Euro netto. Dies und der stockende «Aufbau Ost» insgesamt schwächten die deutsche Wirtschaft erheblich. Ein Bericht der Europäischen Kommission über die wirtschaftliche Entwicklung in Deutschland vom Mai 2002 kam zum Schluss, dass der ungebrochene innerdeutsche West-Ost-Transfer von jährlich rund 90 Milliarden Euro des westdeutschen Bruttoinlandsprodukts zu etwa zwei Dritteln für die Wachstumsschwäche Deutschlands insgesamt verantwortlich sei.[67]

Allerdings gab es auch zu berichten, dass infolge der Fördermaßnahmen der Lebensstandard im Osten innerhalb eines Jahrzehnts auf rund 80 Prozent des Weststandards gestiegen war. Seit 2003 behandelte Schröder den «Aufbau Ost» nicht mehr vorrangig, und im Wahlkampf 2005 sollte er keine Rolle mehr spielen. Sieben Jahre später, 2012, wendete sich das Blatt vollständig: Vor allem Politiker aus dem hoch verschuldeten Ruhrgebiet forderten ein Ende des «Aufbaus Ost», und der Landtagswahlkampf in Nordrhein-Westfalen entwickelte sich auch zu einer «Abstimmung über die Zukunft der innerdeutschen Solidarität».[68] Da sich die strukturschwachen Städte des Ruhrgebietes in den beiden vorangegangenen Jahrzehnten auch deshalb hoch verschulden mussten, um ihren Anteil am Solidarpakt aufbringen zu können, verlangten deren Oberbürgermeister nun einen «Aufbau West», denn ostdeutsche Städte seien mittlerweile viel besser ausgestattet als etliche Städte im Westen. Das Ziel des Solidarpaktes war es einst, die Lebensbedingungen in West und Ost einander anzugleichen. Die Frage, ob dieses Ziel erreicht worden sei, erhält bis heute unterschiedliche Antworten: Während westdeutsche Kommunalpolitiker den Solidarpakt immer öfter als «ein perverses System» ablehnen,[69] halten ostdeutsche Politiker den Angleichungsprozess für noch nicht abgeschlossen, da der Osten nach wie vor mit einer hohen Arbeitslosigkeit zu kämpfen habe und im Bereich der Industrieforschung oder der Anzahl von Konzernzentralen weit hinter dem Westen rangiert.

Gerhard Schröder hatte 1998 den «Aufbau Ost» zur Chefsache erklärt und einen für Ostdeutschland zuständigen Staatsminister installiert: Rolf

Schwanitz. Dieser allerdings kritisierte auch die immensen Subventionen, die jede Eigeninitiative zu ersticken drohten und mahnte: Der «Aufbau Ost» sei mit einem Marathonlauf vergleichbar.[70] In internen Gesprächen warnte er wiederholt vor «zu hohen Erwartungen an die Schnelligkeit der Angleichung zwischen Ost- und Westdeutschland». Dies würde nur zu Enttäuschungen und Frustrationen führen.[71] Die Landtagswahl im März 2002 in Sachsen-Anhalt, die der SPD zweistellige Verluste bescherte und Reinhard Höppner den Verlust des Ministerpräsidentenamtes, verdeutlichte, dass sich Rot-Grün um die Zuneigung der ostdeutschen Wähler sorgen musste. Dabei plagten Bündnis 90/Die Grünen noch viel grundsätzlichere Dinge: ihr eigener «Aufbau Ost». Die grüne Partei war in Ostdeutschland nur schwach verankert, und bei jeder Wahl schwammen immer mehr der ohnehin nicht zahlreichen Felle davon. Schon 1999, als die Serie der Niederlagen begann, mahnte Bundesgeschäftsführer Reinhard Bütikofer: «Mit den derzeit in unseren ostdeutschen Landesverbänden vorhandenen sowie den bisher auf Bundesebene für den Osten bereitgestellten Kräften ist ein Ausbruch aus dem 2%-Ghetto nicht möglich.»[72]

Vieles, was in zwölf Jahren deutscher Einheit geschaffen worden war, wurde innerhalb weniger Tage durch das Hochwasser zerstört. Der Gesamtschaden in Deutschland belief sich auf 15 Milliarden Euro. Am 15. August trat der Kanzler mit der Staatssekretärin im Innenministerium, Brigitte Zypries, vor die Presse. Wenige Stunden zuvor hatte die Staatssekretärsrunde, die Task-Force der Bundesregierung, getagt. Bereits am nächsten Tag, so der Kanzler, werde in den betroffenen Städten und Gemeinden die erste Hälfte der 100 Millionen Euro Soforthilfe eintreffen. Dort und nicht in Berlin, so Zypries, müssten die Entscheidungen getroffen werden, wer in welchem Umfang schnelle Hilfe erhalten sollte. Nötig sei, so der Bundeskanzler, eine «große nationale Kraftanstrengung, um die Katastrophe selbst und die Folgen zu bewältigen». In den betroffenen Gebiete gehe es um einen «zweiten Aufbau Ost», und Zypries nannte die Zahl der betroffenen Menschen: 4,2 Millionen.[73]

Der Kanzler und sein Staatsminister Rolf Schwanitz schlugen deshalb zunächst vor, die von 2005 an mit dem Solidarpakt II vorgesehenen Hilfen für Ostdeutschland – 156 Milliarden Euro bis Ende 2019 – vorzuziehen, was sich allerdings als nicht machbar, jedenfalls nicht rasch machbar erwies. Dieser Solidarpakt war ein zerbrechliches Gebilde, um den Bund

und Länder jahrelang gerungen hatten; im Ergebnis sollte der Bund zwei Drittel und die finanzstarken Westländer den Rest tragen. Doch angesichts der schlechten Finanzlage würden sie nur schwerlich ihre Kassen öffnen. Im Kanzleramt und im Finanzministerium fahndete man nach alternativen Konzepten. Möglich wäre ein Nachtragshaushalt gewesen, denn die Regierung hätte sich auf eine Ausnahmeregelung des Vertrages von Maastricht berufen können, die in Katastrophenfällen anwendbar ist, um für die Fluthilfe mehr Schulden aufnehmen zu können, jenseits des Kriteriums, wonach ein Haushaltsdefizit von drei Prozent des Bruttoinlandprodukts nicht überschritten werden durfte. Finanzminister Eichel, dem ein fast «libidinöses» Verhältnis zum Sparen nachgesagt wurde,[74] zögerte selbst angesichts dieser Tragödie. Aus dem Finanzministerium heraus wurde stattdessen ein Plan geboren, der ebenso einfach wie genial erschien: Anstatt an der Steuer- oder Schuldenschraube zu drehen, könnte man den Bürgern eine Entlastung vorenthalten, die sie noch gar nicht realisiert hätten, nämlich die nächste Stufe der Steuerreform. Wäre dies nicht die angemessene Solidarität angesichts der nationalen Tragödie an der Elbe, der ein gigantisches Wiederaufbauprogramm folgen musste?[75]

Einmal mehr nutzte die Regierung die Steuerreform, um die Opposition zu düpieren. Zwei Jahre zuvor hatte der Kanzler das 32-Milliarden-Euro-Paket mit gezielten Geschenken an die Unionsländer durch den Bundesrat gehievt und damit die Blockadeabsicht der Union unterlaufen. Herausforderer Edmund Stoiber reagierte so, wie es die Bundesregierung vor der Wahl erhoffte, und nannte in einem Interview mit der Tageszeitung «Die Welt» die Verschiebung der Steuerreform «Gift für das Wirtschaftsklima».[76] Die Opposition schlug vielmehr vor, die 7,7 Milliarden Euro aus dem Bundesbankgewinn zur Behebung der Flutschäden einzusetzen – die Unternehmen und Bürger würden durch die Steuerreform entlastet, und der Staat würde zusätzlich 7,7 Milliarden in den Wirtschaftskreislauf pumpen, um die zerstörte Infrastruktur aufzubauen. Dieses Notprogramm wäre somit eine Neuverschuldung gewesen – vermutlich eine durchaus sinnvolle Variante, der es an nur einem mangelte: am Solidaritätsappell. Doch dieser war entscheidend. «Man kann nicht immer über Solidarität reden, aber wenn sie konkret abgefordert wird, sagen, es gebe auch andere Möglichkeiten», schob der Kanzler in Richtung Opposition nach.[77]

Das «Flutopfersolidaritätsgesetz»[78] der Bundesregierung kam mit einer Wucht daher, wie man sie bisher nicht kannte, und bedeutete das größte Hilfsprogramm in der Geschichte der Bundesrepublik. Die ursprünglich zum 1. Januar 2003 vorgesehene nächste Stufe der Steuerreform, ein Prestigevorhaben der Regierung, die den Eingangssteuersatz von 19,9 auf 17 Prozent und den Höchststeuersatz von 48,5 auf 47 Prozent absenken und gleichzeitig den Grundfreibetrag erhöhen sollte, wurde um ein Jahr verschoben. Von den veranschlagten 6,9 Milliarden Euro entfielen drei Milliarden auf den Bund, 2,8 Milliarden auf die Länder und eine Milliarde auf die Kommunen. Das Geld sollte nun in einen Solidaritätsfonds eingezahlt werden. Von den drei Milliarden Bundesgeldern floss eine Milliarde in die Infrastruktur, eine weitere als Soforthilfe für kleine und mittlere Gewerbebetriebe und die dritte an die betroffenen Kommunen. Sonderkredit- und Sonderabschreibungsprogramme traten ebenso hinzu wie der Verzicht auf Kostenersatz für die Einsatzkräfte des Bundes. Bereits zuvor war ein Sofortprogramm von 385 Millionen Euro für Existenzgründer, Landwirte und Bedürftige aller Art aufgelegt worden, dessen erste Tranche bereits am 21. August überwiesen wurde. Die Bundesanstalt für Arbeit finanzierte mit 50 Millionen den Einsatz von 5000 Arbeitslosen für Aufräum- und Hilfsarbeiten. Nach einem Krisengipfel mit EU-Kommissionspräsident Romano Prodi in Berlin liefen gesamteuropäische Hilfsprogramme an. Finanzminister Eichel kündigte zudem eine Haushaltssperre an, von der lediglich die Investitionen zur Behebung der Hochwasserschäden sowie Ausgaben im Rahmen des Anti-Terror-Pakts, der nach dem 11. September 2001 verabschiedet worden war, ausgenommen würden. Das gesamte Programm wurde darüber hinaus von einer Spendenkampagne – auch eine Sonderbriefmarke wurde aufgelegt – begleitet, die den nationalen Solidaritätsappell unterfütterte. Alle großen deutschen Fernsehsender riefen zu Spenden auf und veranstalteten Benefizshows. Allein das ZDF strahlte innerhalb der ersten zwei Flutwochen über dreißig «ZDF spezial»-Sendungen aus, die wohl einen großen Anteil an «der beispiellosen Welle der Solidarität mit den Flutopfern»[79] hatten. Ebenso wie das ZDF-Solidaritätskonzert «Wir wollen helfen» vom 22. August 2002, das über sechs Millionen Euro an Spenden einbrachte. Der MDR produzierte gemeinsam mit der «Bild»-Zeitung die Benefizgala «Die Hoffnung stirbt zuletzt», welche am 16. August in der ARD ausgestrahlt wurde und ein Rekordergebnis von zehn Millionen Euro erzielen konnte, was sie zur zweiterfolgreichsten Benefizshow seit der Erfindung des Fernsehens machte. Mit dieser und anderen «Brennpunkt»-Sendungen und Spendenaufrufen erreichte die ARD nach zwei Monaten eine Spendensumme von insgesamt 220 Millionen Euro. Auch die Privatsender beteiligten sich an den medialen Solidaritäts- und Spendenaufrufen. So sammelte RTL innerhalb von sechs Wochen fünf Millionen Euro und Sat 1 über sieben Millionen. Zusammengerechnet kam für die Flutopfer ein Spendenrekord von 350 Millionen Euro zustande, der erst 2005 durch die Tsunami-Opferhilfe übertroffen wurde.[80] Weiterhin veranstaltete der DFB am 16. Dezember 2002 ein Benefiz-Fußballspiel, in dem die deutsche Nationalelf gegen die Internationalen Bundesliga-Allstars antrat. Dabei kam eine Summe von 16 Millionen Euro zusammen, die Vereinen zugutekam, die von der Elbeflut geschädigt waren.[81]

Wahlabend: Stoiber wähnt sich als Kanzler, doch Rot-Grün gewinnt

Die Demoskopen waren zumeist einigermaßen ratlos, wie sich die Naturkatastrophe auf das Wahlverhalten auswirken würde, rechneten aber mit einem Aufwind für Rot-Grün, besonders weil sich Gerhard Schröder als Krisenmanager bewährte. Nicht zum ersten Mal in der deutschen Geschichte begründeten Politiker ihr «Siegerimage» im Angesicht von Naturkatastrophen – 1962 bei der verheerenden Sturmflut in Hamburg begann der Aufstieg des «Machers» Helmut Schmidt, damals Hamburger Innensenator; und Matthias Platzeck, der vor wenigen Monaten zum brandenburgischen Ministerpräsidenten aufgerückt war, war von der Öffentlichkeit wegen seines umsichtigen Agierens während der Oderflut 1997 als «Deichgraf» tituliert worden.

Die ersten Prognosen der ARD am Wahlabend des 22. September 2002 sahen die Union allerdings noch in Führung. Um 18 Uhr wurde gemeldet: CDU/CSU 39 Prozent, SPD 37 Prozent, die beiden Kleineren, Grüne und FDP, Kopf an Kopf. Für ein paar Stunden wähnte sich Edmund Stoiber als der künftige Kanzler Deutschlands, aber das Hochgefühl gründete auf fehlerhaften Voraussagen, stündlich schrumpfte der Vorsprung der Union, gegen Mitternacht hatte die SPD die Nase vorne. Das amtliche Endergebnis lautete: SPD 38,5 Prozent (minus 2,4), CDU/CSU 38,5 Prozent (plus 3,4); die SPD lag mit nur 6027 Stimmen vor der Union; Bündnis 90/Die Grünen 8,6 Prozent (plus 1,9), FDP 7,4 Prozent (plus 1,2), PDS 4 Prozent (minus 1,1), andere Parteien 3 Prozent (minus 2,9). Die rot-grüne Regierung verfügte über eine absolute Mehrheit von nur vier Sitzen.

Man hat aus politikwissenschaftlicher Sicht immer wieder auf die «Amerikanisierung» der Wahlen von 2002 hingewiesen und darauf, dass es eine «Medienwahl» gewesen sei. Es kam, so die nicht selten vorwurfsvoll geäußerte These, gar nicht mehr auf den Inhalt der Botschaft an, sondern auf die Selbstdarstellungsfähigkeit der Überbringer.[82] Diejenigen Beobachter, die bei jeder Wahl eine Personalisierung des Wahlkampfes beklagen und lieber hätten, dass die Menschen die Parteiprogramme lesen, vergessen jedoch, dass so gut wie jede Bundestagswahl seit 1949 in der Bundesrepublik – und gerade am Beginn unter Konrad Adenauer – auf die Spitzenkandidaten zugeschnitten war und eine Emotionalisierung sowie Inszenierung niemals gefehlt hatten. Sicherlich ließen sich seit den 1990er Jahren ohne die aktive Gestaltung des kommunikativen Umfeldes keine Wahlen mehr gewinnen – aber wer dies im Übermaß tat, den bestraften die Wählerinnen und Wähler, die FDP erreichte 2002 ja nicht ihre angepeilten 18 Prozent, sondern landete nach ihrem Höhenrausch bei sieben Prozent. Es empfiehlt sich somit zu fragen: Trifft der Befund, die «Verpackung» sei wichtiger als die «Botschaft», wirklich zu? Für die Wahl 2002 wird man zu einem eindeutigen Urteil gelangen.

Entscheidend für den Ausgang der Wahl war am Ende nämlich, dass mit zentralen Themen und starken Botschaften die Tiefenschichten in der Mentalitätsverfassung angesprochen wurden. Die Bewältigung der Jahrhundertflut war paradigmatisch für das Thema Solidarität, die Irak-Frage war paradigmatisch für Krieg und Frieden – beides waren ursozialdemokratische Themen, die aber breitere Wählerschichten ansprachen. Die Grünen reüssierten zudem, weil die Umweltkatastrophe ihre Klientel mobilisierte.

Hinzu kam, dass die Umfragewerte für die rot-grüne Regierungsmannschaft in den letzten Wochen stiegen und vor allem das Duo Schröder-Fischer die Beliebtheitsskala anführte. Die Personalisierung des Wahlkampfes erfasste nicht nur die Union und die SPD, sondern auch

Bündnis 90/Die Grünen. Joschka Fischer füllte große Marktplätze, was ihn immer siegesbewusster werden ließ – man konnte den Eindruck gewinnen, hier würde eine Messe gelesen. Zum ersten Mal in der Geschichte grüner Bundestagswahlkämpfe habe wirklich alles gestimmt und sei alles hochprofessionell geplant und in die Tat umgesetzt worden, urteilte der Außenminister, der in einem Ausmaß wie zuvor noch nie mit seiner Partei versöhnt schien.[83] Dass Fischer kämpfen konnte, wusste Schröder, dieser war ein ähnliches «Wahlkampftier» wie er selbst; dass jedoch die Grünen insgesamt vor Kampfeslust sprühten, überraschte ihn und nötigte dem Kanzler Respekt ab. Schröder sei beeindruckt gewesen, so Fritz Kuhn, als er merkte, dass hier keine «Luxuscombo» am Werk sei.[84] Nicht alle freilich goutierten, dass Fischer, gegenüber dem es immer eine Grundskepsis gab, so im Vordergrund stand. Für die grüne Seele war dies zu viel Personenkult, fast schon wie bei einem Popstar, und manche fürchteten, aus den Grünen sei nun endgültig eine Fischer-Partei geworden.[85] Der Linksalternative Hans-Christian Ströbele untermalte seinen Wahlkampf mit dem Slogan «Ströbele wählen heißt Fischer quälen» und gewann damit das Direktmandat in Berlin-Kreuzberg. Schließlich machte auch das stutzig: Nach dem Wahlsieg wurde Fischer bei der SPD fast mehr gefeiert als bei den Grünen.

Dass sich der Kanzler im Vorfeld der Wahl klar äußerte, nur mit den Grünen und nicht mit einer anderen Partei weitermachen zu wollen, zerstreute die Zweifel – das war das eine. Das andere war: Diese Äußerung machte auch taktisches Wählen leichter. Davon dürften die Grünen zusätzlich profitiert haben.

Die Ergebnisse der Bundestagswahl wiesen einige Besonderheiten auf – an erster Stelle regionale.[86] Der Gleichstand der beiden großen Parteien täuschte darüber hinweg, dass die SPD im Westen 4 Prozent gegenüber 1998 verlor, im Osten allerdings 4,7 Prozent hinzugewann. Ganz anders bei der Union: Sie steigerte sich im Westen um 3,8 Prozent gegenüber ihrem schwachen Ergebnis von 1998, im Osten jedoch nur um ein Prozent, womit sie hier 11,5 Prozent schwächer war als die SPD. Im Norden und in der Mitte Deutschlands war die SPD die dominierende Partei, doch im Süden lag die Union um fast 18 Prozent vorne, und besonders das bayerische Ergebnis kam einem Plebiszit für Edmund Stoiber gleich. Die Grünen waren nach wie vor eine «Westpartei», legten aber im

Osten geringfügig zu, während die Liberalen im Osten ihr Ergebnis verdoppelten. Doch auch die Geschlechter votierten sehr unterschiedlich. Frauen blieben der SPD treu, während fünf Prozent der Männer zur Union wechselten. Bei den Frauen erreichte die rot-grüne Koalition die absolute Mehrheit. Ganz im Gegensatz zu den frühen Jahrzehnten der Bundesrepublik wurde die Union somit zu einer männerdominierten Partei, jedenfalls was ihre Wählerschaft anbelangte: 54 Prozent Wähler und 46 Prozent Wählerinnen. Somit kann man sagen, dass für Rot-Grün regional die Wahl im Osten entschieden und dass diese Regierungskonstellation vor allem von Frauen wieder favorisiert wurde.

Inhaltlich konnten die Regierungsparteien keine überwältigend positive Bilanz vorweisen. Was ihnen half, war die nationale Flutkatastrophe, weil Katastrophen stets die Stunde der Exekutive sind und weil kluge Politik sich dazugesellte. Die Verschiebung der Steuerreform um ein Jahr, um die Kosten zu finanzieren, die die Schäden verursacht hatten, war sofort auf eine mehrheitliche Zustimmung der Menschen gestoßen. Der «Friedenskurs» des Kanzlers und des Außenministers in der Irakfrage erwies sich wiederum als Mobilisierungsvehikel. Dass beide, Schröder und Fischer, auf Wahlveranstaltungen auch gemeinsam auftraten, demonstrierte den «Projektcharakter» der Koalition, jedenfalls mit Blick auf die soziokulturellen Kämpfe, die gegen die Opposition ausgetragen worden waren. Die Zweitstimmenkampagne der Grünen «Zweitstimme ist Joschka-Stimme» erwies sich als taktisch klug. Von den SPD-Anhängern wollten 98 Prozent Schröder als Kanzler, von den Grünen 96 Prozent – eine Geschlossenheit, die kaum zu übertreffen war. Ohne Schröder hätte die SPD die Wahl nicht gewonnen, Gleiches gilt für Fischer hinsichtlich der Grünen. Insgesamt wurde die Koalition deshalb bestätigt, weil die andere große Volkspartei mit ihrem Spitzenkandidaten für knapp die Mehrheit der Wählerinnen und Wähler nicht als wirkliche Alternative in Frage kam.

Die Wiederwahl ist die Nagelprobe für jede Regierung, denn es ist etwas anderes, eine alte Regierung abzulösen oder nach vier Jahren noch einmal gewählt zu werden. Nun biete sich die große Chance, so Franz Müntefering in einem Brief an die Parteigliederungen nach dem Wahlausgang, dass die Regierungszeit Schröders keine Episode bleibe, sondern eine Epoche werde.[87] Man durfte gespannt sein.

Dagegen!: Protest gegen die Hartz IV-Reform in Bochum, 16. August 2004.

Dritter Teil

Agieren aus der Defensive

Panorama

In den Jahren nach der Wiederwahl von Rot-Grün 2002 bis zum Machtverlust 2005 hatte die sozialwissenschaftliche «Katastrophenliteratur» eine ausgesprochen gute Konjunktur. Mit der Nachricht, dass das Land nicht mehr zu retten sei, ließen sich die Bestsellerlisten stürmen. «Was ist nur geschehen?», fragte zum Beispiel der Professor für Volkswirtschaft und Chef des Ifo-Instituts Hans-Werner Sinn, «Mut und Fortune scheinen Deutschland zu verlassen. Die Wirtschaft stagniert, die Hiobsbotschaften häufen sich. Monat für Monat gibt es neue Pleiterekorde, viele Unternehmen stecken in einer schweren Krise, die Arbeitslosigkeit nimmt immer bedrohlichere Ausmaße an und dennoch drängen die Armen der Welt in unser Land. Ein europäischer Nachbar nach dem anderen zieht beim Pro-Kopf-Einkommen an uns vorbei. Deutschland ist der kranke Mann Europas, ist nur noch Schlusslicht beim Wachstum, außerstande, mit Österreich, Holland, England oder Frankreich mitzuhalten. War da nicht einmal ein Wirtschaftswunder? Das muss lange her sein. Wunder gibt es heute anderswo.»[1]

Auf dem Europäischen Rat 2000 in Lissabon hatten sich die Staats- und Regierungschefs vorgenommen, die Europäische Union binnen zehn Jahren zum wettbewerbsfähigsten und dynamischsten Wirtschaftsraum der Welt zu machen. Im Zeitalter der Globalisierung sollten die Kräfte in Europa gebündelt werden. War nun ausgerechnet die stärkste europäische Volkswirtschaft saft- und kraftlos?

Ein Blick auf die Titelgeschichten des Nachrichtenmagazins «Der Spiegel» in jenen Jahren scheint dieses trübe Bild zu bestätigen, wie eine Auswahl zeigt: «Die blockierte Republik», «Wer arbeitet, ist der Dumme», «Die Hoffnung und die Angst. Wie die Deutschen ihre Krise überwinden können», «Deutschland, Exportweltmeister (von Arbeitsplätzen)», «Lachnummer Deutschland. Bericht zur Lage der Nation», «Die veruntreute Zukunft. Wie der Staat Milliarden verschwendet und sich immer weiter verschuldet», «Kapitalismus total global. Der raue Wind der Weltwirtschaft». Im globalen Wettbewerb war die Bundesrepublik allem Anschein nach ein hoffnungsloser Sanierungsfall geworden. Deutschland – das war die Geschichte vom «Abstieg eines Superstars».[2] Im Jahr 2002 charakterisierte das Magazin «The Economist» Deutschland als ökonomisch taumelnd und unsicher, was seinen Platz in der Welt betrifft.[3] Jahrelang hörten die Deutschen, ihr Land stehe am Abgrund; manche wähnten es bereits einen Schritt weiter. Reformunfähigkeit wurde den Deutschen ins Stammbuch geschrieben, und man malte das triste Bild eines Volkes von Anspruchsvollen und Verzagten an die Wand, genauer: von anspruchsvoll Verzagten.

Im Jahr 2010, nur acht Jahre nach den vernichtenden Urteilen, war die Bundesrepublik Deutschland beim weltweiten Ranking des World Economic Forum indessen auf den 5. Platz der besten Wirtschaftsstandorte vorgerückt, hinter der Schweiz, Schweden, Singapur und den USA. War dies auch eine Frucht der rot-grünen Jahre? «The Wallstreet Journal» jedenfalls porträtierte Gerhard Schröder als den Bundeskanzler, der «Deutschland rettete».[4]

Stimmt das? Damit ist die Grundfrage dieses dritten Teils des Buches angeklungen. Beklagten viele am Beginn der zweiten rot-grünen Koalition ein konzeptionelles Vakuum, so wurde kurz darauf mit der Agenda 2010 die größte Strukturreform in der Geschichte der Bundesrepublik auf den Weg gebracht, die besonders international Beachtung fand. Sie unterzog die verkrustete Republik einer wahren Rosskur. Bedeutete sie eine Selbstverleugnung deutscher sozialstaatlicher Traditionen, oder war sie der notwendige Abschied aus der wohligen Konsensgesellschaft? Dem Prinzip der Sozialstaatlichkeit kam ja im gesamten Verlauf des 20. Jahrhunderts eine herausgehobene Stellung zu. Im Zeitalter von Demokratie und Diktatur vermochte sich die liberale Demokratie gegenüber Kommunismus und Faschismus durch sozialstaatliche Grundsätze zu behaupten. Nur durch die Entfaltung des Sozialstaates konnte sich die Grundspannung zwischen der auf Gleichheit basierenden demokratischen Ordnung und der dauernd Ungleichheit produzierenden Marktwirtschaft austarieren und damit ein grundlegendes Defizit des liberalen Modells kompensieren lassen.[5] Entfiel dieser Zwang mit dem Ende des Kalten Krieges? Auffallend jedenfalls ist der Zäsurcharakter der späten 1990er und frühen 2000er Jahre. Die Neuausrichtung des Sozialstaates in diesem Zeitraum durch eine tendenzielle Rückwendung zur Basisabsicherung, durch die Stärkung privater Vorsorge und durch den Fokus auf die Förderung der Erwerbsarbeit fiel ganz erheblich aus. Zugleich sind jedoch radikale Lösungen vermieden worden, und trotz aller Proteste war der Umbau des Sozialstaates in Deutschland vom breiten Konsens der politischen Mitte getragen. Vor allem jedoch: Dass übermächtige (globale) Strukturen (nationales) Handeln unmöglich machen würden, war zwar eine beliebte These – doch gerade die Agenda 2010 zeigte das genaue Gegenteil.

Die Freude über den knappen Wahlsieg 2002 währte bei Rot-Grün nur kurz. Wenige Wochen später wurde der Kanzler von einer verheerenden ökonomischen und finanzpolitischen Realität kalt erwischt. Eigentlich wollte er sich in der zweiten Legislaturperiode international bewegen, der Irak-Krieg stand vor der Tür, und die Achse Paris-Berlin-Moskau hatte sich in Opposition dazu herausgebildet. Nach einer Wiederwahl entdecken Kanzler meistens das internationale Feld, das Glanz verspricht, und wollen der nationalen Enge entfliehen, dies ist eine Art Gesetz in der bundesdeutschen Geschichte. Doch dann wurden Schröder und seine Regierung von innenpolitischen Problemen eingeholt: galoppierende Arbeitslosigkeit, leere Kassen, Rezession. Erneut ist Seltsames zu berichten: 1998 war Rot-Grün als Bündnis für die Innenpolitik angetreten und musste international agieren, jetzt, ab 2002, wollte man international agieren und sah sich stattdessen mit turmhohen innenpolitischen Problemen konfrontiert. Die Intensität und Dramatik der Krisen in den vergangenen Jahren hatte enorme Kräfte absorbiert: Kosovo, 9/11, Afghanistan, der Irak-Krieg, wann je hatte es solche Herausforderungen Schlag auf Schlag gegeben? Nach dem Wahlsieg vom Herbst 2002 kam nun das Gefühl auf, in der ersten Legislaturperiode etwas versäumt zu haben, man hatte doch den Reformstau der 1990er Jahre lösen wollen. Einiges war erreicht worden, vieles jedoch auch liegen geblieben. Musste man jetzt nicht handeln? Indessen: Konnte Rot-Grün tief greifende Reformen, die vor allem im sozialpolitischen Bereich unabdingbar waren, in einem weitaus schwierigeren Umfeld als in den beiden ersten Jahren nach 1998 überhaupt in Angriff nehmen? Die Kombination von hohen Lohnnebenkosten, gesunkener Bildungsqualität und gleichzeitiger Effizienzsteigerung in anderen Ländern bedrohte Deutschlands Position massiv. Man befand sich ab Ende 2002 in der Defensive. Auch aus den Medien blies Rot-Grün ein rauer Wind ins Gesicht. Doch

Gerhard Schröder war nie in seinem politischen Leben ein Defensivspieler. Agieren aus der Defensive hieß für ihn: Ausholen zu Befreiungsschlägen. Deshalb kam eine neue Spannung und Unruhe in Deutschland auf.

Es gab gleichwohl zwei große Kontrapunkte zur allgemeinen zeitgenössischen Tendenz des nervenaufreibenden Agierens aus der Defensive: der Bereich der Kultur und Kulturpolitik und der damit eng zusammenhängende Bereich der Geschichtskultur und Vergangenheitspolitik. Beides waren Glanzpunkte von Rot-Grün – und zwar von Beginn an. Doch erst am Ende des gesamten Zeitraumes von 1998 bis 2005 zeigten sich die positiven Ergebnisse, wurde das große Ganze sichtbar. In zwei Kapiteln, welche die gesamten rot-grünen Jahre in den Blick nehmen, soll dies aufgezeigt werden: Warum kam es zur Einrichtung eines bundesdeutschen «Kulturministeriums»? Über welche Etappen vollzog sich eine Europäisierung der Erinnerungskultur, welche Rolle spielten die Stockholmer Holocaust-Konferenz 2000 und der anschließende EU-Boykott gegen die rechtskonservative Regierung Österreichs? Die Einrichtung des Denkmals für die ermordeten Juden Europas und die Entschädigung ehemaliger NS-Zwangsarbeiter erwiesen sich als letzte große Bausteine im vergangenheitspolitischen Gebäude der Nachkriegsrepublik. So entstand ein neues, geschichtsbewusstes Deutschland, das retrospektiv in den Kreis der Siegermächte des Zweiten Weltkrieges aufgenommen wurde. Während im Frühjahr 2005 innenpolitisch die rot-grüne Dämmerung begann, war Deutschland im Ausland geachteter und angesehener als jemals zuvor, und ein deutscher Bundeskanzler nahm, Seite an Seite mit fast sämtlichen politischen Führern der Welt, an der Siegesfeier über das «Dritte Reich» vor 60 Jahren in Moskau teil.

Der Wandel von der Bonner zur Berliner Republik prägte den Zeitgeist der rot-grünen Jahre. Der mitunter kleinkarierte Streit um den Stellenwert von 1968 für die deutsche Geschichte bestimmte diese Zeit, viel wichtiger indessen war, dass sich kulturelle Trends kosmopolitisch ausrichteten. Doch so bedeutsam alle diese Entwicklungen auch waren: Am Ende überlagerten sie die parteitaktischen Querelen und der mit wildem Furor in der Öffentlichkeit ausgetragene Kampf um die Agenda 2010. Die Agenda, ein riesiger Gesamtkomplex unterschiedlicher Maßnahmen vom Bildungsbereich über die Gesundheitsreform bis zu den vier «Hartz-Gesetzen», rief gleichermaßen große Zustimmung wie härteste Ablehnung hervor. Sie führte zu Massenprotesten, wie Deutschland sie seit der Revolution von 1989 nicht mehr gekannt hatte, und am Ende zum vorzeitigen Machtverlust von Rot-Grün. Wären die Erfolge sichtbar gewesen, wenn Rot-Grün durchgehalten hätte? Wieso gab es Neuwahlen? Andererseits: Der Überraschungscoup vorgezogener Neuwahlen hätte dem «Campaigner» Schröder fast noch einmal die Kanzlerschaft beschert – jedenfalls war das Resultat der Bundestagswahlen im Herbst 2005 viel knapper, als alle professionellen Auguren es vorausgesagt hatten. Dem Absturz wäre fast eine Auferstehung gefolgt.

1. Wetterleuchten – Die Folgen von Börsencrash und PISA-Schock

Dramatische Haushaltslage 2002/03

Am 30. September 2002 erreichte den Kanzler für die anstehenden Koalitionsverhandlungen mit Bündnis 90/Die Grünen eine fünfseitige Zusammenstellung aus dem Kanzleramt, welche den Titel «Haushaltslage 2002/2003 und Finanzplanung bis 2006» trug und deren Zahlen verdeutlichten, wo man stand: mit dem Rücken zur Wand. «Der Bundeshaushalt 2002 wird auf der Einnahmen- und Ausgabenseite vor allem durch die schwache Konjunktur belastet», hieß es darin. «Der drastische Einbruch bei den Steuereinnahmen» in einer geschätzten Größenordnung von bis zu neun Milliarden Euro gegenüber dem Haushaltsansatz sowie die erheblichen Mehrausgaben für den Arbeitsmarkt würden zu Mehrbelastungen von etwa 13 Milliarden Euro führen. Daraus ergaben sich zwei Konsequenzen: Für den Bundeshaushalt 2002 musste eine erhöhte Nettokreditaufnahme veranschlagt werden, was einen Nachtragshaushalt erforderlich machte. Und darüber hinaus: «Für das Maastricht-Defizit sind zusätzlich zu den 10–13 Mrd. Euro höheren Bundesbelastungen die Risiken bei den Sozialversicherungen und bei der Entwicklung der Länder- und Kommunalfinanzen zu berücksichtigen. Diese dürften sich nach hiesiger Einschätzung auf mindestens 10 Mrd. Euro belaufen.» Das Finanzministerium kündigte an, Ende November ein überarbeitetes Stabilitäts- und Wachstumsprogramm vorzulegen, das auf den Konjunkturprognosen und Ergebnissen des Arbeitskreises Steuerschätzung vom 14. November 2002 basieren sollte. Nach der Aufschlüsselung einzelner Mehrbelastungen, Deckungslücken und weiterer Risiken, welche die Zahlen, von denen man bisher ausging, grundsätzlich revidierten, lautete das Ergebnis in gutem Beamtendeutsch: «Der im August 2002 ins Parlament eingebrachte Regierungsentwurf des Bundeshaushaltes 2003 unterliegt der Diskontinuität. Daher ist ein neuer Regierungsentwurf vom Kabinett zu verabschieden und einzubringen. Bis zum Inkrafttreten wird es gemäß Art. 11 GG eine vorläufige Haushaltsführung geben.»[1]

Diese Dramatik schlug sich im neuen rot-grünen Koalitionsvertrag «Erneuerung – Gerechtigkeit – Nachhaltigkeit», der für die Jahre von 2002 bis 2006 gelten sollte, noch kaum nieder. Dort hieß es recht lapidar: «Das wirtschaftliche Wachstum hat sich 2001 und 2002 erheblich abgeschwächt und die Beschäftigungsentwicklung belastet. Diese Konjunkturschwäche drückt deutlich auf die Steuer- und Beitragseinnahmen und hebt gleichzeitig die Ausgaben spürbar an. Daraus ergibt sich ein zusätzlicher Konsolidierungsbedarf, den wir jetzt und in den kommenden Jahren schultern müssen.»[2] Wie ein starkes Gewitter hatte sich alles seit Längerem angekündigt, ohne dass etwas unternommen worden wäre. Jetzt, Ende 2002, hagelte, blitzte und donnerte es von überall her. Eine schlechte Konjunktur und die Börsenflaute hatten 2001 innerhalb eines Jahres bei den deutschen Aktionären zu einem Verlust von rund 160 Milliarden Euro geführt. Die Flucht aus dem Aktienmarkt war seither ebenso rasant wie kurz zuvor der Aktienhype. Selbst Bundesfinanzminister Hans Eichel plante 2002/03 den Verkauf von Aktienanteilen – im Mittelpunkt stand dabei die Deutsche Telekom, die wenige Monate zuvor noch als *das* deutsche Vorzeigeunternehmen im globalen Aufbruch gefeiert worden war.

Was zuvor geschah: Börsencrash und T-Aktien-Debakel

Im November 1996, schon zwei Jahre vor Rot-Grün, hatte das Nachrichtenmagazin «Der Spiegel» mit einer Titelgeschichte «Testfall Telekom» aufgemacht. Unter ihrem neuen Vorstandsvorsitzenden Ron Sommer habe sich das ehemals behäbige Staatsunternehmen zum Börsenrenner entwickelt. Wenn Sommer, dem begnadeten «Kommunikator», weiterhin Erfolg beschieden sei, werde in Deutschland eine «gigantische Privatisierungswelle» anrollen, die im Trend der Zeit liege. In den USA und überall in Europa – am frühesten in Großbritannien – kam es zu großen Privatisierungen und befand sich der Staat auf dem Rückzug. Die von Helmut Kohl geführte Bundesregierung, so vermutete das Nachrichtenmagazin, plane bereits den Verkauf sämtlicher Staatsbetriebe, um so ihre leeren Kassen zu füllen.[3]

Der Börsengang der Telekom beflügelte eine ganze Nation. Nach allen Regeln der PR-Kunst waren die Deutschen, bislang ein Volk von Aktienmuffeln, «heiß» gemacht worden. Niemals zuvor hatte es einen solchen steilen Anstieg an Aktionären gegeben: Im Jahr 2000 betrug die Zunahme 3,6 Millionen, was einem Wachstum von 43,7 Prozent entsprach. Dabei grassierte nicht nur der Internet-Hype, sondern die Telekom galt als äußerst erfolgreiche «Volksaktie» für jedermann. Um die Jahrtausendwende herum wurde gezockt, biedere Sparer gingen auf volles Risiko und erwarteten im Gegenzug zweistellige Renditen innerhalb kürzester Zeit. Bis dahin hatten die Deutschen, so «Der Spiegel», monatlich sieben DM für Bananen ausgeben, aber nur 1,22 DM für Aktien. Und nun, welch ein Wandel: So viel Geld wie Ron Sommer hatte zuvor noch kein Europäer und auch noch kein Amerikaner mit einem Schlag einsammeln können – etwa 20 Milliarden DM für die erste Tranche der T-Aktie. Ihr Erstausgabepreis betrug umgerechnet 14,57 Euro, eine zweite Tranche erfolgte Mitte 1999 zum Ausgabepreis von 39,50 Euro, und eine dritte, die der Bund über die staatseigene Kreditanstalt für Wiederaufbau (KfW) Mitte 2000 zum Stückpreis von 63,50 Euro verkaufte, spülte über die Staatsanteile noch einmal 13 Milliarden Euro in die Staatskasse.

Deutsche Kleinanleger wurden mit Werbekampagnen geködert, die einer Waschmittel- oder Zahnpastawerbung entsprachen, nicht jedoch einer risikobehafteten, weltweit gehandelten Aktie, die sich nach oben oder nach unten entwickeln konnte. Sie kauften das Papier auch dann noch unverzagt, als dieses bereits das Doppelte seines Ursprungskurses kostete; ein wahrer «Goldrauschvirus»[4] schien sich ausgebreitet zu haben. Die Gesichter der beiden populären ARD-«Tatort»-Kommissare Manfred Krug und Charles Brauer standen Pate beim Börsengang der Telekom. Mehrere Millionen Privatanleger vertrauten ihrem altväterlichen Rat, den sie in TV-Werbespots und in Zeitungen gaben und der himmlische Renditen suggerierte. Später bezeichnete Krug diese Werbung als seinen größten beruflichen Fehler und entschuldigte sich öffentlich «bei allen Mitmenschen, die eine von mir empfohlene Aktie gekauft haben und enttäuscht worden sind».[5]

Die Börseneuphorie war an ihrem Höhepunkt gelangt, als die T-Aktie ein Allzeithoch von über 100 Euro erreichte. Dieser Euphorie folgte Übertreibung und dieser wiederum eine beispiellose Kapitalvernichtung. Am Ende verloren die «Volksaktionäre» den Glauben an Aktien überhaupt und oft auch an die eigene wirtschaftliche Zukunft; eine depressive Stimmung breitete sich aus. Ron Sommer ließ sich, getrieben vom New Economy-Boom, zu weiteren Börsengängen hinreißen. So wurde etwa im April 2000 das Papier der Telekom-Tochter T-Online für 27 Euro erstmals ausgegeben, erwies sich jedoch schnell als ein herber Verlustbringer. Hatten kritische Beobachter schon seit Längerem gefragt, was mit den Milliardenschulden des ehemaligen Staatskonzerns passieren und wohin die vielen Mitarbeiter, von denen zahlreiche noch verbeamtet waren, gehen würden, um einen schlanken Global Player zu kreieren, so musste die Telekom im Jahr 2001 den Wert ihrer Grundstücke um mehrere Milliarden Euro nach unten korrigieren. Zusätzlich überhob sich das deutsche Unternehmen mit Zukäufen auf dem amerikanischen Markt, der Erwerb des Telefonanbieters Voice-Stream erwies sich als ein gigantisches verlustbringendes Abenteuer. Diese riskanten Firmenzukäufe des Konzernchefs Sommer, die fehlerhaften Unternehmensstrategien entsprungen waren, setzten der Aktie stark zu.

Dann ereignete sich der Globalschock. Die Terroranschläge des 11. September 2001 ließen die Aktienkurse weltweit dramatisch einbrechen, der DAX verlor an diesem Tag 8,5 Prozent. Erst am 17. September, nach einer sechstägigen Unterbrechung, nahmen die New Yorker Börse sowie die anderen amerikanischen Aktienmärkte den Handel wieder auf. Es war die längste Pause seit einer mehr als einwöchigen Aussetzung des Handels während der Weltwirtschaftskrise im März 1930 und einer mehrere Monate dauernden Unterbrechung des Handels zu Beginn des Ersten Weltkrieges 1914. Auch wenn es zunächst so aussah, als würden die ökonomischen Effekte der Anschläge begrenzt bleiben und die Kurse, die nach einer Schockreaktion eingeknickt waren, sich rasch wieder erholen, so wirkte 9/11 an den Börsen langfristig wie unsichtbares Gift: Es brachte die Angst an die Weltbörsen zurück. Terror und Krieg – sowie die Kosten für dessen Führung –, anschließend die Folgen verbilligten Geldes wie Leitzinssenkung und Liquiditätsspritzen ließen die Börsen rund um den Globus seither nicht mehr zur Ruhe kommen und bereiteten den Boden für internationale Finanzkrisen.

Im Juni 2002 notierte die T-Aktie bei 8,14 Euro, schlimmer hätte der Misserfolg, einen lahmenden Staatsbetrieb in einen Global Player zu verwandeln, kaum bekundet werden können. Etliche Mitglieder der Bundesregierung, die zuvor die mediale Nähe zum Telekom-Chef gesucht hatten, gingen auf Abstand. Als Ron Sommer auf der Hauptversammlung am 28. Mai trotz des dramatischen Kursverfalls der Aktie eine Erhöhung der Managerbezüge ankündigte, lief das Fass über. Mitten im Bundestagswahlkampf forderte der Unionskandidat Edmund Stoiber über die «Bild»-Zeitung Bundeskanzler Schröder auf, wegen Sommers Gehaltserhöhung bei der Telekom einzugreifen.[6] Der Vorstandsvorsitzende fiel in Ungnade und musste am 16. Juli 2002 seinen Rücktritt verkünden, was Telekom-Sprecher Ulrich Lissek eine «Repolitisierung» des ehemaligen Staatskonzerns nannte, an dem der Bund noch mit 43 Prozent beteiligt war.[7] Der Wirtschaftsjournalist Nikolaus Piper bilanzierte in der «Süddeutschen Zeitung»: «Gemeinsam haben Management, Aufsichtsrat und Politik der deutschen Aktienkultur massiv geschadet: Ron Sommer hat die T-Aktie glänzend vermarktet; aber er hat auch zugelassen, dass das Papier zu einer ‹Volksaktie› hochgejubelt wurde, zu einem Papier also, auf dem sich sorglos eine Altersversorgung aufbauen lässt. Politiker und Parteien haben dieses Spiel in den Boom-Jahren begeistert mitgemacht, trotz aller Warnungen der Experten.»[8]

Doch nicht nur auf diesem ökonomischen und finanzpolitischen Feld befand man sich 2002 in der Defensive. Auch auf einem Gebiet, auf dem die Deutschen sich stets weltmeisterlich wähnten, dem Bereich von Bildung und Ausbildung, lief offenbar nichts mehr rund. Die Wirtschaft wuchs seit einigen Jahren nur minimal, die Arbeitslosigkeit erreichte eine beträchtliche Höhe, und die Schulleistungen kamen im internationalen Vergleich nicht gut weg. Auf dem Gebiet der Zukunftsvorsorge durch Bildung war die Bundesrepublik nur Mittelmaß. Kenner der Materie erinnerten sich an Ähnliches in der Vergangenheit. Nachdem internationale Studien der Bundesrepublik eine Bildungsmisere bescheinigt hatten, war vom Heidelberger Religionsphilosophen und Bildungsexperten Georg Picht 1964 eine «Bildungskatastrophe» diagnostiziert worden, welche die «Bildungsrevolution» – einen enormen Ausbau von Schulen und Hochschulen und eine verbesserte Ausbildung junger Menschen – nach sich gezogen hatte. Damals war die große Industrienation im weltweiten Vergleich weit abgeschlagen und auf der gleichen Stufe wie das seinerzeit erst kürzlich unabhängig gewordene

Uganda platziert worden. 38 Jahre später ereignete sich der «PISA-Schock». Worum handelte es sich dieses Mal?

Rückblende: Der PISA-Schock

Deutschland hatte seit den 1970er Jahren an keinem internationalen Schulvergleich mehr teilgenommen. Erst 1995 beteiligte es sich an einer Mathematikstudie, deren aus deutscher Sicht mäßige Ergebnisse zwar von Bildungspolitikern intensiv diskutiert, von der Öffentlichkeit indessen kaum wahrgenommen wurden. Am 4. Dezember 2001 stellte die OECD den «PISA»-Test vor – Programme for International Student Assessment –, einen Test, der die Leistungen von 15-jährigen Schülern aus aller Welt einem Vergleich unterzog.[9] Für die drittgrößte Industrienation der Welt waren die Ergebnisse eine Blamage: Im weltweiten Schülerleistungstest in Mathematik und in den Naturwissenschaften lagen die deutschen Schüler auf dem 20. Platz, im «Lesen und Verstehen» landeten sie auf dem 21. von 31 möglichen Rängen.[10] Fast jeder vierte 15-Jährige konnte nur auf Grundschulniveau lesen und Texte verstehen und zählte somit zur Risikogruppe jener, die Texte zwar entziffern, jedoch nicht voll begreifen konnten, was darin stand. Der Abstand zwischen den Leistungen einzelner Schulen war nirgends auf der Welt dermaßen groß wie in Deutschland; die Schere zwischen guten und schlechten Schülern ging nirgendwo so weit auseinander wie hier. Mit Blick auf die Chancengleichheit verteilten die Initiatoren der Studie Deutschland die schlechtmöglichste Note: ungenügend. Auch gravierende Defizite in der Förderung von Migrantenkindern waren unübersehbar; in keinem anderen Land war der schulische Erfolg in einem solchen Maße an die soziale Herkunft gekoppelt wie in der Bundesrepublik.

Für die Deutschen war PISA fortan nicht mehr bloß der Name einer schönen Stadt in der Toskana, sondern ein Schandmal dafür, dass sie im Wettstreit mit 32 Nationen insgesamt auf dem 22. Platz gelandet waren. Als schlicht «skandalös» empfand Arbeitgeberpräsident Dieter Hundt die «faktische Analphabetenrate von rund 22 Prozent in einer der führenden Industrienationen der Welt»,[11] und der Ministerpräsident von Niedersachsen, Sigmar Gabriel, verglich den Schrecken, den die Studie in Deutschland auslöste, mit dem Entsetzen der westlichen Welt, als im Jahr 1957 der erste sowjetische Weltraumsatellit die Erde umrundete: «Wir erleben so etwas wie den zweiten Sputnik-Schock, denn wir sehen: Die anderen sind besser.»[12] Die Illusion, über eines der besten Schulsysteme der Welt zu verfügen, zerplatzte, das Wort vom «PISA-Schock» bürgerte sich in der Öffentlichkeit ein, und das Land der Dichter und Denker, das sich so behaglich eingerichtet hatte, blickte auf das Titelblatt des Nachrichtenmagazins «Der Spiegel», auf dem die schlichte, aber fast schon rhetorisch gemeinte Frage prangte: «Sind deutsche Schüler doof?»[13]

PISA markierte einen Einschnitt der deutschen Bildungspolitik, nicht nur weil es aufrüttelte. Mit dieser Studie erreichte die Globalisierung den Bildungsbereich. Fast über Nacht stiegen Bildung, Ausbildung und Erziehung zu wichtigen Themen einer Nation auf, die sich im internationalen Wettbewerb befand. Zudem legte die PISA-Studie den Grundstein für die Erkenntnis, dass Deutschland ein Einwanderungsland war und die Schulen ein Problem lösen mussten, das lange geleugnet wurde und welches sie nicht verursacht hatten, für das sie jedoch auch nicht gerüstet waren. Die Ergebnisse heizten den seit Jahrzehnten schwelenden alten Streit zwischen den Befürwortern einer Gesamtschule und den Verfechtern des dreigliedrigen Schulsystems wieder an. PISA-Sieger Finnland, wo die Schüler bis zur neunten Klasse gemeinsam lernen und sich erst ab der zehnten auf verschiedene Schulformen aufteilen, galt den rot-grünen Anhängern einer Gesamtschule als Bestätigung, wie zutreffend ihre Ansichten waren. Auch PISA-Koordinator Andreas Schleicher sah im dreigliedrigen Schulsystem, das zu einer frühen Selektion der Schüler führt, eines der größten deutschen Probleme, da zu viel Potential verschenkt werde.[14]

Bildungsoffensive: Die Erfolge

Bildungspolitik ist in der grundgesetzlichen Aufgabenzuweisung in erster Linie die Angelegenheit der Bundesländer. Die Gesetzgebungskompetenz des Bundes ist infolge der Kulturhoheit der Länder stark eingeschränkt. Gegen alle erwartbaren Widerstände versuchte Rot-Grün indessen, die Kompetenzräume des Bundes zu erweitern. Gerade nach dem PISA-Schock konnte der Bund durchaus Erfolge vorweisen, seine Domäne stärker als bislang in den Bildungsbereich auszudehnen. «Wir müssen die deutsche Schule retten», so die Reaktion des Kanzlers auf die PISA-Studie, «und nicht die Kultusminister». Deutschland brauche kein «16-faches Glücksversprechen», und die Zuständigkeiten der Länder würden zwar respektiert, dürften jedoch kein Vorwand für Untätigkeit auf diesem Gebiet sein.[15]

Bildung und Bildungschancen stiegen zu einem zentralen Thema moderner Gesellschaftspolitik auf. Bereits 1998 hatte die SPD eine Verdoppelung der Bildungsinvestitionen versprochen, also der investiven Ausgaben und nicht der Gesamtausgaben, wie die Presse fälschlicherweise immer wieder behauptete, und auch wenn dieses Wahlkampfziel einem «Wirklichkeitsrabatt» unterlag, kam man einer solchen Verdoppelung recht nahe. Vor allem war der Politikwechsel zu den 1990er Jahren erheblich. Die Vorgänger der Bildungsministerin Edelgard Bulmahn, Rainer Ortleb, Karl-Hans Laermann oder Jürgen Rüttgers, der sich werbetauglich «Zukunftsminister» nannte, hatten die Bedeutung von Bildung und Wissenschaft für den Standort Deutschland zwar stets wortreich beschworen, doch kam ihr jeweiliger Etat oftmals einem Steinbruch für Ausgaben in anderen Bereichen gleich. Bulmahn konnte sich viel Respekt in der Fachwelt erarbeiten. Allerdings fuhren ihr die Länderkollegen immer wieder in die Parade, und auch im Kabinett hatte die eher zurückhaltende, dafür arbeitsame Ministerin einen schweren Stand. Sie solle weniger Akten studieren und stattdessen Erfolge vermitteln, trug ihr der Kanzler einmal auf, als sei das eine nicht die Grundlage des anderen.[16] Beide kannten sich aus Niedersachsen, und Bulmahn wurde 1998 wieder als Direktkandidatin des Wahlkreises Hannover II in den Deutschen Bundestag gewählt, doch das Verhältnis der Parteilinken zu Schröder war gewiss nicht von Herzlichkeit getragen. Seit 1987 war Bulmahn Mitglied des Bundestagsausschusses für Bildung, Wissenschaft, Forschung, Technologie und Technikfolgenabschätzung, 1995/96 hatte sie ihn sogar geleitet, und kein einziger Minister am rot-grünen Kabinettstisch war besser auf sein Ressort vorbereitet als sie. Das Ministeramt war für sie nach eigener Einschätzung «kein Sprung ins kalte Wasser», sie fühlte sich gut gerüstet und hatte eine

«Agenda».[17] Ziel war es, die Internationalisierung der deutschen Bildungslandschaft voranzubringen, die Studienförderung zu modernisieren und sicherzustellen, dass der Studienzugang nicht nur offen bliebe, sondern auf 40 Prozent eines Jahrgangs gesteigert werde, ein Wert, den andere große Industrieländer bereits erreichten. Für den Forschungsbereich hatte sie sich vorgenommen, die Projektförderung, die unter ihrem Vorgänger Jürgen Rüttgers stark gesenkt worden war, wieder zu erhöhen. Dazu wollte Bulmahn die Mittel für eine Reihe von stark subventionierten Prestigeprojekten wie den Transrapid zurückfahren. In der Bildung sah die SPD-Politikerin die «Schwester der Freiheit», und dass Chancengleichheit von ihren Widersachern immer mit Nivellierung gleichgesetzt wurde, war ihr ein ständiges Ärgernis. Das Gegenteil sei der Fall: Chancengleichheit bedeute unterschiedliche Förderung; Leistung zähle und nicht die Herkunft.[18]

Bulmahns Handicap hieß oft genug Gerhard Schröder – dies musste sie bereits bei der angekündigten großen Bafög-Reform erfahren. Der Kanzler bremste sie regelrecht aus. Die Ministerin hatte ein Expertenmodell vorgeschlagen, das auf drei «Körben» basierte und eine Grundförderung für alle Studierenden vorsah. Der Staat, so die Idee, sollte jedem Studierenden etwa 200 Euro monatlich direkt überweisen und im Gegenzug den Eltern das Kindergeld und Steuerfreibeträge streichen. Damit wollte Bulmahn verhindern, dass erwachsene Studierende bei ihren Eltern um Unterhalt nachsuchen oder sie sogar verklagen mussten. Dieses in der Fachwelt hoch gelobte Konzept fiel einem Machtwort des Kanzlers zum Opfer. Viele Familien, so dessen waghalsige Begründung, hätten das Geld schließlich für die Abzahlung ihres Eigenheimes eingeplant.[19] War also das Bafög für Häuslebauer gedacht? Widerstand gegen Bulmahn war aus den Reihen der Familienpolitiker gekommen, deren Argumente sich der Kanzler zu eigen machte. Sie lehnten den Vorschlag ab, weil er bedeutet hätte, das gesamte Unterhaltsrecht zu ändern. Schröder, der in dieser Hinsicht sehr traditionell dachte, war strikt dagegen, spürte jedoch, dass für die Bildungsministerin eine Grenze erreicht war – und diese nutzte das schlechte Gewissen des Kanzlers, um im Kabinett eine Verdoppelung der Bafög-Summe im Bundeshaushalt durchzusetzen.[20] Damit war auch der grüne Koalitionspartner zufriedengestellt, der «loyal die Bemühungen der Ministerin um ein Sockelmodell» unterstützt hatte und mit der Kanzlerentscheidung ebenfalls vor den Kopf gestoßen wurde.[21] Zum 1. April 2001 stiegen die Höchstsätze des Bafög, erhöhten sich die Freibeträge der Eltern und verbesserte sich die Förderung für Auslandssemester.

Mit ihrer unaufdringlichen, jedoch zielstrebigen Art war Bulmahn weniger für Talkshows geeignet, und mit der Hemdsärmeligkeit mancher männlicher Kabinettskollegen konnte sie wenig anfangen. Diese stellten der Ministerin gerne schlechte Noten im «Verkaufen» ihrer Reformen aus. Damit ist auch Antwort auf die Frage gegeben, die der Journalist Martin Spiewak in «Die Zeit» stellte: «Wie schafft es die wohl kundigste, fleißigste und mutigste Bildungs- und Forschungsministerin, die Deutschland seit Langem hatte, zugleich die unbeliebteste zu sein?»[22] Hinzu traten Widerstände in einer «brutalen Form»,[23] die Bulmahn mit ihren Vorschlägen, wie auf den «PISA-Schock» zu reagieren sei, erlebte. Während die Länderkultusminister zunächst abwiegelten und bagatellisierten, unterbreitete die Ministerin präzise Empfehlungen, in deren Zentrum ein Ganztagsschulprogramm stand. Unverhohlen warfen ihr die konservativen Bildungspolitiker vor, sie wolle den Eltern die Verantwortung für die Erziehung ihrer Kinder entziehen – «Staatssozialismus», scholl es ihr entgegen. Im Rückblick wird deutlich, dass dieses Programm einen Paradigmenwechsel einleitete und viele Städte und Kommunen, welche die Probleme hautnah erlebten, davon profitierten. Darüber hinaus forderte Bulmahn nationale Bildungsstandards und einen nationalen Bildungsbericht durch einen unabhängigen «Rat der Bildungsweisen», stieß damit jedoch wiederum auf heftigen Widerstand bei konservativen Kultusministern der Länder. Dennoch einigten sich Bund und Länder im Mai 2002 auf gemeinsame Schritte zur Bildungsreform, denen zufolge besonders die Lese-, Schreib- und Sprachkompetenz, aber auch das mathematisch-naturwissenschaftliche Wissen von Schülern verbessert werden sollten. In diesem Zusammenhang rief Bulmahn im Januar 2002 in Kooperation mit der «Stiftung Warentest» eine «Stiftung Bildungstest» ins Leben. So erhielten während der Regierungszeit von Rot-Grün die Themen Bildung, Qualifizierung, Wissenschaft und Forschung nicht zuletzt infolge des heilsamen «PISA-Schocks» einen höheren Stellenwert in der gesellschaftlichen Debatte.

Am 13. Juni 2002 gab erstmals ein deutscher Bundeskanzler eine Regierungserklärung zum Thema «Bildung und Innovation» ab, um eine «nationale Bildungsoffensive» zu fordern. Gerhard Schröder bezeichnete Bildung als «die soziale Frage des 21. Jahrhunderts». «Wir können es uns nicht leisten, auch nur eine einzige Begabung ungenutzt zu lassen», sagte der Kanzler und versprach, in den folgenden vier Jahren vier Milliarden Euro aus dem Bundeshaushalt für mehr Kinderbetreuung und Ganztagsschulen bereitzustellen.[24] «Ziel muss es sein», so wenige Tage später das SPD-Präsidium, «die für einen guten, nicht auf den Vormittag zusammengepressten Unterricht notwendigen Verbesserungen» zu schaffen.[25] Bis 2007 sollte ein Viertel aller Schulen in Deutschland Ganztagsschulen sein, ein Ziel, das letztlich mit knapp 39 Prozent sogar übertroffen wurde.[26] Dabei stützte sich die Regierung auf eine repräsentative Forsa-Umfrage, die eine große Zustimmung signalisierte. 79 Prozent der Befragten sprachen sich für die flächendeckende Einführung von Ganztagsschulen aus, und 83 Prozent waren überzeugt, dass diese helfen, Familie und Beruf besser zu vereinbaren.[27] Der PISA-Konflikt reihte sich in eine lang andauernde Auseinandersetzung zwischen konservativen Bildungspolitikern in Deutschland und internationalen Organisationen ein. Streitpunkt war jedes Mal das dreigliedrige Schulsystem, das in Deutschland eine lange Tradition hatte, jedoch im internationalen Maßstab als antiquiert galt. Es benachteilige, so der Vorwurf, Kinder aus unteren Schichten und Migrantenkinder. Dieser Konflikt setzte sich über die rot-grüne Ära fort; so wurde im Frühjahr 2007 etwa der UN-Beobachter für das Menschenrecht auf Bildung, Vernor Muñoz, für seinen Deutschland gegenüber kritischen Bericht scharf angegriffen. Allerdings waren auch Erfolge zu verzeichnen. Nach zehn Jahren war Deutschland das einzige Land unter den PISA-Vergleichsländern, das sich über die drei Folgestudien kontinuierlich verbesserte.[28]

Bildungspolitik: Die Misserfolge

War die Bildungspolitik bis 2002 dynamisch, offensiv und geprägt von ideenreichen Initiativen, so geriet sie in der zweiten rot-grünen Legislaturperiode in die Defensive. Zwar konnte man sich auf Erfolge aus der

Anfangszeit besinnen, doch Rückschläge stellten diese in den Schatten. Dies betraf besonders die Hochschulpolitik. Eine Modernisierung und Internationalisierung der deutschen Hochschulen sollte in erster Linie über eine Struktur- und Dienstrechtsreform erreicht werden, die Bulmahn als «Jahrhundertreform» anpries.[29] Vorgesehen waren unter anderem eine neue Besoldungsstruktur, die Leistungsanreize beinhaltete, eine neue Personalkategorie – die Juniorprofessur –, mit welcher die eigenständige Position des wissenschaftlichen Nachwuchses gestärkt werden sollte, und schließlich eine «Exzellenzinitiative» zur Förderung von Spitzenuniversitäten. Widerstand der Standesvertreter war zu erwarten, doch übertraf dieser in seiner Härte alle Befürchtungen: Hunderte von Professoren drückten ihren Protest gegen die Dienstrechtsreform in einer vierseitigen Anzeige in der «Frankfurter Allgemeinen Zeitung» aus.[30] Auch Nachwuchswissenschaftler gingen auf die Barrikaden und sprachen von der «Verschrottung einer ganzen Generation»,[31] weil befristete Stellen auf eine insgesamt zwölfjährige Qualifizierungsphase begrenzt sein sollten. Danach sollte es, so der Plan aus dem Ministerium, keine befristeten Kettenverträge, sondern feste, unbefristete Anstellungen geben – doch die Antwort auf die Frage, woher diese Stellen kommen sollten, blieb das Bildungs- und Forschungsministerium schuldig, so dass bei den jungen Wissenschaftlern die Furcht vor Massenentlassungen grassierte.

Mit der Exzellenzinitiative wollte Rot-Grün den Universitäten einen «Push» versetzen, damit sie mit den außeruniversitären Forschungseinrichtungen, die in den 1990er Jahren beständig an Gewicht zugenommen hatten und viel besser finanziert waren, konkurrieren konnten.[32] Kanzleramtschef Steinmeier favorisierte anfangs die Idee, wonach der Bund eine Spitzenuniversität, nämlich die Humboldt-Universität zu Berlin, auswählen und diese als eine Art Bundesuniversität nach dem Vorbild der US-Kaderschmieden wie Harvard oder Stanford ausbauen sollte.[33] Wäre dies ein guter Weg gewesen? War nicht der Vorschlag eines Wettbewerbs, den Bulmahn und einige ihrer Länderkollegen vorschlugen, sinnvoller, demokratischer? In zehn Jahren, so der Kanzler, sollten einige deutsche Universitäten mit den Spitzeninstituten in den USA oder der Schweiz konkurrieren können. Im Übrigen habe er keine Schwierigkeiten mit dem Begriff «Elite», weil es um Elite durch Leistung, nicht durch Geburt gehe.[34]

Ideen, Initiativen und Aktivitäten waren also vorhanden, und viele weitere ließen sich anführen, wie beispielsweise das gebührenfreie Erststudium, die Ausgabe von Bildungsgutscheinen, die Schaffung eines «Bildungsgipfels», aber auch die Einführung der Bologna-Reform, mit der eine größere Mobilität und ein europaweiter Hochschulraum versprochen wurden. Dennoch handelte es sich bei vielem um verlorene Schlachten. Die Klagen vor dem Bundesverfassungsgericht führten zu Urteilen, welche die Position der Bundesländer stärkten und der Bundesregierung herbe Niederlagen einbrachten. Die Bildungspolitik, die zum Ausweis von Innovation, Gerechtigkeit, Zukunftsfähigkeit und Leistungskraft Deutschlands werden sollte, zerschellte in Teilen an den Klippen des bundesdeutschen Föderalismus. Man konnte – wie viele Grüne und Sozialdemokraten – durchaus der Ansicht sein: Wir müssen im Bildungsbereich national zentralisieren, weil wir in Europa föderalisieren.[35] Doch dies entsprach nicht der deutschen Verfassungswirklichkeit. Das Bundesverfassungsgericht musste das neue rot-grüne Hochschulrahmengesetz gar nicht erst in allen Einzelheiten prüfen. Es konnte für nichtig erklärt werden, weil es genügte, die Nichtzuständigkeit des Bundes festzustellen, der auf zahlreichen Gebieten über keine Regelungskompetenz verfügte. «Wir wollen in zehn Jahren an der Spitze der Bildungsnationen stehen», hieß es im rot-grünen Koalitionsvertrag von 2002.[36] Dass die Rechnung mit dem Wirt – den Bundesländern – gemacht werden musste, blendete man bei der Formulierung dieses Superlativs aus und geriet in die Defensive.

Ein «Blauer Brief» aus Brüssel und die «Entzauberung» von Hans Eichel

Am Beginn der zweiten Legislaturperiode von Rot-Grün stand die Entzauberung eines ihrer bisherigen «Stars»: Hans Eichel. Er war 1999 Oskar Lafontaine nachgefolgt, galt zunächst als dessen «blasser Bruder», außerdem wurde ihm nachgesagt, er sei ungelenk, und die Grünen verspotteten ihn als «bebrillte Büroklammer»; er habe das «Charisma einer nassen Nudel», witzelte böse die «tageszeitung».[37] Eichel selbst kokettierte mit solchen Zuschreibungen und fand alle «nicht rufschädigend» für einen Finanzminister.[38] Er entdeckte in diesem Amt seine Lebensaufgabe, Finanzpolitik hatte ihn schon immer gereizt. Eichel legte sich das Image des Sparministers zu, bekundete, dass ein Finanzminister nicht cool, sondern seriös sein müsse, bereitete sich wie kaum ein anderer mit Fleiß und Energie auf die neue Aufgabe vor und war 2000 der populärste Minister von Rot-Grün, zeitweise rangierte er noch vor Joschka Fischer, den er aus Hessen gut kannte. Anders als Lafontaine, der Rat nur erteilt hatte, suchte Eichel Rat. «Nachhaltigkeit» wurde sein Leitbegriff, er wollte sparen und so einen gut ausgestatteten Staat schaffen, der die Schwachen schützen konnte. Eichel strebte an, die Neuverschuldung im Bund bis zum Jahr 2006 komplett abzubauen. Wenn jetzt nicht konsolidiert werde, sei der Staat bald nicht mehr handlungsfähig. «Der Schuldenberg, der in den letzten 16 Jahren angehäuft worden ist, ist die Bankrotterklärung der Vorgängerregierung. Diese Entwicklung müssen wir beenden», sagte der neue Finanzminister im Frühjahr 1999 gegenüber dem «Spiegel».[39] Nur wenige Wochen nach seinem Amtsantritt hatte Eichel sein als «Zukunftsprogramm 2000» firmierendes 30 Milliarden DM Sparpaket vorgelegt – ein ambitiöses Vorhaben. Einen solchen Kraftakt – binnen eines Jahres im Bundeshaushalt 30 Milliarden einzusparen, was einer Kürzungsrate um 7,4 Prozent für alle Ressorts entsprach – hatte noch kein Bundesfinanzminister gewagt. Der vorgesehene Ausgabenrückgang wurde zwar um ein Drittel verfehlt, dennoch schien dies immerhin ein guter Anfang zu sein.

Das Steuerreformkonzept des Finanzministeriums sah die Senkung des Spitzensteuersatzes von 53 auf 45 Prozent und der Körperschaftssteuer auf 25 Prozent vor und ermöglichte den Kapitalgesellschaften ab 2001 eine steuerfreie Veräußerung ihrer Inlandsbeteiligungen. Durch die Steuerumstellung waren die Einnahmen an der Körperschaftssteuer im Jahr 2001 negativ. Überraschenderweise fand die Rohform am 14. Juli 2000 die Zustimmung des Bundesrates. Eichel und Schröder war es gelungen, den «neutralen Block» der Länder Rheinland-Pfalz (SPD/FDP), Berlin (CDU/SPD), Brandenburg (SPD/CDU), Bremen (SPD/CDU) und Mecklenburg-Vorpommern (SPD/PDS) mit etlichen Zugeständnissen zu einem Ja zu bewegen – «Länderkauf», es ist schon erwähnt worden, nannten es weniger Wohlmeinende –, was eine schwere Niederlage für die oppositionelle CDU/CSU darstellte, welche der Bundesregierung die gesetzgeberischen Grenzen aufzeigen wollte. Natürlich sei es so gewesen: «Letzten Endes haben wir die Leute rausgekauft», so Hans Eichel.[40] Berlin sollte die Renovierung seines Olympiastadions erhalten, für die Liberalen in Rheinland-Pfalz würde man den Spitzensteuersatz um einen weiteren Prozentpunkt senken und so weiter.[41] Gelingen konnte dies jedoch nur, weil nicht alle «neutralen» Länder die Strategie der Opposition im Bund mitmachen wollten, welche lautete: Lieber die Landeshaushalte kaputtgehen lassen, als Rot-Grün einen Jota entgegenkommen.

Eichels Konsolidierungspolitik geriet angesichts ökonomischer Probleme seit 2001 ins Stocken. Die Nettokreditaufnahme lag 2001 nur um rund 1,7 Milliarden DM unter der des Vorjahres. Allerdings wurde die Konsolidierung des Bundeshaushalts durch die rund 100 Milliarden DM Erlöse aus der Versteigerung der UMTS-Lizenzen, die ausschließlich zur Reduzierung der Staatsverschuldung genutzt wurden, weiter vorangetrieben. «Universal Mobile Telecommunications System» (UMTS) – dahinter verbarg sich ein erster weltweiter Standard, mit dem man überall telefonieren konnte und der das Mobiltelefon voll internetfähig und offen für Multimedia-Anwendungen machen sollte. Bei der Vergabe solcher Lizenzen gingen europäische Länder unterschiedlich vor. Während etwa in Spanien Lizenzen nicht versteigert wurden, war dies in Großbritannien, den Niederlanden und Deutschland der Fall. Die erste Versteigerung in der Bundesrepublik fand zwischen dem 31. Juli und dem 18. August 2000 statt. Bedeuteten die Auktionen für den Staat einen Geldsegen, so brachten die finanziellen Konsequenzen viele beteiligte Unternehmen längerfristig in große Schwierigkeiten, trieben ihren Schuldenstand in die Höhe und setzten Gewinn, Aktienkurs und Rating von Mobilfunkunternehmen unter Druck, da das angenommene große Geschäft mit dem Mobilfunk auf sich warten ließ. Hans Eichels Devise bei den UMTS-Geldern lautete: «Keinen Euro für Niemanden», alles müsse zur Schuldentilgung verwendet werden.[42]

Die Erlöse aus der UMTS-Versteigerung investierte der Finanzminister also vollständig, um Schulden abzuzahlen. Seine Rechnung war einfach: 100 Milliarden DM weniger Schulden bedeuteten eine jährliche Entlastung um fünf Milliarden DM an Schulden- bzw. Sollzinsen. Zu dieser jährlichen Verringerung kam es aber gar nicht, da die Neuverschuldung 2002 wieder stark anstieg und der erwünschte Effekt somit verpuffte. Für 2002 war eine Nettokreditaufnahme von 21,1 Milliarden Euro – die neue Währung galt seit dem 1. Januar 2002 – geplant. Dies reichte jedoch nicht aus, so dass ein Nachtragshaushalt verabschiedet werden musste, womit sich die Nettokreditaufnahme mit einem Schlag auf 34,6 Milliarden erhöhte. Die Neuverschuldung lag damit massiv über den Investitionsausgaben des Bundes, die 25 Milliarden Euro betrugen – ein verfassungswidriger Haushalt, der, wie in solchen Fällen üblich, nur mit der salvatorischen Klausel «gerettet» werden konnte, indem eine Störung des gesamtwirtschaftlichen Gleichgewichts festgestellt wurde.[43] Als noch schlimmer erwies sich alles, wenn man die europäische Ebene mit einbezog. Im September 2001 hatte der Finanzminister noch getönt, Deutschland werde den Stabilitätspakt auf Punkt und Komma einhalten. «Da müsste schon der Himmel einstürzen», hatte er gesagt.[44] Doch kurz darauf entwickelten sich ausgerechnet die deutschen Staatsfinanzen zum Sorgenfall für die Brüsseler EU-Kommission – in den Schätzungen wurde Deutschland nach den Maastricht-Kriterien als Schlusslicht in der Euro-Zone positioniert.

Nur eineinhalb Jahre nach der Einführung des Euro verstießen erstmals Euro-Länder gegen den Stabilitäts- und Wachstumspakt; Portugal und Deutschland wurden «Blaue Briefe» angedroht. Um die Mitglieder zur nötigen Haushaltsdisziplin zu zwingen, verfügt die EU-Kommission über zwei Instrumente. Der «Blaue Brief» ist dabei eine Warnung vor einer bevorstehenden Defizitüberschreitung. «Stellt der Rat ein erhebliches Abweichen der Haushaltslage von dem mittelfristigen Haushaltsdefizit fest, so richtet er als frühzeitige Warnung vor dem Entstehen eines übermäßigen Defizits (...) eine Empfehlung an den betreffenden Mitgliedstaat, die notwendigen Anpassungsmaßnahmen zu ergreifen», heißt es in einer Verordnung des EU-Ministerrates.[45] Dieses Frühwarnsystem war dem Defizitverfahren vorgeschaltet und nicht mit Strafgeldern verbunden. Hingegen beruhte das Defizitverfahren auf dem EU-Vertrag, dessen Artikel 104 detailliert den mehrstufigen Prozess festhält, an dessen Ende Geldbußen verhängt werden konnten – bis dahin war es allerdings ein weiter Weg, und bei der Abstimmung im Ministerrat war zudem eine Zwei-Drittel-Mehrheit erforderlich.

Eichels Konsolidierungspolitik galt in der SPD seit 1999 als Gütesiegel, und 2002 spekulierten einige darüber, ob er – wenn Rot-Grün die

Bundestagswahl verlieren würde – in einer Großen Koalition mit Edmund Stoiber Vizekanzler werden würde, was ihm schmeichelte und Schröder ihm übel nahm. Nach dem rot-grünen Wahlsieg stutzte er Eichel im Kabinett zurecht, und jener, der sich immer als Diener und nicht als Herrscher verstand, ließ es sich gefallen. Der «Eiserne Hans», auf dessen Schreibtisch eine Sammlung von zehn Sparschweinen stand,[46] war außerdem rasch dort angekommen, wo seit den 1970er Jahren jeder namhafte Finanzminister früher oder später gelandet war: beim Tricksen. Wenn der politische Anspruch und die ökonomische Wirklichkeit auseinandergingen, wurden immer neue Wege der Tarnung von Haushalten erfunden, das war die Regel. Seit den 1970er Jahren wuchs der Schuldenberg, im Wirtschaftsaufschwung langsamer, in Krisenzeiten schneller; die Geschwindigkeit war der einzige Unterschied. Weil es mit der Konjunktur steil bergab ging und sich die Hiobsbotschaften überschlugen, mutierte Eichel vom Sparkommissar zum Schuldenmacher, der die Neuverschuldung in schwindelerregende Höhen trieb. Hatte er versprochen, den Schuldenberg auf null zu bringen, so war er am Ende höher als je zuvor. War die Finanzpolitik unter Rot-Grün also eine Tragödie? Die meisten Wissenschaftler sahen es so.

Die einen bemängelten den «viktorianischen Tugendpfad», auf den sich das Finanzministerium seit dem Rücktritt Lafontaines begeben hatte. Sparsamkeit, ausgeglichenes Budget und schuldenfreier Staat – schön und gut, doch würde dies die Konjunktur abwürgen und die Arbeitslosigkeit erhöhen. Die anderen sahen Deutschland auf dem Weg in die Schuldenfalle und wiesen auf die Wirkungen der Verschuldung für künftige Generationen hin. Da Vertreter beider Strömungen mit Rot-Grün zwischen 1998 und 2005 unzufrieden waren – die Ersteren mit der frühen Phase von Hans Eichel, die Letzteren mit der späten –, waren sie sich, so unterschiedlich ihre Ausgangspositionen auch waren, im negativen Urteil einig.[47] Tatsächlich sah die Bilanz am Ende trostlos aus: 2005 wurden die Maastricht-Kriterien, deren Regeln die Deutschen ersonnen und auf deren Durchsetzung sie 1996 fast schulmeisterlich gepocht hatten, zum vierten Mal in Folge verfehlt. Gemessen an der Vorschrift des Artikels 115 GG, nach dem die Kredite die Investitionen nicht übersteigen dürfen, war der Bundesetat 2005 zum achten Mal seit 1990 verfassungswidrig. Schließlich war man vom Rekorddefizit, das 1995 unter der

Vorgängerregierung Kohl produziert worden war, nicht mehr weit entfernt. Dabei hatte es zwischen 1998 und 2002 durchaus Vorzeigbares gegeben: Gemäß internationalen Daten waren Deutschland und die USA die einzigen Länder, in denen eine Senkung der Steuerlast stattgefunden hatte. Mit der Steuerreform 2000 waren historisch die größten Steuerentlastungen in der gesamten Geschichte der Bundesrepublik vorgenommen worden. Im Bereich der Umweltbesteuerung war Deutschland einem internationalen Trend gefolgt und hatte diesen Paradigmenwechsel energisch vorangetrieben. Doch auf kaum einem anderen Politikfeld ist die Bewertung von solchen steuerlichen Reformgesetzen von der normativen Grundposition des Betrachters abhängig. So werden Steuersenkungen entweder als «Reichengeschenke» gebrandmarkt oder als Wachstumseffekte bejubelt. Eines ist jedoch unbestritten: In der ersten Legislaturperiode von Rot-Grün war ein hoher Steuerreformeifer festzustellen; in der zweiten konnte indessen nur mehr Stillstand beobachtet werden. Man befand sich in der Defensive.

Auch die Antwort auf eine andere Frage hängt vom Auge des Betrachters ab. Hat Rot-Grün in großem Stil die Finanzmärkte dereguliert und damit die Krise, die Europa seit 2008 erfasste, erst ermöglicht? Hans Eichel führte die Steuerfreiheit von Veräußerungsgewinnen ein, genauer: Diese wurden an das Europarecht angepasst, und begünstigte so die Auflösung der «Deutschland AG», in der die Banken sich in nicht mehr durchschaubarer Interessenskollision befanden. Insgesamt hat diese Auflösung der deutschen Wettbewerbsfähigkeit eher genutzt als geschadet. Auch was die Hedgefonds anbelangt, war die Entwicklung ambivalent. Rot-Grün stritt im Rahmen der G7/G8-Staaten für eine Regulierung von Hedgefonds, konnte sich jedoch gegenüber den USA und Großbritannien – an deren Börsenplätzen diese hochspekulativen Geschäfte betrieben wurden – nicht durchsetzen. Bei der Modernisierung des Finanzmarktgesetzes entschied die Bundesregierung, Hedgefonds in Deutschland zuzulassen, regulierte jedoch deren Tätigkeit. Von den weltweit etwa 9000 Hedgefonds waren maximal 40 in der Bundesrepublik beheimatet.[48] Eine Verstaatlichung von Banken angesichts einer Kreditklemme oder massive Regulierungen, wie sie Jahre später, um 2010 herum, diskutiert und ermöglicht wurden, hätten in der Atmosphäre um 2002/03 nicht den Hauch einer Chance gehabt, weil sie vollkommen quer zum Geist der Zeit lagen. Sie wären in großem Stil unter Sozialismusverdacht gestellt worden. Anders gewendet bedeutet dies: Rot-Grün hat in einer Zeit, als der weltweite Trend in Richtung umfänglicher Deregulierung der Finanzmärkte ging, eher gebremst, als der öffentlichen Meinung, vielen Experten und der Opposition, die Beschleunigung verlangten, nachzugeben. Der Kampf gegen Steuerhinterziehung, eine europaweite Zinssteuerrichtlinie, die unter deutschem Drängen zustande kam, sowie eine Reform der Bundesbank, die mehr Kontrolle ermöglichte, rundeten das Bild ab. Aus späterer Sicht ging die Regierung nicht weit genug, aus zeitgenössischer jedoch musste sie sich «Regulierungswahn» vorwerfen lassen. Ihr blies der Zeitgeist einer Deregulierungseuphorie scharf ins Gesicht.

Die politischen Beobachter waren sich in der Zeit einig, dass Kanzler Schröder den Finanzminister seit Ende 2002 zu einem Statisten degradierte. «Fiskalist» sei das schlimmste Schimpfwort gewesen, das Schröder ihm gegenüber einfiel, so Eichel.[49] Auf die Grünen habe er sich auch nicht verlassen können, denn dort machte er mindestens drei Richtungen aus: Oswald Metzger sei «reiner Sparpolitiker» gewesen, Fischer hingegen «Ausgabepolitiker», und Kuhn habe irgendwo zwischen den beiden Polen gestanden.[50] Außerdem bewahrheitete sich wieder ein schlichter Satz, wonach das Ansehen des Finanzministers an die Konjunktur gekoppelt sei. In den Koalitionsverhandlungen war Eichel vielen regelrecht auf die Nerven gegangen. Joschka Fischer urteilt rückblickend: Es waren «ätzende Koalitionsverhandlungen», und meint damit auch die Rolle von Eichel. Er und seine Beamten aus dem Finanzministerium hätten «steuersystematische» Vorstellungen präsentiert, die einem «politischen Harakiri» gleichgekommen seien. Denn «Steuersystematik» habe bedeutet zu entscheiden, was nachrangig und was vorrangig besteuert werden sollte. Im Ergebnis hätte man den einen entlastet und dafür viele andere belastet, schärfer: einen zufriedengestellt und zehn «zu Mordphantasien» gegenüber Rot-Grün angestachelt.[51] Nach dem geschenkten Wahlsieg, so erinnert sich ein anderer Teilnehmer, wäre noch einmal ein großer Neustart möglich gewesen. Dies habe jedoch Hans Eichel durch sein Verhalten in den Koalitionsverhandlungen zerstört. Wenn Rot-Grün mit Müh' und Not die Macht behalten und noch einmal die Möglichkeit hatte, etwas zu gestalten – dann könne man doch nicht über halbe oder volle Mehrwertsteuersätze für Schnittblumen oder Katzenfutter diskutieren. Dies sei doch völlig verquer. Was habe man hier für eine Fallhöhe? Irak, Krieg und Frieden, ein amerikanischer Präsident, der in missionarischem Eifer den Weltfrieden gefährdete, eine Flut im Osten Deutschlands, Menschen, die Hab und Gut verloren hatten und eine Zeit, als Solidarität das Gebot der Stunde war – «und dann, reden wir über Dosenfutter-Steuersätze für Hunde und Katzen».[52] Schröder wies Hans Eichel in einer der Runden schließlich mit der Bemerkung zurecht: «Lass' mal gut sein, Hans» – an diese Worte erinnern sich alle, die dabei waren.[53]

Kritik von allen Seiten Ende 2002

Zum Ende der Koalitionsverhandlungen zwischen SPD und Grünen verständigten sich die Regierungsparteien auf etliche steuerpolitische Änderungen. Die Regierung wollte 11,6 Milliarden Euro einsparen. Damit sollte das Haushaltsloch von 14,2 Milliarden Euro im Wesentlichen gestopft und der Rest über neue Schulden finanziert werden. Die Nettokreditaufnahme sollte um 2,6 Milliarden Euro steigen. Fritz Kuhn, der Parteivorsitzende der Grünen, sagte: «Wir müssen einsparen. Und fast jeder wird in der einen oder anderen Weise davon betroffen sein.»[54] Da diese Aussage als ein Rundumschlag interpretiert werden konnte, äußerte sich die Kritik auch von allen Seiten. Die Lohnnebenkosten stiegen, ebenso die Belastung der Bürger vor allem durch indirekte Steuern, und der europäische Stabilitätspakt drohte aufgeweicht zu werden. Zwar sollte die Neuverschuldung sinken, doch lag sie um 2,5 Milliarden höher als ursprünglich geplant, erreichte nicht 15,5 Milliarden Euro, sondern 18.

Ökonomen großer Banken bemängelten, dass die Maßnahmen von Rot-Grün der lahmenden Konjunktur nicht helfen würden und die Wachstumsprognosen deshalb nach unten korrigiert werden müssten. «Alles deutet auf Sklerose», meinte Ulrich Kater, Ökonom bei der Deka-Bank. Guido Westerwelle sah in den Koalitionsbeschlüssen ein «Programm für eine handfeste Rezession», und Angela Merkel sprach von «Wahlbetrug» sowie einem «fatalen Signal an die Leistungsträger der Gesellschaft», da offenbar die Steuern erhöht, eine Mindestbesteuerung für Unternehmen eingeführt und Aktionäre zur Kasse gebeten würden. SPD-Fraktionschef Müntefering konterte: «Wir führen keine neuen Steuern ein, sondern wir reduzieren Privilegien.»[55] Ausgerechnet zum Winter hin wurde die Gassteuer für die Heizung auf die Höhe des Heizöls angehoben, die Rentenversicherungsbeiträge stiegen von 19,1 auf 19,4 Prozent, obwohl zum 1. Januar 2003 die letzte Stufe der Ökosteuer in Kraft trat, die ursprünglich den Rentenbeitrag auf unter 19 Prozent verringern sollte. Da die Kappungsgrenze der Arbeitnehmer von 4500 auf 5000 Euro steigen sollte, bedeutete dies für viele eine zusätzliche Beitragserhöhung. «Die Erhöhung von Lohnnebenkosten belastet immer das Wachstum», sagte Heinz Gebhardt, Steuerschätzer beim Rheinisch-Westfälischen Institut für Wirtschaftsforschung, und Arbeitgeberpräsident Dieter Hundt sekundierte: «Diese Erhöhungen bedrohen bestehende Arbeitsplätze und lassen neue gar nicht erst entstehen.»

Enttäuschung statt Aufbruch stand somit am Beginn der 15. Legislaturperiode. Die Wähler, die Rot-Grün gerade sehr knapp zu einem Wahlsieg verholfen hatten, empfanden diese Politik als großflächiges Abkassieren. Die Kritik bündelte sich darin, dass das Vorgehen der Regierung ein Klein-Klein oder, schlimmer noch, ein «Flickwerk» sei.[56] Ein Konzept oder ein Wurf, gar ein großer Wurf, sei überhaupt nicht zu erkennen. Der streitbare Berliner Historiker und Publizist Arnulf Baring drückte am 27. November 2002 nicht nur seinen Unmut über die im Amt bestätigte Bundesregierung aus, sondern er wähnte Deutschland am Abgrund. «Deutschland ist auf dem Weg in eine westliche ‹DDR light›.» Untergang und Katastrophe standen offenbar kurz bevor, weshalb Baring sich bemüßigt fühlte, zum zivilen Widerstand gegen eine kürzlich demokratisch gewählte Regierung aufzurufen: «Bürger, auf die Barrikaden! Wir dürfen nicht zulassen, dass alles weiter bergab geht, hilflose Politiker das Land verrotten lassen. Alle Deutschen sollten unsere Leipziger Landsleute als Vorbilder entdecken, sich ihre Parole des Herbstes vor dreizehn Jahren zu eigen machen: ‹Wir sind das Volk!›»[57] Die anhaltende Krise des Landes kritisch zu kommentieren oder einen angeblichen Leistungsverfall der politischen Eliten anzuprangern, all das war nicht neu. Doch Barings Empörung ging weit darüber hinaus. Damit war ein Ton angeschlagen, der Rot-Grün über die kommenden Jahre begleiten sollte.

Doch selbst in der SPD-Faktion regte sich Unmut am mageren Vertrag zwischen SPD und Bündnis 90/Die Grünen. «Epochen muss man begründen können», so Gernot Erler, dies sei mit dem 90-seitigen Koalitionsvertrag indessen nicht gelungen.[58] Das Fazit der Kritik lief darauf hinaus, dass an der Fassade gepinselt werde, während hinten das Haus abbrenne. Aus der rot-grünen Episode sollte eine Ära werden, hatte sich Franz Müntefering vor einigen Monaten gewünscht – doch wie eine solche historische Dimension je zu erreichen war, blieb unklar. Noch. Denn bald sollten es die Reformer in der Regierung auch so sehen – und entsprechend handeln.

2. Agenda 2010 – Die Umorientierung Deutschlands

Peter Hartz im Französischen Dom:
«Heute ist ein schöner Tag für die Arbeitslosen»

Am 16. August 2002, rund einen Monat vor der Wahl zum 15. Deutschen Bundestag, legte die vom VW-Personalvorstand Peter Hartz geleitete Kommission «Moderne Dienstleistungen am Arbeitsmarkt» ihren Bericht mit Vorschlägen vor, welche die Arbeitslosenzahlen bis zum Jahr 2005 um zwei Millionen verringern, also fast halbieren sollten. Das war ein wenig bescheidener, ja ein fast maßloser Anspruch. Als Ort der Verkündung war die «gute Stube» in Berlins Mitte gewählt worden – der altehrwürdige Französische Dom. Die Nachricht sollte im Rahmen einer beschäftigungspolitischen Weihestunde würdevoll unters Volk gebracht werden. Schon eine Woche zuvor, anlässlich der Medienveranstaltung zur letzten Sitzung der Hartz-Kommission, hatte Peter Hartz in seiner ziemlich hochtrabenden Tonlage mit strahlendem Gesicht vor laufenden Fernsehkameras von einem «schönen Tag für die Arbeitslosen in Deutschland» gesprochen. Im Französischen Dom verkündete er nun in ungetrübtem, fast überschäumendem Optimismus 30 Minuten lang die Ergebnisse. Auf der vorhergehenden Pressekonferenz im Kanzleramt stand Schröder meist eher ausdruckslos neben ihm. Manchmal schien er seine Miene ein wenig zu verziehen, als würde er denken: Was Hartz verspricht, wird mich noch meinen politischen Kopf kosten, falls es nicht eintritt. Hartz hatte in der Tat einen großen Bogen geschlagen, und einige der Zuschauer machten spöttische Gesichter dazu: «Wir haben nach dem Krieg Deutschland aufgebaut», sagte er, «wir haben die Wiedervereinigung geschafft – und jetzt das Arbeitslosenproblem.»[1] Dieses sei bald Geschichte.

Der Manager Peter Hartz erschien wie der «Boss der Genossen» und würde sich mit dem Kanzler, dem «Genossen der Bosse», sicherlich gut ergänzen – so die Erwartung. Er hatte seit 1993 den VW-Konzern, der damals in einer tiefen Krise steckte, wieder auf Vordermann gebracht,

Beschäftigungspolitische Weihestunde: Peter Hartz überreicht dem Bundeskanzler die CD mit dem Bericht seiner Kommission, 16. August 2002.

ohne massiv Arbeitsplätze abzubauen, welches das ansonsten übliche Rezept war. Rückschläge blieben bei VW nicht aus, so musste 2003 ein Gewinneinbruch von über 50 Prozent gegenüber dem Vorjahr verzeichnet werden. Doch Peter Hartz führte die Viertagewoche ein und erdachte einen neuen Firmenteil bei Volkswagen, den er «5000 x 5000» nannte: 5000 neue Mitarbeiter sollten eingestellt werden, die 5000 DM brutto verdienten – ein Erfolgsmodell, wie sich herausstellen sollte, auch wenn die neuen Arbeiter damit außerhalb des VW-Tarifs für deutlich weniger Lohn und mit erheblich flexibleren Arbeitszeiten ihren Dienst versahen. Die «Auto 5000 GmbH» firmierte seit August 2001 als hundertprozentige Tochtergesellschaft der Volkswagen AG, womit der Standort Deutschland als Produktionsstätte erhalten bleiben sollte.

Ob man allerdings die drittgrößte Industrienation der Welt wie den zweitgrößten Autokonzern der Welt führen konnte, durfte bezweifelt werden. Der Bericht listete die 13 Module der Kommission auf, unter anderem die Zusammenlegung von Arbeitslosengeld und Sozialhilfe zum steuerfinanzierten Arbeitslosengeld II sowie den Umbau der Bundesanstalt für Arbeit in ein modernes Dienstleistungszentrum. Das Wortschöpfungsvermögen von Peter Hartz und seiner Kommission war schier unermesslich: Job Floater, Beschäftigungsradar, atmende Unternehmen, Ich-AG, Flexibilitätskaskaden, Quick-Vermittlung, Kompetenz-Center – ein reich bestücktes Feld neudeutscher Begriffe, die dem ungeheuerlichen Vorhaben eine gewisse Leichtigkeit zu geben schienen und gar nicht mehr nach muffigem Arbeitsamt klangen.[2]

Alarm im Maschinenraum der Agenda-Ingenieure

Die Wirklichkeit kam nicht derart wohlgemut daher. Im November 2002 mussten die Beitragssätze in der gesetzlichen Rentenversicherung von 19,1 Prozent auf 19,4 Prozent erhöht werden. In das neue Jahr 2003 ging Deutschland mit erheblichen Hypotheken: Die Zahl der Arbeitslosen erreichte zum Jahreswechsel einen neuen Rekord von 4,8 Millionen. Gleichzeitig war das Bruttoinlandsprodukt im Jahr 2002 nur um 0,2 Prozent gestiegen, und das Haushaltsdefizit lag mit 3,6 Prozent – gemessen am Bruttoinlandsprodukt – deutlich über den im EU-Stabilitätspakt erlaubten drei Prozent. Die Kassen der Sozialversicherungen waren leer. Überall leuchteten die Alarmlampen. Nur zum Teil erklärten sich die wirtschaftlichen Probleme aus der schlechten konjunkturellen Lage; im Kern hatte Deutschland strukturelle Probleme, die allein durch umfassende Reformen am Arbeitsmarkt, im Steuersystem, in der Finanzverfassung sowie in der Renten- und Krankenversicherung gelöst werden konnten.

Ende des Jahres 2002 brach im Kanzleramt hektische Betriebsamkeit aus. Dort war man sich rasch im Klaren, dass der neue Koalitionsvertrag zwischen SPD und Bündnis 90/Die Grünen einfallslos und mäßig war, jedenfalls den Herausforderungen der Zeit nicht gerecht wurde. Nach Meinung von Fritz Kuhn hatte der Kanzler alles «durchgewunken», weil er Furcht vor der geheimen Kanzlerwahl hatte und die Koalition nur über eine hauchdünne Mehrheit von vier Stimmen verfügte.[3] Zwar hatte man sich darauf verständigt, das «Hartz-Konzept eins zu eins»[4] umzusetzen, doch Genaueres war nicht ausgeführt worden. «Wir sind an diesen Punkt geraten», so Frank-Walter Steinmeier im Gespräch, «dass wir spätestens im Herbst 2002, nach diesem fürchterlichen Jahr, nach 9/11, zu dem Ergebnis gekommen sind: Abwarten bringt nichts mehr und der alte Diesel zündet nicht mehr von selbst.»[5] Die Kosten der Sozialsysteme liefen vollkommen aus dem Ruder. Die meisten Wirtschaftsforschungsinstitute sahen die Lage nach dem Platzen der IT-Blase nicht derart düster, sondern prognostizierten alle halbe Jahr aufs Neue, dass die Rezession bald überwunden würde. In einer Übersicht aus dem Kanzleramt von Ende Oktober 2002 hieß es: «In den letzten beiden Jahren haben alle Wirtschaftsexperten (Sachverständigenrat, Wirtschaftsforschungsinstitute, Banken, EU, IWF, OECD) die Wirtschaftsentwicklung zum Teil deutlich zu optimistisch eingeschätzt. Obwohl die Bundesregierung das Wirtschaftswachstum für 2001 und 2002 vorsichtig projektiert hat (...), unterschritt die tatsächliche Entwicklung alle Erwartungen.»[6] Auch das Herbstgutachten 2002 verschob einen etwaigen Aufschwung in das Jahr 2003 hinein; die Arbeitslosenzahlen stiegen. Die Bundesregierung hatte mit deutlich anderen Zahlen gerechnet und war plötzlich mit solchen Hiobsbotschaften konfrontiert. Die Lage war mehr als ernst. Es musste gehandelt werden und zwar rasch.

Für eine anstehende SPD-Klausurtagung, die nach der Weihnachtspause im Januar 2003 stattfinden sollte, wurde im Arbeitsbereich «Planung» des Bundeskanzleramtes, dem Heiko Geue vorstand, ein Thesenpapier entwickelt, das den Titel trug «Auf dem Weg zu mehr Wachstum, Beschäftigung und Gerechtigkeit».[7] Es stellte die Keimzelle der späteren Agenda 2010 dar. «Wir waren in einer Lage», erinnert sich Geue, «dass die Wirtschaft nicht mehr zum Laufen kam. Deutschland war der kranke Mann Europas. Wir hatten die rote Laterne. Daher entstand der Eindruck: Wir müssen etwas Grundlegendes, etwas Grundsätzliches tun, weil es sonst nicht mehr geht.»[8] Aber wie sollte gehandelt werden? Man zielte auf einen Mittelweg zwischen dem reinen Markt-Mantra, wie es aus Großbritannien herüberscholl, und dem skandinavischen Modell, das für Deutschland nie in Reinkultur in Frage kam, weil die Deutschen nicht bereit waren, noch höhere Steuern zu zahlen. Es sollte also ein eigenständiger Weg beschritten werden, jenseits der «Schlichtvariante»,[9] der Bundesrepublik ein Konzept aus dem Ausland aufzupfropfen.

Das Grundsatzpapier beschrieb zunächst die düstere Ausgangslage: eine globale Vertrauens- und Wachstumskrise angesichts der Gemengelage von Terrorismus, Krieg, fallenden Aktienkursen – allein der DAX hatte seit dem Jahr 2000 60 Prozent verloren –, allgemeiner Wachstumsschwäche und steigenden Arbeitslosenzahlen. Hinzu trat für Deutschland das Problem einer schwachen Binnennachfrage; immer mehr Ressourcen müssten zudem für die Sozialsysteme aufgewendet werden. Die Bundesregierung, so hieß es gleich zu Beginn des Papiers, sei gewillt, «die Effizienz der sozialen Sicherungssysteme durch umfassende Reformen deutlich zu steigern. Es ist offensichtlich, dass die Menschen die Bundesregierung hierbei unterstützen wollen. Sie spüren, dass sich das Zeitfenster zunehmend schließt».[10] Die «gewaltige Herausforderung» laute, Ausgaben- und Steuersenkungen mit Haushaltskonsolidierungen und mehr Investitionen in Zukunftsbereiche – Bildung, Forschung, Familien und Infrastruktur – zu verbinden. «Was vor wenigen Monaten noch als Tabu galt, wird heute umgesetzt: Zum Beispiel die Zusammenlegung von Arbeitslosen- und Sozialhilfe, die Neuregelung der Zumutbarkeit für Arbeitslose, die Liberalisierung des Ladenschlusses, die Reform der Handwerksordnung oder die völlige Neuordnung der Zinsbesteuerung.» All dies beinhaltete ja das Konzept der Hartz-Kommission. Das Fatale sei indessen, dass es «gegenwärtig nicht ausreichend gewürdigt» werde. An einem Ziel führte kein Weg vorbei: «Die an sich hervorragenden Systeme der sozialen Sicherung in Deutschland müssen grundlegend reformiert werden», hieß es. Drei Begründungen gab es dafür: «Erstens lastet auf den Systemen, dass die Wiedervereinigung neben Verschuldung in erster Linie über die Belastung des Faktors Arbeit finanziert wurde. Zweitens müssen unsere Systeme zukunftsfest für die von der Globalisierung ausgehenden Veränderungen gemacht werden. Drittens haben sich in den vergangenen Jahrzehnten Verkrustungen und Vermachtungen gebildet, die zu hohen Effizienzverlusten führen. Wir müssen immer mehr Ressourcen aufbringen, um unser Ziel der sozialen Sicherheit zu erreichen.» Dabei gelte eine einfache Faustregel: Ein Prozentpunkt mehr Sozialversicherungsbeiträge koste im ersten Jahr rund 20 000 und im dritten Jahr schon 100 000 Arbeitsplätze. Diese Abgabenlast musste aus Sicht der Verfasser des Grundsatzpapiers reduziert werden. Nicht die Globalisierung führte zwangsläufig zu einer

Erosion der sozialen Sicherungssysteme, sie veränderte nur – dies freilich gravierend – die Bedingungen für ihren Erfolg. Ausführlich benannte das Thesenpapier sodann die Zukunftsinvestitionen, skizzierte die Steuersenkungen, beschrieb, wie bei staatlichen Ausgaben und Subventionen gespart und wie die Verschwendung von gesellschaftlichen Ressourcen im Gesundheitswesen unterbunden werden könnten. Es legte den Paradigmenwechsel in der Sozial- und Arbeitsmarktpolitik zu einem wirtschaftszentrierten Ansatz dar, indem es ausdrücklich heraushob: «Bürger und Unternehmer brauchen dringender denn je eine wirtschaftspolitische Orientierung.»[11]

Das Strategiepapier war nicht zuletzt als ein Testballon zu verstehen, der die Reaktionen in der Partei auskundschaften sollte. Dementsprechend bat Bundeskanzler Schröder, bei dem die Vorschläge auf Zustimmung stießen, am 20. Dezember 2002 die stellvertretenden Fraktionsvorsitzenden der SPD, Gernot Erler, Michael Müller und Angelica Schwall-Düren von der Parlamentarischen Linken, ihre Einschätzungen zum Geue-Papier abzugeben. Von dieser Seite erwartete Schröder den größten Widerstand, weshalb er frühzeitig sondierte. Deren Antwort erfolgte am 3. Januar 2003. Dieser Brief enthielt zwar die Mahnung, sozialdemokratische Reformpolitik dürfe sich nicht an neoliberalen Überzeugungen orientieren, zugleich nahmen die Autoren jedoch für sich in Anspruch, nicht grundsätzlich gegen das Memorandum aus dem Kanzleramt zu sein. «Wir verweisen darauf», so hieß es, «dass alle großen Reformschübe im letzten Jahrhundert am Prinzip der sozialen Gerechtigkeit festgemacht waren, wenn auch in immer wieder neuen Formen und veränderten Strategien – seien es nun die New-Deal-Demokraten in den USA von Roosevelt bis Clinton oder in Deutschland Erhards soziale Marktwirtschaft bzw. Brandts Politik innerer Reformen. Kurz: Weil Reformen im Sozialsystem notwendig sind, können sie nur mit einer längerfristigen ökonomischen Perspektive, die sich am Gleichgewicht orientiert, verwirklicht werden.»[12] Dies alles waren schöne Worte, recht verschwommen und unkonkret, denn nicht einmal die Forderung nach einer Vermögenssteuer, eine alte Forderung der Linken, tauchte in diesem Brief auf. Man ging davon aus, dass die Zeit zur offensiven Diskussion noch kommen werde. Schröder und die Seinen aus Kanzleramt und SPD-Zentrale hingegen werteten diesen Brief als Zustimmung zu den Reformplänen. Zeitgleich liefen im Kanzleramt weitere Stellungnahmen ein, so etwa von Familienministerin Renate Schmidt, Entwicklungsministerin Heidemarie Wieczorek-Zeul sowie von Walter Edenhofer und Joachim Poß. Auch hier: kaum Widerspruch. Wieczorek-Zeul wies als Einzige ausdrücklich darauf hin, dass eine makroökonomische Einschätzung der gegenwärtigen Situation fehle, und mahnte: «Im Grundsatz geht es darum, sich nicht auf eine buchhalterische Logik zu verengen und makroökonomischen Zusammenhängen Rechnung zu tragen.»[13] Auf der Wiesbadener Klausurtagung des SPD-Parteipräsidiums und -vorstandes vom 6. bis zum 11. Januar, wo der Rahmen für die kommenden Jahre abgesteckt wurde, nahm das Geue-Papier einen prominenten Platz ein und wurde gebilligt. Man kann also nicht behaupten, dass das Kanzleramtspapier innerhalb der SPD unbekannt gewesen sei; ganz im Gegenteil. Selbst der «Tagesspiegel» und die «Frankfurter Allgemeine Zeitung» hatten darüber berichtet.[14] Die Täuschung, der sich viele Sozialdemokraten hingaben, war jedoch, dass sie eine langwierige, intensive, alle Gliederungen der Partei durchlaufende Debatte erwarteten, so wie es bisher immer gewesen war. Und am Ende würde ein Kompromiss herauskommen, mit dem sich alle zufrieden zeigten, der aber niemanden zufriedenstellte. Im Schreiben von Erler, Müller und Schwall-Düren hieß es dementsprechend: «Um diese schwierigen Aufgaben zu bewältigen, ist eine Grundsatzdiskussion mit dem Ziel notwendig, die kulturelle Hegemonie über das Verständnis von Reformen und Modernität für SPD und Bundesregierung zu gewinnen.» Dies hätte Monate, wenn nicht Jahre gedauert. Doch zu Gesprächen mit allen Gruppen, die ihm in die Quere kommen könnten, war der Kanzler nicht mehr bereit.

Wer Gerhard Schröder zuhörte, konnte wissen, was auf die Republik und die Partei zurollte – jedenfalls bestimmt keine langwierige Programmdebatte. In seiner Rede auf dem Politischen Aschermittwoch am 5. März 2003 in Schwerte fielen bereits viele Stichworte. Schröder sagte: «Es gibt den neokonservativen Ansatz von Union und FDP ‹Weg mit dem Sozialstaat› (…) Und es gibt den sozialdemokratischen: Veränderung, damit der Sozialstaat unter neuen Bedingungen erhalten werden kann.» Die SPD dürfe nicht weiter träumen und dürfe sich nichts vormachen: Die «Substanz des Sozialstaates»[15] könne nur durch Einschnitte und Veränderungen erhalten werden. «Wir brauchen kein schlechtes Gewissen zu haben, weil das richtig ist, was wir tun, liebe Freundinnen und Freunde. Und das bedeutet, dass wir auch auf dem Arbeitsmarkt nicht etwa den sozialen Schutz aufgeben müssen. Das wäre Quatsch. Das will auch gar keiner. Schon gar kein Sozialdemokrat. Aber wir müssen neu definieren, was unter veränderten Bedingungen möglich ist. Solidarität ist nach sozialdemokratischer Lesart keine Einbahnstraße (...). Wir werden zu der guten alten Erfahrung zurückkehren müssen (...), dass nur verteilt werden kann, was zuvor erarbeitet wurde. Sonst funktioniert das nicht. Und wenn wir das nicht machen, dann werden es die anderen tun, und die werden es so tun, dass vielen, die uns wegen unserer Veränderungspolitik kritisieren, noch die Augen tränen werden.»[16] Zum Schluss benötigten die Zuhörer eigentlich gar kein politisches Gespür mehr, so offensichtlich war, was der Kanzler ankündigte. Schröder verwies auf die Arbeitgeberverbände und die Gewerkschaften, die selbst in schwerer Stunde nicht bereit seien, Verantwortung zu übernehmen, sondern stets nur ihr eigenes «Süppchen» kochten und von der Bundesregierung erwarteten, sie möge es servieren. Wenn sich die Verbände somit als unfähig erwiesen, «dann sage ich», so der Kanzler, «o.k., dann muss ich das eben machen. Mache ich auch. Aber eines ist klar. Das, was wir vorschlagen werden, das wird deutlich genug sein. Das darf keinem den Anlass bieten, sich vom Acker zu machen.»[17]

Dies klang nach einer Drohung. «Ich würde es für sehr verwegen halten», so Thomas Steg im Rückblick, «wenn jemand sagt, die Vorbereitung der Agenda-Rede (im Deutschen Bundestag, E. W.) sei aus einer Position der Stärke und des strategischen Kalküls erfolgt. Es war die pure Not.»[18] Dies ist sicherlich zutreffend. Doch solche Situationen lagen Schröder – sein eben zitiertes, trotziges «Mache ich auch!» war nun Programm. Bevor der Kanzler eine Regierungserklärung abgab, musste jedoch noch ein Relikt zu Grabe getragen werden, auf das die Bemerkung von der Verantwortungslosigkeit gemünzt war: das «Bündnis für Arbeit».

Der Totenschein für das «Bündnis für Arbeit»

Nach einem Spitzengespräch mit Vertretern von Arbeitgebern und Gewerkschaften erklärte Bundeskanzler Schröder am 3. März 2003 das «Bündnis für Arbeit» für gescheitert und beendete es. Schon seit geraumer Zeit war vollkommen klar, dass es sich um den sprichwörtlichen «toten Gaul» handelte, der nicht mehr geritten werden konnte. Zu den strittigen Punkten zwischen der Regierung sowie Arbeitnehmern und Arbeitgebern zählten Arbeitsmarkt, Kündigungsschutz und Lehrstellenmarkt.

Der vollständige Name dieses Instruments der Arbeitsmarktsteuerung lautete «Bündnis für Arbeit, Ausbildung und Wettbewerbsfähigkeit». Am Anfang von Rot-Grün stilisierten die Sozialdemokraten es zur zentralen Reforminstitution der neuen Regierung. Wer nach Vorbildern suchte, der wurde auf die legendäre «Konzertierte Aktion» in der Großen Koalition von 1966 bis 1969 verwiesen, die Wirtschaftsminister Karl Schiller (SPD) und Finanzminister Franz Josef Strauß (CSU) erfanden, um die erste kleine Rezession, in welche die Bundesrepublik geraten war, abzumildern.

Klaus Zwickel, der Vorsitzende der mächtigen IG Metall, hatte ein solches Bündnis bereits 1995 in der Ära Kohl vorgeschlagen. Es kam auch zu Treffen, allerdings handelte es sich um lockere Kanzlergespräche, die auf keinerlei Unterstützung der Regierungsparteien insgesamt oder der Arbeitgeber rechnen konnten. Mit Rot-Grün sollte sich das ändern, die Erwartungen waren hoch. «Das Bündnis für Arbeit», so Ottmar Schreiner im Mai 1999, «ist das derzeit wichtigste Beispiel für eine Politik, die nichts befehlen, die aber etwas ermöglichen und vermitteln will.»[19] Es sollte ein Paradebeispiel des neuen Politikstils angesichts immenser weltweiter Herausforderungen sein.

Es war auch ein Versuch, den Korporatismus der 1970er Jahre, den Helmut Schmidt in seiner Kanzlerzeit gepflegt hatte, wieder aufleben zu lassen: Industrie, Gewerkschaften und Wirtschaftsverbände zu einer großen Gesellschaftskoalition zusammenzuführen, so lautete die Idee. Das Problem lag auf der Hand: Dies reichte jetzt, am Ende des Jahrhunderts, nicht mehr aus – zum einen, weil der Ausgleich zwischen den organisierten Interessen schwer genug zu finden war, da die Gesellschaft viel stärker ausdifferenziert war als ehedem; zum anderen, weil die organisierten Interessen, wie sich bald herausstellte, nur ihre Eigeninteressen im Blick hatten und das Bündnis für Arbeit dafür instrumentalisieren wollten. Ein Dialog war unter diesen Bedingungen gar nicht möglich.

Die Binnenstruktur des Bündnisses für Arbeit war ebenso vielfältig wie ineffizient. Die oberste Ebene stellten die Spitzengespräche dar, die vom Kanzler geleitet wurden. Vertreten waren die Bundesregierung, Repräsentanten der Wirtschaftsverbände (Bundesverband der Deutschen Industrie, Bundesvereinigung der Arbeitgeberverbände, Zentralverband des deutschen Handwerks, Deutscher Industrie- und Handelstag) und der Gewerkschaften (DGB, IG Metall, ver.di, IG Bergbau, Chemie und Energie). Auf der zweiten Ebene arbeiteten hochrangige Vertreter der Beteiligten unter der Leitung des Kanzleramtschefs zusammen, und auf der dritten Ebene wurden Arbeits- und Expertengruppen in den beteiligten Ministerien (Wirtschaft, Arbeit, Finanzen, Bildung, Aufbau Ost) angesiedelt. Die wichtigste Gruppe war die «Benchmarking Group», bestehend aus vier Professoren. Ihre Aufgabe war es, Modelle in anderen Ländern zu untersuchen und Empfehlungen zu geben, ob diese auf Deutschland übertragbar seien. Probleme entstanden ab jenem Augenblick, ab dem Arbeitgeberverbände und Gewerkschaften die jeweiligen Analysen «ihrer» Wissenschaftler in ihre Strategien einbauten. Auch sollte sich rasch zeigen, dass unter den beteiligten Vertretern der einzelnen Gewerkschaften große Meinungsverschiedenheiten auftauchten. Klaus Zwickel von der IG Metall war bald skeptisch gegenüber seiner eigenen Idee und schleuderte den Arbeitgebern entgegen: «Mit uns ist eine moderate Lohnpolitik nicht zu machen»,[20] während Hubertus Schmoldt, sein Kollege von der IG Bergbau, Chemie und Energie, das Bündnis für bewahrenswert hielt und DGB-Chef Sommer mal zu dieser, mal zu jener Richtung neigte.

Das erste Spitzengespräch fand am 7. Dezember 1998 statt. Man habe sich, so die gemeinsame Erklärung am Schluss, darauf verständigt, dass die hohe Arbeitslosigkeit auf die vom Kanzler angestrebten Zahlen von höchstens 3,5 Millionen Arbeitslose abgebaut werden solle, dafür werde die Industrie zunächst mehr Ausbildungsplätze schaffen. Die Erklärung war noch von Elan und Zuversicht getragen: «Ein hoher Beschäftigungsstand in einer globalisierten Wirtschaft ist keine Utopie, sondern ein realistisches Ziel, das mit einer problemorientierten Kombination wirtschaftspolitischer Aktivitäten Schritt für Schritt erreichbar ist.»[21] Den drei Spitzengesprächen, die im Laufe des Jahres 1999 abgehalten wurden, war indessen nur äußerst mäßiger Erfolg beschieden. Die Arbeitgeber vertraten den Standpunkt, dass nur moderate Lohnerhöhungen zu mehr Arbeitsplätzen führen könnten, was die Gewerkschaften ablehnten. Dem von jenen geforderten Gegenmodell einer «Rente mit 60» wiederum verweigerten die Arbeitgeber die Zustimmung, da es nicht finanzierbar sei. Nach einem Jahr lautete das Fazit: ungewöhnlich schwierige Debatte, keinerlei Fortschritte.[22] Im Jahr 2000 traf man sich nur zweimal, dann noch einmal im März 2001 und im März 2002. Auch hier war das Beste, was man sagen konnte, dass man sich überhaupt traf, und wenn der Kanzler vom Bündnis als einem «bewährten Reformmotor» sprach, mag ihm das wahrscheinlich selbst fragwürdig erschienen sein.[23]

Gewisse Erfolge zeitigte das Job-AQTIV-Gesetz vom November 2001, das die Jugendarbeitslosigkeit lindern sollte, auch gab es einige Fortschritte bei der besseren Integration älterer Arbeitnehmer, aber in den großen Fragen bewegte sich nichts. Selbst in der SPD-Fraktion mehrten sich die Stimmen, welche die «Besitzstandsmentalität» der Gewerkschaften für die Lähmung verantwortlich machten,[24] und erste Spekulationen über das nahe Ende des Bündnisses waren bereits im Frühjahr 1999 aufgekommen.[25] In den Quellen äußert sich das Scheitern des Bündnisses darin, dass es einfach nicht mehr auftaucht, es wurde zu einem «Bündnis für Stillstand»[26], von dem niemand mehr Notiz nahm.

Einen grundlegenden Reformprozess konnte das Bündnis für Arbeit zu keiner Zeit initiieren. Es wurde inhaltlich überladen, verfügte nicht über die strukturellen Voraussetzungen, verbindliche Kompromisse durchzusetzen – die meisten Themen hätten ohnehin über eine parlamentarische Mehrheit verabschiedet werden müssen –, und es scheiterte nicht zuletzt an der gegenseitigen Voreingenommenheit zwischen den Vertretern der Gewerkschaften und der Arbeitgeber. Die beteiligten Verbände waren nicht in der Lage oder willens, ihre Interessen gemeinwohlorientierten Zielen unterzuordnen. Dem hatte die Bundesregierung nichts entgegenzusetzen, auch verfügte sie über keinerlei Möglichkeit, Sanktionen anzudrohen. Letztlich entpuppte sich die Geschichte des «Bündnisses für Arbeit» als das, was Kritiker immer schon befürchtet hatten: ein «Lehrstück deutscher Reformunfähigkeit».[27] Alle Seiten waren in alten Routinen gefangen, womit Stillstand produziert wurde. Ein beabsichtigter «innovativer Konsens» war reines Wunschdenken. Neuer Schwung konnte nur durch neue Formen entstehen. Dies war der Kerngedanke bei der Gründung der Hartz-Kommission; ihre Einsetzung war ein Zeichen dafür, dass der Regierung Schröder der Geduldsfaden riss. Ein Anlass dafür war, dass Untersuchungen ans Licht gebracht hatten, in welch einer tiefen Krise die Bundesanstalt für Arbeit mit ihrer schwerfälligen Struktur steckte: Sie verwaltete die hohe Arbeitslosigkeit nur noch, versagte aber bei der Vermittlung von Arbeitslosen fast vollständig. Eine Zeit lang existierten beide, «Bündnis für Arbeit» und Hartz-Kommission, noch nebeneinander, dann beendete die Regierung das korporatistische Trauerspiel. Am Tag, als Schröder den Totenschein für das «Bündnis für Arbeit» ausstellte, am besagten 3. März 2003, kündigte er an, er werde im Deutschen Bundestag ein angemessenes und faires Reformpaket vortragen. Was im Konsens nicht gelang, weil sich starke Einzelinteressen gegenseitig blockierten, versuchte der Kanzler nun mit präsidialer Politik.[28]

Schröders Agenda-Rede: Politik des kalkulierten Risikos

Am 14. März 2003, morgens um neun Uhr, trat der Kanzler vor den Deutschen Bundestag und gab unter dem Titel «Agenda 2010» in einer Regierungserklärung seine Reformvorstellungen bekannt. Mit ihnen, so die Zielsetzung, sollte Deutschland bis zum Ende des Jahrzehnts wieder in eine soziale und wirtschaftliche Spitzenposition in Europa gebracht werden. Die Bezeichnung hatte seine Frau, Doris Schröder-Köpf, erfunden, die meisten SPD-Genossen hielten sie für viel zu abstrakt und kalt. Weil der Kanzler nicht noch mehr als ohnehin schon vorgesehen provozieren wollte, nahm er den Begriff in seiner Rede ziemlich zurück.[29] Überschrieben war die Regierungserklärung mit «Mut zum Frieden, Mut zur Verantwortung», denn mit Blick auf den Irak standen die USA an der Schwelle zum Krieg. Es war die wichtigste Rede, die Schröder in seiner siebenjährigen Kanzlerschaft hielt, und es war diejenige Rede, die von seinen Redenschreibern am intensivsten mit ihm abgestimmt und von ihm selbst immer wieder bearbeitet wurde. Bei üblichen Reden genügten zumeist zwei Durchgänge mit Formulierungsvorschlägen und Randnotizen; jetzt saß man tage- und nächtelang an immer neuen Varianten, und bis in die frühen Morgenstunden hinein hatte man am Feinschliff gearbeitet.[30]

Ziel der rot-grünen Regierung sei es, so hob der Kanzler vor den versammelten Abgeordneten des Deutschen Bundestages an, durch hohes Wirtschaftswachstum die Arbeitslosigkeit abzubauen. Ursächlich für die Probleme sei insbesondere die hohe Belastung des Faktors Arbeit. «Die Lohnnebenkosten haben eine Höhe erreicht, die für Arbeitnehmer zu einer kaum mehr tragbaren Belastung geworden ist und die auf der Arbeitgeberseite als Hindernis wirkt, mehr Beschäftigung zu schaffen», betonte der Kanzler.[31] Bereits eingeleitete oder erarbeitete Reformen wie Riester-Rente und die Vorschläge der Hartz-Kommission seien nötig, um «die Substanz des Sozialstaates zu erhalten»,[32] weiteres müsste hinzutreten, besonders eine Reform des Gesundheitswesens.[33] Dies verknüpfte der Kanzler wiederum mit seinem Eingangsgedanken: «Wir müssen aufhören – das ist der Kern dessen, was wir vorschlagen – die Kosten von Sozialleistungen, die der Gesellschaft zugutekommen, immer nur und immer wieder dem Faktor Arbeit aufzubürden.»[34] Es folgte der immer wieder zitierte Kernsatz: «Wir werden die Leistungen des Staates kürzen, Eigenverantwortung stärken und mehr Eigenleistung von jedem Einzelnen abfordern müssen.»[35] Der Appell des Kanzlers betraf «alle Kräfte der Gesellschaft», alle stünden vor einer «gewaltigen, gemeinsamen Anstrengung».[36]

«Eigenverantwortung» – was war damit gemeint? Wollte sich die Politik damit entlasten und von der Verantwortung befreien, wie es die Kritiker rasch sahen? Bedeutete Eigenverantwortung nicht erhöhte Marktabhängigkeit? Eine solche Forderung führte zwangsläufig zu einer stärkeren «Individualisierung sozialer Risiken»[37], ob jedoch der betroffene Bürger diese innerhalb eines bestimmten Rahmens selbst steuern konnte und so eigenverantwortliches Handeln überhaupt möglich war, blieb höchst zweifelhaft.[38] Auch in anderer Hinsicht wurde der Kritik Tür und Tor geöffnet: Einerseits redete der Kanzler von einer alternativlosen Politik, womit er die politische Steuerungsmöglichkeit verneinte, doch andererseits versuchte er ja gerade eben, den Primat des Politischen zurückzugewinnen. Schröder sprach zwar von einer gemeinsamen Kraftanstrengung, dennoch war die Regierungserklärung nicht von Donnerhall durchsetzt, sondern eher in ruhigem und gemessenem Stil gehalten. Woran es ihr mangelte, war ein geschlossenes Gesamtkonzept. Was der Kanzler vortrug, kam vielen wie ein Sammelsurium vor; einiges davon sollte erst Jahre später, als er längst seine Ämter verloren hatte, umgesetzt werden, manches gar nicht. Nach den 90 Minuten, die der Kanzler redete, währte der Beifall aus den Reihen der Koalition 90 Sekunden, was nicht besonders lang war. Bald sollten die einen von einem großen Reformprojekt sprechen und die anderen, vor allem die Gewerkschaften, einen «sozialen Kahlschlag» beklagen; eine dritte Richtung würde rasch zwar richtige Ansätze, aber handwerkliche Mängel erkennen. Der Tenor von Schröders Rede lautete: So, wie es war und wie es ist, kann es nicht bleiben. Es fehlte allerdings eine Vision; doch dafür war Schröder auch viel zu sehr Pragmatiker. Eine Blut-Schweiß-und-Tränen-Rede, die im Vorfeld ebenfalls entworfen worden war, verschwand wieder in den Schubladen.[39] Die Agenda musste auf den Weg gebracht werden, so führte der Kanzler aus, um den Sozialstaat auch in Zukunft leistungsfähig zu halten. Ja: Zumutungen, Einschnitte und Kürzungen – aber als notwendige Instrumente, um die soziale Gerechtigkeit nicht kaputtgehen zu lassen. Die Botschaft war voraussetzungsvoll: Verzicht üben, damit es besser würde. Vieles wäre vermutlich anders aufgenommen worden, wenn in der Rede beispielsweise auch die Vermögens- oder Erbschaftssteuer, die in Deutschland im internationalen Vergleich niedrig lagen, mitbedacht worden wären. Dies hätte ein Symbolthema sein können, um den linken Flügel, die Traditionalisten in der SPD, mit der Agenda zu versöhnen. Eine harte Blut-Schweiß-und-Tränen-Rede widersprach nicht nur Schröders Stil, sie wäre so kurz nach der Bundestagswahl kaum möglich gewesen. Schröder wusste, dass er nicht mit einer Sorgenrede aufwarten konnte, er bevorzugte eine «Maßnahmen-Rede».[40] Den Menschen, die Rot-Grün vor wenigen Monaten ganz knapp wiedergewählt hatten, nun zu sagen: «Jetzt schildere ich Euch einmal, wie ernst die Lage wirklich ist», hätte Kopfschütteln hervorgerufen. Alle hätten Rot-Grün vorgeworfen, einen «Lügenwahlkampf» geführt zu haben, und tatsächlich gab es im Deutschen Bundestag einen von der Opposition geforderten «Lügen-Untersuchungssausschuss» zu den vorgelegten Wirtschaftsdaten des Herbstes 2002. Außerdem hatte der Kanzler nur zwei Monate zuvor eine relativ optimistische Regierungserklärung abgegeben. Niemandem konnte man allen Ernstes erzählen, dass sich innerhalb von nur zwei Monaten die Fundamentaldaten wider Erwarten drastisch verändert hatten.

Rudolf Scharping berichtet, während Schröders Rede am 14. März im Deutschen Bundestag habe Stephan Hilsberg von der ostdeutschen SPD zu ihm gesagt, es sei schon bewundernswert, wie der Kanzler bei seinem Ritt über den Bodensee die Opposition vor sich her treibe. Scharping habe geantwortet: «Das Problem bei jedem Ritt über den Bodensee ist, dass man irgendwann im Wasser landet.»[41] In der Tat: Den einen ging alles, was in der Agenda-Rede skizziert wurde, viel zu weit und den anderen nicht weit genug. Das Ergebnis war, dass die Regierung in die Zange genommen werden konnte. «Ich habe mir manchmal gewünscht», sagte Gerhard Schröder im Gespräch, «20:15 Uhr nach der Tagesschau eine Dreiviertelstunde Rede an das Volk, um zu erklären, warum wir das machen.»[42] Die neun Monate von März bis Dezember 2003, also von der Agenda-Rede bis zur Einigung mit der Opposition im Vermittlungsausschuss, den der unionsdominierte Bundesrat anrief, waren extrem schwierig. Für derart weitreichende Reformen, die ja zum großen Teil unpopuläre Maßnahmen beinhalteten, und für eine kommunikativ offene Situation bedeutet dies eine sehr lange Zeitspanne. Dass eine kontroverse Debatte aufbranden würde, stand allen vor Augen, man konnte sich ihr verweigern und die Sache durchpeitschen, oder man konnte sich an ihr beteiligen; beides war nicht sonderlich erfolgversprechend. Als auch Teile der Sozialdemokraten den Agenda-Entwurf als ungerecht diskreditierten, konnte die Regierung das Gesamtvorhaben nicht mehr mit Schwung vertreten und positiv unter die Menschen bringen.

Zwar versuchten die regierenden Sozialdemokraten, die Agenda mit Sinn und einer Botschaft auszustatten und riefen das Jahr 2004 zum «Jahr der Innovation» aus; Kanzler Schröder forderte vor seiner Fraktion, «dass die Agenda 2010 und Innovation synonym behandelt und umgesetzt werden».[43] «Innovation» sollte der Schlüssel zum Verständnis der künftigen Regierungsarbeit sein, wozu in verschiedenen Städten, möglichst über die gesamte Republik verteilt, große Kongresse geplant waren. «Durch Innovation mobil bleiben», «Zukunft der Bildung», «Arbeit und Wohlstand sichern», «Zukunft für Kinder», «Forschung und Energie von morgen».[44] Die Themen betrafen Deutschland als Industriestandort und als modernes, zukunftsorientiertes Land. Sie gingen weit über die ökonomische Dimension hinaus und betteten Deutschland in globale Konstellationen wie Ressourcenknappheit, Klimawandel oder Chancen für heranwachsende Generationen ein. «Innovation» konnte auf die technologische Leistungsfähigkeit der deutschen Wirtschaft verweisen und zudem mit der Frage einer neuen nationalen oder europäischen Sozialstaatlichkeit verbunden werden. «Made in Germany '21», lautete ein von Frank-Walter Steinmeier und Matthias Machnig 2004 herausgegebenes «Manifest» für technologische, soziale und kulturelle Erneuerung Deutschlands, in dem renommierte deutsche und internationale Autoren über die Zukunftsfähigkeit des Landes diskutierten.[45] Wie lassen sich, so wurde gefragt, Innovationen systematisch befördern, um Arbeitsplätze zu schaffen und Wachstumsmärkte von morgen zu erschließen? Wie kann man eine Kultur der Innovation erzeugen, die die Gesellschaft so verändert, dass neues Vertrauen in die Leistungsfähigkeit entsteht? «Eine umfassende Innovationsstrategie», so Fritz Kuhn in seinem Beitrag, «verlangt ein Jahrzehnt der Innovationen. Wer jetzt sät, wird erst mittelfristig ernten können. Aber wer jetzt nicht sät, wird in einigen Jahren nicht mehr viel zu ernten haben.»[46]

Diese Innovationsrhetorik ist von einigen Politikwissenschaftlern als kühl kalkuliertes Ablenkungsmanöver eingeschätzt worden.[47] Demzufolge sollte die negativ besetzte Agenda 2010 mit wohlklingenden Begriffen an Attraktivität gewinnen. Darüber hinaus habe man von den wahren Problemen ablenken wollen, etwa der sich verschärfenden Arbeitslosigkeit oder der zunehmenden sozialen Schieflage in der Bundesrepublik. Auffallend war ja, dass aus dem ursprünglichen Slogan von 1998 «Innovation und Gerechtigkeit» nur mehr der erste Teil übrig blieb und die Gerechtigkeit offenbar wegfiel. Da gerade die nationalen Probleme die Menschen bewegten, kann in negativer Sicht «Innovation» als strategisch motivierte Verschiebung von nationalen auf globale Themen verstanden werden – für Letztere konnte die Bundesregierung nur begrenzt verantwortlich gemacht werden. In positiver Sicht jedoch – und dafür sprechen die intensiven internen Debatten – war «Innovation» geeignet, die Reformfähigkeit Deutschlands angesichts globaler Herausforderungen zu beschreiben. Deutschland als Innovationsland in der Globalisierung – so lautete die Melodie. Da Zukunft in den Köpfen der Menschen entsteht und Zustimmung zur Veränderung evoziert werden muss, war dies ein nicht ganz nebensächliches Unterfangen. Bei den Deutschen eine Zukunftslust hervorzurufen war immer besonders schwierig. Tatsächlich sollte es auch 2004 so bleiben: Denn all dies verpuffte.

Hartz-Gesetze und Superminister Wolfgang Clement

Die Agenda 2010 war das überwölbende Dach für unzählige Einzelmaßnahmen, die jedoch nur zusammengenommen die beabsichtigte Wirkung entfalten konnten, nämlich den Paradigmenwechsel in der deutschen Sozialstaatlichkeit. Sie stellte einen Gesamtkomplex aus den Bereichen Arbeitsmarkt, Rente, Gesundheit, Steuern, Familien- und Bildungspolitik dar. Man kann geradezu von einem «catch all»-Begriff sprechen, der nahezu alle Maßnahmen der rot-grünen Regierung bündelte, so unterschiedlich sie auch sein mochten. Es lassen sich sieben Komponenten unterscheiden.

Dazu gehörten erstens die Reformen in der Arbeitsmarktpolitik, die zu einer «Zeitenwende am Arbeitsmarkt» führten,[48] Hartz I bis Hartz IV – sie standen unter der Zielvorgabe, Menschen leichter wieder in Arbeit zu bringen. Hartz I umfasste Maßnahmen wie die flächendeckende Einrichtung von Personal-Service-Agenturen, eine Reform des Arbeitnehmerüberlassungsgesetzes, Änderungen im Leistungsrecht (Wegfall der Dynamisierung, Flexibilisierung der Sperrzeiten, Verschärfung der Zumutbarkeit) oder die Einführung von Bildungsgutscheinen. Hartz II beinhaltete eine ganze Reihe von Regelungen, darunter einen Existenzgründerzuschuss (Ich-AG), der zusätzlich zum Überbrückungsgeld gewährt wurde. Die geförderten Existenzgründer waren Pflichtversicherte in der gesetzlichen Rentenversicherung und hatten die Möglichkeit einer freiwilligen Mitgliedschaft in der gesetzlichen Krankenversicherung. Hinzu traten eine Reform der geringfügigen Beschäftigungsverhältnisse (Mini-Job), wonach Arbeitgeber nur Pauschalabgaben zu entrichten hatten, eine Förderung haushaltsnaher Dienstleistungen sowie die Einrichtung von Job-Centern und schließlich die Aufwertung der Leiharbeit. Hartz III sah die Umwandlung der Bundesanstalt für Arbeit zu einem modernen Dienstleistungszentrum sowie eine Änderung der Altersteilzeit vor. Die Absenkung der Bezugsdauer des Arbeitslosengeldes I (ALG I) von 32 auf 12 Monate bzw. 18 Monate bei über 55-Jährigen stellte genau genommen ein separates Gesetz dar, wenngleich es in der Regel den Hartz-Gesetzen zugeschrieben wird. Mit Hartz IV erfolgte die Zusammenlegung von Arbeitslosen- und Sozialhilfe zum Arbeitslosengeld II. Die bis dahin vom Bund finanzierte Arbeitslosenhilfe, die nach Auslaufen des Arbeitslosengeldes gewährt wurde und sich an der Höhe des Arbeitslosengeldes bemaß, fiel weg und wurde mit der ehemaligen Sozialhilfe zum ALG II zusammengelegt. Man erhielt es, wenn das ALG I auslief. Das ALG II bewegte sich auf dem Niveau der bisherigen Sozialhilfe. Alleinstehende hatten Anspruch auf einen Regelsatz von 345 Euro im Westen und 331 Euro im Osten; zusätzlich übernahm der Staat die Unterkunftskosten von durchschnittlich 306 Euro. Familien bekamen weitere Pauschalen für Ehepartner und Kinder. Unterm Strich erhielten langzeitarbeitslose Singles im Westen 651 Euro und Familien mit zwei Kindern 1251 Euro; im Osten waren die Beträge etwas niedriger. In den meisten Fällen lag die neue Leistung somit um mehrere hundert Euro im Monat unter der alten Arbeitslosenhilfe. Um die Hilfebedürftigkeit schnell zu beenden, verband Hartz IV die Grundsicherung für Arbeitssuchende mit Eingliederungsleistungen, die auf die individuellen Problemlagen des Einzelnen zugeschnitten sein sollten. Mit der Zusammenlegung von Sozial- und Arbeitslosenhilfe zielte man auch darauf, die Sozialhilfeempfänger, die aus dem Vermittlungssystem der ehemaligen Arbeitsämter völlig herausgefallen waren, wieder in den Arbeitsmarkt zu integrieren, da nun die Bundesagenturen für Arbeit für sie zuständig waren, sofern eine Erwerbsfähigkeit festgestellt wurde. Ein kurzfristiger, jedoch für das Image und die Stimmung sehr negativer Nebeneffekt war, dass dadurch die Zahlen in der Arbeitslosenstatistik drastisch anstiegen, obwohl es in Wahrheit genauso viele Arbeitslose wie bisher gab.

Zu diesen Hartz-Reformen traten als zweite Komponente Lockerungen im Kündigungsschutz; auch dies sollte, so die Bundesregierung, zu mehr Jobs führen, nicht zuletzt im Niedriglohnsektor. Drittens waren Öffnungsklauseln im Tarifrecht vorgesehen. Viertens ging es um eine Modernisierung der Handwerksordnungen. Um hier neue Chancen zu eröffnen, sollten Handwerksgesellen auch ohne Meisterbrief nach zehn Berufsjahren einen eigenen Betrieb gründen können, sofern fünf der Berufsjahre in leitender Funktion absolviert worden waren; Meistertitel würden so zu einer Art freiwilligem Qualitätssiegel werden. Die Reform des Gesundheitswesens mit den bereits erwähnten Leistungssenkungen war der fünfte Bereich der Agenda 2010. Verknüpft wurde dies mit einer Erhöhung des Renteneintrittsalters, das stufenweise auf 67 Jahre angehoben werden sollte. Um das Wirtschaftswachstum anzukurbeln, sollten sechstens über die Steuer- und Investitionspolitik des Staates Anreize geschaffen werden. Siebtens schließlich gehörte das gesamte Feld der Bildung und Ausbildung junger Menschen in den Komplex der Agenda 2010, «Bildung fördern», nannte es die Bundesregierung. Darunter fielen Bundesmittel für mehr Ganztagsschulen, aber auch die Erhöhung von Ganztagsbetreuung von Kindern, um so Familie und Beruf besser zu vereinbaren.

Am 8. April 2003 stellte Wolfgang Clement, Bundesminister für Wirtschaft und Arbeit,[49] den Koalitionsfraktionen die Details der geplanten Agenda 2010 zur Schaffung von mehr Wachstum und Beschäftigung vor. Clement untermalte seine Sicht auf die Agenda mit dem Hinweis, die SPD müsse zu einem «zweiten Godesberg» gelangen. Dies kommentierte die «Frankfurter Allgemeine Zeitung» mit den Worten: «In Wirklichkeit geht es um ein immerwährendes Godesberg, ja um Godesberg als dem eigentlichen Zweck der Politik. Wie die SPD beim ersten Godesberg Marx abgestreift hat, so jetzt beim zweiten Godesberg die Illusion über die Kostenlosigkeit des Sozialstaates und beim nächsten Godesberg irgendeine andere ewige Verlässlichkeit der Partei.»[50] Clement glaubte, sich bei dem riesigen Vorhaben auf seine Düsseldorfer Genossen und den stärksten Landesverband der SPD, ihre Herzkammer, fest verlassen zu können. «Aus Nordrhein-Westfalen sind wir uns bewusst», so schrieben der Landesvorsitzende Harald Schartau und der Fraktionsvorsitzende des Landtages Edgar Moron an Kanzler Schröder, «dass wir eine besondere Verantwortung haben, diese Prozesse nach vorne zu bringen und mit zu tragen».[51] Sozialhilfeempfänger, die erwerbsfähig waren, sollten wieder in den Arbeitsmarkt gelangen. Vollbeschäftigung, so Clement, sei kein Versprechen, sondern eine Zielsetzung. «Hierzulande wird das gern verwechselt», sagte er in einem Interview mit «Die Zeit». «Aber ich bin überzeugt, dass wir Vollbeschäftigung erreichen können.» Er fügte hinzu: «Nur wird es dann andere Jobs geben als früher, die Arbeitswelt wird anders sein. Dafür muss es auch personennahe Dienstleistungen geben, und befristete Arbeitsplätze, Leiharbeitnehmer und Mini- und Midi-Jobs gehören auch dazu.» Im Übrigen gab es in Deutschland bis zu sechs Millionen Schwarzarbeiter, die der Minister zurück in die Legalität holen wollte.[52]

Clement war nach der gewonnenen Bundestagswahl dem allseits angesehenen und geschätzten Werner Müller gefolgt, der als Minister nicht weitermachen wollte. Als Quereinsteiger hatte er sich eine Legislaturperiode vorgenommen und diese erfolgreich absolviert. Kanzler Schröder versuchte zwar, ihn zum Bleiben zu überreden, doch Müller sagte nicht zuletzt aus privaten Gründen ab. «Ich hatte», so Werner Müller im Gespräch, «vier Jahre immer eine schöne Presse, weil ich Exot war. Nach vier Jahren ist man keiner mehr, dann gehört man zum Establishment.»[53] Außerdem waren immer mehr Entscheidungskompetenzen aus dem Wirtschaftsministerium heraus verlagert worden. Die Grünen wollten die Zuständigkeiten für alle Bereiche der regenerativen Energie im Umweltministerium haben, andere Kompetenzen wanderten nach Brüssel. Müller meinte in seinem typisch trockenen Humor, es machte ihm einfach nicht mehr so viel Spaß, «immer nur die Tourismusbörse oder die Handwerkermesse zu eröffnen».[54] Dies war der Grund dafür, dass Kanzler Schröder Wolfgang Clement nun mit einem «Superministerium» von Düsseldorf nach Berlin locken konnte. Schröder benötigte einen «Macher», einen «Umsetzer», und das neue Ministerium aus Wirtschaft, Arbeit und Soziales war so etwas wie die «goldene Mohrrübe», die er ihm hinhielt.[55] Andere mutmaßen zwar, Clement wolle fort aus Düsseldorf, weil er die nächsten Landtagswahlen fürchtete,[56] doch dies lässt sich nicht beweisen. Immerhin hatte Clement bereits in Nordrhein-Westfalen als «Superminister» für Wirtschaft, Mittelstand, Technologie und Verkehr eine Politik betrieben, «für die die CDU in weiten Teilen der natürliche Partner wäre», wie die

Der «Superminister»: Wolfgang Clement in Aktion im Rahmen seiner «Ausbildungsinitiative», 11. August 2003.

«Süddeutsche Zeitung» schrieb.[57] Im März 1998 löste Clement Johannes Rau als Ministerpräsident des Landes ab und gewann die Landtagswahl 2000 trotz Verlusten von mehr als drei Prozent mit 42,8 Prozent. Er betrieb eine zunehmend eigenständige Politik gegenüber Rot-Grün im Bund. Als er nach Berlin kam, war er der Star der zweiten rot-grünen Koalition, ein Leitwolf im Kabinett, und galt als «des Kanzlers schärfste Waffe».[58] An ihm schieden sich die Geister. Seine Ungeduld war – je nach Sichtweise – seine größte Schwäche oder seine größte Stärke. Clement könnte man als einen Spontanpolitiker bezeichnen. Manche erblicken in ihm despektierlich einen «Chaoten», der jeden Tag mit einer neuen Idee aufwartete und den Kabinettskollegen viel zumutete,[59] andere nannten ihn einen «zynischen Provokateur», der die Menschen nicht emotional mitnahm, sondern ihnen zu verstehen gab, dass seine Sicht die einzig richtige Betrachtungsweise darstellte.[60] Alle jedoch bescheinigen ihm Durchsetzungskraft. Wolfgang Clement war eine starke Figur und leistete Knochenarbeit. Was für die Grünen der Kosovo-Einsatz war, so

Rezzo Schlauch, der bei Clement Staatssekretär und Mittelstandsbeauftragter wurde, sei für die SPD die Agenda 2010 gewesen, und Clement musste dies ausfechten.[61] Er stieg zum Lieblingsfeind der SPD-Linken auf, für viele Gewerkschaftsführer war er ohnehin ein rotes Tuch, wenngleich nicht wenige, so etwa der DGB-Vorsitzende Michael Sommer, seine Verlässlichkeit hervorheben.[62] Er sei Wirtschaftsminister mit aller Kraft gewesen, so Hans Eichel, jedoch kein Sozialminister; dies habe er nie mit dem Herzen betrieben, ganz anders als Walter Riester, der als Gewerkschafter durch und durch Arbeitsminister gewesen war, nun aber vom Kanzler «geopfert» wurde.[63] Wie auch immer – hier schimmert das Problem durch: Es war ein nahezu unmögliches Unterfangen, die beiden Ministerien zusammenzuführen. Man hätte ebenso gut versuchen können, Feuer und Wasser zu vereinigen. Auch Ministerien haben ihre gewachsene Kultur; Wirtschaft galt als FDP-Ministerium, während Arbeit und Soziales als DGB-Ministerium angesehen wurde. Die beiden befanden sich immer in einem Spannungsverhältnis, und manchmal erwies sich dies als produktiv. Es sollte sich aber als schwerer Fehler herausstellen, sie in einer Hand zusammenzuführen, denn damit war der Modernisierungskurs von Beginn an mit Misstrauen befrachtet. Clement freilich verteidigte die Zusammenlegung: «Arbeit ohne Wirtschaft geht einfach nicht.»[64] Seine Zielsetzung als «Superminister» – er schätzte diese Bezeichnung – war, «das Land zu verändern». Bisher pumpte man immer mehr Geld in das Arbeitsmarktsystem, gleichzeitig stieg die Arbeitslosigkeit ständig. Die Erkenntnis, dass man in eine ausweglose Situation hineinsteuere und die Arbeitsmarktlage fast unbeherrschbar geworden war, habe entschlossenes Handeln nötig gemacht. «Dies geschah schon in dem Bewusstsein (...), das kann die Macht kosten.» Man habe sich unter «massivstem Zeitdruck» befunden.[65]

Die Pistole auf der Brust der SPD?

Noch nie zuvor hatte ein Bundeskanzler seiner Partei so viel Selbstaufgabe zugemutet wie Gerhard Schröder. Seine Reformpolitik bedeutete in den Augen vieler politischer Beobachter eine «Preisgabe sozialdemokratischer Werteorientierung».[66] Gleichzeitig suchte man nach Erklärungen dafür, warum der erwartbare Aufruhr in der SPD ausblieb. Drei Tage nach der Regierungserklärung Schröders stellte sich das SPD-Präsidium in einer Erklärung öffentlich hinter ihn – kritiklos. Im Entwurf zum Beschluss hieß es sogar: «Das Kanzlerkonzept ist ein mutiges und richtiges Signal zum Ausbruch aus einer Politik der Verwaltung von Problemen.»[67] Vom Präsidium wurde die Agenda 2010 über verschiedene Topoi – Reformen seien notwendig, um den Sozialstaat zu retten; die neoliberale Opposition wolle viel weiter gehen; die neue Zeit erfordere einen Mentalitätswandel – als absolut «alternativlos» deklariert.[68] Wo waren die Kritiker? Herrschte beim linken Flügel der SPD ein selbstzerstörerischer Zynismus vor, beim rechten Flügel ein Einverständnis mit dem Kanzler und bei der großen Mitte zwischen den Flügeln eine Art Unsicherheit, die der Kanzler mit seiner Standfestigkeit und auch mit seiner latenten Drohung zurückzutreten im Zaum hielt? Oder sahen die meisten Sozialdemokraten genau, was mit ihren Parteifreunden in anderen europäischen Ländern passiert war, die sich in den vergangenen Jahren nicht bewegt hatten? Eine linke Bastion nach der anderen war gefallen – Österreich hatte den Anfang gemacht, danach kamen Italien, Dänemark, Portugal, Frankreich, die Niederlande. Dem fulminanten Aufstieg der europäischen Sozialdemokratie in den 1990er Jahren folgte ein jäher Abstieg. Somit blieben eigentlich nur noch Deutschland und Großbritannien übrig.

Auf den vier Regionalkonferenzen im April 2003 – je eine im Westen (Bonn) und Osten (Potsdam), Norden (Hamburg) und Süden (Nürnberg) – erwähnte Kanzler Schröder bei seiner Werbung für die Agenda 2010 das einstige Schröder-Blair-Papier von 1999 mit keinem Wort. Dennoch war unverkennbar, dass Schröder mit seinem Kurswechsel an diesen Entwurf einer «modernen Sozialdemokratie» anknüpfte. Sein beschwörender Appell an die Partei lautete, die Sphäre des Wünschbaren zu verlassen und sich auf objektiv veränderte Bedingungen einzustellen. «Das Bestehende nur zu verteidigen hieße, das Erreichte zu gefährden», führte er aus. Bis weit in die Mittelschicht hinein hätten sich in Deutschland viele in einem Leben mit Transferleistungen eingerichtet. «Was wir Gutes tun wollen, tun wir auf dem Rücken der Beschäftigten, und deren Belastbarkeit hat längst eine Grenze überschritten, die wir nie hätten überschreiten dürfen.» Das Wünschenswerte führe nicht nur zu falschen Ergebnissen, es sei auch unbezahlbar, versuchte er seine Genossen zu überzeugen. Und weiter: Arbeitslose sollten nicht verwaltet, sondern vermittelt werden. Wer zumutbare Arbeit ablehne oder sich nicht ausreichend um Eingliederung bemühe, der verliere die Ansprüche auf die Solidarität der Gemeinschaft. Für die soziale Sicherheit müsse nicht mehr das Wünschbare die Richtschnur sein, sondern das Bezahlbare.[69] Schröder erinnerte bei den Regionalkonferenzen an die schwierigen Diskussionsprozesse, die dem Kosovo- und Afghanistaneinsatz vorausgegangen waren. Damals hätten Sozialdemokraten Verantwortung übernommen und sich den Realitäten gestellt, und auch heute müsse man, ebenso wie in der Außenpolitik, verantwortlich handeln und sich den Realitäten stellen – nur eben in der Innenpolitik.[70]

Der heftigste Widerstand gegen die Agenda 2010 brandete in Hessen, vor allem im linken Bezirk «Hessen-Süd», der von Andrea Ypsilanti geführt wurde, und in Bayern auf, wo freilich die Sozialdemokraten nicht besonders stark waren. Dort war die Kritik am «Sozialabbau» lauter als in anderen Bundesländern. Abgelehnt wurden vor allem die Zusammenlegung der Arbeitslosen- und Sozialhilfe und die kürzere Bezugsdauer beim Arbeitslosengeld von nun 18 statt zuvor 36 Monaten. Die Kritiker forderten den Verzicht auf eine Senkung des Spitzensteuersatzes, die höhere Besteuerung von Erbschaften und Vermögen, eine Verbreiterung der Beitragspflicht für die Sozialsysteme und Investitionsprogramme zur Senkung der Arbeitslosigkeit.[71] Wenn Ypsilanti meinte, 25 von 30 Agendapunkten seien unstrittig, so war dies Augenwischerei, denn bei den fünf strittigen Punkten handelte es sich um den Kern des Reformvorhabens.

Auf den Regionalkonferenzen gab es zwar, so nahm Clement sie wahr, «regelrechte Schlachten»[72] zwischen den Befürwortern und den Gegnern der Agenda. Doch im Grunde genommen boten sie, weil es so wenige waren, keinen Raum für ausgiebige Debatten. Sie sollten Informationsveranstaltungen darüber sein, was die Bundesregierung gewillt war politisch umzusetzen. Was sollte ein Video oder ein Set von Argumentationskarten, die im Vorfeld der Konferenzen verteilt wurden, im Diskussionsprozess auch helfen? Von der Parteispitze aus gesehen war man auf die mediale Wirkung im Fernsehen bedacht. In drastischen Worten sprechen Kritiker heute von einem «doppelten Akt der Vergewaltigung» der Partei: Zum einen habe die Agenda nichts mit dem Wahlprogramm der SPD 2002 gemein gehabt, und zum anderen sei der Bruch mit alten sozialdemokratischen Überzeugungen nicht erklärt worden. Wie so oft wird auf die Ära Willy Brandt verwiesen. Brandt sei als Parteivorsitzender von Bezirk zu Bezirk gereist und konnte selbst mit SPD-Ortsvereinsvorsitzenden stundenlang debattieren. Und 2003? «Was ist da gemacht worden?», fragt Rudolf Scharping, um fortzufahren: «Nicht 17 Bezirke mal 17 Tage und Hunderte von Leuten, sondern vier Regionalkonferenzen mit ritualisierten Formen des ‹Meinungsaustausches›.»[73] Von der Hand zu weisen ist eine solche Kritik nicht. Und erst als offensichtlich wurde, dass – je nach Lesart – diese Konferenzen Alibiveranstaltungen oder Bestätigungsrituale waren, mehrte sich die Kritik in Gestalt von Resolutionen gegen die Agenda 2010.[74] Während die SPD-Parteibasis immer nachdrücklicher auf Diskussionen drängte, liefen im Kanzleramt Ende April düsterste Prognosen über die wirtschaftliche Entwicklung ein: Selbst im Jahre 2007 rechnete man nicht mehr wie bisher mit 3,2 Millionen Arbeitslosen, sondern trotz eines erwartbaren Aufschwungs mit nahezu vier Millionen. Und den Satz zur Einhaltung des Maastricht-Kriteriums, der in früheren Berichten stand, korrigierte man ebenfalls von «äußerst schwierig» zu «nicht mehr zu realisieren».[75] Die Schere zwischen der Partei, die eine offene, breite Debatte wollte und sie erwartete, und der Regierung, die dringend handeln musste und keine Zeit für die SPD-Debattenkultur aufbringen wollte, ging weit auseinander.

Während nun immer weitere SPD-Bezirksvorstände mehr oder weniger deutliche Vorbehalte gegenüber der Agenda 2010 äußerten, verständigte sich Rot-Grün auf die Umsetzung der Inhalte. Vertreter der Koalition taten dies an einem vortrefflichen Ort. Das Schloss Neuhardenberg im Landkreis Märkisch-Oderland in Brandenburg war am Ende des 18. Jahrhunderts errichtet und in den 1820er Jahren von Karl Friedrich Schinkel klassizistisch umgestaltet worden. Es gehörte seit 2001 dem deutschen Sparkassen- und Giroverband, zu dessen Vorsitzenden der Bundeskanzler über einen guten Draht verfügte, weshalb die rot-grüne Koalition am 29. Juni 2003 dort ihre Klausurtagung abhielt. Dass mit dem Schloss vor allem aber der Namen eines großen preußischen Reformers am Beginn des 19. Jahrhunderts verbunden war, dürfte den Koalitionären nicht ganz unrecht gewesen sein, ging es doch wiederum um eine Jahrhundertreform. Wengleich der Aufruhr in der SPD ausblieb, so rumorte es seit Mitte 2003 doch erheblich. Zwar schrumpften die abweichenden Stimmen in der SPD-Bundestagsfraktion gegen die Agenda 2010 auf zwölf.[76] Dass Schröder sie über prekäre Inhalte seiner Agenda-Rede im Bundestag nicht ausführlich vorab unterrichtet hatte, sondern überfallartig vorgegangen war, nahmen ihm einige Abgeordnete übel. Aber die Verstimmung über Schröders Coup hielt nur kurz an, sachlich unterstützten die meisten Abgeordneten das Vorhaben.[77] Auch das Positionspapier der Parlamentarischen Linken lief auf alles andere als eine schroffe Ablehnung der Reformen hinaus. Die Begründungs- und Argumentationsmuster für nötige Veränderungen folgten sogar Schröders Duktus. «Wir wollen die Aufgabe, unser Land zu erneuern, mit Nachdruck vorantreiben», hieß es darin. «Die PL (Parlamentarische Linke, E. W.) sieht die großen Reformnotwendigkeiten in Wirtschaft und Gesellschaft (...) Ohne eine Politik, die Impulse und Innovation gibt und gleichzeitig die Konsolidierung vorantreibt, werden wir die Globalisierung nicht bestehen (...) Dafür brauchen wir eine solidarische Kraftanstrengung.»[78] Zustimmend zitierte man aus Schröders Regierungserklärung: «Die Welt verändert sich in rasender Geschwindigkeit (...) Entweder wir modernisieren, oder wir werden modernisiert – und zwar von den ungebremsten Kräften des Marktes.» Anders als in der Agenda-Rede des Kanzlers sprach das Positionspapier nie von Lasten oder Belastungen,[79] sondern von einer «solidarischen Kraftanstrengung».[80] Gefordert wurde ein einkommensabhängiges Arbeitslosengeld und – mit Blick auf die Zusammenlegung von Arbeitslosenhilfe und Sozialhilfe – eine «armutsfeste Absicherung» oberhalb der bisherigen Sozialhilfe. Insbesondere in diesem Punkt wichen die jeweiligen Vorstellungen voneinander ab.

Die Rebellion an der Parteibasis gegen die geplante Reform blieb weitgehend aus. Statt der erhofften 76 000 Stimmen, die für ein Mitgliederbegehren nötig waren, kamen bis Ende Mai nicht einmal 20 000 zusammen. Auf dem SPD-Sonderparteitag vom 1. Juni 2003 in Berlin billigten 90 Prozent der Delegierten die im Leitantrag vorgesehenen Einschnitte im Sozialsystem. Zuvor hatte es heftige Kontroversen über einzelne Reformvorhaben gegeben; umstritten waren die verkürzte Bezugsdauer des Arbeitslosengeldes und eine stärkere Beteiligung der Arbeitnehmer am Krankengeld. Zudem forderten Redner der Parteilinken, die Vermögenssteuer wieder einzuführen. Seinen «Sieg» auf dem Parteitag hatte der Kanzler wieder der «alten Garde» der SPD zu verdanken, die ihm half, den Widerstand der Linken zu brechen. Am Rednerpult forderte Erhard Eppler, mit der «Selbstzerstörung» aufzuhören. Wenn «ein alter Mann wie er noch einen Wunsch äußern darf», so hob Eppler an, «hört auf damit». Man stelle Schröder kein Unfehlbarkeitszeugnis aus. «Aber dieser Kanzler ist unser Kanzler, und er bleibt unser Kanzler.»[81]

Generalsekretär Olaf Scholz meinte bereits, die Agenda 2010 sei in der SPD gelaufen.[82] Im Übrigen wollte er das Wort «sozial» aus der «sozialen Gerechtigkeit» verschwinden lassen, denn die soziale Verteilungsgerechtigkeit sei in Deutschland in den letzten Jahrzehnten weit vorangekommen. Auch könne man in sämtlichen Programmen und Verlautbarungen der SPD das Etikett vom «demokratischen Sozialismus» streichen.[83] Auf dem nur ein halbes Jahr später folgenden Parteitag im November 2003 in Bochum wurde Scholz für seine Sicht der Dinge regelrecht abgestraft und erhielt als Generalsekretär, der das Vertrauen Schröders genoss, nur 52,6 Prozent der Stimmen. Da Scholz der einzige Kandidat war, kam dieses Ergebnis einer Demütigung gleich. Scholz stand unter Schock, und der Kanzler konnte seine Wut kaum verbergen. «Kindergarten» war ein öfter gehörtes Wort in seiner Umgebung; und: «Wozu tun wir uns das eigentlich an?»[84] Wolfgang Clement als hauptverantwortlicher Minister für die Agenda musste bei der Wahl zum stellvertretenden Parteivorsitzenden mit 56,7 Prozent der Stimmen eine ähnliche Schlappe hinnehmen. Ganz seinem Naturell entsprechend hatte er mit keinem Wort um Zustimmung oder Nachsicht gebuhlt. Nach der Bekanntgabe des Ergebnisses sagte er zu den Delegierten: «Wir gehen wichtigen Diskussionen entgegen. Ich freu' mich drauf. Glück auf!» «Die Zeit» kommentierte: «Das klang wie: Zieht euch warm an, ihr Armleuchter. Ich komme wieder!»[85]

Schröder wurde mit rund 80 Prozent wiedergewählt, aber alle merkten, dass sich etwas ändern musste. Denn offenbar schlugen die Delegierten den Sack, meinten aber den Esel. Beide Ämter, Kanzler und Parteivorsitzender, in schwierigen Zeiten auszufüllen war ihm nicht gut möglich, und nur Kanzler war Schröder mit Herzblut. Die relative Ruhe täuschte: Über das Jahr 2003 hinweg verlor die SPD annähernd 100 000 Mitglieder durch Austritt. Die Partei, die 1977 mit über einer Million Mitgliedern in der alten Bundesrepublik ihren Höchststand erreicht hatte, sollte in den kommenden Jahren auf unter eine halbe Million Mitglieder sinken.

Beruhigt werden konnte die SPD nur, indem Schröder den Parteivorsitz, den er ohnehin nur dem Abgang Lafontaines 1999 zu verdanken hatte, an jemanden abtrat, der die vielbeschworene «Seele» der Partei wärmen konnte – und dennoch hinter der Agenda 2010 stand. In Schröders Sicht gab es nur einen, der dieser Aufgabe gewachsen war: Franz Müntefering. Er war im ersten Kabinett Minister für Verkehr, Bau- und Wohnungswesen gewesen, hatte nach Lafontaines Ende das Amt des Generalsekretärs und in der zweiten Legislaturperiode den SPD-Fraktionsvorsitz übernommen. Fair, pragmatisch und loyal, lauteten Attribute, die ihm zugeschrieben wurden. Er war auch auf eigentümliche Art scheu. In einem gemeinsamen Interview soll Schröder zu ihm gesagt haben, dass er ihn gerne zum Freund hätte, woraufhin Müntefering geantwortet haben soll, er sei nicht so der Kumpeltyp.[86] Sein Ziel war, die «Partei mitzunehmen» auf dem schwierigen Reformweg. Der Kanzler sah ihn als Vertrauten. Jemand aus dem engeren Kreis beschrieb beider Verhältnis zueinander so: «Zwischen ihnen gibt es keine Chemie. Aber beide wissen, dass sie aufeinander angewiesen sind.»[87] Daraus mag sich durchaus Freundschaft entwickelt haben. Müntefering, der erdverbundene Sozialdemokrat und Freund kurzer Sätze – «Regierung gut, Partei gut», «Opposition ist Mist» –, schien ideal dafür geeignet, Identifikation zu stiften und Glaubwürdigkeit auszustrahlen. In der SPD gab es tatsächlich so etwas wie einen «tiefen Glauben an Franz Müntefering».[88] Müntefering, der nicht über der Partei oder neben ihr stand, sondern mittendrin, sollte die SPD aus ihrem Tief herausholen und ihr neue Zuversicht vermitteln.

Er musste regelrecht überredet werden, den Parteivorsitz zu übernehmen. Die Absprache zwischen Schröder und ihm blieb geheim, worüber sich später vor allem Wolfgang Clement, Müntefering alter Rivale aus Nordrhein-Westfalen, entrüstete. Clement dachte damals: «Das ist das Ende der Reformpolitik», und er fügt heute fälschlicherweise hinzu:

«Das war es auch.»[89] Erst am 6. Februar 2004 wurde der Wechsel von Schröder zu Müntefering einer überraschten Öffentlichkeit verkündet. Wieder ein Coup! Und ein Befreiungsschlag für Schröder. Auf dem Sonderparteitag der SPD vom 21. März 2004 wurde Müntefering von den Delegierten mit 95,1 Prozent zum neuen Parteivorsitzenden gewählt. Für Schröders Kanzlerschaft bedeutete dies eine Rettung über die schwierige Zeit hinweg. Ob Müntefering jedoch auch den Tanker SPD vor einer Havarie würde bewahren können, war noch nicht ausgemacht. Immerhin war es Müntefering, der am Grundgerüst der Agenda 2010 nicht rütteln wollte. Nachdem es auf dem Sonderparteitag von 2003 eine hohe Zustimmung von 90 Prozent für die Agenda gegeben hatte und das SPD-Mitgliederbegehren gescheitert war, konnten sich Parteiführung und Kanzler auf diese Legitimation berufen. Schröder hatte auf dem Sonderparteitag den Linken einige Zugeständnisse gemacht und die Forderung nach einer Vermögens- und Ausbildungsplatzabgabe akzeptiert – allerdings mit der Einschränkung, diese auf dem nächsten regulären Parteitag zu verhandeln. Auf diesem Parteitag vom November 2003 in Bochum wurde jedoch die Vermögensabgabe gar nicht weiter verfolgt, dafür eine sehr moderate Erbschaftssteuer beschlossen, die nicht viel mehr als einen Placebo darstellte. Die Ausbildungsplatzabgabe wurde zwar im Bundestag beschlossen, aber vom Bundesrat im Sommer 2004 abgelehnt. Warum wurde dies alles so hingenommen? Der Parlamentarischen Linken fehlte es nicht nur an einem schlüssigen Konzept, sie war vielmehr selbst Gefangene des vielbeschworenen «Reformbedarfs», den sie grundsätzlich anerkannte, weil man sich davon eine konjunkturbelebende Wirkung versprach. Der mit Blick auf die Agenda 2010 brachiale Regierungsstil des Kanzlers, der sich unter keinen Umständen auf langwierige Diskussionen einlassen wollte, brachte die Linken in ein Dilemma: entweder einen Konflikt mit der Führung vorantreiben und dabei den Machtverlust für Rot-Grün riskieren – oder die Zähne zusammenbeißen und gegenüber der Opposition im Bundestag retten, was zu retten war.

Die Grünen und die Agenda

So umstritten die Agenda 2010 in der SPD auch war – es fehlte den Linken an einem Anführer, der die Massen bewegen und ein modernes Gegenprogramm zu Schröders Reformen formulieren konnte. Ottmar Schreiner, der den Widerstand anführte und über viele Wochen hinweg in den Fernsehkanälen präsent war, erfüllte diesen Anspruch nur bedingt; er war, obwohl auch Saarländer, von Temperament und Habitus kein zweiter Lafontaine. Die anderen wie Michael Müller, Gernot Erler oder Andrea Nahles waren in der Öffentlichkeit weniger bekannt, und so hatten die Linken Schröder wenig entgegenzusetzen, weder machtpolitisch noch programmatisch.

Bündnis 90/Die Grünen hatten diese Probleme nicht, sondern standen viel geschlossener hinter den Beschlüssen der Agenda. Zwar wurde, angeführt vom stellvertretenden Fraktionsvorsitzenden Reinhard Loske und von weiteren Grünen aus Landtagen, angemahnt, die Reformagenda stärker an ökologischen Zielen zu orientieren und Geld aus umweltschädlichen Projekten wie dem Kohlebergbau in eine Modernisierung der Wirtschaft fließen zu lassen, doch die Grundidee stieß auf große Zustimmung.[90] «Für eine Agenda 2010 mit ökologischer Ausrichtung» – so war das immer weiter entwickelte grüne Positionspapier überschrieben.[91] Der Kerngedanke lautete, die Sozial- und Wirtschaftsreformen mit der Energiewende und einer weiteren ökologischen Modernisierung zu verknüpfen. «Nach wie vor hängen wir an den fossilen Energien wie der Süchtige an der Nadel», hieß es dort. Investitionen sollten deshalb in die Erzeugung regenerativer Energieformen sowie «grüner Dienstleistungen» fließen und dort neue Arbeitsplätze schaffen. Die Milliardensubventionen des Kohlebergbaus und die Pendlerpauschale, die das Autofahren begünstige, müssten abgebaut werden. Die Einnahmen aus einer weiteren Besteuerung fossiler Energien könnte man den Sozialkassen zuführen und auf diese Weise das Kernziel der Agenda, nämlich die Reduktion der Lohnnebenkosten, erreichen. Eine plakative Formulierung fasste zusammen: «Durch sinkende Lohnnebenkosten und höhere Ressourcenpreise werden Kilowattstunden Strom, Fässer Öl und Tonnen Erz arbeitslos gemacht und stattdessen

Menschen in Arbeit gebracht.»[92] Originell, aber in der Form durchaus etwas naiv erscheint der Gedanke, wonach die ökologischen Reformen auch auf das Gesundheitswesen durchschlagen würden: Maßnahmen zur Lärmreduzierung, eine gezielte Förderung des Fahrrads – «Masterplan Rad» – und Investitionen in die Lebensqualität würden die Gesundheit stärken und die Lebensqualität steigern. So atmeten einige Teilforderungen einen «urgrünen» Geist, beispielsweise die Idee, dass die Bezieher des geplanten Arbeitslosengeldes II sich durch Landschaftspflege «etwas hinzuverdienen könnten».[93]

Auf ihrem Sonderparteitag Mitte Juni 2003 in Cottbus stellten sich die Grünen mit sehr deutlicher Mehrheit von 90 Prozent hinter die Agenda 2010.[94] «Wir stehen in einer revolutionären Umbruchsituation», sagte Fraktionschefin Katrin Göring-Eckhardt. Die Grünen seien nie eine Partei gewesen, die wegen der Größe der Aufgabe gezaudert hätte, und so dürfe man auch jetzt nicht innehalten bei der Modernisierung.[95] Dass über die Agenda 2010 kein Grundsatzstreit aufbrandete, war auch ein Verdienst von Reinhard Bütikofer, der von 2002 bis 2008 als Bundesvorsitzender der Grünen amtierte – bis 2004 in einer Doppelspitze mit Angelika Beer, anschließend mit Claudia Roth. Gegen den Rat von Joschka Fischer hatte er mitten im Wahljahr 2002 ein neues Grundsatzprogramm der Grünen vorangetrieben. Die Debatten, die die Sozialdemokraten nun fast zerrissen, hatten die Grünen bereits hinter sich. Sie verstanden die Zusammenlegung von Arbeitslosen- und Sozialhilfe seither immer als einen erwünschten Einstieg in die Grundsicherung, wenngleich sie diese nicht auf dem Niveau der Sozialhilfe belassen wollten. Einzelheiten besprachen Fritz Kuhn und Thea Dückert in stundenlangen Treffen mit Wirtschaftsminister Clement. Doch den Kurs hielten sie für richtig, harte Konflikte gab es nicht. Clement empfand Kuhn als «einen ausgesprochen kooperativen Partner».[96] In der eigenen Wahrnehmung mussten die Grünen der SPD damals Halt geben. Weil diese durch die Agenda-Politik durchgeschüttelt wurde, achteten die führenden Personen von Bündnis 90/Die Grünen darauf, nicht noch zusätzlich Öl ins Feuer zu gießen. «Wir müssen Rücksicht nehmen», lautete die Devise. Dies fiel ihnen deshalb leichter, weil sie mit Blick auf die Agenda ungewöhnlich geschlossen agieren konnten. Bütikofer, der eher das Gegenteil von telegen und als Redner durchaus schwierig für alle Zuhörer war, überzeugte durch sein

«Kämpferherz», mit dem er die Programmdebatte durchfocht. Die Früchte konnte seine Partei jetzt ernten: Zum Zeitpunkt der Auseinandersetzung um die Agenda 2010 war er laut «tageszeitung» der «erfolgreichste Parteivorsitzende, den die Grünen je hatten».[97] Die Grünen, so beschreibt er selbst das Erfolgsrezept, hielten gegenüber der Agenda 2010 immer ein «Minimum an Dialektik» aufrecht – dies und jenes sei gut, dies und jenes weniger.[98] Demgegenüber hatte es für zahlreiche Grüne den Anschein, als rolle die SPD-Führung wie ein Panzer durch das Dorf. Jedem, der etwas Kritisches vorbrachte, wurde unterstellt, er wolle den Kanzler stürzen.

Große Koalition: Die Agenda im Vermittlungsausschuss

Am 26. September 2003 verabschiedete der Deutsche Bundestag mit den Stimmen der Regierungsparteien einen flexibleren Kündigungsschutz. Danach durften Kleinbetriebe mit bis zu fünf Mitarbeitern weitere fünf Mitarbeiter befristet einstellen, ohne dadurch unter den Kündigungsschutz zu fallen; dieser Teil des Gesetzes wurde bis Ende 2008 befristet. Darüber hinaus wurde die Sozialauswahl auf die Kriterien Lebensalter, Betriebszugehörigkeit, Unterhaltspflichten und Schwerbehinderung eingeschränkt. Ferner begrenzte die Koalition den Bezug von Arbeitslosengeld ab dem Jahr 2006 auf zwölf Monate, für über 55-Jährige auf 18 Monate. Drei Wochen später, am 17. Oktober, verabschiedete der Bundestag wiederum mit den Stimmen der Koalition mehrere Teilreformen aus dem Agenda 2010-Komplex: Mit dem Haushaltsbegleitgesetz 2004 wurde die dritte Absenkungsstufe der Steuerreform auf dieses Jahr vorgezogen. Arbeitslosen- und Sozialhilfe legte der Gesetzgeber im Arbeitslosengeld II zusammen (Hartz IV). Grundsätzlich galt künftig jede Arbeit für zumutbar, wenn dafür ortsübliche Löhne gezahlt wurden. Die Organisationsreform der Bundesanstalt für Arbeit (Hartz III) zur künftigen Bundesagentur zielte auf eine schnellere und effizientere Vermittlung von Arbeitslosen. Eine Gemeindefinanzreform sollte die Gemeinden um drei Milliarden Euro entlasten. Ein weiteres Gesetz zur Förderung der Steuerehrlichkeit sah vor, bei Nachbesteuerung eine befristete Amnestie für nicht versteuerte Einkünfte einzuräumen. In drei

Schritten wurde die Tabaksteuer um jeweils 1,5 Cent pro Zigarette erhöht. Da viele dieser Gesetze «zustimmungspflichtig» waren, also das Einverständnis des Bundesrates benötigten, dort Rot-Grün jedoch über keine Mehrheit verfügte und die Ablehnung somit vorprogrammiert war, wusste jeder, was kommen würde. Am 7. November lehnte der Bundesrat mit den Stimmen der unionsregierten Länder die Gesetze über das Vorziehen der Steuerreform, das Haushaltsbegleitgesetz, die Gemeindefinanzreform, das Gesetz zur Steuerehrlichkeit sowie Hartz III und Hartz IV ab und rief den Vermittlungsausschuss an. Jetzt kam die Opposition ins Spiel. In der Aussprache, die Schröders Regierungserklärung vom 14. März 2003 gefolgt war, hatte Edmund Stoiber auf die Gemeinsamkeiten zwischen Union und SPD hingewiesen und dem Kanzler geantwortet: «Sie rennen bei uns mit Ihren Vorschlägen offene Türen ein.»[99] War es tatsächlich so?

Unter dem Vorsitz des Bremer Bürgermeisters Henning Scherf (SPD) sollten sich die 32 Vertreter von Bundestag und Bundesrat bis zum 15. Dezember einigen, damit die Gesetze zum Jahresbeginn 2004 in Kraft treten konnten.[100] Jeweils 16 Mitglieder, so sieht es die Geschäftsordnung des Vermittlungsausschusses vor, stellt der Bundesrat und 16 der Bundestag; jedes Bundesland entsendet einen Vertreter; die 16 Vertreter aus dem Bundestag werden von den Parteien proportional zu ihrem Stimmenanteil bestimmt; darüber hinaus haben die Mitglieder der Bundesregierung das Recht, an den Sitzungen teilzunehmen. Das Vermittlungsverfahren zur Agenda 2010 wurde zu einem Machtpoker erster Güte, das Wort vom Scheitern geisterte des Öfteren durch das politische Berlin, und am Ende mussten die Parteivorsitzenden das Heft selbst in die Hand nehmen, um überhaupt zu einem Abschluss zu gelangen. Ziel der CDU/CSU war es, im Vermittlungsausschuss die Gesetzesvorhaben in einem Maße zu verschärfen, dass sie für den linken Flügel der SPD nicht mehr tragbar waren. Der sozialdemokratische Burgfriede, der vor den Abstimmungen im Bundestag geschlossen worden war, sollte aufgebrochen werden, damit Rot-Grün von den eigenen Leuten unter Druck geriet und der Kanzler gestürzt würde. Dies jedenfalls war die eiserne Strategie des hessischen Ministerpräsidenten Roland Koch. Für ihn war klar: Man musste die Bundesregierung in ihren Grundfesten schwächen und zum Machtverlust treiben, und dies konnte nur durch eine «glasklare Opposition» erreicht werden.[101] Koch selbst strebte nach Profilierung, denn er wollte, nachdem Edmund Stoiber im Herbst 2002 gescheitert war und sich nach Bayern zurückgezogen hatte, der nächste Kanzlerkandidat der Union sein. Dies strebte allerdings auch die CDU-Vorsitzende Angela Merkel an, die völlig andere Vorstellungen als der Hesse hatte. Die meisten führenden Politiker in CDU und CSU hielten eine komplette Ablehnung der Reformpläne für unmöglich, da sie ja eigene Programmpunkte widerspiegelten. Merkel und Koch schätzten die Lage der Regierung und des Kanzlers ganz unterschiedlich ein. Ging Koch davon aus, dass Schröder innerparteilich geschwächt und es nur noch eine Frage der Zeit sei, wann er zurücktreten müsse, so sah Merkel ihn durch die gewonnenen Abstimmungen im Bundestag wieder mit festem Rückhalt in seiner Partei verankert. Anders als Koch zeigte sie sich kompromissbereit: «Die Leute wollen nicht, dass die Union eine Position bezieht, das Land vor die Wand zu fahren», bekundete sie auf einem Deutschlandtreffen der Jungen Union.[102]

Zunächst dominierte allerdings die Kochsche Strategie. Um eine stärkere Gegenposition zu Hartz IV aufzubauen, brachte der hessische Ministerpräsident zur Überraschung aller einen kompletten Gegenentwurf zum Gesetz für moderne Dienstleistungen am Arbeitsplatz ein – das Existenzgrundlagengesetz (EGG), das Sozialleistungen nur noch äußerst restriktiv gewähren wollte. Da das Modell des EGG in der alleinigen Trägerschaft der Kommunen sein sollte, lehnten es aus Kostengründen selbst CDU-Ministerpräsidenten aus Ostdeutschland ab. Höchst umstritten war die beabsichtigte Steuerreform der Bundesregierung, und auch auf diesem Feld spitzte Koch mit allem, was ihm zur Verfügung stand, zu und lehnte eine kreditfinanzierte Steuerreform kategorisch ab. Koch erklärte, dass es kein Vorziehen der Steuerreform auf Pump geben könne; im Zuge der Steuerschätzungen schwenkten auch der baden-württembergische Ministerpräsident Erwin Teufel und sein thüringischer Amtskollege Dieter Althaus, beide CDU, auf diese harte Linie ein. Im Vermittlungsausschuss waren zwei Arbeitsgruppen gebildet worden, welche die Themen Wirtschaft und Arbeit auf der einen Seite und Steuern und Finanzen auf der anderen Seite vorsondierten und Vorschläge unterbreiten sollten. Bei Arbeit und Wirtschaft übernahmen Ministerpräsident Roland Koch und der stellvertretende SPD-Fraktionsvorsitzende Ludwig

Stiegler den Vorsitz, bei Steuern und Finanzen Joachim Poß (SPD) und der baden-württembergische Finanzminister Gerhard Stratthaus (CDU), allerdings war auch in dieser Arbeitsgruppe Roland Koch vertreten. Nur äußerst mühselig bewegte man sich, ohne voranzukommen, die starre Haltung Kochs machte es nahezu unmöglich, irgendwelche Kompromisse zu finden. Man werde zu keiner Einigung gelangen, solange Koch die Verhandlungsführung – in Wahrheit eine Blockadehaltung – der Union innehabe, hieß es aus der SPD. Von Sitzung zu Sitzung wurde der Ton rauer, die Anspannung stieg jedes Mal, man trug hitzige Wortgefechte besonders mit Blick auf die Steuerreform aus.

Aus dem Kanzleramt existieren interne Papiere über die geeignete Verhandlungsstrategie der Regierungsvertreter im Vermittlungsausschuss. Oberste Priorität hatte demzufolge, die Steuerreform durchzubringen; dafür war man sogar bereit, die Arbeitsmarktgesetze zu verschieben. Dort hieß es: «Unser wichtigstes Ziel ist das Vorziehen der Steuerreform. Die Zusammenlegung von Arbeitslosen- und Sozialhilfe ist dagegen so komplex und die kurzfristigen Meinungsverschiedenheiten für eine Einigung sind so groß, dass im Interesse der Betroffenen bei Hartz IV jetzt keine Lösung über das Knie gebrochen werden darf.»[103] Damit die Steuerreform um ein Jahr vorgezogen würde, schlug das Finanzministerium ein Modell vor, wie die Gegenfinanzierung des Bundesanteils vorzunehmen sei: Zu den bisher schon eingestellten zwei Milliarden Euro Privatisierungserlös sollten noch einmal zwei Milliarden über Privatisierungen und eine Milliarde Euro über Einsparungen bei der Bundesanstalt für Arbeit bereitgestellt werden. Dafür forderte man «mehr Subventionsabbau bei Entfernungspauschale und Eigenheimzulage», als die Union bisher zuzugestehen bereit war. Fruchtete dies alles nichts, war man zur Not zu «gewissem Entgegenkommen bei den Arbeitsmarktgesetzen» bereit – dies betraf vor allem den Kündigungsschutz, den die Union weiter lockern wollte, und die Zumutbarkeitsregelungen, bei denen die Union eine Verschärfung forderte.[104] Käme dann immer noch keine Einigung zustande, müsste die Regierung drohen, die Handwerksordnung zustimmungsfrei zu gestalten, um den Bundesrat zu umgehen, denn «hier hat die Union ein größeres Interesse als wir, zu einer Einigung zu kommen!»[105]

Am 12. Dezember wartete Koch vollkommen überraschend mit einem

Kompromissvorschlag auf und präsentierte ein Optionsmodell bezüglich der Frage, wer die Trägerschaft der Jobcenter übernehmen sollte. Doch auch dieses Mal war Taktik im Spiel, denn Volker Kauder (CDU) betonte, man werde nicht mehr in diesem Jahr darüber entscheiden können, da die gesamten Rahmenbedingungen neu gefasst werden müssten.[106] Alles hätte sich hingezogen, und Rot-Grün wäre das Regieren von Tag zu Tag schwerer gefallen, bis die Koalition, so das Kalkül, hätte aufgeben müssen.

Roland Koch, der in jedem Detail stets bestens vorbereitet war, was man von der SPD-Seite nicht immer behaupten konnte, überreizte am Ende innerparteilich sein Spiel. Angela Merkel und Edmund Stoiber gaben im Vorfeld der letzten Sitzung des Vermittlungsausschusses zehn Tage vor Weihnachten bekannt, dass sie zu einem Gipfeltreffen der Parteichefs in den Ausschuss kommen würden, falls die Bundesregierung neue Pläne hinsichtlich der Steuerreform vorlege. «Das hatten wir noch nie», begrüßte Henning Scherf am 14. Dezember die Anwesenden, «dass plötzlich die Parteivorsitzenden als Vertreter der regulären Mitglieder des Ausschusses aufkreuzen.»[107] Neben Merkel und Stoiber waren Guido Westerwelle (FDP), Franz Müntefering, Kanzler Schröder, Vizekanzler Fischer und die Minister Eichel und Clement anwesend. Der erste Durchgang der «Elefantenrunde» verlief ergebnislos, doch nächtens raufte man sich zusammen. Als Kanzler Schröder in der Nacht von Sonntag, den 14. Dezember, auf Montag, den 15. Dezember 2003, um 3:27 Uhr vor die Mikrophone der wartenden Journalisten im Foyer des Bundesrates trat, bestätigte sich ein geflügeltes Wort, wonach ein Kompromiss dann vollkommen sei, wenn beide das erhalten, was sie nicht haben wollen. Schröder kommentierte: «Das Ergebnis geht absolut in Ordnung (...). Natürlich kann man sich immer mehr vorstellen.»[108]

Hatte die «tageszeitung» mit Blick auf Beschlüsse des CDU-Parteitags vom 1. Dezember 2003 in Leipzig noch von einem «Sozialstaatsvernichtungsprogramm» geschrieben, «gegen das die Agenda 2010 wirklich niedlich daherkommt»,[109] so mussten im Vermittlungsausschuss beide Seiten, Regierung und Opposition, Abstriche machen. Den unionsinternen Machtkampf indessen entschied Angela Merkel für sich, sie ging als die Siegerin hervor. Merkel hielt ihre Partei zusammen und durchschlug gemeinsam mit Kanzler Schröder den gordischen Knoten. Wie sahen die Ergebnisse aus? Die Arbeitsmarktreformen trugen nach wie vor die Handschrift der Bundesregierung. In einigen Punkten konnte sich jedoch die Opposition durchsetzen. Die auffälligste Änderung im «Gesetz zu Reformen am Arbeitsmarkt» betraf eine Lockerung des Kündigungsschutzes, die auf Druck der Union und der FDP stärker als von Rot-Grün geplant ausfiel. Somit ging der Kompromiss zu Lasten von Schröders Rückhalt in der eigenen Partei. Hatte nämlich der linke Flügel vor der Abstimmung über Hartz IV im Bundestag noch Änderungen bei der Zumutbarkeitsregelung erreicht, so wurden diese während des Vermittlungsverfahrens wieder aufgegeben. Eingriffe in das Tarifrecht durchzusetzen gelang der Opposition freilich nicht, gesetzliche Öffnungsklauseln verhinderte die Bundesregierung. In sämtlichen Strategiepapieren aus dem Kanzleramt für die anstehenden Verhandlungen, die mögliche Kompromisslinien skizzierten, war dies die rote Linie. «Beim Kündigungsschutz entgegenkommen, bei der Tarifautonomie nicht», hieß es in einem Strategiepapier vom 12. Dezember.[110] Im Vermittlungsausschuss hatte Ludwig Stiegler dementsprechend erklärt: «Die Tarifautonomie ist ein Granitthema. Diese Errungenschaft von 1920 ist ein grundrechtlich abgesichertes Freiheitsrecht, hinter dem mehr als 100 Jahre Arbeiterbewegung mit entsprechenden Opfern stehen.» Wenn hieran gerüttelt werde, sei es so, als würde die SPD fordern, die CDU möge ihr «C» aufgeben.[111] Die Neuregelung der Sozialauswahl, der Abfindungsanspruch bei betriebsbedingten Kündigungen, die leichteren Befristungsregeln für Existenzgründer – all diese Punkte entsprachen den rot-grünen Plänen. Beim Arbeitszeitgesetz konnte die Opposition längere Übergangsfristen durchsetzen, die etwa Krankenhäusern oder Feuerwehren ihre Personaleinsatzplanung erleichtern sollten. Auch die Organisationsreform der Bundesanstalt für Arbeit entsprach weitgehend dem Regierungsplan; die Union verhinderte jedoch, dass die Landesarbeitsämter abgeschafft wurden. Mit Blick auf die Zusammenlegung der Arbeitslosen- und Sozialhilfe – Hartz IV – konnte sich beim Leistungsrecht wiederum Rot-Grün und hier besonders die Linken durchsetzen. Das hieß: Das Arbeitslosengeld II sank nicht sofort auf Sozialhilfeniveau, sondern sollte für zwei Jahre aufgestockt werden. Hinsichtlich der Trägerschaft und der Organisation der neuen Grundsicherung griffen zwei Kompromissvorschläge ineinander, wobei die

Einzelheiten in einem Gesetz noch präzisiert werden mussten. Bei der Regelung der Gemeindefinanzen blockierten sich beide Lager mit der Folge, dass keine große Reform erzielt wurde; vielmehr blieb das Ergebnis dürftig. Allerdings mussten die Kommunen weniger von ihren Gewerbesteuereinnahmen an Bund und Länder abgeben. Entgegen den Plänen der rot-grünen Koalition blieben Freiberufler wie Ärzte, Anwälte und Architekten von der Gewerbesteuer verschont. Auch die Ausweitung der Bemessungsgrundlage konnte die Opposition abschmettern. Nur zum Teil durchsetzen konnte die Regierung, dass die dritte Steuerreformstufe vorzuziehen sei. Die Steuersätze wurden in einem Zwischenschritt 2004 auf 16 Prozent im unteren Bereich und auf 45 Prozent im oberen gesenkt – im Jahr darauf lauteten die Zahlen 15 und 42 Prozent. Das Entlastungsvolumen fiel damit etwa eine Milliarde Euro höher aus, als die Union einkalkuliert hatte. Daher stieg der Anteil der Steuersenkung, der über eine höhere Neuverschuldung finanziert wurde, von 25 auf 30 Prozent. Durch Subventionsabbau den Staatshaushalt zu entlasten, lautete ein vorrangiges Ziel der Regierung. Das Ergebnis fiel magerer aus, als Rot-Grün erhofft hatte: Bei den strittigen Kürzungen von Eigenheimzulage und Pendlerpauschale erzielte man Kompromisse, die in etwa in der Mitte lagen. Ein pauschaler Subventionsabbau entlastete die öffentlichen Kassen stärker. Die von der Regierung vorgesehene Abgeltungssteuer wurde auf das Jahr 2005 verschoben. Strittig war die Rentenreform. Erst 2004 sollte sie verabschiedet und der von der «Rürup-Kommission» vorgeschlagene Nachhaltigkeitsfaktor beschlossen werden, der den Anstieg der Rentenanpassung dämpfte und das Rentenniveau langfristig senkte, um die Rentenversicherung «demographietauglich» zu machen. Schließlich sollte die «Riester-Rente» attraktiver gestaltet werden, um die Menschen zur privaten Vorsorge für das Alter anzuregen. Vorgesehen war, ab 2005 die Renten schrittweise zu besteuern und die Rentenbeiträge von der Steuer freizustellen.

Bleibt anzumerken, dass in der «Bereinigungssitzung» des Vermittlungsausschusses am 16. Dezember 2003, in der wie üblich die Kompromisse und die geschriebenen Gesetze verabschiedet werden sollten, fast noch alles gescheitert wäre, weil die Nerven blank lagen. Während eines Wortbeitrags des niedersächsischen Ministerpräsidenten Christian Wulff (CDU) kam es zu einem Eklat. Wirtschaftsminister Clement gab das unflätige Götz-von-Berlichingen-Zitat wieder, was Wulff hörte und daraufhin den Saal verließ. Dieser, so vermerkt das Protokoll, war äußerst entrüstet und sagte: «Mit mir kommen Sie heute Abend zu keinen Ergebnissen.» Erst als der Vorsitzende Scherf beruhigte und Clement zur Entschuldigung drängte, konnte die Situation «bereinigt» werden – auch in dieser Hinsicht verdiente die Bereinigungssitzung also ihren Namen.

Massenproteste, «Montagsdemonstrationen» und Gewerkschaften im Aufruhr

In der Öffentlichkeit trat diese Beruhigung freilich nicht ein, ganz im Gegenteil. Für Rot-Grün wurde 2004 zu einem Jahr größten Unbehagens. Seit Wochen schwollen die Straßendemonstrationen gegen die Kürzungen bei Arbeitslosen und Sozialhilfeempfängern an. Zunächst waren es nur ein paar hundert Menschen, doch mit jeder Veranstaltung schien sich die Zahl zu verdoppeln, bald kamen mehrere Tausend. Anfang August 2004 gingen in Ostdeutschland wieder 40 000 Menschen auf die Straße, um in «Montagsdemonstrationen» gegen die Agenda-Politik zu protestieren. Das Ausmaß der Empörung überraschte die rot-grüne Bundesregierung. Es entstand ein Massenprotest, wie ihn die Bundesrepublik seit den 1980er Jahren nicht mehr gekannt hatte; und in Ostdeutschland war seit der Revolution 1989 kein solcher Protest mehr aufgetreten. Dass die Organisatoren dabei den Namen aus der Revolution von 1989 wählten, erschien nicht wenigen als unverfroren, dreist, geradezu skandalös, schließlich ging es, anders als bei den damaligen Montagsdemonstrationen, nicht um Diktatur oder Demokratie, und wer die Agenda 2010 scharf kritisierte, musste nicht mit Schikanen oder Haft rechnen. Aber die Stimmung heizte sich immer mehr auf. Als ein Treppenwitz der Geschichte kam einigen vor, dass ausgerechnet die PDS als Nachfolgepartei der SED zu Protesten unter dem Label «Montagsdemonstrationen» aufrief und aus der Wut der Menschen Kapital schlagen wollte.

Besonders die Gewerkschaften machten massiv Front gegen den drohenden Sozialabbau. Sie verstanden sich als «Stimme für Arbeit und soziale Gerechtigkeit» und prangerten die konzertierte Aktion von Regierung und Opposition an. In einem Brief an Bundestagspräsident Wolfgang Thierse schrieb der DGB-Vorsitzende Michael Sommer: «Die Debatten zwischen den politischen Lagern entzünden sich nicht an der eigentlichen Grundfrage der Sinnhaftigkeit einzelner Maßnahmen, sondern erschöpfen sich im Streit, ob die Vorgaben der Arbeitsmarkt- und Sozialpolitik tiefgreifend genug angelegt seien.» Gerade wegen dieser «fatalen Selbstbeschränkung der parlamentarischen Arbeit» sahen sich die Gewerkschaften als notwendiges Korrektiv, ja als außerparlamentarische Opposition.[112] Bereits im April 2004 hatten sie zu einem europäischen Aktionstag gegen Sozialabbau fast eine halbe Million Menschen mobilisieren können. Zwischen dem Kanzler und verschiedenen Gewerkschaftsführern kam es zu größten Verwerfungen. Zum DGB-Vorsitzenden Michael Sommer, der 2002 die Nachfolge von Dieter Schulte als Bundesvorsitzender des Deutschen Gewerkschaftsbundes angetreten hatte, war das Verhältnis menschlich seit Langem schwierig und von gegenseitiger Abneigung geprägt, über die Agenda 2010 zerstritten sie sich jedoch so, dass die Entzweiung irreparabel wurde und nur noch gegenseitige Verachtung spürbar war. Gegenüber Sommer erwies sich der Kanzler als ein Meister im Piesacken. Auf einer Veranstaltung in Berlin raunte er einmal gut vernehmlich: «Hinter mir sitzt Michael Sommer. Ich hoffe, er ist auf Waffen durchsucht worden.» Und auf einer Afrikareise im Januar 2004 stellte er den DGB-Vorsitzenden dem ghanaischen Präsidenten mit den Worten vor: «Den können Sie hier behalten. Der ärgert mich nur in Berlin.» Eine Woche lang ignorierte der Kanzler den mitreisenden Sommer vollständig.[113] Sommer, aber auch der IG-Metall-Chef Jürgen Peters, beides SPD-Mitglieder, und der ver.di-Vorsitzende Frank Bsirske, der ein Parteibuch der Grünen besaß, warfen Rot-Grün sozialen Kahlschlag und Lohndumping, ja eine «asoziale» Politik vor. Alle wirkten sie in den Augen des Kanzlers wie eine Gegenthese zur rot-grünen Reformregierung: In deren Reich herrschte noch die alte Ordnung, in der höhere Staatsausgaben und eine hohe Besteuerung der Reichen für Wachstum und Gerechtigkeit sorgen; Modernisierung und Reform schienen sie für verdächtige Schlüsselworte zu halten, die nach «Flexibilisierung», «Lohnnebenkosten» und «Rechte *und* Pflichten» klangen. Aus der SPD-Zentrale scholl es zurück, mit abstrakten Betrachtungen komme man nicht weiter, man wolle den Paradigmenwechsel, und man werde ihn auch durchziehen. Das von Sommer vorgelegte Gegenprogramm zu den rot-grünen Sozialreformen, betitelt mit «Programm für Wachstum und Beschäftigung», war von der veröffentlichten Meinung meist kritisch aufgenommen worden, konnte man darin doch vor allem die alten Rezepte wie ein staatliches Investitionsprogramm, eine höhere Neuverschuldung sowie Steuererhöhungen für «Reiche» erkennen. Mit solch einfachen Formeln gerieten die Gewerkschaften schnell wieder in den Ruch, die größten Bremser in Deutschland zu sein.[114]

Keiner der beiden, weder der Bundeskanzler noch der DGB-Vorsitzende, konnte aus dem Zerwürfnis Nutzen ziehen, es rief nur hämische Kommentare hervor. Franz Josef Wagner schrieb in seiner «Bild»-Kolumne an den DGB-Chef Michael Sommer: «Sie haben so viel gemeinsam mit Ihrem Hauptfeind Gerhard Schröder» und zählte auf: Kriegswaise, Proletarierkind, heute Großverdiener. «Wahrscheinlich seid ihr euch einig, welcher Club Meditérannée – ich tippe auf Martinique – der angenehmste ist. Welche Zigarre gut riecht und wer die schönsten Hemden macht (…). Der Kanzler hat einen Chauffeur, Sie haben einen Chauffeur. Sie, Diplompolitologe, schreien: Ausbeutung, Sozialabbau. Der Kanzler schreit: Agenda 2010 oder ich schmeiß hin. Ihr beide spielt ein Kinderspiel, ich glaube weder Sommer noch Schröder. Ich glaube, dass ihr eure Macht mehr liebt als alles andere.»[115]

Im Gegensatz zu 1998 und 2002 sollte der DGB im Vorfeld der vorgezogenen Bundestagswahlen 2005 auf eine inoffizielle Wahlkampfempfehlung seiner Mitglieder verzichten; Schröder vermutet in seinen Erinnerungen, dass Teile der Gewerkschaftsführung «systematisch auf meinen Sturz hinarbeiteten».[116] So schien er eine Analogie zu 1974 zu erkennen, als Willy Brandt, vom harten Streik im öffentlichen Dienst angeschlagen, wegen des DDR-Spions Guillaume das Handtuch warf. Der Bruch zwischen SPD und Gewerkschaften kam nicht ganz überraschend, lange Zeit hatte es zwischen beiden gekriselt. Doch nun ging man auf Distanz zueinander, und der DGB betrieb eine Fundamentalopposition. In dieser Entfremdung konnte man einen Verlust sehen, ein Zerbrechen alter Traditionen der Arbeiterbewegung. Man konnte jedoch auch auf die Vorteile eines Abschieds voneinander verweisen: Die

SPD würde von einer neuen Denk- und Handlungsfreiheit profitieren, wenn sie mit den Gewerkschaften nicht derart eng wie in der Vergangenheit verbandelt wäre, und jene wiederum könnten sich viel klarer als Interessenorganisation ihrer Mitglieder profilieren. Denn so dröhnend die Gewerkschaften seit 2003 auftraten – sie taten dies aus einer Position der Schwäche heraus. Sinkende Mitgliederzahlen und Rekrutierungsprobleme bei jüngeren Menschen und in den Milieus der neuen Arbeitswelten zehrten die Gewerkschaften seit Jahren aus. Allein zwischen 1998 und 2006 verloren die Gewerkschaften 1,71 Millionen Mitglieder von 8,31 Millionen 1998 auf 6,6 Millionen 2006; auch während der Hochphasen des Protestes gegen die Agenda 2010 konnte der kontinuierliche Mitgliederverlust nicht gestoppt werden.[117] Überdies waren die Einzelgewerkschaften, ganz zu schweigen von den Mitgliedern, gespalten. Nicht alle verdammten die Agenda 2010 in Bausch und Bogen. Einer Umfrage vom Mai 2003 zufolge waren nur 37 Prozent der Gewerkschaftsmitglieder der Auffassung, die geplanten Kürzungen von der Bezugsdauer der Arbeitslosenunterstützung bis hin zum Krankengeld gingen eindeutig zu weit. 48 Prozent meinten indessen, das Ausmaß der Veränderung sei gerade richtig oder müsse sogar noch verschärft werden.[118]

Was die «Montagsdemonstrationen» anging, so äußerten zu allem Unglück für die rot-grüne Regierung auch Sozialdemokraten, darunter sogar der Bundestagspräsident, Wolfgang Thierse, und der Ministerpräsident von Brandenburg, Matthias Platzeck, Verständnis dafür, dass die Menschen auf der Straße ihre Angst und Wut herausschrien. Hartz IV, so ihr Vorwurf, sei «westdeutsch gedacht» und für viele im Osten eine «Zumutung». Dieser Einwand entbehrte nicht der Grundlage, denn die Philosophie der Gesetzgebung, Arbeitslosigkeit durch effektivere Vermittlung auf der einen und Sanktionen auf der anderen Seite zu bekämpfen, ergab für Rostock, Dessau oder Chemnitz wenig Sinn, weil es dort keine Stellen gab, für die man Willige hätte qualifizieren und in die man Unwillige hätte pressen können. Effektive Vermittlung hieß im Osten Deutschlands häufig genug: Vermittlung in den Westen.

Auf den Sitzungen des SPD-Parteirates und des Parteivorstandes brachen jetzt die ganzen Missklänge hervor. Bereits im April 2004 hatte sich abgezeichnet, dass jene Oberwasser gewannen, die versuchten, «die allgemeine Lage zu chaotisieren», wie Franz Müntefering ausführte.[119]

Wirtschafts- und Arbeitsminister Clement hatte sich gezwungen gesehen, die Reformen auf dem Arbeitsmarkt gegenüber zunehmendem Argwohn zu verteidigen. Im Sommer war die Stimmung fast vollständig gekippt. Nun halfen auch Müntefings Beschwörungen nicht mehr, die Regierung müsse ihre Erfolge seit 1998 stärker in den Vordergrund rücken; die SPD müsse zeigen, was sie könne, und selbstbewusst den Menschen gegenübertreten. In der vierstündigen Debatte gingen die Wogen hin und her. Christoph Matschie aus Thüringen prangerte die «Gerechtigkeitslücke» an, die durch die Agenda 2010 entstanden sei; notwendig seien ein Mindestlohn und eine Erbschaftssteuer. Die Agenda sei deshalb schwer vermittelbar, stimmte Hans Pawlovsky ein, «da sie vor allem Auswirkungen auf die sozial Schwachen habe». Allgemeiner Tenor war, dass das Selbstbewusstsein der SPD «beschädigt» sei, so Jürgen Coße; die Partei drohe auseinanderzubersten. Bundeskanzler Schröder bat, zwei große Entwicklungstendenzen nicht aus den Augen zu verlieren: erstens die Globalisierung, die einen erheblichen Wettbewerbsdruck durch die internationale Arbeitsteilung und Europäisierung bringe; und zweitens den radikal veränderten Altersaufbau der Gesellschaft. Wenn man diese Dinge nicht mitbedenke, rede man aneinander vorbei. Alle hätten zu spät reagiert, doch die angemessene Reaktion auf die Entwicklungen sei die Agenda 2010. Er hielt es für selbstzerstörerisch, dass die «These der Ungerechtigkeit» ständig aus den eigenen Reihen verstärkt werde. Man müsse, dies sagte er mit Blick auf den Irak, ebenso auf die Friedenspolitik der Regierung verweisen und nicht zuletzt auch bedenken, dass man gezwungen sei, mit dem Bundesrat zusammen zu regieren.[120]

Wer gehofft hatte, damit würde sich die Missstimmung legen, wurde enttäuscht. Schon der folgende Beitrag von Ursula Engelen-Kefer, der stellvertretenden Vorsitzenden des DGB, riss alle Gräben wieder auf: Die Leistungen von Hartz IV seien zu niedrig, die Zumutbarkeitsregeln müssten verbessert werden, und die Steuerpolitik sei nicht gerecht. Dass die Gewerkschaften die Regierung stürzen wollten, stimme nicht. Das Land benötige Reformen, «zum Regieren seien jedoch auch Wähler nötig. Es seien zu viele verloren worden». Klaus Uwe Benneter fragte, was es nütze, nun eine Neuausrichtung der Politik zu fordern, denn Franz Müntefering habe unmissverständlich deutlich gemacht, dass es genau dies nicht geben werde. Der Agenda 2010, so Axel Schäfer, mangele es an «Compassion», daher rühre das Vermittlungsproblem. Gernot Grumbach meinte, die «Marke SPD sei beschädigt», und Brigitte Sippel diagnostizierte bei manchen Sozialdemokraten eine «klammheimliche Sehnsucht nach der Opposition». Franz Müntefering lehnte es ab, die Agenda 2010 für alles verantwortlich zu machen. Seit 1999 seien Wahlen verloren worden, ohne dass es die Agenda gegeben habe. Das Protokoll vermerkt fünf typisch kurze Sätze des Parteivorsitzenden: «Das nötige Vertrauen brauche Zeit. Diese Zeit müsse sich die SPD zugestehen. Beim Agenda 2010-Prozess sei man in der didaktisch falschen Reihenfolge gewesen. Dies sei schon häufig gesagt worden. (...) Hartz IV sei die Nagelprobe für die Handlungsfähigkeit.» Zum Schluss sagte Wolfgang Clement, «man ringe um die Zukunft der SPD als Volkspartei». Soziale Kompetenz sei ein Markenzeichen der SPD, diese bedürfe jedoch immer auch der ökonomischen Kompetenz. Im Übrigen, so gab er den Kritikern mit auf den Weg, sei Hartz IV bereits ein verabschiedetes Gesetz, und das hieß: Für eine Rücknahme, die manche forderten, benötigte man die Union.[121]

Drei Wochen später ging auf einer Parteivorstandssitzung der SPD die Debatte weiter. Während die ostdeutschen Sozialdemokraten von «Ängsten im Osten» berichteten, dort Nachbesserungen anmahnten und den Begriff «Ein-Euro-Job» als «Wahlkampfkiller» brandmarkten, argumentierten die westdeutschen, man dürfe keine unterschiedlichen Rechtsräume in Ost und West schaffen und so das Land spalten, gesamtdeutsches Handeln sei das Gebot der Stunde. Wolfgang Clement und Ottmar Schreiner lagen sich wie immer in den Haaren. Der Wirtschaftsminister mahnte einen vorsichtigen Umgang mit dem Begriff «Armut» an, während Schreiner die Schere zwischen Arm und Reich unerträglich weit aufgehen sah. Gerhard Schröder hingegen erblickte «in der herrschenden Mentalität ein großes Maß an Mitschuld an den gegenwärtigen Schwierigkeiten». Und weiter sagte er: «Oft herrschten falsche Erwartungen an den Staat und die Sozialsysteme. Nötig sei ein Mentalitätswandel. Es müsse immer hinterfragt werden, ob alles an Leistungen noch bezahlbar sei.»[122]

Die Medien ergötzten sich an den Konflikten der Sozialdemokraten. Genüsslich zitierte die «Bild»-Zeitung Ottmar Schreiner mit den Worten: Hartz IV sei «eine Bestrafungsaktion für unverschuldete Arbeitslosigkeit», und «SPD-Rebell» Sigmar Gabriel soll gesagt haben: «Es ist obszön, die Arbeitslosenhilfe zu reduzieren und gleichzeitig die Steuern zu senken.»[123] Am 30. August 2004 hatte der ehemalige SPD-Vorsitzende Oskar Lafontaine seinen Auftritt auf der Leipziger Montagsdemonstration, die den bisherigen Höhepunkt der Anti-Hartz-Proteste markierte. Die Veranstalter sprachen von 60 000 Menschen, die von der Nikolaikirche zur Oper zogen. Dort warteten bereits Dutzende TV-Übertragungswagen, die von Lafontaine angelockt worden waren. Leipzig stehe für den Ruf nach Freiheit und Demokratie, so begann dieser seine halbstündige Rede. Heute sei die Demokratie gefährdet, weil über die Köpfe der Menschen hinweg regiert werde. «Die Oberen werden entlastet, die Unteren immer stärker belastet», sagte Lafontaine und forderte, von Leipzig müsse ein Appell ausgehen: «Stoppt diese Politik!» Aus Tausenden Kehlen schallte zurück: «Schröder muss weg!» und «Wir sind das Volk!» Bei Lafontaine, den der Leipziger SPD-Oberbürgermeister Wolfgang Tiefensee zuvor noch zur unerwünschten Person in der Stadt erklärt hatte, dürfte sich Genugtuung eingestellt haben.[124]

Die globalisierungskritische Bewegung Attac kündigte an, die Protestaktionen gegen Hartz IV energisch auszuweiten. Mit Blockaden und «kollektiven Verweigerungsaktionen» solle «Sand in das Getriebe der Hartz-Maschine» gestreut werden, wie ein Attac-Sprecher der Chemnitzer «Freien Presse» mitteilte. Man denke daran, im Osten, wo die Arbeitslosigkeit besonders hoch war, Ministerien, Sozialämter und Arbeitsämter zu besetzen; damit solle «die Regierung in die Knie gezwungen werden».[125] Auch die Rechtsradikalen riefen im Internet ihre Mitglieder zur Teilnahme an den Demonstrationen auf, weil Arbeitslosen das Geld gestrichen werde, während «kriminelle Ausländer Milliarden» bekämen.[126] Nicht zuletzt riefen verschiedene CDU-Politiker aus dem Osten zu den Montagsdemonstrationen auf. Andere aus dem Westen, etwa der NRW-CDU-Chef Jürgen Rüttgers, distanzierten sich wortreich von Hartz IV, obwohl die Union die Beschlüsse nicht nur mitgetragen, sondern im Vermittlungsausschuss noch verschärft hatte. Kanzler Schröder empörte sich und sprach nicht allein von einem «abartigen Bündnis», sondern sah darin eine «neue Volksfront» aufkeimen.[127]

Drohte Berlin Weimar zu werden? Im Jahr 1956 hatte der schweizerische Journalist Fritz René Allemann sein berühmtes Buch «Bonn ist nicht Weimar» geschrieben, was zu einem geflügelten Wort für die Stabilität der Bonner Republik wurde.[128] Lag jetzt ein Hauch von Weimar über der erst 14 Jahre alten Berliner Republik? Mussten nicht Diffamierungen wie «Arbeiterverräter» ungute Erinnerungen aufkommen lassen? Die Tatsache, dass ein breites Bündnis gegen eine sozialdemokratisch geführte Bundesregierung auf die Straße ging, beschwor das Gespenst von Weimar herauf. Beobachter befürchteten, dass nicht nur die politischen Ränder rechts und links sich regen, sondern der politischen Mitte ganze Milieus wegbrechen könnten. Ging es in den Protesten nur um Hartz IV oder um eine grundsätzliche Demokratieverdrossenheit? Andererseits blieb Deutschland eine sehr reiche und stabile Nation, es gab keine Hungerschlangen wie in Weimar, keine marodierenden Freikorps- und SA-Trupps, und schon gar nicht war ein verlorener Krieg zu bewältigen. Doch Rot-Grün hatte mit den Hartz-Gesetzen einen Paradigmenwechsel beschlossen, der sich trefflich nutzen ließ, um an angstbesetzte Momente im kollektiven Gedächtnis zu appellieren. Deutlich war: Der Umbau des Sozialstaates konnte nur von einer «linken» Regierung bewerkstelligt werden, eine konservative hätte gegenüber einem Massenprotest der Straße keine Chance gehabt. Mit aller Macht hätten SPD und Gewerkschaften die Gesetze als abgrundtief unsozial bekämpft.

Die Union bot freilich kein rühmliches Bild, denn angesichts der Massenproteste wollte sie mit der selbst mitbeschlossenen Reform eine Zeit lang nichts mehr zu tun haben. Inhaltliche Kooperation einerseits, verbale Kritik, um sich für die anstehenden Landtagswahlen zu profilieren, andererseits – so ließ sich ihre Taktik beschreiben. Erst als Kanzler Schröder zum grobschlächtigen «Volksfront»-Vergleich griff, standen CDU und CSU wieder zu Hartz IV. Aus den Reihen der Liberalen gab es unterschiedliche Signale. Cornelia Pieper, Generalsekretärin der FDP, fand die Fundamentalopposition sympathisch, bekundete, «auf der Seite der Demonstranten» zu sein, und plädierte dafür, das ganze Unternehmen Hartz IV zu verschieben. Wie viel Ehrlichkeit war hier im Spiel? Der FDP-Vorsitzende Guido Westerwelle jedenfalls sah die Hartz-Reformen nur als einen Anfang, dem weitere, viel kräftigere Einschnitte rasch folgen müssten.[129] Dem wachsenden Druck der Straße gab Rot-Grün schließlich ein wenig nach. Man beschloss im August

2004, dass das Arbeitslosengeld II an alle Empfänger bereits im Januar 2005, und zwar am Monatsanfang ausgezahlt werden sollte. Zudem sollte der Kinderfreibetrag von 4100 Euro bereits von der Geburt eines Kindes an und nicht, wie zuvor vorgesehen, ab 15 Jahren gelten. Grundsätzliche Änderungen sollte es nach diesen Zugeständnissen jedoch nicht mehr geben, wie der SPD-Parteivorsitzende Franz Müntefering unterstrich; auch die Grünen-Fraktionsvorsitzende Katrin Göring-Eckardt erteilte Änderungen eine Absage: «Wir wollen, dass Hartz IV Wirklichkeit wird.»[130]

Die «Stimme des kleines Mannes»: «Bild»-Kampagne

Zum 1. Januar 2004 traten neue finanzielle Belastungen der Bürger in Kraft: Bei Arztbesuchen fiel eine Praxisgebühr von zehn Euro pro Quartal an, der Eigenanteil anfallender Kosten bei Arzneimitteln, Rollstühlen und Hörgeräten erhöhte sich, Krankenhausaufenthalte erforderten Zuzahlungen von zehn Euro am Tag (maximal 28 Tage pro Jahr), das Sterbe- und Entbindungsgeld wurden aus dem Leistungskatalog der Krankenversicherung gestrichen und Zahnersatzzuschüsse gekürzt. Ab dem 1. April 2004 mussten Rentner den vollen Beitrag zur Pflegeversicherung entrichten.

Zuvor schon wurden die Reformen von einer beispiellosen Kampagne der «Bild»-Zeitung begleitet; doch jetzt brach ein Trommelfeuer los. Mit allem, was ihnen zur Verfügung stand, feuerten das Boulevardblatt und weitere Zeitungen des Axel-Springer-Konzerns gegen Rot-Grün. Ziel war nicht nur, die Reformen zu denunzieren, vielmehr sollte die Regierung – die rasch vom «Antreiber» zum «Getriebenen» wurde – zu Fall gebracht, entmachtet werden. «Bild» inszenierte sich dabei als Anwalt oder als Stimme des kleinen Mannes oder von Kindern und alten Menschen. Vergessen waren die Berichte über die «faulen Arbeitslosen», mit denen «Bild» ein Jahr zuvor dicke Schlagzeilen gemacht hatte: «Florida-Rolf», jener Sozialhilfeempfänger, der sich seine «Stütze» nach Miami überweisen ließ, füllte wochenlang die Gazetten. Nun entdeckte der Boulevard eine Gemeinheit nach der anderen, die Arbeitslose durch Hartz IV zu erwarten hätten. Die Journalisten wählten eine Perspektive von unten und fragten,

Angst schürend in fetten Lettern: «Hartz IV: Was kommt auf die Arbeitslosen zu?»[131] Die Zeitung war maßgeblich daran beteiligt, dass sich der Name «Hartz IV» vollkommen verselbständigte und zum Skandal- und Schimpfwort gedieh. Nicht nur, dass mit den Emotionen der Menschen gespielt wurde, «Bild» legte es darauf an, Panik zu schüren: «Das wird ein teurer Winter!»[132] oder «Rentenkürzung wegen Hartz?»[133] Natürlich wurden Ungerechtigkeiten aufgezeigt – beispielsweise, dass jene, die für das Alter vorgesorgt und gespart hatten, «bestraft» wurden, weil der Vermögensfreibetrag zu gering ausfiel, oder dass jeder, gleich, wie viele Jahre er in die Arbeitslosenversicherung eingezahlt hatte, nur ein Jahr Arbeitslosengeld erhielt, oder dass die Ausbildungsvorsorge für Kinder unzureichend geschützt war. Das Muster der Berichte blieb jedoch stets dasselbe: die da oben – wir hier unten. So sollte der Eindruck erweckt werden, den Eliten, besonders der hedonistischen 68er-Generation, die jetzt in der Regierung saß, gehe es blendend, während der kleine Mann die Lasten der Reformen zu tragen habe: «Hartz IV: die großen Ungerechtigkeiten»,[134] «Runter mit den Pensionen!»,[135] «Hartz geht nur mit Herz»,[136] «Finger weg vom Urlaub»,[137] «Schluss mit den Luxus-Pensionen»,[138] «Von der Steuerreform zur Teuer-Reform»,[139] «Sie rauchen zusammen Zigarren, trinken Rotwein und planen schon für 2006: Big Bosse setzen wieder auf Genosse Schröder»[140] – und dann noch die Schlagzeile: «Wegen Hartz IV: Regierung will an die Sparbücher der Kinder!»[141]

Der deutsche Tierschutzbund musste dementieren, dass es einen Zusammenhang zwischen den Arbeitsmarktreformen und der Aussetzung von Haustieren gab, wie er von der «Bild»-Zeitung hergestellt worden war. «Mehr ausgesetzte Tiere – wegen Hartz IV», hatte deren Nachricht gelautet. Tatsächlich wurden in Deutschland seit einem Jahrzehnt schon Jahr für Jahr 70 000 Tiere ausgesetzt, besonders häufig in der Ferienzeit, was seit langem ein schändlicher Auswuchs der Wegwerfgesellschaft war.[142]

Im Winter 2004/2005 suggerierte «Bild», dass Hartz IV für die Arbeitslosigkeit verantwortlich sei: «Wegen Wintereinbruch und Hartz IV: Millionen Arbeitslose».[143] Dass Rot-Grün Inkompetenz bescheinigt wurde, kann nicht verwundern, «Bild» sprach von «Murks IV».[144] Der Namensgeber Peter Hartz wurde seines Lebens nicht mehr froh, sein Name war zum «Horror für Arbeitslose und Sozialhilfeempfänger» geworden.[145] Diffamierungen ließen nicht auf sich warten, je schlüpfriger, desto besser: «Der berühmte Herr Hartz (der von Hartz IV) – steckt er auch im Sex-Sumpf?»[146] Tatsächlich war es in der Abteilung von Hartz bei Volkswagen zu einem großen Veruntreuungsskandal gekommen, wofür er – der ein Geständnis ablegte – 2007 zu einer Bewährungs- und Geldstrafe verurteilt wurde. Er hatte sich nicht selbst bereichert. Sein Ruf war in den Medien jedoch zuvor schon vollständig vernichtet worden. «Hartz» – das war nun eine Chiffre ohne Mensch, und die Person Peter Hartz stand für die einen als Verkörperung der dunklen Seite des deutschen Korporatismus; für die anderen war er der Verräter an der Arbeiterbewegung; für «Bild» war er beides. Die völlig in die Defensive geratene Bundesregierung versuchte mit Anzeigen in der «Bild»-Zeitung dagegenzusteuern, so etwa mit Werbungen wie «Hartz IV: Fakten statt Vorurteile».[147] Diese Anzeige griff die Befürchtungen oder Vorurteile auf: Frage: «Ist Hartz IV Armut per Gesetz?» Antwort: «Im Gegenteil. Mit Hartz IV werden erstmals alle Kräfte auf die Überwindung der Arbeitslosigkeit konzentriert.» Frage: «Muss ich als Arbeitsloser in die Platte zwangsumziehen?» Antwort: «Nein. Ein Umzug kommt nur in Betracht, wenn die Wohnung ‹unangemessen› groß ist.» Frage: «Müssen meine Kinder ihr Sparschwein schlachten?» Antwort: «Nein. Die Bundesregierung hat klargestellt, dass die Sparguthaben von Kindern bis zu einer Höhe von 4850 Euro für jedes Kind geschützt sind.» Frage: «Arbeitslos – Datsche los?» Antwort: «Nein. Im Regelfall werden Bezieher von ALG II ihre Datschen behalten können.» Frage: «Jung, arbeitslos – hoffnungslos?» Antwort: «Nein. Im Gegenteil. Für junge Menschen wird von Beginn an eine besonders intensive Betreuung gelten.» Schließlich die Frage: «Ist Hartz IV sozial gerecht?» Die Antwort beschrieb das Gesamtkonzept und nahm alle Parteien in Haftung: «Ja. Denn sozial gerecht ist es vor allem, Menschen in Arbeit zu bringen und in die Lage zu versetzen, selbst für sich und ihre Familien sorgen zu können. Durch die gemeinsam von SPD, Grünen, CDU und CSU beschlossene Reform Hartz IV werden Arbeitsuchende besser betreut und in Arbeit vermittelt, müssen aber auch aktiv mitwirken. Dieses Prinzip ‹Fördern und Fordern› bedeutet: Wer erwerbsfähig ist, wird vom Staat dabei unterstützt, aus eigener Kraft wieder in Lohn und Arbeit zu kommen. Es bedeutet aber auch: Nur wer wirklich bedürftig ist, erhält Unterstützung aus Mitteln der Allgemeinheit.» Weitere Informationen folgten in den nächsten Wochen und Monaten, so «Hartz IV: Jeder Jugendliche bekommt eine Chance»[148] oder «Sozialhilfe? Wir holen die Menschen aus der Sackgasse».[149] All dies fruchtete jedoch nicht mehr. Hinsichtlich der in den Medien- und Kommunikationswissenschaften viel diskutierten Frage, ob die Medien die Wirklichkeit beschreiben oder sie in Wahrheit erst konstruieren, war an diesem Beispiel der Fall eindeutig: «Hartz IV» war zu einem seelenlosen bürokratischen Monstrum synthetisiert und galt als Inbegriff der Schande für eine Partei, die 1998 nicht nur «Innovation», sondern auch «Gerechtigkeit» auf ihre Fahnen geschrieben hatte. Die Schlacht war längst verloren. War dies alles noch demokratische Kontrolle der Medien, der «vierten Gewalt»? Oder kam hier nicht pure Zügellosigkeit zum Vorschein? Die Anmaßung eines Teils der Medien, sich selbst eine politische Rolle zuzuschreiben, ohne im Gegenzug Verantwortung für haltlose Vorwürfe zu übernehmen, hatte ein bisher nicht gekanntes Ausmaß erreicht.

Warum lief alles schief? Einschätzungen im Rückblick

Diese mediale Hysterie ist in den Augen der meisten Akteure auch heute, ein Jahrzehnt später, der Hauptgrund dafür, dass bei der Agenda 2010 zur Zeit ihrer Verabschiedung so gut wie alles schieflief und am Ende der Machtverlust für Rot-Grün stand. Darf man sich mit dieser Erklärung zufriedengeben? Kaum. Weiteres kam hinzu: Der Kanzler setzte auf volles Risiko und versuchte, die Agenda 2010 in der Partei und der SPD-Fraktion durchzupeitschen. Er hätte das Konzept auch viele Wochen lang diskutieren lassen können, doch wusste er genau, was dann geschehen wäre. Widerstand wäre mobilisiert worden, der Druck von außen auf die Abgeordneten hätte zugenommen, und am Ende wäre nicht einmal die Hälfte der Agenda übrig geblieben. Diskussionen hätten das gesamte Vorhaben so verwässert, dass es nicht mehr gewirkt hätte. Deshalb wurden vertraute Muster aufgegeben, und mit mitfühlenden Reflexen für ein Konzept, das, gemessen an vergangenen Reformen, sehr hart war, hielt man sich gar nicht erst auf. Flankierende Maßnahmen wie etwa eine gleichzeitige solidarische Belastung von höheren

Einkommen wies man zurück – zu sehr war vor allem das Kanzleramt von der Ideologie der Agenda überzeugt: wirtschaftsfreundliche Grundausrichtung zur Verbesserung des Investitionsklimas durch Deregulierung und Rücknahme staatlicher Leistungen. Der Preis dafür war hoch: Die meisten Deutschen verstanden nicht, warum die Agenda auf den Weg gebracht wurde. War es ein Befreiungsschlag nach einem missratenen Start, also fast instrumentell für Rot-Grün? Oder, so fragten sich viele, war es wirklich so schlecht um unser Land bestellt, dass jetzt etwas Dramatisches passieren musste? Weil ein Gefühl des Aufbruchs nicht vermittelt wurde, konnte die Angstkampagne auf fruchtbaren Boden fallen. Über die «Marke» Agenda 2010 ist erst umfassend informiert worden, als die Bedrohungsszenarien sich bereits in den Köpfen der meisten Menschen eingenistet hatten. Eine «Lust» auf Reformen konnte sie niemals bewirken. Als die Agenda zu einem Synonym für Sozialabbau wurde, was nicht zuletzt die Gewerkschaften zu verantworten hatten, und sich alles auf Hartz IV verengte, konnte Rot-Grün mit diesem Thema nicht mehr gewinnen. Diese komplette Reduktion auf Hartz IV ließ vergessen, dass es sich um ein Gesamtpaket handelte, um einen integralen Ansatz. Und auch dies schien die Öffentlichkeit zu vergessen: Die Agenda war in Wahrheit immer, so Fritz Kuhn, «Große Koalition plus Grüne».[150]

Man konnte die «Emotionen der Menschen nicht positiv ansprechen», so sagt es Wolfgang Clement heute.[151] Dafür verantwortlich waren jedoch auch gravierende Konstruktionsfehler. Um das wichtigste Beispiel zu nennen: Dass die Bezugsdauer des Arbeitslosengeldes abhängig sein müsse von der Dauer der Beitragsleistung, war bis dahin ein Grundsatz deutscher Sozialstaatlichkeit. Er wurde über Bord geworfen – ein schwerer Fehler, wie die meisten der damals Beteiligten heute einräumen. Man sei so «festgerammt» gewesen in der Überlegung, die Agenda einfach «auf Teufel komm raus durchpauken» zu müssen, dass man fast blind wurde gegenüber solchen hehren Prinzipien. «Und so führte die richtige Politik fast zum Ruin der Sozialdemokratie», bilanziert Rudolf Scharping.[152] Es ging dabei um eine «Frage der Ehre», wie der Politologe Manfred G. Schmidt festhält: «Nicht wenige Adressaten von ‹Hartz IV› sahen sich in ihrer Ehre als sozialversicherte Arbeitnehmer, die durch ihre Beitragszahlungen einen Rechtsanspruch auf Sozialleistungen erworben haben, verletzt. Und nicht wenige von ihnen sahen sich in ihrer Vorsorge für das Alter irregeleitet. Wer viele Jahre lang in die Arbeitslosenversicherung eingezahlt hatte, würde bei längerer Arbeitslosigkeit mitunter gleich oder schlechter behandelt als ein Antragsteller, der nicht berufstätig war und keine Ersparnisse beiseitegelegt hatte.»[153] Die meisten führenden Gewerkschafter sahen in der Agenda 2010 lediglich eine Hinwendung der Sozialdemokratie zum Neoliberalismus, und ihr bedrückendes Fazit zu Rot-Grün lautete: «zerplatzte Träume».[154] Aus diesem Blickwinkel bedeutete der Kern der Agenda, dass in Deutschland ein Niedriglohnsektor geschaffen wurde, ohne Abfederung durch einen gesetzlichen Mindestlohn, worunter Millionen zu leiden hatten. Andere verweisen auf die «Schuld» der Unternehmer, welche die Gunst der Agenda-Stunde genutzt hätten, um ihre Kernbelegschaft zu reduzieren, an ihrer Stelle auf Dauer mit Leiharbeitnehmern zu operieren und dort auch die Löhne zu drücken. Dies sei jedoch von der Politik nicht intendiert gewesen.[155]

In weiterer Perspektive zeigte sich wiederum dasselbe Muster wie in den vergangenen Jahren. Es war ein Kennzeichen beider rot-grünen Regierungen seit 1998, dass sie stets unter einem hohen Druck von außen standen. Manchmal wurde medial eine regelrechte Front aufgebaut. Diesem Druck nicht nur standgehalten, sondern dennoch Reformen bewirkt zu haben erscheint grundsätzlich bemerkenswert. «Die erfolgreichste Entscheidung», so resümiert Rezzo Schlauch von den Grünen, «auch wenn es möglicherweise komisch klingt, ist die Agenda 2010, die Reformen der Arbeitsmarktgesetze.»[156] Anfangs wurde die Reformdebatte zu sehr als «Opferdiskurs» und zu wenig als Diskussion über die Zukunft des Landes und im Hinblick auf den längerfristigen persönlichen Nutzen geführt. Doch wird man festhalten können, dass diese Debatte auch einen gewissen Realitätsschub erzeugte: Viele Menschen wurden sich über den zentralen Einfluss der demographischen Entwicklung auf die sozialen Sicherungssysteme bewusst und verabschiedeten sich von der Illusion, eine umfassende Absicherung sei ohne hohe Steuern und Abgaben künftig möglich. Und auch die schärfsten sozialdemokratischen Kritiker der Agenda 2010 konzedieren mit Blick auf den Kanzler: «Es war in gewisser Weise ein Opfergang.»[157] Schröder selbst sagt, man müsse bereit sein, das Risiko des Machtverlusts einzugehen.

Ob dies dem Kanzler damals bewusst war? Seine Antwort: nicht in diesem Ausmaß. «Ich habe schon gehofft, wir würden das hinkriegen. Sonst hätte ich das in dieser Form nicht gemacht.»[158] Bei dieser Antwort dachte Schröder bereits an die Auflösung des Deutschen Bundestages im Juni 2005 und die Ankündigung von Neuwahlen – alles oder nichts, lautete die Parole; Schröder, wir werden es sehen, war wieder in seinem Element.

Größte Arbeitsmarktreform in der Geschichte Deutschlands

Mit der Agenda 2010 endete die politische Logik der deutschen Nachkriegszeit, die von einem stetigen Ausbau der Wohlfahrtsstaatlichkeit ausging und seit den 1980er Jahren kaum mehr haltbare Sozialstaatsgarantien kontinuierlich weiter versprach. Noch nie zuvor hatte eine Regierung so konsequent Reformpolitik betrieben und den deutschen Sozialstaat gründlich umgebaut. In keinem anderen OECD-Land wurden so weitreichende Reformen auf dem Arbeitsmarkt, in der Steuerpolitik und auf dem Gebiet der Altersvorsorge durchgesetzt wie in der Bundesrepublik.

Den meisten Deutschen blieb 2004 als ein bedrückendes Jahr im Gedächtnis. Die finale Existenzkrise des Karstadt-Konzerns hatte begonnen, und beim Autohersteller Opel sah es nicht viel besser aus. Erst im Rückblick erkannte man, dass sich in diesem Jahr viel mehr veränderte, als den Zeitgenossen bewusst war. Wenn man Vergleiche nicht scheut, könnte man 2004 mit 1972 in eine Reihe stellen – damals war die bundesrepublikanische Gesellschaft modernisiert worden – oder auch mit 1990, dem großen Umbruchsjahr. Denn 2004 begann das Land, sich mit Ernst auf den globalen Wettbewerb, auf die Krise des Sozialstaates und auf die alternde Bevölkerung einzustellen. Ein schnelles Wachstums- und Beschäftigungswunder konnte freilich kaum erwartet werden. Bis die Reformen griffen, das war klar, würden mehrere Jahre ins Land ziehen. 2004 zeigte indessen: Deutschland erwies sich als reformfähig.

Die Frage, ob damit ein scharfer Bruch eingeleitet wurde oder ob nicht doch auch Kontinuität vorherrschte, lässt sich nicht ganz einfach beantworten, denn die Agenda 2010 stand gerade in diesem Spannungsverhältnis von Bruch und Kontinuität. Erstmals seit der Bismarckschen Sozialgesetzgebung wurde ein Rückbau des Sozialstaates durchgesetzt. Im größeren Zusammenhang war vor allem der Paradigmenwechsel in der sozialstaatlichen Logik gravierend: War der klassische Sozialstaat eher passiv ausgerichtet und hatte er die Bedürftigen nur mehr «verwaltet», so stellte sich das neue Sozialstaatsdenken als ein aktives und präventives dar.[159] Der aktivierende Sozialstaat wollte nicht mehr nur materiell unterstützen, sondern ein Förderangebot bereitstellen, von ihm sollten Ermutigungssignale ausgehen. Neben dem Bruch in der deutschen Sozialstaatsgeschichte und dem Paradigmenwechsel in der sozialstaatlichen Logik kann man die Agenda 2010 jedoch durchaus auch in der Kontinuität zum bundesdeutschen Wohlfahrtsstaat sehen, lässt sie sich doch als ein Versuch verstehen, ihn zu modernisieren, zu entschlacken, aber letztlich zu bewahren, genauer, seine «Subtanz»[160] zu erhalten. Nach wie vor gibt es keinen Industriestaat von vergleichbarer Größe, der ein so dichtes und hochwertiges Sicherungssystem aufweist wie Deutschland. Der Zäsurcharakter der Agenda 2010 bestätigt sich nicht zuletzt darin, dass alle nachfolgenden Bundesregierungen an den Reformen festhielten.[161] Auf der Haben-Seite der Agenda 2010 ist zu verbuchen, dass der Sozialstaat leistungsfähig gehalten, dass Wettbewerbsanreize gesetzt und Deutschland als Industriestandort wieder attraktiv gestaltet wurde. Über dieser positiven Würdigung darf jedoch nicht ausgeblendet werden, was die Reformen für die Betroffenen bedeuten konnten. Die Grundsicherung der Existenz war bei einem Leben mit Hartz IV-Sätzen nicht garantiert. Damit ist das «Recht auf ein menschenwürdiges Leben» verletzt worden, weshalb des Bundesverfassungsgericht im Februar 2010 die Bundesregierung zwang, die Regelsätze neu zu bestimmen.[162]

Im Verlauf des Jahres 2005 schienen erste positive Wirkungen der Agenda aufzukeimen. Kaum einer sprach mehr vom «kranken Mann Europas», vom «Abstieg eines Superstars»[163] oder malte das unwiderrufliche Scheitern Deutschlands in grellsten Farben an die Wand. Die Verdrossenheits- und Untergangsliteratur tatsächlicher und vermeintlicher Ökonomen befand sich merklich auf dem Rückzug. Der Internationale Währungsfonds erwartete langfristig positive Wirkungen von den Reformen. Deutsche Firmen, so der Chefvolkswirt des IWF, Raghuram Rajan, seien aufgrund der Umstrukturierungen der vergangenen Jahre wieder wettbewerbsfähig.[164] Die OECD veröffentlichte im Juli 2005 einen Bericht über die Arbeitsmarktreformen in ihren 30 Mitgliedstaaten. Der Befund lautete, dass nirgends so starke Fortschritte zu verzeichnen waren wie in Deutschland. Auch die Weltbank lobte die Bundesrepublik in einem Ranking 2005 als besonders eifriges Reformland.[165] Schließlich kam im selben Jahr die Bertelsmann-Stiftung in einer Analyse zum Ergebnis, dass Deutschland infolge der rot-grünen Reformen – anders, als es die Stimmungslage suggerierte – enorm aufgeholt habe.[166] Es war so: Schröder führte das Land in den wirtschaftlichen Aufschwung und seine Partei in die Wahlniederlage.

Beim Konjunkturboom, den Deutschland in den Jahren um 2010 erlebte und der das Land wesentlich von anderen Ländern unterschied, wurde wiederum gefragt, «wie viel Schröder im Aufschwung steckt».[167] Natürlich wird man das nie genau messen können, und die verschiedenen ökonomischen Denkschulen streiten sich ohnehin darüber. Doch neben den niedrigen Zinsen und den nationalen wie internationalen Konjunkturpaketen, mit denen auf die Finanz- und Verschuldungskrise reagiert wurde, ließ sich festhalten: Am niedrigsten Stand der Arbeitslosigkeit in Deutschland seit 1992 und an der Erholung am Arbeitsmarkt hatten aus Sicht der meisten Ökonomen die Hartz-Reformen einen gewichtigen Anteil. Nach Schätzungen sank infolge der radikalen Reformen am Arbeitsmarkt die Arbeitslosenquote um etwa 2,5 Prozent. Die Erleichterung von Teilzeitarbeit oder Kurzarbeit in konjunkturellen Schwächephasen hat das deutsche System flexibler gemacht. Gleichzeitig stieg jedoch die Zahl prekärer Beschäftigungsverhältnisse. Auch die maßvolle Lohnpolitik der Gewerkschaften fiel in die Zeit von Rot-Grün. Besonders die nur mäßig steigenden Lohnstückkosten sowie die verringerten sozialen Ausgaben nährten den Aufschwung. Dass der deutsche Exportboom wie noch nie zuvor anstieg, dürfte aus einer Kombination von beidem – der Lohnzurückhaltung und den Wirkungen der Agenda 2010 – zusammenhängen, was deutsche Industriewaren wettbewerbsfähiger machte.[168] Eine direkte Kausalität zwischen der Agenda 2010 und der günstigen Konjunkturentwicklung herzustellen erscheint schwierig, denn nur ein Bündel aus mehreren begünstigenden

Faktoren führte zum Erfolg – dazu gehören die Weltkonjunktur, die Lohnzurückhaltung, die Flexibilisierung des Arbeitsmarktes und die Entlastung des Faktors Arbeit von Soziallasten. Schließlich darf nicht vergessen werden, dass Deutschland mit der dualen Ausbildung ein relativ gutes Ausbildungssystem besitzt, das zur vergleichsweise geringen Jugendarbeitslosigkeit beiträgt. Bewährtes kombiniert mit Neuem – darin scheint der Schlüssel zum Erfolg zu liegen. Vor allem hat sich das industriebasierte Modell der Bundesrepublik Deutschland, das jahrelang in der Kritik stand, als solider erwiesen als der angloamerikanische Finanzkapitalismus. Deutschland war mit einem Male wieder so etwas wie ein «Modellstaat» und kein «Verfallsstaat» mehr. Die deutsche Industrie erstrahlte als der große Gewinner der Globalisierung. Dass dies freilich kein Endzustand ist und Dinge sich schnell ändern können – auch dies zeigte die vorangegangene Dekade.

3. Europäische Erinnerung –
Die Berliner Republik und die deutsche
Vergangenheit

Kulturstaatsminister Michael Naumann ...

Wenn in diesem Teil der Darstellung beschrieben wird, wie Rot-Grün in die Defensive geriet und aus ihr heraus zu agieren gezwungen war, so gab es einen großen Kontrapunkt zu dieser allgemeinen Tendenz. In einem Bereich agierte Rot-Grün nicht aus der Defensive, sondern befand sich vom ersten Tag an in der Offensive: im Bereich der Kultur- und Geschichtspolitik. Dies begann mit dem Überraschungsvorschlag, das Amt eines Kulturstaatsministers zu schaffen und setzte sich vor allem darin fort, dass die Regierung Schröder-Fischer ein heikles Thema anpackte, vor dem sich Helmut Kohl wie alle Kanzler vor ihm immer gedrückt hatte: die Entschädigung der NS-Zwangsarbeiter. Ebenso wie das Holocaust-Mahnmal in Berlin, das 2005 eröffnet wurde, war dies eines der letzten Großprojekte der deutschen Vergangenheitspolitik. So wurde, eingebettet in europäische und globale Debatten über den «richtigen» Umgang mit diktatorischen Vergangenheiten, erinnerungskulturell eine neue Nachkriegsrepublik erbaut, was symbolisch darin gipfelte, dass Bundeskanzler Gerhard Schröder als erster deutscher Regierungschef anlässlich des 60. Jahrestages des Endes des Zweiten Weltkrieges zu den Siegesfeiern am 9. Mai 2005 nach Moskau eingeladen wurde und in der ersten Reihe der Mächtigen der Welt posierte, um die Militärparade auf dem Roten Platz abzunehmen.

Doch am Anfang stand die Idee eines Staatsministers für Kultur. Ende Juli 1998 war die Ankündigung Gerhard Schröders publik geworden, im Falle eines Wahlsieges den Verleger Michael Naumann als Kulturstaatsminister in das Kanzleramt zu holen. Naumann, der mehrere Jahre bei der Wochenzeitung «Die Zeit» beschäftigt war, dann zum Rowohlt Verlag wechselte und seit 1995 für die Holtzbrinck-Gruppe erfolgreich in New York tätig war, galt als alert, rhetorisch brillant und meinungsfreudig. Er verfügte über internationale Kontakte in der Kulturszene und sollte dem Wahlkampfteam den prickelnden Hauch der Weltläufigkeit verleihen. Der Seiteneinsteiger wartete mit der Botschaft auf, nicht um der Macht willen – und schon gar nicht wegen des Geldes, als Verleger verdiente er ein Mehrfaches –, sondern um der Sache willen wolle er Politik betreiben.

Flinke Journalisten verpassten ihm sofort das Etikett: «Stollmann der Kultur»[1] – dies war eine Anspielung auf den designierten Wirtschaftsminister Jost Stollmann, der im Wahlkampf Interesse auf sich zog, weil viele Menschen Seiteneinsteiger schätzten, um endlich einmal neue Gesichter im Politikgeschäft zu sehen. Aber Stollmann trat sein Amt später nicht an. Natürlich sollte Naumann in der Endphase des Wahlkampfes Stimmen noch unentschlossener Kulturfreunde sichern, und selbstverständlich konnte das neue Amt auch als eine symbolpolitische Strategie der Sozialdemokraten gewertet werden, um ihr modernes Image zu stärken. Mit der Nominierung eines solchen Intellektuellen und Freigeistes wollte man sich von der Ära Kohl absetzen und einen Neubeginn markieren. Doch dass mehr oder weniger berufene politische Beobachter in Naumann lediglich einen «Wahlwettermacher»[2] oder eine «Wahlkampf-Wunderkerze»[3] erblicken wollten und der Nominierung eine nicht näher durchdachte «Dekorationspolitik» unterstellten,[4] zeugte von wenig Kulturverständnis oder allgemein von Vorbehalten gegenüber der Kultur und durfte als großes Missverständnis gelten. Der angebliche «Minister light» ist heute aus der Bundespolitik nicht mehr wegzudenken, trotz der Kulturhoheit der Länder, die seine Einflussmöglichkeiten begrenzen. Das Amt hat die Kulturpolitik in Zeiten der Globalisierung gestaltet, vom Muff des Föderalismus befreit und die flächendeckende Kulturszene Deutschlands sowie die des Kulturzentrums Berlin für die weltweite Künstler-Society attraktiv gemacht. Die Grünen unterstützten dieses Projekt, trugen jedoch am Anfang gestalterisch nichts Maßgebliches dazu bei. Ihre Stunde schlug jedoch, als es zur Errichtung des Kulturausschusses des Deutschen Bundestages kam – ein Novum in Deutschland – und trotz massiver Haushaltskürzungen die Bundeskulturstiftung eingerichtet wurde.[5] Seit dem Regierungswechsel 1998 existiert ein ständiger Ausschuss für Kultur und Medien, der korrespondierend zum Staatsminister die

Rahmenbedingungen für Kultur mit Bedeutung für die gesamte Nation wahrnimmt.

Die Ernennung Naumanns war ein Coup Gerhard Schröders – die Entscheidung traf er allein, ohne die Partei. «Naumanns Nominierung ist weniger ein strategisches Konzept gewesen», meint der Kanzler im Rückblick, «als vielmehr Teil unseres eigenen Lebens, wir pflegten Kontakte zu den Intellektuellen».[6] Schröders kulturpolitischer Beraterkreis beanspruchte, für einen «geistigen Aufbruch» Deutschlands zu stehen und die «restaurative» sowie «museale» Kulturpolitik der Vorgängerregierung beenden zu wollen.[7] Die Vokabeln waren alle bekannt und ihrerseits selbst nicht taufrisch, sie erinnerten an 1968/69. In der trockenen Sprache des Protokolls betonte freilich auch das SPD-Präsidium das wichtige «Signal, das mit dieser Nominierung verbunden sei»[8] – entsprechend firmierte die neue Offenheit in der Kultur als eines von fünf Themenkapiteln im Startprogramm der SPD und reihte sich somit gleichberechtigt neben Brennpunktthemen wie Bekämpfung der Arbeitslosigkeit und der Schaffung von mehr sozialer Gerechtigkeit auf der Agenda ein.[9] Übrigens trug die Union zur Schärfung des gegensätzlichen Wahrnehmungsprofils maßgeblich bei, indem aus ihren Reihen eingeräumt wurde, der Kandidatur Naumanns «zunächst leider nichts entgegenzusetzen» zu haben.[10] Im Wahlkampf versäumten die Herausforderer keine Gelegenheit, die vermeintlich geistige Starre der Kohl-Jahre zu betonen. Das intellektuelle Zugpferd warf auch auf den Kanzlerkandidaten Glanz ab, verlieh ihm das gewisse Etwas und weckte wiederum Assoziationen zur Willy-Brandt-Zeit: Um den künftigen Kanzler traf sich offenbar die Avantgarde der Nation. Naumann selbst ging sogar noch einen Schritt weiter. Er distanzierte sich nicht nur – wie in Wahlkämpfen generell üblich – von Bilanz und Programm des politischen Gegners, sondern von der gesamten politischen Kultur der Republik. Damit hob der Kandidat die symbolpolitische Maxime der Abgrenzung und des Neuanfangs gleichsam auf eine höhere Stufe, fernab des reinen Wahlkampfes: Es drehte sich anscheinend um mehr als «nur» eine zu gewinnende Bundestagswahl – der «Glanz» der künftigen Berliner Republik schien auf dem Spiel zu stehen.[11]

Auch im ersten Koalitionsvertrag von 1998 firmierte der Kulturstaatsminister als Inbegriff rot-grüner Innovation, er sollte Ansprechpartner und Impulsgeber für die Kulturpolitik des Bundes sein, auch ein Schallverstärker neu aufkommender Trends. Dabei schien allein schon die Ankündigung einer Umstrukturierung des Regierungsapparats durch den neuen Posten innovativ zu sein, denn indem die Organisationsstruktur des Bundeskanzleramtes verändert wurde, versprach man eine gesteigerte Kontrolle der kulturpolitischen Entscheidungen eines Kanzlers Schröder, während in der Ära Kohl das Motto obwaltet habe, «der Kanzler ist der Künstler».[12] Es war nicht zu bestreiten, dass für die Installation eines Kulturstaatsministers auch das Argument angeführt werden konnte, die Bundesrepublik müsse auf diesem Feld einen internationalen Ansprechpartner haben. Deutschland brauchte eine Zuständigkeit für Kultur, allein schon deshalb, weil etwa auf die Frage: «Wer spricht für die kulturellen Interessen der Bundesrepublik auf europäischer Ebene?» bis dahin keine befriedigende Antwort gegeben werden konnte. Aus solchen repräsentativen Gründen favorisierten SPD und Bündnis 90/Die Grünen den offiziellen Titel «Kulturstaatsminister», denn nur ein solcher Titel verfügte in ihren Augen auch international über einen guten Klang und dokumentierte den neuen Rang, den Kultur für die rot-grüne Bundesregierung beanspruchte.[13] Man nahm hierfür sogar den umständlichen Weg einer Änderung des «Gesetzes über die Rechtsverhältnisse der Parlamentarischen Staatssekretäre» aus dem Jahr 1974 – in Gestalt einer «Lex Naumann» – in Kauf, die es auch einem nicht in den Deutschen Bundestag gewählten Seiteneinsteiger ermöglichte, diese Funktion auszuüben. Dass hier ein Problem bestand, wurde nicht erst nach dem Wahlsieg bemerkt: Wolfgang Schäuble von der CDU hatte Oskar Lafontaine gegenüber bereits im Wahlkampf darauf hingewiesen, Naumann könne gar nicht Staatsminister werden, da er über kein Bundestagsmandat verfüge.[14] Die Sozialdemokraten übergingen diesen Hinweis damals noch geflissentlich. Als es so weit war, dass eine «Lex Naumann» geschaffen werden musste, wollte dies der dafür zuständige Innenminister Otto Schily auch als «Anerkennung der großen Leistungen» Naumanns in den zurückliegenden Monaten verstanden wissen.[15]

Michael Naumann selbst inszenierte die Zeitenwende rund um das Kulturstaatsministeramt tatkräftig mit und schürte damit hohe Erwartungen: Die Kohl-Jahre seien eine «kulturpolitische Sahelzone» gewesen, ließ er wissen und versprach nun eine gründliche «Bewässerung».[16]

... und das Holocaust-Mahnmal

Den Beweis, dass er dieser Aufgabe gewachsen war, durfte Naumann schneller, als ihm lieb sein konnte, antreten, doch, um im Bild zu bleiben: Er goss auf einem äußerst konflikttrachtigen Feld gleich kräftig daneben. Bezüglich des Holocaust-Mahnmals wollte Rot-Grün, besonders der Kulturstaatsminister, alles anders machen als bisher – anders jedenfalls als Bundeskanzler Helmut Kohl, dem man vorwarf, er als künstlerischer Laie habe die Entwürfe des Mahnmals nach eigenem Gusto vergrößert oder verkleinert, auf jeden Fall unstatthaft mitgestaltet.

Die Idee eines Holocaust-Mahnmals war zehn Jahre älter als die rot-grüne Regierung. Bereits vor der Wiedervereinigung, im Jahr 1988, war sie als private Initiative entstanden und hatte es 1992 bis zur staatlichen Förderung geschafft. Blenden wir kurz zurück: Weder in der alten Bundesrepublik vor 1989 noch in der DDR hatte es ein großes nationales Denkmal zum Holocaust gegeben. Die Gründe dafür waren vielfältig. Von allen Möglichkeiten, Narrative identitätsstiftend im Bewusstsein einer Gesellschaft zu installieren, kommt das Denkmal dem Ideal des reinen Symbols am nächsten. Allerdings wurzelte diese Denkmalsgläubigkeit im 19. Jahrhundert und schien der neuen, modernen Zeit unangemessen zu sein; auch die zwischen den beiden deutschen Staaten geteilte Erinnerung in den Zeiten des Kalten Krieges verhinderte ein solches Ansinnen. Statt eines Monumentalbaus bevorzugte man in der Bundesrepublik eine Vielzahl von kleineren Erinnerungsstätten, die seit den 1980er Jahren in der ganzen Republik zu finden waren.[17]

Die Journalistin Lea Rosh forderte jedoch 1988 bei einer öffentlichen Diskussion zur Gestaltung des Prinz-Albrecht-Geländes in Berlin, dem ehemaligen Sitz des Reichssicherheitshauptamtes, dort ein «Denkmal für die ermordeten Juden Europas» zu errichten, eine Idee, die sie gemeinsam mit dem Historiker Eberhard Jäckel während eines Besuchs in der israelischen Holocaust-Gedenkstätte Yad Vashem entwickelt hatte.[18] Nicht zufällig entstand der Grundgedanke zu diesem Mahnmal im Gefolge des Historikerstreits von 1986, der eine Art letztes Gefecht jener darstellte, welche die deutsche Erinnerung an den Holocaust ganz grundsätzlich herunterspielen wollten, weil sie mutmaßten, dass ein deutscher «Schuldkomplex» die Nation daran hindere, «normal» zu werden. Mit Presseaufrufen wandten sich die beiden Initiatoren an die Öffentlichkeit, an den Berliner Senat, an die Regierungen der Bundesländer und an die Bundesregierung. Zu den Erstunterzeichnern gehörten Willy Brandt, Günter Grass, Walter Jens und Christa Wolf. Kurze Zeit darauf warnte der Zentralrat Deutscher Sinti und Roma in einem Aufruf vor einer Hierarchisierung der Opfer, die in einem ausschließlich den Judenmord thematisierenden Denkmal zum Ausdruck komme – ein Konflikt, der in den folgenden Jahren immer wieder aufflammte. Im November 1989 konstituierte sich unter dem Vorsitz von Rosh der «Förderkreis zur Errichtung eines Denkmals für die ermordeten Juden Europas», der nach dem Fall der Berliner Mauer als neuen Denkmalsstandort ein Gelände in den ehemaligen Ministergärten südlich vom Brandenburger Tor favorisierte. Im November 1992 war ein wichtiges Etappenziel erreicht: Der Bund und das Land Berlin erklärten sich bereit, die Hälfte der Kosten für das geplante Denkmal zu übernehmen; die andere Hälfte sollte der Förderkreis aus Spenden finanzieren. Dies sollte zu massiven Problemen führen: Weil die Politik so maßgeblich beteiligt war, definierten künftig politische Repräsentationszwecke, welche Aufgaben und welche Funktionen die Kunst zu übernehmen habe.

Der nationalsozialistische Massenmord hatte den Deutschen nach der Wiedervereinigung 1990 ein kaum lösbares Dilemma hinterlassen: Errichteten sie, aus welchen redlichen Gründen auch immer, kein Holocaust-Mahnmal, würde man ihnen vorhalten, sie verdrängten aus dem Wunsch heraus, eine «normale» Nation zu sein, den Nationalsozialismus und dessen Verbrechen. Bauten sie jedoch ein opferzentriertes Mahnmal, würde man ihnen entgegenhalten, sie identifizierten sich in unzulässiger Weise mit den Opfern und gingen der Auseinandersetzung mit den Tätern und den Taten aus dem Weg. Entschlössen sie sich zu einem täterzentrierten Mahnmal, käme der Vorwurf auf, sie vernachlässigten das Andenken der Opfer. So hatte bei der nationalen Denkmalspolitik des vereinigten Deutschland zunächst die Verlegenheit Pate gestanden: Die christlich-liberale Bundesregierung hatte die ehemalige preußische «Neue Wache» in Berlin, die später Kriegerdenkmal und schließlich DDR-Denkmal für die «Opfer des Faschismus und Militarismus» gewesen war, zur zentralen Gedenkstätte für die «Opfer von Krieg und Gewaltherrschaft» bestimmt, was kaum jemanden zufriedenstellte und die Forderung nach einem Mahnmal nur noch lauter werden ließ.

Die Zeit zwischen 1993 und 1995 stand im Zeichen des ausgelobten Wettbewerbs für das geplante Holocaust-Denkmal, zu dem 528 unterschiedliche Entwürfe eingingen. Im März 1993 gab die Jury ihre Entscheidung bekannt, es entstand ein Streit, der bald eskalierte. Ignatz Bubis, der Vorsitzende des Zentralrats der Juden in Deutschland, setzte sich für einen der ausgezeichneten Entwürfe ein, während sich die Jury auf einen anderen Entwurf festlegte, welchen wiederum Bundeskanzler Helmut Kohl als nicht akzeptabel bezeichnete. Er stoppte das Verfahren. Nur mühsam ging es in den folgenden Jahren bis 1998 voran, der Weg war mit immer neuen, nicht selten grundsätzlichen Konflikten gepflastert, so etwa zur Frage, welche prinzipielle Aussage das Denkmal überhaupt treffen sollte. Im Juni 1997 kam es zur zweiten Wettbewerbsrunde, und als «Realisierungsauswahl» einigte sich die Jury im November auf vier Vorschläge: Peter Eisenman/Richard Serra, «Stelenfeld», Jochen Gerz, «Warum?», Daniel Liebeskind, «Stein-Atem», und Gesine Weinmiller, «Achtzehn verstreute Sandstein-Mauersegmente». Auf einen eindeutigen Sieger konnte man sich nicht einigen, woraufhin wiederum der Bundeskanzler eingriff, indem er das Stelenfeld von Eisenman und Serra präferierte, jedoch verlangte, dass Anzahl und Höhe der Pfeiler reduziert würden, was Serra veranlasste, sich aus dem Projekt zurückzuziehen; Eisenman revidierte den ursprünglichen Entwurf allein. Helmut Kohl und der Regierende Bürgermeister von Berlin, Eberhard Diepgen (CDU), kamen Ende August 1998 überein, eine endgültige Entscheidung erst nach der anstehenden Bundestagwahl zu treffen.

Dies war der Stand der Dinge, als Rot-Grün an die Macht kam. Allerdings hatte Michael Naumann noch vor dem Regierungsantritt grundsätzliche Kritik am Bau eines zentralen Mahnmals geübt und erklärt, dass Eisenmans Entwurf ihm gar nicht gefalle, weil er zu monumental und zu ästhetisierend sei. Mit einer solchen «Versteinerung der Erinnerung» mitten in der ehemaligen Reichshauptstadt riskiere man den Vorwurf einer schamlosen Handlung, und um keinen Zweifel an seiner eigenen Haltung aufkommen zu lassen, heftete Naumann dem geplanten Mahnmal das Etikett «Speer-Architektur» an.[19] Für viel sinnvoller hielt es Naumann, die finanziellen Ressourcen auf bereits vorhandene Gedenkstätten, vor allem ehemalige NS-Konzentrationslager, zu verwenden und so die authentischen Orte zu erhalten.[20] Als Bundeskanzler Helmut Kohl im August 1998 öffentlich hatte verlauten lassen, Naumann habe, was das Holocaust-Mahnmal anbelange, von «Tuten und Blasen» keine Ahnung, hatte ihm dieser einen entrüsteten Brief geschrieben, in dem es hieß: «Wie viele Deutschen meiner Generation und auch Ihrer ist mir die Geschichte des Nationalsozialismus und der Judenverfolgung nicht nur aus Büchern bekannt. Meine Familie ist durch die Nazis ruiniert, zerstört und in alle Winde verweht worden. Der jüdische Teil meiner Familie konnte vor Kriegsbeginn nach England und Amerika entkommen. Mein Vater fiel in Russland. Die Holocaust-Mahnmal-Debatte ist mir in allen ihren Argumenten und Entwürfen geläufig, wie anders, und zwar von Anfang an.» Seine Argumente gegen das Mahnmal seien allein sachlicher Natur.[21]

Tatsächlich lehnten einige Intellektuelle das geplante Holocaust-Mahnmal mittlerweile energisch ab, allen voran der Schriftsteller Martin Walser. Noch war die rot-grüne Bundesregierung nicht vereidigt, da brach ein geschichtspolitischer Streit über das Land herein, der für die Zukunft nichts Gutes verhieß. Walser war der Friedenspreis des Deutschen Buchhandels verliehen worden, und am 11. Oktober 1998 hielt der Geehrte anlässlich der Preisverleihung eine Rede in der Frankfurter Paulskirche mit dem harmlos klingenden Titel «Erfahrungen beim Verfassen einer Sonntagsrede». Walsers Thema war nicht der Holocaust, sondern die Art und Weise, wie mit dem Holocaust erinnerungskulturell umgegangen wurde. Hier erkannte er nur noch Instrumentalisierungen, Ritualisierungen und Moralisierungen, deren er und – so unterstellte er – viele Menschen überdrüssig waren. Der Kernsatz Walsers lautete: «Auschwitz eignet sich nicht dafür, Drohroutine zu werden, jederzeit einsetzbares Einschüchterungsmittel oder Moralkeule oder auch nur Pflichtübung.» Zum Holocaust-Mahnmal bemerkte er, hier könne die Nachwelt «einmal nachlesen, was Leute anrichteten, die sich für das Gewissen von anderen verantwortlich fühlten. Die Betonierung des Zentrums der Hauptstadt mit einem fußballfeldgroßen Alptraum.»[22] Statt eines «negativen Nationalismus» wünschte sich Walser, der in der Zeit der Weimarer Republik geboren wurde, wieder ein positives deutsches Nationalgefühl. Walsers Rede veranlasste die in der Paulskirche versammelte politische und kulturelle Elite des Landes zu stehenden Ovationen – nur einer blieb sitzen: der Vorsitzende des Zentralrats der Juden in Deutschland, Ignatz Bubis. Dieser wertete die Rede als «geistige Brandstiftung»; auch der Schriftsteller Ralph Giordano warf Walser vor, er wolle das Verdrängen des Nationalsozialismus «intellektuell sanktionieren».[23] Während die einen um Bubis herum in der «Frankfurter Allgemeinen Zeitung», wo der Streit ausgetragen wurde, dem Preisträger Antisemitismus unterstellten, wähnten die anderen, die sich um Walser scharten, jenen als Störenfried einer notwendigen nationalen Selbstfindung. Der schweizerische «Tages-Anzeiger» aus Zürich kommentierte die hitzige Auseinandersetzung mit den Worten: «Ist das wirklich die ‹Frankfurter Allgemeine Zeitung›, jenes Weltblatt mit Niveau und klugen Köpfen davor und dahinter?, mag mancher ausländische Besucher fragen, der die Aufregung, die in der FAZ derzeit täglich dokumentiert wird, sich zu Gemüte führt. Im Stile drastischer Kriegsberichterstattung werden dort jeden Morgen neue Einschusslöcher vorgeführt. Angesehene Persönlichkeiten, von denen man vor zwei Wochen noch annehmen durfte, dass sie sich untereinander für ebensolche halten, werfen sich nun Grobheiten an den Kopf, die wehtun müssen und die auch verletzen sollen. Ort der Kampfhandlung ist das so vornehme Feuilleton des Frankfurter Blattes. Dort wird allem Anschein nach jeden Tag bis kurz vor Redaktionsschluss ein Kasten freigehalten, in dem dann die neuesten Angriffe platziert werden können.»[24]

Ein von «FAZ»-Herausgeber Frank Schirrmacher anberaumtes «Versöhnungsgespräch» Ende November im Verlagshaus ging gründlich schief, denn Walser nahm Bubis nicht als den Überlebenden des Holocaust wahr – dieser hatte fast seine gesamte Familie in Auschwitz verloren –, sondern beharrte rechthaberisch auf seinem einmal eingenommenen Standpunkt. Mag sich Walser auch im Einklang mit dem designierten Kulturstaatsminister Naumann gefühlt haben und mag er erwartet haben, dass die neue Regierung, deren Repräsentanten der Nachkriegsgeneration angehörten, «unverkrampfter» mit der Vergangenheit umgingen – im Ergebnis bewirkte er das Gegenteil des Erwünschten. Sollte man in der Walser-Rede eine «neue Dimension von Versuchen, Auschwitz erinnerungspolitisch aus dem Gegenwartsbewusstsein und dem öffentlichen Raum auszusperren», erkennen, wie es manche Politologen taten?²⁵ Zweifel sind angebracht, denn es war zeitgenössisch auch viel Alarmismus im Spiel. Eines jedoch scheint sicher: Die Walser-Bubis-Kontroverse hat die Mahnmalsdebatte noch einmal befördert und letztlich – ganz gegen die Absicht Walsers – dazu beigetragen, dass dieses errichtet wurde.

In seiner ersten Regierungserklärung einen Monat später versprach Gerhard Schröder: «Über das geplante Holocaust-Mahnmal in Berlin wird nicht per Exekutivbeschluss entschieden, sondern unter Berücksichtigung der breiten öffentlichen Debatte hier im Deutschen Bundestag.» Zugleich bemerkte der Kanzler jedoch, dass Berlin auch für ganz andere Traditionen als nur für «die Erinnerung an totalitäre Schreckensherrschaft» stehe; die Stadt sei ebenso ein Symbol für demokratische Selbstbehauptung und für einen unverbrüchlichen Freiheitswillen der Menschen; nicht zuletzt zeichne das heutige Berlin ein weltoffenes Klima aus, weshalb es für junge Menschen aus der ganzen Welt sowie für die kulturelle Avantgarde so attraktiv geworden sei.²⁶ Zwischen den Nationalsozialismus und Deutschland von 1998 hatte sich wie ein Puffer die Erfolgsgeschichte der Bundesrepublik und West-Berlins gelegt, weshalb ein alleiniger Rekurs auf die NS-Vergangenheit für ihn und weite Teile seiner Generation nicht mehr in Frage kam. Mit seinen Bemerkungen wetzte der Kanzler auch eine Scharte aus; wenige Tage zuvor hatte er nämlich in einem Interview mit dem Fernsehsender Sat.1 gesagt, er befürworte das Mahnmal, um fortzufahren: «Aber ich möchte es in einer Dimension, vor der die Berlinerinnen und Berliner, vor dem die Deutschen nicht Furcht empfinden, sondern wo sie gerne hingehen …»²⁷ An einen Ort, der an das Menschheitsverbrechen gemahnt, «gerne hingehen»? – das war ein gefundenes Fressen für die Feuilletons.

Im Koalitionsvertrag hatte die neue Bundesregierung festgelegt, dass der Deutsche Bundestag über das Denkmal entscheiden sollte. Einen Tag nach Veröffentlichung des Vertrags, der die Wogen des Konflikts glättete, überraschte Michael Naumann jedoch die Öffentlichkeit: Er schlug vor, anstatt eines künstlerischen Mahnmals einen Teil der von Steven Spielberg gegründeten «Survivors of the Shoah Visual History Foundation» auf dem vorgesehenen Areal anzusiedeln. Der bekannte amerikanische Hollywood-Regisseur hatte in einem aufsehenerregenden Projekt seit einigen Jahren etwa 50 000 Interviews mit Holocaust-

Überlebenden multimedial gesammelt. In der Sitzung des Kulturausschusses des Deutschen Bundestages vom 18. November 1998 legte Naumann seine Pläne dar, bat jedoch «um Verständnis dafür, dass er derzeit noch keine näheren Details» präsentieren könne. Er würde einen weiteren Mahnmal-Vorschlag bald übermitteln und empfahl den Abgeordneten bis dahin ein Buch über den Holocaust zur persönlichen Weiterbildung, was diese zu Recht als überheblich empfanden.[28] Mitte Dezember war es so weit – der Kulturstaatsminister riet auf einer anberaumten Pressekonferenz nun dazu, statt eines ästhetischen Mahnmals ein didaktisches Museum zu errichten, da ein solches «dem erwünschten Zweck, nämlich die Erinnerung an die Ereignisse wach zu halten, besser diene».[29] Alle diejenigen, die bisher bereits mit dem Vorhaben befasst gewesen waren, schlugen, ebenso wie die meisten Journalisten, die Hände über dem Kopf zusammen.

Diese «Kakophonie kontroverser Ratschläge»[30] in den ersten Monaten der neuen Regierung war nicht zuletzt der Fülle organisatorischer Schwierigkeiten geschuldet, denen sich Naumann gegenübersah. Er musste gleichsam ein Ministerium, das bis dahin nicht existiert hatte, erst «erfinden». Dass hinter den Kulissen viele Unklarheiten bei der Konzeption des Amtes herrschten, zeigte Naumanns Reaktion auf Anfragen der Opposition zu Strukturen und Organisation seiner Behörde. Ob er nun, so fragte ihn beispielsweise Norbert Röttgen (CDU) im Deutschen Bundestag, «Behördenchef, Vorgesetzter oder Dienstvorgesetzter sei» – darauf konnte Naumann auch nach mehrmaligem Nachhaken keine Antwort geben.[31] Nicht allein institutionell, auch persönlich hatte der Seiteneinsteiger Michael Naumann, dem das Gespür für das politische Alltagsgeschäft fehlte, mit den eingeschliffenen politischen Strukturen zu kämpfen, bildeten diese doch einen Kontrast zu seinem bisherigen Arbeitsumfeld in der Wirtschaft. «Ich bin in ein anderes Milieu geraten», musste er feststellen, dessen Langsamkeit ihn «in schiere Verzweifelung» getrieben habe.[32] Mit der Vorsitzenden des Ausschusses für Kultur und Medien – der für die Vorbereitung des Parlamentsbeschlusses verantwortlich war –, Elke Leonhard (SPD), verband Naumann eine herzliche Abneigung, denn diese warf ihm vor, das Thema wie selbstverständlich an sich zu reißen, um in der Öffentlichkeit zu glänzen, und dies auf Kosten verdienter Politiker, die sich bereits seit einem Jahrzehnt an der mitunter zähen Debatte beteiligt hatten und ihre politische Leistung nun von dem Neuling herabgewürdigt sahen.[33] Mehrere SPD-Abgeordnete, so etwa Gert Weisskirchen, mahnten gegenüber Naumann an, «dass die Debatte um das Denkmal vom Parlament initiiert und offen geführt werden müsse».[34] Allen Positionen müsste Raum gegeben und nichts dürfe hinter verschlossenen Türen ausgehandelt werden – dies war ein deutlicher Seitenhieb auf Naumanns bisheriges Vorgehen und sein Auftreten als selbsternannter Diskussionsleiter. Oppositionspolitiker schlossen sich der Kritik an. Rita Süssmuth (CDU) etwa bezog sich auf Naumanns Äußerung, dass er auf einen schnellen und befriedigenden Abschluss der Debatte hoffe und machte deutlich: Wichtiger als die Geschwindigkeit sei ein größtmöglicher Konsens unter den Abgeordneten des Deutschen Bundestags.[35] Naumanns Hast und die Unklarheiten im Entscheidungsverfahren sowie in den Arbeitsabläufen konnten auch Norbert Lammert (CDU) und Bernd Neumann (CDU) nicht gutheißen, während der Kulturbeauftragte selbst eloquent reagierte und meinte, der neue Ausschuss müsse erst noch seine Rolle finden. Da schwangen auch ein wenig Trotz und ein beleidigter Ton mit.

Zum Jahreswechsel 1999 schien Naumann selbst seine Rolle gefunden zu haben und änderte seine Strategie, ging weg vom offensiven Verhalten und hin zu einer Kulturpolitik der kleinen Schritte. Sein erstes öffentliches Signal in dieser Hinsicht gab er in der Weihnachtspause im Dezember 1998, als er sich mit dem Architekten Peter Eisenman unter vier Augen auf einen gemeinsamen Kompromissentwurf einigte, nach den beiden vorangegangenen Entwürfen nun also Eisenman Nr. III. Die beiden Männer traten fortan als harmonisches Zweiergespann auf und suchten Unterstützung für ihren Kompromiss, der neben einem deutlich kleineren Stelenfeld ein Gebäude mit einer Dauerausstellung und einer Bibliothek vorsah. Allerdings waren die Zwistigkeiten auch in diesem Zeitraum, als zwei Anhörungen im Bundestag stattfanden, beileibe nicht ausgeräumt. Das Protokoll eines internen rot-grünen Treffens, das die bisherige (Zusammen-)Arbeit rekapitulierte, hielt fest, dass sich Naumann «über eine mangelnde Kooperation ihm gegenüber (z. B. Holocaust-Mahnmal)» beschwerte. Daraufhin äußerte sich «fast jeder anwesende Abgeordnete zu mangelnden Arbeitsstrukturen im Ausschuss.

(...) Weder die rot-grüne Arbeit im Ausschuss noch die Arbeitsgruppe ‹Kultur und Medien› wird richtig koordiniert, schon gar nicht gibt es sinnvolle Arbeitsgruppen für rot-grüne Zusammenarbeit.»[36] Projekte wie das Holocaust-Mahnmal, so vermerkt das Protokoll weiter, müssten «endlich konstruktiv angegangen und durchgesetzt werden (...), da dieser Ausschuss nach außen vermittelbare Erfolgserlebnisse» benötige.[37] Die Distanz zum neuen Kulturstaatsminister schien kaum überbrückbar.

Am 25. Juni 1999 beschloss der Deutsche Bundestag auf einer seiner letzten Sitzungen im Bonner Plenarsaal mit großer Mehrheit, in Berlin ein Mahnmal zu errichten, es ausschließlich den jüdischen NS-Opfern zu widmen, den Eisenman-Entwurf zusammen mit dem «Ort der Information» zu realisieren und für weitere Schritte eine Stiftung zu gründen. Wegen unzähliger Anträge und Beschlussempfehlungen handelte es sich um einen wahren Abstimmungsmarathon. Bei der entscheidenden namentlichen Abstimmung lautete das Ergebnis: 312 Ja-Stimmen, 207 Nein-Stimmen, 13 Enthaltungen, zwei Stimmen waren ungültig. Zwölf Sozialdemokraten und eine grüne Abgeordnete stimmten mit Nein, alle anderen mit Ja. Bei Union und FDP war das Verhältnis gerade andersherum. 13 Abgeordnete von CDU/CSU und sechs von der FDP votierten mit Ja, die meisten anderen mit Nein, wenige enthielten sich. Die PDS stimmte geschlossen mit Ja.[38] Die Tage und Wochen vor dieser Entscheidung waren von hektischer Betriebsamkeit gekennzeichnet. Sechs unterschiedliche interfraktionelle Anträge waren eingereicht worden. Wenige Tage vor der Abstimmung schien der Ausgang noch vollkommen ungewiss, und die Fraktionen der beiden Regierungsparteien vereinbarten detaillierte Pläne über ihr Abstimmungsverhalten in der anstehenden Bundestagsdebatte. Der Kulturstaatsminister jedoch wurde in dieser Zeit zum Statisten des parlamentarischen Entscheidungsprozesses. Da er selbst dem Deutschen Bundestag nicht angehörte, durfte er weder Anträge einreichen noch abstimmen. Seinen Offensiven aus dem letzten Jahr bescheinigten die meisten, das Ansehen der Koalition beschädigt zu haben. In der heiklen Schlussphase durfte der überparteiliche Konsens nicht mehr gefährdet werden, denn das oberste Gebot lautete, wie Ludwig Stiegler, der für die SPD-Fraktion mit der Angelegenheit betraut war, in einem Brief an seine Fraktionskollegen schrieb, «mit einer möglichst überzeugenden Parlamentsmehrheit eine

Bekenntnis zur eigenen Geschichte: Eröffnung des Holocaust-Mahnmals in Berlin am 10. Mai 2005 (v. l.: Peter Eisenman, Horst Köhler, Lea Rosh, Wolfgang Thierse).

politische Grundsatzentscheidung» zu treffen.³⁹ In einem Bericht mit Hintergrundinformationen zur Geschichte der Debatte um das Denkmal, den grüne Kulturpolitiker ihrer Fraktion vor der Abstimmung zukommen ließen, tauchten die verschiedenen Vorschläge des Kulturstaatsministers gar nicht mehr auf.⁴⁰ Und nach der Entscheidung des Deutschen Bundestages für ein Mahnmal nach den Plänen Eisenmans mit der Option eines ergänzenden «Ortes der Stille und Information» kommentierte Elke Leonhard: «Naumann hat 98 Prozent abgespeckt, da mussten wir ihm 2 Prozent entgegenkommen.»⁴¹ Tatsächlich war die Aktivität in der Debatte fast vollständig von Naumann auf den Kulturausschuss übergegangen. Michael Naumann selbst, der in anderen kulturpolitischen Bereichen sehr erfolgreich war, wie wir noch sehen werden, haderte immer mehr mit seiner Aufgabe in der Politik, weshalb er am November 2000 vom Posten des Kulturstaatsministers zurücktrat und Chefredakteur und Mitherausgeber der «Zeit» wurde. Sein Nachfolger wurde der Philosophieprofessor und vormalige Kulturamtsleiter der Stadt München, Julian Nida-Rümelin, der allerdings nur bis zum Ende der ersten Legislaturperiode von Rot-Grün im Oktober 2002 amtierte. Auf ihn folgte die parteilose Literaturwissenschaftlerin Christina Weiss, die zuvor Kultursenatorin in Hamburg gewesen war.

Die Stockholmer Holocaust-Konferenz 2000

War die Debatte um ein Holocaust-Mahnmal in Berlin noch weitgehend national geführt worden, so kann die Stockholmer Holocaust-Konferenz vom 26. bis zum 28. Januar 2000 als die Geburtsstunde einer transnationalen Kooperation und eines europäischen Gedächtnisses im Bereich der Holocaust-Erinnerung bezeichnet werden.[42] Rund 600 Delegierte aus 46 Staaten – Politiker, Wissenschaftler und Zeitzeugen – kamen auf Einladung des schwedischen Premierministers Göran Persson zum internationalen Holocaust-Forum zusammen. Von ihren Vorgängern in London – «Nazi Gold-Conference», 1997 – und Washington – «Holocaust Era Assets», 1998 – unterschied sich die Konferenz dadurch, dass prominente Politiker anwesend waren. Mehr als 20 Staats- und Regierungschefs, darunter Bundeskanzler Gerhard Schröder, nahmen teil und demonstrierten so den überragenden Stellenwert von Holocaust-Erinnerung, -Forschung, und -Erziehung. Ende Januar gelegen war es zugleich das erste politische Gipfeltreffen des 21. Jahrhunderts, was die weltweite Aufmerksamkeit zusätzlich erhöhte. 870 Journalisten und 40 TV-Stationen sendeten ihre Berichte von der Konferenz und ihrer gemeinsamen Deklaration in alle Erdteile.

Dass die Konferenz gerade in Schweden abgehalten wurde, mag auf den ersten Blick überraschen, klärt sich jedoch schnell auf. Wissenschaftler hatten kurze Zeit zuvor bei schwedischen Schülern erhebliche Lücken in der historischen Bildung festgestellt, ein Drittel der Oberschüler war nicht einmal sicher, dass der Holocaust überhaupt stattgefunden hatte. Dieses Ergebnis hatte besonders den sozialdemokratischen Chef der Minderheitsregierung Göran Persson entsetzt, zumal in Schweden seit einiger Zeit rechtsextremistische Holocaust-Leugner ihr Unwesen trieben. Hinzu kam die Kritik des Auslandes am schwedischen Schweigekartell, das jahrzehntelang gehalten hatte und das Nazigold, die schwedische Wirtschaftskooperation mit den Nationalsozialisten sowie die ureigene schwedische Rassenpolitik mit ihren Zwangssterilisationen betraf.

So sollte das anvisierte Ergebnis der Stockholmer Konferenz keine Debatte über die Verbrechen der Deutschen sein, sondern ein Gespräch zwischen den Generationen über die Ursachen und Folgen von Rassismus und Intoleranz. Natürlich betonte die deutsche Delegation – unter anderen Bundeskanzler Gerhard Schröder, Kulturstaatsminister Michael Naumann und Willi Lemke aus Bremen (SPD), Präsident der Kultusministerkonferenz – die deutsche Verantwortung. Lemke sprach von einem «kategorischen Imperativ», dass sich Auschwitz oder Ähnliches nicht wiederhole, und auch Kanzler Schröder hob in seiner Eröffnungsrede hervor, dass die Deutschen keinen Schlussstrich unter ihre Geschichte ziehen wollten.[43] Doch markierte die Konferenz in erster Linie das Zeitlos- und Ortloswerden der Holocaust-Erinnerung, indem ein abstraktes, universal zugängliches Terrain abgesteckt wurde, auf welchem kosmopolitische Erinnerungen gedeihen konnten.

Die «Stockholmer Erklärung» kräftigte das globale Bewusstsein für die Einzigartigkeit der millionenfachen Ermordung der europäischen Juden. Artikel 1 der Erklärung lautet: «Der Holocaust (die Shoah) hat die Zivilisation in ihren Grundfesten erschüttert. In seiner Beispiellosigkeit wird der Holocaust für alle Zeiten von universeller Bedeutung sein.»[44] Die Erklärung stellte zwar keinen völkerrechtlichen Vertrag dar, womit die in Artikel 5 bis 7 aufgeführten konkreten Maßnahmen den Charakter einer freiwilligen Selbstverpflichtung besaßen: finanzielle Förderung Holocaust-bezogener Lehr- und Bildungsangebote, Errichtung eines jährlichen Holocaust-Gedenktages und Öffnung relevanter Archive für die Forschung. Vergegenwärtigt man sich jedoch die Atmosphäre der Konferenz, so konnte man durchaus historische Vergleiche ziehen und ein unverbrüchliches Bündnis wahrnehmen. Michael Jeismann schrieb in der «Frankfurter Allgemeinen Zeitung»: «Die Ästhetik war die des Schwurs. Er erfolgte nicht gemeinsam, sondern wurde einzeln abgelegt. Indem die Politiker nacheinander auf die Bühne vortraten, die zuvor durch Rezitationen, Musik und Licht zu einem Sakralraum stilisiert worden war. Es schien ein moderner Ballhausschwur Europas, wie so jeder die Eidesformel des Antirassismus auf seine Weise vortrug und alle gemeinsam sich ihrer Entschlossenheit und guten Absichten versicherten.»[45] Noch bevor die Stockholmer Konferenz zu Ende ging, sollte die Probe aufs Exempel folgen, wie ernst es den Europäern tatsächlich war.

Boykott der «EU der 14» gegen Österreich

Während bereits zahlreiche Politiker aus Anlass des Holocaust Forums in der schwedischen Hauptstadt weilten, nahm der Kanzlerkandidat der konservativen Österreichischen Volkspartei, Wolfgang Schüssel, am 25. Januar 2000 Gespräche über eine mögliche Koalition mit Jörg Haider und dessen Freiheitlicher Partei Österreichs auf – einer rechtsgerichteten Partei, die in der Vergangenheit rassistische und fremdenfeindliche Tendenzen vertreten sowie die Verbrechen des Nationalsozialismus relativiert hatte. Nach monatelangem Hin und Her im Koalitionspoker mit der Sozialdemokratischen Partei Österreichs wollte Schüssel einen Befreiungsschlag, weil er nur darin die Chance sah, selbst Kanzler zu werden. Die in Stockholm Anwesenden schauten mit Argusaugen auf die Vorgänge in Österreich, so wertete der israelische Premierminister Ehud Barak bei einer gemeinsamen Pressekonferenz mit Göran Persson eine mögliche Regierungsbeteiligung des Rechtspopulisten als «sehr beunruhigendes Signal für die Juden in aller Welt».[46] Weitere Teilnehmer in Stockholm, allen voran Gerhard Schröder und der französische Ministerpräsident Lionel Jospin, äußerten ihr Unbehagen. Am deutlichsten jedoch distanzierte sich der bisherige österreichische Bundeskanzler Viktor Klima (SPÖ) in seiner Rede vor dem Konferenzplenum. Jacques Chirac, der selbst in Frankreich immer eine klare Grenze zwischen seinen Gaullisten und dem rechtsextremen Front National zog, setzte sich an die Spitze der Gegner eines Bündnisses zwischen den österreichischen Konservativen und den Rechtspopulisten. Am 27. Januar telefonierte Chirac mit dem österreichischen Bundespräsidenten Thomas Klestil und plädierte zwei Tage später dafür, dass die EU sofortige Konsequenzen ziehen müsse, wenn die FPÖ eine Regierungsverantwortung übernehme.[47] Als auch die Sozialistische Internationale ihre Besorgnis bekundete und der liberale belgische Ministerpräsident Guy Verhofstadt – der mit einer Koalition aus Sozialdemokraten, Liberalen und Grünen regierte – beim portugiesischen Präsidenten des Rats der Europäischen Union, António Guterres, ein gemeinsames Vorgehen der Europäer anmahnte, konnte er gewiss sein, die rot-grüne Bundesregierung auf seiner Seite zu haben.

Am Montag, den 31. Januar, erfolgte die konzertierte europäische Reaktion auf die Entwicklung in der Alpenrepublik. In einer Erklärung drohten die 14 weiteren EU-Staaten Österreich mit bilateralen diplomatischen Schritten, sollte die FPÖ an der Regierung beteiligt werden; sie wollten keine offiziellen Kontakte zu einer österreichischen Regierung unterhalten, die die FPÖ einschloss.[48] Israel zog seinen Botschafter aus Wien zurück, und die USA schränkten ihre diplomatischen Beziehungen zu Österreich ein. Dennoch wurde am 4. Februar die neue Regierung von Bundespräsident Klestil vereidigt, freilich nicht, ohne dass dieser die Vorsitzenden der beiden Koalitionsparteien darauf verpflichtete, eine Präambel zum Koalitionsvertrag zu unterzeichnen, die sich zu Toleranz und Menschenrechten ganz im Sinne der Stockholmer Konferenz bekannte.

Die rot-grüne Regierung befand sich an der Speerspitze des Boykotts gegen Österreich. «Schon das Salonfähigmachen der politischen Positionen von Herrn Haider können wir nicht hinnehmen», warnte Kanzler Schröder.[49] SPD-Fraktionsvorsitzender Peter Struck fand die ihm eigenen Worte, um seine Regierung zu unterstützen: «Die Ereignisse in Österreich sind besorgniserregend. Nicht nur wegen Haider, sondern auch, weil die Schwesterpartei der CDU, die ÖVP, sich zum Steigbügelhalter eines Demagogen macht. Mich stört auch, dass in den Medien oft von einer Mitte-rechts-Regierung die Rede ist. Darum handelt es sich nicht – es ist ein rechtskonservatives Kabinett, das derzeit (...) alle Kreidevorräte Österreichs aufbraucht.»[50] Eine Verharmlosung und Leugnung der Nazi-Verbrechen wollte Rot-Grün nicht hinnehmen und sah darin einen eklatanten Verstoß gegen die Prinzipien und Ideale der Europäischen Union. Lippenbekenntnisse, wie die von Bundespräsidenten Klestil durchgesetzte Demokratieerklärung, reichten ihrer Meinung nach nicht aus. Die Koalition wollte das Handeln der österreichischen Regierung mit größter Aufmerksamkeit verfolgen und ihre Stimme nutzen, wenn Verstöße gegen die Grundsätze der Europäischen Union auftraten. Es dürfe nicht gewartet werden, «bis aus bestimmten Ideen und Verwerfungen bereits Regierungspraxis geworden ist». Die Kritik an der Reaktion der 14 EU-Mitgliedstaaten wurde zurückgewiesen, denn diese verkenne die neue Vertragslage: «Mit dem Amsterdamer Vertrag ist seit 1999 ein viel höheres Integrationsniveau, eben auch in der Innen- und Rechtspolitik, erreicht worden.»[51] Insofern handelte es sich tatsächlich um eine neue Form einer europäischen Innenpolitik, in der nationale Regierungsbildungen keinen geschützten Bereich vor externen Einmischungen mehr darstellten.

Die europäische Isolation Österreichs dauerte bis zum 12. September 2000 an und wurde erst auf Empfehlung des Berichts der sogenannten Weisen – einer Kommission, der Martti Ahtisaari, ehemaliger finnischer Ministerpräsident, und Jochen Frowein, ehemaliger Vizepräsident der Europäischen Kommission für Menschenrechte, vorstanden – beendet. Während sich die Beziehungen zu den 14 EU-Staaten normalisierten, endeten die diplomatischen Maßnahmen der Vereinigten Staaten von Amerika erst im darauffolgenden Jahr. Ausschlaggebend war die Anerkennung der internationalen Norm der Holocaust-Aufarbeitung durch die österreichische Regierung: Sie unterzeichnete Mitte Januar 2001 eine «Gemeinsame Erklärung», worin sie sich verpflichtete, einen Entschädigungsfonds («Versöhnungsfonds») für «Arisierungs»-Opfer in Höhe von 210 Millionen US-Dollar einzurichten und zusätzlich finanzielle Mittel für die Entschädigung von Überlebenden bereitzustellen.[52] Jenseits der Frage, ob der Boykott erfolgreich war oder nicht – Österreich wurde jedenfalls zum Testfall einer gemeinsamen europäischen Menschenrechts- und Erinnerungspolitik; im Prinzip, so könnte man sagen, bedeuteten die Stockholmer Konferenz und der Boykott gegen Österreich die europäische Institutionalisierung des bekannten Satzes von Außenminister Joschka Fischer «Nie wieder Auschwitz», den er zur Rechtfertigung der deutschen Beteiligung am Kosovo-Einsatz 1999 formuliert hatte. Der Holocaust, das «Nie wieder» und das «Wehret den Anfängen», so kann das Resümee zum Fall Österreich lauten, wurden zu Chiffren des Gründungsmythos einer europäischen Nation.

Die Entschädigung der NS-Zwangsarbeiter

Wozu sich Österreich in seinem «Versöhnungsfonds» erst hatte durchringen müssen, war in Deutschland seit dem Regierungswechsel zu Rot-Grün 1998 offizielle Politik. Im Koalitionsvertrag zwischen Sozialdemokraten und Bündnis 90/Die Grünen hieß es: «Die Rehabilitierung und Verbesserung der Entschädigung für Opfer nationalsozialistischen Unrechts bleibt fortdauernde Verpflichtung. Die neue Bundesregierung wird eine Bundesstiftung ‹Entschädigung für NS-Unrecht› für die ‹vergessenen Opfer› und unter Beteiligung der deutschen Industrie eine Bundesstiftung ‹Entschädigung für NS-Zwangsarbeit› auf den Weg bringen.»[53] Es handelte sich dabei um ein «langjähriges Moralprojekt beider Fraktionen», wie der Historiker Lutz Niethammer schreibt, der das Kanzleramt in dieser vergangenheitspolitischen Frage beriet.[54]

Das sittliche Motiv und der politische Grundsatzwillen waren das eine, doch Dynamik erhielt das Vorhaben erst durch Sammelklagen von Holocaust-Opfern aus den USA gegen deutsche Unternehmen. Boykottdrohungen, welche die Geschäftsinteressen deutscher Firmen auf dem amerikanischen Markt gefährdeten, zeigten Wirkung. In einer Mischung aus Moral und Pragmatismus definierte die Bundesregierung ihre Verpflichtungen aus der NS-Vergangenheit und ihre nationalen Interessen. Der Bundeskanzler habe «diese Angelegenheit erfreulicherweise zur Chefsache erklärt», wie Rezzo Schlauch gegenüber Bodo Hombach vermerkte.[55] Schröder traf sich mehrmals mit Vertretern der deutschen Industrie, die aus der Furcht heraus, durch die Sammelklagen in Amerika öffentlich vorgeführt zu werden, um Vermittlung durch die Bundesregierung gebeten hatten. 16 deutsche Firmen gründeten im Februar 1999 die Stiftungsinitiative der deutschen Wirtschaft: Allianz, BASF, Bayer, BMW, Commerzbank, Daimler, Degussa-Hüls, Deutsche Bank, Deutz, Dresdner Bank, Hoechst, RAG, Siemens, Thyssen-Krupp, Veba und Volkswagen. Dass es zu einer solchen kollektiven Lösung kam, war mithin auch einer transnational verflochtenen Weltwirtschaft an der Schwelle zum 21. Jahrhundert zu verdanken; die Globalisierung begünstigte die Forderungen nach Entschädigung, denn einen Imageverlust fürchteten die Unternehmen ebenso wie Umsatzeinbußen.

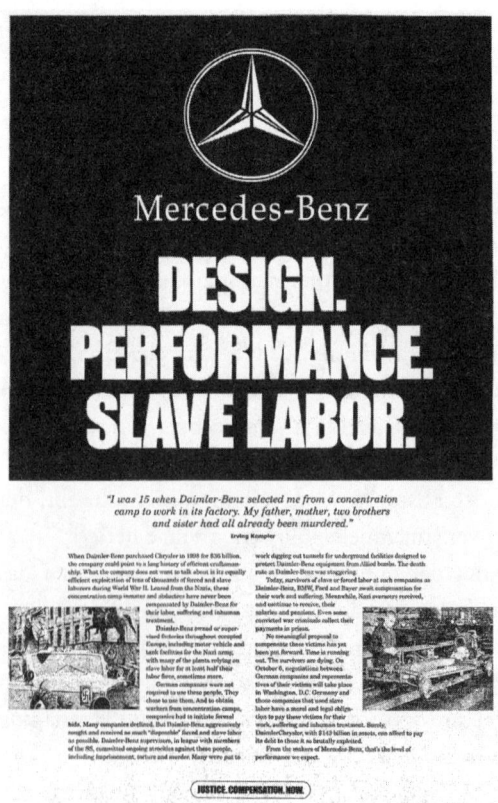

Drohender Imageverlust: Ganzseitige Anzeige in der «New York Times», in der die Verweigerungshaltung der deutschen Industrie bei der Entschädigung der Zwangsarbeiter angeprangert wird.

So gesehen steckte für die Unternehmen hinter der Frage der Zwangsarbeiterentschädigung durchaus ein Kalkül – und dieses weckte nicht nur beim «Bundesverband Information und Beratung für NS-Verfolgte» Befürchtungen. In einem Schreiben an Gerhard Schröder begrüßte deren Vorsitzender Lothar Evers zwar, dass nun «Bewegung in die zuvor starre Verweigerungshaltung der deutschen Industrie» gekommen sei, fürchtete jedoch, dass sich die Bundesregierung über den Tisch ziehen lassen könnte.[56] Diese Sorge ließ sich ausräumen, denn rasch wurde deutlich, dass die Regierung für einen Minimalismus in dieser Angelegenheit nicht zu haben war. Der Kanzler übertrug die Aufgabe seinem Kanzleramtsminister Bodo Hombach, der zunächst mit dem Chef der Deutschen Bank in die USA reiste und mit der Jewish Claims Conference über die Verhinderung möglicher Prozesse verhandelte. Nachdem Hombach als Minister ausgeschieden war, ernannte Schröder im Juli 1999 den FDP-Politiker Otto Graf Lambsdorff zum Sonderbeauftragten der Regierung für die Entschädigung.

Der Wandel war fundamental. Bis weit in die 1990er Jahre hinein hatte die deutsche Industrie Forderungen ehemaliger Zwangsarbeiter fast routinemäßig mit der Begründung abgelehnt, sie habe nur «im Auftrag des Reiches» gehandelt, obwohl die historische Forschung längst gezeigt hatte, dass der Handlungsspielraum in zahlreichen konkreten Fällen viel größer gewesen war. Sämtliche bundesdeutschen Regierungen werteten die Nutzung von Sklaven- und Zwangsarbeitern nicht im juristischen Sinne als NS-Verbrechen, sondern als allgemeine Kriegsfolgeerscheinung. Aus der Wiedergutmachungsgesetzgebung für NS-Unrecht war sie deshalb ausgeklammert worden; man betrachtete die Forderungen als Bestandteil von Reparationen und sah diese wiederum durch die Regelungen des Londoner Schuldenabkommens von 1953 als abgegolten an. Das Schuldenabkommen verschob eine endgültige Lösung auf einen kommenden Friedensvertrag, was jedoch 1990 ohne Konsequenzen blieb. 1996 allerdings verschafften sich jüdische Opfergruppen Gehör, indem sie massiv Schweizer Großbanken, die sich an den Verbrechen des «Dritten Reiches» bereichert hatten, mit einer Medienkampagne überzogen. Im gleichen Jahr erklärte das Bundesverfassungsgericht in Karlsruhe, entgegen der völkerrechtlichen Tradition könnten nicht allein Staaten, sondern auch Einzelne ihren Entschädigungsanspruch verfechten. Damit stieß das Gericht eine Reihe von Sammelklagen amerikanischer ehemaliger Zwangsarbeiter an. Im Jahr darauf starteten Abgeordnete von Bündnis 90/Die Grünen im Bundestag erste Vorstöße zu diesem bisherigen Tabu-Thema, auf die sie nach dem Machtwechsel zurückgreifen konnten. Anders als seine Vorgänger unterstützte Bundeskanzler Schröder nun die Initiativen, die der amerikanische Botschafter in Bonn, John Kornblum, vorschlug – ein freiwilliger Fonds der Deutschen als Entschädigungsersatz und dafür im Tausch eine endgültige Einstellung der Verfahren vor den amerikanischen Gerichten.[57] Die Stiftungsinitiative wollte somit «am Ende des Jahrhunderts ein abschließendes materielles Zeichen aus Solidarität, Gerechtigkeit und aus Selbstachtung» setzen,[58] und zugleich suchte

Schröder auf dieser Basis mit dem amerikanischen Präsidenten Clinton eine Regelung, den Rechtsfrieden zu sichern, sprich: künftige Klagen abzuweisen. Anerkennung der Schuld, aber auch Limitierung der Ansprüche, so könnte man die vergangenheitspolitische Staatsräson der 68er-Generation, die nun an den Hebeln der Macht saß, charakterisieren. Im Vergleich zu den 1950er Jahren, als Kanzler Adenauer die Wiedergutmachung mit Israel gegen eine Mehrheit der Deutschen – und gegen die Mehrheit in seiner eigenen Partei – hatte durchsetzen müssen, schwamm Rot-Grün auf einer Welle der Zustimmung in dieser schwierigen Frage. Weil die meisten Deutschen dies unterstützten, konnte die Regierung es wagen, alles auf einmal zu regeln, um ins Reine zu kommen: den Entschädigungsprozess durch private Unternehmen zu befördern, das geschehene Unrecht anzuerkennen und zugleich Rechtsfrieden für deutsche Firmen einzufordern. Dennoch verliefen die Verhandlungen zunächst eher zäh, und über das gesamte Jahr 2000 hinweg mussten zahlungsunwillige Firmen mehr oder weniger stark unter Druck gesetzt werden. «Es ist allmählich nicht mehr an beschämender Peinlichkeit zu überbieten», so der SPD-Fraktionsvorsitzende Peter Struck in seinem politischen Bericht vom Oktober, «was sich die deutsche Wirtschaft im Zusammenhang mit der Beschaffung der Stiftungsgelder für die Entschädigung ehemaliger Zwangsarbeiter leistet.»[59] Auch von den notwendigen oder gar angemessenen Finanzsummen hatte kaum jemand eine Vorstellung, wie sich Volker Beck, der spätere Erste Parlamentarische Geschäftsführer der Grünen, erinnert. Beck hatte sich seit den 1980er Jahren für vergessene oder ausgeschlossene Opfergruppen engagiert, und das Kanzleramt suchte nun seinen Rat und seine Mitwirkung.[60] Er konnte nur mehr kopfschüttelnd die ersten Zahlen, die kursierten, zur Kenntnis nehmen: Zunächst sprach man von 1,5 Milliarden DM, dann immerhin von 3 Milliarden, worauf ihm einige Parteifreunde, aber auch Sozialdemokraten sagten, das sei nun richtig viel Geld und das müsse jetzt aber reichen.[61] Teilte man dies zwischen Entschädigung und Zukunftsfonds auf und schätzte dann die Zahl der Opfer, so war klar: Es würden beschämend niedrige Zahlungen herauskommen.

Im Dezember 1999 einigten sich die Beteiligten, die geplante Stiftung mit zehn Milliarden DM auszustatten, die Bund und Wirtschaft je zur

Hälfte zahlen sollten. Nach heftigem Streit verständigten sich die Beteiligten auf die Verteilung des Geldes. Zur individuellen Entschädigung waren 8,25 Milliarden DM vorgesehen, der Rest für Vermögensschäden, Zukunftsprojekte und Verwaltungskosten. Von den 8,25 Milliarden sollten zwei Drittel an osteuropäische Opfer, der Rest an jüdische Opfer und ehemalige Zwangsarbeiter außerhalb der beteiligten Staaten gehen. In verschiedenen Staffelungen konnten ehemalige Zwangsarbeiter bis höchstens 15 000 Mark erhalten, wobei die Zahlungen keinen Ersatz für einen entgangenen Lohn darstellten, sondern eine «pauschale Würdigung des Gesamtschicksals der Zwangsarbeiter» waren.[62] Den Weg dorthin hatte der Deutsche Bundestag am 6. Juli 2000 frei gemacht: 556 Parlamentarier aller Fraktionen stimmten für das Entschädigungsgesetz, 42 – vor allem aus der Union – dagegen, 22 enthielten sich.

Bundespräsident Johannes Rau in der Knesset

Dass diese abschließenden Regelungen eben kein blamabler Freikauf waren, sondern in Würde stattfanden, kann auch als ein Verdienst des nach Gustav Heinemann zweiten sozialdemokratischen Bundespräsidenten Deutschlands, Johannes Rau, bezeichnet werden. Seine Wahl am 23. Mai 1999 umwehte nicht der Hauch eines Machtwechsels und einer historisch-politischen Neuorientierung Deutschlands, wie es 1969 bei der Wahl Heinemanns der Fall gewesen war. Doch mit Heinemann, den er verehrte, verband Rau viel: Seine politischen Anfänge in den 1950er Jahren, lagen in der «Heinemann-Partei», der Gesamtdeutschen Volkspartei; auch wollte Rau, wie Heinemann, «Bürgerpräsident sein»; außerdem waren sie familiengeschichtlich einander verbunden, Raus Ehefrau Christina war die Enkelin Gustav Heinemanns. Dass er bei seiner Wahl zum achten Bundespräsidenten im zweiten Wahlgang nicht nur gegen die Gegenkandidatin der CDU, die spätere thüringische Wissenschaftsministerin Dagmar Schipanski, gewann, sondern zugleich auch die Gegenkandidatin der PDS, Uta Ranke-Heinemann, schlug, war ein besonderes Aperçu, denn sie war die Tante seiner Frau. In der SPD war Rau recht unumstritten, wenngleich sein Stern in den zurückliegenden Jahren etwas verblasste. An ihm zehrten nachlassende Wahlerfolge in Nordrhein-Westfalen, wo er seit 1978 «Landesvater» gewesen war. 1995 verlor Rau die absolute Mehrheit für die SPD, bevor er schließlich im März 1998 als Ministerpräsident zurücktrat und den Stab an Wolfgang Clement übergab. Rau wurde von vielen wegen seiner tiefen protestantischen Überzeugung und Bibelfestigkeit – auch hier wieder eine Parallele zu Heinemann – spöttisch-liebevoll «Bruder Johannes» genannt. Sein Anspruch, sozialdemokratische Politik auf christlicher Grundlage zu betreiben, wurde auch in den eigenen Reihen belächelt. Bereits mit dem Regierungsantritt hatte sich Rot-Grün auf Johannes Rau als den nächsten Bundespräsidenten festgelegt, der mit dem Motto «Versöhnen statt spalten» – was er nicht als eine Flucht in die Besinnlichkeit, sondern als Aufforderung zum politischen Handeln verstand – den Zusammenhalt der Gesellschaft erneuern wollte. Die Entscheidung für Rau war nur deshalb nicht ganz unumstritten, weil etliche Frauen in der SPD, auch im Parteivorstand, sich nach 50 Jahren Demokratiegeschichte endlich eine Bundespräsidentin gewünscht hätten; außerdem hatte Rau bereits 1994 kandidiert und war im dritten Wahlgang Roman Herzog, dem Unionskandidaten, unterlegen; so gab es bei der Abstimmung im Parteivorstand am 2. November 1998 neben den 30 Ja-Stimmen für Rau auch vier Enthaltungen.[63]

Johannes Rau wirkte mit dem Wort – das ist das ureigenste Terrain des Bundespräsidenten. Mochten einige politische Beobachter sich bei seinem Amtsantritt darüber sorgen, dass Rau zu weitschweifig wäre, dass er ein «Prediger-Präsident» werden würde, einer der erhabenen Unverbindlichkeit, nicht mehr als ein «Präsident zur Verschönerung der Maiandacht», so täuschten sich diese.[64] Rau setzte die Tradition der «Berliner Reden», die sein Vorgänger Roman Herzog eingeführt hatte, fort und sprach während seiner Amtszeit etwa zu Themen wie Integration, Gentechnik, Globalisierung und Außen- und Friedenspolitik. Sein relativ blasser Start und die Affäre um die Übernahme von Flugkosten durch die landeseigene WestLB, die ihn aus seiner Nordrhein-Westfalen-Zeit einholte, ließen etwas in den Hintergrund treten, dass er vor allem bei entsprechenden vergangenheitspolitischen Anlässen die richtigen, die präzisen Formulierungen fand, so im Dezember 1999, als er die Bedeutung der Stiftungsinitiative und die Zwangsarbeiterentschädigung als Zeichen der Verantwortung der deutschen Wirtschaft und des deutschen Staates heraushob: «Der deutsche Staat trägt einen ganz wesentlichen Teil bei. Damit bekennen sich alle, die die Stiftungsinitiative mittragen, Staat und Unternehmen, zu der gemeinsamen Verantwortung und der moralischen Pflicht, die aus dem begangenen Unrecht entstanden sind.» Rau fuhr fort: «Wir alle wissen, dass man die Opfer von Verbrechen mit Geld nicht wirklich entschädigen kann. Wir alle wissen, dass das Leid, das Millionen Frauen und Männern zugefügt wurde, nicht wiedergutgemacht werden kann. Es macht auch keinen Sinn, begangenes Unrecht gegeneinander aufzurechnen. Sklaven- und Zwangsarbeit bedeutet nicht nur das Vorenthalten des gerechten Lohnes. Sie bedeutet Verschleppung, Entrechtung, brutale Missachtung der Menschenwürde. Oft war sie planvoll darauf angelegt, die Menschen durch Arbeit zu vernichten. Für alle, die damals ihr Leben verloren haben, kommt Entschädigung genauso zu spät wie für alle, die inzwischen gestorben sind.» Daher, so Rau, sei es zumindest wichtig, dass die Überlebenden rasch die vereinbarte humanitäre Leistung bekämen. «Ich weiß, dass für viele gar nicht das Geld entscheidend ist. Sie wollen, dass ihr Leid anerkannt und das Unrecht, das ihnen angetan worden ist, Unrecht genannt wird.» Der Bundespräsident schloss: «Ich gedenke heute aller, die unter deutscher Herrschaft Sklavenarbeit und Zwangsarbeit leisten mussten, und bitte im Namen des deutschen Volkes um Vergebung.»[65] Hatte man sich bisher seit den 1950er Jahren an Formulierungen gewöhnen müssen, wonach «im Namen des deutschen Volkes» Verbrechen begangen worden seien, so entschuldigte sich Rau nun im Namen dieses Volkes. Die Verantwortung wurde keiner scheinbar höheren Macht, die ohne Zutun der deutschen Bevölkerung gewütet habe, überschrieben, sondern die Deutschen stellten sich der Verantwortung für die begangenen Verbrechen.

Einer der Höhepunkte von Raus fünfjähriger Amtszeit, auf den mit größter, auch internationaler öffentlicher Aufmerksamkeit geblickt wurde, war ebenfalls geschichtspolitischer Natur: Als erster deutscher Bundespräsident durfte er am 16. Februar 2000 im israelischen Parlament, der Knesset, sprechen, und zwar in deutscher Sprache, der Sprache, die sich den Holocaust-Überlebenden als die Sprache der Mörder eingeprägt hatte. Die Israelis hatten lange mit sich gerungen, ob dies statthaft wäre, wie Avraham Burg, der Präsident der Knesset, nicht ohne seine Seelenqualen zu erwähnen, bemerkte. Es gab Proteste im ganzen Land; nicht wenige empfanden das Vorhaben als eine Schändung des Holocaust-Andenkens. Schließlich habe er sich, so Burg, in Absprache mit allen Fraktionen dafür entschieden, dass der Bundespräsident auf Deutsch spreche, da Rau «der größte Freund Israels in Deutschland» sei.[66] Tatsächlich verband Rau eine herausragende Freundschaft mit Israel, er hatte in seinem Leben als SPD-Spitzenpolitiker das Land bereits 33-mal besucht. Dennoch waren diese Reise und diese Rede eine Premiere, nicht allein für ihn, sondern für das deutsch-israelische Verhältnis; es war überdies der erste Israelbesuch eines deutschen Staatsoberhauptes seit 15 Jahren, sieht man von der als privat deklarierten Reise seines Vorgängers Roman Herzog 1997 ab. Die Erwartungen waren riesig; die Befürchtungen ebenso.

14 Tage vor Raus Israel-Reise hatte anlässlich des Holocaust-Gedenktages der Auschwitz-Überlebende Elie Wiesel, der für seinen Einsatz gegen Rassismus sowie sein erinnerungskulturelles Engagement weltweit geachtet war, im Deutschen Bundestag gesprochen und seine Zuhörer mit der Forderung verstört, der Bundestag möge endlich das jüdische Volk um Verzeihung bitten für die Verbrechen der Nazi-Zeit. «Tun Sie es», hatte Wiesel gesagt, «und Sie werden ein außerordentliches Echo in der Welt bekommen».[67] Johannes Rau tat es.

In der Knesset bat er nicht um Verzeihung, sondern, was für einen Christen angemessen ist, um «Vergebung». Die Kulisse, auf die der deutsche Bundespräsident bei seiner Anwesenheit in der Knesset blickte, vermittelte einen Eindruck, welche Zumutung seine Anwesenheit für viele Israelis immer noch darstellte. Als Rau mit Staatspräsident Ezer Weizman den Saal betrat, schien sich eine Brüskierung des deutschen Staatsoberhauptes zu ereignen: Kaum die Hälfte der 120 Abgeordneten hatte ihre Plätze eingenommen; doch die Reihen füllten sich, so dass zwei Drittel anwesend waren; beim Beginn der Rede verließen allerdings einige wieder den Saal. Johannes Rau stellte den Kern seiner etwa 15-minütigen Rede gleich an deren Beginn: «Herr Staatspräsident, Herr Vorsitzender, meine Damen und Herren, ich weiß, was es für manchen von Ihnen bedeutet, in diesem Hohen Hause heute die deutsche Sprache zu hören. Ihre Entscheidung, mich einzuladen, erfüllt mich mit Dankbarkeit. Ich empfinde sie als Zeichen des Willens, Geschichte niemals zu verdrängen, und des Mutes, die Schreckenslähmung dieser Geschichte dennoch zu überwinden. Im Angesicht des Volkes Israel verneige ich mich in Demut vor den Ermordeten, die keine Gräber haben, an denen ich sie um Vergebung bitten könnte. Ich bitte um Vergebung für das, was Deutsche getan haben, für mich und meine Generation, um unserer Kinder und Kindeskinder willen, deren Zukunft ich an der Seite der Kinder Israels sehen möchte. Ich tue das vor Ihnen, den Vertretern des Staates Israel, der nach 2000 Jahren wiedergeboren wurde und den Juden in der Welt, vor allem aber den Überlebenden der Shoah Zuflucht gegeben hat.»[68] Bundespräsident Rau trug seine große Rede ohne Gestik vor und wich an keiner Stelle vom Manuskript ab, man spürte seine Anspannung, doch sie wurde in vielen Ländern der Welt, nicht zuletzt in Israel selbst, als das gesehen, was sie in der Tat war: historisch.[69] Insofern wirkte Johannes Rau, der so lange die Geschicke der alten Bundesrepublik mitgestaltet hatte, gerade nicht «wie das lebende Dementi einer ‹Zeitenwende›», so hatte Eckhard Fuhr in der «Frankfurter Allgemeinen Zeitung» seinen Amtsantritt kommentiert,[70] sondern im Gegenteil – er beförderte diese Zeitenwende nach Kräften.

Gespaltene Erinnerungskulturen: Die SED-Diktatur

So groß das deutsche Einvernehmen um die Jahrhundertwende herum auch war, mit der NS-Vergangenheit ins Reine zu kommen, so stieß sich dies in der Bundesrepublik immer mit der Frage: Wie wird die kommunistische Diktatur aufgearbeitet? Als Folge der doppelten Vergangenheitsbewältigung gelangte die Totalitarismustheorie zu neuen Ehren, was sich bei nahezu jedem Anlass zeigte. Bei der Entschädigung der NS-Zwangsarbeiter hatte es eine Reihe von Kritikern gegeben, die zum einen beklagten, dass die finanziellen Forderungen «ausufern» könnten, die zum anderen aber aus einem Totalitarismustheorem heraus argumentierten. Die ehemalige DDR-Bürgerrechtlerin Vera Lengsfeld (CDU) störte die «Ungleichbehandlung gegenüber den Opfern der kommunistischen Diktatur, wo es ja auch Zwangsarbeit gegeben hat».[71]

Die Debatten über den Nationalsozialismus stellten in der Bundesrepublik nicht allein historische Kontroversen dar, sondern waren «zugleich Debatten über die Wertakzentuierung der politischen Gegenwartskultur», so drückte es der Soziologe M. Rainer Lepsius einmal aus.[72] Prinzipiell galt das Gleiche für das SED-Regime, doch anders als dort waren die geschichtlichen Erklärungen in höchstem Grade umstritten und widersprüchlich. Die Frage «Wohin treibt die DDR-Erinnerung?» fand noch keine abschließende Antwort.[73] Gab es einen «guten Anfang», oder war die DDR eine «Diktatur von Anfang an»? War die DDR ein «Unrechtsstaat»? Existierte ein «verordneter» oder ein «verinnerlichter» Antifaschismus? War das zweite Deutschland eine «deutsche Alternative»? War es ein fehlgeschlagenes Experiment mit ursprünglich hehren moralischen Intentionen, die sich irgendwann unglücklich in ihr Gegenteil verkehrten? War die DDR eine totalitäre oder eine moderne Diktatur oder eine Fürsorgediktatur oder ein radikalisierter Wohlfahrtsstaat oder dessen «illiberal-fürsorgliche-nachbürgerliche Variante» oder ein «(spät)totalitärer Versorgungs- und Überwachungsstaat»?[74] Noch komplizierter gestaltet sich die vergleichende Perspektive: War die DDR nach dem Nationalsozialismus eine zweite Diktatur in Deutschland, aber keine zweite *deutsche* Diktatur? Handelte es sich nur um ein von außen gestütztes Regime, ein Produkt des Kalten Krieges und somit lediglich um ein «abgeleitetes Phänomen», wohingegen der Nationalsozialismus ein «Phänomen sui generis» darstellte? Impliziert schließlich ein ostmitteleuropäischer Systemvergleich, dass die DDR primär als Teil der Geschichte des sowjetischen Herrschaftsgebietes verstanden werden muss und erst in zweiter Hinsicht als Teil der deutschen nationalen Geschichte?

Wie umkämpft diese Fragen waren, zeigte der Streit über die «Empfehlungen der Expertenkommission zur Schaffung eines Geschichtsverbundes ‹Aufarbeitung SED-Diktatur›», die noch unter der rot-grünen Bundesregierung von Kulturstaatsministerin Christina Weiss eingesetzt worden war, deren Ergebnisse nach einjähriger Beratung aber erst im Januar 2006 vorlagen, als die Große Koalition regierte. Das zehnköpfige Expertengremium musste sich viel Kritik gefallen lassen; die «Sabrow-Kommision» – so genannt nach dem Leiter des Zentrums für Zeithistorische Forschung in Potsdam, Martin Sabrow, hatte das Pech, in Zeiten der politischen Machtverschiebung agieren zu müssen. Hinter der von ihr befürworteten Schwerpunktsetzung auf den DDR-Alltag vermuteten manche wie der konservative Direktor des Instituts für Zeitgeschichte in München, Horst Möller, gar einen von Rot-Grün verordneten Paradigmenwechsel in der Aufarbeitung der SED-Diktatur, die auf eine Weichzeichnung hinauslaufe.[75]

Lässt man solche auch konkurrenzbedingten Streitpunkte beiseite, so war es das Verdienst der Kommission, nicht nur «Leitlinien der Empfehlungen» für die weitere SED-Aufarbeitung zu beschreiben, sondern eine Bestandsaufnahme der bisherigen Aufarbeitung vorzulegen. Sie verdeutlichte, wie gut die Bundesrepublik im europäischen Vergleich post-kommunistischer Gesellschaften abschnitt. Als Leistungen aufgezählt wurden: ein «Netzwerk» von Archiven, Dokumentationszentren und Austauschforen, die «generelle Öffnung staatlicher und parteilicher Überlieferungen» mit faktischer Aufhebung der 30-jährigen Sperrfrist, die gesetzlich legitimierte Behörde für die Stasi-Unterlagen (BStU), zwei Enquete-Kommissionen des Deutschen Bundestages und die daraus erwachsene Stiftung zur Aufarbeitung der SED-Diktatur, eine breite und intensive wissenschaftliche Erforschung der DDR und ihre Integration in die allgemeine Zeitgeschichte sowie die «Ausbildung einer facettenreichen Topografie von Lern- und Gedenkorten, Sammlungen (...), von Publikationen sowie Dauer- und Wechselausstellungen, die in ihrer Pluralität und Vielschichtigkeit Ausdruck einer offenen Gesellschaft ist und zu den schützenswerten Charakteristika der Auseinandersetzung mit der SED-Diktatur zählt».[76] Allerdings gab es auch Negatives zu berichten, so insbesondere eine nach Ost und West geteilte Wahrnehmung der DDR-Geschichte, eine «medial vermittelte Trivialisierung ihrer Diktaturaspekte», finanzielle Unterausstattungen der Gedenkstätten und mangelnde Professionalität einzelner Einrichtungen.

Beklagenswert war zudem, dass es 20 Jahre nach dem Mauerfall vor allem bei ostdeutschen Schülern an Sachwissen fehlte und haarsträubende Klischeebilder und sozialromantische Traumwelten ins Auge fielen. Weit verbreitet war, einer Untersuchung der FU Berlin zufolge, die Vorstellung, die DDR sei ein ärmliches, kleines, irgendwie skurriles und witziges Land gewesen, eine Art Hobbit-Staat, wohingegen der menschenverachtende Diktaturcharakter, die Toten an der Mauer, die zerstörten Biographien kaum Erwähnung fanden und der Stasi ein «James-Bond-Image» anhaftete.[77] Dass in einem solchen Land Repression alltäglich war und Menschen zugrunde gerichtet wurden, war kaum vorstellbar – die Opfer der Diktatur blieben auf der Strecke.

Deutsche als Opfer: Flucht und Vertreibung

Dass Deutsche Opfer des Kommunismus waren, ist eine ebensolche Binsenweisheit wie die Feststellung, dass auch sie zu den Opfer des Zweiten Weltkrieges zählten. Allerdings hatte sich seit den 1970er Jahren die Debatte in der Öffentlichkeit – nicht jene in den Familiengedächtnissen – umgedreht und ging weg von einem Opferdiskurs, der bis dahin vorherrschte, und wandte sich hin zu einem Täterdiskurs: Die Deutschen waren Täter. Seit den 1990er Jahren war wiederum ein Wandel festzustellen, der sich neben den Debatten um den Bombenkrieg infolge der «Bombardierungsjahrestage» vieler deutscher Städte am besten an der deutsch-polnischen Kontroverse um Flucht und Vertreibung der Deutschen ablesen lässt.

Parallel zum Bau des Holocaust-Mahnmals in Berlin trieb insbesondere die Vorsitzende des Bundes der Vertriebenen, Erika Steinbach (CDU), die Idee voran, dort auch ein «Zentrum gegen Vertreibungen» zu errichten, in dessen Mittelpunkt die Vertreibung der 14 Millionen Deutschen aus Mittelosteuropa stehen sollte. Im September 2000 gründete sie gemeinsam mit dem SPD-Vordenker Peter Glotz, der aus Böhmen stammte, die Stiftung «Zentrum gegen Vertreibungen», für das sie auch bei Innenminister Otto Schily Zustimmung fand. Zusammen mit Glotz, der 2005 verstarb, wurde das Vorhaben weiter lanciert, stieß jedoch in Polen auf härteste Ablehnung. So sagte der stellvertretende Präsident des polnischen Oberhauses, Donald Tusk, im September 2003, jeder unsensible Umgang mit der jüngeren Geschichte – und dafür stehe die Idee des geplanten Zentrums – wecke in Polen die Geister der Vergangenheit, die Erinnerung an die Gräuel der Besatzungszeit und gefährde damit die vielen Bemühungen Einzelner, die Aussöhnung mit Deutschland zustande zu bringen. Die Ausfälle in der polnischen Presse gegen Erika Seinbach zeigten dies; daher sei es besser, die Idee des Zentrums im Namen der Versöhnung aufzugeben.[78]

Worauf Tusk anspielte, war das Titelbild der Wochenzeitschrift «Wprost» mit der Schlagzeile: «Das deutsche trojanische Pferd». Die Fotomontage zeigte Bundeskanzler Gerhard Schröder und Erika Steinbach: Lächelnd, kraftvoll, siegesbewusst in SS-Uniform gekleidet reitet die blonde Steinbach auf dem im Vierfüßlerstand abgebildeten Kanzler, der – so blickt er drein – nicht weiß, wie ihm geschieht. Erika Steinbach – die unversöhnliche NS-Domina des Revanchismus, so lautete die Botschaft.[79] Dieser Verdacht des Revanchismus hatte eine lange Vorgeschichte, zu der vor allem zählte, dass Steinbach mit 13 Kollegen aus CDU und CSU 1991 im Bundestag gegen die Anerkennung der Oder-Neiße-Grenze stimmte, da zu diesem Zeitpunkt noch Eigentums- und Vermögensfragen offen gewesen seien. In Polen vermuteten Politiker und Intellektuelle, die Befürworter eines solchen Zentrums wollten eine staatlich sanktionierte Vergangenheitspolitik zum Schaden Polens betreiben und ein entsprechendes Geschichtsbild in Europa festzurren; sie würden sich nicht um Tabus scheren und die europäische Geschichte umschreiben wollen. In der hitzigen Kontroverse vermochte ein einzelner Begriff einen gravierenden Unterschied auszumachen: War für Flucht und Vertreibung der Deutschen nach 1945 der Nationalsozialismus die *Ursache*, oder war er «nur» der *Anlass*? Anlass impliziert, dass ihn Polen nach 1945 dazu benutzt habe, einen lange gehegten Wunsch – Deutsche zu vertreiben – in die Tat umzusetzen. Für die meisten Polen bedeuten die Jahre 1939 bis 1949 das «schreckliche Jahrzehnt». Polen erwies sich erneut als Opfer der Geschichte als – katholisch imprägniert – «Völkerchristus», der durch seine Leiden Europa erlöst. Im Hinblick auf das von der Bundesregierung geplante Zentrum gegen Vertreibungen in Berlin erhob sich in Polen vehementer Protest, ein wahrer Sturm entstand. Die Diskussion verlief dabei vollkommen asymmetrisch, denn in der Bundesrepublik kam – trotz eines Manifestes prominenter Zentrumsgegner, die sich um den SPD-Abgeordneten Markus Meckel sammelten – eine vergleichbar große Debatte nicht in Gang. Der Eindruck in Polen jedoch war ebenso verheerend wie verquer: Aus Tätern sollten Opfer gemacht werden. Was hätte Bestand, so wurde gefragt, wenn die Erlebnisgeneration des Zweiten Weltkrieges abgetreten sei? Es existieren dann in Berlin ein Holocaust-Mahnmal, in dem der Nationalsozialismus nur anonym auftaucht, und ein Zentrum gegen Vertreibungen, in dem die Polen als Täter dargestellt seien. Folglich blieben aus dem Zweiten Weltkrieg zwei Opfergruppen übrig: die Juden und die Deutschen. Politisch sollte sich die Debatte bald etwas beruhigen. Nach dem Polen-Besuch von Bundeskanzler Gerhard Schröder im Sommer 2004 war deutlich geworden, dass es keine gegenseitigen Forderungen auf Vermögensrückgabe oder Entschädigungszahlungen gab.[80] Allerdings loderte der Konflikt um die Vertreibungen als gesamteuropäisches – und nicht allein deutsches – Trauma weiter. Im Koalitionsvertrag der schwarz-roten Bundesregierung 2005 sollte dann eine Passage auftauchen, in der es hieß: «Wir wollen im Geiste der Versöhnung auch in Berlin ein sichtbares Zeichen setzen», um an das Jahrhundert der Vertreibungen, Enteignungen und Zwangsumsiedlungen zu erinnern;[81] wieweit dabei eine europäische oder gar globale Komponente zum Tragen kommt, muss sich zeigen.

Europäische Normen der Vergangenheitspolitik

Nicht nur auf diesem Feld, sondern beim gesamten «Schlachtfeld»[82] der europäischen Erinnerung stand Deutschland im Zentrum. Der deutsche Umgang mit der NS- und der SED-Vergangenheit wurde seit den 1990er Jahren oftmals als weltweites Vorbild für die Aufarbeitung diktatorischer Vergangenheit aufgeführt – manche sprachen von der «DIN-Norm», wobei nicht entschieden war, ob dies anerkennend oder herabsetzend gemeint war, denn der «Weltmeister der Vergangenheitsbewältigung» (Péter Esterházy) hatte zuvor mit dem Holocaust und dem Vernichtungskrieg auch die größten Verbrechen begangen. Jedenfalls schien die deutsche «Vergangenheitsbewältigung» als eine Art Norm zu fungieren, an der andere europäische Staaten sich orientierten und ihren Umgang mit der Vergangenheit maßen. Ein Trend der Zeit war, dass dabei nicht allein nationale, sondern in zunehmendem Maße transnationale, europäische Bemühungen sichtbar wurden, Standards und verbindliche Richtlinien für Vergangenheitsaufarbeitung zu etablieren. Nach der Stockholm-Konferenz von 2000 kam es regelrecht zu Interventionen europäischer Institutionen, die verschiedenen diktatorischen Vergangenheiten und ihre Folgen als gemeinsame Geschichte zu begreifen und einheitlicher mit ihnen umzugehen. Beispiele dafür sind die Entschließungen des Europäischen Parlaments zum Gedenken an den Holocaust sowie zu Antisemitismus und Rassismus (2005) und zum 60. Jahrestag des Endes des Zweiten Weltkrieges (2005) oder die Resolution des Europarates über die Notwendigkeit, Verbrechen totalitärer kommunistischer Regime international zu verurteilen (2006), bis hin zu Empfehlungen, wie mit dem spanischen Franco-Regime umzugehen sei (2006). Der letztlich gescheiterte Vorschlag, einen gemeinsamen europäischen Gedenktag für die Opfer der stalinistischen und nationalsozialistischen Verbrechen einzurichten (2008), bildete den bisherigen Gipfel, Europa als einen gemeinsamen Geschichtsraum mit gemeinsamer Zuständigkeit aller Europäer zu begreifen.[83]

Wie in anderen europäischen Bereichen so war auch hier die Rede von «europäischen Mindeststandards» oder von «Mindestharmonisierungen». Allerdings: Eine gemeinsame Sicht auf das Jahrhundert der Extreme existierte noch nicht, denn die Trennlinien verliefen zwischen Ost und West. Insbesondere seit der EU-Erweiterung 2004, als zehn neue Staaten, darunter acht osteuropäische, der Union beitraten, sah sich Europa mit konkurrierenden Geschichtsbildern konfrontiert. Die Debatte über ein EU-weites Verbot des Hakenkreuzes Anfang 2005 stellt nur das prägnanteste Beispiel dafür dar: Vertreter einiger osteuropäischer Staaten forderten nämlich im Gegenzug ein Verbot der Darstellung kommunistischer Symbole wie Hammer und Sichel, weil, so hieß es in einem Schreiben mehrerer baltischer EU-Abgeordneter an den Vizepräsidenten der Europäischen Kommission, Franco Frattini: «It is well-known and well-documented that communist dictatorships are responsible for the deaths of tens of millions of innocent civilians – no fewer than the Nazi-regime.»[84] Eine solche Konkurrenz der Opfer ließ sich in der Debatte des Europäischen Parlaments über die Entschließung zum Gedenken an den Holocaust sowie zu Antisemitismus und Rassismus vom Januar 2005 ebenfalls feststellen. Ein italienischer Abgeordneter forderte zum Beispiel, auch andere Völkermorde wie denjenigen an den Armeniern oder die 1945 von «Marschall Tito in Istrien niedergemetzelten Italiener» mit einzubeziehen.[85] Allerdings fand die ursprüngliche Entschließung, die den Holocaust in den Mittelpunkt stellte und den 27. Januar zum Europäischen Holocaust-Gedenktag erklärte, bei nur zehn Enthaltungen Zustimmung, was verdeutlicht, dass der Holocaust als essentieller Bestandteil der europäischen Geschichte angesehen wird. Mit dieser vollzogenen «Europäisierung des Holocaust» scheinen die deutschen Täter bzw. die Täter insgesamt zu verschwinden. Denn der Preis dieser «Transnationalisierung» war der Verlust des konkreten Ereignisses mit benennbaren Tätern.

Im Ganzen betrachtet bildete sich somit mehr und mehr ein «Befreiungsnarrativ» für die europäische Geschichte des 20. Jahrhunderts heraus – und die Schuld an Kriegen und Verbrechen wurde und wird in diesem «Europa der Opfer» gewissermaßen auf mehrere europäische Schultern verteilt. Neben den abschließenden vergangenheitspolitischen Großprojekten wie Zwangsarbeiterentschädigung und Holocaust-Mahnmal dürfte nicht zuletzt diese Entwicklung dazu beigetragen haben, dass in den Regierungsjahren von Rot-Grün das demokratische Deutschland in den Kreis der Sieger des Zweiten Weltkrieges aufgenommen wurde.

Ankunft im Kreis der Siegermächte: Normandie 2004 und Moskau 2005

Einmal mehr verwendete Nico Fried von der «Süddeutschen Zeitung» im Jahr 2004 die deutsche Metapher vom «Ende der Nachkriegszeit».[86] Am 6. Juni nahm Gerhard Schröder als erster Bundeskanzler an den Gedenkfeierlichkeiten zum 60. Jahrestag der Landung der Alliierten in der Normandie teil – auf Einladung des französischen Präsidenten Jacques Chirac, die dieser zu Beginn des Jahres ausgesprochen hatte.[87] Am Morgen des «D-Day» 1944 waren 155 000 alliierte Soldaten an fünf verschiedenen Stränden der Normandie gelandet, hatten hier im Westen die zweite Front eröffnet und damit den Anfang vom Ende der Nazi-Diktatur eingeläutet. In einem zweieinhalb Monate währenden Kampf kamen auf alliierter Seite mindestens 40 000 und auf deutscher Seite 22 000 Soldaten ums Leben; fast 20 000 französische Zivilisten wurden getötet.

Kein anderer der anwesenden Staats- und Regierungschefs stand so im Brennpunkt wie Schröder. Neben der offiziellen internationalen Eröffnungszeremonie in Arromanches und den jeweils nationalen Zeremonien, die bereits Tage zuvor begonnen hatten, fanden am Haupttag der Feierlichkeiten, die in die ganze Welt übertragen wurden, eine Reihe von bilateralen Zeremonien zwischen Frankreich als dem Gastgeber und den wichtigsten eingeladenen Staaten statt. Die französisch-deutsche Zeremonie war dabei nicht bloß eine von vielen, sondern man hatte sie bewusst ans Ende gestellt, um ihre besondere Bedeutung hervorzuheben.[88] Sie wurde im «Mémorial de la Paix», einem Geschichtsmuseum über den Zweiten Weltkrieg in Caen, abgehalten. Unter dem Beifall der deutsch-französischen Brigade und der Gäste enthüllten der französische Staatspräsident und der deutsche Bundeskanzler eine Gedenktafel im Friedensmuseum, hielten anschließend eine Rede, die mit einer emotionalen Umarmung und einem Bad in der Menge der anwesenden französischen und deutschen Gymnasiasten endete.[89] Es war ein erstaunliches Bild: Schröders Kopf ruhte auf der Schulter des größeren Chirac, der ihm, fast tröstend, auf die Schulter klopfte. Diese Umarmung erinnerte an jene von Charles de Gaulle und Konrad Adenauer 41 Jahre zuvor. Durch ihren informellen Charakter zeigte sie indessen, wie weit sich inzwischen die deutsch-französischen Beziehungen entwickelt hatten.

Die große Bedeutung der Teilnahme des deutschen Kanzlers leitete sich daraus ab, dass Deutschland mit dieser Geste symbolisch in den Kreis der Siegermächte des Zweiten Weltkrieges aufgenommen wurde. Jacques Chirac fand in seiner Ansprache gegenüber dem Deutschen sehr starke Worte: «An diesem Tag des Gedenkens und der Hoffnung empfangen die Franzosen Sie mehr denn je als Freund. Sie empfangen Sie als Bruder.»[90] Dass ein französischer Präsident einem deutschen Kanzler dies eines Tages sagen würde, hätte sich 1945 niemand träumen lassen. Die Anwesenheit Gerhard Schröders stieß im In- und Ausland nur sehr vereinzelt auf Kritik, und diese kam im Wesentlichen von französischen und britischen Veteranenverbänden. Jacques Vico, der Vorsitzende der Union des combattants volontaires de la résistance du Calvados, meinte: «Ich freue mich über die französisch-deutsche Aussöhnung, aber der Jahrestag der Landung ist weder der richtige Ort noch der richtige Zeitpunkt, um die Deutschen einzuladen. Nach dem Juni 1944 gab es noch ein Jahr des Krieges und des Leidens. Die deutschen Veteranen haben auf dieser Gedenkfeier nichts zu suchen. Sie haben Zivilisten getötet und bis zum Schluss Menschen vertrieben.»[91] Einer im Vorfeld der Feierlichkeiten erhobenen Umfrage zufolge jedoch stieß die Anwesenheit des Kanzlers bei 88 Prozent der Franzosen auf Zustimmung, in Deutschland hingegen lag der Wert bemerkenswerterweise nur bei 71 Prozent der Befragten.[92] Gleichzeitig hielten 82 Prozent Deutschland für den zuverlässigsten Verbündeten, das waren fast 20 Prozent mehr als noch zehn Jahre zuvor[93] – sicherlich auch eine Folge des deutsch-französischen Schulterschlusses bei der Ablehnung des Irak-Krieges.

Nicht dem mächtigsten Geschichtskanzler der deutschen Demokratiegeschichte, Helmut Kohl, sondern Gerhard Schröder, dem viele unterstellten, er sei der Historie weniger zugeneigt, wurde diese Ehre zuteil. Allerdings wurde bei der Planung der Zeremonie für 2004 auch bekannt, dass Chiracs Vorgänger, François Mitterrand, Helmut Kohl 1994 gerne zum 50. Jubiläum des D-Day eingeladen hätte und sondieren ließ. Kohl habe jedoch aus persönlicher Betroffenheit abgelehnt – sein Bruder war in der Normandie verwundet und später bei einem Luftangriff getötet worden.[94] Es war mithin auch eine Frage der Generationenzugehörigkeit, dass ein deutscher Bundeskanzler Arm in Arm mit den Siegern des Zweiten Weltkrieges auftreten konnte. Kohl wurde 1930 geboren, Schröder 1944, der eine gehörte zur Kriegs-, der andere zur Nachkriegsgeneration. Auch deshalb hatte es 2004 eine Debatte über die Einladung nicht mehr gegeben. «Irgendwie selbstverständlich», so kommentierte Michaela Wiegel in der «Frankfurter Allgemeinen Zeitung», «scheint mittlerweile der Gedanke zu sein, daß der Bundeskanzler an der Seite des französischen, des amerikanischen, des russischen und des polnischen Präsidenten, der britischen Königin und der anderen Staats- und Regierungschefs den Anfang vom Ende der Nazi-Herrschaft feiern will.»[95]

Schröder selbst legte im Vorfeld seines Besuchs viel Wert darauf hervorzuheben, wie sehr sich sein Land seit 1945 verändert hatte. In seiner Rede betonte er: «Es ist nicht das alte Deutschland jener finsteren Jahre, das ich hier vertrete. Mein Land hat den Weg zurück in den Kreis der zivilisierten Völkergemeinschaft gefunden. Es war ein langer Weg zu einer erfolgreichen und stabilen Demokratie.»[96] In einem Gastbeitrag für die «Bild»-Zeitung, der am gleichen Tag erschien, hatte Schröder darauf hingewiesen, dass die deutschen Streitkräfte im Unterschied zu früheren Zeiten nicht eingesetzt würden, «um Herrschaft durchzusetzen», sondern «um Menschen zu schützen», das heutige Deutschland setze sich «für eine friedliche Entwicklung der Welt, gegen Gewalt und Unrecht» ein.[97] Diesen Faden nahm er in seiner Rede in Frankreich wieder auf und zog eine Linie bis hin zum Irak-Krieg: «Zum Sturz der Hitler-Diktatur brauchte es Patrioten und Soldaten. Weil wir Deutsche das wissen, sind wir keine Pazifisten. Wir sind aber auch nicht leichthin bereit, zu militärischen Mitteln zu greifen. Wo militärisches Eingreifen jedoch nötig war und ist, entzieht sich Deutschland seiner Verantwortung für Frieden und Menschenrechte nicht.»[98] Sicherlich war dies auf den amerikanischen Präsidenten George W. Bush gemünzt, der indessen gar nicht in die Normandie gereist kam, denn ein Tag vor dem 6. Juni war der frühere US-Präsident Ronald Reagan verstorben.

Dass Chirac und Schröder die enorme Bedeutung der Amerikaner 1944 leichtfertig herunterspielten – bei der Landung waren nur 177 Franzosen beteiligt – und das Ganze in einen Festakt für deutsch-französische Freundschaft verwandelten, war ebenso unverkennbar wie der Versuch des Kanzlers, aus Missgeschicken seines Vorgängers zu lernen. Schröder entschied sich nämlich wenige Tage vor dem 6. Juni gegen einen Besuch des deutschen Soldatenfriedhofs «La Cambe», und zwar mit der Begründung, dass dort auch Angehörige der Waffen-SS begraben seien. Stattdessen kündigte er an, den Friedhof in Ranville besuchen zu wollen, auf dem neben Gefallenen der Commonwealth-Staaten auch 322 deutsche Soldaten liegen. Durch den Sprecher der Bundesregierung, Béla Anda, ließ er mitteilen, dass er «für alle dort begrabenen Soldaten am Ehrenkreuz des Friedhofs einen Kranz niederlegen (werde) und einen weiteren Kranz am Grab eines unbekannten deutschen Soldaten».[99] Die Bitburg-Affäre Helmut Kohls steckte den Planern offenbar noch in den Knochen: Damals, 1985, hatten der deutsche Kanzler und der amerikanische Präsident Ronald Reagan als Versöhnungsgeste den dortigen Soldatenfriedhof besucht; als bekannt wurde, dass dort auch Angehörige der Waffen-SS bestattet waren, entspann sich in Deutschland eine vehemente Kontroverse, und der amerikanische Präsident stürzte in eine der schwersten innenpolitischen Krisen seiner Amtszeit.[100] 2004 entstand nur ein vergleichsweise kleiner Streit. Der Geschäftsführer der CSU-Landesgruppe im Deutschen Bundestag bezeichnete Schröders Entscheidung als «Beleidigung für die vielen Bundeswehrsoldaten, die diese Gräber pflegen, und für alle deutschen Kriegerwitwen».[101]

Der französische Präsident Chirac hatte den D-Day vom Veteranen-Gedenktag zum politischen Weltgipfel umfunktioniert und die Deutschen gleichberechtigt mittendrin platziert. Es sollte nicht die letzte solcher Premieren sein: Schröders Nachfolgerin, Angela Merkel, nahm am 25. August 2006 an der Gedenkfeier zum 62. Jahrestag der Befreiung von Paris und am 11. November 2009 am 91. Jahrestag des Waffenstillstandes von 1918 teil. Der Höhepunkt für die symbolische internationale Aufwertung Deutschlands ereignete sich jedoch ein Dreivierteljahr nach der Normandie in Moskau. Das offizielle Foto zeigte die Politiker Seite an Seite vor der Kremlmauer, wie sie die Militärparade abnahmen, von links: Gerhard Schröder, neben ihm seine Frau Doris Schröder-Köpf, dann Jacques Chirac, daneben Ljudmila Alexandrowna Putina, dann Wladimir Putin und ihm zur Rechten George W. Bush. Aus London war der stellvertretende Premierminister angereist, Tony Blair war verhindert. Der Vorsitzende der Europäischen Kommission, José Manuel Barroso, war ebenso zugegen wie der UN-Generalsekretär, Kofi Annan, außerdem waren unter vielen anderen der chinesische Präsident, Hu Jintao, der indische Premierminister, Manmohan Singh, aber auch der nordkoreanische Diktator, Kim Jong Il, anwesend und sämtliche Staats- und Regierungschefs der GUS-Staaten ebenso – mithin eine, von Ausnahmen abgesehen, sehr illustre Runde von über 50 Staats- und Regierungschefs aus aller Welt. Vor der Parade hatte Schröder auf einem Militärfriedhof einen Kranz niedergelegt und sich anschließend, zusammen mit Putin, mit russischen und deutschen Veteranen sowie Jugendlichen aus beiden Ländern getroffen. Die Militärparade selbst erinnerte an den alten Sowjetkult und strahlte dieselbe Heldensymbolik wie dereinst aus, ohne dass die gebrochenen Erfahrungen der russischen Gesellschaft irgendwie reflektiert worden wären. 60 Millionen Gedenkmünzen zu jeweils 10 Rubel waren geprägt worden, insgesamt 50 000 Fahnen und Megaposter prangten um den Roten Platz herum und in ganz Moskau, 7000 Soldaten beteiligten sich an der Parade, darunter 2600 Veteranen in Kampffahrzeugen aus dem Zweiten Weltkrieg.[102] In seiner Rede hob der russische Präsident darauf ab, angesichts neuer ideologischer Bedrohungen wie dem Terrorismus dem Gedächtnis der

Angekommen im Kreis der Siegermächte: Gerhard Schröder bei den alliierten Siegesfeiern in Moskau, 9. Mai 2005.

Väter treu zu bleiben. «Wir sind verpflichtet», so führte er aus, «eine Weltordnung zu verteidigen, die auf Sicherheit und Gerechtigkeit beruht, auf einer neuen Kultur der Beziehungen, die keine Wiederholung ‹kalter› oder ‹heißer› Kriege zulässt.» Er fügte hinzu: «Wir bauen eine neue Politik auf die Ideale der Freiheit und Demokratie, auf dem Recht jedes Staats, seinen eigenen Weg der Entwicklung zu wählen (...) Ein leuchtendes Beispiel dieser Politik ist die historische Versöhnung zwischen Russland und Deutschland.»[103]

In der Tat war bemerkenswert, wie positiv die Mehrheit der Russen Deutschland im Jahr 2005 sah. Um die 70 Prozent belief sich der Anteil jener, die meinten, dass die Bundesrepublik und Russland freundschaftlich verbunden seien. Dabei gab es kaum Schwankungen, es war egal, ob die Zahlen aus Dörfern oder Großstädten stammten, ob Männer oder Frauen gefragt wurden, ob man einen hohen oder einen niedrigen Bildungsabschluss vorweisen konnte, ob man wenig oder viel Geld verdiente. Einzig bei den über 55-Jährigen sank der Wert ein wenig ab, auf knapp über 60 Prozent.[104] Bundeskanzler Gerhard Schröder konnte zufrieden sein: Die umfängliche Berichterstattung in den deutschen und internationalen Medien erwies sich als ein großer Erfolg. Dass Schröder bei Putin in der ersten Reihe sitzen durfte, nahm er als Vertrauensbeweis auf. Schon als die Einladung ausgesprochen wurde, interpretierte Regierungssprecher Béla Anda die Teilnahme des Kanzlers bei den Feierlichkeiten als «ein Zeichen der Aussöhnung mit Russland».[105] Die aktuelle russische Politik – die schwierige Menschenrechtslage, die Einschränkungen der Pressefreiheit oder gar die militärischen Aktionen in Tschetschenien – blendete man aus. Auch der Umstand, dass die Rote Armee nicht allein die Hälfte Europas von der NS-Herrschaft befreite, sondern Ostmitteleuropa danach unter das Joch der stalinistischen Diktatur geriet, fiel dem wohlfeilen Vergessen anheim. Die Bundesregierung verwies darauf, dass die Moskau-Reise des Kanzlers der Höhepunkt einer «eindrucksvollen Reihe» sei – von der Teilnahme des Kanzlers am 60. Jahrestag der alliierten Invasion in der Normandie Anfang Juni 1944 über seinen Besuch in Warschau im August 2004 anlässlich des 60. Jahrestags des Polnischen Nationalaufstandes bis zu den Siegesfeiern am 9. Mai 2005.[106] Dort, in Moskau, gab Schröder der Moderatorin der «Tagesthemen», Anne Will, ein Interview, in dem er bekannte, dass die Aussöhnung zwischen Deutschland und Russland ihm besonders am Herzen liege und seine Freundschaft zu Präsident Putin vieles erleichtert habe. Schröder ordnete die Einladung jedoch in einen größeren Rahmen ein und verdeutlichte so einen Kern seiner Kanzlerschaft, als sich diese bereits zum Ende neigte, nämlich den globalen Auftritt eines selbstbewusst gewordenen, allseits respektierten Deutschland: «Alles hat seine Zeit. Ich denke, dass der Versöhnungsprozess zwischen den beiden Ländern vorangegangen ist. Und die Tatsache, dass ich ja nicht allein dort war (…) zeigt, dass man wollte, dass Deutschland gleichberechtigtes Mitglied der Völkergemeinschaft ist.»[107]

Noch in der Nacht flog der Bundeskanzler nach Berlin zurück, denn am 10. Mai eröffnete Bundestagspräsident Wolfgang Thierse feierlich das Holocaust-Mahnmal. Der Bundestag, so Thierse in seiner Ansprache, habe sich mit seinem Beschluss für den Bau bewusst dafür entschieden, «dass sich dieses geeinte Deutschland zu seiner Geschichte bekennt. Keine andere Nation habe die Erinnerung an das ‹größte Verbrechen seiner Geschichte› in das Zentrum seiner Hauptstadt gerückt».[108] Nicht nur die nationale, auch die internationale Presse kommentierte das Ereignis. «De Volkskrant» aus Amsterdam verglich das Berliner Ereignis mit dem Moskauer vom Tag zuvor: «Diese Bußfertigkeit, die mit einem neuen, eindringlichen Holocaust-Denkmal in Berlin unterstrichen wurde, trägt manchmal sogar Zeichen eines Kults. Aber sie ist der ohrenbetäubenden Stille in Moskau bei Weitem vorzuziehen.» Und «La Repubblica» aus Rom kommentierte: «Dieser vor den Kameras der Weltöffentlichkeit emotional überwältigte und traurige Kanzler ist das sympathische und beruhigende Gesicht des neuen Deutschlands.» 60 Jahre nach der Niederlage des verbrecherischen Nationalsozialismus sei Berlin aus einer großen Woche des Gedenkens «siegreich» hervorgegangen.[109] So vollendete die rot-grüne Regierung das Projekt, das namentlich bereits Helmut Kohl in der «alten» Bundesrepublik begonnen hatte: die Bildung eines bundesrepublikanischen Selbstverständnisses, das auf der Übernahme historischer Verantwortung basierte und Deutschland eine neue Rolle in der Weltpolitik eröffnete.

4. Neue Vielfalt – Kunst, Kultur und Zeitgeist der rot-grünen Jahre

Von der Bonner zur Berliner Republik

Der scheidende Präsident der Stiftung Preußischer Kulturbesitz, Werner Knopp, dachte 1998 öffentlich darüber nach, ob es in Anbetracht der zunehmenden kulturellen Aktivitäten des Bundes nicht sinnvoll wäre, eine «Nationalstiftung» zu gründen, und fuhr fort: «Wenn man das zu Ende denkt, landet man bei einem Bundeskulturminister.»[1] Diese Idee war nicht neu, rührte jedoch an einen der bis dahin am besten gehüteten Schätze der Bundesrepublik: den Kulturföderalismus und die Kulturhoheit der Länder, wie sie sich aus dem Grundgesetz ableiteten. Neu war der Gedanke deshalb nicht, weil bereits im Mai 1972 Günter Grass einen Brief an Bundeskanzler Willy Brandt geschrieben hatte, in dem er eine ebensolche Nationalstiftung für Kultur vorschlug. Brandt nahm die Idee seinerzeit dankbar auf und baute sie in seine Regierungserklärung im Januar 1973 im Deutschen Bundestag ein, erntete dafür jedoch bei der Union nur den erwartbaren Widerspruch. Der damalige Innenminister Werner Maihofer (FDP) entwarf zwar ein Gesetz, doch dieses scheiterte am harten Widerstand der Länderchefs, aber auch an den Siegermächten des Zweiten Weltkrieges, denn diese weigerten sich, über eine Nationalstiftung in Berlin überhaupt nur nachzudenken. So verschwand das Vorhaben nach einem weiteren zaghaften, erneut fehlgeschlagenen Anlauf unter der Regierung Helmut Schmidt 1976 wieder in den Schubladen, und erst Rot-Grün nahm diesen Sprengsatz, der dazu geeignet war, das Verfassungsgefüge der Bundesrepublik gründlich durcheinanderzubringen, wieder in die Hand.

Am 23. Mai 2002 gab das rot-grüne Kabinett den Weg frei für die Errichtung einer Kulturstiftung des Bundes mit Sitz in Halle an der Saale, ohne dass die Länder, die seit 1987 eine nur mäßig ausgestattete Länderkulturstiftung unterhielten, daran beteiligt gewesen wären. Zur künstlerischen Direktorin wurde Hortensia Völckers bestellt, die vor

Provokationen nicht zurückschreckte. Sie war zuvor Mitglied der künstlerischen Leitung der documenta X und im Jahr 2000 Co-Direktorin der Wiener Festwochen gewesen, wo Christoph Schlingensief mit seiner Container-Performance «Ausländer raus!» einen Skandal provoziert hatte: Er hatte zwölf Asylbewerber in einem Container platziert und ließ öffentlich darüber abstimmen, wer von ihnen abgeschoben werden sollte. So avantgardistisch Völckers auftrat, musste sie sich am Anfang vor allem mit Verdächtigungen auseinandersetzen, etwa dass die Stiftung Staatskunst fördere und die Autonomie der Kunst auf der Strecke bleibe, wenn das Fördergeld im Bundeshaushalt bereitgestellt werde. Ihr Dienstherr war der Kulturstaatsminister, daneben wurde ein Stiftungsrat gebildet. Völckers selbst fasste die Idee der Bundeskulturstiftung in folgende Worte, die charakteristisch waren für die gesamte kulturpolitische Neuausrichtung: «Das zentrale Stichwort für die Kulturstiftung lautet Entgrenzung. Strukturell und konzeptionell reagiert die Stiftung auf die Entgrenzung, die die gegenwärtigen Kulturpraktiken bestimmt, denn diese überschreiten heute mehr denn je die Grenzen vormals bestimmender Nationalkulturen, ignorieren Disziplinenschranken und heben den Unterschied zwischen Hoch- und Populärkultur auf. Von einem begrenzten Sektor gesellschaftlicher Aktivitäten ist Kultur damit zu einem offen-polyzentrischen und multivalenten System sozialer Praktiken geworden.»[2]

Hier schlug sich ein erweiterter Kulturbegriff nieder, der zwar bereits 1982 auf der Weltkonferenz zur Kulturpolitik in Mexiko aufgetaucht war[3] und auch im Vertrag von Maastricht 1993 vorkam – mehr als eine Absichtserklärung war er indes lange Zeit nicht gewesen. So fand er erst unter Rot-Grün Eingang in die praktische Politik. Dass in Sachen Kulturpolitik seit der rot-grünen Regierungsübernahme 1998 ein anderer Wind wehte, war auf den ersten Blick offensichtlich: Aufbau einer neuen Kulturzentrale in Gestalt des Kulturstaatsministers – einer Behörde mit später immerhin 190 Mitarbeitern –, gleichzeitig die Etablierung des Bundestagskulturausschusses und nun die Gründung der Bundeskulturstiftung. So sollte die kulturelle Dimension des Nationalstaates, die über Jahrzehnte hinweg gerade im Vergleich zu anderen großen europäischen Ländern wie Frankreich unterbelichtet geblieben war, neu und besser zum Ausdruck gelangen. Rot-Grün wollte, dass Kulturpolitik auf nationaler Ebene ein erkennbares Gesicht erhielt. Gesucht wurde eine Persönlichkeit, die zwischen Kunst, Intellektualität und Politik vermitteln konnte und auch auf europäischer Ebene identifizierbar war.

Die zeitgenössische Kritik an dieser Trendwende war massiv, doch alle drei Institutionen wurden über die Regierungswechsel der folgenden Jahre hinweg erfolgreich fortgeführt. Zum zehnjährigen Amtsjubiläum im Oktober 2008 lobte Bundeskanzlerin Angela Merkel auf einer Festveranstaltung im Berliner Martin-Gropius-Bau, dass die Kulturpolitik des Bundes sichtbar geworden sei, seit es den Kulturstaatsminister gebe. «Das war eine richtige Entscheidung von Kanzler Schröder», urteilte dessen Nachfolgerin.[4] Lange Zeit hatte sich das unter Christdemokraten anders angehört, denn jene, die die Fahne der Kulturhoheit der Länder hochhielten, insbesondere Bayern, fürchteten, dass Berlin zum «Leuchtturm» ausgebaut werde und die Länder verdorren könnten.[5] Für so sinnvoll wie ein österreichisches Marineministerium hielt der bayerische Kultusminister Hans Zehetmair sein Berliner Pendant.[6] Dass der Kulturföderalismus keineswegs eine randständige Erscheinung sei, sondern der Kern der deutschen Bundesstaatlichkeit, konnte man vielfach als Einwand hören, auch dass dieser Polyzentrismus der künstlerischen Qualität und Vielfalt zugutekomme, und natürlich fehlte das historische Argument zentralistischer Gleichschaltung im «Dritten Reich» nicht – der letzte Kulturminister Deutschlands habe Joseph Goebbels geheißen. Seinen Kritikern zahlte es Kulturstaatsminister Naumann mit gleicher Münze zurück: In solchem Gebaren drücke sich die Angst der Deutschen vor sich selbst aus, und die Kulturhoheit der Länder, so gab er zu Protokoll, sei nach 50 Jahren erfolgreicher Demokratie und der internationalen Herausforderungen nur mehr «Verfassungsfolklore».[7]

Die «Kulturstaatsklausel», die in den Einigungsvertrag von 1990 Eingang gefunden hatte, legte fest, dass die kulturelle Substanz in den neuen Bundesländern durch die Wiedervereinigung keinen Schaden nehmen dürfe. Deutschland zeichnete sich durch eine im internationalen Maßstab unvergleichliche Dichte an Kultur- und Kunsteinrichtungen der 16 Bundesländer aus, gleichzeitig litt die Kultur unter zum Teil extrem schwacher Finanzierung, und angesichts leerer Kassen schien Besserung nicht in Sicht. Längst ging es jedoch nicht mehr nur um den Wettstreit der Regionen, in dem die Kultur zum Standortvorteil werden konnte, sondern mit dem Umzug der Bundesregierung im Sommer 1999 nach Berlin wollte sich die Hauptstadt mit Metropolen wie London, Paris oder New York messen, was angesichts einer erdrückenden Schuldenlast des Stadtstaates nahezu unmöglich war. Da Berlin seine Kultureinrichtungen nicht allein unterhalten konnte, nutzte es das Interesse des Bundes an einer repräsentativen Hauptstadt für seine Ziele und drängte auf eine weitgehende Kostenübernahme zum Beispiel der Stiftung Preußischer Kulturbesitz, des Deutschen Historischen Museums, des Jüdischen Museums und des Hauses der Kulturen der Welt, um nur einige zu nennen.[8]

Das Problem war also Berlin, genauer: die Furcht davor, eine «Berliner Republik» würde die Politik revolutionieren und an die Stelle des alten Bonner «Provinzialismus» könnte ein neuer Berliner «Größenwahn» treten, kulturpolitisch und auch ganz allgemein. Von der «Berliner Republik» war seit Mitte der 1990er Jahre die Rede, anfangs tauchte der Terminus in den Feuilletons noch in Unheil verkündender Analogie zur Weimarer Republik oder gar als Chiffre der Begründung eines «Vierten Reiches» auf, bevor ihn 1995 der Journalist Johannes Gross in einer Art Manifest mit der Hoffnung versah, dass Deutschland endlich zu einer souveränen Politik finden und dabei die positiven Bestände der Bonner Republik behalten würde.[9] Bonn habe den Begriff «Hauptstadt» auf ein logisches Minimum reduziert, nun könnten die Deutschen wieder mit Paris oder London gleichziehen. Die Steinarchitektur Berlins, seine Ästhetik, die Größe, überhaupt das Charisma der Stadt sowie die alltägliche Sichtbarkeit der politischen Probleme würden auf den Politikstil abfärben. Ebenso optimistisch meinten andere, mit dem Umzug nach Berlin im Sommer 1999 gehe ein depressives Jahrzehnt zu Ende und ein manisches werde hoffentlich folgen.[10] Nicht nur eine neue Dynamik wünschten sich manche, sondern vielmehr, dass die Bonner «Machtvergessenheit» überwunden, eine neue Ernsthaftigkeit einziehen oder der Hedonismus der West-68er beendet werde. Schließlich war von einer «Generation Berlin» die Rede, die alles neu und besser machen werde.[11] Helmut Kohl hielt das Ganze für ausgemachten Unsinn, wünschte sich aber ein repräsentatives Kanzleramt in der Hauptstadt, einen Solitär; Gerhard Schröder nahm die Stadt für seine Politik in Beschlag, indem er die Berliner Republik zur Republik der neuen Mitte deklarierte, hielt jedoch seinerseits das von Kohl in Auftrag gegebene Kanzleramt für zu monströs.[12] Rot-Grün verband mit Berlin eine postkonservative Politik, mehr Intellektualität und eine Entkrampfung. Kritiker dagegen prophezeiten nichts Gutes, die Republik werde «verosten», so der Publizist Henryk M. Broder, weil Berlin auf ehemaligem DDR-Gebiet liege.[13] So ging es munter hin und her, und in einer Nachbetrachtung über die Berliner Republik nach sieben Jahren Rot-Grün zitierte Kurt Kister von der «Süddeutschen Zeitung» Klaus Bölling, den Regierungssprecher Helmut Schmidts, der in Potsdam geboren worden war und in Bonn gewirkt hatte, mit dem Satz: «Die Berliner Republik ist nichts anderes als das viel beschworene Raumschiff Bonn. Sie findet nur in einer hundertmal banaleren Weise statt.»[14]

Unverkennbar wurde oft mit Schlagworten auf Schlagworte reagiert. Eckhard Fuhr hingegen, der Feuilletonchef der Zeitung «Die Welt», beschrieb in einem kraftvollen Essay, wie sich die Selbstwahrnehmung der Deutschen veränderte, wie ein allmählicher Perspektivenwechsel stattfand, und zwar ohne einen Rückfall in die deutsche Larmoyanz, wie westliche Freiheit und die Geschichte und Gegenwart in Berlin zusammenflossen.[15] Auch gab es ganz pragmatische Gründe, den Begriff «Berliner Republik» nicht gleich abzulehnen. Für alle Ostdeutschen, so der erste frei gewählte und zugleich letzte Ministerpräsident der DDR, Lothar de Maizière, teile sich das Leben in zwei Phasen, die Phase vor der Wende und die nach der Wende. «Wenn der Begriff Berliner Republik dazu beiträgt, dass auch den Westdeutschen klar wird, dass sich 1990 etwas verändert hat, begrüße ich das sehr.»[16] Anfang Oktober 1999 gründete eine sozialdemokratische Nachwuchselite, die mit dem Regierungswechsel von 1998 in den Bundestag oder in andere wichtige Positionen gelangt war, die Zeitschrift «Berliner Republik». Es sollte ein Ort für die gesellschaftspolitische Debatte der Zeit sein, und das junge Forum gab sich pragmatisch, ohne dogmatische Scheuklappen. Politische und intellektuelle Befindlichkeiten schienen sich in diesem Terminus zu spiegeln. Als «der Historiker der Berliner Republik» ist Heinrich August Winkler apostrophiert worden, dessen Werk «Der lange Weg nach Westen» sowohl Fachkreise wie Feuilletons und die Politik regelrecht feierten; auch international war der Zweibänder eines der erfolgreichsten deutschen Geschichtsbücher überhaupt.[17] Der 18. Januar 1871 – Gründung des Deutschen Kaiserreichs – und der 3. Oktober 1990 – Wiedervereinigung Deutschlands – bestimmen Winklers Sichtachse und Wertung: Die neue Bundesrepublik, der «postklassische, fest in Europa eingebundene» deutsche Nationalstaat der Gegenwart,[18] verkörpere die richtige Antwort auf die deutsche Frage. Die Teilung Deutschlands ist für Winkler gerade nicht als Sühne für Auschwitz zu verstehen, vielmehr sei sie der Tatsache geschuldet, dass die vier Siegermächte des Zweiten Weltkrieges sich nicht auf eine Lösung der deutschen Frage verständigen konnten. Indem die Bundesrepublik Deutschland und die DDR parallel betrachtet werden, lässt Winkler den Sonderweg erst mit der «Normalisierung» und supranationalen Zähmung des deutschen Nationalstaats 1990 enden, mit dem Deutschland an seinem Ziel, nämlich im Westen, angekommen sei. Seit dem 3. Oktober 1990 sei endgültig geklärt, wo Deutschland liege und wo seine Grenzen verlaufen; eine deutsche Frage gebe es nicht mehr. Nicht allein die wissenschaftliche Qualität und darstellerische Kraft seines Werkes bestachen, Winkler thematisierte vielmehr den geschichtspolitischen Paradigmenwechsel: Zehn Jahre nach der Wiedervereinigung war die Zeit reif für eine neue historische Erzählung nach dem Ende aller deutschen Sonderwege. «Die Deutschen», so brachte Winkler einen wesentlichen zeitgenössischen Denkstil auf den Punkt, «haben sich durch die Tatsache, dass es für sie so etwas wie westliche Normalität vor 1990 nicht gegeben hat, keinen Anspruch auf fortdauernde Anomalie erworben.»[19]

Berlin, Wilhelm II. und Schröder

Man erzählt, dass Winklers Buch auf Schröders Nachttisch im Kanzleramt gelegen habe. Der Spatenstich für den Neubau des Kanzleramtes im Spreebogen war im Februar 1997 erfolgt; als erstes Verfassungsorgan war der Bundespräsident bereits 1994 vollständig nach Berlin gezogen; von den Bundesministern machte Bauminister Franz Müntefering den Anfang und schlug im Juni 1999 sein provisorisches Quartier in Berlin auf, und der Hauptstadtumzug des Bundestages begann im Juli 1999; Ende September 2000 nahm der Bundesrat im Gebäude des ehemaligen Preußischen Herrenhauses seinen Sitzungsbetrieb auf. Seit dem 23. August 1999 residierte Bundeskanzler Gerhard Schröder, weil das Kanzleramt noch nicht bezugsfertig war, im Staatsratsgebäude Erich Honeckers, das 1964 eingeweiht worden war. Das Dienstzimmer des ehemaligen Regierungschefs der DDR war nun das seine: ein riesiger, einem Ballsaal ähnlicher Raum, an dessen Ende der Schreibtisch stand. «Spiegel»-Redakteur Jürgen Leinemann begleitete den Kanzler auf seinen ersten Schritten in Berlin und fing die Atmosphäre ein: «Schlossplatz Nr. 1, eine Adresse wie aus dem Monopoly-Spiel. Gewinner ist Gerhard Schröder, Bundeskanzler, der in einer Baracke am Rande eines dörflichen Fußballplatzes aufwuchs. Vor einer halben Stunde ist er eingezogen ins ehemalige Staatsratsgebäude der DDR, jetzt steht er hinter der mächtigen Panzerglasscheibe seines provisorischen Büros in Berlin und blickt mit fast kindlicher Freude über die weite wüste Brache, auf der einmal das Palais der Hohenzollern gestanden hat. ‹Berlin›, sagt er, fand ich immer schon doll.›» Das Schloss stand nicht mehr da, nur der trübe Torso des abgewrackten Palastes der Republik, doch Schröder könne sich nicht sattsehen an dieser chaotischen Stätte. Bonn habe er für langweilig gehalten, habe dessen Enge und das Aufeinandersitzen kaum ausgehalten; hier in Berlin sei alles groß, es regiere das Tempo und die Dynamik, das Unfertige feuere ihn an, der Um-, Ab- und Aufbruch. Leinemann meinte, der Kanzler scheine im neuen Ambiente regelrecht aufzuleben, auch weil er in dieser Stadt fand, was er benötigte: die Öffentlichkeit als Bühne. «Berlin und er brauchten sich nicht zu suchen, um sich zu finden (…) in Wahrheit sind sie von gleicher Art. So energiegeladen und respektlos, so showgierig, zäh und rüde, so stillos und erfolgsbesessen, auftrumpfend und zugleich unaufgeblasen wie diese Stadt sieht Schröder sich auch.» Um zu demonstrieren, was er meinte, zitierte Leinemann Kanzler Schröders Antwort auf eine Frage, die er ihm stellte: Ob er Visionen habe, wenn er durch das Brandenburger Tor fahre, ob er sich ein wenig wie Wilhelm der Zweite, der einst hier durchritt, fühle. Schröders Antwort: «Nee, nee. Ich kann ja nicht reiten.»[20] In der Tat: eine Mischung aus Unschuld und Provokation.

Aber man kann auch die Frage aufwerfen: Hätte Rot-Grün den Umzug nicht besser nutzen können? Indem von einer Neuerfindung, von einem Neubeginn oder einer zweiten Chance gesprochen worden wäre, die sich mit Berlin verbinde? Der Umzug an sich, die erste Kabinettssitzung im Staatsratsgebäude oder an einer anderen historischen Stelle – man hätte mit einer fulminanten Rede versuchen können, den Aufbruch zu markieren. Dies wurde intern jedoch nicht ernsthaft überlegt. Der Umzug sollte technisch reibungslos und in deutscher Gründlichkeit über die Bühne gehen, ansonsten herrschte eher die Sorge, diese ganzen Feuilleton-Geschichten von Berlin, das so mit der Vergangenheit überladen war, könnten über die Regierung hereinbrechen, ganz zu schweigen davon, dass man sich vom Ausland beobachtet fühlte. Deshalb trat die Regierung von Beginn an eher demütig auf. Das Unprätentiöse aus Bonn sollte nach Berlin gerettet werden, auch das Provinzielle. Über das neue, baulich sehr mächtige Kanzleramt sagte Schröder, wie sein Wortschmied Thomas Steg berichtete: «Hier wird regiert und nicht geherrscht.»[21]

Allerdings waren die Anfänge in Berlin auch mit ganz konkreten, physischen Abschieden von der Bescheidenheit verbunden. So empfahl Helmut Schmidt, die in seiner Kanzlerzeit 1979 vor dem Bonner Kanzleramt aufgestellte voluminöse Bronzeplastik von Henry Moore «Large Two Forms», ein Symbol für menschliche Verbundenheit, mit vom Rhein an die Spree zu nehmen, was Gerhard Schröder aber nicht tat.[22] Vor dem bescheidenen und wenig repräsentativen Bonner Kanzleramt hob sich das Werk Moores deutlich ab, verkörperte Aufgeschlossenheit und Internationalität, womit sie die defizitäre Ästhetik des Bonner Staates aufwertete. Ja, ohne diese fabelhafte Skulptur wäre vom Bonner Kanzleramt – das sich durch architektonische Bescheidenheit bis hin zur Unauffälligkeit auszeichnete – nicht viel in Erinnerung geblieben. Konnte diese bewährte Kunst aus dem Westen, die die insgesamt erfolgreiche Demokratiegeschichte der «alten» Bundesrepublik ausdrückte, nicht als Zeichen der Kontinuität mit nach Berlin kommen? Ein abwegiger Gedanke war dies nicht, und einer Repräsentation durch Kunst war auch Kanzler Schröder nicht abgeneigt – bloß: Ihm schien dieses Symbol Bonner Behäbigkeitspolitik nicht mehr zeitgemäß zu sein, um ein vereintes Deutschland in Europa zu symbolisieren. Letztlich empfand er Moores Plastik als Ballast. Die neu ausgewählte, viel schlankere, bewegungsreiche und spannungsgeladene Skulptur «Berlin» des baskischen Künstlers Eduardo Chillida, die er vor seinem Amtssitz aufstellen ließ, kam Schröder zufolge dem Zeitgeist viel näher, in den stählernen

Fangarmen, die sich zu verschlingen scheinen, erblickte er eine «kraftvolle, auf Annäherung dringende Arbeit», die als Sinnbild von Teilung, Annäherung und Vereinigung zum Wahrzeichen des neuen Deutschland werden könne.[23]

Indem die meisten Kultusminister der Länder den Terminus «Berliner Republik» als einen Kampfbegriff wahrnahmen, schloss sich ihr Visier, verengte sich ihr Blickfeld. Unbestreitbar gab es jedoch neben der «Hauptstadtkultur» eine Reihe von Aufgaben, die die Länder aufgrund ihrer Finanzlage oder mangels Interesse nicht in ausreichendem Maße wahrnahmen. Dazu gehörten die Errichtung und die Pflege von Gedenkstätten, aber auch die Rückführung von Beutekunst der Kriegsjahre aus dem Ausland. Überdies existierten Bereiche künstlerischen Schaffens, die sich einer regionalen Anbindung entzogen, so die Filmförderung, deren finanzielle Dimension eine gesamtdeutsche Förderung nahelegte – weshalb Michael Naumann, ganz auf der Linie der rot-grünen Konsenspolitik, ein «Bündnis für den Film» ins Leben rief –, oder sogenannte Kulturimporte, d. h. die Einladung ausländischer Künstler nach Deutschland, die Vergabe von Preisen und Stipendien. Und dass der öffentliche Diskurs über Kunst und Kultur allgemein befördert und belebt würde, konnte nicht von Schaden sein.

Drei Handschriften der «Bundeskulturpolitik»

Für Rot-Grün bedeutete Kultur keinen Selbstzweck, sondern ein unverzichtbares gesellschaftliches Gut, so wie der Sozialstaat und das friedliche Zusammenleben der Menschen. Außerdem konnte sie in einer Epoche tiefgreifender wirtschaftlicher und sozialer Umbrüche Halt bieten und zudem Raum für Visionen geben. Deshalb sahen Sozialdemokraten, aber auch Grüne in der Kultur einen «zentralen Aspekt gesellschaftlicher Reform- und Zukunftsfähigkeit».[24] Kultur galt als «Identitätsanker» der Menschen wie der Gesellschaft insgesamt, gerade in Zeiten forcierter Globalisierung. «Angesichts der dramatischen Veränderungsprozesse, in denen wir uns befinden», so schrieben Wolfgang Thierse und Julian Nida-Rümelin in einem Antrag des SPD-Kulturforums, «gibt es ein erhebliches Bedürfnis nach Vergewisserung, nach Verständigung und nach Identitätsbildung. Kunst und Kultur sind ihrer Geschichte und ihrem Wesen nach der Ort, an dem genau diese Fragen diskutiert und reflektiert werden können. Die menschenwürdige Gestaltung der Globalisierung, die mentale Bewältigung des tiefen Umbruches in Ostdeutschland, aber auch die mit der digitalen Revolution einhergehenden neuen Arbeits- und Lebensverhältnisse brauchen eine entfaltete Kulturgesellschaft, die der Orientierungslosigkeit angesichts des Schwindens einfacher und nationaler Problemlösungen entgegenwirkt und verhindern hilft, dass rechtes und antidemokratisches Gedankengut das geistige Vakuum auffüllt»[25] – wahrlich ein umfassender Anspruch einer gestaltenden Kulturpolitik. Noch vielschichtiger wurde alles, da die auswärtige Kulturpolitik als tragende Säule der Außenpolitik fortentwickelt werden musste. Es ging dabei darum, die Mittlerorganisationen an die Bedingungen der Medien- und Kommunikationsgesellschaft anzupassen und sie effizienter zu gestalten. Die inhaltlichen Herausforderungen im Zuge der Globalisierung lagen auf der Hand: Dialog der Kulturen, Demokratieförderung, Verwirklichung der Menschenrechte und Nachhaltigkeit des Wachstums.

Für die Sozialdemokratie war Kulturpolitik traditionell wichtig, weil sie seit ihrer Gründung auch einen Arbeiterbildungsverein darstellte. Bildung war das Eintrittsbillet zum sozialen Aufstieg und somit der Kern von Kulturpolitik. Kultur bedeutete Teilhabe an der Gesellschaft. Dieser Grundimpuls unterschied die sozialdemokratische von der konservativen Kulturpolitik; Kultur wurde als etwas Existenzielles und nicht als etwas Schmückendes betrachtet. Es genügte indessen nicht, jetzt den Faden einfach wieder aufzunehmen, er musste neu gesponnen werden. Nach den 1970er Jahren, in denen der programmatische Ansatz von Hilmar Hoffmann «Kultur für alle» lautete, sahen die Sozialdemokraten in den 1980er und 1990er Jahren die Kulturpolitik in der Defensive – angesichts der angespannten Haushalte sowie des reinen ökonomischen Verwertungsinteresses, das im Neoliberalismus zum Ausdruck kam. Die Trendwende, die Rot-Grün einleitete, zeigte sich nicht zuletzt in den neu gegründeten Institutionen. So ging das Bekenntnis zur Kulturnation über eine reine Verfassungsverpflichtung hinaus. Die Entscheidung, auf Bundesebene die kulturelle Verantwortung kraftvoll wahrzunehmen, darf – nachdem sich der Pulverdampf verzogen hat – als Gewinn für die Republik bezeichnet werden. Allerdings gab es an keiner anderen Stelle einen solch raschen Wechsel. In den rot-grünen Jahren wurde das Amt des Kulturstaatsministers von drei ganz unterschiedlichen Persönlichkeiten mit jeweils eigener Handschrift ausgefüllt. Michael Naumann zog mit wortgewandten Auftritten, gezielten Provokationen und weltläufiger Umtriebigkeit viel Aufmerksamkeit auf sich und das neue Amt. Er schuf so erst den Raum für neue Gedanken, die sein Nachfolger Julian Nida-Rümelin in eher leiser und auf Konsens bedachter Art durchsetzte, bevor mit der parteilosen Christina Weiss eine weithin geschätzte Kulturpolitikerin auftrat, deren Amtsführung die Kritiker versöhnte und so die Behörde verstetigen konnte.

Nida-Rümelins Amtsantritt am 10. Januar 2001 stand unter keinem guten Stern, da seine Ernennung mit der BSE-Krise und den Rücktritten von Gesundheitsministerin Andrea Fischer (Grüne) sowie Karl-Heinz Funke (SPD) zusammenfiel. Der Professor für Philosophie musste zudem immer wieder zweifelhaftes Lob von Journalisten über sich ergehen lassen: Er sei so etwas wie ein «aufklärerischer Voltaire» am Ohr des Kanzlers.[26] Die «Frankfurter Allgemeine Zeitung» spottete über das Amt und den Minister: Nida-Rümelin sei der überflüssige «Hausphilosoph des Kanzleramtes».[27] Nida-Rümelin erwies sich jedoch als Pragmatiker, machte zwar weniger Schlagzeilen als sein Vorgänger, dafür kam eine neue Sachlichkeit in die Kulturarbeit. Vor allem gelang es ihm, eine stärkere Balance zwischen Bund und Ländern in die deutsche Kulturförderung zu bringen. Seinen Vorgänger Naumann bezeichnete er als «Eisbrecher» für das Amt, sich selbst als «Navigator» einer kulturell ausgerichteten Ordnungspolitik. Zum Ende der ersten Legislaturperiode von Rot-Grün zog er eine zufriedene Bilanz und wies Vorwürfe zurück, das Amt durch seinen frühen Abgang nach eineinhalb Jahren zu beschädigen. Ein politisches System müsse eine solche politische Entscheidung aushalten, dozierte er und fuhr fort: «Was in der relativ kurzen Amtszeit zu schaffen war, habe ich geschafft: Die Angst der Länder vor einem Kulturzentralismus ist gebannt, die übermäßige Besteuerung ausländischer Künstler in Deutschland, die einen dramatischen Rückgang des internationalen Kulturaustausches zur Folge hatte, wurde reformiert, das Urhebervertragsrecht wurde novelliert, die Buchpreisbindung ist gesichert, das Stiftungsrecht wurde reformiert, die Bundeskulturstiftung ist gegründet.»[28]

Die beiden zuletzt genannten Punkte waren wesentlich. Die Stiftungsreform aus dem Jahr 2002 erweiterte den Erlass des Finanzministers von 1997 über die «ertragssteuerliche Behandlung des Sponsorings». Stiftungen, die aus steuerrechtlicher Sicht als Spende betrachtet werden, erhielten nun erhebliche steuerliche Vergünstigungen, was dazu führte, dass viele Unternehmen, aber auch Privatpersonen ihr Kulturengagement neu und umfänglicher ausrichteten; Mäzenen und Stiftern eröffneten sich neue Möglichkeiten, und die Reform baute zivilgesellschaftliche Strukturen aus, welche den Nährboden für eine lebendige Kultur darstellten.[29] Und das Ziel der Bundeskulturstiftung war es, auf der Höhe der Zeitgenossenschaft die Kunstproduktion der Gegenwart in sämtlichen Sparten zu unterstützen. Sie wurde zur größten Institution ihrer Art in Europa, und nach der Fusion der Kulturstiftung des Bundes, die mit über 38 Millionen Euro pro Jahr ausgestattet war, und derjenigen der Länder, die über eher karge acht Millionen Euro Etat verfügte, war die Schlagkraft noch durchdringender. In einer Art Arbeitsteilung wurde festgelegt, dass im Bereich der «Erbepflege» die Länder in der gemeinsamen Stiftung weiterhin das Sagen hatten, wogegen der Bund für das Innovative und das Internationale verantwortlich blieb. Über bedeutende Festivals und Großprojekte wie etwa das Schillerjahr 2005 sollte gemeinsam entschieden werden. Dies waren Entwicklungen, die bereits Nida-Rümelins Nachfolgerin zu verantworten hatte.

Christina Weiss' Berufung als Kulturstaatsministerin im Oktober 2002 stieß auf ein ausgesprochen positives Echo, was auch als ein Zeichen dafür gewertet werden konnte, dass sich die Konflikte um das Amt beruhigten, langsam zwar, aber immerhin. Politische Beobachter kannten Weiss bereits aus ihrer Hamburger Tätigkeit als Kultursenatorin, und man bescheinigte ihr einen «wachen Geist und eine drängende Neugier» sowie eine Lust aufs Unangepasste.[30] Ihr unbestreitbares intellektuelles Format und ihr Stil einer dezenten Klarheit erleichterten es, Entscheidungen durchzufechten: So brachte sie die Fernsehsender dazu, einem neuen Filmförderungsgesetz zuzustimmen und die Beiträge für die Filmförderung auf über elf Millionen Euro zu verdoppeln. Sie veranlasste den Umbau der bundeseigenen Rundfunkanstalt «Deutsche Welle», der Stimme Deutschlands im Ausland, erreichte ein Moratorium in der konfliktträchtigen Frage, ob das Berliner Stadtschloss wieder aufgebaut werden sollte, regelte die Finanzierung der Hauptstadtkultur neu und entwarf Pläne, die großen NS-Gedenkstätten in Berlin unter einem gemeinsamen Dach zu vereinigen. Letzteres schlug allerdings fehl. Schließlich zog sie die «Birthler-Behörde» – zuständig für die Aufarbeitung der Unterlagen des Staatssicherheitsdienstes der ehemaligen DDR – vom Innenministerium ab und gliederte sie in das Kultur-Ressort ein, womit die Behörde, die in den Augen von Weiss eine «weltweit einzigartige und vorbildliche Arbeit» leiste, inhaltlich aufgewertet wurde, was freilich bei konkurrierenden Einrichtungen wie der Bundesstiftung zur Aufarbeitung der SED-Diktatur zu Protest führte: Sie warfen Birthler vor, sich nicht auf das Thema Stasi zu konzentrieren, sondern die DDR ganz allgemein zu behandeln und damit ihren Auftrag zu überdehnen.[31]

Darüber hinaus und vor allem öffnete Weiss die deutsche Kulturpolitik für den europäischen Raum: Die Berliner Konferenz für europäische Kulturpolitik vom 26. und 27. November 2004 unter dem Motto «Europa eine Seele geben» führte Intellektuelle und Politiker aus allen Teilen Europas zusammen. Anwesend war auch Timothy Garton Ash. Der britische Historiker sah das «Vermächtnis» dieses in Berlin initiierten Prozesses darin, die europäische Geschichte, die eine Geschichte der fortlaufenden Ausdehnung von Freiheit sei, in kreative politische Energie zu verwandeln und fest in der Agenda der Europäischen Union zu verankern.[32] Weiterhin sollte sich das «Europäische Netzwerk Erinnerung und Solidarität», das bereits seit 2003 von der rot-grünen Bundesregierung auf den Weg gebracht und Anfang 2005 konkrete Gestalt als eine multilaterale Initiative mitteleuropäischer Staaten zur Aufarbeitung der Geschichte des 20. Jahrhunderts annahm, in den folgenden Jahren zu einem der wichtigsten Foren des europäischen Geschichtsdialogs entwickeln und die europäische Identität unterfüttern.[33] Es trug zur Bildung einer europäischen Gemeinschaft der Erinnerung bei, welche die unterschiedlichen Erfahrungen der Völker und Länder einbezog. Nicht eine normierte Lesart der Geschichte wurde angestrebt, sondern die Erfahrungen im Spannungsfeld des Eigenen und des Fremden sollten zu differenzierenden Bildern der Vergangenheit führen. Transnationale Zusammenarbeit zielte somit im Zeitalter der Globalisierung darauf ab, nationalstaatlich fixierte Deutungen aufzubrechen.

Hannover und die Welt: Expo 2000

Dass die Bundesrepublik vom 1. Juni bis zum 31. Oktober 2000 auch die Welt bei sich zu Gast hatte, und dies ausgerechnet in der Heimatstadt des amtierenden Kanzlers, in Hannover – dafür konnte Rot-Grün nichts. Hannover hatte sich bereits am 14. Juni 1990 als Expo-Stadt gegen Toronto durchgesetzt, mit nur einer Stimme Mehrheit, und diese Stimme war, wenige Monate vor ihrer Auflösung, ausgerechnet von der DDR gekommen.[34] Im deutschen Wettbewerb hatte die Stadt an der Leine gegen weitaus bekanntere und auf den ersten Blick attraktivere Städte die Nase vorn; ihr half das Argument, dass aufgrund des vorhandenen Messegeländes und ausreichender städtischer Erweiterungsflächen nur recht geringe finanzielle Belastungen für den Bund entstünden – was am Ende nicht zutraf, weil nicht die erwarteten 40 Millionen, sondern lediglich 18 Millionen Besucher kamen – und zudem Maßnahmen zur Wirtschaftsförderung des strukturschwachen Nordens geboten seien. Da eine von den Grünen initiierte Bürgerbefragung nur eine knappe Mehrheit für die Expo brachte, wurde auf eine soziale und ökologische Ausgestaltung geachtet. Das Thema «Mensch, Technik, Natur – eine neue Welt entsteht» sollte die Herausforderungen des anbrechenden neuen Jahrtausends im globalen Diskurs umreißen. Leitbild war die Nachhaltigkeit: Erstmals in der Geschichte der Weltausstellungen wurde darauf verzichtet, für die Expo eine Fläche völlig neu zu erschließen, vielmehr erweiterte und modernisierte man das bestehende Messegeländer in Hannover. Die Nationenpavillons wurden mit umweltfreundlichen Materialien und geringem Energieverbrauch errichtet, auch war an eine Nachnutzung der Gebäude in Hannover oder an einer anderen Stelle gedacht worden.[35]

Natürlich war die Weltausstellung eine Werbung für Deutschland, ein Land, wie es hieß, «in dem die Weltoffenheit, Zukunftsorientierung, Kompetenz, Leistungskraft und Gastfreundschaft zu Hause sind».[36] Der deutsche Pavillon – der größte der gesamten Schau – versinnbildlichte mit seiner transparenten Architektur, die eine symbiotische Kommunikation zwischen Außen- und Innenraum zuließ, diese Offenheit. Eine konvex geschwungene Glasfassade symbolisierte Dynamik, und das hölzerne Dach schuf eine Verbindung zum Innern des Pavillons, in dem es um die «Brücken in die Zukunft» ging. Daneben standen zwei weitere Bereiche: Denken, «Ideenwerkstadt Deutschland», und Handeln, «Mosaik Deutschland». Während im erstgenannten Komplex die wechselvolle deutsche Geschichte und große Kulturpersönlichkeiten präsentiert wurden – von Konrad Adenauer über Dr. Motte, den Erfinder der Loveparade, bis hin zu Sigmund Jähn, den ersten (Ost-)Deutschen im Weltall, und Mousse T., den deutsch-türkischen Musiker, der als Sinnbild für ein multikulturelles Deutschland auserkoren worden war, traf der Besucher im zweiten Komplex auf 16 Exponate um den «Baum des Wissens», welche die Bundesländer und deren Innovations- und Gestaltungskraft darstellten. Deutschland präsentierte sich somit als kreativ und innovativ; es drückte seine Bereitschaft zum gemeinsamen Handeln aus.

Alles sollte von neuer Leichtigkeit, die viele Menschen aus dem Ausland den Deutschen nicht zutrauten, zeugen. 55 Jahre nach dem Ende des Zweiten Weltkrieges und zehn Jahre nach der deutschen Wiedervereinigung wollte sich Deutschland als gastfreundliches, fröhliches und zukunftsgewisses Land präsentieren. In seiner Eröffnungsrede am 31. Mai 2000 hob Kanzler Schröder, wie erwartet, die große Chance für die Bundesrepublik hervor, sich der Welt zu zeigen, mahnte aber zugleich, dass gerade die Deutschen internationaler werden und Angst vor Fremdheit abbauen müssten: «Denn Fremdheit passt nicht zu einer globalen Welt.»[37]

Der Streit um die «deutsche Leitkultur»

Fast so, als sollte das Thema der Expo, Deutschland sei ein weltoffenes, tolerantes Land, widerlegt werden, brandete, kurz nachdem die Ausstellungstore in Hannover geschlossen worden waren, heftiger als je zuvor die Kontroverse um eine deutsche Leitkultur auf.

Es begann mit der Attacke des CDU-Fraktionsvorsitzenden Friedrich Merz, der ankündigte, dass die Ausländerpolitik, die Einwanderungs- und die Integrationsproblematik ein wesentliches Thema der anstehenden Wahlen sein würden. Der hessische Wahlsieg von Roland

Koch im Frühjahr 1999 hatte gezeigt, wie sehr das Thema «Ausländer» die Menschen beschäftigte und die Union damit Rot-Grün in die Enge treiben konnte. In der Zeitung «Die Welt» forderte Merz Ende Oktober 2000 eine «freiheitliche deutsche Leitkultur» und begann seinen Beitrag sogleich mit einem gehörigen Schuss Polemik: «Schweinebraten statt Döner, Deutschtümelei, Biedermeier, fünfziger Jahre – Rassismus! Kein Vorwurf aus dem wohlbekannten Arsenal der political correctness und der Gutmenschen in diesem Land, der nicht erhoben wird. Doch worum geht es wirklich?»[38] Einwanderung und Integration, so führte er aus, könnten auf Dauer nur Erfolg haben, wenn sie eine breite Zustimmung der Bevölkerung fänden, und dazu gehöre eine Integrationsfähigkeit auf beiden Seiten: Das Aufnahmeland müsse tolerant sein, und die Zuwanderer müssten die Regeln des Zusammenlebens in Deutschland respektieren – Merz verwies hierbei ausdrücklich auf die Stellung der Frau innerhalb der westlichen Freiheitsordnung. «Gleich, ob dieses nun die Identität unseres Landes, der Verfassungspatriotismus oder eben die freiheitliche Leitkultur ist, die uns geprägt hat: Einwanderung und Integration von Ausländern, die wir wollen und die wir fördern müssen, braucht Orientierung an allgemein gültigen Wertmaßstäben. Wer einer Diskussion darüber ausweicht oder allenfalls mit abgedroschenen Floskeln antwortet, der bereitet erst den Boden für politischen Radikalismus.» Was war falsch an dieser Aussage? Vermutlich wäre die Attacke ins Leere gelaufen, hätte sie bei Rot-Grün nicht einen wunden Punkt getroffen – und Merz gab auch mit entwaffnender Ehrlichkeit zu, das Beste an der Debatte sei, wie «die anderen (sich) so wunderschön darüber aufregen».[39] In der Tat: Leitkultur sei ein «Totschlagargument», eine ungeheuerliche Provokation, ein Wort der Überheblichkeit, das dem Arsenal der NS-Sprache entstamme, und die dahinterstehende Polemik sei in hohem Maße «unanständig», so scholl es aus der SPD-Fraktion zurück.[40] Außerdem wäre die Debatte verebbt, hätte nicht vor allem die politische Rechte das Thema sofort an sich gezogen. In rechtsextremen Kreisen wurde «Leitkultur» schnell in rassistische und antisemitische Ideologien gekleidet – und dies in einer Zeit, als die Kette rechtsextremer Gewalttaten nicht abriss.

Der Kern des Gedankens ging auf Theo Sommer, den Mitherausgeber der «Zeit», zurück, der schon im Juli 1998 einen Artikel zu Ausländern in

Deutschland verfasst und dafür plädiert hatte, dass Integration keine Einbahnstraße sein dürfe.[41] Sommer wiederum hatte sich auf das Buch «Europa ohne Identität?» des Göttinger Politikwissenschaftlers Bassam Tibi bezogen, der für eine europäische Leitkultur eingetreten war.[42] In Sommers Artikel hieß es: «Die überwölbende Gemeinschaft erträgt durchaus lebendige Untergemeinschaften – aber die Vielfalt hat sich in der Einheit zu bewähren. Das Rezept könnte auch in Deutschland taugen. Man sollte es freilich lieber nicht mit dem Etikett ‹multikulturell› bekleben; dem Begriff haftet zu viel Fragwürdiges an (…). Ein Deutschland, das aus lauter Ghettos besteht, ein paar für Türken, ein paar für Griechen, ein Dutzend für die Deutschen – das kann nicht das Ziel sein (…). Integration bedeutet zwangsläufig ein gutes Stück Assimilation an die deutsche Leitkultur und deren Kernwerte.» Dahinter stand eine einfache Erkenntnis: Je bunter der ethnische Flickenteppich wurde, desto fester musste er durch ein Gewebe der gemeinsamen Werteordnung zusammengehalten werden. Man konnte dies als eine durch und durch vernünftige Position bezeichnen.

Solche Debatten gab es auch im internationalen Maßstab, und sie gingen häufig zurück auf Thesen eines «Kampfes der Kulturen», die Samuel Huntington in den USA zur Diskussion stellte. Gerade islamische Kulturkreise galten ihm als «Herausforderer-Kulturen» des Westens, der zu zögerlich seine eigene Identität betonte, dessen Bevölkerung schrumpfte und dessen Ökonomie nachließ und dem deshalb ein Machtverlust bevorstand. Nicht nur demographische und wirtschaftliche Probleme bedrohten in dieser Sicht die Macht des Westens, hinzu komme ein moralischer Verfall, der zu einem kulturellen Selbstmord führen könne.[43] Ähnliche Begriffe wie «Leitkultur» tauchten auch in anderen Ländern auf: culture dominante, cultura dominante, culture de référence, American way of life, lauteten einige der bekannten Termini. Kaum jemand hatte daran je Anstoß genommen, doch in Deutschland wurde «Leitkultur» zur Waffe im parteipolitischen Kampf. Denn dass Deutschland ein Einwanderungsland sei – dieser Erkenntnis hatten sich konservative Kreise immer verschlossen, und dies verlieh der Auseinandersetzung ihre Schärfe.

Was mit «Leitkultur» gemeint war, schwankte erheblich: Einige beschränkten sich auf die Loyalität gegenüber der Verfassung und auf die

Sprachkompetenz; andere wiesen weit darüber hinaus und entwarfen eine deutsche Kultur oder einen deutschen Nationalcharakter, an dem sich Zuwanderer auszurichten hätten; auch Ausgrenzungen und Stigmatisierungen blieben nicht aus. Für die Opposition war es der Versuch, über dieses Thema die kulturelle Hegemonie von Rot-Grün zu brechen. Unionspolitiker wie der bayerische Ministerpräsident Edmund Stoiber verstanden «Leitkultur» als Gegenentwurf zu einem Nebeneinander verschiedener Kulturen. In einer Fernsehsendung der ARD über den CSU-Parteitag in München interviewte Ulrich Deppendorf den Parteivorsitzenden, der ins Mikrophon sprach: «Wir wollen praktisch Leitkultur gerade als Antithese zu multikulturell verstehen – weil die Grünen und auch Teile der SPD wünschen ja eine multikulturelle Gesellschaft – und die wollen wir – ja – die will ich nicht.»[44] Im Laufe der kurzen, aber hitzigen Debatte folgte Zuspitzung auf Zuspitzung: In einer recht wirklichkeitsfremden Überhöhung des Multikulturalismus forderten die Grünen völlig offene Grenzen in Europa und malten das einträchtige Zusammenleben der verschiedensten Kulturkreise in hellsten Farben aus. Wieder zum Vorschein kam ein grundsätzlicher Denkfehler der Linken: der Glaube, dass alle Menschen eigentlich gut seien, und das Erstaunen, wenn sich einige plötzlich als böse entpuppten, etwa islamisch geprägte Männer, die wie selbstverständlich Gewalt gegen «abtrünnige» Frauen anwandten – «Ehrenmord» sollte sich als Terminus einschleifen. Die Vorsitzende von Bündnis 90/Die Grünen, Renate Künast, sprach sich gegen einen Zwang für Ausländer aus, Deutsch lernen zu müssen, Friedrich Merz hielt das hingegen für «zwingend» und fügte noch hinzu, dass auch die Sitten und Gebräuche der Deutschen akzeptiert werden müssten.[45] Die Redaktion des Wörterbuches «Pons» kürte «deutsche Leitkultur» zum «Unwort des Jahres».[46] CDU-Parteichefin Angela Merkel warf der SPD «in Teilen» ein gestörtes Verhältnis zum Vaterland vor. So schien es den Befürwortern um eine Rückbesinnung auf den deutschen Nationalstaat, die deutsche Kulturnation und den Nationalstolz zu gehen. Damit auch alle verstanden, was gemeint war, stimmte Merkel das alte Lied der «vaterlandslosen Gesellen» in Gestalt der Sozialdemokraten neu an.[47] Begleitet wurde die Debatte von Forderungen nach repressiven Maßnahmen im Bereich der Asyl- und Ausländerpolitik und einer pronatalistischen Bevölkerungspolitik:

«Kinder statt Inder», auf diese «Alternative» brachte es schließlich Jürgen Rüttgers, CDU-Vorsitzender in Nordrhein-Westfalen.[48]

Der frühere Präsident des Goethe-Instituts, Hilmar Hoffmann, bezeichnete den Begriff «Leitkultur» als «verheerend», weil er auf eine «völlig falsche Fährte» führe, und warnte, dass damit der rechten Klientel das Feld bereitet werde. Die Goethe-Institute im Ausland vermieden es, von einer deutschen Leitkultur zu sprechen und verwendeten stattdessen die Formulierung einer Kultur aus Deutschland, denn diese sei ja auch vom Ausland beeinflusst worden, wie Kultur immer ein ständiger Prozess und nichts Festgefügtes sei.[49] Dass eine wie auch immer geartete deutsche Leitkultur den Anspruch erhob, andere Kulturen leiten zu wollen, konnte als vermessen bezeichnet werden. Noch schärfer im Ton reagierte Paul Spiegel, Präsident des Zentralrats der Juden in Deutschland. Er forderte die Politiker auf, ihre «populistische Sprache» zu zügeln, und fuhr fort: «Was soll das Gerede um die Leitkultur? Ist es etwa deutsche Leitkultur, Fremde zu jagen, Synagogen anzuzünden, Obdachlose zu töten? Geht es um die Kultur oder um die Wertvorstellungen der westlich-demokratischen Zivilisation, die wir in unserem Grundgesetz fest verankert haben?»[50] Die Wogen schlugen immer höher, in den Fraktionen des Bundestages herrschte helle Empörung, aber auch in der Öffentlichkeit. Kanzler Schröder versuchte, der Union den Wind aus den Segeln zu nehmen, und blieb betont sachlich. Als Peter Hahne ihn für das ZDF auf dem Flughafen in Hannover zum Thema befragte, antwortete er: «Was muss bei der Einwanderung sein? Erstens: Die Menschen, die hier arbeiten und leben wollen, müssen unsere Verfassung einhalten. Die Verfassung ist das Erbe der europäischen Aufklärung. Da steht das drin, was wir als Werte begreifen und wonach dieser Staat zusammengefügt ist. Zweitens: Die Menschen müssen die Gesetze einhalten (...) Und drittens: Diejenigen, die als Ausländer bei uns leben wollen auf Dauer, müssen die Sprache lernen (...) Das sind die drei Punkte, über die es Sinn macht zu diskutieren. Über Leitkultur macht es keinen Sinn.»[51] Nach Meinung von Bundespräsident Johannes Rau hatte Paul Spiegel zu Recht darauf hingewiesen, dass auf Unworte leicht Untaten folgen könnten. Rau drang zum Kern vor, indem er bekundete, dass Deutschland, auch wenn es vielen schwerfalle, dies anzuerkennen, ein Einwanderungsland sei. Nur wenn diese Tatsache endlich akzeptiert werde, erfolge alles Weitere wie selbstverständlich: «Die Wertebasis des Zusammenlebens in Deutschland ist das Grundgesetz, das ja bewusst die Würde des Menschen und nicht etwa die Würde der Deutschen an die erste Stelle setzt. Verfassungspatriotismus ist essenziell wichtig, aber nicht alles. Natürlich gibt es vieles, was uns Deutsche von anderen unterscheidet. Dazu gehört nicht nur unsere Sprache und der Reichtum all dessen, was wir traditionell unter ‹Kultur› zusammenfassen. Dazu gehört genauso der alltägliche Umgang miteinander wie unser Verhältnis zu Natur und Umwelt und das Bild unserer Städte und Landschaften. Dazu gehören unsere Geschichte mit ihren guten und schlechten Tagen und mit der besonderen Verantwortung, die uns daraus erwächst. Unterschiede sollen und dürfen aber nicht zu Ab- oder gar Ausgrenzung führen. Unsere Kultur und unsere Identität sind allein deshalb nicht fest und abschließend zu umreißen, weil sie sich geschichtlich gebildet haben und sich auch in Zukunft durch Anstöße und Einflüsse von innen und außen weiterentwickeln werden.»[52]

Auch auf christdemokratischer Seite regte sich Unmut, etwa bei Rita Süssmuth, der Leiterin der Einwanderungskommission der Bundesregierung, oder Dieter Oberndörfer, dem Direktor des angesehenen Arnold-Bergsträsser-Instituts in Freiburg, welcher der Union nicht fernstand. «Leitkultur» führe, so Oberndörfer, in einer scharfen Replik, «zum Verrat an der universalen Geltung der Menschenrechte, wenn der Eindruck vermittelt wird, Letztere seien spezifisch nationale oder europäische Güter – charakteristisch und gültig nur für westliche Gesellschaften».[53] Außerdem stand die Forderung nach einer deutschen Leitkultur im Widerspruch zum verfassungsrechtlich verankerten kulturellen Pluralismus.

Eine sinnvolle politische Diskussion über gesellschaftliche Leitbilder und über die Formen positiver Integration kam trotz Hunderten von Stellungnahmen und Dutzenden von Fernsehtalks nicht zustande; statt dessen dominierten Abwehrreflexe: jene der rot-grünen Regierung, die sich nicht auf eine Debatte über die Leitkultur einließ und gerade so in die Defensive geriet, aber auch jene der Opposition, die unerwartet in die Rolle des Zauberlehrlings geriet und die Geister, die sie rief, nicht mehr loswurde, weil die extreme politische Rechte sich des Begriffs bemächtigte, ihn mit dem Ruf nach Zucht und Ordnung versah sowie mit rassistischen Elementen anreicherte. So erwies sich die Kontroverse als eine sehr kurze und voreilig abgebrochene Debatte über das ideelle Fundament demokratischen Zusammenlebens. Erwähnung fand der «beunruhigende Begriff» in einem Bericht, den die Europäische Kommission gegen Rassismus und Intoleranz im Juli 2001 vorlegte. Nach deren Einschätzung verstärkte er die negativen Klischeevorstellungen von anderen Kulturen und ließ den Beitrag von Minderheiten zur Kultur eines Landes außer Betracht.[54] So missglückt die Debatte um die Leitkultur erschien, der Begriff taucht seither in den Parteiprogrammen von CDU und CSU auf, allerdings mit einem feinen Unterschied: So spricht die CDU von der «Leitkultur in Deutschland», die CSU hingegen von «deutsche(r) Leitkultur».[55] Darüber hinaus darf festgehalten werden, dass das Getöse der Parteien täuschte, denn es schälte sich in längerer Perspektive ein gewisser Konsens heraus: Dass es nicht um Kultur im Allgemeinen ging, sondern um die politische Kultur des demokratischen Gemeinwesens, wie es sich in den ersten zehn Artikeln des Grundgesetzes ausdrückt; dass Kultur Gewordenes und immer im Werden ist; dass Leitkultur sich kaum mehr national begreifen ließ, vielmehr europäisch verstanden werden musste. Oder einfach formuliert: Die Multikulti-Konzepte der Grünen und von Teilen der SPD wichen realistischeren Ideen, und die Konservativen, die noch in den 1990er Jahren tönten: «Das Boot ist voll», fürchteten nun aus einer wirtschaftlichen Debatte heraus: «Das Boot wird leer!»

Kulturkampf um die Deutung von 1968

Parallel zur Leitkultur-Debatte breitete sich seit Oktober 2000 erst unterschwellig, dann mit großer öffentlicher Wucht eine neue Kontroverse aus, in der eine «bürgerliche Leitkultur» gegen den angeblichen Werteverfall unter Rot-Grün in Stellung gebracht wurde. Dreh- und Angelpunkt war die Frage: Was hat «1968» in Deutschland bewirkt? Im Zentrum stand die Person, die einen langen Marsch vom Steinewerfer und Prügelknaben zum Staatsmann im Dreireiher hinter sich hatte und nach eigenem Bekunden «kein Lämmerschwänzchen»[56] gewesen war: Vizekanzler Joschka Fischer. Es handelte sich um weit mehr als nur um eine «68er Affäre»⁵⁷; alles drehte sich darum, wie die Entwicklung und der Stand der Demokratie in Deutschland bewertet wurden, und auf der Anklagebank saß jene Generation, die seit 1998 das Staatsruder führte.

Anlass war, dass Fischer im Januar 2001 in einem Frankfurter Gerichtsprozess wegen schwerer terroristischer Straftaten in den 1970er Jahren – vor allem des OPEC-Anschlags in Wien 1975 – als Zeuge geladen wurde, weil er einen der beiden Angeklagten, Hans-Joachim Klein, aus den Tagen seiner Straßenkämpfe persönlich kannte. Zur gleichen Zeit veröffentlichte die Journalistin Bettina Röhl, Tochter von Ulrike Meinhof, im «Stern» und auf ihrer Homepage Fotos vom 7. April 1973, auf welchen ein behelmter Demonstrant auf einen Polizisten einprügelt; Röhl identifizierte den Vermummten als den jungen Joschka Fischer. Noch am selben Abend entschuldigte sich Fischer, der die Echtheit der Bilder bestätigte, für jegliche Gewaltanwendung in den 1970er Jahren: «Es war ein großer Fehler und schlimmer Irrtum, in der politischen Auseinandersetzung auf das Mittel der Gewalt zurückzugreifen», und er fügte später noch hinzu: «Ich denke, dazu muss ich stehen, dazu will ich stehen, dazu bin ich auch immer gestanden. Ich habe nie den Eindruck erweckt, dass es sich bei mir um einen Oberministranten gehandelt hat, der jetzt einer erstaunten Öffentlichkeit was anderes erzählen muss.»⁵⁸ Sofort witterten die Medien einen Skandal, und die Opposition ergriff die Gunst der Stunde, um mit der Regierung abzurechnen. Röhl ihrerseits schrieb einen offenen Brief an Bundespräsident Rau: Sie werde Fischer wegen versuchten Mordes an einem Polizisten anklagen. Der Bundespräsident müsse, da es sich um einen Staatsnotstand handele, Fischer sofort entlassen. Gleichzeitig geriet Röhl selbst in die Kritik, da sie kein Copyright an den Fotos besaß und der Fotograf Lutz Kleinhans von der «Frankfurter Allgemeinen Zeitung», von dem die Bilder stammten, rechtliche Maßnahmen gegen sie einleitete. In der «Panorama»-Sendung der ARD am 11. Januar 2001 «Die Akte Fischer – Eine Journalistin auf der Wahrheitssuche» wurde auch die Frage aufgeworfen, ob Bettina Röhl eine persönliche Rechnung mit Fischer offen habe; außerdem wurde sie hart kritisiert, weil sie für die Veröffentlichung der Fotos viel Geld verlangt hatte.⁵⁹ Die Causa Röhl löste sich nun von der 68er-Debatte ab; ihr wurde unterstellt, dass sie ihr persönliches Schicksal, von der Mutter abgeschoben worden zu sein, als diese in den Untergrund ging, nicht ertrage und sich als «Racheengel» geriere. Dass die Debatte innerhalb weniger Wochen abebben sollte, hatte auch mit ihr zu tun: Kaum ein Journalist, auch jene, die den Nachrichtenwert der «Fischer-Story» hoch einschätzten, wollte sich von der Meinhof-Tochter vor ihren Karren spannen lassen.

Es brandete allerdings eine leidenschaftliche politische Debatte, eine Art dritte deutsche Vergangenheitsbewältigung auf. Deutschland mit seiner gebrochenen Geschichte hatte die Aufarbeitung der Vergangenheit ja zu einer «Staatsdoktrin» erhoben.[60] Nach den Tätern und Mitläufern des Nationalsozialismus und den in das SED-Regime und die Stasi verstrickten Ostdeutschen waren es nun die 68er als die dritte Gruppe, über deren Vergangenheit gestritten wurde. Es ging um das Selbstverständnis der Republik.

Am 17. Januar 2001 fand eine denkwürdige Aktuelle Stunde des Deutschen Bundestages zur militanten Vergangenheit des deutschen Außenministers statt, in der sich alle Einwände und Argumente, aber auch die Verteidigungen wie unter einem Brennglas bündelten. Die Liste der Vorwürfe, welche die Opposition gegen Fischer aufbrachte, war lang: Er hatte nicht nur auf einen Polizisten eingeprügelt, er soll darüber hinaus Molotow-Cocktails geworfen und wissentlich sein Auto für Waffentransporte zur Verfügung gestellt, Sprengstoff in der gemeinsamen Frankfurter Wohnung mit Daniel Cohn-Bendit und schließlich Terroristen beherbergt haben. Blicken wir in die hitzige Debatte des Bundestages hinein:[61] Eckart von Klaeden (CDU) stellte gleich zu Beginn die Frage, ob Fischer «während seiner militanten Tätigkeit dem inzwischen verurteilten Topterroristen Ilich Ramirez Sanchez, genannt Carlos, der Schakal, begegnet sei», wie Carlos in einem Interview in der Tageszeitung «Die Welt» behauptet habe;[62] Fischer entgegnete auf diesen «absurden Vorwurf»: «Ein definitives Nein.» Auch habe er keine Waffenlager eingerichtet noch Waffenlager unterhalten oder Waffen mit seinem Auto transportiert, was der Union seit 1985, als diese Vorwürfe anlässlich seiner Vereidigung zum hessischen Umweltminister erstmals aufkamen, bekannt sei. Fischer entschuldigte sich erneut für seine Vergangenheit: «Ich habe damals – das ist für mich die eigentliche Trennung – erkannt, wie Gewalt die eigenen Gesichtszüge verzerrt, selbst wenn man meint, diese Gewalt aus guten Gründen einsetzen zu können. Das war für mich die entscheidende Erfahrung, die dazu geführt hat, dass ich mich abgewandt habe, innerlich wie auch in den politischen Konsequenzen. Ich habe damals Unrecht getan und ich habe mich bei allen, die davon betroffen waren, zu entschuldigen. Dies habe ich getan und tue es heute wieder.» Er wisse, welch kostbares Gut die demokratische Grundordnung sei, denn im Gegensatz zu «all den Gerechten» habe er sich erst zu ihr hin entwickeln müssen.[63] Im Verlaufe der Befragung, die auf der einen Seite immer mehr den Charakter einer Inquisition annahm und auf der anderen Seite polemische Gegenattacken entfachte, erregte sich das Plenum in zunehmendem Maße; Zurufe wie «Das ist eine Schmutzkampagne» (Peter Struck) oder «dämliche Frage» (Wilhelm Schmidt, SPD) oder Rezzo Schlauchs Unmutsbekundungen nahmen beständig zu. Auf die Frage von Martin Hohmann (CDU), warum und wohin Fischer seine Steine geworfen habe, ob er sie denn einfach in die Luft geworfen habe, entgegnete dieser «Ich habe die Steine in die Luft geworfen, ja.»[64] Antje Vollmer, die den einen oder anderen Strauß mit Fischer ausgefochten hatte, nun aber felsenfest hinter ihm stand, erinnerte daran, dass es vonseiten der Grünen Versuche gegeben habe, die Frauen aus der Roten Armee Fraktion zu überzeugen, dem Terrorismus abzuschwören.[65] Wolfgang Bosbach (CDU) fragte, welchen Sinn eigentlich eine Rechtfertigung habe, die laute, er, Fischer, stehe zu seinen Taten, weil diese Bestandteil seiner Biographie seien – Bosbach hielt das für eine Leerformel, denn: «Die Tat eines jeden Täters ist Bestandteil seiner Biographie!»[66] Rezzo Schlauch konterte, die Union wolle nur ein verlorenes Feindbild neu aufleben lassen und trachte danach, «einer ganzen politischen Generation den Prozess zu machen».[67] Gernot Erler sekundierte und mutmaßte, die CDU sei nur auf Beute aus: «Auf der rechten Seite des Hauses sitzt eine ehrenwerte Jagdgesellschaft. Sie haben vergessen, die Jagdhörner mitzubringen.» Polemisch hielt er den Jüngeren in der Union mangelnde Lebenserfahrung vor. Erler unterstellte ihnen, dass sie stromlinienförmig durchs Leben gegangen seien, deshalb erkannte er bei dem, was jetzt geschah, nur eine Rache der Angepassten. Deren Argumentation laute: Warum war Fischer damals nicht einer ordentlichen Jugendorganisation wie der Jungen Union beigetreten? «Hat er überhaupt gedient? Warum hat er nicht irgendwann einmal einen Dr. jur oder Dr. rer. pol. gemacht, damit er etwas in seinem Briefkopf hat?»[68] Angela Merkel, die CDU-Vorsitzende, bemängelte energisch, dass Fischer sich zwar für das Steinewerfen entschuldigt habe, doch immer noch die Meinung vertrete, «die 68er hätten einen Beitrag zur Befreiung geleistet».[69] Daraufhin kam Rezzo Schlauchs Zuruf: Merkel, die Ostdeutsche, könne gar nicht mitreden: «Sie haben im Tal der Ahnungslosen gelebt!»[70] Dann griff Bundeskanzler Schröder ein und warf Merkel «Selbstgerechtigkeit» vor, nahm Fischer ohne Wenn und Aber in Schutz und sah in seinem Werdegang die Demokratie der Bundesrepublik bestätigt, denn «zur Zivilisation und zu zivilisierten Gesellschaften (gehört), dass man Integration erlaubt, nachdem jemand Irrtümer eingestanden hat. Diese Fähigkeit zur Integration macht die Qualität einer freien, offenen Gesellschaft aus.»[71] Einmal mehr zweifelte Friedrich Merz daran, dass Fischer wirklich der Gewalt abgeschworen habe, und handelte sich vonseiten der SPD Zwischenrufe ein wie «Unanständiger Verleumder» und «Filbinger! Todesurteile!»,[72] was auf den ehemaligen baden-württembergischen Ministerpräsidenten der Union gemünzt war, der noch in den letzten Tagen des Zweiten Weltkrieges als Marinerichter Todesurteile gefällt hatte. Antje Vollmer meldete sich noch einmal zu Wort und brachte die Debatte auf den Punkt: Es gehe hier gar nicht um Fischer, sondern um einen «hochmoralisch aufgeladenen Kulturkampf».[73] Dass sich Fischer aufrichtig entschuldigen wollte, zog Friedbert Pflüger (CDU) in Zweifel, denn wenn er über seine Vergangenheit spreche, tue er das aus «nachdenklicher Zerknirschtheit und geheimen Stolz» – das nehme er ihm übel.[74] Zum Schluss holte Hans-Peter Uhl (CSU) weit aus und griff zu historischen Vergleichen: Fischer sei ein Wolf im Schafspelz, «fabelhaft staatsmännisch, in saturierter Bonhomie, fein angezogen im Dreiteiler von Luxusschneiderhand», doch hinter dieser Verkleidung scheine der Revoluzzer auf, der von der Freiheitsrevolte, an der er beteiligt gewesen sei, fasele. Die APO und er seien Feinde der Demokratie gewesen: «Ja, das war er. – Die erste deutsche Demokratie wurde von den Nazis vernichtet. Der Reichstag wurde von Goebbels als ‹Quasselbude› bezeichnet. Sie und Ihre Genossen sind mit der gleichen Impertinenz und mit der gleichen verwerflichen Gesinnung ans Werk gegangen. Sie und die APO wollten die zweite deutsche Demokratie, die Nachkriegsdemokratie, vernichten.»⁷⁵ Uhl verglich die 68er-Straßenkämpfer mit der Sturmabteilung der NSDAP; Linksextreme und Rechtsextreme würden sich immer derselben Instrumente bedienen; Fischer sei ein Sympathisant der Terroristen gewesen – und vielleicht sogar geblieben. Zuruf von der SPD: «Das war der Höhepunkt der Debatte.» Zumindest war es der Schlusspunkt, denn der Vizepräsident des Deutschen Bundestages, Hermann Otto Solms (FDP), beendete hiermit die Aktuelle Stunde.⁷⁶ Die Kombattanten hatten sich wahrlich verausgabt.

Die Sympathien, die Joschka Fischer in der Bevölkerung genoss, waren sein wichtigster Trumpf. Mit seiner Leidensmiene, die er aufsetzen konnte, schien er das Leiden am deutschen Wesen geradezu idealtypisch zu verkörpern. Viele der Kontrahenten auf der konservativen Seite hatten ein ziemlich bruchloses Leben vorzuweisen. Da war kein krummes Holz wie Fischer, der sich für seine Taten zwar mit Inbrunst entschuldigte. Doch gleichzeitig beschlich einen das Gefühl, man habe schon während der Entschuldigung ein Blinzeln in seinen Augen gesehen. Kokettierte er ein wenig mit den vergangenen Taten? Seht her, was für ein toller Hecht ich war! Doch war diese Schlitzohrigkeit in diesem Falle angebracht? Seine Beliebtheit unterschied Fischer jedenfalls von Umweltminister Jürgen Trittin, der wegen seiner linksradikalen Vergangenheit in einer maoistischen Sekte ebenfalls unter enormem Druck stand. Michael Buback, der Sohn des 1977 von Terroristen ermordeten Generalbundesanwalts Siegfried Buback, verlangte von ihm eine klare Distanzierung vom sogenannten Mescalero-Brief, einem zeitgenössischen Pamphlet, in dem ein anonymer Autor «klammheimliche Freude» über den Mord ausgedrückt hatte. Buback hatte Trittin zufälligerweise bei einer Zugfahrt getroffen und ihn gefragt, ob er sich von der Schmähschrift aus dem Göttinger Studentenmilieu, dem auch Trittin angehört hatte, distanziere, woraufhin dieser schnoddrig antwortete: «Warum sollte ich?», er habe sich den Inhalt der Schrift nie zu eigen gemacht.⁷⁷ Da öffentliche Empörung nicht ausblieb, sah sich der Umweltminister allerdings sehr rasch zum Einlenken gezwungen. Die «Bild»-Zeitung goss Öl ins Feuer und veröffentlichte in ihrer Ausgabe vom 29. Januar 2001 ein manipuliertes Bild, das Trittin auf einer «Gewalt-Demo» der 1970er Jahre mit «Schlagstock» und neben ihm einen Vermummten mit «Bolzenschneider» zeigte. Es stellte sich heraus, dass der «Bolzenschneider» der Dachgepäckträger eines geparkten Autos war und der «Schlagstock» ein Seil, an dem sich die Demonstranten festhielten. «Bild» verstieß mit dieser offensichtlichen Manipulation eklatant gegen die journalistische Sorgfaltspflicht und entschuldigte sich bei den Lesern der Zeitung, doch zunächst nicht bei Trittin, der, so Fritz Kuhn in einem Schreiben an den Chefredakteur, «durch die Bild-Manipulation in Ihrem Blatt zu Unrecht verunglimpft» worden sei.[78]

Heribert Prantl bilanzierte in der «Süddeutschen Zeitung»: «Die Kampagne gegen Fischer, Trittin und andere ist mehr als eine Kampagne. Es handelt sich um den Aufstand der konservativen Kreise der Republik gegen eine vermeintlich linke Regierung. Und es handelt sich zugleich um einen Aufstand gegen die Identität, die dieses Land nach 1968 gewonnen hat. Es handelt sich um ein Anrennen gegen den zivilisatorischen Prozess in diesem Land, gegen Liberalität und Toleranz. Die Aufständischen von heute sind die, gegen die sich die Revolte der späten sechziger und frühen siebziger Jahre richtete. Die Aufständischen von heute werfen die Steine, die die Studenten gestern geworfen haben, gegen die Politiker von heute zurück.»[79] Traf diese Analyse zu, umfasste sie die ganze Dimension? Schwerlich.

Die Auseinandersetzung um die 68er-Generation, ihre politischen Ziele und ihr Verhältnis zu Staat, Demokratie und Gewalt war eine Kontroverse um die Deutungshoheit eines zeitgeschichtlichen Abschnittes in der Entwicklung der Bundesrepublik Deutschland.[80] Es ging dabei jedoch nicht nur um unterschiedliche Lebenserinnerungen, Persönlichkeitsentwicklungen oder gruppenkollektive Gedächtnisse. Die politische und kulturelle Auseinandersetzung, die geführt wurde, war ganz grundsätzlicher Art. Die Debatte um Joschka Fischer und seinen Weg vom Frankfurter Sponti zum deutschen Außenminister war dabei nur Mittel zum Zweck. Auf dem Prüfstand standen die politische Moral und die politische Gesinnung der gesamten rot-grünen Regierung und ihrer Anhänger. Zugleich sollte mit dieser Debatte nicht allein Rot-Grün die Legitimation entzogen werden, sondern mit der Studentenbewegung auch der gesamte Impetus der sozialliberalen Reformära seit 1969. Man darf nicht vergessen, dass jene Zeit auch von Feindbildern und Hass geprägt war, die sich vor allem an Willy Brandt, dem Mann aus dem Exil-Widerstand gegen Hitler, entzündet hatten. Der Reformaufbruch des sozialdemokratischen Jahrzehnts sollte als Irrweg stigmatisiert werden und mit ihm die Regierungsjahre nach 1998, in denen die Akteure so gern auf das Vorbildhafte dieser in ihren Augen «heldenhaften» Reformzeit, an die sie anknüpfen wollten, verwiesen.

Die konservativen Kritiker versuchten, die Geschichte zu begradigen. «Unser Staat, die Bundesrepublik Deutschland», so die CDU-Vorsitzende Angela Merkel in der geschilderten Bundestagsdebatte zu Fischer, «ist seit 1949 ununterbrochen eine freiheitliche, solidarische und weltoffene Republik, auf die wir stolz sein können».[81] Dieser Satz enthielt den Schlüssel zum Verständnis der Schwierigkeiten, 1968 zu begreifen: Mit 1949 hatte die politische Ordnung in Deutschland gleichsam ihren endgültigen Abschluss gefunden, und jedweder Protest, ja jedwede Fortentwicklung erschien überflüssig. Mit den Ansprüchen einer lebendigen, einer sich dauernd reformierenden Demokratie vertrug sich diese Sicht schwerlich.

Doch auch im linken Lager wucherten die Mythen. Die politische Linke hatte 1989/90 eine historische Niederlage erfahren, denn mit dem Scheitern der Systemalternative war ihr eine Utopie abhandengekommen. Außerdem waren die Erblasten von 1968 in den Vordergrund getreten, etwa die Autoritätsschwäche innerhalb der Gesellschaft oder ein Verfall von Werten. Als die Linke nun von den Konservativen noch einmal in die alten Schützengräben gedrängt wurde, verteidigte sie fast krampfhaft ihre monumentalistische Sicht auf 68: Sie fühlte sich, wie die Straßenkämpfer von einst, als Vollstrecker des Weltgeistes, als Freiheitskämpfer im Auftrag, Deutschland zu einer brauchbaren Demokratie und zu einer wirklich modernen Gesellschaft umzubilden. So als habe die Demokratie in Deutschland nicht 1949 begonnen, wurde 1968 zu einem zweiten Gründungsmythos der Republik erhoben. Rot-Grün, so der Eindruck der Handelnden, sollte in seiner Identität ein weiteres Mal getroffen werden und dem Anspruch auf die Veränderbarkeit der sozialen, ökonomischen und gesellschaftlichen Verhältnisse abschwören. Es ist nicht zu bestreiten, dass sich in diesem Kulturkampf die tief sitzende Abneigung gegen das «rot-grüne Projekt» offenbarte, das den konservativen Kreisen wie eine Abirrung von der «guten» deutschen Geschichte seit 1949 vorkam und dementsprechend geschichtsmoralisch bekämpft wurde. Entschuldigungen, Buße und Reue genügten nicht mehr – man forderte ein umfassendes Dementi des Weges, forderte den Bruch, wollte Verächtlichmachung und Demütigung einer ganzen Generation und ihrer Ziele. Im rot-grünen Lager führte dies zu Sichtblenden, denn die 68er-Bewegung war politisch ja gescheitert, und die soziokulturellen Veränderungen waren zwar erheblich, doch bleibt es schwierig, deren Ausmaß genau zu bestimmen. Die Wirkungen der 68er waren nicht nur zwiespältig, sondern zum Teil ungewollt: Eine Verwestlichung der Bundesrepublik war nicht intendiert gewesen – sie trat aber ein; auch hatte es bereits vor 1968 eine Fundamentalliberalisierung der Gesellschaft gegeben und im Verlauf der 1970er Jahre sowieso; schließlich waren manche Praktiken der 68er ziemlich undemokratisch.[82]

Die Kritik im Jahr 2001 zielte jedoch vor allem auf die Achillesferse der linksliberalen Überhöhung von 68, den mörderischen Terrorismus der 1970er Jahre. Während in der konservativen Interpretation dieser Terrorismus folgerichtig aus 68 entstand, sahen die Linksliberalen dies anders: Nicht als Konsequenz, sondern als Inversion von 68 erscheint der Terrorismus in ihrer monumentalistischen Deutung.

Die Kontroverse war somit keineswegs nur eine «Kampagne gegen Liberalität», unter der einige sie verbuchen wollten.[83] Bemerkenswert war nun allerdings etwas völlig anderes: Dieser Versuch, mit 68 Rot-Grün einzureißen oder an 68 Rot-Grün aufzubauen, verfing mehrheitlich in der bundesdeutschen Gesellschaft gar nicht mehr. Der «Kulturkampf» um dieses Schlüsseljahr war eine Debatte um die Brüche der alten Bundesrepublik – doch erschien sie vielen, nicht zuletzt der jüngeren Generation, merkwürdig steril. Was hatte 68 mit der «pragmatischen Generation» zu tun, die nicht mehr in solchem Lagerdenken verhaftet war? Der postmoderne Stil des «Anything goes» einer hedonistischen Generation war, folgt man soziologischen Studien, seit Mitte der 1990er Jahre durch eine gestiegene Ernsthaftigkeit einer pragmatischen Generation abgelöst worden. Primäre Tugenden spielten in der jugendlichen Mentalität wieder eine größere Rolle. Ein großer Teil der jungen Menschen besann sich auf seine eigenen Kräfte und suchte eine positive Grundeinstellung zum Leben. Ideologisch aufgeladenen Projekten oder Gegenprojekten konnten sie nichts abgewinnen.[84] Überhaupt: 1968 hatte sich entdramatisiert, es war Geschichte.

Von «Good Bye, Lenin!» zu «Der Untergang»

Wie wenig «normal» die deutsche Geschichte vor 1989 gewesen war, zeigte ein deutscher Film, der im Jahr 2003 für Furore sorgte: «Good Bye, Lenin!». Bei seinem Plot handelt es sich um einen geistreichen Einfall: Für den 21-jährigen Alex geht – obwohl die DDR Geschichte machen wollte – überhaupt nichts voran. Kurz vor dem Fall der Mauer fällt seine Mutter, eine überzeugte DDR-Bürgerin, ins Koma – und verschläft den Siegeszug des Kapitalismus. Als sie nach acht Monaten wieder erwacht, befindet sie sich in einem neuen Land. Sie hat nicht miterlebt, wie West-Autos und Fast-Food-Ketten den Osten überrollen, wie Coca-Cola Jahrzehnte des Sozialismus einfach wegspült. Erfahren darf sie von allem nichts, ihr schwaches Herz würde dies nicht überstehen. Um seine Mutter, die aufrichtige Kommunistin, zu retten, muss Alex nun auf 79 Quadratmetern Plattenbau die DDR konservieren, besser: wieder auferstehen lassen. Der Film voller Herz und Witz von Wolfgang Becker mit Daniel Brühl und Katrin Sass in den Hauptrollen schrieb Filmgeschichte: neun deutsche Filmpreise, sechs Millionen begeisterter Kinozuschauer, fünf Wochen auf Platz eins der Kinocharts, in die ganze Welt, in 65 Länder, verkauft – in Frankreich und Spanien jeweils als bester Film aus dem europäischen Ausland 2003 und 2004 ausgezeichnet, in Großbritannien und Israel fulminant eingeschlagen – kurz: einer der erfolgreichsten deutschen Filme aller Zeiten.

Wenn man sich vor Augen hält, wie schwer sich deutsche Filme auf dem internationalen Parkett tun, stellt sich die Frage: Wie ist dieser Erfolg zu erklären? Natürlich ist der Film skurril, temporeich und lebt von fantastischen Schauspielern; er zeigt jedoch vor allem, wie die Deutschen begannen, sich aus der geschichtlichen Verklemmung zu lösen. «Good Bye, Lenin!» ermöglicht es, die DDR zu verabschieden, indem er zeigt, was die DDR tatsächlich war, und dennoch Raum dafür bietet, was sie eigentlich hätte sein können. So lässt der Film durchaus eine gewisse «Ostalgie» aufleben, bringt den Zuschauer jedoch dazu, sich mit ihr auseinanderzusetzen. Durch den schwarzen Humor und die Ironie des Filmes wurde ein sentimentaler Umgang mit der DDR vermieden. Dies unterschied ihn, wie auch die Filme «Sonnenallee» von Leander

Haußmann (1999) und Sebastian Petersons Adaption «Helden wie wir» (1999), welche sich ebenfalls der DDR-Vergangenheit widmeten, von den Ostalgie-Fernsehshows, die vor allem in Privatsendern liefen, so etwa in der RTL-Sendung «Die DDR-Show». Sie setzten auf DDR-Prominente wie die Eiskunstläuferin Katharina Witt – die vormals als das schöne Gesicht des Sozialismus galt – und verniedlichten dabei die harte Realität und die Menschenrechtsverletzungen der Diktatur.

Die europäische Erfolgskarriere des Films «Good Bye, Lenin!» hängt darüber hinaus, was auf den ersten Blick überraschen mag, mit dem «Nein» der Deutschen zu Amerikas Irak-Krieg zusammen. Damit sei, so die Interpretation von Eckhard Fuhr, so etwas wie ein neues europäisches Wir-Gefühl entstanden, welches ein guter Boden für Beckers Komödie war. «Seine deutsch-deutsche Tragikomödie konnte über sich hinauswachsen und geriet nie in Gefahr, als deutsche Selbstbespiegelung abgetan zu werden.»[85]

Deutsche Filme waren insgesamt um die Jahrhundertwende bei internationalen Wettbewerben weit vorne vertreten, und mit Caroline Links «Nirgendwo in Afrika» (2001) wurde zum zweiten Mal überhaupt ein deutscher Film mit einem Oscar ausgezeichnet. Kamen weiterhin rund 80 Prozent der Produktionen, die in den Kinos der Bundesrepublik liefen, aus Hollywood, so konnte sich der Marktanteil deutscher Filme steigern: 1995 lag er bei 9,4 Prozent und erreichte im Jahr 2004 den Spitzenwert von 23,8 Prozent. Dies hatte nicht allein mit den Themen der Filme zu tun, sondern war eine direkte Auswirkung der neuen Filmförderung. Freilich fehlte immer noch die Breite an Filmen, und Rekordbesuche von Kinos gingen oftmals auf einen «Blockbuster» zurück, so im Jahr 2001 auf die Komödie von Michael «Bully» Herbig «Der Schuh des Manitu», der zwölf Millionen Menschen in die Lichtspielhäuser lockte, so viel wie kein deutscher Film seit 1945.[86] Ebenso verhielt es sich mit Sönke Wortmanns «Das Wunder von Bern» anlässlich der 50. Wiederkehr des Gewinns der Fußball-Weltmeisterschaft für Deutschland im Jahr 1954, was das erste identitätstiftende Ereignis der jungen Bundesrepublik gewesen war. Umstritten hingegen waren Filme über die NS-Zeit, so vor allem «Der Untergang» (2004), den Bernd Eichinger produzierte. «Der Untergang» war mit 13,5 Millionen Euro der drittteuerste Film, der je in Deutschland produziert wurde, nur «Das Boot» und die «Unendliche Geschichte» lagen noch vor ihm. Der Film lockte 4,5 Millionen Zuschauer in die Kinos und wurde 2005 in der Kategorie bester fremdsprachiger Film für den Oscar nominiert. Er schilderte die letzten Tage des «Dritten Reiches» im Führerbunker, und zum ersten Mal in der deutschen Filmgeschichte wurde Hitler, grandios gespielt von Bruno Ganz, als Hauptfigur eines Geschichtsfilms dargestellt. Durfte man Hitler 60 Jahre nach Kriegsende als Mensch zeigen und nicht mehr als Alptraumgestalt schlechthin? Waren die Grauen der Judenvernichtung wirklich auserzählt, und wirkten deshalb die Täter «unterhaltsamer»? Ob es der Unterhaltungsindustrie erlaubt war, Hitler gleichsam als ihre Ikone zu entwerfen, war hoch umstritten und löste bereits vor Kinostart heftige Kontroversen aus. Wim Wenders bezeichnete den «Untergang» als einen «Film ohne Haltung» und warf Produzent Eichinger und Regisseur Oliver Hirschbiegel eine Verharmlosung des «Dritten Reiches» vor. Ein «Mangel an Erzählhaltung», so Wenders weiter, führe die Zuschauer in ein «schwarzes Loch, in dem sie auf (beinahe) unmerkliche Weise dazu gebracht werden, diese Zeit doch noch irgendwie aus der Sicht der Täter zu sehen, zumindest mit einem wohlwollenden Verständnis für sie».[87] Auch auf dem Kieler Historikertag 2004 stritten die Fachvertreter über den Film. Viele von ihnen lobten seine Detailgenauigkeit. Hermann Graml, langjähriger Mitarbeiter des Instituts für Zeitgeschichte in München, sagte, er kenne keinen Film, der die Vergangenheit «so eindringlich und derart quälend lebendig werden lässt». Demgegenüber missfiel dem Kölner Historiker Jost Dülffer die Opferrolle, der sich der Film verschreibe. Zwar werde Hitler nicht zum Opfer verklärt, doch die vielen Selbstmorde im Führerbunker kurz vor der Kapitulation vor der Roten Armee vermittelten den Eindruck eines «Opfergangs».[88] Durfte man den Täter darstellen, der sogar Mitleid erregte, ohne auf die Schuld der Deutschen und den Judenmord einzugehen? Der äußerst kühle Umgang mit deutscher Schuld war irritierend.

Literaturnobelpreis für Günter Grass und die junge Literatur

Fragen zur deutschen Katastrophengeschichte trieben besonders einen Autor zeitlebens um: Günter Grass. Kein anderer hatte die Irrungen und Wirrungen der deutschen Geschichte im 20. Jahrhundert so zu seinem erzählerischen Lebenswerk gemacht – und dabei, wie später bekannt wurde, seine eigenen Irrungen am Ende der NS-Zeit verdrängt; er war in die SS eingezogen worden. Grass erhielt am 10. Dezember 1999 für sein Gesamtwerk den Nobelpreis für Literatur. Sein wichtigstes Werk, «Die Blechtrommel», war damals bereits 40 Jahre alt. 1999 hatte Grass «Mein Jahrhundert» veröffentlicht, ein Geschichtsbuch mit zum Teil fantastischen Kopfgeburten, in dem das kontroverse und mörderische 20. Jahrhundert mosaikartig aus verschiedenen, manchmal ziemlich abwegigen Perspektiven beschrieben wird: Technische Errungenschaften und kulturelle Leistungen, Größenwahn, Verfolgung und Mord, Kriege, Katastrophen und hoffnungsvolle Neuanfänge, alles verbindet sich zu einem mitunter kuriosen Panoptikum. War es ein Zufall, dass Grass, der stets für die SPD getrommelt hatte, nach vielen nationalen und internationalen Ehrungen ausgerechnet während der Regierungsjahre von Rot-Grün die höchste Auszeichnung erhielt und somit einen kulturellen Gipfelpunkt der Zeit markierte? Rudolf Augstein mokierte sich: «Grass wurde gewählt, weil das größere Deutschland nun einmal wieder dran war»; außerdem, weil er Pazifist sei.[89] Der letzte Literaturnobelpreis für einen Deutschen war 27 Jahre zuvor, als Willy Brandt am politischen Ruder stand, an Heinrich Böll gegangen. In seiner Laudatio hob Horace Engdahl, der Sekretär der Schwedischen Akademie, darauf ab, dass Grass den «bösen Zauber gebrochen habe, der über Deutschlands Vergangenheit lastete».[90] Grass' scharfe Sprache lasse dem Leser keine Ausflüchte mehr aus der Welt, die sie erschuf. «Le Monde» aus Frankreich kommentierte: «Mit der Verleihung des Nobelpreises an Günter Grass hat die Schwedische Akademie einen glänzenden Beitrag zum Verständnis Europas in diesem Jahrhundert geleistet.»[91]

Doch schieden sich an Günter Grass weiterhin die Geister, weil sein Werk ein Gemisch aus didaktisierender Zeitanalyse und Erzählliteratur war. Grass selbst schlüpfte schnell in die Rolle des sonnenbeschienenen Dichterfürsten und fühlte sich – zum Ärger seiner Kritiker – mehr denn je als die moralische Instanz der Deutschen, war zudem der am meisten gelesene deutsche Autor im Ausland und erzählte auch alte Geschichten wieder neu. Zwei Jahre nach der Nobelpreisverleihung erschien die Novelle «Im Krebsgang», die von der Versenkung des Flüchtlingsschiffes «Wilhelm Gustloff» mit fast 10 000 Menschen an Bord durch einen sowjetischen U-Boot-Angriff am Ende des Zweiten Weltkrieges berichtete und so das Thema «Deutsche als Opfer» in den Blickpunkt rückte. Schnell setzte sich 2002 dieses Büchlein an die Spitze der Bestsellerlisten.

Mit dem Gewinn des Nobelpreises durch Grass erhielt die jüngere deutsche Literatur größere internationale Aufmerksamkeit. Fast 20 Jahre lang hatte es hier kaum Bewegung gegeben, nun erschienen neue Namen, deren Erstlingswerke gelungen waren, etwa Karen Duve, Julia Franck, Michael Kleeberg oder Thomas Brussig. Die Enkelinnen und Enkel der Nachkriegsliteratur aus West und Ost traten an und zeigten sich frei von den Beschwernissen der Vorgängergeneration, die sich besonders an der deutschen Katastrophengeschichte abgearbeitet hatte. Die jungen Autorinnen und Autoren gingen hingegen, ganz im Stil der Zeit, unbefangen mit der Vergangenheit um, ihre Geschichten waren zwar oft in Deutschland angesiedelt, doch spielte dieses Land nicht mehr die Hauptrolle. Selbst Debüt-Werke wie Benjamin Leberts «Crazy», ein Roman über Pubertätsprobleme, verkauften sich auf Anhieb in über 100 000 Exemplaren.

Nähert man sich über den namhaften Georg-Büchner-Preis für deutschsprachige Schriftsteller, um die «große» Literatur um die Jahrhundertwende zu finden, so können, wenn man die Preisträger Revue passieren lässt, einige zeittypische Aspekte entdeckt werden: 1995 erhielt der noch weithin unbekannte Durs Grünbein, gebürtiger Dresdner, den Preis; der 1962 Geborene galt als der erste Literat, der die deutsche Spaltung überwunden hat. Nach 16 Jahren wurde 1996 mit der Lyrikerin Sarah Kirsch wieder eine Frau ausgezeichnet, die wie keine andere deutsche Dichterin die verschwundene Harmonie von Mensch und Natur zu ihrem Thema machte. 1997 bekam der Schriftsteller H. C. Artmann, der sich auch als Übersetzer einen Namen machte, die Auszeichnung. Elfriede Jelinek, deren Themen zum Zeitgeist passten, folgte 1998. Sie hatte 1970 mit «wir sind lockvögel, baby!» den ersten deutschen Poproman geschrieben, und spätere Werke spiegelten eine gesellschaftskritische Haltung, vor allem im Bereich der Geschlechterrollen und der Sexualität. Jelinek sollte 2004 als erste Österreicherin den Literaturnobelpreis erhalten. 1999 wurde Arnold Stadler, der mit autobiographischen Bezügen den Wandel ländlich-katholisch geprägter süddeutscher Regionen beschrieb, mit dem Georg-Büchner-Preis ausgezeichnet. Im Jahr 2000 folgte wiederum ein Ostdeutscher, Volker Braun, der zu DDR-Zeiten mit kritischen Theaterstücken und Romanen die Missstände der sozialistischen Gesellschaft aufdeckte. 2001 ging der Preis an Friederike Mayröcker, eine besonders experimentierfreudige Schriftstellerin, was im Trend der Zeit lag. Mit Wolfgang Hilbig zeichnete das Kuratorium im Jahr darauf einen Schriftsteller aus, der 1985 aus der DDR in die Bundesrepublik gekommen war und dessen eigene proletarische Wurzeln sein Werk prägten. Selbstvergewisserung und Identitätssuche spielten auch 2003 ein Rolle: Den Preis erhielt der Schriftsteller und Filmregisseur Alexander Kluge. Er war ein Chronist des 20. Jahrhunderts, der, so hieß es in der Laudatio, «das Universum der Geschichte und der Gefühle mit Scharfsinn und unbestechlicher Fantasie seziert und gleichzeitig erweitert hat».[92] Nach ihm hieß der Preisträger Wilhelm Genazino, ein Beobachter der Adenauer-Zeit mit Interesse für die Psychogeschichte der Bundesrepublik. Dass Brigitte Kronauer, deren sprachliche Kunstfertigkeit weit über andere herausstach, diese hohe Auszeichnung zugesprochen bekäme, war schon lange erwartet worden; 2005 war es endlich so weit. 2006 hieß der Preisträger Oskar Pastior; er wurde als «Sprachmagier» gelobt, und 2007 Martin Mosebach, ein Autor mit sarkastischer Nostalgie – hier kam bereits wieder eine konservative Tendenzwende zum Vorschein. So schwierig es ist, aus den Georg-Büchner-Preisträgern einen Geist der Zeit abzuleiten, so lassen sich doch einige Spuren freilegen: Nach 16-jähriger Pause gewannen Frauen wieder den Preis, und besonders Jelineks Werk kann als Spiegel des geistigen Klimas gelten, von dem der rot-grüne Machtwechsel 1998 profitierte. Auch stammten etliche Preisträger aus der DDR, was darauf hindeutete, dass Künstler aus dem Osten die gesamtdeutsche Kulturlandschaft entscheidend mitprägten. Schließlich waren besonders Chronisten der wechselvollen deutschen Geschichte unter den Ausgezeichneten zu finden, und in dieser Hinsicht kam eine Art Selbstarchäologisierung der Deutschen um die Jahrhundertwende zum Vorschein.

Trotz zunehmender Technisierung und Digitalisierung konnte sich das Buch als Alltagsmedium bewähren. Hohe Einschaltquoten im Fernsehen erzielte «Das literarische Quartett» (1988 bis 2001), angeführt und befeuert vom Literaturpapst Marcel Reich-Ranicki, aber auch die Sendung «Lesen!» (2003 bis 2008), die Elke Heidenreich ebenfalls im Zweiten Deutschen Fernsehen moderierte. Wer hier empfohlen wurde, durfte damit rechnen, einen Bestseller zu platzieren. Solche «Rankings», besonders die «Spiegel-Bestseller-Liste», wurden immer wichtiger, und sie verdeutlichten die Verkaufserfolge von bestimmten «Marken» wie etwa Rosamunde Pilcher in den 1990er Jahren oder aber die «Harry Potter»-Romane der britischen Schriftstellerin Joanne K. Rowling – sie belegten in der Jahresbestenliste 2001 des «Spiegel» die ersten vier Plätze. Das Kinder- und Jugendbuch boomte. Mehr als die Hälfte der am meisten verkauften Bücher waren Geschichten für Kinder und Heranwachsende. Diese Bücher waren nicht nur deshalb erfolgreich, weil sie zum Zeitgeist passten. Sie wurden von den Verlagen auch raffiniert vermarktet. Unter dem Label «All-Age-Buch» wurde in den Nullerjahren eine Marketing-Maschine sondergleichen geschaffen, wozu eine Verwertungskette bis ins Kino oder in die Lego-Kiste gehörte. Harry Potter war auch in diesem Sinne stilbildend.

Dieses «Markenbewusstsein» war nicht die einzige große Tendenz seit den 1990er Jahren, daneben lassen sich noch vier weitere Trends herausschälen: zum einen die Internationalisierung der literarischen Erfolge; Erzähler wie Paul Auster oder Philip Roth aus den USA, Letzterer als der Chronist amerikanischer Zustände, aber auch des Kampfes mit – dem abwesenden – Gott. Isabel Allende aus Chile oder die in ein magisches Licht getauchten Romane des Brasilianers Paulo Coelho wurden zu Verkaufsschlagern, ihnen gehörte stets mindestens ein Drittel der Bestsellerlisten. Zum zweiten brachen Kriminalstoffe alle Rekorde, besonders die Bücher von John Grisham, Dan Brown, der in Venedig lebenden Amerikanerin Donna Leon oder die düsteren Stoffe des schwedischen Autors Henning Mankell. Zum dritten erfuhr die Pop-Literatur einen erheblichen Aufschwung; eine ganze Reihe jüngerer Autoren ist diesem Genre – das sich durch Gegenwartsbezug, alltags- und popularkulturelle Zeichenwelt bestimmt – zugeordnet worden, so etwa Benjamin von Stuckrad-Barre. Lesungen in Clubs und Kinos wurden im Stile von Popkonzerten abgehalten, und die Sender des privaten Fernsehens boten zusätzliche Bühnen – die «Performance» siegte dabei oftmals über die literarische Qualität. Viertens schließlich erweiterte sich die Literatur interkulturell, sowohl mit Blick auf Sprache wie auf Themen; namentlich Feridun Zaimoglu brachte mit Büchern wie «Kanak Sprak. Misstöne vom Rande der Gesellschaft» (1995) die Lebenswelten türkischstämmiger Jugendlicher ins Zentrum bundesdeutscher Literatur.[93]

Kunst des «Empire»: Gursky, Rauch, Richter, Majerus

Im Katalog zur Ausstellung «Macht zeigen. Kunst als Herrschaftsstrategie», die das Deutsche Historische Museum im Jahr 2010 in Berlin zeigte, fand sich auch ein Foto von Gerhard Schröder, der in seinem Kanzlerbüro das Gemälde von Georg Baselitz «Fingermalerei III – Adler» betrachtet. «Kein Kanzler», so lautet der Text dazu, «hat sich so intensiv mit zeitgenössischer Kunst auseinandergesetzt wie Gerhard Schröder.» Vor allem pflegte er die Freundschaft zu Künstlern, die dem Geist der Avantgarde entstammen und sich daher als kritisch und oppositionell begreifen oder als Bohemiens geben. Die starken Gesten eines Markus Lüpertz oder Georg Baselitz verstand Schröder sehr gut für die Darstellung seiner eigenen politischen Rolle einzusetzen. Immer wieder überraschte er mit provokanten und rätselhaften Inszenierungen, die sein Image aufwerteten. Die Künstler wussten das zu schätzen. Erst recht begrüßten sie seine kulturpolitischen Maßnahmen. Jörg Immendorff rühmte Gerhard Schröder sogar als «‹ersten Kanzler, der die zeitgenössische Kunst als wesentlichen Teil des deutschen Selbstverständnisses erkannt und gefördert hat›».[94] Immendorff war es dann auch, der das offizielle Kanzlerporträt Schröders anfertigen durfte. Diese Kanzlerporträts waren immer schon ein Politikum und trafen nie sämtliche Geschmäcker, was sie ja auch nicht müssen. Helmut Schmidt hatte sich vom DDR-Künstler Bernhard Heisig porträtieren lassen und blickt auf dem Bild so, wie er war: einer, der vom Hügel herab auf die anderen schaute, vom Feldherrnhügel, aber durchaus etwas schnippisch und dadurch nicht unsympathisch, trotz des ihm eigenen Dünkels. Dem Betrachter streckt er mit der rechten Hand eine Zigarette entgegen, und ein rotes Einstecktuch soll wohl sagen, dass er Sozialdemokrat war, hielten ihn doch viele für den richtigen Kanzler in der falschen Partei. Helmut Kohl, der «Kanzler der Einheit», hatte versucht, Schmidts klugen Schachzug aus den frühen 80er Jahren zu wiederholen und ebenfalls deutsch-deutsche Verbundenheit zu demonstrieren. Er bestellte sein Kanzlerporträt beim Heisig-Schüler Albrecht Gehse. Ergebnis war ein eher unansehnliches Bild, das Kohl vor smaragdgrünem Hintergrund mit sonnenbrandrotem Kopf und einem seltsamen Blick zeigt; seine Riesenhände liegen in seinem Schoß, fast ineinander verkrallt. Schröder nun ließ sich ganz anders, nämlich im Stil alter Herrschergemälde, malen, nicht bunt, sondern eher fahl auf monochromem Hintergrund, aber mit Goldumrandung, den Betrachter scharf anblickend. Ironie? Man darf es zumindest hoffen. Immendorff blieb zeitlebens ein «national»-politischer Künstler, doch der Trend ging in eine ganz andere Richtung.

In ihrem einflussreichen Buch beschrieben der amerikanische Literaturtheoretiker Michael Hardt und der italienische Politologe Antonio Negri die Weltordnung nach dem Ende des Kalten Krieges als ein «Empire», in dem zeitliche und räumliche Grenzen einer Art permanenter Gegenwart Platz machen.[95] Von dieser These ausgehend fragt sich die zeitgenössische Kunstgeschichte, wie die Kunst dieses Empire aussieht. Welches sind die Haupttendenzen? Anders als vor der Epochenwende von 1989 schien es nicht mehr plausibel, Bewegungen oder Stile zu benennen. Auch die Unterscheidung nach künstlerischen Medien verschwamm, da zahlreiche Künstler zwischen den Welten wanderten. Besonders auffällig war jedoch, dass nationale Differenzen viel geringer geworden waren als jemals zuvor – es entstand eine Weltkunst von universeller Sprache, allein schon deshalb, weil Künstler, Kunstszene und Ausstellungen wie ein Wanderzirkus ständig in allen Teilen der Welt unterwegs waren. Die Drehscheiben der Kunst verschoben sich, einige Orte waren «out», andere «in» und vitaler denn je – Letzteres galt uneingeschränkt für Berlin. Diese Stadt stieg zu einem der anregendsten Orte künstlerischer Produktion auf und zog vor allem junge Künstler aus aller Welt an, auch weil hier die Mieten im Unterschied zu London, New York oder Paris günstig waren. Kurz, die Begleiterscheinungen der

Der Kanzler und die Kunst: Gerhard Schröder mit Jörg Immendorff bei der Präsentation seines Kanzlerporträts im März 2007.

Kunst um die Jahrhundertwende waren Mobilität, Polyzentren, Informationsflüsse und neue, weltweite Netzwerke, in denen künstlerische Machtzentren örtlich kaum mehr festzulegen waren.

Ein weiterer Trend war die Öffnung der Szene an sich – Kunstausstellungen wie die Biennale von Venedig, die documenta in Kassel, die Art Basel und deren Ableger in Miami waren nicht mehr allein Treffpunkte für Spezialisten, sondern begehrte Ziele einer Kunst-Tourismusindustrie. An der seit 1955 alle fünf Jahre stattfindenden documenta – der Schau der Weltkunst – lässt sich überdies ablesen, wie sich seit den 1990er Jahren die Kunstweltkarte verschob: Hatten bis dahin europäische Künstler dominiert, gefolgt von nordamerikanischen, so ging der Anteil beider seither erheblich zurück, während asiatische, südamerikanische und afrikanische Künstler in viel größerer Zahl als früher vertreten waren.[96] Kunst und Kunstmessen wurden außerdem zum Event für ein immer größer werdendes Publikum. Als beispielsweise von Februar bis September 2004 in der Neuen Nationalgalerie in Berlin 212 Werke aus dem New Yorker Museum of Modern Art gezeigt wurden, war der Andrang so groß, dass sich nicht nur lange Warteschlangen bildeten, sondern zahlreiche Menschen auf dem Vorplatz des Museums übernachteten, um am nächsten Morgen den begehrten Einlass zu erhalten. Keine Institution prägte das Kunstverständnis des 20. Jahrhunderts so nachhaltig wie das 1929 gegründete MoMA, aber dass in Berlin durchschnittlich 6500 Menschen pro Tag diese Kunstausstellung sahen, brach nicht nur alle Rekorde, sondern war auch das Ergebnis einer überaus erfolgreichen Marketingstrategie einer eigens damit beauftragten Werbeagentur.[97] Kunst unterlag im Zeichen des modernen Kapitalismus mit einem globalisierten Markt vollends einer Ökonomisierung. Keiner der lebenden Künstler beherrschte geschäftstüchtiger diese Klaviatur als der Brite Damien Hirst, der mit der Kunstwelt wie ein Zocker spielte. Er schuf irrwitzig teure Werke, zum Beispiel einen mit Diamanten besetzten Totenkopf aus Platin («For the Love of God», 2007), kaufte ihn, bevor ein Sammler zugreifen konnte, für 100 Millionen Dollar selbst und trieb so den Preis noch einmal in die Höhe.[98] Hierin wurden die Triebkräfte der entfesselten Märkte und die Dynamik des Empire sichtbar.

Doch nicht allein diese Herrschaft und diese Wucht der Märkte kennzeichneten die Entwicklungen seit der Mitte der 1990er Jahre, sondern neue – freilich altbekannte, jedoch lange ins Abseits gedrängte – ästhetische Kategorien traten wieder ins Rampenlicht; so besonders das Erhabene. Seit der Antike wird das Erhabene definiert «als Erfahrung von etwas, das unsere Sinne überfrachtet, uns durch seine Dimensionen übersteigt und uns gefährlich werden könnte, wenn es nicht ästhetisiert – und damit distanziert – wäre».[99] An dieser Stelle kamen auch drei deutsche Künstler ins Blickfeld, die die internationalen Kunstrankings der besten oder zumindest teuersten Künstler seit dem Jahrhundertwechsel anführten: der Fotograf Andreas Gursky sowie die Maler Neo Rauch und Gerhard Richter.

Gursky trieb die technisch möglich gewordene digitale Bildbearbeitung seiner Werke zur Perfektion und umkreiste mit seinen extremen Großformaten, die von Wiederholungen und Montagen durchwirkt waren, das Thema der «Erhabenheit der Globalisierung».[100] Neben Axel Hütte, Thomas Struth und Thomas Ruff, um nur einige zu nennen, gehörte Gursky zur Gruppe der Becher-Schüler – so genannt nach dem einflussreichen Fotografenehepaar Bernd und Hilla Becher aus Düsseldorf. Er emanzipierte sich jedoch rasch von den Arbeiten seiner Lehrer, die sich auf das Wesentliche konzentriert hatten, und bevorzugte stattdessen ornamentale Strukturen einer geradezu mysteriösen Reproduktionsvielfalt und dementierte in der montierten Perspektivenvielfalt die Authentizität seiner Bilder. Das emblematische Supermarktfoto «99 Cent» aus dem Jahr 2001 ist ein Schlüsselbild des globalen Konsums, das auf die potentielle Unendlichkeit der Warenwelt verweist. Dieses vielfach multiplizierte Abbild eines US-Supermarktes mit Waren, die allesamt 99 Cent kosten, erzielte im Mai 2006 beim Auktionshaus Sotheby's einen Verkaufswert von mehr als 2,2 Millionen Dollar, eine für Fotoarbeiten damals unglaublich hohe Summe, was auch signalisierte, dass dieses neue technische «Malen mit Licht» die Kunstwelt eroberte. Bald sollten sich die Preise mehr als verdoppeln.

Ganz anders, aber durchaus vergleichbar, und zwar nicht nur mit Blick auf die hohen Preise, sondern auch hinsichtlich eines ins Manieristische gehenden Stils erschien der Leipziger Künstler Neo Rauch. Auch er war weltweit, vor allem jedoch in den USA, gefragt, vielleicht nicht zuletzt, weil er in seiner Malerei von den Prägungen durch die DDR profitierte und mit Reminiszenzen des Sozialistischen Realismus spielte. Seine großformatigen Bilder erschienen mysteriös, fast mythisch und umgaben sich mit der Aura des Geheimnisvollen: Männer im Frack, die dem 19. Jahrhundert entsprungen schienen, treffen auf Badenixen eines gegenwärtigen Swimmingpools, und Tankwarte oder Ingenieure vollführen ihre Handlungen, während im Hintergrund beklemmende Visionen aus Technik und Traum ablaufen. Rauch malte anders als alle anderen, malte nicht aus Filmen oder Fotos ab und nutzte auch nicht die digitalen Medien. In seinen Bildern konnte man alles Gute der deutschen Malerei seit Jahrhunderten wiederentdecken, er war ein Bildermacher, der Elemente aus der fernen Vergangenheit mit jenen aus der Gegenwart mischte. Deutscher Idealismus, Politpropaganda und Werbung tanzen ein seltsames Ballett miteinander, und die geheimnisumwitterten Titel seiner Werke wie «Schilfland» oder «Begleiter» verstärkten die Verstörung noch.[101]

Der unbestrittene Malerfürst der Jahrhundertwende war allerdings Gerhard Richter, den eine britische Tageszeitung 2004 als den «Picasso des 21. Jahrhunderts» bezeichnete.[102] Da war Richter freilich bereits 72 Jahre alt und konnte auf ein 50-jähriges Schaffen zurückblicken. Er hatte schon den 1980er Jahren dadurch seinen Stempel aufgedrückt, dass er zwischen der «Ostkunst» des Realismus und der «Westkunst» der Abstraktion vermittelte und nach eigenem Bekunden einen «kapitalistischen Realismus» ausbildete, der unbekümmert zwischen Reflexion und Affirmation hin- und herschwankte und Zugeständnisse an den Zeitgeist machte. Richter war der Künstler des postideologischen Zeitalters und entlastete seine Kunst von Symbolen und Behauptungen – vielleicht war dies das Geheimnis seines Erfolgs. Er ließ sich nicht mehr auf Trends, Bewegungen und Begriffe festlegen, betrieb ein künstlerisches Versteckspiel, dem man allerdings in den Werken seit Mitte der 1990er Jahre auf die Spur kommen konnte: das Schöne. Für den Kölner Dom entwarf Richter 2007 ein Fenster aus 11 263 Glasquadraten – ein Opus Magnum.[103]

Ein letzter Künstler, der die zweite Hälfte der 1990er Jahre verkörperte, aber durch seinen frühen Tod als 35-Jähriger im Jahr 2002 nicht voll zur Entfaltung kam, war Michel Majerus – geradezu *die* Personifikation der «Generation Internet». Kosmopolitisch ausgerichtet war der Computer ein wichtiges Instrument für Majerus. Mit Scanner und Bildprogrammen bearbeitete er seine Bilder, bevor er sie auf die Leinwand bannte. Seine Werke strotzten von internationalen Zitaten aus der Welt der Comic-Helden, Mangafiguren und Werbeikonen, beispielhaft ist das Bild «Space invaders 1» (2002), das sich auf das 1978 erfundene Computerspiel bezog, mit dem der Durchbruch dieser Spiele überhaupt erst begann. «Controlling the moonlight maze» (2002) nimmt auf den bekannten «Hacker» Bezug, der erstmals 1998 in das Netzwerk des Pentagons eindringen konnte. Ein Jahr vor Majerus' Tod bei einem Flugzeugabsturz hatte sich der Terroranschlag von «nine eleven» ereignet, den der Künstler in seinen letzten Werken aufnahm, und so spiegeln sich in Michel Majerus' kurzer künstlerischer Laufbahn zwei dramatische Umwälzungen der Zeit: 1996 begann der Siegeszug des Internets und fünf Jahre später kam es zum politischen Erdbeben der Terrorattentate.[104]

Popstars, Castingshows und Vorbilder

Dass sich zwischen Globalisierung und deutscher Identitätssuche eine neue Normalität ihren Weg in die Berliner Republik bahnte – dieser Befund trifft auf viele Bereiche des kulturellen Lebens und des Zeitgeistes zu. In den 1990er Jahren drangen vormals subkulturelle Stilrichtungen in den Mainstream der Popmusik ein: Der DJ fand Anerkennung als Klangkünstler und war bald von keinem Pop-Event mehr wegzudenken, Hip-Hop als eine der erfolgreichsten Formen der Popkultur, welche die globale Kulturindustrie hervorgebracht hat, setzte sich auf breiter Bahn durch, und immer mehr Rapper verließen den subkulturellen «Underground». In einem dynamischen interkulturellen Prozess wurden Kulturgüter und Praktiken weltweit ausgetauscht, die Massenkultur feierte sich in unzähligen Festivals und zwar nicht nur in den Metropolen, sondern auch in Regionen. So etablierte sich seit 1999 auf dem Kehler Zollhof in Südwestdeutschland das Hip-Hop-Festival «Summer Session», zu dem mehrere Tausend Fans aus ganz Europa, besonders aus Frankreich und Deutschland, kamen; möglich wurde dieses Jugendprojekt dank der grenzüberschreitenden finanziellen Unterstützung Straßburgs.[105]

Neue Techniken revolutionierten das Hören von Musik. Kern war die Digitalisierung, also die Einführung eines binären Kodierungssystems, das eine hohe Verdichtung von Daten erlaubte. Im Januar 2001 verschenkte das US-amerikanische Unternehmen Apple die Software iTunes, das angeblich beste und am leichtesten zu bedienende Jukebox-Programm der Welt. Neue Sortiermethoden wurden dadurch möglich, per Mausklick erschienen die Interpreten und deren Titel auf dem Bildschirm, persönliche Musiksammlungen konnten nun digital erstellt werden. Auf dem Apple iPod, der seit Oktober 2001 die Märkte der Welt eroberte und bis 2005 in einer Stückzahl von 67 Millionen verkauft wurde, ließen sich zunächst über 1000 Songs speichern – mittlerweile ist ein Vielfaches möglich –, und damit hatte das Unternehmen das digitale Gegenstück zum physischen Tonträger erfunden: Der Benutzer hatte seine Dateien auf einer kleinen Festplatte des Gerätes, das in die Jackentasche passte, aber nicht nur klein, sondern überdies auch noch formschön daherkam; nur wer diese Ikone des Musikhörens besaß, war auf der Höhe der Zeit. Mit «Napster», einer Plattform, die den Datenaustausch im Netz ermöglichte, schoben sich bis zu 40 Millionen Mitglieder kostenlos MP3-Dateien zu, und zwar weltweit von Computer zu Computer; damit wurden Raubkopie-Downloads zum Kinderspiel und zum Massenphänomen, gerade bei jungen Menschen nahmen sie dynamisch zu, was zu einer Krise der traditionellen Musikindustrie führte; so brach deren Umsatz in Deutschland zwischen 1997 und 2005 um etwa 40 Prozent ein. Technische Voraussetzung für den massenhaften Datenaustausch war die Vernetzung einer wachsenden Zahl von Computer-Nutzern. Zwischen 1997 und 2001 versechsfachte sich die Zahl der Internetnutzer in Deutschland, und der Personal Computer drang massiv in den privaten Raum und die Alltagswelt vor, so dass im Jahr 2005 69 Prozent der Haushalte über einen Computer und bereits 55 Prozent über einen Internetanschluss verfügten. Nach der Allensbacher Computer- und Technikanalyse 2003 bis 2010 erhielten die Multimedia-Anwendungen vor allem für die unter 20-Jährigen eine zunehmende Bedeutung, und die durchschnittliche Internetnutzung in den Altersgruppen 14- bis 29-jährig und 30- bis 39-jährig hatte sich von Werten um die 15 Prozent aus dem Jahr 1998 bis 2006 auf 80 Prozent gesteigert. Das Internet wurde zunehmend als Informationsquelle – auf Kosten traditioneller Zeitungen und Bücher – und vermehrt auch zum Einkauf genutzt; der E-Commerce breitete sich rasant aus.[106]

Es entstand eine Mediatisierung von Kultur, die mehr und mehr den Alltag bestimmte. Vor allem junge Menschen empfanden die zunehmende internationale Vernetzung als eine Vergemeinschaftung. Informationstempo und -dichte, nicht jedoch immer die Qualität nahmen ständig zu. Die weltweite Menge an Informationen explodierte geradezu. Hatte die gespeicherte Datenmenge Anfang der 1990er Jahre bei etwa einer Trillion Bytes gelegen, so im Jahr 2000 bereits bei hundert Trillionen, und 2007 näherte sie sich einer Trilliarde Bytes an. Einer ähnlichen Entwicklung war die Rechengeschwindigkeit der verfügbaren Modems unterworfen. Die globale Computerleistung ging von Jahr zu Jahr steil nach oben. Diese kommunikative Vernetzung wurde mit verschiedenen Initiativen politisch vorangetrieben, etwa durch das Programm «Internet für alle», das die Bundesregierung im Jahr 2000 auflegte.[107] Die freie Zirkulation von Datensätzen rund um den Globus erschloss insgesamt neue Ränder, und auch wenn Popkultur immer schon Globalkultur war, so erlaubte die neue Technik, umfassender denn je, alle Teile der Welt zu erobern.

Der seit 1956 stattfindende Grand Prix Eurovision de la Chanson, der als westlicher Schlagerwettbewerb die Identität (West-)Europas befördern sollte, wurde nach den Umwälzungen seit 1991 gesamteuropäisch ausgerichtet und nahm einen mehr und mehr paneurasischen Charakter an, indem ein großer Teil des postsowjetischen Raumes einbezogen wurde. Neben den internationalen Fußballwettbewerben stellt dieser Eurovision Songcontest das größte und publikumswirksamste transnationale Medienereignis Europas dar. Da es, so die Meinung der Popbranche, im Westen nichts Neues gab, glaubte sie, frische Talente im Osten entdecken zu können, so gelangte beispielsweise die Musik von O-Zone oder Tatu in die Charts Westeuropas – ohne die gesteigerte Macht der Musikproduzenten, die Songs durch immens aufwendige Produktionen «verbesserten» und tauglich für einen jugendlichen Massengeschmack machten, wäre dies nicht möglich gewesen.

Dass Musiker von jungen Menschen zwischen 18 und 24 Jahren in Deutschland besonders häufig genannt worden wären, wenn nach «echten Vorbildern, Leute, die man bewundern kann», gefragt wurde, kann man allerdings nicht behaupten. Erst auf Platz zwölf tauchte im Allensbacher Jahrbuch der Demoskopie 1999 Madonna auf, Michael Jackson rangierte weit abgeschlagen auf Rang 28 und hatte unmittelbar vor sich den Papst, Tony Blair, Wolfgang Schäuble und Claudia Schiffer. Auf Rang eins fand sich die im Herbst 1997 verstorbene Mutter Teresa, der erste Politiker, der genannt wurde, war Roman Herzog auf Rang acht, der hinter dem Dalai Lama lag, dann folgte aber gleich der Schauspieler Til Schweiger, und Bundeskanzler Schröder schaffte es immerhin auf Platz 18, vor ihm Entertainer Harald Schmidt und Vizekanzler Fischer. Zwischen west- und ostdeutschen Jugendlichen gab es nur sehr wenige Abweichungen, am meisten beim Papst, der im Westen viel beliebter war als im weithin entkonfessionalisierten Osten, und bei der Modeikone Claudia Schiffer, die im Osten noch kaum bekannt war.[108]

Die deutschen Fußballer, die für gewöhnlich das Sportlerherz der Bundesbürger erfreuten, konnten nur mäßige – allerdings ansteigende –

internationale Erfolge verzeichnen. Bei der Weltmeisterschaft 1998 in Frankreich schieden sie bereits im Viertelfinale gegen Kroatien und bei der anschließenden EM 2000 sogar in der Vorrunde aus, belegten dann aber bei der Weltmeisterschaft 2002 in Japan und Südkorea den zweiten Platz. Doch die Fußballer wurden von einem neuen Star, der alle überragte, in den Schatten gestellt: Michael Schumacher. 1995 und 2004 zum Sportler des Jahres und 2000 vom Fernsehsender RTL zum «Mensch des Jahres» auserkoren, richtete sich an seiner Person die Identität der deutschen Autofahrernation aus. Dies passte gut zum «Autokanzler» Schröder. Die Weltmeistertitel drei bis sieben fuhr Schumacher hintereinander, ohne Unterbrechung, ein und setzte sich somit selbst ein Denkmal als einer der erfolgreichsten Sportler aller Zeiten. Schumacher umgab ein Mythos der Unbesiegbarkeit. In einer Forsa-Umfrage Mitte 2003 nannten fast 20 Prozent der online Befragten auf die Frage: «Zu wem schauen Sie auf, wem eifern Sie nach?» den Namen des Rennfahrers, der damit, eingerahmt von den Bundeskanzlern Helmut Schmidt und Konrad Adenauer, einen vorderen Rang belegte.[109] Schon in der oben genannten Allensbach-Umfrage unter den jungen Menschen war Schumacher auf Rang vier gelandet, nur knapp hinter Lady Di, die im August 1997 zu Tode kam, und Bill Gates.

Es fand in dieser Zeit eine Popularisierung des Starkults statt. Nahezu jeder konnte zum «Star» aufgebaut werden. Von dieser Verheißung, dass man sozusagen von der Straße weg auch ohne Fähigkeiten zur Berühmtheit aufsteigen könne, lebte nicht zuletzt der Boom der Castingshows seit der Jahrhundertwende. Diese Showformate wie etwa «Popstars», das von dem Neuseeländer Jonathan Dowling entwickelt und nach großen Erfolgen in einer Anzahl englischsprachiger Länder auch für den deutschen Markt lizenziert wurde, waren Ausdruck einer gesellschaftlichen Entwicklung. Sie nahmen die Bedürfnisse einer selbstbewussten und fordernden jungen westlichen Generation auf, die glaubte, alles erreichen zu können, wenn man es nur wolle, und die selbst zum Bestandteil eines auf Stars fixierten Weltbildes wurde. Medienwissenschaftler sprachen im Zusammenhang mit diesem Casting-Boom von sozialpsychologischen Faktoren, die zu einem neuen «exhibitionistischen Sozialtypus» geführt haben; viele junge Menschen hätten erkannt, dass es alltagspraktisch darauf ankomme, sich in wenigen Minuten zu präsentieren, und dass es dabei um alles gehe – die Wissenschaftler erkannten darin eine Art «Medien-Darwinismus».[110]

Hatten es verschiedene Politiker, darunter besonders der Bundeskanzler, nicht vorgemacht? Gerhard Schröder war im Februar 1999 bei Thomas Gottschalks «Wetten, dass …?» ziemlich locker und spaßig aufgetreten, aber bald fraß der Zeitgeist seinen Kanzler. Seit dem Frühjahr 1999 lief «Die Gerd-Show» des Kabarettisten Elmar Brandt auf vielen Kanälen – eineinhalbminütige Parodieschnipsel aus dem Leben des Kanzlers. «Hol' mir mal 'ne Flasche Bier, sonst streik' ich hier», ein gerappter Song des Entertainers Stefan Raab, der diese Kanzlerworte aufnahm, wurde noch zur verkaufsträchtigen Sympathiekampagne für den «Kumpelkanzler», doch seit der Wiederwahl Ende 2002 kippte die Stimmung, sie schlug ins Feindselige um. Hatte der Nummer-eins-Hit der deutschen Popcharts im Jahr 2001, der sich neun Wochen lang auf Platz eins halten konnte, «Es ist geil, ein Arschloch zu sein» von Christian geheißen, so war es im Jahr 2003 «Der Steuersong» von «Die Gerd-Show», wohinter sich Elmar Brandt verbarg, der sieben Wochen lang die Liste anführte. Zuvor hatte Brandt vier Gerd-Show-Alben mit riesigem Erfolg verkaufen können, doch dieses Lied brach sämtliche Rekorde, weil es – nach der Melodie des Sommerhits «The Ketchup-Song» von Las Ketchup – die imitierte Stimme Schröders wiedergab, der einen die Demokratie verhöhnenden Text anstimmte. Schröder erkannte selbst, dass die «sachliche Auseinandersetzung», die er sich über seine Politik wünschte,[111] einer Häme gewichen war und das Lied zu einer Hymne des Protestes gegen Rot-Grün aufstieg, und war verärgert. Als der damals nur Rap-Fans bekannte Bushido 2003 sein Album «Vom Bordstein bis zur Skyline» veröffentlichte, wurden im Deutschen Bundestag gerade die Hartz IV-Sozialgesetze verabschiedet, und Bushidos aggressive Musik lieferte, ebenso wie die seines Rapper-Kollegen Sido, der gerne die Gewalt verherrlichte, den Soundtrack zum Deutschland der Agenda 2010. Damit wurde auch von der Seite der Popkultur her signalisiert, dass die Kanzlerdämmerung begonnen hatte.

5. Rot-grüne Dämmerung – Niederlagen, Affären und Neuwahl 2005

Rekordarbeitslosigkeit und «Heidemord» in Schleswig-Holstein

Die letzte Phase von Rot-Grün begann mit der Meldung, dass die Zahl der Arbeitslosen im Januar 2005 erstmals in der Geschichte der Bundesrepublik Deutschland die ungeheuerliche Marke von fünf Millionen überschritten hatte. Als er diese Zahl hörte, war Wirtschaftsminister Wolfgang Clement verzweifelt wie noch nie zuvor in seinem politischen Leben und trug sich mit den trübsten Gedanken, denen sich ein Mensch hingeben kann.[1] Er wusste, dass, wenn kein Wunder geschah, für die Regierung die Stunde geschlagen hatte. Dabei war die hohe Arbeitslosenzahl in Wahrheit nur mehr ein Artefakt, denn die Wirklichkeit hatte sich nicht geändert. Erstmals tauchten viele Sozialhilfeempfänger, die bis dahin einfach «abgeschrieben» worden waren, in der Arbeitslosenstatistik auf. Es war paradox: Hätte man den Vorschlag aufgenommen, den Roland Koch im Vermittlungsausschuss Ende 2003 unterbreitet hatte, nämlich den Kommunen die Zuständigkeit für diejenigen zu überlassen, die länger als ein Jahr arbeitslos waren, wären 2005 bessere Zahlen nach außen gedrungen. Da die Kommunen gar nicht in der Lage gewesen wären, die Angaben schnell zu liefern, wären in der Statistik nur jene Menschen aufgetaucht, die unter einem Jahr arbeitslos waren. «Dann wären wir unter drei Millionen gewesen», so Heiko Geue. «Mit exakt der gleichen Situation wäre ein völlig anderes Bild herausgekommen, nämlich drei Millionen statt fünf Millionen.»[2] Das eine war so unrealistisch wie das andere – doch die politischen Konsequenzen schlugen nun voll durch. Im Februar 2005 verloren die Sozialdemokraten die Landtagswahlen in Schleswig-Holstein.

Noch niemals in der Geschichte der Bundesrepublik ist eine Regierungspartei vom Wähler so abgestraft worden wie die SPD 2004 und 2005, von der Europawahl über die Wahl im Saarland bis hin zum Urnengang im sozialdemokratischen «Mutterland» Nordrhein-Westfalen. In allen Landtagswahlen zwischen 2002 und 2005 verloren die Sozialdemokraten durchschnittlich sieben Prozent, und nur zum kleinen Teil konnte der grüne Koalitionspartner die Verluste wettmachen. Am stärksten waren die Verluste bei den beiden Landtagswahlen vom Februar 2003 in Niedersachsen – ein Rückgang für die SPD um 14,5 Prozent – und Hessen – dort verlor die Partei 10,3 Prozent –, gefolgt von Bayern im September 2003, wo auf einem ohnehin schon niedrigen Niveau noch einmal 9,1 Prozent verloren gingen. Im Saarland büßte die SPD im September 2004 13,6 Prozent ein, und in den Landtagswahlen von Brandenburg und Sachsen war es nur wenig besser – ein Minus von 7,4 Prozent war für den Potsdamer Landtag zu verzeichnen und in Sachsen zwar nur 0,9 Prozent, doch war hier die SPD mit 9,8 Prozent Wählerzustimmung längst keine Volkspartei mehr. Dann folgte am 20. Februar 2005 in Schleswig-Holstein die erste der beiden «Schicksalswahlen»; zwei Monate später sollte der Urnengang in Nordrhein-Westfalen stattfinden.

In Schleswig-Holstein verlor die SPD ihre Spitzenposition und büßte 4,4 Prozent ein (38,7 Prozent), die CDU verbesserte sich um 5 Prozente (40,2 Prozent), die FDP erreichte 6,6 Prozent, und die Grünen stagnierten bei 6,2 Prozent. Schwarz-Gelb verfügte über 34 Landtagsmandate, Rot-Grün über 33, der Südschleswigsche Wählerverband, der die dänische Minderheit repräsentierte, über zwei. Bei der Wahl der Ministerpräsidentin im Kieler Landtag lief am 17. März 2005 ein Drama ab: Heide Simonis, die seit 1993 als erste Frau an der Spitze eines Bundeslandes amtierte und seit 1996 einer rot-grünen Koalition vorstand, trat insgesamt viermal an – und verlor viermal. Damit war sie als Ministerpräsidentin von Schleswig-Holstein gescheitert; ein Abweichler, vermutlich aus den Reihen der SPD, verhinderte eine neue Mehrheit für das rot-grüne Bündnis unter der Tolerierung des Südschleswigschen Wählerverbandes. Kein Ministerpräsident wurde jemals so vorgeführt und mutete sich von Wahlgang zu Wahlgang mehr zu. Simonis selbst bezeichnete den Vorgang als einen «Schuss aus dem Hinterhalt» und nannte ihn eine «Meuchelmörderei». Sie sei «politisch gemordet worden».[3] Ähnlich sah es Franz Müntefering gegenüber der SPD-Bundestagsfraktion: Was im Kieler Landtag geschehen sei, verdiene nur die

Bezeichnung «Debakel und Verrat».⁴ Schleswig-Holstein hatte unter Beweis gestellt, dass Rot-Grün nicht einmal mehr im eigenen Lager eine Mehrheit besaß, und genau dies machte die Erschütterung aus. Schröder versicherte der SPD zwar, dass es keinen Grund gäbe, den Kopf hängen zu lassen, aber wer mochte ihm noch glauben? «Das zeichnet unsere Partei aus», sagte der Kanzler, «Wenn man meint, sie liegt am Boden, dann steht sie wieder auf.» Dies werde auch dieses Mal so sein, nachdem man Heide Simonis «ein Messer in den Rücken gerammt» habe.⁵ Am 27. April schwor Peter Harry Carstensen (CDU) auf die Landesverfassung und wurde Ministerpräsident einer Großen Koalition aus CDU und der SPD als Juniorpartner.

Fischers Stern sinkt: Visa-Affäre und NS-Vergangenheit des Auswärtigen Amtes

Zu allem Ungemach befand sich auch der bis dahin beliebteste deutsche Politiker, Joschka Fischer, plötzlich in einer für ihn ungewohnten Position: mit dem Rücken zur Wand. In der Visa-Affäre stellte sich der Außenminister zwar vor seine Mitarbeiter im Auswärtigen Amt, fraglich war jedoch, ob diese noch hinter ihm standen. Im Kern beinhaltete der Erlass, den Ludger Volmer, der grüne Staatsminister im Auswärtigen Amt, zu verantworten hatte («Volmer-Erlass»), einen richtigen Gedanken: Die Menschen in Osteuropa konnten nach dem Fall des Eisernen Vorhangs endlich in den Westen reisen, und diese neue Freiheit sollte nicht mit einer restriktiven Visa-Politik zunichtegemacht werden. Doch der Missbrauch war das Problem. Es stellten nämlich – besonders an der deutschen Botschaft in Kiew – viele Menschen Visaanträge, die in Deutschland oder in anderen westeuropäischen Ländern schwarz arbeiten wollten, und der neue Erlass machte es schwerer, ein Visum zu verweigern.

Kaum war dies im Jahr 2000 bekannt geworden, hatte Außenminister Fischer ein Schreiben des bayerischen Innenministers Günther Beckstein erhalten, in dem er die liberale Vergabe von Einreisevisa angeprangert hatte. «Ich halte es für unerträglich», so schrieb Beckstein, «wenn die Bundesregierung im Alleingang ohne Beteiligung der Länder einen solchen massiven Eingriff in die Länderinteressen vornimmt. Angesichts des ungebrochenen Einwanderungsdrucks bestand über die Parteigrenzen hinaus bisher Einigkeit darüber, dass die Visapraxis restriktiv zu handhaben ist.» In Anbetracht von jährlich über zwei Millionen erteilten Visa hielt der bayerische Innenminister eine solche Öffnung der Bundesrepublik Deutschland für «sicherheitspolitisch sehr gefährlich».[6] Ludger Volmer setzte ein Antwortschreiben auf: «Bundesminister Fischer dankt für Ihr Schreiben vom 24. März 2000 zur Visumspraxis und hat mich gebeten, Ihnen zu antworten (...). Unser Ziel ist, Deutschland als offenes, ausländer- und integrationsfreundliches Land darzustellen, gleichzeitig aber konsequent Versuche illegaler Einreise nach Deutschland abzuwehren (...). Ihre pauschale Forderung, ‹die Visapraxis restriktiv zu handhaben› ist nicht konsensfähig und schert alles über einen Kamm.»[7] Am Ende unterzeichnete nicht Volmer, sondern Fischer; auf dem Schreiben findet sich handschriftlich der Vermerk: «BM (Bundesminister, E. W.) möchte Brief doch selber unterschreiben». Ein gleichlautendes Schreiben sandte er an den baden-württembergischen Innenminister Thomas Schäuble.

Auch Otto Schily war der Erlass nicht geheuer, denn er stand im Widerspruch zu der weniger freizügigen Praxis, welche die «Schengen-Staaten», also die meisten westeuropäischen Länder, untereinander verabredet hatten. Das Schengener Abkommen von 1985 sah den schrittweisen Abbau der Grenzkontrollen in (West-)Europa vor, war jedoch nach den osteuropäischen Revolutionen von 1990 mit einer völlig neuen Wirklichkeit eines wiedergewonnenen gesamteuropäischen Raumes konfrontiert. Damit stieg im Westen die Furcht vor unkontrollierten Migrationsbewegungen, was zu verschiedenen «Ausgleichsmaßnahmen» wie mobilen Kontrollen oder der Schleierfahndung in den Grenzräumen führte.[8] Bereits im Juli 2000 stieg in der deutschen Botschaft in Kiew die Zahl der ausgestellten Visa auf fast 20 000 pro Monat. Die Botschaft wurde förmlich überrannt. Mitarbeiter berichteten von chaotischen Zuständen und mafiösen Strukturen. Frankreich, wohin viele Ukrainer reisten, beklagte sich bei deutschen Stellen über die Visa-Erschleichungen. Im Februar 2002 rief die deutsche Botschaft in Kiew das Auswärtige Amt um Hilfe, man werde des Andrangs nicht mehr Herr. Fliegende Händler verhökerten Ausreisepapiere zu Preisen bis zu tausend Dollar. In den folgenden Monaten bis zum Oktober 2004 beschäftigte die Visavergabe verschiedene Abteilungen des Außenministeriums in Berlin. Zwischen 1998 und 2004 wurden insgesamt 5,6 Millionen Touristenvisa in den Nachfolgestaaten der ehemaligen Sowjetunion ausgestellt, allein die deutsche Botschaft in Kiew genehmigte in diesem Zeitraum 1,3 Millionen Visa – weitgehend ungeprüft. Im Oktober 2004 wurde der «Volmer-Erlass» durch einen neuen Erlass ersetzt: Zweck der Reise und Rückkehrbereitschaft mussten nun wieder gründlich geprüft werden. Sofort sank die Zahl der erteilten Visa auf das niedrige Niveau von vor 1998.

Fischers Ministerbüro war spätestens seit August 2002 über die Missstände unterrichtet. Innenministerium und Bundeskriminalamt hatten über massive Schleuserkriminalität berichtet, doch blieben Reaktionen des Auswärtigen Amtes aus. Ob Fischer persönlich von den Vorwürfen wusste oder nicht, war für seine politischen Gegner nicht entscheidend, denn ein Minister steht immer in der Verantwortung für das, was in seinem Haus geschieht. Fischer gab Fehler zu, lehnte jedoch einen Rücktritt ab; der Kanzler stützte ihn rückhaltlos.

Für eine rot-grüne Regierung, die 2005 ohnehin bereits angezählt war, mussten sich Vorwürfe, bei der Visavergabe handele es sich um den Versuch, «grüne Ideologie in praktische Politik umzusetzen», als fatal erweisen.[9] Im Dezember 2004 erwirkte die Opposition einen Untersuchungsausschuss des Deutschen Bundestages, der die Vorwürfe prüfen und Licht ins Dunkel bringen sollte, sich jedoch vor allem zu einem Medienspektakel entwickelte. Fischers Anhörung am 25. April 2005 wurde sogar durch das Fernsehen übertragen. So stand der Außenminister auf seinem eigenen Terrain unter Beobachtung und agierte in gewohnt arroganter, jedoch dieses Mal nicht sonderlich überzeugender Art und Weise. «Sie können mich ja zum Rücktritt auffordern», bemerkte er gegenüber Journalisten der «Zeit».[10] Man konnte den Eindruck gewinnen, Fischers politischer Instinkt, auf den er sich bis dahin immer hatte verlassen können, sei ihm abhandengekommen. Er schien nicht zu merken, wie sein Stern sank. In der Beliebtheitsskala der Politiker rutschte er auf Rang vier ab – hinter Gerhard Schröder.[11]

Fischer hatte in seiner politischen Laufbahn viele Krisen überstanden. So gefährlich wie 2005 war jedoch bisher keine gewesen. Denn die

Visa-Affäre überkreuzte sich mit einer anderen Affäre: derjenigen um die Gedenkpraxis des Auswärtigen Amtes. Es war gang und gäbe, dass verstorbene Ex-Diplomaten in der internen Mitarbeiterzeitung «AA-Intern» einen Nachruf erhielten – auch wenn sie im «Dritten Reich» Mitglied der NSDAP gewesen waren. Im Jahr 2003 war jedoch ein Nachruf auf Franz Nüßlein erschienen, der nicht nur der NSDAP angehört hatte, sondern 1945 in der Tschechoslowakei als Kriegsverbrecher verurteilt worden war. Fischer nahm dies zum Anlass, eine neue Verordnung herauszugeben, wonach früheren Diplomaten, die in der NSDAP gewesen waren, kein ehrendes Gedenken in der Mitarbeiterzeitung gewährt werden sollte. Wer eine Funktion im Nationalsozialismus innegehabt hatte, musste es sich gefallen lassen, dass seine Tätigkeit nach 1945 nicht lobend erwähnt wurde. Außerdem beauftragte Fischer wenig später eine unabhängige Historikerkommission damit, die nationalsozialistische Vergangenheit des Auswärtigen Amtes aufzuarbeiten, deren Ergebnisse allerdings erst nach seinem Ausscheiden aus der Politik vorlagen.[12] Zunächst schwelte der Konflikt, 2005 brach er jedoch offen aus, als rund 70 Mitarbeiter und Botschafter gegen diese Gedenkpraxis protestierten. Die Ehrung der Toten, so ihr Argument, gehöre zum kulturellen Bestandteil aller Zivilisationen. Der Außenminister geriet in die Defensive, denn jahrelang aufgestaute Frustrationen über seinen Führungsstil kamen in der Dämmerung von Rot-Grün ungehemmt zum Vorschein. Was seit 1998 diplomatisch unter der Decke gehalten oder nur in «Kantinengesprächen» geäußert wurde, brach sich jetzt Bahn: eine Kritik an den «grünen Weltverbesserungsprojekten».[13] Der frühere Staatsminister im Auswärtigen Amt, Werner Hoyer (FDP), gab zu Protokoll, Fischer habe das Ministerium «zutiefst in seiner Seele verletzt», und bei den Mitarbeitern breite sich das Gefühl aus, «dass Fischer das Ministerium ruiniert».[14] Erneut holte die eigene Vergangenheit Fischer ein. Es sei unehrlich, wenn er einem Diplomaten die Möglichkeit des demokratischen Wandels abspreche, für sich selbst jedoch den politischen Irrtum in Anspruch nehme, hieß es aus dem Munde eines Ex-Botschafters.[15] Durfte man einen linksradikalen Straßenkämpfer wirklich mit einem NS-Kriegsverbrecher auf dieselbe Stufe stellen?

Anfang 2005 wurde der Anführer einer Schleuserbande, die zahlreiche Ukrainer illegal in die Bundesrepublik gebracht hatte, vom Kölner

Landgericht verurteilt. Ohne den Erlass aus dem Außenministerium, so der Richter bei der Urteilsbegründung, wäre das Unwesen der Schleuser, die Kriminelle und Zwangsprostituierte ins Land geschafft hätten, nicht möglich gewesen. Joschka Fischer rechtfertigt in seinen Erinnerungen den Erlass, ohne die Unregelmäßigkeiten zu beschönigen.[16] Doch die Debatte entwickelte 2005 eine erhebliche Sprengkraft, und sie wurde fahrlässig unterschätzt: Die freizügige Visavergabe erschien wie die logische Konsequenz grüner Multikulti-Träume. Auch wenn sich kaum der Nachweis führen ließ, dass aus diesen Träumen heraus der Zuzug von Kriminellen billigend in Kauf genommen wurde, so war der verursachte politische Schaden groß.[17] Die Visaaffäre in Verbindung mit der Massenarbeitslosigkeit von 5,2 Millionen Menschen kostete die gerade von der SPD dringend benötigte Zustimmung. Ihre Klientel störte sich an dem fatalen Eindruck, es seien massenhaft Menschen ins Land geschleust worden, die nun die Arbeit wegnahmen oder zumindest die Löhne drückten.

Ende des Sparens: Durchlöchern des EU-Stabilitätspaktes

Rot-Grün befand sich in einem Überlebenskampf. Im Kanzleramt versuchte man die Situation zu analysieren und eine «Dramaturgie für die nächsten Wochen» zu entwerfen. Die Situationsanalyse aus der Regierungszentrale war fast trostlos: «Die vergangene Woche», so hieß es in einem von Thomas Steg verfassten Papier vom 4. März, «war nach der Bekanntgabe der Arbeitslosenzahl von 5,2 Mio. Menschen von einer Hysterie geprägt, wie wir sie allenfalls in den späten Sommermonaten des letzten Jahres erlebt haben. Die durchgängig alarmistische Berichterstattung der Medien (‹Horrorzahl›, ‹Desaster›, ‹Job-Debakel› usw.) machte jede vernünftige Analyse unmöglich. Die Union nutzte die Stimmung, um der Bundesregierung eine angesichts bedrohlicher Zahlen nicht hinnehmbare politische Untätigkeit vorzuwerfen. Diese Strategie gipfelte schließlich in dem Schreiben von Merkel und Stoiber an BK (Bundeskanzler, E. W.). Darüber hinaus trug auch der öffentlich ausgetragene Streit zwischen BMWA (Bundesministerium für Wirtschaft und Arbeit, E. W.) und BMF (Bundesministerium für Finanzen, E. W.)

um konjunkturwirksame Ausgabenprogramme nicht zur Entspannung der Lage bei.»[18]

Der erwähnte Brief von Angela Merkel und Edmund Stoiber war am 1. März 2005 beim Bundeskanzler eingegangen. Die beiden Unionspolitiker forderten den Kanzler darin auf, den von ihnen vorgeschlagenen «Pakt für Deutschland» aufzugreifen. Dabei handelte es sich um einen 10-Punkte-Plan, der vorsah, den Mittelstand zu entlasten, gesetzliche Grundlagen für betriebliche Bündnisse für Arbeit zu schaffen und die Beiträge zur Arbeitslosenversicherung zu senken. Bisher war der Plan von der Regierungskoalition im Parlament ersatzlos abgelehnt worden. Merkel und Stoiber schrieben: «Äußerungen aus den Reihen der Ihre Regierung tragenden Parteien, die danach fragen, ob tatsächlich alle Möglichkeiten zur Schaffung neuer Arbeitsplätze ausgeschöpft worden sind, lassen uns jedoch annehmen, dass ein Sinneswandel vielleicht doch denkbar wäre. Deswegen erneuern wir hiermit unser Angebot eines Paktes für Deutschland und sichern Ihnen dazu faire und konstruktive Beratungen zu, sobald Sie als Inhaber der Regierungsverantwortung die für diese Beratungen erforderlichen Gesetzesentwürfe zu den vorgeschlagenen Punkten vorlegen.»[19] Dass Letzteres nicht geschehen würde – davon durfte man ausgehen. Und auch der Schlusssatz des Schreibens war eher herausfordernd denn versöhnlich formuliert: «Wir gehen davon aus, dass Verantwortung für die Zukunft des Landes zu tragen, auch für Sie bedeutet, jetzt zu handeln.»[20] Dahinter verbarg sich nichts anderes als eine wohlklingende Formulierung des Vorwurfs, Schröder, «der Kanzler der Massenarbeitslosigkeit», würde trotz der «höchsten Arbeitslosigkeit der vergangenen 70 Jahre» eine «ruhige Kugel» schieben, wie es in CDU-Verlautbarungen hieß.[21]

Dementsprechend fiel die Antwort des Kanzlers aus. In der Regierungszentrale hatte man sich zuvor auf «Sprachregelungen» bezüglich des CDU/CSU-Planes verständigt: inhaltlich nicht neu, Fehlen jeglicher Seriosität, tatsächliche Beschäftigungsrelevanz geht gegen null.[22] Außerdem enthalte der Brief Merkels und Stoibers die «üblichen parteitaktischen Schuldzuweisungen»; der Kurswechsel sei durch die Agenda 2010-Gesetze längst erfolgt, hinter dem Vorschlag, betriebliche Bündnisse für Arbeit einzurichten, verberge sich die kaum verhohlene Absicht, die Tarifautonomie zu beseitigen; dies wie alle anderen Punkte seien «olle Kamellen», jedenfalls kein «belastbares Angebot», gemeinsame Verantwortung zu tragen. Mit der Agenda 2010 habe die SPD bereits den Beweis erbracht: «Erst das Land, dann die Partei!»[23] Bundeskanzler Schröder wies in seinem Antwortschreiben eingangs darauf hin, dass Regierung und Opposition im Dezember 2003 «gemeinsam eine tiefgreifende Reform des Arbeitsmarktes beschlossen haben». Überhaupt betonte er fast in jeder Zeile die gemeinsame Verantwortung für den Erfolg, die man jetzt schon trage. Vor 60 Tagen sei diese Reform in Kraft getreten, und er zählte auf, was erreicht worden sei: eine Senkung der Lohnnebenkosten, eine Steuerreform, die den Eingangs- und den Spitzensteuersatz erheblich absenkte, eine Entlastung des Mittelstandes durch die pauschalisierte Anrechnung der Gewerbesteuer, eine starke Senkung der Körperschaftssteuersätze und so weiter. «Wir haben wichtige Reformen eingeleitet und umgesetzt. Wir befinden uns mitten im Prozess der Veränderung unseres Landes. Gemeinsam tragen wir dafür Verantwortung», schloss Schröder.[24]

Tatsächlich fand am 17. März 2005 im Kanzleramt ein Gespräch zwischen Merkel und Stoiber auf der einen Seite sowie Schröder und Fischer auf der anderen Seite statt. Doch war die Regierung entschlossen, zwar staatsmännisch die gemeinsame Verantwortung einzufordern, sich die politische Führung jedoch nicht aus der Hand nehmen zu lassen. Da ein begründeter Vorwurf der Tatenlosigkeit verheerende Auswirkungen auf das öffentliche Erscheinungsbild gehabt hätte, ging es darum, mit einem «operativen Programm» neue Wachstumsimpulse zu setzen. Dies war leichter gesagt als getan. Im November des vorangegangenen Jahres hatte man mit einem tollkühnen Plan Schiffbruch erlitten. Der Haushalt der Bundesregierung sollte durch die Verschiebung des Tages der Deutschen Einheit auf den jeweils ersten Oktobersonntag saniert werden; man hätte so einen Arbeitstag zusätzlich gewonnen. Auf eine solche Idee konnten nur Deutsche kommen, die mit ihren wechselnden Nationalfeiertagen immer schon Schwierigkeiten gehabt und zuletzt den Tag der Deutschen Einheit einfach vom 17. Juni auf den 3. Oktober verschoben hatten. Kein Franzose käme je auf den Gedanken, mit dem 14. Juli Ähnliches zu veranstalten, egal, wie viel Geld in der Staatskasse fehlte. Der Plan kippte spätestens, als Bundespräsident Horst Köhler davon erfuhr und einen Brief an den Kanzler in den beiden großen deutschen Tageszeitungen «Süddeutsche Zeitung» und «Frankfurter Allgemeine Zeitung» veröffentlichte: Der 3. Oktober als Symbol für die Wiedervereinigung dürfe nicht zur Disposition gestellt werden.[25] Nun, Mitte 2005, musste nach dem Dafürhalten des Kanzleramtes endlich die gegenseitige Blockade zwischen den Bundesministern Clement und Eichel gelöst werden. «Der Verweis auf den problematischen Zustand der öffentlichen Kassen hilft nicht weiter», hieß es in dem oben erwähnten Strategiepapier aus der Regierungszentrale vom 4. März.[26] Im Klartext: Aus der Defensive war nur herauszukommen, wenn man Wachstumsimpulse setzte – und sei es, indem die Drei-Prozent-Defizitgrenze des Euro-Stabilitätspaktes überschritten werde. Seit Wochen hatten das Kanzleramt und die dortige Europaabteilung, welche in engem Kontakt zu französischen Regierungsstellen standen, die Ähnliches wünschten, so argumentiert. Kanzleramtschef Steinmeier war jedoch auf den harten Widerstand von Finanzminister Hans Eichel gestoßen, der den Pakt als Disziplinierungsinstrument gegenüber den Ressorts – besonders dem von Clement geführten – erhalten wollte und lieber die Mehrwertsteuer erhöht hätte. Angesichts der dramatischen innenpolitischen Lage gab sich Eichel am Ende geschlagen. So führte Deutschlands Bemühen, die frühen Folgen der Agenda 2010 abzumildern und die Massenarbeitslosigkeit zu bekämpfen, zu einer Aufweichung des europäischen Stabilitätspaktes, deren Folgen für Europa erst fünf Jahre nach der rot-grünen Regierungszeit voll durchschlugen, als die Euro-Krise begann.

Eine Bastion fällt: Der Verlust von Nordrhein-Westfalen

So weitreichend diese Entscheidung auch war – Rot-Grün lief die Zeit davon. Am 22. Mai musste sich Peer Steinbrück, der Ministerpräsident von Nordrhein-Westfalen, mit seiner rot-grünen Koalition den Wählern stellen. Wenn sie scheiterte, so die Spekulationen, würde auch die Bundesregierung stürzen. Steinbrück, der 2002 Clement nachgefolgt war, machte seinem Ruf als «Ultrapragmatiker» alle Ehre und führte, so konnte man den Eindruck haben, seinen Wahlkampf insbesondere gegen den grünen Koalitionspartner. Er warf den Grünen «Betroffenheitspolitik» vor,[27] die dem Bundesland mit über einer Million Arbeitslosen schade. Sämtliche Umfragen vor der Wahl bewiesen, dass Rot-Grün nicht mehrheitsfähig war und in den nächsten Monaten keine Wahl würde gewinnen können. Es habe sich, so eine Analyse aus dem Kanzleramt, «in der Bevölkerung eine geradezu reflexhafte Aversion gegen Rot-Grün verfestigt».[28] Eine Forsa-Studie für das Bundespresseamt ließ keinen Zweifel: Der Vertrauensverlust von Rot-Grün war eklatant. Nur 16 Prozent der Bevölkerung standen noch hinter der Regierung. Dafür verantwortlich waren die schlechte ökonomische Lage, aber auch die «Erscheinungsebene», weil Rot-Grün nicht gehalten habe, was versprochen worden war, und keine klare Linie erkennbar sei, sondern die Regierung uneinig auftrete. «Die Stimmung im Land ist grottenschlecht», kommentierte Frank-Walter Steinmeier verschiedene Umfragedaten, «Pessimismus, Zukunftsangst sind in allen Alters- und Bevölkerungsgruppen verbreitet. Rot-Grün hat nur dann eine Chance, wenn die Menschen das Gefühl haben, der Abwärtstrend ist gestoppt, es kommt nicht alles ins Rutschen, es wird allmählich besser. Im Augenblick haben sie das Gefühl, dass alles schlechter wird.»[29] Und als würde dies nicht genügen, wurde der Finger in eine Wunde gelegt: «Vom Kabinett, seien wir ehrlich, geht kein Flair, kein Esprit, kein Aufbruch aus. Es wirkt seltsam ermattet, lustlos, uninspiriert, selbstgenügsam, ja, und leider manchmal auch zu uneinsichtig, zu selbstgerecht, zu abgehoben, zu überheblich oder zu ideologisch.»[30] Eine ungeschminkte Beschreibung. Dies war das mentale Umfeld für einen sicheren Sieg der Opposition bei kommenden Wahlen. Die Bundesregierung verfügte nur noch über einen einzigen Trumpf: die Person Gerhard Schröder. Doch drohte die SPD in ihrer momentanen Verfassung auch den Kanzler mit nach unten zu reißen. «Eigentlich wollen die Deutschen mehrheitlich keinen anderen Kanzler, aber die Ablösung der SPD ist ihnen wichtiger, als den Kanzler Schröder zu behalten», hieß es in dem Papier. Am Ende stand die Prognose: «Sollte NRW verloren gehen, werden wir ein wahres Beben in den Medien erleben.»[31]

So geschah es. Am 22. Mai wurde die wichtigste Hochburg der Sozialdemokraten geschleift. Die CDU erlangte 44,8 Prozent, eine Steigerung gegenüber den letzten Wahlen um 7,8 Prozent; die SPD verlor 5,7 Prozent und erreichte nur noch 37,1 Prozent; die Grünen verloren nur 0,9 Prozent, die FDP verlor 3,6 Prozent – beide landeten bei 6,2 Prozent. Nach 39 Jahren SPD-Vorherrschaft gab es einen Machtwechsel. Die Grünen beklagten, dass es durch die TV-Duelle der Spitzenkandidaten Steinbrück und Rüttgers zu einer Polarisierung gekommen sei, unter der sie zu leiden hatten.[32] Die CDU hatte die Wahl eindrucksvoll gewonnen, und in einer Koalition mit der FDP wurde Jürgen Rüttgers Ministerpräsident des Landes. Damit war die letzte noch verbliebene rot-grüne Landesregierung abgewählt worden. Im Bundesrat standen die Mehrheitsverhältnisse nach dieser Wahl 18 Stimmen für die A-Länder (SPD) und 51 für die B-Länder (CDU/CSU) – hier noch wichtige Gesetze durchzubringen war nahezu unmöglich. Noch am Abend des Wahltages kündigte SPD-Chef Franz Müntefering im Berliner Willy-Brandt-Haus vor der Presse an, er habe mit dem Kanzler vereinbart, vorgezogene Bundestagswahlen anzustreben. Um 20 Uhr trat der Kanzler vor die Fernsehkameras und gab folgende Erklärung ab: «Mit dem bitteren Wahlergebnis für meine Partei in Nordrhein-Westfalen ist die politische Grundlage für die Fortsetzung unserer Arbeit in Frage gestellt. Für die aus meiner Sicht notwendige Fortführung der Reformen halte ich eine klare Unterstützung durch die Mehrheit der Deutschen gerade jetzt für erforderlich. Deshalb betrachte ich es als Bundeskanzler der Bundesrepublik Deutschland als meine Pflicht und Verantwortung, darauf hinzuwirken, dass der Herr Bundespräsident von den Möglichkeiten des Grundgesetzes Gebrauch machen kann, um so rasch wie möglich, also realistischerweise für den Herbst dieses Jahres, Neuwahlen zum Deutschen Bundestag herbeizuführen.»[33] Nach der Schließung der Wahllokale und nachdem die ersten, für die SPD schlechten Hochrechnungen eingegangen waren, hatte der Kanzler den Bundespräsidenten über seine Absicht informiert. Köhler war unterrichtet, dass Schröder über den Artikel 68 des Grundgesetzes zu einer Neuwahl gelangen wollte: Nach einer verlorenen Vertrauensfrage wollte der Kanzler beim Bundespräsidenten einen Antrag auf Auflösung des Parlaments stellen. Es handelte sich dabei, so die handschriftliche Notiz von Frank-Walter Steinmeier, um «das Instrument, das den Präsidenten in besonderer Weise berührt».[34] Aus Achtung und Respekt gegenüber der Person und dem Amt hatte Schröder den Bundespräsidenten informiert. Erst danach hatte er die zitierte öffentliche Erklärung abgegeben. Von der vorhergehenden Erklärung Müntefering war Köhler hingegen überrascht worden. Müntefering habe auch nur die «allgemeine politische Absicht erklärt», jedoch die «Modalitäten offengelassen», so die Begründung aus dem Kanzleramt.[35]

Weitermachen oder Neuwahlen?

Am nächsten Tag wurde das eigentliche Wahlergebnis in Nordrhein-Westfalen nur von wenigen Kommentatoren beachtet, alle Zeitungen gingen fast ausschließlich auf den Überraschungscoup von Schröder ein. Sie schwankten zwischen einem «geschickten Winkelzug», so die «Hannoversche Allgemeine Zeitung», einem «politischen Hasardeurspiel», so die «Kieler Neueste Nachrichten», und einem letzten «verzweifelten Versuch», so der «Münchner Merkur». «Von diesem Wahlsonntag in Nordrhein-Westfalen», schrieb das Blatt aus der bayerischen Landeshauptstadt, «geht ein Signal aus, das Eingang in die Geschichtsbücher finden wird. Mit dem Verlust der letzten rot-grünen Landesregierung ist auch der gleichfarbigen Bundesregierung der politische Boden entzogen. Berlin ist zum Satelliten geworden, der die mehrheitlich schwarz regierte Erde in großer Entfernung umkreist.» Süffisant wies die «Frankfurter Allgemeine Zeitung» auf den Unterschied zwischen der zurückliegenden Wahl 2002 und der bevorstehenden 2005 hin: «Eine Naturkatastrophe und ein Kriegsszenario werden nicht noch einmal wie bestellt kommen.»[36]

Schon vor der Wahl in Nordrhein-Westfalen hatte sich beim Kanzler die Überzeugung verfestigt, nur mit Neuwahlen der eigenen Demontage entkommen zu können. Nach dem Verlust des größten Bundeslandes drohte die vollkommene Lähmung. Kanzler Gerhard Schröder und der SPD-Parteivorsitzende Franz Müntefering riefen gegen den Rat von Joschka Fischer und Frank-Walter Steinmeier vorgezogene Bundestagswahlen aus. Wiederum: ein Agieren aus der Defensive, das in einen Befreiungsschlag überging. Zuvor waren verschiedene Denkmodelle und mögliche Optionen diskutiert worden. Hätte man der Union, ausgehend vom Beschäftigungsgipfel in Mainz, eine Große Koalition anbieten und so nationale Verantwortung demonstrieren sollen? Dieser Einfall wurde sofort wieder als unrealistisch verworfen, und die Union, die in den Meinungsumfragen weit vor der SPD lag, wäre niemals darauf eingegangen. Also weitermachen? Offenbar benötigten die Reformen Zeit, um zu wirken, und im Jahr 2006 hätte man die Fußballweltmeisterschaft im eigenen Land – psychologisch sähe es dann bei regulären Wahlen viel besser aus als gegenwärtig. Würde man so lange durchhalten? Im wichtigsten Bundesland, Nordrhein-Westfalen, abgewählt worden zu sein war ein Schock. Um der Agonie im Bund entgegensteuern zu können, hätte man eine inhaltliche Initiative starten müssen, ein Programm im Bildungsbereich etwa oder eines, um die Arbeitslosigkeit zu bekämpfen. Doch es gab kaum Chancen, einen Bundeshaushalt 2006 so zu beschließen, dass er in Parlament und Öffentlichkeit nicht nach allen Regeln der Kunst zerlegt worden wäre. Schlimmstenfalls hätte man in der ausweglosen Haushaltssituation den finanzpolitischen Offenbarungseid leisten müssen. Dies wäre dann noch einmal eine Niederlage gewesen, welche die nächste Sorge hervorrief: dass mit Kurt Beck in Rheinland-Pfalz, wo 2006 gewählt würde, eine der letzten SPD-Bastionen verloren ginge. Dann wäre die SPD mit Sicherheit am Ende gewesen.

Weitere Motive kamen hinzu. Wollte sich der Kanzler eine plebiszitäre Legitimierung der Agenda 2010 beschaffen? Dagegen schien zu sprechen, dass die Koalition ja seinen Vorschlägen gefolgt war. Dennoch ist diese Idee nicht ganz von der Hand zu weisen, denn der Wahlkampf bot die Möglichkeit, die eigenen Vorstellungen noch einmal zu verdeutlichen. Die Befürchtung, dass die SPD total abstürzen würde, wenn sie noch ein Jahr durchhalten müsste, war weit verbreitet, berichtet Edelgard Bulmahn, und die Hoffnung, dass man im Wahlkampf die Chance habe, die eigene Politik profilierter darstellen zu können, erschien plausibel.[37] Auch hingen nicht wenige der Ansicht an, die SPD könnte sich durch Neuwahlen in eine Große Koalition «retten»; selbst Schröders Auftritt in der letzten Sitzung des Koalitionsausschusses der rot-grünen Bundesregierung schien darauf hinzudeuten. Der Erinnerung von Reinhard Bütikofer zufolge ließ der Kanzler regelrechte Tiraden vom Stapel, wonach er es sich nicht mehr gefallen lassen werde, dass «am grünen Wesen die Welt genesen» solle. In ökologischen Fragen hätten die Grünen maßlos überzogen.[38] Schröder selbst liefert Hinweise für das Kalkül, in einer Großen Koalition weiterregieren zu wollen: Nicht nur innenpolitische Probleme drängten, vielmehr zeichnete sich ab, dass außenpolitische Turbulenzen kommen würden, vor allem ein noch stärkeres Engagement der Bundeswehr in Afghanistan.³⁹ Wie hätte Rot-Grün dies mit einem infolge der Visa- und Gedenkpraxis-Affäre beschädigten Außenminister Fischer meistern können? Für die Prognose, dass Rot-Grün am Ende war und bei den kommenden Bundestagswahlen wohl keine Mehrheit erhalten würde, benötigte man keine hellseherischen Fähigkeiten, der Blick auf die zurückliegenden Landtagswahlen genügte vollauf. Die meisten Grünen halten die Entscheidung, zu Neuwahlen zu gelangen, auch im Rückblick für falsch – falsch für Rot-Grün. Aber auch für die SPD? «Faktisch lief das Konzept Neuwahlen ja auf einen Koalitionswechsel hinaus», sagt nicht nur Fischer.⁴⁰ Hinzu traten für Schröder strategische Überlegungen: Die Union hatte sich noch nicht auf einen Kanzlerkandidaten festgelegt, man konnte sie also in Verlegenheit und vielleicht sogar in Bedrängnis bringen. Außerdem bestand Gefahr von links. SPD-Dissidenten formierten sich mit WASG und PDS offenbar zu einer neuen Linkspartei, deren gemeinsamer Kitt die Feindschaft gegen die Agenda 2010 war. Vielleicht konnte jetzt noch gelingen, was in einem Jahr nicht mehr möglich war, nämlich der Bildung einer neuen Linkspartei mit rasch anberaumten Wahlen zuvorzukommen. Motive, die von der jeweiligen Tagesform abhängig waren, mögen dazugekommen sein; so berichtet Peter Struck, der gegen Neuwahlen war, Schröder habe «einfach keine Lust» zum Weiterregieren gehabt, der ewige Streit mit den Abweichlern aus den eigenen Reihen und mit der Bundesratsmehrheit der Opposition habe ihn zermürbt.⁴¹ Ein Körnchen Wahrheit wird darin stecken. Eines jedoch war glasklar: Auf den Faktor Zeit konnte die Regierung nicht setzen, und wenn die SPD nicht sofort reagierte, würde sich die Partei innerlich zerlegen. Sein Schicksal selbst in die Hand nehmen, dies war Schröders Devise. Wenn ihm andere rieten auszuharren, in 15 oder 16 Monaten würde alles besser sein, schüttelte er den Kopf. Abwarten oder Aussitzen ging ihm gegen den Strich. Mit dem Diktum seines Vorgängers Helmut Kohl, «im Frühjahr haben wir gesät und im Herbst werden wir ernten», konnte er überhaupt nichts anfangen. Schröders Mut war ein Mut der Verzweiflung. Er wollte die letzten Reserven mobilisieren und seine Partei disziplinieren, deren Fliehkräfte so stark wurden, dass nur ein großes, alles überwölbendes Ziel Einhalt gebieten konnte. Der Weg zu Neuwahlen war allerdings juristisch nicht so einfach, wie Schröder und Müntefering dies am 22. Mai 2005 womöglich glaubten.

Vertrauensfrage aus Staatsräson?

«Jeder Tag, an dem Rot-Grün nicht regiert, ist ein guter Tag für Deutschland.» Mit dieser Bemerkung kommentierte Angela Merkel die angekündigten vorgezogenen Neuwahlen zum Deutschen Bundestag. Auch Edmund Stoiber begrüßte Neuwahlen «außerordentlich».[42] Vor der eigenen Fraktion und später vor der Fraktion von Bündnis 90/Die Grünen begründete der Kanzler seinen Schritt damit, dass der Rückhalt für die Agenda 2010 nicht in dem Maße wie wünschenswert vorhanden sei. Das «stetige Vertrauen» in seine Arbeit hielt der Kanzler «für nicht mehr gegeben» und fügte gegenüber den Grünen etwas vieldeutig hinzu: Diese Frage stelle sich für ihn «in der politischen, nicht in der persönlichen Kategorie».[43] Damit versuchte Schröder, den Unmut vieler Grüner zu dämpfen, die meinten, den «Schwarzen Peter» zugeschoben zu bekommen. Sie reklamierten für sich, dass ein erheblicher Beitrag am Erfolg der rot-grünen Koalition auf ihr Konto ging. Die Grünen waren nicht bereit, ihr eigenes Licht unter den Scheffel zu stellen.[44]

Für Freitag, den 1. Juli 2005, um 10 Uhr war die Erklärung des Kanzlers vor dem Parlament angesetzt, und anschließend sollte er die Vertrauensfrage stellen; gegen 11 Uhr würden die Abgeordneten darüber namentlich abstimmen. Zuvor, um 8 Uhr des 1. Juli, trat Schröder vor seine Fraktion, der er vortrug, warum er nach Artikel 68 des Grundgesetzes den Deutschen Bundestag auflösen und zu Neuwahlen gelangen wollte. Nicht nur der Bodenseekreis-Abgeordnete Rudolf Bindig verspürte «an diesem herausragenden Tag den Hauch der Geschichte».[45] Selten zuvor konnte Schröder so stark auf den Rückhalt seiner Fraktion setzen wie in den letzten Monaten der Regierungszeit. Fast wehmütig blickten viele auf die rot-grünen Jahre zurück. Während der langen Regierungszeit Helmut Kohls habe die SPD im Bundestag etwa 18 000 Einzelabstimmungen verloren; damals habe der Kampf für das rot-grüne Projekt begonnen, und 1998 habe man endlich «die Gestaltung der Globalisierung im Sinne sozialer Gerechtigkeit» in die Hand nehmen können.[46] Zwei Tage vor dem

Termin hatte Franz Müntefering der Fraktion gesagt, dass er sich bei der Abstimmung zur Vertrauensfrage der Stimme enthalten werde, und bat, diesem Muster zu folgen. Eine solche Enthaltung signalisierte in seinen Augen, dass kein Misstrauen gegenüber dem Kanzler bestehe, aber man den Weg zu Neuwahlen frei machen wollte. Etliche Mitglieder der Fraktion wollten sich anders verhalten und dem Kanzler das Vertrauen aussprechen.[47]

Mit einer rhetorisch gedämpften, staatspolitischen Rede setzte Gerhard Schröder den Schlusspunkt der Legislaturperiode. Der Plenarsaal des Deutschen Bundestages war bis auf den letzten Platz gefüllt, auf den Zuschauer- und Pressetribünen gab es nicht einmal mehr Stehplätze. Ernst und gemessen trug er seine Begründung vor, warum er Neuwahlen wollte, und ließ sich dabei nicht von Zwischenrufen aus den Reihen der Opposition beirren, was ihm zusätzliche Gravitas verlieh. Schröder verhielt sich wie ein parlamentarischer Musterknabe; nach der Rede saß er fast regungslos auf der Regierungsbank, die Hände auf dem Tisch übereinandergelegt, und hörte Angela Merkel und Guido Westerwelle zu, statt – wie sonst üblich – mit Fischer zu feixen und sich über die rhetorischen Schnitzer der anderen zu amüsieren. Den Schröder-Text hatte Klaus Harpprecht verfasst, der bereits Reden für Willy Brandt geschrieben hatte. Die Entscheidung, so Schröder, sei «reiflich und gewissenhaft überlegt». Er sagte: «Der für meine Partei – und für mich selber – bittere Ausgang der Landtagswahl in Nordrhein-Westfalen war das letzte Glied einer Kette zum Teil empfindlicher und schmerzhafter Wahlniederlagen. In der Folge dessen wurde deutlich, dass es die sichtbar gewordenen Kräfteverhältnisse ohne eine neue Legitimation durch den Souverän, das deutsche Volk, nicht erlauben, meine Politik erfolgreich fortzusetzen. Endgültig mit diesem Ausgang der Landtagswahl am 22. Mai wurden negative Auswirkungen für die Handlungsfähigkeit im parlamentarischen Raum unabweisbar.»[48] Als Hauptgrund für die seines Erachtens nötige Auflösung des Bundestags führte Schröder die mangelnde Unterstützung in den eigenen Reihen an. Er könne des Vertrauens seiner Partei und des Koalitionspartners nicht mehr sicher sein. Die Debatte habe so weit geführt, «dass SPD-Mitglieder damit drohten, sich einer rückwärts gewandten, linkspopulistischen Partei anzuschließen». Weil er die Politik der Agenda 2010 fortsetzen und weiter entwickeln wolle, sei eine Legitimation durch Wahlen unverzichtbar. Als zweiten Grund nannte Schröder die «machtversessene Parteipolitik» der Union im Bundesrat und Vermittlungsausschuss, die ihm ein erfolgreiches Regieren nicht erlaube. Das Problem des Bundesrates seien nicht die Mehrheitsverhältnisse, sondern die «Haltung» dieser Mehrheit. Ein Wahlsieg der Regierungskoalition, so Schröders Argument, würde zu einem Überdenken dieser «destruktiven Blockadehaltung» führen.

Schröder zeigte sich geschichtsbewusst: Die Mütter und Väter des Grundgesetzes hatten sich bei der Formulierung des Artikels 68 nicht von der Überlegung leiten lassen, durch eine gewollte Niederlage – die er anpeilte – die Tür zur Auflösung des Parlaments zu öffnen. Aber wollten sie deshalb die Möglichkeit zu einer Neuwahl verwehren, wenn es die Lage gebot? «Nach den bösen Erfahrungen von Weimar», so der Kanzler, «lehnte es der Parlamentarische Rat ab, dem Bundespräsidenten ein generelles Recht zur Auflösung des Bundestages einzuräumen.» Auch dem Parlament blieb das Recht zur Selbstauflösung verwehrt. So klug dies 1949 gewesen sei, so habe die Staatspraxis, die durch das Bundesverfassungsgericht bestätigt wurde, eindeutige Ergebnisse geliefert – damit spielte Schröder auf die bisherigen Vertrauensfragen an: «Der mit der Vertrauensfrage verbundenen Konsequenz von Neuwahlen stehen keine zwingenden verfassungsrechtlichen Bedenken entgegen. Die entscheidende Frage lautet also: Kann der Bundeskanzler noch des stetigen Vertrauens der Mehrheit des Hohen Hauses sicher sein? Denn die drängenden Probleme unseres Landes, die Fortsetzung der begonnenen Reformen, die Krise der Europäischen Union, die Herausforderungen der Globalisierung und die Gefahren für Frieden, Sicherheit und Stabilität in unserer einen Welt dulden keinen Zustand der Lähmung oder des Stillstandes.»[49] Der Bundeskanzler, so wiederholte er kurz darauf noch einmal, sei auf ein «dauerhaftes Vertrauen» angewiesen. Am Schluss bilanzierte er: «Es sind – und ich bin stolz darauf – gute Jahre für unser Land gewesen, die unser Land nach innen liberaler, toleranter, sicherer und demokratischer und nach außen selbstbewusster, freier und geachteter gemacht haben.» Um das fortzuführen, benötige er «jetzt klare Verhältnisse».[50]

Rund die Hälfte der Abgeordneten von SPD und Bündnis 90/Die Grünen sprach Schröder gegen seine Absicht das Vertrauen aus, die andere Hälfte enthielt sich der Stimme. Viele Sozialdemokraten weigerten sich, einem Kanzler, dem sie vertrauten, nicht das Vertrauen auszusprechen, und die Grünen wollten das «Bild eines abgesprochenen Verhaltens (...) nach Möglichkeit» vermeiden.[51] In der Abstimmung votierten 151 Abgeordnete der rot-grünen Koalition für Schröders Vertrauensantrag, 148 enthielten sich. Damit kamen alle Ja-Stimmen und Enthaltungen aus dem Lager der Koalition. Die Opposition aus CDU und FDP stimmte geschlossen mit Nein. Bei den Grünen stimmten 46 Abgeordnete mit Ja, nur acht enthielten sich, darunter die drei Minister der Partei und Parteichefin Claudia Roth; alle SPD-Minister folgten dem Wunsch Schröders. Die insgesamt 105 Ja-Stimmen der SPD ließen sich nicht eindeutig einem Flügel zuordnen, der ehemalige Arbeitsminister Walter Riester stimmte beispielsweise mit Ja. Einige Abgeordnete aus SPD und Bündnis 90/Die Grünen, wie Werner Schulz, der Schröders Rede als absurd geißelte, kündigten eine Verfassungsklage an.

Schröder hatte auch aus der Rede vorgelesen, mit der Helmut Kohl 1982 seine Vertrauensfrage begründet hatte. Heribert Prantl kommentierte dies in der «Süddeutschen Zeitung» mit den Worten: «Versprochen hat er einst, ‹nicht alles anders, aber vieles besser› zu machen. Jetzt macht es der Kanzler Schröder genau so, wie Kanzler Kohl es 1982 gemacht hat. Die Vertrauensfrage (...) ist genauso gezinkt, wie es damals die von Kohl war.»[52] Dass Schröder seine eigene Vertrauensfrage mit den Worten seines Vorgängers zu legitimieren suchte, war eine denkwürdige Szene an diesem historischen Tag – und ein kluger Schachzug. Denn was sollte jetzt anders sein als beim Urteil des Bundesverfassungsgerichts damals? Musste der Bundespräsident nicht auch dieses Mal, so wie damals, diese Volte mitschlagen? Laut Grundgesetz konnte der den Bundestag binnen 21 Tagen nach der Abstimmung auflösen. Würde er das tun? Die Argumentation des Kanzlers Schröder lautete, salopp formuliert, ein wenig anders als bei Kohl, nämlich: «Ich kann nicht mehr, will aber noch einmal.»

Die Rolle des Bundespräsidenten und des Bundesverfassungsgerichts

Mit dieser Abstimmung am Freitag, den 1. Juli 2005 ist die Vertrauensfrage in der Bundesrepublik Deutschland zum fünften Male gestellt worden. 1972 ließ Willy Brandt das Votum absichtlich scheitern, um bei der nachfolgenden Bundestagswahl eine größere Mehrheit für seine umstrittene Neue Ostpolitik zu erhalten – im Parlament hatte sich zuvor durch Parteiübertritte eine Patt-Situation ergeben. Zehn Jahre später, 1982, wurde Helmut Schmidt durch ein konstruktives Misstrauensvotum gestürzt und Helmut Kohl zum Kanzler gewählt. Im November des gleichen Jahres organisierte Kohl ein Scheitern der Vertrauensfrage, um seine Mehrheit im Bundestag aufzubessern. Im November 2001 nutzte Gerhard Schröder schließlich die Vertrauensfrage, um die rot-grüne Koalition zu disziplinieren, und verband die Frage mit einer Abstimmung über den Einsatz der Bundeswehr in Afghanistan.

In der Bundesrepublik ist die politische Ankündigung von Neuwahlen zum Bundestag vor dem regulären Ablauf der Legislaturperiode nur sehr schwer umzusetzen. Eingedenk bitterer Erfahrungen während der Weimarer Republik ist eine Selbstauflösung des Bundestages im Grundgesetz nicht vorgesehen – weder durch die Bundesregierung noch durch den Bundespräsidenten und auch nicht durch das Parlament selbst. In Weimar konnte der Reichspräsident das Parlament jederzeit auflösen, was zu instabilen politischen Verhältnissen, allgemeinem Politikverdruss und dazu führte, dass sich die Parteien ihrer Verantwortung entzogen. Eine vorzeitige Auflösung des Bundestages kann nur auf zwei indirekten Wegen erreicht werden: nach Artikel 63 des Grundgesetzes, wenn die Wahl eines Kanzlers auch im dritten Wahlgang scheitert, und nach Artikel 68 bei einer gescheiterten Vertrauensfrage. Daneben besteht die Möglichkeit des «konstruktiven Misstrauensvotums» nach Artikel 67 – hier agiert das Parlament gegen den Kanzler, und eine neue Parlamentsmehrheit wählt sich einen neuen Kanzler, daher rührt die Bezeichnung «konstruktiv» und nicht destruktiv. Der Unterschied zwischen diesem konstruktiven Misstrauensvotum und der Vertrauensfrage besteht darin, dass im letzteren Falle der Kanzler selbst die Initiative ergreift und seine Regierung somit «zur Ordnung» rufen kann. Ein inszeniertes Misstrauen gegen sich selbst, was Schröder anstrebte, entsprach nicht dem Geist des Grundgesetzes. Helmut Kohl hatte allerdings diesen verfassungsrechtlich steinigen Weg 23 Jahre zuvor geplant und asphaltiert. Sein Ziel im Jahr 1982 war, trotz einer üppigen Mehrheit im Parlament, mithilfe einer absichtlich verlorenen Abstimmung zu Neuwahlen zu gelangen und so seine Regierung, die aus dem konstruktiven Misstrauensvotum gegen Helmut Schmidt hervorgegangen war, durch den Wähler zu legitimieren. Trotz erheblicher Bedenken löste Bundespräsident Karl Carstens den Bundestag auf. Die Klage von vier Abgeordneten beim Bundesverfassungsgericht gegen diese offensichtliche Manipulation wurde abgewiesen – die obersten Richter billigten die Entscheidung Carstens mit sechs zu zwei Stimmen.[53] Die Richtermehrheit schrieb die Verfassung fort, indem sie in ihrem Urteil eine «politische Lage der Instabilität» annahm. Danach durfte der Kanzler eine Auflösung des Bundestages anstreben, wenn die «bestehenden Kräfteverhältnisse» im Parlament «seine Handlungsfähigkeit so beeinträchtigen oder lähmen, dass er seine vom stetigen Vertrauen der Mehrheit getragene Politik nicht sinnvoll zu verfolgen vermag».[54] Man erkennt sofort die Formulierungen, die Schröder in seiner Begründung wörtlich aufnahm. Da jedoch das Vorgehen Kohls trotz dieses Zugeständnisses zweifelhaft blieb, gingen die Richter noch weiter und billigten dem Kanzler einen besonders weiten Ermessensspielraum zu, von dem wiederum Schröder profitierte: Wenn der Kanzler trotz einer komfortablen Mehrheit angesichts einer «außergewöhnlichen Lage» von einer Instabilität ausging, sollte seine Einschätzung nicht angezweifelt werden, auch wenn diese Prognose nicht beweisbar, sondern nur an ihrer prinzipiellen Plausibilität zu messen war. Zugespitzt: Der Kanzler musste gar nicht mehr nachweisen, dass er keine Mehrheit hat. Es genügte, wenn er befürchtet, sie auf Dauer zu verlieren. Anders als Kohl verfügte Schröder 2005 nur über drei Stimmen Mehrheit, und angesichts erklärter Kritiker in den eigenen Reihen konnte er sich darauf in heiklen Fragen nicht verlassen. Am 4. Juli hatte der Chef des Bundespräsidialamtes, Michel Jansen, um die verfassungsrechtliche Einschätzung der Bundesregierung und um eine «Dokumentation über die Schwierigkeiten bei der Durchsetzung der Regierungspolitik» gebeten, die ihm Frank-Walter Steinmeier acht Tage später zukommen ließ.[55]

Vor diesem Hintergrund sprach sich Bundespräsident Horst Köhler klar und deutlich für Neuwahlen aus. Köhler war ein Jahr zuvor, am 23. Mai 2004, als Nachfolger von Johannes Rau zum neuen Bundespräsidenten gewählt worden und hatte sich gegen Gesine Schwan von der SPD durchgesetzt. In heftigen unionsinternen Auseinandersetzungen war damals die Kandidatur von Wolfgang Schäuble verhindert worden, und Köhler, bislang geschäftsführender Direktor des Internationalen Währungsfonds, galt als «Mann Merkels». Einig waren sich die politischen Beobachter, dass Merkel damit auf ihrem «Wunsch-Weg ins Bundeskanzleramt» ein weiteres Stück vorangekommen sei.[56] Entsprechend wurde die Wahl auch als ein Zeichen gegen Rot-Grün gewertet. Allerdings hatte Gesine Schwan 41 Stimmen mehr erhalten, als Rot-Grün in der Bundesversammlung aufbrachte, in welcher die Union über eine deutliche Stimmenmehrheit verfügte. Die Politikprofessorin und beliebte Präsidentin der Europa-Universität Viadrina in Frankfurt/Oder, die Mitglied der SPD-Grundwertekommission gewesen war, hatte neben dem Sachverstand ihr optimistisches Naturell in die Waagschale geworfen. Wo Köhler die ökonomische Debatte in Deutschland aufnahm, ging Schwan auf die Stimmungen und Gefühle der Deutschen ein, die sie sich nicht «so miesepetrig» wünschte.[57] Grünen-Chef Reinhard Bütikofer hatte Schwan als «außerordentlich hoch renommierte Wissenschaftlerin», die für ein modernes europäisches Deutschland stehe, gelobt – freilich hatten sich viele Grüne von der SPD überfahren gefühlt, da deren Entscheidung für Schwan nicht mit ihnen abgesprochen worden war.[58]

Auch das Bundesverfassungsgericht stimmte im Sommer 2005 den vorgezogenen Neuwahlen zu. Gegen die Auflösungsanordnung hatten die Bundestagsabgeordneten Jelena Hofmann (SPD) und Werner Schulz (Bündnis 90/Die Grünen) Beschwerde eingelegt. Die Bundesregierung war vom Berliner Professor für Rechtswissenschaften Bernhard Schlink vertreten worden. Der Kern des Urteils lautete: Die Beurteilung der politischen Lage durch den Kanzler habe der Bundespräsident hinzunehmen und das Bundesverfassungsgericht zu respektieren, wenn eine andere Einschätzung nicht eindeutig vorzuziehen sei. Schröder hatte seine Begründung am Urteil des BVG von 1983 ausgerichtet, ein geschickter Zug, und Köhler hielt sich in seiner Begründung ebenfalls an dieses Urteil, womit er kaum rechtliche Angriffsflächen bot. Die sich anschließende Debatte über eine Änderung des Grundgesetzes ebbte bald wieder ab. An die Stelle des inszenierten Misstrauens, welches einseitig die Stellung des Kanzlers stärkte, wollten insbesondere liberale Politiker wie Ex-Bundesjustizministerin Sabine Leutheusser-Schnarrenberger und Burkhard Hirsch ein Selbstauflösungsrecht des Bundestages gesetzlich verankern, um das Gewicht der Abgeordneten zu erhöhen und der weiteren Schwächung des Parlaments vorzubeugen.[59]

Nach der Entscheidung des Bundespräsidenten, die dieser öffentlich in einer Fernsehansprache am 21. Juli bekannt gab, hielt Kanzler Schröder um 20.35 Uhr im Foyer des ersten Stocks des Kanzleramts eine kurze Rede, mit der er den Wahlkampf eröffnete: «Meine Damen und Herren, der Herr Bundespräsident hat die Weichen für Neuwahlen zum Deutschen Bundestag am 18. September gestellt. Ich begrüße seine souveräne Entscheidung sehr. Mit der Vertrauensfrage vom 1. Juli ging es mir darum, Neuwahlen möglich zu machen. Dafür hatte ich seit der Ankündigung eine überwältigende Unterstützung in Politik und Gesellschaft. Nicht nur alle Parteien – die große Mehrheit der Bürgerinnen und Bürger wünschen Neuwahlen. Im Herbst werden also die Bürgerinnen und Bürger das Wort haben. Sie können dann entscheiden, welchen Weg unser Land gehen soll. Wollen wir als mittlere Macht in Konflikten dieser Welt für friedliche Lösungen einstehen? Wollen wir in Europa für eine Gesellschaft arbeiten, die wirtschaftlich stark ist, aber die Notwendigkeit des sozialen Ausgleichs nicht vergisst? Wollen wir im eigenen Land sicher leben und alle am Wohlstand teilhaben lassen? Ich werde bei den Neuwahlen im September erneut antreten. Ich tue dies in der Gewissheit, dass die von mir begonnenen Reformen – ob in der Gesundheitspolitik, bei der Rente oder auf dem Arbeitsmarkt – richtig und notwendig sind. Notwendig, um unseren Sozialstaat, um den uns so viele beneiden, zu erhalten. Um soziale Balance zu wahren und wirtschaftliche Stärke zurückzugewinnen. Und richtig, weil sich bereits die ersten Erfolge dieser Reformen einstellen. Deutschland ist auf einem guten Weg. Und immer mehr Menschen erkennen dies. Ich weiß, um Reformen durchzusetzen, braucht es Mut, Beharrlichkeit und Standfestigkeit. Ich werde in den nächsten Wochen deshalb mit aller Kraft und Energie dafür kämpfen, dass die Wählerinnen und Wähler mich beauftragen, die begonnene Politik der Reformen entschieden und zugleich mit Augenmaß, Vernunft und in sozialer Verantwortung fortzuführen.»[60]

«Schröder muss weg»: Mediale Meinungsmacher und WASG

Schröder wollte offenbar Kanzler bleiben, wogegen sich jedoch eine Art «Schröder-muss-weg-Kartell» der Medien bildete, und zwar von der konservativen bis zur linksliberalen Seite.[61] Die Rolle der Medien im Wahlkampf 2005 war deshalb bemerkenswert, weil fast unisono eine Wechselstimmung befeuert wurde, sich der Unmut über Schröder, der einen Teil seiner alten «Medienkumpel» enttäuscht hatte, entlud und am Ende zahlreiche Journalisten ihre eigenen Befindlichkeiten mit den Stimmungen in der Bevölkerung verwechselten. War Rot-Grün 1998 noch als «cool» bejubelt worden, so fanden es viele nach sieben Jahren geradezu degoutant, ein gutes Wort über diese Regierung zu äußern. Es war kaum übertrieben, was die «tageszeitung» in folgende Worte fasste: «Die Presse beschloss, den Journalismus Journalismus sein zu lassen und Politiker zu werden – und das in einer in der Geschichte der Bundesrepublik einmaligen Konstellation.»[62] In einen Gespräch mit Gesine Schwan soll ein «Spiegel»-Redakteur offen zugegeben haben, das Blatt habe beschlossen, «dass Rot-Grün weg muss!»[63] Blickt man auf die Berichterstattung, so konnte man mit einigem Recht den Eindruck gewinnen, dass es in den letzten Wochen von Rot-Grün eine Art von konzertierter Aktion gab, um eine neue, eine schwarz-gelbe Koalition ins Amt zu befördern. Groß war die Enttäuschung über Schröder und Fischer, die selbst versucht hätten, die Medien zu manipulieren, was indessen fehlgeschlagen sei, so der «Zeit»-Journalist Bernd Ulrich. Seither versuchten die Medien, sie «wegzuschreiben».[64] Die Abkehr von Schröder begründeten viele mit seinem Schwenk nach links, weg von der Agenda 2010. Deshalb hatte man den Eindruck, Rot-Grün veranstalte einen unglaubwürdigen Wahlkampf, und deshalb könne nur Schwarz-Gelb übrig bleiben. Andere wiederum meinten, die Regierung sei «unsozial» und empfahlen, eine Regierung zu wählen, die noch viel «unsozialer» sein wollte. Solche Merkwürdigkeiten lassen sich nicht klären – letztlich war wohl eine Form von Übersättigung an Rot-Grün im Spiel, die Medien dürsteten nach neuen Gesichtern. Und dass bei einigen Journalisten auch eigene Interessen im Spiel gewesen sein dürften, darf man unterstellen.

Die Kehrseite der maßlosen Enttäuschung über Rot-Grün bildete das geradezu übersteigerte Lob für die Kanzlerkandidatin der CDU, Angela Merkel. Wie sehr man es in der Mediendemokratie mit Momentaufnahmen zu tun hat, beweist jedoch ein Blick auf Umfragewerte. Merkel, 2005 geradezu grotesk in den Himmel gelobt, erhielt nach einem Jahr Kanzlerschaft verheerende Noten, nach zwei Jahren allerdings wieder exzellente und so weiter und so fort. Ende Mai 2005, als Merkel zur Kanzlerkandidatin der Union ausgerufen wurde, schien es, als habe man bereits einer «Kanzlerinnenkür» beigewohnt. In der «Frankfurter Rundschau» stand dazu: «Keine andere Symbolfigur als ein Mädchen aus Ostdeutschland, aus der DDR, kann die deutsche Gesellschaft wirksamer von dem dumpfen Verdacht erlösen, in diesen langen, schleppenden Jahren nach der Wiedervereinigung etwas Entscheidendes verpasst zu haben. In der Figur des Mädchens beruht Unerfülltheit nicht auf resignierter Altersmüdigkeit, sondern auf natürlicher Unfertigkeit. Und dieses Versprechen verkörpert Angela Merkel.»[65] Während Merkel auf den Sommerbildern der Medien im Jahr 2005 meist glücklich lächelnd und in sanften farblichen Abstimmungen erschien, blickte den Betrachter ein grimmig schauender, in hartem Licht zerfurchter Schröder an, ein ratloser «Zocker», der offenbar gerade seine letzte Karte ausgespielt und verloren hatte. Hohn und Häme kamen dazu, und von der «Kanzlerin Merkel» sprachen viele bereits im Indikativ – so hatte Schröder nicht einmal grammatisch eine Chance. Nicht nur die «deutsche Führungselite»,[66] sondern nahezu sämtliche Wahlforscher schrieben Rot-Grün ab.

Dabei spielte auch das rot-rote Schisma eine gewichtige Rolle. Mit der Agenda 2010 bereitete die Bundesregierung den Boden für eine neue Linkspartei in Deutschland, die in der Lage war, das deutsche Parteiengefüge nachhaltig zu verändern. Im Frühjahr 2004 hatten sich rund 30 Agenda 2010-Gegner aus Gewerkschaften, SPD und der globalisierungskritischen Attac-Bewegung im DGB-Bundeshaus in Berlin getroffen – die Keimzelle einer neuen politischen Gruppierung, die sich «Wahlalternative» nannte. Gleichzeitig hatten sich in Bayern mehrere regionale IG Metall Gewerkschaftsvertreter, darunter die Fürther Gewerkschafter Thomas Handel und Klaus Ernst, unter dem Namen «Initiative Arbeit und soziale Gerechtigkeit» (ASG) zusammengefunden, die rasch Zulauf erhielt. Sie hatten damit gedroht, eine neue Partei zu gründen, falls die SPD ihre Politik nicht ändere. Auf diese Ankündigung reagierte die bayerische SPD innerhalb weniger Tage mit einem Parteiausschlussverfahren gegen die Gründer der ASG. Bald vereinigten sich die nördliche und die südliche Initiative. Aus den eigenen Reihen verloren die Sozialdemokraten in den folgenden Monaten Tausende von Gewerkschaftern, Arbeitslosen und Globalisierungskritikern an einen Verein, der einen kuriosen Namen trug, sich jedoch zum Schrecken der SPD entwickelte: die «Wahlalternative Arbeit und Soziale Gerechtigkeit» (WASG).

Noch hielt Gregor Gysi, der Vorsitzende der PDS, die Wahlalternative für vernachlässigbar. Sie habe bereits den klassischen Fehler der Linken begangen: «Ewig diskutiert, alle Debatten geführt. Und den Hunderttausenden, die auf sie warten, so nur gezeigt, dass sie sich für wichtiger nehmen als die Probleme der Leute.»[67] Kurz danach sollte es jedoch zu einer Annäherung und später zu einer Fusion kommen.[68] Wenn Rot-Grün die Gründungsmutter der Linkspartei war, so Oskar Lafontaine ihr Taufpate. Lange hatte er mit einem Austritt aus der SPD kokettiert. Seine Stunde schlug mit der Ankündigung der vorgezogenen Neuwahlen auf Bundesebene. Über die «Bild»-Zeitung ließ der frühere SPD-Vorsitzende verlauten, er werde für ein gemeinsames Linksbündnis aus WASG und PDS kandidieren. «Sozialdemokraten, Gewerkschafter, PDS und WASG müssen sich zu einer neuen Partei zusammenschließen und das Kontrastprogramm zur Berliner Allparteien-Koalition des Sozialabbaus vertreten», sagte er.[69] Zwar hatten mehrere prominentere Sozialdemokraten wie Ottmar Schreiner und Ulrich Maurer mit der Wahlalternative geliebäugelt, doch erst Lafontaine stellte der westdeutschen Linken das zur Verfügung, was sie neben der Massenmobilisierung noch benötigte: einen großen Namen, einen zugkräftigen Anführer. Jetzt erst konnte gelingen, was 2002 noch gescheitert war, nämlich die Westexpansion der PDS. Würde der Erfolg von Gysi und Lafontaine Rot-Grün die Macht kosten? Man war jetzt gezwungen, an zwei Fronten zu kämpfen – gegen die schwarze Republik und gegen die roten Populisten. Doch das Linksbündnis, so die Furcht im konservativ-liberalen Lager, könnte auch einen schwarz-gelben Wahlsieg verhindern.

Neue Kraft im Wahlkampf, aber wofür?

Für die Sozialdemokraten gab es nie den Hauch einer Chance, die Bundestagswahl 2005 zu gewinnen. Bis in die letzten zwei Wochen des Wahlkampfes hinein hatten so gut wie alle politischen Beobachter sich diese Vorhersage zu eigen gemacht. Im Juli gestand der «Stern» der SPD «nicht einmal mehr Außenseiter-Chancen» zu. Zitiert wurde aus der jüngsten Meinungsumfrage, wonach die Genossen gerade einmal 26 Prozent und die Grünen nur 7 Prozent erwarten durften, während Schwarz-Gelb eine satte Mehrheit von 53 Prozent vorausgesagt wurde und die Union auf bemerkenswerte 47 Prozent kam. Das Linksbündnis von PDS und WASG würde demzufolge elf Prozent erreichen.[70]

Die SPD müsse einen Wahlkampf für sich selbst machen, hatte Franz Müntefering vor der Bundestagsfraktion am 25. Mai betont. 1998 sei der Wahlkampf ohne klare Koalitionsaussage geführt worden, womit man ganz gut gefahren sei. 2002 habe man dagegen eine klare Koalitionsaussage getroffen, das Ergebnis sei bekannt. Jetzt müsse die SPD für sich kämpfen, denn: «Die Aussage ‹wählt Rot-Grün› habe bei den zurückliegenden Wahlen geschadet.»[71] Nicht alle waren mit dieser Strategie einverstanden. Gernot Erler beispielsweise hielt es für bedenklich, Vorbehalte gegen den Koalitionspartner auf dem öffentlichen Markt auszutragen. Es gehe schließlich auch um die «Wertigkeit der letzten sieben Jahre». Die Erfolge wie Atomausstieg, Energiewende, und das ganze Feld der Außen- und Sicherheitspolitik würden durch öffentliche Spekulationen über eine große Koalition entwertet. Als Leitmotive für das SPD-Wahlmanifest, das den Titel trug: «Vertrauen in Deutschland», wählte man: «Arbeit – Sicherheit – Menschlichkeit». Auf allen noch verbleibenden Fraktionssitzungen peitschten Schröder und Müntefering ihre Genossen ein: Entschieden sei die Wahl noch nicht, und der größte Wahlhelfer der Opposition sei Defätismus in den Reihen der SPD.[72] Der «Blitzwahlkampf» von nur wenigen Wochen kam Schröder entgegen. Dies entsprach seinen politischen Stärken: von null auf hundert in kürzester Zeit. Trotz und eiserner Wille kamen hinzu. Der vermeintliche «Bald-nicht-mehr-Kanzler» zeigte sich als «Ich-bleibe-hier-Kanzler», der sich aufbäumte und sich gegen alle tatsächlichen oder angenommenen Gegner zur Wehr setzte. Gerhard Schröder wandelte sich wieder in ein «politisches Raubtier von fast archaischer Wildheit».[73] Er verdrängte während dieser Wochen jeden Gedanken an das Danach, und wer ihm Amtsmüdigkeit nachgesagt hatte, wurde eines Besseren belehrt. Jeden Tag absolvierte er bis zu drei Wahlveranstaltungen, schonte sich nicht und holte den letzten Rest an Energie aus sich heraus. Diese Kampfeslust beeindruckte die Menschen; die SPD war bei 26 Prozent Wählerzustimmung gestartet und lag Anfang September bei 34 Prozent. Das TV-Duell am 4. September mit Angela Merkel gewann allen Umfrageinstituten zufolge Gerhard Schröder haushoch, es erwies sich nach Expertenmeinung als eine entscheidende Veranstaltung im Wahlkampf. Im Vorfeld des TV-Duells war die Mehrheit der politischen Beobachter davon ausgegangen, dass angesichts des weiten Abstandes in den Umfragewerten zwischen Schwarz-Gelb und Rot-Grün nur moderate Veränderungen wahrscheinlich seien. Tatsächlich jedoch stellte die Sendung einen deutlichen «turning point» im Wahlkampf dar.[74]

In den letzten zehn Tagen vor dem Ende des Wahlkampfes, so appellierte Schröder am 6. September vor der SPD-Bundestagsfraktion, «müsse noch einmal voller Einsatz nach dem Spruch von Heine ‹Schlagt die Trommel und fürchtet Euch nicht› gegeben werden».[75] Auch Fischers Eifer war beeindruckend – «Joschka kämpft», stand auf seinem Wahlkampfbus, mit dem er durch die Lande zog. Ein Anfang September gedrucktes Interview des «Spiegel» begann mit der Frage: «Herr Fischer, wann sagen Sie den Wählern endlich, dass Rot-Grün keine Chance mehr hat?» Fischers Antwort: «Im Gegensatz zu Ihnen ist mir die Gabe der Prophezeiung nicht gegeben. Ich besitze keine Glaskugel, kann nicht aus Eingeweiden lesen, und einen krächzenden Raben trage ich auch nicht auf der Schulter. Ich stelle nur fest, dass unsere Kampagne ausgezeichnet läuft. Die Plätze und Hallen sind voll, und ich habe die Erfahrung gemacht, dass eine gute Mobilisierung gute Ergebnisse bringt.» Die «Spiegel»-Journalisten hakten nach: «Wir konstatieren einen ausgeprägten Fall von Autosuggestion. In allen Umfragen liegt Rot-Grün mindestens zehn Prozentpunkte hinter Schwarz-Gelb. Ausgeschlossen, dass sich das noch drehen lässt.» Fischer: «Ausgeschlossen ist gar nichts innerhalb der Grenzen von Sein und Nichts (...).» Der «Spiegel»: «Zwei Wochen vor der Wahl ein solcher Rückstand in den Umfragen – das hat in Deutschland noch keiner aufgeholt.» Fischer: «Wir hatten auch noch nie so eine Situation mit vorgezogenen Wahlen! Aber ich akzeptiere, dass ich hier mit Leuten zusammensitzen muss, die meinen, wir hätten schon verloren. Wir sind ein freies Land. Aber dann akzeptieren Sie doch umgekehrt, dass ich nicht in Selbsthypnose durch die Gegend laufe. Ich bekomme jeden Tag zweimal eine Mobilisierung mit, die weit über das hinausgeht, was 2002 der Fall war. ‹Wir wollen den Fischer jetzt noch einmal live sehen, dann ist er weg› – das ist nicht die Stimmung, die ich da erlebe.»[76]

Für Schröder dürfte Ähnliches gegolten haben, doch kämpfte er allein für die SPD, während Fischer noch einmal ein «rot-grünes Evangelium» verlas.[77] Schröder sprach auch anders als zuvor. Das SPD-Wahlmanifest enthielt zwar ein Bekenntnis zur Agenda 2010, führte jedoch auch eine «Reichensteuer» auf, wonach Personen ab einem Jahreseinkommen von 250 000 Euro zusätzlich mit drei Prozent Einkommensteuer belastet werden sollten. Angekündigt wurden Mindestlöhne, eine Bürgerversicherung und ein neues Elterngeld. Was bisher ausgeschlossen worden war, ermöglichte nun der Wahlkampf: Die Sozialdemokraten rückten nach links und vollführten einen programmatischen Spagat zwischen den Parteiflügeln. Dies war die Antwort auf die Frage des saarländischen SPD-Vorsitzenden Heiko Maas: «Mit was sollen wir eigentlich Wahlkampf machen? Mit Hartz IV und Agenda 2010, für die wir gerade abgestraft wurden?»[78] Eine «Luther-Haltung»: Hier ist die Agenda, ich kann nicht anders, würde nicht reichen, sagte Michael Müller von der Parlamentarischen Linken.[79] In der Schlussphase des Wahlkampfes geißelte der Parteivorsitzende Franz Müntefering das internationale Profitmaximierungsstreben und die Macht des Kapitals. Sodann gerieten ihm die internationalen Finanzinvestoren ins Visier: Sie «fallen wie Heuschreckenschwärme über Unternehmen her, grasen sie ab und ziehen weiter».[80] Müntefering Kapitalismuskritik einte die Genossen und nahm den Parteilinken den Wind aus den Segeln; dass damit Teile der eigenen Politik der vergangenen Jahre dementiert wurden, spielte im Wahlkampf offenbar keine Rolle. Und dann ereignete sich noch das «Kirchhof-Desaster» für die CDU/CSU: Die Steuerkonzepte des ehemaligen Bundesverfassungsrichters, Paul Kirchhof, der im Schattenkabinett von Angela Merkel als Finanzminister antrat, waren hoch umstritten, zum Teil auch in der Union selbst. Kirchhof schlug in seinem Modell eine Reduzierung auf drei Steuersätze vor: 15, 20 und 25 Prozent. Dabei sollte die letzte Stufe bereits bei einem jährlichen Einkommen von 20 000 Euro gelten, was diesen gleichsam zu einem Einheitssteuersatz gemacht hätte. Im Gegenzug sollten jegliche Steuervergünstigungen wie Pendlerpauschale oder Sonntags- und Nachtzuschläge abgeschafft werden. Eine Steuererklärung, so Kirchhof, dürfe nicht länger als zehn Minuten dauern.[81] Seine missverständlichen und bisweilen technokratischen Modellrechnungen nutzte Schröder schamlos aus – «der Professor aus Heidelberg» habe keine Ahnung davon, wie Normalverdiener leben würden.

Am 18. September 2005 wurde Rot-Grün abgewählt, was keine Überraschung war, Union und FDP schafften jedoch zum Erstaunen der politischen Beobachter den Machtwechsel nicht. Die CDU/CSU kam auf 35,2 Prozent der Wählerstimmen, nur bei der ersten Bundestagswahl 1949 sowie 1998 war sie schwächer gewesen; gegenüber 2002 verlor sie 3,3 Prozent. Die SPD erreichte 34,2 Prozent und büßte gegenüber 2002 4,3, nicht jedoch die vorhergesagten zehn oder zwölf Prozent ein, die FDP steigerte sich um 2,5 Prozent und kam auf 9,8 Prozent, Bündnis 90/Die Grünen blieben relativ stabil bei 8,1 Prozent (minus 0,4 Prozent), und Die Linke.PDS konnte ihr Ergebnis mehr als verdoppeln und zog mit 8,7 Prozent (plus 4,7 Prozent) noch vor den Grünen in den Bundestag ein. Die Wahlbeteiligung sank nur leicht und lag mit 77,7 Prozent im internationalen Vergleich noch immer auf einem hohen Niveau. Als Gewinner der Wahl erwies sich Die Linke.PDS, die vor allem im Osten Deutschlands erheblich zulegen konnte. Wie bereits 1998 und 2002 war im Westen Deutschlands der Stimmenanteil für Schwarz-Gelb größer als für Rot-Grün. Im Norden und in der Mitte Deutschlands war die politische Farbe weitgehend rot, im Süden schwarz. Völlig aus dem Rahmen fiel das Saarland, dort verlor die SPD mit 12,6 Prozent extrem, und Die Linke.PDS kam mit dem Spitzenkandidaten Oskar Lafontaine auf 17,1 Prozentpunkte.[82] Eines der auffälligsten Ergebnisse der Bundestagswahl war der relativ niedrige Stimmenanteil der beiden Volksparteien auf einem Stand, der jenem vor 1953 entsprach. Bezog man die Bundestagswahlergebnisse auf die Gesamtheit aller Wahlberechtigten, erreichten die Volksparteien 1972 und 1976 rund 82 Prozent aller Wähler, wohingegen es im Jahr 2005 nur noch 53 Prozent waren. Aus zwei ehedem großen Parteien sind 2005 zwei mittelgroße geworden. Dass alles zur «großen» Koalition führte, war der Arithmetik geschuldet, nicht unbedingt dem Wählerauftrag.

Epilog

Die Chefredakteure Nikolaus Brender vom ZDF und Hartmann von der Tann von der ARD hatten sich für die «Elefantenrunde» am 18. September 2005, die wie immer in beiden öffentlich-rechtlichen Programmen ausgestrahlt wurde, gut vorbereitet. Dass es jedoch eine besonders große Moderationsleistung werden würde, war zum Beginn der Sendung nicht im Geringsten absehbar. Die ersten Fragen richtete von der Tann an die offensichtliche Siegerin des Wahlabends, Angela Merkel, deren CDU/CSU mit etwa einem Prozentpunkt vor der SPD lag. Merkel sah jedoch wie eine Verliererin aus, was sie im Grunde genommen auch war, denn die Union hatte ein miserables Ergebnis zu verzeichnen. Schlimmer: Merkel, bleich, unsicher und in sich versunken, sprach auch wie eine Verliererin. Dann drehte sich Brender nach links zu Gerhard Schröder, der ins Bild gezoomt wurde und lässig, wie ein Champion, im Sessel federte, über das gesamte Gesicht strahlend. «Herr Bundeskanzler», hob Brender an, kam aber nicht weit. «Ist ja schön, dass Sie mich schon ansprechen», unterbrach ihn der Kanzler mokant und spitzte den Mund. «Sind Sie jetzt schon zurückgetreten?» fragte Brender gedankenschnell. «Überhaupt nicht», blökte Schröder. «Na, ich dachte schon, weil Sie das (Ansprache als Bundeskanzler, E. W.) verwundert. Also, ich sage noch einmal: Herr Bundeskanzler», so Brender, denn «das sind Sie ja noch bis zur Wahl eines neuen». Blitzende Augen, scharfer Blick: «Das bleibe ich auch, Herr Brender. Auch wenn Sie dagegen arbeiten», säuselte Schröder. Einundzwanzig, zweiundzwanzig, die Zuschauer konnten mitzählen – wenn es sich um einen Film gehandelt hätte, hätte Brender in diesem Augenblick genial gespielt. Brender war schon auf dem Weg zur nächsten Frage, unterbrach seinen Gedanken aber und fragte plötzlich sehr kühl: «Ob wir dagegen arbeiten?» Dann inszenierte Schröder einen Putsch gegen die Wirklichkeit: «Niemand außer mir ist in der Lage, eine stabile Bundesregierung zu führen (...). Aber Entschuldigung, natürlich kann ich das (...). Glauben Sie im Ernst, dass meine Partei auf ein Gesprächsangebot von Frau Merkel bei dieser Sachlage eingnge, in dem sie sagt, sie will Bundeskanzlerin werden. Ich mein',

Kultsendung zum Abgang: Gerhard Schröder und Joschka Fischer vor Beginn der «Berliner Runde» am 18. September 2005.

wir müssen die Kirche doch auch einmal im Dorf lassen (…). Die Deutschen haben doch in der Kandidatenfrage eindeutig votiert, das kann man doch nicht ernsthaft bestreiten (…). Ich sage Ihnen: Ich führe Gespräche. Und ich sage Ihnen voraus: Die werden erfolgreich sein (…). Sie (Angela Merkel, E. W.) wird keine Koalition unter ihrer Führung mit meiner sozialdemokratischen Partei hinbekommen (…), machen Sie sich da gar nichts vor (…). Kennen Sie die Geschichte der sozialliberalen Koalition? (…) Und Sie wollen uns erzählen, dass Sie gewonnen haben?» Zum Schluss noch eine weitere bitterböse Breitseite an den zweiten Moderator, der sich ebenfalls an Schröder versucht hatte: «Herr von der Tann, Ihr intellektuelles Problem in allen Ehren …»

Am Ende von Schröders Kanzlerschaft stand eine politische Talkshow, die in ihrer Art seither nicht mehr übertroffen wurde. Brender nahm die Rolle des Widerspenstigen, Aufrechten ein, der sich dem zynischen Regierungsmanager in den Weg warf. Aber der trockene Humor blieb auf der Strecke, so verdattert war er. Warum vergaß der sonst so versierte Schröder, dass man im Augenblick des Triumphs kühl bleiben muss, soll der Moment groß werden? «Rache ist ein Gericht, das man kalt auskostet», lautet ein französisches Sprichwort – Vizekanzler Joschka Fischer schien sich jedenfalls daran zu erinnern, war zurückhaltend und plädierte dafür, die Sendung abzubrechen, da man an diesem Abend zu keinem Ergebnis mehr kommen werde. Nach eigener Auskunft dachte er freilich nur daran, mit seiner Frau essen zu gehen.[1] Auf den Bildschirmen war sichtbar, wie er mit Stuhl und Körper immer weiter weg von Schröder rückte und sich dem verdutzten Lothar Bisky, dem Vorsitzenden der Linkspartei, der links neben ihm saß, annäherte. Edmund Stoiber blieb nüchtern wie eh und je, schien aber innerlich auszukosten, dass er gegen Schröder 2002 ein weit besseres Ergebnis erzielt hatte als nun Merkel. Unterhaltsam war auch Guido Westerwelle, der sagte, er sei zwar jünger als der noch amtierende Kanzler, doch deshalb nicht «blöder». Mit schwer gezügeltem Zorn sprach er zu Schröder den Satz: «Ich weiß nicht, was Sie vor der Sendung gemacht haben.»[2] Gemacht? Getrunken hatte er jedenfalls nach eigenen Angaben nicht. Anders als Franz Josef Strauß, der 1980 recht angetrunken die Analyse seiner Wahlniederlage gegen Helmut Schmidt zum Besten gegeben hatte.

Was war geschehen? Es ist spekuliert worden, dass Schröder um 20:30 Uhr von Forsa-Chef Manfred Güllner falsch informiert wurde: Dieser habe ihm gesagt, dass die SPD drei Sitze mehr haben werde als CDU/CSU. Schröder sei somit euphorisiert in die von Güllner nicht eingeweihte Diskussionsrunde gegangen. Um 21:37 Uhr meldete Forsa diesen Stand der Hochrechnung sogar öffentlich; das vorläufige amtliche Endergebnis bestätigte dies freilich nicht. Schröder sagt heute: «Mir war klar, ich kannte ja die Wahlergebnisse, dass es jetzt zu Ende war, sonst hätte es diese spektakuläre Fernsehsendung nicht gegeben. Natürlich konnte die CDU gar nicht anders, sie war stärkste Partei und sie würde führen.» Und er fügt, wenig ernst gemeint, hinzu: «Ich wollte einmal in meinem Leben eine Kultsendung machen.»[3] Damals, im Abstand von wenigen Stunden, war es ihm peinlich. Sein Auftritt sei «suboptimal» gewesen, gab er zu Protokoll.[4] Man kann Schröders Verhalten als unverhohlene Reaktion auf die zurückliegenden Monate sehen, besonders auf die Medienkampagne gegen ihn und die SPD. Die Medienmacht hatte das demokratische Bewusstsein der Menschen nicht erschüttern können. Eckhard Fuhr schrieb in «Die Welt»: «Es hatte sich schon erwiesen, dass mit Bild, BamS und Glotze kein Staat zu machen ist. Jetzt muss man hinzufügen: Es lassen sich damit auch keine Wahlen gewinnen.»[5] In den vergangenen Wochen hatten sich die Medien gegenseitig bei Schröders verfrühter Verabschiedung überboten, und jetzt kam dessen krachende Rache für all die Schlagzeilen. Schröder und die SPD waren von ganz unten gekommen, aus dem Tal von 24 Prozent. Von ganz unten nach ganz oben, hier klang wieder Schröders Lebensmelodie an – auch daher rührte seine Reaktion.

Die Grünen waren entsetzt über den Auftritt Schröders. Sie suchten Distanz. 48 Stunden nach dem Wahlabend gab Joschka Fischer seinen Rückzug aus der aktiven Politik bekannt. Mit der Abwahl von Rot-Grün war eine Ära zu Ende gegangen, die mehr als für viele andere seine Ära, sein «Projekt» war. Die Stimmung zwischen SPD und Grünen war seit Mai, als Schröder Neuwahlen ankündigte, vereist, viele Grüne waren richtig verbittert, scheuten jedoch vor einer offenen Feldschlacht zurück. Schröder steuerte offenbar bereits seit Längerem zu anderen Ufern, für ihn war Rot-Grün passé. Mit seiner unbändigen Arroganz in der «Elefantenrunde» rettete er – gegen seine Interessen – das politische Überleben von Angela Merkel und bescherte ihr letztlich die Kanzlerschaft in einer Großen Koalition, die, vom Stimmenanteil her betrachtet, so groß gar nicht mehr war und anfangs wie eine Koalition der Kraftlosen erscheinen sollte. Dies war nicht zuletzt deshalb der Fall, weil viele Sozialdemokraten sich von rot-grünen Ergebnissen distanzierten und damit die eigene Regierungszeit entwerteten. Nach sieben Jahren Rot-Grün war vielen im Publikum wie nach einem Abenteuerfilm im Kino ein wenig schwindlig zumute. Dieses Gefühl ergab sich, zumal am Schluss noch Schreckensszenen kamen, etwa die Rückkehr Oskar Lafontaines, mit dem alles anfing, in die Bundespolitik. Der besiegt Geglaubte erhob sich noch einmal – kein Regisseur hätte es besser inszenieren können. Das rot-grüne «Projekt» hatte eine historische Bedeutung, aber es musste, das machte spätestens der Wahlabend deutlich, gar nicht erst abgewickelt werden, es zerbröselte einfach. Dies hat zeitgenössisch zum Eindruck geführt, Rot-Grün sei ein pures, aus einer Lagerromantik entsprungenes Missverständnis, ja ein Irrtum der Geschichte, eine Zeit ohne Kompass[6] oder bestenfalls ein «politisches Abenteuer»[7] gewesen. In dieser Zeit sei zwar einiges bewegt, aber nur wenig erreicht worden.

War es so?

In diesem Buch sind die Akzente anders gesetzt worden als in den oftmals grimmigen Bilanzen, die unmittelbar 2005 entstanden. Die Ära von Rot-Grün wurde, eingebettet in das internationale Panorama, als Zeit des Umbruchs gedeutet. Dahinter stand der Versuch, die dynamischen Linien dieser Jahre herauszuarbeiten und die grundsätzlichen Veränderungen zu beschreiben. Es war eine überaus schwierige, eine herausfordernde Zeit, die eine große Kraftanstrengung erforderte. Bei dieser Übergangszeit handelte sich nicht nur um eine Episode, wie selbst Schröder am Ende zu suggerieren schien, sondern um eine wichtige Epoche in der Gesamtgeschichte der Bundesrepublik Deutschland, Europas und der Welt. Kaum jemals zuvor mussten in einem relativ engen Zeitraum von nur sieben Jahren derart weitreichende Entscheidungen, allen voran jene über Krieg und Frieden und die Kampfeinsätze der Bundeswehr, getroffen werden. Das Tempo war hoch, die Turbulenzen waren groß, und Deutschland veränderte sich dadurch in Stil und Status gleichermaßen.

So wie sich Schröder am Wahlabend verhielt, war es eine rot-grüne Selbstentsorgung. Das Bündnis hatte immer darauf beruht, dass trotz aller Konkurrenz zwischen dem ersten und dem zweiten Mann der Regierung, zwischen Schröder und Fischer, in der Außendarstellung kein Blatt passte. Nach Lafontaines frühem Abgang waren beide aufeinander angewiesen, um die rot-grüne Koalition am Leben zu halten. Nun rückten sie ganz offensichtlich voneinander ab. Auch andere Pfeiler von Schröders Machtarchitektur waren seit Anfang 2005 zusammengebrochen, nicht nur jener Pfeiler eines populären Außenministers, der die gesamte Regierung wärmte. Hinzu hatte auch ein Wirtschaftsminister gehört, der sich mit Leidenschaft gegen die Arbeitslosigkeit stemmte – er war angesichts der Massenarbeitslosigkeit entzaubert. Der Kanzleramtschef, der als lebender Seismograph jeden politischen Wellenschlag kommen sah und den Kanzler in Sicherheit brachte – er konnte nur noch registrieren, nicht mehr schützen. Schröders eigene, fast traumwandlerische Sicherheit, in politischen Krisen richtig zu reagieren oder mit dem Mut der Verzweiflung die Wähler anzurufen – beides brachte nicht mehr den gewünschten Erfolg. Einen SPD-Landesvater als Bollwerk der SPD-Herzkammer in Nordrhein-Westfalen – ihn gab es seit dem Wahldebakel von Peer Steinbrück im Frühjahr 2005 nicht mehr. Sieben Jahre lang waren die Grünen loyal bis zur Selbstverleugnung, besonders in Fragen von Krieg und Frieden, und wurden nun fallen gelassen. Freilich haben die Grünen von der rot-grünen Zeit längerfristig am meisten profitiert: Sie sind zu einer Schlüsselpartei in der politischen Landschaft der Bundesrepublik geworden und können prinzipiell Koalitionen mit Links und mit Rechts eingehen. Aus der Opposition heraus wäre zum Beispiel die Legitimierung einer deutschen Kriegsbeteiligung für sie unmöglich gewesen. Die Härte des Regierens wirkte auf die Grünen wie ein Schleifstein. Die SPD hingegen, dies konnte auch der überraschende Wahlausgang nicht verbergen, befand sich im Stadium des Zerfalls. Statt rot-grüner Selbstbehauptung stand am Schluss die Selbstaufgabe. So wie zum Ende der sozial-liberalen Koalition unter Helmut Schmidt eine neue Partei, die Grünen, entstanden waren, so wurde Schröders Regierungszeit zur Geburtshelferin einer gesamtdeutschen Linkspartei. Schon wieder ein Schisma der SPD. Sieben Jahre Rot-Grün hatten eine ganze Generation von Sozialdemokraten verbraucht, bei den Grünen war es nicht ganz so schlimm. Hier ging die Selbstentlegitimierung, ja Selbstzerstörung nicht so weit wie bei der SPD, die sich von den Zumutungen der sozial- und arbeitsmarktpolitischen Reformen ihres Kanzlers und seiner Getreuen überfordert sah.

Rot-Grün an der Macht – dies war eine Zeit gesteigerter Reformtätigkeit. Von der Agenda 2010 und vom Atomausstieg über das Kulturstaatsministerium und den Verbraucherschutz bis zur Zuwanderung und der Zwangsarbeiterentschädigung: Auf nahezu allen innenpolitischen Feldern, die oftmals – sei es durch Globalisierungsdruck, sei es durch neu aufgekommene Menschheitsfragen – mit außenpolitischen verschränkt waren, konnte man Neues vernehmen, ganz gleich, ob man es schätzte oder ablehnte. Je nach Standpunkt wurden die Reformen als sinnvoll oder als verhängnisvoll bewertet. «Nachhaltigkeit» wurde ein Leitbild politischen Handelns. Energiewende, Agrarwende, Kehrtwende in der Öko-Steuerpolitik: Der Begriff der Wende war seit der Revolution von 1989 nicht mehr so inflationär im Umlauf wie in der rot-grünen Zeit. Das Staatsbürgerschaftsrecht wurde geändert und europäisiert, und in familien- und gesellschaftspolitischen Bereichen wurden Reformen vorangetrieben, die Konservative als einen Kulturbruch empfanden, aber auch bei einem Teil der sozialdemokratischen Klientel nicht nur auf Gegenliebe stießen. 1998 gelangte eine politische Generation in die Ministerien, die mehr wollte als nur regieren. Sie wollte sich beweisen. Sie wollte zeigen, dass sie, die 68er, nicht nur Anpassungserfolge hinter sich hatten, sondern für gesellschaftliche Modernisierung standen: für ein liberales, weltoffenes und modernes Land. Dass die Ausweitung von Bürgerrechten nach den islamistischen Terroranschlägen einer restriktiven Politik der inneren Sicherheit wich, war eine der vielen Aporien, die den Erfordernissen der Zeitläufte geschuldet war.

Die Jahre von 1998 bis 2005 waren darüber hinaus eine Zeit der Entwürfe, die nicht alle zur Ausführung gelangten. Der Eindruck des Unsteten ergab sich aus häufigen Ministerwechseln, vor allem aber aufgrund von Suchbewegungen im politischen Neuland. So entstand das Bild einer Regierung ohne inneren Kompass. Dieser Befund war oftmals richtig und nicht einfach von der Hand zu weisen. Tatsächlich jedoch war vieles der Umbruchszeit, der globalen Zeitenwende – Krieg, Terrorismus, Globalisierung und Wirtschaftskrise – geschuldet, in der bisherige Verlässlichkeiten und Muster ausliefen oder zerbrachen und neue erst gesucht und etabliert werden mussten. Am stärksten war dies außenpolitisch der Fall – Kriege, Friedensbemühungen und eine zeitweilige Entfremdung zwischen einem Teil Europas und den USA zeugten davon.

Erfolge und Unausgeschöpftes stehen, wie immer in der Geschichte, nebeneinander. 1998 bis 2005 war eine Zeit der Modernisierung unter globalen Erfordernissen. Wie nie zuvor brachen für Deutschland globale Zeiten an. Die ökologische Modernisierung ist Vorbild für viele Länder der Welt geworden, und ökonomisch erschien Deutschland wieder als Kraftwerk, das seinen Sozialstaat reformiert und im Kern bewahrt hat. Der Agenda 2010 haftete zwar das schlechte Gewissen der SPD an, sie hat jedoch das Tor zu einem Reformprozess aufgestoßen, das nicht mehr geschlossen werden kann. Der Prozess der ständigen Korrekturen an diesem umfassenden Reformpaket dauert an. Auch die innenpolitischen Verwerfungen, die es bewirkte, bestehen fort und verschärfen sich zum Teil noch. Doch trotz dieser neuen Unruhe und der Probleme hat sich der Zustand der Institutionen in Deutschland als stabil erwiesen, und die Stimmung im Land wurde reformfreudiger. Der immer wiederkehrende Tenor lautete: Sicherheit im Wandel, nicht Sicherheit vor Wandel. Es scheint, dass die sprichwörtliche «German Angst» einer «German Zuversicht» gewichen ist – in Teilen jedenfalls. Die Partizipation der Menschen nahm zu, wenngleich häufig gerade in den Protesten gegen Rot-Grün sowie in der Empörung und Wut über die Reformpolitik der Koalition. Überhaupt lagen auf vielen Feldern Triumph und Fiasko nahe beieinander: Die Erweiterung des EU-Raumes beispielsweise war das eine, der Verrat an den Maastrichter Stabilitätskriterien das andere. So schuf Rot-Grün zusammen mit anderen europäischen Regierungen, besonders der französischen, Grundlagen für die nachfolgende europäische Krise.

Allerdings konnten auch eine Reihe posthumer Siege gefeiert werden. Dies gilt besonders für die polarisierenden Themen der Zeit, allem voran für den Ausstieg aus der Atomenergie. Mehr als zehn Jahre nach dem Beschluss zum Atomausstieg 2000 und mehr als sechs Jahre nach dem Ende der Koalition erzielte Rot-Grün einen der größten Erfolge: Die schwarz-gelbe Regierung unter Angela Merkel beugte sich jener Gesetzesvorlage – und verschärfte sie überdies noch –, die Union und FDP seinerzeit auf das Schärfste bekämpft hatten. Nach der Reaktorkatastrophe im japanischen Fukushima wünschte sich die Kanzlerin 2011 einen breiten Konsens, dem sich die ehemaligen Oppositionsparteien eine Dekade zuvor hartnäckig verweigert hatten. Eigentlich war eine Befriedung dieses Konflikts, der die deutsche Gesellschaft seit 30 Jahren gespalten hatte, bereits 2000 geglückt. Doch die konservativ-liberale Regierung hatte mit dem Ausstieg aus dem Ausstieg 2010 alte Wunden wieder aufgerissen. Ein Jahr später wurde der Schwenk vollzogen. Kaum jemals zuvor in der bundesdeutschen Geschichte hat es eine Kehrtwende solchen Ausmaßes gegeben.

Zu den posthumen Siegen gehören darüber hinaus höchst umkämpfte Aspekte der Modernisierung der Gesellschaft. Elf Jahre nach der Einführung der eingetragenen Lebenspartnerschaft wurde die «Homo-Ehe» gesetzliche Normalität, und das neue Staatsbürgerschaftsrecht ist alltäglich geworden. Zu den «Siegen» zählen weiterhin die keineswegs hemmungslose Deregulierung und Liberalisierung der Finanzmärkte. Rot-Grün verschloss sich in gewissem Umfang einem allgemeinen

Danke, Kanzler! Die SPD-Fraktion verabschiedet Gerhard Schröder mit einem Empfang im Willy-Brandt-Haus, 21. November 2005.

Trend der Zeit und riss die Barrieren gegenüber dem «Raubtierkapitalismus» nicht ein.

In der Zeit um die Jahrhundertwende ist die politische Kultur der Bundesrepublik Deutschland offener geworden, als sie zuvor war. Für die 68er bedeutete Rot-Grün, dass diese umstrittene Generation nun endgültig in der Bundesrepublik angekommen war. Seit Rot-Grün gibt es in dieser Hinsicht keine kulturellen Hürden mehr. Rot-Grün hat die Aufarbeitung der nationalsozialistischen Vergangenheit vorangetrieben und zentrale geschichtspolitische Vorhaben wie das Holocaust-Mahnmal abgeschlossen sowie einen neuen europäischen Erinnerungsraum erschlossen. Die kulturellen Beziehungen zum Ausland haben eine gesteigerte Verflechtung erfahren. Die Stellung Deutschlands in der Welt ist, auch infolge seiner machtpolitischen Selbstbehauptung hinsichtlich des Irak-Krieges, erheblich aufgewertet worden. Ein neuer «Geist» der Berliner Republik machte sich breit, Deutschland ist selbstbewusster geworden, und es wurden Türen geöffnet zu einer neuen Orientierung des Landes in einer veränderten Ordnung der Welt. Rot-Grün war auch in dieser Perspektive Deutschlands erste globale Regierung und schuf in der Bundesrepublik ein kosmopolitisches Klima. Außenpolitisch vollzog sich ein gewaltiger Strategiewechsel, man trug neue Verantwortung auf der internationalen Bühne, ging Risiken ein, lehnte jedoch Abenteuer ab. Vielen politisch «Linken» wie dem britischen Historiker Tony Judt bereitete dies Unbehagen. Man habe von Deutschland in längerer Perspektive den Eindruck, so bemerkte er im Jahr 2010, es sei einfach vom schlechten Gewissen, das es so lange mit sich getragen hatte, zur Gewissenlosigkeit fortgeschritten.[8] Aber wird dies dem Land, seinen Menschen und Politikern insgesamt gerecht? Vielleicht hat Rot-Grün gerade deshalb das Ansehen Deutschlands in der Welt gemehrt, weil man spürte, dass sich diese Generation mit der Schuldfrage auseinandersetzte und vor der eigenen, ganz anders gearteten Vergangenheit nicht auswich. Weltweite Umfragen bieten ein erstaunliches Bild: Im Ausland versteht man den deutschen Jammer wenig und hält ihn für eine typisch deutsche Wahrnehmungsstörung. Als die BBC eine Umfrage in 21 Ländern startete und fragte, ob der Einfluss des jeweiligen Landes in der Welt eher positiv oder eher negativ beurteilt werde, führte die Bundesrepublik Deutschland das Ranking an: 61 Prozent der befragten Menschen in aller Welt fanden Deutschlands Einfluss positiv.[9] Unbemerkt von den Deutschen ist ihr Land zu einem globalen Sehnsuchtsort geworden. Von außen her betrachtet scheint das Land als demokratisch, weltoffen, mit einer vorbildlichen Infrastruktur und Sozialpolitik ausgestattet sowie kulturell in seiner Geschichte und Gegenwart verankert.

Dazu ist viel in der rot-grünen Ära getan und entworfen, begonnen und angestoßen worden. Aber die Ernte wurde zum Teil nicht eingefahren, weil das Ende vorzeitig und abrupt kam. Deswegen wirken diese Jahre des Umbruchs auf einigen Gebieten so hektisch und unvollendet. Rot-Grün agierte wie ein Fadenspinner: Viele Fäden wurden gelegt, die irgendwohin gingen, aber nicht mehr zusammengebunden wurden. Am Ende fehlte der überragende innenpolitische Erfolg, genauer: Er wurde erst sichtbar, als Rot-Grün die Macht verloren hatte und die Große Koalition regierte. Und nicht zuletzt: das Agieren aus der Defensive. Die Faszination von Rot-Grün leitet sich auch daraus ab, dass es ein permanenter Überlebenskampf war. Dies verlieh der Zeit Dramatik und Dynamik. Gegenwartsnahe Zeitgeschichte ist eine an ihren Rändern offene Epoche, und erst die Zukunft wird erweisen, was von Rot-Grün an der Macht letzten Endes dauerhaft Bestand haben wird.

Bemerkungen zur Methode und zu den Quellen – Dank

Im Jahr 2009 sprachen mich der Cheflektor des Verlages C. H. Beck, Dr. Detlef Felken, und der Lektor für Geschichte, Dr. Sebastian Ullrich, der bereits zwei meiner Bücher betreut hatte, an. Sie fragten mich, ob ich mir vorstellen könnte, eine Geschichte der Regierung Schröder/Fischer und der rot-grünen Ära zu schreiben. So reizvoll mir die Idee schien, so bat ich doch um Bedenkzeit. Wenn ich mich an das Vorhaben machen würde, dann sollte es über die bis dahin vorliegenden Bücher zu Rot-Grün hinausgehen, sollte eine geschichtswissenschaftlichen Standards verpflichtete Untersuchung werden. Dies setzte voraus, dass ich mir über die Methode klar würde und vor allem dass unveröffentlichte Quellen zur Verfügung stünden, was für die gegenwartsnahe Zeitgeschichte meist nur in sehr begrenztem Umfang der Fall ist. Mehrere Monate lang war ich damit beschäftigt, nach Quellen zu recherchieren, nahm Kontakt zu verschiedenen seinerzeit handelnden Personen auf, fragte sie nach deren Handakten und privaten Unterlagen, bat um Einsichtgenehmigungen zahlreicher Parteiakten im Archiv der sozialen Demokratie und im Archiv Grünes Gedächtnis. Darüber hinaus eruierte ich, welche Materialien sonst noch zur Verfügung stehen könnten, durchforstete Datenbanken und erkundigte mich, ob geeignete Personen zu Gesprächen bereit wären. Als ich merkte, dass das verfügbare Quellenmaterial rasch anschwoll, mir vieles zugänglich gemacht wurde und ich so in der Lage sein würde, nicht nur eine empirisch solide, sondern auch in ihren Ergebnissen neue Untersuchung anzufertigen, sagte ich dem Verlag C. H. Beck zu.

Wenn Zeitgeschichtsschreibung auch die Aufgabe hat, «fortlaufende Orientierung» zu liefern und den Streit darüber zu generieren, wie es der Nestor der Disziplin in Deutschland, Hans Rothfels, bereits 1953 formuliert hat, dann muss sich die Forschung auch der jüngsten, der gegenwartsnahen Zeitgeschichte zuwenden. Sie kann dann als eine Problemgeschichte der Gegenwart konzipiert werden (Hockerts). Im Vergleich zu Wissenschaftskulturen anderer Länder besteht in Deutschland jedoch eine gewisse Scheu, sich jüngst vergangenen Zeiten zu widmen.

Unzweifelhaft ist, dass manches erst nach gebührendem Abstand deutlich erkennbar ist, wenn sich der Pulverdampf verzogen hat. Die immer wieder angeführte Behauptung jedoch, dass mit wachsendem zeitlichen Abstand auch die Klarheit des Urteils zunimmt, ist nicht zwingend richtig. Genauso gut ließe sich argumentieren, nur die Zeitzeugenschaft befähige zu jener Empathie, die nötig ist, das Bewusstsein und Handeln, die Lebenswelten und Sinnhorizonte der Zeitgenossen zu erfassen, zu verstehen und zu erklären. Auch wirft zeitliche Nähe ein härteres Licht auf die Ereignisse und Personen, als es in der Milde des Abstandes oft geschieht.

Wie sollte man sich vor dem Hintergrund solcher Überlegungen der gegenwartsnahen Zeitgeschichte methodisch nähern? Wie ließ sich, so fragte ich mich, eine erst kurz zurückliegende Periode analytisch in den Griff bekommen? Wenn man die Regierungszeit von Rot-Grün nicht als «Abenteuer» (Geyer u. a.) oder als Verrat an hehren linken Ideen im Sinne eines «Schwarzbuches» (Bischoff u. a.) beschreiben wollte, sondern eine objektivere, wissenschaftliche Variante wählte, musste man sich zuerst fragen, warum die Zeit so war, wie sie war. Man musste sie kontextualisieren und sich vor übergroßer Aktualisierung hüten. Warum traten offenkundige Ungleichzeitigkeiten und Widersprüche auf? Wo gab es Alternativen, welche wurden genutzt und welche nicht? So gefragt, entstand natürlich auch keine rot-grüne Heldengeschichte mit falscher Lagerromantik im Sinne eines lang gehegten und endlich eingetretenen «Projektes». Vielmehr sollte eine Varianz- und Kontextgeschichte eines Übergangs (Böick/Siebold) entstehen. Was ist damit gemeint? Die Arbeitshypothese lautete: Es handelt sich um eine spannungsreiche Geschichte des Übergangs vom 20. zum 21. Jahrhundert. Oder, breiter angelegt, um eine Ausgipfelung des kulminierenden Strukturbruchs, den die moderne Zeitgeschichte im letzten Drittel des 20. Jahrhunderts nach dem Boom ansetzt (Doering-Manteuffel/Raphael). Es sollte um die Topographie einer Scharnierzeit für die Bundesrepublik Deutschland gehen. Herausgearbeitet werden musste, so nahm ich mir vor, mit welchen traditionellen Vorstellungen die Akteure antraten und wie sich diese – notgedrungen, von innen und außen kommend – dramatisch veränderten, weil neue Probleme, Paradigmen und Konstellationen überhandnahmen. Sichtbar, so die Überlegung, würde diese Übergangszeit in ihrem ganzen dynamischen Ausmaß nur, wenn man erstens methodisch interdisziplinär an sie heranginge und sämtliche Bereiche: Politik, Wirtschaft, Gesellschaft und Sozialkultur behandelte; dies ist die «Varianzgeschichte». Und zweitens musste man – im Sinne einer Kontextgeschichte – die Betrachtung zeitlich nach hinten, in die Vergangenheit der alten Bundesrepublik, und nach vorne in die Problemlagen der Gegenwart erweitern sowie die räumlichen Bezüge – Verwandlung Europas, globale Anforderungen, transnationale Vergleiche – ausdehnen.

Die gegenwartsnahe Zeitgeschichte hat den Vorteil, auf die Erinnerungen der Handelnden und Zeitzeugen zurückgreifen zu können. So auch in dem vorliegenden Fall. Mehr als drei Dutzend Persönlichkeiten nahmen sich viel Zeit und standen zum Teil mehrmals für ausgiebige Gespräche zur Verfügung, wofür ich sehr dankbar bin. Namentlich Bundeskanzler a. D. Gerhard Schröder und Dr. Thomas Steg unterhielten sich viele Stunden mit mir. Nicht alle, die angefragt und gebeten wurden, konnten diesem Wunsch nachkommen, einige hatten wegen ihres überfüllten Terminkalenders keine Zeit, andere dachten, mit wenigen Minuten und kurzen Statements sei es getan, manche wiederum schienen vom Sinn dieser Geschichte oder vom Sinn der Geschichte überhaupt angesichts der Tagesaufgaben nicht überzeugt zu sein. Insgesamt zeigte sich indessen: Der Umgang mit den Erinnerungen von Zeitzeugen ist zwar riskant, doch erscheinen diese Erinnerungen eine viel zu wertvolle Quelle, um von Historikern ignoriert zu werden. Sie liefern vielgestaltige persönliche Eindrücke, die in anderen Quellengattungen nicht zu finden sind. Sie legen Zusammenhänge frei und führen auf Spuren, die in spröden Akten nicht mehr auftauchen.

Während die Zeitzeugengespräche somit viel zum Verstehen des zeitbedingt Atmosphärischen beitrugen und auf Spuren führten, bilden, wie es sich für die historische Wissenschaft gehört, unveröffentlichte Archivquellen das Rückgrat des Buches. Zugleich konnte mit ihnen all das bespiegelt werden, was die Zeitzeugen erinnerten. Zwar hat die gegenwartsnahe Zeitgeschichte das Problem, dass staatliche Akten einer 30-jährigen Sperrfrist unterliegen. Aber finden sich in diesen Akten tatsächlich noch die großen Geheimnisse wie etwa vor hundert Jahren? Oder bewirkten nicht vielmehr eine demokratische Öffentlichkeit sowie die neuen Medien im digitalen Zeitalter (Patel), dass vieles bereits vor dem Ablauf der Frist eruiert werden kann? Wie dem auch sei, eine enorme Fülle an Quellenmaterial, das im Anhang aufgeführt ist, stand zur Verfügung und bedurfte der Ordnung. Dabei handelt es sich um klassische schriftliche Quellen, vor allem aus den Parteiarchiven: Wortprotokolle sämtlicher Spitzengremien der Regierungsparteien und Bundestagsfraktionen. Eingelagert in die zugänglich gemachten Personenbestände das AdsD und AGG waren Briefe, Emails, Kommentare, Stellungnahmen und Ausarbeitungen von Gremien und wissenschaftlichen Diensten. Als besonders aufschlussreich erwiesen sich die Akten des «Büro Schröder». Da der Bundeskanzler zwischen 1999 und 2004 zugleich Vorsitzender seiner Partei war, ist vieles aus seinen persönlichen Unterlagen in diesen Bestand eingeflossen. Darüber hinaus sind von etlichen Akteuren, gerade aus dem Kanzleramt, private Materialien großen Umfangs zur Verfügung gestellt worden, die aus dem Maschinenraum der Macht berichten. Schließlich wird Politik in der Gegenwart auf dem öffentlichen Markt ausgetragen, in den Massenmedien wie Fernsehen, Zeitungen oder dem Internet, die ebenfalls herangezogen und in großem Stil ausgewertet wurden.

Die weltweite Verbreitung audiovisueller Medien, allen voran das Internet, hat dazu beigetragen, das ehedem staatliche Informationsmonopol der Politikgeschichte zu öffnen und zu demokratisieren. Das Problem der Zeitgeschichte ist nicht die Quellenarmut, sondern vielmehr die Quellenfülle. Ein Heidelberger Kollege aus der Alten Geschichte sagte einmal zu mir, das Quellenkonvolut jener Jahrtausende, mit denen er sich beschäftige, würde auf eine einzige CD passen; so viel produziere die Zeitgeschichte wohl in einer Stunde, fügte er mit Blick auf mein Vorhaben, von dem ich ihm erzählt hatte, ein wenig mitleidig hinzu. Das war etwas übertrieben, doch im Verlauf der vierjährigen Arbeit an dem Buch wuchsen die Bestände an Quellen tatsächlich fast wöchentlich an und füllen mittlerweile die bis unter die Decke reichenden Aktenschränke eines Mitarbeiterbüros.

Angesichts der wahren Quellenflut muss die gegenwartsnahe Zeitgeschichte Wichtiges von weniger Wichtigem trennen, um zu relevanten historischen Erkenntnissen zu gelangen. Ihre eigentliche historische Aufgabe besteht darin, hinter den persönlichen Erfahrungen und den alltäglichen Informationsschnipseln die größeren Zusammenhänge sichtbar zu machen. Historiker gehen stets von der Vielzahl vorhandener Quellen aus, sie untersuchen Phänomene im Wandel der Zeit und ordnen sie in ihren historischen Kontext ein. Sie fragen nach Entstehungs- und Wandlungsbedingungen, haben jedoch keinen Anspruch, Prognosen für die Zukunft zu formulieren, sondern nehmen Strukturen, Brüche, Kontinuitäten und Kontingenzen in den Blick. Sie sollen die Motive der Handelnden, die in die zeitgenössischen Denk- und Diskussionsstrukturen eingebettet sind, aufschlüsseln. Last but not least geht es darum, die Menschen im Horizont ihrer Zeit in ihren Selbstgewissheiten und Zweifeln, in ihren Triumphen und Niederlagen zu beschreiben.

In der zeitgeschichtlichen Forschung hat es immer wieder Fälle eines exklusiven Quellenzugangs vor dem Ablauf allgemeiner Sperrfristen gegeben. Bei einem solchen persönlichen Zugang zu ansonsten verschlossenen Quellenbeständen werden zwei hehre wissenschaftliche Unabdingbarkeiten verletzt: der Grundsatz der intersubjektiven Nachprüfbarkeit und das Gleichheitsprinzip. Um diesem berechtigten Einwand von vornherein zu begegnen, wird von mir ein anderer Weg gewählt: Sämtliche Quellen, die für dieses Buch zusammengetragen und benutzt wurden, können eingesehen werden; die betreffenden Deposita SPD-naher Personen wurden als Kopien in das AdsD überführt, diejenigen von Grünennahen Personen entsprechend in das AGG. Gleiches gilt für die mehr als 1500 Seiten umfassenden Transkriptionen der Interviews.

Ohne vielfältige Unterstützung wären die vierjährige Arbeit an dem Buch und vor allem sein Abschluss gar nicht möglich gewesen. Es ist mir Bedürfnis und Freude gleichermaßen, für die große Hilfe zu danken.

Sehr großer Dank gebührt den Mitarbeiterinnen und Mitarbeitern des Lehrstuhls für Zeitgeschichte, die sich in ihren Doktorarbeiten mit Themen der gegenwartsnahen Zeitgeschichte befassen und deren Ergebnisse in das Buch eingeflossen sind: Felix Nothdurft, Dr. Angela Siebold, Martin Stallmann, Stefan Westermann, Catrin Weykopf und Elena Zhludova. Sie haben sich in die gemeinsame Arbeit hineingekniet, als wäre es ihre ureigene; das ist angesichts des Zeitdrucks und der Lehrverpflichtungen auf befristeten Stellen alles andere als selbstverständlich. Herzlich gedankt sei den Wissenschaftlichen Hilfskräften, die nicht nur unermüdlich im Einsatz waren und Ordnung in das Material brachten, sondern sich immer auch intellektuell auf der Höhe zeigten. Große Verdienste haben sich erworben: Joana Isabel Duyster Borredà, Christoph Fuchs, Michael Graupner, Daniela Gress, Nicole Güther, Moritz Hoffmann, Till Karmann, Sophie Schuster, Thomas Seitz und Irene Wachtel. Alle Genannten haben geholfen, die Interviews vorzubereiten und einige waren bei den Gesprächen dabei. Auch die intensive und zeitaufwendige Recherche in den Archiven konnte nur durch gemeinsame Arbeit gelingen. Alle haben geholfen, Material zu fotografieren und zu kopieren, Dossiers zusammenzustellen, Korrektur zu lesen und Fußnoten anzugleichen. Über fast zwei Jahre hinweg haben wir in 14-tägigen gemeinsamen Treffen Themen, Thesen und Arbeitsschritte diskutiert. Es war eine ausgesprochen intensive, engagierte und lehrreiche Zeit. Ein besseres Team konnte ich mir gar nicht vorstellen, und deshalb zählt die Arbeit an diesem Buch zu den glücklichsten Erfahrungen meiner bisherigen Jahre in Heidelberg.

Meine Kollegen und Freunde Prof. Dr. Cord Arendes und Prof. Dr. Frank Engehausen haben dankenswerterweise das gesamte Manuskript gelesen und der Kritik unterzogen. Prof. Dr. Heinrich August Winkler gab Rat, wann immer ich ihn suchte; auch öffneten seine Empfehlungen manche Türen zu Interviews, die sonst wohl verschlossen geblieben wären. Dafür danke ich herzlich. Mein Heidelberger Kollege aus der benachbarten Politikwissenschaft, Prof. Dr. Manfred G. Schmidt, hat mich in einem Gespräch auf eine Idee gebracht, ohne dass er es vermutlich gleich merkte; doch bin ich ihm dafür dankbar. Wenn Zweifel aufkamen, ermutigten mich Gespräche mit Prof. Dr. Andreas Rödder und beim Bergwandern mit meinem alten Freund aus Freiburger Studientagen, Wolfgang Görg, der im journalistischen Metier tätig ist, zum Weitermachen.

Die Fritz Thyssen Stiftung förderte das Vorhaben großzügig mit Mitteln für Archiv- und Reiseaufwendungen. Damit erst sind die zahlreichen Interviews, vor allem in Berlin, aber auch in etlichen anderen Städten ermöglicht worden – vielen Dank. Vor allem aber weiß ich es sehr zu schätzen und möchte mich aufrichtig dafür bedanken, dass so viele der damals Handelnden für gründliche Gespräche zur Verfügung standen, sich erinnerten, sich meinen bohrenden Fragen stellten, aber auch nach persönlichen Unterlagen suchten und so Einblicke in das Geschäft der Politik gaben, die mir sonst verborgen geblieben wären. Das Rektorat der Universität Heidelberg gewährte mir im Sommersemester 2012 ein Forschungsfreisemester und im darauffolgenden Wintersemester 2012/13 eine Reduktion des Lehrdeputats, so dass in dieser Zeit große Teile des Manuskripts niedergeschrieben werden konnten. Im normalen Betrieb hätte das Buch nicht entstehen können. Dafür danke ich dem Rektor, Prof. Dr. Bernhard Eitel, und dem seinerzeitigen Dekan der Philosophischen Fakultät, Prof. Dr. Manfred Berg. Der Leiterin der Forschungsabteilung der Friedrich-Ebert-Stiftung, Dr. Anja Kruke und ihrem Vorgänger, Prof. Dr. Michael Schneider, den Archivaren und Mitarbeitern des Archivs der sozialen Demokratie, besonders Holger Feldmann und Mario Bungert, Dr. Beate Häupel vom Politischen Archiv der SPD sowie dem Leiter des Archivs Grünes Gedächtnis, Dr. Christoph Becker-Schaum, und seinen stets hilfsbereiten Mitarbeiterinnen und Mitarbeitern danke ich herzlich. Stefan Sarter aus dem Bundespresseamt hat mein Team und mich freundlicherweise und uneigennützig bei der Presserecherche unterstürzt. Allen Büroleiterinnen und Büroleitern, die über die Terminpläne jener Personen, die ich sprechen wollte, herrschen, und die ich dementsprechend «genervt» habe, danke ich für ihre Geduld und Gelassenheit. Ich danke den lebhaften Heidelberger Studierenden, die an Oberseminaren und Vorlesungen zum Thema teilnahmen und durch kritische Fragen manche Fährten gelegt haben.

Dem Verlag C.H.Beck, dessen Verleger Dr. Wolfgang Beck ich mich verbunden weiß, bin ich sehr dankbar. Dr. Sebastian Ullrich, der das Buch mit Rat und Tat betreut hat, sowie Carola Samlowsky bin ich für die außergewöhnlich gute und intensive Zusammenarbeit zu großem Dank verpflichtet. Ich empfinde es als großes Glück, mit meiner Frau Claudia Lepp, die ebenfalls in der Zeitgeschichte tätig ist, alles besprechen zu können. Gewidmet ist die Arbeit meinen Eltern, Hildegard und Heinz.

Heidelberg, Frühjahr 2013

Anmerkungen

Einführung

1 Bösch, Umbrüche in die Gegenwart.
2 Wirsching, Der Preis der Freiheit, S. 14.
3 Geyer/Kurbjuweit/Schnibben, Operation Rot-Grün.
4 Egle/Ostheim/Zohlnhöfer (Hg.), Das rot-grüne Projekt; Egle/Zohlnhöfer (Hg.), Ende des rot-grünen Projekts.
5 Graf/Priemel, Zeitgeschichte in der Welt der Sozialwissenschaften.

Erster Teil
Aufbruch ins 21. Jahrhundert

Panorama

1 Hartung, Übergangsregierung oder Regierung des Übergangs?, in: Merkur 7/1999, S. 611–624, hier S. 612.
2 «Rückkehr in die Wirklichkeit», Der Spiegel, 26. 10. 1998.

1. «Aber jetzt ist eine andere Zeit» – Der Machtwechsel 1998

1 Das Folgende basiert auf den Wahlkampfauswertungen im AdsD, Abteilung V, Kommunikation und Wahlen, und dem Strategiepapier «Betr.: W 98» (ohne Datum, 1996 oder 1997), in: AdsD, PV BGesch. F. Müntefering, 2/PV EL 000113.
2 Vgl. Brüggemeier, Geschichte Großbritanniens im 20. Jahrhundert, S. 341.
3 Strategiepapier «Betr.: W 98» (ohne Datum, 1996 oder 1997), in: AdsD, PV BGesch. F. Müntefering, 2/PV EL 000113, S. 1.
4 Jochen Buchsteiner, «Der Ruhigmacher», Die Zeit, 9. 9. 1999.
5 Strategiepapier «Betr.: W 98» (ohne Datum, 1996 oder 1997), in: AdsD, PV BGesch. F. Müntefering, 2/PV EL 000113, S. 2.
6 Bergmann, Der Bundestagswahlkampf 1998, S. 140.
7 Für Christoph Schwennicke von der Süddeutschen Zeitung, 13. 3. 2002, war er ein «Maschinist der Macht».
8 Analysen zur Bundestagswahl 1998 von polis. Gesellschaft für Politik- und Sozialforschung mbH für Referat von Horst Becker am 15. Januar 1999, in: AdsD, BTF 14. WP, Sitzungsprotokolle, 36 865, S. 3.
9 Strategiepapier «Betr.: W 98» (ohne Datum, 1996 oder 1997), in: AdsD, PV BGesch. F. Müntefering, 2/PV EL 000113, S. 7.
10 Analysen zur Bundestagswahl 1998 von polis. Gesellschaft für Politik- und Sozialforschung mbH für Referat von Horst Becker am 15. Januar 1999, in: AdsD, BTF 14. WP, Sitzungsprotokolle, 36 865.
11 «Die einzige Chance», Der Spiegel, 16. 2. 1998, hier: S. 31.
12 Herres/Walter, Der Weg nach oben, S. 192.

722 Anmerkungen

13 Zit. nach Cordt Schnibben, «Virtuos an der Luftgitarre», Der Spiegel, 3. 8. 1998, hier: S. 26.
14 Noelle-Neumann, Die Schweigespirale.
15 Siehe dazu Kapitel II.6; zu 1998: Schulz, Wahlkampf unter Vielkanalbedingungen, in: Media Perspektiven 8/1998, S. 378–391; allgemein Wagner, Deutsche Wahlkampagnen *made in* USA?; Bergmann, Der Bundestagswahlkampf 1998, S. 302 ff.
16 Siehe Faulenbach, Das sozialdemokratische Jahrzehnt, S. 53.
17 Hombach, Aufbruch; Meyer, From Godesberg to Neue Mitte, in: Kelly (Hg.), The New European Left, S. 20–34; Walter, Die SPD.
18 Interview von Rudolf Scharping, die tageszeitung, 24. 4. 1998.
19 Siehe Münkler, Mitte und Maß.
20 Dazu Congleton, The Median Voter Model, in: Rowley/Schneider (Hg.), The Encyclopedia of Public Choice, S. 707–712.
21 Regierungserklärung von Bundeskanzler Gerhard Schröder vom 10. 11. 1998, in: Verh. d. Dt. Bt., Plenarprotokoll 14/3, S. 47–67, hier: S. 62.
22 Hajo Schumacher, «Schwindeln für die Urne», Der Spiegel, 20. 7. 1998, hier: S. 26.
23 Roman Herzog, Aufbruch ins 21. Jahrhundert. Ansprache des Bundespräsidenten am 26. 4. 1997, abrufbar unter: http://www.bundespraesident.de/SharedDocs/Reden/DE/Roman-Herzog/Reden/1997/04/19970426_Rede.html (Stand: 14. 6. 2012).
24 Ulf Poschardt, «Space Partei Deutschlands», SZ, 1. 8. 1998.
25 Siehe die Daten in: Köcher/Noelle-Neumann (Hg.), Allensbacher Jahrbuch der Demoskopie 1998–2002.
26 Prantl, Sind wir noch zu retten?, S. 13.
27 Z. B. Negt, Warum SPD?
28 Gerhard Schröder, Und weil wir unser Land verbessern ….
29 Siehe die Berichte von: Cordt Schnibben, «Die Avantgarde der Nation», Der Spiegel, 24. 8. 1998; Jens Jessen, «Ideentreff im Staeck-Haus», Berliner Zeitung, 8. 8. 1998; Norbert Seitz, «Die Mühsal mit dem kritischen Geist», Focus, 17. 8. 1998; Harry Nutt, «Geist meets Macht» etc.; «Mehr Kultur wagen», die tageszeitung, 18. 7. 1998.
30 Analysen zur Bundestagswahl 1998 von polis. Gesellschaft für Politik- und Sozialforschung mbH für Referat von Horst Becker am 15. Januar 1999, in: AdsD, BTF 14. WP, Sitzungsprotokolle, 36 865.
31 De Gaulle, Discours et messages, Bd. 2., S. 236.
32 Zitat sinngemäß, aber mit genauer Fundstelle bei Faulenbach, Das sozialdemokratische Jahrzehnt, S. 727; wörtliches Zitat in «40 Prozent sollten es schon sein», Der Spiegel, 9. 3. 1998, S. 32.
33 Zit. nach: «Oskars zweiter Anlauf», Der Spiegel 20. 11. 1995, hier: S. 22. Siehe Heimann, Die SPD in den neunziger Jahren, in: Süß (Hg.), Deutschland in den neunziger Jahren, S. 82–104; Lösche, Die SPD nach Mannheim, in: APuZ B6/1996, S. 20–28.
34 Gespräch mit Renate Schmidt vom 7. 3. 2012.
35 «Oskars zweiter Anlauf», Der Spiegel 20. 11. 1995, hier: S. 25.
36 «Allons enfants de la Sozialdemokratie!», Frankfurter Rundschau, 21. 2. 1996.
37 Siehe etwa Führer/Noetzel, Die Landtags- und Kommunalwahlen in Hessen, in: Berg-Schlosser/Noetzel (Hg.), Parteien und Wahlen in Hessen 1946–1994; zu Hessen: Krumm, Politische Vergemeinschaftung durch symbolische Politik.
38 Vgl. Krumm, Politische Vergemeinschaftung durch symbolische Politik, S. 90 f.
39 Zit. nach Krumm, Politische Vergemeinschaftung durch symbolische Politik, S. 169; siehe auch Fischer, Regieren geht über Studieren.

40 Zit. nach ebda., S. 226.
41 Siehe u. a. Raschke, Die Zukunft der Grünen; Klein/Falter, Der lange Weg der Grünen.
42 Egle, Lernen unter Stress, in: Egle/Zohlnhöfer (Hg.), Das rot-grüne-Projekt, S. 93–116.
43 Siehe Mende, Nicht rechts, nicht links, sondern vorn.
44 Ditfurth, Das waren die Grünen.
45 Vierjahresprogramm zur Bundestagswahl 98. Neue Mehrheiten nur mit uns, in: AGG BuVo/BGST, B. I.10-BuVo/BGST [1346], S. 28; die Wahlkampfplanungen in: AGG, BuVo/BGeschst. B. I. BuVo/BGSt [19].
46 Interview mit Volker Rühe, Bild am Sonntag, 9. 8. 1998.
47 «Es geht um Deutschlands Schicksal», Die Welt, 20. 5. 1998; ähnlich: Interview von Guido Westerwelle, «Die Konservativen sind spießbürgerlich», Der Tagesspiegel, 26. 6. 1998; Otto Graf Lambsdorff in «Wer scheidet schon in Gloria aus?», Der Spiegel, 25. 5. 1998, CSU-Chef Theo Waigel in «Schröder ist keine Wundertüte, sondern eine leere Hose», Stern, 18. 6. 1998; Gregor Gysi von der PDS hielt Schröder hingegen für den «moderneren Kohl», siehe «Schröder ist ein modernerer Koch», Stern, 12. 3. 1998.
48 »Wundervolle Hilfe», Der Spiegel, 18. 5. 1998, hier: S 22.
49 Interview mit Joschka Fischer und Gerhard Schröder, «Deutschland in der Krise», Stern, 13. 2. 1997, hier: S. 55.
50 Eintrag «Gerhard Schröder» in: Munzinger – Internationales Biographisches Archiv, abrufbar unter: http://www.munzinger.de/document/00000015360 (Stand: 19. 6. 2012); Kempf, Gerhard Schröder, in: Kempf/Merz (Hg.), Kanzler und Minister 1998–2005, S. 301–341; Gespräche des Verfassers mit den im Anhang aufgeführten Zeitzeugen.
51 David Marsh, «Schröders Probleme», Die Zeit, 1. 10. 1998.
52 So Blumenthal, The Clinton Wars, S. 22.
53 Jürgen Leinemann, «Ein Kampf um jeden Schritt», Der Spiegel, 21. 9. 1998, hier: S. 45.
54 Jochen Buchstein, «Immer auf der Suche», Die Zeit, 16. 12. 1998.
55 So in der filmischen Hommage von Pepe Danquart, «Joschka und Herr Fischer», Quintefilm/Dschoint Ventschr Filmproduktion, 2011.
56 Gespräche des Verfassers mit den im Anhang aufgeführten Zeitzeugen; Schreiber, Meine Jahre mit Joschka.
57 Interview mit Joschka Fischer, «Ich war einer der letzten Rock'n'Roller der deutschen Politik», die tageszeitung, 23. 9. 2005.
58 Struck, So läuft das, S. 23. Anstelle von Einzelnachweisen sei auf die Gespräche des Verfassers mit den Beteiligten verwiesen.
59 Robert Leicht, «Hasenfüße am Werk», Die Zeit, 22. 10. 1998.
60 Günter Bannas, «Scharping will sich nicht in die Ecke stellen lassen», FAZ, 5. 10. 1998.
61 Gespräch mit Hans Monath (Der Tagesspiegel) vom 17. 3. 2011.
62 Schmoldt, Die SPD soll die Nerven behalten, in: Neue Gesellschaft/Frankfurter Hefte 10/2008, S. 25–27, hier S. 25.
63 Zit. nach: «Eine andere Zeit», Der Spiegel 29. 9. 1998, hier: S. 7.
64 Struck, So läuft das, S. 21.
65 Zit. nach: «Eine andere Zeit», Der Spiegel 29. 9. 1998, hier: S. 7.
66 Prantl, Rot-Grün, S. 9.
67 Ebd.
68 Faulenbach, Das sozialdemokratische Jahrzehnt, S. 78.

69 Am prominentesten immer wieder und bis heute Joschka Fischer, Gespräch vom 27. 2. 2012 und Die rot-grünen Jahre.
70 Egle/Ostheim/Zohlnhöfer, Einführung, in: Egle/Zohlnhöfer (Hg.), Das rot-grüne-Projekt, S. 9–25, hier: S. 10; Alemann, Der Wahlsieg der SPD von 1998, in: Niedermayer (Hg.), Die Parteien nach der Bundestagswahl 1998, S. 37–62.
71 Ehmke, Mittendrin, S. 104.
72 Struck, So läuft das, S. 24.
73 Regierungserklärung von Bundeskanzler Gerhard Schröder vom 10. 11. 1998, in: Verh. d. Dt. Bt., Plenarprotokoll 14/3, S. 47–67, hier: S. 62.
74 Zur Kritik an Blair: Judt, Das vergessene 20. Jahrhundert, S. 221–233.
75 Thomas Hanke, «Die Genossen spitzen den Rotstift», Die Zeit, 3. 9. 1998.
76 Ralf Dahrendorf, «Die neue Parteienlandschaft», Die Zeit, 25. 6. 1998.
77 Interview mit Gerhard Schröder, «Wir machen keine Experimente», Der Spiegel 29. 9. 1998, hier: S. 13.
78 Vgl. Merkel, Die Reformfähigkeit der Sozialdemokratie, S. 121.
79 Regierungserklärung von Bundeskanzler Gerhard Schröder vom 10. 11. 1998, in: Verh. d. Dt. Bt., Plenarprotokoll 14/3, S. 47–67, hier: S. 49.
80 Hartung, Übergangsregierung oder Regierung des Übergangs, in: Merkur 53 (1999), S. 611–624, hier S. 624.
81 Von Horand Knaup, Jürgen Leinemann, Hendrik Munsberg, Hartmut Palmer, Michael Schmidt-Klingenberg, Hajo Schumacher, Gerhard Spörl, «Chaos mit Kanzler», Der Spiegel, 1. 2. 1999, S. 26; Heribert Prantl, «Halbstarke Politik», SZ, 27. 1. 1999.
82 «CDU wirft Rot-Grün ‹unbeschreibliches Chaos› vor», Handelsblatt, 1. 2. 1999.
83 Zum Beispiel Peter Struck: Er möchte, dass künftig das Wort «Nachbesserung» nicht mehr zum Sprachgebrauch gehöre, siehe dazu Protokoll der Fraktionssitzung vom 26. 1. 1999, in: AdsD, BTF 14. WP, Sitzungsprotokolle, 38 521, S. 1.
84 Richard Kiessler, «Hecheln und Lächeln», Neue Ruhr Zeitung, 1. 2. 1999.
85 Siehe Kapitel I.3.
86 Peter Poppe, «Die sympathischen Dilettanten», Wirtschaftswoche, 4. 2. 1999.
87 Ebda.

2. Das Ende der Nachkriegszeit – Der Kosovo-Krieg

1 Tagesschau, ARD, 24. 3. 1999.
2 Winfried Didzoleit, Jürgen Hogrefe, Lutz Krusche, Jürgen Leinemann, Reinhard Mohr, Rainer Pörtner, «Ernstfall für Schröder», Der Spiegel, 29. 3. 1999.
3 Roger Cohan, «Half a Century after Hitler, German Jets join the Attack», New York Times, 26. 3. 1999.
4 Fischer, Die rot-grünen Jahre, S. 159.
5 Gespräch mit Gernot Erler vom 29. 9. 2011.
6 Jürgen Habermas, «Bestialität und Humanität», Die Zeit, 29. 4. 1999.
7 Vgl. Wirsching, Die Beziehung zu den USA, S. 361.
8 Vgl. Czempiel, Die amerikanische Weltordnung, in: APuZ B 48/2002, S. 3–6, hier: S. 4.
9 Entscheidungen des Bundesverfassungsgerichts, Bd. 90, 1994, S. 286–394.
10 Siehe Schröder, Das parlamentarische Zustimmungsverfahren zum Auslandseinsatz der Bundeswehr in der Praxis.

11 Joschka Fischer in der Bundestagsdebatte am 30. 6. 1995; in: Verh. des Dt. Bt., Sten. Ber., Plenarprotokoll 13/48, 30. 6. 1995, S. 3971.
12 UN-Bericht S/PRST/1998/25 (24. 8. 1998): Besorgnis über die Gewalt im Kosovo und Aufruf zu einem Waffenstillstand und Verhandlungen, abrufbar unter: http://www.un.org/depts/german/sr/sr_98/sp98–25.pdf (Stand: 13. 6. 2012).
13 Die Literatur zu den jugoslawischen Konflikten ist umfänglich, siehe: Albrecht u. a. (Hg.), Das Kosovo-Dilemma; Friedrich, Die deutsche Außenpolitik im Kosovo-Konflikt; Henke, Die humanitäre Intervention; Kreidl, Der Kosovo-Konflikt; Joetze, Der letzte Krieg in Europa?
14 Plenarprotokoll 13/248, 16. 10. 1998, S. 23135; zu den Abläufen: Friedrich, Die deutsche Außenpolitik im Kosovo-Konflikt, S. 52; Herkendell, Deutschland – Zivil- oder Friedensmacht?, S. 161–184; Scharping, Wir dürfen nicht wegsehen, S. 28; Fischer, Die rot-grünen Jahre, S. 102–108; Gunter Hofmann, «Wie Deutschland in den Krieg geriet», Die Zeit, 12. 5. 1999.
15 Chiari/Pahl (Hg.), Auslandseinsätze der Bundeswehr.
16 Interview mit Czempiel, «Seltsame Stille», Die Zeit, 31. 3. 1999.
17 Memorandum «Überprüfung der strategischen Konzeptionen der Nato», BASIC, Feb. 1999, in: AGG, Bundestagsfraktion – Parl. Geschäftsführung B. II4PGF (4081), S. 2.
18 Helmut Schmidt an Heinz Ruhnau, 16. 4. 1999, in: Depositum Steg.
19 Vgl. «Primakow: Kein Völkermord im Kosovo», FAZ, 1. 4. 1999.
20 Skript der Pressekonferenz, 30. 3. 1999, in: Depositum Steg.
21 Transkript der Fernsehansprache, 31. 3. 1999, in: Depositum Steg.
22 Fischer, Die rot-grünen Jahre, S. 127.
23 Ebda., S. 212.
24 Ebda., S. 227.
25 Rede Joschka Fischers auf der 2. Außerordentlichen Bundesdelegiertenkonferenz in Bielefeld, 13. 5. 1999; in: AGG, DVD-Mitschnitt, VK-201 und VK-202.
26 Michael Glos, Verh. d. Dtn. Bt., Sten. Ber., Plenarprotokoll 14/41, 8. 6. 1999, S. 3505.
27 Roth, Das Politische ist privat, S. 228 und 231.
28 Beer, Thesenpapier zum Nato-Gipfel, 22. 2. 1999, in: AGG, Bundestagsfraktion – Parl. Geschäftsführung, B. II. 4 PGF (4081).
29 Fischer, I am not convinced, S. 18.
30 Antje Vollmer, «Moralische Nötigung», Der Spiegel Geschichte 2/2009.
31 Gespräch mit Antje Vollmer vom 25. 1. 2011.
32 Gespräch mit Reinhard Bütikofer vom 19. 1. 2012.
33 DVD-Mitschnitt, AGG, VK-201.
34 Verh. des Dt. Bt., Sten. Ber., Plenarprotokoll 14/32, 15. 4. 1999, S. 2638.
35 DVD-Mitschnitt, AGG, VK-201.
36 Christoph Schwennicke, «Der Parteisoldat ist abkommandiert», SZ, 14. 10. 1998.
37 Gespräch mit Rudolf Scharping vom 2. 11. 2011.
38 Ebda.
39 Gespräch mit Gernot Erler vom 29. 9. 2011.
40 Am 4. März 1999 gab der Verteidigungsminister bekannt, dass er sämtliche Verbindungen zwischen der Ordensgemeinschaft der Ritterkreuzträger und der Bundeswehr kappen wolle, da diese den Rechtsradikalen nahestünden; außerdem ließ er alle Kasernennamen, die auf Wehrmachtssoldaten verwiesen, überprüfen.
41 Tilman Gerwien, Hans-Peter Schütz, «Täuschungs-Manöver», Stern, 19. 4. 2000.

42 Gespräch mit Gerhard Schröder vom 13. 1. 2011.
43 Fischer, Rot-grüne Jahre, S. 173.
44 Gespräch mit Werner Müller vom 21. 5. 2012.
45 Gerhard Schröder auf dem SPD-Parteitag in Bonn am 12. 4. 1999; in: AdsD, PV, G. Schröder, 2/PV EF 000378, S. 3.
46 Gerhard Schröder vor dem Parteivorstand am 29. 3. 1999, in: AdsD, Protokoll des Parteivorstandes, PV, O. Schreiner, 2/PV EM 000038, S. 2.
47 Günter Bannas, «Früher als andere sprach Scharping von einem Völkermord im Kosovo», FAZ, 10. 4. 1999.
48 Prot. der Präsidiumssitzung, 22. 3. 1999, in: AdsD, PV, O. Schreiner, 2/PV EM 000038.
49 Prot. des Parteivorstandes, 29. 3. 1999, in: AdsD, PV, O. Schreiner, 2/PV EM 000038.
50 Konrad Kunick in der Sondersitzung der SPD-Fraktion, 25. 3. 1999, in: AdsD, Sondersitzung der Fraktion/Fraktionsprotokoll 14/42.889.
51 Interview, «Ich bin kein Kriegskanzler», Der Spiegel, 12. 4. 1999.
52 Rede Gerhard Schröders auf dem Parteitag, 12. 4. 1999, in: AdsD, PV, Büro G. Schröder, 2/PV EF 000378.
53 Prot. des Parteivorstandes, 29. 3. 1999, in: AdsD, PV, O. Schreiner, 2/PV EM 000038.
54 Denkschrift Hermann Scheer, 6. 4. 1999, in: Depositum Steg.
55 Prot. des Parteivorstandes, 29. 3. 1999, in: AdsD, PV, O. Schreiner, 2/PV EM 000038.
56 Gespräch mit Gerhard Schröder vom 13. 1. 2011.
57 Protokoll des Parteitags der SPD, 12. 4. 1999, S. 110–113.
58 Zit. im Schreiben von Horstmann an Staatssekretär Heye, 8. 4. 1999, in: Depositum Steg.
59 Henke, Die humanitäre Intervention, S. 68.
60 Henke, Die humanitäre Intervention; Herdegen, Völkerrecht; Dieter Deiseroth, «Humanitäre Intervention» und Völkerrecht, in: Neue Juristische Wochenzeitschrift 52, Nr. 42 (1999), S. 3084–3088, hier S. 3086.
61 Vgl. The Responsibility To Protect. Report of the International Commission on Intervention and State Sovereignty, S. 32.
62 Prot. der Präsidiumssitzung, 11. 4. 1999, in: AdsD, PV, O. Schreiner, 2/PV EM 00038.
63 Rede auf dem SPD-Parteitag, 12. 4. 1999, in: AdsD, PV, Büro G. Schröder, 2/PV EF 000378.
64 Schröder vor dem SPD-Präs., 19. 4. 1999, in: AdsD, PV, BGeschF O. Schreiner, 2/PV EM 000038, S. 8.
65 Hirschler an Schröder, 10. 5. 1999, in: Depositum Steg.
66 Schröder an Hirschler, 27. 5. 1999, in: Depositum Steg.
67 Fischer, Die rot-grünen Jahre, S. 188–196.
68 Gespräch mit Rudolf Scharping vom 2. 11. 2011.
69 «Zur Werbelinie des Europawahlkampfes», o. D. (April/Mai 1999), in: AdsD, Bestand: PV 1. 2. 1999–7. 6. 1999.
70 Regierungserklärung vom 8. 6. 1999, Verh. des Dt. Bt., Sten. Ber., Plenarprotokoll 14/41, S. 3484.
71 Beschlussprotokoll, Sondersitzung der SPD-Bundestagsfraktion, 10. 6. 1999, in: AdsD, Sondersitzung der Fraktion/Fraktionsprotokoll, 14/38.523.
72 Gespräch mit Rudolf Scharping vom 2. 11. 2011.
73 «Wir kommen unserem Ziel näher», Interview mit dem deutschen Verteidigungsminister Rudolf Scharping, Der Spiegel 17/1999.

74 Prot. des Parteivorstandes, 29.3.1999, in: AdsD, PV, O. Schreiner, 2/PV EM 000038.
75 Prot. SPD-Fraktion, 25.3.1999, in: AdsD, BTF 14. WP, Sitzungsprotokolle, 42 889.
76 Kurt Kister, Christoph Schwennicke, «Metamorphosen des Ernstfalls», SZ, 1.4.1999.
77 Schröder, Entscheidungen, S. 111.
78 Interview mit Scharping 2.11.2011. Fischer spielt den Plan in seiner Bedeutung herunter; er habe für die Argumentation der Bundesregierung keine wesentliche Rolle gespielt. Ders., Die rot-grünen Jahre, S. 170.
79 Jo Anger/Mathias Werth, «Es begann mit einer Lüge», WDR, Erstausstrahlung 8.2.2001.
80 Gespräch mit Rudolf Scharping vom 2.11.2011.
81 Scharping, Wir dürfen nicht wegsehen, S. 125.
82 Struck, So läuft das, S. 51.
83 Jan Ross, «Die Deutschen und der Krieg», Die Zeit, 31.3.1999.
84 Siehe «Zusammenfassung der wichtigsten Ergebnisse einer polis Studie im Auftrag der SPD-Europakampa» im Zeitraum vom 13. bis 15. April 1999, in: AdsD, PV 1.2.1999–7.6.1999, S. 4.
85 Steinweis, Die Auschwitz-Analogie.
86 Volmer, Der Krieg in Jugoslawien; in: AGG, B. II4 (75.1).
87 Gespräch mit Hans Monath vom 17.3.2011.
88 Nina Grunenberg, «Alles fest im Griff», Die Zeit, 13.7.2000.
89 Die Welt, 1.3.2000, berichtete vom bösen Kanzlerwort: Den einen, Lafontaine, habe er geschafft, den anderen, Scharping, schaffe er auch noch.
90 Interview, «Ich bin kein Kriegskanzler», Der Spiegel, 12.4.1999.
91 Heribert Prantl, «Frieden schaffen – mit aller Gewalt?», abrufbar unter: http://www.muenster.org/frieden/prantl.htm, (Stand: 13.6.2012).
92 Gespräch mit Gernot Erler vom 29.9.2011.

3. «Der gefährlichste Mann Europas»? – Lafontaines Scheitern als Weltökonom

1 «Wie Lafontaine die SPD retten will», Die Welt, 8.10.1999.
2 Kavanagh, The Blair Premiership, in: Seldon (Hg.), Blair's Britain 1997–2007, S. 8.
3 Rede des Bundesfinanzministers Oskar Lafontaine vor der Personalversammlung im Bundesministerium der Finanzen, 28.10.1998, in: AdsD, Parteivorstand, 2/PV, Büro Lafontaine, DE 000079.
4 Michael Wech, «Duelle: Schröder gegen Lafontaine», Dokumentation des WDR, Erstausstrahlung am 7.2.2011 in der ARD, abrufbar unter: http://www.youtube.com/watch?v=_H-95iHtH6A, (Stand: 26.4.2012), Zitat dort ab der Minutenanzeige 20:33.
5 Oskar Lafontaine, «Die Zeit ist abgelaufen», Die Zeit, 26.2.1998.
6 Ebda.
7 Vgl. Zohlnhöfer, Die Wirtschaftspolitik der Ära Kohl, S. 265.
8 Rede des Parteivorsitzenden Oskar Lafontaine auf dem Außerordentlichen Bundesparteitag der SPD in Bonn, 25.10.1998, in: AdsD, Parteivorstand, PV, Büro Lafontaine, 2/PV DE 000079.
9 Cornelia Wolber, «Eichel entlässt Lafontaine-Vertraute», Die Welt, 14.4.1999.
10 Rede des Bundesfinanzministers Oskar Lafontaine vor der Personalversammlung, 28.10.1998, in: AdsD, PV Büro Lafontaine, 2/PV DE 000079.

11 Zohlnhöfer, Rot-grüne Finanzpolitik, in: Egle/Zohlnhöfer (Hg.), Das rot-grüne Projekt, S. 193–214.
12 «Briten laufen Sturm gegen Lafontaine», Handelsblatt, 25. 11. 1998.
13 Zohlnhöfer, Rot-grüne Finanzpolitik, in: Egle/Zohlnhöfer (Hg.), Das rot-grüne Projekt, S. 193–214, hier: S. 197.
14 Joachim Starbatty, «Lafontaine will die Bundesbank disziplinieren», Focus, 9. 11. 1998.
15 «Die Verfassung noch einmal studieren», Interview mit Bundesbank-Vizepräsident Jürgen Stark, SZ, 31. 10. 1998.
16 Protokoll der Sitzung des SPD-Parteivorstandes, 2. 11. 1998, AdsD, PV 1998.
17 «Bundesbank lehnt Lafontaines Forderung ab», 26. 10. 1998.: in: manager magazin online, abrufbar unter: http://www.manager-magazin.de/finanzen/artikel/0,2828,396,00.html, (Stand: 23. 5. 2012).
18 «Duisenberg weist Angriff zurück», Handelsblatt, 4. 11. 1998.
19 Lafontaine, Das Herz schlägt links, S. 199.
20 Engelen, «Rude advice for the new ‹Blitzkrieg-Generals›», The International Economy 13 (1998), S. 54.
21 «Lafontaines Überzeugungstour gegen die herrschende Lehre», dpa-Meldung, 4. 12. 1998.
22 Christian Reiermann, Ulrich Schäfer, «Ein Ort der Ratlosigkeit», Der Spiegel, 1. 2. 1999.
23 Johannes Kuhn, «Zocker, Zirkus, Dreistigkeit», SpiegelOnline, 10. 3. 2007, abrufbar unter: http://www.spiegel.de/wirtschaft/0,1518,470879,00.html, (Stand: 26. 4. 2012); Elke Hartmann, «Die Cyber-Glücksritter», Focus, 17. 7. 2000. S. 122–125.
24 Siehe Markus Pohlmann, Die Entwicklung des Kapitalismus in Ostasien, in: Leviathan 32/2004, S. 360–381.
25 Klausursitzung des Fraktionsvorstandes, Fraktion, 14./15. 1. 1999, in: AdsD, PV, Büro G. Schröder, 2/PV EF 00015.
26 Oskar Lafontaine, Fraktionsprotokoll, 19. 1. 1999, in: AdsD, BTF 14. WP, Sitzungsprotokolle, 38 521, S. 3.
27 Oskar Lafontaine, Fraktionsprotokoll, 26. 1. 1999, in: AdsD, BTF 14. WP, Sitzungsprotokolle, 38 521, S. 6.
28 Oskar Lafontaine, Protokoll der Parteivorstandssitzung, 1. 2. 1999, in: AdsD, PV, Büro Lafontaine, 2/PV DE 000012, S. 3.
29 Ebda.
30 Struck, So läuft das, S. 32.
31 Dies wird ausführlicher in Abschnitt I. 5. behandelt.
32 Oskar Lafontaine, Protokoll der SPD-Präsidiumssitzung, 9. 2. 1999, in: AdsD, PV, BGeschF O. Schreiner 2/PV EM 000038, S. 8.
33 Oskar Lafontaine, Protokoll des SPD-Präsidium, 22. 2. 1999, in: AdsD, PV, Büro Lafontaine, 2/PV DE 000041, S. 3.
34 Bodo Hombach, Schreiben an Bundeskanzler Schröder, 23. 2. 1999, in: AdsD, BTF 14. WP, Sitzungsprotokolle, 36 865.
35 Gespräch mit Joschka Fischer vom 27. 2. 2012.
36 Siehe Langguth, Machtmenschen, S. 230; zudem: Horand Knaup, Jürgen Leinemann, Hartmut Palmer, Ulrich Schäfer, Hajo Schumacher, «Der lange Weg zum kurzen Abschied», Der Spiegel, 4. 10. 1999, S. 116–130, hier: S. 129. Ausschnitte der Pressekonferenz in Michael Wech, «Duelle: Schröder gegen Lafontaine», Doku-

mentation des WDR, Erstausstrahlung am 7.2.2011 in der ARD, abrufbar unter: http://www.youtube.com/watch?v=_H-95iHtH6A (Stand: 26.4.2012), Pressekonferenz ab Minutenangabe 32:21.
37 So Manfred Bissinger nach Langguth, Machtmenschen, S. 230.
38 Lafontaine, Das Herz schlägt links, S. 226.
39 Ebda., S. 226 f.
40 «SPD intim. Ein Insider deckt auf: Schröder/Lafontaine: Der lange Krieg bis zum Rücktritt», Bild am Sonntag, 5.12.1999.
41 Gespräch mit Werner Müller vom 21.5.2012.
42 «Schröder droht mit Rücktritt!», Bild, 12.3.1999; siehe auch: Lafontaine, Das Herz schlägt links, S. 222 f.
43 Gespräch mit Heidemarie Wieczorek-Zeul vom 28.2.2012.
44 Gespräch mit Joschka Fischer vom 27.2.2012; auch: Langguth, Machtmenschen, S. 239.
45 Fischer, Die rot-grünen Jahre, S. 148.
46 Gespräch mit Gernot Erler vom 29.9.2011.
47 Siehe Langguth, Machtmenschen, S. 237.
48 Lafontaine, Das Herz schlägt links, S. 223.
49 Gespräch mit Joschka Fischer vom 27.2.2012.
50 Zit. nach Langguth, Machtmenschen, S. 229.
51 Die Szene bei: Schröder, Entscheidungen, S. 118, und Fischer, Die rot-grünen Jahre, S. 150.
52 Christiane Schlötzer, Christoph Schwennicke, «Das Aufatmen über den einsamen Abschied von Oskar Lafontaine», SZ, 13.3.1999.
53 Gespräch mit Peter Struck vom 8.7.2010, der dieses Verhalten mit Blick auf das 630-Mark-Gesetz, das von Arbeitsminister Walter Riester vorbereitet wurde, schilderte.
54 Müntefering/Bruns, Macht Politik, S. 168.
55 Struck, So läuft das, S. 32.
56 Gerhard Schröder, Protokoll der Sondersitzung des SPD-Präsidiums, 12.3.1999, in: AdsD, PV, BGeschF, O. Schreiner, 2/PV EM 000038, S. 2.
57 Gerhard Schröder, Protokoll der Sondersitzung des SPD-Präsidiums, 12.3.1999, in: AdsD, PV, BGeschF, O. Schreiner, 2/PV EM 000038, S. 2.
58 Ebda.
59 Ebda.
60 Protokoll der Sondersitzung des SPD-Präsidiums, 12.3.1999, in: AdsD, PV, BGeschF, O. Schreiner, 2/PV EM 000038.
61 Reinhart Klimmt, Protokoll der Sondersitzung des SPD-Präsidiums, 12.3.1999, in: AdsD, PV, BGeschF, O. Schreiner, 2/PV EM 000038, S. 6.
62 Franz Müntefering, Protokoll der Sondersitzung des SPD-Präsidiums, 12.3.1999, in: AdsD, PV, BGeschF, O. Schreiner, 2/PV EM 000038, S. 5.
63 Gespräch mit Peter Struck vom 8.7.2012.
64 So Rudolf Bindig, Protokoll der Sondersitzung der SPD-Bundestagsfraktion, 12.3.1999, in: AdsD, BTF 14. WP Sitzungsprotokolle 38 521, S. 5.
65 Gespräch mit Edelgard Bulmahn vom 19.1.2011.
66 Gespräch mit Gernot Erler vom 29.9.2012.
67 Ernst Dieter Rossmann, Protokoll der Sondersitzung der SPD-Bundestagsfraktion, 12.3.1999, in: AdsD, BTF 14. WP, Sitzungsprotokolle 38 521, S. 7.

68 Peter Struck, «Stichworte für den politischen Bericht», 16.3.1999, in: AdsD, BTF 14. WP, Sitzungsprotokolle, 40439.
69 Gespräch mit Rudolf Scharping vom 6.11.2011: Er berichtet davon, dass sich die Führungsriege der SPD nach Lafontaines Rücktritt in der Landesvertretung von Nordrhein-Westfalen in Bonn traf, dort erzählte Clement diese Geschichte.
70 Dorothea Siems, «Nach Oskar Lafontaines Pannenserie im Amt hoffen Industrie, Mittelstand und Handwerk auf einen Neustart. Die Wirtschaft atmet auf», Die Welt, 13.3.1999.
71 »Kursfeuerwerk nach dem Rücktritt Lafontaines», FAZ, 13.3.1999.
72 «Lafontaine Aus!», Bild, 12.3.1999.
73 Andreas Borchers, Tilman Gerwien, Bettina Schneuer, Hans Peter Schütz, Lorenz Wolf-Doettingheim, «Starker Mann, was nun?», Stern, 18.3.1999, S.23; Umfrage «Lafontaines Rücktritt. Beifall von allen Seiten», Stern, 18.3.1999, S.23.
74 Frank Gotta, «Regierungskrise in Bonn. Lafontaine machte Spekulanten reich», Die Welt, 13.3.1999.
75 Thomas Kielinger, «Blair fühlt sich als Gewinner des Rücktritts», Die Welt, 13.3.1999.
76 «Is this the most dangerous man in Europe?», The Sun, 25.11.1998.
77 «Oskar Lafontaine. Socialiste fin de siècle monde», Le Monde, 13.3.1999.
78 Roland Bunzenthal, Michael Flämig, «Lafontaines Wende vor dem Ende – Experten streiten über Erbe des Finanzministers», Frankfurter Rundschau, 13.3.1999.
79 Zitate nach: Stefan Klein, «Verlust einer ‹nützlichen Hassfigur›», SZ, 13.3.1999, und Werner A. Perger, «Der letzte Sozialist», Die Zeit, 18.3.1999.
80 So spekuliert Langguth, Machtmenschen, S.237.
81 Darauf rekurrierten viele Gesprächspartner.
82 Zit. nach: Geyer u.a. (Hg.), Operation Rot-Grün, S.72.
83 Ebda., S.78.
84 Gespräch mit Hans Eichel vom 21.10.2010.
85 Thomas Hanke, «Die erste Lektion», Die Zeit, 19.11.1999.
86 So Spekulationen bei Langguth, Machtmenschen, S.237f.
87 Thomas Hanke, «Der Hase, der auch ein Igel war», Die Zeit, 18.3.1999.
88 «Lafontaine beklagt das ‹schlechte Mannschaftsspiel› in der Regierung», FAZ, 15.3.1999; der Wortlaut auch bei Lafontaine, Das Herz schlägt links, S.230ff.
89 Gespräch mit Michael Sommer vom 23.11.2011.
90 Marc Brost, Mariam Lau, «Nur wir sind nicht korrumpiert», Die Zeit, 2.12.2012.

4. Der «Dritte Weg» – Globale Strategie für ein neues Regieren?

1 Dies beschreibt Blair in seinen Memoiren, vgl. Blair, A Journey, S.231f. Vgl. auch Blumenthal, The Clinton Wars, S.306.
2 Siehe Heideking, Geschichte der USA, S.367f.
3 Vgl. Geppert, Thatchers konservative Revolution.
4 Merkel, Die Reformfähigkeit der Sozialdemokratie, S.121.
5 Gunter Hofmann, «Tony Blair, die SPD und die Moderne», Die Zeit, 9.5.1997.
6 Vgl. Doering-Manteuffel/Raphael, Nach dem Boom, S.76.
7 Giddens, Jenseits von Links und Rechts (engl. Original «Beyond Left and Right», 1994).
8 Anthony Giddens, Der Dritte Weg; siehe auch die Nachzeichnung der weltweiten Debatte, Ders. (Hg.), The Global Third Way Debate.

9   Giddens, Der Dritte Weg, S. 81 ff.
10 Ebda., S. 151 ff.
11 Meyer, Wie die Sozialdemokratie sich erneuert, in: NG/FH Heft 5/1999, S. 453–459, hier: S. 453.
12 Hier flossen die Theorien des Kommunitarismus und des New Citizenship in die Debatte ein. Vgl. Reese-Schäfer, Kommunitarismus; Rieger, Kommunitarismus, in: Nohlen/Schultze (Hg.), Lexikon der Politikwissenschaft; Vorländer, Dritter Weg und Kommunitarismus, in: APuZ 16/17, 2001, S. 16–23; Haus, Kommunitarismus. Einführung und Analyse.
13 Meyer, Wie die Sozialdemokratie sich erneuert, S. 457.
14 Beck, Risikogesellschaft, S. 227; Geißler, Sozialstruktur Deutschlands, S. 197–203; Hradil, Sozialstrukturentwicklung in den neunziger Jahren, in: Süß (Hg.), Deutschland in den neunziger Jahren, S. 227–250, hier: S. 235 f.
15 Mosdorf, Globalisierung der Wirtschaft – Spaltung der Gesellschaft? Ein dritter Weg in das dritte Jahrtausend (Thesenpapier), Jahrestagung der Otto-Brenner-Stiftung, 04./5. 11. 1999 in: Depositum Steg.
16 Siehe die Bestandsaufnahme: Hertfelder/Rödder (Hg.), Modell Deutschland? Erfolgsgeschichte oder Illusion?
17 Beck/Bonß (Hg.), Die Modernisierung der Moderne.
18 Heinze, Die blockierte Gesellschaft; Weidenfeld (Hg.), Demokratie am Wendepunkt; Miegel, Die deformierte Gesellschaft.
19 Roman Herzog, Berliner Rede 1997, Hotel Adlon Berlin, 26. 4. 1997, abrufbar unter: http://www.bundespraesident.de/SharedDocs/Reden/DE/Roman-Herzog/Reden/1997/04/19970426_Rede.html, (Stand: 10. 7. 2012).
20 Hombach, Aufbruch.
21 Zit. nach: Stefan Willeke, «Bodos Tierleben», Die Zeit, 2. 9. 2010.
22 Gespräch mit Fritz Kuhn vom 1. 10. 2010.
23 Siehe die Gespräche mit den Akteuren, auch Hombach selbst; daneben: Hans Leyendecker, «Stille Lust auf riskante Operationen», SZ, 4. 10. 1998; Kerstin Willers, «Ein Mann mit Kanzlermassen», die tageszeitung, 6. 10. 1998.
24 Gespräch mit Bodo Hombach vom 11. 2. 2012.
25 Siehe Langguth, Kohl, Schröder, Merkel, S. 256.
26 Vgl. die Papiere, die sich im Bestand SPD-Parteivorstand, Abteilung Internationale Politik, befinden, beispielhaft: Protokoll der Sitzung der Koordinierungsgruppe für die internationale Arbeit der SPD, 22. 3. 1999, in: AdsD, PV, Büro G. Schröder, 2/PV EF 000097.
27 Bodo Hombach, Rede vor der London School of Economics and Political Science, 28. 4. 1999, in: AdsD, PV BGeschF O. Schreiner, 2/PVEM0034.
28 Ebda.
29 Ebda.
30 Titelblatt des Time Magazine, 5. 10. 1998.
31 Vgl. Jordan Bonfante, James L. Graff, «Out with the Old», Time Magazine, 5. 10. 1998; Ian Traynor, «Charming maverick and loner fulfils lifelong ambition to be top dog», The Guardian, 28. 9. 1998, auch aus französischer Sicht war dies so, Daniel Bensaïd, «Viel alter Wein und viele neue Schläuche», Le Monde Diplomatique, deutsche Ausgabe, 11. 12. 1998.
32 Ankündigungsplakat zur Veranstaltung «The Third Way – Progressive Governance for the 21st Century» in Washington, 25. 4. 1999, in: Depositum Steg.

33 Fax des Kanzleramts an Thomas Steg, stellvertretender Leiter des Kanzlerbüros, 23. 4. 1999 (Unterlage für den Termin am 25. 4. 1999), in: Depositum Steg.
34 Clinton, Mein Leben, S. 1143.
35 Gespräch mit Bodo Hombach vom 11. 2. 2012.
36 Vermerk für die Sitzung der Koordinierungsgruppe für die internationale Arbeit der SPD, 14. 6. 1999, in: AdsD, PV, Büro G. Schröder, 2/PV EF 000097.
37 So einige Gesprächspartner, etwa Frank-Walter Steinmeier.
38 Siehe Schreiben von Klaus Gretschmann, Bundeskanzleramt, an Roger Liddle von der Policy Unit in Downing Street, 4. 6. 1999, in: Depositum Steg.
39 Handschriftliche Notizen zur «Solidarität der Dritten Mitte», Übersetzungen diverser Entwürfe des Papiers, Verbesserungen der Änderungen aus London und Bonn, in: Depositum Steg.
40 Übersetzung eines Schreibens zum Rahmenprogramm «Wir nennen es den Dritten Weg, ihr nennt es Neue Mitte», London, Mai 1999, in: Depositum Steg.
41 Schreiben von Reinhard Hesse an Thomas Steg, 2. 6. 1999, in: Depositum Steg.
42 Ebda.
43 Fax des SPD-Bundesgeschäftsführers Ottmar Schreiner ans Kanzleramt, 4. 6. 1999, in: Depositum Steg.
44 Terminplan Bundeskanzler Gerhard Schröder 8. 6. 1999, in: AdsD, PV, Büro G. Schröder, 2/PV EF 000329.
45 Gespräch mit Thomas Steg vom 5. 3. 2010.
46 Mitschrift der Rede von Gerhard Schröder, 8. 6. 1999, in: AdsD, PV, Büro G. Schröder, 2/PV EF 00329.
47 Gerhard Schröder/Tony Blair, «Der Weg nach vorne für Europas Sozialdemokraten», 8. 6. 1999. In Großbritannien: «Europe: The Third Way. Die Neue Mitte. Tony Blair and Gerhard Schröder.»
48 SPD-Parteivorstand, Abt. Internationale Politik, Vermerk, 14. 6. 1999, in: AdsD PV, Büro G. Schröder, 2/PV EF 000097.
49 Pierre de Gasquet, Les Echos, 9. 6. 1999.
50 Pascal Riché, Libération, 9. 6. 1999.
51 Peter Riddell, The Times, 8. 6. 1999.
52 Leitkommentar Financial Times Europe, 9. 6. 1999.
53 Anne McElvoy, The Independent, 9. 6. 1999.
54 Horand Knaup, Elisabeth Niejahr, Christian Reiermann, Ulrich Schäfer, Hajo Schumacher, «Der Chef macht Druck», Der Spiegel, 14. 6. 1999.
55 Georg Paul Hefty, «Ohne Jospin», FAZ, 10. 6. 1999.
56 Kurt Kister, «Ein Papier, aber kein Konzept», SZ, 10. 6. 1999.
57 Zur Kritik an Giddens siehe: Judt, Das vergessene Jahrhundert, S. 221ff; Gunter Hofmann, «Tony Blair, die SPD und die Moderne», Die Zeit, 9. 5. 1997.
58 Prantl, Rot-Grün, S. 69.
59 Presseservice der SPD, «Schreiner: Schröder/Blair-Papier gibt einen wichtigen Anstoß», 9. 6. 1999, in: AdsD, PV Büro G. Schröder 2/PV EF 000329.
60 Die Woche, 15. 12. 2000.
61 So Rezzo Schlauch im Gespräch vom 11. 11. 2010.
62 Er schickte dies am 28. 7. 1999 an die Mitglieder des SPD-Parteivorstandes und veröffentlichte es zugleich in der Saarbrücker Zeitung und im Stern, in: Depositum Steg.
63 Erhard Eppler, «Wird diese Partei sich aufgeben?», Deutsches Sonntagsblatt, 23. 7. 1999.

64 Rudolf Dreßler, «Eine linke Rechtskurve, kann es die geben?», Frankfurter Rundschau, 25. 6. 1999.
65 Klimmt, «Innovation und Gerechtigkeit», 28. 7. 1999, in: Depositum Steg.
66 «Aufbruch nach Berlin» – Papier der «Youngsters» der SPD, 12. 6. 1999, in: AdsD, Fraktion, 14. WP 865.
67 Interview mit Jürgen Falter, «Absage an alte SPD-Positionen», Magdeburger Volksstimme, 16. 6. 1999.
68 Bodo Zeuner, «Der Bruch der Sozialdemokratie mit der Arbeiterbewegung», Frankfurter Rundschau, 17. 6. 1999.
69 Interview mit Anthony Giddens, «Schröder muss es noch lernen», Rheinischer Merkur, 6. 8. 1999.
70 Interview mit Peter Mandelson, «Die SPD darf jetzt nicht die Nerven verlieren», FAZ, 9. 9. 1999.
71 Protokoll der Sitzung des SPD-Präsidiums, 14. 6. 1999, in: AdsD, PV, Büro G. Schröder, 2/PV EF 000010.
72 Ebda.
73 Ebda.
74 Ebda.
75 Ebda.
76 Protokoll der Fraktionssitzung, 15. 6. 1999, in: AdsD, BTF 14. WP, Sitzungsprotokoll, 38 523.
77 Richard Meng und Peter Ziller, «Warten auf den Beifall der neuen Mitte», Frankfurter Rundschau, 15. 6. 1999.
78 Gespräch mit Frank-Walter Steinmeier vom 5. 3. 2010.
79 Vgl. Blumenthal, Clinton Wars, S. 653 f.
80 Gespräch mit Gerhard Schröder vom 13. 1. 2011.
81 Scharpf, Die «Politikverflechtungsfalle», in: Politische Vierteljahresschrift 4 (1985), S. 323–356.
82 Steinmeier, Konsens und Führung, in: Müntefering/Machnig (Hg.), Sicherheit im Wandel, S. 263–272.
83 Ebda. S. 268.
84 Heinze, Die Berliner Räterepublik.
85 Hans-Jürgen Papier, «Reform an Haupt und Gliedern», FAZ, 31. 1. 2003.
86 Gespräch mit Gernot Erler vom 1. 11. 2011.
87 Vgl. Siefken, Expertenkommissionen im politischen Prozess.
88 Lothar Bewerunge, «Das Wuchern der Beratungsgremien», FAZ, 16. 2. 1978.
89 Murswieck, Des Kanzlers Macht: Zum Regierungsstil Gerhard Schröders, in: Egle/Zohlnhöfer, Das rot-grüne Projekt, S. 131; siehe auch Walter, Charismatiker und Effizienzen; Helms, Gerhard Schröder und die Entwicklung der deutschen Kanzlerschaft, in: ZfP 11 (2001), S. 1497–1517.
90 Korte, Der Pragmatiker des Augenblicks, in: Egle/Zohlnhöfer, Ende des rot-grünen Projektes.
91 Ebda., S. 169.
92 Langguth, Machtmenschen, S. 262.
93 Günter Bannas, «Der Kanzler sagt ‹Basta› und alle gehorchen», FAZ, 11. 11. 2000.
94 Interview mit Edmund und Karin Stoiber, «Die Stoibers und ihr Ziel …», Bunte, 16. 8. 2001.
95 Dazu Meng, Der Medienkanzler, S. 70 ff.

5. Das «Projekt», die Gesellschaft zu erneuern – Zeit der Reformen

1 Zur 100-Tage-Bilanz: «100 Tage Regierung Schröder: Rot-Grün übt Selbstkritik», Berliner Morgenpost, 31.1.1999; «CDU wirft Rot-Grün ‹unbeschreibliches Chaos› vor», Handelsblatt, 1.2.1999; «Hecheln und Lächeln», Neue Ruhr Zeitung, 1.2.1999; «Rot-grüne Koalition will aus ihren Fehlern lernen», Kölner Stadt-Anzeiger, 3.2.1999; «Die sympathischen Dilettanten», Wirtschaftswoche, 4.2.1999.
2 Reinhard Klimmt, Protokoll der Sitzung des SPD-Präsidiums, 22.2.1999, in: AdsD, PV Büro Lafontaine, 2 PV DE 000041, S. 7.
3 Ebda.
4 Kurt Beck, Protokoll der Sitzung des SPD-Präsidiums, 28.6.1999, in: AdsD, BTF 14. WP, Sitzungsprotokolle, 38 523, S. 3.
5 Protokoll der Sitzung des SPD-Parteirats, 5.7.1999, in: AdsD, PV, Büro G. Schröder, 2/PV EF 000097.
6 Hockerts, Der deutsche Sozialstaat, S. 316.
7 Marga Eslner, Protokoll der Sitzung der SPD-Bundestagsfraktion, 3.5.1999, in: AdsD, BTF 14. WP, Sitzungsprotokolle, 38522, S. 10.
8 Ulrich Maurer, Protokoll der Sitzung des SPD-Präsidiums, 26.4.1999, in: AdsD, PV BGeschF, O. Schreiner, 2/PV EM 000038, S. 9.
9 Dorothea Siems, «Riester als Flickschuster», Die Welt, 25.2.1999.
10 Schmidt, Die Sozialpolitik der zweiten rot-grünen Koalition, in: Egle/Zohlnhöfer (Hg.), Ende des rot-grünen Projekts, S. 295–312, hier S. 245. Siehe auch: Ders., Der deutsche Sozialstaat.
11 «Gewinn mit 630-Mark-Jobs?», Der Spiegel, 27.9.1999.
12 Walter Riester, Protokoll der Sitzung der SPD-Fraktion, 17.11.1998, in: AdsD, BTF 14. WP, 38 520, v. a. S. 8–10; außerdem: Protokoll der Sitzung des SPD-Präsidiums, 1.3.1999, in: AdsD, PV Büro Lafontaine, 2/PV DE 000041.
13 Gespräch mit Rezzo Schlauch vom 11.11.2010.
14 Gespräch mit Hans Monath vom 17.3.2011.
15 Hans Eichel, Protokoll der Sitzung des SPD-Präsidiums, 18.1.1999, in: AdsD, PV Büro Lafontaine, 2/PV DE 000041.
16 «Unterschriftenaktion: Roland Koch lässt grüßen», FocusOnline, 11.10.2004, abrufbar unter: http://www.focus.de/politik/deutschland/unterschriftenaktion_aid_87398.html, (Stand: 15.04.2013).
17 Hans Eichel, Protokoll der Sitzung des SPD-Präsidiums, 18.1.1999, in: AdsD, PV Büro Lafontaine, 2/PV DE 000041.
18 Otto Schily und Gerhard Schröder, Protokoll der Sitzung des SPD-Präsidiums, 18.1.1999, in: AdsD, PV Büro Lafontaine, 2/PV DE 000041, S. 6.
19 Siehe die Anzeige in mehreren überregionalen Tageszeitungen, so in der «Frankfurter Allgemeinen Zeitung» und in der «Süddeutschen Zeitung», 30.1.1999.
20 «Sieg der Lindenstraße», Der Spiegel, 8.2.1999.
21 Hans Eichel, Protokoll der Sitzung des SPD-Präsidiums, 25.1.1999, in: AdsD, BTF 14. WP, Sitzungsprotokolle, 40439, S. 7.
22 Alle Ergebnisse der Meinungsforschungsinstitute zur Hessenwahl in: AdsD, PV BGsechF, F. Müntefering, 2/PV EL 000012.
23 Peter Struck, Protokoll der Sitzung des SPD-Fraktionsvorstandes, 8.2.1999, in: AdsD, PV Büro Lafontaine, 2/PV DE 000258, S. 1.

24 Oskar Lafontaine, Protokoll der Sitzung des SPD-Präsidiums, 9. 2. 1999, in: AdsD, PV BGeschF, O. Schreiner, 2/PV EM 000038, S. 2.
25 Hans Eichel, ebda.
26 Ebda.
27 Ebda.
28 Becker/Leiße, Die Zukunft Europas, S. 61–104.
29 «Kernforderungen der einzelnen Mitgliedstaaten», Zusammenstellung AA/VLR Dr. Deng, Datierung unbekannt, schätzungsweise Anfang 1999, in: AGG, Bestand Bundesvorstand, B I, 10 BuVo/BGST [2373].
30 Gespräch mit Karl-Heinz Funke vom 1. 11. 2012. Siehe auch Werner Rechmann, Büro der Friedrich-Ebert-Stiftung Brüssel, «Europapolitische Kooperationen», Januar/Februar 1999, in: AdsD; PVBGeschF. F. Müntefering 2/PV EL 000012.
31 Zit. nach Becker, Reformbereitschaft, S. 61 f.
32 Schröder, Entscheidungen, S. 363; auch Fischer, Rot-grüne Jahre, S. 297.
33 «Erfolg für Helmut Schröder», Frankfurter Rundschau, 27. 3. 1999.
34 Berlin-Institut für Bevölkerung und Entwicklung (Hg.), Ungenutzte Potenziale. Zur Lage der Integration in Deutschland, Berlin 2009, abrufbar unter: http://www.berlin-institut.org/fileadmin/user_upload/Zuwanderung/Integration_RZ_online.pdf, (Stand: 18. 12. 2012).
35 Auf der Sitzung des SPD-Präsidiums vom 15. 3. 1999 dankte Otto Schily ausdrücklich Kurt Beck, dem rheinland-pfälzischen Ministerpräsidenten, dafür, dass er hinter den Kulissen den Kompromiss zustande gebracht habe. Otto Schily, Protokoll der Sitzung des SPD-Präsidiums, 15. 3. 1999, in: AdsD, PV, BGeschF, O. Schreiner, 2/PV EM 000038, S. 5.
36 Zit. nach: Münch, Deutsche Staatsangehörigkeit, S. 156.
37 Bade/Oltmer, Normalfall Migration, S. 129.
38 Vgl. Berlin-Institut für Bevölkerung und Entwicklung (Hg.), Ungenutzte Potentiale. Zur Lage der Integration in Deutschland, Berlin 2009, S. 50.
39 Peter Struck, Politischer Bericht für die Sitzung der Bundestagsfraktion, 6. 6. 2000, in: AdsD, BTF 14. WP. Sitzungsprotokolle, 40 535, S. 5.
40 Prot. der Sitzung des Geschäftsführenden Vorstandes der SPD-Bundestagsfraktion, 20. 3. 2000, in: AdsD, PV BGeschF M Machnig 2/PV EN 000025.
41 Ludwig Stiegler legte auf der SPD-Fraktionssitzung vom 6. 7. 2001 Umfragematerial vor; Prot. der Sondersitzung der SPD-Fraktion, in: AdsD, BTF 14. WP, Beschlussprotokoll 40554, S. 1 ff.
42 Gespräch mit Reinhard Bütikofer vom 19. 1. 2012.
43 Stefan Haselberger, «Grüne drohen mit Bruch der Koalition», Die Welt, 8. 9. 2001.
44 Heribert Prantl, «Das erste Gesetz frisst das zweite», SZ, 7. 11. 2001.
45 Abgedruckt in: «Deutschland ist kein klassisches Einwanderungsland», Frankfurter Rundschau, 16. 11. 2000.
46 «Die Zuwanderung in die Bundesrepublik muss begrenzt werden», Frankfurter Rundschau, 11. 6. 2001.
47 Bericht von Ludwig Stiegler auf der Sitzung der SPD-Bundestagsfraktion, 26. 2. 2002, in: AdsD, BTF 14. WP, Beschlussprotokoll, 40554, S. 4.
48 Protokoll der 774. Sitzung des Deutschen Bundesrats, Berlin, 22. 3. 2002, in: Verh. D. Dt. Br., Plenarprotokoll 774, S. 171.
49 Gesetz zur Steuerung und Begrenzung der Zuwanderung und zur Regelung des Aufenthalts und der Integration von Unionsbürgern und Ausländern (Zuwanderungsgesetz), 30. 7. 2004, in: Bundesgesetzblatt Jg. 2004, I, Nr. 41, 5. 8. 2004, abrufbar unter:

http://www.bmi.bund.de/SharedDocs/Gesetzestexte/DE/Zuwanderungsgesetz. pdf?__blob=publicationFile, (Stand: 18.12.2012).
50 Bündnis 90/Die Grünen/SPD: Aufbruch und Erneuerung. Deutschlands Weg ins 21. Jahrhundert. Koalitionsvertrag zwischen der Sozialdemokratischen Partei Deutschlands und Bündnis 90/Die Grünen, Bonn 1998, S. 2, abrufbar unter: http://www.gruene.de/fileadmin/user_upload/Bilder/Redaktion/30_Jahre_-_Serie/Teil_21_Joschka_Fischer/Rot-Gruener_Koalitionsvertrag1998.pdf, (Stand: 4.12.2012).
51 Gesetzesentwurf vom 4.7.2000, in: Deutscher Bundestag, 14. Wahlperiode, Drucksache 14/3751, 4.7.2000, S. 1 und S. 33, abrufbar unter: http://dipbt.bundestag.de/dip21/btd/14/037/1403751.pdf, (Stand: 18.12.2012).
52 Norbert Geis in der Bundestagsdebatte um das Lebenspartnerschaftsgesetz vom 10.11.2000, in: Verh. d. Dt. Bt., Plenarprotokoll 14/131, S. 12615.
53 Die Umfrage in: Argumente zur eingetragenen Lebenspartnerschaft von Günter Dworek, Juli 2000, in: AGG, Bundesvorstand – BundesGeschStelle, B.I. 10 – BuVo/BGSt [2375].
54 «Rot-Grün spricht von einem historischen Wendepunkt», Der Tagesspiegel, 6.7.2000.
55 Gespräch mit Volker Beck vom 26.1.2011.
56 Schreiben von Birgit Laubach an Kerstin Müller und Rezzo Schlauch, 27.10.1999, «Gesetzentwurf eingetragene Lebenspartnerschaften», in: AGG, Bundestagsfraktion – Parl. Geschäftsführung, B.II.4. PGF [4081].
57 Struck, So läuft das, S. 54.
58 Franz Müntefering, Brief an die Vorsitzenden der Bezirke und Landesverbände, Unterbezirke, SPD-Bundestagsfraktion, SPD-Landtagsfraktionen, 9.8.2000, in: AdsD, PV, Büro G. Schröder, 2/PV EF 000066, S. 5.
59 Struck, So läuft das, S. 54.
60 Rolf Thym, «'Das Volk will das so nicht'», SZ, 10.7.2000.
61 Zit. nach: «Nach ihrem Glauben», Der Tagesspiegel, 2.8.2003.
62 Zit. nach: Argumente zur eingetragenen Lebenspartnerschaft von Günter Dworek, Juli 2000, in: AGG, Bundesvorstand – BundesGeschStelle, B.I. 10 – BuVo/BGSt [2375].
63 BVerfG, 1 BvF 1/01 vom 17.7.2002, Absatz-Nr. (1–147), abrufbar unter: http://www.bverfg.de/entscheidungen/ls20020717_1bvf000101.html, (Stand: 4.12.2012).
64 Winfried Hammes, Haushalte und Lebensformen der Bevölkerung. Ergebnisse des Mikrozensus 2010, Statistisches Bundesamt, Wirtschaft und Statistik, Oktober 2011, S. 994 f., abrufbar unter: https://www.destatis.de/DE/Publikationen/Wirtschaft-Statistik/Bevoelkerung/HaushalteLebensformenBevoelkerung.pdf?__blob=publicationFile, (Stand: 18.12.2012).
65 Carsten Holm, Andreas Ulrich, «Rente im Rotlichtmilieu», Der Spiegel, 7.5.2001.
66 «EU-Studie: mehr Menschenhandel durch liberales Prostitutionsgesetz», Meldung des ARD-Politmagazins «Panorama», 8.11.2012, abrufbar unter: http://daserste.ndr.de/panorama/aktuell/prostitution131.html, (Stand: 4.12.2012); Seo-young Cho/Axel Dreher/Eric Neumayer, Does Legalized Prostitution Increase Human Trafficking?, DIW, Berlin, abrufbar unter: http://www.diw.de/documents/publikationen/73/diw 01.c.405653.de/diw econsec00071.pdf, (Stand: 4.12.2012).
67 Roman Deininger, «Letzte Chance des Hoffnungsträgers», SZ, 26.9.2012.
68 «Analyse der politischen Situation zu Beginn der zweiten Hälfte der Legislaturperiode von Manfred Güllner (Forsa)», Protokoll der Klausursitzung der SPD-Bundestagsfraktion, 6.9.2000, in: AdsD, BTF, 14. WP, Beschlussprotokoll, 40553.

69 «Briefing»-Schreiben aus dem Bundeskanzleramt an Bundeskanzler Schröder, 13.2.2000, in: Depositum Steg.
70 Gerhard Schröder, Die zivile Bürgergesellschaft. Anregungen zu einer Neubestimmung der Aufgaben von Staat und Gesellschaft, in: Neue Gesellschaft/Frankfurter Hefte 3/2000, S. 201–208.
71 Oskar Negt, «Stichworte zur Diskussion über Zivilgesellschaft mit dem Bundeskanzler», 18.2.2000, in: Depositum Steg.
72 Schreiben von Wolfgang Nowak über den Chef des Bundeskanzleramts an den Bundeskanzler, 13.2.2000, in: Depositum Steg.
73 Siehe etwa das Papier Thomas Blanke/Michael Schumann, Standbein oder Spielbein? Schröders zivile Bürgergesellschaft – ein Projekt ohne Arbeit und Wirtschaft, in: Depositum Steg; Hauke Brunkhorst, «Volk ist out, Staat ist sexy», die tageszeitung, 24.7.2000; Thomas Hanke, «Schröder spielt mit vollem Risiko», Financial Times, 21.3.2000.
74 Cohen/Arato, Civil Society and Political Theory; Forschungsjournal «Neue soziale Bewegungen», Heft 1/1994: Zivilgesellschaft und Demokratie; Klein, Der Diskurs der Zivilgesellschaft; Brumlik, Was heißt «Zivile Gesellschaft»?, in: Blätter für deutsche und internationale Politik 36/1991, S. 987–993; in weiterer historischer Perspektive Haltern, Die Gesellschaft der Bürger, in: Geschichte und Gesellschaft 19/1993, S. 100–134.
75 Dazu Eichwede, Widersprüche in der Rekonstruktion von Bürgergesellschaft, in: Mandt (Hg.), Zukunft der Bürgergesellschaft, S. 11–26.
76 Wolfrum, Zivilgesellschaft, in: Sabrow (Hg.), Bewältigte Diktaturvergangenheit?, S. 115–128.
77 Zahlen nach: Manfred G. Schmidt, Der deutsche Sozialstaat, S. 86 f.
78 Hering, Institutionelle Konflikte zwischen Währungsunion und staatlicher Alterssicherung in Deutschland und Europa, in: Lütz/Czada (Hg.), Wohlfahrtsstaat – Transformation und Perspektiven, S. 349–372, v. a. S. 351.
79 Schmidt, Rot-grüne Sozialpolitik, in: Egle (Hg.), Das rot-grüne Projekt, S. 249.
80 Ebda., S. 250.
81 Gespräch mit Frank-Walter Steinmeier vom 5.3.2010.
82 Katrin Göring-Eckardt, Internes Diskussionspapier «Den Generationenvertrag neu begründen – das Rentensystem reformieren – mehr Gerechtigkeit zwischen den Generationen und für Familien», November 1999, in: AGG, Bestand Parl. Gesch. Führung B. II. 4 PGF – 702.
83 Klaus Zwickel/Horst Schmitthenner, Koalitionspläne zur Reform der Rentenversicherung. Brief an den Bundeskanzler und den Bundesminister für Arbeit und Soziales, in: AdsD, PV, Büro G. Schröder, 2/PV EF 000008. V. a. S. 1 f.
84 Gemeinsame Erklärung zur Rentenstrukturreform des alternativen Rentengipfels der Gewerkschaften und Sozialverbände, 13.6.2000 in Berlin, in: AdsD, PV, Büro G. Schröder, 2/PV EF 000009.
85 Klaus Zwickel und Horst Schmitthenner an Bundeskanzler Gerhard Schröder und den Minister für Arbeit und Sozialordnung Walter Riester, 8.6.2000, in: AdsD, PV Büro G. Schröder, 2/PV EF 000008.
86 Walter Riester, Schreiben an den Vorstand der IG Metall, 14.6.2000, in: AdsD, PV, Büro G Schröder, 2/PV, EF 000008.
87 «Riesters Rentensalat», Frankfurter Rundschau, 7.6.2000; Cordula Tutt, «Die schwache Reform lastet schwer», Financial Times Deutschland, 25.1.2001.

88 Vgl. Hockerts, Abschied von der dynamischen Rente, S. 318 f.
89 Siehe Wehlau, Lobbyismus und Rentenreform.
90 Siehe die Ergebnisse der DIW-Studie: «Wie gut ist die Riesterrente?», FAZ, 25. 11. 2011; «Der Riester-Flop», Der Tagesspiegel, 24. 11. 2011; «Rente für Methusalem», Die Zeit, 8. 12. 2011.
91 Riester, Mut zur Wirklichkeit, S. 232.
92 «Alleingelassen auf der Regierungsbank», FAZ, 8. 5. 1999.
93 «Eckpunkte zur Gesundheits-Reform 2000», Vereinbarung zwischen Arbeitskreis «Gesundheit», den Fraktionen von SPD und Bündnis 90/Die Grünen und dem Bundesministerium für Gesundheit, 2. 3. 1999, in: AGG, A-Göring-Eckhardt 41. Siehe Hartmann, Patientennah, leistungsstark, finanzbewusst?, in: Egle (Hg.), Das rotgrüne Projekt, S. 258–281.
94 Siehe deren Disput: Beschlussprotokoll der SPD-Bundestagsfraktion, 1. 4. 2003, in: AdsD, BTF 15. WP, 46085.
95 «Beschluss: Grüne Gesundheitspolitik: Für Prävention, Solidarität, Qualität und Wirtschaftlichkeit», 6. 11. 2000, in: AGG A – Kerstin Müller 810; Gespräch mit Ulla Schmidt vom 20. 11. 2012.

6. Umwelt, Klima, Atom – Die neuen Menschheitsfragen

1 Gerhard Schröder, Einleitende Bemerkungen des SPD-Parteivorsitzenden Bundeskanzler Gerhard Schröder anlässlich der Klausurtagung der SPD-Grundsatzprogramm-Kommission am 18. 10. 2000, in: AdsD, PV, Büro Schröder, 2/PV EF 000381, S. 17.
2 Ebda.
3 Siehe Jänicke, The Role of the Nation State in Environmental Policy: The Challenge of Globalisation, in: Forschungsstelle für Umweltpolitik (FFU) 07/2002, abrufbar unter: http://www.polsoz.fu-berlin.de/polwiss/forschung/systeme/ffu/publikationen/2002/jaenicke_martin_20025/rep2002_07.pdf, (Stand: 18. 12. 2012) sowie Corinna Emundts, «Politik als lernendes System», Frankfurter Rundschau, 23. 9. 2002.
4 So zum Beispiel: Mojib Latif, Der menschliche Einfluss auf das Klima, in: APuZ 13/2006, S. 26–31.
5 «Die Ökosteuer kommt! Was uns erwartet», Bild, 4. 3. 1999.
6 Horst Seehofer in der Bundestagsdebatte vom 10. 12. 1998, in: Verh. d. Dt. Bt., Plenarprotokoll 14/14, S. 844.
7 Oskar Lafontaine in der Bundestagsdebatte um die Einführung einer ökologischen und sozialen Steuerreform vom 3. 3. 1999, in: Verh. d. Dt. Bt., Plenarprotokoll 14/24, S. 1817.
8 Siehe Meyer, Die Zukunft der Ökologischen Finanzreform, in: Truger (Hg.), Die Zukunft des deutschen Finanzsystems, S. 167–200. Siehe auch Reiche/Krebs, Der Einstieg in die Ökologische Steuerreform; Stephan/Müller-Fürstenberg/Herbst, Energie, Mobilität und Wirtschaft; Wiegand, Die Agrar- und Energiewende.
9 Siehe Alfred Pfaller, Ökosteuern in Europa, Die politökonomischen Parameter der Umweltsteuerdebatte in Europa, in: Friedrich-Ebert-Stiftung, Internationale Politikanalyse, Berlin 2010.
10 «Riesen-Empörung über die Grünen», Bild, 10. 3. 1998.
11 Gespräch mit Fritz Kuhn vom 1. 10. 2010.
12 Gespräch mit Rezzo Schlauch vom 11. 11. 2010.

13 Christine Scheel in der FAZ, 1. 10. 1998.
14 «Erstes Machtwort!», Bild am Sonntag, 4. 10. 1998.
15 Gespräch mit Gerhard Schröder vom 13. 1. 2011.
16 Gerhard Schröder in seiner Regierungserklärung vom 10. 11. 1998, in: Verh. d. Dt. Bt., Plenarprotokoll 14/3, S. 51.
17 Marc Beise, «Die Ökosteuer als Dukatenesel», Handelsblatt, 16. 10. 1998.
18 Fritz Vorholz, «Nur im Prinzip richtig», Die Zeit, 29. 10. 1998.
19 Heike Göbel, «Der Realitätsschock», FAZ, 6. 11. 1998.
20 «Die Pfennigfuchser», Stern, 15. 10. 1998.
21 Protokoll der SPD-Bundestagsfraktion, 17. 11. 1998, in: AdsD, BTF 14. WP, 38 520.
22 Vgl. Protokoll der Sondersitzung der SPD-Bundestagsfraktion, 19. 11. 1998, in: AdsD, BTF 14. WP, Sitzungsprotokolle, 42 889.
23 Oskar Lafontaine während der Klausursitzung des SPD-Parteivorstands, 14./15. 1. 1999, in: AdsD, PV, Büro G. Schröder, 2/PV EF 00015.
24 Gerhard Schröder während der Sitzung des SPD-Präsidiums, 18. 1. 1999, in: AdsD, PV Büro Lafontaine, 2/PV DE 000041.
25 Protokoll der Sitzung der SPD-Bundestagsfraktion, 26. 1. 1999, in: AdsD, BTF 14. WP, Sitzungsprotokolle, 38 521.
26 «Bahn gegen Ökosteuer», FAZ, 11. 2. 1999.
27 Friedrich Merz in der Bundestagsdebatte um das Gesetz zum Einstieg in die ökologische Steuerreform vom 20. 11. 1998, in: Verh. d. Dt. Bt., Plenarprotokoll 14/9, S. 493.
28 Protokoll der Sitzung der SPD-Bundestagsfraktion, 21. 6. 1999, in: AdsD, BTF 14. WP, Sitzungsprotokolle, 38 523.
29 «Koalition unterläuft Panne», SZ, 24. 6. 1999.
30 Vgl. Protokoll der Sitzung der SPD-Bundestagsfraktion, 26. 8. 1999, in: AdsD, BTF 14. WP, Sitzungsprotokolle, 38 524.
31 Protokoll der Sitzung der SPD-Bundestagsfraktion, 9. 11. 1999, in: AdsD, BTF 14. WP, Sitzungsprotokolle, 38 525.
32 Vgl. Sondersitzung der SPD-Bundestagsfraktion, 24. 11. 1999, in: AdsD, BTF, 14. WP, Sitzungsprotokolle, 39 381.
33 Vgl. Norbert Barthle in der Bundestagsdebatte um die Haltung der Bundesregierung zu den steigenden Mineralölpreisen und der Forderung nach Verzicht auf die bzw. Aussetzung der Ökosteuer vom 7. 6. 2000, in: Verh. d. Dt. Bt., Plenarprotokoll 14/107, S. 10063.
34 «Hilfe von den Banditos», Der Spiegel, 10. 1. 2000.
35 Ebda.
36 Rainer Brüderle in der Bundestagsdebatte um den Arbeitslosenversicherungsbeitrag vom 27. 10. 2000, in: Verh. d. Dt. Bt., Plenarprotokoll 14/128, S. 12324.
37 Norbert Barthle in der Bundestagsdebatte um die Haltung der Bundesregierung zu den steigenden Mineralölpreisen und der Forderung nach Verzicht auf die bzw. Aussetzung der Ökosteuer vom 7. 6. 2000, in: Verh. d. Dt. Bt., Plenarprotokoll 14/107, S. 10062.
38 «Kanzler, handeln Sie!», Bild, 13. 9. 2000.
39 Ralf Neubauer, «Der Öko-Steuer-Schock», Die Welt, 6. 1. 2000.
40 «Schröder: Keine höhere Öko-Steuer», Frankfurter Allgemeine Sonntagszeitung, 11. 2. 2001.
41 Fritz Kuhn im Interview, «Ich kann mir vorstellen, die Ökosteuer nicht zu erhöhen», SZ, 21. 3. 2001.

42 «Koalition will Ökosteuer nicht weiter erhöhen», SZ, 1. 10. 2004.
43 Siehe die unterschiedlichen Sichtweisen: Stefan Bach, Zehn Jahre ökologische Steuerreform. Finanzpolitisch erfolgreich, klimapolitisch halbherzig, in: Wochenbericht des DIW Berlin Nr. 14/2009, S. 218–229; «10 Jahre nach Einführung: Ökosteuer muss besser werden», Newsletter des DIHK, 2. 4. 2009.
44 Guido Westerwelle in der Bundestagsdebatte um den Haushalt vom 26. 9. 2001, in: Verh. d. Dt. Bt., Plenarprotokoll 14/189, S. 18375.
45 «Die Öko-Steuer-Falle», Der Spiegel, 13. 9. 2000.
46 Zit. nach Nils Kreimeier, Philip Grassmann «Die Mehrweg-Quote sinkt – das Dosenpfand kommt», SZ, 3. 7. 2003.
47 Umfrage nach: «Trittin nennt Dosenpfand sympathischere Lösung», Frankfurter Rundschau, 10. 8. 2000.
48 «Trittin will die Pfandpflicht ausweiten», Frankfurter Rundschau, 18. 6. 2003.
49 «Brüssel stärkt Berlin im Dosenstreit den Rücken», Frankfurter Rundschau, 5. 6. 2003.
50 Zit. nach Matthias Geyer, Alexander Smoltczyk, «Die Dosenrepublik», Der Spiegel, 4. 8. 2003.
51 Manfred Stolpe auf der Sitzung der SPD-Bundestagsfraktion, 14. 12. 2004, in: AdsD, Sig. 46086, S. 3.
52 Silke Bigalke, «Die europäische Maut ist gescheitert», SZ, 8. 10. 2012.
53 Prot. Der SPD-Präsidiumssitzung, 18. 1. 1999, in: AdsD, PV Büro Lafontaine, 2/PV DE 000041, S. 1.
54 «Schröder will Doppel-Paß nur auf Zeit», SZ, 10. 2. 1999.
55 Wolfrum, Die geglückte Demokratie, S. 401.
56 Bündnis 90/Die Grünen, Grün ist der Wechsel, Düsseldorf 1999, abrufbar unter: http://www.boell.de/downloads/stiftung/1998_Wahlprogramm.pdf, (Stand: 30. 10. 2012).
57 SPD und Bündnis 90/Die Grünen, Aufbruch und Erneuerung. Siehe auch Schneehain, Der Atomausstieg, S. 27.
58 Siehe Raschke, Die Zukunft der Grünen, S. 173, der dies verneint.
59 Gespräch mit Werner Müller vom 21. 5. 2012.
60 Rainer Baake, Vorschlag für eine grüne Strategie aus der Atomkraft, März 1998, in: AGG – 17– A – Simone Probst.
61 Gespräch mit Werner Müller vom 21. 5. 2012.
62 Protokoll der SPD-Präsidiumssitzung, 25. 1. 1999, in: AdsD, PV BFG O. Schreiner, 2/PV EM 000038.
63 Raschke, Die Zukunft der Grünen, S. 180; Pressekonferenz des Bundeskanzlers am 26. 1. 1999 im Bundeskanzleramt, in: AGG, B. A – Simone Probst 17, S. 2.
64 Gespräch mit Reinhard Bütikofer vom 19. 1. 2012.
65 Zit. nach «Verstimmung in der Koalition», FAZ, 16. 12. 1998.
66 Sabine Veth, Hintergrund der AtG-Novelle, in: AGG, B. A. – Simone Probst 17.
67 Ebda.
68 Gespräch mit Werner Müller vom 21. 5. 2012, ebenso Gespräch mit Bodo Hombach vom 11. 2. 2012.
69 «Das letzte Mal», Der Spiegel, 19. 3. 2001.
70 «Skinhead-Vergleich. Trittins laue Entschuldigung», Der Spiegel, 13. 3. 2001.
71 Friedrich Merz in der Bundestagsdebatte über den Antrag zur sofortigen Entlassung des Bundesumweltministers vom 16. 3. 2001, in: Verh. d. Dt. Bt., Plenarprotokoll 14/159, S. 15532.

72 Werner Müller in der Bundestagsdebatte über den Antrag zur sofortigen Entlassung des Bundesumweltministers vom 29. 3. 2001, in: Verh. D. Dt. Bt., Plenarprotokoll 14/161, S. 15702.
73 Ebda.
74 Gespräch mit Werner Müller vom 21. 5. 2012.
75 Protokoll der Pressekonferenz des Bundeskanzlers über Gespräche mit führenden Vertretern der Energiewirtschaft, 14. 12. 1998, im Bundeskanzleramt, in: AGG, 17, A Simone Probst.
76 Gerhard Schröder, Bericht zur Lage vor dem SPD-Präsidium, Protokoll der Präsidiumssitzung vom 25. 1. 1999, in: AdsD, PV BGeschF O. Schreiner, 2/PV EM 000038, S. 4.
77 Gerhard Schröder auf der Sitzung der SPD-Bundestagsfraktion, Protokoll vom 26. 1. 1999, in: AdsD, BTF 14. WP Sitzungsprotokolle, 38 521, S. 9.
78 Ebda.
79 Gespräche mit Werner Müller vom 21. 5. 2012, Rezzo Schlauch vom 11. 11. 2010, Fritz Kuhn vom 1. 10. 2010, Wolfgang Clement vom 11. 10. 2010.
80 Der größte Teil der Bevölkerung sprach sich für eine Beendigung der Atomkraft aus. Ca. 30 % davon wollten die vorhandenen Anlagen nutzen, aber bald abschalten; 40 % wollten die Anlagen möglichst lange nutzen, während sich nur 12–13 % für die sofortige Stilllegung aussprachen. Daten nach Raschke, Die Zukunft der Grünen, S. 171.
81 Vereinbarung zwischen der Bundesregierung und den Energieversorgungsunternehmen am 14. 6. 2000, abrufbar unter: http://www.bmu.de/atomenergie_sicherheit/downloads/doc/4497.php, (Stand: 30. 10. 2012).
82 Vier Jahre Rot-Grün. Eine umweltpolitische Bilanz, Bund für Umwelt- und Naturschutz Deutschland, abrufbar unter: http://www2.sowi.uni-mannheim.de/lspol1/wis/wis2/BUND/bilanz.bund.pdf, (Stand: 12. 11. 2012).
83 «SPD und Grüne einigen sich auf Atomausstieg», SZ, 16. 10. 1998.
84 Olaf Preuß, «Versorger fordern Verzicht auf Atomausstieg», Financial Times Deutschland, 28. 12. 2004.
85 Hermann Scheer an die Mitglieder der SPD-Koalitionsverhandlungskommission, «Zum Ausstieg aus der Atomenergie», 6. 10. 1998, in: AdsD, PV BGeschF F. Müntefering, 2/PV EL 000225.
86 Jürgen Trittin an die Mitglieder der Parlamentarischen Linken der Fraktion von Bündnis 90/Die Grünen, 13. 12. 1999, in: AGG, 17 A – Simone Probst.
87 Fraktionsbeschluss vom 14. 12. 1999, in: AGG B. A – Simone Probst 17.
88 Michaele Hustedt, Rede zur Debatte über die Umwelt- und Energiepolitik auf dem Parteirat vom 10. 5. 1999, in: AGG B. A – Simone Probst 17.
89 Rundbriefe von Jürgen Trittin, in: AGG, B. A. – Simone Probst.
90 Jürgen Trittin, Die Energiewende vollenden – den Ausstieg aus der Atomenergie vollziehen. Rede auf der Bundesdelegiertenkonferenz, 18. 3. 2000 in Karlsruhe, in: AGG B. A – Kristin Heye 109.
91 Matthias Meisner, «Bezwungene Seelen», Der Tagesspiegel, 19. 3. 2000.
92 Stefan Wenzel, E-Mail und Strategiepapier vom 13. 12. 1999, in: AGG, B. A Simone Probst 17.
93 Positionspapier, beschlossen vom Energiepolitischen Ratschlag und der BAG Energie Bündnis 90/Die Grünen auf dem Bundestreffen, 17. 9. 1999, Berlin, in: AGG 108 (2/2) – A – Kristin Heyne.
94 Hartwig Berger, Den Atomausstieg vom Konsens auf die Füße stellen, Positionspapier, 18. 9. 1999, in: AGG, B. A – Kristin Heye 108.

95 Bündnis 90/Die Grünen: Beschluss der 15. Bundesdelegiertenkonferenz von Bündnis 90/Die Grünen in Münster, 23.–24. Juni 2000, abrufbar unter: http://archiv.gruene-partei.de/gremien/bdk/index.htm, (Stand: 30. 10. 2012).

96 Die Grünen: Beschluss des Bundesvorstandes vom 15. 7. 2000, in: AGG, B. A – Kristin Heyne 109.

97 So der SPD-Parteivorsitzende Sigmar Gabriel, zit. nach: «Deutschland besiegelt die Energiewende», SZ, 1. 7. 2011.

98 Gespräch mit Rezzo Schlauch vom 11. 11. 2010.

99 So beispielsweise im Redebeitrag von Dagmar Wöhrl, die fehlende Elemente zur Wirtschaftsförderung bemängelt und sich gegen eine «Dauersubventionierung» der regenerativen Energien ausspricht. Siehe: Dagmar Wöhrl in der Bundestagsdebatte zum Erneuerbare-Energien-Gesetz am 16. 12. 1999, in: Verh. D. Dt. Bt., Plenarprotokoll 14/79, S. 7263.

100 Gespräch mit Reinhard Bütikofer vom 19. 1. 2012.

101 «Vom Himmel in die Steckdose», Der Spiegel, 16. 7. 2001.

102 Siehe «Vier Jahre Rot-Grün. Eine umweltpolitische Bilanz», abrufbar unter: Bund für Umwelt- und Naturschutz Deutschland, http://www2.sowi.uni-mannheim.de/lspol1/wis/wis2/BUND/bilanz.bund.pdf, (Stand: 12. 11. 2012).

103 Zu den komplizierten Regelungen im Einzelnen: Mez, Energie- und Umweltpolitik, in: Egle/Zohlnhöfer (Hg.), Das rot-grüne Projekt, S. 338–341.

104 Zitat nach: Frank Dohmen, Frank Hornig, «Die große Luftnummer», Spiegel, 29. 3. 2004, S. 80–97, hier: S. 80.

105 Gespräch mit Claudia Roth vom 26. 1. 2011.

106 Siehe Protokoll des Geschäftsführenden Vorstandes der SPD-Bundestagsfraktion, 20. 11. 2000, in: AdsD, PV, BGeschF, M. Machnig, 2/PV EN 000027.

107 Rheinischer Merkur, 9. 10. 1998.

108 Staatssekretär Dr. Wille, «Das BSE-Problem und Möglichkeiten für eine politische Lösung», 26. 11. 2000, in: AdsD, PV Büro G. Schröder, 2/PV EF 000019.

109 Abteilungsleiter 3, Heinrich Tiemann, über den Chef des Bundeskanzleramts an den Bundeskanzler, «BSE-Problematik. Verfütterungsverbot von Tiermehl», 27. 11. 2000, in: AdsD, PV Büro G. Schröder, 2/PV EF 000019.

110 Protokoll der Sitzung des SPD-Präsidiums, 27. 11. 2000, in: AdsD, PV, Büro G. Schröder, 2/PV EF 000019.

111 Protokoll der Fraktionsversammlung von Bündnis 90/Die Grünen, 27. 11. 2000, in: AGG, Bundestagsfraktion – Parlamentarische Geschäftsführung, B. II.4 PGF [4085].

112 Protokoll der Sitzung des Bundesvorstandes von Bündnis 90/Die Grünen, 27. 11. 2000, in: AGG, Bundesvorstand – BundesGeschStelle, B. I.10 – BuVo/BGSt [2376].

113 Gerhard Schröder in der Bundestagsdebatte über den Einzelplan 04, Bundeskanzler und Bundeskanzleramt, am 29. 11. 2000, in: Verh. D. Dt. Bt., Plenarprotokoll 14/136, S. 13219.

114 Zit. nach Heidrun Graupner, «Eine wahnsinnige Seuchenpolitik», SZ, 27. 11. 2000.

115 «Rinderwahn im Ministerium», Berliner Zeitung, 22. 12. 2000.

116 Gespräch mit Fritz Kuhn vom 1. 10. 2010.

117 Stephan Lamby, «Schlachtfeld Politik – die finstere Seite der Macht», ARD, Erstausstrahlung am 19. 3. 2012, abrufbar unter: http://mediathek.ard.de/das-erste/reportage-dokumentation/die-story-im-ersten-schlachtfeld-politik-die-finstere?documentId=9881548, (Stand: 25. 10. 2012).

118 Thomas Schmid, «Späte Chance», FAZ, 11. 1. 2001.
119 Wolfgang Roth, «Kulturschock für die Bauern», SZ, 11. 1. 2001.
120 Manfred Kriener, «Jetzt ist das grüne Desaster komplett», die tageszeitung, 11. 1. 2001.
121 Gespräch mit Renate Künast vom 18. 6. 2012.
122 Die Welt, 19. 3. 1999.
123 Informationen zusammengestellt aus den Presseberichten: «Uno sieht weltweite Gefahr durch BSE», Handelsblatt, 29. 1. 2001; «BSE kann weltweit ausbrechen», Die Welt, 27. 1. 2001; «Die EU setzt ein Programm zur ‹Altrinderbeseitigung› in Gang», FAZ, 13. 1. 2001; «Europa erwacht aus trügerischer Sicherheit», SZ, 16. 1. 2001.
124 Gespräch mit Renate Künast vom 18. 6. 2012.
125 Ebda.
126 Renate Künast in der Bundestagsdebatte zur BSE-Krise vom 18. 1. 2001, in: Verh. d. Dt. Bt., Plenarprotokoll 14/143, S. 13967.
127 Zit. nach Andreas Hoffmann, SZ, 20. 4. 2001.
128 Renate Künast in der Bundestagsdebatte vom 8. 2. 2001, in: Verh. d. Dt. Bt., Plenarprotokoll 14/149, S. 14520.
129 Ebda., S. 14521.
130 Gespräch mit Renate Künast vom 18. 6. 2012.
131 Matthias Urbach, «Hoffen auf neue Skandale», die tageszeitung, 15. 3. 2002.
132 Gespräch mit Reinhard Bütikofer vom 19. 1. 2012.
133 Der Food Watch-Bericht in Auszügen, Frankfurter Rundschau, 25. 8. 2005.
134 Zit. nach: Olaf Opitz, «Neue Bauernbefreiung», Focus Magazin, 13. 6. 2005.
135 Im Folgenden nach: Melchers, Konrad, Kleine Wende. Zur Entwicklungspolitik der rot-grünen Bundesregierung, in: INKOTA-Brief. Zum Nord-Süd-Konflikt und zur konziliaren Bewegung, Heft 121/2002, S. 5–7, hier: S. 5. Online verfügbar unter: https://www.inkota.de/uploads/tx_ttproducts/datasheet/INKOTA-Brief_121.pdf, (Stand: 31. 10. 2012).
136 Gerhard Schröder, Deutscher Bundestag – 15. Wahlperiode – 4. Sitzung. Berlin, Dienstag, den 29. Oktober 2002, 53/58.
137 Melchers, Konrad, Kleine Wende. Zur Entwicklungspolitik der rot-grünen Bundesregierung, in: INKOTA-Brief. Zum Nord-Süd-Konflikt und zur konziliaren Bewegung, Heft 121/2002, S. 5–7, hier: S. 5, abrufbar unter: https://www.inkota.de/uploads/tx_ttproducts/datasheet/INKOTA-Brief_121.pdf, (Stand: 31. 10. 2012).
138 Peter Wahl, Königsweg oder Sackgasse. Entwicklungspolitik als internationale Struktur- und Ordnungspolitik, in: AGG, A-Ludger Volmer 47/75.
139 Peter Wahl, Königsweg oder Sackgasse. Entwicklungspolitik als internationale Struktur- und Ordnungspolitik, in: AGG, A-Ludger Volmer 47/75,5.
140 Vgl. Regierungserklärung zur Entwicklungspolitik, Frieden braucht Entwicklung, 19. 5. 2000; BMZ, Zwei Jahre Entwicklungspolitik der Bundesregierung aus SPD und Grünen. Halbzeitbilanz und Perspektiven, Bonn, September 2000; BMZ, Entwicklungspolitik. Jahresbericht 1998, Bonn 2000.
141 Gerhard Schröder, Deutscher Bundestag – 15. Wahlperiode – 4. Sitzung. Berlin, Dienstag, den 29. Oktober 2002, 53/58.
142 Michael Müller, Ulla Burchardt, «Globalisierung von unten. Neue Klimaschutz-Ziele für die Nachhaltigkeit», Frankfurter Rundschau, 17. 4. 2002.
143 Gespräch mit Heidemarie Wieczorek-Zeul vom 28. 2. 2012; siehe auch Dies., Welt bewegen, Erfahrungen und Begegnungen; Betz, Die Entwicklungspolitik der rot-grünen Bundesregierung, in: APuZ 18–19/2001, S. 30–38.

Anmerkungen

144 Siehe «Der aktuelle Begriff», Kurzinformation der Wissenschaftlichen Dienste des Deutschen Bundestages, «Bilanz der Hilfsmaßnahmen – Ein Jahr nach dem Tsunami», 11. 1. 2006.
145 Wieczorek-Zeul, Welt bewegen, S. 185.
146 Laut dem Papier der Bundestagsfraktion Bündnis 90/Die Grünen «Entwicklungspolitisch Kurs halten!» ist dies auch der entscheidende Unterschied zur Opposition.
147 Wieczorek-Zeul, Welt bewegen, S. 224.
148 «Vier Jahre Rot-Grün. Eine Umweltpolitische Bilanz» des Bundes für Umwelt und Naturschutz Deutschland, abrufbar unter: http://www2.sowi.uni-mannheim.de/lspol1/wis/wis2/BUND/bilanz.bund.pdf, (Stand: 12. 11. 2012).
149 Worldwatch Institute Report, Zur Lage der Welt 2002. Prognosen für das Überleben unseres Planeten.
150 «Notizen vom Klimagipfel – Erfolgschance 30 zu 70», SpiegelOnline, 17. 7. 2001, abrufbar unter: http://www.spiegel.de/politik/deutschland/notizen-vom-klimagipfelerfolgschance-von-30-zu-70-a-145533.html, (Stand: 11. 11. 2012).
151 Siehe Anmerkung NF 79: Jürgen Trittin, «Bonner Klimakonferenz Durchbruch im internationalen Klimaschutz». Presseerklärung des Bundesministeriums für Umwelt, Naturschutz und Reaktorsicherheit vom 27. 7. 2001 (BMU Pressedienst 153/01, abrufbar unter: http://www.bmu.de/pressearchiv/14_legislaturperiode/pm/1777.php, (Stand: 31. 10. 2012).
152 Internationale Konferenz für Erneuerbare Energien, Bonn 3. 6. 2004, Rede von Bundeskanzler Schröder.
153 Die Fischer von Baleia, abrufbar unter: http://www.renewables2004.de, (Stand: 2. 9. 2012).
154 «Ein trauriges Kapitel deutscher Entwicklungspolitik», abrufbar unter: http://www.ag-friedensforschung.de/themen/Entwicklungspolitik/bilanz.html, (Stand: 12. 11. 2012).
155 Zitiert nach einer Zusammenstellung der Kritik der NGOs. Siehe: Melchers, Konrad, Kleine Wende. Zur Entwicklungspolitik der rot-grünen Bundesregierung, in: INKOTA-Brief. Zum Nord-Süd-Konflikt und zur konziliaren Bewegung, Heft 121/ 2002, S. 5–7, hier: S. 5. abrufbar unter: https://www.inkota.de/uploads/tx_ttproducts/datasheet/INKOTA-Brief_121.pdf, (Stand: 31. 10. 2012).
156 Zahlen nach: Ebda. S. 5.
157 Ebda. S. 6.
158 Memorandum 2002: Entwicklungspolitik als Teil einer neuen Weltfriedenspolitik, abrufbar unter: http://germanwatch.org/pubdiv/memo02l.htm, (Stand: 12. 11. 2012).

Zweiter Teil
Im Bann des Terrors vom 11. September 2001

Panorama

1 «The War Against America. An Unfathomable Attack», New York Times, 12. 9. 2001. Ähnlich lauteten sämtliche Kommentare in den Medien der westlichen Welt.
2 Michael Stürmer, «Zeitenwende», Die Welt, 13. 9. 2001.
3 Peter Bender, Pearl Harbor und der 11. September, in: Zeitschrift für Geschichtswissenschaft 49 (2001), S. 1097–1103, hier: S. 1103.
4 George W. Bush vor dem Kongress, Ansprache an die Nation im Kongress, Washing-

ton, 20.9.2001, abrufbar unter: http://www.presidentialrhetoric.com/speeches/09.20.01.html, (Stand: 5.6.2012).
5 Butter/Christ/Keller (Hg.), 9/11. Kein Tag, der die Welt veränderte.
6 Die Literatur ist vielfältig: Greiner, 9/11; Theveßen, Nine Eleven. Der Tag, der die Welt veränderte; Schäfer, Der Angriff. Wie der islamistische Terror unseren Wohlstand sprengt; Dudziak (Hg.), September 11 in History. A watershed moment?; Chomsky, Hegemony or survival. America's quest for global dominance; vgl. Leggewie, 11. September 2001 – welche Niederlage? Notizen zum Entstehen eines globalen Erinnerungsortes, in: Carl/Kortüm/Langewiesche/Lenger (Hg.), Kriegsniederlagen. Erfahrungen und Erinnerungen, S. 447–464; Auswahlbibliographie abrufbar unter http://www.zeithistorische-forschungen.de/zol/Portals/_zf/documents/pdf/Bibliographie_11_09_2001.pdf, (Stand: 10.2.2012).
7 Greiner, 9/11, S. 173.
8 Bierling, Geschichte des Irakkriegs, S. 7.

1. 9/11 und Afghanistan – Vom Befreier zur Kriegspartei

1 Gerhard Schröder in der Regierungserklärung zu den Anschlägen in den Vereinigten Staaten von Amerika vom 12.9.2001, in: Verh. d. Dt. Bt., Plenarprotokoll 14/186, S. 1893.
2 Chronologie der Ereignisse um den 11. September 2001, in: Depositum Steinmeier, Tageskopien Dr. Steinlein.
3 Antrag der Bundesregierung auf Einsatz bewaffneter deutscher Streitkräfte vom 7.11.2001, Drucksache 14/7296.
4 Gerhard Schröder in der Regierungserklärung vom 12.9.2001, in: Verh. d. Dt. Bt., Plenarprotokoll 14/186, S. 18293.
5 Gerhard Schröder in der Regierungserklärung vom 19.9.2001, in: Verh. d. Dt. Bt., Plenarprotokoll 14/187, S. 18302.
6 Overhaus, Die deutsche NATO-Politik, S. 256.
7 Angela Merkel zur Regierungserklärung vom 11.10.2001, in: Verh. d. Dt. Bt., Plenarprotokoll 14/192, S. 18684.
8 Fischer, Die rot-grünen Jahre, S. 423.
9 Peter Struck zur Regierungserklärung vom 12.9.2001, in: Verh. d. Dt. Bt., Plenarprotokoll 14/186, S. 18294.
10 Gerhard Schröder zur Regierungserklärung vom 12.9.2001, in: Verh. d. Dt. Bt., Plenarprotokoll 14/186, S. 18293.
11 Ebda., S. 18297.
12 Friedbert Pflüger am 7.11.2002 zur Fortsetzung des Einsatzes bewaffneter deutscher Streitkräfte, in: Verh. d. Dt. Bt., Plenarprotokoll 15/8, S. 381.
13 Ralf Fücks/Daniel Cohn-Bendit, «Brücken bauen», September 2001, in: AGG Bundestagsfraktion/Bestand Arbeitskreis, 4 B. II4 AKIV 1002.
14 Wolfgang Freiherr zur namentlichen Abstimmung über den Entschließungsantrag zu der Regierungserklärung am 19.11.2001 des Bundeskanzlers zu den Terroranschlägen in den USA, in: Verh. d. Dt. Bt., Plenarprotokoll 14/187, S. 18243.
15 Gesine Lötzsch zur Fortsetzung und Erweiterung der Beteiligung bewaffneter deutscher Streitkräfte am 24.10.2003, in: Verh. d. Dt. Bt., Plenarprotokoll 15/70, S. 6003.
16 Gerhard Schröder in der Regierungserklärung vom 19.9.2001, in: Verh. d. Dt. Bt., Plenarprotokoll 14/187, S. 18302.

746 Anmerkungen

17 Gerhard Schröder zur Regierungserklärung vom 11. 10. 2001, in: Verh. d. Dt. Bt., Plenarprotokoll 14/192, S. 18680.
18 Ebda., S. 18683.
19 Ebda., S. 18693.
20 Gerhard Schröder zur Regierungserklärung vom 8. 11. 2001, in: Verh. d. Dt. Bt., Plenarprotokoll 14/198, S. 19293 und 19284.
21 Vgl. Schröder, Entscheidungen, S. 177.
22 Umfrage, zitiert nach: Forsa-Umfrage. Mehrheit in Deutschland für Feuerpause, Der Spiegel, 24. 2. 2001.
23 Protokoll der Sondersitzung des Parteivorstandes am 17. 9. 2001, in: AdsD, PV, Büro G. Schröder, 2/PV EF 000009.
24 Protokoll der SPD-Präsidiumssitzung am 17. 9. 2001, in: AdsD, PV, Büro G. Schröder, 2/PV EF 000021.
25 Pressestatement von Gerhard Schröder und Tony Blair am 19. 9. 2001, in: AdsD, PV, Büro G. Schröder, 2/PV EF 000334.
26 Günter Bannas, «Schröders Außenpolitik», FAZ, 5. 11. 2001.
27 Protokoll der Sitzung des SPD-Parteivorstandes am 24. 9. 2001, in: AdsD, PV, Büro G. Schröder, 2/PV EF 000009.
28 Ebda.
29 Protokoll des Parteitags und der Teilnahme Schröders, 30.9.–3. 10. 2011, in: AdsD, PV, Büro G. Schröder, 2/PV EF 000334.
30 Protokoll der Sondersitzung des SPD-Präsidiums mit dem Zentralrat der Juden am 8. 10. 2001, in: AdsD, PV, Büro G. Schröder, 2/PV EF 000021.
31 Protokoll des SPD-Parteivorstandes am 22. 10. 2001, in: AdsD, PV, Büro G. Schröder, 2/PV EF 000009.
32 Rudolf Scharping zur Regierungserklärung vom 8. 11. 2001, in: Verh. d. Dt. Bt., Plenarprotokoll 14/198, S. 19299.
33 Friedrich Merz zur Regierungserklärung vom 12. 9. 2001, in: Verh. d. Dt. Bt., Plenarprotokoll 14/186, S. 18294.
34 Peter Struck zur Regierungserklärung vom 25. 7. 2002, in: Verh. d. Dt. Bt., Plenarprotokoll 14/250, S. 25395.
35 Gerhard Schröder zur Regierungserklärung vom 8. 11. 2001, in: Verh. d. Dt. Bt., Plenarprotokoll 14/198, S. 19284.
36 Gespräch mit Peter Struck vom 8. 7. 2010.
37 Geyer u. a. (Hg.), Operation Rot-Grün, S. 156.
38 Roth, Das Politische ist privat, S. 248.
39 Ebda., S. 161.
40 Barbara Supp, «Die Olivgrüne», Der Spiegel, 12. 11. 2001.
41 Klaus Müller an Mailingliste Parteitart Bündnis 90/Die Grünen, Beschluss des Landeshauptausschusses Schleswig-Holstein, 10. 11. 2001, in: AGG, Bundesvorstand – BundesGeschStelle, B. I.10 BuVo/BGSt (2379).
42 Reinhard Bütikofer, Entwurf für einen Antrag des BuVo. Den internationalen Kampf gegen Terrorismus unterstützen, 4. 10. 2001, in: AGG, Bundesvorstand – BundesGeschStelle, B. I.10 BuVo/BGSt (2379).
43 Jürgen Trittin, «Kritische Solidarität statt Ja und Amen», 12. 11. 2001, in: AGG, Bundesvorstand – BundesGeschStelle, B. I.10 BuVo/BGSt (2379).
44 Ralf Fücks/Daniel Cohn-Bendit, «Brücken bauen», September 2001, in: AGG Bundestagsfraktion/Bestand Arbeitskreis, 4 B. II4 AKIV 1002.

45 Beschluss des Parteirates, 12.11.2001, Kritische Solidarität statt Ja und Amen. Zur Bereitstellung deutscher bewaffneter Kräfte im Kampf gegen den internationalen Terrorismus, AGG Bundestagsfraktion/Bestand Arbeitskreis 4 B. II.4 AK IV 990.
46 Abgedruckt in: Blätter für deutsche und internationale Politik, Heft 12/2001, S. 1513–1516, hier: S. 1513.
47 Schröder vor dem SPD-Parteivorstand am 22.10.2001, in: AdsD, PV, Büro G. Schröder, 2/PV EF 000009.
48 Brief von Gernot Erler vom 7.11.2001, in: AdsD, PV, Büro G. Schröder, 2/PV EF 000003.
49 Struck, So läuft das, S. 74.
50 Gespräch mit Antje Vollmer vom 25.1.2011.
51 Siegmar Schelling, «Sonnenkönig an der Spree», Welt am Sonntag, 19.11.2001.
52 Heribert Prantl, «Kopf hoch, sagt der Kanzler», SZ, 17.11.2001.
53 Protokoll der Sitzung des SPD-Parteivorstandes am 18.11.2001, in: AdsD, PV, Büro G. Schröder, 2/PV EF 000003.
54 Gespräch mit Reinhard Bütikofer vom 19.1.2012.
55 Gespräch mit Rezzo Schlauch vom 11.11.2010.
56 Vgl. Greiner, 9/11, S. 88 ff.
57 Vgl. Chiari (Hg.), Wegweiser zur Geschichte. Afghanistan.
58 Gespräch mit Gernot Erler vom 29.9.2011.
59 Nicholas Watt, «War in Afghanistan», The Guardian, 6.12.2001; «Weißer Rauch am Petersberg. Abkommen für Übergangsregierung in Afghanistan steht. Vereinbarung weltweit begrüßt», die tageszeitung, 6.12.2001; «Manche hatten Tränen in den Augen», General-Anzeiger, 5.12.2011; «A Political Plan for Afghanistan», The New York Times, 5.12.2011.
60 Gespräch mit Gerhard Schröder vom 13.1.2011.
61 Chauvistre, Robuste Illusionen, in: Internationale Politik 3/2009, S. 84–95, hier: S. 88.
62 Vgl. Naumann, Einsatz ohne Ziel?
63 Gerhard Schröder zur Regierungserklärung vom 22.12.2001, in: Verh. d. Dt. Bt., Plenarprotokoll 14/210, S. 20823.
64 Stefan Kornelius, «Nächste Phase: Politik», SZ, 1.2.2008.
65 Antrag der Bundesregierung zur Fortsetzung der Beteiligung bewaffneter deutscher Streitkräfte, Drucksache 15/128, 3.12.2001.
66 Vor allem der «Stern» hatte Scharping im Visier, vgl. die Ausgaben vom 16.03., 23.03. und 19.4.2000.
67 Hans-Jürgen Leersch, Michael Inacker, «Wie lange hält Scharping noch durch?», Die Welt, 24.3.2000.
68 Tilman Gerwien, Hans Peter Schütz, «Täuschungs-Manöver», Stern, 19.4.2000.
69 Protokoll der Sitzung der SPD-Bundestagsfraktion vom 29.8.2001, in: AdsD, BTF, 14. WP, SPD-BTF 40554.
70 Protokoll der Sitzung des SPD-Parteirates vom 3.9.2001, in: AdsD, PV, Büro G. Schröder, 2/PV EF 000001.
71 «Nur die Liebe zählt», Der Spiegel, 27.8.2001; Michael Naumann, «Sündenpool der Nation», Die Zeit, 30.8.2001.
72 Fischer, Mein langer Lauf zu mir selbst.
73 Ansgar Graw, «Der Fall Fischer contra Scharping», Die Welt, 20.11.2001.
74 Ebda.

75 Andreas Rinke, «Weggetreten», Handelsblatt, 19.7.2002.
76 Hans Leyendecker, «Der ewige Nachfolger», SZ, 19.7.2002.
77 Christoph Schwennicke, «Kumpeln und führen», SZ, 14.12.2002.
78 Struck, So läuft das, S. 79.
79 Schröder, Entscheidungen, S. 438.
80 Hans Leyendecker, «Der ewige Nachfolger», SZ, 19.7.2002.
81 Horst Köhler, Einsatz für Freiheit und Sicherheit. Rede des Bundespräsidenten bei der Kommandeurstagung der Bundeswehr in Bonn vom 10.10.2005, abrufbar unter: http://www.bundespraesident.de/SharedDocs/Reden/DE/Horst-Koehler/Reden/2005/10/20051010_Rede.html, (Stand 30.05.12).
82 Peter Struck zur Regierungserklärung vom 20.12.2002, in: Verh. d. Dt. Bt., Plenarprotokoll 15/17, S. 1314.
83 Gespräch mit Schröder vom 13.1.2011.
84 Antrag der Bundesregierung vom 16.11.2001 zur Operation Enduring Freedom, in: Verh. d. Dt. Bt., Plenarprotokoll 14/202, Drucksache 14/7296 vom 7.11.2001, S. 3.
85 Joschka Fischer in der Regierungserklärung vom 8.11.2001, in: Verh. d. Dt. Bt., Plenarprotokoll 14/198, S. 19293.
86 Peter Blechschmidt, «Das Ende der Illusionen», SZ, 12.9.2009.
87 Vgl. zur Afghanistanpolitik: Meiers, Zu neuen Ufern?; Rittberger (Hg.), German Foreign Policy; von Krause, Die Afghanistaneinsätze der Bundeswehr; Chiari/Pahl (Hg.), Auslandseinsätze; Viehrig, Militärische Auslandseinsätze.
88 Daniel Brössler, «Die Qual mit Afghanistan», SZ, 28.1.2011.
89 «Drei Bundeswehrsoldaten in Afghanistan gefallen», Die Zeit, 2.4.2010.
90 Bundeskanzler Schröder zur Drucksache 15/421 am 13.2.2003, in: Verh. d. Dt. Bt., Plenarprotokoll 15/25, S. 1875.
91 Vgl. Wagner/Gießmann, Auslandseinsätze der Bundeswehr, in: APuZ 48/2009, S. 3–9, sowie Naumann, Wie strategiefähig ist die deutsche Sicherheitspolitik, in: APUZ 48/2009, S. 10–17; Reeb, Die «neue» Bundeswehr, in: APuZ 48/2009, S. 17–23.
92 Entwurf eines Gesetzes über die parlamentarische Beteiligung bei der Entscheidung über den Einsatz bewaffneter Streitkräfte im Ausland (Parlamentsbeteiligungsgesetz) am 3.12.2004, in: Verh. d. Dt. Bt., Plenarprotokoll 15/146, Drucksachen 15/2742, 15/4264.
93 Peter Struck zur Regierungserklärung vom 16.11.2001, in: Verh. d. Dt. Bt., Plenarprotokoll 14/202, S. 19864.
94 Ebda., S. 19868.
95 Ebda., S. 19884.
96 Peter Struck zur Regierungserklärung vom 28.9.2005, in: Verh. d. Dt. Bt., Plenarprotokoll 15/187, S. 17574.
97 Friedrich Merz zur Regierungserklärung vom 22.12.2001, in: Verh. d. Dt. Bt., Plenarprotokoll 14/210, S. 20823.
98 Sheehan, Kontinent der Gewalt.
99 Feichtinger/Malinowski, Konstruktive Kriege? Rezeption und Adaption der Kolonialkriege in westlichen Demokratien, in: GG 37/2011, S. 275–305.
100 Rudolf Scharping zur Regierungserklärung vom 11.10.2001, in: Verh. d. Dt. Bt., Plenarprotokoll 14/192, S. 18696.
101 Daniel Brössler, «Es ist kein Krieg», SZ, 22.10.2008.
102 Christian Wernicke, «Ein Gefühl der Bitterkeit», SZ, 26.9.2011.
103 Peter Stuck zur Drucksache 15/421 am 13.2.2003, in: Verh. d. Dt. Bt., Plenarprotokoll 15/25, S. 1894.

104 Struck, So läuft das, S. 108. Vgl. mit Berichterstattung «Frauen in Afghanistan», in: AAG Bundestagsfraktion/Bestand Arbeitskreis 4, B. II.4AK IV 990.
105 Jürgen Koppelin zur Abstimmung zu dem Antrag der Bundesregierung am 24. 10. 2003, in: Verh. d. Dt. Bt., Plenarprotokoll 15/70, S. 6054.
106 Antrag der Bundesregierung zur Fortsetzung der Beteiligung bewaffneter deutscher Streitkräfte am Einsatz ISAF, Drucksache 17/39, 18. 11. 2009, S. 2.
107 Angela Merkel in der Regierungserklärung zur Afghanistankonferenz am 27. 1. 2010, in: Verh. d. Dt. Bt., Plenarprotokoll 17/18, S. 1524.

2. Terrorangst und Sicherheit – Politische und mentale Folgen des Globalschocks

1 Vgl. MS des ARD-Filmes «Fischer, Schily: Mein 11. September. Als der Anschlag die deutsche Regierung traf», Sendung, 5. 9. 2011.
2 Thorsten Krauel, «Die Demokratie im Krieg», Die Welt, 13. 9. 2001.
3 Bild-Zeitung, 12. 1. 2001.
4 Gernot Rotter, «Woher kommt der Hass?», Der Spiegel, 24. 9. 2001.
5 Vermerk von Otto Schily, o. D. (14. 9. 2001), in: Depositum Steg.
6 Tagebücher von Stefan Steinlein, in: Depositum Steinlein
7 Ebda., Eintrag 14. 9. 2001.
8 Ebda., Eintrag 15. 9. 2001.
9 Ebda., Eintrag 17. 9. 2001.
10 Ebds., Eintrag 10. 10. 2001.
11 Ebda., Eintrag 21. 9. 2001.
12 Ebda., Eintrag 11. 10. 2001.
13 Ebda., Eintrag 27. 9. 2001.
14 Ebda., Eintrag 29. 9. 2001.
15 Ebda., Eintrag 4. 10. 2001.
16 Ebda., Eintrag 6. 10. 2001.
17 Ebda., Einträge 6. 10., 9. 10, 11. 11. 2001.
18 Vgl. Hein, Die Anti-Terrorpolitik der rot-grünen Bundesregierung, in: Harnisch/Katsioulis/Overhaus (Hg.), Deutsche Sicherheitspolitik, S. 145–171, hier S. 145.
19 Zur RAF v. a. Koenen, Das rote Jahrzehnt.
20 Vgl. Burke, Al Qaida. Wurzeln, Geschichte, Organisation.
21 Friederike Gräfe, Virginie Herz, «Man fühlt sich wie im Big-Brother-Haus», die tageszeitung, 2. 10. 2001.
22 «Zur Sicherheit: Der Norden rückt zusammen», Hamburger Abendblatt, 2. 10. 2001.
23 Vgl. Gössner, Computergestützter Generalverdacht, in: Vorgänge. Zeitschrift für Bürgerrechte und Gesellschaftspolitik 159/2002, S. 41–51.
24 Helmut Schmidt in der Regierungserklärung vom 25. 4. 1975, in: Verh. d. Dt. Bt., Stenografische Berichte 93 (1975), S. 11784.
25 Vgl. Wache, Die Strafverfolgung islamistischer Terroristen, in: Hirschmann/Leggemann (Hg.), Der Kampf gegen den Terrorismus, S. 143–152.
26 Otto Schily, Vorwort des Bundesministers des Innern, in: Bundesministerium des Innern (Hg.), Verfassungsschutzbericht 2001, Berlin 2001, S. 3 f.
27 Finanzminister Hans Eichel auf der Sitzung der SPD-Bundestagsfraktion, Protokoll vom 24. 9. 2001, in: AdsD, PV, Büro G. Schröder, 2/PV EF 000001.
28 Erstes Gesetz zur Änderung des Vereinsgesetzes vom 4. 12. 2001, in: Bundesgesetzblatt 2001, Teil 1, 7. 12. 2001, S. 3319.

29 Vgl. Glaeßner, Sicherheit in Freiheit, S. 265.
30 Vgl. Roell, Deutschlands Beitrag zur internationalen Terrorismusbekämpfung, in: Hirschmann/Leggemann (Hg.), Der Kampf gegen den Terrorismus, S. 125–142, hier S. 133.
31 Gesetz zur Bekämpfung des internationalen Terrorismus (Terrorismusbekämpfungsgesetz) vom 9.1.2002, in: Bundesgesetzblatt 2002, Teil 1, 11.1.2002, S. 361–395, hier S. 362.
32 Ebda., Art. 5, Abs. 3.
33 Deiß, Herausforderung Terrorismus, S. 77 ff.
34 Alle Gesprächspartner, die am Kabinettstisch anwesend waren, bescheinigen dies in den geführten Interviews.
35 Gespräch mit Gerhard Schröder vom 13.1.2011.
36 Gespräch mit Thomas Steg vom 15.4.2010.
37 Gespräch mit Rezzo Schlauch vom 11.11.2010.
38 Gespräch mit Joschka Fischer vom 27.2.2012.
39 Gerhard Schröder auf der Sitzung der SPD-Bundestagsfraktion, Protokoll vom 24.9.2001, in: AdsD, PV, Büro G. Schröder, 2/PV EF 000001.
40 SPD-Parteivorstand, Referat Westeuropa/Europäische Union, Analyse des ersten Durchgangs der Präsidentschaftswahlen in Frankreich am 21.4.2002, 22.4.2002, in: AdsD, PV, Büro G. Schröder 2/PV EF 000099.
41 Torsten Krauel, «Eisprinz aus gutem Hause», Die Welt, 10.7.2001. Biographien zu Schily, die allerdings nur bis 2000 bzw. 2002 reichen: Michels, Otto Schily. Eine Biographie; Reinecke, Otto Schily. Vom RAF-Anwalt zum Innenminister. Ann, Schily, in: Kempf/Merz (Hg.), Kanzler und Minister 1998–2005, S. 269–286.
42 Guido Heinen, «Sicherheits-Politik ist ihm fast ein Lusterlebnis: Günther Beckstein», Die Welt, 29.10.2001.
43 Meng, Der Medienkanzler, S. 180.
44 Gespräch mit Volker Beck vom 26.1.2011.
45 Volker Beck und Cem Özdemir, «Sicherheit herstellen und Freiheit verteidigen», Tischvorlage für die Fraktionsvorstandssitzung am 24.9.2001, in: AGG Bundestagsfraktion B. II.4 FGF (4186).
46 Gespräch mit Volker Beck vom 26.1.2011.
47 Infratest dimap, Große Zustimmung für Sicherheitspaket II, November 2001, in: http://www.infratest-dimap.de/umfragen-analysen/bundesweit/ard-deutschlandtrend/2001/november, (Stand: 13.6.2012).
48 Otto Schily, Verantwortung kennen und wahrnehmen. Rede vor dem Deutschen Bundestag am 19.9.2001, in: Bundesministerium des Innern, Nach dem 11. September, S. 10–16, hier S. 12.
49 Hirsch, Der attackierte Rechtsstaat. Bürgerrecht und «innere Sicherheit» nach dem 11. September, in: Vorgänge. Zeitschrift für Bürgerrechte und Gesellschaftspolitik 159/2002, S. 1–4; Weichert, Sicherheit, Kriminalität und Grundrechte in der informatisierten Risikogesellschaft, in: Humanistische Union e. V. (Hg.), Innere Sicherheit als Gefahr, S. 19–31.
50 Burkhard Hirsch, «Abschied vom Grundgesetz», SZ, 2.11.2001.
51 «Teurer Quatsch», Der Spiegel, 5.11.2001.
52 Stellungnahme der Aktion Courage zum Terrorismusbekämpfungsgesetz, 26.11.2001, abrufbar unter: http://www.cilip.de/terror/courage.htm, (Stand: 13.6.2012).
53 Stellungnahme von Amnesty International zum Terrorismusbekämpfungsgesetz,

28. 11. 2001, abrufbar unter: http://www.amnesty.de/umleitung/2001/deu08/005?lang=de%26mimetype%3Dtext%2Fhtml, (Stand: 22. 6. 2012).
54 Vgl. Prantl, Verdächtig – Der starke Staat und die Politik der inneren Unsicherheit.
55 Jutta Limbach, «Ist die kollektive Sicherheit Feind der individuellen Freiheit?», Die Zeit, 10. 5. 2002.
56 So Wilhelm von Humboldt in seiner Abhandlung «Ideen zu einem Versuch, die Gränzen der Wirklichkeit des Staates zu bestimmen» 1792, in: Ders., Gesammelte Werke, Bd. 7, Berlin 1852, S. 47.
57 Otto Schily im Interview mit der SZ, 29. 10. 2001.
58 Vgl. Mackenroth, Der Rechtsstaat in der Zwickmühle?
59 Regierungserklärung von Bundeskanzler Gerhard Schröder vom 29. 10. 2002, in: Verh. d. Dt. Bt., Plenarprotokoll 15/4, S. 57.
60 Initiativantrag Parteivorstand, «Innere Sicherheit angesichts der terroristischen Bedrohung», 9. 1. 2001, in: AdsD, PV, Büro G. Schröder, 2/PV EF 000003.
61 Rede des SPD-Parteivorsitzenden, Bundeskanzler Gerhard Schröder anlässlich des Programmforums «Sicherheit für Deutschland», 21. 1. 2002 in Berlin, in: AdsD, PV, Büro G. Schröder, 2/PV EF 000384.
62 Das frühe Papier «Sicherheit herstellen – Bürgerrechte sichern» (ohne Datum), Mitte September 2001, in: AGG, Bundesvorstand – BundesGeschStelle, B. I.10 BuVo/BGst, (2279), das spätere «Sicherheit herstellen und Freiheit verteidigen» verfasst von Volker Beck und Cem Özdemir, 21. 9. 2001, in: AGG. Bundestagsfraktion, B. II4FGF (4186), sowie das umfassendste «Von der Friedensbewegung zur Friedenspolitik», November 2001, das alle Strömungen umfasste, in: AGG, Bundestagsfraktion/Bestand Arbeitskreis 4, B. II. 4 AK IV 957. Die Zitate entstammen aus dem Papier vom 24. 9. 2001.
63 Zu den Hintergründen der Entführung vom 5. 1. 2003 Sabine Maurer, Ira Schaible, «Ein Mann bedroht Frankfurt», Deutsche Presse-Agentur, 5. 1. 2003, abrufbar unter: http://www.ejz.de/cgi-bin/pipeline.fcg?userid=&publikation=28&template=arttext archiv&ausgabe=15880&archiv=1&redaktion=1&artikel=106766485, (Stand: 19. 12. 2012).
64 Gespräch mit Peter Struck vom 8. 7. 2010. Den Vorfall schildert er auch in seinem Buch: Struck, So läuft das, S. 124 ff.
65 Gesetz zur Neuregelung von Luftsicherheitsaufgaben, Art. 1, § 14 Abs. 3. vom 11. 1. 2003, in: Bundesgesetzblatt 2005, Teil 1, 14. 1. 2003, S. 78–87, hier S. 83.
66 Siehe Winkeler, Bedingt abwehrbereit?; Archangelskij, Das Problem des Lebensnotstandes am Beispiel des Abschusses eines von Terroristen entführten Flugzeuges; Ladiges, Die Bekämpfung nicht-staatlicher Angreifer im Luftraum; Hecker, Die Entscheidung des Bundesverfassungsgerichts zum Luftsicherheitsgesetz, in: Kritische Justiz 2/2006, S. 179–194; Roxin, Der Abschuss gekaperter Flugzeuge zur Rettung von Menschenleben, in: Zeitschrift für internationale Strafrechtsdogmatik 6/2011, S. 552–563.
67 Urteil des Bundesverfassungsgerichts BVerfG, 1 BvR 357/05 vom 15. 2. 2006, Absatz-Nr. 1–156, hier Abs. 130, abrufbar unter: http://www.bverfg.de/entscheidungen/rs20060215_1bvr035705.html, (Stand: 19. 12. 2012).
68 Schily, Luftsicherheit aus einer Hand, in: Bundesministerium des Innern (Hg.): Nach dem 11. September 2001, S. 204–209, hier S. 208.
69 «Luftsicherheitsgesetz, Köhler legt sich mit dem Kabinett an», Spiegel Online 12. 1. 2005, abrufbar unter: http://www.spiegel.de/politik/deutschland/0,1518,336528,00.html, (Stand: 13. 6. 2012).
70 Michael Jach, Karl-Heinz Steinkühler, Hartmut Kistenferger, «Sicherheitsrisiko Schily», Focus, 28. 1. 2002.

71 Christiane Schlötzer, «Bayern fordert bundesweites Verbot der NPD», SZ, 2. 8. 2000.
72 Ebda.
73 Sachstand für den Fraktionsvorstand, 15. 5. 2002, Annelie Buntenbach, Auseinandersetzung mit Rechtsextremismus, «Bündnis für Demokratie und Toleranz» – was tut die Bundesregierung?, in: AGG, Bestand Parlamentarische Geschäftsführung, B. II.4 PGF-702.
74 Schreiben des Bundesministers des Innern Otto Schily und der Bundesministerin der Justiz Herta Däubler-Gmelin an Annelie Buntenbach, 2. 5. 2000, in: AGG, Bestand Parlamentarische Geschäftsführung, B. II 4 PGF – 702.
75 Interview mit Gerhard Schröder, Bild am Sonntag, 20. 8. 2000.
76 Entscheidung des Bundesverfassungsgerichts vom 18. 3. 2003, abrufbar unter: http://www.bundesverfassungsgericht.de/entscheidungen/bs20030318_2bvb000101.html, (Stand: 13. 6. 2012). Siehe auch Flemming, Das NPD-Verbotsverfahren.
77 Dazu Leggewie/Meier (Hg.), Verbot der NPD oder Mit Rechtsradikalen leben.
78 Zit. nach Meng, Der Medienkanzler, S. 183.
79 Jan Christoph Wiechmann, «Die Wurzeln bekämpft», Stern, 31. 1. 2002.
80 Heribert Prantl, «Die NPD als Staatspartei», SZ, 19. 3. 2003.
81 Peter Scherer, «Anklage gegen mutmaßliche Al-Tawhid-Mitglieder», Die Welt, 12. 9. 2003.
82 «Schröder: Terrorismus kann Wirtschaftsaufschwung gefährden», Deutsche Presse-Agentur, 18. 3. 2004.
83 «Bundespräsident: Terror darf uns nicht handlungsunfähig machen», Agence France Presse, 24. 3. 2004.
84 Hans-Jürgen Leersch, Martin Lutz, «Soldaten sollen WM schützen», Die Welt, 9. 7. 2005.
85 «Anschläge lösen Sicherheitsdebatte aus», General-Anzeiger, 9. 7. 2005.
86 «Polizeigewerkschaft ruft zum 11. September zur Wachsamkeit auf», Agence France Presse, 9. 9. 2005.
87 Institut für Demoskopie Allensbach (Hg.), Terroranschläge in Deutschland?, S. 11.
88 Institut für Demoskopie Allensbach (Hg.), Mehr als jeder Zweite fürchtet einen Terroranschlag in Deutschland, S. 21.
89 Rahmenbeschluss des Europäischen Rats vom 13. 6. 2002 zur Terrorismusbekämpfung, in: Amtsblatt der Europäischen Gemeinschaften Nr. L 164 vom 22. 6. 2002, S. 0003–0007, abrufbar unter: http://eur-lex.europa.eu/LexUriServ/LexUriServ.do?uri=CELEX:32002F0475:DE:HTML, (Stand: 19. 12. 2012).
90 Siehe dazu das Kapitel II.5.
91 Peter Carstens, «Viel Pragmatismus», FAZ, 17. 9. 2005.
92 Gespräche dazu im Vermittlungsausschuss, 12. Sitzung, 15. WP/2003, 13. 11. 2003, S. 6–11.
93 «Zypries gegen zentrales EU-Strafregister», Die Welt, 8. 7. 2004.
94 Vgl. zu den Anti-Terror-Gesetzen in diesen Ländern Büsching, Rechtsstaat und Terrorismus; Chang, Das Ende der Bürgerrechte?.
95 Berg, Der 11. September 2001 – eine historische Zäsur?, in: Zeithistorische Forschungen 3/2011, S. 463–474, hier S. 469.
96 Siehe Karg, Mehr Sicherheit oder Einschränkung von Bürgerrechten?
97 Holger Stark, Markus Verbeet, «Sieg der Praxis», Der Spiegel, 14. 3. 2005.

3. Rückkehr und Verwandlung Europas

1 Siehe: Wirsching, Der Preis der Freiheit; James, Geschichte Europas im 20. Jahrhundert; Judt, Die Geschichte Europas seit dem Zweiten Weltkrieg; Berend, Europe since 1980; Kaelble, Sozialgeschichte Europas 1945 bis zur Gegenwart.
2 Europäischer Rat Kopenhagen, Schlussfolgerungen des Vorsitzes, 21.–22. 6. 1993 (Kopenhagener Kriterien), S. 13, abrufbar unter: http://www.consilium.europa.eu/ueDocs/cms_Data/docs/pressData/de/ec/72924.pdf, (Stand: 13. 9. 2012).
3 Zit. nach: Ostheim, Praxis und Rhetorik deutscher Europapolitik, in: Egle/Ostheim/Zohlnhöfer (Hg.), Das Rot-grüne Projekt, S. 351–380, hier S. 351. Siehe auch: Ders., Einsamkeit durch Zweisamkeit, in: Egle/Zohlnhöfer (Hg.), Ende des rot-grünen Projekts, S. 481–508. Zu Kohl: Kohler-Koch, Bundeskanzler Kohl – Baumeister Europas?, in: Wewer (Hg.), Bilanz der Ära Kohl, S. 283–311.
4 «Ministerpräsidenten wollen Steuerreform zustimmen», FAZ, 9. 12. 1998.
5 Gespräch mit Reinhard Bütikofer vom 19. 1. 2012.
6 So Günter Verheugen, Wirtschaftswoche, 31. 12. 1998.
7 Karin Junker auf der Sitzung des SPD-Parteivorstandes, 1. 2. 1999, in: AdsD, PV, Büro Lafontaine, 2 PV DE 000012.
8 Rede des SPD-Parteivorsitzenden, Bundeskanzler Gerhard Schröder, anlässlich des Parteitages der ungarischen Sozialistischen Partei, 25. 11. 2000, Budapest, in: AdsD, PV, Büro G. Schröder, 2/PV WF 000331.
9 Zitat in der Mitteilung der Koordinierungsgruppe Türkei beim SPD-Vorstand vom 17. 12. 2002, in: AdsD, PV, Büro G. Schröder, 2 PV/EF 000100.
10 Pressemitteilung der SPD zum EU-Gipfel in Kopenhagen, in: AdsD, PV, Büro G. Schröder, 2 PV/EF 000100.
11 Siehe die «Europapolitische Grundsatzerklärung» des SPD-Präsidiums vom 13. 3. 2000, in: AdsD, PV, Büro G. Schröder, 2/PV EF 000116.
12 Rede des Bundeskanzlers Gerhard Schröder auf der Konferenz «Sicherheit im Wandel», 5. 2. 2001 in Berlin, in: AdsD, PV, Büro G. Schröder, 2/PV EF 000382.
13 Michael Burda, «Eine teure Rückkehr nach Europa», Handelsblatt, 29. 2. 2000.
14 «Für Osteuropa ist Berlin die Hoffnung», Die Welt, 9. 3. 1999.
15 Klaus-Peter Schöppner, «Die Deutschen sind erstmals für die Osterweiterung der EU», Die Welt, 4. 9. 2001.
16 Vgl. Positionspapier der SPD-Bundestagsfraktion zur Osterweiterung der EU, 28. 6. 2000, in: AdsD, PV, Büro G. Schröder, 2/PV EF 000116.
17 Siehe Müller/Brandeck/Boscquet, Deutsches Leadership in der Europäischen Union, in: Dies., u. a. (Hg.), Deutsche Europapolitik von Konrad Adenauer bis Gerhard Schröder, S. 167–220, hier: S. 214.
18 Siehe Fischer, Der Vertrag von Nizza.
19 Fischer, Die rot-grünen Jahre, S. 350.
20 Judt, Geschichte Europas, S. 844.
21 Zit. nach: «Sieg für Deutschland», FAZ, 12. 12. 2000.
22 «L'européen Delors critique l'Europe», Le Monde, 19. 1. 2000.
23 Christian Wernicke, «Brüssel steht vor dem Infarkt», Die Zeit, 11. 5. 2000.
24 Fischer, Die rot-grünen Jahre, S. 303. Dort auch Auszüge der Rede.
25 Joschka Fischer, «Vom Staatenverbund zur Föderation – Gedanken über die Finalität der europäischen Integration» («Humboldt-Rede»), 12. 5. 2000, abrufbar unter:

754 Anmerkungen

http://www.europa.clio-online.de/site/lang__de-DE/ItemID__17/mid__11373/40208215/default.aspx, (Stand: 11. 9. 2012).
26 Karl Lamers im Gespräch mit Heribert Prantl, «Karlsruhe hat die Skepsis der Deutschen gegenüber Europa verstärkt», SZ, 1. 9. 2012.
27 Joschka Fischer, «Vom Staatenverbund zur Föderation – Gedanken über die Finalität der europäischen Integration» («Humboldt-Rede»), 12. 5. 2000, abrufbar unter: http://www.europa.clio-online.de/site/lang__de-DE/ItemID__17/mid__11373/40208215/default.aspx, (Stand: 11. 9. 2012).
28 Heinrich August Winkler, «Von der deutschen zur europäischen Frage. Eine Zwischenbilanz», in: Depositum Steg; Winkler, Integration oder Erosion. Joschka Fischers «Humboldt»-Rede. Absicht und Wirkung, in: Hohls/Schröder/Siegrist (Hg.), Europa und die Europäer, S. 469–473, darin auch die Rede in Auszügen abgedruckt: Joschka Fischers «Humboldt-Rede» über den europäischen Weg vom Staatenverbund zur Föderation, Mai 2000, in: Hohls/Schröder/Siegrist (Hg.), Europa und die Europäer, S. 473 f.
29 Zit. nach Kurt Kister, «Fischer: Diskussion über Zukunft der EU muss jetzt beginnen», SZ, 20. 5. 2000.
30 Rudolf Augstein, «Joschka auf dem Hochseil», Der Spiegel 22. 5. 2000.
31 Reaktionen sind gesammelt in: Konrad-Adenauer-Stiftung e. V. (Hg.), Europäische Reaktionen auf die Rede von Joschka Fischer zur Zukunft Europas, 18. 8. 2000; abrufbar unter: http://www.kas.de/wf/de/33.2425/, (Stand: 11. 9. 2012); außerdem «Überwiegend Kritik an Fischers Europa-Plan», Berliner Zeitung, 15. 5. 2000.
32 Heinrich August Winkler, «Von der deutschen zur europäischen Frage. Eine Zwischenbilanz», in: Depositum Steg, dort Fußnote 12. Winkler, Integration oder Erosion. Joschka Fischers «Humboldt»-Rede, in: Hohls/Schröder/Siegrist (Hg.), Europa und die Europäer, S. 469–473. Fischers Rede ist abrufbar unter: http://www.europa.clio-online.de/site/lang_de-DE/ItemIV_17/mid_11373/40208215/default.aspx, (Stand: 8. 5. 2013).
33 Laffan, Der schwierige Weg zur Europäischen Verfassung, in: Jopp /Matl (Hg.): Der Vertrag über eine Verfassung für Europa, S. 473–492.
34 Günter Hofbauer/Margot Hepting, Empirische Studie zur «Akzeptanz des Euro», 2005.
35 Eurobarometer, The eurozone, 5 years after the introduction of euro coins. Analytical report, 2006.
36 «Angst vor dem neuen Geld», SZ, 12. 8. 2000.
37 Wirsching, Der Preis der Freiheit, S. 156.
38 Dazu Kaelble, Sozialgeschichte Europas, S. 420–425.
39 Siehe Becker/Leiße, Die Zukunft Europas.
40 Vgl. Wirsching, Der Preis der Freiheit, S. 183.
41 Guérot, Frankreich und Deutschland – Lokomotive ohne Anhänger?, in: Varwick/Knelangen (Hg.), Neues Europa – Alte EU?, S. 285–298, hier S. 290.
42 Petra Pinzler, Joachim Fritz-Vannahme, «Geht's nicht auch eine Nummer kleiner?», Die Zeit, 4. 12. 2003.
43 Richard Meng, «Das neue Grundgefühl des Ausgeliefertseins», Frankfurter Rundschau, 30. 4. 2005.
44 Schild, Ein Sieg der Angst, in: Integration 28 (2005), S. 187–200.
45 Regierungserklärung von Gerhard Schröder zu den Ergebnissen des Europäischen Rates in Köln vom 8. 6. 1999, in: Depositum Steg, S. 8.

46 Ebda.
47 Zit. nach Nico Fried, «Die EU und die Türkei», SZ, 15. 12. 2004.
48 AdsD, PV, Büro G. Schröder, 2/PV EF 000100.
49 Joschka Fischer in der Debatte um ein EU-Angebot an die Türkei am 16. 12. 2004, in: Verh. d. Dt. Bt., Plenarprotokoll 15/148, S. 13792.
50 Heribert Prantl, «Der Mond unter den Füßen», SZ, 18. 11. 2002.
51 Hans-Ulrich Wehler, «Das Türkenproblem», Die Zeit, 12. 9. 2002.
52 Ebda.
53 Dieter Oberndörfer, «Falsche Romantik», SZ, 4. 12. 2002.
54 Heute journal, ZDF, 7. 11. 2002.
55 Schäuble zit. nach Andreas Middel, «EU-Beitritt der Türkei: USA bedrängen Berlin», Die Welt, 9. 12. 2002.
56 Edmund Stoiber, «Draußen vor der Tür», SZ, 11. 12. 2002.
57 Winkler, Grenzen der Erweiterung, in: Internationale Politik 2/2003, S. 59–66, hier: S. 65.
58 Regierungsprogramm der CDU/CSU 2002 «Leistung und Sicherheit. Zeit für Taten», S. 69.
59 SPD-Homepage-Artikel über die EU-Beitrittsperspektive nach den Beschlüssen von Kopenhagen, 17. 12. 2002, in: AdsD, PV, Büro G. Schröder, 2/PV EF 000100.
60 Zitat nach Koordinierungsgruppe Türkei beim SPD-Parteivorstand, SPD zur aktuellen Türkei-Politik, 17. 12. 2002, in: AdsD, PV, Büro G. Schröder, 2/PV EF 000100, S. 2.
61 So der Titel einer Zusammenstellung der Koordinierungsgruppe Türkei beim SPD-Parteivorstand, 17. 12. 2002, in: AdsD, PV, Büro G. Schröder, 2/PV EF 000100.
62 Stefan Aust/Jürgen Leinemann, «Nationalismus ist die Pest», Interview mit Joschka Fischer und Heinrich-August Winkler, Der Spiegel, 2. 5. 2005.
63 Zit. nach Mommsen/Nußberger, Das System Putin, S. 167.
64 Schröder, Entscheidungen, S. 457.
65 Bundeskanzler Schröder, «Deutsche Russlandpolitik – Europäische Ostpolitik», Die Zeit, 5. 4. 2001.
66 Ebda.
67 Zit. nach Mommsen/Nußberger, Das System Putin, S. 170.

4. Ein Friedenskanzler? –
Schröders «Nein» zum Irak-Krieg 2002/03

1 Zitiert nach Daalder/Lindsay, America Unbound, S. 37.
2 Rice, Promoting the national interest, in: Foreign Affairs 79 (2000), S. S. 45–62, hier: S. 46 f.
3 Vgl. Hippler/Schade (Hg.), US-Unilateralismus als Problem.
4 «Bushs Welt», FAZ, 31. 3. 2001.
5 Zit. nach Joyce Battle, The Iraq-War, Part I: The U.S. Prepares for Conflict, S. 3, abrufbar unter: http://www.gwu.edu/~nsarchiv/NSAEBB/NSAEBB326/IraqWarPart1-Quotes.pdf, (Stand: 23. 5. 2012).
6 Erstes Gespräch mit Rudolf Scharping vom 2. 11. 2011.
7 Zit. nach Woodward, Der Angriff, S. 19.
8 Ebda., S. 33.
9 Schwerk, Der inneradministrative Konflikt, in: Jäger/Viehrig (Hg.), Die amerikanische Regierung gegen die Weltöffentlichkeit?, S. 109–134, hier: S. 116–118.

Anmerkungen

10 Szabo, Vereinigte Staaten von Amerika, in: Hellmann/Schmidt/Wolf (Hg.), Handbuch zur deutschen Außenpolitik, S. 353–366, hier: S. 358.
11 Rudolf, Imperiale Illusionen, S. 95.
12 Rumfeld, Known and Unknown, S. 425.
13 «Bush-Doktrin à la Breschnew?», Der Spiegel, 7. 10. 2002.
14 Fischer, I am not convinced, S. 96, gibt sein Interview in Die Welt vom 12. 2. 2002 wieder: «Aber eine Welt mit sechs Milliarden Menschen wird selbst von der mächtigsten Macht nicht allein in eine friedliche Zukunft geführt werden. Noch einmal, ich halte absolut nichts von Antiamerikanismus. Aber bei allem Unterschied in Größe und Gewicht: Bündnispartnerschaft unter freien Demokraten reduziert sich nicht auf Gefolgschaft, Bündnispartner sind nicht Satelliten.» Siehe auch die Bundestagsdebatten vom 22. 2. 2002 und vom 25. 4. 2002.
15 Schröder in einem Interview mit der Washington Post, 4. 2. 2002, in: Gülzau/Heydemann (Hg.), Konsens, Krise und Konflikt, S. 95.
16 Vgl. Gunter Hofmann, «Der lange Weg zum lauten Nein», ZeitOnline vom 27. 1. 2003, abrufbar unter: http://www.zeit.de/2003/05/Hofmann, (Stand: 29. 1. 2012).
17 «Amerikaner auf dem Ego-Trip», SpiegelOnline vom 3. 2. 2002, abrufbar unter: http://www.spiegel.de/politik/ausland/0,1518,180573,00.html, (Stand: 29. 1. 2012). Paul Wolfowitz machte deutlich, dass die USA den Kampf gegen den Terrorismus zu ihren Feinden tragen werde, und sprach wörtlich den Irak an.
18 Schröder, Entscheidungen, S. 196.
19 Bush, Decision Points, S. 234.
20 Schröder, Entscheidungen, S. 197.
21 Gespräch mit Thomas Steg vom 15. 4. 2010.
22 Lothar Loewe, «Bush ist unser Freund!», Bild, 15. 5. 2002.
23 Otto Schily, «Mit Härte gegen Gewalttäter», Bild am Sonntag, 21. 5. 2002.
24 Stefan Kornelius, «Bushs Botschaft», SZ, 24. 5. 2002.
25 Harnisch, Sebastian, Bound to fail? Germanys Iraq Policy in the Iraq Crisis 2001–2003, Vortrag gehalten auf der Jahrestagung der German Studies Association, New Orleans (Louisiana), 18.–21. September 2003, abrufbar unter: http://www.sebastianharnisch.de/vortr/GSA2003.pdf, (Stand: 29. 01 2012), S. 11.
26 Szabo, Parting Ways, S. 20.
27 «Schröder: Keine Beteiligung am Krieg gegen den Irak», FAZ, 5. 8. 2002.
28 Zitiert nach Szabo, Parting Ways, S. 23.
29 Aussage Fischers in der Dokumentation Stephan Lamby, Michael Wech, «Fischer, Schily: mein 11. September», WDR, Erstausstrahlung in der ARD vom 5. 9. 2011; abrufbar unter: http://www.youtube.com/watch?v=utZpB2V-rqM (Teil 1), http://www.youtube.com/watch?v=zriJiuHb4hg&feature=related (Teil 2), http://www.youtube.com/watch?v=Ogtk-PS7ClU&feature=related (Teil 3; jeweils Stand: 4. 2. 2012); siehe hier Teil 2.
30 Lord [George] Weidenfeld, «Lasst Amerika nicht allein», Die Welt, 10. 8. 2002.
31 Klaus Naumann, «Schröders deutscher Irrweg», Die Welt, 13. 8. 2002.
32 Fischer, I am not convinced, S. 125.
33 Gerhard Schröder, Rede zum Wahlkampfauftakt am Montag, 5. 8. 2002, in Hannover, in: AdsD, PV, Büro G. Schröder, 2/PV EF 000387, S. 8.
34 Interview mit Gerhard Schröder, Der Tagesspiegel, 15. 8. 2002.
35 Laube, Der Faktor Amerika im Wahlkampf 2002, in: Jackob (Hg.), Wahlkämpfe in Deutschland, S. 235–253.

36 Gerhard Schröder, «Meine Vision von Deutschland», Bild, 8. 8. 2002.
37 Gerhard Schröder, Beitrag vor dem SPD-Parteirat am 18. 8. 2002, in: AdsD, PV, Büro Schröder, 2/PV EF 000387, S. 22.
38 Gerhard Schröder, Regierungserklärung zum Regierungsantritt vom 10. 11. 1998, in: Verh. d. Dt. Bt., Plenarprotokoll 14/3, S. 47–67, hier: S. 49.
39 Vgl. Hellmann u. a., Das außenpolitische Vokabular der Berliner Republik, in: Politische Vierteljahresschrift 48 (2007), S. 650–679.
40 Rede von Gerhard Schröder bei der Diskussion «Nation, Patriotismus, Demokratische Kultur» (Diskussion mit Martin Walser im Willy-Brandt-Haus), 8. 5. 2002, in: AdsD, PV, Büro G. Schröder, 2/PV EF 000385, S. 5.
41 Schreiben von Jürgen Seifert an den Bundeskanzler vom 16. 4. 2002, in: Depositum Steg, S. 2.
42 Schreiben von Bundeskanzler Gerhard Schröder an Jürgen Seifert vom 14. 5. 2002, in: Depositum Steg, S. 4.
43 Notiz von Gerhard Schröder vom 24. 4. 2002, in: AdsD, PV, Büro G. Schröder, 2/PV EF 000400.
44 Petra Bornhöft, Horand Knaup, Roland Nelles, Christoph Schult, Gabor Steingart, «Jetzt wird geholzt», Der Spiegel, 12. 8. 2002.
45 Fischer, I am not convinced, S. 148.
46 Hennen, Der Einfluss gesellschaftlicher Akteure auf die Entscheidung der Bundesregierung gegen den Irakkrieg, in: Jäger/Viehrig (Hg.), Die amerikanische Regierung gegen die Weltöffentlichkeit?, S. 191–213.
47 Erstes Gespräch mit Rudolf Scharping vom 2. 11. 2011.
48 Wortlaut der Rede von Bush vor den Vereinten Nationen, dokumentiert von der Nachrichtenagentur AP, 12. 9. 2003, in: Depositum Steg.
49 Vermerk von Joschka Fischer vom 12. 9. 2002, in: Depositum Steg.
50 Fax von Ischinger vom 12. 9. 2002, in: Depositum Steg, S. 2.
51 Kastrup über den Chef des Bundeskanzleramtes an den Bundeskanzler Betr. Reaktion auf Irak-Rede von Präsident Bush am 12. 9. 2002, in: Depositum Steg.
52 Handschriftlicher Vermerk des Bundeskanzlers vom 12. 9. 2002, in: Depositum Steg, S. 2.
53 Gastkommentar von Colin Powell, «Bagdads Stunde der Wahrheit», Die Welt, 14. 11.2002.
54 Fax der British Embassy Berlin an das Verteidigungsministerium vom 23. 9. 2002, dort das «Hintergrundpapier: Iraks Massenvernichtungswaffen», in: AdsD, BTM BM Struck Ministerbüro, 45 646, S. 3.
55 Das Duell. Schröder gegen Stoiber, RTL und SAT. 1, 25. 8. 2002.
56 Interview mit Edmund Stoiber vom 4. 8. 2002, in: Deutsche Welle TV, abrufbar unter: http://www.dw-world.de/dw/article/0«603537,00.html, (Stand: 2. 2. 2012).
57 Pressekonferenz, zitiert nach: Patrick Schwarz, «Stoiber hört die Signale», die tageszeitung, 29. 8. 2002.
58 Heute, ZDF, 9. 9. 2002.
59 TV-Duell, ARD/ZDF, 8. 9. 2002, abrufbar unter: http://www.youtube.com/watch?v=QkwZFchltlY, (Stand: 2. 2. 2012).
60 Interview mit Edmund Stoiber, Welt am Sonntag, 26. 8. 2002.
61 «Fischer: UN-Mandat für Irak-Krieg schwer vorstellbar», FAZ, 8. 8. 2002.
62 Ebda.
63 Tagesthemen, ARD, 4. 8. 2002.

64 Ebda.
65 Heribert Kremp, «Jetzt gilt der eiserne Realismus», Die Welt, 26. 9. 2002.
66 Karen Andresen, Ralf Beste, Jürgen Leinemann, Gerhard Spörl, Alexander Szandar, «Freund oder Feind?», Der Spiegel, 30. 9. 2002.
67 «Ministerin Däubler-Gmelin tritt ab», SpiegelOnline vom 23. 2. 2002, abrufbar unter: http://www.spiegel.de/politik/deutschland/0,1518,215291,00.html, (Stand: 2. 2. 2012). Über den Wortlaut gibt es unterschiedliche Darstellungen. Däubler-Gmelin selbst gibt an, dass sie auf die Frage, ob Bush von innenpolitischen Problemen ablenken wolle, geantwortet habe, dass man dieses Vorgehen aus der eigenen Geschichte kenne, nämlich von «Adolf Nazi». Einen Vergleich, so die Ministerin, dürfe man jedoch nicht herstellen, siehe «Empörung im Weißen Haus», FAZ, 21. 9. 2002.
68 «Rice nennt Beziehung zu Deutschland vergiftet», FAZ, 22. 9. 2002.
69 Bush, Decision Points, S. 234.
70 Zum Wahlausgang und den Konsequenzen siehe II.6.
71 Zit. nach Gülzau/Heydemann (Hg.), Konsens, Krise und Konflikt, S. 133 f.
72 Gespräch mit Peter Struck vom 8. 7. 2010.
73 Gespräch mit Antje Vollmer vom 25. 1. 2011.
74 Zweites Gespräch mit Gerhard Schröder vom 13. 1. 2011.
75 Gespräch mit Antje Vollmer vom 25. 1. 2011.
76 Fischer, I am not convinced, S. 75.
77 Struck, So läuft das, S. 95.
78 Zweites Gespräch mit Gerhard Schröder vom 13. 1. 2011.
79 Gleichlautende Schilderung in den Gesprächen mit Schröder (9. 2. 2010) und Struck (8. 7. 2010).
80 Fischer, I am not convinced, S. 211 f.
81 Susanne Höll/Gerd Kröncke, «Chirac und Schröder vereint gegen Irak-Krieg», SZ, 23. 1. 2003.
82 Holger Kulick, «Wir sind die besten Schüler Amerikas», 21. 1. 2003, in: SpiegelOnline, abrufbar unter: http://www.spiegel.de/kultur/gesellschaft/0,1518,231579,00.html, (Stand: 2. 2. 2012).
83 So berichteten es etliche Gesprächspartner, die aber nicht genannt werden möchten.
84 Beschlussprotokoll der Sondersitzung der SPD-Bundestagsfraktion vom 10. 2. 2003, in: AdsD, BTF 15. WP, 46085, S. 3.
85 Dossier «Wie weiter bezüglich Irak?», Februar 2003, in: Depositum Steg.
86 Gespräch mit Gerhard Schröder vom 13. 1. 2011.
87 Gespräch mit Gernot Erler vom 29. 9. 2011.
88 Zweites Gespräch mit Gerhard Schröder vom 13. 1. 2011.
89 Gemeinsame Erklärung Deutschlands, Frankreichs und Russlands zur Irak-Krise vom 10. 2. 2003, in: Gülzau/Heydemann (Hg.), Konsens, Krise und Konflikt, S. 196.
90 Ulrich Schmid, «Die Irak-Krise spaltet den Osten Europas», in: Neue Zürcher Zeitung, 7. 2. 2003.
91 Schröder, Entscheidungen, S. 238.
92 Gespräch mit Gerhard Schröder vom 13. 1. 2011.
93 Matthias Nass, «Das große Feilschen auf dem Irak-Basar», Die Zeit, 6. 3. 2003.
94 Dieter Rucht, «Augen zu und Finger hoch», SpiegelOnline vom 28. 3. 2003, abrufbar unter: http://www.spiegel.de/politik/deutschland/0,1518,242464,00.html, (Stand: 16. 5. 2012); eine Auswahl der Berichte: The Guardian, 18. 3. 2003, Morning Star,

17. 3. 2002, Hamburger Abendblatt, 17. 3. 2003, Die Welt, 17. 3. 2002, New York Times, 16. 3. 2002, La Stampa, 16. 3. 2003, El Pais, 16. 3. 2003.
95 Vgl. Bierling, Geschichte des Irakkrieges, S. 74.
96 Matthias Nass, «Das große Feilschen auf dem Irak-Basar», Die Zeit, 6. 3. 2003.
97 Vgl. zum Tschetschenien-Konflikt: Grobe-Hagel, Tschetschenien; Hassel (Hg.), Der Krieg im Schatten; Krech, Der russische Krieg in Tschetschenien; Krech, Der Zweite Tschetschenien-Krieg; Wagensohn, Krieg in Tschetschenien und Wagner, Rußlands Kriege in Tschetschenien.
98 Matthias Nass, «Das große Feilschen auf dem Irak-Basar», Die Zeit, 6. 3. 2003.
99 Blair, A Journey, S. 401.
100 Matthias Nass, «Das große Feilschen auf dem Irak-Basar», Die Zeit, 6. 3. 2003.
101 Vor allem zum Aspekt der Agenda, vgl. Kapitel III. 4.
102 Koalitionsvertrag «Erneuerung – Gerechtigkeit – Nachhaltigkeit. Für ein wirtschaftlich starkes, soziales und ökologisches Deutschland. Für eine lebendige Demokratie» vom 16. 10. 2002, S. 74, abrufbar unter: http://www.boell.de/downloads/stiftung/2002_Koalitionsvertrag.pdf, (Stand: 30. 5. 2012).
103 Fernsehsendung «Vorsicht! Friedman» mit Peter Scholl-Latour vom 19. 3. 2003, ausgestrahlt in der ARD, abrufbar unter: http://www.youtube.com/watch?v=QTayHA5jGhQ (Teil 1, dabei auch das Zitat) und http://www.youtube.com/watch?v=6K5U6CtEzGs&feature=related (Teil 2; jeweils Stand: 3. 2. 2012); und Hans Christoph Buch, «Angst vorm Dunklen», Die Welt, 24. 3. 2003.
104 Gerhard Schröder in seiner Regierungserklärung zur internationalen Lage und zu den Ergebnissen des Europäischen Rates in Brüssel am 20./21. März vom 3. 4. 2003, in: Verh. d. Dt. Bt., Plenarprotokoll 15/37, S. 2996 – 3001, hier: S. 2996.
105 Fischer, I am not convinced, S. 149.
106 Gespräch mit Gerhard Schröder vom 13. 1. 2011.
107 Ralf Beste/Dirk Koch/Georg Mascolo/Alexander Szandar, «Das Klima ist besser», Der Spiegel, 21. 2. 2005.
108 Gülzau/Heydemann (Hg.), Konsens, Krise und Konflikt, S. 261.
109 Henry A. Kissinger, «Role Reversal and Alliance Realities», The Washington Post, 10. 2. 2003.
110 Livingston, Steiniger Weg. Ein Fahrplan für verbesserte deutsch-amerikanische Beziehungen, in: Internationale Politik 6 (2003), S. 35–40, hier: S. 40.
111 Werner Weidenfeld, «Amerika bebt vor Zorn», abrufbar unter: http://www.cap-lmu.de/aktuell/pressespiegel/2002/amerika_zorn.php, (Stand: 3. 2. 2012).
112 Kagan, Macht und Ohnmacht.
113 Thomas Hanke, «Schröders Comeback-Chance», Financial Times Deutschland, 25. 3. 2003.
114 Garton Ash, Im Namen Europas.
115 Krause, Multilaterale Ordnung oder Hegemonie, in: APuZ, B 31–32/2003, S. 6–14.
116 Ebda., S. 10.
117 Müller, Das transatlantische Risiko – Deutungen des amerikanisch-europäischen Weltordnungskonflikts, in: APuZ, B 3–4/2004, S. 7–17.
118 Risse, Die neue Weltordnung, in: WeltTrends, 39/2003, S. 110–119, hier: S. 111.
119 Hacke, Deutschland, Europa und der Irakkonflikt, in: APuZ, B 24–25/2003, S. 8–16; ähnlich Busse, Die Entfremdung vom wichtigsten Verbündeten, in: Maull/Harnisch/Grund (Hg.), Deutschland im Abseits?, S. 19–32; Maull, «Normalisierung» oder Auszehrung? in: APuZ, B 11/2004, S. 17–23; Larres, Deutschland, Eu-

ropa, die USA und der Krieg gegen Saddam Hussein, in: Berg/Gassert (Hg.), Deutschland und die USA in der internationalen Geschichte des 20. Jahrhunderts, S. 559–570; Sedlmayr, Die aktive Außen- und Sicherheitspolitik der rot-grünen Bundesregierung; Beiträge, in: Egle/Zohlnhöfer (Hg.), Ende des rot-grünen Projektes, dort auch Verweise auf weitere Literatur.
120 Albright, Bridges, Bombes or Bluster, in: Foreign Affairs 82/2003, No. 5, S. 2–19; Asmus, Rebuilding the Atlantic Alliance, in: ebda., S. 20–31; Rubin, Stumbling into War, in: ebda., S. 46–66.
121 So Hans-Ulrich Wehler, «Was bleibt von Schröder?», Die Zeit, 17. 11. 2005.
122 Herbert Kremp, «Auf dem Abstellgleis», Welt am Sonntag, 27. 4. 2003.
123 Marc Hujer, «Ein Präsident auf Durchreise», SZ, 30. 5. 2003.
124 Bush, Decision Points, S. 262.
125 Siehe Greiner, 9/11, S. 111 f.
126 «Nicht nachtreten. Vorbeugen!», die tageszeitung, 14. 4. 2003.
127 Hubert Wetzel, «Fest im Sattel», Financial Times Deutschland, 5. 6. 2003.
128 Schröder vor der UNO, zitiert auf SpiegelOnline, abrufbar unter: http://www.spiegel.de/politik/ausland/0,1518,267031,00.html, (Stand: 3. 2. 2012). Zitat hiernach, Redeentwurf vom September 2003, in: Depositum Steg.
129 Alan Posener, «Der bittere Sieg», Welt am Sonntag, 18. 4. 2004.
130 So Bush in seiner Rede zur Lage der Nation, 21. 1. 2004, abrufbar unter: http://whitehouse.georgewbush.org/news/2004/012004-SOTU.asp, (Stand: 3. 2. 2012). Zu den Abläufen: Bierling, Geschichte des Irakkriegs.
131 «Nicht perfekt, aber stabil», FAZ, 16. 12. 2011.

5. Das Ende einer Episode? – Wahlkampf und Jahrhunderthochwasser 2002

1 Vgl. Morlock, Durchsichtige Taschen oder schwarze Koffer? Die rechtliche Regelung der Parteifinanzen und der Fall der CDU, in: APuZ, B 16/2000, S. 6–14.
2 Vgl. Rainer Weinert, Politischer Personalismus in Deutschland. Soziologische Aspekte des «System Kohl», in: Berliner Jahrbuch für Soziologie, 3/2002, S. 375–390.
3 Angela Merkel, «Die von Helmut Kohl eingeräumten Vorgänge haben der Partei Schaden zugefügt», FAZ, 22. 12. 1999.
4 «Wahrnehmung und Wahrheit», Neue Zürcher Zeitung, 14. 12. 2000.
5 Kohl, Mein Tagebuch 1998–2000, S. 5.
6 Langguth, Machtmenschen, S. 139.
7 Ebda., S. 377.
8 Frank Bösch, Kontinuität im Umbruch. Die CDU/CSU auf dem Weg ins neue Jahrhundert, in: APuZ, B 5/2000, S. 12–21, hier: S. 12.
9 Frankfurter Rundschau, etwa 9. 2. 2001, hier zitiert nach einem Fax aus dem Berliner Büro der Zeitung, in: AdsD, PV, BGeschF. M. Machning, 2/PV EN 0000011.
10 Peter Struck, Die CDU auf dem Selbsterfahrungstrip, in: AdsD, PV, BgeschF M. Machnig, 2/PV EN 0000011.
11 Alexander Neubacher, «Guidos Spaßguerilla», Der Spiegel, 29. 4. 2002.
12 Zit. nach ebda.
13 Siehe Lütjen/Walter, Medienkarrieren in der Spaßgesellschaft? Guido Westerwelle und Jürgen W. Möllemann, in: von Alemann/Marschall (Hg.), Parteien in der Mediendemokratie, S. 390–419.
14 Jürgen Leinemann/Christoph Schult, «Antisemitisches Verhaltensmuster», Der Spie-

gel, 27. 5. 2002; Herbert Kremp, «Schluss mit lustig in der Spaßpartei», Welt am Sonntag, 1. 9. 2002.
15 Tabelle nach den jeweiligen Angaben bei Mielke/Reutter (Hg.), Länderparlamentarismus in Deutschland; Statistisches Landesamt Bremen (Hg.), Jahrbuch 2009.
16 Die PDS trat zwar zur Wahl an, erreichte aber so wenige Stimmen, dass sich das nicht in Prozentpunkten niederschlug.
17 Nachdem die SPD bei der Landtagswahl 1998 mit 35,9 % der Stimmen in einer von der PDS tolerierten Minderheitsregierung regieren konnte, erlitt sie 2002 den höchsten Verlust in einer Landtagswahl seit 1950 und wurde von einer schwarz-gelben Regierung abgelöst.
18 SPD-Präsidiumssitzung, 15. 1. 2001, in: AdsD, PV, Büro G. Schröder, 2/PV EF 000020.
19 Vortrag Dr. Renate Köcher, 10. 1. 2002, Konrad-Adenauer-Haus, Skript, in: AdsD, PV Büro Schröder, 2/PV EF 000004.
20 «Worte der Woche», Die Zeit, 21. 3. 1997.
21 «Ich werde eher Trainer von FC Bayern München als Kanzlerkandidat der Union. Der bayerische Ministerpräsident Edmund Stoiber in München über seine berufliche Zukunft», Frankfurter Neue Presse, 15. 6. 1999.
22 So die Einschätzung des CDU-nahen Emnid-Instituts im Juli 2001, zit. nach Klaus-Peter Schöppner, «Zur Doppelspitze verdammt», Die Welt, 10. 7. 2001.
23 So Stoiber im Magazin Der Stern, Ausgabe 47/2000; zit. nach einer Zitatsammlung mit dem Titel «Edmund Stoiber. Zauderer, Spalter, Konservativer Technokrat», Autor und Entstehungsdatum unbekannt, in: AdsD, PV, Büro G. Schröder, 2/PV EF 000004, S. 3 f.
24 «Ich bin bereit zur Kanzlerkandidatur», Welt am Sonntag, 6. 1. 2002.
25 Umfrage vom Dezember 2001, in: Noelle-Neumann/Köcher (Hg.), Allensbacher Jahrbuch der Demoskopie 1998–2002, S. 768.
26 Zit. nach Michael Stiller, «Unter dem Druck, der Beste zu sein», SZ, 14. 1. 2002.
27 Erhard, Edmund Stoiber.
28 Jürgen Leinemann, «Das Duell», Der Spiegel, 26. 8. 2002.
29 Dpa-Meldung, 8. 8. 1991, zit. nach «Edmund Stoiber: ‹Viele Politiker verstehen das Internet nicht›», Augsburger Allgemeine, 1. 6. 2012, abrufbar unter: http://www.augsburger-allgemeine.de/politik/Edmund-Stoiber-Viele-Politiker-verstehen-das-Internet-nicht-id20394951.html, (Stand: 19. 12. 2012).
30 «Worte der Woche», Die Zeit, 7. 1. 1999.
31 Time Magazine, 14. 7. 2002.
32 Christian Semler, «Gruppenbild mit Stoiber», Le Monde diplomatique, 13. 9. 2002.
33 Steven Erlanger, «German Right Backs Bavarian to Run Against Schröder», New York Times, 12. 1. 2002.
34 Edmund Stoiber in der Berliner Zeitung vom 28. 4. 2000; zit. nach einer Zitatsammlung mit dem Titel «Edmund Stoiber. Zauderer, Spalter, Konservativer Technokrat», Autor und Entstehungsdatum unbekannt, in: AdsD, PV, Büro G. Schröder, 2/PV EF 000004, S. 6.
35 Karl Feldmeyer, «Für ganz Deutschland», FAZ, 18. 9. 2002.
36 Dossier aus der SPD-Parteizentrale ohne Datum, in: AdsD, PV, Büro G. Schröder, 2/PV EF 000004.
37 Presseservice der SPD: «In Deutschland ist die Mitte rot», 9. 2. 2002, in: AdsD, PV, Büro G. Schröder, 2/PV EF000384.

38 Ebda.
39 Markus Feldenkirchen, «Wahlkampf der Kulturen», Der Tagesspiegel 21. 2. 2002.
40 Petra Bornhöft, Horand Knaup, «Familie – Kitt der Koalition», Der Spiegel, 25. 2. 2002.
41 Petra Mackroth/Malte Ristau, Die Rückkehr der Familie, in: Berliner Republik. Das Debattenmagazin 6/2002, abrufbar unter: http://www.b-republik.de/archiv/die-rckkehr-der-familie, (Stand: 19. 12. 2012).
42 Interner SPD-Vermerk, zitiert nach Petra Bornhöft, Horand Knaup, «Familie Kitt der Koalition», Der Spiegel 25. 2. 2002.
43 Petra Bornhöft, Horand Knaup, «Familie – Kitt der Koalition», Der Spiegel, 25. 2. 2002.
44 Regierungserklärung vom 18. 4. 2002, in: Verh. d. Dt. Bt., Plenarprotokoll 14/230.
45 Ebda.
46 Ebda.
47 IZ Imageanalyse: Edmund Stoiber, der Herausforderer, 4. 2. 2002, in: AdsD, PV, Büro G. Schröder, 2/PV EF 00004.
48 Jürgen Kaube, «War da was?», FAZ, 26. 8. 2002.
49 Johann Michael Möller, «Nach dem Duell», Die Welt, 26. 8. 2002.
50 Kurt Kister, «Der Zweikampf der Gefesselten», SZ, 27. 8. 2002.
51 Aus dem TV-Duell vom 25. 8. 2002 auf RTL und Sat 1.
52 Kurt Kister, «Der Zweikampf der Gefesselten», SZ, 27. 8. 2002.
53 Vgl. die Auswertung der internationalen Presse durch das Presse- und Informationsamt der Bundesregierung, 27./28. 8. 2002, in: AdsD, PV, Büro G. Schröder, 2/PV EF 000374.
54 Ebda.
55 Josef Joffe, «Schröder oder Stoiber», Die Zeit, 19. 9. 2002.
56 Zit. nach Roth, Das rot-grüne Projekt an der Wahlurne, in: Egle/Zohlnhöfer (Hg.), Das rot-grüne Projekt, S. 33.
57 Siehe dazu III.1.
58 Zit. nach ebda., S. 32.
59 Olaf Ihlau, Stefan Aust, Gabor Steinert, «Wir haben bessere Karten», Der Spiegel, 21. 9. 1998.
60 Gespräch mit Fritz Kuhn vom 1. 10. 2010.
61 Peter Schumacher, «Politiker im Flut-Licht», FAZ, 14. 8. 2002.
62 Petra Bornhöft, Horand Knaup, Fabian Löhe, Gerd Rosenkranz, Christoph Schult, Gabor Steingart, Alexander Szandar, «Wie im Krieg», Der Spiegel, 19. 8. 2002.
63 Peter Schumacher, «Politiker im Flut-Licht», FAZ, 14. 8. 2002; Marianne Heuwagen, «Wahlkampf auf den Deichen», SZ, 16. 8. 2002.
64 Jürgen Leinemann, «Das Duell», Der Spiegel, 26. 8. 2002.
65 Heribert Prantl, «Der Kunstschmied seiner selbst», SZ, 17. 9. 2002.
66 Zitat nach ZDF, 17. 8. 2002.
67 Vgl. von Dohnanyi/Most, Bericht des Gesprächskreises Ost der Bundesregierung; Quo vadis, Aufbau Ost? Empfehlungen für eine wachstumsorientierte Politik. Analysen und Argumente aus der Konrad-Adenauer-Stiftung 14/2004; Joachim Ragnitz, Zwanzig Jahre «Aufbau Ost»: Erfolge und Misserfolge, abrufbar unter: http://www.bpb.de/themen/82MZ29,0,0,Zwanzig_Jahre_Aufbau_Ost%3A_Erfolge_und_Misserfolge.html, (Stand: 6. 6. 2012).
68 Bernd Dörries, «Ruhrgebiet will Osten die Solidarität aufkündigen», SZ, 20. 3. 2012.
69 Zit. nach Melanie Staudinger, Oliver Das Gupta, «Der Osten trägt keine Schuld an der Finanznot des Ruhrgebietes», SZ, 20. 3. 2012.

70 Ulf Brychcy, «Regierung zieht Ostförderung nicht vor», SZ, 2. 5. 2002.
71 Protokoll des Geschäftsführenden Parteivorstands, 19. 3. 2001, in: AdsD, PV, BGeschF M. Machning, 2/PV EN 000026.
72 Denkpapier Reinhard Bütikofer, Was müssen wir in Ostdeutschland tun?, 13. 9. 1999, in: AGG A – Rezzo Schlauch [11].
73 Zit. nach Daniel Friedrich Sturm, «Klimawandel für den Kanzler?», Die Welt, 16. 8. 2002.
74 Gespräch mit Rezzo Schlauch vom 11. 11. 2010.
75 Gespräch mit Hans Eichel vom 21. 10. 2010.
76 Johann Michael Möller, «Wir werden ein besseres Finanzierungsmodell vorlegen», Die Welt, 21. 8. 2002.
77 Zit. nach Nico Fried, «Regierung will Steuersenkung verschieben», SZ, 20. 8. 2002.
78 So der gängige Kurztitel, offiziell hieß es: Gesetz zur Änderung steuerrechtlicher Vorschriften und zur Errichtung eines Fonds «Aufbauhilfe» vom 19. 9. 2002.
79 ZDF-Jahrbuch 2002, S. 132, zitiert nach Kreusel, Das Fernsehen als Spendengenerator. Eine Bestandsaufnahme der Sendungsangebote, in: Wilke (Hg.), Massenmedien und Spendenkampagnen, S. 316.
80 Kreusel, Das Fernsehen als Spendengenerator, S. 316 f.
81 Ebda., S. 319.
82 Brettschneider, Die Medienwahl 2002, in: APuZ, B 49–50/2002, S. 36–47.
83 Fischer, I'm not convinced, S. 166.
84 Gespräch mit Fritz Kuhn vom 1. 10. 2010.
85 Gespräch mit Reinhard Bütikofer vom 19. 1. 2012.
86 Vgl. die Wahlanalyse Roth, Das rot-grüne Projekt an der Wahlurne, in: Egle/Zohlnhöfer (Hg.), Das rot-grüne Projekt, S. 29–52; Falter/Gabriel/Wessels (Hg.), Wahlen und Wähler. Analysen aus Anlass der Bundestagswahl 2002.
87 Brief von Müntefering an die Vorsitzenden der SPD, 25. 9. 2002, in: AdsD, PV, Büro G. Schröder, 2/PV EF 000066.

Dritter Teil
Agieren aus der Defensive

Panorama

1 Sinn, Ist Deutschland noch zu retten?, S. 63.
2 Steingart, Deutschland – Der Abstieg eines Superstars.
3 Xan Smiley, «An uncertain giant», The Economist, 5. 12. 2002.
4 «The Man who rescued the German Economy», The Wall Street Journal, 7. 7. 2012.
5 Siehe Hockerts, Der deutsche Sozialstaat.

1. Wetterleuchten – Die Folgen von Börsencrash und PISA-Schock

1 Abteilungsleiter 4 über den Chef des Bundeskanzleramtes an den Bundeskanzler, Information für die anstehenden Koalitionsverhandlungen, Betr.: Haushaltslage 2002/2003 und Finanzplanung bis 2006, 27. 9. 2002, in: AdsD, PV, Büro G. Schröder, 2/PV EF 000425.
2 Koalitionsvertrag «Erneuerung – Gerechtigkeit – Nachhaltigkeit. Für ein wirtschaft-

lich starkes, soziales und ökologisches Deutschland. Für eine lebendige Demokratie», S. 17.
3 «Ich mach' das anders», Der Spiegel, 18. 11. 1996.
4 Uwe Jean Heuser, «Nach dem Sturz», Die Zeit, 11. 7. 2002.
5 «Krug entschuldigt sich bei T-Aktionären», in: stern.de, 30. 1. 2007, abrufbar unter: http://www.stern.de/lifestyle/leute/schauspieler-krug-entschuldigt-sich-bei-t-aktionaeren-581528.html, (Stand: 27. 8. 2012).
6 Edmund Stoiber im Streitgespräch mit Gerhard Schröder, Bild, 8. 7. 2002.
7 «Ron Sommer nimmt seinen Hut», 16. 7. 2002, in: stern.de, abrufbar unter: http://www.stern.de/wirtschaft/news/telekommunikation-ron-sommer-nimmt-seinenhut-256221.html, (Stand: 27. 8. 2012).
8 Nikolaus Piper, «Das T-Debakel», SZ, 18. 7. 2002.
9 Siehe PISA 2000. Die Studie im Überblick. Grundlagen, Methoden und Ergebnisse, abrufbar unter: http://www.mpib-berlin.mpg.de/Pisa/PISA_im_Ueberblick.pdf, (Stand: 27. 8. 2012); Schmidt, Warum Mittelmaß?, in: Politische Vierteljahresschrift 43 (2002), S. 3–9; siehe auch Henkes/Kneip, Die Bildungspolitik der rot-grünen Bundesregierung 1998–2002, in: Egle/Ostheim/Zohlnhöfer (Hg.), Das rot-grüne Projekt, S. 283–303; Wolf/Henkes, Die Bildungspolitik von 2002 bis 2005, in: Egle/Zohlnhöfer (Hg.), Ende des rot-grünen Projektes, S. 355–378.
10 Die Niederlande nahmen als 32. Land zwar an der Studie teil, wurden wegen Verfehlen der Mindestteilnehmerquote allerdings nicht in der Ergebnisliste aufgeführt.
11 Thomas Darnstädt, Julia Koch, Joachim Mohr, Conny Neumann, Peter Wensierski, «Mangelhaft. Setzen.», Der Spiegel, 10. 12. 2001.
12 Zit. nach Jochen Bölsche, «Pfusch am Kind», Der Spiegel, 1. 8. 2002.
13 «Sind deutsche Schüler doof?», Der Spiegel, 10. 12. 2001.
14 Melanie Botica, «Nach dem Schock die Dauer-Therapie», 4. 12. 2011, in: Focus Online, abrufbar unter: http://www.focus.de/schule/schule/bildungspolitik/tid-24370/pisa-studie-nach-dem-schock-die-dauertherapie_aid_690097.html, (Stand: 27. 8. 2012).
15 Zit. nach: Gerhard Schröder, «Ein Gesetz für alle Schulen. Pisa und die Konsequenzen für das deutsche Schulsystem», Die Zeit, 27. 6. 2002.
16 Christian Schwägerl, «Bulmahns bescheidene Forderung», FAZ, 6. 5. 2004.
17 Gespräch mit Edelgard Bulmahn vom 19. 1. 2011.
18 Ebda.
19 Raoul Fischer, «Der Grüne Matthias Berninger tröstet sich mit dem wachsenden Bildungsetat über das Kanzlerveto zum Bafög hinweg», Der Tagesspiegel, 2. 2. 2000.
20 Gespräch mit Edelgard Bulmahn vom 19. 1. 2011.
21 Matthias Berninger, «Stand und Probleme der Bafög-Strukturreform», 7. 10. 1999, in: AGG, A-Rezzo Schlauch (11).
22 Martin Spiewak, «Ein Opfer ihrer selbst», Die Zeit, 19. 2. 2004.
23 Gespräch mit Edelgard Bulmahn vom 19. 1. 2011.
24 Gerhard Schröder, Abgabe einer Regierungserklärung: Politik und Innovation – Chancen eröffnen, Werte vermitteln, Teilhabe sichern, im Wettbewerb erfolgreich bestehen, in: Verh. D. Dt. Bt., Plenarprotokoll 14/242, 13. 6. 2002, S. 24181–24185.
25 Präsidiumssitzung, 24. 6. 2002, Stellungnahme des SPD-Präsidiums zum Pisa-Ländervergleich und zum Programm «Zukunft, Bildung und Betreuung», in: AdsD, PV, G. Schröder 2/PV EF 000014.
26 Siehe dazu den vom Sekretariat der Ständigen Konferenz der Kultusminister der Län-

der herausgegebenen Bericht «Allgemein bildende Schulen in Ganztagsform in den Ländern der Bundesrepublik Deutschland – Statistik 2005 bis 2009», S. 10 und 19.
27 Ulrike Plewnia, «Basteln statt büffeln», Focus, 22. 9. 2003.
28 Siehe Klieme u. a. (Hg.), Pisa 2009.
29 Zit. nach Jochen Leffers, «Die leicht marode Ideenfabrik», 21. 2. 2002, in: SpiegelOnline, abrufbar unter: http://www.spiegel.de/unispiegel/studium/bildungspolitik-bilanz-die-leicht-marode-ideenfabrik-a-183599.html, (Stand: 27. 8. 2012).
30 FAZ, 28. 3. 2001. Zudem beispielsweise: Ulrich Herbert, «Die Posse. An den Unis werden Massenentlassungen als Reform verkauft», SZ, 9. 1. 2002.
31 Jürgen Kaube, «Die Frist läuft ab. Wissenschaftler im Mahlwerk der Föderalismus-Kommission», FAZ, 16. 12. 2004, S. 35; Markus Deggerich, «Generation Schrott. Durchlauferhitzt ins Ausland», 14. 2. 2002, in: SpiegelOnline abrufbar unter: http://www.spiegel.de/unispiegel/jobundberuf/generation-schrott-durchlauferhitzt-ins-ausland-a-182390.html, (Stand: 8. 5. 2013).
32 Gespräch mit Edelgard Bulmahn vom 19. 1. 2011.
33 Ebda.
34 «Sparen ist Silber, Bildung ist Gold», 25. 3. 2004, in: SpiegelOnline, abrufbar unter: http://www.spiegel.de/politik/deutschland/schroeders-reform-remix-sparen-ist-silber-bildung-ist-gold-a-292301.html, (Stand: 27. 8. 2012).
35 Gespräch mit Joschka Fischer vom 27. 2. 2012.
36 Koalitionsvertrag «Erneuerung – Gerechtigkeit – Nachhaltigkeit. Für ein wirtschaftlich starkes, soziales und ökologisches Deutschland. Für eine lebendige Demokratie», S. 8.
37 Dieter Pieper, «Oskars blasser Bruder», Der Spiegel 15. 3. 1999.
38 Interview mit Hans Eichel, Der Spiegel, 10. 5. 1999.
39 Ebda.
40 Gespräch mit Hans Eichel vom 21. 10. 2010.
41 Eine Nachbetrachtung auf der Sitzung der SPD-Fraktion vom 17. 7. 2000, in: AdsD, BTF 15 WP, 43 043.
42 Gespräch mit Hans Eichel vom 21. 10. 2010.
43 Siehe Zohlnhöfer, Rot-grüne Finanzpolitik, in: Egle/Zohlnhöfer (Hg.), Das rotgrüne Projekt, S. 193–214, hier: S. 198.
44 Interview mit Hans Eichel, «Angst vom dem Neuen», Der Spiegel, 29. 12. 2001.
45 EG-Verordnung Nr. 1466/97 des Europäischen Rates vom 7. 7. 1997 über den Ausbau der haushaltspolitischen Überwachung und der Überwachung und Koordinierung der Wirtschaftspolitiken, Artikel 6, Absatz 2.
46 Interview mit Hans Eichel, «Der Staat ist die letzte Lebensversicherung», Stern, 28. 8. 2002.
47 Siehe Uwe Wagschal, Auf dem Weg zum Sanierungsfall? Die rot-grüne Finanzpolitik seit 2002, in: Egle/Zohlnhöfer (Hg.), Das Ende des rot-grünen Projekts, S. 241–270.
48 Gespräch mit Hans Eichel vom 21. 10. 2010; siehe auch: Hans Eichel, «Dichtung und Wahrheit», SZ, 31. 8. 2012.
49 Gespräch mit Hans Eichel vom 21. 10. 2010.
50 Ebda.
51 Gespräch mit Joschka Fischer vom 27. 2. 2012.
52 Gespräch mit Thomas Steg vom 5. 3. 2010.
53 Dies berichten mehrere Gesprächspartner.
54 Zit. nach: Axel Hartmann, Nikolai Kreitl, Harald Schultz, Jobst-Hinrich Wiskow, «Koalitionsvertrag: Bittere rot-grüne Pillen», Focus-Money, 17. 10. 2002.

766 Anmerkungen

55 Ebda.
56 «Flickwerk statt großer Wurf», FAZ, 16. 10. 2002.
57 Arnulf Baring, «Bürger, auf die Barrikaden!», FAZ, 27. 11. 2002.
58 Zit. nach Annett Conrad, Michael Fröhlingsdorf, Konstantin von Hammerstein, Horand Knaup, Felix Kurz, Roland Nelles, Christian Reiermann, Michael Sauga, Gabor Steingart, «Kanzler im Grauschleier», Der Spiegel, 28. 10. 2002.

2. Agenda 2010 – Die Umorientierung Deutschlands

1 Live-Mitschnitt der Präsentation des Berichts der Hartz-Kommission vom 16. 8. 2002 im Bundeskanzleramt, abrufbar unter: Phönix Online: http://www.phoenix.de/content/phoenix/bibliothek/441807, (Stand: 9. 8. 2012).
2 Hartz, Peter u. a., Moderne Dienstleistungen am Arbeitsmarkt. Vorschläge der Kommission zum Abbau der Arbeitslosigkeit und Umstrukturierung der Bundesanstalt für Arbeit, herausgegeben vom Bundesministerium für Arbeit und Sozialordnung. Die Begriffe z. B. auf S. 17.
3 Gespräch mit Fritz Kuhn vom 1. 10. 2010.
4 Koalitionsvereinbarung «Erneuerung, Gerechtigkeit, Nachhaltigkeit» – Koalitionsvertrag für 2002–2006 vom 16. 10. 2002, aufrufbar unter: http://www.boell.de/downloads/stiftung/2002_Koalitionsvertrag.pdf, (Stand: 13. 8. 2012).
5 Gespräch mit Frank-Walter Steinmeier vom 5. 3. 2010.
6 Heiko Geue, Übersicht über die Wirtschaftsentwicklung für den Chef des Bundeskanzleramts, 24. 10. 2002, in: Depositum Geue.
7 Thesenpapier «Auf dem Weg zu mehr Wachstum, Beschäftigung und Gerechtigkeit», Thesenpapier für die Planungsklausur am 5. 12. 2002, in: Depositum Geue.
8 Gespräch mit Heiko Geue vom 16. 4. 2010.
9 Gespräch mit Frank-Walter Steinmeier vom 5. 3. 2010.
10 Thesenpapier «Auf dem Weg zu mehr Wachstum, Beschäftigung und Gerechtigkeit», Thesenpapier für die Planungsklausur am 5. 12. 2002, in: Depositum Geue.
11 Ebda.
12 Brief von Gernot Erler und Angelica Schwall-Düren vom 3. 1. 2003 an Frank-Walter Steinmeier, der vorher bereits an Gerhard Schröder geschickt wurde, in: Depositum Geue.
13 Heidemarie Wieczorek-Zeul, Brief an den Chef des Bundeskanzleramts, 7. 1. 2003, in: Depositum Geue; dort auch die Briefe von Renate Schmidt und den anderen.
14 So zum Beispiel Lutz Haverkamp, «Kanzleramt plant radikale Reformen», Der Tagesspiegel, 20. 12. 2002.
15 Gerhard Schröder, «Mut zu Frieden und Mut zu Veränderung. Regierungserklärung vom 14. 3. 2003», in: Verh. d. Dt. Bt., Plenarprotokoll 15/32, S. 2481.
16 Gerhard Schröder, Rede zum politischen Aschermittwoch, 5. 3. 2003, in: AdsD, PV, Büro G. Schröder, 2/PV EF 000315.
17 Ebda.
18 Gespräch mit Thomas Steg vom 5. 3. 2010.
19 Ottmar Schreiner, «Zur Zukunft der SPD. Thesen zur ‹Dritten-Weg›-Debatte», 14. 5. 1999, in: AdsD, PV BGeschF O. Schreiner, 2/PV EM 000034.
20 Arne Daniels, «Der kalkulierte Totalschaden», Die Zeit, 30. 10. 1999.
21 Die Erklärungen jeweils in: Presse- und Informationsamt der Bundesregierung (Hg.), Das Bündnis: Zwischenergebnisse. Siehe auch Reutter, Das Bündnis für Arbeit, Ausbildung und Wettbewerbsfähigkeit, in: Gohr/Seeleib-Kaiser (Hg.), Sozial-

Agenda 2010 – Die Umorientierung Deutschlands 767

und Wirtschaftpolitik unter Rot-Grün, S. 289–306; Heinze, Das «Bündnis für Arbeit», in: Egle/Zohlnhöfer (Hg.), Das rot-grüne Projekt, S. 137–161.
22 So bereits die zeitgenössische Diagnose, z. B. Jan Fleischhauer, «Bündnis für Stillstand», 6. 12. 1999, S. 114–116. Siehe auch mit entgegengesetzter Tendenz: Heinze: Das «Bündnis für Arbeit» – Innovativer Konsens oder institutionelle Erstarrung?; Reutter, Das Bündnis für Arbeit, Ausbildung und Wettbewerbsfähigkeit, in: Gohr (Hg.), Sozial- und Wirtschaftspolitik unter Rot-Grün, S. 289–305, hier: S. 302–304.
23 Zit. nach Geyer u. a. (Hg.), Operation Rot-Grün, S. 138.
24 Protokoll des SPD-Parteikongresses, 11. 5. 1998, in: AdsD PV BGeschF, F. Müntefering, 2/PV EL 000134.
25 Protokoll der Sitzung der SPD-Fraktion, 2. 3. 1999, in: AdsD, BTF, 14. WP, 38521.
26 Jan Fleischhauer, «Bündnis für Stillstand», Der Spiegel, 6. 12. 1999, S. 114–116; außerdem: Arne Daniels, «Defensiv und mutlos», Die Zeit, 9. 12. 1999.
27 Heinze, Das «Bündnis für Arbeit», in: Das rot-grüne Projekt, S. 152.
28 Hegelich u. a., Agenda 2010, S. 55 f.; siehe auch Nawrat, Agenda 2010.
29 Gespräch mit Gerhard Schröder vom 13. 1. 2011.
30 Gespräch mit Thomas Steg vom 15. 4. 2010.
31 Gerhard Schröder, «Mut zu Frieden und Mut zu Veränderung. Regierungserklärung vom 14. 3. 2003», in: Verh. d. Dt. Bt., Plenarprotokoll 15/32, S. 2481.
32 Ebda., S. 2481.
33 Ebda., S. 2481.
34 Ebda., S. 2489.
35 Ebda.
36 Ebda.
37 Hegelich, Agenda 2010, S. 112.
38 Die Kritik an den Legitimationsmustern nach: Nullmeier, Personal Responsibility, in: German Policy Studies 3 (3), S. 386–399.
39 Gespräch mit Frank-Walter Steinmeier vom 5. 3. 2010.
40 Ebda.
41 Gespräch mit Rudolf Scharping vom 2. 11. 2011.
42 Gespräch mit Gerhard Schröder vom 13. 1. 2011.
43 Beschlussprotokoll der SPD-Fraktion, 11. 5. 2004, in: AdsD, BTF, WP 15, 46087.
44 Ebda.
45 Steinmeier/Machnig (Hg.), Made in Germany '21.
46 Ebda., S. 413; siehe auch Kuhn, Nachrichten.
47 Hegelich u. a., Agenda 2010, S. 138.
48 Zimmermann, Eine Zeitenwende am Arbeitsmarkt, in: APuZ, 16/2005, S. 3–5, hier: S 3.
49 Beim Zuschnitt des neues Ministeriums wurde der Bereich Sozialordnung dem ebenfalls neu zugeschnittenen Bundesministerium für Gesundheit und soziale Sicherheit angegliedert.
50 Mark Siemons, «Partei des Willens. Agenda 2010: Vom zweiten Godesberg zur permanenten Reform», FAZ, 12. 5. 2003.
51 Schreiben von Harald Schartau und Edgar Moron an Bundeskanzler Schröder, 18. 2. 2003, in: AdsD, PV, Büro G. Schröder, 2/PV EF000317.
52 «Jeder Job ist zumutbar», Interview mit Wolfgang Clement, Die Zeit, 5. 6. 2003.
53 Werner Müller im Gespräch vom 21. 5. 2011.
54 Ebda.
55 Peer Steinbrück im Gespräch vom 28. 2. 2010.

768 Anmerkungen

56 Peter Struck im Gespräch vom 8. 7. 2010.
57 «Clement fällt das Akrobatenstück zu», SZ, 4. 3. 1996.
58 Evelyn Roll, «An die Kante, zack, zack», SZ, 30. 1. 2003.
59 Gespräch mit Peter Struck vom 8. 7. 2010.
60 Gespräch mit Reinhard Bütikofer vom 19. 1. 2012.
61 Gespräch mit Rezzo Schlauch vom 11. 11. 2010.
62 Gespräch mit Michael Sommer vom 23. 11. 2011.
63 Gespräch mit Hans Eichel vom 21. 10. 2011.
64 Gespräch mit Wolfgang Clement vom 11. 11. 2010.
65 Ebda.
66 Heribert Prantl, «Die Leiden der SPD», SZ, 6. 9. 2004.
67 Entwurf einer Beschlussempfehlung, in: AdsD, PV, Büro Schröder, 2/PV EF 00317.
68 SPD-Präsidiumserklärung, 17. 3. 2003, in: AdsD, PV, Büro Schröder, 2/PV EF 000005.
69 Stefan Dietrich, «Der zweite Versuch», FAZ, 30. 4. 2003.
70 Mitschnitte der Konferenzen auf der Phönix-Bibliothek im Internet verfügbar; http://www.phoenix.de/content/phoenix/bibliothek/441814, (Stand: 13. 8. 2012).
71 Joachim Will, «Nur eine Minderheit für Schröder pur. Am Montag musste der Bundeskanzler seine Agenda 2010 vor kritischen Hessen und Bayern verteidigen», Frankfurter Rundschau, 6. 5. 2003.
72 Gespräch mit Wolfgang Clement vom 11. 11. 2010.
73 Gespräch mit Rudolf Scharping vom 2. 11. 2011.
74 Jürgen Hintze (Abt. I/1, Parteiorganisation), Übersicht über eingegangene Resolutionen bis April 2003, in: AdsD, PV Büro Schröder, 2/PV EF 000007.
75 Übersicht über die wirtschaftliche Entwicklung, Abt. 4 des Bundeskanzleramts, 25. 4. 2003, in: AdsD, PV, Büro G. Schröder, 2/PV EF 000319.
76 Till Behrend, Verena Müller, Olaf Opitz, Frank Thewes, Thomas Wiegold, «Vertrauensfrage 2», Focus, 19. 4. 2003.
77 Siehe Niclauß, SPD-Fraktion und Reformpolitik, in: ZfP 42 (2011), S. 166–185.
78 Parlamentarische Linke der SPD-Bundestagsfraktion, «Agenda 2010. Positionsbestimmungen und Vorschläge aus der Sicht der PL», 17. 4. 2003, in: AGG – A – Göring-Eckardt 90.
79 So zum Beispiel: Gerhard Schröder, «Mut zu Frieden und Mut zu Veränderung. Regierungserklärung vom 14. 3. 2003», in: Verh. d. Dt. Bt., Plenarprotokoll 15/32, S. 2489.
80 Parlamentarische Linke der SPD-Bundestagsfraktion, «Agenda 2010. Positionsbestimmungen und Vorschläge aus der Sicht der PL», 17. 4. 2003, in: AGG – A – Göring-Eckardt 90.
81 Zit. nach Christoph Schwennicke, «Im Gedanken an die Macht», SZ, 2. 6. 2003.
82 Jens König, «Des Kanzlers neue Kleider», die tageszeitung, 9. 5. 2003.
83 Gunter Hofmann, «Kabinett der Mittelstreckenläufer», Die Zeit, 14. 8. 2003.
84 «Zu früh und zu spät. Der merkwürdige Konvent der Sozialdemokraten», Die Zeit, 20. 11. 2003.
85 Ebda.
86 «Ohne ein gewisses Maß an Arroganz hält man das nicht aus», SZ, 13. 4. 2007.
87 Zit. nach «Der rote Papst», Stern, 11. 2. 2004.
88 Lukas Wallraff, «Der tiefe Glaube an Franz Müntefering», die tageszeitung, 9. 2. 2004.

Agenda 2010 – Die Umorientierung Deutschlands 769

89 Gespräch mit Wolfgang Clement vom 11. 11. 2010.
90 Hannes Koch, Matthias Urbach, «Schröder soll nachhaltig werden», die tageszeitung, 10. 5. 2003.
91 Thesenpapier «Für eine Agenda 2010 mit ökologischer Ausrichtung», Stand 30. 4. 2003, in: AGG Bestand A – Göring-Eckardt 90.
92 Ebda.
93 Ebda.
94 Nico Fried, «Grüne bleiben auf Kanzler-Kurs», SZ, 16. 6. 2003.
95 Interview mit Katrin Göring-Eckardt, SZ, 13. 6. 2003. Göring-Eckardt legte gemeinsam mit anderen Grünen das Papier «Sieben Thesen für die Agenda 2010 mit ökologischer Orientierung» vor, in: AGG – A – Göring-Eckardt 99.
96 Gespräch mit Wolfgang Clement vom 11. 11. 2010.
97 «Grüne ohne Wahlempfehlung», die tageszeitung, 1. 10. 2004.
98 Gespräch mit Reinhard Bütikofer vom 19. 1. 2012.
99 Edmund Stoiber in der Debatte zur Regierungserklärung des Bundeskanzlers vom 14. 3. 2003, in: Verh. d. Dt. Bt., Plenarprotokoll 15/32, S. 2527.
100 Die Agenda-Reformen in der Debatte des Vermittlungsausschusses am 16. 12. 2003, in: Protokolle des Vermittlungsausschusses des Deutschen Bundestages und des Bundesrates für die 13. bis 15. Wahlperiode (1994 bis 2005).
101 Zit. nach Hassel/Schiller, Der Fall Hartz IV, S. 277.
102 Zit. nach «Differenzen in der CDU: Merkel gegen Koch», Stern, 18. 10. 2003, abrufbar unter: http://www.stern.de/politik/deutschland/opposition-differenzen-in-der-cdu-merkel-gegen-koch-514551.html, (Stand: 13. 8. 2012).
103 Referat. 022, «Die Agenda im Vermittlungsausschuss – mögliche Kompromisslinien», 10. 12. 2003, in: Depositum Geue.
104 Ebda.
105 Ebda.
106 Die Agenda-Reformen in der Debatte des Vermittlungsausschusses am 12. 12. 2003, in: Protokolle des Vermittlungsausschusses des Deutschen Bundestages und des Bundesrates für die 13. bis 15. Wahlperiode (1994 bis 2005).
107 Ebda., Debatte vom 14. 12. 2003.
108 Dirk Kurbjuweit,Roland Nelles,Ralf Neukirch,Christoph Schult, «Was für eine Überraschung», Der Spiegel, 20. 12. 2003, S. 75.
109 Ulrike Winkelmann, «Gegen die Reformpläne der CDU ist Schröders Agenda 2010 geradezu niedlich», die tageszeitung, 8. 10. 2003.
110 «Die Agenda im Vermittlungsausschuss – mögliche Kompromisslinien», jeweils überarbeitet am 8.12., 10.12., 11.12., 12.12., in: Depositum Geue.
111 16. Sitzung am 10. 12. 2003, in: Protokolle des Vermittlungsausschusses des Deutschen Bundestages und des Bundesrates für die 13. bis 15. Wahlperiode (1994 bis 2005), S. 96.
112 Schreiben von Michael Sommer an Bundestagspräsident Wolfgang Thierse, 25. 11. 2004, in: AGG, A – Göring – Eckardt 99.
113 Andreas Hoidn-Borchers, «Auf zum letzten Gefecht», Stern, 25. 3. 2004.
114 Z. B. Marc Beise, «Die einfachen Formeln des DGB», SZ, 9. 5. 2003; Barbara Dribbusch, «Sommer im Schlussverkauf», tageszeitung, 8. 5. 2003.
115 «Post von Wagner», Bild, 9. 5. 2005.
116 Schröder, Entscheidungen, S. 415.
117 Zahlen zur Mitgliederentwicklung seit den 90er Jahren: Ebbinghaus, Mitgliederent-

Anmerkungen

wicklung deutscher Gewerkschaften, in: Schröder, Gewerkschaften in Politik und Gesellschaft, S. 174–203.
118 Jonas Viering, «Zu laut gebrüllt», SZ, 6. 5. 2003.
119 Protokoll der Sitzung des SPD-Parteirates, 19. 4. 2004, in: AdsD PVPR 2004–07.
120 Protokoll der Sitzung des SPD-Parteirates, 21. 6. 2004, in: AdsD PVPR 2004–07.
121 Ebda.
122 Protokoll der Klausursitzung des SPD-Parteivorstandes, 28./29. 8. 2004, in: AdsD, PVFM000007.
123 «Schon wieder: Thierse verteidigt Demos gegen Hartz IV», Bild, 21. 8. 2004.
124 «Montags-Demo gestern in Leipzig. Hier marschiert Lafontaine gegen Hartz IV», Bild, 31. 8. 2004.
125 Zit. nach: «Regierung knickt ein bisschen ein», SpiegelOnline, 12. 8. 2004, abrufbar unter: http://www.spiegel.de/politik/deutschland/hartz-iv-regierung-knickt-ein-bisschen-ein-a-312886.html, (Stand: 13. 8. 2012).
126 So der Chefredakteur der NPD-Zeitung, Holger Apfel, gegenüber Bild am Sonntag, 15. 8. 2004.
127 «Kanzler beschimpft Union und PDS als ‹Volksfront›», Bild am Sonntag, 15. 8. 2004.
128 Allemann, Bonn ist nicht Weimar; siehe auch Sebastian Ullrich, Der Weimar-Komplex.
129 Christian Füller, «Hartz muss weg – und dann?», tageszeitung, 21. 8. 2004.
130 «Regierung knickt ein bisschen ein», SpiegelOnline, 12. 8. 2004, abrufbar unter: http://www.spiegel.de/politik/deutschland/hartz-iv-regierung-knickt-ein-bisschen-ein-a-312886.html, (Stand: 13. 8. 2012).
131 «Hartz IV: Was kommt auf die Arbeitslosen zu?», Bild, 25. 6. 2004.
132 «Das wird ein teurer Winter!», Bild, 31. 8. 2004.
133 «Rentenkürzung wegen Hartz?», Bild, 13. 8. 2005.
134 «Hartz IV: die großen Ungerechtigkeiten», Bild, 9. 8. 2004.
135 «Runter mit den Pensionen!», Bild, 30. 9. 2004.
136 «Hartz geht nur mit Herz», Bild, 31. 3. 2005.
137 «Finger weg vom Urlaub», Bild, 21. 6. 2005.
138 «Schluss mit den Luxus-Pensionen», Bild am Sonntag, 27. 11. 2005.
139 «Von der Steuerreform zur Teuer-Reform», Bild, 14. 1. 2004.
140 «Sie rauchen zusammen Zigarren, trinken Rotwein und planen schon für 2006: Big Bosse setzen wieder auf Genosse Schröder», Bild, 16. 11. 2004.
141 «Wegen Hartz IV: Regierung will an die Sparbücher der Kinder!», Bild, 4. 8. 2004.
142 «Tierschutzbund: Kein Zusammenhang zwischen Hartz IV und hoher Zahl ausgesetzter Hunde», abrufbar unter: http://www.animal-health-online.de/klein/2004/08/24/tierschutzbund-kein-zusammenhang-zwischen-hartz-iv/1814/, (Stand: 13. 8. 2012).
143 «Wegen Wintereinbruch und Hartz IV: Millionen Arbeitslose», Bild, 30. 1. 2005
144 Dirk Hoeren, «Es droht Murks IV», Bild, 19. 7. 2004.
145 Rolf Kleine, «Hartz & Schröder», Bild, 9. 7. 2005.
146 «Der berühmte Herr Hartz (der von Hartz IV) – steckt er auch im Sex-Sumpf?», Bild, 6. 7. 2005.
147 «Hartz IV: Fakten statt Vorurteile», Bild, 24. 8. 2004.
148 «Hartz IV: Jeder Jugendliche bekommt eine Chance», Bild, 22. 9. 2004.
149 «Sozialhilfe? Wir holen die Menschen aus der Sackgasse», Bild, 13. 4. 2005.
150 Gespräch mit Fritz Kuhn vom 1. 10. 2010.
151 Gespräch mit Wolfgang Clement vom 11. 11. 2010.

152 Gespräch mit Rudolf Scharping vom 2. 11. 2011.
153 Schmidt, Die Sozialpolitik der zweiten rot-grünen Koalition, in: Egle/Zohlnhöfer (Hg.), Das Ende des rot-grünen Projekts, S. 295–312, hier: S. 301 f.
154 Gespräch mit Michael Sommer vom 23. 11. 2011.
155 Gespräch mit Hans Eichel vom 21. 10. 2010.
156 Gespräch mit Rezzo Schlauch vom 11. 11. 2010.
157 Gespräch mit Gernot Erler vom 29. 9. 2011.
158 Gespräch mit Gerhard Schröder vom 13. 1. 2011.
159 Hegelich u. a., Agenda 2010, S. 181.
160 Gerhard Schröder, «Mut zu Frieden und Mut zu Veränderung. Regierungserklärung vom 14. 3. 2003», in: Verh. d. Dt. Bt., Plenarprotokoll 15/32, S. 2481.
161 Eine Auswahl an Literatur; Hockerts, Der deutsche Sozialstaat; Ostheim u. a. (Hg.), Der Wohlfahrtsstaat; Schmidt, Sozialpolitik in Deutschland.
162 Pressestelle des Bundesverfassungsgerichts, Urteil vom 9. 2. 2010, in: Pressemitteilung Nr. 5/2010 vom 9. 2. 2010, abrufbar unter: http://www.bverfg.de/pressemitteilungen/bvg10-05.html, (Stand; 13. 8. 2012).
163 Steingart, Deutschland.
164 Michael Backfisch, «IWF lobt Agenda 2010», Handelsblatt, 14. 4. 2005.
165 So jedenfalls: Uwe Jean Heuser, «Deutschland, weitermachen! Lob und Rat der Weltbank», Die Zeit 15. 9. 2005, abrufbar unter: http://www.zeit.de/2005/38/Deutschland_weitermachen., (Stand: 10. 8. 2012).
166 Zur OECD: «Deutschland, weitermachen», Die Zeit, 15. 9. 2005; Bertelsmann-Stiftung-Analyse, Capital 15 (2005), S. 14–22.
167 Anna Fischhaber/Florian Gathmann, «Wie viel Schröder im Aufschwung steckt», SpiegelOnline, 28. 10. 2010, abrufbar unter: http://www.spiegel.de/politik/deutschland/boom-streit-wie-viel-schroeder-im-aufschwung-steckt-a-725709.html, (Stand: 10. 8. 2012).
168 Aus der Sicht eines damals beteiligten «Modernisierers»: Heilmann/Rürup, Fette Jahre.

3. Europäische Erinnerung –
Die Berliner Republik und die deutsche Vergangenheit

1 «Kultur statt Geheimdienst», Der Spiegel, 20. 7. 1998.
2 Joachim Günter, «Wahlwettermacher», Neue Zürcher Zeitung, 24. 8. 1998.
3 Sigrid Löffler, «Minister light? Was ein Bundeskulturbeauftragter leisten kann, darf und sollte», Die Zeit, 23. 7. 1998.
4 Gegen diesen Vorwurf verteidigte sich Naumann unter Verwendung des Begriffs in einem Interview der Zeit. Interview mit Michael Naumann, Die Zeit, 30. 7. 1998.
5 Siehe Antje Vollmer im Gespräch mit Hans Werner Kilz: Vollmer: Eingewandert ins eigene Land, S. 231.
6 Gespräch mit Gerhard Schröder vom 13. 1. 2011.
7 Zit. nach dem Interview mit Jürgen Flimm, Arnulf Conradi, Dieter Gorny, Der Spiegel, 27. 7. 1998.
8 Protokoll der Telefonschaltkonferenz, 20. 7. 1998, in: AdsD, PV, Büro Lafontaine, 2/PV DE 000041.
9 Gerhard Schröder, «Startprogramm. Aufbruch für ein modernes und gerechtes Deutschland», 20. 8. 1998, in: AGG, B. II, 14. WP, 2429.
10 «Glänzende Kompetenz», Die Zeit, 13. 8. 1998.

11 Seine Distanz zur politischen Kultur im CDU-geführten Deutschland verdeutliche Naumanns Interpretation der öffentlichen Reaktion auf seine Äußerungen im Wahlkampf: «(...) eine ungewohnte Klarheit in meiner Sprache, die von der diplomatischen Semantik des Genscherismus (...) und all den salvatorischen Klauseln der üblichen politischen Rhetorik abweicht», Interview mit Michael Naumann, Der Spiegel, 3. 8. 1998.
12 Interview mit Michael Naumann, Der Spiegel, 3. 8. 1998.
13 Diskussion in der SPD-Bundestagsfraktion, 26. 10. 1998, in: AdsD, BTF, 14 WP., Prot. 38 519.
14 Protokoll der Telefonschaltkonferenz, 20. 7. 1998, in: AdsD, PV, Büro Lafontaine, 2/PV DE 000041.
15 Otto Schily auf der Fraktionssitzung, 26. 10. 1998, in: AdsD, BTF, 14. WP, Prot. 38519.
16 Patrik Schwarz, «Raus aus Kohls Sahelzone», die tageszeitung, 21. 7. 1998.
17 Siehe Wolfrum, Moral und Pragmatismus, in: Cornelißen u. a. (Hg.), Diktatur – Krieg – Vertreibung, S. 251–269.
18 Die Denkmal-Kontroverse ist gut dokumentiert und aufgearbeitet, siehe: Cullen (Hg.), Das Holocaust-Mahnmal. Dokumentation einer Debatte; Jeismann (Hg.), Mahnmal Mitte. Eine Kontroverse; Heimrod u. a. (Hg.), Der Denkmalstreit – das Denkmal?; Deutscher Bundestag (Hg.), Denkmal für die ermordeten Juden Europas; Stavginsky, Das Holocaust-Denkmal; Kirsch, Nationaler Mythos oder historische Trauer?; Leggewie/Meyer, «Ein Ort, an den man gerne geht».
19 «Holocaust-Mahnmal wie Speer-Architektur», SZ, 22. 7. 1998.
20 Zit. nach Petra Kipphoff, «Der Abenteurer», Die Zeit, 23. 7. 1998.
21 Michael Naumann an Bundeskanzler Helmut Kohl, 12. 8. 1998 (Kopien an Gerhard Schröder, Oskar Lafontaine, Rudolf Scharping), in: AdsD, PV, Büro Lafontaine, 2 /PV DE000343.
22 Rede Martin Walsers zum Friedenspreis des Deutschen Buchhandels vom 11. 10. 1998, in: Stiftung Haus der Geschichte der Bundesrepublik Deutschland, abrufbar unter: http://www.hdg.de/lemo/html/dokumente/WegeInDieGegenwart_redeWalserZumFriedenspreis/index, (Stand: 20. 6. 2012).html. Zur Interpretation siehe Jansen, Alles Schlussstrich – oder was?, in: Theologie und Philosophie 80 (2005), S. 412–422; Schirrmacher (Hg.), Die Walser-Bubis-Debatte.
23 Zit. nach ebda., S. 34 f.
24 Andreas Brenner, «Erinnern – aber bitte richtig dosiert», Tages-Anzeiger, 23. 11. 1998
25 Funke, Friedensrede als Brandstiftung, in: Brumlik/Funke/Rensmann (Hg.), Umkämpftes Vergessen, S. 13–27, hier: S. 15.
26 Regierungserklärung des Bundeskanzlers Gerhard Schröder vom 10. 11. 1998, in: Verh. d. Dt. Bt., Plenarprotokoll 14/3, S. 47–67.
27 Zit. nach Leggewie/Meyer, «Ein Ort, an den man gerne geht», S. 179 f.
28 Deutscher Bundestag, Ausschuss für Kultur und Medien, Prot. 14/2, 18. 11. 1998, in: AGG Sign. BIII, 14. WP, 488, S. 11.
29 Peter von Becker, «Naumanns Plan: Holocaust-Museum statt Steinlandschaft», Der Tagesspiegel, 14. 12. 1998.
30 Leggewie/Meyer, «Ein Ort, an den man gerne geht», S. 181.
31 Michael Naumann, Fragestunde des Deutschen Bundestags, Bonn, 2. 12. 1998, in: Verh. d. Dt. Bt., Plenarprotokoll 14/10, S. 571D.
32 Interview mit Michael Naumann, Deutschlandfunk, 18. 1. 1999.

33 Bereits in der kühlen und betont allgemeinen Begrüßung der Ausschussvorsitzenden zur ersten thematischen Sitzung vom 18. 11. 1998 kam das Misstrauen zum Ausdruck, siehe Deutscher Bundestag, Ausschuss für Kultur und Medien, Prot. 14/2, 18. 11. 1998, in: AGG Sign. BIII, 14. WP, 488, S. 2; Interview mit Michael Naumann vom 1. 10. 2010.
34 Ebda., Prot., S. 13.
35 Ebda., S. 14.
36 Protokoll «Rot-grünes Treffen zum ‹Kultur- und Medienausschuss›», 21. 4. 1999, in: AGG, Sign. BII, 14 WP, 488.
37 Ebda.
38 Verh. d. Dt. Bt., Sten. Ber. 48. Sitz, 25. 6. 1999, Plenarprotokoll 14/48, S. 4085–4147.
39 Brief von Ludwig Stiegler an die Mitglieder der SPD-Bundestagsfraktion, 24. 6. 1999, in: AdsD, Prot. BTF, 14. WP, 38 523.
40 Interner Bericht zur Debatte über das Holocaust-Denkmal, 16. 6. 1999, in: AdsD, Prot. BTF, 14. WP, 38 523.
41 Zit. nach: Christof Siemens, «Noch Fragen?», Die Zeit, 1. 7. 1999.
42 Siehe Kroh, Transnationale Erinnerung; Levy/Sznaider, Erinnerung im globalen Zeitalter.
43 Zit. nach: «Keinen Schlussstrich unter NS-Geschichte ziehen», in SpiegelOnline, abrufbar unter: http://www.spiegel.de/politik/ausland/0,1518,61649,00.html, (Stand: 10. 5. 2012).
44 Stockholmer Erklärung des Internationalen Forums über den Holocaust vom 28. Januar 2000 (Wortlaut; Original in englischer Sprache veröffentlicht), in: Blätter für deutsche und internationale Politik, Heft 3/2000, S. 375.
45 Michael Jeismann, «Das Seelenbündnis», FAZ, 14. 2. 2000.
46 Zit. nach «Holocaust-Konferenz will Erinnerung wachhalten», die tageszeitung, 27. 1. 2000.
47 Wolfgang Simonitsch, «ÖVP verpflichtet Haider zu Mäßigung», Süddeutsche Zeitung, 28. 1. 2000.
48 Siehe Busek/Schauer (Hg.), Eine europäische Erregung, S. 519.
49 Interview mit Bundeskanzler Gerhard Schröder, Die Zeit, 17. 2. 2000.
50 Peter Struck, Politischer Bericht für die Sitzung der Bundestagsfraktion, 15. 2. 2000, in: AdsD, BTF 14. WP, Sitzungsprotokolle 40 535.
51 SPD-Parteivorstand/Abt. Internationale Politik, «Haltung gegenüber der neuen ÖVP-FPÖ-Regierung in Österreich, 21. 2. 2000», in: AdsD, PV, Büro G. Schröder, 2/PV EF 000099.
52 Siehe Busek/Schauer (Hg.), Eine europäische Erregung, S. 538–567.
53 Koalitionsvereinbarung zwischen der Sozialdemokratischen Partei Deutschlands und Bündnis 90/Die Grünen, Aufbruch und Erneuerung – Deutschlands Weg ins 21. Jahrhundert, Bonn, 20. 10. 1998, Teil IX, 3.
54 Niethammer, Von der Zwangsarbeit im Dritten Reich zur Stiftung «Erinnerung, Verantwortung und Zukunft», in: Jansen/Saathoff (Hg.), Gemeinsame Verantwortung und moralische Pflicht, S. 13–84, hier S. 44; Gebiet ist gut bearbeitet, siehe: Goschler, Schuld und Schulden; Doehring/Fehn/Hockerts (Hg.), Jahrhundertschuld, Jahrhundertsühne; Hockerts/Kuller (Hg.), Nach der Verfolgung; Hockerts/Moisel/Winstel, Grenzen der Wiedergutmachung; Kenkmann/Spieker/Walter (Hg.), Wiedergutmachung als Auftrag. Spiliotis, Verantwortung und Rechtsfrieden.

774 Anmerkungen

55 Schreiben des Fraktionsvorsitzenden Rezzo Schlauch an den Chef des Bundeskanzleramts, Bodo Hombach, 5. 11. 1998, in: AGG A-Rezzo Schlauch 139.
56 Telefax-Schreiben von Lothar Evers, Bundesverband Information und Beratung für NS-Verfolgte, an Gerhard Schröder, 20. 10. 1998, in: AdsD, PV, BGeschF, F. Müntefering, 2/PV EL 000115.
57 Siehe Niethammer, Von der Zwangsarbeit im Dritten Reich zur Stiftung «Erinnerung, Verantwortung und Zukunft», S. 45.
58 Zit. nach Manfred Ertel, Dietmar Hawranek, Gerhard Spörl, Gabor Steingart, Klaus Wiegrefe, «Schuld und Schlußstrich», Der Spiegel, 30. 11. 1998.
59 Politischer Bericht für die Sitzung der SPD-Bundestagsfraktion am 24. 10. 2000, in: AdsD, BTF 14. WP, Sitzungsprotokolle 40 535.
60 Schreiben von Kanzleramtschef Bodo Hombach an Volker Beck, 30. 11. 1998, in: AGG A-Rezzo Schlauch 8.
61 Gespräch mit Volker Beck vom 26. 1. 2011.
62 Goschler, Schuld und Schulden, S. 470.
63 Protokoll der Sitzung des SPD-Parteivorstandes, 2. 11. 1998, in: AdsD, Bestand: PV 1. 2. 1999–7. 6. 1999, keine Signatur, S. 3.
64 Heribert Prantl zitierte diese Befürchtungen einiger seiner Journalistenkollegen, siehe ders., «Der erste Bürger des Staates», SZ, 25. 5. 1999.
65 Johannes Rau, Erklärung am 17. 12. 1999 zur Einigung über die Höhe des Stiftungsvermögens zur Entschädigung von Zwangsarbeitern, abrufbar unter: http://www.bundespraesident.de/SharedDocs/Reden/DE/Johannes-Rau/Reden/1999/12/19991217_Rede.html, (Stand: 12. 6. 2012).
66 Zit. nach: Nina Gibert, Batsheva Tsur, «Rau AdsDresses Knesset in German», The Jerusalem Post, 16. 2. 2000.
67 Elie Wiesel vor dem Deutschen Bundestag am 27. 1. 2000, abrufbar unter: http://www.bundestag.de/kulturundgeschichte/geschichte/gastredner/wiesel/rede_deutsch.html, (Stand: 12. 6. 2012).
68 Ansprache von Bundespräsident Johannes Rau vor der Knesset, 16. 02. 2000, abrufbar unter: http://www.bundespraesident.de/SharedDocs/Reden/DE/Johannes-Rau/Reden/2000/02/20000216_Rede.html, (Stand: 12. 6. 2012).
69 Siehe das Presseecho in der SZ, 18. 2. 2000; zum Ablauf der Rede auch das filmische Material, abrufbar unter: http://www.youtube.com/watch?v=G3nOgWOZXOY, (Stand: 12. 6. 2012).
70 Eckhard Fuhr, «Am Ziel», FAZ, 25. 5. 1999.
71 Vera Lengsfeld im Interview, Frankfurter Rundschau, 18. 7. 2000.
72 Lepsius, Demokratie in Deutschland, S. 245.
73 Sabrow/Eckert/Flacke u. a. (Hg.), Wohin treibt die DDR-Erinnerung?
74 Die Kontroversen bei Ihme-Tuchel, Die DDR, S. 89–95.
75 Sabrow/Eckert/Flacke u. a. (Hg.), Wohin treibt die DDR-Erinnerung?
76 Ebda., S. 236.
77 Klaus Schröder, Soziales Paradies oder Stasi-Staat? Das DDR-Bild von Schülern – Ein Ost-West-Vergleich.
78 Zit. nach Michael Ludwig, «Gefährliche Phänomene», FAZ, 18. 9. 2003; allgemein dazu Mittler, Neue Museen – neue Geschichte?, in: APuZ, B 49/2007, S. 13–20.
79 Titelblatt der Wprost, 21. 9. 2003.
80 Siehe die Debatte im SPD-Parteivorstand, Protokoll vom 13. 9. 2004, in: AdsD, 2 PV KB000005.

Europäische Erinnerung 775

81 Vgl. Gemeinsam für Deutschland. Mit Mut und Menschlichkeit. Koalitionsvertrag von CDU, CSU und SPD, S. 132.
82 So die Beschreibung bei Leggewie/Lang, Der Kampf um die europäische Erinnerung, S. 179 ff.
83 Siehe dazu: Hammerstein/Mählert/Trappe/Wolfrum (Hg.), Aufarbeitung der Diktatur; Langewiesche, Zeitwende; Troebst, Postkommunistische Erinnerungskulturen im östlichen Europa.
84 Zit. nach: Hammerstein/Hofmann, Europäische «Interventionen», in: Hammerstein/Mählert/Trappe/Wolfrum (Hg.), Aufarbeitung der Diktatur, S. 189–203, hier S. 191.
85 Zit. nach ebda.
86 Nico Fried, «D-Day – Die Nachkriegszeit ist vorbei», SZ, 4. 6. 2004.
87 Chirac lädt Schröder zur D-Day-Gedenkfeier nach Frankreich ein, in: Presse- und Informationsamt der Bundesregierung, 2. 1. 2004.
88 Anlass/Art/Form, Einstellungsdatum, in: Anbieter/Medium, abrufbar unter: www.linternaute.com/sortir/sorties/evenements/debarquement-normandie/ceremonie-6-juni.shtml, (Stand: 28. 2. 2012).
89 Marie-Estelle Pech, «France-Allemagne, l'emotion», Le Figaro, 7. 6. 2004. Nicht wenige Medien stellten die Frage nach der Bedeutung der Umarmung der beiden Staatsmänner. War sie vergleichbar mit Willy Brandts Kniefall 1970 in Warschau oder mit dem Händedruck zwischen François Mitterrand und Helmut Kohl über den Gräbern von Verdun? Von Libération dazu befragt, gab Heinrich August Winkler die Antwort: «Man kann nicht immer passende symbolische Gesten finden. Die Geste Willy Brandts war einzigartig. Aber auch die Umarmung Chiracs und Schröders wird in das kollektive Gedächtnis der Deutschen und der Franzosen eingehen.», Heinrich August Winkler im Gespräch, Libération, 8. 6. 2004.
90 Allocution du Président de la République Française Jacques Chirac – Discours pronounce de Dimanche 6 juin 2004 lors de la cérémonie Franco-allemande au Mémorial de Caen, in: DDay-Overlord website, abrufbar unter: http:/www.dday-overlord.com/discours_jacques_chirac_caen.htm, (Stand 19. 6. 2012).
91 Zit. nach Frédéric Chambon, «En Normandie. L'invitation du chancelier Schröder est, pour les uns, une évidence, pour d'autres, une douleur», Le Monde, 5. 6. 2004.
92 Geneviève Jurgensen, «Les uns et les autres. La main dans la main», La Croix, 5. 6. 2004.
93 Jérome Fourquet/Magali Gérard, «L'Allemagne est devenue le meilleur allié de la France», Le Figaro, 5. 6. 2004.
94 Romain Leick u. a., «Gipfel über Gräbern», Der Spiegel, 29. 5. 2004.
95 Michaela Wiegel, «Gezeichnete Erde hinter den Landungssträndern», FAZ, 5. 6. 2004.
96 Rede von Bundeskanzler Gerhard Schröder bei den französisch-deutschen Feierlichkeiten des «D-Day» am 6. Juni 2004 in Caen, in: Bulletin der Bundesregierung Nr. 58, 6. 6. 2004.
97 Gerhard Schröder, «Warum das freie Deutschland heute gemeinsam mit den Alliierten der Landung in der Normandie gedenkt», Bild am Sonntag, 6. 6. 2004.
98 Rede von Bundeskanzler Gerhard Schröder bei den französisch-deutschen Feierlichkeiten des «D-Day» am 6. Juni 2004 in Caen, in: Bulletin der Bundesregierung Nr. 58, 6. 6. 2004.
99 Regierungssprecher Anda weist Kritik am Besuchsprogramm des Bundeskanzlers in

der Normandie zurück, in: Presse- und Informationsamt der Bundesregierung, Pressemitteilung Nr. 279, 3. 6. 2004.
100 Literatur zu Bitburg: Rede Reagans am 5. Mai 1985, «Remarks at a Joint German-American Military Ceremony at Bitburg Air Base in the Federal Republic of Germany», in: Public Papers of the President: Ronald Reagan, 1981–1989, abrufbar unter: http://www.reagan.utexas.edu/archives/speeches/publicpapers.html, (Stand: 11. 6. 2012); Jensen, Reagan at Bergen-Belsen and Bitburg; Stadtverwaltung Bitburg, Der Besuch. Dokumentation über den Besuch des amerikanischen Präsidenten Ronald W. Reagan und des deutschen Bundeskanzlers Helmut Kohl am 5. Mai 1985 in Bitburg; Kohl, Erinnerungen: 1982–1990, S. 348–361; Hartman, Bitburg in moral and political perspective; Heinrich August Winkler, «Auf ewig in Hitlers Schatten? Zum Streit über das Geschichtsbild der Deutschen», Frankfurter Rundschau, 14. 11. 1986; Bernard Weinraub, «Reagan Joins Kohl in Brief Memorial at Bitburg Graves», The New York Times, 6. 5. 1985; Charles Krauthammer, «The Bitburg Fiasco», Time Magazine, 12. 4. 2005.
101 «Opposition attackiert Schröders Normandie-Programm», SpiegelOnline, 4. 6. 2004, abrufbar unter: http://www.spiegel.de/politik/deutschland/0,1518,302695,00.html, (Stand 11. 6. 2012).
102 Vgl. Putins Rede bei den Feierlichkeiten vom 9. 5. 2005, FAZ. net, 9. 5. 2005, abrufbar unter: http://www.faz.net/aktuell/politik/dokumentation-ich-verneige-mich-tief-vor-den-veteranen-1232939.html, (Stand: 11. 6. 2012); Bildstrecke zur Parade in Moskau am 9. 5. 2005, Süddeutsche.de, 2. 7. 2009, abrufbar unter: http://www.sueddeutsche.de/politik/bildstrecke-parade-in-moskau-mai-1.118045, (Stand: 11. 6. 2012).
103 «Putin ruft die Welt zur Einheit auf», SZ, 10. 5. 2005.
104 Vgl. Das heutige Deutschland und die Vergangenheit – Umfrage der Stiftung Öffentliche Meinung (FOM), 16./17. 04 2005, in: Russland Analysen, abrufbar unter: http://www.laender-analysen.de/russland/pdf/Russlandanalysen064.pdf, (Stand: 11. 6. 2012).
105 «Aussöhnung mit Rußland» Schröder begeht 60 Jahre Kriegsende in Moskau», Frankfurter Allgemeine Sonntagszeitung, 12. 9. 2004.
106 «Schröder feiert Kriegsende in Moskau», Focus Online, 9. 7. 2004, abrufbar unter: http://www.focus.de/politik/ausland/9-mai_aid_84309.html, (Stand: 11. 6. 2012).
107 Tagesthemen, ARD, 9. 5. 2005.
108 Zit. nach «Ort des Gedenkens. Holocaust-Mahnmal feierlich eröffnet», SpiegelOnline, 10. 5. 2005, abrufbar unter: http://www.spiegel.de/politik/deutschland/0,1518,355386, 00.html, (Stand: 11. 6. 2012).
109 Beide Zitate aus «Blick in die Presse», SZ, 12. 5. 2005.

4. Neue Vielfalt – Kunst, Kultur und Zeitgeist der rot-grünen Jahre

1 Werner Knopp, zit. nach Röbke/Wagner (Hg.), Jahrbuch für Kulturpolitik 2001, S. 41.
2 Zit. nach Palmer, «Entgrenzte» Kulturpolitik, in: Politische Meinung Nr. 389/2002, S. 49–53, hier S. 51. Siehe auch: Hoffmann/Schneider (Hg.), Kulturpolitik in der Berliner Republik.
3 Siehe Fuchs, Kulturpolitik, S. 99.
4 «Kanzlerin lobt Kulturpolitik von Vorgänger Schröder», Focus Online, 28. 10. 2008, abrufbar unter: http://www.focus.de/politik/deutschland/angela-merkel-kanzlerin-

Neue Vielfalt – Kunst, Kultur und Zeitgeist der rot-grünen Jahre 777

lobt-kulturpolitik-von-vorgaenger-schroeder_aid_344283.html, (Stand: 26. 6. 2012). Allgemein zur Kulturpolitik des Bundes: Deutscher Bundestag (Hg.), Kultur in Deutschland; Endress, Die Kulturpolitik des Bundes.
5 So der bayerische Kultusminister Johann Baptist Zehetmair (CSU), zit. nach: Harriet Dreier, «Keinen Pfennig mehr für Berlin», SpiegelOnline, 20. 3. 2001, abrufbar unter: http://www.spiegel.de/kultur/gesellschaft/0,1518,123479,00.html, (Stand: 26. 6. 2012).
6 Zehetmair, zit. nach Röbke/Wagner (Hg.), Jahrbuch für Kulturpolitik 2001, S. 43.
7 Zit. nach ebda., S. 50.
8 Vgl. Röbke/Wagner (Hg.), Jahrbuch für Kulturpolitik 2001, S. 23 f.
9 Andrea Böhm, «You are entering the Berlin Republic», die tageszeitung, 1. 2. 1994; Gross, Begründung der Berliner Republik; kritisch: Habermas, Die Normalität einer Berliner Republik.
10 Frank Schirrmacher, «Der Westen ist frei», FAZ (Beilage), 30. 9. 2000.
11 Schwarz, Die gezähmten Deutschen; Heinz Bude, «Generation Berlin – In Vorbereitung auf die neue Republik», FAZ, 18. 6. 1998.
12 Zit. nach Sontheimer, Berlin, S. 222.
13 Zit. nach Höfer, Die «Berliner Republik» als Kampfbegriff?, in: APuZ B 6–7/2001, S. 27–30, hier S. 27.
14 Kurt Kister, «Macht umwölkt von Wahlium», SZ, 17. 9. 2005.
15 Fuhr, Wo wir uns finden.
16 Zit. nach Sontheimer, Berlin, Berlin, S. 233.
17 Winkler, Der lange Weg nach Westen, Bd. 1; Winkler, Der lange Weg nach Westen Bd. 2; siehe unter vielen anderen Besprechungen die ausführliche, teils andere Akzente setzende Würdigung des Werkes von Doering-Manteuffel, Eine politische Nationalgeschichte für die Berliner Republik, in: GG 27 (2001), S. 446–462.
18 Winkler, Der lange Weg nach Westen, Bd. 2, vor allem das Resümee: Abschied von den Sonderwegen: Rückblick und Ausblick, S. 640–657.
19 Ebda., S. X.
20 Jürgen Leinemann, «Das Neue ist die Größe», Der Spiegel, 6. 9. 1999.
21 Gespräch mit Thomas Steg vom 5. 3. 2010.
22 «Helmut Schmidt», Der Spiegel, 7. 12. 1998.
23 «Aber ich bin doch in der Mitte», Der Spiegel, 25. 10. 2000; siehe auch «Die ‹Berlin›-Skulptur», FAZ, 18. 9. 2000.
24 Wolfgang Thierse und Julian Nida-Rümelin, «Für eine gestaltende Kulturpolitik», 24. 1. 2001, in: AdsD, PV, Büro G. Schröder, 2/PVEF000001.
25 Ebda.
26 So der Moderator von 3sat-Kulturzeit, zit. nach Holger Kulick, «Anecken aus Prinzip», SpiegelOnline, 11. 1. 2001, abrufbar unter: http://www.spiegel.de/kultur/gesellschaft/0,1518,111756,00.html, (Stand: 26. 12. 2012).
27 Georg Paul Hefty, «Gegen Nida-Rümelins Philosophenstaat», FAZ, 10. 1. 2001.
28 Zit. nach Holger Kulick, «Kulturstaatsminister Nida-Rümelin gibt auf», SpiegelOnline, 1. 10. 2002, abrufbar unter: http://www.spiegel.de/kultur/gesellschaft/0,1518,216392,00.html, (Stand: 26. 6. 2012).
29 Siehe Pluschke, Kunstsponsoring; Bruhn, Sponsoring.
30 Daniel Post, «Bekenntnisse einer Standhaften», Der Tagesspiegel, 6. 10. 2002.
31 «Weiss will Birthler-Behörde inhaltlich aufwerten», Handelsblatt, 15. 1. 2005.
32 Bericht zur Berliner Konferenz für europäische Kulturpolitik vom 27. 12. 2004, in:

Tuxamoon magazine, abrufbar unter: http://www.tuxamoon.de/magazine/kultur/kulturpolitik/2004/12/27/berliner-konferenz-fuer-europaeische-kulturpolitik/, (Stand: 26. 6. 2012).
33 Stephan Raabe, Denny Schlüter, Auf den Spuren des «Europäischen Netzwerks Erinnerung und Solidarität», in: Länderbericht der Konrad-Adenauer-Stiftung e. V. in Polen, 6. 1. 2001, abrufbar unter: http://www.kas.de/wf/doc/kas_21555-1522-8-30.pdf?110106132210, (Stand: 26. 6. 2012).
34 Kretschmar, Geschichte der Weltausstellungen, S. 266.
35 Siehe Claudia Kaiser, Konzeption und regionale Auswirkungen der universellen Weltausstellung EXPO 2000, in: APuZ B 22–23/2000, S. 11–22; Klaus Brinkbäumer, «Die neue deutsche Leichtigkeit», Der Spiegel, 5. 6. 2000.
36 Internetauftritt des deutschen Pavillons auf der EXPO 2000, abrufbar unter: http://dp.expo2000.de/gesellschafter/brd.html, (Stand: 26. 6. 2012).
37 Rede von Bundeskanzler Schröder zur Eröffnung der Weltausstellung Expo 2000, 31. 5. 2000, in Hannover, abrufbar unter: http://dp.expo2000.de/gesellschafter/rede.html, (Stand: 26. 6. 2012).
38 Friedrich Merz, «Einwanderung und Identität», Die Welt, 25. 10. 2000.
39 Zit. nach Kurt Kister, «Die Leitkultur der Parteichefin», SZ, 7. 11. 2000.
40 Siehe die Politischen Berichte für die Sitzungen der SPD-Fraktion, 24. 10. 2000 und 7. 11. 2000, in: AdsD, BTF, 14. WP, Prot. 40535.
41 Theo Sommer, «Der Kopf zählt, nicht das Tuch», Die Zeit, 16. 7. 1998.
42 Tibi, Europa ohne Identität?
43 Deutsche Übersetzung: Huntington, Kampf der Kulturen; siehe auch: Pautz, Die deutsche Leitkultur; Berschin, «Und ewig lockt die Leitkultur», in: Politische Meinung, 374/2001, S. 38–40.
44 Edmund Stoiber, Ministerpräsident von Bayern, im Interview mit Ulrich Deppendorf, Fernsehsendung ARD «Bericht aus Berlin» am Rande des Parteitags der CSU in München, Erstausstrahlung: 17. 11. 2000.
45 Beide Zitate aus: «Merz gegen Kopftücher im Unterricht», SpiegelOnline, 2. 12. 2000.
46 «'Deutsche Leitkultur': Unwort des Jahres», Der Tagesspiegel, 15. 11. 2000.
47 Kurt Kister, «Die Leitkultur der Parteichefin», SZ, 7. 11. 2000.
48 In einem Interview mit der Westdeutschen Allgemeinen Zeitung vom 8. 3. 2000 sagte Rüttgers: «Statt Inder an die Computer müssen unsere Kinder an die Computer.» Diese Aussage wurde in der Folge insbesondere von rechtspopulistischer Seite auf die Parole «Kinder statt Inder» reduziert. Interview mit Jürgen Rüttgers, Westdeutsche Allgemeine Zeitung, 8. 3. 2000. Außerdem: «Rüttgers verteidigt verbalen Ausrutscher», SpiegelOnline, 9. 3. 2000, abrufbar unter: http://www.spiegel.de/politik/deutschland/0,1518,68369,00.html, (Stand: 26. 6. 2012).
49 Pressemitteilung des Goethe-Instituts, 8. 11. 2000, abrufbar unter: http://www.goethe.de/z/03/notiz/depmo29.
50 Paul Spiegel, «Was soll das Gerede um die Leitkultur?», Weltonline, 11. 11. 2000, abrufbar unter: http://www.welt.de/print-welt/article546696/Paul-Spiegel-Was-soll-das-Gerede-um-die-Leitkultur.html, (Stand: 19. 8. 2012).
51 Fernsehsendung Berlin direkt, ZDF, Erstausstrahlung 19. 11. 2000.
52 Zeit-Gespräch mit Bundespräsident Johannes Rau, Die Zeit, 22. 11. 2000.
53 Oberndörfer, Leitkultur und Berliner Republik, in: APuZ B1–2/2001, S. 27–30, hier S. 27.
54 Zweiter Bericht über Deutschland, vorgelegt von der Europäischen Kommission

gegen Rassismus und Intoleranz, Straßburg, 3. 7. 2001, abrufbar unter: http://www.institut-fuer-menschenrechte.de/fileadmin/user_upload/PDF-Dateien/Europarat_Dokumente/ECRI_Bericht_Deutschland_2_2001_de.pdf, (Stand: 26. 6. 2012).
55 Freiheit und Sicherheit. Grundsätze für Deutschland. Das Grundsatzprogramm der CDU, beschlossen vom 21. Parteitag Hannover, 3.–4. 12. 2007, S. 14; Chancen für alle! In Freiheit und Verantwortung gemeinsam Zukunft gestalten. Grundsatzprogramm der CSU, beschlossen auf dem Parteitag am 28. 9. 2007, S. 144.
56 Zit. nach Christian Bauschke, «Ungleiche Brüder», Die Welt, 21. 1. 2001.
57 Fischer, Die rot-grünen Jahre, S. 381.
58 Marion Gräfin Dönhoff, «Entschuldigung», Die Zeit, 3. 5. 2001; sowie, das zweite Zitat, zit. nach Andreas Cichowicz, Volker Steinhoff, «Die Akte Joschka Fischer – Eine Journalistin auf Wahrheitssuche», Panorama-Sendung, ARD, Erstausstrahlung 11. 1. 2002, abrufbar unter: http://daserste.ndr.de/panorama/archiv/2001/erste7746.html, (Stand: 28. 6. 2012).
59 Ebda.
60 «Der deutsche Außenminister Fischer als Zeuge vor Gericht», Neue Zürcher Zeitung, 17. 1. 2001.
61 Fragestunde des Deutschen Bundestages zur Vergangenheit Joschka Fischers vom 17. 1. 2001, in: Verh. d. Dt. Bt., Plenarprotokoll 14/142, S. 13891–13917.
62 Ebda., S. 13891.
63 Ebda., S. 13892.
64 Ebda., S. 13896.
65 Siehe den offenen Brief von Christa Nickels und Antje Vollmer, 1984/1985, abgedruckt in: Antje Vollmer im Gespräch mit Hans Werner Kilz: Vollmer, Eingewandert ins eigene Land. S. 259 ff.
66 Fragestunde des Deutschen Bundestages zur Vergangenheit Joschka Fischers vom 17. 1. 2001, in: Verh. d. Dt. Bt., Plenarprotokoll 14/142, S. 13903.
67 Ebda., S. 13906.
68 Ebda., S. 13908.
69 Ebda., S. 13909.
70 Ebda., S. 13910.
71 Ebda., S. 13911.
72 Ebda., S. 13912.
73 Ebda., S. 13913.
74 Ebda., S. 13914.
75 Ebda., S. 13916.
76 Ebda., S. 13917.
77 Erklärung von Jürgen Trittin «zu den Aussagen von Prof. Michael Buback in der gestrigen Sendung Sabine Christiansen», 22. 1. 2001, sowie weitere Zusammenstellungen der Pressemeldungen, in: AGG, A-Kerstin Müller 81.
78 Schreiben von Fritz Kuhn an den Bild-Chefredakteur, 1. 2. 2001, in: AGG, A-Kerstin Müller 81.
79 Heribert Prantl, «Der Aufstand der Konservativen», SZ, 25. 1. 2001.
80 Siehe Behre, Vom Erinnern und Vergessen, in: GWU 59 (2008), S. 382–396; Wolfrum, «1968» in der gegenwärtigen deutschen Geschichtspolitik, in: APuZ B 22–23/2001, S. 28–36.
81 Fragestunde des Deutschen Bundestages zur Vergangenheit Joschka Fischers vom 17. 1. 2001, in: Verh. d. Dt. Bt., Plenarprotokoll 14/142, S. 13910.

82 Gilcher-Holtey, 1968. Eine Zeitreise; Schildt/Siegfried/Lammers (Hg.), Dynamische Zeiten; Frei, 1968; Kraushaar, Achtundsechzig; Sabrow (Hg.), Mythos «1968».
83 Siehe die vielen Papiere, gesammelt, in: AGG, A-Kerstin Müller 81 und Depositum Steg.
84 Siehe Gensicke, Jugendlicher Zeitgeist im Wertewandel, in: Zeitschrift für Pädagogik 55 (2009), S. 580–595.
85 Fuhr, Wo wir uns finden, S. 14.
86 Siehe Schildt/Siegfried, Deutsche Kulturgeschichte, S. 545.
87 «Wenders wirft Eichinger Verharmlosung vor», SpiegelOnline, 20. 10. 2004, abrufbar unter: http://www.spiegel.de/kultur/kino/0.1518,324064,00.html, (Stand: 8. 5. 2013).
88 «Faktisch genau, dramaturgisch lau», SpiegelOnline, 16. 9. 2004, abrufbar unter: http://www.spiegel.de/kultur/kino/0,1518,318336,00.html, (Stand: 8. 5. 2013).
89 Rudolf Augstein, «Von Shakespeare bis zu mir», Der Spiegel, 11. 10. 1999.
90 «Die Laudatio in Auszügen», SpiegelOnline vom 10. 12. 1999, abrufbar unter: http://www.spiegel.de/kultur/gesellschaft/dokumentation-die-laudatio-in-auszuegen-a-56011.html, (Stand: 17. 8. 2012).
91 Pressespiegel «Sein Jahrhundert», SZ, 2. 10. 1999.
92 Klaus Reichert, Preisverleihung des Büchner-Preises 2003. Abrufbar auf der Website von Alexander Kluge, abrufbar unter: http://www.kluge-alexander.de/zur-person/presse/deteils/artikel/kluge-mit-buechner-preis-2003-ausgezeichnet.html, (Stand: 4. 1. 2013).
93 Siehe Schildt/Siegfried, Deutsche Kulturgeschichte, S. 537–541.
94 Ullrich (Hg.), Macht zeigen.
95 Hardt/Negri, Empire.
96 Siehe die Grafik von Mathias Stolz, Kunstweltkarte, ZeitMagazin Nr. 24 (2012).
97 Elderfield (Hg.), Das MoMA in Berlin.
98 Gallagher (Hg.), Damien Hirst.
99 Ursprung, Die Kunst der Gegenwart, S. 105 f.
100 Ebda, S. 106; Weski (Hg.), Andreas Gursky.
101 Schröder (Hg.), Neo Rauch: Arbeiten auf Papier 2003–2004; Katalog anlässlich der Ausstellung Neo Rauch: Galerie Eigen + Art (Hg.), Neo Rauch, der Zeitraum.
102 Luke Harding, «‹Picasso of the 21st century› donates works to home town museum», The Guardian, 6. 7. 2004, abrufbar unter: http://www.guardian.co.uk/world/2004/jul/06/germany.arts, (Stand: 22. 8. 2012).
103 Godfrey/Serota (Hg.), Gerhard Richter.
104 Groos/Laubard (Hg.), Michel Majerus.
105 Siehe Haus der Geschichte Baden-Württembergs (Hg.), Beziehungsgeschichten im Dreiländereck, S. 175.
106 Vgl. Allensbacher Computer- und Technikanalyse (ACTA), 2003–2010, abrufbar unter: http://www.ifd-allensbach.de/acta/ergebnisse/archiv.html, (Stand: 17. 8. 2012).
107 Zu den Zahlen: Statistisches Bundesamt (Hg.), Datenreport 2006, S. 127 ff.
108 Allensbacher Jahrbuch der Demoskopie 1998–2002, Bd. 11, hg. v. Elisabeth Noelle-Neumann u. Renate Köcher, S. 143.
109 Siehe Frieder Schilling, «Regengott Reloaded», SpiegelOnline, 22. 12. 2009, abrufbar unter: http://www.spiegel.de/sport/formel1/die-schumacher-dekade-regengott-reloaded-a-663371.html, (Stand: 22. 8. 2012).

110 Abrufbar unter: http://www.filmabc.at/documents/10_Filmheft_Casting_Shows.pdf, (Stand: 5. 6. 2012).
111 «Der Kanzler ist not amused», SpiegelOnline, 18. 11. 2002, abrufbar unter: http://www.spiegel.de/panorama/schroeder-witze-der-kanzler-ist-not-amused-a-223337.html, (Stand: 17. 8. 2012).

5. Rot-grüne Dämmerung –
Niederlagen, Affären und Neuwahl 2005

1 Gespräch mit Wolfgang Clement vom 11. 10. 2010.
2 Gespräch mit Heiko Geue vom 16. 4. 2010.
3 Interview mit Heide Simonis, SZ, 14. 4. 2005.
4 Prot. der Sitzung der SPD-Bundestagsfraktion, 18. 3. 2005, in: AdsD, BTF, 14. WP, 49013.
5 Zit. nach Jens König, «Harte Jungs in harten Zeiten», die tageszeitung, 19. 3. 2005.
6 Staatsminister Günther Beckstein an Außenminister Joschka Fischer, 24. 3. 2000, in: AGG, Bundestagsfraktion, Arbeitskreis III, B. II 4 AK III, 510.
7 Staatsminister im Auswärtigen Amt Ludger Volmer an Staatsminister des Innern Günther Beckstein, 30. 3. 2000, in: AGG, Bundestagsfraktion, Arbeitskreis III, B. II 4 AK III, 510.
8 Siehe Siebold, ZwischenGrenzen. Die Geschichte des Schengen-Raums aus deutschen, französischen und polnischen Perspektiven, Paderborn 2013 [in Druck].
9 So der ehemalige deutsche Botschafter in Moskau, Ernst-Jörg von Studnitz, im Interview des Spiegel, René Pfister, «Grüne Ideologie», Der Spiegel, 21. 3. 2005.
10 Bernd Ulrich, «Sie können mich ja zum Rücktritt auffordern», Interview mit Joschka Fischer, Die Zeit, 16. 4. 2005.
11 Nico Fried, «Der Minister des Äußersten», SZ, 23. 4. 2005.
12 Conze u. a., Das Amt und die Vergangenheit.
13 So erinnert sich ein Diplomat, siehe: Nikolaus Blome, «Der Fischer und sein Corps», Die Welt, 18. 2. 2005.
14 Zit. nach Andreas Middel, «Rebellin im Auswärtigen Amt gegen Minister Joschka Fischer», Die Welt, 31. 3. 2005.
15 Zit. nach Carsten Fiedler, «Vom arroganten Führungsstil eingeholt», Die Welt, 1. 4. 2005.
16 Fischer, I am not convinced, S. 311–314.
17 Matthias Geis, Bernd Ulrich, «Über die grüne Grenze», Die Zeit, 17. 2. 2005.
18 Thomas Steg, «Eine Dramaturgie für die nächsten Wochen», 4. 3. 2005, in: Depositum Steg.
19 Schreiben von Angela Merkel und Edmund Stoiber an den Bundeskanzler, 1. 3. 2005, in: Depositum Steg.
20 Ebda.
21 «Pakt für Deutschland – Gerhard Schröder, Kanzler der Massenarbeitslosigkeit», Vorschläge der CDU, 1. 3. 2005, in: Depositum Steg.
22 Bundeskanzleramt, Ref. 413 «Kurzbewertung des Entschließungsantrags ‹Pakt für Deutschland›», 2. 3. 2005, in: Depositum Steg.
23 Handschriftliche Notizen zum Merkel-Stoiber-Brief (vermutlich Frank-Walter Steinmeier), 2. 3. 2005, in: Depositum Steg.
24 Brief des Bundeskanzlers an Angela Merkel und Edmund Stoiber, 3. 3. 2005, in: Depositum Steg.

25 SZ, 5. 11. 2004 und FAZ, 5. 11. 2004.
26 Thomas Steg, «Eine Dramaturgie für die nächsten Wochen», 4. 3. 2005, in: Depositum Steg.
27 Dirk Kurbjuweit, Sven Afhüppe, Petra Bornhöft, Markus Feldenkirchen, Roland Nelles, Alexander Neubacher, Hartmut Palmer, René Pfister, Wolgang Reuter, Christoph Schult, Christoph Schmitz, Gabor Steingart, «Rot-grüne Dämmerung», Der Spiegel, 21. 3. 2005.
28 Kanzleramt, Frank-Walter Steinmeier, «Rotgrün vor der NRW-Wahl» (o. D.), in: Depositum Steg.
29 Ebda.
30 Ebda.
31 Ebda.
32 Fraktionsprotokoll der außerordentlichen Sitzung, 17. 5. 2005, in: AGG, Bundestagsfraktion – ParlGeschF – Fraktionsbriefe, 15. WP, B. II. – PGF [249].
33 Zit. nach «Chronik eines Getümmels», FAZ, 1. 7. 2005.
34 Frank-Walter Steinmeier, Handschriftliche Notiz zum Ablauf der Unterrichtung des Bundespräsidenten, o. D., in: Depositum Steg.
35 Ebda.
36 Alles gesammelt in der «Sonderauswertung für Herrn Bundeskanzler, Thema: Landtagswahl in Nordrhein-Westfalen», Presse- und Informationsamt der Bundesregierung, 23. 5. 2005, in: Depositum Steg.
37 Gespräch mit Edelgard Bulmahn vom 19. 1. 2011.
38 Reinhard Bütikofer, Rot-Grün 2.0, in: Neue Gesellschaft/Frankfurter Hefte 10 (2008), S. 32–35.
39 Gespräch mit Gerhard Schröder vom 13. 1. 2011.
40 Gespräch mit Joschka Fischer vom 27. 2. 2012; ähnlich: Gespräch mit Fritz Kuhn vom 1. 10. 2010; Gespräch mit Reinhard Bütikofer vom 19. 1. 2012.
41 Gespräch mit Peter Struck vom 8. 7. 2010.
42 Zit. nach «SPD will Bundestagswahl noch in diesem Herbst», FAZ, 2. 5. 2005.
43 Gerhard Schröder in der Sondersitzung der SPD-Bundestagsfraktion, 25. 5. 2005, in: AdsD, Sig. 49013; Gerhard Schröder auf der außerordentlichen Fraktionssitzung der Grünen, 1. 7. 2005, in: AGG, Bundestagsfraktion – ParlGeschF – Fraktionsbriefe, 15. WP., B. II.5 – PGF [249].
44 Siehe die Debatten auf der Fraktionssitzung der Grünen, 31. 5. 2005, in: AGG, Bundestagsfraktioin – ParlGeschF – Fraktionsbriefe, 15. WP., B. II.5 – PGF [249].
45 Protokoll der Sondersitzung der SPD-Bundestagsfraktion, 1. 7. 2005, in: AdsD, Sig. 49013.
46 Ebda.
47 Protokoll der Sitzung der SPD-Bundestagsfraktion, 28. 6. 2005, in: AdsD, Sig. 49013.
48 Gerhard Schröder im Bundestag zum Antrag gemäß Art. 68 GG vom 1. 7. 2005, in: Verh. d. Dt. Bt., Plenarprotokoll 15/185, S. 17465.
49 Ebda., S. 17466.
50 Ebda., S. 17469.
51 Protokoll der Fraktionssitzung von Bündnis 90/Die Grünen, 28. 6. 2005, in: AGG Bundestagsfraktion – ParlGeschF – Fraktionsbriefe, 15. WP, B. II.5 – PGF [249].
52 Heribert Prantl, «Die schwarzen Gedanken des Kanzlers», SZ, 28. 6. 2005.
53 Siehe Helge Butt, Eine Frage des Vertrauens. Die vorzeitige Parlamentauflösung zwi-

schen rechtlichem Anspruch und politischem Streit, in: Egle/Zohlnhöfer (Hg.), Ende des rot-grünen Projekts, S. 60-82.
54 BVerfG, 2 BvE 1/83 vom 16. 2. 1983, Absatz-Nr. 122, abrufbar unter: http://www. bverfg.de/entscheidungen/es19830216_2bve000183.html, (Stand: 17. 8. 2012).
55 Schreiben samt Anlage von Frank-Walter Steinmeier an den Chef des Bundespräsidialamtes, 12. 7. 2005, in: Depositum Steg.
56 Susanne Höll, «Der Fahrplan zur Macht», SZ, 25. 5. 2004.
57 Zit. nach Markus Feldenkirchen, «Karriere ohne Quote», Der Spiegel, 8. 3. 2004.
58 «Rot-Grün schickt Gesine Schwan ins Rennen», Der Standard, 5. 3. 2004.
59 «Karlsruher Urteil entfacht Debatte über Selbstauflösungsrecht des Bundestags», Der Spiegel, 26. 8. 2005.
60 Zitiert nach «Schröder lobt Köhlers souveräne Entscheidung», in: SpiegelOnline, 21. 7. 2005, abrufbar unter: http://www.spiegel.de/politik/deutschland/wortlaut-schroeder-lobt-koehlers-souveraene-entscheidung-a-366251.html, (Stand: 17. 8. 2005).
61 Hofmann, Die Verschwörung der Journaille, S. 374, Holtz-Bacha (Hg.), Die Massenmedien im Wahlkampf.
62 Steffen Grimberg, «Kompagnieros ohne Ideologie», die tageszeitung, 6. 9. 2005.
63 Gesine Schwan, «Das aufgeklärte Publikum muss sich wehren», Frankfurter Rundschau, 5. 9. 2005.
64 Bernd Ulrich, «Verstehen oder verachten», Die Zeit, 26. 1. 2006.
65 Ursula Merz, «Die Physikerin», Frankfurter Rundschau, 2. 6. 2005.
66 «Umfrage. Deutsche Führungselite schreibt Schröder ab», in: SpiegelOnline, 19. 7. 2005, abrufbar unter: http://www.spiegel.de/politik/deutschland/umfragedeutsche- fuehrungselite- schreibt-schroeder-ab-a-365801.html, (Stand: 17. 8. 2012).
67 Interview mit Gregor Gysi, Der Tagesspiegel, 17. 5. 2005.
68 Siehe Spier u. a. (Hg.), Die Linkspartei.
69 «Ex-SPD-Chef Lafontaine fordert den Kanzler heraus», Bild, 24. 5. 2005.
70 «Schröder stürzt den Kanzler», Stern, 1. 7. 2005.
71 Protokoll der SPD-Fraktionssitzung, 25. 5. 2005, in: AdsD, Sig. 49013.
72 Protokoll der Sondersitzung der SPD-Bundestagsfraktion, 1. 7. 2005, in: AdsD, Sig. 49013.
73 Eckhard Fuhr, «Der Souverän lässt sich nicht zutexten», Die Welt, 20. 9. 2005.
74 «Medien-Experten: TV-Duell Merkel-Schröder war doch wahlentscheidend», Hamburger Abendblatt, 13. 9. 2005.
75 Protokoll der SPD-Bundestagsfraktion, 6. 9. 2005, in: AdsD, Sig. 49013.
76 Spiegel-Gespräch mit Joschka Fischer, «Ich bin kein Selbstmörder», Der Spiegel 5. 9. 2005.
77 Gespräch mit Reinhard Bütikofer vom 19. 1. 2012.
78 Zit. nach: Markus Feldenkirchen u. a., «Schröders Endspiel», Der Spiegel, 30. 5. 2005.
79 Ebda.
80 Interview mit Franz Müntefering, Bild am Sonntag, 17. 4. 2005.
81 Paul Kirchhof im Spiegel-Gespräch, «Jeder Aufbruch ist ein Risiko», Der Spiegel, 22. 8. 2005.
82 Siehe die Wahlanalyse: Kornelius/Roth, Bundestagswahl 2005: Rot-Grün abgewählt. Verlierer bilden die Regierung, in: Egle/Zohlnhöfer (Hg.), Das Ende des rot-grünen Projekts, S. 29-59.

784 Anmerkungen

Epilog

1 Gespräch mit Joschka Fischer vom 27. 2. 2012.
2 Die Berliner Runde – Wahl 2005, ARD und ZDF, Ausstrahlung am 18. 9. 2005.
3 Gespräch mit Gerhard Schröder vom 13. 1. 2011.
4 Werner A. Perger, «Der Spieler», Die Zeit, 22. 9. 2005.
5 Eckhard Fuhr, «Der Souverän lässt sich nicht zutexten», Die Welt, 20. 9. 2005.
6 Schwarz, Republik ohne Kompass.
7 Geyer u. a., Operation Rot-Grün.
8 Tony Judt im Interview, Die Zeit», 12. 8. 2010 (posthum abgedruckt).
9 BBC World Service Poll vom 6. 2. 2009, abrufbar unter: http://www.worldpublicopinion.org/pipa/pdf/feb09/BBCEvals_Feb09_rpt.pdf, (Stand: 14. 8. 2012).

Bildnachweis

S. 16	ullstein bild – Fotoagentur imo	S. 343	ddp images/dapd/Andreas Altwein
S. 20	Michael Jung/picture-alliance/dpa	S. 389	ddp images/dapd/Michael Kappeler
S. 32	Paul Glaser/picture alliance/zb		
S. 33	Martin Gerten/picture-alliance/dpa	S. 432	ullstein bild – AP/Elise Amendola und
S. 44	Heinz Wieseler/picture-alliance/dpa	S. 433	ddp images/GARTEN/UN/DPI/SIPA
S. 78	ullstein bild – Karwasz	S. 436	ullstein bild – ddp
S. 103	ullstein bild – AP	S. 445	ddp images/G. FABIANO/SIPA
S. 124	ullstein bild – Reuters		
S. 161	Peter Kneffel/picture-alliance/dpa	S. 475	Arnd Wiegmann/Peter Endig/picture-alliance/dpa
S. 216	ullstein bild – BPA	S. 483	ullstein bild – AP
S. 225	ullstein bild – Meldepress	S. 485	ullstein bild – aslu
S. 234	ddp images/dapd/Carsten Koall	S. 487	ullstein bild – ddp
S. 242	ullstein bild – Meldepress	S. 498	ullstein bild – ddp
S. 257	ddp images/dapd/Christoph Papsch	S. 529	picture alliance /dpa
		S. 548	ullstein bild – BPA
S. 263	ullstein bild – photothek	S. 597	ullstein bild – ddp
S. 270	ullstein bild – AP	S. 604	ullstein bild – Reuters
S. 302	Andreas Altwein/picture-alliance/dpa	S. 623	ddp images/SICHOV/SIPA
		S. 664	ullstein bild – ddp
S. 315	ddp images/dapd/Tim Brakemeier	S. 705	picture-alliance/dpa/dpaweb
		S. 712	ddp images/dapd/Fritz Reiss

Quellen- und Literaturverzeichnis

I. Quellen

1. Archivalien

Archiv der sozialen Demokratie (AdsD), Friedrich-Ebert-Stiftung, Bonn
Hinweise zu den Archivalien: Der Bestand «Parteivorstand» enthält Präsidiumsprotokolle, Parteivorstandsprotokolle, Protokolle der Bundesgeschäftsführung und Parteiratsprotokolle.

In den Signaturen gebrauchte Abkürzungen:
BGeschF – Bundesgeschäftsführung
BTF – Bundestagsfraktion
PV – Parteivorstand
BM – Bundesminister

- PV Büro Lafontaine
  000012, 000041, 000048, 000076, 000078, 000257, 000258, 000676.
- PV Büro G. Schröder
  000001, 000002, 000003, 000004, 000005, 000006, 000007, 000009, 000010, 000011, 000012, 000013, 000014, 000015, 000016, 000017, 000020, 000021, 000022, 000023, 000024, 000066, 000067, 000083, 000097, 000099, 000100, 000303, 000305, 000315, 000317, 000319, 000326, 000329, 000333, 000334, 000367, 000368, 000374, 000378, 000379, 000380, 000382, 000383, 000384, 000385, 000386, 000387, 000388, 000389, 000390, 000400, 000401, 000403, 000404, 000406, 000425, 000438.
- PV BGeschF Ottmar Schreiner
  000003, 000021, 000034, 000036, 000038, 000046.
- PV BGeschF M. Machnig
  000011, 000026, 000027.
- PV BGeschF Müntefering
  000012, 000114, 000115, 000133, 000134, 000140, 000174, 000203.
- PV 14. WP (1998–2002), Sitzungsprotokolle
  11.5.98–7-12.98 (keine Signatur), 1.2.99–7.6.1999 (keine Signatur), 30.8.99–13.12.99 (ohne Signatur).
- PV 15. WP (2002–2005), Sitzungsprotokolle
  43040, 43041, 43043, 43044, 43046, 46085, 46086, 46087, 49013, 49414.
- BTF 14. WP (1998–2002), Sitzungsprotokolle
  11.5.98–7.12.98, 36 865, 38 519, 38 521, 38 522, 38 523, 38 524, 38 525, 39 381, 40 439, 40 500, 40 553, 40 554, 40 555, 40 556, 41 303, 42 349, 42 897, 42 889, 43 066.
- BTF 15. WP (2002–2005), Sitzungsprotokolle
  43.040, 43 041, 43 043, 43 044, 43 046, 46 085, 46 086, 46 087, 49 013, 49 414, 2PVFM000007, 2PVKB000005, 2PVKB000006, 2PVR 2004–07.
- BTF BM Struck

45.646.
- BTF BM Struck Ministerbüro
45.645, 45 649.

Archiv Grünes Gedächtnis (AGG), Heinrich-Böll-Stiftung, Berlin
Hinweise zu den Archivalien: Die eckigen Klammern bezeichnen provisorische Signaturen, die sich gegebenenfalls ändern können.
In den Signaturen gebrauchte Abkürzungen:
A – Personenbezogene Bestände
AK – Arbeitskreis
BTF – Bundestagsfraktion
PGF – Parl. Geschäftsführung
BundesGeschStelle – Bundesgeschäftsstelle
- A – Göring-Eckardt 41, 46, 47, 90, A – Jürgen Trittin 86, 88, A – Karl Kerschgens [29], A – Kerstin Müller 51, 68, 81, 95, 109, 178, 349, A – Kristin Heyne [107 (1/2)], [108 (1/2)], [108 (2/2)], [109 (1/2)], [109 (2/2)], [110], A – Ludger Volmer 47, 56 (1/2), 56 (2/2), 63, 67, 73 (1/2), 73 (2/2), 74, 75, A – Rezzo Schlauch 7, 8, 11, 15, 18, 19, 20, 21, [28], 75, 90, 115, 139, 146, A – Simone Probst [16], [17], [18], A – Volker Beck 228, 361.
- Bestand Referat Europa-Politik B. II.4 – 26 (Koalitionsverhandlungen).
- Bestand Parlamentarische Geschäftsführung, B. II.4 PGF [699], [700], [701], [702].
- Bundestagsfraktion – B. II.3 [308.2], [373], [667.2], [668.1], [308.1]; B. II.4 [75.1], [75.2], [112]; B. II.4 FGF [538], [4181], [4183], [4185], [4186], [4227], [4228]; B. II.5 FGF [197], [197], [2236], [2240], [2243], [2306].
- Bundestagsfraktion – Arbeitskreis I, B. II.4 AK I [323], [909]; Arbeitskreis III (Innen, Recht, Frauen, Jugend), B. II.4 AK III [510], [527], [634], [4225], [4226]; Arbeitskreis IV, B. II.4 AK IV [85], 87, [606], 608, 882, 957, 961, [962], 990, 993, [997], 1002; Arbeitskreis V, Außenpolitik, B. II.3 AK V – [580], [1580], [4218].
- Bundestagsfraktion – Bund-Länder-Kommission, B. II.4 [848], [849], [850], [851].
- Bundestagsfraktion – Fraktionsrundbriefe, B. II.5 PGF [239], [242], [244], [248], [249].
- Bundestagsfraktion – Parlamentarische Geschäftsführung, B. II.4 PGF [4080], [4081], [4082], [4083], [4084], [4085], [4086], [4087], [4088]; B. II.5 PGF [238], [241], [243], [245], [246], [247], [316], [317].
- Bundestagsfraktion – Referat Medienpolitik, B. II.4 [488].
- Bundesvorstand – BundesGeschStelle, B. I.10 – BuVo/BGSt [19], [86], [87], [96], [369], [1061], [1085.1], [1085.2], [1086], [1346], [1372], [1500], [2185], [2369], [2370], [2371], [2372], [2373], [2374], [2375], [2376], [2377], [2378], [2379].
- Koalitionsverhandlungen – Rot/Grün, Sept./Okt. 1998 [2429].

2. Privatquellen
Depositum Dr. rer. pol. Heiko Geue.
Depositum Dr. phil. Thomas Steg.
Depositum Stephan Steinlein.
Depositum Dr. jur. Frank-Walter Steinmeier.

3. Zeitungen, Zeitschriften
Archiv der Gegenwart
Allensbacher Jahrbuch der Demoskopie
Bayernkurier

Badische Zeitung
Berliner Morgenpost
Berliner Zeitung
Bild
Bild am Sonntag
Bunte
Capital
Das ZEITMagazin
Das Handelsblatt
Das Parlament
Der Spiegel
Der Standard
Der Tagesspiegel
Deutsches Sonntagsblatt
die tageszeitung
Die Welt
Die Welt am Sonntag
Die Woche
Die ZEIT
El Pais
Europa-Archiv
Evangelischer Pressedienst
Financial Times Deutschland
Financial Times Europe
Focus
Frankfurter Allgemeine Sonntagszeitung
Frankfurter Allgemeine Zeitung
Frankfurter Rundschau
General-Anzeiger
Hamburger Abendblatt
Hannoversche Allgemeine Zeitung
Handelsblatt
Kieler Neueste Nachrichten
Kölner Stadt-Anzeiger
Jahrbuch der Europäischen Integration
La Croix
La Stampa
Le Figaro
Le Monde
Le Monde Diplomatique
Les Echos
Libération
Magdeburger Volksstimme
Managermagazin
Morning Star
Neue Ruhr Zeitung
Neue Zürcher Zeitung
New York Times

Rhein-Neckar-Zeitung
Rheinischer Merkur
stern
Stuttgarter Nachrichten
Stuttgarter Zeitung
Süddeutsche Zeitung
Tages-Anzeiger
The Economist
The Guardian
The Independent
The Jerusalem Post
The Sun
The Times
The Wall Street Journal
The Washington Post
Time Magazine
Welt am Sonntag
Wirtschaftswoche
Wprost

4. Amtliche Periodika, Parteiprogramme, Dokumente

Amtsblatt der Europäischen Gemeinschaften, Rahmenbeschluss des Rats vom 13. 6. 2002 zur Terrorismusbekämpfung, 2002/475/JI.

Änderung des Vereinsgesetzes. Bundesgesetzblatt I 2001, 3319 vom 7. 12. 2001.

BBC World Service Poll vom 6. 2. 2009, abrufbar unter: http://www.worldpublicopinion. org/pipa/pdf/feb09/BBCEvals_Feb09_rpt.pdf, (Stand: 14. 8. 2012).

Bulletin des Presse- und Informationsamtes der Bundesregierung.

Bundesministerium der Justiz (Hg.), Gesetz zu Bekämpfung des internationalen Terrorismus (Terrorismusbekämpfungsgesetz). Bundesgesetzblatt Teil 1, Nr. 3, S. 361–395.

Bundesministerium des Innern (Hg.), Verfassungsschutzbericht 2001, Berlin 2001.

Bundesministerium des Innern (Hg.), Nach dem 11. September 2001. Maßnahmen gegen den Terror. Dokumentation, Berlin 2004.

Bundesministerium der Verteidigung (Hg.), Hintergrundinformationen zum Einsatz der internationalen Staatengemeinschaft im Kosovo und zur Beteiligung der Bundeswehr, Bonn 1999.

Bundesministerium für wirtschaftliche Zusammenarbeit und Entwicklung, Entwicklungspolitik. Jahresbericht 1998, Bonn 2000.

Bundesministerium für wirtschaftliche Zusammenarbeit und Entwicklung, Zwei Jahre Entwicklungspolitik der Bundesregierung aus SPD und Grünen. Halbzeitbilanz und Perspektiven, Bonn, September 2000.

Bundesverfassungsgericht, Entscheidung vom 16. 2. 1983, BVerfG, 2 BvE 1/83 vom 16. 2. 1983, Absatz-Nr. 122, abrufbar unter: http://www.bverfg.de/entscheidungen/es19830216_ 2bve000183.html, (Stand: 17. 8. 2012).

Bündnis 90/Die Grünen: Grün ist der Wechsel. Programm zur Bundestagswahl 1998, Bonn 1998, abrufbar unter: http://www.boell.de/downloads/stiftung/1998_Wahlprogramm.pdf, (Stand: 12. 12. 2012).

Bündnis 90/Die Grünen: Die Zukunft ist Grün. Grundsatzprogramm, Berlin 2002.

Bündnis 90/Die Grünen, Entwicklungspolitisch Kurs halten! Bilanz und Perspektiven,

08/2005, abrufbar unter: http://www.gruene-bundestag.de/fileadmin/media/_archivintern/millenniumsentwicklungsziele/reader_entwicklungspolitik_bilanz_und_pe.pdf, (Stand: 4.12.2012).
CDU/CSU/SPD, Gemeinsam für Deutschland. Mit Mut und Menschlichkeit. Koalitionsvertrag, Berlin 2005, abrufbar unter: http://www.allianz-pro-schiene.de/presse/pressemitteilungen/2009/2009-38/koalitionsvereinbarung.pdf, (Stand: 20.12.2012).
CDU, Freiheit und Sicherheit. Grundsätze für Deutschland. Das Grundsatzprogramm der CDU, beschlossen vom 21. Parteitag Hannover, 03.–4.12.2007, abrufbar unter: http://www.cdu.de/doc/pdfc/071203-beschluss-grundsatzprogramm-6-navigierbar.pdf, (Stand: 4.1.2013).
CSU, Chancen für alle! In Freiheit und Verantwortung gemeinsam Zukunft gestalten. Grundsatzprogramm der CSU, beschlossen auf dem Parteitag am 28.9.2007, abrufbar unter: http://www.csu.de/dateien/partei/gsp/grundsatzprogramm.pdf, (Stand: 4.1.2013).
«Chirac lädt Schröder zur D-Day-Gedenkfeier nach Frankreich ein», in: Presse- und Informationsamt der Bundesregierung, 2.1.2004.
Cho, Seo-young/Dreher, Axel/Neumayer, Eric, Does Legalized Prostitution Increase Human Trafficking?, Deutsches Institut für Wirtschaftsforschung, Berlin, abrufbar unter: http://www. diw.de/documents/publikationen/73/diw_01.c.405653.de/diw_econsec0071.pdf, (Stand: 4.12.2012).
Die Bundesgierung (Hg.), Das Bündnis: Zwischenergebnisse, Bonn 1999.
Deutscher Bundesrat, Stenografische Berichte.
Deutscher Bundestag, Drucksachen.
Deutscher Bundestag, Stenografische Berichte.
Deutscher Bundestag (Hg.), Denkmal für die ermordeten Juden Europas. Gesellschaftliche Diskussion und parlamentarisches Verfahren, Bonn 1999.
Deutscher Bundestag (Hg.), Kultur in Deutschland. Schlussbericht der Enquete-Kommission des Deutschen Bundestages, Regensburg 2008.
EG-Verordnung Nr. 1466/97 des Europäischen Rates vom 7.7.1997 über den Ausbau der haushaltspolitischen Überwachung und der Überwachung und Koordinierung der Wirtschaftspolitiken, Artikel 6, Absatz 2.
Eintrag «Gerhard Schröder», in: Munzinger – Internationales Biographisches Archiv, abrufbar unter: http://www.munzinger.de/document/00000015360, (Stand: 19.6.2012).
Entscheidung des Bundesverfassungsgerichts vom 18.3.2003, abrufbar unter: http://www.bundesverfassungsgericht.de/entscheidungen/bs20030318_2bvb0001, (Stand: 28.11.2012).
Entscheidungen des Bundesverfassungsgerichts, Bd. 90, 1994.
Ergebnisse der Bundestagswahl 2002, Bundeszentrale für politische Bildung, aufrufbar unter: http://www.bpb.de/nachschlagen/zahlen-und-fakten/wahlen-in-deutschland/55639/sitzverteilung, (Stand: 13.8.2012).
Gesetz zur Steuerung und Begrenzung der Zuwanderung und zur Regelung des Aufenthalts und der Integration von Unionsbürgern und Ausländern (Zuwanderungsgesetz), 30.7.2004, in: Bundesgesetzblatt Jg. 2004, I, Nr. 41, 5.8.2004, abrufbar unter: http://www.bmi.bund.de/SharedDocs/Gesetzestexte/DE/Zuwanderungsgesetz.pdf?__blob=publicationFile, (Stand: 18.12.2012).
Luftsicherheitsgesetz, § 14 Abs. 3 oder Gesetz zur Neuregelung von Luftsicherheitsaufgaben, Art. 1, § 14 Abs. 3.
Maurer, Sabine/Schaible, Ira, «Ein Mann bedroht Frankfurt», Deutsche Presse-Agentur, 5.1.2003, abrufbar unter: http://www.ejz.de/cgi-bin/pipeline.fcg?userid=&publikation=

28&template=arttextarchiv&ausgabe=15880&archiv=1&redaktion=1&artikel=
10676648 5, (Stand: 19.12. 2012).

Memorandum 2002: Entwicklungspolitik als Teil einer neuen Weltfriedenspolitik, abrufbar unter: http://germanwatch.org/pubdiv/memo02l.htm, (Stand: 12.11. 2012).

Positionspapier der Abgeordneten von Bündnis 90/Die Grünen Annelie Buntenbach, Steffi Lemke, Christian Simmert, Monika Knoche, Irmingard Schewe-Gerigk, Hans-Christian Ströbele, Sylvia Voß und Winfried Hermann zum Antrag der Bundesregierung zur Bereitstellung deutscher bewaffneter Streitkräfte («Berliner Aufruf»), 11.11. 2001, in: Blätter für deutsche und internationale Politik, Heft 12/2001, S. 1513–1516.

Presse- und Informationsamt der Bundesregierung (Hg.), Das Bündnis: Zwischenergebnisse, Berlin 2000.

Rahmenbeschluss des Rats vom 13. 6. 2002 zur Terrorismusbekämpfung, in: Amtsblatt der Europäischen Gemeinschaften, Nr. L164 vom 22/06/2002, S. 0003–0007, abrufbar unter: http://eur-lex.europa.eu/LexUriServ/LexUriServ.do?uri=CELEX:32002F0475: DE:HTML, (Stand: 19.12. 2012).

Schily, Otto, Luftsicherheit aus einer Hand. Rede von Bundesminister Otto Schily anlässlich der 1. Beratung des Regierungsentwurfs eines Gesetzes zur Neuregelung von Luftsicherheitsfragen am 30. Januar 2004 im Deutschen Bundestag, in: Bundesministerium des Innern (Hg.): Nach dem 11. September 2001. Maßnahmen gegen den Terror. Dokumentation, Berlin 2004, S. 204–209.

SPD, Bündnis 90/Die Grünen, Aufbruch und Erneuerung – Deutschlands Weg ins 21. Jahrhundert. Koalitionsvereinbarung zwischen der Sozialdemokratischen Partei Deutschlands und Bündnis 90/Die Grünen, Bonn, 20.10.1998.

SPD, Bündnis 90/Die Grünen, Koalitionsvertrag «Erneuerung – Gerechtigkeit – Nachhaltigkeit. Für ein wirtschaftlich starkes, soziales und ökologisches Deutschland. Für eine lebendige Demokratie» vom 16.10. 2002, S. 74, abrufbar unter: http://www.boell. de/downloads/stiftung/2002_Koalitionsvertrag.pdf, (Stand: 30. 5. 2012).

SPD, Beschlüsse, Parteitag der SPD in Berlin 07.–9.12. 1999, Bonn 1999, abrufbar unter: http://www.dezember1999.spd-parteitag.de/beschluesse/index.php3, (Stand: 8. Juni 2010).

SPD, Grundwerte heute: Gerechtigkeit. Dokumentation der Podiumsdiskussion vom 26. April 2000 in Berlin, Bonn 2000.

SPD-Bundestagsfraktion, Versprechen und Wort gehalten: Erfolgsbilanz Sozialdemokratischer Regierungsarbeit, Sommer 2002, Berlin.

Ständige Konferenz der Kultusminister der Länder (Hg.), Bericht «Allgemein bildende Schulen in Ganztagsform in den Ländern der Bundesrepublik Deutschland – Statistik 2005 bis 2009», Berlin 2011.

Statistisches Bundesamt (Hg.), Datenreport 2006. Zahlen und Fakten über die Bundesrepublik Deutschland, Bonn 2006.

Statistisches Landesamt Bremen (Hg.), Jahrbuch 2009, Bremen 2009.

Stüwe, Klaus, Die Rede des Kanzlers. Regierungserklärungen von Adenauer bis Schröder, Wiesbaden 2005.

Tagesordnungen und Ergebnisse der Sitzungen des Vermittlungsausschusses in der 15. Wahlperiode, abrufbar unter: http://www.bundesrat.de/cln_330/nn_8992/DE/br-dbt/ va/to-ergebnisse/termine-va-15wp-node.html?__nnn=true, (Stand: 19.12. 2012).

The Responsibility To Protect. Report of the International Commission on Intervention and State Sovereignty, Ottawa 2001.

UN-Bericht S/PRST/1998/25 vom 24. 8. 1998, «Besorgnis über die Gewalt im Kosovo und Aufruf zu einem Waffenstillstand und Verhandlungen», abrufbar unter: http://www.un.org/depts/german/sr/sr_98/sp98–25.pdf, (Stand: 13. 6. 2012).
Urteil des Bundesverfassungsgerichts BVerfG, 1 BvR 357/05 vom 15. 2. 2006, Absatz-Nr. 1–156, abrufbar unter: http://www.bverfg.de/entscheidungen/rs20060215_1bvr035705.html, (Stand: 19. 12. 2012).
Urteil des Bundesverfassungsgerichts vom 9. 2. 2010, in: Pressemitteilung Nr. 5/2010 vom 9. Februar 2010, abrufbar unter: http://www.bverfg.de/pressemitteilungen/bvg10– 005.html, (Stand: 13. 8. 2012).
Wissenschaftliche Dienste des Deutschen Bundestages, Der Aktuelle Begriff. Kurzinformation der Wissenschaftlichen Dienste des Deutschen Bundestages, «Bilanz der Hilfsmaßnahmen – Ein Jahr nach dem Tsunami» Kurzinformation der Wissenschaftlichen Dienste des Deutschen Bundestages, Nr. 02/06, 11. 1. 2006, abrufbar unter: http://www.bundestag.de/dokumente/analysen/2006/Bilanz_der_Hilfsmassnahmen_ein_Jahr_nach_dem_Tsunami.pdf, (Stand: 6. 12. 2012).
Zweiter Bericht über Deutschland, vorgelegt von der Europäischen Kommission gegen Rassismus und Intoleranz, Straßburg, 3. 7. 2001, abrufbar unter: http://www.institut-fuer-menschenrechte.de/fileadmin/user_upload/PDFDateien/Europarat_Dokumente/ECRI_Bericht_Deutschland_2_2001_de.pdf, (Stand: 26. 6. 2012).

5. Persönliche Quellen und Selbstzeugnisse

Blair, Tony, A Journey, London 2010.
Bütikofer, Reinhard, Architekten des grünen Wahlsiegs, in: Forschungsjournal Neue Soziale Bewegungen, 16/1 (2003), S. 46–51.
Bütikofer, Reinhard, Rot-Grün 2.0, in: Neue Gesellschaft/Frankfurter Hefte 10/2008, S. 32–35.
Bush, George, Decision Points, New York 2010.
Clinton, Bill, Mein Leben, Berlin 2004.
Ditfurth, Jutta, Das waren die Grünen. Abschied von einer Hoffnung, München 2000.
Dreßler, Rudolf/Junker, Karin/Mikfeld, Benjamin, Berliner Erklärung. Für eine Modernisierung der Sozialdemokratie, o. O. 1999.
Dückert, Thea, Arbeitsmarktpolitik der Integration – auf der Grundlage einer verlässlichen sozialen Sicherung, in: Gerken, Lüder/Schick, Gerhard (Hg.), Grüne Ordnungsökonomik: Eine Option moderner Wirtschaftspolitik?, Marburg 2000, S. 283–298.
Erler, Gernot, Mission Weltfrieden. Deutschlands neue Rolle in der Weltpolitik, Freiburg im Breisgau, Basel, Wien 2009.
Erler, Gernot, Das Versagen nach 9/11. Mit besseren Strategien gegen den Terror. Ein Standpunkt von Gernot Erler, Hamburg 2011.
Fischer, Joschka, Regieren geht über Studieren. Ein politisches Tagebuch, Frankfurt am Main 1987.
Fischer, Joschka, Mein langer Lauf zu mir selbst, Köln 1999.
Fischer, Joschka, «Vom Staatenverbund zur Föderation – Gedanken über die Finalität der europäischen Integration» («Humboldt-Rede»), 12. 5. 2000, abrufbar unter: http://www.europa.clio-online.de/site/lang__de-DE/ItemID__17/mid__11373/40208215/default.aspx, (Stand: 11. 9. 2012).
Fischer, Joschka, Die rot-grünen Jahre. Deutsche Außenpolitik – vom Kosovo bis zum 11. September, Köln 2007.

Fischer, Joschka, «I am not convinced». Der Irak-Krieg und die rot-grünen Jahre, Köln 2011.

Fischer, Joschka, Rede des Außenministers zum Natoeinsatz im Kosovo, in: mediaculture online, abrufbar unter: http://www.mediaculture-online.de/fileadmin/bibliothek/fischerjoschka_kosorede/fischer_kosovorede.pdf, (Stand: 9. 10. 2011)

Gaulle, Charles de, Discours et messages, Bd. 2: Dans l'attente: février 1946 – avril 1958, Paris 1970.

Hartz, Peter u. a., Moderne Dienstleistungen am Arbeitsmarkt. Vorschläge der Kommission zum Abbau der Arbeitslosigkeit und Umstrukturierung der Bundesanstalt für Arbeit, Berlin 2002.

Henkel, Hans-Olaf, Jetzt oder Nie. Ein Bündnis für Nachhaltigkeit in der Politik, Berlin 1998.

Henkes, Christian/Kneip, Sascha, Die Bildungspolitik der rot-grünen Bundesregierung 1998–2002, in: Egle, Christoph/Ostheim, Tobias/Zohlnhöfer, Reimut (Hg.), Das rot-grüne Projekt. Eine Bilanz der Regierung Schröder 1998–2002, Wiesbaden 2003, S. 283–304.

Henkes, Christian/Wolf, Frieder, Die Bildungspolitik von 2002 bis 2005: Eine Misserfolgsgeschichte und ihre Ursachen, in: Egle, Christoph/Ostheim, Tobias/Zohlnhöfer, Reimut (Hg.), Das Ende des rot-grünen Projekts. Eine Bilanz der Regierung Schröder 2002–2005, Wiesbaden 2007, S. 355–378.

Henkel, Hans-Olaf, Die Ethik des Erfolgs. Spielregeln für die globalisierte Gesellschaft, München 2002.

Henkel, Hans-Olaf, Die Macht der Freiheit: Erinnerungen, München 2002.

Hombach, Bodo, Aufbruch. Die Politik der Neuen Mitte, München, Düsseldorf 1998.

Koch, Roland, Konservativ – Ohne Werte und Prinzipien ist kein Staat zu machen, Freiburg 2010.

Koch, Roland, Vision 21: Ein Gegenmodell zur rot-grünen Republik, Frankfurt am Main 1998.

Kohl, Helmut, Mein Tagebuch 1998–2000, München 2000.

Kohl, Helmut, Erinnerungen: 1982–1990, München 2005.

Kuhn, Fritz, Nachrichten für Optimisten. Ein Buch vom Verändern und Bewahren, München 2003.

Künast, Renate, Klasse statt Masse. Die Erde schätzen, den Verbraucher schützen, München 2002.

Lafontaine, Oskar, Das Herz schlägt links, München 1999.

Machnig, Matthias/Steinmeier, Frank-Walter (Hg.), Made in Germany '21. Innovationen für eine gerechte Zukunft, Hamburg 2004.

Merz, Friedrich: Nur wer sich ändert, wird bestehen, München, Zürich 2008.

Müntefering, Franz/Machnig, Matthias (Hg.), Sicherheit im Wandel. Neue Solidarität im 21. Jahrhundert, Berlin 2001.

Müntefering, Franz/Bruns, Tissy, Macht Politik, Freiburg 2008.

Nahles, Andrea/Mikfeld, Benjamin, Jobs, Jobs, Jobs. Wie weiter auf dem Arbeitsmarkt?, Dortmund 2002.

Negt, Oskar, Warum SPD? 7 Argumente für einen nachhaltigen Macht- und Politikwechsel, Göttingen 1998.

Negt, Oskar (Hg.), Ein unvollendetes Projekt, fünfzehn Positionen zu Rot-Grün, Göttingen 2002.

Neuner-Duttenhofer, Christian, Bündnis 90/Die Grünen im Bundestagswahlkampf, Münster 2002.

Nida-Rümelin, Julian, Zwischenruf: Kultureller Aufbruch, in: Neue Gesellschaft/ Frankfurter Hefte, Heft 10/2008, S. 31–32.
Radcke, Antje, Das Ideal und die Macht. Das Dilemma der Grünen, Berlin 2001.
Rau, Johannes, Ansprache von Bundespräsident Johannes Rau vor der Knesset, 16. 2. 2000, abrufbar unter: http://www.bundespraesident.de/SharedDocs/Reden/DE/Johannes-Rau/Reden/2000/02/20000216_Rede.html, (Stand: 12. 6. 2012).
Rau, Johannes, Erklärung am 17. 12. 1999 zur Einigung über die Höhe des Stiftungsvermögens zur Entschädigung von Zwangsarbeitern, abrufbar unter: http://www.bundespraesident.de/SharedDocs/Reden/DE/Johannes-Rau/Reden/1999/12/19991217_Rede.html, (Stand: 12. 6. 2012).
Reagan, Ronald, «Remarks at a Joint German-American Military Ceremony at Bitburg Air Base in the Federal Republic of Germany». Rede Reagans am 5. 5. 1985 in: Public Papers of the President: Ronald Reagan, 1981–1989, abrufbar unter: http://www.reagan.utexas.edu/archives/speeches/publicpapers.html, (Stand: 11. 6. 2012).
Reichert, Klaus, Preisverleihung des Büchner-Preises 2003. Abrufbar auf der Website von Alexander Kluge: http://www.kluge-alexander.de/zur-person/presse/deteils/artikel/kluge-mit-buechner-preis-2003-ausgezeichnet.html, (Stand: 4. 1. 2013).
Schröder, Gerhard, Rede von Bundeskanzler Gerhard Schröder bei den französisch-deutschen Feierlichkeiten des «D-Day» am 6. Juni 2004 in Caen, in: Bulletin der Bundesregierung Nr. 58, 6. 6. 2004.
Rice, Condoleezza, Promoting the national interest, in: Foreign Affairs 79 (2000), S. 45–62.
Riester, Walter, Mut zur Wirklichkeit, Düsseldorf 2004.
Roth, Claudia, Das Politische ist privat. Erinnerungen für die Zukunft, Berlin 2006.
Rumsfeld, Donald, Known and Unknown. A Memoir, New York 2011.
Scharping, Rudolf, Wir dürfen nicht wegsehen. Der Kosovo-Krieg und Europa, Berlin 1999.
Schröder, Gerhard/Blair, Tony, Der Weg nach vorn für Europas Sozialdemokraten, abrufbar unter: http://doku.iab.de/chronik/2x/1999_02_01_21_dass.pdf, (Stand: 20. 11. 2012).
Schröder, Gerhard: Developing an European civil society – Arbeiten an der europäischen Zivilgesellschaft, in: Mitbestimmung, international edition 2001.
Schröder, Gerhard: Die zivile Bürgergesellschaft – Anregung zu einer Neubestimmung der Aufgaben von Staat und Gesellschaft, in: Die Neue Gesellschaft/Frankfurter Hefte, 4/2000, S. 200–207.
Schröder, Gerhard, Meine Vision von Deutschland, in: Bild, 8. 8. 2002.
Schröder, Gerhard, Rede auf der Konferenz Innovation für Wachstum und Beschäftigung. Berliner Haus der Friedrich-Ebert-Stiftung, 30. September 2004.
Schröder, Gerhard, Rede von Bundeskanzler Schröder zur Eröffnung der Weltausstellung Expo 2000, 31. 5. 2000, in Hannover, abrufbar unter: http://dp.expo2000.de/gesellschafter/rede.html, (Stand: 26. 6. 2012).
Schröder, Gerhard, Und weil wir unser Land verbessern ... 26 Briefe für ein modernes Deutschland, Hamburg 1998.
Ein Vorschlag von Gerhard Schröder und Tony Blair vom 8. Juni 1999.
Schröder, Gerhard, Entscheidungen. Mein Leben in der Politik, Hamburg 2006.
Steinbrück, Peer: Unterm Strich, Hamburg 2010, 2. Auflage.
Stoiber, Edmund, Weil die Welt sich ändert. Politik aus Leidenschaft – Erfahrungen und Perspektiven, München 2012.
Struck, Peter, So läuft das. Politik mit Ecken und Kanten, Berlin 2010.

Vollmer, Antje, Eingewandert ins eigene Land. Was von Rot-Grün bleibt. Ein Gespräch mit Hans Werner Kilz, München 2006.
Volmer, Ludger, Der Krieg in Jugoslawien, Hintergründe einer grünen Entscheidung, in: Bündnis 90/Die Grünen (Hg.), Der Kosovo-Krieg, Bonn 1999, S. 1–13.
Wieczorek-Zeul, Heidemarie, Regierungserklärung zur Entwicklungspolitik, Frieden braucht Entwicklung, Berlin, 19. 5. 2000, abrufbar unter: http://fa1.spd-berlin.de/Dokumente/regbmz.htm, (Stand: 12. 12. 2012).
Wieczorek-Zeul, Heidemarie, Welt bewegen. Erfahrungen und Begegnungen, Berlin 2007.

6. Interviews

Volker Beck am 26. Januar 2011.
Reinhard Bütikofer am 19. Januar 2012.
Edelgard Bulmahn am 19. Januar 2011.
Wolfgang Clement am 11. Oktober 2010.
Hans Eichel am 21. Oktober 2010.
Dr. h. c Gernot Erler am 29. September 2011.
Dr. h. c. Joschka Fischer am 27. Februar 2012.
Karl-Heinz Funke am 01. November 2012.
Dr. rer. pol. Heiko Geue am 16. April 2010.
Prof. Dr.-Ing. e. h. Hans-Olaf Henkel am 31. Oktober 2012.
Dr. Gerhard Hofmann am 29. September 2011.
Bodo Hombach am 11. Februar 2012.
Monika Knoche am 14. November 2012.
Fritz Kuhn am 01. Oktober 2010.
Renate Künast am 18. Juni 2012.
Dr. phil. Helmut Lippelt am 17. März 2011.
Hans Monath am 17. März 2011.
Dr. phil. Werner Müller am 21. Mai 2012.
Dr. phil. habil. Michael Naumann am 1. Oktober 2010 (geführt von Sophie Schuster).
Stefan Ramge am 16. April 2010.
Claudia Roth am 26. Januar 2011.
Rudolf Scharping am 02. November 2011 und 26. Januar 2012.
Rezzo Schlauch am 11. November 2010.
Renate Schmidt am 7. März 2012.
Ulla Schmidt am 20. November 2012.
Dr. h. c. Gerhard Schröder am 09. Februar 2010 und 13. Januar 2011.
Michael Sommer am 23. November 2011.
Dr. phil. Thomas Steg am 05. März 2010 und 15. April 2010.
Dr. h. c. Peer Steinbrück am 28. Februar 2012.
Stephan Steinlein am 04. März 2010 und im Juni 2010.
Dr. jur. Frank-Walter Steinmeier am 05. März 2010.
Dr. jur. Peter Struck am 08. Juli 2010.
Dr. phil. Antje Vollmer am 25. Januar 2011.
Elisabeth Weber am 17. Februar 2011.
Heidemarie Wieczorek-Zeul am 28. Februar 2012.
Prof. Dr. Frieder Otto Wolf am 17. Februar 2011.

7. Internetadressen

http://dp.expo2000.de/gesellschafter/brd.html.
www.ag-friedensforschung.de.
www.bmas.de.
www.bmu.de.
www.bpb.de.
www.bundespraesident.de.
www.bundestag.de.
www.bundesverfassungsgericht.de.
www.consilium.europa.eu.
www.dday-overlord.com.
www.dw-world.de.
www.faz.net.
www.focus.de.
www.hdg.de/lemo.
www.infratest-dimap.de.
www.linternaute.com.
www.phoenix.de.
www.phoenix.de/content/phoenix/bibliothek/441814.
www.presidentialrhetoric.com.
www.reagan.utexas.edu/archives/speeches.
www.renewables2004.de.
www.russland.ru.
www.sachverstaendigenrat-wirtschaft.de.
www.spiegel.de.
www.stern.de.
www.sueddeutsche.de.
www.washington-post.com.
http://whitehouse.georgewbush.org.
www.welt.de.
www.youtube.com.
www.zeit.de.
www.zeithistorische-forschungen.de.

8. Filme, Fernsehsendungen

Bergmann, Rudij, «Neo Rauch – Rätsel der Epoche – Ein Portrait», BR, Erstausstrahlung 2007.
Breidert, Christian/Wachhaus, Susanne, «Expo-Bummel», NDR, Erstausstrahlung 2000.
Danquart, Pepe, «Joschka und Herr Fischer», Quintefilm/Dschoint Ventschr Filmproduktion, 2011.
Das Duell. Schröder gegen Stoiber, RTL/SAT. 1, Erstausstrahlung am 25. 8. 2002.
Das TV-Duell Schröder gegen Merkel, ARD, Erstausstrahlung am 4. 9. 2005.
«Fischer, Schily: Mein 11. September. Als der Anschlag die deutsche Regierung traf», ARD, Ausstrahlung am 5. 9. 2011.
«Frontal 21», ZDF, Sendungen vom 23. 4. 2002, 24. 9. 2002, 26. 11. 2002.
«Heute», ZDF.
«Panorama», ARD, Sendungen vom 26. 2. 1998, 29. 10. 1998, 19. 11. 1998, 4. 2. 1999,

25. 3. 1999, 3. 6. 1999, 2. 9. 1999, 23. 9. 1999, 14. 10. 1999, 18. 5. 2000, 22. 6. 2000, 11. 1. 2001, 1. 2. 2001, 11. 10. 2001, 8. 11. 2012.

«Günter Grass und Pierre Bourdieu zu Fragen Europas. Gespräch», Aufzeichnung von 1999, arte, Ausstrahlung am 5. 10. 2007.

Lamby, Stephan, «Die Welt des Joschka Fischer – Sieben Jahre zwischen Krieg und Frieden», Phoenix, Ausstrahlung am 13. 9. 2005.

Lamby, Stephan, «Schlachtfeld Politik – die finstere Seite der Macht», ARD, Erstausstrahlung am 19. 3. 2012, abrufbar unter: http://mediathek.ard.de/das-erste/reportagedokumentation/die-story-im-ersten-schlachtfeld-politik-die-finstere?documentId= 9881548, (Stand: 25. 10. 2012).

Leinemann, Jürgen/Wech, Michael, «Gerhard Schröder – Kanzlerjahre», NDR, Ausstrahlung am 28. 10. 2006.

Live-Mitschnitt der Präsentation des Berichts der Hartz-Kommission vom 16. 8. 2002 im Französischen Dom, Phönix, abrufbar unter: http://www.phoenix.de/content/phoenix/bibliothek/441807, (Stand: 9. 8. 2012).

«Macht des Laufens – Joschka Fischers Marathon in die Weltpolitik», 3 Sat, Ausstrahlung am 29. 4. 2004.

Merz, Oliver/Michel, Thomas, «Der Kanzler: Gerhard Schröder», SWR, Ausstrahlung am 16. 9. 2005.

«Tagesschau», ARD.

«Tagesthemen», ARD.

«Vorsicht! Friedmann» mit Peter Scholl-Latour, ARD, Erstausstrahlung am 19. 3. 2003.

Wech, Michael, «Duelle: Schröder gegen Lafontaine», Dokumentation des WDR, ARD, Erstausstrahlung am 7. 2. 2011, abrufbar unter: http://www.youtube.com/watch?v=_H-95iHtH6A, (Stand: 26. 4. 2012).

Zweites TV-Duell zwischen Gerhard Schröder und Edmund Stoiber, ARD/ZDF, Erstausstrahlung am 8. 9. 2002, abrufbar unter: http://www.youtube.com/watch?v= QkwZFchltlY, (Stand: 2. 2. 2012).

II. Literatur

Albrecht, Ulrich/Riedel, Sabine/Kalman, Michael/Schäfer, Paul (Hg.), Das Kosovo-Dilemma. Schwache Staaten und neue Kriege als Herausforderung des 21. Jahrhunderts, Münster 2002.

Albright, Madeleine, Bridges, Bombes or Bluster, in: Foreign affairs, Vol. 82 (2003), No. 5, S. 2–19.

Alemann, Ulrich von, Der Wahlsieg der SPD von 1998: Politische Achsenverschiebung oder glücklicher Ausreißer?, in: Oskar Niedermayer (Hg.): Die Parteien nach der Bundestagswahl 1998, Opladen 1999, S. 37–62.

Alheit, Peter/Bast-Haider, Kerstin/Drauschke, Petra, Die zögernde Ankunft im Westen. Biographien und Mentalitäten in Ostdeutschland, Frankfurt am Main 2004.

Allemann, Fritz René, Bonn ist nicht Weimar, Köln 1956.

Allmendinger, Jutta/Eichhorst, Werner/Walwei, Ulrich, IAB Handbuch Arbeitsmarkt, Frankfurt am Main 2005.

Archangelskij, Alexander, Das Problem des Lebensnotstandes am Beispiel des Abschusses eines von Terroristen entführten Flugzeuges, Berlin 2005.

Arlt, Hans-Jürgen/Nehls, Sabine (Hg.), Bündnis für Arbeit. Konstruktion – Kritik – Karriere, Opladen, Wiesbaden 1999.
Asmus, Ronald D., Rebuilding the Atlantic Alliance, in: Foreign affairs, Vol. 82 (2003), No. 5, S. 20–31.
Aust, Judith/Bothfeld, Silke/Leiber, Simone, Eigenverantwortung – Eine sozialpolitische Illusion?, in: Wirtschafts- und Sozialwissenschaftliches Institut (WSI) Mitteilungen 4/2006, S. 186–191.
Bach, Stefan, Zehn Jahre ökologische Steuerreform. Finanzpolitisch erfolgreich, klimapolitisch halbherzig, in: Wochenbericht des Deutschen Instituts für Wirtschaftsforschung Berlin 14/2009, S. 218–229.
Bäcker, Gerhard/Koch, Angelika, Unterschiede zwischen zukünftigem Arbeitslosengeld II und bisheriger Arbeitslosen- und Sozialhilfe, in: Soziale Sicherheit Nr. 3 (2004), S. 88–95.
Bade, Klaus J., Europa in Bewegung. Migration vom späten 18. Jahrhundert bis zur Gegenwart, München 2002.
Bade, Klaus J./Oltmer, Jochen, Normalfall Migration: Deutschland im 20. und frühen 21. Jahrhundert, Bonn 2004.
Bald, Detlef, Die rotgrüne Außen- und Sicherheitspolitik – Zu den Hintergründen einer nationalen Machtpolitik, in: Lammers, Christiane/Schrader, Lutz (Hg.), Neue deutsche Außen- und Sicherheitspolitik? Eine friedenswissenschaftliche Bilanz zwei Jahre nach dem rot-grünen Regierungswechsel, Baden-Baden 2001, S. 214–223.
Baring, Arnulf, Machtwechsel. Die Ära Brandt-Scheel, Stuttgart 1982, 2. Auflage.
Baring, Arnulf, Es lebe die Republik, es lebe Deutschland! Stationen demokratischer Erneuerung 1949–1999, Stuttgart 1999.
Baring, Arnulf/Schöllgen, Gregor, Kanzler, Krisen, Koalitionen. Von Konrad Adenauer bis Angela Merkel, München 2006.
Bartels, Hans-Peter, Die Regierungs-SPD ist der Programm-SPD weit voraus, in: Die Neue Gesellschaft – Frankfurter Hefte 47 (2000), S. 714–719.
Bartelheimer, Peter, Wie man an seiner Eingliederung mitwirkt. Arbeitsmarktdienstleistungen nach SGB II zwischen institutionellem und persönlichem Auftrag, in: Zeitschrift für Sozialreform 54/2008, Heft 1, S. 11–36.
Basedow, Jürgen (Hg.), Die Rechtsstellung gleichgeschlechtlicher Lebensgemeinschaften, Tübingen 2000.
Battle, Joyce, The Iraq-War, Part I: The U.S. Prepares for Conflict, abrufbar unter: http://www.gwu.edu/-nsarchiv/NSAEBB/NSAEBB326/IraqWarPart1-Quotes.pdf, (Stand: 23. 5. 2012).
Baumert, Jürgen u. a. (Hg.), PISA 2000. Die Länder der Bundesrepublik Deutschland im Vergleich, Berlin 2002.
Beck, Ulrich/Bonß, Wolfgang (Hg.), Die Modernisierung der Moderne, Frankfurt am Main 2001.
Beck, Ulrich, Risikogesellschaft. Auf dem Weg in eine andere Moderne, Frankfurt am Main 2003.
Beck, Ulrich, Was ist Globalisierung? Irrtümer des Globalismus – Antworten auf Globalisierung, Frankfurt am Main 1997.
Beck, Ulrich, Weltrisikogesellschaft. Auf der Suche nach der verlorenen Sicherheit, Frankfurt am Main 2007.
Becker, Peter, Die Reformbereitschaft der Europäischen Union auf dem Prüfstand – die Agenda 2000, in: Lippert, Barbara (Hg.), Osterweiterung der Union – die doppelte Reifeprüfung, Bonn 2000, S. 61–104.

Becker, Peter/Leiße, Olaf, Die Zukunft Europas. Der Konvent zur Zukunft der Europäischen Union, Wiesbaden 2005.

Behre, Silja, Vom Erinnern und Vergessen. Rückblicke auf 1968 von 1977 bis 2008, in: Geschichte und Wissenschaft im Unterricht 59/2008, S. 382–396.

Bender, Peter, Deutschlands Wiederkehr: Eine ungeteilte Nachkriegsgeschichte 1945–1990, Stuttgart 2007.

Bender, Peter, Pearl Harbor und der 11. September, in: Zeitschrift für Geschichtswissenschaft 49 (2001), S. 1097–1103.

Benedikt XVI., Eine menschlichere Welt für Alle. Die Rede vor der UNO, kommentiert von Gernot Erler, Udo di Fabio und Klaus Töpfer, Freiburg im Breisgau 2008.

Berend, Tibor Iván, Europe since 1980, Cambridge 2010.

Bergmann, Knut, Der Bundestagswahlkampf 1998. Vorgeschichte, Strategien, Ergebnis (Dissertation an der Universität Bonn 2001/2002), Wiesbaden 2002.

Berg, Manfred, Der 11. September – eine historische Zäsur?, in: Zeithistorische Forschungen/Studies in Contemporary History 8/3 (2011), S. 463–474, abrufbar unter: http://www.zeithistorische-forschungen.de/16126041-Berg-3-2011, (Stand: 14. Januar 2012).

Berg, Nicolas, Der Holocaust und die westdeutschen Historiker. Erforschung und Erinnerung, Göttingen 2003.

Berlin-Institut für Bevölkerung und Entwicklung (Hg.), Ungenutzte Potenziale. Zur Lage der Integration in Deutschland, Berlin 2009, abrufbar unter: http://www.berlininstitut.org/fileadmin/user_upload/Zuwanderung/Integration_RZ_online.pdf, (Stand: 18. 12. 2012).

Betz, Joachim, Die Entwicklungspolitik der rot-grünen Bundesregierung, in: Aus Politik und Zeitgeschichte B 18–19/2001, S. 30–38.

Berschin, Helmut, «Und ewig lockt die Leitkultur». Ein Wort macht Karriere, in: Politische Meinung 374/2001, S. 38–40.

Bieback, Karl-Jürgen, Probleme des SGB II – Rechtliche Probleme des Konflikts zwischen Existenzsicherung und Integration in den Arbeitsmarkt, in: Neue Zeitschrift für Sozialrecht 7/2005, S. 337–434.

Bierling, Stefan, Geschichte des Irakkriegs, München 2010.

Biermann, Rafael, Lehrjahre im Kosovo. Das Scheitern der internationalen Krisenprävention vor Kriegsausbruch, Paderborn 2006.

Bleisch, Barbara/Strub, Jean-Daniel, Pazifismus. Ideengeschichte, Theorie und Praxis, Bern 2006.

Blumenthal, Sidney, The Clinton Wars, New York 2003.

Binswanger, Hans C., Wege aus der Wohlstandsfalle, Der NAWU-Report: Strategien gegen Arbeitslosigkeit und Umweltkrise, in: Ders./Geissberger, Werner/Ginsburg, Theo (Hg.), Frankfurt am Main 1979.

Binswanger, Hans C., Arbeit ohne Umweltzerstörung, Strategien für eine neue Wirtschaftspolitik, Frankfurt am Main 1983.

Bisanz, Stefan/Gerstenberg, Uwe, Neue Sicherheitsstrukturen als Antwort auf terroristische Anschläge, in: Hirschmann, Kai/Leggemann, Christian (Hg.), Der Kampf gegen den Terrorismus. Strategien und Handlungserfordernisse in Deutschland, Berlin 2003, S. 319–338.

Bischoff, Joachim/Burkhardt, Wolfram/Cremer, Uli u. a. (Hg.), Schwarzbuch Rot-Grün von der sozial-ökologischen Erneuerung zur Agenda 2010, Hamburg 2005.

Böick, Marcus/Siebold, Angela: Die Jüngste als Sorgenkind? Plädoyer für eine jüngste

Zeitgeschichte als Varianz- und Kontextgeschichte von Übergängen, in: Deutschland Archiv 1/2011, S. 105–113.

Bösch, Frank, Kontinuität im Umbruch. Die CDU/CSU auf dem Weg ins neue Jahrhundert, in: Aus Politik und Zeitgeschichte B 5/2000, S. 12–21.

Bösch, Frank, Umbrüche in die Gegenwart. Globale Ereignisse und Krisenreaktionen um 1979, in: Zeithistorische Forschungen/Studies in Contemporary History, 9/2002, S. 8–32.

Bourcarde, Kay, Die Rentenkrise: Sündenbock Demographie. Kompromissbildung und Wachstumsabkopplung als Ursachen von Finanzierungsengpässen, Wiesbaden 2011.

Brand, Karl-Werner (Hg.), Von der Agrarwende zur Konsumwende? Die Kettenperspektive. Ergebnisband 2, Band 5, München 2006.

Bräuer, Wolfgang/Kopp, Oliver/Rösch, Roland, Ökonomische Aspekte internationaler Klimapolitik, Effizienzgewinne durch Joint Implementation mit China und Indien, Heidelberg 1999.

Brettschneider, Frank, Die Medienwahl 2002. Themenmanagement und Berichterstattung, in: Aus Politik und Zeitgeschichte B 49–50/2002, S. 36–47.

Brettschneider, Frank, Spitzenkandidaten und Wahlerfolg. Personalisierung – Kompetenz – Parteien. Ein internationaler Vergleich, Wiesbaden 2002.

Brettschneider, Frank/Deth, Jan van/Roller, Edeltraud, Die Bundestagswahl 2002. Analysen der Wahlergebnisse und des Wahlkampfes, Wiesbaden 2004.

Brettschneider, Frank, Bundestagswahlkampf und Medienberichterstattung, in: Aus Politik und Zeitgeschichte 51–52/2005, S. 19–26.

Brücher, Gertrud, Pazifismus als Diskurs, Wiesbaden 2008.

Brüggemeier, Franz-Josef, Geschichte Großbritanniens im 20. Jahrhundert, München 2010.

Brüggemeier, Franz-Josef, Tschernobyl, 26. April 1986, die ökologische Herausforderung, München 1998.

Bruhn, Manfred, Sponsoring, Systematische Planung und integrativer Einsatz, Wiesbaden 2010.

Brumlik, Micha, Was heißt «Zivile Gesellschaft»? Versuch, den Pudding an die Wand zu nageln, in: Blätter für deutsche und internationale Politik 36/1991, S. 987–993.

Brunn, Gerhard, Die Europäische Einigung von 1945 bis heute, Bonn 2006.

Bund für Umwelt- und Naturschutz Deutschland, Vier Jahre Rot-Grün. Eine umweltpolitische Bilanz, abrufbar unter: http://www2.sowi.uni-mannheim.de/lspol1/wis/wis2/BUND/bilanz.bund.pdf, (Stand: 12. 11. 2012).

Bund für Umwelt und Naturschutz Deutschland und Brot für die Welt, Evangl. Entwicklungsdienst (Hg.), Zukunftsfähiges Deutschland in einer globalisierten Welt. Ein Anstoß zur gesellschaftlichen Debatte. Eine Studie des Wuppertaler Instituts für Klima, Umwelt, Energie, Frankfurt am Main 2008.

Bundestagswahl 2002, in: Aus Politik und Zeitgeschichte, B 49–50/2002.

Bundestagswahl 2005, in: Aus Politik und Zeitgeschichte, 32–33/2005.

Burke, Jason, Al Qaida. Wurzeln, Geschichte, Organisation, Zürich 2004.

Bürklin, Wilhelm/Jung, Christian, Deutschland im Wandel. Ergebnisse einer repräsentativen Meinungsumfrage, in: Korte, Karl-Rudolf/Weidenfeld, Werner (Hg.), Deutschland-TrendBuch. Fakten und Orientierungen, Bonn 2001, S. 675–711.

Büsching, Stephan, Rechtsstaat und Terrorismus. Untersuchung der sicherheitspolitischen Reaktionen der USA, Deutschlands und Großbritanniens auf den internationalen Terrorismus, Hannover 2009, zgl. Diss. Gottfried Wilhelm Leibniz Universität Hannover (Institut für politische Wissenschaften) 2009.

Busek, Erhard/Schauer, Martin (Hg.), Eine europäische Erregung. Die «Sanktionen» der Vierzehn gegen Österreich im Jahr 2000. Analysen und Kommentare, Wien 2003.

Busse, Nikolas, Die Entfremdung vom wichtigsten Verbündeten. Rot-Grün und Amerika, in: Maull, Hanns/Harnisch, Sebastian/Grund, Constantin (Hg.), Deutschland im Abseits? Rot-Grüne Außenpolitik 1998–2003, Baden-Baden 2003, S. 19–32.

Butt, Helge, Eine Frage des Vertrauens. Die vorzeitige Parlamentauflösung zwischen rechtlichem Anspruch und politischem Streit, in: Egle, Christoph/Ostheim, Tobias/Zohlnhöfer, Reimut (Hg.), Das Ende des rot-grünen Projekts. Eine Bilanz der Regierung Schröder 2002–2005, Wiesbaden 2007, S. 241–270, S. 60–82.

Butter, Michael/Christ, Birte/Keller, Patrick (Hg.), 9/11. Kein Tag, der die Welt veränderte, Paderborn/München/Wien/Zürich 2011.

Butterwegge, Christoph, 2000: Sozialreform oder Sozialdesaster? Eine kritische Zwischenbilanz rot-grüner Politik, in: Gewerkschaftliche Monatshefte 51, S. 537–544.

Caborn, Joannah, Schleichende Wende. Diskurse von Nation und Erinnerung bei der Konstituierung der Berliner Republik, Münster 2006.

Calic, Marie-Janine, Geschichte Jugoslawiens im 20. Jahrhundert, München 2010.

Camerra-Rowe, Pamela, Agenda 2010. Redefining German Social Democracy, in: German Politics and Society, 22/1 (2004), S. 1–30.

Carras, Helene A., Humanitarian Intervention in Kosovo: The Importance of Legal and Moral Issues, Ft. Belvoir 2007.

Chang, Nancy, Das Ende der Bürgerrechte? Die freiheitsfeindlichen Antiterrorgesetze der USA nach dem 11. September, Berlin 2004.

Chauvistré, Eric, Robuste Illusionen, in: Internationale Politik, März/2009, S. 84–95.

Chiari, Bernhard (Hg.), Wegweiser zur Geschichte. Afghanistan, München 2009, 3. Auflage, abrufbar unter: http://www.mgfa-potsdam.de/html/einsatzunterstuetzung/downloads/wwafghanistan3.aufl.pdf?PHPSESSID=2bec96521d9f3756d488d5 7ed3445927, (Stand: 19. 12. 2012).

Chiari, Bernhard/Pahl, Magnus (Hg.), Auslandseinsätze der Bundeswehr, Paderborn/München/Wien/Zürich 2010.

Chomsky, Noam, Hegemony or survival. America's quest for global dominance, New York 2004.

Cohen, Michael/Arato, Andrew, Civil Society and Political Theory, Cambridge 1990.

Congleton, Roger D., The Median Voter Model, in: Rowley, Charles K., Schneider, Friedrich (Hg.), The Encyclopedia of Public Choice, Bd. 2, New York/Boston 2003, S. 707–712.

Conze, Eckart, Nation und Integration. Die Außen- und Deutschlandpolitik der Bundesrepublik Deutschland (1949–1999), in: Conze, Eckart/Metzler, Gabriele (Hg.), 50 Jahre Bundesrepublik Deutschland. Daten und Diskussionen, Stuttgart 1999, S. 75–91.

Conze, Eckart, Überlegungen zu einer «modernen Politikgeschichte» der Bundesrepublik Deutschland, in: Vierteljahrshefte für Zeitgeschichte, 53/2005, S. 357–380.

Conze, Eckart, Die Suche nach Sicherheit. Eine Geschichte der Bundesrepublik Deutschland von 1949 bis in die Gegenwart, München 2009.

Conze, Eckart/Frei, Norbert/Hayes, Peter/Zimmermann, Moshe, Das Amt und die Vergangenheit. Deutsche Diplomaten im Dritten Reich und in der Bundesrepublik, München 2010, 3. Auflage.

Cornelißen, Christoph u. a. (Hg.), Diktatur – Krieg – Vertreibung. Erinnerungskulturen in Tschechien, der Slowakei und Deutschland seit 1945, Essen 2005.

Crouch, Colin, Postdemokratie, Frankfurt am Main 2008.
Cullen, Michael (Hg.), Das Holocaust-Mahnmal. Dokumentation einer Debatte, Zürich 1999.
Cuperus, Rene/Duffek, Karl/Kandel, Johannes (Hg.), Multiple third Ways. European Sozial Democracy Facing the Twin Revolution of Globalisation and the Knowledge Society, Amsterdam 2001.
Czempiel, Ernst-Otto, Die amerikanische Weltordnung, in: Aus Politik und Zeitgeschichte B 48/2002, S. 3–6.
Daalder, Ivo H./Lindsay, James M., America Unbound. The Bush revolution in foreign policy, Washington 2003.
Das heutige Deutschland und die Vergangenheit – Umfrage der Stiftung Öffentliche Meinung (FOM), 16./17. 04 2005, in: Russland Analysen, abrufbar unter: http://www.laender-analysen.de/russland/pdf/Russlandanalysen064.pdf, (Stand: 11. 6. 2012).
Dehm, Ursula, Das TV-Duell 2005 aus Zuschauersicht. Eine Befragung des ZDF zum Wahlduell zwischen Herausforderin Angela Merkel und Kanzler Gerhard Schröder, in: Media Perspektiven, Nr. 12 Medienberichterstattung zur Bundestagswahl, 2005, S. 627–637.
Deiß, Tanja Kirstin, Herausforderung Terrorismus. Wie Deutschland auf den RAF- und Al Qaida-Terrorismus reagierte, Marburg 2007.
Dettling, Warnfried, Erneuern und Bewahren. Mutmaßungen zum geistig-politischen Profil der Regierung, in: Forschungsjournal Neue Soziale Bewegungen, H. 4 Mission impossible: ein Jahr Rot-Grün, Jg. 12, S. 5–9, 1 Ill., 1999.
Deutscher Industrie- und Handelskammertag, 10 Jahre nach Einführung: Ökosteuer muss besser werden, Newsletter vom 2. 4. 2009.
Die Politische Meinung, Themenheft «1968 und die Mythen der Linken», Heft 5/2001, Jg. 378.
Dietz, Martin/Walwei, Ulrich, Hartz IV: Reform der Reform?, in: Aus Politik und Zeitgeschichte 51–52/2007, S. 31–38.
Diner, Dan, Feindbild Amerika. Über die Beständigkeit eines Ressentiments, München 2002.
Dirsch, Felix, «1968». Von der erlebten Zeitzeugenschaft zum Gegenstand der Historiographie?, in: Zeitschrift für Politik 1/2009, Jg. 56, S. 89–97.
Dischl, Michael, Westliche Demokratien und humanitäre militärische Intervention. Eine Analyse der Nato-Intervention im Konflikt um den Kosovo, Zürich 2002.
Djilas, Aleksa, A Profile of Slobodan Milošević, in: Foreign Affairs 72/3 1993, S. 81.
Doehring, Karl/Fehn, Bernd Josef/Hockerts, Hans Günter (Hg.), Jahrhundertschuld, Jahrhundertsühne. Reparationen, Wiedergutmachung, Entschädigung für nationalsozialistisches Kriegs- und Verfolgungsunrecht, München 2001.
Doering-Manteuffel, Anselm, Strukturmerkmale der Kanzlerdemokratie, in: Der Staat 30/1991, S. 1–18.
Doering-Manteuffel, Anselm, Eine politische Nationalgeschichte für die Berliner Republik. Überlegungen zu Heinrich August Winklers «Der Lange Weg nach Westen», in: Geschichte und Gesellschaft 27/2001, S. 446–462.
Doering-Manteuffel, Anselm/Raphael, Lutz, Nach dem Boom. Perspektiven auf die Zeitgeschichte seit 1970, Göttingen 2008.
Doering-Manteuffel, Anselm, Deutsche Zeitgeschichte nach 1945. Entwicklung und Problemlagen der historischen Forschung zur Nachkriegszeit, in: Vierteljahrshefte für Zeitgeschichte 41 (1993), S. 1–29.

Dohnanyi, Klaus von/Most, Edgar, Bericht des Gesprächskreises Ost der Bundesregierung, Hamburg/Berlin 2004.
Donsbach, Wolfgang/Jandura, Olaf, Chancen und Gefahren der Mediendemokratie, Konstanz 2003.
Dörner, Andreas/Vogt, Ludgera (Hg.), Wahl-Kämpfe. Betrachtungen über ein demokratisches Ritual, Frankfurt am Main 2002.
Dörner, Andreas, Unterhaltungsrepublik Deutschland. Medien, Politik und Entertainment, Bonn 2012.
Dowe, Dieter/Klotzbach, Kurt (Hg.), Programmatische Dokumente der deutschen Sozialdemokratie, Bonn 2004.
Dudziak, Mary L. (Hg.), September 11 in History. A watershed moment?, Durham/London 2003.
Duffield, John S., Political Culture and State Behaviour, Why Germany Confounds Neorealism, in: International Organization 53.4/1999, S. 765–803.
Dürr, Tobias, Bewegung und Beharrung. Das künftige Parteiensystem, in: Aus Politik und Zeitgeschichte 32–33/2005, S. 31–38.
Edinger, Florian, Wer misstraut wem? Die Entscheidung des Bundesverfassungsgerichts über die Vertrauensfrage des Bundeskanzlers und die Bundestagsauflösung 2005 – 2 BvE 4/05 und 7/05, in: Zeitschrift für Parlamentsfragen. Wiesbaden. 37 (März 2006) 1., S. 28–39.
Egle, Christoph/Ostheim, Tobias/Zohlnhöfer, Reimut (Hg.), Das rot-grüne Projekt. Eine Bilanz der Regierung Schröder 1998–2002, Wiesbaden 2003.
Egle, Christoph, Deutschland, in: Merkel, Wolfgang et al.: Die Reformfähigkeit der Sozialdemokratie, Wiesbaden 2006, S. 154–196.
Egle, Christoph/Zohlnhöfer, Reimut (Hg.), Ende des rot-grünen Projektes. Eine Bilanz der Regierung Schröder 2002–2005, Wiesbaden 2007.
Egle, Christoph/Zohlnhöfer, Reimut (Hg.), Die zweite Große Koalition. Eine Bilanz der Regierung Merkel 2005–2009, Wiesbaden 2010.
Ehmke, Horst, Mittendrin. Von der Großen Koalition zur deutschen Einheit, Berlin 1994.
Eichhorst, Werner/Zimmermann, Klaus F., Eine wirtschaftspolitische Bilanz der rot-grünen Bundesregierung, in: Aus Politik und Zeitgeschichte, 43/2005, S. 11–17.
Eichwede, Wolfgang, Widersprüche in der Rekonstruktion von Bürgergesellschaft in Osteuropa, in: Mandt, Hella (Hg.), Die Zukunft der Bürgergesellschaft in Europa, Baden-Baden 1994, S. 11–26.
Elderfield, John (Hg.), Das MoMA in Berlin. Meisterwerke aus dem Museum of Modern Art, New York, Ostfildern-Ruit 2004.
Endress, Alexander, Die Kulturpolitik des Bundes. Strukturelle und inhaltliche Neuorientierung nach der Jahrtausendwende?, Berlin 2005.
Engelen, K., Rude advice for the new ‹Blitzkrieg-Generals›, in: The International Economy 13/1998.
Eppler, Erhard, Der Politik aufs Maul geschaut: Kleines Wörterbuch zum öffentlichen Sprachgebrauch, Bonn 2009.
Eppler, Erhard, Auslaufmodell Staat?, Frankfurt am Main 2005.
Eppler, Erhard, Die Wiederkehr der Politik, Frankfurt am Main/Leipzig 1998.
Eppler, Erhard, Privatisierung der politischen Moral?, Frankfurt am Main 2000.
Eppler, Erhard, Vom Gewaltmonopol zum Gewaltmarkt? Die Privatisierung und Kommerzialisierung der Gewalt, Frankfurt am Main 2002.

Eppler, Erhard, Komplettes Stückwerk: Erfahrungen aus fünfzig Jahren Politik, Frankfurt am Main/Leipzig 2002.

Eppler, Erhard, Auf dritten Wegen ins dritte Jahrtausend?, Wiesbaden 1999.

Erhard, Rudolf, Edmund Stoiber. Aufstieg und Fall, Köln 2008.

Eurobarometer, The eurozone, 5 years after the introduction of euro coins. Analytical report, 2006, abrufbar unter: http://ec.europa.eu/public_opinion/flash/fl193_en.pdf, (Stand: 19. 12. 2012).

Evers, Barbara/Nathalie Strohm: 100 Tage Regierung Schröder im Spiegel der Medien, in: Derlien, Hans-Ulrich/ Axel Murswieck (Hg.): Regieren nach Wahlen, Opladen, 2001, S. 195–215.

Falter, Jürgen W., Die zwei Wählerschaften der SPD, in: Oberreuter, Heinrich (Hg.), Umbruch '98: Wähler – Parteien – Kommunikation, München 2001, S. 209–221.

Falter, Jürgen W./Oscar W. Gabriel/Bernhard Wessels (Hg.), Wahlen und Wähler. Analysen aus Anlass der Bundestagswahl 2002, Wiesbaden 2005.

Fäßler, Peter E., Globalisierung: Ein historisches Kompendium, Köln 2007.

Faulenbach, Bernd, Das sozialdemokratische Jahrzehnt. Von der Reformeuphorie zur Neuen Unübersichtlichkeit. Die SPD 1969–1982, Bonn 2011.

Faulenbach, Bernd (Hg.), Die Partei hatte immer recht. Aufarbeitung von Geschichte und Folgen der SED-Diktatur, Essen 1994.

Faulenbach, Bernd/Leo, Annette, Zweierlei Geschichte: Lebensgeschichte und Geschichtsbewußtsein von Arbeitnehmern in West- und Ostdeutschland, Essen 2000.

Feichtinger, Moritz/Malinowski, Stephan, Konstruktive Kriege? Rezeption und Adaption der Kolonialkriege in westlichen Demokratien, in: Geschichte und Gesellschaft 37/2011, S. 275–305.

Feindt, Peter. H. u. a., «Agrarwende»: Programm, Maßnahmen und institutionelle Rahmenbedingungen, Forschungsgruppe BIOGUM der Universität Hamburg, Arbeitspapier Nr. 7. Hamburg 2003, abrufbar unter: http://www.sozial-oekologische-forschung. org/_media/AgChange-_2003_7.pdf, (Stand: 21. 11. 2012).

Feist, Ursula/Hoffmann, Hans-Jürgen, Die nordrhein-westfälische Landtagswahl vom 22. Mai 2005: Schwarz-Gelb löst Rot-Grün ab, in: Zeitschrift für Parlamentsfragen 37/2006, S. 163–182.

Feldkamp, Michael F., Chronik der Vertrauensfrage des Bundeskanzlers am 1. Juli 2005 und der Auflösung des Deutschen Bundestages am 21. Juli 2005, in: Zeitschrift für Parlamentsfragen, 37/2006, S. 19–28.

Felken, Detlef, Bill Clinton: Wende nach innen und Krise der Autorität, in: Heideking, Jürgen (Hg.), Die amerikanischen Präsidenten. 41 historische Portraits von George Washington bis Bill Clinton, München 1995, S. 412–420.

Fischer, Klemens H., Der Vertrag von Nizza, Baden-Baden 2001.

Fischer, Sebastian, Gerhard Schröder und die SPD. Das Management des programmatischen Wandels als Machtfaktor (Schriftenreihe der Forschungsgruppe Deutschland, Bd. 17), München 2005.

Flemming, Lars, Das NPD-Verbotsverfahren. Vom «Aufstand der Anständigen» zum «Aufstand der Unfähigen», Baden-Baden 2005.

Forschungsgruppe Wahlen, Bundestagswahl. Eine Analyse der Bundestagswahl vom 22. September 2002, Mannheim 2002.

Forschungsgruppe Wahlen, Zweite Runde für Rot-Grün. Die Bundestagswahl vom 22. September 2002, in: Falter, Jürgen W./Gabriel, Oskar W./Wessels, Bernhard (Hg.), Wahlen und Wähler. Analysen aus Anlass der Bundestagswahl 2002, Wiesbaden 2005, S. 15–49.

Forschungsjournal Neue soziale Bewegungen, Zivilgesellschaft und Demokratie, 1/1994.

Forschungsjournal Neue Soziale Bewegungen, Bundestagswahl 2002 – Analyse eines Zufalls, 1/2003.

Forst, Rainer, Die erste Frage der Gerechtigkeit, in: Aus Politik und Zeitgeschichte, 37/2005, S. 24–30.

François, Etienne/Schulze, Hagen, Deutsche Erinnerungsorte, Band 1–3, München 2001–2002.

Franz, Peter/Immerfall, Stefan, Zeitlupenland Deutschland? Zum Vollzugsdefizit wirtschaftspolitischer Reformen, in: Aus Politik und Zeitgeschichte, B 18–19/2003, S. 3–8.

Frei, Norbert, 1968. Jugendrevolte und globaler Protest, München 2008.

Frei, Norbert/Brunner, José/Goschler, Constantin (Hg.), Die Praxis der Wiedergutmachung. Geschichte, Erfahrung und Wirkung in Deutschland und Israel, Göttingen 2009.

Frei, Norbert, Art. Zeitgeschichte, in: S. Jordan (Hrsg.), Lexikon Geschichtswissenschaft. Hundert Grundbegriffe. Stuttgart 2002, S. 336–339.

Friedrich, Roland, Die deutsche Außenpolitik im Kosovo-Konflikt, Wiesbaden 2005.

Friedrich-Ebert-Stiftung (Hg.), Die neue SPD. Menschen stärken – Wege öffnen, Bonn 2004.

Fuchs, Max, Kulturpolitik, Wiesbaden 2007.

Fuhr, Eckhard, Wo wir uns finden. Die Berliner Republik als Vaterland, Berlin 2005.

Führer, Jochen/Noetzel, Thomas, Die Landtags- und Kommunalwahlen in Hessen – Trends und Zäsuren in der politischen Entwicklung Hessens, in: Berg-Schlosser, Dirk/Noetzel, Thomas (Hg.), Parteien und Wahlen in Hessen 1946–1994, Marburg 1994, S. 239–261.

Funke, Hajo, Friedensrede als Brandstiftung, in: Brumlik, Micha/Funke, Hajo/Rensmann, Lars (Hg.), Umkämpftes Vergessen. Walser-Debatte, Holocaust-Mahnmal und neuere deutsche Geschichtspolitik, Berlin 2004, S. 15–29.

Galerie Eigen + Art (Hg.), Neo Rauch, der Zeitraum, Köln 2006.

Gallagher, Ann (Hg.), Damien Hirst, London 2012.

Garton Ash, Timothy, Im Namen Europas. Deutschland und der geteilte Kontinent, München/Wien 1993.

Geis, Matthias/Ulrich, Bernd, Der Unvollendete, Das Leben des Joschka Fischer, Hamburg 2004.

Geißler, Rainer, Die Sozialstruktur Deutschlands. Die gesellschaftliche Entwicklung vor und nach der Vereinigung, Wiesbaden 2002.

Gensicke, Thomas, Jugendlicher Zeitgeist im Wertewandel, in: Zeitschrift für Pädagogik 55/2009, S. 580–595.

Geppert, Dominik, Thatchers konservative Revolution. Der Richtungswandel der britischen Tories 1975–1979, München 2002.

Geppert, Dominik, Neutralität – Chance oder Chimäre? Konzepte des Dritten Weges für Deutschland und die Welt 1945–1990, Oldenburg 2005.

Gerlach, Gunther, Legitimationsideen rot-grüner Sicherheitspolitik. Die Out-of-area-Einsätze der Bundeswehr, Gießen 2006.

Gerlinger, Thomas, Rot-grüne Gesundheitspolitik 1998–2003, in: Aus Politik und Zeitgeschichte, B 33–34/2003, S. 6–13.

Geyer, Matthias/Kurbjuweit, Dirk/Schnibben, Cordt, Operation Rot-Grün. Geschichte eines politischen Abenteuers, München 2005.

Giddens, Anthony, Jenseits von links und rechts: Die Zukunft radikaler Demokratie, Frankfurt am Main 1997, 2. Auflage.
Giddens, Anthony, Der dritte Weg. Die Erneuerung der sozialen Demokratie, Frankfurt am Main 1999.
Giddens, Anthony (Hg.), The Global Third Way Debate, Cambridge 2001.
Giddens, Anthony, Where Now For New Labour? Cambridge 2002.
Gilcher-Holtey, Ingrid, 1968. Eine Zeitreise, Frankfurt am Main 2008.
Glaeske, Gerd u. a., Weichenstellung für die Zukunft – Elemente einer neuen Gesundheitspolitik (Gutachten im Auftrag der Friedrich-Ebert-Stiftung), Berlin 2001.
Glaeßner, Gert-Joachim, Sicherheit in Freiheit. Die Schutzfunktion des demokratischen Staates und die Freiheit der Bürger, Opladen 2003.
Goebel, Bernd/Wetzel, Manfred, Eine moralische Politik? Vittorio Hösles politische Ethik in der Diskussion, Würzburg 2001.
Godfrey, Mark/Serota, Nicholas/Brill, Dorothée/Morineau, Camille (Hg.), Gerhard Richter. Panorama, München 2012.
Gohr, Antonia/Seeleib-Kaiser, Martin (Hg.), Sozial- und Wirtschaftspolitik unter Rot-Grün, Wiesbaden 2003.
Görtemaker, Manfred, Geschichte der Bundesrepublik Deutschland. Von der Gründung bis zur Gegenwart, München 1999.
Görtemaker, Manfred, Die Berliner Republik. Wiedervereinigung und Neuorientierung, Berlin 2009.
Goschler, Constantin, Europäische Zeitgeschichte seit 1945, Berlin 2010.
Goschler, Constantin, Schuld und Schulden. Die Politik der Wiedergutmachung für NS-Verfolgte seit 1945, Göttingen 2005.
Gössner, Rolf, Computergestützter Generalverdacht. Die Rasterfahndung nach «Schläfern», in: Vorgänge Zeitschrift für Bürgerrechte und Gesellschaftspolitik 159/2002, 3, S. 41–51.
Graf, Rüdiger/Priemel, Kim Christian, Zeitgeschichte in der Welt der Sozialwissenschaften. Legitimität und Originalität einer Disziplin, in: Vierteljahrshefte für Zeitgeschichte 59/2011, Heft 4, S. 479–508.
Grande, Edgar, Charisma und Komplexität. Verhandlungsdemokratie, Mediendemokratie und der Funktionswandel politischer Eliten, in: Leviathan 28/2000, 1, S. 122–141.
Grasse, Alexander/Ludwig, Carmen/Dietz, Berthold, Problemfeld «soziale Gerechtigkeit» – Motive, Inhalte und Perspektiven, in: Dies. (Hg.), Soziale Gerechtigkeit. Reformpolitik am Scheideweg, Wiesbaden 2006, S. 17–36.
Greiner, Bernd, 9/11. Der Tag, die Angst, die Folgen, München 2011.
Grobe-Hagel, Karl, Tschetschenien. Russlands langer Krieg, Köln 2001.
Grönebaum, Stefan/Grüger, Stephan, Tanker mit Maschinenschaden. 14 Thesen zur Zukunft der SPD, in: Blätter für deutsche und internationale Politik 11/2009, S. 57–66.
Groos, Ulrike/Laubard, Charlotte (Hg.), Michel Majerus. Katalog zur Ausstellung im Kunstmuseum Stuttgart, 2011/2012, Stuttgart/Bordeaux 2012.
Gross, Johannes, Begründung der Berliner Republik. Deutschland am Ende des 20. Jahrhunderts, Stuttgart 1995.
Grotz, Florian, Bundestagswahl 2005: Kontext, Ergebnisse, absehbare Konsequenzen, in: Zeitschrift für Staats- und Europawissenschaften 3/3 (2005), S. 470–495.
Guérot, Ulrike, Frankreich und Deutschland – Lokomotive ohne Anhänger?, in: Varwick, Johannes/Knelangen, Wilhelm (Hg.), Neues Europa – Alte EU?, Opladen 2004, S. 285–298.

Habermas, Jürgen, Die Normalität einer Berliner Republik. Kleine politische Schriften VIII, Frankfurt am Main 1995.

Hachmeister, Lutz, Nervöse Zone. Politik und Journalismus in der Berliner Republik, München 2007.

Hacke, Christian, Deutschland, Europa und der Irakkonflikt, in: Aus Politik und Zeitgeschichte, B 24–25/2003, S. 8–16.

Hacke, Christian, Die Außenpolitik der Regierung Schröder/Fischer: Zwischenbilanz und Perspektiven, in: Aus Politik und Zeitgeschichte, B 48/2002, S. 7–15.

Hacke, Christian: Die Außenpolitik der Bundesrepublik Deutschland. Von Konrad Adenauer bis Gerhard Schröder, Berlin 2003.

Haftendorn, Helga, Deutsche Außenpolitik zwischen Selbstbeschränkung und Selbstbehauptung 1945–2000, München 2001.

Hailbronner, Kay, Reform des Zuwanderungsrechts: Konsens und Dissens in der Ausländerpolitik, in: Aus Politik und Zeitgeschichte, B 43/2001, S. 7–19.

Hall, Peter A., Policy Paradigms, Social Learning, and the State: The Case of Economic Policymaking in Britain, in: Comparative Politics 25/3 (1993), S. 275–296.

Hall, Stuart, The Great Moving Nowhere Show, in: Marxism Today (Nov/Dec), 1998, S. 9–14.

Haltern, Utz, Die Gesellschaft der Bürger, in: Geschichte und Gesellschaft 19/1993, S. 100–134.

Hammerstein, Katrin/Hofmann, Birgit, Europäische «Interventionen». Resolutionen und Initiativen zum Umgang mit diktatorischer Vergangenheit, in: Hammerstein, Katrin/Mählert, Ulrich/Trappe, Julie/Wolfrum, Edgar (Hg.), Aufarbeitung der Diktatur – Diktat der Aufarbeitung? Normierungsprozesse beim Umgang mit diktatorischer Vergangenheit, Göttingen 2009, S. 189–203.

Hammes, Winfried, Haushalte und Lebensformen der Bevölkerung. Ergebnisse des Mikrozensus 2010, Statistisches Bundesamt, Wirtschaft und Statistik, Oktober 2011, abrufbar unter: https://www.destatis.de/DE/Publikationen/WirtschaftStatistik/Bevoelkerung/HaushalteLebensformenBevoelkerung.pdf?__blob=publicationFile, (Stand: 18. 12. 2012).

Handler, Joel F., Social Citizenship and Workfare in the United States and Western Europe. The Paradox of Inclusion, Cambridge 2004.

Hänsel, Heiko/Strobbe, Heinz-Günther, Die deutsche Debatte um den Kosovo-Krieg: Schwerpunkte und Ergebnisse. Versuch einer Bilanz nach drei Jahren, Heinrich Böll Stiftung, Berlin 2002.

Hardt, Michael/Negri, Antonio, Empire. Die neue Weltordnung, Frankfurt am Main 2002.

Harnisch, Sebastian, Bound to fail? Germanys Iraq Policy in the Iraq Crisis 2001–2003, Vortrag gehalten auf der Jahrestagung der German Studies Association, New Orleans (Louisiana), 18.–21. September 2003, abrufbar unter: http://www.sebastian-harnisch.de/vortr/GSA2003.pdf, (Stand: 29. Januar 2012).

Harnisch, Sebastian/Katsioulis, Christos/Overhaus, Marco (Hg.), Deutsche Sicherheitspolitik. Eine Bilanz der Regierung Schröder, Baden-Baden 2004.

Hartenstein, Wolfgang/Müller-Hilmer, Rita, Die Bundestagswahl 2002: Neue Themen – Neue Allianzen, in: Aus Politik und Zeitgeschichte, B49–50/2002, S. 18–26.

Hartman, Geoffrey H., Bitburg in moral and political perspective, Bloomington 1986.

Hartmann, Anja, Zwischen Differenzierung und Integration. Die Entwicklung des Gesundheitswesens in den Niederlanden und der Bundesrepublik, Opladen 2002.

Hartung, Klaus, Übergangsregierung oder Regierung des Übergangs. Zur Zukunft des Kabinetts Schröder, in: Merkur Deutsche Zeitschrift für europäisches Denken 7/1999, Jg. 53, S. 611–624.

Hassel, Anke/Schiller, Christof, Der Fall Hartz IV. Wie es zur Agenda 2010 kam und wie es weitergeht, Frankfurt am Main 2010.

Hassel, Anke/Schiller, Christof, Sozialpolitik im Finanzföderalismus. Hartz IV als Antwort auf die Krise der Kommunalfinanzen, in: Politische Vierteljahresschrift 51/2010, S. 95–117.

Hassel, Florian (Hg.), Der Krieg im Schatten: Russland und Tschetschenien, Frankfurt am Main 2003.

Haubrich, Dirk, September 11, Anti-Terror-Lawy and Civil Liberties: Britain, France and Germany Compared, in: Government and Opposition, 38/2003, S. 3–28.

Haus der Geschichte Baden-Württemberg (Hg.), Beziehungsgeschichten im Dreiländereck. Katalog zur großen Landesausstellung «Liebe Deinen Nachbarn». Haus der Geschichte Baden-Württemberg zu Besuch im Augustinermuseum, Stuttgart 2012.

Haus, Michael, Kommunitarismus. Einführung und Analyse, Wiesbaden 2003.

Hay, Colin, Why We Hate Politics, Cambridge 2007.

Hecker, Wolfgang, Die Entscheidung des Bundesverfassungsgerichts zum Luftsicherheitsgesetz, in: Kritische Justiz, 2/2006, S. 179 ff.

Hegelich, Simon, Reformkorridore des deutschen Rentensystems, Wiesbaden 2006.

Hegelich, Simon, Die Riester-Reform: Systemwechsel durch strategische Politik, in: Fischer, Thomas/Kießling, Andreas/Novy, Leonard (Hg.), Politische Reformprozesse in der Analyse, Gütersloh 2008.

Hegelich, Simon/Knollmann, David/Kuhlmann, Johanna, Agenda 2010. Strategien – Entscheidungen, Konsequenzen, Wiesbaden 2011.

Hegelich, Simon/Schubert, Klaus, Politics of Pension Policies, in: Special Issue of German Policy Studies 3/2006, Nr. 3, S. 446–491.

Hegelich, Simon/Schubert, Klaus, Europäische Wohlfahrtssysteme: Politisch limitierter Pluralismus als europäisches Spezifikum, in: Schubert, Klaus/Hegelich, Simon/Bazant, Ursula (Hg.), Europäische Wohlfahrtssysteme. Ein Handbuch. Wiesbaden 2008, S. 647–660.

Hehir, Aidan, Humanitarian intervention after Kosovo. Iraq, Darfur and the record of global civil society, Basingstoke/New York 2008.

Heideking, Jürgen/Mauch, Christof, Geschichte der USA, Tübingen 2003, 3. Auflage.

Heilmann, Dirk/Rürup, Bert, Warum Deutschland eine glänzende Zukunft hat, München 2012.

Heimann, Siegfried, Die SPD in den neunziger Jahren, in: Süß, Werner (Hg.), Deutschland in den neunziger Jahren. Politik und Gesellschaft zwischen Wiedervereinigung und Globalisierung, Opladen 2002, S. 82–104.

Heimrod, Ute u. a. (Hg.), Der Denkmalstreit – das Denkmal? Die Debatte um das «Denkmal für die ermordeten Juden Europas». Eine Dokumentation, Berlin 1999.

Hein, Kirstin, Die Anti-Terrorpolitik der rot-grünen Bundesregierung, in: Harnisch, Sebastian/Katsioulis, Christos/Overhaus, Marco (Hg.), Deutsche Sicherheitspolitik: eine Bilanz der Regierung Schröder, Baden-Baden 2004, S. 145–171.

Heinemann-Grüder, Andreas, Germany's Anti-Hitler Coalition in Kosovo, in: Mediterranean Quarterly 12/3 (2001), S. 31–46.

Heinze, Rolf G., Die blockierte Gesellschaft. Sozioökonomischer Wandel und die Krise des «Modell Deutschland», Opladen/Wiesbaden 1998.

Heinze, Rolf G., Die Berliner Räterepublik. Viel Rat – wenig Tat?, Wiesbaden 2002.
Heinze, Rolf G., Das «Bündnis für Arbeit» – Innovativer Konsens oder institutionelle Erstarrung?, in: Egle, Christoph (Hg.), Das rot-grüne Projekt. Eine Bilanz der Regierung Schröder, Wiesbaden 2003, S. 137–161.
Hellman, Gunther, Von Gipfelstürmern und Gratwanderern. «Deutsche Wege» in der Außenpolitik, in: Aus Politik und Zeitgeschichte, B 11/2004. S. 32–39.
Hellmann, Gunther/Schmidt, Siegmar/Wolf, Reinhard (Hg.), Handbuch zur deutschen Außenpolitik, Wiesbaden 2007.
Hellmann, Gunther/Weber, Christian/Sauer, Frank/Schirmbeck, Sonja, «Selbstbewusst» und «stolz». Das außenpolitische Vokabular der Berliner Republik als Fährte einer Neuorientierung, in: Politische Vierteljahresschrift 48/2007, S. 650–679.
Helms, Ludger, Gerhard Schröder und die Entwicklung der deutschen Kanzlerschaft, in: Zeitschrift für Politikwissenschaft 11/2001, S. 1497–1517.
Hengsbach, Friedhelm: Ein verlorenes Jahr? Die rot-grüne Koalition im konzeptionellen Vakuum, in: Blätter für deutsche und internationale Politik 44/1999, S. 1444–1449.
Henke, Chistoph, Die humanitäre Intervention. Völker- und verfassungsrechtliche Probleme unter besonderer Berücksichtigung des Kosovo-Konflikts, Münster 2002.
Hennecke, Hans-Jörg, Die dritte Republik. Aufbruch und Ernüchterung, Berlin 2003.
Hennecke, Hans Jörg, Regieren ohne inneren Kompass. Eine Zwischenbilanz der zweiten Regierung Schröder, in: Aus Politik und Zeitgeschichte, B 40/2004, S. 6–11.
Hennecke, Hans Jörg, Von der «Agenda 2010» zur «Agenda Merkel»?, in: Aus Politik und Zeitgeschichte, 32–33/2005, S. 16–22.
Hennen, Claudia, Der Einfluss gesellschaftlicher Akteure auf die Entscheidung der Bundesregierung gegen den Irakkrieg, in: Jäger, Thomas/Viehrig, Henrike (Hg.), Die amerikanische Regierung gegen die Weltöffentlichkeit?, Wiesbaden 2008, S. 191–213.
Herbert, Ulrich, Fremdarbeiter. Politik und Praxis des «Ausländer-Einsatzes» in der Kriegswirtschaft des Dritten Reiches, Berlin/Bonn 1985.
Herbert, Ulrich, Arbeit, Volkstum, Weltanschauung. Über Deutsche und Fremde im 20. Jahrhundert, Frankfurt am Main 1995.
Herbert, Ulrich, Geschichte der Ausländerpolitik in Deutschland. Saisonarbeiter, Zwangsarbeiter, Gastarbeiter, Flüchtlinge, München 2001.
Herbert, Ulrich (Hg.), Wandlungsprozesse in Westdeutschland. Belastung, Integration, Liberalisierung 1945 bis 1980, Göttingen 2003.
Herdegen, Matthias, Völkerrecht, München 2012, 2. Auflage.
Hering, Martin, Institutionelle Konflikte zwischen Währungsunion und staatlicher Alterssicherung in Deutschland und Europa, in: Lütz, Susanne/Czada, Roland (Hg.), Wohlfahrtsstaat – Transformation und Perspektiven, Wiesbaden 2004.
Herkendell, Michael, Deutschland, Zivil- oder Friedensmacht? Außen- und sicherheitspolitische Orientierung der SPD im Wandel (1982–2007), Bonn 2012.
Herres, Volker/Walter, Klaus, Der Weg nach oben. Gerhard Schröder. Eine politische Biographie, München 1998.
Hertfelder, Thomas/Rödder, Andreas (Hg.), Modell Deutschland. Erfolgsgeschichte oder Illusion?, Göttingen 2007.
Heydemann, Günter/Gülzau, Jan (Hg.), Konsens, Krisen und Konflikte. Die deutschamerikanischen Beziehungen im Zeichen von Terror und Irakkrieg. Eine Dokumentation 2001–2008, Bonn 2010.
Hickel, Rudolf, Abschied vom Rheinischen Kapitalismus. Zum rot-grünen Kurswechsel

in der Wirtschafts- und Finanzpolitik, in: Blätter für deutsche und internationale Politik, 44/1999, S. 947–957.
Hilmer, Richard, Bundestagswahl 2002: eine zweite Chance für Rot-Grün, in: Zeitschrift für Parlamentsfragen, 34/2003, S. 187–219.
Hilmer, Richard/Müller-Hilmer, Rita, Die Bundestagswahl vom 18. September 2005: Votum für Wechsel und Kontinuität, in: Zeitschrift für Parlamentsfragen 37/1 (2006), S. 183–218.
Hinrichs, Karl/Kangas, Olli, When Is a Change Big Enough to Be a System Shift? Small System-Shifting Changes in German and Finnish Pension Policies, in: Social Policy and Administration, 37/2003, S. 573–591.
Hippler, Jochen/Schade, Jeanette (Hg.), US-Unilateralismus als Problem von internationaler Politik und Global Governanace, Duisburg 2003.
Hirsch, Burkhard, Der attackierte Rechtsstaat. Bürgerrecht und «innere Sicherheit» nach dem 11. September, in: Vorgänge. Zeitschrift für Bürgerrechte und Gesellschaftspolitik 3/2002, S. 5–9.
Hirschmann, Kai/Leggemann, Christian (Hg.), Der Kampf gegen den Terrorismus, Strategien und Handlungserfordernisse in Deutschland, Berlin 2003.
Hockerts, Hans Günter, Zeitgeschichte in Deutschland. Begriff, Methoden, Themenfelder, in: Aus Politik und Zeitgeschichte, B 29–30/1993, S. 3–19.
Hockerts, Hans Günter, Drei Wege deutscher Sozialstaatlichkeit. NS-Diktatur, Bundesrepublik und DDR im Vergleich, München 1998.
Hockerts, Hans Günter, Wiedergutmachung in Deutschland. Eine historische Bilanz 1945–2000, in: Vierteljahrshefte für Zeitgeschichte, 49/2001, S. 167–214.
Hockerts, Hans Günter, Zugänge zur Zeitgeschichte. Primärerfahrung, Erinnerungskultur, Geschichtswissenschaft, in: Jarausch, Konrad/Sabrow, Martin (Hg): Verletztes Gedächtnis. Erinnerungskultur und Zeitgeschichte im Konflikt, Frankfurt am Main 2002, S. 39–74.
Hockerts, Hans Günter/Kuller, Christiane (Hg.), Nach der Verfolgung. Wiedergutmachung nationalsozialistischen Unrechts in Deutschland, Göttingen 2003.
Hockerts, Hans Günter/Moisel, Claudia/Winstel, Tobias, Grenzen der Wiedergutmachung. Die Entschädigung für NS-Verfolgte in West- und Osteuropa 1945–2000, Göttingen 2006.
Hockerts, Hans Günter, Der deutsche Sozialstaat. Entfaltung und Gefährdung seit 1945, Göttingen 2011.
Hoell, Joachim, Oskar Lafontaine. Provokation und Politik. Eine Biografie, Braunschweig 2004.
Hofbauer, Günter/Hepting, Margot, Empirische Studie zur «Akzeptanz des Euro», Ingolstadt 2005.
Höfer, Max A., Die «Berliner Republik» als Kampfbegriff?, in: Aus Politik und Zeitgeschichte, B 6–7/2001, S. 27–30.
Höffe, Otfried, Demokratie im Zeitalter der Globalisierung, München 1999.
Hoffmann, Hilmar, Keine neuen Argumente in einem alten Streit. Ein Bundeskulturminister ist überflüssig, in: Neue Gesellschaft – Frankfurter Hefte, 10/1998, S. 619–621.
Hoffmann, Hilmar/Schneider, Wolfgang (Hg.), Kulturpolitik in der Berliner Republik, Köln 2002.
Hofmann, Gerhard, Die Verschwörung der Journaille zu Berlin oder Der einsame Kampf gegen Meinungs-Macher und Meinungs-Umfrager oder Die letzten Tage von Rot-Grün, Bonn 2007.

Hofmann, Gunter, Abschiede, Anfänge. Die Bundesrepublik. Eine Anatomie, München 2002.

Hofrichter, Jürgen, Die Rolle der TV-Duelle im Bundestagswahlkampf 2002, in: Frank Brettschneider/Jan van Deth/Edeltraud Roller (Hg.), Die Bundestagswahl 2002: Analysen der Wahlergebnisse und des Wahlkampfes, Wiesbaden 2004, S. 51–73.

Hohls, Rüdiger/Schröder, Iris/Siegrist, Hannes (Hg.), Europa und die Europäer. Quellen und Essays zur modernen europäischen Geschichte, Stuttgart 2005.

Hoinle, Marcus, Wer war Gerhard Schröder? Rollen und Images eines Bundeskanzlers, Marburg 2006.

Holtz-Bacha, Christina, Wahlwerbung als politische Kultur. Parteienspots im Fernsehen 1957–1998, Wiesbaden 2000.

Holtz-Bacha, Christina (Hg.), Die Massenmedien im Wahlkampf. Die Bundestagswahl 2002, Wiesbaden 2003.

Holtz-Bacha, Christina (Hg.), Die Massenmedien im Wahlkampf. Die Bundestagswahl 2005, Wiesbaden 2006.

Holzgrefe, J. L./Keohane, Robert O. (Hg.), Humanitarian Intervention. Ethical, Legal and Political Dilemmas, Cambridge 2003.

Holzgrefe, Jeff, The humanitarian intervention debate, in: Holzgrefe, J. L./Keohane, Robert O. (Hg.), Humanitarian Intervention. Ethical, Legal and Political Dilemmas, Cambridge 2003, S. 15–52.

Honneth, Axel, Identitätsfindung durch einen erweiterten Gerechtigkeitsbegriff. Sozialphilosophische Überlegungen zum Grundsatzprogramm der Grünen, Rede am 10. 3. 2001 auf der Bundesdelegiertenkonferenz in Stuttgart, in: Kommune. Forum für Politik, Ökonomie, Kultur, 19.4/2001, S. 6–12.

Hradil, Stefan: Zur Sozialstrukturentwicklung in den neunziger Jahren, in: Süß, Werner (Hg.), Deutschland in den neunziger Jahren. Politik und Gesellschaft zwischen Wiedervereinigung und Globalisierung, Opladen 2002, S. 227–250.

Humboldt, Wilhelm von, Ideen zu einem Versuch, die Grenzen der Wirklichkeit des Staates zu bestimmen, 1792, in: Ders., Gesammelte Werke, Bd. 7, Berlin 1852.

Huntington, Samuel P., Kampf der Kulturen. Die Neugestaltung der Weltpolitik im 21. Jahrhundert, München/Wien 1996.

Hüther, Michael/Scharnagel, Benjamin, Die Agenda 2010: Eine wirtschaftspolitische Bilanz, in: Aus Politik und Zeitgeschichte, 32–33/2005, S. 23–30.

Ihme-Tuchel, Beate, Die DDR. Kontroversen um die Geschichte, Darmstadt 2002.

Institut für Demoskopie Allensbach (Hg.), Allensbacher Computer- und Technikanalyse (ACTA), 2003–2010, abrufbar unter: http://www.ifd-allensbach.de/acta/ergebnisse/archiv.html, (Stand: 17. 8. 2012).

Institut für Demoskopie Allensbach (Hg.), Mehr als jeder Zweite befürchtet einen Terroranschlag in Deutschland, Allensbacher Berichte 7/2004, Allensbach am Bodensee 2004, abrufbar unter: http://www.ifd-allensbach.de/uploads/tx_reportsndocs/prd_0407.pdf, (Stand: 28. 11. 2012).

Institut für Demoskopie Allensbach (Hg.), Terroranschläge in Deutschland?, Allensbach am Bodensee 2006.

Jaberg, Sabine, Kants Friedensschrift und die Idee kollektiver Sicherheit. Eine Rechtfertigungsgrundlage für den Kosovo-Krieg der NATO?, in: Institut für Friedensforschung und Sicherheitspolitik an der Universität Hamburg (IFSH), Heft 129/2009, S. 5–59.

Jackob, Nikolaus (Hg.), Wahlkämpfe in Deutschland. Fallstudien zur Wahlkampfkommunikation 1912–2005, Wiesbaden 2007.

Jäger, Thomas/Viehrig, Henrike (Hg.), Die amerikanische Regierung gegen die Weltöffentlichkeit? Theoretische und empirische Analysen der Public Diplomacy zum Irakkrieg, Wiesbaden 2008.
James, Harold, Geschichte Europas im 20. Jahrhundert. Fall und Aufstieg 1914–2001, München 2004.
Jänicke, Martin, Ökologische Modernisierung. Optionen und Restriktionen präventiver Umweltpolitik, in: Simonis, Udo Ernst (Hg.), Präventive Umweltpolitik, Frankfurt am Main 1988, S. 13–26.
Jänicke, Martin/Reiche, Danyel/Volkery, Axel, Rückkehr zur Vorreiterrolle. Umweltpolitik unter Rot-Grün, in: Vorgänge: Zeitschrift für Bürgerrechte und Gesellschaftspolitik, H. H. 1 157 Rot/Grün – eine Bilanz, Jg. 41/2002, S. 50–61.
Jänicke, Martin, The Role of the Nation State in Environmental Policy: The Challenge of Globalisation, Forschungsstelle für Umweltpolitik-Report 07/2002, abrufbar unter: http://www.polsoz.fu-berlin.de/polwiss/forschung/systeme/ffu/publikationen/2002/jaenicke_martin_20025/rep2002_07.pdf, (Stand: 18. 12. 2012).
Jann, Werner/Schmidt, Günther (Hg.), Eins zu eins? Eine Zwischenbilanz der Hartz-Reformen am Arbeitsmarkt, Berlin 2004.
Janning, Josef, Lange Wege, kurzer Sinn? Eine außenpolitische Bilanz von Rot-Grün, in: Internationale Politik, 57/September 2002, 9., S. 9–18.
Jansen, Ludger, Alles Schlussstrich – oder was? Eine philosophische Auseinandersetzung mit Martin Walsers Friedenspreisrede, in: Theologie und Philosophie 80/2005, S. 412–422.
Jeismann, Michael (Hg.), Mahnmal Mitte. Eine Kontroverse, Köln 1999.
Jensen, Richard J., Reagan at Bergen-Belsen and Bitburg, Texas 2007.
Jesse, Eckhard, Die Kanzler der Bundesrepublik Deutschland. Amtsdauer und Politikstil, in: Gesellschaft Wirtschaft Politik: Sozialwissenschaften für politische Bildung, N. F., H. 2, Jg. 55/2006, S. 183–194.
Jesse, Eckhard, Nach der gescheiterten Vertrauensfrage. Zur Lage der Parteien und des Parteiensystems in Deutschland, in: Zeitschrift für Parlamentsfragen, H. 3, Jg. 36/2005, S. 600–615.
Jesse, Eckhard/Sturm, Roland (Hg.), Bilanz der Bundestagswahl 2005: Voraussetzungen, Ergebnisse, Folgen, Wiesbaden 2006.
Jochem, Sven/Siegel, Nico A., Das Dilemma des Bündnisses für Arbeit, in: Forschungsjournal Neue Soziale Bewegungen, H. 4 Mission impossible: ein Jahr Rot-Grün, Jg. 12/1999, S. 50–60.
Joetze, Günter, Der letzte Krieg in Europa? Das Kosovo und die deutsche Politik, Stuttgart/München 2001.
Jopp, Matthias/Matl, Saskia (Hg.), Überwiegend Kritik an Fischers Europa-Plan. Analysen zur Konstitutionalisierung der EU, Baden-Baden 2005.
Judt, Tony, Die Geschichte Europas seit dem Zweiten Weltkrieg, Bonn 2006.
Judt, Tony, Das vergessene 20. Jahrhundert. Die Rückkehr des politischen Intellektuellen, Bonn 2010.
Kaarbo, Juliet/Lantis Jeffrey, The Greening of German Foreign Policy in the Iraq Case: Conditions of Junior Party Influence in Governing Coalitions, in: Acta politica 38/2003, S. 201–230.
Kaelble, Hartmut, Sozialgeschichte Europas. 1945 bis zur Gegenwart, München 2007.
Kagan, Robert, Macht und Ohnmacht. Amerika und Europa in der neuen Weltordnung, Berlin 2003.

Kaiser, Claudia, Konzeption und regionale Auswirkungen der universellen Weltausstellung EXPO 2000, in: Aus Politik und Zeitgeschichte, B 22–23/2000, S. 11–22.

Kaltenborn, Bruno/Schiwarov, Juliana, Hartz IV: Ausgaben deutlich unterschätzt, in: Blickpunkt Arbeit und Wirtschaft 6/2006, S. 1–8.

Karg, Michael Simon, Mehr Sicherheit oder Einschränkung von Bürgerrechten? Die Innenpolitik westlicher Regierungen nach dem 11. September, München 2003.

Kavanagh, Dennis, The Blair Premiership, in: Seldon, Antony (Hg.), Blair's Britain 1997–2007, Cambridge 2007.

Keller, Berndt/Seifert, Hartmut, Atypische Beschäftigungsverhältnisse, in: Aus Politik und Zeitgeschichte 27/2009, S. 40–46.

Keller, Patrick, Neokonservatismus und amerikanische Außenpolitik. Ideen, Krieg und Strategie von Ronald Reagan bis George W. Bush, Paderborn/München 2008.

Keller, Reiner/Hirseland, Andreas/Schneider, Werner/Viehöver, Willy, Handbuch sozialwissenschaftliche Diskursanalyse, Wiesbaden 2010.

Kemmerling, Achim/Bruttel, Oliver, New Politics In German Labour Market Policy? The Implications of the Recent Hartz Reforms for the German Welfare State. WZB discussion paper des Wissenschaftszentrum Berlin für Sozialforschung, Berlin 2005, abrufbar unter: http://bibliothek.wzb.eu/pdf/2005/i05-101.pdf, (Stand: 10. 7. 2009).

Kempf, Udo/Merz, Hans-Georg (Hg.), Kanzler und Minister 1998–2005. Biografisches Lexikon der deutschen Bundesregierungen, Wiesbaden 2008.

Kenkmann, Alfons/Spieker, Christoph/Walter, Bernd (Hg.), Wiedergutmachung als Auftrag. Begleitband zur gleichnamigen Dauerausstellung – Geschichtsort Villa ten Hompel, Essen 2007.

Kielmannsegg, Peter Graf, Nach der Katastrophe – eine Geschichte des geteilten Deutschland, Berlin 2000.

Kielmannsegg, Peter Graf, Können Demokratien zukunftsverantwortlich handeln?, in: Schader-Stiftung (Hg.), Schaderpreis 2001, Darmstadt 2002, S. 19–29, abrufbar unter: http://www.schader-stiftung.de/schader_stiftung/56.php, (Stand: 21. 6. 2010).

Kindler, Holger (Hg.), Die Folgen der Agenda 2010: alte und neue Zwänge des Sozialstaats, Hamburg 2004.

Kirsch, Jan Holger, Nationaler Mythos oder historische Trauer? Der Streit um ein zentrales «Holocaust-Mahnmal» für die Berliner Republik, Köln 2003.

Kister, Kurt, Die rhetorische Präsidentschaft, in: Follath, Erich (Hg.), Bill Clinton. Vom Vorbild zum Verlierer?, München 1993, S. 61–96.

Klecha, Stephan, Rudolf Scharping. Opfer eines Lernprozesses, in: Forkmann, Daniela/Richter, Saskia (Hg.), Gescheiterte Kanzlerkandidaten. Von Kurt Schumacher bis Edmund Stoiber, Wiesbaden 2007, S. 323–355.

Klein, Ansgar, Der Diskurs der Zivilgesellschaft, Opladen 2001.

Klein, Markus/Falter, Jürgen, Der lange Weg der Grünen. Eine Partei zwischen Protest und Regierung, München 2003.

Klein, Markus/Rosar, Ulrich, Wirkungen des TV-Duells im Vorfeld der Bundestagswahl 2005 auf die Wahlentscheidung. Eine empirische Analyse unter besonderer Berücksichtigung von Medieneinflüssen auf die Siegerwahrnehmung und subjektiven Erwartungshaltung an die Debattenperformance der Kandidaten, in: Kölner Zeitschrift für Soziologie und Sozialpsychologie, H. 1, Jg. 59/2007, S. 81–104.

Kleinwächter, Lutz (Hg.), Deutsche Energiepolitik (Internationale Probleme und Perspektiven, 16), Brandenburgische Landeszentrale für politische Bildung, Eggersdorf 2007.

Kleßmann, Christoph, Verflechtung und Abgrenzung. Aspekte der geteilten und zusammengehörigen deutschen Nachkriegsgeschichte, in: Aus Politik und Zeitgeschichte B 20–30/1993, S. 30–41.

Klieme, Eckhard/Artelt, Cordula/Hartig, Johannes u. a. (Hg.), PISA 2009. Bilanz nach einem Jahrzehnt, Münster 2010.

Klormann, Sybille/Udelhoven, Britta, Der Imagewandel von Helmut Kohl, Gerhard Schröder und Angela Merkel. Vom Kanzlerkandidaten zum Kanzler. Ein Schauspiel in zwei Akten, München 2008.

Knodt, Michele, Europäisierung à la Sinatra. Deutsche Länder im europäischen Mehrebenensystem, in: Knodt, Michele/Kohler-Koch, Beate (Hg.), Deutschland zwischen Europäisierung und Selbstbehauptung, Frankfurt am Main 2000, S. 237–265.

Knoll, Thomas, Das Bonner Bundeskanzleramt. Organisation und Funktionen von 1949–1999, Wiesbaden 2004.

Koch, Susanne/ Walwei, Ulrich, Hartz IV, Neue Perspektiven für Langzeitarbeitslose?, in: Aus Politik und Zeitgeschichte B 16/2005, S. 10–17.

Kocka, Jürgen, Arbeiten an der Geschichte. Gesellschaftlicher Wandel im 19. und 20. Jahrhundert, Göttingen 2011.

Kocka, Jürgen, Sozialgeschichte. Begriff – Entwicklung – Probleme, Göttingen 1986.

Köcher, Renate, Wahlsieg durch Ablenkung: Aufregungszyklen, in: Oberreuter, Heinrich von (Hg.), Der versäumte Wechsel. Bilanz eines Wahljahres 2002, München 2003, S. 103–116.

Koenen, Gerd, Das rote Jahrzehnt. Unsere kleine deutsche Kulturrevolution 1967–1977, Köln 2001.

Kohl, Jürgen, Der Wohlfahrtsstaat in vergleichender Perspektive – Anmerkung zu Esping-Andersens «Three Worlds of Welfare Capitalism», in: Zeitschrift für Sozialreform 39/1993, S. 67–82.

Kohler-Koch, Beate, Bundeskanzler Kohl – Baumeister Europas?, in: Wewer, Göttrik (Hg.), Bilanz der Ära Kohl, Opladen 1998.

König, Jan C. L., Wir sind im Krieg, Rhetorische Diskursanalyse der Fernsehansprache Gerhard Schröders vom 24. März 1999, in: König, Jan (Hg.), Über die Wirkungsmacht der Rede. Strategien politischer Eloquenz in Literatur und Alltag, Göttingen 2011, S. 298–321.

Konrad-Adenauer-Stiftung e. V. (Hg.), Europäische Reaktionen auf die Rede von Joschka Fischer zur Zukunft Europas, abrufbar unter: http://www.kas.de/wf/de/ 33.2425, (Stand: 27. 11. 2012).

Korn, David, Human Rights in Iraq. Middle Easr Watch, New Haven/London 1990.

Kornelius, Bernhard, Meinungsforscher und Meinungsmacher. Zur Rezeption von Umfragen im Bundestagswahljahr 2002, in: Forum. Medien. Politik: Trends der politischen Kommunikation, Münster 2003, S. 214–227.

Kornelius, Bernhard/Roth, Dieter, Bundestagswahl 2005: Rot-Grün abgewählt. Verlierer bilden die Regierung, in: Egle, Christoph/Ostheim, Tobias/Zohlnhöfer, Reimut (Hg.), Das Ende des rot-grünen Projekts. Eine Bilanz der Regierung Schröder 2002–2005, Wiesbaden 2007, S. 29–59.

Korte, Karl-Rudolf, «Das Wort hat der Bundeskanzler» – eine Analyse der Großen Regierungserklärungen von Adenauer bis Schröder, Wiesbaden 2002.

Korte, Karl-Rudolf, Die Mitte ist der Heilige Gral, in: Die politische Meinung 396/2002, S. 15–18.

Korte, Karl-Rudolf, Die Botschaft aus Düsseldorf, in: Internationale Politik 50/2005, S. 68–59.

Korte, Karl-Rudolf, Was entschied die Bundestagswahl?, in: Aus Politik und Zeitgeschichte, 51–52/2005, S. 12–18.

Korte, Karl-Rudolf (Hg.), Die Bundestagswahl 2009. Analysen der Wahl-, Parteien-, Kommunikations- und Regierungsforschung, Wiesbaden 2010.

Krämer, Gudrun, Die islamische Welt im 20. Jahrhundert; in: Noth, Albrecht/Paul, Jürgen (Hg.), Der islamische Orient. Grundzüge seiner Geschichte, Würzburg 1998, S. 439–502.

Kramer, Hans-Jörg, Rentenversicherungs-Nachhaltigkeitsgesetz. Ein Überblick, in: Die Angestelltenversicherung 9/2004, S. 404–414.

Kramp, Leif/Weichert, Stephan, Journalismus in der Berliner Republik. Wer prägt die politische Agenda in der Bundeshauptstadt, abrufbar unter: http://www.netzwerkrecherche.de/docs/NR-Studie-Hauptstadtjournalismus.pdf, (Stand: 2.10.2010).

Krause, Joachim, Multilaterale Ordnung oder Hegemonie, in: Aus Politik und Zeitgeschichte, B 31–32/2003, S. 6–14.

Krause, Ulf von, Die Afghanistaneinsätze der Bundeswehr. Politische Entscheidungsprozesse mit Eskalationsdynamik, Wiesbaden 2011.

Krause-Burger, Sibylle, Wie Gerhard Schröder regiert. Beobachtungen im Zentrum der Macht, Stuttgart 2000.

Kraushaar, Wolfgang, Achtundsechzig. Eine Bilanz, Berlin 2008.

Krebs, Carsten/Reiche, Danyel T., Der Einstieg in die ökologische Steuerreform, Aufstieg, Restriktionen und Durchsetzung eines umweltpolitischen Themas, Frankfurt am Main/Berlin/Bern/Wien 1999.

Krech, Hans, Der russische Krieg in Tschetschenien (1994–1996). Ein Handbuch, Berlin 1997.

Krech, Hans, Der Zweite Tschetschenien-Krieg (1999–2002). Ein Handbuch, Berlin 2002.

Kretschmar, Winfried, Geschichte der Weltausstellungen, Frankfurt am Main 1999.

Kreusel, Bettina, Das Fernsehen als Spendengenerator. Eine Bestandsaufnahme der Sendungsangebote, in: Wilke, Jürgen (Hg.), Massenmedien und Spendenkampagnen. Vom 17. Jahrhundert bis in die Gegenwart, Köln 2008.

Kreutz, Daniel, Neue Mitte im Wettbewerbsstaat. Zur sozialpolitischen Bilanz von Rot-Grün, in: Blätter für deutsche und internationale Politik, H. 4, Jg. 47/2002, S. 463–472.

Kroh, Jens, Transnationale Erinnerung. Der Holocaust im Fokus geschichtspolitischer Initiativen, Frankfurt am Main 2008.

Krockow, Christian Graf von, Der deutsche Niedergang. Ein Ausblick ins 21. Jahrhundert, Stuttgart 1998.

Kropp, Sabine, «Deparlamentarisierung» als Regierungsstil?, in: Gohr, Antonia/Seeleib-Kaiser, Martin (Hg.), Sozial- und Wirtschaftspolitik unter Rot-Grün, Wiesbaden 2003, S. 329–344.

Krüger, Michael Udo/Müller-Sachse, Karl H./Zapf-Schramm, Thomas, Thematisierung der Bundestagswahl 2005 im öffentlich-rechtlichen und privaten Fernsehen, in: Media-Perspektiven 12/2005, S. 598–612.

Krumm, Thomas, Politische Vergemeinschaftung durch symbolische Politik. Die Formierung der rot-grünen Zusammenarbeit in Hessen von 1983 bis 1991, Wiesbaden 2004.

Kurbjuweit, Dirk, Angela Merkel. Die Kanzlerin für alle?, München 2009.

Kurowski, Lilli, Zwischen Scham und Würde: Dreieinhalb Jahre «Hartz IV» – Bilanz und Perspektiven, in: Bayerische Sozialnachrichten, Nr. 3/2008, S. 3–11.

Ladiges, Manuel, Die Bekämpfung nicht-staatlicher Angreifer im Luftraum unter besonderer Berücksichtigung des § 14 Abs. Luft SiG und der strafrechtlichen Beurteilung der Tötung von Unbeteiligten, Berlin 2007.
Laffan, Birgid, Der schwierige Weg zur Europäischen Verfassung, in: Jopp, Matthias/Matl, Saskia (Hg.), Der Vertrag über eine Verfassung für Europa. Analysen zur Konstitutionalisierung der EU, S. 473–492.
Lamping, Wolfram, Regieren durch Regierungskommissionen? Funktionen und Implikationen der Hartz- und der Rürup-Kommission im Vergleich, in: Zeitschrift für Sozialreform, 52/2006, S. 233–251.
Lamping, Wolfram/Rüb, Friedbert W., «Experimental Law-Making» and the Politics of German Pension Reforms, in: German Policy Studies, 3/2006, S. 446–491.
Lamping, Wolfram/Rüb, Friedbert W., German Pension Policies: The Transformation of a Defined-Benefit System into ... What?, in: German Policy Studies, 6/2010, S. 43–63.
Lamping, Wolfram/Tepe, Markus, Vom Können und Wollen der privaten Altersvorsorge. Eine empirische Analyse zur Inanspruchnahme der Riester-Rente auf Basis des Sozioökonomischen Panels, in: Zeitschrift für Sozialreform, 55/2009, S. 409–430.
Lange, Hans-Jürgen, Staatsverständnis und Innere Sicherheit. Rot-grüne Kontinuitäten, in: Vorgänge. Zeitschrift für Bürgerrechte und Gesellschaftspolitik, H. H. 1 157 Rot/Grün – eine Bilanz, Jg. 41/2002, S. 62–69.
Langewiesche, Dieter, Zeitwende. Geschichtsdenken heute, Göttingen 2008.
Langguth, Gerd, Die Grünen – auf dem Weg zu einer Volkspartei? Eine Zwischenbilanz, in: Zehetmair, Hans (Hg.), Das deutsche Parteiensystem. Perspektiven für das 21. Jahrhundert, Wiesbaden 2005, S. 137–158.
Langguth, Gerd, Kohl. Schröder. Merkel. Machtmenschen, München 2009.
Latif, Mojib, Der menschliche Einfluss auf das Klima, in: Aus Politik und Zeitgeschichte, 13/2006, S. 26–31.
Laube, Birgit, Der Faktor Amerika im Wahlkampf 2002, in: Nikolaus Jackob (Hg.), Wahlkämpfe in Deutschland. Fallstudien zur Wahlkampfkommunikation 1912–2005, Wiesbaden 2007, S. 235–253.
LeBor, Adam, Milošević. A biography, New Haven 2004.
Lechevalier, Arnaud, Generationengerechtigkeit und Rentenreform am Beispiel der Rentenanpassungsformel, in: Zeitschrift für Sozialreform, 56/2010, S. 373–394.
Leggewie, Claus/Meier, Horst (Hg.), Verbot der NPD oder Mit Rechtsradikalen leben. Die Positionen, Frankfurt am Main 2002.
Leggewie, Claus, 11. September 2001 – welche Niederlage? Notizen zum Entstehen eines globalen Erinnerungsortes, in: Carl, Horst/Kortüm, Hans-Henning/Langewiesche, Dieter/Lenger, Friedrich (Hg.), Kriegsniederlagen. Erfahrungen und Erinnerungen, Berlin 2004, S. 447–464.
Leggewie, Claus, Die Globalisierung und ihre Gegner, München 2003.
Leggewie, Claus/Meyer, Erik, «Ein Ort, an den man gerne geht». Das Holocaust-Mahnmal und die deutsche Geschichtspolitik nach 1989, München/Wien 2005.
Leggewie, Claus/Lang, Anne, Der Kampf um die europäische Erinnerung. Ein Schlachtfeld wird besichtigt, München 2011.
Legnaro, Aldo, Moderne Dienstleistungen am Arbeitsmarkt. Zur politischen Ratio der Hartz-Gesetze, in: Leviathan 4/2006, S. 514–532.
Leiber, Simone/Manouguian, Maral-Sonja, Vereinbarkeit von Wettbewerb und Solidari-

tät in der sozialen Krankenversicherung? Gesundheitsreformen in den Niederlanden und Deutschland, in: Böckmann, Roman (Hg.), Gesundheitsversorgung zwischen Solidarität und Wettbewerb, Wiesbaden 2009, S. 175–202.

Leiber, Simone/Zwiener, Rudolf, Eckpunkte zur Gesundheitsreform: Widersprüchlich und unzureichend. Institut für Makroökonomie und Konjunkturforschung (Hg.), Report, 13/2006, S. 1–8.

Leif, Thomas/Raschke, Joachim, Rudolf Scharping, die SPD und die Macht. Eine Partei wird besichtigt, Reinbek bei Hamburg 1994.

Leonhard, Elke, Aus der Opposition an die Macht. Wie Rudolf Scharping Kanzler werden will, Köln 1995.

Lepp, Claudia, Wege des Protestantismus im geteilten und wiedervereinigten Deutschland, in: Geschichte in Wissenschaft und Unterricht, 51/2000, S. 173–189.

Lepsius, Mario Rainer, Demokratie in Deutschland. Soziologisch-historische Konstellationsanalysen, ausgewählte Aufsätze, Göttingen 1993.

Lessenich, Stephan, Die Neuerfindung des Sozialen. Der Sozialstaat im flexiblen Kapitalismus, Bielefeld 2008.

Lessenich, Stephan, Krise des Sozialen?, in: Aus Politik und Zeitgeschichte, 52/2009, S. 28–34.

Levy, Daniel/Sznaider, Natan, Erinnerung im globalen Zeitalter: Der Holocaust, Frankfurt am Main 2007.

Link, Werner, Grundlinien der außenpolitischen Orientierung Deutschlands, in: Aus Politik und Zeitgeschichte, B 11/2004, S. 3–8.

Lipset, Seymour Martin, American Exceptionalism. A Double-Edged Sword, New York 1997.

Livingston, Robert Gerald, Steiniger Weg. Ein Fahrplan für verbesserte deutsch-amerikanische Beziehungen, in: Internationale Politik, 6/2003, S. 35–40.

Loquai, Heinz, Der Kosovo-Konflikt – Wege in einen vermeidbaren Krieg. Die Zeit von Ende November 1997 bis März 1999, Baden-Baden 2000.

Lösche, Peter, Die SPD nach Mannheim. Strukturprobleme und aktuelle Entwicklungen, in: Aus Politik und Zeitgeschichte, B6/1996, S. 20–28.

Lucke, Albrecht von: Rot-grüne Selbstentsorgung, in: Blätter für deutsche und internationale Politik, 7/2005, S. 775–779.

Lütjen, Torben/Walter, Franz,? Guido Westerwelle und Jürgen W. Möllemann, in: Alemann, Ulrich von/Marschall, Stefan (Hg.), Parteien in der Mediendemokratie, Wiesbaden 2002.

Lutz, Dieter S. (Hg.), Der Kosovo-Krieg. Rechtliche und rechtsethische Aspekte, Baden-Baden 1999/2000.

Lutz, Dieter S. (Hg.), Der Krieg im Kosovo und das Versagen der Politik, Baden-Baden 2000.

Machnig, Matthias/Rudolph, Karsten, Die Neuvermessung der SPD, in: Blätter für deutsche und internationale Politik, 12/2009, S. 64–74.

Mackenroth, Geert, Der Rechtsstaat in der Zwickmühle? Zur Balance von Freiheit und Sicherheit, Baden-Baden 2011.

Mackroth, Petra/Ristau, Malte, Die Rückkehr der Familie, in: Berliner Republik. Das Debattenmagazin, 6/2002, abrufbar unter: http://www.b-republik.de/archiv/dierckkehr-der-familie, (Stand: 19. 12. 2012).

Matussek, Matthias: Der Nichtraucher-Präsident, in: Follath, Erich (Hg.), Bill Clinton. Vom Vorbild zum Verlierer?, München 1993, S. 143–181.

Maull, Hanns/Harnisch, Sebastian/Grund, Constantin (Hg.), Deutschland im Abseits? Rot-Grüne Außenpolitik 1998–2003, Baden-Baden 2003.

Maull, Hanns W., Zivilmacht Bundesrepublik Deutschland. Vierzehn Thesen für eine neue deutsche Außenpolitik, in: Europa Archiv, 47/10 (1992), S. 269–278.

Maull, Hanns W., German Foreign Policy, Post-Kosovo: Still a ‹Civilian Power?›, in: German Politics, 9/2 (2000), S. 1–24.

Maull, Hanns W., «Normalisierung» oder Auszehrung? Deutsche Außenpolitik im Wandel, in: Aus Politik und Zeitgeschichte, B 11/2004, S. 17–23.

Mayer, William G., Changes in Elections and the Party System: 1992 in Historical Perspective, in: Jones, Bryan D. (Hg.), The New American Politics. Reflections on Political Change and the Clinton Administration, Boulder/San Francisco/Oxford 1995, S. 19–50.

Mead, Walter Russel, Power, Terror, Peace and War. American's Grand Strategy in a World at Risk, New York 2004.

Meggle, Georg, Ist dieser Krieg gut? Ein ethischer Kommentar, in: Merkel, Reinhard (Hg.), Der Kosovo-Krieg und das Völkerrecht, Frankfurt am Main 2000, S. 138–159.

Meggle, Georg, Humanitäre Interventionsethik. Was lehrt uns der Kosovo-Krieg?, Paderborn 2004.

Meichsner, Sylvia, Zwei unerwartete Laufbahnen. Die Karriereverläufe von Gerhard Schröder und Joschka Fischer im Vergleich, Marburg 2002.

Meiers, Franz-Josef, Zu neuen Ufern? Die deutsche Sicherheits- und Verteidigungspolitik in einer Welt des Wandels 1990–2000, München 2006.

Meimeth, Michael, Deutsche und französische Perspektiven einer gemeinsamen europäischen Sicherheits- und Verteidigungspolitik. Offene Fragen und verdeckte Widersprüche, in: Das Parlament, 3–4/ 2003, S. 21–30.

Meinel, Tania, Zwei Schritte vor, einen zurück ... Migrationspolitik zwischen Emotionalisierung und Aufklärung, in: Heyder, Ulrich/Menzel, Ulrich/Rebe, Bernd (Hg.): Das Land verändert? Rot-grüne Politik zwischen Interessenbalancen und Modernisierungsdynamik, Hamburg 2002, S. 140–151.

Melchers, Konrad, Kleine Wende. Zur Entwicklungspolitik der rot-grünen Bundesregierung, in: INKOTA-Brief. Zum Nord-Süd-Konflikt und zur konziliaren Bewegung, 121/2002, S. 5–7, abrufbar unter: https://www.inkota.de/uploads/tx_ttproducts/datasheet/INKOTA-Brief_121.pdf, (Stand: 31. 10. 2012).

Mende, Silke, «Nicht rechts, nicht links, sondern vorn». Eine Geschichte der Gründungsgrünen, München 2011.

Meng, Richard, Der Medienkanzler. Was bleibt vom System Schröder?, Frankfurt am Main 2002.

Merkel, Wolfgang, Der «Dritte Weg» und der Revisionismusstreit der Sozialdemokratie am Ende des 20. Jahrhunderts, in: Hinrichs, Karl/Kitschelt, Herbert/Wiesenthal, Helmut (Hg.), Kontingenz und Krise. Institutionenpolitik in kapitalistischen und postsozialistischen Gesellschaften, Frankfurt am Main 2000, S. 263–290.

Merkel, Wolfgang, Die dritten Wege der Sozialdemokratie ins 21. Jahrhundert, in: Berliner Journal für Soziologie, 10.1/2000, S. 99–124.

Merkel, Wolfgang/Egle, Christoph/Henkes, Christian/Ostheim, Tobias/Petring, Alexander, Die Reformfähigkeit der Sozialdemokratie. Herausforderungen und Bilanz der Regierungspolitik in Westeuropa, Wiesbaden 2006.

Merkel, Wolfgang/Petring, Alexander, Social Democracy in Power: Explaining the Capacity to Reform, in: Zeitschrift für Vergleichende Politikwissenschaft 1/2007, S. 125–145.

Metzler, Gabriele, Breite Straßen, schmale Pfade. Fünf Wege zur Geschichte der Bundesrepublik, in: Neue Politische Literatur 46/2001, S. 244–267.

Meyer, Bettina, Die Zukunft der Ökologischen Finanzreform, in: Achim Truger (Hg.), Die Zukunft des deutschen Finanzsystems, Marburg 2006, S. 167–200.

Meyer, Thomas, Wie die Sozialdemokratie sich erneuert, in: Neue Gesellschaft, Frankfurter Hefte, 5/1999, S. 453–459.

Meyer, Thomas, Mediokratie. Die Kolonisierung der Politik durch das Mediensystem, Frankfurt am Main 2001.

Meyer, Thomas, Die Agenda 2010 und die soziale Gerechtigkeit, in: Politische Vierteljahresschrift, 45/2 (2004), S. 181–191.

Meyer, Thomas, From Godesberg to Neue Mitte, The New Social Democracy in Germany, in: Gavin Kelly (Hg.), The New European Left, London 1999, S. 20–34.

Meyer, Thomas, Große Visionen in dürftiger Zeit? Ein neues Grundsatzprogramm der Sozialen Demokratie, in: Forschungsjournal Neue Soziale Bewegungen, 17/3 (2004), S. 5–15.

Meyer, Thomas, Laggard Germany: The missing discourse on welfare recalibration, in: Claudio M. Radaelli/Vivien Schmidt (Hg.), Policy Change and Discourse in Europe, London 2005, S. 69–84.

Meyer, Thomas, The New Social Democracy in Germany, in: Giddens, Anthony (Hg.), The Global Third Way Debate, Cambridge 2001, S. 74–85.

Mez, Lutz, Der deutsche Weg zum Ausstieg aus der Atomenergie – im Konsens zu einer Quote für Atomstrom, in: Gourd, Andrea/Noetzel, Thomas (Hg.), Zukunft der Demokratie in Deutschland, Opladen 2001, S. 416–432.

Mez, Lutz, Ökologische Modernisierung und Vorreiterrolle in der Energie- und Umweltpolitik? Eine vorläufige Bilanz, in: Egle, Christoph (Hg.), Das rot-grüne Projekt. Eine Bilanz der Regierung Schröder 1998–2002, Wiesbaden 2002, S. 329–350.

Michels, Reinhold, Otto Schily. Eine Biographe, München 2001.

Miegel, Meinhard, Die deformierte Gesellschaft. Wie die Deutschen ihre Wirklichkeit verdrängen, Berlin 2005, 5. Auflage.

Mielke, Siegfried/Reutter, Werner (Hg.), Länderparlamentarismus in Deutschland, Wiesbaden 2004.

Mischler, Gerd, Tony Blair. Reformer – Premierminister – Glaubenskrieger, Berlin 2005.

Mittler, Günther R., Geschichte im Schatten der Mauer. Die bundesdeutsche Geschichtswissenschaft und die deutsche Frage 1961–1989, Paderborn/München/Wien/Zürich 2012.

Mittler, Günther R., Neue Museen – neue Geschichte?, in: Aus Politik und Zeitgeschichte, B 49/2007, S. 13–20.

Möller, Horst/Wengst, Udo (Hg.), Einführung in die Zeitgeschichte, München 2003.

Mohr, Katrin, Creeping Convergence. Wandel der Arbeitsmarktpolitik in Großbritannien und Deutschland, in: Zeitschrift für Sozialreform, 54/2008 (2), S. 187–207.

Mommsen, Margareta/Nußberger, Angelika, Das System Putin. Gelenkte Demokratie und politische Justiz in Russland, München 2007.

Morlock, Martin, Durchsichtige Taschen oder schwarze Koffer? Die rechtliche Regelung der Parteifinanzen und der Fall der CDU, in: Aus Politik und Zeitung, B 16/2000, S. 6–14.

Mouzelis, Nicos, Reflexive Modernization and the Third Way: The Impasses of Giddens' Social Democratic Politics, in: Sociological Review, 49/2001 (3), S. 436–455.

Müller, Harald, Das transatlantische Risiko – Deutungen des amerikanisch-europäischen Weltordnungskonflikts, in: Aus Politik und Zeitgeschichte, B 3–4/2004, S. 7–17.

Müller, Kay/Walter, Frank, Graue Eminenzen der Macht. Küchenkabinette in der deutschen Kanzlerdemokratie. Von Adenauer bis Schröder, Wiesbaden 2004.

Müller, Klaus, Globalisierung, Frankfurt am Main 2002.

Müller, Marion G., Grundlagen der visuellen Kommunikation. Theorieansätze und Methoden, Konstanz 2003.

Müller-Brandeck-Boscquet, Gisela, Deutsches Leadership in der Europäischen Union. Die Europapolitik der rot-grünen Bundesregierung 1998–2002, in: Dies., u. a. (Hg.), Deutsche Europapolitik von Konrad Adenauer bis Gerhard Schröder, S. 167–220.

Müller-Heidelberg, Till u. a. (Hg): Grundrechte-Report 2004: Zur Lage der Bürger- und Menschenrechte in Deutschland, Frankfurt am Main 2004, S. 155–158.

Münch, Ingo von, Die deutsche Staatsangehörigkeit. Vergangenheit – Gegenwart – Zukunft, Berlin 2007.

Münder, Johannes, Das SGB II. Die Grundsicherung für Arbeitsuchende. In: Neue Juristische Wochenschrift, 45/2004, S. 3209–3214.

Münkler, Herfried, Die Deutschen und ihre Mythen, Berlin 2009.

Münkler, Herfried/Hacke, Jens (Hg.), Wege in die neue Bundesrepublik. Politische Mythen und kollektive Selbstbilder nach 1989, Frankfurt am Main 2009.

Münkler, Herfried, Mitte und Maß. Der Kampf um die richtige Ordnung, Reinbek 2012.

Nachtwey, Oliver, Marktsozialdemokratie. Die Transformation von SPD und Labour Party, Wiesbaden 2009.

Naumann, Klaus, Einsatz ohne Ziel? Die Politikbedürftigkeit des Militärischen, Hamburg 2008.

Naumann, Klaus, Wie strategiefähig ist die deutsche Sicherheitspolitik, in: Aus Politik und Zeitgeschichte, 48/2009, S. 10–17.

Nawrat, Sebastian, Agenda 2010 – ein Überraschungscoup? Kontinuität und Wandel in den wirtschafts- und sozialpolitischen Programmdebatten der SPD seit 1982, Bonn 2012.

Neßhöver, Christoph/Slodczyk, Katharina (Hg.), Wunder, Pleiten und Visionen: ein Streifzug durch 60 Jahre deutsche Wirtschaftsgeschichte, Berlin 2007.

Neumann, Lothar F./Schaper, Klaus, Die Sozialordnung der Bundesrepublik Deutschland, Frankfurt am Main 2008.

Niclauß, Karlheinz, Koalitionen und Kandidaten: Rückblick und Wahleinschätzung 2002, in: Aus Politik und Zeitgeschichte, B 21/2002, S. 32–38.

Niclauß, Karl-Heinz, Kanzlerdemokratie. Regierungsführung von Adenauer bis Schröder, Paderborn 2004.

Niclauß, Karl-Heinz, SPD-Fraktion und Reformpolitik: Wie viel Mitsteuerung war möglich bei der Vorbereitung der Agenda 2010?, in: Zeitschrift für Parlamentsfragen 42/2011, S. 166–185.

Niedermayer, Oskar (Hg.), Die Parteien nach der Bundestagswahl 1998, Opladen 1998.

Niedermayer, Oskar, Die brandenburgische Landtagswahl vom 19. September 2004: Reaktionen der Wähler auf Hartz IV, in: Zeitschrift für Parlamentsfragen, 36/2005, S. 64–80.

Niedermayer, Oskar, Das fluide Fünfparteiensystem nach der Bundestagswahl 2005, in: Ders. (Hg.), Die Parteien nach der Bundestagswahl 2005, Wiesbaden 2008, S. 9–35.

Niedermayer, Oskar, Parteimitglieder in Deutschland. Arbeitshefte aus dem Otto-Stammer-Zentrum Nr. 15, Berlin 2009, abrufbar unter: http://www.polsoz.fuberlin.de/ polwiss/forschung/systeme/empsoz/schriften/Arbeitshefte/ahosz15.pdf, (Stand: 20.11. 2012).

Niethammer, Lutz, Von der Zwangsarbeit im Dritten Reich zur Stiftung «Erinnerung, Verantwortung und Zukunft», in: Jansen, Michael/Saathoff, Günter (Hg.), Gemeinsame Verantwortung und moralische Pflicht. Abschlussbericht zu den Auszahlungsprogrammen der Stiftung «Erinnerung, Verantwortung und Zukunft», Göttingen 2007, S. 13–84.

Nishida, Makoto, Strömungen in den Grünen (1980–2003). Eine Analyse über informellorganisierte Gruppen innerhalb der Grünen, Münster 2005.

Noelle-Neumann, Elisabeth, Die Schweigespirale. Öffentliche Meinung – unsere soziale Haut, Berlin/Frankfurt am Main 1982.

Noelle-Neumann, Elisabeth/Köcher, Renate (Hg.), Allensbacher Jahrbuch für Demoskopie 1998–2002, München 2002.

Nolte, Paul, Die Ordnung der deutschen Gesellschaft. Selbstentwurf und Selbstbeschreibung im 20. Jahrhundert, München 2000.

Nolte, Paul, Generation Reform. Jenseits der blockierten Republik, München 2004.

Nullmeier, Frank, Wissen und Policy-Forschung. Wissenspolitologie und rhetorisch-dialektisches Handlungsmodell, in: Héritier, Adrienne (Hg.), Policy-Analyse. Kritik und Neuorientierung (PVS Sonderheft 24), Opladen 1993. S. 175–196.

Nullmeier, Frank, Sozialpolitik als Marktregulative Politik, in: Zeitschrift für Sozialreform, 47/2001 (6), S. 645–668.

Nullmeier, Frank, Der Diskurs der Generationengerechtigkeit in Wissenschaft und Politik, in: Burmeister, Kai/Böhning, Björn (Hg.), Generationen und Gerechtigkeit, Hamburg 2004, S. 62–75.

Nullmeier, Frank, Vermarktlichung des Sozialstaats, in: WSI-Mitteilungen, 57/2004 (9), S. 495–500.

Nullmeier, Frank, Personal Responsibility and its Contradiction in Terms, in: German Policy Studies 3/2006 (3), S. 386–399.

Nullmeier, Frank, Die Agenda 2010. Ein Reformpaket und sein kommunikatives Versagen, in: Fischer, Thomas/Kießling, Andreas/Novy, Leonard (Hg.), Politische Reformprozesse in der Analyse – Untersuchungssystematik und Fallbeispiele, Gütersloh 2008, S. 145–190.

Nullmeier, Frank/Köppe, Stephan/Friedrich, Jonas, Legitimationen der Sozialpolitik, in: Obinger, Herbert/Rieger, Elmar (Hg.), Wohlfahrtsstaatlichkeit in entwickelten Demokratien. Herausforderungen, Reformen und Perspektiven, Frankfurt am Main 2009, S. 151–190.

Oberndörfer, Dieter, Leitkultur und Berliner Republik, Die Hausordnung der multikulturellen Gesellschaft in Deutschland ist das Grundgesetz, in: Aus Politik und Zeitgeschichte, B1–2/2001, S. 27–30.

Oberreuter, Heinrich (Hg.), Der versäumte Wechsel. Eine Bilanz des Wahljahres 2002, München 2004.

Oschmiansky, Heidi, Der Wandel der Erwerbsformen und der Beitrag der Hartz-Reformen: Berlin und die Bundesrepublik Deutschland im Vergleich. WZB discussion paper 104/2007, abrufbar unter: http://bibliothek.wzb.eu/pdf/2007/i07-104.pdf, (Stand: 20.11.2012).

Osterhammel, Jürgen, Geschichte der Globalisierung. Dimensionen, Prozesse, Epochen, München 2003.

Ostermann, Hanna, «Rotten at the Core»? The Higher Education Debate in Germany, in: German Politics, 11/1 (2002), S. 43–60.

Ostheim, Tobias/Schmidt, Manfred G./Siegel, Nico A./Zohlnhöfer, Reimut (Hg.), Der Wohlfahrtsstaat. Eine Einführung in den historischen und internationalen Vergleich, Wiesbaden 2007.

Otto, Christian, Die Grünen und der Pazifismus, Marburg 2011.

Overhaus, Marco, German Foreign Policy and the Shadow of the Past, SAIS Review, 25/2 (2005), S. 27–41.

Overhaus, Marco, Die deutsche NATO-Politik. Vom Ende des Kalten Krieges bis zum Kampf gegen den Terrorismus, Baden-Baden 2009.

Palmer, Christoph-E., «Entgrenzte» Kulturpolitik. Die Idee der Bundeskulturstiftung, in: Politische Meinung, 389/2002, S. 49–53.

Paquet, Robert, Der «vorsorgende Sozialstaat» beginnt mit dem Abschied von der Sozialversicherung. Zur aktuellen Gesundheitsreform – Versuch einer Einordnung, in: Sozialer Fortschritt, 9–10/2007, S. 263–269.

Patel, Kiran Klaus, Zeitgeschichte im digitalen Zeitalter, in: Vierteljahrshefte für Zeitgeschichte, 3/2011, S. 331–351.

Pauly, Mark V.,The Economics of Moral Hazard. Comment, in: The American Economic Review, 58/1968 (3). S. 531–537.

Pautz, Hartwig, Die deutsche Leitkultur. Eine Identitätsdebatte. Neue Rechte, Neorassismus und Normalisierungsbemühungen, Stuttgart 2005.

Peter, Horst/Lomb, Mathias, Mit Programm und Glaubwürdigkeit Wahlen gewinnen – Die Landtagswahlen in Hessen 2008 und 2009, in: Geiling, Heiko (Hg.), Die Krise der SPD. Autoritäre oder partizipatorische Demokratie, Berlin 2009, S. 197–230.

Petring, Alexander/Henkes, Christian/Egle, Christoph, Traditionelle, modernisierte und liberalisierte Sozialdemokratie: Eine Typologie sozialdemokratischer Regierungspolitik in Westeuropa, in: Swiss Political Science Review, 13/2007 (1), S. 97–134.

Pfaff, Victor, «Wirt eine Maus daraus» – Das Zuwanderungsgesetzt, in: Kommune 4/2004, S. 38–42.

Pfaller, Alfred, Ökosteuern in Europa, Die politökonomischen Parameter der Umweltsteuerdebatte in Europa, in: Friedrich-Ebert-Stiftung, Internationale Politikanalyse, Berlin 2010.

Pierson, Paul, Dismantling the Welfare State? Reagan, Thatcher and the Politics of Retrenchment. Cambridge 1994.

Pierson, Paul, The New Politics of the Welfare State, in: World Politics, 48/1996 (2). S. 143–179.

Pilz, Frank, Der Sozialstaat. Ausbau – Kontroversen – Umbau, Bonn 2009.

PISA 2000. Die Studie im Überblick. Grundlagen, Methoden und Ergebnisse, Max-Planck-Institut für Bildungsforschung, abrufbar unter: http://www.mpib-berlin.mpg.de/Pisa/PISA_im_Ueberblick.pdf, (Stand: 27. 8. 2012).

Pluschke, Ulrike, Kunstsponsoring. Vertragsrechtliche Aspekte, Berlin 2005.

Offe, Claus, Institutional Design, in: Clarke, Paul Barry/Foweraker, Joe (Hg.), Encyclopedia of Democratic Thought, London 2001, S. 363–369.

Overhaus, Marco, Die deutsche NATO-Politik. Vom Ende des Kalten Krieges bis zum Kampf gegen den Terrorismus, Baden-Baden 2009.

Pfetsch, Barbara, «Amerikanisierung» der politischen Kommunikation. Politik und Medien in Deutschland unter den USA, in: Aus Politik und Zeitgeschichte, B 41–42/2001, S. 27–36.

Pickel, Gert/Walz, Dieter/Brunner, Wolfram (Hg.), Deutschland nach den Wahlen. Befunde zur Bundestagswahl 1998 und zur Zukunft des deutschen Parteiensystems, Opladen 2000.

Pohlmann, Markus, Die Entwicklung des Kapitalismus in Ostasien und die Lehren aus der asiatischen Finanzkrise, in: Leviathan, 32/2004, S. 360–381.

Prantl, Heribert, Frieden schaffen – mit aller Gewalt. Wohin ist der deutsche Pazifismus entschwunden?, abrufbar unter: http://www.muenster.org/frieden/prantl.htm, (Stand 3. 3. 2012).

Prantl, Heribert, Sind wir noch zu retten? Anstiftung zum Widerstand gegen eine gefährliche Politik, München/Wien 1998.

Prantl, Heribert, Rot-Grün: eine erste Bilanz, Hamburg 1999.

Prantl, Heribert, Verdächtig – Der starke Staat und die Politik der inneren Unsicherheit, Hamburg 2002.

Ragnitz, Joachim, Zwanzig Jahre «Aufbau Ost»: Erfolge und Misserfolge, unter: http://www.bpb.de/themen/82MZ29,0,0,Zwanzig_Jahre_Aufbau_Ost%3A_Erfolge_und_Misserfolge.html, (Stand: 6. 6. 2012).

Rahr, Alexander G., Schröders Russland-Politik, in: Internationale Politik, 59/2004, S. 91–94.

Raith, Michael, Der rot-grüne Beitrag zur Konfliktregulierung in Südosteuropa: Eine rollen- und zivilmachttheoretische Untersuchung der deutschen Kosovo- und Mazedonienpolitik, Baden-Baden 2006.

Raschke, Joachim/Heinrich, Gudrun, Die Grünen. Wie sie wurden, was sie sind, Köln 1993.

Raschke, Joachim, Die Zukunft der Grünen, Frankfurt am Main 2001.

Raschke, Joachim, Sind die Grünen regierungsfähig? Die Selbstblockade einer Regierungspartei, in: Aus Politik und Zeitgeschichte, B 10/2001, S. 20–28.

Raschke, Joachim, Zwei Lager, drei Mehrheiten und der regierende Zufall. Zur Einordnung der Bundestagswahl 2002, in: Forschungsjournal Neue Soziale Bewegungen, 16/2003 (1), S. 14–24.

Raschke, Joachim, Rot-grüne Zwischenbilanz, in: Aus Politik und Zeitgeschichte, B 40/2004, S. 25–31.

Raschke, Joachim/Tils, Ralf, Politische Strategie. Eine Grundlegung, Wiesbaden 2007.

Raschke, Joachim/Tils, Ralf (Hg.), Strategie in der Politikwissenschaft. Konturen eines neuen Forschungsfelds, Wiesbaden 2010.

Rathfelder, Erich, Kosovo. Geschichte eines Konflikts, Berlin 2010.

Reaktionen der Wähler auf Hartz IV, in: Zeitschrift für Parlamentsfragen, 36/2005, 1., S. 64–80.

Reeb, Hans-Joachim, Die «neue» Bundeswehr, in: Aus Politik und Zeitgeschichte, 48/2009, S. 17–23.

Reese-Schäfer, Walter, Kommunitarismus, Frankfurt am Main 2001, 3. Auflage.

Rein, Martin/Schön, Donald A, Frame reflective policy discourse, in: Wagner, Peter/Weiss, Carol H./Wittrock, Björn/Wollmann, Hellmut (Hrsg.), Social Sciences and Modern States: National Experiences and Theoretical Crossroads, Cambridge 1991, S. 262–289.

Reinecke, Stefan, Otto Schily. Vom RAF-Anwalt zum Innenminister. Biographie, Hamburg 2003.

Reiners, Hartmut, Mythen der Gesundheitspolitik, Bern 2009.

Reinhardt, Max, Parteiflügelkämpfe seit der Bundestagswahl 2002 – Der Kampf um die Macht in der SPD, in: Geiling, Heiko (Hg.), Die Krise der SPD. Autoritäre oder partizipatorische Demokratie, Berlin 2009, S. 53–112.

Rentoul, John, Tony Blair, London 1995.

Reulecke, Jürgen (Hg.), Generationalität und Lebensgeschichte im 20. Jahrhundert, München 2003.

Reutter, Werner, Das Bündnis für Arbeit, Ausbildung und Wettbewerbsfähigkeit, in: Gohr, Antonia/Seeleib-Kaiser, Martin (Hg.), Sozial- und Wirtschaftspolitik unter Rot-Grün, Wiesbaden 2003, S. 289–305.

Rhodes, Rod A. W., Introducing the Core Executive, in: Ders./Dunleavy, Patrick (Hg.), Prime Minister, Cabinet and Core Executive, Houndmills 1995, S. 1–8.

Ribbe, Lutz, Die Wende in der Landwirtschaft, in: Aus Politik und Zeitgeschichte, 24/2001, S. 30–38.

Ricks, Thomas, Fiasco. The American Military Adventure in Iraq 2003–2005, New York 2006.

Richter, Stephan-Götz, Clinton. Was Amerika und Europa erwartet, Bonn/Berlin 1992.

Rieger, Günter, Kommunitarismus, in: Nohlen, Dieter/Schultze, Rainer-Olaf (Hg.), Lexikon der Politikwissenschaft. Bd 1., München 2004, 2. Auflage.

Risse, Thomas, Die neue Weltordnung: US-amerikanische Hypermacht – europäische Ohnmacht, in: Welt Trends, Nr. 39/2003, S. 110–119.

Risse, Thomas, Kontinuität durch Wandel, Eine «neue» deutsche Außenpolitik?, in: Aus Politik und Zeitgeschichte, 11/2004, S. 24–31.

Rittberger, Volker (Hg.), German foreign policy since unification, New York 2001.

Ritter, Gerhard A., Über Deutschland. Die Bundesrepublik in der deutschen Geschichte, München 1998.

Ritter, Gerhard A., Der Preis der Deutschen Einheit. Die Wiedervereinigung und die Krise des Sozialstaats, München 2006.

Röbke, Thomas/Wagner, Bernd (Hg.), Jahrbuch für Kulturpolitik 2001. Thema: Kulturföderalismus, Essen 2002.

Rödder, Andreas (Hg.), Alte Werte – neue Werte. Schlaglichter des Wertewandels, Göttingen 2008.

Rödder, Andreas, Deutschland einig Vaterland. Die Geschichte der Wiedervereinigung, München 2009.

Rödder, Andreas (Hg.), Deutschland in der Welt. Weichenstellungen in der Geschichte der Bundesrepublik, Göttingen 2010.

Rödder, Andreas, Die Bundesrepublik Deutschland 1969–1990, München 2004.

Roell, Peter, Deutschlands Beitrag zur internationalen Terrorismusbekämpfung, in: Hirschmann, Kai/Leggemann, Christian (Hg.), Der Kampf gegen den Terrorismus. Strategien und Handlungserfordernisse in Deutschland, Berlin 2003, S. 125–142.

Roth, Dieter/Jung, Matthias, Ablösung der Regierung vertagt: Eine Analyse der Bundestagswahl 2002, in: Aus Politik und Zeitgeschichte, 49–50/2002, S. 3–17.

Rothfels, Hans, Zeitgeschichte als Aufgabe, in: Vierteljahrshefte für Zeitgeschichte, 1/1953, Heft 1, S. 1–8.

Rowley, Charles K./Schneider, Friedrich (Hg.), The Encyclopedia of Public Choice, Bd. 2, New York/Boston/Dordrecht/London/Moscow 2003.

Roxin, Claus, Der Abschuss gekaperter Flugzeuge zur Rettung von Menschenleben, in: Zeitschrift für internationale Strafrechtsdogmatik, 6/2011, S. 552–563.

Rüb, Friedbert W., Vom Wohlfahrtsstaat zum «manageriellen Staat»? Zum Wandel des

Verhältnisses von Markt und Staat in der deutschen Sozialpolitik, in: Czada, Roland/Zintl, Reinhard (Hg.), Politik und Markt. PVS Sonderheft 34, Wiesbaden 2003, S. 256–299.
Rubin, James P., Stumbling into War, in: Foreign affairs, Vol. 82/2003, No. 5, S. 46–66.
Roth, Roland/Rucht, Dieter (Hg.), Neue soziale Bewegungen in der Bundesrepublik Deutschland, Frankfurt am Main 1987.
Rudolf, Peter, Imperiale Illusionen. Amerikanische Außenpolitik unter Präsident George W. Bush, Baden-Baden 2007.
Rupp, Hans Karl (Hg.), Politik nach Auschwitz. Ausgangspunkt, Konflikte, Konsens. Ein Essay zur Geschichte der Bundesrepublik, Münster 2005.
Rürup, Bert/Heilmann, Dirk, Fette Jahre. Warum Deutschland eine glänzende Zukunft hat, München 2012.
Sabrow, Martin (Hg.), 1990 – eine Epochenzäsur?, Leipzig 2006.
Sabrow, Martin/Eckert, Rainer/Flacke, Monika/Henke, Klaus-Dietmar/Jahn, Roland (Hg.), Wohin treibt die DDR-Erinnerung? Dokumentation einer Debatte, Göttingen 2007.
Sabrow, Martin (Hg.), Mythos «1968», Leipzig 2009.
Sabrow, Martin/Zündorf, Irmgard (Hg.), Wohin treibt die DDR-Erinnerung? Dokumentation einer Debatte, Göttingen 2007.
Sabrow, Martin (Hg.), Erinnerungsorte der DDR, München 2009.
Schäfer, Ulrich, Der Angriff. Wie der islamistische Terror unseren Wohlstand sprengt, Frankfurt am Main/New York 2011.
Scharpf, Fritz W., Die Politikverflechtungs-Falle: Europäische Integration und deutscher Föderalismus im Vergleich, in: Politische Vierteljahresschrift, 4/1985, S. 323–356.
Scherrer, Christoph/Kunze, Karen, Globalisierung, Göttingen 2011.
Schild, Joachim, Ein Sieg der Angst – das gescheiterte französische Verfassungsreferendum, in: Integration, 28/2005, S. 187–200.
Schildt, Axel, Ankunft im Westen. Ein Essay zur Erfolgsgeschichte der Bundesrepublik, Frankfurt am Main 1999.
Schildt, Axel, Zeitgeschichte der Berliner Republik, in: Aus Politik und Zeitgeschichte, B 1–3/2012, S. 3–8.
Schildt, Axel/Siegfried, Detlef/Lammers, Karl Christian (Hg.), Dynamische Zeiten. Die 60er Jahre in den beiden deutschen Gesellschaften, Hamburg 2000.
Schildt, Axel/Siegfried, Detlef, Deutsche Kulturgeschichte. Die Bundesrepublik von 1945 bis zur Gegenwart, München 2009.
Schirrmacher, Frank (Hg.), Die Walser-Bubis-Debatte. Eine Dokumentation, Frankfurt am Main 1999.
Schmähl, Winfried, «Generationengerechtigkeit» als Begründung für eine Strategie «nachhaltiger» Alterssicherung in Deutschland, in: Ders. (Hg.), Soziale Sicherung. Ökonomische Analysen, Wiesbaden 2009, S. 401–413.
Schmid, Günther/Kaase, Max (Hg.), Eine lernende Demokratie. 50 Jahre Bundesrepublik Deutschland, Berlin 1999.
Schmid, Günther, Moderne Dienstleistungen am Arbeitsmarkt. Strategie und Vorschläge der Hartz-Kommission, in: Aus Politik und Zeitgeschichte, B 06–07/2003, S. 3–6.
Schmid, Thomas (Hg.), Krieg im Kosovo, Reinbek bei Hamburg 1999.
Schmidt, Christian, Rot-Grün vernachlässigt die transatlantische Sicherheitspolitik, in: Politische Studien: Zweimonatszeitschrift für Politik und Zeitgeschehen, Sonderheft,

H. 4: Die USA und Europa: Die atlantische Gemeinschaft im Spannungsfeld neuer Herausforderungen, Jg. 51/2000, S. 104–107.

Schmidt, Manfred G., Die sozialpolitischen Nachzüglerstaaten und die Theorien der vergleichenden Staatstätigkeitsforschung, in: Obinger, Herbert von/Wagschal, Uwe (Hg.), Der gezügelte Wohlfahrtsstaat. Sozialpolitik in reichen Industrienationen, Frankfurt am Main 2000, S. 22–36.

Schmidt, Manfred G., Warum Mittelmaß? Deutschlands Bildungsausgaben im internationalen Vergleich, in: Politische Vierteljahresschrift, 43/2002, S. 3–19.

Schmidt, Manfred G., Sozialpolitik in Deutschland. Historische Entwicklung und internationaler Vergleich, Wiesbaden 2005.

Schmidt, Manfred G., Der deutsche Sozialstaat. Geschichte und Gegenwart, München 2012.

Schmitt-Beck, Rüdiger: Ein Sieg der «Kampa»? Politische Symbolik in der Wahlkampagne der SPD und ihre Resonanz in der Wählerschaft, in: Klingenmann, Hans-Dieter/Kasse, Max (Hg.), Wahlen und Wähler. Analysen aus der Bundestagswahl 1998, Wiesbaden 2001, S. 133–161.

Schmoldt, Hubertus, Die SPD soll die Nerven behalten, in: Neue Gesellschaft/Frankfurter Hefte 10/2008, S. 25–27.

Schmuck-Soldan, Steffen, Der Pazifismus bei Bündnis 90/Die Grünen. Entwicklung und Stellenwert einer außenpolitischen Ideologie 1990–2000, Dissertation, Berlin 2004.

Schneehain, Alexander W., Der Atomausstieg. Eine Analyse aus verfassungs- und verwaltungsrechtlicher Sicht, Göttingen 2005.

Schöllgen, Gregor, Deutsche Außenpolitik in der Ära Schröder, in: Aus Politik und Zeitgeschichte, 32–33/2005, S. 3–8.

Schöllgen, Gregor, Geschichte der Weltpolitik von Hitler zu Gorbatschow 1941–1991, München 1996.

Schoen, Harald/Falter, Jürgen W., Die Linkspartei und ihre Wähler, in: Aus Politik und Zeitgeschichte, 51–52/2005, S. 33–40.

Schönwalder, Karen, Clinton – Blair – Schröder. Bessere Zeiten für die neuen Sozialdemokraten?, in: Unger, Frank/Wehr, Andreas/Schönwalder, Karen (Hg.), New Democrats. New Labour Neue Sozialdemokraten, Berlin 1998, S. 7–10.

Schramm, Julia, Nationale Identität und rot-grüne Außenpolitik: Der Kosovo-Konflikt, Magisterarbeit, Bonn.

Schreiber, Jürgen, Meine Jahre mit Joschka. Nachrichten von fetten und mageren Zeiten, Berlin 2007.

Schröder, Florian, Das parlamentarische Zustimmungsverfahren zum Auslandseinsatz der Bundeswehr in der Praxis, Köln/Berlin/München 2005.

Schröder, Klaus Albrecht (Hg.), Neo Rauch: Arbeiten auf Papier 2003–2004, Wien 2004.

Schröder, Klaus, Soziales Paradies oder Stasi-Staat? Das DDR-Bild von Schülern – Ein Ost-West-Vergleich, München 2008.

Schröder, Wolfgang/Esser, Josef, Modell Deutschland. Von der konzertierten Aktion zum Bündnis für Arbeit, in: Aus Politik und Zeitgeschichte, B37/1999, S. 3–12.

Schroeder, Wolfgang, «Konzertierte Aktion» und «Bündnis für Arbeit»: Zwei Varianten des deutschen Korporatismus, in: Zimmer, Anette/Wessels, Bernhard (Hg.), Verbände und Demokratie in Deutschland, Opladen 2001, S. 29–54.

Schroeder, Wolfgang, Die hessische SPD: Zwischen Machtanspruch und innerparteilicher Zerrissenheit, in: Geiling, Heiko (Hg.), Die Krise der SPD. Autoritäre oder partizipatorische Demokratie, Berlin 2009.

Schubert, Klaus/Hegelich, Simon/Bazant, Ursula (Hg.), Europäische Wohlfahrtssysteme. Ein Handbuch, Wiesbaden 2008.

Schulz, Peter, Der Kosovokonflikt unter besonderer Berücksichtigung der deutschen Rolle, Hamburg 2008.

Schulz, Winfried, Wahlkampf unter Vielkanalbedingungen. Kampagnenmanagement, Informationsnutzung und Wählerverhalten, in: Media Perspektiven, 8/1998, S. 378–391.

Schütz, Holger/Oschmiansky, Frank, Arbeitsamt war gestern. Neuausrichtung der Vermittlungsprozesse in der Bundesagentur für Arbeit nach den Hartz-Gesetzen, in: Zeitschrift für Sozialreform, 52/2006, S. 5–28.

Schwab-Trapp, Michael, Kriegsdiskurse. Die politische Kultur des Krieges im Wandel 1991–1999, Opladen 2002.

Schwab-Trapp, Michael, Methodische Aspekte der Diskursanalyse. Probleme der Analyse diskursiver Auseinandersetzungen am Beispiel der deutschen Diskussion über den Kosovokrieg, Wiesbaden 2010.

Schwarz, Hans-Peter, Die gezähmten Deutschen. Von der Machtbesessenheit zur Machtvergessenheit, Stuttgart 1985.

Schwarz, Hans-Peter, Helmut Kohl. Eine politische Biografie, München 2012.

Schwarz, Hans-Peter, Republik ohne Kompass. Anmerkungen zur deutschen Außenpolitik, Berlin 2005.

Schweitzer, Christine, Krieg und Vertreibung im Kosovo – Ist die NATO Brandstifter oder Feuerwehr?, in: Arbeitspapier des Instituts für Friedensarbeit und Gewaltfreie Konfliktaustragung (IFGK), Friedensgutachten Nr. 11/1999, S. 319–323.

Schwerk, Julia, Der inneradminstrative Konflikt um die Entscheidung der amerikanischen Regierung für den Irakkrieg, in: Jäger, Thomas/Viehrig, Henrike (Hg.), Die amerikanische Regierung gegen die Weltöffentlichkeit? Theoretische und empirische Analysen der Public Diplomacy zum Irakkrieg, Wiesbaden 2008, S. 109–134.

Sedlmayr, Sebastian, Die aktive Außen- und Sicherheitspolitik der rot-grünen Bundesregierung: 1998 – 2005, Wiesbaden 2008.

Seeleib-Kaiser, Martin, Neubeginn oder Ende der Sozialdemokratie? Eine Untersuchung zur programmatischen Reform sozialdemokratischer Parteien und ihrer Auswirkung auf die Parteiendifferenzthese, in: Politische Vierteljahresschrift 3/2002, S. 478–496.

Seeleib-Kaiser, Martin, Reframing Social Policy: From Conservatism to Liberal Communitarianism, in: German Policy Studies, 4/2008 (2), S. 67–100.

Seidelmann, Reimund, Deutsche Außenpolitik nach der Bundestagswahl, in: Neue Gesellschaft – Frankfurter Hefte, Heft 10/1998, S. 877–883.

Seifert, Hartmut, Was bringen die Hartz-Gesetze?, in: Aus Politik und Zeitgeschichte, 16/2005, S. 17–24.

Sesselmeier, Werner, Die demographische Herausforderung der Alterssicherung, in: Aus Politik und Zeitgeschichte, 8–9/2006, S. 25–31.

Sheehan, James J., Kontinent der Gewalt. Europas langer Weg zum Frieden, München 2008.

Siebeck, Cornelia, Inszenierung von Geschichte in der «Berliner Republik». Der Umgang mit dem historisch-symbolischen Raum zwischen Reichstagsgebäude und Schlossplatz nach 1989, in: Werkstatt Geschichte, 33/2002, S. 45–58.

Siebold, Angela, ZwischenGrenzen. Die Geschichte des Schengen-Raums aus deutschen, französischen und polnischen Perspektiven, Paderborn 2013 [in Druck].

Siefken, Sven T.: Regieren die Kommissionen? Eine Bilanz der rot-grünen Bundesregierungen 1998–2005, in: Zeitschrift für Parlamentsfragen, 37/2006, S. 559–581.

Siefken, Sven T., Expertenkommissionen im politischen Prozess: Eine Bilanz zur rot-grünen Bundesregierung 1998–2005, Wiesbaden 2007.
Sinn, Hans-Werner, Ist Deutschland noch zu retten?, Berlin 2004, 8. Auflage.
Sontheimer, Kurt, So war Deutschland nie. Anmerkungen zur politischen Kultur der Bundesrepublik, München 1999.
Sontheimer, Michael, Berlin, Berlin. Der Umzug in die Hauptstadt, Hamburg 1999.
Spier, Tim/Butzlaff, Felix/Micus, Matthias/Walter, Franz (Hg.), Die Linkspartei – Zeitgemäße Idee oder Bündnis ohne Zukunft?, Wiesbaden 2007.
Spiliotis, Susanne-Sophia, Verantwortung und Rechtsfrieden. Die Stiftungsinitiative der deutschen Wirtschaft, Frankfurt am Main 2003.
Stabenow, Michael, Der Straßburger Konflikt als Lehrstück für Europa, in: Giering, Claus/Janning, Josef/Merkel, Wolfgang u. a. (Hg.), Demokratie und Interessenausgleich in der Europäischen Union, Gütersloh 1999.
Stadtverwaltung Bitburg, Der Besuch. Dokumentation über den Besuch des amerikanischen Präsidenten Ronald W. Reagan und des deutschen Bundeskanzlers Helmut Kohl am 5. Mai 1985 in Bitburg, Bitburg 1986.
Stahl, Bernhard/Harnisch, Sebastian, Vergleichende Außenpolitikforschung und nationale Identitäten. Die Europäische Union im Kosovo-Konflikt 1996–2008, Baden-Baden 2009.
Stavginski, Hans-Georg, Das Holocaust-Denkmal. Der Streit um das «Denkmal für die ermordeten Juden Europas» in Berlin (1988–1999), Paderborn 2002.
Stephan, Gunter/Müller-Fürstenberg, Georg/Herbst, Stephan, Energie, Mobilität und Wirtschaft, Heidelberg 2003.
Stegherr, Marc, Abschied von der «Wiege des Serbentums»? Das Kosovo in Kultur und Politik Serbiens, Klagenfurt/Celovec 2011.
Steinberg, Guido, Der nahe und der ferne Feind. Die Netzwerke des Islamischen Terrorismus, München 2005.
Steingart, Garbor, Deutschland. Der Abstieg eines Superstars, München 2005.
Steinweis, Alan E., Die Auschwitz-Analogie: Die Erinnerungskultur des Holocaust und die außenpolitischen Debatten in den USA während der 1990er Jahre, in: Berg, Manfred/Gassert, Philipp (Hg.), Deutschland und die USA in der Internationalen Geschichte des 20. Jahrhunderts, Stuttgart 2004, S. 542–558.
Stellungnahme der Aktion Courage zum Terrorismusbekämpfungsgesetz, Berlin, 26. 11. 2001, abrufbar unter: http://www.cilip.de/terror/courage.htm, (Stand: 28. 11. 2012).
Stellungnahme von Amnesty International zum Terrorismusbekämpfungsgesetz, Berlin, 28. 11. 2001, abrufbar unter: http://www.cilip.de/terror/amnesty.htm, (Stand: 28. 11. 2012).
Stenger, Michael, «Tödliche Fehleinschätzung. Kein Asyl, Warum Flüchtlinge aus dem Kosovo bis zuletzt abgeschoben wurden», in: Schmid, Thomas (Hg.), Krieg im Kosovo, Hamburg 1999, S. 141–156.
Stettner, Cornelis, Das strategische Konzept für den grünen Bundestagswahlkampf 2002, in: Forschungsjournal Neue Soziale Bewegungen (2003), S. 55–61.
Stockholmer Erklärung des Internationalen Forums über den Holocaust vom 28. Januar 2000 (Wortlaut; Original in englischer Sprache veröffentlicht), in: Blätter für deutsche und internationale Politik, 3/2000, S. 375.
Stolz-Willig, Brigitte, Rot-grüne Familienpolitik. Richtige Ansätze, wenig Entschlossenheit, in: Vorgänge: Zeitschrift für Bürgerrechte und Gesellschaftspolitik, H. H. 1 157 Rot/Grün – eine Bilanz, Jg. 41/2002, S. 98–105.

Streeck, Wolfgang, Internationale Wirtschaft, nationale Demokratie?, in: Ders (Hg.), Internationale Wirtschaft, nationale Demokratie. Herausforderungen für die Demokratietheorie, Frankfurt am Main 1998.

Streeck, Wolfgang, No Longer the Century of Corporatism. Das Ende des «Bündnisses für Arbeit», in: Max Planck Institut für Gesellschaftsforschung, Working Paper, 03/4, Mai 2003, abrufbar unter: http://www.mpifg.de/pu/workpap/wp03-4/wp03-4.html, (Stand: 15.11.2012).

Stümke, Volker, Der Kosovokrieg als Anwendungsfall einer Politischen Ethik für das 21. Jahrhundert, Würzburg 2001.

Sturm, Roland, Rückblick auf sechs Jahre Rot-Grün. Die Auswirkungen rot-grüner Regierungsarbeit auf das Parteiensystem, in: Hans Zehetmair (Hg.), Das deutsche Parteiensystem: Perspektiven für das 21. Jahrhundert, Wiesbaden 2004. S. 45–57.

Stürmer, Michael, Das Ende des Wunschdenkens rot-grüner Außenpolitik, in: Politische Studien: Zweimonatszeitschrift für Politik und Zeitgeschehen, Sonderheft, H. 4: Die USA und Europa: die atlantische Gemeinschaft im Spannungsfeld neuer Herausforderungen, Jg. 51/2000, S. 108–113.

Süß, Werner (Hg.), Deutschland in den neunziger Jahren. Politik und Gesellschaft zwischen Wiedervereinigung und Globalisierung, Opladen 2002.

Szabo, Stephen F., Parting Ways: The Crisis in German-American Relations, Washington, D.C. 2004.

Szabo, Stephen F., Vereinigte Staaten von Amerika, in: Hellmann, Gunther/Schmidt, Siegmar/Wolf, Reinhard (Hg.), Handbuch zur deutschen Außenpolitik, 2007, S. 353–366.

Szukala, Andrea/Jäger, Thomas, Neue Konzepte für neue Konflikte. Deutsche Außenpolitik und internationales Krisenmanagement, in: Vorgänge: Zeitschrift für Bürgerrechte und Gesellschaftspolitik, H. H. 1 157 Rot/Grün – eine Bilanz, Jg. 41/2002, S. 70–80.

Talshir, Gayil, A threefold ideological analysis of Die Gruene: from ecologized socialism to political liberalism?, in: Journal of political ideologies, 8/2 (2003), S. 157–184.

Teufel, Dieter, Ökosteuern als marktwirtschaftliches Instrument im Umweltschutz, Vorschläge für eine ökologische Steuerreform, Umwelt- und Prognose Institut-Bericht 9, Heidelberg 1989.

Tewes, Henning, Rot-Grün und die Osterweiterung der Europäischen Union, in: Maull, Hanns W./Harnisch, Sebastian/Grund, Constantin (Hg.), Deutschland im Abseits? Rot-grüne Außenpolitik 1998–2003, Baden-Baden 2003, S. 79–90.

Themenheft «1968 ist Geschichte», in: Aus Politik und Zeitgeschichte, B22–23/2001.

Themenheft «Bundestagswahl 2002», in: Aus Politik und Zeitgeschichte, B 49–50/2002.

Themenheft «Bundestagswahl 2005», in: Aus Politik und Zeitgeschichte, 32–33/2005.

Themenheft «Bundeswehr», in: Aus Politik und Zeitgeschichte, 48/2009.

Theveßen, Elmar, Nine Eleven. Der Tag, der die Welt veränderte, Berlin 2011.

Thieme, Tom, Die Arbeitsmarktreform Hartz IV – Eine Zwischenbilanz, in: Winand Gellner/Martin Reichinger (Hg.), PIN – Politik im Netz – Jahrbuch 2006: Die neuen deutsch-amerikanischen Beziehungen; nationale Befindlichkeiten zwischen supranationalen Visionen und internationalen Realitäten, Baden-Baden 2007, S. 65–72.

Thörmer, Heinz, Kampa '98 – Zweierlei Wahlkampf? In: Neue Gesellschaft -Frankfurter Hefte, Heft 5/1999, S. 409–414.

Thränert, Oliver, Die Reform der Bundeswehr: Die Debatte bei den Regierungsparteien SPD und Bündnis 90/Die Grünen, in: Aus Politik und Zeitgeschichte, B 43/2000, S. 24–33.

Tibi, Bassam, Europa ohne Identität? Die Krise der multikulturellen Gesellschaft, München 1998.

Tiemann, Heinrich, Rot-Grün und Gewerkschaften. Altes Bündnis oder Ende einer Partnerschaft?, in: Forschungsjournal Neue Soziale Bewegungen, H. 2: Ohne sie zieht die neue Zeit: Gewerkschaften in der Sackgasse, Jg. 15/2002, S. 40–48.

Trampusch, Christine, Sozialpolitik in Post-Hartz Germany, in: WeltTrends 47/2005, S. 77–90.

Trampusch, Christine, Der erschöpfte Sozialstaat. Transformation eines Politikfeldes, Frankfurt am Main, 2009.

Troebst, Stefan, Postkommunistische Erinnerungskulturen im östlichen Europa. Bestandsaufnahme, Kategorisierung, Periodisierung, Wrocław 2005.

Trotha, Trutz von, Soziologie der Gewalt, Opladen 1997.

Tyler, Tom R., Psychological Perspectives on Legitimacy and Legitimation, in: Annual Review of Psychology, 57/2006, S. 375–400.

Ullrich, Sebastian, Der Weimar-Komplex. Das Scheitern der ersten deutschen Demokratie und die politische Kultur der frühen Bundesrepublik, Göttingen 2009.

Ullrich, Wolfgang (Hg.), Macht zeigen. Kunst als Herrschaftsstrategie. Ausstellung der Stiftung Deutsches Historisches Museum, Berlin 2010.

Unger, Frank/Wehr, Andreas, Links neu durchdenken, in: Unger, Frank/Wehr, Andreas/Schönwalder, Karen (Hg.), New Democrats. New Labour Neue Sozialdemokraten, Berlin 1998, S. 179–189.

Ursprung, Philip, Die Kunst der Gegenwart. 1960 bis heute, München 2010.

Varwick, Johannes/Knelangen, Wilhelm (Hg.), Neues Europa – Alte EU? Fragen an den europäischen Integrationsprozess, Opladen 2004.

Vester, Michael, Zwischen Innovation und Gerechtigkeit. Die Vertrauenskrise der Sozialdemokratie und die Schieflagen sozialer Gerechtigkeit, in: Sozialwissenschaftliche Literaturrundschau 50/2005, S. 55–71.

Vester, Michael/Geiling, Heiko, Soziales Kapital und Wählerverhalten – Die Krise einer Volks- und Mitgliederpartei, in: Geiling, Heiko (Hg.), Die Krise der SPD. Autoritäre oder partizipatorische Demokratie, Münster 2009, S. 25–52.

Viehrig, Henrike, Militärische Auslandseinsätze. Die Entscheidungen europäischer Staaten zwischen 2000 und 2006, Wiesbaden 2010.

Vinke, Hermann/Witt, Gabriele (Hg.), Die Anti-Terror-Debatten im Parlament, Hamburg 1978.

Vorgänge. Zeitschrift für Bürgerrechte und Gesellschaftspolitik, H. H. 1 157 Rot/Grün – eine Bilanz, Jg. 41/2002.

Vorländer, Hans, Dritter Weg und Kommunitarismus, in: Aus Politik und Zeitgeschichte, B16–17/2001, S. 16–23.

Vorländer, Hans: Die Schattenpartei. Mit Erfolg aus dem Scheinwerferlicht verschwunden: Die FDP, in: Zehetmair, Hans (Hg.), Das deutsche Parteiensystem. Perspektiven für das 21. Jahrhundert, Wiesbaden 2005, S. 159–171.

Wache, Volkhard, Die Strafverfolgung islamistischer Terroristen, in: Kai Hirschmann/Christian Leggemann (Hg.), Der Kampf gegen den Terrorismus. Strategien und Handlungserfordernisse in Deutschland, Berlin 2003, S. 143–152.

Wagensohn, Tanja, Krieg in Tschetschenien, München 2000.
Wagner, Claudia, Rußlands Kriege in Tschetschenien. Politische Transformation und militärische Gewalt, Hamburg/Münster 2000.
Wagner, Jochen, Deutsche Wahlkampagnen *made in* USA? Amerikanisierung oder Modernisierung bundesrepublikanischer Wahlkampagnen, Wiesbaden 2005.
Wagschal, Uwe, Auf dem Weg zum Sanierungsfall? Die rot-grüne Finanzpolitik seit 2002, in: Egle, Christoph/Ostheim, Tobias/Zohlnhöfer, Reimut (Hg.), Das Ende des rotgrünen Projekts. Eine Bilanz der Regierung Schröder 2002–2005, Wiesbaden 2007, S. 241–270.
Wagschal, Uwe, Deutschlands Steuerstaat und die vier Welten der Besteuerung, in: Schmidt, Manfred G. (Hg.), Wohlfahrtsstaatliche Politik. Institutionen, politischer Prozess und Leistungsprofil, Opladen 2001, S. 124–160.
Wallow, Hans (Hg.), Rudolf Scharping. Der Profi, Düsseldorf 1994.
Walter, Franz, Abschied von der Toskana. Die SPD in der Ära Schröder, Wiesbaden 2005.
Walter, Franz/Butzlaff, Felix/Micus, Matthias/Spier, Tim, Die Linkspartei: Zeitgemäße Idee oder Bündnis ohne Zukunft?, Wiesbaden 2007.
Walter, Franz, Charismatiker und Effizienzen. Porträts aus 60 Jahren Bundesrepublik, Frankfurt am Main 2009.
Walter, Franz, Die Achtundsechziger. Liberale Zäsur der Republik?, in: Universitas. Zeitschrift für interdisziplinäre Wissenschaft 2/1998, Jg. 53, S. 957–963.
Walter, Franz, Die SPD. Biographie einer Partei, Reinbek bei Hamburg 2009.
Walter, Franz, Die SPD. Vom Proletariat zur Neuen Mitte, Berlin 2002.
Walter, Franz, Gelb oder Grün? Kleine Parteiengeschichte der besserverdienenden Mitte in Deutschland, Bielefeld 2010.
Walter, Franz, Im Herbst der Volksparteien? Aufstieg und Rückgang politischer Massenintegration, Bielefeld 2009.
Walter, Franz/Müller, Kay, Graue Eminenzen der Macht, Küchenkabinette in der deutschen Kanzlerdemokratie. Von Adenauer bis Schröder, Wiesbaden 2004.
Walter, Franz, Vorwärts oder abwärts? Zur Transformation der Sozialdemokratie, Berlin 2010.
Walter, Franz, Zurück zum alten Bürgertum: CDU/CSU und FDP, in: Aus Politik und Zeitgeschichte, B 40/2004, S. 32–38.
Wassermann, Rudolf, Die manipulierte Verfassung. Anmerkungen zum politischen Sommertheater um Art 68 GG, in: Recht und Politik 41/3 (2005), S. 131–136.
Webel, Diana von, Der Wahlkampf der SPD, in: Noelle-Neumann, Elisabeth/Kepplinger, Hans Mathias/Donsbach, Wolfgang (Hg.): Kampa. Meinungsklima und Medienwirkung im Bundestagswahlkampf 1998, München 1999, S. 13–39.
Wehlau, Diana, Lobbyismus und Rentenreform. Der Einfluss der Finanzdienstleistungsbranche auf die Teil-Privatisierung der Alterssicherung, Wiesbaden 2008.
Wehler, Hans-Ulrich, Deutsche Gesellschaftsgeschichte 1949–1990 Bd. 5: Von der Gründung der beiden deutschen Staaten bis zur Vereinigung, München 2008.
Wehler, Hans-Ulrich, Historisches Denken am Ende des 20. Jahrhunderts 1945–2000. Essener Kulturwissenschaftliche Vorträge 11, Göttingen 2001.
Wehler, Hans-Ulrich, Historische Sozialwissenschaft und Geschichtsschreibung. Studien zu Aufgaben und Traditionen deutscher Geschichtswissenschaft, Göttingen 1980.
Wehler, Hans-Ulrich, Konflikte zu Beginn des 21. Jahrhunderts: Essays, München 2003.

Wehler, Hans-Ulrich, Nationalismus. Geschichte, Formen, Folgen, München 2001.
Wehler, Hans-Ulrich, Modernisierungstheorie und Geschichte, Göttingen 1975.
Weichert, Thilo, Sicherheit, Kriminalität und Grundrechte in der informatisierten Risikogesellschaft, in: Humanistische Union e. V. (Hg.), Innere Sicherheit als Gefahr, Berlin 2003, S. 19–31.
Weidenfeld, Werner (Hg.), Demokratie am Wendepunkt. Die demokratische Frage als Projekt des 21. Jahrhunderts, Berlin 1996.
Weidenfeld, Werner «Amerika bebt vor Zorn», abrufbar unter: http://www.cap-lmu. de/aktuell/pressespiegel/2002/amerika_zorn.php, (Stand: 3. 2. 2012).
Weidner, Helmut, Klimaschutzpolitik: Warum ist Deutschland ein Vorreiter im internationalen Vergleich? Zur Rolle von Handlungskapazitäten und Pfadabhängigkeit, Discussion Paper SP IV 2008–303, Wissenschaftszentrum Berlin für Sozialforschung 2008.
Weimar, Anne-Marie, Die Arbeit und die Entscheidungsprozesse der Hartz-Kommission, Wiesbaden 2004.
Weinert, Rainer, Politischer Personalismus in Deutschland. Soziologische Aspekte des «System Kohl», in: Berliner Jahrbuch für Soziologie, 3/2002, S. 375–390.
Weski, Thomas (Hg.), Andreas Gursky – Ausstellung Andreas Gursky im Haus der Kunst, München, 17.02.–13. 5. 2007, Köln 2007.
Wewer, Göttrick (Hg.), Bilanz der Ära Kohl, Opladen 1998.
Widmann, Carlos, Babyboomer im Höhenrausch, in: Follath, Erich (Hg.), Bill Clinton. Vom Vorbild zum Verlierer?, München 1993, S. 23–58.
Wiegand, Heinz-Jörg, Die Agrar- und Energiewende. Bilanz und Geschichte rot-grüner Projekte, Hamburg 2006.
Wilhelm, Sighard, Ökosteuern, Marktwirtschaft und Umweltschutz, München 1990.
Winkeler, Frank, Bedingt abwehrbereit? Die verfassungsrechtliche Zulässigkeit von Gefahrensabwehrmaßnahmen auf Kosten Unschuldiger am Beispiel des Luftsicherheitsgesetzes, Stuttgart 2007.
Winkler, Heinrich August, Der lange Weg nach Westen, Bd. 1: Deutsche Geschichte vom Ende des Alten Reiches bis zum Untergang der Weimarer Republik, München 2000.
Winkler, Heinrich August, Der lange Weg nach Westen, Bd. 2: Deutsche Geschichte vom «Dritten Reich» bis zur Wiedervereinigung, München 2000.
Winkler, Heinrich August, Grenzen der Erweiterung. Die Türkei ist kein Teil des «Projekts Europa», in: Internationale Politik, 2/2003, S. 59–66.
Winkler, Heinrich August, Integration oder Erosion. Joschka Fischers «Humboldt-Rede». Absicht und Wirkung, in: Hohls, Rüdiger/Schröder, Iris/Siegrist, Hannes (Hg.), Europa und die Europäer. Quellen und Essays zur modernen europäischen Geschichte, Stuttgart 2005.
Wirsching, Andreas: Abschied vom Provisorium. Geschichte der Bundesrepublik Deutschland 1982–1990, München 2006.
Wirsching, Andreas, Die Beziehungen zu den USA im Kontext der deutschen Außenpolitik 1982–1998, in: Historisch-Politische Mitteilungen 14/2007, S. 235–244 [wiederabgedruckt in: Buchstab, Günter/Kleinmann, Hans-Otto/Küsters, Hanns Jürgen (Hg.), Die Ära Kohl im Gespräch. Eine Zwischenbilanz, Köln 2010, S. 357–366].
Wirsching, Andreas, Der Preis der Freiheit. Geschichte Europas in unserer Zeit, München 2012.
Wochenbericht des Deutschen Instituts für Wirtschaftsforschung Berlin Nr. 14/2009, S. 218–229.

Wolfrum, Edgar, «1968» in der gegenwärtigen deutschen Geschichtspolitik, in: Aus Politik und Zeitgeschichte, B 22–23/2001, S. 28–36.

Wolfrum, Edgar, Moral und Pragmatismus: Die deutsche Erinnerung an den Holocaust im Denkmal, in: Christoph Cornelißen u. a. (Hg.), Diktatur – Krieg – Vertreibung. Erinnerungskulturen in Tschechien, der Slowakei und Deutschland seit 1945, Essen 2005.

Wolfrum, Edgar, Die geglückte Demokratie. Geschichte der Bundesrepublik Deutschland von ihren Anfängen bis zur Gegenwart, Stuttgart 2006.

Wolfrum, Edgar, Epilog oder Epoche? (Rück-)Blick der deutschen Geschichtswissenschaft vom Zeitalter der Zweistaatlichkeit bis zur Gegenwart, in: Münkler, Herfried/Hacke, Jens (Hg.), Wege in die neue Bundesrepublik. Politische Mythen und kollektive Selbstbilder nach 1989, Frankfurt am Main 2009, S. 33–64.

Wolfrum, Edgar, Zivilgesellschaft – ein Erbe von 1989?, in: Sabrow, Martin (Hg.), Bewältigte Diktaturvergangenheit? 20 Jahre DDR-Aufarbeitung, Leipzig 2010, S. 115–128.

Woller, Hans, Geschichte Italiens im 20. Jahrhundert, München 2010.

Woodward, Bob, Der Angriff. Plan of Attack, München 2004.

Worldwatch Institute Report, Zur Lage der Welt 2002. Prognosen für das Überleben unseres Planeten, Frankfurt am Main 2002.

Wunder, Dieter, Die Bildungspolitik der Regierung Schröder, in: Vorgänge: Zeitschrift für Bürgerrechte und Gesellschaftspolitik, H. H. 1 157 Rot/Grün – eine Bilanz, Jg. 41/2002, S. 109–113.

Zahrnt, Angelika, Rot-Grün II – ein Programm der Halbherzigen – Ja zur Nachhaltigkeit und zur Verschwendung, in: Jahrbuch für Ökologie 2004, München 2004, S. 24–33.

Zahrnt, Angelika, Was bringt Rot-Grün für die Umwelt?, in: Blätter für deutsche und internationale Politik, 46/2001, S. 70–76.

Zimmermann, Klaus F., Eine Zeitenwende am Arbeitsmarkt, in: Aus Politik und Zeitgeschichte, B16/2005, S. 3–5.

Zimmermann, Klaus F./Eichhorst, Werner, Die Agenda 2010 als Teil der rot-grünen Regierungspolitik, in: Vierteljahrshefte zur Wirtschaftsforschung/Deutsches Institut für Wirtschaftsforschung, H. 1: Fünf Jahre Agenda 2010, Jg. 77/2008, S. 8–19.

Zohlnhöfer, Reimut, Die Wirtschaftspolitik der Ära Kohl. Eine Analyse der Schlüsselentscheidungen in den Politikfeldern Finanzen, Arbeit und Entstaatlichung, 1982–1998, Opladen 2001.

Zohlnhöfer, Reimut, Mehrfache Diskontinuitäten in der Finanzpolitik, in: Gohr, Antonia/Seeleib-Kaiser, Martin (Hg.), Sozial- und Wirtschaftspolitik unter Rot-Grün, Wiesbaden 2003, S. 63–85.

Zohlnhöfer, Reimut, Republik im Übergang, Machtwechsel in der Bundesrepublik Deutschland seit 1949, in: Zeitschrift für Staats- und Europawissenschaften, 2/2004, S. 612–639.

Zohlnhöfer, Reimut, Rot-grüne Wirtschaftspolitik: Ende des Reformstaus?, in: Zeitschrift für Politikwissenschaft, 14/2004, S. 381–402.

Zohlnhöfer, Reimut, «Koalition der neuen Möglichkeiten» oder Interregnum auf dem Weg zu passenden Mehrheiten? Eine Bilanz der Politik der Großen Koalition unter Angela Merkel, 2005–2009, in: Gesellschaft – Wirtschaft – Politik (GWP) 2/2009, S. 201–213.

Zohlnhöfer, Reimut, Strategisches Regieren in der Bundesrepublik: Das Beispiel der SPD-Beschäftigungspolitik, in: Raschke, Joachim/Tils, Ralf (Hg.), Strategie in der Politikwissenschaft. Konturen eines neuen Forschungsfelds, Wiesbaden 2010, S. 323–347.

Abkürzungsverzeichnis

Actord	Activation Order
AdSD	Archiv der sozialen Demokratie
AGG	Archiv Grünes Gedächtnis
ANC	African National Congress
APO	Außerparlamentarische Opposition
AQTIV	Aktivieren, Qualifizieren, Trainieren, Investieren, Vermitteln
ASG	Initiative Arbeit und soziale Gerechtigkeit
WACS	Airborne Warning and Control System; fliegendes Radarsystem zur Früherkennung und -warnung
BBDO	Batten, Barton, Durstine & Osborn; weltweit agierende New Yorker Werbeagentur
BDI	Bundesverband der Deutschen Industrie
BIP	Bruttoinlandsprodukt
BK	Bundeskanzleramt
BKA	Bundeskriminalamt
BM	Bundesminister(ium)
BMF	Bundesministerium für Finanzen
BMWA	Bundesministerium für Wirtschaft und Arbeit
BVG	Bundesverfassungsgericht
CAOC	Combined Air Operations Centers
CeBIT	Centrum für Büroautomation, Informationstechnologie und Telekommunikation
CIA	Central Intelligence Agency
CENTCOM	United States Central Command; Regionalkommandozentren der US-Streitkräfte
D-Day	Bezeichnung für den 6. Juni 1944, dem Beginn der Landung der Alliierten in der Normandie während des Zweiten Weltkrieges
DIW	Deutsches Institut für Wirtschaftsforschung
ECU	European Currency Unit
EEG	Erneuerbare-Energien-Gesetz
EnEV	Energieeinsparverordnung
EWS	Europäisches Währungssystem
EXPO	Exposition Universelle Internationale, Exposition Mondiale; Weltausstellung
EZB	Europäische Zentralbank
FAO	Food and Agriculture Organization of the UN; dt. Ernährungs- und Landwirtschaftsorganisation der Vereinten Nationen
Fed	Federal Reserve System; US-Notenbank
FORSA	Gesellschaft für Sozialforschung und statistische Analysen mbH
G 77	Group of 77; Zusammenschluss von überwiegend Dritte-Welt Ländern
G 8	Group of Eight; Zusammenschluss der wichtigsten Industrienationen
GAP	Gemeinsame Agrarpolitik
GASP	Gemeinsame Außen- und Sicherheitspolitik
GSG9	Grenzschutzgruppe 9

834 Abkürzungsverzeichnis

GUS	Gemeinschaft Unabhängiger Staaten
IAEA	Internationale Atomenergiebehörde
ICC	International Criminal Court; dt. Internationaler Strafgerichtshof
INEF	Institut für Entwicklung und Frieden
ISAF	International Security Assistance Force; dt. internationale Sicherheitstruppe
IWF	Internationaler Währungsfonds
KFOR	Kosovo Force; multinationale militärische Truppe im Kosovo
KfW	Kreditanstalt für Wiederaufbau
KSZE	Konferenz über Sicherheit und Zusammenarbeit in Europa
KWK	Kraft-Wärme-Kopplung
MoMA	Museum of Modern Art
NATO	North Atlantic Treaty Organizsation; dt. Nordatlantisches Verteidigungsbündnis
NGO	Non-Government Organization; dt. Nicht-Regierungsorganisation
OECD	Organization for Economic Co-operation and Development; dt. Organisation für wirtschaftliche Zusammenarbeit und Entwicklung
OEF	Operation Enduring Freedom; militärische Großoperation gegen den weltweiten Terrorismus
OPEC	Organization of the Petroleum Exporting Countries; dt. Organisation erdölexportierender Länder
ÖSR	Ökologische Steuerreform
OSZE	Organisation für Sicherheit und Zusammenarbeit in Europa, Nachf. der KSZE
PET	Polyethylenterephthalat
PISA	Programme for International Student Assessment of the OECD; internationale Schulleistungsuntersuchungen der OECD
PRT	Provincial Reconstruction Team; militärische Operationseinheiten zum Wiederaufbau in Afghanistan und Irak
QRF	Quick Reaction Force; dt. schneller Eingreifverband; Reserveeinheiten der ISAF in Afghanistan
RAC North	Regional Area Command North; Einheit zur Koordination von Aufbauteams in Afghanistan
SFOR	Stabilisation Force in Bosnia and Herzegovina; internationale Friedenstruppe der UNO unter NATO-Befehl
UÇK	alban. Ushtria Çlirimtare e Kosovës; Befreiungsarmee des Kosovo
UMTS	Universal Mobile Telecommunication System; Mobilfunkstandard der dritten Generation
UN	(auch: UNO oder VN)United Nations; dt. Vereinte Nationen
UNESCO	United Nations Educational, Scientific and Cultural Organization; dt. Organisation der Vereinten Nationen für Erziehung, Wissenschaft und Kultur
UNOSOM II	United Nations Operation in Somalia II; Operation der VN in Somalia
UNSCOM	United Nations Special Commission; Sonderkommission der VN
VEBA	Vereinigte Elektrizitäts- und Bergwerks- Aktiengesellschaft
VIAG	Vereinigte Industrieunternehmungen AG
WTO	World Trade Organization

Personenregister

Adenauer, Konrad 36, 42, 134, 168, 204, 259, 299, 386, 428, 435, 446, 448, 450, 460, 468, 471, 495, 606, 619, 640, 660, 671
Adorno, Theodor W. 37
Adriano, Alberto 357
Ahtisaari, Martti 97, 99, 602
Al-Assad, Baschir 396
Albrecht, Ernst 50, 471
Albright, Madeleine 71, 90, 102, 423, 450
Al-Faisal, Saud 290
Allemann, Fritz René 573
Allende, Isabel 661
Alt, Franz 242
Althaus, Dieter 561
Anda, Béla 126, 280, 621, 624
Annan, Kofi 93, 95, 97, 419, 622
Aquin, Thomas von 94
Armitage, Richard Lee 404
Artmann, H. C. 659
Asmus, Ronald D. 450
Attila 118
Augstein, Rudolf 386, 658
Augustus, erster römischer Kaiser 423
Auster, Paul 661
Aznar, José María 383 f., 439, 456

Baader, Andreas 333, 340
Baake, Rainer 233
Bade, Klaus J. 186
Balujewski, Juri 400
Barak, Ehud 600
Baring, Arnulf 526
Barroso, José Manuel 622
Barschel, Uwe 40
Baselitz, Georg 662
Baum, Gerhart 355
Baumeister, Brigitte 458
Bebel, August 128
Becher, Bernd und Hilla 666
Beck, Kurt 128, 160, 170, 233, 686
Beck, Ulrich 38
Beck, Volker 194, 345, 606
Becker, Boris 178

Becker, Wolfgang 655, 656
Beckstein, Günther 189, 340, 344, 358, 364, 473, 675
Beer, Angelika 78, 79, 199, 293, 302, 423
Bender, Peter 275
Benneter, Klaus Uwe 570
Berg, Axel 220
Berg, Manfred 369
Berger, Hartwig 243
Berger, Sandy 71
Bergmann, Christine 55, 125
Berlusconi, Silvio 439
Berlichingen, Götz von 566
Beust, Ole von 194, 344
Biedenkopf, Kurt 460
Bildt, Carl 95
Bin Laden, Osama 273, 274, 284, 303, 333
Bindig, Rudolf 688
Binswanger, Hans-Christoph 215, 216
Birthler, Marianne 638
Bischoff, Joachim 715
Bisky, Lothar 706
Bismarck, Otto von 453
Blair, Cherie 149
Blair, Tony 24, 26 f., 29, 58, 60, 132, 137–141, 146–157, 160 ff., 184, 281, 289 f., 370, 439, 442, 622, 670
Blix, Hans 428, 431
Blüm, Norbert 205
Blumenthal, Sidney 147
Bodewig, Kurt 328, 485
Böick, Marcus 715
Böll, Heinrich 658
Bölling, Klaus 630
Bonaparte, Napoleon 136
Börner, Holger 43, 45
Bosbach, Wolfgang 364, 649
Brandt, Elmar 672
Brandt, Willy 34, 37 f., 40 ff., 44, 56, 59, 84, 128, 134, 137, 145, 152, 159, 168, 170, 241, 259 f., 290, 371, 381, 415, 435, 446, 450, 454, 472, 484, 533, 552, 568, 586, 589, 626, 652, 658, 689, 692

Personenregister

Brauer, Charles 508
Braun, Volker 660
Brender, Nikolaus 704, 705
Bremer, Paul 455
Breschnew, Leonid 407
Broder, Hendryk M. 630
Brown, Dan 661
Brown, Gordon 110, 116, 138
Brüderle, Rainer 224
Brühl, Daniel 655
Brussig, Thomas 659
Bsirske, Frank 567
Buback, Michael 651
Buback, Siegfried 651
Bubis, Ignatz 590, 592, 593
Bulmahn, Edelgard 55, 252, 513, 514 f., 517, 686
Buntenbach, Annelie 294, 358
Burchardt, Ulla 261
Burda, Michael 382
Burg, Avraham 609
Burns, Nicolas 324, 325
Bury, Martin Hans 265, 280
Bush, George H. W. 26, 66, 404
Bush, George W. 14, 266, 274, 277 f., 282, 284, 289 ff., 306, 327, 366, 368 ff., 402–411, 416, 418 ff., 423, 426 f., 434, 437 ff., 441, 444–448, 452 f., 456, 621 f.
Bushido 672
Buster, Dolly 465
Bütikofer, Reinhard 80, 188, 199, 246, 258, 294, 301 f., 380, 491, 558, 686, 694

Carstens, Karl 693
Carstensen, Peter Harry 675
Carter, Jimmy 446
Chauvistre, Eric 307
Cheney, Dick 404, 427
Chevènement, Jean-Pierre 387, 388
Chillida, Eduardo 633
Chirac, Jacques 281, 290, 344, 382 ff., 429, 434, 436, 439, 441, 600, 618 f., 621 f.
Churchill, Winston 442
Clarke, Charles 363
Claus, Roland 280
Clement, Wolfgang 128, 131, 160, 170, 209, 223, 238, 289, 544, 546–549, 551, 554 f., 558, 563, 565 f., 570 f., 578, 608, 673, 682

Clinton, Bill 26 ff., 31, 51, 67, 70 f., 106, 137 f., 147 ff., 160, 162, 402 f., 533, 606
Clinton, Hillary Rodham 148
Coats, Daniel R. 282
Coelho, Paul 661
Cohen, William S. 404
Cohn-Bendit, Daniel 77, 286, 648
Cook, Robin 442
Coße, Jürgen 570
Cremer, Uli 80
Crozier, Michel 144
Czempiel, Ernst-Otto 72

D'Alema, Massimo 147
Dahrendorf, Ralf 59
Dalai Lama, Tendzin Gyatsho 670
Däubler-Gmelin, Herta 55, 180, 192 f., 330, 345, 358, 366, 423
De Gaulle, Charles 39, 399, 446, 619
De Maizière, Lothar 630
De Niro, Robert 36
De Palacio, Loyola 229
De Villepin, Dominique 392, 429
Delors, Jacques 384, 389
Deppendorf, Ulrich 643
Dieckmann, Christoph 414
Diepgen, Eberhard 590
Dithfurt, Jutta von 47
Doering-Manteuffel, Anselm 715
Dornbusch, Rüdiger 118
Dowling, Jonathan 671
Dreßler, Rudolf 128, 158, 161, 181, 210, 211
Dückert, Thea 206, 558, 791
Duisenberg, Wim 116, 117
Dülffer, Jost 657
Duve, Karen 659

Ecevit, Bülent 395
Edenhofer, Walter 534
Ehmke, Horst 58
Eichel, Hans 45, 121, 126, 132, 135, 176, 178 ff., 212, 222, 269, 279, 310, 337 f., 389, 492 f., 507, 518 f., 522–525, 549, 563, 682
Eichinger, Bernd 656 f.
Eisenman, Peter 590, 595 ff.
El Baradei, Mohamed 427, 431
Engdahl, Horace 658
Engelen-Kefer, Ursula 570
Engholm, Björn 40, 232

Ensslin, Gudrun 340
Eppler, Erhard 91 f., 97, 135, 158, 200, 231, 259, 295, 322, 554
Erhard, Ludwig 105, 134
Erler, Gernot 84 f., 87, 109, 126, 296, 313, 434, 527, 533 f., 557, 649
Ernst, Klaus 698
Ertl, Josef 250
Esterházy, Péter 616
Evers, Lothar 604

Falter, Jürgen 159
Felken, Detlef 714
Filbinger, Hans 650
Fischer, Andrea 55, 199, 210, 250, 251, 252, 253, 254, 636,
Fischer, Joseph 11, 16, 25, 37, 44, 47–56, 61, 68, 70 f., 76 f., 79 ff., 84 ff., 97, 104, 107, 122, 125 ff., 175 f., 198 f., 223, 230, 235, 237, 254, 280 ff., 285, 287 f., 290, 296, 301 f., 304, 312, 317, 322, 342, 371, 381, 383–388, 392, 395, 399, 411, 417 f., 422 f., 425 f., 430, 434 f., 448, 450 f., 484, 495 ff., 519, 524, 558, 563, 584, 602, 646–653, 670, 675–679, 681, 685, 687, 689, 696, 700 f., 705, 706 ff.
Fischler, Franz 255
Flassbeck, Heiner 114, 117, 118, 135
Forrester, Vivianne 38
Forsyth, Frederick 38
Franck, Julia 659
Franco, Francisco 389, 617
Franks, Tommy 452
Frattini, Franco 617
Freiberg, Konrad 364
Fried, Nico 618
Friedman, Michel 444, 465
Friedman, Milton 111
Frowein, Jochen 602
Fücks, Ralf 286
Fugmann-Heesing, Annette 128
Fuhr, Eckhard 611, 630, 656, 707
Funke, Karl-Heinz 55, 183, 250, 251–254, 636

Gabriel, Sigmar 429, 511, 572
Ganz, Bruno 657
Garton Ash, Timothy 638
Gates, Bill 54, 671

Gebhardt, Heinz 526
Gehse, Albrecht 663
Geis, Norbert 192
Geißler, Heiner 334
Genazino, Wilhelm 660
George, Eddie 117
Gerhard, Wolfgang 280
Gerz, Jochen 590
Geue, Heiko 531, 533 f., 673
Geyer, Matthias 715
Giddens, Anthony 139 f., 146 f., 156 f., 160
Gilges, Conny 311
Giordano, Ralph 592
Giscard d'Estaing, Valéry 392
Gysi, Gregor 89, 698 f.
Gligorov, Kiro 151
Glogowski, Gerhard 128
Glos, Michael 77, 285
Glotz, Peter 614
Gloud, Philip 27
Goebbels, Joseph 628, 650
Goergen, Fritz 464
Goll, Gerhard 237
Goppel, Thomas 178, 194, 484
Gorbatschow, Michail 399, 435
Gore, Al 27, 28
Göring-Eckardt, Katrin 175 f., 206, 558, 574
Gottschalk, Thomas 178
Graml, Hermann 657
Grass, Günter 37 f., 96, 430, 589, 626, 658, 659, 661
Greenspan, Alan 117, 120
Gretschmann, Klaus 146, 151
Grisham, John 661
Grumbach, Gernot 571
Gross, Johannes 629
Grünbein, Durs 659
Guérot, Ulrike 392
Guillaume, Günter 568
Güllner, Manfred 19, 200, 706
Gursky, Andreas 665
Guterres, António 601

Habermas, Jürgen 37, 66, 151
Hagel, Chuck 441
Hahne, Peter 644
Haider, Jörg 465, 600 f.
Handel, Thomas 698
Hanning, August 281

838 Personenregister

Hardt, Michael 663
Harpprecht, Klaus 689
Härtling, Peter 430
Hartmann, Ulrich 237
Hartung, Klaus 61
Hartz, Peter 528 ff., 575 f.
Hauptmann, Gerhart 51
Haußmann, Leander 656
Haussmann, Sybille 82
Heidenreich, Elke 661
Heine, Heinrich 700
Heinemann, Gustav 607 f.
Heinze, Rolf G. 200
Heisig, Bernhard 662 f.
Herbig, Michael 656
Hermann, Winfried 294
Herold, Horst 335
Herres, Volker 31
Herzog, Roman 36, 144, 608, 610, 670
Hesse, Reinhard 150 f.
Heuss, Theodor 466
Heye, Uwe-Karsten 126, 178, 235, 280
Hilbig, Wolfgang 660
Hickel, Rudolf 133
Hilsberg, Stephan 542
Hirsch, Burkhard 346, 335, 356, 695
Hirschbiegel, Oliver 657
Hirschler, Horst 96
Hirst, Damien 665
Hitler, Adolf 65, 102, 193, 286, 357, 366, 423, 424, 452, 465, 621, 652, 657
Hobbes, Thomas 447
Hockerts, Hans Günter 171, 714
Hoffmann, Hilmar 635, 644
Hofmann, Gunter 139
Hofmann, Jelena 694
Hohmann, Martin 649
Höhn, Bärbel 254
Holbrooke, Richard 87, 88
Hombach, Bodo 34, 54, 122, 126, 130 f., 135, 145–148, 150, 152, 157, 158, 163, 603 ff.
Honecker, Erich 632
Höppner, Reinhard 46, 491
Hoyer, Werner 678
Hu, Jintao 622
Huber, Erwin 367
Hudach, Andreas 146
Hundt, Dieter 37, 511, 526
Huntington, Samuel 642

Hunzinger, Moritz 313
Hussein, Saddam 278, 299, 401–404, 412, 420 f., 423, 427, 452, 455
Hustedt, Michaele 241
Hütte, Axel 655

Immendorff, Jörg 662 ff.
Ischinger, Wolfgang 281, 300, 407, 418 f.
Iwanow, Igor 290, 442

Jäckel, Eberhard 588
Jackson, Michael 670
Jäger, Wolfgang 471
Jähn, Sigmund 640
Jann, Werner 200
Jansen, Klaus 347
Jansen, Michel 693
Jeismann, Michael 599
Jelinek, Elfriede 659 f.
Jelzin, Boris 75, 399, 435
Jens, Walter 589
Jentsch, Hans-Joachim 359
Jepsen, Maria 195
Johannes Paul II. 670
Jong Il, Kim 622
Jospin, Lionel 58, 155, 237, 281, 344, 382, 384, 600
Judt, Tony 383, 713
Jung, Franz Josef 324
Junker, Karin 380
Justinian I. 193

Kant, Immanuel 447
Kanther, Manfred 458
Karsai, Hamid 305
Käßmann, Margot 195
Kastrup, Dieter 281, 410, 419 f.
Kater, Ulrich 525
Kauder, Volker 563
Kennedy, John F. 27
Keynes, John Maynard 111
Kiep, Walter Leisler 457
Kiesinger, Kurt Georg 56
Kinkel, Klaus 71
Kirchhof, Paul 702
Kirsch, Sarah 659
Kissinger, Henry 446
Kister, Kurt 630
Klaeden, Eckart von 648

Kleeberg, Michael 659
Klein, Georg 318
Klein, Hans-Joachim 647
Kleinhans, Lutz 647
Klestil, Thomas 600 f.
Klima, Viktor 600
Klimmt, Reinhard 129, 158, 170
Klose, Hans-Ulrich 313, 422, 430 f.
Kluge, Alexander 660
Knoche, Monika 294
Knopp, Werner 626
Koch, Roland 177, 179, 190, 353, 396, 462, 470, 560, 561 ff., 641, 673
Köcher, Renate 32, 468, 469
Kohl, Helmut 31, 34–38, 40 f., 48, 50 f., 56, 58, 71, 113 f., 134, 144, 159, 163, 171, 184, 205, 210, 217 f., 246, 252, 260, 264, 269, 313, 337, 379, 384, 397, 412, 435, 446, 457, 459 ff., 464, 471, 477, 507, 523, 536, 584– 588, 590 f., 620, 625, 629 f., 663, 687, 691 ff.
Köhler, Horst 315, 355, 597, 681, 684, 694 f.
Kohlhaas, Michael 118
Kok, Wim 147, 148, 154
Köpler, Fritz Rudolf 181
Koppelin, Jürgen 325
Kornblum, John 605
Kornelius, Stefan 409
Körting, Erhart 345
Köster-Loßbach, Angelika 81
Krampitz, Sigrid 280
Kronauer, Brigitte 660
Krug, Manfred 508
Krugman, Paul 59
Kuhn, Fritz 145, 198, 199, 218, 224, 252, 254, 255, 302, 484, 496, 524, 525, 530, 543, 558, 558, 578, 652
Kujat, Harald 98
Künast, Renate 198, 252, 254, 255, 256, 257, 258, 484, 485, 643

Labsch, Werner 223
Laermann, Karl-Hans 513
Lafontaine, Oskar 16, 23, 29 f., 38–42, 48, 53 ff., 59–62, 83, 89, 110–118, 120–137, 145, 151, 180 f., 215, 220 f., 313, 518 f., 557, 571, 587, 698 f., 703
Lamers, Karl 386
Lambsdorff, Otto Graf 466, 605

Lammert, Norbert 595
Lang, Jack 38
Langguth, Gerd 460
Larcher, Detlef von 126, 130
Lauer, Hilde 123
Le Pen, Jean-Marie 344
Leberts, Benjamin 659
Leicht, Robert 54
Leinemann, Jürgen 31, 51, 632
Lemke, Steffi 294, 298
Lemke, Willi 599
Lengsfeld, Vera 611
Leon, Donna 661
Leonhard, Elke 594, 597
Leonhardt, Willy 240
Lepsius, M. Rainer 612
Leutheusser-Schnarrenberger, Sabine 89, 695
Lever, Paul 420
Liebeskind, Daniel 590
Limbach, Jutta 321, 348
Link, Caroline 656
Link, Werner 90
Lissek, Ulrich 510
Livingston, Robert Gerald 446
Löcher, Christa 298
Loest, Erich 38
Loewe, Lothar 409
Loske, Reinhard 557
Lüpertz, Markus 662
Luther, Martin 701
Maas, Heiko 701
Machnig, Matthias 28, 416, 543
Madonna 670
Mahler, Horst 359
Mai, Herbert 38
Maier, Reinhold 466
Maihofer, Werner 334, 626
Majerus, Michel 662, 667
Major, Tom 60
Mandelson, Peter 146, 160
Mankell, Henning 661
Marsh, David 50
Matschie, Christoph 570
Matthäus-Maier, Ingrid 221
Maurer, Ulrich 90, 160, 173, 181, 698
Mayröcker, Friederike 660
McCartney, Paul 38
Meckel, Markus 615

Meinhof, Ulrike 333, 647, 648
Merkel, Angela 227, 264, 280, 285, 326, 447, 458–462, 468, 470 f., 482, 484, 525, 561, 563, 622, 628, 643, 650, 653, 679, 680 f., 688 f., 694, 697, 700, 702, 704–707, 711
Merkel, Wolfgang 200
Merz, Friedrich 222, 236, 280, 282, 292, 322, 461, 640, 643, 650
Metzger, Oswald 162, 524
Meyer, Laurenz 225, 235
Meyer, Thomas 131
Michel, Louis 291
Middelhauve, Friedrich 466
Milbradt, Georg 487
Miller, Leszek 437
Milošević, Slobodan 68
Mitterrand, François 59, 384, 620
Möllemann, Jürgen W. 464, 465, 466
Möller, Horst 613
Möllmann, Christian 672
Mommsen, Hans 417
Moore, Henry 633
Moreau, Jeanne 38
Moron, Edgar 546
Morris, Dick 146
Mosdorf, Sigmar 143
Mosebach, Martin 660
Motte, Dr. 640
Mousse T. 640
Mronz, Alexander 194
Müller, Kerstin 175, 206, 301, 322
Müller, Michael 126, 261, 533, 557, 701
Müller, Peter 190
Müller, Werner 54, 55, 125, 221, 232, 236, 239, 485, 547
Müller-Westernhagen, Marius 178, 430
Mundell, Robert 117
Muñoz, Vernor 516
Müntefering, Franz 27 f., 34, 55, 83, 127 ff., 193, 223, 282, 289, 314, 416 f., 421, 430, 462, 477, 497, 526, 527, 555 f., 563, 569 ff., 574, 631, 674, 684 f., 688 f., 699, 701 f.
Murdoch, Rupert 27
Mutter Teresa 670

Nahles, Andrea 126, 129, 130, 322, 557
Naumann, Klaus 307, 411

Naumann, Michael 54, 584, 587, 590, 593 f., 597, 599, 634, 636
Negri, Antonio 663
Negt, Oskar 37, 200
Neudeck, Rupert 256,
Neumann, Bernd 595
Nida-Rümelin, Julian 312, 598, 634, 636 f.
Niebecker, Josef 282
Niethammer, Lutz 603
Noé, Claus 114, 116, 135
Noelle-Neumann, Elisabeth 32
Nüßlein, Franz 678

Obama, Barack 455, 456
Oberndörfer, Dieter 396, 645
Oltmer, Jochen 186
Orban, Viktor 280
Ortleb, Rainer 513
Özdemir, Cem 345

Papier, Hans-Jürgen 164
Pastior, Oskar 660
Patel, Kiran Klaus 717
Patten, Chris 290
Pawlovsky, Hans 570
Peffekoven, Rolf 133
Penner, Wilfried 130
Peres, Shimon 37
Perry, Robert 249
Persson, Göran 146, 598, 600
Peters, Jürgen 567
Peterson, Sebastian 656
Peymann, Claus 38
Pflüger, Friedbert 285, 650
Picht, Georg 510
Piëch, Ferdinand 219
Pieper, Cornelia 573
Pilati von Thassul zu Daxberg-Borggreve, Kristina 312
Pilcher, Rosamunde 661
Piper, Nikolaus 510
Platzeck, Matthias 494, 569
Poß, Joachim 534, 562
Powell, Colin 290, 404, 420, 431–434
Prantl, Heribert 56, 108, 157, 299, 348, 360, 652, 691
Presley, Elvis 26
Priddat, Birger 200
Primakow, Jewgeni Maximowitsch 75

Prodi, Romano 379, 380, 493
Putin, Wladimir 238, 280, 281, 400, 434 ff., 438 f., 441 f., 622, 624
Putina, Ljudmila Alexandrowna 622

Raab, Stefan 672
Radcke, Antje 62, 82, 243
Rajan, Raghuram 582
Ramsauer, Peter 257
Ranke-Heinemann, Uta 607
Raphael, Lutz 715
Rau, Christina 607
Rau, Johannes 40, 45, 128, 145, 190, 281, 288, 362, 488, 548, 607 f., 610 f., 644, 694
Rauch, Neo 665 f.
Reagan, Ronald 138, 402, 621
Reiche, Katharina 473
Reich-Ranicki, Marcel 661
Renner, Karl 146
Rice, Condoleeza 402, 403, 405, 446
Richter, Gerhard 665, 666
Riester, Walter 55, 172, 204, 206, 208, 209, 549, 691
Rifkin, Jeremy 248
Röhl, Bettina 647
Rosh, Lea 588, 597
Ross, Jan 104
Roth, Claudia 77, 198, 248, 292, 301 f., 484, 558, 691
Roth, Philip 661
Rothfels, Hans 714
Röttgen, Norbert 594
Rowling, Joanne K. 661
Rucht, Dieter 438
Ruff, Thomas 665
Rugova, Ibrahim 79
Rühe, Volker 48, 70 f., 85, 462
Ruhnau, Heinz 74
Rumsfeld, Donald 295, 404, 406, 424, 439
Runde, Ortwin 181
Rürup, Bert 212
Rüttgers, Jürgen 462, 513 f., 572, 644, 648

Sabrow, Martin 612,
Sager, Krista 175, 206, 301
Sanchez, Ilich Ramirez 684
Santer, Jacques 379
Sass, Katrin 655

Schäfer, Axel 571
Scharon, Ariel 465
Scharping, Rudolf 34, 40 f., 46, 53 ff., 74, 82–87, 97 f., 101–104, 108, 128, 160, 280 f., 288, 291, 310, 312 f., 317, 320, 324, 407, 417, 465, 482, 542, 552, 578
Schäuble, Thomas 676
Schäuble, Wolfgang 49, 62, 88, 280, 386, 396, 423, 455, 458 f., 462, 473, 587, 670, 694
Scheel, Christine 218
Scheer, Hermann 90, 221, 240
Scherf, Henning 46, 560, 563, 566
Schewe-Gerigk, Irmingard 294
Schiffer, Claudia 670
Schill, Ronald 343, 344
Schiller, Karl 114, 536
Schily, Otto 55, 130, 176 f., 186, 188 ff., 280 f., 288, 327, 328, 336, 338, 340–349, 351, 356–360, 363, 409, 485, 587, 614, 676
Schinkel, Karl Friedrich 552
Schipanski, Dagmar 607
Schirrmacher, Frank 592
Schlauch, Rezzo 174, 175, 199, 218, 224, 228, 237, 245, 280, 285, 292, 342, 484 f., 549, 579, 603, 649, 650
Schlingensief, Christoph 627
Schlink, Bernhard 694
Schlöndorff, Volker 38
Schmidt, Harald 670
Schmidt, Helmut 40, 43, 50, 52, 56, 73, 84, 91, 290, 295, 311, 335, 397, 428, 446 f., 471, 494, 536, 626, 630, 633, 662, 671, 692 f., 706, 709
Schmidt, Loki 85
Schmidt, Manfred G. 174, 205, 578, 719
Schmidt, Renate 160, 476, 534
Schmidt, Ulla 209, 211, 254
Schmidt, Wilhelm 649
Schmillen, Achim 301
Schmitthenner, Horst 206
Schmoldt, Hubertus 55, 537
Schneider, Carsten 159
Scholl-Latour, Peter 444
Scholz, Olaf 554
Schönbohm, Jörg 189, 190, 470
Schreiber, Karlheinz 457, 460
Schreiner, Ottmar 151, 160, 536, 557, 571, 698

842 Personenregister

Schröder, Gerhard 11, 16, 19, 23 ff., 29 ff.,
33–41, 45, 48–56, 58–62, 64, 70 f., 73 ff.,
83, 85–89, 93 ff., 100, 102, 105, 107 ff., 111,
121–132, 134, 136 f., 139, 145–167, 171 f.,
174 f., 177, 180 ff., 184, 187, 193 f., 196,
199 f., 206, 208 f., 211, 217–221, 223 f.,
229 f., 232 f., 235, 237 f., 250–254, 260 f.,
267 f., 279, 281 ff., 287, 288- 293, 295,
297–300, 303 f., 306 f., 310, 311–314, 319,
322, 340 ff., 350 f., 353, 359, 366, 371,
380 ff., 384, 394 f., 400, 402 ff., 406–416,
418, 420–432, 434–440, 442–446,
448–455, 461, 469, 470 f., 473–483,
487 f., 490, 494–497, 502–505, 510,
513 f., 516, 519, 522, 524 f., 528, 533–536,
539, 541 f., 546 f., 549 ff., 554–557, 560 f.,
563 f., 568, 570–573, 575, 579 f., 582, 584,
586 f., 593, 598–601, 603–606, 615 f.,
618–624, 628 f., 631 ff., 640, 644, 650,
662 ff., 670 ff., 675, 677, 680 f., 683–702,
704–709, 712, 714, 716 f.
Schröder-Köpf, Doris 194, 282, 539, 622
Schulz, Werner 691, 694
Schulze, Ingo 430
Schumacher, Kurt 471
Schumacher, Michael 671
Schüssel, Wolfgang 600
Schuster, Werner 130
Schwall-Düren, Angelica 533
Schwan, Gesine 694, 696
Schwanitz, Rolf 491
Schweiger, Til 670
Seehofer, Horst 210, 215
Seifert, Jürgen 414
Serra, Richard 590
Sido 672
Siebold, Angela 715
Siems, Dorothea 174
Simmert, Christian 294
Simon, Wilhelm 237
Simonis, Heide 45, 181, 252, 674 f.
Singh, Manmohan 622
Sinn, Hans-Werner 501
Sippel, Brigitte 571
Skarpelis-Sperk, Sigrid 116
Sloterdijk, Peter 430
Solana, Javier 69, 99 f., 290, 449
Solms, Hermann Otto 651
Sommer, Michael 137, 537, 549, 567 f.

Sommer, Ron 482, 507–510
Sommer, Theo 641 f.
Sonnleitner, Gerd 252, 259
Späth, Lothar 473
Speer, Albert 590
Spencer, Diana 671
Spiegel, Paul 644
Spielberg, Steven 593
Spiewak, Martin 515
Spranger, Carl-Dieter 259
Spreng, Michael 474, 480
Stadler, Arnold 660
Staeck, Klaus 38
Stark, Jürgen 116
Steg, Thomas 150, 152, 341, 535, 633, 679,
716
Steinbach, Erika 614, 615
Steinbrück, Peer 682, 684, 709
Steiner, Michael 107, 291
Steinlein, Stephan 329
Steinmeier, Frank-Walter 54, 157 f., 163, 188,
194, 280, 282, 288, 327, 329, 366, 418,
447, 517, 530, 543, 682, 683 ff., 694
Stiegler, Ludwig 314, 423, 562, 564, 596
Stoiber, Edmund 177, 186, 190, 194, 280,
363, 396, 416, 421 ff., 429, 468, 470–484,
488, 492, 494, 496, 510, 522, 560 f., 563,
643, 679, 680, 681, 688, 706
Stollmann, Jost 54, 146, 585
Stolpe, Manfred 189, 190, 229
Stratthaus, Gerhard 562
Strauß, Franz Josef 134, 464, 471, 472, 473,
536, 706
Strauss-Kahn, Dominique 117
Straw, Jack 290
Ströbele, Hans-Christian 81, 292, 294, 297,
301, 409, 496
Struck, Peter 53, 55, 56, 100, 104, 127, 130,
160, 180, 193, 221, 280 f., 285, 289, 292,
297, 311, 313 ff., 321, 322, 325, 353 ff., 424,
426, 464, 486, 601, 606, 649, 687
Struth, Thomas 665
Stücklen, Richard 52
Stuckrad-Barre, Benjamin von 662
Sukarnoputri, Megawati 290
Süssmuth, Rita 164, 188, 595, 645

Tang, Jiaxuan 290
Tann, Hartmann von der 704, 705

Teufel, Erwin 470, 561
Thatcher, Margaret 38, 59 f., 138, 162, 183
Thierse, Wolfgang 597
Tibi, Bassan 642
Tiefensee, Wolfgang 572
Tietmeyer, Hans 116 f.
Timm, Gottfried 335
Tito, Josip Broz 67, 376, 617
Töpfer, Klaus 227, 485
Traube, Klaus 240
Trittin, Jürgen 49, 55, 62, 80, 125 f., 219 f., 223, 227, 230, 233, 234–237, 240, 241, 266 f., 294, 301, 358, 484, 651 f.
Trotta, Margarethe von 38
Tschernomyrdin, Viktor 97 f.
Tuomioja, Erkki 387
Tusk, Donald 614 f.

Uhl, Hans-Peter 650 f.
Ulrich, Bernd 696
Ullrich, Sebastian 714, 720

Van Essen, Jörg 366
Van Miert, Karel 221
Vaz, Keith 386
Védrine, Hubert 387
Verheugen, Günter 70, 71, 83, 395
Verhofstadt, Guy 282, 600
Vico, Jacques 619
Vogel, Hans-Jochen 40, 91, 295
Vogt, Ute 130, 468
Völckers, Hortensia 626 f.
Vollmer, Antje 79, 297, 425, 426, 649 f.
Volmer, Ludger 107, 675 ff.
Voltaire 636
Voscherau, Henning 46, 89, 289, 313
Voß, Silvia 294
Vranitzky, Franz 95

Wagner, Franz Josef 568
Waigel, Theo 111, 115, 389
Wallmann, Walter 43
Walser, Martin 414, 430, 591 ff.
Weber, Jürgen 328
Wedel, Hedda von 253
Wehler, Hans-Ulrich 396 f., 450

Wehner, Herbert 39, 40, 84, 289
Weichert, Thilo 346
Weidenfeld, George 411
Weidenfeld, Werner 446
Weinmiller, Gesine 590
Weiss, Christina 598, 612, 636 ff.
Weisskirchen, Gert 595
Weizman, Ezer 610
Weizsäcker, Richard von 38, 91, 164, 193, 320
Wenders, Wim 657
Wernicke, Christian 384
Westerwelle, Guido 178, 194, 225, 280, 312, 464 f., 484, 486, 525, 563, 573, 689, 706
Wettig-Danielmeier, Inge 181
Wieczorek, Helmut 130
Wieczorek-Zeul, Heidemarie 40, 55, 160, 262, 263, 264, 267, 534
Wiefelspütz, Dieter 363
Wiegel, Michaela 620
Wiesel, Elie 610
Wilhelm II., Deutscher Kaiser 632
Will, Anne 624
Wille, Martin 251
Wimmer, Willy 89
Winkler, Heinrich August 386, 397, 630 f., 719
Wirsching, Andreas 391
Wischnewski, Hans-Jürgen 34
Witt, Katharina 656
Wolf, Christa 589
Wolf, Margareta 162
Wolfowitz, Paul D. 404
Wortmann, Sönke 656
Wowereit, Klaus 190, 194
Wulf, Christian 430, 565 f.

Ypsilanti, Andrea 551

Zaimoglu, Feridun 662
Zapatero, José Luis 456
Zehetmair, Hans 628
Zeuner, Bodo 159
Ziel, Alwin 190
Zwickel, Klaus 151, 206, 536 f.
Zypries, Brigitte 366 ff., 491

Ortsregister

Afghanistan 12, 14, 24, 109, 277 f., 280, 284, 295, 297, 299, 302–310, 314–319, 322–326, 363, 405, 408, 413, 425, 427, 430, 454, 456, 503, 551, 687, 692
Afrika 255, 303, 362, 421, 440, 567, 656
Albanien 73, 95, 376
Algerien 92, 323, 441
Algier (Algerien) 441
Amsterdam (Niederlande) 382, 602, 625
Andalusien (Spanien) 248
Andamanan und Nikobaren (Indien) 262
Ankara (Türkei) 395
Argentinien 93
Arkansas (USA) 31
Arromanches (Frankreich) 619
Asien (auch «Ostasien», «Südasien») 117–120, 255, 262, 274, 284, 290, 395, 401, 474
Athen (Griechenland) 379
Auschwitz (Polen) 77, 79, 101, 104, 106, 316, 323, 591 f., 599, 602, 610, 631
Australien 309
Aviano (Italien) 64

Baden-Württemberg 130, 201, 237, 238, 467 f., 470
Bad Godesberg 146, 159, 546
Bagdad (Irak) 402, 422, 444, 455
Bahrain 93
Baleia (Brasilien) 268
Balkan 14, 69, 73 f., 76, 88, 91, 95, 98, 100, 102, 105, 157, 278, 303, 312, 316, 319, 402, 413, 486
Barcelona (Spanien) 438
Basel (Schweiz) 664
Bayern 195, 254, 363, 471 ff., 478, 487, 551, 561, 628, 674, 698
Belgien 182, 197, 251, 394
Belgrad (Serbien) 87, 89, 96, 99 f.
Bengalen (eigentlich Bangladesh) («Golf von Bengalen») 262
Benin 263
Bern (Schweiz) 656

Berlin 14, 38, 45, 47, 58, 65, 136, 153, 156, 159, 162 ff., 167, 182 ff., 189, 194, 201, 224, 242 f., 254, 279, 282 f., 289, 304, 313, 324 f., 335, 345, 351, 357, 361 f., 376, 380, 382, 384, 395, 409, 411, 420, 427, 434 ff., 438 f., 445, 449, 462, 467 f., 491, 493, 496, 503, 517, 519, 520, 528, 547 f., 553, 560, 567, 572, 584 f., 588 ff., 593, 596 ff., 613–616, 624 ff., 628–633, 637 f., 662–665, 677, 685, 698, 719
Berlin-Charlottenburg 162
Bielefeld 76, 81, 82
Bitburg 621
Bochum 200, 498, 554, 556
Bonn 14, 19, 31, 58, 70, 75, 113 f., 136, 150, 153, 156, 167, 169, 177, 181, 264–267, 286, 304, 550, 573, 605, 629, 630, 632 f.
Bosnien-Herzegowina (im Text «Bosnien» zum Zeitpunkt 1998) 48, 67 ff., 106, 286, 306, 311, 317, 321
Brandenburg 46, 189, 190, 229, 462, 466, 467, 519, 552, 569, 674
Brasilien 93
Bratislava (Slowakei) 229
Bremen 46, 49, 335, 462, 467 f., 519, 599
Brighton (Großbritannien) 290
Brockdorf 230
Brüssel (Belgien) 108, 157, 199, 255, 282 f., 381, 384, 392, 394, 437 f., 518, 547
Budapest (Ungarn) 380
Bulgarien 73, 376, 378 f., 395
Bundesrepublik Deutschland (BRD) (auch «Deutschland», «Westdeutschland», «Ostdeutschland» nach 1990, «Germany», «Norddeutschland», «Süddeutschland») 11 f., 14 f., 19–26, 30, 32–35, 37, 39, 43, 46 f., 49, 51, 54–58, 60 f., 65, 66, 67, 69, 70 ff., 74, 76, 83, 85 f., 90 f., 94, 97 f., 101, 105–109, 111, 118, 121, 124, 131- 134, 142 ff., 146, 148, 150 ff., 155 f., 160, 162, 164, 167, 170 f., 174, 176, 178, 183–189, 191, 193 f., 196 ff., 201–205, 208 f., 214, 217 f., 220, 222 f., 226, 229,

231 f., 236, 239, 240, 243 f., 247–251,
254 ff., 258, 262, 265, 267, 269, 277 ff.,
282, 283 ff., 287–292, 295 f., 299, 304 ff.,
308–311, 314–320, 322, 325, 327–332,
335–339, 346, 353, 357, 359, 361–364,
367 f., 371, 373, 377–384, 386, 388 ff.,
393 ff., 397 f., 400 f., 403, 406–409, 411–
415, 417 ff., 421 f., 424 ff., 428–431,
435 ff., 439, 441, 443 f., 446–452, 454 f.,
457 f., 462, 464, 470–474, 476–479,
482, 484 ff., 488–491, 493, 495 ff., 501–
505, 507, 510–513, 515 f., 518, 520–523,
525 f., 528–533, 536 f., 539, 541, 543 f., 547,
550, 554 f., 566, 568 f., 573, 575, 579, 580–
583, 585–590, 593, 603, 607, 610–616,
618–626, 628 f., 631, 633–637, 639–642,
644–648, 650, 652 ff., 656, 658 ff.,
668 ff., 672 f., 675 f., 678, 680, 682, 684,
688, 692, 694–697, 699, 701 f., 708 f.,
712–716

Caen (Frankreich) 619
Calvados (Frankreich) 619
Ceara (Brasilien) 268
Chemnitz 569
China 72, 75, 93, 100, 120, 143, 244, 267,
402, 440, 442
Cottbus 558
Côte d'Azur (Frankreich) 383

Dänemark 191, 217, 247, 250, 375, 388, 394,
550
Davos (Schweiz) 118, 121
Dayton (USA) 68
Dessau 357, 569
Deutsche Demokratische Republik (DDR)
201 f., 331, 454, 588, 612 f., 630 ff., 638 f.,
655, 660, 666, 697
Dortmund 357
Drenica (Kosovo) 19
Dresden 486
Dschibuti 362
Düsseldorf 361, 547, 666
Duisburg 260

England (siehe auch Großbritannien) 59,
148, 149, 156, 162, 250, 291, 501, 591
Erfurt 357
Essen 460

Estland 375, 378 f.
Europa 12, 14 f., 21 f., 34, 58, 60, 67 f., 81,
84, 91, 96, 99, 120, 131 f., 141, 146–150,
152, 154, 156 f., 161, 182, 184, 197, 214, 219,
222, 249, 256, 261, 266, 275, 277 f., 283,
286, 290, 319, 323, 331, 362, 364 f., 367 f.,
370 f., 373–378, 380–395, 397–401, 409,
413, 416, 418, 422, 432, 435 ff., 439 ff.,
446 ff., 450, 453, 482, 485, 501, 507, 518,
523, 531, 539, 581, 599, 614 f., 617 f., 624,
631, 633, 637 f., 642 f., 658, 668, 670,
676, 682, 695, 708, 710, 716
EU 49, 59, 70, 91, 97, 99, 100, 107, 110, 132,
136, 153, 155, 157, 182 ff., 196 f., 220 ff.,
228 f., 239, 248–251, 253, 255 f., 258, 261,
265 ff., 269, 283, 290 ff., 336, 354, 361,
365–368, 373, 376, 378–385, 387, 392–
398, 400, 432 f., 435, 437, 447, 449, 501,
504, 521, 530 f., 600 ff., 617, 638, 679 f.,
711
Evian (Frankreich) 452

Faizabad (Afghanistan) 308
Finnland 182, 217, 247, 512
Frankfurt/Main 37, 43, 52, 277, 353
Frankfurt/Oder 694
Frankreich 24, 38, 58 f., 67, 69, 95, 98,
133, 183, 197, 237, 251, 290, 309, 323, 336,
344, 370, 377 f., 381, 383, 386 ff., 390,
393 f., 401, 419, 426, 428–433, 436 f.,
439 ff., 443, 446 f., 450, 452, 481, 501,
550, 600, 619, 621, 627, 655, 658, 668,
671, 676
Freiburg/Breisgau 645
Fukushima (Japan) 245, 711

Georgien 376, 399
Goch am Niederrhein 353
Göteborg (Schweden) 262
Goslar 429
Granada (Spanien) 248
Griechenland 73, 374 f., 379, 387, 395,
Grimma 486 f.
Großbritannien 21, 26, 27, 38, 58, 67 f., 95,
110 f., 116, 132, 133, 138, 152, 155 f., 182,
217, 249, 255 f., 309, 325, 329, 370 f.,
377 f., 388, 394, 419, 437, 442, 444, 447,
451, 507, 520, 523, 531, 550, 655
Grosny (Tschetschenien) 440

846 Ortsregister

Halle/Saale 626
Hamburg 46, 194, 195, 330, 336, 343, 344, 467, 468, 494, 550, 598,
Hanau 244
Hannover 96, 187, 200, 235, 282, 412 f., 513, 639 f., 644,
Hawaii (USA) 275
Heidelberg 200, 702, 719 f.
Heidenau 486
Helmand (Afghanistan) 325
Helsinki (Finnland) 394
Hessen 42–45, 121, 176 ff., 181, 185 f., 190, 241, 353, 366, 458, 466 f., 470, 519, 551, 674
Hindukusch (Afghanistan) 14, 304 f., 308 f., 314–318, 325 f.
Hollywood (USA) 31, 593, 656

Indien 93, 142, 262, 267, 433
Indochina 232
Indonesien 93, 119, 262
Ingolstadt 390
Irak 12, 14, 24, 109, 162, 277, 299, 314, 316, 325, 361 ff., 373, 382, 395 f., 402–412, 416–432, 434, 436 ff., 441 f., 444, 446, 449 f., 452–456, 473, 480, 495, 497, 503, 525, 539, 570, 620 f., 656, 712,
Iran 290, 405, 407, 424, 456
Irland (Republik) 182, 197, 222
Israel 211, 299, 329, 465, 601, 606, 610 f., 655
Italien 58, 182, 203, 229, 309, 370, 375, 394 f., 486, 550

Japan 141, 203, 216, 266, 671
Jemen 322
Johannesburg (Südafrika) 214, 264 f.
Jugoslawien 63 f., 67 f., 70, 72, 75 f., 89 f., 97, 102, 376

Kabul (Afghanistan) 292, 298, 306, 308 f., 325, 405
Kairo (Ägypten) 438
Kanada 266, 309
Kandahar (Afghanistan) 309, 325
Karlsruhe 195, 227, 241 f., 361, 605
Kassel 45, 664
Kenia 256
Kiew (Ukraine) 675 f., 677

Kirgisistan 376
Köln 90, 99 f., 134, 151, 154, 391
Kopenhagen (Dänemark) 378, 380 f.
Kosovo 12, 14, 19, 24, 64 f., 68–73, 75 ff., 79, 80 f., 85–95, 97–110, 121, 137, 151, 288, 291 f., 294 f., 298, 300, 304, 306, 310, 316–319, 323, 379, 425, 430, 503, 548, 551, 602
Kreuth 471
Kroatien 68, 90, 671
Kyoto (Japan) 214, 266 f., 403, 485

Laeken (Belgien) 392
La Cambe (Frankreich) 621
La Hague (Frankreich) 237, 238, 244
Lakkadiven (Indien) 262
Lettland 375, 378 f.
Leipzig 31, 227, 563, 572
Leuna 457 f.
Litauen 376, 378 f.
Lissabon (Portugal) 182, 229, 501
London (England) 27, 146 f., 149, 150 ff., 156, 255, 277, 299, 361, 363 f., 386, 420, 438 f., 442, 449, 481, 598, 622, 629, 663
Luxemburg 387

Maastricht (Niederlande) 375, 377, 492, 521 f., 552, 627
Madrid (Spanien) 361 f., 364, 368, 389, 438
Märkisch-Oderland 552
Magdeburg («Magdeburger Modell») 46, 48 ff.
Mailand (Italien) («Mailänder Kongress») 154
Mainz 685
Malaysia 93, 120, 142
Malediven 262
Mallorca (Spanien) 312
Malta 379
Manhattan (USA) 273
Mannheim 41, 53, 83
Massachusetts (USA) 118
Mazedonien 73, 87, 284, 298, 306, 310 ff.
Mecklenburg-Vorpommern 223, 335, 519
Meßstetten 353
Mexiko 93, 117, 433, 443, 627
Miami (USA) 574, 664

Ortsregister

Mogadischu (Somalia) 74
Moskau 74, 87, 97 f., 434 ff., 438, 440 f.,
  503 f., 584, 618, 622–625
München 220, 248, 367, 407, 470 f., 598,
  613, 643, 657
Münster 240, 243

Nairobi (Kenia) 330
Namibia 93
Neuseeland 306
New York (USA) 29, 131, 255, 273, 275, 277–
  280, 291, 319, 347, 351, 353, 406, 409, 429,
  441, 454, 509, 584, 629, 663, 665
Nicaragua 78
Niederlande (auch Holland) 21, 148, 165,
  182 ff., 197, 217, 247, 308, 390, 393 f., 501,
  540, 550
Niedersachsen 29, 31, 45, 50, 235, 242, 250,
  254, 335, 429, 511, 513, 674
Nigeria 256, 362
Nizza (Frankreich) 382 f., 393
Nordkorea 256, 322, 405, 407
Nordirland (Großbritannien) 183
Nordostafrika 284
Nordrhein-Westfalen (auch «NRW») 27,
  45 f., 145, 160, 223, 254, 355, 464, 467,
  490, 546 f., 555, 608, 644, 674, 682,
  684 ff., 689, 709
Normandie (Frankreich) 618, 620 ff., 624
North Carolina (USA) 455
Norwegen 309
Nürnberg 161, 231, 300, 550
Österreich 95, 183 f., 229, 486, 501, 504, 550,
  600, 601 ff.

Ohio (USA) 31, 68
Ostafrika 262
Osteuropa 185, 255, 375, 385, 394, 436, 437,
  486, 675

Pakistan 292, 303, 309, 325
Paris (Frankreich) 69 f., 153, 299, 429, 435 f.,
  438, 441, 449, 503, 622, 629, 663
Pearl Harbour (USA) 275
Peking (China) 100
Pennsylvania (USA) 273
Petersberg (Bonn) 135, 304 f.
Piacenza (Italien) 64
Pirna 486

Polen 102, 309, 375, 378 f., 382, 394, 437,
  451, 524, 614 ff.
Portugal 182, 222, 370, 374, 390, 521, 550
Potsdam 200, 550, 612, 630
Prag (Tschechien), 102, 141, 407 487
Priština (Kosovo) 81, 102

Ranville (Frankreich) 621
Rambouillet (Frankreich) 69, 90, 96
Ramstein 322
Rheinland-Pfalz 40, 46, 160, 170, 186, 467,
  519 f., 686
Rio de Janeiro (Brasilien) («Rio-Gruppe»
  93) 264 f.
Rom (Italien) 393, 423, 438, 439, 625
Rostock 300, 302, 569
Ruanda 91, 106
Rumänien 309, 376, 378 f., 487
Russland (auch «Russische Föderation») 69,
  72, 74 f., 87 f., 91, 93, 95, 97 f., 100, 238,
  266, 290, 399–402, 409, 426, 434 ff.,
  438 ff., 442, 446, 448, 486, 591, 623 f.

Saarbrücken 136
Saarland 42, 124, 129, 136, 170, 190, 466 f.,
  673 f., 703
Sachsen 195, 466 f., 486 f., 489, 674
Sachsen-Anhalt 46, 467 f., 489, 491
San Francisco (USA) 56, 409, 438
Sardinien (Italien) 108
Schleswig-Holstein 45, 232, 250, 252, 254,
  293, 335, 467, 673 ff.
Schwarzwald, 247
Schweden 93, 146, 182, 184, 197, 214, 217,
  232, 388, 502, 598
Schweiz 452, 457, 502, 517
Schwerte 534
Sellafield (Großbritannien) 238
Serbien 65, 69, 75, 82, 87 f., 90, 97, 105, 303
Seychellen 262
Shanksville (USA) 273
Slowakei (auch «slowakische Republik»)
  375, 378
Slowenien 90, 378 f.
Somalia 68, 79, 262, 322, 363
Sowjetunion 357, 376, 395, 399, 434, 472,
  677
Spanien 154, 182, 197, 222, 248, 251, 309,
  370 f., 374, 390, 439, 456, 520, 655

Srebrenica (Bosnien-Herzegowina) 72
Sri Lanka 262
Stade 248
Stockholm (Schweden) 600, 616
Straßburg (Frankreich) 668
Straubing 194
Stuttgart 198
Sudan 363
Südafrika 78, 93, 256, 264, 433
Südkorea 671
Sumatra (Indonesien) 262

Taiwan (China) 120
Tansania 362
Taszar (Ungarn) 437
Texas (USA) 256
Thailand 120, 256, 262
Thüringen 195, 487, 570, 667
Tokio (Japan) 277, 438
Tora Bora (Afghanistan) 303
Toronto (Kanada) 639
Tschechische Republik (auch «Tschechien») 256, 375, 378 f., 437
Tschechoslowakei 375, 407, 678
Tschernobyl 45, 231, 245 f.
Tschetschenien 75, 440 f., 624
Türkei 88, 185, 256, 309, 322, 374, 379, 394–399, 433 f.

Uganda 511
Ukraine 93, 376, 399, 436
Ungarn 197, 375, 378 f., 382, 437
USA (auch «Amerika», «Vereinigte Staaten») 12, 21, 26, 28, 31 ff., 38, 49, 56, 67, 69, 79, 84, 91, 95, 106, 120, 133, 138, 141, 162, 188 f., 216, 239, 256, 265 f., 273, 275, 276–279, 281, 283 f., 286–292, 294, 296, 298, 304, 308 f., 325, 328–332, 336 f., 343, 347, 349, 350, 365, 368–371, 394 f., 401–411, 418 ff., 423, 425 f., 428, 431, 433, 436 ff., 440–446, 448–452, 454 ff., 473, 481, 483, 502, 507, 517, 523, 533, 539, 591, 601–604, 642, 661, 666, 710
Utstein (Norwegen) 264

Vaduz (Liechtenstein) 458
Venedig (Italien) 661, 664
Vereinigte Arabische Emirate 310
Versailles (Frankreich) 432
Vietnam 142
Villingen-Schwenningen 298

Wackersdorf 230
Warschau (Polen) 424, 624
Washington D. C. (USA) 70, 86, 95, 101, 117, 148, 265, 273, 278–281, 283, 291, 299, 300, 319, 351, 395, 403, 404, 407 f., 423, 425, 427, 438, 440, 445, 449, 452, 598
Waterloo (Belgien) («sein Waterloo erleben») 136
Weimar 572 f., 690, 692
Weißrussland 436
Westafrika 274
Westeuropa 385, 388, 394, 436, 437, 670
Wien (Österreich) 146, 601, 627, 647
Wolfratshausen 471
Wiesbaden, 181, 458, 534
Witten-Herdecke 200

Zürich (Schweiz) 592
Zypern 379